böhlau

David Kuchenbuch **Welt-Bildner**

Arno Peters,
Richard Buckminster Fuller
und die Medien
des Globalismus, 1940–2000

BÖHLAU VERLAG WIEN KÖLN WEIMAR

Veröffentlicht mit der freundlichen Unterstützung der Deutschen Forschungsgemeinschaft

Dieses Werk wurde gefördert durch einen einjährigen Forschungsaufenthalt am Historischen Kolleg in München. Das Historische Kolleg wird finanziert aus Mitteln des Freistaates Bayern und privater Förderer. Die Mittel für das Förderstipendium hat die Gerda Henkel Stiftung zur Verfügung gestellt.

Bibliografische Information der Deutschen Nationalbibliothek:
Die Deutsche Nationalbibliothek verzeichnet diese Publikation in der
Deutschen Nationalbibliografie; detaillierte bibliografische Daten sind
im Internet über http://dnb.d-nb.de abrufbar.

© 2021 by Böhlau Verlag GmbH & Cie. KG, Lindenstraße 14, D-50674 Köln
Alle Rechte vorbehalten. Das Werk und seine Teile sind urheberrechtlich geschützt.
Jede Verwertung in anderen als den gesetzlich zugelassenen Fällen bedarf der vorherigen
schriftlichen Einwilligung des Verlages.

Umschlagabbildung: Globale Umverteilung auf Dymaxion Map, 1973. © SUL, M1090 Buckminster Fuller papers, Series 18, Box 39, Folder 18.

Korrektorat: Chris Zintzen, Wien
Einbandgestaltung: Michael Haderer, Wien
Satz: Michael Rauscher, Wien
Druck und Bindung: Hubert & Co. BuchPartner; Göttingen
Gedruckt auf chlor- und säurefreiem Papier
Printed in the EU

Vandenhoeck & Ruprecht Verlage | www.vandenhoeck-ruprecht-verlage.com

ISBN 978-3-412-52111-0

Inhalt

Vorbemerkung 12

1. **Einleitung** 13
   Zahlen und Praktiken 19
   Zwei Fallstudien, drei Frageansätze 28
   Kritische Globalitätsgeschichte 30
   Geovisualisierungen und die Macht der Wirkungsannahmen 35
   Exemplarische Leben? Zum biografischen Ansatz 42
   Struktur und Einschränkungen der Studie 46

2. **One World War (1939–1945)** 51
   2.1 Erste Vignette: *Unteilbare Welt* 51
       Willkies Weltreise 51
       Unteilbare Welt 54
   2.2 Verortung: Die »Eine Welt« des Zweiten Weltkriegs 57
       Die Geografie der Gegner oder: ein neuer Kompass 60
       Technicolor-Globalität für den Präsidenten 62
       Air-Age-Didaktik 65
       »Airways to Peace« 69
       Immersion und Immigration: Herbert Bayer und die »Democratic
       Surround« 72
   2.3 Buckminster Fullers *Dymaxion Map* (1943) – Menschheitsdynamiken und
       die Medien ihrer Beschleunigung 73
       Ein Planet als Baukasten 73
       Kupfer-Kurven – Industrialisierungs-Diagrammatik für die »Phelps Dodge
       Corporation« (1935–1938) 77
       Die neue »Frontier« und die Suche nach dem Maßstab des Fortschritts:
       Fuller beim »Fortune«-Magazin, 1939–1942 81
       Isothermen – oder: Die gekrümmte Linie des Fortschritts 85
       Projektion – oder: »Mit dem Flugzeug beginnen« 88
       Unterbrechungen – oder: »Flüssige Geografie« als historiografische
       Kombinatorik 92
       Ideogrammatiker des Fortschritts 97
       Randfigur im Zentrum der Welt 101
   2.4 *Astropolis* (1945). Arno Peters und die Führung der Weltöffentlichkeit ... 103
       Die Welt in Bad Säckingen 103
       Medien, Globalität, Geschichte 107

Ein Filmproduzent im Auswärtigen Amt 110
Bilder als »Mittel öffentlicher Führung« 112
Bildermensch und Weltgemeinschaft 117
Visuelle Mediengestaltung als Thema, Theorie und Tätigkeit 119

3. Welt-Bildner – Biografische Herleitungen 121
3.1 Evolution und Effizienz: »Becoming Buckminster Fuller« (1895–1938) . . 121
(K)ein Durchschnittsneuengländer 121
Eine retrospektive Epiphanie – und zwei Metaphern 125
Archivalische Selbstvermessung und -vergewisserung 127
Vom Studienabbrecher zum Offizier 131
Bauunternehmer in spe 136
Utopische Werbebroschüren 137
»One-Town-World«: Standardisierung und Kosmopolitismus 140
Modelle und Medieninszenierung 141
Denken als Abenteuer 145
Technokratie und die Gesetze der Weltgeschichte 148
Der »Phantomkapitän« und die Räume der Evolution 150
Attraktive Ermächtigungsmedien 154
Fullers Adressaten 157
3.2 Berliner Anti-Imperialismus im »Dritten Reich«: Arno Peters'
Suchbewegungen (1916–1945) 160
Zwei Seiten eines Lebens 161
Berliner Kindheit um 1930 164
Fotografie und Film in NS und USA 168
Dem »Führer« entgegendienen – oder doch dem »Wohl der
Menschheit«? 171
Geschichte pauken mit grafischer Lernhilfe 173
Mediengestützte (Über-)Lebensplanungen 176
Schnellpromotion zwischen Baden und Berlin 178
Friedensarbeit und Rassismus – nach dem »Dritten Reich« 180
3.3 Zwischenfazit. Projektemacher und ihre Menschheitsvisionen: Peters und
Fuller 1945 182

4. Medienhistorischer Zwischenschritt 186
4.1 Zweite Vignette: *World of Plenty* 186
Wiener Bildstatistik für die Welt 191
4.2 Synoptik: Medienwirkungsannahmen, Erziehungsbilder und Visuelle
Kommunikation in der Moderne 194
Medienwirkungsannahmen 196
Diagrammatische Denkräume 198

Kartografie und Eigensinn 200
Kulturfreie Erziehungsbilder 202
Exkurs: (Welt-)Geschichte im Bild 204
Universelle Kommunikation und Völkerverbindung in der europäischen
Zwischenkriegszeit... 207
... und im amerikanischen Exil 210
Sechs Anregungen 212

5. **One World or None (1946–1959)** 214
5.1 Dritte Vignette: *One World or None* 214
5.2 Verortung: Die vielen Welten des Kalten Kriegs: Gescheiterte
Weltregierungsvisionen, *Earth System Sciences* und der globale Datenraum
des Entwicklungswissens 217
Geschlossene Welten: »Containment« und internationale Erdbeobachtung 220
»One Statistical World«: Globalität, Entwicklungskonkurrenz und
Entwicklungsuniversalismus 223
»Handhabbare Abstraktionen« und ihre Medialität 226
5.3 Fullers »Geodätik« im *Cultural Cold War* 229
Haptische Mathematik 230
Emanzipatorische Sommerkurse 232
Der Kosmos zieht in den Kalten Krieg 237
Ein Globus reist um die Erde 240
1952 als Jahr des Globalismus 242
Von der Behausung zum Raumschiff 250
5.4 Zwischen den Fronten des »Synchronoptischen Kriegs« – Peters'
Weltgeschichtstabelle in der Bundesrepublik (und der DDR) 252
Geschichte als Bewährungsprobe 253
Ein »international objektives Geschichtswerk« 255
... mit »knallrotem Faden« 259
Weltgeschichtsschreibung zwischen Ost und West 266
Sachlichkeit und Sozialismus 271
Die Welt im Diagramm – oder: Was im Kalten Krieg keine Rolle spielte . 273
Selbstdisziplinierung und Kosmopolitisierung 278
Visualisierte Weltgeister 283

6. **Only One Earth (Fullers Jahrzehnt) (1960–1972)** 287
6.1 Vierte Vignette: *Unisphere* 287
6.2 Verortung: Planetarische Globalität im »Jahrzehnt von Planbarkeit und
Machbarkeit« 290
Politische Planung und Prognostik in den 1960er Jahren 291
Die Modernisierungstheorie und die Konturen der Weltbevölkerung 295

  Tragfähigkeit, Biosystemtheorie und der »Malthusianische Moment« . . . 298
  Das »Raumschiff Erde« 302
  … und sein Personal 305
  Krümmungen im Daten-Diagramm und die »Grenzen des Wachstums« . . 307
6.3 Die ganze Welt in Carbondale 311
  Globale studentische Kollaboration: Die »World Design Science Decade« . 313
  John McHale versammelt die Welt: Das »World Resources Inventory« . . 319
  Vernetzung und Visualisierung: Die »World Design Science Decade
  Documents« 321
  Technologiestufen und globale Kommunikation 324
  World-Design-Didaktik und die Politik der Daten 328
6.4 Die Welt als Spiel 330
  Medienglobalismus in Montreal 332
  Vom »World Design« zum »World Game« 335
  Den Staat gegen sich selbst einsetzen 337
  Blicke auf die Erde, Sommer 1969 342
  Soziale Synergien und politische Anfeindungen 346
  World Games 349
  Eine begehbare Metapher 351
6.5 Ein »Technokrat für die Gegenkultur« 353
  Von Fans zu MitarbeiterInnen 353
  Generation Fuller 356
  Gene Youngblood und das erweiterte Kino 358
  Drop City – Mittelklasse-Nomaden und humanisierte Technik 362
  Stewart Brand 1: Die ganze Welt im Katalog 366
  Stewart Brand 2: »Liferaft Earth«, Stockholm – oder: Noch ein Anfang
  vom Ende des »Fullerismus« 372
6.6 Vervielfältigung, Verkleinerung, Verzettelung 378
  Die Regeln des Spiels 379
  Fuller vs. Malthus 383
  Verkleinerung: Von der Arena zum Set 385
  Zersplitterung: Das *World Game* als »Franchise«-Modell 387
  Verzettelung: »The Limits to Growth« und die Wertfrage 391
  Abschiedsbriefe 396
  »The Big Map« – oder: posthume Games 399

7. **One World to Share (Peters' Jahrzehnt) (1973–1986)** 402
7.1 Fünfte Vignette: *Ökolopoly* 402
7.2 Verortung: »Globalitätsschock«? Interdependenzdiagnostik,
  Entwicklungskritik und »glokalistische« Bewusstseinsbildung 407
  Stockholm 1972 – oder die Fiktion des kosmopolitischen Expertentums . . 410

	Die Ölpreiskrise als »Shock of the global«?	413
	Berichte geläuterter Rückkehrer	416
	Die Niederungen der Praxis und das BMZ	419
	Internationale Solidarität zwischen Revolte und Weltsystemtheorie	423
	»Dritte Welt«-Bewegung und »glokalistische« Allianzen	425
	Praktiken der »Bewusstseinsbildung«	427
	Global Education	430
	One World to Share	433
7.3	Vom Geschichtsatlas zur Weltkarte	435
	Eine neue Welt in Bonn	435
	München, 1965	443
	Geographie und Geschichte	446
	Potsdamer Formeln, Budapester Entzerrungen	449
	»Welt ist die Einheit, die bestimmt«: Peters' »1968«	453
	Ein Riesenglobus und die Mondmissionen	455
	Zensurvorwürfe	458
7.4	Kampf um die Bildschirme	459
	Vom Geschichtswerk zum Almanach zum Atlas	459
	Die »große Show«	462
	Presseechos	465
	Die Reaktion der Kartografen	468
	Rundfunkselbstkritik	471
	Angebot und Nachfrage	474
	Das Glückskind des Atheisten – oder: Neue Formate	476
7.5	Relativismus als Moralismus	478
	Statistische und persönliche Weltvergleiche	478
	»Des Deutschen Fernsehens unglückliche Liebe zur Kartographie«	483
	Das »Urteil der Fachwelt«	488
	Asymmetrische Informationsflüsse...	492
	Schulbuchrevisionen	494
	Hilfe bei der Selbstkritik – oder: Kartografen als Eingeborene	497
	Deutsche Weltkarte auf internationaler Bühne	500
7.6	New Views	505
	Neue Dimensionen	505
	Ungewohnte Ansichten, neue Einsichten	509
	Geokulturelle Visionen in Oxford	512
	Alte Feinde	514
	Neue Freunde	516
	Zu wichtig für die Profis	519
	Ein kommunistisches Weihnachtsgeschenk	521
	Von der Kritik der Kartografen zur kritischen Kartografie	527

8. Many Worlds (1987–2000) 530
8.1 Sechste Vignette: *McArthur's Universal Corrective Map of the World* (1979) . 530
8.2 Verortung: Nachhaltigkeit, Globalisierung, Verhalten 532
    Das Ende des »Südens« 533
    Dialog Nord-Nord? 536
    Kategoriendämmerung – und Zahlenskepsis 537
    Nachhaltigkeit – und Bilderskepsis 540
    Das Ende der »Einen Welt« – und das Ende der
    Medienwirkungsannahmen 544
8.3 Many Ways to See the World 546
    Dritte Wege aus der Moderne 546
    Internetprophet und Computersozialist 548
    Many Maps for Many Worlds 552
    The West Wing 555

9. »Eine Welten«. Zusammenfassung und Ausblick 557
    Welt-Bildner 557
    … und ihre Abnehmer 561
    »Glokalismus«: Konvergenzen und Zäsuren 565
    »Eine Welten« 569
    Ausblick: Neue Universalgeschichten und symmetrische Kosmologien im
    Anthropozän 571

Danksagung 578

Verzeichnisse 581
    Abkürzungsverzeichnis 581
    Abbildungsnachweise 582
    Archivalische Quellen 585
    Gedruckte Quellen und Forschungsliteratur 586

Personenregister 619

Für Ylva und Ludolf

Vorbemerkung

Um den Lesefluss zu erleichtern, wurden die meisten englischen Zitate im folgenden Text ins Deutsche übertragen. Das Englische wurde in längeren Quellenzitaten beibehalten und dort, wo Spezialausdrücke auftauchen oder begriffliche Feinheiten analytisch eine Rolle spielen.

1. Einleitung

Wie trägt man globales Denken in die Köpfe der Menschen? Wie bringt man sie dazu, sich nicht nur den unmittelbaren, sondern auch den »fernsten Nächsten« gegenüber solidarisch zu verhalten? Wie macht man ihnen begreiflich, was es für das eigene Leben heißt, auf einem »Raumschiff Erde« ohne Notausgang unterwegs zu sein? Arno Peters und Richard Buckminster Fuller glaubten sich im Besitz von Antworten auf solche Fragen. Oft belächelt, von wissenschaftlichen Institutionen bisweilen aktiv bekämpft, gelang es beiden mit diesen Antworten nicht nur, große Aufmerksamkeit der Massenmedien für sich zu generieren – Fuller schaffte es Anfang 1964 auf das Cover des »Time«-Magazins, Peters ein knappes Jahrzehnt später in die Abendnachrichten der bundesrepublikanischen Fernsehsender.[1] Beide scharten auch engagierte MitarbeiterInnen um sich und gewannen eine Vielzahl mächtiger Unterstützer in Politik und Publizistik für die eigene Sache. Das ist umso bemerkenswerter, als es sich bei dieser Sache – bei der Förderung des globalen Denkens – um ein Anliegen handelt, das zwar *heute* selbstverständlich scheint angesichts der anstehenden Offizialisierung des Anthropozäns als eines neuen Erdzeitalters, angesichts der Nachwehen der sogenannten Flüchtlingskrise, der Rückkehr des Wirtschaftsprotektionismus und des allgemeinen Erstarkens nationalistischer Strömungen. Was Integrationsbeauftragte, BildungspolitikerInnen, KlimaaktivistInnen gegenwärtig beschäftigt, kristallisierte sich als alles entscheidende Frage jedoch erst zu Lebzeiten der beiden Protagonisten dieses Buchs heraus.

Für Peters und Fuller konnte die Antwort auf diese Frage nicht sein, andere Menschen nur mit Texten, allein mit dem geschriebenen Wort, zum Nachdenken über Globalität – über planetarische Zustände, grenzüberschreitende Beziehungen, interkulturelle Kommunikation, supranationale Organisationen – zu bewegen. Sie waren *Welt-Bildner* im doppelten Wortsinn.[2] Beide wurden dafür bekannt, dass sie mithilfe *visueller Medien* auf Herausforderungen aufmerksam machten, die die politischen und ökonomischen Interdependenzen zwischen weit voneinander entfernten Weltregionen hervorriefen. Durch Gestaltung und Verbreitung von Bildern wollten sie zugleich die großen Chancen aufzeigen, die in einer Intensivierung globaler soziokultureller Verbindungen lagen. Die Ergebnisse dieser Versuche, für das Weltganze zu sensibilisieren, lassen sich heute rasch im Internet finden. Das führt jedoch zu Dekontextualisierungen, und es sind nicht zuletzt diese Verkürzungen, die dieses Buch aufheben soll, indem es

---

1 *Time*, 10.1.1964; *Heute* und *Tagesschau* (Nachtsendung), 8.5.1973.
2 Meine Verwendung dieses Begriffs lehnt sich nicht an Martin Heideggers Existenzphilosophie an, er stammt aus einer Quelle: Martin Keiper: Der Welt-Bildner. Zu Besuch bei Arno Peters, in: *Eine Welt* 1 (Februar 1996), S. 17–20.

das *World Making* seiner Protagonisten, ihre »Weisen der Welterzeugung«, um diesen eher metaphorischen Ausdruck des Philosophen Nelson Goodman enger auszulegen,[3] in ihrem Gewordensein untersucht.

Schon vor einer solchen Tiefenbohrung zeigt ein vergleichender Blick schnell, dass es zwei ziemlich *unterschiedliche Welten* sind, mit denen Fuller und Peters gemeinhin in Verbindung gebracht werden. Der Amerikaner Richard Buckminster Fuller (1895–1983) wird meist als Designer und Designtheoretiker, als exzentrischer Erfinder, revolutionärer Architekt und manchmal als Futurologe wahrgenommen. Im Grunde wäre er jedoch treffender als *Public Intellectual* beschrieben. Denn Fuller verbrachte viele Jahre seines Lebens auf Vortragsreisen, um vor Publikum laut nachzudenken, wie er es nannte. Diese Reden und die vielen Bücher, zu denen sie kompiliert wurden, ließen ihn Mitte der 1960er Jahre zum Vordenker des umweltbewussten Flügels der amerikanischen Gegenkultur werden. Aber auch die Computertüftler und späteren Internet-Unternehmer des Silicon Valley prägte Fuller. Denn er predigte seinen ZuhörerInnen und LeserInnen das Prinzip einer effizienten Ausnutzung der Ressourcen und Energien des Planeten. Diese Effizienz wurde Fuller zufolge erst durch wissensbasierte Praktiken möglich, die die Menschheit in Folge ihres Zusammenwachsens erlernen könne. Ein solches Zusammenwachsen wiederum ließ sich technisch beschleunigen, durch neue Infrastrukturen und Kommunikationskanäle, mehr noch aber durch gewissermaßen niedrigschwellige Zugriffsmöglichkeiten auf Daten, allen voran Daten zu den Ressourcen des Planeten. Je intensiver also die – in sozialer und geografischer Hinsicht – grenzüberschreitenden Informationsflüsse innerhalb der Menschheit wurden, umso wahrscheinlicher schien es Fuller, dass diese sich kollektiv zur vernünftigen Bewirtschaftung der Bordrationen aufschwingen würde, die dem Raumschiff Erde für seine Reise mitgegeben waren. Begreift man *World Making* mit Goodman als Arbeit daran, Ganzheiten mit normativer Absicht zu Evidenz zu verhelfen, dann war der Modus, in dem dies bei Fuller geschah, die Vermittlung globaler *Verbindungen*. Das *Ziel* seines Globalismus aber war es, die schlummernden kognitiven Potenziale der Erdbewohner zu aktivieren.

Die Welt des deutschen Publizisten, Historikers, Kartografen und Verlegers Arno Peters (1916–2002) war im Vergleich dazu eine umstrittenere, in mehrerlei Hinsicht. Wenn heute eine selektive Erinnerung an Peters wachgehalten wird, dann ist es die an einen streitbaren Einzelgänger, der sich den Kampf gegen eine arrogante und schädliche westliche Wahrnehmung des Rests der Welt zur Lebensaufgabe gemacht hatte. Peters ist eine Schlüsselfigur der Kritik am globalen *Status quo*. Sein Werk wurde (und wird) rezipiert durch moralische Milieus, die – obwohl zahlenmäßig ähnlich marginal wie Fullers Gegenkultur-Publikum – im letzten Drittel des vergangenen Jahrhunderts manche politische Debatte geprägt haben: Gemeint sind internationalistische Solidaritätsbewegungen, ökumenische Kirchenkreise, entwicklungspolitische Basis-

---

[3] Nelson Goodman: *Weisen der Welterzeugung*, Frankfurt a. M. 1990.

gruppen. Es handelte sich bei den Angehörigen dieser Gruppierungen um politisierte AktivistInnen, die in der Würdigung der kulturellen Leistungen der Bewohner der nicht-industrialisierten, jüngst dekolonisierten Regionen der Erde auch einen ersten Schritt in Richtung ökonomisch gerechterer globaler Verhältnisse sahen. Bei ihnen – und bei Peters – entstand die »ganze Welt« im Modus des *Vergleichens*. Solche Vergleiche begründeten ethische Praktiken der fairen Verteilung des Vorhandenen. Damit waren keineswegs nur materielle Güter und die daran geknüpften Lebenschancen gemeint. Gerechter verteilt werden sollten auch Informationen, Aufmerksamkeit und sogar Wertschätzung.

Wollte man die jeweilige Variante von Globalität, für die die beiden Protagonisten sinnbildlich wurden, mithilfe zweier Sprachbilder kontrastieren, dann könnte man sagen: Fuller ging es darum, die Beschäftigung der Menschen mit ihren natürlichen Daseinsvoraussetzungen zu intensivieren. Es war die bessere Kenntnis der *Whole Earth*, verstanden als ein selbsterhaltendes System, dessen Teil die Menschen waren, was geistige Ressourcen erschließen konnte. Diese geistigen Ressourcen ließen sich in Planungsstrategien planetarischen Maßstabs umsetzen. Und zwar mit dem Ziel, das Leben aller Erdbewohner zu verbessern, ohne Jemandem etwas wegnehmen zu müssen, wie Fuller es gern betonte. Peters hingegen skandalisierte die Differenzen zwischen »Erster« und »Dritter Welt«. Er hoffte, auf diese Weise politisches Engagement für die Arbeit an der *Einen Welt* zu generieren. Diese gerechtere und daher harmonischere Welt konnte seiner Ansicht nach nur dann entstehen, wenn die begrenzten Reichtümer der Erde – und sei es infolge individuellen Verzichts der privilegierten BürgerInnen der Industrieländer – global umgeschichtet würden. Um es noch formelhafter auszudrücken: Ging es Fuller um Effizienz, so ging es Peters um Suffizienz.

Auf diese Weise kontrastiert, erscheint allerdings erklärungsbedürftig, wie sehr sich die *Methoden* ähnelten, mit denen die beiden Welt-Bildner anderen Menschen die Verhältnisse in der Welt vor Augen führten, um Verbesserungen zu erwirken. Peters wurde mit seinen kartografischen Arbeiten, der *Peters-Weltkarte* (Abb. 1.1, 1973/74) und dem *Peters Atlas* (1989) bekannt. Aber auch Fuller hielt nicht nur Reden oder publizierte vielzitierte Essays wie seine *Bedienungsanleitung für das Raumschiff Erde* (1963), sondern verdeutlichte erdumfassende Zusammenhänge auch mit Weltkarten, allen voran seiner *Dymaxion Air-Ocean World Map* (Abb. 1.2, eine erste Version erschien 1943). Beide Akteure lancierten also Medien, die als globalistische Denk*hilfen* konzipiert waren und die aufgrund ungewohnter grafischer Eigenschaften zum *Umdenken* einluden. Sowohl die Peters-Karte als auch die *Dymaxion Map* stellten Sehgewohnheiten auf den Kopf. 1973 auf einer Pressekonferenz in Bonn vorgestellt, handelt es sich bei ersterer um eine sogenannte Schnittzylinderprojektion, die – anders als die bereits im 16. Jahrhundert entstandene, aber weiterhin verbreitete Projektion des flämischen Geografen und Kartografen Gerhard Mercator, gegen die sie explizit gerichtet war – flächentreu war. Peters' Karte repräsentierte also die Größenverhältnisse der Staaten und Kontinente korrekt. Gerade Afrika und Lateinamerika erschienen auf der Peters-Projektion

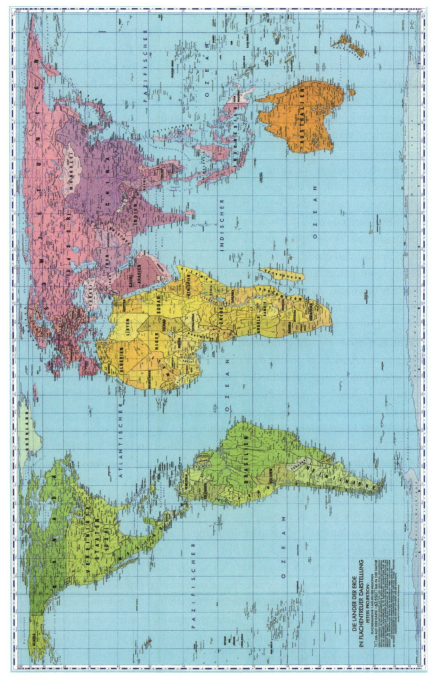

Abb. 1.1: Die erste kommerziell erhältliche Peters-Karte: *Die Länder der Erde in flächentreuer Darstellung (1974)*

daher ungewohnt groß, aber auch seltsam in die Länge gezogen. Europa hingegen schien geradezu an den Rand des Kartenblatts gedrängt. Das nun sollte zur Korrektur kolonial geprägter – oder, wie Peters es nannte, »europazentrischer« – Bewusstseinsverzerrungen auch auf anderen Ebenen herausfordern, etwa hinsichtlich der Asymmetrien des Welthandels oder der unzureichenden politischen Repräsentation der Staaten des heute sogenannten »Globalen Südens«. Peters und viele seiner UnterstützerInnen behaupteten allerdings auch, die Peters-Karte sei die *einzige* Weltkarte, die die globalen Größenverhältnisse wirklichkeitsgetreu wiedergab. Dies irritierte die professionellen KartografInnen mindestens ebenso sehr wie die irreführende Behauptung Peters', seine Weltkarte stelle nichts Geringeres als eine kartografische Revolution dar.

Die *Dymaxion Map* hingegen – Fullers Markenname setzte sich aus den Adjektiven »dynamic«, »maximum« und »tension« zusammen – war in technischer Hinsicht tatsächlich eine Innovation. Fuller hatte bereits Anfang der 1940er Jahre geodätische Daten auf einen vierzehnseitigen geometrischen Körper, ein sogenanntes Kuboktaeder, übertragen und dieses dann entlang der Kanten in Kartenteile oder -module zerlegt.[4] Diese Teile konnte man dann, Puzzlestücken gleich, zu *verschiedenen* Weltkarten-Varianten mit unterschiedlichen geografischen Mittelpunkten kombinieren. Auf diese Weise ließ sich die Vielfalt möglicher Weltwahrnehmungen demonstrieren, zu denen *auch* historische Perspektiven (darunter die der »Mercator-World«) gehörten. Wer sich spielerisch-forschend mit der Erdoberfläche beschäftigte, so Fuller, der trainierte kognitive Fähigkeiten, die zur Optimierung des menschlichen Umgangs mit der Erde beitragen konnten.

Schon an den Lerneffekten, die Fuller und Peters kartografisch anregen wollten – Kolonialismuskritik als Grundlage zur Selbstreflexion auf der einen Seite, historische Differenzerfahrung als Ausgangspunkt für Bewusstseinserweiterungen auf der anderen –, wird deutlich, dass beide Welt-Bildner in der Visualisierung der globalen *Vergangenheit* der Menschheit einen Schritt zur *zukünftigen* Verbesserung der Welt sahen. Peters ist vielen Historikern und Historikerinnen denn auch nicht als Kartograf ein Begriff, sondern als Schöpfer der *Synchronoptischen Weltgeschichte* (SWG, 1952). Dieses universal- oder weltgeschichtliche Tabellenwerk nahm die Funktion der Peters-Karte insofern vorweg, als es den Kulturleistungen aller Weltregionen den gleichen Platz auf der Buchseite einräumte. Auch dieses Geschichtsbuch war hochumstritten, wenn auch aus einem anderen Grund als die spätere Peters-Karte: Aus Sicht vieler Kommentatoren folgte Peters' Weltgeschichte einem kommunistischen »roten Faden«. *Fullers* Ende der 1940er Jahre entstandenes Kurvendiagramm *History of Progress* hingegen war

---

4 Fuller präsentierte die erste Version dieser neuen Projektion unter der Überschrift »Dymaxion World« und nannte sie wenig später *World Map on Dymaxion Projection*. Wo es nicht um spezifische Versionen dieses Kartentyps geht, wird im Folgenden der Einfachheit halber von der *Dymaxion Map* die Rede sein. Auf gleiche Weise spreche ich von der Peters-Karte, wenn ich das meine, was Peters selbst zunächst »Orthogonale Erdkarte. Peters-Projektion« nannte und was heute gemeinhin als »Gall-Peters-Projektion« bezeichnet wird.

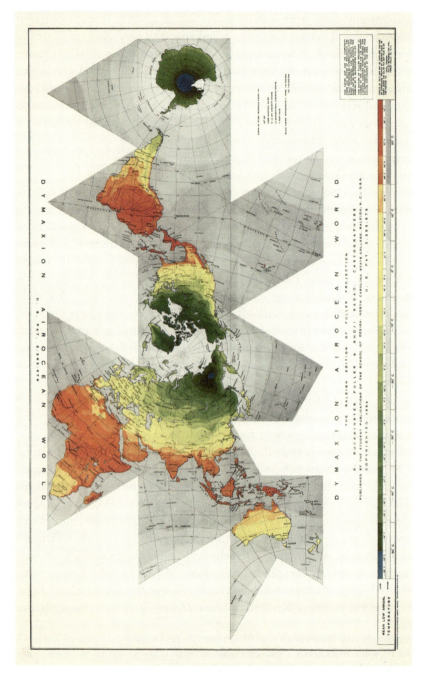

Abb. 1.2: *Dymaxion Airocean World*. Es handelt sich um ein Poster auf Basis der 1954 lancierten überarbeiteten Version der *Dymaxion Map*, deren Module das sogenannte »One-Continent-Layout« bildeten.

explizit unpolitisch. Es versah das exponentielle Wachstum der technisch-wissenschaftlichen Fähigkeiten der Menschheit ebenso wie den sie beschleunigenden Faktor des geografischen Zusammenwachsens der Kulturen mit einem historischen Index. Und so erweisen sich auch die verschiedenen Versionen der *Dymaxion Map* bei näherem Hinsehen als ein Teilgebiet einer ganzen medialen Landschaft von ähnlich optimistisch gestimmten Infografiken, die Fuller entwickelte. Zu diesen gesellten sich in den 1960er Jahren Trickfilme und Daten-Displays. Sie sollten es erlauben, Computersimulationen der Ergebnisse globaler Planungsszenarios wie im Zeitraffer durchzuspielen.

Wenig überraschend lagen den Arbeiten beider Welt-Bildner große Datenbanken zugrunde. Peters pflegte bis in die 1970er Jahre als Privatgelehrter mithilfe wechselnder Helfer eine riesige Kartei historischer Ereignisse. Er hatte sie während des Zweiten Weltkriegs angelegt. Fuller sammelte bereits vor dem Krieg Daten zu Erfindungen und Wirtschaftstrends. Nach Antritt einer Design-Forschungsprofessur in Carbondale (Illinois) 1959 baute er diese Sammlung mithilfe eines Mitarbeiterstabs zu einem veritablen Gesamtverzeichnis der Weltressourcen aus. Ende der 1960er Jahre versuchte Fuller, diese Daten mithilfe seines *World Game* operationalisierbar zu machen. Dabei handelte es sich um eine Art Strategiespiel, das einen globalen Blick auf die Zukunft der Ressourcenverteilung vermittelte. Zum selben Zweck entwarfen Fuller und sein Team verschiedene Varianten des *Geoscope*, eines globusförmigen elektrischen Bildschirms, den er etwa neben dem Hauptquartier der Organisation der Vereinten Nationen (UNO) in Manhattan aufbauen wollte. Mitte der 1960er Jahre schlug er der amerikanischen Regierung vor, als amerikanischen Pavillon für die Weltausstellung in Montreal 1967 einen gigantischen Globus auf Basis eines von ihm entwickelten »geodätischen« Kuppelbaus zu konstruieren. Auf dessen Hülle sollten durch einen Zentralrechner ansteuerbare Glühbirnen angebracht werden, mittels derer Besucher sich auf Knopfdruck globale Daten anzeigen lassen konnten, um so das *World Game* zu spielen. Dieses blieb ebenso Entwurf wie Peters sogenanntes *Synchronoptikum*, das er in den 1980er Jahren im Zuge der Debatte über die Ausgestaltung des geplanten Deutschen Historischen Museums propagierte: Es handelte sich um eine begehbare, elektrifizierte Version seiner Weltgeschichtstabelle, die den Ideen Fullers, die er zu diesem Zeitpunkt nicht kannte, auffällig ähnelte.

Zahlen und Praktiken

Diese Projekte muten versponnen an. Allein ihres Scheiterns wegen scheinen sie keinen geeigneten Gegenstand für eine geschichtswissenschaftliche Monografie darzustellen. Allerdings zeigt der Blick auf einige Zahlen, dass einige der Ideen, Projekte und Produkte Fullers und Peters' auf großes Interesse stießen. So belief sich die Gesamtauflage der vom schweizerischen Kartografieverlag und Druckereibetrieb Kümmerly+Frey hergestellten Posterversion der Peters-Karte im Jahr 1982 auf 2,4 Millionen Exemplare.⁵ Laut einer Hochglanzbroschüre von Peters' eigenem Universum-Verlag, welche verschiedene Anwendungen seiner Karte darlegte, war diese zu diesem Zeitpunkt in der Bundesrepublik in 20.000 Schulen und 15.000 Kindergärten in Verwendung. Die »Karriere« seiner Karte war zudem geradezu »global«: Sie war Bestandteil des nationalen Schulcurriculums der Philippinen, der Öffentlichkeitsarbeit von UN-Suborganisationen wie dem Kinderhilfswerk UNICEF und der Organisation der Vereinten Nationen für Erziehung, Wissenschaft und Kultur (UNESCO); sie diente als Bildhintergrund von diversen Fernsehsendungen europäischer Rundfunkanstalten. Schließlich, auch das zeigte die Broschüre, prangte die Peters-Karte als Cover-Illustration auf dem Umschlag des 1980 in einer Vielzahl von Sprachen erschienenen sogenannten *Nord-Süd-Reports*, der dem UNO-Generalsekretär zuvor von der Unabhängigen Kommission für Internationale Entwicklungsfragen unter Leitung Willy Brandts vorgelegt worden war.⁶ Selbst eine womöglich objektivere, da in kritischer Absicht entstandene und auf Fragebögen basierende Studie des Kartografen Peter Vujakovic zeigte 1987, dass rund 70 Prozent der britischen »Dritte-Welt-Organisationen« (also weite Teile des humanitären »Helfermilieus« des Vereinigten Königreichs) die Peters-Karte verwendeten.⁷ Wenige Jahre zuvor hatte auch Friendship Press, der Hausverlag des Ökumenischen Rats der Kirchen in den USA und Kanada, der Millionen Gläubige vertrat, die Karte in den Vertrieb aufgenommen. Der Programmverantwortliche des Verlags, Ward Kaiser, bezifferte die gedruckten Exemplare der Peters-Karte 1987 auf 16 Millionen.⁸ Zwar wurde Peters' wenig später publizierter Weltatlas nicht annähernd so populär, doch auch er verkaufte sich in den drei Jahren nach seinem Erscheinen 1989 immerhin rund 200.000 Mal.⁹

Es ist schwieriger, präzise Angaben zur Verbreitung der Werke Fullers, insbesondere seiner oft als »graue Literatur« zirkulierenden Publikationen zu finden. Von seiner Weltkarte, die schon die Ausgabe des »Life«-Magazins, in der sie 1943 erstmals erschien, zum Bestseller hatte werden lassen,¹⁰ wurden diverse Lizenzversionen vertrieben. Es kann davon ausgegangen werden, dass eine sehr große Zahl von Menschen eine dieser Kartenvarianten zu Gesicht bekommen hat. Denn Fullers Vortragstätigkeit

---

5 Aufstellung von Kümmerly+Frey, 23.9.1982, Staatsbibliothek zu Berlin – Preußischer Kulturbesitz, Nachlass Arno Peters (Nachl. 406), 459.
6 *Die Peters-Projektion, Anwendungen*, München, o.J. [1981].
7 Peter Vujakovic: The Extent of Adoption of the Peters Projection by »Third World« Organizations, in: *Bulletin of the Society of University Cartographers* 21 (1987), S. 11–16.
8 Ward L. Kaiser: *A New View of the World. A Handbook to the World Map: Peters Projection*, New York 1987, S. 26. Zehn Jahre später sprach Jeremy Black: *Maps and Politics*, London 1997, S. 36, von 60 Millionen Exemplaren.
9 Peters' Schreiben an Tord Kjellström, o.D. [1992] SBB-PK, Nachl. 406, 390. Nach Veröffentlichung des Atlas durch den Verlag Zweitausendeins im Jahr 2000 dürfte sich diese Zahl deutlich erhöht haben.
10 So Peder Anker: Buckminster Fuller as Captain of Spaceship Earth, in: *Minerva* 45 (2007), S. 417–434, hier S. 423.

schlug zeitweise alle Rekorde. Eine 1983, kurz nach Fullers Tod publizierte quantitative Bilanz des Lebenswerks verzeichnet über tausend Besuche an insgesamt 544 Bildungseinrichtungen.[11] Und Fuller zeigte bei diesen Reden gerne seine Karte – neben Globen, aufblasbaren Plastikplaneten und anderen »thinking tools«, wie er sie nannte. Einige seiner umfangreich illustrierten Sachbücher wurden zu Bestsellern, die bis heute nachgedruckt werden, etwa *Ideas and Integrities* (1963) und das erwähnte *Operating Manual for Spaceship Earth* (1969). Sie verkauften sich bis Ende der 1980er Jahre offenbar 50.000 respektive 180.000 Mal.[12] Mit dem *World Game* sind laut Website des 1972 gegründeten World Game Institute bis heute über 100.000 Menschen direkt in Berührung gekommen.[13]

Solche Zahlen sagen allerdings wenig darüber aus, was bei einem *World Game* konkret geschah oder was zum Kauf einer Peters-Karte anregte. Hier kann die Analyse zweier Fotografien erste Hinweise liefern. Sie soll zugleich zu der Fragestellung überleiten, die dieses Buch beantworten soll.

Beim *ersten Beispiel* handelt es sich um die Fotografie (Abb. 1.3) einer Universitätsaula, auf deren Parkett – dort, wo sonst die Stühle für Zuschauer und Zuhörer aufgereiht sind – eine sehr große *Dymaxion Map* aufgefaltet liegt. Offensichtlich besteht die Karte aus einem strapazierfähigen Material, denn eine Gruppe von rund 30 jungen Menschen hat sich auf den einzelnen Kontinenten niedergelassen, die in ungewöhnlicher Weise arrangiert sind: Die Segmente von Fullers Weltkarte wurden zu einer Repräsentation des Globus zusammengesetzt, die sich stark von herkömmlichen Weltkarten unterscheidet. Wie auf der bekannten Mercator-Projektion sind die Antarktis im Süden, darüber die beiden amerikanischen Landmassen dargestellt. Über den Drehpunkt des Nordpols erstrecken sich die übrigen Kontinente aber auf überraschende Weise. Sie sind in ein Kontinuum gebracht, so dass eine Art Welt-Insel entsteht: Die Meeresenge zwischen Südpol und Südamerika scheint mit einem Schritt überwindbar; der Übergang zwischen den Polarregionen Kanadas und Sibiriens ist auf dem Foto nicht einmal zu erkennen. Während der Dozent oder Spielleiter, der in der Mitte der Karte (auf dem Nordpol) steht, offenbar etwas erklärt, haben die meisten abgebildeten Personen auf Höhe Europas, einzelne in Nord- und Südamerika Platz genommen, keiner auf der Antarktis. Offenbar markieren die jungen Menschen also mit ihren Körpern jenen Erdteil, dem sie entstammen oder dem sie sich verbunden fühlen.

Das *zweite*, wenige Jahre ältere Foto zeigt eine sommerliche Szene (Abb. 1.4). Es handelt sich offenbar um einen Schnappschuss von einer Freizeitveranstaltung für

---
11 *Richard Buckminster Fuller Basic Biography*, o.O., o.D. [1983], S. 37.
12 Grand Strategy of World Problem Solving: Demonstrated Technical and Economic Efficacy of Individual Initiative in the Twentieth Century, o.D. [späte 1980er Jahre], Special Collections and University Archives, Stanford University Libraries (SUL), M1684 William Wolf collection of Buckminster Fuller papers pertaining to the World Game and Design Science Institute, 1940–1992, Box 5, Folder 177.
13 https://worldgameworkshop.org/brief-history (19.6.2019).

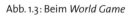
Abb. 1.3: Beim *World Game*

Jugendliche. Im Bildvordergrund sitzen Teenager auf einer Bank, die sich einer farbenfrohen, mehrere Meter breiten Peters-Karte zuwenden. Gerade im Kontrast zur ersten Fotografie wird deutlich, dass diese zwar ein vertrauteres Format aufweist und dass wir es hier mit einer politischen Karte zu tun haben – die rot kolorierte Volksrepublik China lässt sich gut erkennen. Bei genauem Hinsehen zeigt sich jedoch, dass die Anordnung der Kontinente hier zwar »stimmt«, deren Proportionen aber ungewöhnlich sind. Afrika wirkt in die Länge gezogen und nimmt vergleichsweise viel Raum ein; der Nordrand der nördlichen Hemisphäre (das betrifft insbesondere Grönland und Alaska) ist hingegen eigentümlich gestaucht. Und so scheint auch hier das »Zentrum« der Welt subtil verschoben. Wichtiger noch: Auch die hier abgelichtete Version der Peters-Karte wird offensichtlich nicht nur betrachtet, sondern zu einer Art Spiel benutzt. Auf ihrer Oberfläche sind rote, gelbe und schwarze Hände, vermutlich aus Holz oder Pappmaché, platziert. Ein junger Mann auf einer Trittleiter scheint im Begriff, eine dieser Hände zu verschieben, deren Bedeutung eine Legende am rechten Rand der Stellwand erläutert. Man kann dies auf der Reproduktion nicht erkennen, deshalb soll verraten werden, dass die Hände globale Missstände symbolisieren: Schwarze Hände signalisieren Regionen, in denen Analphabetismus herrscht, gelbe stehen für Hunger und Armut, rote Fäuste für soziale Konflikte.

Abb. 1.4: Die Peters-Karte in der Praxis

Die beiden Bildquellen lassen uns einem vergangenen Moment beiwohnen, in dem sich Menschen gemeinsam die Welt als *ganze* vor Augen führen und das auf *neue* Weise, in ungewöhnlicher Form. Zugleich illustrieren sie Fullers und Peters' höchst unterschiedliche Globalitätskonzepte. Die Menschen auf dem zweiten Foto, das 1981 bei einem Jugendlager des Deutschen Gewerkschaftsbundes (DGB) am Bodensee entstanden ist,[14] vergegenwärtigten sich mithilfe der Peters-Karte die *Differenzen der sozialen Geografie der Erde*: die ungleiche Chancenverteilung im Hinblick auf ein Leben in Frieden und Wohlstand. Vermutlich diskutierte die Gruppe, welche Hand wo hingehört. Das dürfte zumindest implizit einer Aufforderung zur Selbstreflexion gleichgekommen sein. Die Kinder und Jugendlichen auf dem Bild befanden sich ja in keiner jener Regionen, die von Hunger und Armut zerrüttet waren. Und es war genau dieser Sachverhalt, den sie sich bewusst machten. Demgegenüber hat Szene eins fast etwas Harmonisches. Tatsächlich stammt das Foto aus einem Artikel in der christlichen Zeitschrift »World Monitor«, der von einem *World Game* berichtet, das 1989 an der Brown University in Providence/Rhode Island stattfand,[15] und dessen Erkenntnisziel *im Bewusstsein um globale Verbindungen* bestand. Nicht nur die Kontinente erschienen hier als untereinander verbunden, sondern die (topografische) Karte zeigte auch keine Staatsgrenzen und

---

14 Abgedruckt ist die Fotografie in: *Anwendungen*, S. 7.
15 Craig Lambert: Bucky Fuller's Big Game Goes On, in: *World Monitor* 6 (1989), S. 18–20.

andere kulturelle Marker von Trennungen zwischen Menschengruppen jenseits von naturräumlichen Gegebenheiten.[16] Deshalb wirkt die Szene optimistischer: Aus der Welt ließ sich etwas machen, vorausgesetzt, sie wurde sich zusammen angeeignet. Tatsächlich sollten die TeilnehmerInnen im Lauf des Spiels auf der Erdoberfläche Spielelemente verschieben, die verschiedene Ressourcen repräsentierten. Das Spielziel – das zugleich das Lebensmotto Buckminster Fullers war – lautete: »to make the world work for everyone«.

Aber was *genau* erklärt diese Arbeit mit Karten, die alles Andere als wahrheitsgetreu waren, zumindest für unser von Satellitenbildern und von *Google Earth* verwöhntes Auge? Warum bezogen Menschen Stellung vor, ja sogar auf grafischen Repräsentationen der Erdoberfläche, die absichtlich verzerrt oder wie zerstückelt und neu zusammengesetzt wirken und die – das gilt allerdings für nahezu alle Weltkarten – kaum bei der Orientierung im Gelände dienlich sein konnten? Manchmal ist es sinnvoll, sich als Zeithistorikerin in die Rolle von Ethnologen oder Kulturanthropologen zu versetzen, die eine fremde Kultur zu entschlüsseln versuchen. Dies bedeutet, all das beiseite zu lassen, was man über die Symbolpolitik von Nicaragua-Gruppen, die Slogans von Kirchentagen, die Präsenz von Fotografien des blauen Planeten auf den vielen *Earth Days* seit 1970 weiß. Denn es ist offenbar: Die auf den Fotos abgebildeten Menschen orientierten sich eher ideell und symbolisch als geografisch. Insbesondere, wo mit der Peters-Karte gearbeitet wurde, lief dies auf eine »Ein-Nordung« im übertragenen Sinne hinaus: die Selbstzuordnung zur privilegierten Gesellschaft der Industrieländer des Globalen Nordens. Allerdings dürften auch die abgebildeten *World Gamer* zumindest »anpolitisiert« gewesen sein. Womöglich fühlten sie sich dem friedensbewegten Milieu, einer Solidaritätsbewegung, der Umweltbewegung, wenn nicht gleich mehreren dieser Gruppen zugehörig. Die Überlappungen zwischen ihnen sind gerade im Rückblick ohnehin groß, wozu ein geteilter Kleidungscode und eine bestimmte Körpersprache beitragen. Schon die langen Haare sowie Körperhaltungen, die konservativeren Zeitgenossen wohl auch in den 1980er Jahren noch als »lümmelnd« erschienen wären, legen nahe, dass wir es mit »Gutmenschen« oder »Weltverbesserern« zu tun haben könnten (wie es die Nachfolger dieser Kritiker heute wohl nennen würden). Wer deren Moralismus aber als welt*fremd* belächelt, kommt seinen Ursachen und seiner historischen Spezifik nicht näher.

Will man diese Spezifik genauer einkreisen, hilft ein Schritt zurück in die Abstraktion. Wir sehen auf den Fotos Menschen zu, die die Welt anders sehen sollten, um sie gewissermaßen überhaupt zu erkennen. Nun gerät eine assoziative Bildanalyse an ihre

---

16 Laut Teilnehmerunterlagen zu einem anderen *World Game*, das einige Jahre zuvor in Boulder (Colorado) stattgefunden hatte, war der Maßstab so gewählt, dass die Beteiligten die Erde wie aus 2.000 Meilen Höhe betrachteten. Raketen flogen also auf Höhe ihrer Fußgelenke; die Berge nahe dem Veranstaltungsort waren etwa so hoch wie eine Münze. Vier Schritte auf der Karte trennten New York von Los Angeles. Deck-Plan Spaceship Earth, 1982, SUL, M1090 Buckminster Fuller papers, Series 2, Box 466, Folder 8, Dymaxion Chronofile, Vol. 798.

Grenzen, wenn sie fragt, ob dies gelungen ist. Zumindest auf Abb. 1.4 wirken die Jugendlichen eher gelangweilt. Den *VeranstalterInnen* jedoch, die hinter den Szenen stehen – jenen Personen also, die die Stoffplanen haben bedrucken lassen, aus denen sich die begehbare *Dymaxion Map* zusammensetzt, und die die mit der Peters-Karte beklebte Stellwand ins Freie geschleppt haben – ging es ganz sicher darum, jungen Menschen klarzumachen, dass sie als Teil eines globalen Ganzen, einer Weltgemeinschaft oder zumindest in einer Art »Weltinnenraum« agierten.[17] Die Hypothese, die das vorliegende Buch prüfen soll, geht also von folgender Annahme aus: Irgendwann im Laufe des 20. Jahrhunderts setzte sich die Gewissheit durch, dass der beste Weg, die Lage der Menschheit und des Planeten insgesamt zu verbessern, darin bestehe, jeden Einzelnen in die globale Verantwortung zu nehmen. Damit sich aber jemand in der Lage fühlen konnte, die ganze Welt zu verbessern, musste er nicht nur eine Vorstellung von ihr, sondern auch ein Gefühl eigener Handlungsmacht in Bezug auf ihre Geschicke haben. An den Einsatz von Peters-Karte und *Dymaxion Map* knüpfte sich nun die Hoffnung, er werde ein solches Gefühl von Handlungsrelevanz entstehen lassen. Die beiden Fotos verdeutlichen dies, da sie die Medien Fullers und Peters' *im Gebrauch* zeigen: Durch die eigene forschende, erprobende Arbeit mit diesen »Denkwerkzeugen« (Fuller) ließ sich ausloten, wo es Optimierungs-, Angleichungs-, Umverteilungsspielräume im Hinblick auf die globalen Ressourcen gab. Die »begehbare« Größe der Karten sollte zugleich ein haptisches Verhältnis zur Welt erzeugen. Die körperliche Einnahme ganzer Kontinente, maßstabsgetreue Menschenhände, die die Situation ganzer Staaten repräsentieren: Solche Skalensprünge trugen dazu bei, geistige Distanzen zu überbrücken, um die Wahrnehmung der globalen Situation als lösbares Problem zu fördern. Es handelt sich bei den abgebildeten Varianten der Peters-Weltkarte und der *Dymaxion Map* also um Medien, die eine »Kommensurabilitätsfiktion« herstellten, wie dies der Soziologe Bruno Latour genannt hat. Er unterstreicht angesichts der gegenwärtigen Debatten über das Anthropozän, wie schwierig es ist, das »Wir« einer Menschheit zu adressieren, die zur geologischen Größe geworden ist, da das die menschliche Vorstellungskraft übersteigt. Wie ihn zur Räson bringen, den »Anthropos« des neuen Erdzeitalters? Latour deutet an, dass kollektive Zugehörigkeitsgefühle genauso wie individuelle Selbstwirksamkeitsannahmen bewusst vor-verstärkt, vermittelt, *medialisiert* werden müssen, wenn man das Verhalten von Subjekten effektiv beeinflussen will.[18]

Nun lässt sich der exotisierende Anthropologenblick in der Zeitgeschichte nicht lange künstlich aufrechterhalten. Wie ich im Folgenden zeigen werde, ist er zudem selbst ein zeithistorisches Phänomen: Die Praxis, die eigene, westliche Gesellschaft

---

17 So nennt ihn (in Anlehnung an Rainer Maria Rilke): Peter Sloterdijk: *Im Weltinnenraum des Kapitals. Für eine philosophische Theorie der Globalisierung*, Frankfurt a. M. 2005. Er ist übrigens ein Fuller-Fan: Peter Sloterdijk: Wie groß ist »groß«?, in: *Böll.Thema* 2 (2011), S. 12–16.

18 Bruno Latour: Warten auf Gaia. Komposition der gemeinsamen Welt durch Kunst und Politik, in: Michael Hagner (Hg.): *Wissenschaft und Demokratie*, Frankfurt a. M. 2012, S. 163–188.

Abb. 1.5: Die polyzentrische Welt des Evangelischen Missionswerks 2013/14

wie mit fremden Augen zu betrachten, hat einen festen Platz in eben jenen emanzipatorischen Bewegungen des letzten Drittels des 20. Jahrhunderts, deren Exponenten wir in beiden Szenen unzweifelhaft zusehen. Wenn es einer Vergrößerung der Distanz gegenüber den zwei Fotos bedarf, so liegt dies nicht zuletzt daran, dass solche Vermittlungspraktiken heute allgegenwärtig sind.

Die Tatsache, dass eine (auf die bloßen Umrisse der Kontinente reduzierte) Version der Peters-Karte auf dem Cover des Jahresberichtes des Evangelischen Missionswerks (EMW) 2013/14 abgebildet ist (Abb. 1.5), mag darauf zurückführen sein, dass es die Vorgängerorganisation des EMW gewesen war, die Anfang der 1970er Jahre den entscheidenden Impuls zu deren Publikationserfolg gegeben hatte. Bemerkenswerter ist, dass die Absicht, die sich schon 1981 mit ihrem Einsatz verband – die Welt anders zu zeigen – im Abdruck von 2013/14 doppelt symbolisiert ist, nämlich durch die Ergänzung einer gedrehten, also »gesüdeten« Peters-Karte.[19] Mit der gleichen Absicht erscheint die Karte auch im Kontext des Internetauftritts, mit dem das deutsche Bundesministerium für Wirtschaftliche Zusammenarbeit und Entwicklung (BMZ) seine

---

19 *Von allen Enden der Erde. Die neuen Landschaften der Weltchristenheit. Jahresbericht 2013/2014 des Evangelischen Missionswerks in Deutschland e.V.* Hamburg, 2014, S. 3.

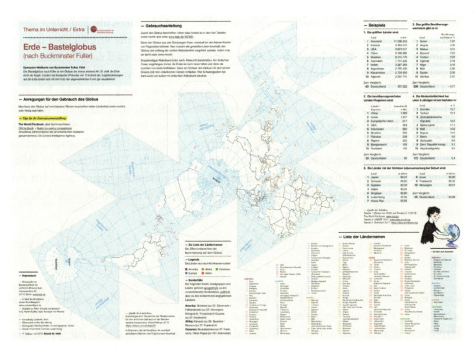

Abb. 1.6: Basteln, Ausmalen, Statistiken auswerten: BPB 2015.

Projekte in aller Welt vorstellt. Dieser Auftritt lädt seit 2015 dazu ein, »Perspektiven [zu] wechseln«.[20] Und das wird illustriert durch eine Peters-Karte, die einen doppelten Satz Beschriftungen aufweist, von denen einer um 180 Grad gedreht ist. Wenn man das Kartenblatt dreht, kann man also zur »südlichen Perspektive« wechseln.

Die *Dymaxion Map* ist ebenfalls weiterhin in Verwendung. So verbreitet die deutsche Bundeszentrale für Politische Bildung (BPB) seit 2015 ein DIN-A3-Poster mit einer *Dymaxion Map* als Unterrichtsmaterial (Abb. 1.6).[21] Die Ränder der (hier mit Staatsgrenzen versehenen) Karte sind vorgestanzt. Sie sind zudem mit Laschen versehen, die es erlauben, die aus dem Bogen herausgelöste Karte zum dreidimensionalen Globus zusammenzukleben. Nicht minder wichtig als dieser spielerisch-haptische Aspekt des »Bastelglobus« ist aber, dass er um weitere, auf den ersten Blick unscheinbare visuelle Medien ergänzt wurde, nämlich um fünf Tabellen mit globalen Informationen. Eine ebenfalls auf dem Poster abgedruckte Legende mit farbiger Stufenskala (in der Kartografie spricht man von Choroplethen) legt nahe, die weiß belassenen Flächen der Länder selbst auszumalen, also der Weltkarte auf Basis der Tabellenwerte eigene thematische Schwerpunkte zu geben. Die Tabellen verzeichnen Daten zu Demografie

---

20 http://www.bmz.de/de/laender_regionen/interaktive_weltkarte/ (19.6.2019).
21 *Erde – Bastelglobus [nach Buckminster Fuller] (Thema im Unterricht – Extra)*. o.O. [Berlin]. 2015. Für den Hinweis auf die BPB-Karte danke ich Stefanie Middendorf.

und Ernährungslage der einzelnen Regionen. Das lässt darauf schließen, dass diese eigenständige Kartenarbeit aus Sicht der Herausgeber – ebenfalls vergleichbar der Jugendfreizeit des DGB 30 Jahre zuvor – der Vergegenwärtigung und der Moralisierung globaler Ungleichheit Vorschub leisten soll. Dass diese Absicht keine Seltenheit war und ist, legt nicht nur der diachrone Vergleich zwischen 1981 und 2015 nahe. Es zeigt sich auch in der Tatsache, dass hier ein *amerikanisches* Medienprodukt in der Bundesrepublik im Kontext einer didaktischen Praxis Verwendung findet, die in den Vereinigten Staaten seit den 1970er Jahren *Global Education* genannt wird (in Deutschland ist meist von »entwicklungspolitischer Bildungsarbeit« die Rede). Transatlantische Wanderungsbewegungen gingen und gehen aber auch in die andere Richtung: 2016 hat der Schulbezirk Boston die Arbeit mit der Peters-Karte ins Curriculum höherer Schulen aufgenommen.[22]

Zwei Fallstudien, drei Frageansätze

Kann man den fortgesetzten Einsatz beider Weltkarten also als Indiz eines unabgeschlossenen Prozesses begreifen, als genuin zeithistorisches Phänomen? Eine solche Hypothese drängt sich umso mehr auf, als Peters und Fuller schon zur Mitte des 20. Jahrhunderts erdacht hatten, was erst später, in dessen letztem Drittel, seine größte Anziehung entwickelte, wie die Beispiele andeuten sollten. Die Frage ist: Worin bestand und besteht die ästhetische und kommunikative Aktualität dieser Ansätze? Wann und warum entstand der soziokulturelle Resonanzraum für den Globalismus, den die beiden Welt-Bildner kommunizierten? Um diese Fragen zu beantworten, kombiniere ich in diesem Buch zwei biografische Fallstudien mit drei historiografischen Ansätzen.

1. Altmodisch ausgedrückt, fokussiere ich auf Werk und Wirkung zweier Menschen, die sich mit der Medialisierung von Globalität einen Namen gemacht haben. *Erstens* lässt das Buch sich also als Studie in (politischer) Ideengeschichte verstehen und mit Einschränkungen auch als ein Beitrag zur *Global Intellectual History*.[23] Das gilt besonders für die erste Hälfte des Buchs, in der ich *biografisch* vorgehe, um zu erklären, was Peters und Fuller selbst zu – sehr unterschiedlichen – Globalisten machte. Mich beschäftigen hier einerseits die erfahrungsgeschichtliche Dimension ihres globalen Denkens und andererseits die persönlichen Zukunftserwartungen, die aus diesem Denken sprechen. Beleuchten werde ich darüber hinaus die epistemologischen Voraussetzungen des Nachdenkens der beiden Protagonisten über die Welt. Um nicht hinter die

---

22 Der heutige amerikanische Verleger der Peters-Karte dokumentiert das Presse-Echo dieser Entscheidung unter https://manywaystoseetheworld.org/pages/media-hits (19.6.2019).
23 Zur Konturierung dieses Forschungsfelds, das anders als die vorliegende Studie auch intellektuelle Debatten im »Rest« der Welt rekonstruiert bzw. interkulturelle ideengeschichtliche Verflechtungen untersucht: Samuel Moyn/Andrew Sartori (Hg.): *Global Intellectual History*, New York 2013.

Einsicht der jüngeren Wissenschaftsgeschichte zurückzufallen, dass Ideen (Paradigmen, wissenschaftliche Tatsachen) aus sozialen Zusammenhängen heraus entstehen, werde ich mich in diesen Abschnitten eng an den Lebenswegen Peters' und Fullers entlang bewegen. Ich werde dabei jedoch entschieden kontextualisierend vorgehen: Welche sozialen und diskursiven Umstände spiegeln sich im »globalen Wissen«[24] der beiden Welt-Bildner wider?

2. Schon in den ersten Abschnitten dieses Buchs wird jedoch darüber hinaus gefragt: Warum setzten Fuller und Peters überhaupt auf Medien? Indem ich diese Frage beantworte, verlasse ich den Boden der herkömmlichen Ideengeschichte (als einer Geschichte von Büchern, wichtigen Begriffen, von Debatten zwischen Akademikern). Denn ich untersuche Ideen *zweitens* in *mediengeschichtlicher* Perspektive. Das geschieht zum einen, indem ich die Weltkarten der beiden Protagonisten – aber eben auch die globalhistorischen Zeitpfeile Peters' oder die menschheitshistorischen Kurvendiagramme und planetarischen Planspiele Fullers – als Quellen betrachte, deren Entstehung rekonstruiere und das in ihnen »verwahrte« Wissen herauspräpariere. Es geschieht zum anderen, indem ich die soziale Resonanz ausmesse, die diese Medien länderübergreifend erhielten. Vor allem im zweiten Teil der Arbeit wird also die *Rezeptionsgeschichte* mitrekonstruiert. Dabei werde ich gerade den Anpassungen an sich verändernde Anwendungskreise Aufmerksamkeit schenken, denen Fuller und Peters ihre Medien unterzogen.

3. Es sind nämlich diese Anpassungen, die das Scharnier zum *dritten* Fragekomplex bilden, der darauf abzielt, breitere *gesellschaftliche und politische Wandlungsprozesse* herauszuarbeiten. Einen neuen methodischen Weg werde ich mit dieser Studie dadurch einschlagen, dass ich die Historizität des Erwartungshorizonts in Bezug auf medial vermittelte Subjektivierungstechniken und Mobilisierungsstrategien untersuche.[25] Es ist eine selten gestellte, für die Geschichte demokratischer Gesellschaften des 20. Jahrhunderts jedoch entscheidende Frage, mit welchen Mitteln Menschen ihre MitbürgerInnen zur Mitwirkung an der politischen Willensbildung bewegen, wenn nicht überhaupt erst ermächtigen zu können glaubten. Ich beabsichtige, anhand meiner Fallstudien zu zeigen, dass die Beantwortung der medienwissenschaftlichen Frage, »was Medien waren« Veränderungen der räumlichen Bezüge politischen Handelns im 20. Jahrhundert, ja des Politikverständnisses selbst, sichtbar machen kann. Es lässt sich mithilfe der beiden Fallstudien ein Umbruch konturieren, der zu jener Haltung geführt hat, die sich im Imperativ »global denken, lokal handeln« artikuliert.[26] Indem ich frage,

---

24 Diesen Begriff konturieren aus soziologischer Perspektive: Nico Stehr/Marian Adolf: *Ist Wissen Macht? Wissen als gesellschaftliche Tatsache*, Weilerswist 2018, S. 229–269. Als Versuch, ihn für die Wissenschaftsgeschichte zu operationalisieren: Sönke Kunkel: Globales Wissen und Science Diplomacy im 20. Jahrhundert. Eine Bestandsaufnahme, in: *NPL* 65 (2020), S. 19–43.

25 Das bleibt überraschend absent bei Thomas Alkemeyer/Gunilla Budde/Dagmar Freist: Einleitung, in: Dies. (Hg.): *Selbst-Bildungen. Soziale und kulturelle Praktiken der Subjektivierung*, Bielefeld 2013, S. 9–30.

26 Der Urheber dieses auch Fuller zugewiesenen (englischen) Slogans ist unklar. Offenbar begannen ihn ver-

was Medien bewirken zu können schienen, wird aber auch deutlich, dass der Resonanzboden der Ideen Peters' und Fullers sich auch deshalb aufspannte, weil ihre Karten, Diagramme, Tabellen und Spiele in den Augen der Angehörigen emanzipatorisch gesinnter Kreise als besonders gut geeignet für die eigensinnige Erarbeitung einer globalen Denkweise erschienen: Medieneinsatz, Globalitätsdiagnostik und Partizipationsethos lassen sich, so eine zentrale These, die sich aus meiner Analyse ergibt, seit dem letzten Drittel des vergangenen Jahrhunderts kaum voneinander trennen: Um 1940, verstärkt dann aber ab Ende der 1960er Jahre bildeten sich jene didaktischen Praktiken der persönlichen »Responsibilisierung« für das globale Ganze, den Planeten und die Menschheit heraus, die ich mithilfe der vorangegangenen Bildanalysen skizziert habe. Der moralische *Glokalismus*,[27] wie ich ihn nenne – wobei ich Attribute wie »moralisch«, »ethisch« oder »gewissenhaft« bewusst *nicht* im wertenden Sinne verwende – modifizierte die Aufmerksamkeitsökonomien zugleich auch dahingehend, dass Einzeldenker wie Fuller und Peters, die als besonders integer wahrgenommen wurden, auch besonderes Gehör fanden. Gerade diese Beobachtung lässt eine biografische Studie meines Erachtens als sinnvoll erscheinen. Sie erschwert allerdings auch ihre Durchführung. Aber darauf wird nach einigen globalitäts- und medientheoretischen Vorüberlegungen zurückzukommen sein.

Kritische Globalitätsgeschichte

Dass nicht nur die Globalisierung, sondern auch die Globalität weder eine überhistorische noch eine »unschuldige« Kategorie ist, beginnt sich herumzusprechen.[28] Der Politikwissenschaftler Ludger Kühnhardt etwa schlägt vor, Globalität nicht als faktischen Endzustand von Globalisierung zu begreifen, sondern als Denkfigur, die die »Reflexion über die Umstände« auszeichnet, »in denen sich Sachverhalte und Begriffe der [...] menschlichen Lebenspraxis infolge der gemeinsamen Existenz auf unserem Globus befinden«.[29] Kühnhardt spricht denn auch von einer »globalitären Perspektive«,

---

schiedene Personen um 1970 parallel zu verwenden: https://en.wikipedia.org/wiki/Think_globally,_act_locally (19.6.2019).

27 Der Begriff »ethical glocalism« findet sich zuerst bei John Tomlison: *Globalization and Culture*, Chicago 1999. Roland Robertson prägte die »Glokalisierung« ursprünglich für die Multidimensionalität der Effekte globaler Verflechtungen: Roland Robertson: Glokalisierung: Homogenität und Heterogenität in Raum und Zeit, in: Ulrich Beck (Hg.): *Perspektiven der Weltgesellschaft*, Frankfurt a. M. 1998, S. 192–220.

28 Zur Brauchbarkeit des Globalisierungsbegriffs für die Geschichtswissenschaft: Angelika Epple: Globalisierung/en, Version 1.0, in: *Docupedia-Zeitgeschichte*, 11.6.2012, https://www.docupedia.de/zg/Globalisierung (19.6.2019). Historisierend Jan Eckel: »Alles hängt mit allem zusammen«. Zur Historisierung des Globalisierungsdiskurses der 1990er und 2000er Jahre, in: *HZ* 307 (2018), S. 42–78. Siehe nun auch den Schwerpunkt »Globalisierung« der *VfZ* 1–4 (2020).

29 Ludger Kühnhardt: Globalität. Begriff und Wirkung, in: Ders./Tilman Mayer (Hg.): *Bonner Enzyklopädie der Globalität, 2 Bde., Bd. 1*, Wiesbaden 2017, S. 21–36, hier S. 21.

die von der »Einheit des Globus und vom Menschen auf diesem Globus« her blicke, ja beides zum »primären Bezugsmaßstab« des Denkens und Handelns« mache.[30] Wenn ich im Folgenden der Einfachheit halber meist von »Globalismen« spreche, sind damit also keine Ideologien im engeren Sinn gemeint,[31] sondern historische Varianten einer solchen Perspektive, die Jürgen Osterhammel als »globalifiziert« beschreiben würde.[32] Es sind gerade GlobalhistorikerInnen wie Osterhammel, die sich zuletzt eine »Denkpause« verordnet haben angesichts der Tatsache, dass die Corona-Krise sie zur kritischen Prüfung mancher Prämisse veranlasst – etwa hinsichtlich der Irreversibilität des Prozesses der Globalisierung, der geringen Gestaltungskraft des Nationalstaats, der Konnektivität als Eigenwert –, wobei sie auch auf die Forschungslücke »einer kritischen Ideen- und Imaginationsgeschichte von Globalitätsvorstellungen« hinweisen,[33] die dieses Buch ansatzweise zu schließen versucht. Dabei geht Osterhammel wahrscheinlich am weitesten, wenn er mit historisierendem Abstand und durchaus selbstkritisch fragt, wie die »Globalperspektivisten« seit den 1990er Jahren in Fächern wie Ökonomie, Soziologie, Geografie und eben auch in der Geschichtswissenschaft vom Rand ins epistemologische Zentrum rücken konnten, wo sie problematische Narrative von Angleichung, Ausweitung und Konvergenz produzieren. Aber auch Lynn Hunt und Kenneth Pomeranz warnten bereits 2014 davor, die Globalgeschichte könne unfreiwillig zum historiografischen Zwilling einer normativen Globalisierungsdiagnostik werden, wenn sie nicht darüber nachdenke, »wie wir das Globale nutzen […] und wie verschiedene Versionen des Globalen womöglich uns benutzen«. Der China-Spezialist Pomeranz begrüßt zwar die Absicht, gerade Studierende für die Verflechtungen zwischen der europäischen und der außereuropäischen Geschichte zu sensibilisieren. Er argumentiert aber zugleich, ein Vereinnahmungspotenzial der Globalgeschichte entstehe dann, wenn

---

30 Ebd., S. 27.
31 Nur *ex negativo*, als Hintergrundideologie eines Markts ohne Grenzen, den es durch internationale Regelwerke und Institutionen zu schützen gilt, tritt der Globalismus bei Quinn Slobodian: *Globalists. The End of Empire and the Birth of Neoliberalism*, Harvard 2018 in Erscheinung und auch schon bei Ulrich Beck: *Was ist Globalisierung? Irrtümer des Globalismus – Antworten auf die Globalisierung*, Frankfurt a. M. Or Rosenboims Studie der Weltordnungsvisionen der 1940er Jahre hingegen geht es gerade um »competing meanings of the global« zwischen kosmopolitischer Moral und Geostrategie: Or Rosenboim: *The Emergence of Globalism: Visions of World Order in Britain and the United States, 1939–1950*, Princeton 2017, S. 3. Ähnlich hält es Kühnhardts Kollege Manfred Steger, wenn er den Globalismus-Begriff vage als Form des kollektiven Imaginären operationalisiert, was die Identifikation von Varianten wie »market globalism« oder »justice globalism« erlaubt: Manfred Steger: *The Rise of the Global Imaginary. Political Ideologies from the French Revolution to the Global War on Terror*, Oxford 2008. Von »Globalismus« spricht nun in seiner Geschichte der politischen Idee der »globalen Interdependenz«: Martin Deuerlein: *Das Zeitalter der Interdependenz. Globales Denken und internationale Politik in den langen 1970er Jahren*, Göttingen 2020.
32 Jürgen Osterhammel: Globalifizierung. Denkfiguren der neuen Welt, in: *Zeitschrift für Ideengeschichte* IX (2015), S. 5–16.
33 Stefanie Gänger/Jürgen Osterhammel: Denkpause für Globalgeschichte, in: *Merkur* 74 (2020), H. 855, S. 79–86, hier S. 84.

der Planet als eine Art Container und die Menschheit als Kollektivsubjekt gedacht würden. Denn das lege es nahe, kulturelle Unterschiede zu vernachlässigen. Und dann erschienen ökonomische Kategorien wie das Wirtschaftswachstum – wenn nicht die Ausbreitung eines spezifischen, marktwirtschaftlich-demokratischen Gesellschaftstyps über die Erdkugel – als geradezu naturgesetzlich. Pomeranz plädiert stattdessen für einen Forschungsansatz, der die Wechselwirkungen zwischen diskontinuierlichen Phänomenen auf verschiedenen zeitlichen wie räumlichen Skalen untersucht. Von »Globalität« kann für ihn allenfalls im Plural die Rede sein.[34]

Sebastian Conrad indes hat schon in Reaktion auf solche Warnungen eine verstärkte Reflexion über das gefordert, was er den »Ort der Globalgeschichte« nennt. Auch er hält wenig von HistorikerInnen, die sich einbilden, den ganzen Planeten wie aus dem All in den Blick nehmen zu können. Aber auch »Wiedergutmachungserzählungen der Weltgeschichte«, die von schlechtem Gewissen getrieben seien (über dessen Geschichte Conrad nichts sagt), seien bedenklich, und mehr noch die völlige Aufgabe jedes Anspruchs auf einen eigenen Standpunkt im Sinne einer falsch verstandenen Multiperspektivität. Letztere, so Conrad, könne unter der Hand einem Essentialismus Vorschub leisten, dem außerhalb der Wissenschaft die Kommodifizierung kultureller Differenz, etwa im Tourismus, entspreche – ein Essentialismus, der zugleich die Ursachen der Ungleichheit in der Welt zu verschleiern drohe. Der Balanceakt sei, »an Positionalität festzuhalten, ohne zugleich in kulturelle Essentialismen zu verfallen«.[35] Dabei helfe es, diese »Positionalität« als erkenntnistheoretische Haltung zu begreifen, die AkademikerInnen gewissermaßen wie im Rollenspiel annähmen, nicht ohne die Machtverhältnisse zu vergessen, die ihnen dieses Spiel erst erlaubten.

Es sei dahingestellt, wie groß die Erfolgsaussicht ist, solche Balanceakte durchzuführen, zumal angesichts einer im globalen Archivvergleich äußerst unausgewogenen Überlieferung. Ich habe bereits angedeutet, dass der spielerische Perspektivwechsel auf die Welt selbst eine Geschichte hat. Festzuhalten ist, dass in der jüngeren Geschichtswissenschaft das Interesse an historischen Globalitätsdiagnosen zugenommen hat. HistorikerInnen werden sich dabei der privilegierten Sprecherpositionen bewusster, aus deren Perspektive über Globalität gesprochen und geschrieben wird. Sabine Höhler und Iris Schröder haben bereits 2005 in ihrer vorzüglichen Einleitung zu einem Band, der einen Auftakt zur Historisierung des »Denkens in globalen Bezügen« gibt, zu Globalitätsgeschichten angeregt, die aufzeigen, »wie historisch variabel, wie brüchig, wie heterogen und wie lokal [...] Vorstellungen der Einheit, Gesamtheit und Geschlossenheit der Welt sind und wie eng sie an spezifische Akteurinnen und Akteure sowie deren Praktiken gebunden sind.« Höhler und Schröder plädieren dafür, der »unkritisch angenommenen Universalität globaler Referenzen ihre historische Partikularität« ent-

---

34 Kenneth Pomeranz: Histories for a Less National Age, in: *AHR* 119 (2014), S. 1–22, hier S. 6, und Lynn Hunt: *Writing History in the Global Era*, New York 2014.
35 Sebastian Conrad: Der Ort der Globalgeschichte, in: *Merkur* 68 (2014), S. 1096–1102, hier S. 1101.

gegenzuhalten. Sie regen zu Analysen der »kulturellen Verfasstheit von Globalität im 20. Jahrhundert« an, die sensibilisiert sind für die »Hegemonien, die solche Perspektiven erst hervorbringen und unseren heutigen Blick prägen«.[36] Dies deckt sich mit Vorschlägen, die unter dem erwähnten Rubrum *Global Intellectual History* eingebracht werden.[37]

Was diese Empfehlungen (neben einer letztlich ideologiekritischen Grundhaltung) eint, ist die Rolle, die sie *visuellen Repräsentationen* des Weltganzen für solche Universalisierungsprozesse beimessen. Seltener werden diese Visualisierungen jedoch wirklich analysiert. Dabei könnte dies die Aufmerksamkeit für »konkurrierende Globalismen« schärfen, wie Benjamin Lazier sie nennt.[38] Auch die Kritik an der Dominanz bestimmter Visualisierungen des Planeten in jüngeren internationalen Umweltdebatten zeigt, dass es sich bei »Globalität« um ein umkämpftes Phänomen handelt – und dass visuelle Repräsentationen der Erde oder der Menschheit Techniken sein können, diese Kämpfe unsichtbar zu machen. Auf Pionierarbeiten des Kulturgeografen Denis Cosgrove aufbauend,[39] argumentiert etwa die indisch-amerikanische Wissenschaftssozio-

---

36 Iris Schröder/Sabine Höhler: Welt-Räume: Annäherungen an eine Geschichte der Globalität im 20. Jahrhundert, in: Dies. (Hg.): *Welt-Räume. Geschichte, Geographie und Globalisierung*, Frankfurt a. M. 2005, S. 9–47, hier S. 12, 29. Beide Historikerinnen haben ihr Forschungsprogramm umgesetzt: Sabine Höhler: *Spaceship Earth in the Environmental Age, 1960–1990*, London 2015; Iris Schröder: *Das Wissen von der ganzen Welt. Globale Geographien und räumliche Ordnungen Afrikas und Europas 1790–1870*, Paderborn 2011. »Globalität« sei Ergebnis fortlaufender, von Interessen getriebener und von Institutionen überformter *Assemblagen*, so auch Rens van Munster/Casper Sylvest: Introduction, in: Dies. (Hg.): *The Politics of Globality since 1945. Assembling the Planet*, Abingdon/New York 2016, S. 1–19, hier S. 2.

37 Duncan Bell etwa empfiehlt, sich verstärkt mit »verschieden Artikulationen von Globalität« zu befassen und speziell mit den »Universalitätsbehauptungen«, die diesen Plausibilität verliehen: Duncan Bell: Making and Taking Worlds, in: Moyn/Sartori, *History*, S. 254–278, hier S. 257.

38 Benjamin Lazier: Earthrise; or, The Globalization of the World Picture, in: *AHR* 116 (2011), S. 602–630. Nur Absichtsäußerung bleibt Iain Boals Vorsatz, den »Globe Talk« der jüngeren Geschichte entlang visueller Repräsentationen als »kartografische Logik des Spätkapitalismus« zu enttarnen: Iain A. Boal: Globe Talk: The Cartographic Logic of Late Capitalism, in: *History Workshop* 64 (2007), S. 341–346. Wenig weiterführend sind auch die Zitatcollagen der Beiträge in Ulrike Bergermann/Isabelle Otto/Gabriele Schabacher (Hg.): *Das Planetarische. Kultur – Technik – Medien im postglobalen Zeitalter*, München 2010. Vor Drucklegung nicht mehr einarbeiten konnte ich die vielversprechende Studie des Soziologen Sebastian W. Hoggenmüller: Globalität sehen. Zur visuellen Konstruktion von »Welt«, Frankfurt a. M. 2021.

39 Grundlegend: Denis Cosgrove: Contested Global Visions. One-World, Whole-Earth, and the Apollo Space Photographs, in: *Annals of the Association of American Geographers* 84 (1994), S. 270–294. Cosgroves Ausführungen zu den »contested global visions«, die die Erdfotografien der NASA begleiteten, münden in eine Unterscheidung, an der sich auch dieses Buch abarbeitet, nämlich die zwischen einem eher politischen »One World«- und einem eher ökologischen »Whole Earth«-Sinnfeld. Cosgrove zeigt auch schon, dass beiden »globalen Visionen« die Tendenz zur Totalisierung einer spezifischen Weltsicht innewohnt. Diese Beobachtung vertiefen Solvejg Nitzke/Nicolas Pethes: Introduction. Visions of the »Blue Marble«. Technology, Philosophy, Fiction, in: Dies. (Hg.): *Imagining Earth. Concepts of Wholeness in Cultural Constructions of Our Home Planet*, Bielefeld 2017, S. 7–22. Siehe außerdem Sebastian Vincent Grevsmühl: *La terre vue d'en haut. L'invention de l'environnement global*, Paris 2014. Ein echtes Desiderat ist, wie solche

login Sheila Jasanoff, dass die erwähnte erste Fotografie der ganzen Erdscheibe aus dem All, *Blue Marble* (1972), oft dazu gedient habe, eine Art gesellschaftsübergreifende Verantwortungsgemeinschaft angesichts ökologischer Probleme zu suggerieren. Dies sollte ein kollektives – faktisch aber von Akteuren aus dem Globalen Norden bestimmtes – Handeln als Sachzwang erscheinen lassen. Wenn aber nun indische Umweltmagazine Namen wie »Down to Earth« tragen und die Logos von Umweltorganisationen aus dem Globalen Süden gerade *nicht* den blauen Planeten zeigen, sondern einen von einem Gradnetz überzogenen (lies: von Menschenhand unterteilten) Globus, dann, so Jasanoff, sei dies als Insistieren darauf zu verstehen, dass sich die Betroffenheit von Umweltschäden »auf dem Boden« anders darstellt. Die emphatisch behauptete gemeinsame Vision der Menschheit hat also einen geografischen Ort; Appelle an ein Erdbewusstsein verabsolutieren nicht selten die Problemdiagnosen und Lösungsvorschläge lokal situierter, privilegierter Akteure.[40] Wie der Kulturwissenschaftler und Kurator Anselm Franke argumentiert, gilt das auch für die Adaption der Erdfotografie durch das gegenkulturelle Milieu der Westküste der USA – auf das noch genauer zurückzukommen sein wird, da sich gerade aus diesem Milieu viele von Fullers eifrigsten SchülerInnen rekrutierten: Zwar begriff die kalifornische *Counterculture* ihre *Whole Earth*-Ideale dezidiert als Gegenentwurf zum Universalismus der »imperialen Zentren«, wie Franke schreibt. Allerdings verallgemeinerte sie dabei spezifische, lokale »Wert- und globale Ordnungsvorstellungen«.[41]

Es bedarf also *gerade* mikroskopischer Blicke, um (grafisch-visuelle) Universalisierungen spezifischer Auffassungen von Globalität zu beobachten – bei denen keineswegs nur Vorstellungen von Ganzheitlichkeit und Verbundenheit eine wichtige Rolle spielen. Dass das Verhältnis komplexer ist, zeigt die Soziologin Bettina Heintz luzide am Beispiel der Bevölkerungsstatistik von Völkerbund und UN und deren Visualisierungsstrategien. In den Tabellen dieser Institutionen vermischten sich lange Zeit äußerst heterogene Kategorien wie Nationalstaaten, koloniale Mandatsgebiete und naturräumlich definierte Großregionen. Erst im Laufe der 1960er Jahre (und nur infolge komplizierter Prozeduren der Beschaffung und Anpassung von Daten aus aller Welt) bildete sich der Nationalstaat als Vergleichsstandard heraus. Erst damit, so Heintz, war die Perspektive der Statistiker »global« geworden. Denn nun liefen ihre tabellarisch

---

Weltsichten ihrerseits globale Verbreitung fanden. Vgl. aber Sumathi Ramaswamy: *Terrestrial Lessons. The Conquest of the World as Globe*. Chicago 2017.

40 Sheila Jasanoff: Heaven and Earth: The Politics of Environmental Images, in: Dies./Marybeth Long Martello (Hg.): *Earthly Politics. Local and Global in Environmental Governance, Cambridge*, Mass./London 2004, S. 31–53, hier S. 49. Jasanoff bezieht sich hier auf die Debatten über Klimagerechtigkeit. Diese bilden auch den Ausgangspunkt für Dipesh Chakrabarty, der das »Eine-Welt-Narrativ« der Klimaforschung genauso kritisiert wie den simplifizierenden Ökokolonialismusvorwurf: Dipesh Chakrabarty: Verändert der Klimawandel die Geschichtsschreibung?, in: *Transit* 41 (2011), S. 143–163.

41 Anselm Franke: Earthrise und das Verschwinden des Außen, in: Diederich Diederichsen/Ders. (Hg.): *The Whole Earth. Kalifornien und das Verschwinden des Außen*, Berlin 2013, S. 12–19.

kommunizierten »Differenzbeobachtungen« insofern auf eine globale »Gleichheitsunterstellung« hinaus, als die demografische Konstellation der sogenannten »Entwicklungsländer« jener der »entwickelten Länder« angeglichen werden konnte – ja musste.[42] Einen ähnlichen Vorgang – Heintz spricht von der »Welterzeugung durch Zahlen« – hat der Wissenschaftshistoriker Daniel Speich Chassé anhand der Geschichte des Bruttosozialprodukts (BSP) rekonstruiert. Er führt den Aufstieg der innerökonomisch durchaus umstrittenen volkswirtschaftlichen Gesamtrechnung innerhalb internationaler Organisationen auf deren Interesse an einer »handhabbaren Abstraktion« der sozioökonomischen Unterschiede in der Welt zurück. Obwohl das BSP die Lebensrealitäten vor Ort eher verschleierte, machte es globale Ungleichheit und damit Globalität überhaupt erkennbar. Und zwar auf eine Weise, die spezifische entwicklungspolitische Anpassungsprogramme nahelegte.[43] Anregend für die vorliegende Studie ist, dass Speich Chassé hier Parallelen zur thematischen Kartografie identifiziert: Auch bei der volkswirtschaftlichen Gesamtrechnung handelt es sich um eine Repräsentationstechnik, die hochaggregierte Daten verräumlichte. Wie Speich Chassé (der selbst auch als Kartografiehistoriker hervorgetreten ist) verdeutlicht, eignen sich gerade Weltkarten jedoch auch als Metapher für die »Verunsichtbarung« der Produktionsbedingungen von Globalität, deren Untersuchung Höhler und Schröder zum Programm erheben. Denn Karten – aber eben auch Diagramme und Tabellen, die Zahlenangaben zu Entwicklungsunterschieden sozusagen in einen »globalen« Rahmen aus Linien einspannen – sind insofern »rhetorisch«, als sich ihr Herstellungsprozess nicht ohne weiteres aus ihnen ablesen lässt.

Geovisualisierungen und die Macht der Wirkungsannahmen

Zwei Fragerichtungen ergeben sich entsprechend aus der neueren Forschung zur Geschichte von Globalismen. Erstens scheint es eben nicht nur ethisch, sondern auch *methodisch* und aus Gründen der wissenschaftlichen Genauigkeit geboten, sich für deren lokale Ursprünge zu sensibilisieren und, davon ausgehend, zu fragen, unter welchen

---

42 Bettina Heintz: Welterzeugung durch Zahlen. Modelle politischer Differenzierung in internationalen Statistiken, 1948–2010, in: *Soziale Systeme* 18 (2012), H. 1+2, S. 7–39, hier S. 10. Zum globalen Vergleichen außerdem: Angelika Epple/Walter Erhart (Hg.): *Die Welt beobachten. Praktiken des Vergleichens*, Frankfurt a. M. 2016.

43 Daniel Speich Chassé: *Die Erfindung des Bruttosozialprodukts. Globale Ungleichheit in der Wissensgeschichte der Ökonomie*, Göttingen 2013, S. 9. Den Versuch, solche lokalen, aber hegemonial geworden Universalismen zu analysieren, unternehmen auch die Beiträge in Hubertus Büschel/Daniel Speich (Hg.): *Entwicklungswelten. Globalgeschichte der Entwicklungszusammenarbeit*, Frankfurt a. M./New York 2009. Sie befassen sich teils mit derselben europäischen Ideengeschichte, entlang derer Chakrabarty seine Forderung nach einer »Provinzialisierung« Europas und seiner Geschichtsphilosophien entwickelt: Dipesh Chakrabarty: *Provincializing Europe. Postcolonial thought and historical difference*, Princeton 2000.

Umständen sich spezifische Globalitätskonzepte oder -wahrnehmungen durchsetzen konnten. Zweitens empfiehlt es sich, Medien in den Blick zu nehmen, die für diese Durchsetzung instrumentalisiert wurden. Nun griffe es aber zu kurz, nur zu fragen, wie diese Globalitätsvorstellungen transportiert oder verstärkt wurden. Vielmehr sollte man »Geovisualisierungen« – die im Folgenden in einem weiten Sinne als Methoden der visuellen Präsentation erdbezogener räumlicher Daten verstanden werden –, als *Kulturtechniken der Globalität* begreifen: Sie strukturieren die »Welt«, wie an den einleitenden Bildanalysen gezeigt, im Moment ihres Gebrauchs.[44] Wenn ich mir im Folgenden also die Forderung zu eigen mache, visuelle Medien verstärkt in die zeithistorische Forschung einzubeziehen, dann im Sinne einer *Visual History*, die sich nicht in der Dekodierung von Botschaften erschöpft, die den bildhaften Medien eingelassen scheinen (und die zudem nicht ungeprüft davon ausgeht, dass Bildern *per se* eine eigenlogische, gesellschaftsverändernde Kraft innewohnt).[45] Man erfährt mehr über eine Zeit, wenn man ihren Erwartungshorizont im Hinblick auf ein spezifisches Medium rekonstruiert, etwa hinsichtlich seines Potenzials zur Aufklärung, zur Emotionalisierung, Politisierung oder eben Responsibilisierung der Menschen, die mit ihm in Berührung kamen.[46]

Bislang ist die »Macht [von] Wirkungsannahmen«, für die ich mich in meiner Studie also interessiere, besonders mit Blick auf Propagandatechniken untersucht worden.[47] Diese »Macht« müsste aber meines Erachtens gerade bei der »Historisierung von Solidarzusammenhängen« stärker berücksichtigt werden.[48] Das ist besonders sinnvoll, wo es um Erscheinungsformen globalen Denkens wie Internationalismus und Kosmopolitismus, Menschenrechtsnormen und den humanitären Interventionismus geht, die zuletzt viel erforscht wurden. Erst recht müssen Analysen solcher Wirkungsannahmen Element einer *Moral History* des vergangenen Jahrhunderts sein, die nicht bei der bloß

---

44 Der vergleichsweise junge, in den Geowissenschaften verwendete Begriff »Geovisualisierung« hat den Vorzug, die Kartografie einzuschließen, aber auch bildgebende Verfahren mit stärker explorativer und analytischer Funktion, und zwar unter Betonung ihrer Interaktivität. Zum Begriff »Kulturtechnik«: Harun Maye: Was ist eine Kulturtechnik?, in: *Zeitschrift für Medien- und Kulturforschung* 1 (2010), S. 121–136. Dass Medien hier in einem durchaus weiten Sinne als Informationsträger verstanden werden, aber nicht als Kommunikations*infrastrukturen* oder *-kanäle*, sollte damit verdeutlicht sein.

45 Programmatisch: Gerhard Paul: Von der Historischen Bildkunde zur Visual History. Eine Einführung, in: Ders. (Hg.): *Visual History. Ein Studienbuch*, Göttingen 2006, S. 7–36.

46 Zu rezeptionsgeschichtlichen Analysen auf Basis heterogener Quellenkorpora ermutigt nun Ulrike Weckel: Plädoyer für Rekonstruktionen der Stimmenvielfalt. Rezeptionsforschung als Kulturgeschichte, in: *GG* 45 (2019), S. 120–150. Mein Ansatz unterscheidet sich von der Erforschung von Performanzen, die auf die *massen*mediale Begleitung und Ko-Konstruktion politischer Großereignisse zurückzuführen sind. Vgl. dazu Frank Bösch: Ereignisse, Performanz und Medien in historischer Perspektive, in: Ders./Patrick Schmidt (Hg.): *Medialisierte Ereignisse: Performanz, Inszenierung und Medien seit dem 18. Jahrhundert*, Frankfurt a. M. 2010, S. 7–29.

47 Ich borge den Begriff von Christian Götter: *Die Macht der Wirkungsannahmen. Medienarbeit des britischen und deutschen Militärs in der ersten Hälfte des 20. Jahrhunderts*, Berlin/Boston 2016.

48 Madeleine Herren: Sozialpolitik und die Historisierung des Transnationalen, in: *GG* 32 (2006), S. 542–559, hier S. 548.

illustrativen Einbeziehung schockierender Fotografien verhungernder Kinder in Biafra stehenbleibt.[49] Darüber hinaus bieten sie sich als Bestandteil einer Gefühlsgeschichte an, die vermeiden will, die Ziele der Kampagnen verschiedener Nichtregierungsorganisationen (NGO) mit deren tatsächlicher Wirkung zu verwechseln.[50] Mein Ziel ist entsprechend, nicht (nur) eine Kulturgeschichte der Globalität des 20. Jahrhunderts als Geschichte ihrer Repräsentationen zu schreiben. Ich will vielmehr über den Weg einer Identifikation ihrer Ursprungsorte und die Rekonstruktion ihrer Aneignungen und Anwendungssituationen ansatzweise auch die Sozialgeschichte global denkender Menschen schreiben. Dafür ist die Ausgangsbeobachtung leitend, dass seit dem Zweiten Weltkrieg immer wieder thematisiert wurde, dass weltweite Verflechtungen lebensweltlich schwer erfahrbar, also zutiefst vermittlungsbedürftig seien. Deshalb kann man die Fährte historischer Globalismen *und* ihrer Trägergruppen besonders gut aufnehmen, indem man das Aufkommen kommunikativer Artefakte untersucht, die globale Lagen und Prozesse veranschaulichten, wie ich es am Beispiel Peters' und Fullers tun werde.[51]

---

49 Habbo Knoch/Benjamin Möckel: Moral History. Überlegungen zu einer Geschichte des Moralischen im »langen« 20. Jahrhundert, in: *ZF* 14 (2017), S. 93–111.

50 Dennoch aufschlussreich: Matthias Kuhnert: *Humanitäre Kommunikation. Entwicklung und Emotionen bei britischen NGOs 1945–1990*, Berlin 2017. Siehe nun auch Johannes Paulmann (Hg.): *Humanitarianism and Media. 1900 to the Present*, New York/Oxford 2019.

51 Andere Wege wären gangbar. So könnte man die Globalitätssemantik korpuslinguistisch rekonstruieren. Allerdings lassen Forschungen zu Kookkurrenzen des Begriffs »Globalisierung« vermuten, dass die Ergebnisse dieser Methode kaum den Aufwand rechtfertigen – sie korrigieren die Befunde weniger systematischer Wortgeschichten meist nur leicht. Überdies steht dem Gewinn an Objektivität die Begrenzung der durchforschten Korpora gegenüber. Siehe nur Petra Storjohann: Globalisierungsdiskurs, in: Thomas Nier/Jörg Kilian/Jürgen Schiewe (Hg.): *Handbuch Sprachkritik*, Stuttgart 2020, S. 259–267 und methodisch konventioneller: Olaf Bach: *Die Erfindung der Globalisierung. Entstehung und Entwicklung eines zeitgeschichtlichen Grundbegriffs*, Frankfurt a. M. 2013. (Interessant ist der Artikel zum Lemma »Welt« in den »Geschichtlichen Grundbegriffen«, der auch als Quelle betrachtet werden kann angesichts seines Ausblicks, der die »Eine Welt« als politisches Ziel anvisiert: Hermann Braun: Art. »Welt«, in: Otto Brunner (Hg.): *Geschichtliche Grundbegriffe. Historisches Lexikon zur politisch- sozialen Sprache in Deutschland. Bd. 7. Verw-Z*, Stuttgart 1992, S. 433–510, hier S. 509). Zudem bekommt man auf linguistischem Weg weder die praktischen Konsequenzen der untersuchten Semantik noch die Zusammensetzung und Motivationen der jeweiligen Sprechergemeinschaften in den Blick. Ein solches Sozialprofil global orientierter Gruppen lässt sich aber auch auf konventionell sozialhistorische Weise kaum zufriedenstellend zeichnen. Das hat mit der Form ihres Engagements zu tun: Die Alltagsentscheidungen, in denen sich gerade der Glo*k*alismus seit den 1970er Jahren ausdrückt, sind kaum quantitativ zu erfassen. Immerhin: Gerade Akteure der Neuen Sozialen Bewegungen neigen dazu, »lautstark« über ethische Fragen zu reflektieren. Größere Repräsentativität als die verstreuten Ego-Dokumente, in denen sich solche Reflexionen finden lassen, scheinen indes zeitgenössische Meinungsumfragen beanspruchen zu können, die auch nach der Verbreitung von Patriotismus und postmaterialistischen Haltungen fragen. Doch auch diese Umfragen eignen sich eher als Quellen der Sinnstiftung durch SozialwissenschaftlerInnen und DemoskopInnen denn als Beleg für Veränderungen von Einstellungen (Rüdiger Graf/Kim Christian Priemel: Zeitgeschichte in der Welt der Sozialwissenschaften. Legitimität und Originalität einer Disziplin, in: *VfZ* 59 [2011], S. 479–508). Schließlich zeigen

Aber verschließt sich ein solcher Ansatz nicht dem Fortwirken von Denk- und Darstellungstraditionen, die auf das sogenannte »Zeitalter der Entdeckungen zurückgehen«,[52] die vielleicht sogar auf mittelalterlichen Kosmologien, wenn nicht den Sphären-Philosophien der Antike fußen?[53] Ist nicht in den Tiefenschichten des kollektiven Gedächtnisses des »Westens« ein objektivierendes Verhältnis zur Welt verwurzelt, das »apollinische«, instrumentengestützte Außenblicke *auf* die Erde nahelegt, die sich unterscheiden von außereuropäischen Vorstellungen vom *In-der-Welt-Sein* des Menschen?[54] Selbst wenn man Vorbehalte gegen solche anthropologischen Kontrastierungen hat: Mindestens zur »ersten« oder auch »imperialen« Globalisierung des späten 19. Jahrhunderts müsste man aber doch zurückgehen. Schließlich entstanden lange vor dem Ersten Weltkrieg zahllose grafische Repräsentationen weltumspannender Telegraphenlinien, Transportwege und Warenströme.[55] Deren Evidenz dürfte noch von den damals allgegenwärtigen Atlas-Allegorien untermauert worden sein. Sie legitimierten imperialistische Herrschaftsansprüche und Zivilisierungsmissionen, die ihrerseits eine große kartografische und statistische Produktivität in Gang setzten. Ähnliche Funktionen erfüllten die unzähligen stilisierten Erdkugeln in Unternehmenslogos, die die Weltmarktpräsenz von Handelsgesellschaften unterstrichen oder den Anspruch von Warenhäusern, dem Großstadtpublikum der kolonialen Zentren Erzeugnisse aller Weltregionen anzubieten.[56] Ganz zu schweigen von den Tabellen, die im Rahmen der vielen internationalen Standardisierungsabkommen und Wissenschaftskongresse seit den 1880er Jahren entstanden, und von der Omnipräsenz von Globen auf den Weltausstellungen des *Fin-de-Siècle*.[57] Hier waren auch schon Illustrationen zu sehen, die den Menschen bei der Kontemplation des Planeten Erde aus dem All zeigten.[58] Schließlich erreichten die konkreten mathematischen Experimente mit Kartenprojek-

---

auch die »Archive von Unten« nur Ausschnitte des globalen Denkens gesellschaftlich engagierter Akteure der 1960er bis 1990er Jahre. Anders als andere Bewegungsarchive dienten die Aufbewahrungsorte von Welthäusern und Dritte-Welt-Gruppen weniger der Dokumentation eigener Erfolge denn als Anlaufstellen für Informationen, also für graue Literatur, die ständig kassiert wurde, weil sie schnell veraltete: Jürgen Bacia/Cornelia Wenzel: *Bewegung Bewahren. Freie Archive und die Geschichte von Unten*, Berlin 2013, etwa S. 31.

52 Christoph Asendorf: *Planetarische Perspektiven. Raumbilder im Zeitalter der frühen Globalisierung*, Leiden u.a. 2017.
53 Das suggeriert Peter Sloterdijk in seiner *Sphären*-Trilogie (1998–2005).
54 Denis Cosgrove: *Apollo's Eye: A Cartographic Genealogy of the Earth in the Western Imagination*, Baltimore 2001.
55 Essayistisch, aber aufschlussreich: Steffen Siegel/Petra Weigel: Warum Phileas Fogg keine Karten braucht, in: Passepartout (Hg.): *Weltnetzwerke – Weltspiele. Jules Vernes in 80 Tagen um die Welt*, Konstanz 2013, S. 184–187.
56 Siehe nur Angelika Epple: *Das Unternehmen Stollwerck. Eine Mikrogeschichte der Globalisierung*, Frankfurt a. M./New York 2010, S. 9.
57 Alexander C. T. Geppert: *Fleeting Cities. Imperial Expositions in Fin-de-Siècle Europe*, Basingstoke 2010.
58 Man denke an die Arbeiten des französischen Anarchisten und Geografen Élisée Reclus, denen sich die Dissertation von Pascale Siegrist widmet: https://19jhdhip.hypotheses.org/2553 (19.6.2019).

tionstypen um 1900 ebenso einen Höhepunkt wie die drucktechnische Raffinesse und Informationsgenauigkeit von Weltkarten und Atlanten.[59] Das hing zusammen mit dem Aufstieg der Erdkunde als Schulfach, mit dem eine Fülle von neuartigen, raumbezogenen didaktischen Medien in die Klassenzimmer Einzug hielt.

Ich kann und will diese Kontinuitätsannahmen nicht verwerfen. Ich halte es aber für sinnvoll, nicht in erster Linie nach der bloßen Quantität, der technischen oder ästhetischen Innovativität solcher Medien oder den mit ihrer Hilfe dargestellten Inhalten zu fragen. All das erscheint in einem anderen Licht, wenn man es aus rezeptions- und gebrauchsgeschichtlicher Perspektive betrachtet. Gerade in der zweiten Hälfte des 20. Jahrhunderts (in der dieses, wie bisweilen argumentiert wird, erst zum »Jahrhundert der Bilder« wird[60]) veränderten sich nämlich auf fundamentale Weise die Adressaten *und* Aneignungen von Geovisualisierungen, ihre Anwendungsweisen – und eben auch die Wirkungen, die man sich von ihrer Benutzung versprach. *Eine* solche Wirkung bestand, wie angedeutet, in der kritischen Reflexion über die Beharrungskraft just der verzerrten Weltsicht des vorangegangenen Jahrhunderts, das nun unter negativen Vorzeichen als »imperialistisch« ausgewiesen wurde. Neu war zudem, dass Medien wie *Dymaxion Map* und Peters-Karte dabei halfen, ein naives Vertrauen in die Referenz zwischen einem Gebiet (der Erdkugel) und seiner Repräsentation (der Erdkarte) zu *erschüttern*. Auf diese Weise wurde sogar Misstrauen gegenüber dem *status quo* gesät, etwa die Macht der kartografischen Experten hinterfragt. Wie ich zeigen werde, ging das in den 1980er Jahren mit der kulturrelativistischen Absicht einher, die Gleichwertigkeit einer Vielzahl von Weltwahrnehmungen aufzuzeigen, einer Absicht, die – zumindest in der europäischen Moderne – historisch präzedenzlos sein dürfte.

Tatsächlich ist die theoretische Perspektive meiner Studie in gewisser Hinsicht dem historischen Prozess geschuldet, den sie beschreibt. In den letzten fünfzehn Jahren des 20. Jahrhunderts hielten immer mehr »kritische Kartografen« ihre KollegInnen dazu an, ihr Tun historisch zu reflektieren. Das ist eine direkte Folge der Provokation durch Peters' »Neue Kartografie«, die für manche Kartografiehistoriker rückblickend eine Zäsur bildete.[61] Peters war also (unfreiwillig) mitverantwortlich dafür, dass wir Karten heute als eine Art »Zeitzeugen« befragen. So bezeichnet die Medienphilosophin Sybille Krämer eine Herangehensweise an diesen Medientyp, die diesen nicht einfach als Abbild, also als eine transparente oder störungsfreie Wiedergabe der physischen Welt interpretiert. Karten – und das gilt auch für viele andere Geovisualisierungen – werden zwar mithilfe mathematischer, indexikalischer Verfahren hervorgebracht, oder einfacher gesagt: Sie repräsentieren sehr wohl Messergebnisse. KartografInnen müssen

---

59 Vgl. zum Beispiel Iris Schröder: Eine Weltkarte aus der Provinz. Die Gothaer Chart of the World und die Karriere eines globalen Bestsellers, in: *HA* 25 (2017), S. 353–376.
60 Gerhard Paul (Hg.): *Das Jahrhundert der Bilder: Bildatlas 1949 bis heute*, Göttingen 2009.
61 Jeremy Crampton: Cartography's Defining Moment: The Peters Projection Controversy 1974–1990, in: *Cartographica* 31 (1994), H. 4, S. 16–32.

dennoch ständig Entscheidungen über Auslassungen treffen. Das macht ihre Werke zu kulturellen Artefakten, die ihre spezifische Ausführung mehr oder weniger bewusst den Ideologien, Interessen und Wirkungsabsichten ihres jeweiligen Schöpfers oder Auftraggebers verdanken.[62]

Aber solche Prägungen lassen sich nicht ohne Kontextinformationen aus ihnen herauslesen. Die Tatsachen, dass Peters' Globalismus von seinem sozialistischen Berliner Elternhaus beeinflusst war, Fullers hingegen vom *Scientific Management* und von populären Evolutionstheorien der Zwischenkriegszeit, geben ihre Werke nicht von selbst preis. Es muss also im Folgenden *zum einen* darum gehen, die Entstehungskontexte der Geovisualisierungen Fullers und Peters' herauszuarbeiten. Dies ist umso wichtiger, als die beiden Protagonisten dieses Buchs diese Kontexte später bewusst unerwähnt ließen: Peters etwa verlor nicht viele Worte darüber, dass er eine frühe Version der Geschichtstabelle, die die amerikanischen Besatzungsbehörden ausgerechnet im Zuge der *Reeducation* finanziell unterstützten, einmal hoffnungsvoll dem NS-Erziehungsminister Bernhard Rust präsentiert hatte. Ihm selbst dürfte kaum klar gewesen sein, wie sehr sich der kompromisslose und simplifizierende Duktus der Streitschriften, mit denen er seine Weltkarte gegen alle Angriffe verteidigte, Kommunikationstheorien verdankte, die er als Student der Zeitungswissenschaften im »Dritten Reich« erlernt hatte.

Zum anderen sind Fuller und Peters deshalb so interessant, weil deren Medienarbeit zwar von spezifischen Globalitätsvorstellungen ausgelöst wurde, beide aber auch eine gewisse Flexibilität an den Tag legten, sich dem Wandel der Rezeptionsbedingungen ihrer Werke anzupassen. Diesen Wandel kann man mithilfe ihrer Biografien also ebenfalls ausloten. Er lässt sich überdies entlang von konkreten Veränderungen ihrer Medienprodukte selbst nachvollziehen, die bis zur verwendeten Schriftgröße und Linienbreite reichen. Das erste Anwendungsfeld der *Dymaxion Map* war die Illustration geostrategischer Sachverhalte des Zweiten Weltkriegs gewesen. Dass sie einmal bei selbstorganisierten Öko-Rollenspielen zum Einsatz kommen sollte, konnte Fuller nicht erahnen. Es hat ihn aber nicht davon abgehalten, für solche Zwecke eine verkleinerte, verbilligte und vorgestanzte Version der Karte per *Mailorder* anzubieten.

---

62 Sybille Krämer: *Medium, Bote, Übertragung. Kleine Metaphysik der Medialität*, Frankfurt a. M. 2008, bes. S. 298–337, hier S. 302, bezieht sich auf David Gugerli/Daniel Speich: *Topografien der Nation: Politik, kartografische Ordnung und Landschaft im 19. Jahrhundert*, Zürich 2002. Deren Lesart von Karten als Zugang zu vergangenen Wirklichkeitskonstruktionen stellt sie eine Interpretation gegenüber, die stärker auf die Funktion von Karten bei der Erschließung von Räumen abhebt. Krämer »erprobt« ihren eigenen Medienbegriff, das »Botenparadigma«, übrigens am Beispiel der Peters-Karte (Krämer, *Medium*, S. 298–337). Tatsächlich führt die Behauptung, Karten *reduzierten* die Wirklichkeit, analytisch nicht weit. Im Gegenteil fügen sie dieser im Gebrauch Informationen hinzu (Brigitta Schmidt-Lauber/Ingo Zechner: Mapping. Begriff und Verfahren, in: *Zeitschrift für Kulturwissenschaften* [2018], S. 12–17). Ich muss an dieser Stelle betonen, dass ich keine Kartografiegeschichte im wissenschaftsgeschichtlichen Sinn anstrebe. Dennoch hoffe ich, dass Kartografieinteressierte in den Kapiteln fündig werden, die die Entstehungsgeschichte von *Dymaxion Map* und Peters-Karte rekonstruieren und auch die scharfe Debatte über letztere. Dort ist auch die Spezialliteratur verarbeitet.

Dass die Peters-Karte Mitte der 1970er Jahre zunächst als Puzzle zum Publikumserfolg wurde, das ausgerechnet eine evangelische Missionsgesellschaft verbreitete, überraschte ihren Namensgeber, einen Kirchengegner. Dennoch wandte sich Peters infolgedessen von seinem ursprünglichen Ziel ab: Er hatte das imperialistische Bild bekämpfen wollen, welches das Fernsehen der Bundesrepublik seiner Meinung nach von der Welt zeichnete.

Mit dem Hinweis auf solche Reaktionen ist aber nicht gesagt, dass Peters und Fuller ein naives Medienverständnis gehabt hätten. Das Gegenteil war der Fall. Fuller kam Ende der 1930er Jahre als Mitarbeiter für das »Fortune«-Magazin mit dem *State of the Art* der Informationsgrafik dieser Zeit in Berührung, den nicht zuletzt deutschsprachige Emigranten in den USA verkörperten. Er stellte zur jener Zeit Überlegungen zur Rolle von Medien als »Erweiterungen« der menschlichen Sinne an, die Vieles von dem vorwegnahmen, was den kanadischen Literaturwissenschaftler Marshall McLuhan später zum Star der entstehenden Medientheorie werden ließ. Peters, der erste Berufserfahrungen als Pressefotograf und Produktionsassistent beim Film (sogar in Hollywood) gesammelt hatte, sah schon vor 1945 die Epoche des »Augenmenschen« gekommen. Dieser bedurfte einer ganz neuen Form »öffentlicher Führung«, auch hinsichtlich seines historischen »Weltbilds«.

Das vorliegende Buch erzählt die Mediengeschichte des Globalismus also entlang der Geschichte bestimmter Artefakte, ihrer Urheber, aber auch ihrer Verbreitungshintergründe, ihrer Nutzung und Bearbeitung über politische Zäsuren hinweg, ihrer Umdeutungen und sich verändernden Verwendungen. Dieses Vorhaben spiegelt sich in der Quellenauswahl nieder und methodisch in einer bewusst intermedialen Betrachtungsweise, etwa in der Berücksichtigung der Leseanweisungen und Arbeitsaufgaben, die (nicht nur) zwei Weltkarten begleiteten, die in manchen populären Kartografiegeschichten als geradezu auratische Artefakte für sich allein stehen.[63] Wie ich in einem zwischengeschalteten theoretischen Kapitel zeigen werde, das sich der transatlantischen Geschichte des Informationsdesigns der ersten Hälfte des 20. Jahrhunderts und seiner »visuellen Kultur des Pädagogischen« widmet, war das Versprechen der Bilder in meinem Untersuchungszeitraum oft das einer Vermehrung von Partizipationsmöglichkeiten. Paradoxerweise waren es aber oft schriftliche Nutzungshinweise, die die Bilder flankierten, in denen zu lesen war, visuelle Medien bedürften keiner Lehrer, Übersetzer

---

63 Entsprechend problematisch scheinen mir die kartografischen »Weltgeschichten«, die in jüngster Zeit vermehrt im Buchhandel auftauchen. Diese oft reizvoll bebilderten Werke verlieren bei doppeldeutiger Verwendung des Begriffs »Weltbild« weder viele Worte darüber, wie Karten Globalitätsvorstellungen konkret geprägt haben, noch dazu, was sie umgekehrt zu deren Ausdruck macht: Christoph Markschies u.a. (Hg.): *Atlas der Weltbilder*, Berlin 2011; Jeremy Harwood: *Hundert Karten, die die Welt veränderten*, Hamburg 2007. Deutlich überzeugender und mit Kapiteln zu Peters: Vadim Oswalt: *Weltkarten – Weltbilder. Zehn Schlüsseldokumente der Globalgeschichte*, Stuttgart 2015 und Jerry Brotton: *Die Geschichte der Welt in zwölf Karten*, München 2014; sowie (mit weniger Text, aber je einer Doppelseite zu Peters-Karte und *Dymaxion Map*): Ders.: *Weltkarten. Meisterwerke der Kartografie von der Antike bis heute*, München 2015, S. 220–223, 226–229.

oder Interpreten; Bilder animierten ihre Betrachter ungeachtet ihres Vorwissens zum selbstständigen Nachvollzug der durch sie repräsentierten Fakten; ihre direkte Verständlichkeit ebne also auch Bildungsunterschiede ein. Diese angenommenen Eigenschaften von Bildern machten sie für Menschen attraktiv, die gegenüber dem geschriebenen – gewissermaßen stärker autoritativen – Wort skeptisch waren. Das war eine Haltung, die gerade in den späten 1960er bis 1980er Jahren verbreitet war, als Fuller und Peters ihre größten Erfolge feierten. Diese Erfolge erklären sich jedoch auch aus der verwandten Verheißung, es handle sich bei deren Geovisualisierungen um transkulturell – wenn nicht gar weltweit – verständliche Bilder des Globalen. Und gerade das mache sie zu Medien, die den Globalisierungsprozess, den sie sinnfällig werden ließen, zugleich zu beschleunigen halfen.

Exemplarische Leben? Zum biografischen Ansatz

Fuller und Peters mussten sich also zum Eigenleben ihrer Werke verhalten. Tatsächlich ähneln sie sich gerade in ihrer Fähigkeit zur Absorption der Debatten ihrer Zeit. Diese stand in gewissem Widerspruch zu jenem Habitus großer Konsequenz, den beide ebenfalls kultivierten. Fuller und Peters agierten durchaus opportunistisch, auch wenn es ihnen nie um persönliche Bereicherung ging. Wenn sie als Unternehmer in eigener Sache und als *Publicity*-Virtuosen dennoch eifersüchtig darüber wachten, dass ihre Werke mit ihrem Namen verknüpft blieben, dann verteidigten sie nicht einfach Urheberrechte. Denn die Wahrnehmung von *Dymaxion Map* und Peters-Karte als alternative Medien wurde durch die ungewöhnlichen Karrierewege ihrer Urheber gestützt. Fuller und Peters waren nicht nur sendungsbewusste und höchst umtriebige Projektemacher, sie inszenierten sich auch bewusst als autodidaktische Außenseiter. Das ließ sie aus Sicht ihrer Kritiker aus jenen wissenschaftlichen Disziplinen, auf deren Terrain sie agierten, als naiv, manchmal sogar als Scharlatane erscheinen. Aber diese Kritik hat die Verbreitung ihrer Werke nicht behindert. Im Gegenteil strahlten Peters und Fuller als ungebundene »Gegenexperten« im späten 20. Jahrhundert umso mehr Glaubwürdigkeit in Kreise aus, die großen Organisationen und deren Weltdeutungsmonopolen misstrauten. Zumal sie diese Glaubwürdigkeit noch zu vergrößern wussten, indem sie ihr Werk als Ergebnis eigener Lernprozesse ausweisen: Fuller, der rastlos um den Globus jettende Weltbürger, bezeichnete sich selbst als »Guinea pig B.«, als das Versuchskaninchen »Buckminster«. Er behauptete, er versuche seit 1928 herauszufinden, ob und wie eine einzelne Person die Welt dauerhaft verändern könne. Peters ließ keinen Zweifel daran, dass er mit seiner Weltkarte im Alleingang 400 Jahre alte kulturelle Scheuklappen zu öffnen gedenke. Aber auch er beschrieb die Entdeckung seines kartografischen Prinzips als Erfahrung, die ihm selbst schlagartig die Augen für die Wirklichkeit der Welt geöffnet habe. Den personenzentrierten Ansatz meiner Studie rechtfertigt somit gerade, dass die Geovisualisierungen beider Protagonisten von

Abb. 1.7: Der Welt-Bildner bei einer Arbeit, die auch andere machen könnten: Arno Peters posiert 1975 in seinem Bremer Wohnzimmer mit Weltkarte, Tuschkasten und Zirkel.

biografischen Erzählungen begleitet waren, die ihrerseits nicht selten mit Fotografien untermauert wurden, die die beiden Männer geradezu unmittelbar zur Welt setzten (Abb. 1.7 und 1.8).

Wenn ich diesen Inszenierungen mit besonderer Vorsicht begegne, dann also nicht nur, um zu vermeiden, Pierre Bourdieus vielzitierter biographischer Illusion aufzusitzen – also dem *ex post* Sinn und Richtung zu verleihen, was dem Biografierten selbst als ungewisse und offene Zukunft erscheinen musste.[64] Mich interessiert gerade die Konstruktion eines »*lone genius*-Mythos«.[65] Denn dieser entfaltete ab Ende der 1960er Jahre besondere Wirksamkeit. Er steigerte Fullers und Peters' Glaubwürdigkeit in der entstehenden Gegenkultur und im alternativen Milieu, aus denen sich ihr Publikum zum Teil rekrutierte. Dieser Mythos entsprach aber nie der Realität. Diese bestand gerade in Fullers Fall in der Mitarbeit einer Vielzahl oft namenloser Assistenten und Assistentinnen, Hilfskräfte, LektorInnen, Fans, StudentInnen und KollegInnen an der

---

64 Zu Grenzen und Potenzial der Biografik: Thomas Etzemüller: *Biografien. Lesen – erforschen – erzählen*, Frankfurt a. M. 2012 (darin zu Bourdieu S. 52–54, 154f.). Dass ein biografischer Ansatz die leistungsfähigste »Erkenntnisweise in der Geistesgeschichte« ist, wenn er eine Vielzahl verschiedener Quellentypen berücksichtigt, demonstriert virtuos Emmanuelle Loyer: *Lévi Strauss. Eine Biographie*, Berlin 2017, S. 14f. Inspiriert ist mein Ansatz zudem von Martin Sabrows Versuch, gegen die Dekontextualisierung der ersten Lebenshälfte Erich Honeckers durch die SED-Parteihistorie anzuschreiben. Denn Sabrow stellt zugleich in Rechnung, dass der Glaube an bestimmte Versionen des persönlichen Werdegangs als Motivations- (und als Macht-)ressource dienen kann. Entsprechend gelte es, »nicht so sehr darauf [zu] zielen, die Rolle der Persönlichkeit in der Geschichte zu ergründen, sondern […] vielmehr die Spiegelung der Geschichte in der Persönlichkeit [zu] verfolgen«. Martin Sabrow: *Erich Honecker. Das Leben davor. 1912–1945*, München 2016, S. 15.
65 Zur Persistenz dieses Mythos in der (ohnehin unzureichend praxeologisch ausgebildeten) Wissenschaftsgeschichte der Geisteswissenschaften: Paul Nolte: *Lebens Werk. Thomas Nipperdeys Deutsche Geschichte. Biographie eines Buchs*, München 2018, S. 20.

Abb. 1.8: Textinhalt, Globus und Person sind nicht voneinander zu trennen. Das 1972 publizierte Interview mit Buckminster Fuller erweist sich als Rückblick auf ein Leben, das konsequent dem »Erfolg« aller menschlichen Bewohner des Planeten Erde gewidmet wurde.

Kultivierung dieses Markenkerns. Es sind diese Menschen, die in den Quellen, die die Grundlage dieser Studie bilden, weit präsenter sind, als in mancher biografischen Erzählung, aus der die MitarbeiterInnen des amerikanischen Welt-Bildners ironischerweise sogar die eigenen Spuren *tilgen halfen*.[66] Eines meiner Anliegen ist, diese (meist männlichen) Erfüllungsgehilfen und ihre Motive sichtbar zu machen. Sie bilden

---

66 Die im engeren Sinne biografischen Forschungsstände und die archivalische Überlieferungssituation erläutere ich an späterer Stelle. Schon hier sei angedeutet, dass die Forschung dazu neigt, Selbstdarstellungen Peters' und Fullers zu reproduzieren. Dabei richteten beide ihre Lebensläufe im Rückblick auf den Fluchtpunkt ihrer selbstlosen Arbeit an einer besseren Welt hin aus. Beide stilisierten sich überdies als Urheber von Erfindungen, die oft schon seit längerem bekannt waren. Peters wurde etwa unterstellt, eine Weltkarte von 1855 plagiiert zu haben. Dass dies eher auf seine Unkenntnis der Kartografiegeschichte zurückgeführt werden muss als auf eine Täuschungsabsicht, ist nur eine der vielen Einsichten, die ich dem Blick in seinen berufsbezogenen Nachlass in der Handschriftenabteilung der Berliner Staatsbibliothek (SBB-PK), mehr aber noch in seine ebendort aufbewahrten Tagebuchnotizen verdanke. Letztere waren zwar bis 2020 unter Verschluss. Vorbehaltlich der Ausblendung der persönlichen Lebensverhältnisse Peters' und seiner Angehörigen konnte ich diese Unterlagen aber verwenden. Dafür möchte ich Majenna Peters meinen herzlichen Dank aussprechen. In ihrem Anspruch einer lückenlosen Selbstdokumentation noch übertroffen wird Peters' Nachlass von den Buckminster Fuller Papers, die an der Stanford University (SUL) eingesehen wurden. Denn Fuller sammelte in seiner *Dymaxion Chronofile* nahezu alle schriftlichen Dokumente, die in seinem Leben anfielen, und archivierte diese in chronologischer Folge.

nämlich schon den ersten Rezeptionsring, der die beiden Protagonisten umgibt. Was die Übertragbarkeit meiner biografischen Befunde auf den ersten Blick zu schmälern scheint – wir haben es mit den *ungewöhnlichen* Lebenswegen zweier ungebundener, eigenwilliger Denker zu tun, die im Sinne der Repräsentativitätsansprüche der sozialhistorischen Lebenslaufforschung oder eines kollektivbiografischen Ansatzes wenig untersuchenswert scheinen – stimuliert also gerade zu Fragen nach überindividuellen Handlungsdispositionen. Ich versuche zu erklären, wie Fuller und Peters trotz – wenn nicht *wegen* – ihrer Idiosynkrasien populär werden konnten. Dafür muss ich ein Licht auf die historischen Umstände werfen, die von der Prominenz beider Personen zunächst überstrahlt werden.

In der Konsequenz kann ich nicht den Anspruch erheben, mit diesem Buch das Gesamtwerk seiner beiden Protagonisten darzustellen. Umgekehrt verstehe ich die vorliegende Studie nicht als abschließende Würdigung zweier großer, weltverändernder »weißer Männer«. Wenn ich den in der Geschichtswissenschaft etwas aus der Mode gekommenen Versuch einer Doppelbiografie unternehme, dann gerade *nicht* mit dem Ziel, beider Lebenswege gewissermaßen mit moralpädagogischer Absicht zu kontrastieren. Mich beschäftigen im Gegenteil die historischen Resonanzbedingungen zweier (scheinbar!) ebenso ungebundener und selbstloser wie vorbildlicher Leben in der zweiten Hälfte des 20. Jahrhunderts. Auch, weil diese Resonanz am Lebensende beider Protagonisten abnahm, werden deren letzte Lebensjahre nur kurz abgehandelt. Umgekehrt zoome ich wiederholt an ereignisreiche Phasen heran. Dies betrifft etwa die erste Hälfte des Jahres 1945, in der Peters, der vor den Bomben der Alliierten aus Berlin an den Bodensee geflüchtet war, zu einer eigenen Position gegenüber dem Internationalismus seiner in der künftigen sowjetischen Besatzungszone verbliebenen Eltern fand. Genau wird auch das Jahr 1973 unter die Lupe genommen, als sich seine Karte unerwartet als publizistischer Glücksfall erwies, dem Peters rasch just die Projekte unterordnete, als deren Nebenprodukt sie entstanden war. Auch bei Fuller liegt ein Fokus auf den 1940er Jahren. Während des Zweiten Weltkriegs kam er mit der globalen Datensammeltätigkeit verschiedener amerikanischer Regierungsbehörden in Berührung sowie mit der sogenannten »Air-Age-Geography« und ihren globalen Zukunftsvisionen – es ist dieser Kontext, der die Entstehung seiner *Dymaxion Map* erklärt. Wie unter dem Mikroskop betrachtet werden muss zudem der Zeitraum von 1967 bis 1973. In dieser Zeit musste sich Fuller zunehmend einer Eigendynamik seines *World Game* erwehren, die für *ihn* in die unproduktive Nabelschau führte, sich in der historischen Rückschau aber als Beginn eines neuen – eben »glokalen« – Denkens darstellt.

Der gewählte Ansatz ist nicht ohne Risiken. Auch bei einer Konzentration auf ihre soziokulturellen Milieus fällt es nicht immer leicht, sich nicht zu psychologischen Parallelisierungen der Leben Peters' und Fullers hinreißen zu lassen. So sehe ich durchaus eine Erklärung für ihre Selbststilisierung darin, dass sowohl Peters als auch Fuller schwarze Schafe innerhalb von Familien waren, die mit Stolz auf ihre (politischen) Traditionen blickten. Plausibel scheint mir auch, ihr Schwanken zwischen Anerkennungswunsch und Distanzierungsgesten gegenüber institutionalisierten Wissenschaftlern darauf zurückzuführen, dass beiden konventionelle Bildungsabschlüsse verwehrt geblieben waren. Dahingegen muss Spekulation bleiben, ob beispielsweise die Begeisterung Fullers und Peters' für das Segeln wichtig ist, um ihr Faible für das Nautische – und damit für die Kartografie – zu erklären. Gleiches gilt für die körpergeschichtliche Frage, ob ihre Berufswahl etwas damit zu tun hatte, dass beide mit physischen Behinderungen geschlagen waren (die Geschlechtergeschichte des Globalismus gerät durch die Fokussierung auf zwei Männer fast zwangsläufig aus dem Blick). Schließlich ist die Doppelbiografie in dramaturgischer Hinsicht ein Wagnis, das die Lektüre mancher Kapitel sicherlich erschwert. Das beginnt mit einem Altersunterschied der Protagonisten von rund zwanzig Jahren: Er stellt die ersten Abschnitte meiner Erzählung vor das Problem, dass es zu Fuller bereits viel zu sagen gibt, als Peters' Leben gerade beginnt, interessant zu werden. Das Wagnis endet mit der Tatsache, dass die weit größere Prominenz Fullers zu einer Schlagseite in der verarbeiteten Forschungsliteratur führt, auf der ich meine Studie aufbaue – aber auch zu einer Unwucht in meinem Erklärungsanspruch: Fullers Wirken ist stärker *Auslöser* der vergleichend untersuchten Entwicklungen, Peters' eher ein *Symptom* derselben. Fullers Nachdenken über »Welt«, das im Übrigen auch ein höheres Reflexionsniveau auszeichnet, war (faktisch) prägender; Peters' Ideen sind (rückblickend) indes repräsentativer für die Globalismen der letzten Jahrzehnte des vergangenen Jahrhunderts – soviel schon hier.

Struktur und Einschränkungen der Studie

Einige Hinweise auf die Anlage dieser Arbeit und auf ihre Einschränkungen sind damit bereits gegeben. Den wohl schwerwiegendsten Einwand kann ich nicht entkräften: Eine Studie, die sich mit dem Thema »Globalität« befasst, steht unter besonderem Rechtfertigungsdruck im Hinblick auf den räumlichen Zuschnitt des untersuchten Quellenkorpus. Tatsächlich bleibe ich nicht nur in den biografischen Kernkapiteln der Perspektive »westlicher« Akteure verhaftet, auch wenn zum Beispiel angesprochen wird, wie stolz Peters auf die Karriere seiner Karte in Kolumbien und Ägypten war, oder wenn von den Weltreisen Fullers die Rede ist. Trotzdem: Dieses Buch erzählt eine »nordatlantische«, letztlich deutsch-amerikanische Geschichte. Das gilt immerhin auch in dem Sinn, dass Transfers und Übersetzungsprozesse zwischen den USA und (West-)Deutschland beleuchtet werden. Dem Risiko der Überbewertung dieser nationalstaatlichen Kategorien hoffe ich zudem ein wenig entgegenzuwirken, indem ich herausarbeite, wo es sich bei den untersuchten Globalismen letztlich um *regionale* Phänomene handelt. So wird Fullers Herkunft aus dem kulturellen Hintergrund der amerikanischen Ostküste eine Rolle spielen und die Tatsache, dass die Fuller-Begeisterung der 1960er Jahre, wie angedeutet, ein Phänomen der liberal-progressiven Kultur Kaliforniens war. Peters verbrachte viele Jahre seines Lebens in München. Er zog dann nach Bremen, dessen liberale Bürgerschaft seinen Ideen gegenüber aufgeschlossener schien. Er blieb aber ein Berliner, ein Kind der Stadt, in der er aufgewachsen war, ein Grenzgänger zwischen Ost und West.

Dennoch ist mir klar, wie schwer insbesondere der Umstand wiegt, dass die Fokussierung auf eine bundesrepublikanische und eine amerikanische Biografie die Geltungsweite meiner Befunde auf Länder beschränkt, die nicht direkt von der Dekolonisierungswelle der 1960er Jahre betroffen waren.[67] Weniger defensiv formuliert, entsprechen die genannten Einschränkungen aber meiner Überzeugung, dass man nicht jedes historische Phänomen besser versteht, wenn man es aus der »Flughöhe der Adler« (Jürgen Osterhammel) betrachtet. Es ist *ein* Clou der Suche nach den lokalen Ursprüngen universalistischen Denkens, dass sie zur Reflexion über die Geschichte jüngerer geschichtswissenschaftlicher Trends anregt: Indem ich zeige, wie ortsgebunden (vielleicht sogar, wie »deutsch«) Peters' Weltgeschichtsdeutung war, oder indem ich verdeutliche, dass sich Fullers Globalitätserwartung der Reaktivierung eines »uramerikanischen« *Manifest Destiny*-Glaubens verdankte, hoffe ich, einer Historisierung reflexhafter Forderungen nach einer geschichtswissenschaftlichen Perspektiverweiterung zuzuarbeiten.[68]

Um trotzdem zu verhindern, dass der Zuschnitt meiner biografischen Studien das erkennbare Spektrum von Globalitätsvorstellungen zu sehr einengt, und um Potenziale für weitere Forschungen zur (Medien-)Geschichte des Globalismus aufzuzeigen, widme ich mich dieser auf drei Ebenen:

1. Den größten Raum nehmen die *Kernkapitel zu Peters und Fullers* ein. Eingeführt werden beide Welt-Bildner – d.h. eigentlich: zentrale *Produkte ihres Nachdenkens über Globalität* und deren mediale Vermittlung – zunächst in zwei Kapiteln (Kap. 2.3 und 2.4), die bewusst einen Schnitt in der ersten Hälfte der 1940er Jahren machen. Zu diesem Zeitpunkt nämlich – das zeige ich zum einen anhand der Veröffentlichung der *Dymaxion Map*, zum anderen anhand von Peters' Romanentwurf *Astropolis* und seiner zeitungswissenschaftlichen Dissertation von 1945 – hatte sich das Grundgerüst ihres Welt- *und* Medienverständnisses weitgehend herausgebildet. Dieses Welt- *und* Medienverständnis muss aber erst einmal beschrieben werden, bevor zwei weitere, eher konventionelle biografische Abschnitte (Kap. 3.1 und 3.2) dessen soziokulturelle Fundamente in der Zwischenkriegszeit aufdecken. Nach einer medientheoretischen Zwi-

---

67 Zum Potenzial eines Vergleichs zwischen unterschiedlich stark von ihrer imperialen Vergangenheit geprägten Gesellschaften: Christophe Charle: »Le sociétés impériales« d'hier à aujourd'hui. Quelques propositions pour repenser l'histoire du seconde XXe siècle en Europe, in: *JMEH* 3 (2005), S. 123–139.

68 Siehe am Beispiel der Peters-Karte Teresa Gärtner: Lesen Lernen. Über die Bedeutung historiografischer Medien für eine kritische Geschichtsschreibung jenseits von Texten, in: *WerkstattGeschichte* 21 (2013), S. 28–36. Als reflektiertere Würdigung der Peters'schen Weltgeschichtsschreibung nun: Lutz Niethammer: *1956 in synchronoptischen Geschichten. Über Impulse zur Öffnung des geschichtlichen Blicks in Nachkriegsdeutschland und ihre zeitgeschichtlichen Grenzen* – ich danke für die Bereitstellung des unveröffentlichten Manuskripts.

schenbilanz (Kap. 4.2) werden die Peters und Fuller gewidmeten Kapitel dann alternierend, dabei aber weitgehend chronologisch, erzählt: Im Anschluss an einen Abschnitt (Kap. 5.3 und 5.4.), der sich der Etablierungsphase beider Welt-Bildner im »Kalten Krieg« widmet – und dabei auf Fullers Aufstieg als Architekt und Peters' *Synchronoptische Weltgeschichte* fokussiert – erweitert sich die Perspektive zu einer Rezeptionsgeschichte. Deshalb widme ich sowohl Fullers »Jahrzehnt«, also dem Höhepunkt seiner Rezeption zwischen ca. 1960 und 1972, als auch Peters' wichtigster Wirkungsphase von 1973 bis 1986 den größeren Teil eines eigenen Buchabschnittes (Kap. 6.3–6.6 und 7.3.–7.6). Das vorletzte Kapitel führt beide Stränge dann wieder zusammen. Der Rückgang der Bedeutung Fullers und Peters' im letzten Jahrzehnt des 20. Jahrhunderts lässt sich nämlich gerade daran erkennen, dass beide Welt-Bildner nun vermehrt im gleichen Denk- und Diskussionszusammenhang auftauchten (8.3).

2. Eingeleitet werden alle Buchabschnitte durch Vignetten, denen sich – mit Ausnahme des medientheoretischen Kapitels – sogenannte Verortungen anschließen. Diese Kapiteltypen unterscheiden sich in Länge und Herangehensweise von den empirischen Abschnitten und von einander: Bei den *Vignetten* handelt es sich um exemplarische Analysen jeweils eines einzelnen Artefakts. Gleich im auf die Einleitung folgenden Kapitel wird eine tatsächliche Titelvignette thematisiert, nämlich der stilisierte Globus, der den Einband der 1945 veröffentlichten deutschen Übersetzung von Wendell Willkies stichwortgebendem Bestseller *One World* schmückte (2.1). Eine Analyse des globalistisch argumentierenden, aber auch erst durch transnationale Kooperation entstandenen britischen Propagandafilms *World of Plenty* von 1943 leitet die Überlegungen des zwischengeschalteten Theoriekapitels ein (4.1) und der 1946 erschienene Film *One World or None* (5.1) leitet über zu den Nachkriegsdebatten über den Zwang zur internationalen Kooperation im Angesicht des planetarischen Maßstabs neuer technischer Zerstörungspotenziale. Die Skulptur *Unisphere* (1964) symbolisiert den globalistischen Fortschrittsoptimismus der 1960er Jahre (6.1), während das Ende des darauffolgenden Jahrzehnts in der Bundesrepublik entstandene Brettspiel *Ökolopoly* (1984) eine neue, für die Wechselwirkung von Mensch und Natur sensibilisierende Didaktik repräsentiert (7.1) – deren schleichende Entpolitisierung sich bereits in *McArthur's Universal Corrective Map of the World* (1979) bemerkbar macht (8.1). Diese Vignetten sind so ausgewählt, dass sie zum Kernthema der ihnen folgenden Abschnitte hinführen. Sie weisen zugleich über sie hinaus, indem sie demonstrieren, dass das, was am Beispiel Fullers und Peters' herausgearbeitet wird, sich (ähnlich) auch an anderen Quellen würde zeigen lassen.[69]

---

69 Ich habe im Sinne der Stringenz der Darstellung davon abgesehen, diese Studie zur Dinggeschichte des Globalismus zu erweitern. »Fair« gehandelte Produkte etwa waren immer auch Kommunikationsofferten; die Verpackungen des berüchtigten Nicaraguakaffees warteten mit kurzen Infotexten zu seinen Erzeugern oder Karten der jeweiligen *Commodity Chains* auf. Wie die weit gereisten Jutebeutel der 1980er Jahre lassen sie sich also als Medien begreifen, die auch auf haptischer Ebene jene globalen Lagen vor Augen führten, die man durch ihren Erwerb zum Besseren zu verändern schien (vgl. dazu die entstehende Studie

3. Eher einen Schritt weg von den Quellen machen die *Verortungen*. Diese im Wesentlichen auf Forschungsliteratur basierenden Überblickskapitel stellen Globalitätsdiagnosen und -vorstellungen vor, die in den Zeitabschnitten, die die anschließenden empirischen Kapitel behandeln, die Debatten beherrschen. Diese Einbettungen sind historisch-semantischer Art: Sie korrespondieren mit den Überschriften der Buchteile, die sie einleiten, indem sie verschiedene Komposita oder Varianten des letztlich tautologischen Begriffs »One World« aufgreifen, die mir für den untersuchten Zeitabschnitt repräsentativ erscheinen.[70] Den Raumbegriff »Verortung« habe ich deshalb gewählt, weil auch hier, soweit möglich und sinnvoll, der konkrete geografische Standort der jeweiligen Globalitätsrede herausgearbeitet werden soll. So zeigt das erste dieser Kapitel (Kap. 2.2), dass die Diskussion, die amerikanische *Progressives* im Zweiten Weltkrieg über die globale Nachkriegsordnung führten, nahezu bis hinunter auf die Ebene einzelner Adressen in Manhattan lokalisiert werden kann. Historisch »verortet« werden soll die Globalitätssemantik zudem in einem übertragenen Sinne: Es soll die Sprecherposition identifiziert werden, von der aus in einem Zeitabschnitt legitim über globale Lagen und Prozesse geurteilt wurde. Die ökonomischen Modernisierungsexperten der späten 1950er Jahre und ihr Entwicklungswissen (5.2) etwa wurden im Folgejahrzehnt von den Biosystemtheoretikern und deren planetarischer Tragfähigkeitsanalytik abgelöst (6.2), die auf Überbevölkerungstheorien aufbauten, die vom *genius loci* amerikanischer Westküstenuniversitäten geprägt waren. Der »Glokalismus« sich überlagernder linksgerichteter Kreise (7.2) in den USA und Westeuropa der 1970er Jahre muss wiederum als Distanzierung von den Lösungsansätzen dieser Experten begriffen werden. Diese Abgrenzung äußerte sich in pädagogischen Praktiken der individuellen Responsibilisierung, die in den 1990er Jahren ihrerseits hinterfragt wurden. Dies geschah angesichts des Aufstiegs des ökologischen Nachhaltigkeitstheorems, der konzeptionellen Herausforderungen, die die Globalisierung mit sich brachte, aber auch infolge der Einsicht, dass die mediengestützte »politische Bewusstseinsbildung« nicht die gewünschten Resultate erbracht hatte (8.2). Die Verortungen sind also grob dekadologisch strukturiert. Das soll aber nicht eine Abfolge klar unterscheidbarer Globalitätsverständnisse suggerieren (auch wenn diese Arbeit durchaus Neuland betritt, indem sie solche überhaupt in ihrem historischen Wandel zu konturieren versucht). Ich habe im Gegenteil die Hoffnung, dass gerade die Verortungen von Leserinnen und Lesern,

---

zu Globalität und »moralischem« Konsum: http://neuere-geschichte.phil-fak.uni-koeln.de/919.html von Benjamin Möckel). Noch weiter vom Kern dieser Arbeit wegführen würde die Einbeziehung der ausgesprochen spannenden Geschichte der »Weltmusik«.

70 Siehe in begriffsgeschichtlicher Perspektive: David Kuchenbuch: »Eine Welt«. Globales Interdependenzbewusstsein und die Moralisierung des Alltags in den 1970er und 1980er Jahren, in: *GG* 38 (2012), S. 158–184 und als jüngsten Versuch, verschiedene Globalitätsmetaphern des 20. Jahrhunderts nach Nützlichkeit (!) zu sortieren: Daniel H. Deudney/Elizabeth Mendenhall: New Earths: Assessing Planetary Geographic Constructs, in: van Munster/Sylvest, *Globality*, S. 20–41.

die sich weniger für Peters und Fuller und die in die Fallstudien investierte archivalische Feinarbeit interessieren, hintereinander weggelesen werden können.

Das Verhältnis der Fallstudien, Vignetten und Verortungen ist unvermeidlich spannungsgeladen. Die behandelten Zeiträume sind nicht deckungsgleich. Biografische Abschnitte und Kontextualisierungen bespiegeln einander nicht ohne Verzerrungen. Die Verortungen liefern nur Teilerklärungen für das, was in den empirischen Kapiteln dargestellt wird. Darüber hinaus verfließen die Grenzen zwischen den Fallstudien am Schluss dieses Buchs. Denn, wie angedeutet, näherten sich Fullers und Peters' Geschichten gegen Ende des Untersuchungszeitraums an. Gerade bei der Deutung dieser Konvergenz wird dann aber eine Unterscheidung bedeutsam, die das gesamte Buch als Hypothese durchzieht: Es war der implodierende Erwartungsüberschuss des optimistischen (Planungs-)Glo*b*alismus der 1960er Jahre, für den Fuller steht, der den selbstkritisch-subjektivistischen Glo*k*alismus erst entstehen ließ, dem Peters in den zwei darauffolgenden Jahrzehnten seine Erfolge verdankte. In meiner Auslotung dieses Übergangs dürfte recht klar die jüngere zeithistorische Debatte um die epochemachende Diskontinuität der 1970er Jahre hervortreten. Auch mir, so viel bereits an dieser Stelle, scheint das Ende der Fortschrittsmoderne (Martin Sabrow) die zentrale Deutungszäsur hin zur Gesellschaft »nach dem Boom« zu sein. Ob es dabei auch um die »Vorgeschichte einer Gegenwart«[71] geht, die gerade an ihr Ende kommt, kann ich nicht absehen. Aber womöglich deutet darauf die Tatsache hin, dass das globale Denken, indem es gegenwärtig in Frage gestellt wird (Kap. 9), erstmals als historisches erscheint. Und zwar auch seinen Verteidigern, zu denen ich mich zähle.

---

71 Anselm Doering-Manteuffel/Lutz Raphael: *Nach dem Boom. Perspektiven auf die Zeitgeschichte seit 1970*, Göttingen 2008. Zuletzt überraschend apodiktisch: Dies.: Nach dem Boom. Neue Einsichten und Erklärungsversuche, in: Dies./Thomas Schlemmer (Hg.): *Vorgeschichte der Gegenwart. Dimensionen des Strukturbruchs nach dem Boom*, Göttingen 2016, S. 9–36.

2. One World War (1939–1945)

2.1 Erste Vignette: *Unteilbare Welt*

Willkies Weltreise

Wer mit Formulierungen wie »Eine Welt« und »Whole Earth« operiert, der kommt an *One World* nicht vorbei,[1] dem knapp über 200-seitigen und aus einer Reihe von Radiobeiträgen hervorgegangenen Essay von Wendell Willkie, erschienen 1943. Willkie (1892–1944), der republikanische Herausforderer Franklin D. Roosevelts bei der Präsidentschaftswahl 1940, war Ex-Demokrat. Der Rechtsanwalt hatte seine Partei aus Protest gewechselt. Das Ausmaß des staatlichen Interventionismus im *New Deal*, insbesondere der Machtbefugnisse der Planungsbehörde Tennessee Valley Authority, schien ihm bedenklich. Dennoch war Willkie dem liberalen Flügel der Republikaner zuzuordnen. Schon das machte ihn zu einem eher unwahrscheinlichen Kandidaten der »Grand Old Party«, zu einem sogenannten »Dark Horse«.[2] Mehr noch aber galt das angesichts seines Internationalismus. Nicht nur war Willkie, der Woodrow Wilson verehrte, ein Fürsprecher des Völkerbunds. Der Nachfahre deutscher Immigranten, die nach der gescheiterten Revolution des Jahres 1848 in die USA gekommen waren, gehörte schon nach dem Einmarsch der Wehrmacht in Polen zu den entschiedenen Befürwortern eines Kriegseintritts Amerikas, den viele seiner Parteigenossen ablehnten. Roosevelt hingegen schätzte seinen Konkurrenten. Er schickte ihn im Februar 1941 als eine Art inoffiziellen Botschafter zunächst ins verdunkelte London und dann, zwischen August und Oktober 1942 (also nach dem Angriff auf Pearl Harbor), auf die Weltreise, die Willkie nach seiner Rückkehr in seinem Buch beschrieb. Ohne den genauen außenpolitischen Zweck seiner Besuche etwa in Palästina, in der Sowjetunion, in Indien und China zu erläutern, berichtete Willkie darin von seinen Treffen mit Regierungsvertretern, Diplomaten und Militärs verschiedener alliierter und neutraler Staaten, darunter Stalin und der chinesische Politiker und Militärführer Chiang Kai-shek, die Generäle Bernard Montgomery und Charles de Gaulle. Willkie schilderte aber auch Zufallsgespräche, die sich mit Soldaten und mit »normalen Bürgern« der verbündeten Länder ergeben hatten. Sie alle, so Willkie, kämpften ebenso für die Freiheit wie seine amerikanischen Leser.

Willkie ging es jedoch weniger um eine Momentaufnahme des Weltkrieges als um eine Zukunftsvision. Sie ergab sich aus dem Faktum einer »interdependenten« Welt, wie er es nannte – wobei er ein Adjektiv nutzte, das zwar schon seit dem 19. Jahrhundert

---

[1] Wendell Willkie: *One World*, London 1943.
[2] Zur Biographie David Levering Lewis: *The Improbable Wendell Willkie. The Businessman Who Saved the Republican Party and His Country, and Conceived a New World Order*, New York/London 2018. Zu seinem Buch nun: Samuel Zipp: *Wendell Willkie's Wartime Quest to Build One World*, Harmondsworth 2020.

in ähnlicher Weise in Verwendung war, dessen große Zeit aber noch kommen sollte.[3] Willkie schlug eine Nachkriegsordnung vor, die die Konstruktionsfehler vermied, die nach dem Ersten Weltkrieg gemacht worden waren. Er rief seine Mitbürger dazu auf, ihre politischen Repräsentanten zu einem entschieden anti-isolationistischen und antiprotektionistischen Kurs zu drängen. Es gelte, noch vor den zu erwartenden Wirren nach dem Kriegsende mit Vertretern anderer Weltregionen in Dialog zu treten. Nur so könne man die in der unlängst von Roosevelt und Winston Churchill unterzeichneten Atlantik-Charta kodifizierten Ziele realisieren. Konkret müssten völkerrechtliche Regularien gefunden und politische Strukturen etabliert werden, die die Souveränität und nationale Selbstbestimmung der Völker garantierten. Zugleich müssten Voraussetzungen für intensivierte Handelsbeziehungen geschaffen werden. Der Frieden lasse sich nur durch die Befriedigung der materiellen Bedürfnisse der gesamten Menschheit verstetigen. Wenn Güter und Ideen sich frei bewegen könnten, so Willkie, dann werde das künftigen Konflikten vorbeugen.[4]

Die Situation war also ernst, aber hoffnungsweckend. Willkies Buch war durchzogen von Beschreibungen von Ländern – etwa der Türkei, dem Iran und dem erst ein Jahrzehnt zuvor unabhängig gewordenen Irak –, die er einerseits exotisch erscheinen ließ, die für Willkie aber andererseits an einem Übergang standen: zwischen einer vormodernen, traditionellen Lebensweise, die dem Untergang gewidmet schien, und einer Zukunft, die nur dann nicht in Ausbeutung und Despotismus bestehen werde, wenn ihre Bewohner sie selbst gestalteten. Willkies antikoloniale und antiimperiale Losung ließ ihn – im Kontrast zum alliierten Schweigen über dieses Thema – noch die aufrechtesten britischen Kolonialbeamten kritisieren. Er griff auch das Mandatssystem an, das, so Willkie, im Nahen Osten zur Verschärfung der Konflikte zwischen Juden und Arabern führe. Vor allem aber ließ Willkie, der als Student in Puerto Rico Zeuge der Brutalität des quasi-kolonialen amerikanischen Regimes auf den dortigen Zuckerplantagen geworden war, kein gutes Haar an den »heimischen Imperialismen« wie Antisemitismus und Rassensegregation. Wiederholt sei er auf seiner Reise auf diese inneramerikanischen Probleme angesprochen worden, von Menschen, die das große zivilisatorische Vorbild, das die USA für Willkie trotzdem waren, also sehr genau beobachteten.[5]

So sympathisch Willkies Bild von den Menschen anmutet, die sich in ihrer Tüchtigkeit und ihrem Freiheitsdrang ähnlicher waren, als sie es selbst ahnten: Die Verwandtschaft der Bewohner sämtlicher Erdteile bestand für ihn in Hinsicht auf ihr Modernitäts*potenzial*. Ständig kontrastierte Willkie Alt und Neu. Er stellte die weiß leuchtenden und funktionalen Neubauviertel Jerusalems den verdreckten Quartieren der Altstadt gegenüber oder die Verschleierung der Araberinnen der modernen Klei-

---

3 Mit Abschnitten zur Begriffsgeschichte: Deuerlein: *Inter-Dependenz*.
4 Willkie, *One World*, S. 169.
5 Ebd., S. 19.

dung der türkischen Eliten. Willkies Welt war »chronozentrisch«:[6] Die Menschheit wurde für ihn dadurch zur Einheit, dass er kulturelle Unterschiede zwischen den Weltregionen als Stadien begriff und auf einem Zeitstrahl anordnete, dessen Pfeilspitze die Gesellschaft der USA darstellte, all ihren Fehlern zum Trotz. Die historische Dynamik selbst jedoch war unaufhaltsam. In allen Gegenden, die er bereist hatte, war für Willkie eine Art »Hefe« am Werk: Ein Treibmittel, das nicht zuletzt die amerikanischen Truppen in uralte Kulturen eingebracht hatten, wo es eine nicht zu bremsende transformative Wirkung entfaltete. Es war diese durch den »globalen Krieg«, wie er ihn nannte, nur beschleunigte Veränderungswelle, die man nun in friedliche Bahnen lenken musste, und zwar durch Wissensexporte. Willkie ließ keinen Zweifel an der Allgemeingültigkeit der vier Schritte, die in eine bessere Zukunft führten. Letztlich artikulierte er in seinem Buch bereits die Basisüberzeugungen einer Entwicklungspolitik und -hilfe, deren Startpunkt meist etwas später, in Harry S. Trumans Antrittsrede als Präsident im Januar 1949 ausgemacht wird.[7] Denn neben nationaler Selbstbestimmung, einer forcierten Industrialisierung und einer modernen Gesundheitspolitik war es der Ausbau des Erziehungswesens, den es zu unterstützen galt.

Das ist deshalb erwähnenswert, weil Willkies Buchtitel rasch zum Slogan für alle möglichen Befürworter internationaler Zusammenarbeit, wenn nicht einer Art Weltföderalismus wurde. Die von ihm zwar nicht erfundene, aber doch entscheidend geprägte Formel verselbstständigte sich mittelfristig dann aber so sehr, dass mit ihrer Hilfe sogar das Gegenteil von Willkies universalistischem Entwicklungsprogramm ausgedrückt wurde: Wie noch zu zeigen sein wird, evozierten nicht wenige AutorInnen der 1970er und 1980er Jahre die »Eine Welt« im Rahmen düsterer, ökologischer Revisionen der Bilanz und des Vorbildcharakters der westlichen Industriegesellschaften. Sie arbeiteten sich dabei auch ab an Willkies Heilsversprechen der professionellen Medizin und mehr noch standardisierter Bildungsprogramme, gerade für die sogenannten »Entwicklungsländer«. Sich der »Einen Welt« verpflichtet zu fühlen, das hieß gegen Ende des vergangenen Jahrhunderts nicht selten, die Vielfalt der Daseinsformen der Menschheit nicht nur anzuerkennen, sondern auch erhalten zu wollen, ja, die eigene Lebensweise an derjenigen der »Anderen« zu messen und nicht umgekehrt.[8]

Auf diesen Wandel des Begriffs deutete 1943 aber noch nichts hin. Willkies Buch verkaufte sich binnen weniger Jahre rund 4,5 Millionen Mal. Es wurde zum bis dahin meistverkauften Sachbuch überhaupt.[9] Willkie hatte offensichtlich einen Nerv getroffen. Das lag womöglich daran, dass sein Buch mit seinen rasanten Ortswechseln etwas von einem Abenteuerroman hatte. Dies betraf just die Passagen, in denen Willkie

---

6 Achim Landwehr: Von der »Gleichzeitigkeit des Ungleichzeitigen«, in: *HZ* 295 (2012), S. 1–34.
7 So schon Dirk van Laak: *Imperiale Infrastruktur. Deutsche Planungen für die Erschließung Afrikas 1880–1960*, Paderborn 2004, S. 34f.
8 Kuchenbuch, *»Eine Welt«*.
9 Jenifer Van Vleck: »The Logic of the Air«: Aviation and the Globalism of the »American Century«, in: *New Global Studies* 1 (2007), S. 1–37, hier S. 12.

weniger seine Begegnungen mit Menschen aus aller Welt schilderte, als vielmehr die Reise selbst, genauer, die Technik, die diese erst ermöglicht hatte: Ebenso unumkehrbar wie die Gärwirkung des amerikanischen Einflusses schienen ihm Veränderungen, die das Flugzeug auslöste. Es war dieses Verkehrsmittel, das die Welt »schrumpfen« ließ, Kontinente überbrückte und die Völker aufeinander verwies. Nach mehr als 160 Flugstunden, nach täglich bis zu elf Stunden Flugzeit, nach einer kompletten Erdumrundung, nach 31.000 Meilen in der Luft, so Willkie, habe sich paradoxerweise ein Eindruck von Nähe, nicht Entfernung eingestellt: »There are no distant points in the world any longer. I learned by this trip that the myriad millions of human beings of the Far East are as close to us as Los Angeles is to New York by the fastest trains. [...] Our thinking in the future must be world-wide.«[10] Diese Erfahrung einer »time-space-compression« (David Harvey) vermittelte Willkies Buch seinen Lesern auch durch Schilderungen seiner Blicke aus dem Fenster der »Gulliver«, des umgebauten Bombers, der für den größten Teil der Reise genutzt worden war: »Continents and Oceans are plainly only parts of a whole, seen, as I have seen them, from the air.« Mit dieser Beobachtung allerdings war auch die Ahnung einer Bedrohung verbunden: »[O]ur relative geographical isolation no longer exists. [...]. Europe and Asia are at our very doorstep.« Das allerdings dämmere auch den Bewohnern jener Weltregionen, die die »westlichen Profite« viele Jahre lang hätten erwirtschaften müssen, wie Willkie schrieb. Selbst die anderswo im Buch evozierte Vorbildrolle der USA war keine Selbstverständlichkeit mehr: »They are beginning to know that men's welfare throughout the world is interdependent. [...] The big house on the hill surrounded by mud huts has lost its awesome charm. Our Western world and our presumed supremacy are on trial.«[11]

Unteilbare Welt

Für Willkie galt es also, die »Eine Welt« aktiv zu gestalten, die einen andernfalls schlicht *ereilen* würde. Wohl aus diesem Grund forderte er in einer Radioansprache anlässlich der Feierlichkeiten zum amerikanischen Unabhängigkeitstag 1944 sogar eine »Declaration of Interdependence« seitens aller Regierungen der Welt.[12] Willkie bemühte auch quasi-evolutionäre Tropen, um solchen Forderungen Gewicht zu verleihen, etwa in einem Artikel, den er wenige Monate zuvor in der Zeitschrift »Foreign Affairs« veröffentlicht hatte und in dem er sich gegen eine Rückkehr zum Vorkriegsisolationismus aussprach. Er tat das aber hier, indem er nun auch dessen amerikanische Verfechter auf einer niedrigeren zivilisatorischen Stufe ansiedelte: Das Autonomiestreben mancher seiner Mitbürger sei ein Relikt aus einer Zeit, in der auch die USA noch Teil der

---

10 Willkie, *One World*, S. 2.
11 Ebd., Zitate auf S. 202–204, 6, 12, 19.
12 Howard Jones: One World. An American Perspective, in: James H. Madison (Hg.): *Wendell Willkie. Hoosier Internationalist*, Bloomington 1992, S. 103–124, hier S. 115f.

»unentwickelten Welt« waren. Nun aber beginne der amerikanische Normalbürger den nationalistischen »Geisteshöhlen« zu entsteigen.[13] Die Idee wird uns bei Fuller ebenso wiederbegegnen wie die Bewegungsfigur des Aufstiegs: von der Höhle zum Flugzeug, aus dem unaufgeklärten Dunkel des Nationalismus hinauf zum globalen Fliegerblick. Wichtig ist das, weil es dieser gattungshistorische Rahmen von Willkies – in erster Linie innenpolitisch motivierter – Globalitätsdiagnostik gewesen sein mag, der diese auch geeignet erscheinen ließ, Menschen mit einem noch defizitäreren politischen Bewusstsein zum Umdenken zu bewegen. Denn Willkies Buch kam auch im vielleicht ambitioniertesten Erziehungsprojekt seiner Zeit zur Anwendung: bei der *Reeducation* des Kriegsgegners.[14]

Gefördert vom US-War Department, veröffentlichte der in Stockholm ansässige deutsche Exilverlag Bermann-Fischer 1944 einen »verbilligten Sonderdruck« des Buches. Lesehungrige Kriegsgefangene konnten ihn für nur 25 Cent erstehen.[15] Das Werk, von dem offenbar 50.000 Exemplare ausgeliefert wurden, erschien als zweiter Band einer eigens für die 310.000 in den USA internierten Wehrmachtsoldaten aufgelegten, insgesamt 24 Titel umfassenden Taschenbuchreihe mit dem Titel »Neue Welt«.[16] Der Inhalt der – offenbar unter Zeitdruck übersetzten, jedenfalls recht holprigen – deutschen Ausgabe unterschied sich nicht vom Original. Auffallend ist lediglich, dass man nicht die (missverständlichere) wörtliche Übersetzung des Originaltitels, also »Eine Welt« gewählt hatte. Stattdessen hatte man sich für den belehrenden (und im Hinblick auf die innerdeutsche Grenze der Folgejahre bitteren) Titel »Unteilbare Welt« entschieden. Noch bemerkenswerter ist allerdings, dass in der deutschen Ausgabe auch jene Grafik reproduziert wurde, die schon im Inneneinband der amerikanischen Version als Vignette abgedruckt worden war (Abb. 2.1). Dem Fließtext war – wie als Vorwegnahme des Fliegerblicks, den der Text vermittelte –[17] eine runde, farbige Repräsentation der Erdoberfläche vorangestellt: ein stilisierter Globus mit plastischer Wirkung durch Glanzeffekte und Schattierungen. Angelehnt war diese Grafik an einen Kartentypus, den die Kartografie als »mittelabstandstreue Azimutalprojektion« bezeichnet, und der landläufig oft als »Pol-Projektion« bezeichnet wird. In stärker stilisierter Form liegt dieser Darstellungstypus auch dem Logo der Vereinten Nationen zu Grunde, das zwei Jahre nach Erscheinen von Willkies Buchs entwickelt wurde. Ebenso in blau und weiß gehalten wie dieses Logo, zeigte Willkies Abbildung den Globus aus

---

13 Wendell Willkie: Our Sovereignty: Shall We Use It?, in: *Foreign Affairs* 22 (1943), S. 347–361, hier S. 349, 358.
14 Ron Theodore Robin: *The Barbed-Wire College: Reeducating German POWs in the United States during World War II*, Princeton 1995, vor allem S. 145–161.
15 Wendell Willkie: *Unteilbare Welt*, Stockholm 1944.
16 Dazu Irene Nawrocka: Verlagssitz: Wien, Stockholm, New York, Amsterdam. Der Bermann-Fischer Verlag im Exil (1933–1950). Ein Abschnitt aus der Geschichte des S. Fischer Verlags, in: *Archiv für Geschichte des Buchwesens* 53 (2000), S. 1–216, hier bes. S. 160–170.
17 Willkie, *One World*, S. 5, 17.

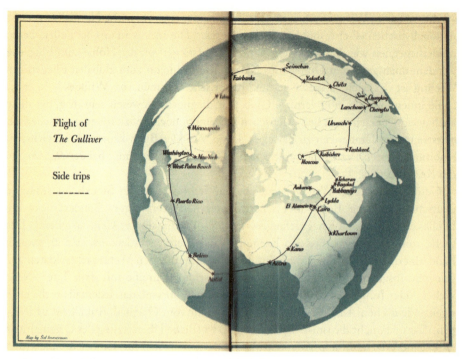

Abb. 2.1: Buchvignette aus »Unteilbare Welt« mit englischer Beschriftung und der Flugroute der »Gulliver« (1944)

einem Winkel, der Westeuropa – und damit den Nordpol und große Teile der nördlichen Hemisphäre – ins Zentrum rückt; Südamerika und Südostasien sind dahingegen nur zum Teil und Australien gar nicht zu sehen. Kreuze verzeichneten die Orte, an denen Willkie sich 1942 aufgehalten hatte. Eine sie verbindende schwarze Linie verdeutlichte seine Flugroute (eine unterbrochene Linie ergänzte Nebentrips zu Lande) und beschrieb eine annähernd runde Figur. Sie umfasste also gewissermaßen den ganzen Globus quer zu den politischen Grenzen, die ihn am Boden faktisch unterteilten. Von diesen Grenzen war in der Abbildung aber keine Spur. Es waren auf ihr keinerlei Staatsterritorien eingezeichnet, sondern lediglich Gewässer und Landmassen farblich voneinander abgesetzt.

Die deutsche Buchausgabe war auf billigem Papier gedruckt worden. Aber an der grafischen Gestaltung des Taschenbuchs hatte man offensichtlich nicht sparen wollen. Es scheint, als wären die Herausgeber der deutschen Ausgabe davon ausgegangen, dass es gewissermaßen global wirksame Bilder vom Globus gibt. Zumindest hielten sie es vermutlich für besser, bestimmte visuelle Anschauungsmittel nicht *ungenutzt* zu lassen, wenn es galt, sozusagen die Welt in die Köpfe derjenigen zu tragen, bei denen dies besonders notwendig schien. Es ist just dieser Gedanke, der knapp zehn Jahre später Peters' erster Publikation den Boden bereitete. Bevor deren Geschichte dargestellt wird, muss jedoch der Ort genauer eingekreist werden, an dem Willkie zu seiner Vorstellung vom geradezu gesetzmäßigen Charakter einer (technischen) Modernisierung kam, die zugleich die Globalisierung vorantrieb. Denn auf diese Weise kommt der lokale Denkzusammenhang in den Blick, dem die *Dymaxion Map* ihre Veröffentlichung verdankt.

2.2 Verortung: Die »Eine Welt« des Zweiten Weltkriegs

Willkie trat seine Weltreise in einem von der Forschung lange übersehenen internationalistischen Moment in der amerikanischen Geschichte an.[18] Für einen kurzen Zeitraum – er begann spätestens mit den Debatten über einen möglichen Eintritt der Amerikaner in den Zweiten Weltkrieg und endete mit dem Koreakrieg – explodierten die Diskussionen über die »Nachkriegswelt« im engeren Sinne des Wortes, an denen eine Vielzahl von Intellektuellen und Personen des öffentlichen Lebens teilnahm. Zu ihnen zählten (um nur Menschen zu nennen, die in diesem Buch wieder auftauchen werden): der Planungstheoretiker Lewis Mumford, die Willkie-Unterstützerin, Journalistin und republikanische Politikerin Clare Boothe Luce und ihr Ehemann Henry Luce, der Lenker des Presseimperiums, das die Zeitschriften »Time«, »Life« und »Fortune« herausgab und Willkies Wahlkampf unterstützt hatte, aber auch Geografen wie Nicholas Spykman und nicht zuletzt der britische *Science Fiction*-Schriftsteller, Historiker und Vordenker der UN-Menschenrechtserklärung von 1948, H. G. Wells. Diese Intellektuellen sahen die nahe Zukunft als eine unausweichlich globale. Dem widersprach nur auf den ersten Blick, dass sie auch davon ausgingen, dass die Vereinigten Staaten von Amerika in ihr eine besondere, ja bestimmende Rolle spielen würden. Die Historikerin Victoria De Grazia hat Willkies Terminus »One World« daher aufgegriffen, um entlang dieser Debatten die Ursprünge der »Soft power« zu identifizieren, die AmerikanerInnen in der zweiten Hälfte des 20. Jahrhunderts tatsächlich ausüben sollten. Aus der Perspektive der historischen Amerikanisierungsforschung betrachtet, bildeten sich in den Kriegsjahren in der Tat Zukunftsvisionen heraus, die wenige Jahre später das speisten, was de Grazia als »Market Empire« bezeichnet. Sie meint damit die aktive Verbreitung einer spezifischen Vorstellung von Demokratie, die sich als Teilhabe an einem steigenden Wohlstand äußerte, der zugleich den Import amerikanischer Alltagsnormen und populärkultureller Formen implizierte (und ungehinderte Marktzugänge für amerikanische Investoren und Warenproduzenten zur Bedingung hatte). De Grazias analytischer Begriff »One Worldism« bezeichnet also Strategien, die nicht nur hinsichtlich ihres Anwendungsbereichs global waren, sondern auch insofern, als

---

18 Stellvertretend für Ansätze, die Geschichte nicht nur des sozialistischen, sondern auch des »liberalen« Internationalismus als Komplement zu Nationalisierungsprozessen zu schreiben: Glenda Sluga: *Internationalism in the Age of Nationalism*, Pennsylvania 2013, die auch auf die Wiederkehr älterer Ideen in den Debatten der 1940er Jahre eingeht. Darin zu *One World* S. 84f.

sie von der universalistischen Annahme ausgingen, die Bedürfnisse *aller* Menschen auf der Erde seien grundsätzlich identisch. Die Annahme eines konformen Wunsches aller Menschen nach besseren materiellen Lebensbedingungen, wenn nicht höherem Komfort, ließ diese Strategien axiomatisch als nichtrassistisch erscheinen. Nicht zuletzt das machte das »amerikanische Jahrhundert« (den Ausdruck hatte Henry Luce 1941 geprägt) ebenso unwiderstehlich wie unverhandelbar.[19]

Ohne dieses Ergebnis in Frage zu stellen, nehmen neuere *Intellectual Histories* der anglophonen Weltordnungsvisionen der Kriegsjahre indes eher die Vielfalt der aus Sicht der Zeitgenossen möglichen Weichenstellungen in den Blick.[20] Die Entwürfe reichten von geostrategischen Empfehlungen über stärker an Willkie erinnernde Argumente für eine durch eine Art Weltföderalismus zu garantierende Annäherung durch Handel und endeten bei »globalen« sozialpolitischen Forderungen, wie sie beispielsweise Henry Wallace, Roosevelts Vizepräsident, in seinem Buch *The Century of the Common Man* (1943) artikulierte, das in direkter Reaktion auf Luce für einen globalen *New Deal* plädierte. Gemeinsam war vielen dieser Vorschläge der Hinweis auf das Scheitern des Völkerbunds und auf die nie abgebauten zwischenstaatlichen Spannungen nach dem Ersten Weltkrieg, dessen eigener, liberal-internationalistischer »Wilson'scher Moment« so rasch verstrichen war.[21] Es galt (aus Sicht der beteiligten Denker), Sorge dafür zu tragen, dass nach einem Sieg über die Achsenmächte keine weiteren Aggressionen von ihnen ausgehen würden – was die erwähnten *Reeducation*-Maßnahmen motivierte, denen *Peters* seinen ersten Publikationserfolg verdanken sollte, sich aber auch in einer Kulturdiplomatie widerspiegelte, an der *Fuller* mitwirken sollte.

Darüber hinaus waren die vielen Stellungnahmen zur Nachkriegsordnung angeregt von Extrapolationen technisch getriebener Veränderungen der (geo-)politischen Lage Amerikas.[22] Willkies »Fliegerblick«, auch seine Vision eines friedlichen Austauschs zwischen den Völkern, hatte zwar Vorläufer. Ballonfahrten hatten schon Mitte des 18. Jahrhunderts, die Telegrafie im darauffolgenden Jahrhundert und das Radio dann in den 1920er Jahren manche kosmopolitische Phantasie genährt. Anders als diese barg die Antizipation der distanztilgenden Effekte der Aviatik aber nicht nur eine

---

19 Victoria de Grazia: *Irresistible Empire: America's advance through twentieth-century Europe*, Cambridge 2005, S. 210.
20 Als Überblick: Rosenboim, *Globalism*, die auch die vergessene Rolle religiös motivierter AutorInnen in dieser Debatte herausarbeitet. Fast immer ging es dabei um die Frage, wie das Herrschaftsvakuum zu füllen sei, das das erwartete Ende des Imperialismus erzeugen würde (Aiyaz Husain: *Mapping the End of Empire. American and British Strategic Visions in the Postwar World*, Cambridge, Mass./London 2014). Vor diesem Hintergrund zum gewissermaßen juristischen Globalismus jener neoliberalen Ökonomen, die schon in den 1930er Jahren den Weltmarkt im Sinne des Investitionsschutzes vor dem Zugriff von Nationalstaaten schützen wollten: Slobodian, *Globalists*.
21 Zu den Ursachen dieser Erfahrungen: Jörn Leonhard: The Overburdened Peace: Competing Visions of World Order in 1918/19, in: *The German Historical Institute Bulletin* 62 (2018), S. 31–50.
22 Jo-Anne Pemberton: *Global Metaphors: Modernity and the Quest for One World*, London 2001.

Hoffnung auf Eintracht und Toleranz. Sie hatte auch einen zunehmend alarmistischen Beiklang. Das Flugzeug konnte ja nicht nur Informationen transportieren. Lange vor seiner technischen Realisierbarkeit wurden also die weltverändernden Folgen des interkontinentalen strategischen Bombardements diskutiert. Ihm schien eine präzedenzlose Zerstörungskraft innezuwohnen, aber zugleich auch ein heilsamer Kooperationszwang. Jedoch interpretierten nicht alle KommentatorInnen die Tatsache, dass der »planetarische Maßstab der Technik«[23] nicht ohne gesellschaftliche Folgen bleiben konnte, auf solch dialektische Weise. Auch hier reichten die Annahmen, je nach Position im politischen Spektrum der USA, von Erwartungen einer kulturellen Vermischung, die die Menschheit in eine Art Inselgemeinschaft verwandeln würde, bis hin zu Visionen eines amerikanischen »Luft-Imperiums«. Das Ehepaar Luce etwa propagierte »Globalität« im Sinne eines post-territorialen amerikanischen Imperialismus. Dass diese Idee sich bis heute in den 1946 auf amerikanischen Druck geschlossenen Abkommen über Lande- und Überflugrechte der zivilen Luftfahrt abbildet, hat die Historikerin Jennifer van Vleck gezeigt. Sie argumentiert daher plausibel, dass eine schroffe Gegenüberstellung von Nationalismus und Globalismus in die Irre führen kann.[24]

Eine Analyse der amerikanischen Debatte dieser Zeit über die Chancen und Herausforderungen der Globalität wäre jedoch nicht vollständig ohne Berücksichtigung des Medieneinsatzes der an der Debatte beteiligten Akteure. Während des Zweiten Weltkriegs war das Interesse vieler AmerikanerInnen an Geovisualisierungen groß. Kaum in einer anderen Phase der Geschichte der USA wurde aber auch so intensiv darüber nachgedacht, wie man Medien dazu einsetzen könne, Menschen dazu zu bewegen, sich als Weltbürger zu imaginieren. Dies ist ein blinder Fleck der Forschung zur Globalitätsprognostik der 1940er Jahre. Die Forschung hebt zwar hervor, dass viele öffentliche Intellektuelle es in Erwartung einer unaufhaltsam zusammenrückenden Menschheit als ihre Aufgabe betrachteten, ihre Vorstellungen einer globalen, einer friedlichen, aber eben auch einer demokratischen Nachkriegsordnung *demokratisch zur Debatte zu stellen*.[25] So wird betont, dass dieser Anspruch in der großen Zahl allgemeinverständlich geschriebener Sachbücher, in Dutzenden Radiosendungen und Aus-

---

23 Siehe Hans-Christian von Herrmann: Der planetarische Maßstab der Technik. Zur Geschichte einer absoluten Metapher, in: *Internationales Jahrbuch für Medienphilosophie* 2 (2016), S. 53–66, der den Begriff bei Walter Benjamin borgt.
24 Jenifer van Vleck: *Empire of the Air. Aviation and the American Ascendancy*, Cambridge, Mass. 2013. Insofern ähnelt das den Befunden zu den Ambivalenzen des Internationalismus des 19. Jahrhundert, die Johannes Paulmann: *Globale Vorherrschaft und Fortschrittsglaube. Europa 1850–1914*, München 2019 (bes. S. 406–408) luzide zusammenfasst.
25 Gerade darin besteht ein Unterschied zu den Weltordnungsvisionen des ersten Drittels des 20. Jahrhunderts: Sebastian Conrad/ Dominic Sachsenmaier: Introduction: Competing Visions of World Order. Global Moments and Movements, 1880s–1930s, in: Dies. (Hg.): *Competing Visions of World Order. Global Moments and Movements, 1880s–1930s*, New York 2007, S. 2–25.

stellungen zur Thematik Ausdruck fand.²⁶ Eines entgeht den ForscherInnen jedoch: Dieser demokratische Anspruch äußerte sich auch darin, dass die GlobalistInnen der 1940er Jahre intensiv über die ermächtigende Wirkung des Gebrauchs bestimmter Medien nachdachten – Medien, die es den Bürgern ermöglichen würden, sich selbstständig ein »globales« Bild zu machen.

Bevor das erläutert werden kann, muss eines vorausgeschickt werden. Das Folgende mag als eine sehr amerikanische Geschichte erscheinen. In der Tat geht es den »Verortungen« des vorliegenden Buches ja gerade um solche »lokalen Globalismen«. Dennoch scheint der Abschnitt weniger das Tun Arno Peters' als dasjenige Richard Buckminster Fullers zu erhellen. Denn wie gezeigt werden soll, befand sich dieser im Zentrum der Globalitätsvermittlung der frühen 1940er Jahre. Und doch weist das so spezifisch amerikanische »Denken in globalen Bezügen« (Schröder/Höhler) beim näheren Hinsehen auch transnationale Facetten auf. *Erstens* gehörten zu den DenkerInnen und MediengestalterInnen, die dieses zu befördern versuchten, auch Exilanten aus Europa, allen voran aus der Weimarer Republik und aus Österreich. Sie brachten ein *Know how* aus der europäischen intellektuellen und ästhetischen Moderne mit, dessen soziale Trägergruppe mit dem Milieu überlappte, in dem Arno Peters seine prägenden Erfahrungen machte. *Zweitens* ging es in der Diskussion um die geostrategischen Kenntnisse, die das angebrochene sogenannte »Air-Age« die amerikanischen Bürger zu entwickeln zwang, immer auch um die Abgrenzung von der Raumwahrnehmung der Kriegsgegner, die man genau beobachtete. Und *drittens*, wie bereits zur Vignette bemerkt, war die Absicht, das nationalistische Denken just der Deutschen nach dem Krieg medial zu »globalisieren«, schon Teil dieser Debatte. Der Universalismus des amerikanischen Jahrhunderts artikulierte sich eben nicht nur in der Annahme kulturübergreifender Bedürfnisse, sondern auch allgemeinmenschlicher kognitiver Dispositionen. Sie ließen bestimmte Formen der partizipationsfördernden Adressierung ebenso erfolgversprechend wie ethisch geboten erscheinen.

Die Geografie der Gegner oder: ein neuer Kompass

Einen Eindruck von diesen Annahmen bekommt man, wenn man einen Blick in einen unwahrscheinlichen Bestseller wirft, der 1944, also im Jahr nach Willkies Buch erschien. Die Verwandtschaft des *Compass of the World* mit dem Reisebericht des Präsidentschaftskandidaten zeigt sich schon am Schutzumschlag, auf dem eine ähnliche stilisierte Pol-Projektion wie auf Willkies Vorsatzblatt abgedruckt war. Unwahrscheinlich war der Erfolg des Buches deshalb, weil beinahe alle Beiträge von Spezialisten aus der Humangeografie stammten. Wenn diese sich hier mit der Notwendigkeit befassten, die außenpolitische Orientierung der *USA* in Reaktion auf das Flugzeug zu verändern,²⁷

---

26 Rosenboim, *Globalism*, S. 17, 23.
27 Hans W. Weigert/Vilhjalmur Stefansson: Introduction, in: Dies. (Hg.): *Compass of the World. A Symposium*

dann ist das jedoch auch insofern bemerkenswert, als es sich bei den beiden Herausgebern – dem isländisch-kanadischen Polarforscher Vilhjálmur Stefánsson und dem 1938 aus Deutschland eingewanderten Experten für Geopolitik, Hans W. Weigert – nicht um gebürtige Amerikaner handelte. Tatsächlich war diese Autorenschaft schon Ausdruck einer Multiperspektivität, auf die der Band auch auf Inhaltsebene setzte. Das beginnt mit dem programmatischen Aufsatz Archibald MacLeishs. Der politisch linksstehende, gut vernetzte Dichter, der heute als einflussreicher Librarian of Congress erinnert wird, war zwischen 1929 und 1938 Mitherausgeber der erwähnten Wirtschaftszeitschrift »Fortune« gewesen, nun arbeitete er aber als stellvertretender Direktor der US-Propagandabehörde Office of War Information (OWI) – womit gleiche mehrere Institutionen genannt sind, die für die amerikanische Globalitätsvermittlung von einiger Bedeutung waren. In seinem Text für den *Compass of the World* diagnostizierte MacLeish eine »Schrumpfung« der Welt. Diese habe nicht zuletzt der japanische Angriff auf Pearl Harbor schmerzlich verdeutlicht. Das sei eine Einsicht, die nun verstärkt der amerikanischen Öffentlichkeit vermittelt werden müsse, auch schon im Hinblick auf die Friedenszeit. Eine starre, monoperspektivische Weltsicht münde in Faschismus. Dabei sei internationale Kooperation das anzustrebende Ziel, für die das Fliegen einerseits die Voraussetzung schaffe, die durchs Fliegen andererseits alternativlos geworden sei:

> Never in all their history have men been able truly to conceive the world as one: a single sphere, a globe having the qualities of a globe, a round earth in which all the directions eventually meet, in which there is no center because every point, or none, is center – an equal earth which all men occupy as equals. The airmen's earth, if free men make it, will be truly round: a globe in practice, not in theory.[28]

An diesen Punkt knüpfte Hans Weigert in einem zusammen mit dem Kartografen Richard Edes Harrison verfassten Beitrag für den Sammelband an, der sich dem Thema »Weltsicht und Strategie« widmete. Viele Amerikaner, so die beiden Autoren, hätten kein Bewusstsein der Sphärenform der Erde, trotz des kaum noch zu überhörenden Geredes vom »Globalen«. Das zeige sich an Äußerungen in der Presse, die sich auf den britischen Geografen Halford Mackinder beriefen. Dessen Anfang des 20. Jahrhunderts entwickelte »Heartland«-Theorie erfreute sich in den 1940er Jahren tatsächlich einer gewissen Renaissance. Denn sie schien geeignet, die geostrategischen Ambitionen Adolf Hitlers zu entschlüsseln: Für diesen, so die Theorie, bildete das energie- und rohstoffreiche geografische »Herz« Russlands den Schlüssel zur Weltbeherrschung. Wer aber derart aufs eurasische Festland fixiert sei, verliere die USA aus dem Blick, so die beiden Autoren. Konkret bleibe die geringe Flugdauer unberücksichtigt, die diese über den Nordatlantik von Europa trennte. Zwar sei es ein Mythos, dass Hitler und seine

---

on Political Geography, New York 1944, S. ix-xiii.
28 Archibald MacLeish: The Image of Victory, in: Weigert/Stefansson, *Compass*, S. 1–11, hier S. 7.

Generäle ihre Kriegstaktik, anders als Roosevelt, nicht mit dem Globus vor Augen planten, sondern mit der Weltkarte, so Weigert und Harrison. Richtig sei aber, dass die Deutschen dabei versagt hätten, »die ganze Welt in ihre Perspektive einzubeziehen und ihre totalitäre Eroberungsstrategie mit einem globalen Blick zu kombinieren.« Denn die deutschen Militärs benutzten seltener flächentreue Karten, die Raumrelationen besser verdeutlichen. Das habe sie in Amerika lange nur eine Peripherie sehen lassen. Eine solche sei der Kontinent angesichts der raumverändernden Technikentwicklung aber schon lange nicht mehr. Es war aus Weigerts und Harrisons Sicht also eine epistemologische, aber eben auch medial verstärkte Schwäche – eine Unfähigkeit, global zu denken, was hier hieß: den Welt-Kriegsschauplatz als die *Sphäre* zu sehen, die er bildete –, die die deutschen und japanischen Aggressoren dem Untergang weihte, der sich spätestens 1944 ja wirklich abzeichnete. Das wurde aber seinerseits nur deutlich, da man gelernt habe, auch die Weltsicht der Gegner nachzuempfinden, die Welt also gewissermaßen von Hitlers Berghof aus zu betrachten: »Eine permanente Flexibilität im Prozess der Weltbildformierung«[29] war das, zu der sich offenbar gerade Menschen in der Lage sahen, die schon aufgrund ihrer Migrationsbiografien zur Erweiterung verengter Perspektiven auf die Welt gezwungen waren.

Technicolor-Globalität für den Präsidenten

Tatsächlich bezogen sich Harrison und Weigert – letzterer sollte wenig später als Remigrant im Dienst der U.S. High Commission ins besiegte Deutschland zurückkehren[30] – in ihrem Beitrag indirekt auf ein vielpubliziertes Foto. Es zeigte den amerikanischen Präsidenten im *Oval Office* des Weißen Hauses in Washington neben einem riesigen Globus, der besonders für jene Flexibilisierung der Perspektive geeignet war, die MacLeish außenpolitisch, Weigert zuvorderst militärstrategisch geboten schien. Nicht nur war dieser Globus mit seinem Durchmesser von 50 Inches (rund einem Zehnmillionstel des Erdumfangs) einzigartig detailliert. Pressberichten zufolge waren auf ihm auch 17.000 Ortsnamen verzeichnet, mehr als das zehnfache vergleichbarer Globen. Er lagerte zudem frei drehbar auf einer Basis aus Gummirollen; der Globus kam also ohne Achse aus, die einen gewissen Betrachtungswinkel festgelegt hätte. Was wie eine bloße Spielerei oder ein Symbol der globalen Kriegsanstrengung anmutet, war durchaus als »Instrument der Militärstrategie« gedacht, wie es hieß. Roosevelt hatte den Globus im Oktober 1942 als Weihnachtsgeschenk von der gemeinsamen Führung des amerikanischen und des britischen Militärs bekommen.[31] Das Geschenk ging

---

29 Hans W. Weigert/Richard Edes Harrison: World View and Strategy, in: Ders./Stefansson, *Compass*, S. 74–88, hier S. 77.
30 Timothy Barney: *(Re)Placing America: Cold War Mapping and the Mediation of International Space*, (Univ. Diss, University of Maryland, College Park, 2011), S. 91.
31 Erwähnenswert ist, dass an der Gestaltung des OSS-Globus der Kartograf Arthur H. Robinson beteiligt war, der 30 Jahre später zur Nemesis Arno Peters' werden sollte: Arthur H. Robinson: The President's globe,

zurück auf William J. Donovan, den Roosevelt einige Jahre zuvor zum Leiter des neu geschaffenen Auslandsgeheimdienstes gemacht hatte, des Office of Strategic Services (OSS), aus dem später die CIA hervorgehen sollte, und dessen Kartenabteilung den »Präsidentenglobus« gestaltet hatte. So spektakulär Roosevelts Globus war, er mutet fast konventionell an, wenn man ihn an den Ambitionen misst, die das OSS bis kurz vor seiner Produktion verfolgt hatte. Bereits im Oktober 1941 wusste die »New York Times« von einem in Entwicklung befindlichen »beleuchteten und gekennzeichneten Globus« zu berichten. Dieser (faktisch nie realisierte) elektrifizierte Globus sollte dabei helfen, verschiedene »hochrangige Amtsträger« kontinuierlich über den Kriegsverlauf auf dem Laufenden zu halten. Konkret war die Rede von einer halbtransparenten Kugel, auf deren Oberfläche raumbezogene Informationen filmisch animiert und nach Wunsch um Tabellen mit statistischen Angaben ergänzt werden konnten, etwa zu militärischen Landgewinnen, Flüchtlingsströmen oder in Folge von Luftangriffen verringerten Produktionskapazitäten einzelner Weltregionen. Bislang verhindere es der Zwang, sich durch eine nicht enden wollende Zahl von Aktenordnern zu lesen, taktische Entscheidungen schnell treffen zu können: »Die Lösung ist visuelle Präsentation«, so der Artikel, der auch betonte, die Herausforderung sei weniger die Datenerhebung selbst als die Frage, wie man komplexe Sachverhalte unmittelbar verständlich machen könne. Dafür wollten die Gestalter des Globus nicht zuletzt die Farbgebung einsetzen. Dieser werde also eine »fortlaufende Reihe von Fakten in Technicolor« zeigen.[32]

Die Erwähnung dieser *Cutting Edge*-Technik des Unterhaltungsfilms war keine bloße Assoziation. Tatsächlich war Donovan schon aufgrund seiner Funktion als Koordinator der Kommunikation zwischen US-Militär und Nachrichtendiensten klar, wie wichtig nicht nur die Qualität, sondern auch die Art der grafischen Aufbereitung der aus aller Welt eingehenden militärischen und Geheimdienstinformationen war. Deshalb hatte er innerhalb des OSS eine »Präsentationsabteilung« gegründet, der er einen erheblichen Teil seines Budgets widmete, und mit deren Leitung er den mit Werbegrafik vertrauten Unternehmer Atherton Richards betraute. Der aktivierte seine Kontakte in die Unterhaltungsindustrie, um Mitstreiter für die Arbeit an einem »Präsentationsraum« zu gewinnen. Zeitweilig gehörten Herbert T. Kalmus von der Technicolor Motion Picture Corporation, mehrere Manager des Bell Telephone Lab und von Eastman Kodak, der erwähnte Archibald MacLeish sowie Redakteure des »Fortune«-Magazins zu Richards Beraterteam.[33] Douglas Shearer von der Filmproduktionsfirma Metro

---

in: *Imago Mundi* 49 (1997), S. 143–152.
32 Arthur Krock: Lighted, Marked Globe May Keep Top Officials Posted, in: *The New York Times*, 8.10.1941, S. 4.
33 Zu diesem Projekt Barry M. Katz: The Arts of War: »Visual Presentation« and National Intelligence, in: *Design Issues* 12 (1996), H. 2, S. 3–21, der sich stark an einem zeitgenössischen Tätigkeitsbericht orientiert: Part II. The office of the Coordinator of Information, ca. 1945, National Archives (NARA), RG 226, Records of the Office of Strategic Services, Entry 99, BOX 89, Folder 10, darin Abschnitt »V. Visual Presentation and Field Photographic in the time of COI or, The Rise and Fall of Q-2«, S. 67–68, S. 104–126.

Goldwin Mayer lieferte sogar einen konkreten Entwurf, wie das »Q 2« ausgestattet sein könne. So nämlich lautete der Code-Name für das Projekt, für das ein fensterloser, zweistöckiger Neubau vorgesehen war. Der sollte in dieser Projektphase zwar nicht mehr den zuvor in der Presse beschriebenen Riesenglobus beherbergen. Die Unternehmung war dadurch aber nicht etwa kleiner geworden: Avisiert wurden stattdessen mehrere Auditorien, ein Kinosaal und nicht weniger als zwölf, kriegswichtigen Einzelthemen gewidmete Räume mit Terrainmodellen und Projektionsschirmen zu Veranschaulichung statistischer Daten. Die überlieferten Listen von »möglichen Themen für die visuelle Präsentation« zeigen, dass den Beteiligten neben der Lokalisierung von Truppen, Schiffen und Luftkräften aller kriegführenden Parteien auch die Untersuchung von »U.S. Materialdefiziten, alternative[n] Quellen – Synthetischen Stoffe[n]« vorschwebte sowie der Vergleich statistischer Daten zu deutschen und britischen Ernährungsweisen.[34] Die dafür erforderlichen Werkzeuge umfassten Kartennadeln und -magneten bis hin zu elektrisch ansteuerbaren Dia-, Overhead- und Direktprojektoren zur Vergrößerungen von Plänen.

Die große Zahl archivalisch überlieferter Diagramme zur »Ordnung der Komplexität«[35] der zu visualisierenden Informationen deutet indes darauf hin, welche Probleme bei der Verdatung der »ganzen Welt« – wie es die an der Planung des Präsentationsraums Beteiligten nannten[36] – schon hinsichtlich der Vereinheitlichung der eingehenden Informationen entstehen konnten. Das war eine Erfahrung, die auch Fullers Mitstreiter rund zwei Jahrzehnte später machen sollten, als sie ein ähnliches Echtzeit-*Monitoring* der Welt planten. Wenn das OSS-Projekt sich im Sommer 1942 zerschlug, so lag dies allerdings daran, dass es Roosevelts Generälen überflüssig erschien. Personal und Ausstattung der Präsentationsabteilung wurden daraufhin teils der Fotografieabteilung des OSS, teils der Grafikabteilung von MacLeishs Office of War Information zugeschlagen.

Letztere zeichnete wenig später für die Organigramme der Nürnberger Kriegsverbrecherprozesse verantwortlich.[37] Diese Abbildungen führten den Richtern und ProzessbeobachterInnen, aber auch den Angeklagten selbst deren strukturelle Beteiligung an den NS-Verbrechen vor Augen. Auch das war – zumindest in der Propaganda – ein

---

Nicht archivalisch verifizieren lässt sich Katz' Behauptung, zu den Beratern hätten neben dem Produktdesigner Henry Dreyfuss auch die Architekten Norman Bel Geddes und Louis Kahn gehört, sowie Walt Disney und schließlich Buckminster Fuller. Eine Teilnahme des Letzteren ist nicht nachzuweisen (vgl. SUL, M1090, Series 2, Box 52, Folder 4, Dymaxion Chronofile), was auch Wigleys Übernahme dieser Behauptung entgegenzuhalten ist, die dazu dient, Fullers in den 1960er Jahren gestaltetes *Geoscope* auf das OSS-Projekt zurückzuführen: Mark Wigley, Planetary Homeboy, in: *ANY: Architecture New York* 17 (1997), S. 16–23.

34 NARA, RG 226, Entry 85, BOX 49, Folder 368.
35 NARA, RG 226, Entry 85, BOX 49, Folder 370.
36 Protokoll eines Treffens zwischen Atherton Richards und Richardson Wood, 23.12.1941, NARA, RG 226, Entry 85, BOX 48, Folder 367.
37 Katz, *Arts*.

kommunikativer Universalismus: ein Versuch, Sachverhalte transkulturell verständlich zu machen. In Bezug auf die visuelle Geschichte des Nachkriegsglobalismus waren ehemalige Mitarbeiter der OSS-Visualisierungsabteilung aber noch in einer anderen Hinsicht bedeutsam. Sie waren es nämlich, die die Unterlagen für das Gründungstreffen der Vereinten Nationen 1945 in San Francisco gestalteten sowie das bereits erwähnte UN-Emblem. Von den Designern Oliver Lincoln Lundquist und Donald McLaughlin zunächst nur als Motiv für eine Anstecknadel konzipiert, die die Delegierten als Souvenir erhalten sollten, wurde es 1947 offiziell angenommen. Trotz nachträglicher Bearbeitungen, die das Logo weniger amerikazentrisch erscheinen ließen, sieht man ihm seine Herkunft aus den geostrategischen Debatten seiner Entstehungszeit bis heute an.[38]

Was die OSS-Episode interessant macht, sind aber weniger diese langfristigen Folgen als die vielfältigen Bezüge, die das Geheimdienstprojekt zur breiten amerikanischen visuellen und Unterhaltungskultur aufwies. So griff man unter dem Sachzwang, die Komplexität des entgrenzten Kriegs zu bewältigen, auf Profis aus der Welt der Kartografie, der Werbegrafik, der Kommunikationstechnik, des Trickfilms zurück. Die Tatsache, dass diese Interaktion Gegenstand von Zeitungsberichten wurde, zeugt indes auch davon, für wie groß JournalistInnen das öffentliche Interesse an diesen neuen Darstellungsmethoden hielten. Wenn Geheimdienstler der Presse Informationen zu ihren Visualisierungsbemühungen durchstachen, dann deutet dies darüber hinaus auf die Wichtigkeit hin, die gesellschaftliche Eliten ganz allgemein dem Versuch beimaßen, ein flexibleres und daher umso realistischeres geostrategisches, wenn nicht globales Denken in der breiteren amerikanischen Bevölkerung anzuregen. Selbst ein Präsident schien mediale Hilfe zu brauchen, um den globalen Charakter des Kriegs zu erfassen. Umso mehr musste das für BürgerInnen gelten, die sich mithilfe von Bildmedien überhaupt erst als vom Krieg Betroffene zu verstehen lernen sollten.

Air-Age-Didaktik

Tatsächlich scheint Wendell Willkie selbst den *Begriff* »One World« von einer solchen populären Visualisierung des globalen Kriegs übernommen zu haben. Auf Richard Edes Harrisons Karte *One World, One War*, die zuerst 1942 im »Fortune«-Magazin erschien,[39] waren die Herrschaftssphären und Nachschublinien der Kriegsparteien durch auffallende Einfärbungen markiert; die Achsenmächte waren schwarz, die neutralen Staaten gelb, die Alliierten rot hervorgehoben. Verdeutlichen diese *Einfärbungen* recht konventionell den territorialisierenden Charakter des Kriegs, die Absicht der

---

38 Zum Gründungstreffen: Sluga, *Internationalism*, Kap 3. Zum UN-Logo: *Official seal and emblem of the United Nations. Report of the Secretary-General. 15 Oct. 1946*: https://www.refworld.org/docid/3b00f09534.html (19.6.2019).

39 Richard Edes Harrison: *One world, one war. A map showing the line-up and the strategic stakes in this the first global war*, o.O. [New York] 1942.

Beherrschung von Landflächen, so betonte der gewählte *Projektionstyp* der Weltkarte etwas Anderes: Auch sie zeigte einen Ausschnitt aus einer (Nord-)Pol-Projektion, wie sie Willkies Einband, das Cover des *Compass*-Bandes und viele andere Publikationen zur Geostrategie des Weltkriegs schmückten. Harrisons Begleittext strich entsprechend die Nähe der Kontinente auf der Nordhalbkugel heraus. Die Arktis, so seine Zuspitzung, sei im Zeitalter des Flugzeugs nicht etwa die Peripherie, sondern das *Zentrum* »unserer Welt«. Jener Ort nämlich, an dem sich die annähernd dreieckigen Landmassen Nordamerikas und Eurasiens, auf denen der Großteil der Weltbevölkerung siedle, beinahe berührten. Es war die Nähe gerade *dieser* Weltregionen zueinander, so der Text weiter, die es überhaupt erst sinnvoll erscheinen lasse, von der (sozialen) »One World« und nicht nur vom (physikalischen) »One Globe« zu sprechen.

Harrisons Pol-Projektionen erlaubten es ihren Betrachtern also, sich an einen vom Geschehen abgelösten Beobachtungsort zu denken, ja, sich als Militärstratege oder Luftwaffengeneral zu imaginieren. Tatsächlich kamen sie auch in der Ausbildung von Bomberpiloten zum Einsatz. Aber sie tauchten fast immer zusammen mit anderen Visualisierungen auf, die weit weniger »objektive« Blicke auf Harrisons »Eine Kriegswelt« ermöglichten. Harrisons sogenannte »Perspektivkarten« machten es im Gegenteil möglich, sich spielerisch in die eigenen und gegnerischen Piloten hineinzuversetzen, die im Anflug auf die *eigene Heimat* waren. »Three Approaches to the U.S.« etwa zeigte Nordamerika wie aus dem Cockpit eines Bombers.[40] Die Tatsache, dass dieser angesichts des gezeigten Krümmungswinkels der Erdoberfläche geradezu in der Erdumlaufbahn zu fliegen schien, wollte zwar maßstäblich nicht recht zu den für Harrisons Arbeiten typischen quasi-morphologischen Bildelementen passen, etwa den durch Schattenschraffuren plastisch hervorgehobenen Bergreliefs. Dieser Sachverhalt ändert aber nichts am Zweck der gewählten Perspektiven: Sie verdeutlichten zum Beispiel, wo die kürzesten Flugrouten in Richtung der Großstädte der USA verliefen, etwa von Tokio, Berlin und Caracas aus (die Hauptstadt Venezuelas wurde zu diesem Zeitpunkt als potenzieller Brückenkopf einer feindlichen Armee auf dem amerikanischen Kontinent gesehen). Harrison veranschaulichte solcherart, dass etwa die Route vom Zentrum des »Dritten Reichs« nach Washington keineswegs quer über den Atlantik führte, sondern nahe an Städten im Norden der USA lag, die also kaum weniger gefährdet waren. Mitten im Zweiten Weltkrieg mag die bildgestützte Kontemplation dieses Faktums ein lustvoll-schauererweckendes Erlebnis gewesen sein. Sie ließ sich aber auch als Erfüllung einer Art Bürgerpflicht begreifen, sich die Verwundbarkeit der USA klar zu machen, ihren »weichen Unterbauch« zu identifizieren, wie Harrison zu *One World, One War* schrieb. Harrisons Karten brachten vielen AmerikanerInnen den globalen Konflikt also im doppelten Wortsinne näher. Zugleich ermächtigten sie zur Ablösung von jener fixen Perspektive, die die *Compass*-Herausgeber den Achsenmächten unterstellten.

---

40 Richard Edes Harrison: The face of one world: Five perspectives for an understanding of the air age, in: *Saturday Review of Literature*, 1.7.1944, S. 5–6.

Harrison, der keine Kartografenausbildung absolviert hatte, verstand seine Grafiken explizit als Bindeglied zwischen traditionellen Karten und Globen.[41] Seinem Verständnis nach entwarf er eben nicht wissenschaftliche Instrumente, sondern »praktische Unterrichtskarten«, die überhaupt erst an Kartografie heranführten. Deshalb verzichtete er auf herkömmliche Legenden, also jene Elemente von Karten, die Objektivität verheißen, indem sie die Parameter der Darstellung zahlenbasiert offenlegen. Auf vielen seiner Kartenblätter fanden sich stattdessen grafische Erläuterungen des gewählten Kartenausschnitts oder Projektionstyps. Das konnte zum Beispiel ein kleiner, herkömmlich eingenordeter Globus am Kartenrand sein, auf dem der jeweils sichtbare Erdausschnitt rot hervorgehoben und mit einem Pfeil versehen waren, der Blickwinkel und -richtung erläuterte. Oder es konnte sich um die Grafik eines Mädchens handeln, das einen ballonartigen Rock trug, auf dem ein Gradnetz abgebildet war – und der sich auf einer zweiten Skizze – das Mädchen tanzte nun – entfaltete, ganz wie der Globus zur Polprojektion. Dieses Detail ist nicht nebensächlich. Denn was Harrison repräsentativ macht, ist der didaktische, partizipatorische Ansatz, der hier deutlich wird.

Mehr noch als Willkie oder MacLeish, in dessen OWI er Vorträge hielt und für das er 1944 einen *War Atlas for Americans* herausgab,[42] stand Harrison mit seinem bildpädagogischen Anspruch überdies im diskursiven Zentrum eines veritablen *Air-Age*-Globalismus. Denn nicht nur viele Regierungseinrichtungen, sondern auch Unternehmen wie Pan American Airlines sahen es ab ca. 1943 als ihre Aufgabe, die Bevölkerung über die neue geopolitische Lage und die Chancen und Herausforderungen der Aeronautik aufzuklären.[43] Die »Air-Age-Geography«, wie sie Walter Ristow, der Leiter der kartografischen Abteilung der Library of Congress, in diesem Jahr erstmals nannte,[44] machte einen Typus von Grafiken globaler Verbindungen, der zuvor vor allem in der Werbung von Luftfahrtunternehmen aufgetaucht war, spätestens Anfang der 1940er Jahre zum Bestandteil einer regelrechten »Air-Age-Education«.[45] Das dazugehörige Schriftgut wurde bald unüberschaubar. Die American Teachers Association etwa sah sich 1946 genötigt, eine Bibliografie mit dem Titel *One World in School* herauszugeben.[46]

Es scheint allerdings, als hätten viele AmerikanerInnen gar nicht belehrt werden müssen. Und in dieser Beobachtung liegt auch eine Antwort auf die rezeptionsgeschichtliche Frage, was den kommerziellen Erfolg Harrisons, aber eben auch von Willkies »One World« erklärt und den von heute vergessenen Publikationen wie Grace Croyle Hankins' *Our Global World. A Brief Geography for the Air Age* (1944) oder Elvon

---

41 Susan Schulten: Richard Edes Harrison and the Challenge to American Cartography, in: *Imago Mundi* 50 (1998), S. 174–188 und Timothy Barney: Richard Edes Harrison and the Cartographic Perspective of Modern Internationalism, in: *Rhetoric & Public Affairs* 15 (2012), S. 397–433.
42 U.S. Office of War Information: *War Atlas for Americans*, New York 1944.
43 Barney, *(Re)Placing*, S. 3–5, 83.
44 Zitiert nach ebd., S. 88.
45 Susan Schulten: *The Geographical Imagination in America; 1880–1950*, Chicago u.a. 2001, bes. S. 205–238.
46 Louella Miles: *One World in School. A Bibliography*, o.O. 1946.

L. Howes *Air World: The New Geography of Airpower* (1943). Ebenso wie Roosevelt selbst, der seine Landsleute im Februar 1942 in einer seiner mittäglichen Radioansprachen aufgefordert hatte, sich eine Weltkarte zu beschaffen, um das Kriegsgeschehen zu verfolgen,[47] predigten die *Air-Age*-Bilddidaktiker längst zu den Bekehrten. Mit Kriegsbeginn war die Nachfrage nach Karten des europäischen Kriegsschauplatzes so rasant gewachsen, dass etablierte Kartenverleger wie Rand McNally sie nicht mehr bedienen konnten.[48] Unternehmerisch wog das umso schwerer, als die Spezialverlage sich bald mit einer Konkurrenz konfrontiert sahen, die wie Harrison aus der nichtakademischen – nämlich aus der journalistischen – Kartografie kam. Zwar hatten viele Produkte dieser Wettbewerber eine geringe Halbwertszeit: Oft beleuchteten sie nur einen einzelnen Aspekt des Kriegs – eine Schlacht, eine Frontveränderung. Sie kompensierten dies jedoch mit einer ungewöhnlichen Aufmachung und »Mitmach-Elementen«. Damit wurde auf die gesellschaftlich verbreitete Praxis reagiert, auf Karten selbst Eintragungen zum Kriegsverlauf vorzunehmen, etwa Truppenverluste und Landgewinne fast wie Sportergebnisse zu verzeichnen.[49] Die Vielfalt, der ästhetische Reiz, der Erfindungsreichtum der Geo-Grafik eines Richard Edes Harrison rührte demnach nicht nur von einer politischen Pädagogik oder vom kosmopolitischen Ethos gesellschaftlicher Eliten her: Die *Top-down*-Perspektive auf die Welt wurde durchaus »von Unten« nachgefragt. Die Produktion neuer Welt-Bilder war auch von einem Innovationsdruck getrieben, unter dem gerade die kommerziellen illustrierten Magazine standen. Die Redakteure ließen ihren Bildgestaltern freie Hand zum Experimentieren, um sich Marktvorteile zu verschaffen.

Und so ist es auch nicht *nur* auf den »nationalistischen Globalismus« des erwähnten Medienmoguls Henry Luce zurückzuführen, dass ein großer Teil von Harrisons Karten im »Fortune«-Magazin erstveröffentlicht wurde, dessen Grafikabteilung dieser seit 1937 zuarbeitete (wovon Buckminster Fuller profitierte, wie gleich zu zeigen sein wird). Auch die Eigeninitiative von Exponenten der noch jungen Berufsgruppe der Grafikdesigner spielt herein, die sich gerade in den überlappenden Redaktionen von »Fortune«- und »Life«-Magazin versammelt hatten. Viele dieser Gestalter hatten bereits vor dem Krieg unter dem Einfluss modernistischer Strömungen mit Typografie, Farbdruck und Seitenlayout experimentiert und den Grenzbereich zwischen Zeichnung, Plan, Tabelle und Diagramm ausgelotet. Hier ist nicht der Platz, auf die beeindruckenden Werke Antonio Petrucellis, Rolf Kleps oder Irving Geis' einzugehen, die mithilfe farbig ausgestalteter und mit Piktogrammen versehener Grafiken neue chemische Produktionsverfahren, die Funktionsweise des Radars, Unternehmensstrukturen oder eben militärische Sachverhalte erklärten. Erwähnt werden muss aber, dass auf diesem Wege

---

47 Arthur Jay Klinghoffer: *The Power of Projections. How Maps Reflect Global Politics and History*, Westport/London 2006, S. 102.
48 Schulten, *Imagination*, S. 187.
49 Ebd., S. 207.

verstärkt auch Umfrageergebnisse präsentiert wurden. Denn die entsprechenden Visualisierungen werfen ein Licht auf die Globalitätserwartungen der Leserschaft, die wiederum die Strategien der Medienunternehmer beeinflussten: Wenn etwa im Juni 1940, auf dem Höhepunkt der Debatten über den Kriegseintritt der USA, einer von Geis als Balkendiagramm umgesetzten »Fortune«-Umfrage zufolge 45,2 % der LeserInnen die Frage bejahte, ob sie im Falle eines deutschen Siegs in Europa mit einem baldigen Angriff auf amerikanisches Territorium rechneten,[50] kann dies indirekt auch als Marktforschung begriffen werden: Es lassen sich hier mediale Rückkoppelungsschleifen zur Nachfrage nach der Thematik des globalen Kriegs ausmachen. Das erklärt, warum die Redaktionen nicht zuletzt ihre Befähigung zum Sammeln von globalen Informationen visuell als Werbebotschaft an ihre LeserInnen vermittelten. Harrison etwa entwarf 1943 auch eine »On Assignment« betitelte Weltkarte, die das globale Netz der Korrespondenten der Luce-Zeitschriften verdeutlichte, indem sie die von den Journalisten am häufigsten bereisten Routen farblich hervorhob.

»Airways to Peace«

Zugespitzt formuliert, lässt sich der Globalismus der frühen 1940er Jahre fast bis auf die Ebene einzelner Hausnummern lokalisieren. Seine konkrete mediale Form bekam er in den Kriegsinstitutionen in Washington, D.C., aber auch einige hundert Kilometer nördlich. Es waren Orte wie das Time & Life Building in New York, an denen Informationen aus aller Welt zusammenliefen. Hier, in Midtown Manhattan, trafen sie auf die Akteure, die sie auf allgemeinverständliche Weise aufzubereiten vermochten. Im nur wenige Schritte von den »Fortune«-Redaktionsräumen entfernten Museum of Modern Art (MoMA) kamen 1943 zudem die Artefakte zusammen, die diese GestalterInnen produzierten. Unter Leitung des Direktors Monroe Wheeler lotete das MoMA die Bedeutung von Kunst und Design für den Krieg aus. Dass die Arbeit der GestalterInnen aber nicht auf so Konkretes wie die »Camouflage für die Zivilverteidigung« hinauslaufen musste,[51] zeigt die Ausstellung *Airways to Peace: An Exhibition of Geography for the Future Age*, die zwischen dem 2. Juli und dem 31. Oktober 1943 im Museum zu sehen war. Sie soll hier als letztes Beispiel für die Spezifik des amerikanischen Globalismus der 1940er Jahre samt seiner persönlichen Netzwerke dienen. Letztere werden nämlich schon im der Ausstellung gewidmeten »Bulletin« des MoMA deutlich: Die erste Abbildung in dem Heft war eine Fotografie, die Wheeler dabei zeigte, wie er die Kopie eines sogenannten Behaim-Globus – des ältesten erhaltenen

---

50 Hochauflösende Scans dieser und anderer »Fortune«-Grafiken finden sich unter: fulltable.com/vts/f/fortune/menubc.htm (19.6.2019).
51 So der Titel einer Ausstellung im Herbst 1942: https://assets.moma.org/documents/moma_masterchecklist_325328.pdf (19.6.2019). Zum Folgenden: Mary Anne Staniszewksi: *The Power of Display. A History of Exhibition Installations at the Museum of Modern Art*, Cambridge, Mass./London, bes. S. 230.

Erdmodells der Welt von 1492 – mit just jenem überdimensionierten OSS-Globus verglich, den Präsident Roosevelt höchstpersönlich an die Ausstellung entliehen hatte. Auf einer weiteren Fotografie im Inneren des Hefts sah man dann drei Männer, die sich in die Betrachtung eines weiteren, deutlich kleineren Globus aus Glas vertieften. Dessen farbige Beschriftungen ermöglichten es, die sich auf der Erdoberfläche direkt gegenüberliegenden Städte zu identifizieren, so der erläuternde Text. Bei den drei Personen handelte es sich um den Kunstsammler Stephen C. Clark, den Mitherausgeber des *Compass*, Vilhjálmur Stefánsson, und schließlich um Wendell Willkie, der die wichtigsten Texte für die Ausstellung verfasst hatte.[52]

Vordergründig betrachtet präsentierten diese Texte eine Fortschrittsgeschichte der Aviatik. Flankiert von großformatigen Fotografien und Fotocollagen von Flugzeugen, Flugplätzen und Kontrolltürmen argumentierten Willkies Texte für *Airways to Peace*, von Ikarus über die Montgolfière zu Lilienthal und Lindbergh hätten Flugversuche eine zentrale Rolle in der »Neuformung der Welt« gespielt. Der größere Teil der Ausstellung widmete sich entsprechend dem Kernthema seines Buchs: dem Ausblick auf die friedliche Nutzung der Luftfahrt in der Zukunft.[53] Willkie wiederholte sogar die Grundthese seines Bestsellers: »Our thinking in the future must be world-wide.«[54] Entscheidend ist hier aber, dass *Airways to Peace* mit einem multimedialen Ausstellungsdesign arbeitete, um dieses »weltweite Denken« zu vermitteln. Willkies Erzählerstimme band äußerst heterogene Exponate zusammen: Neben den erwähnten Fotografien konfrontierte die Ausstellung die Besucher mit einer Vielzahl von Globen und Weltkarten verschiedener Art (darunter diversen Produkten Harrisons und Fullers *Dymaxion Map*) und verschiedenen Formats.[55] Rauminszenierungen, die mit (geo-)grafischen Maßstäben spielten, bildeten überhaupt ein wiederkehrendes Thema. So konnten Besucher eine Art Steg beschreiten, um aus einem halben Meter Höhe auf Luftfotografien zu blicken, ganz so, wie aus der Kanzel eines Aufklärungsflugzeugs. Dazu passte die Frontansicht eines *Liberator*-Bombers in Originalgröße, die den Raum als Wandgemälde schmückte.

Die vielen Skalen- und Medienwechsel dienten dazu, die Ausstellungsbesucher im Hinblick auf die Relativität von kartografischen Alleinvertretungsansprüchen zu sensibilisieren. Tatsächlich war eine Nebenerzählung der Ausstellungstexte eine Geschichte der Kartografie seit der Antike. Diese Erzählung hielt auch mit Kritik an der am weitesten verbreiteten kartografischen Repräsentation der Erde, oder genauer: an der Art ihrer Nutzung, nicht zurück. Gemeint ist die bereits erwähnte Mercator-Weltkarte, die auch schon 1943 als unzeitgemäßes Weltbild in der Kritik stand: Sie sei »gefährlich

---

52 Wendell Willkie: Airways to Peace, in: *The Bulletin of the Museum of Modern Art* 11 (1943), S. 3–21, die beiden erwähnten Fotografien finden sich auf S. 8 und 21. Willkies Ausstellungstexte werden im Folgenden aus diesem Artikel zitiert.
53 Ebd., S. 14.
54 Ebd., S. 20.
55 Wheeler an Harrison, 16.1.1943, LOC, GMD, Richard Edes Harrison Collection, BOX 13–23.

irreführend in unserer Luft-Zeit«,⁵⁶ hieß es im MoMA-Katalog, seien auf ihr doch gerade die Größenverhältnisse der Flächen in Polnähe stark verzerrt. Das verdeutlichten die Ausstellungsgestalter mithilfe einer Installation, die aus einem Globus und einer Mercator-Karte im selben Maßstab bestand. Mittels zweier Führungslinien wurde der auf dem Globus dunkel hervorgehobene Bereich mit seiner Repräsentation auf der Karte vergleichbar. So zeigte sich, dass Grönland in der Mercator-Projektion unangemessen vergrößert erschien. Diese Installation brachte also ein kartografisches Grundproblem auf den Punkt – ein Problem, das viele Jahre später, in den 1980er Jahren, in Publikationen mit Titeln wie »How to lie with maps« ideologiekritisch zugespitzt wurde:⁵⁷ Wer eine Kugeloberfläche auf eine plane Oberfläche projiziert, muss Verzerrungen – sei es von Flächenrelationen, sei es von Winkeln, sei es von Distanzen – in Kauf nehmen. Der gewählte Verzerrungstyp kann bestimmte Wirkungen verstärken, indem er beispielsweise bestimmte Regionen hervorhebt. Jede (Welt-)Karte schließt andere mögliche Aussagen aus. Für die Gestalter der MoMA-Ausstellung bestand kein Zweifel: »Most adults have learned geography from Mercator maps, and it is hard to readjust the eye and the imagination to other maps better suited to the air age.« Daher war ihre Empfehlung: »When in doubt, look at a globe, not a map.«⁵⁸ Hilfe zu leisten bei der Wiederanpassung der geografischen Imagination, das war also das Motiv dafür, *so viele* unterschiedliche Exponate in den Räumen des Museums zu versammeln. Besucher sollten auf die »Eine Welt« gerade dadurch vorbereitet werden, dass sie die Erde als Ganzheit zu sehen lernten. Man lud sie zugleich dazu ein, verschiedene Einzelgesichtspunkte auf die Erde einzunehmen, sich den Eigenschaften des Planeten selbsttätig und immer wieder von Neuem anzunähern.

Kaum ein anderes Exponat der Ausstellung verdeutlicht diese Absicht besser als der begehbare »Outside-in-Globe«, dessen Name allein die Absicht eines Spiels mit Sehgewohnheiten verrät. Nur wenige Schritte entfernt von einer Harrison-Karte schwebte eine durch Drähte an der Decke des Ausstellungsraums befestigte Hohlkugel von 15 Fuß (ca. 4,5 Meter) knapp über dem Boden. Der untere Teil dieser Holzkonstruktion war bis auf Schulterhöhe geöffnet, so dass sich schon von außen erkennen ließ, dass auf ihre Innenwände eine Weltkarte appliziert war. Wer ins Innere trat, war also umgeben von der umgestülpten Erdoberfläche. Dann wurden unerwartete Einsichten in die geografischen Relationen der Kontinente zueinander möglich (so zumindest die Idee), nicht unähnlich dem Blick durch den erwähnten Glasglobus, der ja visuelle Beziehungen zwischen denkbar weit voneinander entfernten Weltgegenden herstellte. Die Ausstellungsmacher erwarteten darüber hinaus, dass die Besucher ihr eigenes Dasein zu diesen Einsichten in Beziehung setzen würden. Denn wer im Inneren der Kugel stand, so die Annahme, würde zuallererst den eigenen Standort, also Manhattan, oder aber

---

56 Willkie, Airways, S. 20.
57 Mark Monmonier: *How to lie with Maps*, Chicago/London 1991.
58 Willkie, Airways, S. 5.

den eigenen Heimatort auf der invertierten Erdoberfläche suchen. Der Blick würde sich in den meisten Fällen entsprechend nach oben wenden, was hieß: zur nördlichen Hemisphäre. Diese individuelle, orientierende Bewegung würde dem Ausstellungsbesucher einmal mehr jenen soziogeografischen Sachverhalt verdeutlichen, um den die Ausstellung, wenn nicht die Globalitätspädagogik der frühen 1940er Jahre insgesamt kreiste: »[T]he most populous nations of the world are clustered about the North Pole, within easy flying distance to one another.«[59]

Immersion und Immigration: Herbert Bayer und die »Democratic Surround«

Airways to Peace versammelte also verschiedene Personen und Artefakte des amerikanischen Kriegsglobalismus. Dass die Ausstellung trotz der Ernsthaftigkeit ihrer Botschaft wie eine geovisuelle Spielwiese wirkt, weist indes auch auf einen transnationalen Faktor hin. Tatsächlich war gerade der »Outside-in-Globe« von einem nur rund fünf Jahre zuvor aus Deutschland in die USA eingewanderten Grafikdesigner ersonnen worden. Die Idee kam von Herbert Bayer, der von Monroe Wheeler mit der gestalterischen Gesamtkonzeption von *Airways to Peace* betraut worden war. Wie der Medienwissenschaftler Fred Turner argumentiert, waren es Techniken der Blickführung sowie Angebote zum Eintauchen, zur »Immersion« ins Dar- bzw. Ausgestellte, die Bayer und andere exilierte deutschsprachige Gestalter nach Amerika mitgebracht hatten. Dort fielen sie auf dem Feld der Ausstellungspädagogik auf besonders fruchtbaren Boden. Diese Konzepte sind jedoch ihrerseits nicht zu verstehen ohne den Hintergrund Weimarer Vermassungsdiskurse und mehr noch der Gestalttheorien der Zwischenkriegszeit: Wahrnehmungspsychologische Annahmen über die Formung menschlicher Verhaltensweisen durch die visuellen Reize in ihrer Umgebung – ihr »Gesichtsfeld« – hatte gerade Bayer schon zu Beginn der 1930er Jahre am Bauhaus umzusetzen versucht. In den USA vertiefte er diese Ansätze im Sinne einer visuellen Anordnung von Informationen, die erst durch die Bewegung eines Betrachters im Raum in (je spezifische) Beziehung zueinander traten.[60] So lassen sich immersive Medien wie der Bayer-Globus als Übungen in »antipropagandistischer Propaganda« verstehen, die vor dem spezifischen Erfahrungshintergrund des Exils entstanden. Ausstellungen wie *Airways to Peace* sollten den Bürgern sowohl dabei helfen, sich eine persönliche Meinung zu bilden, als auch die Subjektivität ihrer Wahrnehmungsgrundlage zu erkennen. Das versprach, sie flexibler und kompromissbereit zu machen. Auf diese Weise sollten sie immun werden gegen die totalitären Vereindeutigungs- und Überwältigungstechniken, von denen man sich zugleich selbst distanzieren konnte. Bayers begehbarer Globus steht für Tur-

---

59 Ebd., S. 9.
60 Fred Turner: *The Democratic Surround. Multimedia & American Liberalism from World War II to the Psychedelic Sixties*, Chicago/London 2013, vor allem Kap. 3, sowie Peder Anker: Graphic Language: Herbert Bayer's Environmental Design, in: *Environmental History* 12 (2007), S. 254–279.

ner somit am Anfang der pädagogischen Strategien des »Democratic Surround«,[61] wie er sie nennt. Diese Strategien wirkten in den verschiedenen Multimedia-Shows der amerikanischen Kulturdiplomatie der 1950er und frühen 1960er Jahre fort (die an späterer Stelle dieser Studie ausführlicher thematisiert werden, da Richard Buckminster Fuller an einigen von ihnen beteiligt war).

Fred Turners Interpretation verliert über ihre Fokussierung auf die Absichten der Gestalter allerdings etwas aus dem Blick, dass es sich bei der Medialisierung des Weltkriegs keineswegs *nur* um eine demokratieförderliche (!) Manipulation der Bevölkerung durch eine Elite handelte. Das lässt sich schon daran erkennen, dass *Airways to Peace* ein Publikumserfolg war.[62] Auch verfolgten die GlobalistInnen der 1940er Jahre mehrerlei Ziele mit dem Einsatz von Medien, die die Welt als Zusammenhang einsichtig machten. Dies sollte die Einsatzbereitschaft der amerikanischen Bevölkerung im Weltkrieg vergrößern. Es sollte aber auch die Legitimität der amerikanischen Partizipation an ihm erhöhen. Nicht zuletzt schienen Medien die geistige Flexibilität der Bürger im Angesicht der Herausforderungen des kommenden, zugleich »globalen« und amerikanisch dominierten, aber eben auch demokratischeren Nachkriegszeitalters zu verstärken. Gleichwohl zeigt der hier unternommene Versuch einer Grundierung nicht nur der Ideen-, sondern auch der Mediengeschichte des Globalismus in einem eng vernetzten Elitenmilieu der Ostküste der USA, dass eine rein intentionalistische Lesart von dessen Medieneinsatz zu kurz griffe. Dieser Medieneinsatz war *auch* Resultat einer Konvergenz der Zukunftserwartungen und Interessen einflussreicher Medienunternehmer, PolitikerInnen, Geheimdienstler, Geografen, Pädagogen und Bildgestalter nach Kriegseintritt der USA. Diese Konvergenz ist nicht zu verstehen ohne Berücksichtigung der Nachfrage nach visuellen Medien, die grenzüberschreitende Zusammenhänge und globale Lagen visualisierten. Eine Nachfrage, auf die sich gerade Richard Buckminster Fuller einzustellen wusste.

2.3 Buckminster Fullers *Dymaxion Map* (1943) – Menschheitsdynamiken und die Medien ihrer Beschleunigung

Ein Planet als Baukasten

Am 1. März 1943 erschien im »Life«-Magazin eine Weltkarte, die wie die Krönung der *Air-Age-Geography* anmutet. Richard Buckminster Fullers *Dymaxion Map* war ein publizistischer Geniestreich.[63] Die mit dem Markennahmen »Dymaxion« betitelte

---

61 Turner, *Surround*, S. 112f.
62 Anker, Language, S. 260.
63 Life Presents Richard Buckminster Fuller's Dymaxion World, in: *Life*, 1.3.1943, S. 41–55. Den Auftakt zum Artikel bildete ein Foto, das Fuller vor dem Hintergrund einer konventionellen Weltkarte mit dem »Dymaxion Globe« in der Hand zeigt. Es handelt sich um das erste von vielen Fotos, die den Welt-Bildner in Hamlet-Pose zeigen, nicht ohne mit der Ähnlichkeit zwischen Fullers Glatzkopf und dem Erdball zu spielen.

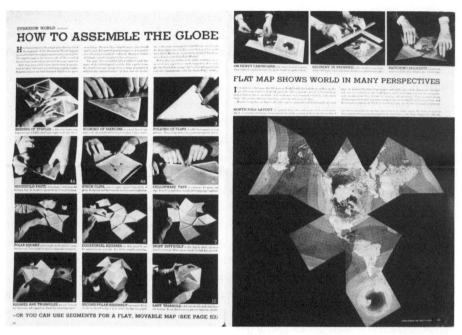

Abb. 2.2: Die *Dymaxion Map* (1943) in beiden möglichen Varianten: Links die Globus-Bastelanleitung und rechts unten eines von vielen möglichen Flachkartenarrangements: das »Nordpol-Layout«.

Weltkarte kam als Bastelset daher: Eine Doppelseite aus Karton, die aus dem Heft herausgetrennt werden konnte, war vierfarbig bedruckt mit Kartenausschnitten oder besser: -modulen. Diese insgesamt acht dreieckigen und sechs quadratischen Einzelflächen waren mit Klebelaschen versehen und ließen sich zu einem 14-Seiter, einem sogenannten Kuboktaeder zusammenkleben, der dann rund 30 cm Durchmesser hatte. Es war sogar eine fotografische Bastelanleitung mit abgedruckt (Abb. 2.2). Die *Dymaxion Map* setzte also eine der Grundideen der *Air-Age*-Didaktik auf besonders elegante Weise um: Sie erklärte den Prozess des (Welt-)Kartenmachens, indem sie ihn umkehrte: Von der Flachkarte kam man zur Erdkugel, zum »Dymaxion-Globus«. Offenbar war das in der Praxis gar nicht so einfach, wie wenige Wochen später auch das »Life«-Magazin mit einem ironischen Foto signalisierte, das eine Akrobatin beim Versuch zeigte, einen Dymaxion-Globus anzufertigen. Der Kuboktaeder-Globus war aber ohnehin nur die eine – die intellektuell letztlich weniger faszinierende – Gebrauchsmöglichkeit des Kartenvordrucks. Wer das »Life«-Heft erstanden hatte, besaß nämlich eigentlich mehrere Karten. Es war auch möglich, die Kartenmodule wie Puzzlestücke flächig zu kombinieren, sie also entlang der Schnittlinien zwischen den Kartenteilen (der »Unterbrechungen« des Kartenbilds) zusammenzulegen. Dann entstand eine »flache, bewegliche Karte« ganz nach eigenem Geschmack, wie es im Begleitartikel hieß. Der Text lieferte unter der Überschrift »Dymaxion World« denn auch einige fotografische Beispiele solcher Kombinationen, nebst Textfeldern mit Erläuterungen dieser sogenannten »Layouts«. Gerade diese Texte bezogen sich auf die geopolitischen Debatten der vorangegangenen Jahre: »[Die Karte] wurde für politische Geografen entworfen«, lautet eine Zwischenüberschrift des »Life«-Artikels, der das durch eine Fotografie des erwähnten Roosevelt-Globus untermauerte. Mit Hilfe dieses Globus, so hieß es, vergegenwärtige sich der Präsident die Flugrouten, auf den sich der militärische Flugverkehr bewegte. Als Oberbefehlshaber müsse er die Welt überdies aus der Perspektive anderer Nationen und ihrer politischen Geografen betrachten, denn nur so könne er deren Strategien verstehen.

Einen solchen Perspektivwechsel schien insbesondere das »Nordpol-Layout« der *Dymaxion Map* möglich zu machen, in dessen ungefährer Mitte sich der Nordpol befand. Ihm folgten auf den nächsten Seiten des Artikels neben einer »Mercator-Welt« auch eine als »Jap-Imperium« betitelte Kombination, die helfen könne, sich in die skrupellose Logik der »Seemacht-orientierten Japs« hineinzudenken, da sie den Pazifik ins Bildzentrum rückte. Diese Perspektive ließ sich dann mit dem »Heartland«-Layout vergleichen, das die Landmassen Eurasien betonte und so das Landrattentum (»landlubber Geopolitics«) der deutschen Kriegsstrategie verdeutlichte. Wer mit Fullers Karte experimentierte, konnte also mehrere ungewohnte und erhellende Blicke auf die »Eine Welt« werfen, die Wendell Willkie zeitgleich beschrieb – gerade so, wie es den *Compass*-Autoren im Jahr darauf geboten schien und wie es wenige Monate später die *Democratic Surround* des MoMA möglich machte. So überrascht vielleicht nicht, dass die »Life«-Ausgabe mit der Klebekarte zur bis dahin meistverkauften des Magazins wurde.

Fullers Weltkarte erlaubte es den Käufern des »Life«-Magazins nicht nur, sich selbst für verschiedene Ansichten der Welt zu entscheiden. Die Tatsache, dass sie gewissermaßen strukturell heterarchisch war – die Karten-Module ließen ja keine Mitte, kein »Oben« und »Unten« erkennen – machte die *Dymaxion Map* dem Globus ähnlicher als konventionellen Weltkarten. Denn die Erdoberfläche wurde so als Kontinuum erfahrbar: Wer eines der flächigen Layouts zusammenlegte, dann einzelne Teile verschob, sie anderswo anlegte, für den ergaben sich zudem immer neue, überraschende Perspektiven. Die *Dymaxion Map* machte den Nutzer oder die Nutzerin letztlich selbst zum Kartografen. Fullers Kartografie war im Hinblick auf den »rhetorischen« Charakter von Karten also maximal ideologiefrei. Aber von größerer Bedeutung für ihre Attraktivität ist: Wie jene Holzbauklötze, mit denen er selbst als Kind gespielt hatte (wie er später betonen sollte), wurde die Karte im Moment des Gebrauchs, beim Spiel, instruktiv. Sie war ein »Baukasten zum Bauen von Weltbildern«.[64] Allerdings: Auch dieser Bausatz basierte auf gestalterischen Vorentscheidungen. Und es sind genau diese Vorentschei-

---

64 Joachim Krausse: Über das Bauen von Weltbildern. Die Dymaxion-Weltkarte von R. Buckminster Fuller, in: *form + zweck* 45 (1992), S. 52–63, hier S. 59.

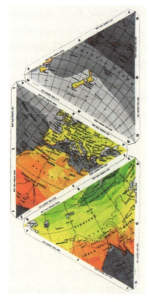

SOUTH AMERICA		
11.7% of world's land area . 6,706,000 sq. mi.		
10.4% of world's water area . 14,567,000 sq. mi.		
4.0% of world's population . 94,897,000 inhab.		
SQUARE MILES	**TERRITORY**	**POPULATION**
3,275,000	BRAZIL	41,356,600
537,800	BOLIVIA	3,426,300
532,000	PERU	7,023,100
448,000	COLOMBIA	9,523,200
352,200	VENEZUELA	3,492,700
318,800	ARGENTINA	5,551,900
275,900	ECUADOR	3,200,000
208,800	GUIANAS	555,400
174,900	PARAGUAY	1,014,800
72,200	URUGUAY	2,146,500
59,300	CHILE	1,904,400
20,000	CARIBBEAN ISLANDS	8,646,000
392,000	AFRICA	6,154,500

Abb. 2.3 und 2.4: Zwei Ausschnitte aus dem »Life«-Bastelbogen: links drei der Kartenmodule mit Klebelaschen, rechts ein Ausschnitt der auf der Rückseite des Bogens abgedruckten statistischen Daten.

dungen, die ich auf den nächsten Seiten etwas genauer analysieren und kontextualisieren werde, um zu erklären, was Fuller zum Welt-Bildner werden ließ.

Offensichtlich war eine dieser Entscheidungen gewesen, die Vorderseite der Karte nur spärlich mit humangeografischen Informationen auszustatten. Lediglich auf den Rückseiten der Kartenteile waren statistische Angaben zur Flächengröße und Bevölkerung der abgebildeten Staaten abgedruckt (Abb. 2.3, 2.4). Zudem verfügte die *Dymaxion Map* zwar über ein (grobmaschiges) Gradnetz und es waren auch Staatsgrenzen auf ihr hervorgehoben, dies jedoch nur mit dünnen, durchbrochenen Linien, was die entsprechenden Informationen hinter die schwarz gedruckten Flussläufe zurücktreten ließ. Auch Beschriftungen blieben bewusst reduziert. Neben den Staaten waren nur einzelne Großregionen, Inseln sowie die Haupt- und wenige Großstädte der Welt beschriftet. Wenn überhaupt, wurde die *Dymaxion Map* also erst durch die kommentierenden Begleittexte zur politischen Karte – und damit zum Instrument der Geopolitik. Fullers Karte war jedoch auch keine klassisch topografische, keine Landkarte im engeren Sinn, von der etwa Geländeformen oder Vegetationstypen abzulesen gewesen wären. Und *dennoch* machte die gewählte Farbgebung, die auf den Landflächen von hellgrün bis tiefrot und auf den Meeren von hell- bis dunkelgrau reichte, physische Eigenschaften des Planeten sichtbar: Was auf den ersten Blick an Höhenschichten erinnerte, waren aber sogenannte Isotherme, also Linien, die Temperaturzonen der Erde voneinander abhoben. Anders als die Karten der *Air-Age*-Geographie, mit denen der »Life«-Artikel sie explizit in Verbindung brachte, präsentierte Fullers Karte die Oberfläche der Erde nicht als zerfurchtes Schlachtfeld, sondern als Natureinheit, die zwar Untergliederungen aufwies, aber eben im Sinne von gewachsenen Grundlagen, die kulturellen und politischen Phänomenen *vorgängig* waren.

Fullers Karte scheint mitten im Zentrum der Globalitätsdebatten ihrer Zeit zu stehen – und fällt doch aus deren Rahmen heraus. Dass sich darin die Stellung ihres Urhebers widerspiegelt, soll der folgende Abschnitt verdeutlichen. In ihm springe ich einige Jahre zurück, in die späten 1930er Jahre, um die unmittelbare Entwicklungsgeschichte der *Dymaxion Map* entlang einzelner Facetten der Fuller'schen Erd-Visualisierungen zu verdeutlichen. In den Blick genommen wird Fullers Projektionsmethode, aber auch seine Kartierung und diagrammatische Darstellung der Menschheitsgeschichte, genauer: seine Darstellung der naturräumlichen Faktoren, die die Technikentwicklung prägten. Denn all diese Ansätze zeugen von Fullers Absicht, bestimmte *Medienwirkungen* zugleich aufzuzeigen und voranzutreiben. Ich muss betonen: Fullers Ideen sind nicht immer leicht zu verstehen; mein Verfahren in diesem Kapitel wiederum ist unelegant, aber notwendig. Denn: Was auf den ersten Blick idiosynkratisch an der Grenze zum Esoterischen anmuten mag, kann nur an seine intellektuellen und sozialen Entstehungszusammenhänge rückgebunden werden, indem es Schritt für Schritt rekonstruiert wird. Das ist deshalb von Bedeutung, weil Fuller sich genau zu der Zeit, als er als Kartograf erste Erfolge feierte, auch als intellektuell ungebundener Einzeldenker inszenierte (wie ein späteres, im engeren Sinne biografisches Kapitel zeigen wird). Und das hieß, Einflüsse auf sein Denken tendenziell zu verschleiern.

Kupfer-Kurven – Industrialisierungs-Diagrammatik für die »Phelps Dodge Corporation« (1935–1938)

Fuller war ein kartografischer Laie, er war bis Ende der 1930er Jahre vor allem als Bauunternehmer tätig gewesen. Tatsächlich beschäftigte er sich zwar seit Mitte des Jahrzehnts wiederholt mit Kartografie,[65] aber die *Dymaxion Map* wäre mit einiger Sicherheit wohl nicht Spielerei, aber doch eine Nebentätigkeit geblieben, wenn Fuller sich nicht bei Kriegsausbruch, immerhin 44 Jahre alt, mehr oder weniger zufällig im Zentrum der Debatte über die Vermittlung des globalen Kriegs und der globalen Nachkriegsordnung wiedergefunden hätte. Fuller konzipierte die *Dymaxion Map* an eben jenem Ort, an dem sich die Nachrichten, die Briefe und Texte, aber auch die Wege von PolitikerInnen, Ausstellungsmachern, Grafikern – die Pfade eines Willkie, Harrison oder der Luces – kreuzten: im 30. Stockwerk des Time & Life Building, das von der Redaktion des »Fortune«-Magazin angemietet worden war.[66] Hier arbeitete Fuller ab Herbst 1938 seinem Büronachbarn, dem leitenden Redakteur von »Fortune«,

---

65 Joachim Krausse: Zum Bauen von Weltbildern. R. Buckminster Fullers Dymaxion-Weltkarte, in: Christian Reder (Hg.): *Kartographisches Denken*, Wien/New York 2012, S. 56–78, hier S. 77.
66 Siehe den Büroplan in: SUL, M1090, Series 2, Box 48, Folder 6, Dymaxion Chronofile, Vol. 76.

Russel Wheeler Davenport, zu (bevor dieser sich beurlauben ließ, um in Willkies Kampagne zur Präsidentschaftswahl 1940 mitzuwirken[67]). Fuller tat dies aber nicht als Kartograf, sondern als Berater in Fragen der Wirtschafts- und Technikentwicklung.

Um zu erklären, wie Fuller zum Kartografen wurde, muss also dargestellt werden, wie er überhaupt zu seiner Stellung beim »Fortune«-Magazin gekommen war. Und dabei hilft ein Blick in *Nine Chains to the Moon*, Fullers erstes, eher wenig rezipiertes Buch[68] bzw. auf das seltsame Plakat, das dieser Publikation beilag. Auf diesem Plakat waren vier Kurvendiagramme abgedruckt. Unter der barocken Überschrift »Cumulative craft vs. industrial production showing the inadequacy of craft methods and design in dwelling fabrication relative to line produced scientific methods« kontrastierte die erste dieser »Charts« zwei Kurven miteinander: Die erste zeigte das amerikanische Bevölkerungswachstum, das der Anzahl an »Familienwohnungen« über einen Zeitraum von 1800 bis 1960 (!) gegenübergestellt wurde. Diese Informationen wurden ergänzt um die Kurven der Anzahl neuer technischer Errungenschaften wie Automobil und Telefon pro Kopf, die zu einem weit späteren Zeitpunkt, dann aber umso steiler anstiegen. Diesem Diagramm wie ein Zoom nebengestellt war eine zweite, kleinere Tabelle, die Berechnungen zum künftig zu erwartenden Unterangebot an Wohnungen illustrierte. In üblicher Leserichtung folgte ihr schließlich eine dritte tabellarische Aufstellung der seit 1925 kontinuierlich sinkenden Preise, die ein Autokäufer pro Pferdestärke zu zahlen hatte, und der ebenfalls zurückgehenden städtischen Lebenshaltungskosten.

Zusammengenommen unterstrichen diese drei kleineren Tabellen die Potenziale einer industriellen Befriedigung von Grundbedürfnissen. Die letzte, größte und komplizierteste der auf dem Poster abgedruckten Tabellen indes war ein Versuch, den Fortschritt *insgesamt* zu visualisieren. Fullers »Chronological chart showing the birth, acceleration, amplification, & correlations of the industrial era« (Abb. 2.5) bestand aus zwei Tabellen, die ein maßstabsgleicher Index auf zwei waagerechten Achsen als historische auswies – hier war der Zeitraum von 1730–1940 dargestellt. *Oberhalb* der ersten dieser x-Achsen fand sich ein regelrechter Wirrwarr von Kurven. Diese veranschaulichten beispielsweise die Bevölkerungsentwicklung der USA, ihren wachsenden Elektrizitätsverbrauch, die steigende Zahl elektrischer Geräte und Eisenbahnpassagiere pro Jahr sowie die in Amerika verlegten Meilen an Telegraphenkabeln. *Unterhalb* der Achse hatte Fuller konkret datierbare Durchbrüche der Technikgeschichte hinzugefügt: die Erfindung der Nähmaschine, des Luftreifens, des Portland-Zements, des Dynamos. Darüber hinaus waren Ereignisse wie die »Eroberung« von Nord- und Südpol, die Weltwirtschaftskrise, der Bau des Panama-Kanals und der Erste Weltkrieg aufgeführt. Ergänzt wurden diese Angaben durch weitere Linien, die nun aber nicht mehr nur für

---

67 Rundschreiben Davenports, 2.5.1940, LOC, GMD, Richard Edes Harrison papers, Box 27.
68 R. Buckminster Fuller: *Nine Chains to the Moon, An Adventure Story of Thought*, Philadelphia 1938.

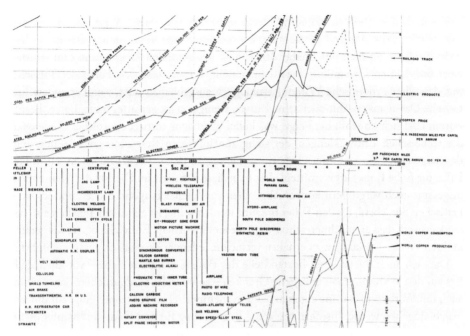

Abb. 2.5: Ausschnitt aus der Haupttabelle des Posters in *Nine Chains to the Moon* (1938): Erkennbar oberhalb der horizontalen Zeitleiste die – ab 1900 mehr oder weniger kontinuierlich ansteigenden – Linien, die Teilbereiche der industriellen Produktivität und die zunehmende Bedeutung neuer Verkehrswege und Kommunikationstechniken darstellen.

die USA, sondern für die gesamte Welt die kontinuierlich ansteigenden Kurven der Förderung und des Verbrauchs von Kupfer anzeigten. Für die Analyse der Nutzung dieses Materials, so Fullers schriftliche Erläuterung am Rand, hatte er sich entschieden, weil es die Umwälzungen der industriellen Ära besonders gut illustrierte: Kupfer sei einerseits – historisch betrachtet – das am längsten durch den Menschen verwendete Metall. Andererseits sei es aber eben auch dasjenige Element, das für die technische und wirtschaftliche Entwicklung der jüngsten Vergangenheit *die* zentrale Funktion erfülle. Es handle sich schließlich um den Stoff, aus dem elektrische Leitungen gemacht wurden. Und dazu zählten auch die Telefon- und Telegrafenkabel, die jenes Wissen verbreiten halfen, das den Industrialisierungsprozess immer schneller vorantrieb. Kupfer, so Fuller in typischer Diktion, sei also ein »Medium konzentrierter nichtbelebter Energie, der Schlüssel zur industriellen Massenumwandlung, zur Nutzung für das Gemeinwohl [common wealth] und zur Eroberung der Umwelt«.[69]

Fullers These der »Beschleunigungen, der Verstärkung und der Korrelationen« einzelner Entwicklungsstränge des Industriezeitalters, die das Diagramm im Titel trug, »bewies« dieses Medium kaum in einem konventionellen Sinn, auch wenn er mit seiner Pro-

---

69 Fuller, *Nine Chains to the Moon*, Faltposter, o.S.

phezeiung einer erhöhten Kupfernachfrage recht behalten sollte. Wenn man das Poster jedoch mit etwas Abstand betrachtete, konvergierten und verdichteten sich die vielen, meist ähnliche Formen beschreibenden Linien des zentralen Diagramms zum Muster einer ungeheuren Dynamik. Es sei dahingestellt, wie bewusst sich Fuller der Tatsache war, dass diese synoptische Wirkung womöglich ausgeblieben wäre, wenn er andere historische Daten ausgewählt oder seine Kurven weniger stark geglättet hätte. Besser beantworten lässt sich ohnehin die Frage, was Fuller überhaupt antrieb, ein solches *Gesamtbild* der technischen Entwicklungen, der stetig zunehmenden Ressourcenerschließung und der steigenden Effizienz ihrer Operationalisierung zu produzieren. Offensichtlich wollte Fuller die frohe Botschaft vermitteln, dass man diese Effizienz im Dienste der Menschheit insgesamt noch vergrößern könne. Abgesehen vom zugleich apodiktischen und idiosynkratischen Sprachstil, für den Fuller bekannt werden sollte, ist an seinen Tabellen also bemerkenswert, dass er mit ihnen schon 1938 die »industriellen« Entwicklungstrends gerade in ihren Wechselwirkungen zu erhellen versuchte, indem er sie grafisch zusammenführte.

Dass ich auch die anderen Bestandteile des Posters erwähnte habe – vor allem Fullers auf den Wohnungsbau bezogene Grafiken – sollte indes verdeutlichen, dass es ihm auch um Werbung für seine eigenen bauunternehmerischen Konzepte ging, auf die ich gleich eingehen werde. Insofern war seine Begründung für den Fokus auf Kupfer nicht ganz aufrichtig. Denn Fuller hatte gerade an diesem Material ein eigenes unternehmerisches Interesse. Er hatte 1936 ein Standardbadezimmer konzipiert, das aus gewalzten Kupferplatten gestanzt und dann emailliert wurde. Es konnte dann ohne größeren Aufwand in ebenfalls präfabrizierte Wohnungsbauten eingepasst werden, so zumindest die Idee. Dieses Unterfangen war seinerseits Ergebnis einer Stellung, die er im Jahr zuvor beim Kupfergiganten Phelps Dodge Corporation angenommen hatte. Fuller arbeitete in der New Yorker Forschungs- und Entwicklungsabteilung dieses Unternehmens, das sich gerade vom klassischen Bergbausektor weg in Richtung der verarbeitenden Industrie orientierte.[70] Hier hatte er die Aufgabe, statistische Studien zu Nutzung von Kupfer und anderen Metallen zu erstellen. Fuller betrieb also letztlich Marktforschung. Und dazu gehörte, die Rolle technischer Innovationen für die künftige Nachfrage nach dem Produkt seines Arbeitgebers besser abschätzen zu können, weshalb Fuller beispielsweise mit dem Chefingenieur der American Telephone Company über die wachsenden Übertragungskapazitäten der Telefonleitungen in den USA korrespondierte.[71] Fullers Vorgesetzte bei der Phelps Dodge Corporation mussten indes rasch feststellen, dass sie weder mit dem Habitus noch mit der Prosa und den Interpretationen ihres Mitarbeiters viel anzufangen wussten.[72] So faszinierend etwa Fullers Befund war, dass

---

70 Memorandum of Activities – Richard Buckminster Fuller o.D. [ca. 1966], Series 4, Box 5, Folder 16, Section 7, S. 50.

71 R. Buckminster Fuller: Design Initiative, Inventory of World Resources. Human Trends and Needs. World Design Decade 1965–1975. Phase I (1963) Document 2. Design Initiative, Carbondale/Illinois 1963, S. 1–104, hier S. 19

72 Das berichtet Hatch, *Universe*, S. 147.

die Zeiträume zwischen der Entdeckung bestimmter Materialeigenschaften und der technischen Nutzbarmachung derselben sich in der Geschichte immer weiter verkürzt hatten – aus unternehmerischer Sicht dürfte sich der Mehrwert dieser Feststellung nicht unmittelbar erschlossen haben. Dennoch: Die Wirtschaftsdaten, die Fuller Ende der 1930er visualisierte, trug er nicht ohne Impuls von außen zusammen. Seine Datensammlung war eben *nicht* das Ergebnis einer unvoreingenommen, standortlosen Suche nach universellen Prinzipien der Industrialisierung, wie er dies ab Ende der 1930er Jahre behauptete. Es verhielt sich genau umgekehrt: Während er der Industrie zuarbeitete, scheint Fuller auf die Spur vermeintlicher Gesetzmäßigkeiten der Technikentwicklung gestoßen zu sein, die er fortan visualisierte. Er tat das aber nicht als der geniale Einzelgänger, als der er sich bald inszenierte, sondern gemeinsam mit seinem Assistenten Frank W. Hayward. Dieser war es auch, der die ersten Diagramme der künftigen Nachfrage nach dem Material zeichnete, aus dem der Fortschritt resultierte.[73]

Die neue »Frontier« und die Suche nach dem Maßstab des Fortschritts: Fuller beim »Fortune«-Magazin, 1939–1942

Fullers Arbeitgeber mag sich der Wert seiner Ressourcentabellen nicht erschlossen haben. Den Herausgebern eines Magazin, das davon lebte, Geschäftsleuten die »futures« (und zwar nicht nur im Sinne von Termingeschäften) auf möglichst ansehnliche Weise zu vermitteln, mussten sie mit ihrem Anspruch, Meta-Trends der Wirtschaftsentwicklung zu identifizieren, aber umso interessanter erscheinen. Nachdem in der »Fortune«-Redaktion ein frühes Typoskript von Fullers Buch zirkuliert hatte, wurde dieser 1938 zunächst zu einem Vortrag eingeladen. Kurz darauf stieg er bei »Fortune« als Berater in Wirtschafts- und Technikfragen ein. Eine Zeitlang hieß es sogar, Fuller werde eine eigene Abteilung leiten, die sich dem »Fortgang der Erfindungen« widmen würde, etwa, indem sie monatlich neue Patente vorstellte.[74] Fuller ging entsprechend selbstbewusst an die Arbeit. In einer Anfang 1939 entstandenen Denkschrift unterbreitete er Vorschläge zu einer neuen »Reportage-Technik«. Um Nachrichten zu technischen Entwicklungen sinnfälliger zu präsentieren, setzte er auf Visualisierung und legte seiner Denkschrift als Beispiel eine handgezeichnete Kurve der exponentiellen »Zunahme wissenschaftlicher und technischer Ereignisse« bei.[75] Aus der eigenen Abteilung wurde zwar nichts, aber Fuller konnte seine Fähigkeiten in zwei wichtige Themenhefte einbringen. In diesem Zusammenhang erschien auch seine erste wichtige Karte.

---

73 Fuller an Laurence Harrisson, o.D. (Mai 1938), SUL, M1090, Series 2, Box 38, Dymaxion Chronofile, Vol. LXI. Die für Phelps Dodge entstandenen Tabellen finden sich in M1090, Series 16, Map Folder 113.
74 Editor's Note, 17.3.1939, SUL, M1090, Series 2, Box 40, Dymaxion Chronofile, Vol. LXIV.
75 Outline of Science and Technology Section of FORTUNE. »A typical General piece«, o.D. [Januar 1939], SUL, M1090, Series 2, Box 39, Dymaxion Chronofile, Vol. LXIII.

Das *erste* dieser Hefte trug den Titel »The New U.S. Frontier«. Der Name war Programm: Das »Fortune«-Magazin versuchte, den Frontiermythos, der schon Mitte der 1930er Jahre eine kleine Renaissance erlebt hatte, für das Industriezeitalter zu reaktivieren.[76] Fullers Chef Russel Davenport argumentierte in seinem Entwurf für das Editorial, man müsse den Amerikanern die Frontier als dasjenige »libertäre« Prinzip wieder in Erinnerung zu rufen, auf welchem der immense Erfolg der Wirtschaft der USA beruhe. Denn dieses Prinzip sei infolge von Einschränkungen des freien Wettbewerbs in jüngster Zeit (er spielte auf den *New Deal* an) in Vergessenheit geraten. Davenport ging es um eine angeblich originär amerikanische Leistungsfähigkeit, die sich dem Zusammentreffen des natürlichen Entwicklungspotenzials der weiten nordamerikanischen Landschaft mit der Geisteshaltung seiner abenteuerlustigen Einwohnerschaft verdanke. Allerdings müsse es bei der neuen Frontier nun weniger um geografische Expansion gehen. Vielmehr gelte es, die enormen Möglichkeiten zu erschließen, die die Wissenschaft öffne. Einer momentan allseits beobachtbaren Erschlaffung des explorativen Impetus der Amerikaner könne man begegnen, indem man ihnen die Chancen verdeutliche, die der Brückenschlag zwischen Grundlagenforschung und industrieller Anwendung biete. Das vorliegende Heft gebe den Anstoß hierfür.[77] Fullers Aufgabe in der »Fortune«-Redaktion war es, die *Fakten* zusammenzutragen, die diesen modernen Mythos untermauern sollten. So zirkulierten bald darauf Informationen zu neuartigen Magnesium-Legierungen und zu verbesserten Methoden des Anbaus von Baumwolle und zur Gewinnung von Platin zwischen den Redaktionsbüros, nebst Angaben zur Energieerzeugung und -distribution der Tennessee Valley Authority oder Statistiken zur wachsenden Zahl annotierter wissenschaftlicher Artikel seit 1922.[78] Nicht ohne Grund legte man dieser Arbeit einen sehr weiten Ressourcenbegriff zugrunde: Nicht allein statische Größen wie die verfügbaren Rohstoffmengen interessierten die Redakteure angesichts einer editorischen Vorgabe, die darin bestand, Steigerungs*möglichkeiten* aufzuzeigen, sondern auch Potenziale ihrer künftigen intellektuellen Erschließung, zu denen beispielsweise der Ausbau des Bildungssystems gehörte.[79]

Zum Tragen kam dieser Ansatz dann aber vor allem 1940 in einem zweiten »Fortune«-Heft. Es erschien anlässlich des 10-jährigen Jubiläums der Zeitschrift und war schlicht »U.S.A.« betitelt, was allerdings etwas in die Irre führte. Denn Davenport wollte zwar auch mit dieser Ausgabe den Frontier-Geist beschwören. Aber Ful-

---

76 Rosenboim, *Globalism*, S. 81. Mitte der 1960er Jahre reaktivierte die Kennedy-Administration den Ausdruck ein weiteres Mal.
77 Russel Davenport, The U.S. Frontier, 2.8.1939, SUL, M1090, Series 2, Box 29, Dymaxion Chronofile, Vol. XLVI. Auch der Wissenschaftsmanager und OSRD-Chef Vannevar Bush sprach von der Wissenschaft als »Endless frontier«: G. Pascal Zachary: *Endless Frontier. Vannevar Bush – Engineer of the American Century*, New York u.a. 1997.
78 Siehe die Unterlagen in SUL, M1090, Series 2, Box 29, Dymaxion Chronofile, Vol. XLVI.
79 Dynamic Resources of the World, 9.9.1939, SUL, M1090, Series 2, Box 29, Dymaxion Chronofile, Vol. XLVI.

lers Vorgesetzter unterstrich im Kernstücks des Hefts – einem Aufsatz mit dem Titel »U.S.-Industrialization« –, die jüngsten Ereignisse zeigten, dass die *Frontier* nun eine *internationale* werden müsse. Es mag auf den bereits erwähnten »nationalistischen Globalismus« der Luces zurückzuführen sein, dass Davenport betonte, man könne die Geschäftsinteressen amerikanischer Unternehmen *gerade* wahren, indem man das tatsächliche und potentielle technische *Know how* nicht nur der USA, sondern der ganzen Welt dokumentiere. Es steckt jedoch auch ein wenig von Willkies Denken in Davenports Überlegungen, wenn sich in ihnen Exzeptionalismus und Moralismus vermengten. Davenport Aufsatz ließ keinen Zweifel: Angesichts der unverkennbaren industriellen Überlegenheit der Amerikaner sei es ihre zivilisatorische Mission, dabei zu helfen, den »Lebensstandard des Rests der Welt zu heben«, ja eine »neue Weltordnung« zu etablieren. Dieser Verantwortung könne man aber nur dann gerecht werden, wenn man die Grundlagen des eigenen Erfolgs besser verstehe: »By Industrialization we built a new civilization. [...] [W]e have created the possibility for an entirely new era for mankind. It is time now to get to work to make that era a reality.«[80]

Das Ausmaß des konzeptionellen Einflusses Fullers auf das Jubiläums-Heft lässt sich schwer ermitteln.[81] Es lässt sich in Davenports Artikel allerdings eine Reihe von Ideen und Begriffen ausmachen, die zu Fullers Markenzeichen werden sollten. Dazu gehörte eine bewusst breite Definition des Worts »Industrialisierung«. Es bezeichnete hier weit mehr als die Herausbildung einer dominanten, eben industriellen Produktionsweise, nämlich auch die mit dem Adjektiv »industrious« bezeichneten Tugenden der Tüchtigkeit und des Gewerbefleißes. Davenports Text betonte überdies, der Leistungszuwachs nicht nur der Amerikaner, sondern der Menschheit im Allgemeinen sei bei Nutzung aller verfügbaren »Werkzeuge« und »Erweiterungen« ihrer technischen und intellektuellen Kapazitäten theoretisch unbegrenzt.[82] Auch dies waren Begriffe, die in Fullers Sprachgebrauch fortan eine zentrale Rolle spielten. Die »Fortune«-Autoren waren sich jedenfalls darin einig: Das technische Zeitalter sei keineswegs an eine Grenze geraten. Die vielbeschworene Gegenwartskrise resultiere allenfalls aus der unzureichenden geistigen Anpassung an seine Potenziale. Und um diese Behauptung zu untermauern, die geforderte geistige Anpassung aber zugleich selbst voranzutreiben, ließ man Zahlen sprechen. Dem »Fortune«-Leser erschienen sie im »U.S.A.«-Heft in Form einer Reihe seitenfüllender Infografiken, als deren Urheber Fuller namentlich genannt war. Dieser hatte also beispielsweise ein Balkendiagramm mitkonzipiert, das den Pro-Kopf-Zugang zu wichtigen Rohmaterialien und die steigende Produktivität Amerikas

---

80 Russel Davenport: U.S.-Industrialization, in: *Fortune*, Februar 1940, S. 50–56, 138, 160, 163–164, hier S. 164.
81 Fuller selbst beschrieb dies in einem späteren Lebenslauf so: »Co-author of ›Industrializtion‹ in Fortune tenth anniversary issue. (Co-author: Russel Davenport. B.F. planned scheme of issue and directed all statistical material; also World Energy-Fuller Polar map and Pacific Predictions)«, SUL, M 1090 Series 4, Box 3, Folder 4.
82 Davenport, U.S.-Industrialization, S. 50.

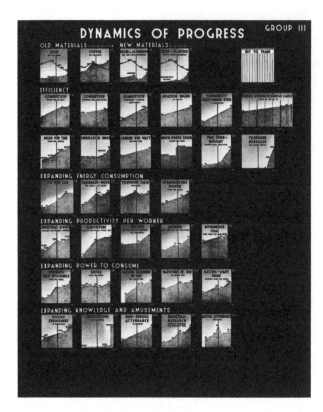

Abb. 2.6: Aus 35 Einzelkurven entsteht ein Gesamtbild der »Dynamik des Fortschritts«. »Fortune«-Magazin 1940

sowie des »Rests« der Welt vergleichbar machte. Repräsentativer für die Botschaft des Hefts waren aber die unter der Überschrift »Dynamics of Progress« gruppierten, fast drei Dutzend Kurvendiagramme (Abb. 2.6), deren Linien den »Fortune«-LeserInnen die seit 1920 exponentiell anwachsende industrielle Kapazität Amerikas verdeutlichten, aber auch von ähnlichen Zuwächsen im Bereich von Bildung und Kommunikation zeugten. So gab es Diagramme, die die steigende Zahl der Kinobesucher und College-Einschreibungen bzw. die zunehmende Geschwindigkeit von Druckerpressen verdeutlichen.[83] Eher suggeriert als bewiesen wurde auf diesem visuell-statistischen Weg, dass es Wechselwirkungen zwischen verschiedenen positiven Entwicklungen waren, in denen weitere Wachstumsreserven lagen.

Davenports Artikel (der manche Überlegungen vorwegnahm, die Medientheoretiker wie David Lerner Ende der 1950er Jahre in Form statistischer Korrelationen von Mediendichte und Entwicklungsfaktoren wie »Bildung« und »Einkommen« anstellten[84])

---

83 Ebd., Tafel »Group III«, o.S.
84 Vgl. Michael Homberg: Von Sendern und Empfängern: Der Nord-Süd-Dialog und die Debatte um eine Neue Weltinformations- und Kommunikationsordnung, in: Frank Reichherzer/Steffen Fiebrig/Jürgen Dinkel (Hg.): *Nord/Süd. Perspektiven auf eine globale Konstellation*, Berlin 2020, S. 263–298, hier S. 272f.

unterbreitete somit auch einen Handlungsvorschlag, mit dem auf die zeitdiagnostischen Beobachtungen zu reagieren sei, die er anstellte: Positive Dynamiken, so lautete diese Beobachtung ja, blieben unbemerkt, ihr Potenzial entsprechend ungenutzt, wenn man sie nicht in ihrer Gesamtheit kartierte, wie es das Heft daher auf exemplarische Weise unternahm. Zu lange, so Davenport, sei man bei der »Berechnung« des Fortschritts den Unternehmern und Ökonomen gefolgt, habe demnach den Fokus auf Tonnagen, auf Dollars und Preise gerichtet. Viele mit Fullers Hilfe entstandene Visualisierungen der »industriellen Fakten« hingegen stellten nicht nur einzelne Entwicklungen, sondern Relationen zwischen ihnen dar. Andere Grafiken führten einen ganz neuen, universellen Maßstab zur Messung des Industrialisierungsfortschritts ein: »die Befähigung des Individuums, die Rohstoffe der Natur zu konsumieren – von ihnen Gebrauch zu machen«. Diese Befähigung, so Davenport, lasse sich am besten als verfügbare Energie messen. Daher empfahl er, Energieumwandlungsraten als Grundlage einer fortschrittsförderlichen Industrialisierungsarithmetik, ja als »Zivilisationskennzahl« zu betrachten.[85]

Isothermen – oder: Die gekrümmte Linie des Fortschritts

Erst vor dem Hintergrund dieser Anregung erschließt sich nun Fullers erste, auf einer Einzelseite des »Fortune«-Jubiläumshefts abgedruckte (in der Forschung bisher eher unbemerkt gebliebene) kartografische Arbeit. *World Energy. A Map by R. Buckminster Fuller* (Abb. 2.7) stellte insofern eine Vorstufe der drei Jahre später veröffentlichten »Life«-Karte dar, als sie bereits eine ungewöhnliche Anordnung der Kontinente aufwies.[86] Fuller hatte diese entlang einer annähernd vertikalen Achse gewissermaßen aufgereiht: Am unteren Bildrand waren die Antarktis, am oberen linken bzw. rechten Rand Australien respektive Afrika zu sehen. Die Bildmitte wurde – wie drei Jahre später beim »Nordpol-Layout« – vom amerikanischen Doppelkontinent und dem »kopfstehenden« Eurasien dominiert. Anders als bei der *Dymaxion Map* hatte Fuller aber auf Ortsbezeichnungen und Staatsgrenzen ganz verzichtet. Im Gegenteil wurden die Kontinente durch die Farbgebung als Zusammenhang inszeniert. Der ausführende »Fortune«-Grafiker Philip Ragan hatte das Schwarz der Landmassen durch eine hellblaue Umrandung, die an kartografische Codes für flache Küstengewässer erinnerte, effektvoll vom tiefen Ultramarin-Blau des Meeres abgesetzt. So entstand eine Art »Welt-Archipel«, das ausgerechnet über das Nordpolarmeer – die am wenigsten erschlossene, die unwirtlichste Region des Planeten – verbunden schien. Dass aber gerade in dieser Region die Zukunft der Menschheit lag, deutete auf der »Fortune«-Karte eine dünne, ebenfalls in hellem Graublau gehaltene, durchbrochene Linie an, die sich als annähernd kreisförmiger Mäander durch die nördliche Hemisphäre schlängelte. Wie ein Legende darlegte, markierte diese Isolinie jene Gebiete, deren Jahresdurchschnittstemperatur 32

---

85 Ebd., S. 50.
86 World Energy. A Map by R. Buckminster Fuller, in: *Fortune* 21 (1940) 2, S. 57.

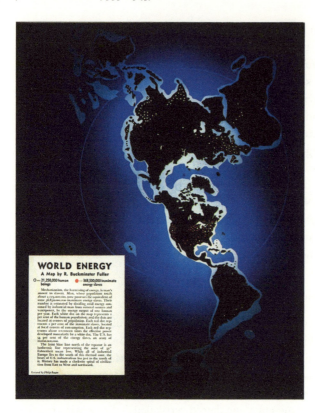

Abb. 2.7: Fullers Weltenergie-Karte (1940) mit Legende und Erläuterung. Auf dem Gebiet Chinas sowie im Bereich der großen Seen Nordamerikas ist die graublaue, durchbrochene Isolinie zu erkennen.

Grad Fahrenheit (= 0° Celsius) nicht überschritten. Der Sinn dieser Information wurde aber erst bei Berücksichtigung der bildstatistischen Elemente ersichtlich, die die Karte (die projektionsmethodisch eher keine Innovation darstellte) letztlich als Infografik auswies: Auf den dunklen Flächen der Landmassen zeichneten sich nämlich weiße Punkte ab, die, so die Legende, für je ein Prozent der Weltbevölkerung standen, also für rund 21 Millionen Menschen. Der so dargestellte Sachverhalt war auf den ersten Blick trivial. Wie man dank einer Äquatorlinie erkennen konnte, lagen die Siedlungsschwerpunkte der Menschheit auf der Nordhalbkugel der Erde.

Was Fullers Karte nun aber zur *Energie*-Karte machte, waren die *roten* Punkte, die die Verteilung sogenannter »Energiesklaven« über den Erdball verdeutlichten. Als Energiesklaven bezeichnete Fuller jene Energieleistung, die die Menschheit dem Planeten insgesamt abgerungen hatte – durch Kraftwerke, die fossile Brennstoffe und Wasserkraft nutzbar machten.[87] Jeder rote Punkt stand für ein Prozent dieser globalen Energieproduktion. Und dieses Energiequantum belief sich Fuller zufolge auf das Siebzehnfache der addierten Muskelkraft jenes einen Prozents der Weltbevölkerung, das ein weißer Punkt repräsentierte. War schon diese Formel nicht gerade leicht ver-

---

87 Ebd.

ständlich, erschloss sich Fullers These erst, wenn man diese statistischen Befunde mit der beschriebenen Temperaturgrenze in Verbindung brachte. Fullers Interpretation baute nämlich auf der Beobachtung auf, dass sich die roten Punkte gerade in Nordamerika nördlich dieser Isolinie häuften. Ihre Zahl überstieg zudem nur hier deutlich jene der weißen Punkte. In Nordamerika war also der bislang höchste Energie-Output pro Kopf erreicht. Das wiederum heißt: Für Fuller verdeutlichte die Isotherme eine *zeitliche Entwicklung*, oder, kartografisch gesprochen: Er verstand und vermittelte sie als Bewegungssignatur. »History has made a clockwise spiral of civilization from East to West and Northward«, schrieb er.[88] Die »Mechanisierung«, so seine Schlussfolgerung, war im Laufe der Geschichte von Eurasien aus nach Norden und nach Westen gekrochen, in jene kühlere Weltgegend, in der das industrielle Herz der USA pochte.

Heutzutage befremdet eine solche Interpretation, den Zugriff auf Primärenergie als zivilisatorische Leistung zu werten. Das ist keine Selbstverständlichkeit. Die Historizität der Weltsicht, die aus diesem Befremden spricht, werde ich noch genauer beleuchten. Es geht dann auch um die Frage, warum Fullers »Energiesklaven« mittlerweile in völlig anderen – nämlich in ökologisch-konsumkritischen – Diskussionszusammenhängen auftauchen.[89] Aber auch schon für eine »Fortune«-Leserin des Jahres 1940 dürfte zumindest ungewohnt gewesen sein, dass Fuller suggerierte, der zivilisatorische Fortschritt lasse sich als eine Art *Route* zeichnen. *Dass* Fuller allerdings die jüngste Entwicklung der Menschheit mit dem Aufstieg Amerikas gleichsetzte, *dass* er die Westmigration also als gleichermaßen zivilisatorische wie naturräumlich determinierte Bewegung kartierte, diente letztlich dazu, die Thesen des Hefts mit einer quasigeografischen Evidenz zu versehen. Was wie ein Residuum jener identitätsstiftenden *Manifest-Destiny*-Ideologie des späten 19. Jahrhunderts wirkt, in dem Fuller geboren worden war,[90] war aber nicht einfach datengestützte historische Ursachenforschung nach der *conditio humana* der Gegenwart. Indem Fuller die gegenwärtigen ökonomischen Machtverhältnisse in der Welt als Ergebnis einer geradezu naturgesetzlichen Dynamik präsentierte, stimulierte er den »industriellen« Genius der »Fortune«-Leserschaft zusätzlich. Schließlich versprach diese Stimulation, weitere »Segnungen« für die gesamte Menschheit zu generieren. Für Fuller bildete seine »Kurvenlinien-Karte« (wie

---

88 Ebd.
89 Siehe zum Beispiel: https://www.zeit.de/1999/41/Energiesklaven_in_der_Armutsfalle (19.6.2019).
90 Auch das Frontier-Theorem des Amerikahistorikers Frederick Turner ging ja davon aus, dass kollektive Verhaltensweisen räumlich prädisponiert seien. Fuller brachte *seine* Bewegungsanalysen allerdings auch mit dem anderen so wirkmächtigen Gedanken menschlicher »Weiterentwicklung« der 1930er Jahre in Verbindung: Während der ersten konzeptionellen Arbeiten an der »Energie«-Karte fragte er sich, ob nicht die »Frontlinie« der Dynamik, die er mit ihrer Hilfe sichtbar machte, gegenwärtig in Kalifornien zu finden sei, mit seinem hohen Lebensstandard, seiner Filmindustrie – und seinen schönen Menschen, die perfektes »eugenisches Material« lieferten, was Fuller in dem vergleichsweise sympathischen Sinne meinte, dass am Pazifik Migranten aller Weltregionen zu einer »Rasse« verschmolzen: Overall Economic History Charts. Ballistics of Civilization, o.D. [1939], SUL, M1090, Series 2, Box 39, Dymaxion Chronofile, Vol. LXIII.

ein Kommentator sie ironisch, aber durchaus bewundernd nannte)[91] einen Bewegungs-*vektor*: Sie war nicht nur eine Spur der Geschichte des Menschen. Sie wies auch in die Zukunft – in eine Zukunft, die sie *selbst wahrscheinlicher* machte.

Projektion – oder: »Mit dem Flugzeug beginnen«

Für Fullers persönliche Zukunft sollte sich jedoch zunächst eine andere Entdeckung als wichtig erweisen – eine Entdeckung, die ihn vorübergehend zum *Air-Age*-Kartografen werden ließ. Fuller war mit den dargestellten Debatten über Geopolitik und Kartografie bestens vertraut, das zeigt die Vielzahl von Memos der »Fortune«-Redaktionsleitung zu »Kriegskarten-Ideen« und Artikelausrissen zur *Air-Age-Education*,[92] die Fuller in seine chronologische Selbstdokumentation aufnahm, die »Dymaxion Chronofile«, die er im Jahr seines Arbeitsbeginns für das Business-Magazin zu pflegen begann. Umso auffälliger ist, dass Fuller die *eigentliche* kartografische Innovation der *Dymaxion Map* nicht etwa entwickelte, indem er mit dem »Universum begann«, wie es manche hagiografische Darstellung behauptet.[93] Fuller startete mit dem Flugzeug. Das, was das Alleinstellungsmerkmal seiner *Dymaxion Map* bildete – weil es erst die kombinierbaren Kartenmodule entstehen ließ – war sein Kartenprojektionsverfahren. Und gerade mit dieser Projektionsweise knüpfte Fuller an die Diskussion der frühen 1940er Jahre über die weltverändernden Wirkungen der Aviatik an. Aber zugleich radikalisierte er das *Air-Age*-Interesse an den Bahnen, auf denen die Piloten durch die Lüfte glitten, indem er es zur Grundlage eines mathematischen Verfahrens machte.

Während einer Phase intensiven Experimentierens im Sommer 1942 überzog Fuller den Globus mit einem Raster von zwölf Linien, die sogenannte »Großkreise« abbildeten. Abschnitte dieser »great circles«, sogenannte Orthodromen, waren insofern zentral für das Interesse an der neuen Luftfahrt-Geografie, als sie die kürzesten Verbindungen von zwei Punkten auf einer Kugel darstellen. Großzirkel bilden zudem die größtmöglichen Kreise auf einer Kugeloberfläche – der Äquator ist ein ganzer, die Meridiane im Gradnetz sind halbe Großkreise. Dieses Faktum nun machte sich Fuller zu Nutze, indem er die Großkreislinien so über dem Erdball arrangierte, dass sie sich auf eine Weise schnitten, die sie die Kanten eines Kuboktaeders bilden ließen. Damit eine Weltkarte entstand, musste Fuller nur noch geodätische Daten wie Küstenverläufe oder die Standorte von Städten auf dieses Polyeder übertragen. Das tat er mithilfe eines weiteren, feineren Dreiecksrasters, mit dem er die entstandenen Einzelflächen überzog. Nun konnte er den entstandenen Vielseiter entlang seiner Kanten zerlegen und zu einem planen Kartenbild abwickeln. Die Wahl des Kuboktaeders erwies sich insofern als geschickt, als dessen Kantenlängen und die Abstände seiner Eckpunkte zu

---

91 Christopher Morley: A Map With a Curly Line, in: *Saturday Review*, 19.11.1938.
92 SUL, M1090, Series 2, Box 29, Dymaxion Chronofile, Vol. XLVI.
93 K. Michael Hays/Dana Miller (Hg.): *Buckminster Fuller. Starting with the Universe*, Michigan 2008.

seinem Mittelpunkt identisch sind. Infolgedessen waren die (sichtbaren) Form- und Flächenverzerrungen der entstandenen Weltkarte vergleichsweise gering und zudem gleichmäßig verteilt.[94] Allerdings hatte Fullers Verfahren einen Preis: Eine geschlossene, horizontal ruhende Kartenform mit dem Äquator als zentraler strukturierender Achse war auf diese Weise nicht zu erreichen. Fuller verzichtete zugleich auf ein annähernd globusförmiges, also an den Ecken abgerundetes Kartenbild, wie es sogenannte »vermittelnde« Weltkarten auszeichnet.

Was hochkomplex anmutet, gestaltete sich konkret via *trial and error*. Fuller bearbeitete zunächst einen konventionellen Globus mit dem Bleistift. Dann nutzte er seine Verbindungen zur metallverarbeitenden Industrie, um sich zwei halbkugelförmige Schalen aus poliertem Kupfer anfertigen zu lassen. Diese waren so dimensioniert, dass sich die eine in der anderen verdrehen ließ. Die Kante der größeren Halbkugel ließ sich infolgedessen als eine Art Lineal benutzen, mit dessen Hilfe Fuller auf der kleineren mit verschieden Schnittwinkeln seiner Großkreise experimentieren konnte, um dann mithilfe eines scharfen Zeichenmessers präzise Linien in die kleinere Kupferschale einzuritzen.[95] Fuller gelangte also *bastelnd* zu jener neuen Geovisualisierung, mit deren Hilfe andere spielerisch ihre persönlichen Weltbilder anfertigen konnten. Es handelt sich um ein frühes Beispiel für jene haptische Arbeit mithilfe von Modellen, die Fuller später zum Entwurfsprinzip für Weltverbesserungsvisionen erheben sollte. Wie überraschend die Ergebnisse solcher Annäherungsverfahren sein konnten, zeigt der Brief, den er im Oktober 1942 einem guten Bekannten sandte – offenbar noch ganz im Bann seiner kartografischen Entdeckung. Fuller legte einige auf Karton montierte Kopien der ersten Entwürfe seiner Karte bei, um zu demonstrieren, dass man diese zu »jeder Anordnung der Erde, die man sich wünschen kann«, zusammenlegen könne. Es ist nicht ganz unwichtig, dass er den spielerischen Aspekt seines Werks hervorhob, anhand dessen er die »Gültigkeit aller Dinge« beurteile, um dann gleich auf die mögliche Verbreitung und kommerzielle Verwertbarkeit der Karte zu sprechen zu kommen:

> The method of projection is apparently invention [sic]. For life mag, who may publish it as a cutout globe in full color, have been submitting it to the experts so as not to make any errors.

---

94 Fuller konnte zudem betonen, dass sein Kartenbild eben nicht von arbiträren kulturellen Konventionen wie jener geprägt war, den Nordpol an die obere Seite des Kartenblatts zu verlegen. Sein Verfahren mache sich vielmehr die Tiefendimension des Planeten zunutze, also die *Ausdehnung* des Erdballs von seinem Mittelpunkt aus. Allerdings verschwieg Fuller, dass die einzelnen »Puzzlestücke« nahe ihren Rändern große Verzerrungen aufwiesen. Er verbarg das sogar, in dem er sein Liniennetz so über dem Globus arrangierte, dass viele dieser Unterbrechungen in den Meeren lagen, wo Verzerrungen weniger stark in Erscheinung traten. Das zeigt die Kartenkritik eines früheren Bewunderers Fullers, Gene Keyes, dessen Website auch die vielen Ungenauigkeiten und Rückdatierungen offenlegt, die Fullers eigene Darstellung seiner Innovation wenig brauchbar machen: http://www.genekeyes.com/FULLER/BF-2-1943.html (19.6.2019).
95 Diese Vorgehensweise ist archivalisch nicht verbürgt, sie wird beschrieben von Krausse, Bauen, S. 72 und Alden Hatch: *Buckminster Fuller: At Home in the Universe*, New York 1974, S. 165.

Dr. Boggs chief geographer of the state dept. Muir Miller Ch, cartographer for the American Geo. Soc, and the Ch. Cart. of the war dept. as well as the mathematics departments at two colleges have all checked the method and say that it is an invention.[96]

Fuller war sich über die potenzielle Nachfrage nach neuartigen Geovisualisierungen im Klaren.[97] Er wusste sich überdies in der privilegierten Position, sich die Gültigkeit und Neuartigkeit seiner kartenmathematischen Prinzipien bestätigen lassen, ja sogar die grafische Umsetzung in die Hand professioneller Kollegen geben zu können. Der Art-Director des »Life«-Magazin, Worthen Paxton, mit dem Fuller in den nächsten Jahren eine Massenproduktion der Karte plante, setzte im Frühjahr 1943 ein Spezialistenteam seiner Redaktion daran, die genauen Daten für Fullers Temperatur-Linien herauszuarbeiten und die abzudruckenden Ortsbezeichnungen zu vereinheitlichen. Allem Anschein nach überwachte Richard Edes Harrison die Ausgestaltung des kurz darauf veröffentlichten Bastelbogens.[98] Deutlich stärker als Fuller dies später selbst darstellen sollte, offenbart sich hier der soziale, der kollaborative Charakter eines seiner Hauptwerke.

Fuller persönlich dürfte seine neuartige Karte aber noch nicht als ein Hauptwerk empfunden haben. Zum Veröffentlichungszeitpunkt der »Dymaxion-World« hatte er, wie so viele Ostküstenintellektuelle, für einige Jahre von Manhattan Abschied genommen, um sich in Washington an der »geistigen Kriegsführung« zu beteiligen. Ende 1942 war er der Einladung gefolgt, sich dem Board of Economic Warfare (BEW) anzuschließen (das Board ging 1943 in der Foreign Economic Administration [FEA] auf).[99] In der amerikanischen Hauptstadt arbeitete Fuller für dessen »Industrial Engineering Division«, eine eher nachrangige Abteilung. Für sie verfasste er zunächst als »leitender Maschinenbauingenieur«, dann unter wechselnden Stellenbezeichnungen Berichte zur wirtschaftlichen Entwicklung verschiedener Länder, etwa zu den Industrialisierungschancen Brasiliens und der Sowjetunion, und auch zur Lage Deutschlands und Österreichs nach dem Krieg. Er sammelte also weiter Wirtschaftsdaten aus aller Welt und entwickelte auf deren Basis Zukunftspläne. Fuller warb auch in Washington für seine Karte; vor allem auf Schulungseinrichtungen des Militärs und der Geheimdienste ging er diesbezüglich zu. Mehrfach bemühte er sich erfolglos, Elmer Davis,

---

96 Fuller an »HAL«, 29.10.1942, SUL, M1090, Series 2, Box 54, Folder 5, Dymaxion Chronofile, Vol. 88.
97 Es dürfte zu Fuller durchgedrungen sein, dass Luce und seine Mitstreiter zur selben Zeit über die Publikation eines »inexpensive cardboard globe« nachdachten: »Think of the fun we could have in assembling [and] mounting it on a wood or cardboard stand, tracing air lines across the Artic [sic], and noting the distances around the earth as they really are.« Ted F. Leigh an Henry Luce, 17.9.1942, LOC, GMD, Richard Edes Harrison papers, Box 27.
98 Vgl. den Briefwechsel Paxton/Fuller, Januar 143 SUL, M1090, Series 2, Box 55, Folder 1, Dymaxion Chronofile, Vol. 89.
99 James L. McCamy an Fuller, 12.10.1942, SUL, M1090, Series 2, Box 57, Folder 2, Dymaxion Chronofile, Vol. 96.

den Direktor des Office of War Information, für sein Werk zu begeistern.[100] Immerhin durfte Fuller seine neuartigen »geografischen Techniken« bereits kurz nach seinem Dienstantritt im Oktober 1942 im Rahmen des Ausbildungsprogramms des BEW in Washington vorstellen. Er bekam zudem die Gelegenheit, sie im prestigeträchtigen Cosmos Club im noblen Kalorama zu präsentieren.[101] Es ist aber letztlich kennzeichnender für die Netzwerke Fullers, dass seine Karte nicht etwa in militärischen Kreisen oder in einem wissenschaftlichen Journal zum ersten Mal begeistert diskutiert wurde, sondern in einer Klatschkolumne der »New York Post«: In parlierendem Stil berichtete deren Autorin, die Journalistin Elsa Maxwell, im Oktober 1942 von einem Abendessen mit Fuller. Offenbar war die Geopolitik nicht nur bei Pädagogen, sondern auch in der New Yorker besseren Gesellschaft angekommen. Denn Maxwell wollte die Meinung ihres »alten Freundes« Fuller zur globalen Kriegslage wissen. Der zückte daraufhin eine der sonderbarsten Karten, die sie jemals gesehen hatte: »It looked like a cross between a jig-saw puzzle and a mah jong set«. Fuller, so Maxwell weiter, habe diese Puzzlestücke dann spontan auf dem Esstisch kombiniert: »›Now watch, you can put Africa over here, if you like‹, he went on, handling a whole continent over to the coffee pot, ›or, if you prefer, you can put it here.‹ And deftly slid it over to the dessert.«[102]

Derlei freundschaftliche Promotion war es wohl auch, der es Fuller zu verdanken hatte, dass die *Dymaxion Map*, wenige Wochen nach ihrem Erscheinen in »Life«, auf der bereits diskutierten *Airways to Peace*-Ausstellung des MoMA gezeigt wurde.[103] Allerdings war hier nur *eines* der Layouts Fullers zu sehen. Das Potenzial seiner Karte für eine eigenständige Konstruktion *verschiedener* Weltbilder wurde also nicht ausgeschöpft. Überdies war sie nur in einer Ecke der kartografiehistorischen Sektion der Ausstellung untergebracht worden, wo sie geradezu im Schatten einer anderen Geovisualisierung mit Mitmach-Aspekt stand: Bei der »Weltkarte auf regulärem Ikosaeder«, die direkt neben der *Dymaxion Map* zu sehen war, handelte es sich um einen weiteren Quasi-Globus, der

---

100 Davis an Fuller, 4.9.1944, SUL, M1090, Series 2, Box 59, Folder 2, Dymaxion Chronofile.
101 New concepts of spatial geography. Air maps and air distances. New projections, o.D., SUL, M1090, Series 2, Box 54, Folder 5, Dymaxion Chronofile, Vol. 88. Fuller hatte zuvor mehrere Tausend Dollar investiert, um eine mechanisch entfaltbare »Flat-Globe Machine« für Vorführungen konstruieren zu lassen – neben diversen auf Pappe aufgezogenen Arrangements der Karte und einer Globusversion, die mithilfe von Schellackfirnis auf Hochglanz gebracht worden war: Karsten an Fuller, 7.7.1943, SUL, M1090, Series 2, Box 56, Folder 6, Dymaxion Chronofile, Vol. 93.
102 Elsa Maxwell's the Party Line. Reading, Learning, okidoki…please, in: *New York Post*, 22.10.1942. Offenbar ließ sich Henry Luce Fullers Karte großformatig in sein Büro malen (Fuller an Avery Pierce, 1.10.1943, SUL, M1090, Series 2, Box 57, Folder 2, Dymaxion Chronofile, Vol. 96) und auch seine Frau Clare Boothe Luce war so angetan von der Karte, dass sie sich eine Magnetwandkarte auf ihrer Basis anfertigen ließ: Boothe Luce an Fuller, 4.8.1942, LOC, Clare Boothe Luce papers, 1862–1997, Box 111, Folder 6.
103 Hier war Fuller kein Unbekannter. Er hatte schon 1941 seinen Teil zur Kriegsprogrammatik des Museums beigesteuert, indem er in dessen Skulpturengarten einen Prototyp der noch zu beschreibenden »Dymaxion Deployment unit« errichtet hatte: Vgl. Beatriz Colomina: DDU at MoMA, in: *ANY: Architecture New York* 17 (1997), S. 48–53.

auf einem Holzstativ befestigt war und sich mithilfe einer mechanischen Schiebevorrichtung in eine zweidimensionale Weltkarte verwandeln ließ – wie in Umkehrung des in der »Life«-Bastelanleitung vorgesehenen Prinzips. Tatsächlich handelte es sich bei diesem Exponat zumindest um ein Teilplagiat. Sein Urheber, der Ökonom und Weltföderalismusbefürworter Irving Fisher, war begeistert gewesen, als er die Fuller-Karte noch vor ihrer Veröffentlichung von Richard Edes Harrison zugespielt bekam. Er hatte sie nachgebaut, ohne Fullers Projektionsmethode zu kennen, also topografische Angaben ebenfalls auf ein Polyeder übertragen, dafür aber eine konventionelle Projektion benutzt.[104] Fuller ärgerte sich über das, was er als technische Schummelei auf seine Kosten wahrnahm, auch im unternehmerischen Sinne. Denn zwischenzeitlich waren bei »Life« Hunderte Nachbestellungen des Hefts mit der *Dymaxion Map* eingegangen, weshalb Fuller im Herbst 1943 von einer großen Nachfrage nach der Karte ausging.[105] Umso bedrohlicher war die Konkurrenz durch Irving, zumal die Arbeit an einer massentauglichen Version der *Dymaxion Map* nach einem Zerwürfnis mit dem Gestalter Karl Karsten (der mit der praktischen Ausführung betraut war) stagnierte.[106] Um sich nicht um künftige Einkünfte aus der Kartenproduktion zu bringen, hatte Fuller zu diesem Zeitpunkt bereits seinen Patentanwalt damit beauftragt, die Rechte an seiner Erfindung zu sichern.[107]

Unterbrechungen – oder: »Flüssige Geographie« als historiografische Kombinatorik

Ich erwähne all das, weil Fuller – offenbar um die *Dymaxion Map* im Gespräch zu halten, während er auf die Entscheidung des Patentamts wartete – nun einen längeren Text verfasste, mit dem er die Einzigartigkeit seiner Weltkarte noch deutlicher akzentuierte. Verglichen mit den Erläuterungen im »Life«- Magazin war der 1944 publizierte Aufsatz mit dem Titel »Fluid Geography« deutlich länger. Er scheint auch weniger redaktionell bearbeitet worden zu sein. Er ist recht sperrig, verrät aber umso mehr über Fuller selbst, das heißt: über die technik-, wenn nicht geschichtsphilosophischen Reflexionen, in deren Zusammenhang Fuller persönlich seine Karte verortete. Den ersten Hinweis auf die Stoßrichtung dieser Reflexionen gibt schon der ungewöhnliche Publikationsort des Artikels. Fuller hatte ihn nämlich in der Zeitschrift »American Neptune« untergebracht. Es handelte sich um ein Spezialperiodikum, das sich der Geschichte der Seefahrt widmete und offenbar vor allem von Kapitänen abonniert wurde.[108] Tatsächlich war Fullers

---

104 Fuller an Christopher Morley, 9.10.1943, SUL, M1090, Series 2, Box 57, Folder 2, Dymaxion Chronofile.
105 Telegramm von Kenneth Beattie an Fuller, 15.9.1943, SUL, M1090, Series 2, Box 57, Folder 1, Dymaxion Chronofile, Vol. 95.
106 Karl Karsten an Fuller, 19.6.1943, SUL, M1090, Series 2, Box 56, Folder 6, Dymaxion Chronofile, Vol. 93. Wenig später zerschlug sich der Massenproduktionsplan aufgrund kriegsbedingten Papiermangels ganz: Worthen Paxton an Fuller, 30.12.1943, SUL, M1090, Series 2, Box 57, Folder 2, Dymaxion Chronofile, Vol. 96.
107 Fuller an Walt Churchill, 6.1.1943, SUL, M1090, Series 2, Box 55, Folder 1, Dymaxion Chronofile, Vol. 89. Der eher ungewöhnliche, aber erfolgreiche Vorgang zog sich bis Januar 1946 hin.
108 Richard Buckminster Fuller: Fluid Geography, in: *American Neptune* 4 (1944), S. 119–136. Fuller sollte

Text durchdrungen von Huldigungen an die Seeleute. Ihnen attestierte er eine besonders realistische, eben geografisch »fluide« Auffassung der physischen Welt. Sie sei ganz anders als die träge, statische Denkweise der Landbewohner. Für Fuller repräsentierten die Experten der Bewegung auf dem Meer einen Menschentyp, dessen Denken wirklich *planetarisch* sei, nämlich sensibilisiert für Naturerscheinungen wie die vom Mond beeinflussten Gezeiten. Fullers Lobreden waren mehr als nur der Versuch, den Herausgebern des »American Neptune« zu schmeicheln. Immerhin trat er in seinem Artikel selbst als Urheber einer Karte in Erscheinung, die als erste die ganze Erde als Gesamtzusammenhang präsentierte. Sie schien ihm also »seemännisch« (»sailorwise«) gedacht, wie Fuller schrieb. Sie zeichne eine »kosmische Perspektive« aus,[109] die für Fuller allerdings auch Flugzeugpiloten einnehmen konnten. Die Piloten als die »modernen kosmischen Seeleute« bildeten überhaupt einen Menschentyp, der eine neuartige »Weltbürgerschaft« zu begründen im Begriff schien, so Fuller, der sich hier das Vokabular von Globalisten wie Willkie zu eigen machte.[110] Dies geschah aber mit dem wichtigen Unterschied, dass die Begründer des Weltbürgertums für Fuller weniger Vernunft und Tugendhaftigkeit auszeichneten. Vielmehr begriff er sie als bis dato höchste Realisierung menschlicher Entwicklungspotenziale. Weit expliziter nämlich als im »Life«-Artikel setzte er seine Weltkarte im »American Neptune« als Medium in Szene, mit dem er den *kontinuierlichen Fortschritt der Menschheit* veranschaulichte. Dass Fuller sich mit dem Artikel, zumindest vordergründig, an die Praktiker aus dem Bereich der Nautik und Navigation wandte, zeugte von seiner Auffassung, es handle sich bei der *Dymaxion Map* um ein Werkzeug, das diesen Fortschritt sogar noch *vorantreiben* konnte.

Fullers Interpretation seiner Geovisualisierung ging also weit über die Tropen der *Air-Age-Geography* hinaus. Zwar begrüßte er in »Fluid Geography« die jüngste »Revolution der Kartenherstellung und kartografischer Prinzipien«. Und er schrieb: »The world has been surprising itself by coming in its own back doors and down its own chimneys from every unlooked for direction«.[111] Diese neue kartografische Sensibilität resultierte für Fuller aber nicht aus dem Krieg oder der Antizipation einer friedensstiftenden Wirkung der amerikanischen Luftdominanz nach dessen Ende. Wenn Nutzer seiner Karte mit Hilfe der Rekombination ihrer Module ihre Wahrnehmung der Distanzen und Größenverhältnisse zwischen den Kontinenten oder der Verhältnisse zwischen Land- und Wassermassen »auf den Kopf stellen« konnten, wie er schrieb, dann wirkte dies auf weit fundamentalere Weise dynamisierend auf ihr Weltbild als die üblichen polständigen Karten seiner Zeit.[112] Es wäre allerdings auch irreführend,

---

den Text noch in vielen anderen, teils um neuere Abbildungen ergänzten Versionen publizieren. Am besten zugänglich ist der gekürzte Wiederabdruck in: James Meller (Hg.): *The Buckminster Fuller Reader*, London 1980, S. 128–147.
109 Fuller, Fluid Geography, S. 134.
110 Ebd., S. 123, 121.
111 Ebd., S. 133.
112 Ebd., S. 132.

in dieser »Weltbildverflüssigung« eine relativistische Haltung erkennen zu wollen. Das konnte später, in den 1970er Jahren, durchaus eine Reaktion auf Fullers Anregung sein, den eigenen bewusstseinsmäßigen Ethnozentrismus medial an der Realität der Welt zu messen. 1944 hatten derlei Übungen in geografischer Flexibilität aber einen ganz anderen Sinn: Fuller stellte das »fluide Denken« der Seefahrer-Piloten nämlich ans Ende einer langen menschlichen Entwicklungsgeschichte. Und es war diese Geschichte, der er den größeren Teil seines Aufsatzes widmete. So schilderte er darin die »graduelle Erweiterung des Horizonts der aufeinander folgenden Generationen« von der Antike bis zur »kosmischen« Sichtweise der Flieger/Segler der Gegenwart.[113] Eine zentrale Rolle spielten in dieser Erzählung die Boote, die Fuller sozusagen als Pfeile in Richtung Zukunft interpretierte. Sie seien »Speerspitzen« einer Koevolution der menschlichen Technik und des menschlichen Vorstellungsvermögens. Dieses Vorstellungsvermögen kannte zwar durchaus mentale Sackgassen – Fuller sah sie repräsentiert durch die schwerfälligen »Landratten«-Gesellschaften, von denen in »Life« die Rede gewesen war. In ihrer historischen Gesamtheit betrachtet habe die menschliche geografische Imagination jedoch eine ungeheure, kumulative Dynamik entfesselt. Das Weltbild der Menschheit habe sich dabei in dem Maße erweitert und flexibilisiert, in dem Seefahrergesellschaften sich die naturräumlichen Voraussetzungen, unter denen sie lebten, auf technischem Wege zunutze machten. Fuller erwies sich als Kenner des erwähnten Halford Mackinders, der um die Jahrhundertwende ebenfalls die prägende Wirkung der physischen Umwelt auf das Denken betont hatte.[114] Aber anders als dem britischen Humangeografen ging es Fuller weniger um die Erklärung zivilisatorischer Unterschiede als um die Bewegungslogik der Menschheit insgesamt, die er anhand historischer »kolonisatorischer Flüsse« und »großer Wanderungen« analysierte.[115]

Dies wird deutlich, wenn man das dem Artikel beigegebene Poster einer näheren Betrachtung unterzieht (Abb. 2.8). Ähnlich der »Life«-Bildstrecke war auch auf diesem eine Reihe von Beispielen für »selbstgewählte Arrangements« der Karte abgedruckt.[116] Allerdings beziehen sich diese Arrangements stärker auf nautische Phänomene und Ereignisse, etwa auf wichtige Seerouten (»East by Sail«), während das »Jap-Imperium« fehlte. Infolgedessen lassen sich Fullers Kartenkombinationen umso klarer als Veranschaulichungen menschheitsgeschichtlicher Phasen oder zentraler Technik-Durchbrüche identifizieren. Das erklärt, warum Fuller die zeitgenössisch vielgescholtene Mercator-Karte im »American Neptune« durchaus würdigte. Zwar hatte seine »Mercator World« mit der Weltkarte des 16. Jahrhunderts wenig mehr gemein als die Positionierung des Äquators in der horizontalen Bildachse. Doch Fuller betonte, dass sein »Mercator«-Layout die Aufmerksamkeit auf den verbindenden Charakter des Atlan-

---

113 Ebd., S. 124f.
114 Ebd., S. 130.
115 Ebd., S. 134.
116 Ebd., S. 136.

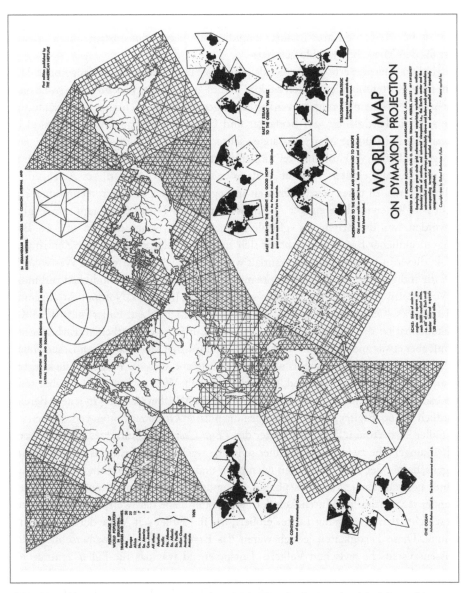

Abb. 2.8: *World Map on Dymaxion Projection* (1944). Die Mitte des Posters dominiert das meistpublizierte – hier als »One Continent« bezeichnete – Kartenarrangement. Es ist ergänzt um weitere Kombinationen und eine rudimentäre grafische Erklärung der Fuller'schen Projektionsmethode (am oberen Rand).

tiks lenke – und damit auf den Schauplatz der frühneuzeitlichen Exploration, den die historische Mercator-Karte in ihrer Funktion als Navigationsinstrument überhaupt erst für den Menschen erschlossen hatte.

Ähnlich interpretierte Fuller das als »One Ocean« bezeichnete Arrangement. Hier waren die Kartenmodule um den Südpol herum angeordnet. Was im *Air-Age*-Diskurs nachrangig erscheinen musste, verdeutlichte gemäß Fullers schriftlicher Erläuterung, wie sehr die Fertigkeiten der Seefahrer und Geografen des späten 19. Jahrhunderts gegenüber der Epoche Mercators angewachsen waren. Erst jetzt seien die Weltmeere navigierend zum »Weltozean« verbunden worden, von dem die britischen Admiräle des imperialen Zeitalters denn auch als erste sprachen.[117] Auch dieses Arrangement sollte also das zu einer gegebenen Zeit in kognitiver, geografischer, technischer Hinsicht Mögliche visualisieren. Ihr *Empire* war in Fullers Lesart überhaupt nur möglich geworden, weil die Briten das »globale Förderband« zwischen dem 40. und 60. Breitengrad südlicher Breite geschickt für sich zu nutzen gelernt hatten: Der Zentrifugeneffekt dieser im 19. Jahrhundert erstmals wissenschaftlich beschriebenen Westwinddrift ließ die Indien-Clipper die Kontinente mit präzedenzloser Geschwindigkeit verbinden.

Vor diesem Hintergrund erscheint schließlich auch Fullers Nordpol-Arrangement (hier hieß es »One-Continent«-Layout) in anderem Licht: Laut Fuller sollte diese Kartenkombination die weltverändernde Logik der Luftfahrt verdeutlichen. Er bezweckte damit aber etwas anderes als die Wehrhaftmachung seiner amerikanischen Leser. Fullers Erläuterung dieses Arrangements widmete der Tatsache, dass das Flugzeug die kriegführenden Staaten der Erde verband, nur wenige Zeilen. Weit wichtiger schien ihm seine Beobachtung, dass mittlerweile der größere Teil der Weltbevölkerung in jenem Bereich nördlich des 60. Breitengrads siedelte, den die polaren Großkreisrouten verknüpften.

Fuller kartierte mit Text und Poster des *Fluid Geography*-Aufsatzes also die Wechselwirkungen, die zwischen der immer schneller wachsenden Kenntnis der physischen Eigenschaften der Erde durch den Menschen und der Ausweitung und Verschiebung seiner geografischen Aktivitätssphären bestanden.[118] Aufgrund exponentiell zunehmender technischer und intellektueller Fertigkeiten habe der Mensch in der jüngsten Geschichte den »Ozean der Lüfte« erobert, wie ihn Fuller seit Mitte der 1930er Jahre nannte. Diese Fertigkeiten jedoch waren das Ergebnis eines grenzüberschreitenden Wissensaustauschs zwischen Völkern. Entsprechend war das für Fuller zentrale historische Ereignis das Aufeinandertreffen von »Ost« und »West« im 15. Jahrhundert. Als »Erfolg«, wie Fuller es nannte, ließen sich Phänomene wie die europäische »Entdeckung« Amerikas zwar nur deuten, wenn man sie wie Fuller in gattungsgeschichtlicher Perspektive betrachtete. Dann aber ließ sich eine regelrechte Aufstiegsbewegung erkennen, wenn man die *Dymaxion*-Layouts nacheinander betrachtete. Und diese Bewegung schien während Fullers persönlicher Lebenszeit just an dem Ort angekommen,

---

117 Ebd., S. 130.
118 Ebd., S. 134.

an dem er selbst wirkte. Und so war die nördliche Hemisphäre, die vielen Menschen in seinem Umfeld als wichtigster (künftiger) Kriegsschauplatz erschien, für Fuller etwas viel Fundamentaleres: der gegenwärtige *Hotspot* der Menschheitsentwicklung. Dabei ist dieser Begriff eigentlich falsch gewählt. Denn während die »Mercator-Welt« auf die warmen Gewässer begrenzt geblieben war, die die Nautiker der Frühen Neuzeit kartografisch zu erschließen in der Lage waren, stieß die Menschheit, wie ja schon die *Energy Map* zeigte, nun von Nordamerika aus in die kältesten Zonen des Planeten vor – wenn sie nicht bereits im Begriff war, von diesem letzten weißen Flecken der Erdoberfläche aus in die Stratosphäre aufzusteigen.

Ideogrammatiker des Fortschritts

Durch das Prisma seiner (karto-)grafischen Publikationen der frühen 1940er Jahre betrachtet, fächern sich viele der intellektuellen Einflüsse auf, die Fullers »globales Denken« auch fortan bestimmten. Er selbst erwähnte diese Prägungen später selten, und diese Lücke übernimmt der größere Teil der Fuller-Literatur. Das gilt selbst dann, wenn die Forschung in der *Dymaxion Map* einen Schlüssel zu seinem späteren Werk erkennt. Tatsächlich ließ Fuller das mathematische Prinzip seiner Kartenprojektion keine Ruhe. Die Großkreisgeometrie der Kriegsjahre ging fast nahtlos über in Statikberechnungen für jene radikalen Kuppelbauten, mit denen Fuller heute vor allem in Verbindung gebracht wird. 1943, als die *Dymaxion Map* erschien, war das aber nicht abzusehen gewesen. Wer sich für Fullers Kartografie nur als experimentelle Vorstufe seiner Architekturkonstruktionen interessiert, wer sie im Licht des Kommenden deutet und nicht aus ihrer Zeit heraus, der riskiert, den vielen Vorträgen und Publikationen aufzusitzen, mit deren Hilfe Fuller die beruflichen Mäander seiner ersten Lebenshälfte *später* mit Sinn und Richtung versah, wie ich noch zeigen werde. Spätestens am Ende des Kriegs hatte Fuller nämlich erkannt, dass sein ungewöhnliches Leben kaum weniger öffentliches Interesse generierte als die mit seinem Namen verknüpften Werke. Mit zunehmendem Lebensalter spannte er diese Werke zudem in den Rahmen einer kontinuierlichen Neuinterpretation seines Werdegangs ein. Der erschien damit als Verwirklichung eines früh gefassten Plans. Es war diese Selbststilisierung, die das gesellschaftliche Moment für die materiellen Umsetzungen von Fullers Ideen erzeugte, nicht zuletzt den *Expo*-Pavillon, der ihn 1967 weltberühmt machen sollte.

Achtet man indes auf die soziale Einbettung seiner Arbeit, dann erkennt man in Richard Buckminster Fuller in den 1940er Jahren einen ausgesprochen idiosynkratischen, originellen, vielseitig interessierten Denker. Aber Fuller war auch ein wendiger Denker. Als solcher profitierte er davon, dass er oft – teils zufällig, teils aufgrund eigener Initiative – zur richtigen Zeit am richtigen Ort war. Das hieß in seinem Fall konkret: Fuller arbeitete an verschiedenen Knotenpunkten globaler Informationsflüsse. Letztlich weist es ihn *gerade* als Bewohner eines bestimmten Orts der Welt aus, dass er beabsichtigte, anderen Menschen mithilfe statistischer und grafischer Verfahren dabei zu helfen, ein ganzheitliches Verständnis der menschlichen Entwicklung, der gegenwärtigen Lage und Zukunftsmöglichkeiten der Gattung herauszubilden. Denn Fuller hatte in der New Yorker Entwicklungsabteilung der Phelps Dodge Corporation Marktforschung für ein Unternehmen betrieben, das Geschäfte mit einem Rohstoff machte, der aus Minen in verschiedenen Weltgegenden zusammengetragen werden musste. Einem Rohstoff, der aber auch die materielle Voraussetzung einer immer schnelleren Kommunikation über Grenzen hinweg bildete. Wenig später war er im »Life«-Hochhaus als Journalist für ein innovatives Wirtschaftsjournal tätig gewesen, das sich seines weltweiten Korrespondentennetzes rühmte, zugleich jedoch an einem Industrialisierungsmythos arbeitete, dessen mobilisierende Wirkung der gesamten Menschheit zugutekommen sollte. Und direkt im Anschluss daran fand er sich im Board of Economic Warfare in Washington in einer Regierungseinrichtung wieder, die auf Basis von Geheimdienstinformationen, die aus aller Welt eingingen, eine zwar amerikanisch dominierte, aber eben auch besser versorgte Nachkriegswelt plante. Kein Wunder, dass sich in diesen Jahren der Grundstock jenes Weltressourcenverzeichnisses bildete, das seine MitarbeiterInnen und StudentInnen der 1960er Jahre aktualisieren sollten. Fuller, der sich bald als Theoretiker der Informationsintegration verstand, zapfte aber nicht nur globale Informationen an. Er amalgamierte auch die Ideen, die er seit Ende der 1930er Jahre von seinen erhöhten Beobachtungsposten aus erkennen konnte. Das betraf allen voran die Debatten, die amerikanische Journalisten, Geografen, Erzieher und Politiker über den Zweiten Weltkrieg führten und über die geografischen und technischen Fragen, vor die dieser stellte.

Eines konnte Fuller dabei kaum entgehen: die große, ja lebenswichtige praktische Bedeutung, die einer unmittelbar verständlichen Aufbereitung von Daten aus aller Welt beigemessen wurde. Dafür war Fuller besonders sensibilisiert, weil er schon 1938 – im Zuge des Versuchs, seinen noch näher zu beschreibenden bauunternehmerischen Ideen Gehör zu verschaffen – das industrielle Zeitalter als Gesamtprozess visualisiert hatte. Das komplizierte Poster, das seinem Erstlingswerk *Nine Chains to the Moon* beigefügt war, war zwar allumfassend, »comprehensive«, gewesen, wie eine weitere spätere Lieblingsvokabel lautete. Aber es war alles andere als leichtverständlich. Umso dankbarer dürfte Fuller gewesen sein, als er auf die großen gestalterischen Kompetenzen zugreifen konnte, die sich in direkter Nachbarschaft seines Büros im Rockefeller Center bündelten. Mit Hilfe erfahrener Infografiker entstanden zwischen 1940 und 1944 weit attraktivere »Welt-Bilder«. Indem Fuller vom *Know how* dieser Gestalter zehrte, gelang es ihm 1943 sogar, im »Life«-Magazin eine Art Meister-Medium der globalistischen Weltkriegsdebatte zu lancieren: Fullers Karte schien auf besonders raffinierte Weise deren Grundidee zu entsprechen, dass Menschen sich ein möglichst flexibles Bild von der Welt möglichst selbstbestimmt erarbeiten sollten. Dennoch wird man Fullers Geovisualisierungen nicht gerecht, wenn man in ihnen *nur* einen Reflex der Diskussionen über den notwendig globalen Blick in die Zukunft sieht, denen er in ihrem New Yorker Zentrum kaum entgehen konnte. Zweifellos war Fuller mit Wendell Willkie und dessen Unterstützern – unter denen immerhin sein eigener Vorgesetzter, sein Arbeitgeber Henry Luce und dessen einflussreiche Ehefrau Clare Boothe Luce waren – einig in der Absicht, es gelte, die Menschen auf eine friedliche, prosperierende und immer weiter zusammenwachsende Weltgemeinschaft vorzubereiten. Für Fuller war das aber weder eine Notwendigkeit geostrategischer Taktik, noch war es Ausdruck einer kosmopolitischen Ethik. Wie andere liberale Internationalisten zweifelte er wahrscheinlich nicht daran, dass der Rest der Welt den Freiheiten und dem Lebensstandard der USA nacheifere. Aber Fullers Universalismus war sozusagen *noch* grundsätzlicher. Gerade das offenbart sich in den Wirkungsabsichten, die er mit seinen Karten, mit seinen Diagrammen und den daraus entwickelten Hybriden verfolgte.

Wie auch andere *Air-Age*-Kartografen interessierte sich Fuller brennend für das Flugzeug als *das* Transportmittel seiner Zeit – und für die sozialen Folgen der neuartigen Verbindungen, die es zwischen den Menschen zu knüpfen schien. Aber er interpretierte diese Verknüpfungen vor dem Hintergrund eines viel breiteren Interesses am Zusammenhang von Natur, Raum und Technik. Dieses Interesse ließ ihn auch einen viel größeren, einen tief in die *Geschichte* erweiterten Betrachtungszeitraum wählen. Wenn Fuller beispielsweise die Temperaturzonen kartografisch für wichtiger hielt als die kriegführenden Staaten, dann, weil diese Zonen für ihn *pars pro toto* für die Vielzahl der physischen Faktoren standen, die der menschlichen Expansion über den Erdball ihr Gepräge gegeben hatten. Es waren die Kenntnis und erfolgreiche Ausnutzung der Gesetze der Sonneneinstrahlung, Luftbewegungen, Meeresströmungen und Gezeiten, die erst jene zivilisatorischen Dynamiken entfesselten, die Fuller »plotten« zu können glaubte – und zwar ganz so, wie es ein Schiffskapitän auf der Seekarte tat. Fuller bediente sich also des Verstärkers der *Air-Age*-Debatte. Aber es war eben nicht (nur) die aufgeklärte *politische* Gemeinschaft der *One World* nach dem Weltkrieg, die er mithilfe seiner Medien zu schmieden versuchte. Fuller ging es schon in den 1940er Jahren um die verbesserte Kenntnis der Eigenschaften des gesamten Planeten, der *Whole Earth*, durch eine ausgesprochen abstrakt gedachte Menschheit. Das heißt auch: »Globalität« (im Sinne geografisch weitreichender sozialer Interaktionen und Interdependenzen) und »Planetarität« (im Sinne der physischen Voraussetzungen dieser sozialen Interaktionen) waren bei Fuller in deutlich komplexerer Weise aufeinander bezogen als dies bei vielen Globalisten seiner Zeit der Fall war. Die Eigenschaften der Natur determinierten für Fuller die Art, ja konkret die »Wege«, auf denen sich eine menschliche Konnektivität ergab, die das Wissen und die Naturbeherrschung der Menschheit künftig noch vergrößern konnte.

Alle Erd-Kenntnis half aber nichts, wenn es nicht gelang, sie nutzbar zu machen. Und gerade das erklärt Fullers Interesse an synoptischen Medien, allen voran Karten. Deren historische Rolle als Faktoren, aber eben auch als Ergebnisse der kumulativen kognitiven Erschließung der Erde war es ja, die er mit seinen *Dymaxion*-Arrangements kartografisch herausarbeitete. Seine eigenen Karten stellten sich ihm entsprechend als Instrumente dar, die – Fernrohren oder Sextanten gleich – das menschliche Sensorium erweitern konnten. Das galt aber genauso bereits für seine Diagramme der späten 1930er Jahre. Auch sie müssen als Bemühungen begriffen werden, die bisherige technisch-wissenschaftliche Entwicklung der Gattung auf eine Weise sichtbar zu machen, die die Menschen motivieren konnte, ihre Entwicklung konzertiert voranzutreiben. Deshalb ließ Fuller keine Gelegenheit aus, die Ergebnisse seiner Forschung spektakulär aufbereitet möglichst vielen Menschen zugänglich zu machen. Es galt, sie in den Diskurs einer immer enger vernetzten Menschheit einzuspeisen.

Was Fuller von seinen *Peers* unterschied – was ihn zeitgenössisch wohl auch isolierte, die Wirkung seiner Ideen dann aber über den engen Rahmen des Kriegsglobalismus hinaus erhielt – war der Umstand, dass er technische und ökonomische Trends auf ungewöhnliche Weise visualisierte. Fuller suggerierte, diese Trends *extrapolieren*, also Aussagen zur Zukunft treffen, ja diese Zukunft mit Hilfe seiner Extrapolationen schneller erreichen zu können. Für Fuller folgte die Geschichte einem Muster. Sie bestand keineswegs aus »Zufallsereignissen«.[119] Das erklärt seine Selbststilisierung als Navigator oder auch »Trendprognostiker«:[120] Fuller begriff sich als Interpret der Routen, der Flugbahnen, gar der »Ballistik der Zivilisation«, wie er es in einem Manuskript nannte, für das er ab 1939 erfolglos einen Verleger suchte.[121] Den sogenannten »shot-callers« gleich (also den Offizieren der Feuerleitstellen, die er auf den Zerstörern der US-Marine beobachtet hatte[122]) wollte er nicht nur die *bisherige* Flugbahn des Fortschritts rekonstruieren. Er glaubt, auch seine *künftige* Bewegungsrichtung, sein »Telos« steuern zu können, wie er schrieb. Was sein Vorgesetzter Davenport als Versuch präsentierte, publizistisch einen neuen, industriellen Frontier-Geist zu wecken, bezeichnete Fuller bald als »teleologisches Design«.

Ohne den Wirkungsmechanismus seiner performativen Prognostik, seiner »Bildpsychologie«,[123] theoretisch zu durchdringen, ging es Fuller letztlich um die mobilisierende Wirkung der Ästhetisierung von Daten. Indem er Entwicklungslogiken auf möglichst eindeutige Weise grafisch aus den Zahlen herauspräparierte, konnten diese Entwicklungen auf sich selbst Einfluss nehmen: Jahre, bevor er solche Mechanismen der Selbstverstärkung präziser zu fassen in der Lage war – nun nämlich mithilfe der Allgemeinen Systemtheorie und kybernetischer Begriffe wie »Feedback«, die Mathematiker wie Norbert Wiener geprägt hatten –, entwarf Fuller rekursive

---

119 Airwise Map of The World, o.D. [September 1938], SUL, M1090, Series 2, Box 39, Dymaxion Chronofile, Vol. LXII.
120 Fuller, Fluid Geography, S. 122.
121 Es wird auf einige der in diesem Manuskript enthaltenen Grafiken zurückzukommen sein, denn Fuller sollte sie bis in die 1970er Jahre immer weiter verfeinern. Er pries sie hier auch als »Instrumente«, mit denen man all jene »Faktoren der wissenschaftlichen, mechanischen und industriellen Erweiterungen des Menschen, [die] in Richtung seiner Umweltkontrolle« wirkten, auf einmal überblicken könne: Overall Economic History Charts. Ballistics of Civilization, o.D. [1939], SUL, M1090, Series 2, Box 39, Dymaxion Chronofile, Vol. LXIII.
122 Architecture from the Scientific Standpoint, 12.5.1939, LOC, Clare Boothe Luce papers, 1862–1997, Correspondence, Box 92, Folder 12, S. 3.
123 Fuller, Fluid Geography, S. 133

Schlaufen. Seine Tabellen und Karten waren »Ideogramme«, die das herbeizuführen versprachen, was sie zeigten.[124] Fuller selbst sprach 1942 von »Flow Diagram[s] into Tomorrow«[125] und es ist kein Zufall, dass es nicht »*of* tomorrow« hieß, dass es also das Medium selbst war, was in die Zukunft führte. Fuller gab seinen Grafiken überhaupt Titel, die nur auf den ersten Blick im Widerspruch zu der nüchtern quantifizierenden Datenarbeit standen, die sie präsentierten. Fullers »Flugkörper« oder »Energiesklaven« stellten Zahlen und Daten in einen Assoziationsraum, der ihre imaginationsfördernde Wirkung vergrößerte. Eine Tabelle konnte so zum »Wind« in den Segeln oder unter den Tragflächen der Menschheit werden, wie er 1939 schrieb.[126]

Randfigur im Zentrum der Welt

Allerdings: Fullers Absichten als Welt-Bildner waren zu diesem Zeitpunkt bei Weitem nicht so konsistent, wie es die letzten Zeilen haben erscheinen lassen. Seine Kartografie ist das Ergebnis von tastenden Suchbewegungen. Diese verliefen nicht geradlinig und sie endeten auch in Sackgassen. Tatsächlich bildete die Zeit des Zweiten Weltkriegs vor allem in *einer* Hinsicht eine Schlüsselphase für Fuller. Es zeigte sich, dass er als *Praktiker* des Fortschritts wenig Erfolg hatte. Dem Fortschritts*interpreten* aber öffnete sich manche Tür, in die Fuller sich hinschrieb und -zeichnete, schon aus schnöden Broterwerbszwängen. Das begriff er selbst aber erst allmählich.

Dass der ambitionierte Fuller etwa in den Kriegsbehörden Washingtons nicht recht vorankam,[127] ist darauf zurückzuführen, dass er den Krieg immer auch als Gelegenheit sah, das Anliegen zu realisieren, das ihn schon seit Ende der 1920er Jahre umtrieb: die industrielle Produktion von Fertighäusern aus Metall. Fuller war bis Ende der 1930er Jahre in erster Linie als Bauunternehmer tätig gewesen, zunächst in Chicago, dann in New York – auf diese nur von bescheidenem Erfolg gekrönten Projekte werde ich noch genauer eingehen. Während des Krieges verbrachte Fuller einen erheblichen Teil seiner Arbeits-

---

124 Claude Lichtenstein/Joachim Krausse: »Wie man die Welt zum funktionieren bringt«, in: Dies., *Private Sky*, S. 11–20, hier. S. 19. Wigley begreift Fuller als »image maker«, als Erzeuger suggestiver Bilder (Wigley, Homeboy), während Vagt von »Formgeneratoren der Erfahrungswelt« spricht: Christina Vagt: Fiktion und Simulation. Buckminster Fullers World Game, in: Friedrich Balke/Bernhard Siegert/Joseph Vogl (Hg.): *Mediengeschichte nach Friedrich Kittler*, Berlin 2013, S. 117–134, hier S. 121.
125 Fuller an Taub, 13.11.1942, SUL, M1090, Series 2, Box 54, Folder 4, Dymaxion Chronofile, Vol. 88.
126 Overall Economic History Charts. Ballistics of Civilization, o.D. [1939], SUL, M1090, Series 2, Box 39, Dymaxion Chronofile, Vol. LXIII.
127 Erst ab September 1943 taucht Fuller überhaupt im Telefonverzeichnis des Office of Economic Warfare Analysis der FEA auf (NARA, RG 169 Foreign Economic Adminstration, Office of Administrator, Records Analysis Division, Entry 186, Box 1. Folder 1). Manche Fuller-Forscher verorten ihn indes mal in direkter Nähe zum Vannevar Bushs Office of Scientific Research and Development oder gar zum Manhattan Projekt (Krausse, Joachim/Lichtenstein, Claude: Chronologie, in: Dies. (Hg.): *Private Sky. R. Buckminster Fuller. Design als Kunst einer Wissenschaft*, Baden 1999, S. 26–39, hier S. 32) oder machen ihn, wie angedeutet, zum Mitwirkenden in der Visualisierungsabteilung des OSS: Wigley, *Homeboy*, S. 20.

zeit im Board of Economic Warfare entsprechend damit, militärischen und politischen Größen seine »Dymaxion Deployment Unit« (DDU) schmackhaft zu machen. Dieses Iglu-artige Haus hatte Fuller ursprünglich als Wohngebäude konzipiert. Er glaubte, mit seinem präfabrizierten (fertigungstechnisch an Getreidesilos angelehnten) Produkt eine Antwort auf die Wohnungsnot der Rüstungsindustriearbeiter gefunden zu haben.[128] Er pries es jedoch bald darauf mit der ihm eigenen Flexibilität als transportablen Luftschutz-Bunker oder als Ausrüstungsdepot. Dies blieb nicht wirkungslos: Das Radar Laboratory des Signal Corps der US-Armee bestellte zunächst einige Dutzend der Fertighäuser.[129] Die Lieferung stellte Fuller – bzw. die Firma Butler Manufacturing, mit der er kooperierte – jedoch vor einige Schwierigkeiten. Ironischerweise erwies es sich als Fehler, dass Fuller, der Rohstoffexperte, ausgerechnet auf Stahl als Material für seine Bauten gesetzt hatte:[130] Er hatte die immense Bedeutung dieses Werkstoffs nicht zuletzt für die Herstellung jener Flugzeuge nicht einkalkuliert, deren weltverändernde Wirkung mithilfe seiner Weltkarte verstanden werden konnte. Das änderte nichts daran, dass Fuller seinen Job beim Board of Economic Warfare in Washington im Oktober 1944 kündigte. Denn nun witterte er seine Chance in der Umwandlung der Kriegsindustrien in Fabriken für die Versorgung der Bevölkerung mit Gütern des täglichen Bedarfs. Das hieß in diesem Fall eben: mit Wohnungen, die er mit seiner Firma *Dymaxion Dwellings* selbst herzustellen hoffte. Auch diese Hoffnung erfüllte sich nicht. Das hielt Fuller aber nicht davon ab, nach dem Krieg mit umso mehr Nachdruck die Umwidmung der todbringenden Waffenkunst (»weaponry«) in Lebenskunst (»livingry«) zu fordern.[131] Bezeichnender für sein Agieren ist indes, dass es zuvor einigen Ärger mit seinen Vorgesetzten gegeben hatte. Fuller hatte nämlich die Nachfrage nach der »Dymaxion Deployment Unit« als einem Produkt, mit dem sich für ihn ein handfestes wirtschaftliches Interesse verband, als Mitarbeiter einer staatlichen Behörde geradezu herbeigeschrieben, etwa in seinen Berichten über den im besiegten Deutschland zu erwartenden Wohnungsmangel.[132]

Fullers Persona als »Fortschrittsballistiker« war während des Kriegs also noch nicht ausgereift. Zwar war es seine augenscheinliche Befähigung zur Antizipation industrieller Entwicklungstrends, die die Entscheider im Board of Economic Warfare (BEW) bewogen haben dürfte, ihn anzuwerben. Das Board hatte sich zu Jahresbeginn 1942

---

128 Die Firma »Dymaxion Houses« hatte Fuller im März 1941 gegründet, siehe die Unterlagen in SUL, M 1090, Series 2, Box 50, Folder 8, Dymaxion Chronofile, Vol. 81.
129 Dazu Colomina, DDU.
130 Siehe die Schreiben in: SUL, M1090, Series 2, Box 53, Folder 5, Dymaxion Chronofile, Vol. 86.
131 R. Buckminster Fuller: *Operating Manual for Spaceship Earth*, Carbondale/Illinois 1969, S. 80.
132 Dass Fuller seine Ideen in der Zeitschrift »This Week« lancieren und dabei als »FEA Technical Advisor« zeichnen wollte, ließ einen seiner Kollegen seine Entlassung fordern, sollte er seine privaten »dwelling machine«-Aspirationen weiter mit dem Namen der FEA bewerben (Wilder Foote, Memorandum, 28.7.1944, SUL, M1090, Series 2, Box 59, Folder 1, Dymaxion Chronofile, Vol. 100). Mit dem Flugzeughersteller »Beach Aircraft« in Kansas versuchte Fuller dann ab 1944, das sogenannte »Wichita House« zu realisieren, das zwar in Expertenkreisen Beachtung fand, aber nie Massenproduktionsreife erreichte.

die »Ressourcenumwandlung« zur Aufgabe gemacht. Es ging um die zentrale Koordination der verfügbaren Energieträger und strategischen Rohstoffe zunächst für die Rüstungsindustrie, bald darauf aber für den weltweiten Wiederaufbau. Die entsprechende Devise hätte von Fuller kommen können: »Die Weltressourcen nutzen, um Lebensstandards vom einen zum anderen Ende des Planeten anzuheben«.[133] Der zeigte sich denn auch begeistert davon, dass in Washington derlei »totales Denken« betrieben wurde.[134] Während sich seine Kollegen jedoch mit Kunstfasern, Benzinersatzstoffen, mit der Kohlepulverisierung, dem Zugang der Deutschen zu Beryllium oder der Industrie Schwedens befassten, verfasste Fuller seitenlange, mit Neologismen gespickte Denkschriften. In ihnen beklagte er die Unfähigkeit der Menschen, dynamisch zu denken, oder die »blockierten Hauptgetriebe der gegenwärtigen Erziehung« und philosophierte über die »universelle Erfahrung« des Piloten.[135] Spätere Fuller-Fans würden in manchen Formulierungen dieser Texte schon die Reden erkennen, die er in den nächsten 30 Jahren vor stetig wachsendem Publikum halten sollte. Aber für die Reputation Fullers Mitte der 1940er Jahre ist das ratlose Urteil eines seiner BEW-Kollegen typischer. Der beschrieb dessen Beiträge als »die seltsamste Mischung aus aufregender, visionärer Planung und sinnlosem Jargon, die ich seit Langem gesehen habe«.[136] Fuller war mittendrin und blieb doch Außenseiter. Er hatte seine Mission und seine Zuhörer noch nicht gefunden. Aber allen retrospektiven Verklärungen zum Trotz steht außer Frage: Fuller war beseelt von der Absicht, den menschlichen Fortschritt mit den Mitteln dessen voranzutreiben, was in seinem Vokabular der 1940er Jahre »industry« hieß. Dieser Antrieb lässt sich vermittels der Rekonstruktion seiner Arbeiten der Kriegsphase aber nicht identifizieren. Es gilt ihn vor einem weiter zurückliegenden Erfahrungshintergrund scharf zu stellen. Bevor das geschieht, bevor also Fullers Biografie im konventionelleren Sinne erzählt wird, erfolgt jedoch ein erster Sprung über den Atlantik. Er führt an den Ort, an dem der junge Arno Peters eine Dissertation zur Frage vorlegte, was man von den USA über die Menschenführung lernen konnte.

2.4 *Astropolis* (1945). Arno Peters und die Führung der Weltöffentlichkeit

Die Welt in Bad Säckingen

Kurz vor Weihnachten 1945 schrieb Arno Peters die letzten Sätze seines Romans *Astropolis*.[137] Wenige Monate zuvor war die Welt, wie der nicht ganz 30-Jährige sie kannte, zu Staub zerfallen. Als gebürtiger Berliner hatte Peters weit plastischere Erfahrungen

---

133 Pressemeldung, 25.5.1942, SUL, M1090, Series 2, Box 54, Folder 4, Dymaxion Chronofile, Vol. 88, S. 2, 6.
134 Memorandum, 20.1.1943, SUL, M1090, Series 2, Box 54, Folder 4, Dymaxion Chronofile, Vol. 88.
135 Memorandum, 28.2.1943, SUL, M1090, Series 2, Box 55, Folder 1, Dymaxion Chronofile, Vol. 89.
136 Wilder Foote, Memorandum, 28.7.1944, SUL, M1090, Series 2, Box 59, Folder 1, Dymaxion Chronofile, Vol. 100.
137 Tagebucheintrag vom 19.12.1945, SBB-PK, Nachl. 406, 428.

mit dem Luftkrieg als mancher amerikanische Geostratege: Am selben Tag, an dem Fullers *Dymaxion Map* im »Life«-Magazin erschien, war Peters Zeuge der immensen Zerstörungen geworden, die der bis dahin stärkste alliierte Luftangriff auf seine Heimatstadt verursacht hatte. Nun, knapp drei Jahre später, verfasste Peters im badischen Bad Säckingen ein Buch, dessen Handlung an Schauplätzen auf dem gesamten Planeten spielte, ja sogar in der Stratosphäre. *Astropolis* ist nie veröffentlicht worden.[138] Das mag am Genre des Textes liegen, das irgendwo zwischen *Science Fiction* und sozialistischem politischen Pamphlet anzusiedeln ist, was seinen Unterhaltungswert eher gering ausfallen lässt. Aber er ist das Produkt eines hellsichtigen Beobachters seiner Zeit. Peters konnte zwar wenig von den globalistischen Debatten wissen, die auf der anderen Seite des Atlantiks geführt wurden, als er das Typoskript seines Romans abschloss. Und dennoch durchziehen diesen Text Ideen, die manchen im Umfeld Fullers verhandelten Vorstellungen stark ähneln. Wenn Peters allerdings seine ganz eigene »One World« voller Bombenbedrohungen und grenzüberschreitenden Kommunikationsflüssen entwarf, dann speiste sich *seine* Phantasie nicht nur aus technologieutopischen Lektüren, die ihn mit vielen Angehörigen seiner Generation verbanden. Peters erzählte Welt entstand auch aus einem individuellen Erfahrungsraum heraus, der einerseits von der starken persönlichen Ablehnung des Nationalsozialismus, andererseits von einer (kaum reflektierten) Prägung durch dessen Herrschaftspraxis geformt war. In diese hatte Peters als subalterner Mitarbeiter im Auswärtigen Amt nämlich vergleichsweise privilegierte Einblicke nehmen können. Er hatte sich zudem in einer Dissertation, die er nahezu buchstäblich im Bombenhagel verteidigte, der die *alte* Welt zertrümmerte, intensiv mit der Frage auseinandergesetzt, wie moderne Massenmedien, eine *neue*, eine bessere, solidarischere Welt erschaffen könnten. Mit diesen neuen Medien und Medientheorien – um die es in diesem Abschnitt gehen soll, bevor auch Peters' Biografie bis etwa 1945 »nachgeliefert« wird – war er zuvor dort persönlich in Berührung gekommen, wo ein Teil der Handlung seines Romans spielte: in den USA.

Peters hat dem Typoskript von *Astropolis* eine Synopse vorangestellt. Schon die Erzählhaltung, die sich darin ankündigt, ist eine gewissermaßen geopolitische. Peters' Roman nimmt auch manche Entwicklung des aufziehenden Kalten Kriegs und seiner Logik atomarer Abschreckung vorweg. Die Handlung beginnt im Jahr 1955. Knapp zehn Jahre nach dem Zweiten Weltkrieg ist Eurasien »unter deutscher Führung kommunistisch«. Alle Entscheidungen fällt ein international zusammengesetzter Sowjet. Ihm sitzt der Deutsche Werner Freiser vor, der Hauptsympathieträger des Buchs. In Nordamerika, England, Australien und Teilen Afrikas hingegen regiert das Kapital. Während im Kommunismus der Fünf-Stunden-Tag für alle gilt, steht in den USA und England großem individuellen Reichtum strukturelle Arbeitslosigkeit gegenüber. Die »Anglo-Amerikaner« wähnen sich allein im Besitz der Atombombe; die Kommunisten

---

138 Arno Peters, *Astropolis. Erste Skizze zu einem futuristischen Roman von Arno Peters.* 1945, SBB-PK, Nachl. 406, 19.

haben aber insgeheim ebenfalls eine Bombe entwickelt, mit einer eingebauten Sicherung: Ihre Strahlung macht am Wasser (des Atlantiks) halt, »damit nur Amerika zerstört wird.« Es gibt aber noch eine dritte Kraft in Peters globalem Szenario: Japan, das trotz des Abwurfs der Atombombe in Hiroshima ein autokratisches Kaiserreich geblieben ist, wird sich im Lauf der Handlung zur eigentlichen Bedrohung der Menschheit entwickeln.[139]

Peters' Erzählung beginnt in den Vereinigten Staaten, deren politische Lager sich feindlich gegenüberstehen und deren Unternehmer zunehmend Schwierigkeiten haben, ihre Absatzmärkte in Eurasien zu erhalten, woran auch der fiktive, aufrechte, aber schwache demokratische Präsident Morrison nichts ändern kann. Er ist bereit zu akzeptieren, dass »ganz Europa lieber kommunistisch lebt«.[140] Das sehen die amerikanischen Trusts anders. Für sie ist Morrison ein Träumer, den sie in der anstehenden Präsidentschaftswahl loswerden wollen. Der Mann, den die Wirtschaftsbosse durch geschickte Einflussnahme auf die öffentliche Meinung dann tatsächlich ins Weiße Haus bringen, ist die einzige schillernde Figur in Peters' ansonsten klar nach gut und böse geordneter *dramatis personae* – und er hat einen interessanten Namen, auf den gleich zurückgekommen wird: »Willkies [sic]«. Marginalisiert ist hingegen die dritte Kraft im Land, die Kommunisten, verkörpert durch ihren Führer Ellies Walker. Walker, der in selbst gewählter Armut lebende Industriellensohn, so erklärt uns Peters, hat aus Entrüstung über die Profite, die die Wirtschaft im Krieg gemacht hat, zum Sozialismus gefunden. Er arbeitet hart, aber erfolglos daran, Amerika einzugliedern in die friedliche Völkerfamilie, die sich »jenseits des Ozeans auf der Grundlage völkerischer [sic] und menschlicher Gleichberechtigung zum gewaltigen Sowjetblock zusammengezogen hatten«[141] – einer Familie, der sich immer mehr Länder anschließen.

Peters' Setting liest sich also ein wenig wie eine affirmative Truman-Doktrin, denn es ist nicht zuletzt ein Dekolonisierungsszenario, das seine erzählte Welt in Spannung versetzt. In den ehemaligen Kolonien toben Stellvertreterkriege. Vor allem Indien ist zerrissen. Aufgrund des Nationalismus seiner »Führer« ist es nicht Teil des »Sovjetblocks [sic]« und wird weiterhin vom imperialistischen England wirtschaftlich ausgebeutet; der kommunistische Block hingegen unterstützt es durch Wirtschaftshilfen – überhaupt weist Peters an verschiedenen Stellen auf globale Rohstoffflüsse hin (so kommt das »Radium« der Atombomben aus dem Kongo). In einer Passage, in der Peters seinen LeserInnen deutlich macht, dass Willkies keineswegs nur Strohmann der amerikanischen Kapitalisten, sondern »Überzeugungstäter« ist, spielt sogar eine Art Dependenztheorie *avant la lettre* eine Rolle. Willkies geht es um die Abwehr des Kommunismus mit seiner »Welt-Planwirtschaft«, weil diese den Interessen derjenigen

---

139 Ebd., alle Zitate auf S. II.
140 Ebd., S. 7.
141 Ebd., S. 13.

Amerikaner entgegensteht, »die ja durch die geschickte USA-Finanzpolitik augenblicklich ihren Gesamtlebensstandard auf Kosten ärmerer Völker hochhielten.«[142]

Die Handlung von *Astropolis* ist schnell erzählt: Während die politischen Lager beiderseits des Atlantiks um die Macht ringen, entwickelt ein Team von Wissenschaftlern um den Physiker Logasa im Auftrag des japanischen Kaisers in geheimen Labors auf einer Pazifikinsel eine neue Superwaffe. Anders als bei den Eroberungs- bzw. Verteidigungswaffen der Amerikaner und des sowjetischen Eurasiens handelt es sich dabei um eine veritable *Doomsday Machine*. Die Superbombe der Japaner entfesselt ein selbst-»perpetuierendes Atom«, eine Kettenreaktion, die alle Materie auf dem Planeten vernichtet. Sie wird auf eine eigens konstruierte Raumstation gebracht, die dem Roman seinen Namen gibt: »Astropolis«: »Hoch über den Wolken würde er [der Kaiser] thronen, fast wie der liebe Herrgott persönlich, auf seiner Insel im All«.[143] Zur gleichen Zeit bereist Willkies' Tochter Maple – die Peters stereotypisch als naive, lebensfrohe und pragmatische Amerikanerin zeichnet – Europa. Auf ihrer Rundreise, die sie unter anderem in die neu errichteten, lichten und luftigen Arbeiterviertel des sozialistischen Italien führt, lernt Maple durch Zufall den jungen Professor und überzeugten Sozialisten Artie kennen, der sich ihr spontan anschließt. Der romantische Subplot, der sich nun entfaltet, hat nur die Funktion, mehr Informationen über die schöne neue Welt des Kommunismus im Text unterzubringen. Indem wir also Artie der jungen Frau – übrigens die einzige weibliche Person im Roman – seine Welt erklären hören, erfahren wir, dass in der Sowjetrepublik, anders als es die amerikanische Propaganda darstelle, der Staat keineswegs im Gegensatz zum Individuum stehe: Gleichheit sei keine »Gleichmacherei«. Beispielsweise werde leistungsbezogen entlohnt.[144] Peters' Kommunismus weist in diesen Passagen manchen Rückstand der vergangenen zwölf Jahre auf: Ein Mensch, der nicht arbeiten wolle, so lässt er Artie verkünden, sei ein »Schmarotzer am Körper der Allgemeinheit und muß entfernt werden, weil er die Gesundheit des Organismus' der menschlichen Gesellschaft stört«.[145] Was genau das für den Faulenzer heißt, wird nicht weiter ausgeführt. Artie zeigt Maple indessen die Universitätsstadt, in der er mit daran arbeitet, eine »geistige Elite« zu formen. Maple ist endgültig überzeugt, vom Sozialismus wie von ihrem Professor: Die beiden küssen einander keusch.

Maples Vater Willkies hat inzwischen in den USA das Streikrecht verschärft und aufzurüsten begonnen. Schon sein Vorgänger hat im Grand Canyon neue, noch destruktivere Atomwaffen entwickeln lassen. Diese plant Willkies nun im Erstschlag gegen die Sowjets einzusetzen, worüber er mit einer Abrüstungskonferenz hinwegtäuscht. Heuchlerisch überreicht er Freiser die überholten amerikanischen Atomwaffenunterlagen und wird als Friedensstifter gefeiert. Derweil inszeniert das verbündete England in

---

142 Ebd., S. 82.
143 Ebd., S. 96.
144 Ebd., S. 111.
145 Ebd., S. 118.

Indien einen gewaltsamen Aufstand und inhaftiert die Freiheitskämpfer. Als sich aber die Werktätigen in den USA zum verbotenen Generalstreik erheben, nimmt Willkies dies zum Anlass, das wirkliche Zerstörungspotenzial der USA offenzulegen und ein Unterwerfungsultimatum an Eurasien zu richten. Ein technisch manipulierter Mitschnitt eines Gesprächs zwischen Walker und Freiser erweckt derweil den Eindruck, der Streik sei nur der Beginn einer globalen kommunistischen Verschwörung. Einige Sowjets fordern nun den Erstschlag gegen die USA, aber Freiser fühlt sich »zu sehr als Weltbürger [...], er dachte an die ganze Erde und spürte seine Verantwortung der ganzen Menschheit gegenüber«.[146] Dennoch bricht Panik aus, als die Tatsache bekannt wird, dass auch die Sowjets eine Atomwaffe besitzen. Dann werden erst Budapest und im Gegenzug Chicago und Philadelphia vernichtet. Willkies zeigt plötzlich menschliche Züge, als er angesichts der Verwüstungen verzweifelt versucht, sich mit Freiser in Verbindung zu setzen. Aber nun funkt Logasa dazwischen. Der Japaner hat unbemerkt seine Superwaffe fertiggestellt und fordert von »Astropolis« aus auf allen Radiofrequenzen die Unterwerfung der Welt unter japanische Herrschaft. Willkies wird angesichts einer möglichen Versklavung endgültig der Vorzüge des globalen Kommunismus gewahr und ernennt Walker zu seinem Nachfolger. Amerika tritt der UdSSR bei. Dann führt der Sabotageakt eines zuvor nur beiläufig erwähnten, von den Japanern entführten amerikanischen Forschers die Story zu ihrem nicht eben kunstvollen *Happy End*: Der Wissenschaftler hat am japanischen Raumschiff eine Zeitbombe angebracht, die nun zündet. Die Welt ist gerettet, physisch wie politisch. Die grenzüberschreitende Antizipation der globalen Vernichtung – die erst bei Nutzung aller medialen Kanäle einsichtig wird – führt in den Weltkommunismus. Die Moral von der Geschicht' ist medienvermittelter Globalismus ganz eigener Art: Eurasier und Amerikaner sehen nur eine partikulare Welt; der japanische Kaiser entflieht ins All und zwingt so allen anderen einen globalen Blick auf, der – wie eine List der Vernunft – in den Weltfrieden führt.

Medien, Globalität, Geschichte

Der unveröffentlicht gebliebene Roman des jungen Berliners ist hier nicht wegen seiner literarischen Qualitäten etwas ausführlicher nacherzählt worden. Vielmehr lassen sich in *Astropolis* Motive erkennen, die ihn mit dem *Air-Age*-Globalismus der USA verknüpfen, aber auch Themen, die das Berufsleben des künftigen Welt-Bildners bestimmen werden. So ist Peters' von Konflikten durchzogene Nachkriegswelt technisch zusammengerückt. Man überfliegt mit »Raketengeschwindigkeit« ganze Kontinente;[147] die Menschheit ist zudem blockübergreifend medial vernetzt: Freiser etwa agiert von seinem Büro im Potsdamer Schloss Sanssouci aus, wo die Nachrichtenströme »zweier

---
146 Ebd., S. 141.
147 Ebd., S. 11

Kontinente zusammenliefen«;[148] das »Fernsehtelefon« verbindet in Echtzeit die Politiker auf verschiedenen Kontinenten. Wenn das »Visogramm« es Peters erlaubt, Dialoge in seine Handlung einzuspeisen, in denen die politischen Führer einander (bzw. dem Leser) ihre Standpunkte erklären, dann ist das nicht nur ein etwas plumper narrativer Trick. Medien sind die heimlichen Protagonisten seines Romans. Selbst Peters' eigenwilliger Sozialismus hat ein mediales Apriori: Er ist offenkundig das einzige Gesellschaftssystem, das sich ein Mensch mit klarem Verstand und halbwegs akzeptabler ethischer Grundausstattung wünschen kann. Der Sozialismus setzt sich aber nur dort durch, wo die Menschen freien Zugang zu Information haben, und hat nur bestand, wo es den Bürgern technisch möglich ist, ihren politischen Repräsentanten mehr oder weniger direkt gegenüberzutreten. Entsprechend ist Freisers Gegenspieler Willkies ein Meister der gezielt gestreuten Fehlinformation und des manipulativen Einsatzes von Unterhaltungsmedien. Willkies sorgt dafür, dass die kommunistischen Zeitungen Amerikas auf dem Wege von Preiskämpfen marginalisiert werden. Und er erreicht, dass Walkers »Fernseh-Referent« nur einmal im Monat im Fernsehen sprechen darf, während sonst »Tanzmusik und Fernsehspiele« das Programm dominieren.[149] Der amerikanische Kommunistenführer selbst setzt auch deshalb erfolglos auf die »Kraft der persönlichen Überzeugung«, da er die »Seele der Masse« nicht versteht, die sich nach Spektakel sehnt.[150] Dass Willkies hingegen überhaupt die Präsidentschaftswahl gewinnt, liegt daran, dass er diese Sehnsucht zu erfüllen weiß. Er führt eine veritable Propagandaschlacht gegen den Kommunismus. Das, so Peters' auktorialer Erzähler, funktioniert angesichts der »labilen Denkart des Amerikaners« besonders gut.[151] Zugleich organisiert Willkies den eigenen Wahlkampf als große *Show*, die in einer auf Tausende Bildschirme übertragenen Scheinwerferlichtinszenierung des Kandidaten gipfelt.

All das ist umso bemerkenswerter, als Peters' Roman in seinem Tagebuch zum ersten Mal als »technische Spielerei« auftaucht, sozusagen als Testlauf zur Frage, wie man die »Meinungsbildung« im Gewand der Unterhaltung fördern könne.[152] Als mediales Manöver deutet *Astropolis* auf Peters spätere Zukunft hin. Mehr noch gilt das angesichts der Koppelung von Medien und globaler Perspektive in der Erzählung. Schon die titelgebende Raumstation ermöglicht ja einen extraterritorialen Außenblick auf die Welt (eine Welt, deren inneren Zusammenhang der künftige Kartograf in seinem Roman auch durch die wiederholte Erwähnung von Weltkarten markierte).[153] In Anbetracht von Peters' beruflicher Zukunft interessant sind auch die vielen welthistorischen Erkenntnisse, die Freiser seinen Gesprächspartnern zuteilwerden lässt. Gerade sein historisches Wissen lässt Freiser das Agieren verschiedener Akteure verstehen: Dem

---

148 Ebd., S. 19.
149 Ebd., S. 14.
150 Ebd., S. 15, 48.
151 Ebd., S. 48.
152 Tagebucheinträge vom 16.9. und 27.9.1945, SBB-PK, Nachl. 406, 428.
153 *Astropolis*, 1945, SBB-PK, Nachl. 406, 19. S. 71, 144.

geschichtsvergessenen sowjetischen Generalsekretär ruft er beispielsweise in Erinnerung, dass England nicht immer ein »Wurmfortsatz« Europas gewesen sei, sondern »bis vor einigen Jahren ¼ der Welt beherrscht« habe.[154] Auch Peters hoffte bald darauf zum Friedensstifter zu werden, indem er die wechselseitigen Abhängigkeiten ganzer Kontinente voneinander nicht zuletzt historisch erklärte. Was er 1945 im Medium des Romans erprobte, setzte er nahezu zeitgleich auch in einem historiografischen Tabellenwerk um, das zeigte, wieviel sich die Kulturen der Welt gegenseitig verdankten: Als seine *Synchronoptische Weltgeschichte* 1952 veröffentlicht wurde, ließ sie seinen Urheber aber gerade nicht als überlegenen Mittler erscheinen, sondern zwischen die Fronten eines kulturellen Kalten Kriegs geraten, dem der Plot seines Romans bemerkenswert nahegekommen war.

Aber was ließ den jungen Romancier überhaupt im globalen Maßstab denken? Peters widmete »Astropolis« seinen Eltern, »den unermüdlichen Vorkämpfern für Weltfrieden und Gerechtigkeit«. Eine Antwort ist also sicher in der internationalistischen und anti-kolonialen Grundeinstellung zu suchen, die Peters seinem Elternhaus verdankte, was ich an späterer Stelle ausführlicher darstellen werde. Man merkt seinem Roman aber ebenso deutlich an, dass Peters, anders als seine Eltern, gerade den Sowjetkommunismus nicht ohne Vorbehalte bejahte. Wie schon angedeutet, blieb er bis zum Ende des »real existierenden Sozialismus« ein Grenzgänger zwischen Bundesrepublik und DDR. Schon in *Astropolis* ließ Peters die russischen Kommunisten als weniger sympathisch, als dogmatischer erscheinen als den gemäßigten Freiser, der nicht zuletzt in Maßstäben globaler historischer Gerechtigkeit dachte.

Umso auffälliger ist, wie viel Platz der Roman den Vereinigten Staaten von Amerika einräumt, nicht ohne Anspielungen auf deren jüngste Vergangenheit. »Willkies« – alles andere ist unwahrscheinlich – kommt von Wendell Willkie. Oder eigentlich: vom Zerrbild des realen Autors von *One World*, das Peters von der gleichgeschalteten Presse des »Dritten Reichs« vermittelt worden sein dürfte. Diese bevorzugte den Widersacher Roosevelts zwar eine Zeitlang, griff Willkie nach seiner Befürwortung eines amerikanischen Kriegseintritts aber umso härter an.[155] Peters dürfte dennoch mitbekommen haben, dass Willkie 1940 einen personalisierten und hochmodernen, stark auf das Ra-

---

154 Ebd., S. 16. Im ganzen Buch ist kein einziges Mal von den Ursachen des Weltkrieges die Rede. War Deutschland in einem ersten Exposé noch besetzt (o.D. [September 1945], SBB-PK, Nachl. 406, 428) so kommt im fertigen Typoskript auch der Nationalsozialismus nicht vor, anders als die Kolonialgeschichte, die Peters dem indischen »Freiheitsführer« namens »Pandu« ins Gesicht schrieb: »Die hohe Stirn verriet überlegene Intelligenz, der strenge Mund entschlossenes [unleserlich]. Keine angenehme Weiche [sic], nichts Gewinnendes lag in diesem Gesicht, das Indiens Schicksal zu verkörpern schien: verhungert entrechtet, hart – aber bestimmt klang seine Stimme« (*Astropolis*, 1945, SBB-PK, Nachl. 406, 19, S. 22). Dass ausgerechnet ein Deutscher die UdSSR führt, wird vom Generalsekretär des Sowjets zwar säuerlich kommentiert – aber als ungerechte Bevorzugung Mitteleuropas, ebd., S. 17.
155 Susan Dunn: *1940. FDR, Willkie, Lindbergh, Hitler. The Election amid the Storm*, New Haven 2013, S. 234, 297.

dio und eine neuartige Button-Kampagne setzenden Wahlkampf geführt hatte – eine Vorgehensweise, die *Astropolis* literarisch übersteigerte. Zwar zeugen manche Passagen des Romans auch von den vielbeschriebenen antiamerikanischen Stereotypen deutscher Kulturschaffender, die mit einer Mischung von Faszination, Abscheu und Überlegenheitsgefühlen auf das blickten, was sie als Materialismus, als Technikverehrung und Vermassung ohne Seele und Kultur wahrnahmen. Aber Peters' Amerika war nicht nur kulturkritisches Klischee. Anders als viele seiner Zeitgenossen hatte er die USA in den späten 1930er Jahren selbst bereist. Peters hatte dort sogar hinter die Kulissen just jener Traumfabrik geblickt, deren Freiheiten das Vorbild für seine Romanfigur vereidigte.[156] Diese Erfahrung erklärt nicht nur, warum *Astropolis* mit seinen kurzen Dialogen, *Cliffhangers* und schnellen Ortswechseln etwas Filmisches hat. Es waren die in den USA beobachteten Techniken, die Peters nur wenige Monate zuvor, im zerfallenden »Dritten Reich« in einer Dissertation zur moralisch-kulturellen Weiterentwicklung der Menschheit zu operationalisieren vorgeschlagen hatte – Techniken, als deren Umsetzung der Roman also erscheint. Tatsächlich verknüpften sich in Peters' literarischem Versuch ein sozialistischer (also eben kein »liberaler«) Internationalismus und Anti-Kolonialismus Weimarer Prägung mit Erfahrungen, die er in verschiedenen Medienberufen erworben hatte, auch in den USA, aus denen er allerdings eine Expertise in der Beeinflussung der »Massen« mitgebracht hatte, die ihm ausgerechnet im Nationalsozialismus manche Tür aufschloss. Umso ironischer mag erscheinen, dass es die amerikanischen Besatzungsbehörden waren, die wenige Jahre später die Drucklegung des *eigentlichen* Erstlingswerks Peters' ermöglichen sollten. Es ist also nicht zu vermuten, dass er selbst den ethischen Kosmopolitismus und die globale Perspektive, die einige seiner Romanfiguren auszeichnen, in irgendeiner Weise aus *One World* bezog. Den Prüfern der amerikanischen Hohen Kommission in Deutschland (HICOG) jedoch erschien Ende der 1940er Jahre ausgerechnet jenes welthistorische Bild-Werk, das Peters unter nationalsozialistischer Herrschaft begonnen hatte, als geeignet, um in faschistisch verblendeten Deutschen den Glauben an Demokratie und Völkerverständigung heranzuzüchten. Die Wirkungserwartungen, die sich auf die Verbreitung von Peters' *Synchronoptische Weltgeschichte* richteten, waren dieselben, die auch zur Publikation von *Unteilbare Welt* geführt hatten.

Ein Filmproduzent im Auswärtigen Amt

Ein Blick wenige Jahre zurück verdeutlicht, dass Peters, der Sozialistensohn, eher wenig Berührungsängste gegenüber den gleichgeschalteten Institutionen des Nationalsozialismus hatte, die die Köpfe der Deutschen manipulierten. Er hatte sogar ein professionelles und bald auch wissenschaftliches Interesse an diesen Institutionen. Im Frühjahr 1942 war Peters auf Arbeitssuche. Er hatte bis dahin als Pressefotograf gearbeitet und war Pro-

---

156 Willkie kämpfte 1941 gegen einen unverhohlen antisemitischen Ausschuss, der klären sollte, ob Hollywood eigenmächtig anti-isolationistische Propaganda betreibe (ebd.).

duktionsleiter beim Film gewesen, nämlich am Set von *Immer nur Du* (1941), einer im Theatermilieu angesiedelten Liebeskomödie unter Regie von Karl Anton mit Johannes Heesters in der Hauptrolle.[157] Peters war zwar stolz auf die Tatsache, dass er als 25-Jähriger eine so wichtige Aufgabe hatte übernehmen dürfen. Trotzdem kündigte er seine Stelle bei der Filmproduktionsfirma Tobis, weil er die Arbeit dort als Verschwendung seiner kreativen Kräfte empfand. Diese bot er nun verschiedenen Medieneinrichtungen an, nicht zuletzt, indem er diesen Denkschriften zur Frage zuschickte, wie man den Rundfunk so reformieren könnte, dass er mehr Hörer erreichte. Vor allem *ein* Ergebnis dieser Initiativbewerbungen wirft ein Schlaglicht auf Peters' Begegnung mit der »Globalität« des »Dritten Reichs«: Mitte März 1942 trat Peters auf Vermittlung eines persönlichen Freundes eine Stelle im Auswärtigen Amt (AA) an.[158] Er wurde Chef vom Dienst in dessen Rundfunkpolitischer Abteilung (RU XII).[159] Das klingt wichtiger, als es war. Peters' Abteilung erstellte Tischvorlagen über Nachrichten aus aller Welt. Sie sortierte letztlich im Schichtdienst nach klar vorgegebenen Kriterien Auslandsnachrichten, bevor das AA diese an den Rundfunk weitergab. Peters war auch nur einer von über 200 Mitarbeitern der Ernst von Weizsäcker unterstellten Abteilung, die sich im Kompetenzgerangel mit der Propagandaleitstelle des Amts befand.[160] Dennoch: Beinahe zur selben Zeit, als Fuller auf der anderen Seite der geistigen Front in einer in mancher Hinsicht vergleichbaren Behörde arbeitete (denn auch im Board of Economic Warfare wurde ja an der Nutzbarmachung von Informationen gearbeitet, die aus der ganzen Welt eingingen), saß Peters damit an einer jener globalen Nachrichtenschnittstellen, die er wenige Jahre später in *Astropolis* fiktionalisierte. Wie als Beleg dieser Position fügte Peters seinem Tagebuch, das er während des Krieges auch zur Dokumentation der Zeitläufte nutzte, einen Durchschlag mit »Konferenzmaterial« bei. Offenbar handelt es sich um einen von seiner Abteilung erstellten Pressebericht der Meldungen aus Stockholmer Zeitungen und aus Medien in Ankara und Tokio. In diesen Meldungen war von Warenknappheit in London, internationalen Glückwünschen zum »Führergeburtstag« und einer Sowjetischen Wirtschaftskommission in Ägypten die Rede. Peters war klar, dass er an NS-Propaganda mitwirkte. So hob er auch ein Schreiben zur »Sprachregelung für den Auslandsfunk« vom selben Tag auf, das die Weisung gab, Rückschläge der Wehrmacht immer nur gemeinsam mit »USA-Schiffsverlusten« zu thematisieren.[161]

---

157 Der Film, der eher eskapistischen als im engeren Sinne propagandistischen Charakters war, ist heute vergessen, anders als eines seiner Lieder: *Man müsste Klavier spielen können*.
158 Tagebucheintrag vom 13.3.1942, SBB-PK, Nachl. 406, 425.
159 Dienstplan vom April 1942, SBB-PK, Nachl. 406, 425.
160 Der Einfluss der Rundfunkpolitischen Abteilung auf die Programmgestaltung des Radios im »Dritten Reich« war ebenso bescheiden wie der Erfolg ihrer Bemühungen, mithilfe von Referenten an den deutschen Auslandsvertretungen auf ausländische Sender einzuwirken. Ersteres scheiterte schon an der Monopolisierungstendenz des Propagandaministeriums: Dazu Peter Longerich: *Propagandisten im Krieg. Die Presseabteilung des Auswärtigen Amtes unter Ribbentrop*, München 1987, S. 50, zur Organisationsstruktur S. 57, 63.
161 Tagebucheintrag vom 21.4.1942, SBB-PK, Nachl. 406, 425.

Peters' Beschäftigung beim AA blieb ein Intermezzo. Die Kompilationsarbeit langweilte ihn, er war unzufrieden mit seinem Gehalt, seine Kollegen erschienen ihm faul, das Amt selbst unorganisiert, obwohl es durchaus Eindruck auf ihn machte, als er das erste Mal einer Auslandspressekonferenz in der Wilhelmstraße beiwohnen durfte und sich ganz nah an der »Quelle der Regierung« fühlte.[162] Nach einem Streit mit seinen Vorgesetzten verließ er bereits Ende April 1942 wieder den Dienst.[163] Die Episode hatte aber zwei wichtige Folgen. *Zum einen* konnte Peters nun Anderen gegenüber als gut vernetzt in NS-Führungskreisen auftreten. Es war der Beginn einer Art Schneeballsystem der Reputationsgenerierung, das Peters in drei deutschen Staaten mit oft überraschendem Erfolg anwenden sollte. Zunächst nutzte er seine AA-Beziehungen aber als Drohkulisse, die Schutz bot angesichts von Anfeindungen bis hin zu Denunziationen, denen er zunehmend ausgesetzt war: Manche »Volksgenossen« missbilligten, dass der ausgemusterte Peters mitten im Krieg einer ganz eigenen Mission nachging. *Zum anderen* – und wichtiger – war Peters aufgrund seiner Kenntnis der Abläufe im AA noch stärker sensibilisiert für die Widersprüche zwischen der Realität des »Dritten Reichs« und dessen offiziellen Verlautbarungen.[164] Er klebte beispielsweise einen Leitartikel zum Häuserkampf in Stalingrad in sein Tagebuch, den er mit einem Hinweis auf die Diskrepanz zu einem älteren Artikels Goebbels' in der Wochenzeitschrift »Das Reich« versah.[165] An anderer Stelle analysierte er angesichts von Gerüchten über Streiks bei der Hamburger Werft Blohm und Voss den Mangel an »authentischen innenpolitischen Nachrichten« zu den dortigen Vorfällen als taktischen Fehler der NS-Propaganda, auch in vergleichender Weise: Als ihm im Sommer 1942 ein sowjetisches Flugblatt mit einem unter anderen von Anna Seghers unterzeichneten Aufruf zur Obstruktion in die Hände fiel, stellte er fest, dass auch die Sowjets die »Gesetze der Massenführung« beherrschten.[166] Wie für viele seiner Zeitgenossen war es für Peters geradezu überlebenswichtig, die staatliche Informationspolitik zu hinterfragen. Aber er war vor dem Hintergrund seines Spezialwissens stärker geneigt, Gerüchten zu Rückschlägen der Wehrmacht oder zu Engpässen in der Lebensmittelversorgung Glauben zu schenken. Das führte ihn spätestens Mitte 1942 zu dem Entschluss, das NS-System auf eine Weise zu nutzen, die ihm in einem Nachfolgestaat zu Vorteilen gereichen konnte.

Bilder als »Mittel öffentlicher Führung«

Der Weg dahin war ein Universitätsstudium. Peters wählte ein Studienfach, das es ihm erlaubte, seine Kenntnis der Praktiken der Meinungsbeeinflussung akademisch zu

---

162 Tagebucheintrag vom 20.2.1942, SBB-PK, Nachl. 406, 425.
163 Tagebucheintrag vom 24.4.1942, SBB-PK, Nachl. 406, 425.
164 Tagebucheintrag vom 18.8.1942, SBB-PK, Nachl. 406, 425
165 Tagebucheinträge vom 21. und 22.9.1942, SBB-PK, Nachl. 406, 425.
166 Tagebucheintrag vom 27.8.1942, SBB-PK, Nachl. 406, 425.

vertiefen. Bereits im Winter 1941 hatte er als Gasthörer an der Friedrich-Wilhelms-Universität zu Berlin in verschiedene Studiengänge hineingeschnuppert,[167] von denen ihm die »Zeitungswissenschaft« am besten gefiel. Seine Wahl fiel damit auf jenes vergleichsweise junge und kleine Fach, aus dem später das hervorging, was in der Bundesrepublik Publizistik- oder auch Kommunikationswissenschaft heißen sollte und normativ entschieden auf die Förderung einer demokratischen Öffentlichkeit ausgerichtet war. Im »Dritten Reich« jedoch zeigte die Zeitungswissenschaft, die an der Berliner Universität nur von einem einzigen Professor, Emil Dovifat, vertreten wurde, eher geringe Widerstandskraft gegen den Druck des Regimes, ihre Erkenntnisse in den Dienst der »Massenführung« zu stellen. Peters, der sich aus eher pragmatischen Gründen für Geschichtswissenschaft als zweites Hauptfach entschied, interessierte sich aber gerade für Techniken des Führens und Beeinflussens.[168] Dieses Interesse spricht zum Beispiel aus dem Vortrag mit dem Titel »Filmkritik und Film«, den er im Januar 1944 am Berliner Institut für Zeitungswissenschaft hielt. Er umriss hier die Aufgabe der Kritiker, die Öffentlichkeit »im Interesse einer menschlichen Höherentwicklung zu den wertvollen Filmwerken« hinzuführen. Der Filmkritiker müsse also sachlich bleiben, sein Metier kennen, unbestechlich sein, seinem Gewissen gehorchen, denn er leiste »Dienst an der Führung des Volkes«. Jeder Sensationalismus sei abzulehnen, gerade bei einem Medium, mit dem umso verantwortungsvoller umzugehen sei, als es an alle Sinne appelliere, ja einen »Anspruch auf Totalität« stelle: »Der Film verlangt den ganzen Menschen.«[169]

Peters' Ausführungen erweisen sich beim genaueren Hinsehen als Versuch, die eigenen beruflichen Erfahrungen mit Definitionen und Grundüberzeugungen seines Zeitungswissenschafts-Professors zu kombinieren: Emil Dovifat war bekennender Katholik; er hatte sich vor der Machtübernahme als Verfechter der Pressefreiheit profiliert und war sicher kein Freund der Nazis. Dennoch fällt die Einschätzung seiner Tätigkeit im »Dritten Reich« unterschiedlich aus, je nachdem, ob man seine antisemitischen Äußerungen und auch sein gewissermaßen technisches Lob mancher Reden hoher Nazi-Funktionäre eher als Opportunismus einschätzt, wie man seine Kontakte ins Reichsministerium für Volksaufklärung und Propaganda bewertet oder wie man manche doppeldeutige, aber nicht straffähige Kritik an dem Ministerium interpretiert.[170] Dovifat, der als späteres CDU-Mitglied und Inhaber des Publizistik-Lehrstuhls an der Freien Universität in Berlin in den 1960er Jahren scharf mit der Studentenbewegung in Konflikt geraten sollte, war 1934 vorübergehend pensioniert worden. Er betreute nach seiner Rückkehr auf seinen Lehrstuhl eine Reihe wenig systemkonformer Dissertatio-

---

167 Tagebucheintrag vom 18.11.1941, SBB-PK, Nachl. 406, 425.
168 Siehe den Teilnahmeschein für den Kurs »Industrielle Psychotechnik« der Technischen Hochschule Berlin, 7.12.1942, SBB-PK, Nachl. 406, 425.
169 Arno Peters, Filmkritik und Film, SBB-PK, Nachl. 406, 15, Zitate auf S. 8–11.
170 Siehe die unterschiedlichen Einschätzungen in: Bernd Sösemann (Hg.): *Emil Dovifat. Studien und Dokumente zu Leben und Werk*, Berlin 1998.

nen, zu denen auch Peters' Abschlussarbeit zu rechnen ist.[171] Letztlich scheint es daher fruchtbarer, gerade Dovifats Ambivalenz gegenüber dem NS-System als typisch für die Deutungseliten seiner Zeit zu begreifen. Er war autoritärem Denken schon vor der Gleichschaltung der Universitäten durch die Nationalsozialisten nicht abhold. Er teilte mit diesen die Wertschätzung der »Führung« als gesellschaftliche Funktion, die er in den verschiedenen Neuauflagen seines Hauptwerks, der »Zeitungslehre«, immer stärker herausarbeitete. So war für Dovifat keineswegs die Nachrichtenübermittlung *per se* Aufgabe der »Zeitung als Mittel öffentlicher Führung«.[172] Eine zweckfreie, gewissermaßen nicht zur Kultursteigerung beitragende Propaganda lehnte er zwar ebenso ab wie eine vulgäre, an niedere Instinkte appellierende Klatsch- und Skandalpresse. Wie bei so vielen Funktionsträgern, die sich dem »Dritten Reich« anschmiegten, waren Dovifats Parameter für eine begrüßenswerte Gesinnungsvermittlung jedoch recht dehnbar, sie waren eher diffus auf Gemeinnutzen und -sinn gerichtet.[173]

Just diese Unschärfe dürfte es nun gewesen sein, die auf Peters anziehend wirkte. Denn auch dessen eigene politische Überzeugungen waren alles andere als unflexibel. Was Peters zum Studium bei Dovifat animierte, war aber sicher auch, dass dieser als Verfasser des Standardwerks *Der amerikanische Journalismus* (1927) als Amerika-Kenner galt und als solcher seinerseits ein Interesse an Peters haben musste.[174] Jedenfalls waren es die Erfahrungen in den USA, die das Alleinstellungsmerkmal von Peters' im März 1945 eingereichter Dissertation mit dem Titel »Der Film als Mittel öffentlicher Führung. Bestimmungsversuch der Aufgaben und Voraussetzungen einer Filmpublizistik« darstellen. Es handelt sich um ein Werk, dass man nicht nur als Schlüssel zu *Astropolis* begreifen kann, sondern auch zu Peters' Auffassung von der Wirkungsweise von Medien schlechthin. Peters hielt in seiner Dissertation nicht zurück mit seinem amerikanischen Wissen und dessen potenziellem Nutzen für die »Staatsführung« in Deutschland. In den Endnoten schilderte er seine Berufserfahrung als Journalist, Dramaturg und Produktionsleiter im Film und Rundfunk und stellte seine Kenntnis von Aufnahmestätten in Berlin, Wien, München, Prag, Rom, Paris, London und Hollywood

---

171 Klaus-Ulrich Benedikt: *Emil Dovifat. Ein katholischer Hochschullehrer und Publizist*, 1986 Mainz, S. 200–202.

172 Zitiert nach Otto Köhler: Auf krummen Wegen gerade gedacht. Emil Dovifat und der gelenkte Journalismus, in: Sösemann (Hg.), *Dovifat*, S. 93–101, hier S. 96.

173 Lutz Raphael: Radikales Ordnungsdenken und die Organisation totalitärer Herrschaft. Weltanschauungseliten und Humanwissenschaftler im NS-Regime, in: *GG* 27 (2001), S. 5–40.

174 Dovifat ist zuletzt als Doktorvater einer ebenfalls Amerika-erfahrenen Studentin zum historiografischen Thema geworden, nämlich der späteren Meinungsforscherin Elizabeth Noelle-Neumann. Diese hatte sich in ihrer Dissertation mit dem Umfragewesen der USA auseinandergesetzt, offenbar nicht ohne dabei manche Beziehung ins Goebbels-Ministerium zu aktivieren, was in Widerspruch zu ihrer späteren Selbstdarstellung als Oppositionelle steht (dazu recht voreingenommen: Jörg Becker: *Elisabeth Noelle-Neumann. Demoskopin zwischen NS-Ideologie und Konservatismus*, Paderborn 2013). Auch wenn Peters offenbar erst nach Noelles Studienabschluss sein Studium aufnahm, verband ihn mit ihr die Beziehung zur Tobis, deren Leiter ihr Vater war.

unter Beweis. Detailreich erläuterte er die Kosten amerikanischer Produktionen, die Zusammensetzung der dortigen Produktionsteams, die Praxis der Testvorführungen in den USA, sowie Technisches wie Lärmdämmungs- und Beleuchtungsmethoden, ja sogar neuartige Verfahren, Filmschnee herzustellen. In manchen Passagen liest sich der Text wie eine Einführung in die Produktionsleitung, inklusive eines Glossars zu Spezialbegriffen wie »Rückprojektion« oder »Treatment«. In Bezug auf seine literarische Auseinandersetzung mit der amerikanischen Medienwelt ist zudem bemerkenswert, dass Peters schon in seiner Dissertation die Tanzmusik und Fernsehspiele der USA schilderte, aber auch seine Kenntnis der dortigen Wahlkampfberichterstattung und der neuartigen Adressierungstechnik des US-Präsidenten – Roosevelts »Fireside-Chats« – unter Beweis stellte.[175] Wenn Peters allerdings ausgehend von seinen amerikanischen Erfahrungen eine fast tayloristische Arbeitsteilung zwischen Kreativen, Technikern, Logistikern und Geldgebern empfahl, dann auch, weil er der Überzeugung war, dass nur so eine *kohärente* Botschaft vermittelt werden konnte. Gerade der Regisseur dürfe »sich nicht in Einzelheiten verlieren. Jede Rolle und Situation darf nur so viel Gewicht haben, wie ihr im Rahmen der Gesamtschau zukommt«.[176]

Angesichts der gelenkten Filmwirtschaft seiner Zeit konnte schon der Vergleich mit den USA als »defätistisch« gelten. Peters ließ in seiner Dissertation überdies kein einziges Wort zur NSDAP fallen (und keinerlei antisemitische Äußerungen). Er zitierte Hitler zwar indirekt, aber gewissermaßen stellvertretend, in dessen Rolle als »Politiker«.[177] Dennoch war er Anfang 1945 ganz sicher kein Pluralist. Wie sein Doktorvater war er überzeugt von der Notwendigkeit einer geistig-moralischen Führung der Mehrheit durch eine Minderheit. Der eigentliche Führungsauftrag erging für Peters jedoch an die »Kulturschöpfer«, die er kaum definierte, die aber wenig Ähnlichkeit mit den NS-Größen aufwiesen. Für Peters waren es die »Begründer epochaler Ideen, neuer Staatsformen und Gesetze, die Schöpfer ewiger Kunst und Kulturwerte«, die er zugleich legitimiert und in der Pflicht sah, sich der bestgeeigneten »geistigen Führungsmittel« zu bedienen, um aus »Kulturempfängern« mindestens »unbewußte Kulturträger« zu machen. Sein Erziehungsziel war 1945 also allenfalls ein vermittelt emanzipatorisches. Die öffentliche Führung verstand Peters als Grundlage, die eine *spätere* »Teilnahme aller am öffentlichen Leben« möglich machen werde. Die staatliche Lenkung der Medien sei daher unumgänglich. Das zeige sich schon daran, dass auch in den demokratischen Staaten

---

175 Der Film als Mittel öffentlicher Führung. Bestimmungsversuch der Aufgaben und Voraussetzungen einer Filmpublizistik. Inaugural-Dissertation zur Erlangung des Doktorgrades genehmigt von der Philosophischen Fakultät der Friedrich-Wilhelms-Universität zu Berlin von Arno Peters aus Berlin, März 1945, SBB-PK, Nachl. 406, 18, S. 69.
176 Ebd., S. 75.
177 Ebd., S. 82, 104. Als »Politiker« sollte Hitler 1952 auch in der *Synchronoptischen Weltgeschichte* auftauchen. Wohl eher als Ausdruck eines weit verbreiteten eugenischen Denkstils seiner Zeit denn als Verbeugung vor den Herrschenden zu sehen ist die beiläufige Spekulation Peters', der Film könne die »Gattenwahl« beeinflussen (ebd., S. 45).

der Erde keine echte »Freiheit der öffentlichen Meinung« bestehe.[178] Zur Demokratie hatte Peters überhaupt viel Kritisches zu sagen: In den demokratischen Staaten würden »die Belange der Gemeinschaft« nicht im Kino behandelt, was Passivität verursache, die der Teilnahme am öffentlichen Leben im Weg stehe.[179]

Da Peters die »Forderungen der Öffentlichkeit an den Film« also gewissermaßen stellvertretend für diese definierte, kann nicht überraschen, dass ihn die »Wirkungsgesetze« der Führung besonders interessierten. Diesen Gesetzen näherte sich Peters' Dissertation zunächst unter Berufung auf Autoritäten wie Le Bons *Psychologie der Massen* sowie – und das nun war im »Dritten Reich« alles andere als opportun – Erwin Piscators Überlegungen zum Politischen Theater an. Peters begriff »Öffentlichkeit« allerdings als etwas Heterogeneres als die »Masse«, in der die Einzelwesen »Kraft ihrer Einzelpersönlichkeit nicht zur Geltung« kommen.[180] So erweist er sich in den entsprechenden Dissertationspassagen von eher bürgerlich-pessimistischen Massendiskursen seiner Zeit beeinflusst. Zumindest werden Ambivalenzen deutlich, wenn Peters argumentierte, Massenbildung sei unabdingbar, wenn es gelte, eine »innerlich längst zerfallene Ordnung zu zerschlagen, um den Weg für eine neue Führerschicht freizumachen« wie es im Krieg oder durch Revolution geschehe. Öffentlichkeit hingegen begriff er unter Berufung auf Hegel als Effekt einer (mediengetriebenen) Dialektik. Die Aufklärung, so Peters, beschleunige die Entwicklung von Massen, berge aber bereits den Kern ihres Gegensatzes in sich, so dass »jedes der Einzelwesen, die bisher die Massen bildeten, als Individuum in die Gemeinschaft aufgenommen wird und sich zu einem selbständigen Teile der Öffentlichkeit entwickelt.«[181] Letztlich fiel Peters dann aber doch in einen diffusen Eigentlichkeitsjargon zurück: Alle Kultur entstehe aus einer solchen Gemeinschaft; Kultur aber sei »Veredelung«, und so sei es die »Aufgabe der öffentlichen Führung, die ideellen Güter der Gemeinschaft zu pflegen und höherzuentwickeln«.[182] »Alle Mittel der öffentlichen Führung«, so Peters weiter, ergänzten sich im Idealfall mit dem Ziel »möglichst totaler Einwirkung auf den Einzelnen im Sinne der Gemeinschaft«, ob nun von Erziehung, Religion, Gesetz, Gewalt die Rede sei, oder eben »Publizistik, denn der Geist […] ist lenkbar«.[183] Deshalb lautete die im Titel der Dissertation versprochene »Aufgabenbestimmung«: »Die Publizistik verwandelt die Glaubensbereitschaft der Öffentlichkeit in Opferbereitschaft für bestimmte Ideen und ruft so die grossen Wenden unserer Kultur hervor.« Damit diene sie – so Peters in bezeichnender Nebenordnung – der »Einführung *oder* Erhaltung

---

178 Ebd., S. 25–26.
179 Ebd., S. 121, S. 113.
180 Ebd., S. 8.
181 Ebd., S. 9.
182 Ebd., S. 10f.
183 Ebd., S, 15, 17f.

einer Staatsidee« über den Zwischenschritt der Beeinflussung des »unbewussten Seelenlebens« der Gemeinschaft, der der Einzelne angehöre.[184]

Nachdem die Aufgabe so definiert war, verwandelte sich Peters' Dissertation streckenweise dann doch in eine Handreichung für die Propaganda. Entsprechenden staatlichen Stellen riet er zur Mäßigung. Jedweder Beeinflussungsversuch, so seine Überzeugung, müsse »eine sinnvolle Fortentwicklung der nationalen Eigenarten« anvisieren. Ein Bruch mit dem »Charakter und den natürlichen Fähigkeiten der geführten Gemeinschaft« sei kontraproduktiv.[185] Konkret, so Peters an anderer Stelle, an der er sich auch auf seinen Doktorvater berief, sei zu achten auf

> Klarheit der Zielsetzung. Bescheidung auf das Erreichbare. Konzentration auf eine Grundidee. Unduldsame Verfechtung derselben. Konstruktion eines einfachen Weltbildes. Eindeutigkeit der Gefühle und Begriffe. Innere und äussere Einheitlichkeit, Angemessenheit. Immerwährende Wiederholung.[186]

Grundsätzlich gebe es zwei Wege, »die Öffentlichkeit aus untätiger Indolenz zur Tat zu führen«. So könne deren »Glaubensbereitschaft« durch »List, Täuschung, Lüge, Weckung niedrigster Instinkte, Hass, Neid, Missgunst, Sexualität, Willkür genauso in Tatbereitschaft und Opferwilligkeit verwandelt werden, wie durch Idealismus, Wahrheit, Gerechtigkeit, Mitgefühl, Nächstenliebe und Hilfsbereitschaft.« Peters ergänzte: »Wenngleich naturgemäss der erstere Weg auch zur niedrigen Tat führt, während der zweite höchstes menschliches Tun erreicht, so ist auch die Verkehrung von Weg und Ziel absolut möglich.«[187] Medien konnten also sowohl mit dem Ziel der »Aktivierung durch Konzentration« als auch des Erhalts der »Passivität durch Ablenkung« eingesetzt werden.[188] Dass Peters ersterem den Vorzug gab, machte nicht zuletzt seine Typologie deutlich, die den »Schundfilm« vom gehobenen Unterhaltungsfilm und dem echten Filmkunstwerk unterschied. Nur Letzteres nutzte das technische »Streben zu seelisch-geistiger Wirksamkeit« dazu, »höchste Ideen echt und lebensnah« zu vermitteln und den Menschen so zu »höherem Sein« zu führen.[189]

Bildermensch und Weltgemeinschaft

Peters' Dissertation zufolge war den Kinoproduzenten, die in erster Linie ein Illusionsbedürfnis verwerteten, bisher kaum bewusst, wie groß die Macht des Films war, »Meinungen« und »Grundanschauungen« zu prägen und so die »Willensbildung« diesem

---

184 Ebd., S. 20 [meine Hervorh.].
185 Ebd., S. 32.
186 Ebd.
187 Ebd., S. 23f.
188 Ebd., S. 42f.
189 Ebd., S. 84.

höheren Sein entgegenzutreiben.[190] Dabei sei gerade bei besonderer »Wahrhaftigkeit« des Sujets und der Handlung, bewusster »Menschlichkeit« der Figuren sowie – noch einmal: der »Klarheit und Eindeutigkeit« der moralischen Botschaft eine geradezu zielgenaue Platzierung einer Idee in den »Köpfen der Menschen« möglich, »für die sie bestimmt war«.[191] Aber auch das Potenzial filmischer Wahrnehmungssteuerung sei noch nicht ausgeschöpft, obwohl der Film auf mehreren Wahrnehmungsebenen wirke und doch »alle Teilnehmer am Filmerlebnis im gleichen Blickpunkt« vereinige, und zwar jenem des Filmschöpfers.[192] Zugleich rühre seine »Eindringlichkeit und zwingende Überzeugungskraft« auch daher, dass der Film am besten der »Wandlung des Menschen vom Buchstabenmenschen zum Bildermenschen« entspreche – einem Prozess, den das Kino selbst beschleunige:

> *Der Film führt die breiteste Öffentlichkeit durch das Nacherleben* tatsächlicher oder erdachter *optisch-akustisch* in bedeutsamen Ausschnitten *gestalteter Geschehensabläufe* die [sic] in Beziehung zum Schicksal des Einzelnen und der Gemeinschaft stehen, *zu bestimmter Lebenshaltung und Weltanschauung.*[193]

Was hier als geradezu wahrnehmungspsychologische Voraussetzung betrachtet wurde, Menschen mehr oder weniger subtil eine Botschaft unterzuschieben, sollte Peters bald zur Grundoperation eines emanzipatorischen Medieneinsatzes erklären: »Der Mensch ist ein primär optisches Wesen«.[194] Peters – der an anderer Stelle seiner Dissertation einen kleinen Abriss der Mediengeschichte bis hin zum Fernsehen untergebracht hatte – erkannte also schon 1945 in der in der Unmittelbarkeit der audiovisuellen Medien die Chance, soziale und räumliche Grenzen der Vermittlung des »höheren Seins« zu überschreiten:[195] Öffentlichkeit habe »weder eine zahlenmässige (obere oder untere) Grenze, noch ist sie geistig, standes- oder klassenmässig, beruflich, rassisch oder national begrenzt«.[196] Und so sah Peters 1945 auch schon eine *globale Öffentlichkeit* entstehen, die ihm allerdings umso führungsbedürftiger erschien, als sie direkt an die Medienentwicklung gekoppelt war: »Im Leben der Völker kann der Film die Verständigung und Annäherung der Nationen – kraft seiner weitgehend internationalen Verständlichkeit stärker als andere Führungsmittel – fördern und stützen, aber auch wirksam bekämpfen.«[197] Fast glaubt man Willkie zu lesen, wenn Peters zu Beginn der Dissertation zur folgenden Gegenwartsdiagnose anhob:

---

190 Ebd., S. 44.
191 Ebd., Zitate auf S. 46–49, 52.
192 Ebd., S. 52.
193 Ebd., S, 35 [Hervorh. im Original].
194 Ebd., S. 63.
195 Ebd., S. 29.
196 Ebd., S. 7.
197 Ebd., S. 45.

Heute aber stehen alle Völker der Erde in so enger Verbindung, dass auch auf kulturellem Gebiete eine strenge Abgrenzung unmöglich ist. [...] In einer Zeit, die mit Auto, Flugzeug, Rundfunk und Film die ganze Welt inniger verbindet, als noch vor hundert Jahren zwei benachbarte Dörfer miteinander verbunden waren, gibt es weder abgeschiedene Kulturen noch begrenzte Öffentlichkeit.[198]

Peters' Schlusswort wiederum mutet vor dem Hintergrund der Durchhalteparolen seiner Entstehungszeit erstaunlich friedliebend und optimistisch an. Die Medienentwicklung, und damit der Film, könne dabei helfen, »neue Ideale« entstehen zu lassen, eine »neue Kultur«, die sich in einer »neuen Weltordnung« friedlich manifestieren werde. Die kaum zu bremsende Dynamik der technischen Entwicklung machte eine solche neue Kultur aber zugleich überlebensnotwendig: »Es gilt, die Gefahren der unaufhaltsam fortschreitenden Mechanisierung zu wenden und den Menschen zu sittlicher Beherrschung der Welt sowie zu eigener Zucht zu führen.« Für Peters hieß das: Dienst an der Gemeinschaft zu leisten – aber nicht der nationalen:

Durch die internationale Verständlichkeit seiner Bildsprache fällt dem Film [...] die Aufgabe zu, über das babylonische Sprachgewirr hinweg das Menschlich-Verbindende zu fördern, den Menschen dieser Welt immer wieder vor Augen zu führen, dass wir alle Angehörige einer grossen Völkerfamilie sind.[199]

Visuelle Mediengestaltung als Thema, Theorie und Tätigkeit

Peters sollte in den nächsten Jahren die Konsequenz aus dieser theoretischen Einsicht in den Zusammenhang von Adressatenkreis und Adressierungstechnik der Massenmedien ziehen. Bereits seinen Roman kann man – mit seinen Ausführungen zur Massenbeeinflussung durch Fernsehen, seinen Visionen von Bildtelefonie und planetarischen Außenblicken – einerseits als Gedankenspiel verstehen. Er exerzierte durch, wie die Macht der visuellen Medien sich im globalen Maßstab entfalten könnte. *Astropolis* sollte andererseits die letzte *literarische* Auseinandersetzung Peters' mit dem »Weltganzen« sein. Zwanzig Jahre später wies Peters das geschriebene Wort regelrecht von sich, und zwar am deutlichsten ausgerechnet in seiner bewusst reimförmigen Antrittsrede vor dem (ostdeutschen) PEN-Club.[200] Dieser hatte Peters 1965 aufgenommen, weil der Urheber der *Synchronoptischen Weltgeschichte* sich mittlerweile einen Namen als Gestalter eines Mediums gemacht hatte, das 1945 in *Astropolis* zunächst nur als Motiv, in seiner Dissertation hingegen als theoretische Möglichkeit greifbar geworden war. Mit

---

198 Ebd., S. 11f.
199 Ebd., S. 86.
200 Arno Peters: *Von der Unmöglichkeit, Geschichte zu schreiben. Antrittsrede im PEN-Club, vorgetragen am 20.10.1965 in Berlin*, o.O. o.D. [1965], S. 1.

Vollendung seines Zukunftsromans kehrte Peters aber auch dem Film den Rücken. Stattdessen wandte er sich, wie Fuller, zunächst grafisch-tabellarischen, später dann kartografischen Methoden zu, mit denen er den Menschen ihre Gemeinsamkeiten zu verdeutlichen hoffte, um sie so zur globalen Kulturgemeinschaft zu schmieden. Dass er dieses Ziel nicht nur mit großer Hartnäckigkeit, sondern auch auf nicht immer ehrliche Weise verfolgte, sollte ihn schließlich selbst von seinem Doktorvater entfremden. Den Dovifat'schen Grundüberzeugungen blieb Peters aber treu.

Und auch in praktischer Hinsicht knüpfte Peters an Arbeiten an, die er noch vor Aufnahme seines Studiums begonnen hatte, als er Ende der 1940er Jahre – im Kontext von Besatzung und Wiederaufbau – sein historiografisches Tabellenwerk ausarbeitete. Nun schien die Zeit reif für seine Ideen. Denn Peters konnte seine Expertise Entscheidungsträgern zur Verfügung stellen, die die Macht der Medien tatsächlich im Dienst des völkerverbindenden Denkens einsetzen wollten. Seine literarische wie wissenschaftliche Auseinandersetzung mit Medienwirkungen (und seine Fähigkeit, die eigene Person zu vermarkten) prädestinierten ihn dazu, mitzuhelfen bei dem, was schon die eingangs erwähnte deutsche Ausgabe des Buchs von Willkie besorgen sollte: Aus »Führung« wurde »Erziehung«, oder besser »Umerziehung«: Peters' erstes veröffentlichtes Buch wurde von den Amerikanern im Zuge der *Reeducation* finanziert. Die 1952 erschienene *Synchronoptische Weltgeschichte*, die nicht ohne Grund viele Meilensteine der Mediengeschichte verzeichnete, sollte aber nie ganz den »Geschmack« des »Dritten Reichs« verlieren. Peters trieb die globale Kulturentwicklung nicht nur durch Adressierung des »Augenmenschen« voran. Er versuchte diesen auch weiterhin durch Wiederholung (»Einhämmern«), Simplifizierungen und Emotionalisierungen zu überwältigen. Das ging auf Kosten der wissenschaftlichen Redlichkeit, sehr zur Irritation seiner Gegner. Es sollte aber auch seinem Ruf bei anderen SozialistInnen schaden, dass Peters keinen Unterschied zwischen den Techniken der medialen Meinungsbeeinflussung in verschiedenen politischen Systemen zu erkennen vermochte. Letztlich blieb der Zweck einer solchen Einflussnahme auf die Meinungsbildung in politischer Hinsicht überhaupt diffus. Peters schwankte zwischen dem Ideal einer individuellen Aufklärung und Bildung, die erst zur Partizipation im demokratischen Prozess befähigte, und der Ein-, wenn nicht Unterordnung des Einzelnen in ein *von anderen für ihn* definiertes Gemeinwohl. Peters zählte sich dabei zweifellos selbst zu jener Elite, der er mit seiner Dissertation Ratschläge erteilt hatte. Nicht nur in *Astropolis* waren es nicht etwa Klassen oder politische Bewegungen, sondern »große«, weitsichtige, vernünftige und gebildete Männer, die die Weichen der Weltgeschichte stellten. Und auch in der *Synchronoptischen Weltgeschichte* blieben es Einzelleistungen, die aus der bloßen Zivilisation eine echte Kultur machten, wie es in der Doktorarbeit geheißen hatte.[201]

---

201 Ebd., S. 100.

3. Welt-Bildner – Biografische Herleitungen

3.1 Evolution und Effizienz: »Becoming Buckminster Fuller« (1895–1938)

Was lässt einen Menschen global oder gar planetarisch denken? Und was lässt ihn sein Leben in den Dienst der Aufgabe stellen, anderen dieses Denken beizubringen? Wer solche Fragen stellt, muss sich auf biografische Spurenlese begeben. Er wird nach wichtigen Sozialisationsinstanzen, Bildungswegen, ethisch-politischen Prägungen und sinnstiftenden Ereignissen recherchieren. In beiden hier untersuchten Fällen, bei Richard Buckminster Fuller wie bei Arno Peters, erweist sich eine solche Rekonstruktionsarbeit als schwierig. Das liegt jedoch nicht an fehlenden Quellen, im Gegenteil: Beide Protagonisten haben einen Überfluss an entsprechenden Dokumenten hinterlassen. Aber sie haben auch ungewöhnlich stark Einfluss auf die Interpretation dieses Materials genommen, als Nachlassgeber sogar über ihren Tod hinaus. Diese Einflussnahme verkompliziert die Identifikation biografischer Faktoren und Wendepunkte. Sie stellt allerdings auch eine heuristische Chance dar. Fuller und Peters wollten auf bestimmte Weise wahrgenommen (und erinnert) werden, nämlich als vorbildliche Einzelgestalten, deren moralischer Kompass sie auf andere Wege führte als die etablierten wissenschaftlichen Institutionen, den politischen Mainstream oder einflussreiche Lobby-Organisationen. Beide nutzten die eigene Vita als Kraftreserve für die Selbstvergewisserung angesichts von Anfeindungen und Spott, an denen es nicht mangelte. Sie diente ihnen zugleich als Material für biografische Konstruktionen, die gewissermaßen Podien für die Verbreitung ihrer Überzeugungen bildeten. Beider globalistische Leben lassen sich also nicht nur als *explanandum* erforschen. Man kann die Überlieferung auch als *explanans* zur Frage nutzen, was andere zu einer globalen Lebensführung bewegte: Unter welchen Umständen wird einer überhaupt als Globalist gehört?

(K)ein Durchschnittsneuengländer

Im Oktober 1939 verfasste Richard Buckminster Fuller eine Art Lebenslauf, der im Kleinen das Kunststück vollbrachte, das sein Autor zeitlebens aufführte. Obwohl Fuller darin nur über sich selbst sprach, wirkte er seltsam bescheiden. Unter der Überschrift »personal« umriss er seine bisherige Karriere, markierte seine soziale Stellung und schilderte seine Zukunftshoffnungen. Selbst weniger schmeichelhafte Charaktermerkmale ließ der Text nicht aus, der als eine Art Visitenkarte für seinen Arbeitgeber gedacht war: Fuller hatte gerade begonnen, für das »Fortune«-Magazin zu arbeiten. Seinen neuen Chefs präsentierte er sich also als Bürgersohn, der im »Social Register« der New Yorker besseren Gesellschaft verzeichnet war. Fuller schrieb aber auch als unruhiger, moderner Mensch, der bei Aufregung nicht stillsitzen konnte. Er gab sich als Großstadtbewohner, der, wenn er einmal mit den Nerven am Ende war, Beruhigung ausgerechnet aus dem Anblick der Brooklyn Bridge zog: Wenn er auf deren Mitte hoch über dem East River stehe, habe er das Gefühl, sie sei lebendig. Fuller erwähnte zudem kuriose Details, etwa, dass er Treppen immer zuerst mit dem rechten Fuß betreten müsse; dass er sich nur mit klarem, kalten Wasser rasiere; dass er sich beim Schein des Mondes nur wohl fühle, wenn dieser über seiner rechten Schulter zu sehen sei. Was auf den ersten Blick von bemerkenswerter Offenheit, zumindest aber nervöser Sensibilität gegenüber den eigenen Schwächen kündet, erweist sich, wenn man Fuller etwas besser kennt, als Ausweis eines besonders feinen Sensoriums – eines Sensoriums, das sich, so die implizite Botschaft, nur an einem ganz bestimmten Ort hatte herausbilden können: Immerhin zog Fuller Kraft aus *dem* Triumph des amerikanischen Ingenieurswesens des 19. Jahrhunderts. Und seine Mondobsession deutete er in einem nonchalanten Halbsatz als Atavismus der Westexpansion der Menschheit. Daher war es auch nicht ganz überzeugend, wenn Fuller sich in dem Text als Demonstrationsobjekt der »Potenziale eines anständigen, durchschnittlich intelligenten jungen Neuengländers« empfahl. »B« – so anonymisierte er sich in seinem Lebenslauf wie in einer Laborstudie – präsentierte sich als ebenso bescheiden wie klarsichtig, aber eben auch als Produkt just jener Bewegungsdynamik der Menschheit, die er in seinem Büro in Manhattan gerade verdatete, kartierte und in die Zukunft extrapolierte. Selbst die Erwähnung seiner Rasurtechnik erklärt sich vor diesem Hintergrund. Sie baute auf der genauen Beobachtung eines natürlichen Vorgangs auf: Kälte schließt die Poren, und das verhindert Entzündungen. Das Treppensteigen schließlich bereitete Fuller deshalb keine Probleme, weil er, wie er schrieb, die entsprechenden Schrittlängen unbewusst zu *antizipieren* gelernt hatte. Seine augenscheinlichen Zwangshandlungen prädestinierten ihn also für einen Job, der erst noch erfunden werden musste: »In the world of the future, B would like to be a consultant in trend and philosophy of industrial design – ideally, tactical manager of research.«[1]

Als HistorikerIn ist man also gewarnt. Spätestens ab dem Jahr 1939 gilt es, Distanz zu wahren gegenüber den Lebensläufen, Erinnerungen, sogar den Werksverzeichnissen, die Fuller in großer Zahl lancierte. Er setzte sie gezielt ein. Er erweiterte sie und deutete sie fortlaufend um. Und er machte auch vor Glättungen, Übertreibungen, ja selbst Vordatierungen nicht Halt, deren Ausmaß und Anzahl die typische retrospektive Selbstverklärung erfolgreicher Menschen übersteigt. Das sollte seinem Leben größere Kohärenz verleihen, um so eine Position zu beziehen, von der aus sich seine Ideen weiter verbreiten ließen – eine Position, die er jedoch immer auch als nachahmbar verstanden wissen wollte.

Der Großteil der Fuller-Sekundärliteratur lässt die nötige Distanz vermissen. Das wird schon am Namen deutlich, bei dem ihn viele AutorInnen nennen: »Bucky« – so

---

[1] Unbetiteltes Typoskript, o.D. [Oktober 1939], SUL, M1090, Series 2, Box 29, Dymaxion Chronofile, Vol. XLVI, S. 3f.

wollte Fuller selbst adressiert werden, um eine persönliche Verbindung mit seinem Publikum herzustellen.² In extremen Fällen sind die Fuller-ForscherInnen sogar versucht, ihren Gegenstand zum Propheten zu stilisieren. Das ist verständlich, denn es *ist* erstaunlich, wie nah manche seiner Ideen zur globalen Vernetzung oder zur Bedeutung von Informationstechnologien dem kamen, was erst heute, fast vier Jahrzehnte nach Fullers Tod 1983, zum Alltag gehört. Dieser Eindruck entsteht aber nicht selten, weil Fullers absichtsvoll abstrakte Vorhersagen, von den viele *nicht* eingetroffen sind, in der Forschung oft aufgegriffen werden, ohne ihre fortwährenden Anpassungen an die vorherrschenden intellektuellen Debatten mitzureflektieren.³ Konfrontiert mit einer vordergründig so exzentrischen Figur wie Fuller gilt es aber umso mehr, nicht einem methodischen Exzeptionalismus anheimzufallen. Im Folgenden unternehme ich daher den Versuch, die Sprecherposition »Bucky« nicht außerhalb der sozialen Verhältnisse, in denen *Richard Buckminster Fuller* lebte, zu sehen.

Nun ist es keine völlig neue Forderung, Fuller zu kontextualisieren. Bereits 2009 hat ein Sammelband angeregt, seine historische Bedeutung auf einer anderen Repräsentativitäts- und Wirkungsebene als jener des genialen Künstlers/Designers/Erfinders bzw. Architekten zu suchen. Ausschlaggebend dafür ist die Feststellung, dass Fuller in diesen Rollen nur ein vergleichsweise kleines realisiertes Oeuvre hinterlassen hat.⁴ Das steht

---

2   Fuller an John Peters (vom »Look Magazine«), 11.9.1965, SUL, M1090, Series 2, Box 122, Folder 7, Dymaxion Chronofile, Vol. 246. Fuller nannte gerade jüngere Menschen im Gegenzug »dear boy« oder – das geschah weit seltener – »dear girl«, so Shoji Sadao: *Buckminster Fuller and Isamu Noguchi: Best of Friends*, Long Island 2011, S. 143.

3   Eine ständig aktualisierte Liste der Publikationen über Fuller, aber auch der vielen (in editorischer Hinsicht oft zweifelhaften) Kompilationen seiner Texte findet sich auf: https://www.bfi.org/about-fuller/bibliography/books-about-fuller (19.6.2019). Der größere Teil dieser Literatur interessiert sich bestenfalls für die anregende Wirkung Fullers auf die Designer- und Architektenzunft und dabei eher für die Aktualisierung als für die Historisierung von Fullers Ideen. Als jüngstes, vergleichsweise überzeugendes Beispiel: Mark Wigley: *Buckminster Fuller Inc. Architecture in the Age of Radio*, Zürich 2015. Deutlich unkritischer hingegen: Daniel López-Pérez: *R. Buckminster Fuller. Pattern Thinking*, Zürich 2020. Zu den überzeugendsten Arbeiten zu Fullers Ideenwelt gehören – neben dem Themenheft »Forget Fuller« der Zeitschrift »ANY: Architecture New York« (17, 1997) – die Analysen seines wichtigsten Multiplikators im deutschsprachigen Raum, Joachim Krausse, der in den letzten Jahren verstärkt um Kontextualisierung bemüht ist. Das wird insbesondere deutlich an der von Krausse mit herausgegebenen, sehr nützlichen Einführung in Fullers Werk, die 1999 anlässlich einer Ausstellung im Museum für Gestaltung Zürich erschienen ist und um eine Anthologie mit vergriffenen Texten Fullers ergänzt wurde (Krausse/Lichtenstein, *Private Sky*; Dies. (Hg.): *Your Private Sky. R. Buckminster Fuller. Diskurs*, Baden 2000). In ihrem Vollständigkeitsanspruch wird sie übertroffen von der Werksübersicht James Ward: *The Artifacts of R. Buckminster Fuller. A Comprehensive Collection of His Designs and Drawings in Four Volumes*, London/New York 1985. Ähnlich schon: Robert W. Marks: *The Dymaxion World of Buckminster Fuller*, New York 1960. Ein Sonderfall ist E. J. Applewhite: *Synergetics Dictionary. The Mind of Buckminster Fuller*, London/New York 1986, das Fullers Karteikarten mit Begriffsdefinitionen zu seinen späten mathematischen Arbeiten vollständig faksimiliert. Vgl. zu diesen Arbeiten E. J. Applewhite: *Cosmic Fishing. An Account of Writing Synergetics with Buckminster Fuller*, Oxford 2016.

4   Hsiao-Yun Chu: Introduction, in: Dies./Roberto Trujillo (Hg.): *New Views on R. Buckminster Fuller*, Stanford 2009, S. 1–5.

im Kontrast zur weiten Verbreitung der von ihm geprägten Vorstellungen und Begriffe, mehr noch aber der Bekanntheit seiner Person selbst. Dazu passt, dass es nicht konkrete Bau- und Designaufträge oder die Lizenzierungen seiner Erfindungen waren, mit denen Fuller seinen Lebensunterhalt bestritt. Definiert man seinen Beruf über seine Haupteinkommensquelle, dann war Fuller über weite Strecken seines Lebens zweierlei: *Erstens* war er ein vielgebuchter Redner – ein ungewöhnlicher allerdings, der mit geschlossenen Augen stundenlang improvisierte. Viele seiner Vorträge ließ er zudem auf Tonband aufzeichnen, später auch filmen. Sie wurden dann gemeinsam mit seinen AssistentInnen ediert, kompiliert und in Bücher verwandelt, die sich inhaltlich stark überschnitten, aber dennoch zu Bestsellern wurden – und Fuller somit, *zweitens*, zum Sachbuchautor machten. Wenn man ihn entsprechend als öffentlichen Intellektuellen im engeren Sinne begreift – als Redner und Verfasser von Texten, die er als Interventionen in die Debatten seiner Zeit verstand –, dann verschiebt sich der Fokus vom Nachweis der Singularität seines Denkens zur rezeptionsgeschichtlichen Frage, wie er sich im Laufe seines Lebens immer wieder von Neuem auf seine Leser- und ZuhörerInnen einstellte. Wie wurde Fuller beispielsweise mit eher philosophischen Textbausteinen, die zu Beginn des Zweiten Weltkrieges entstanden, Mitte der 1960er Jahre zum »Technokraten für die Gegenkultur«?[5]

Zur Beantwortung solcher Fragen werde ich gerade die medialen Umstände der Bekanntheit Fullers und seine Befähigung, sich im Gespräch zu halten, analysieren, und das in zweierlei Hinsicht. Schon das vorangegangene Kapitel hat ausgewählte Entstehungskontexte der Visualisierungen Fullers in den Blick genommen. Im Laufe des Buchs wird es aber immer auch um die Beachtung gehen, die Fuller nicht nur *mit* solchen Medien, sondern auch als Persönlichkeit *in* den (Massen-)Medien fand. Auf dem Gipfel seiner Bekanntheit war es sein bewusst gepflegter Außenseiterstatus, mit dem Fuller das kulturelle Kapital generierte, das es ihm erlaubte, die Aufmerksamkeitsökonomie seiner Zeit zu beeinflussen – ähnlich wie Arno Peters, dessen ersten Lebensjahrzehnten sich der anschließende Abschnitt zuwendet. Anders als in dessen Fall müssen nicht viele Lücken in Fullers Lebenslauf geschlossen werden. Vielmehr ist zu den determinierenden Ereignissen in seiner erster Lebenshälfte derart viel geschrieben worden – nicht zuletzt von ihm selbst, aber eben auch von den erwähnten MitarbeiterInnen, WegbegleiterInnen und SchülerInnen –, dass es im Folgenden darum gehen wird, plausiblere von weniger plausiblen Deutungen dieser Ereignisse zu unterscheiden. Denn, wie angedeutet, entdeckte Fuller die erste Hälfte seines Lebens in dessen zweiter Hälfte als Fundus für einen »autobiografischen Monolog«,[6] der seiner Person Integrität verlieh – ein Schlüsselbegriff seiner Bücher und Vorträge. Fuller, soviel ist sicher, galt als einer, der praktizierte, was er predigte. Tatsächlich ist das Arbeitspensum, das er absolvierte, beeindruckend, unabhängig davon, für wie glaubwürdig man seine

---

5 Fred Turner: R. Buckminster Fuller. A Technocrat for the Counterculture, in: ebd., S. 146–159.
6 Robert Snyder (Hg.): *R. Buckminster Fuller: An Autobiographical Monologue/Scenario*, New York 1980.

Behauptung hält, er könne infolge von Experimenten mit den eigenen Energievorräten, dem *Dymaxion Sleep*, bis zu 22 Stunden am Tag arbeiten.[7] Dennoch gehört zu seiner »Vergesellschaftung« auch, zu fragen, wie Fuller *trotz* seiner unverkennbaren Übertreibungen zu seinem Ruf als besonders glaubwürdige Person kam.

Eine retrospektive Epiphanie – und zwei Metaphern

Die wohl wichtigste Funktion im Rahmen der Konstruktion dieses Images nimmt eine Epiphanie ein, die Fuller angeblich im Winter 1927/28 erlebte. Er war 32 Jahre alt und steckte in einer schweren Lebenskrise. Beinahe bankrott, lebte er mit seiner Familie in einem schlechten Viertel Chicagos. Finanzielle Sorgen verbanden sich mit Versagensängsten. Rund fünf Jahre zuvor, im November 1922, war Fullers kleine Tochter Alexandra infolge eine spinalen Meningitis im Kleinkindalter an einer Lungenentzündung verstorben. Die Erinnerung an diesen Verlust war im Sommer nach der Geburt seiner zweiten Tochter Allegra schmerzlich zurückgekehrt. Zwar führte Fuller die fatale Krankheit der ersten Tochter in den meisten Versionen der Geschichte auf Fehlallokationen der Ressourcen und des technischen *Know how* im so kriegerischen frühen 20. Jahrhundert zurück: auf Defizite in der medizinischen Versorgung und einen ungesunden Wohnungsbau. Dennoch verschwieg er im Rückblick nicht seine Angst, als Versorger seiner Familie nichts zu taugen. Stundenlang irrte er in der eiskalten Großstadt herum, um sich schließlich am Ufer des zugefrorenen Lake Michigan wiederzufinden. Dem Selbstmord nahe, wurde ihm schlagartig bewusst bzw. – so manche Varianten der Erzählung – von einer Art göttlicher Stimme eingeflüstert, dass er sich nicht selbst »gehöre«, sondern dem Universum.[8]

---

7 O.A.: Dymaxion Sleep, in: *Time*, 11.10.1943.
8 Auch in der eingangs erwähnten Selbstcharakterisierung des »Average New Englander« taucht die Epiphanie bereits auf: o.D. [Oktober 1939], SUL, M1090, Series 2, Box 29, Dymaxion Chronofile, Vol. XLVI, S. 10. Fuller wiederholte sie ungezählte Male, ergänzte sie gar um das Detail, er sei ausgeraubt und verprügelt worden, und unterfütterte die Radikalität seiner »Bekehrung« durch ein ihr folgendes Schweigegelöbnis. So taucht das Schlüsseljahr 1928 mehrmals in den 16 Einzeltexten von *Ideas and Integrities* (1963) auf, einem der wichtigeren Bücher Fullers, das Texte aus verschiedenen Lebensphasen kombinierte (was aber erst in der kommentierten Neuauflage von Fullers Enkel wirklich deutlich wird: Jaime Snyder: Introduction, in: Richard Buckminster Fuller: *Ideas and Integrities. A Spontaneous Autobiographical Disclosure*, Zürich 2010, S. 7–16). Die Epiphanie erwähnen überdies Marks, *Dymaxion World*, 18–21, Hatch, *At Home*, S. 87–99 und selbst die distanzierteren Liechtenstein/Krausse, Welt, S. 13f. Anthologien von Fuller-Texten tragen den Mythos zwangsläufig weiter, etwa Meller, *Reader*; Thomas T. K Zung (Hg.): *Buckminster Fuller. Anthology for a New Millennium*, New York 2002. Historisierend hingegen: Barry M. Katz: 1927, Bucky's Annus Mirabilis, in: Chu/Trujillo, *New Views*, S. 23–35. Tatsächlich lassen sich Hinweise auf eine Lebenskrise erst im Jahr 1931 finden, als es für Fuller beruflich bereits aufwärtsging, ihn jedoch die persönlichen Konsequenzen einer außerehelichen Beziehung, gepaart mit Alkoholexzessen, an den Rand eines Nervenzusammenbruchs führten.

Einer Epiphanie folgt meist eine Mission.⁹ Fuller schob alle kurzsichtigen, egoistischen Ziele beiseite, wozu auch die Sehnsucht nach äußerer Anerkennung gehörte. Er stürzte sich in die Ausdeutung des Kosmos. Anstatt sich um die eigene Familie zu sorgen – und ihr etwa ein angemessenes Obdach, ein »Shelter« zu bauen (noch ein Kernbegriff in der Fuller'schen Kosmologie) – war er beseelt von der Gewissheit, die Menschheit werde ihn und die Seinen schon irgendwie materiell über die Runden bringen im Austausch für seine selbst- und rastlose Arbeit an der Vervollkommnung der Spezies. Kein geringeres Ziel verfolgte er nämlich mit der fieberhaften Grundlagenforschung, die nun begann. Seine Aufgabe ging Fuller derart unvoreingenommen an, dass er zu erstaunlich einfachen und doch radikalen Lösungen kam. Seinen vorläufigen Höhepunkt, so jedenfalls wird die Geschichte seit den 1960er Jahren erzählt, fand dies in den ersten zwei Nachkriegsjahrzehnten in Fullers neuartigen Kuppelkonstruktionen. Denn seine *Domes* waren nicht nur besonders effiziente Bauten, sondern zugleich Demonstrationsobjekte von Fullers »energiegeometrischen« Erkenntnissen: Seine geodätischen Kuppelbauten operationalisierten *und* versinnbildlichten von ihm entdeckte Gesetzmäßigkeiten, deren Berücksichtigung Mensch und Kosmos in eine »synergetische« Beziehung bringen konnten. Indem er also Ende der 1920er Jahre seinen *eigenen* Platz in der Welt suchte, fing er bei Null an, genauer: Fuller untersuchte die Natur, die Struktur der sichtbaren wie unsichtbaren Welt dahingehend, welche praktischen Lehren aus ihrer Kenntnis gezogen werden konnten. Denn nur so konnte man jedem einzelnen Menschen auf dem Planeten zu einem gelungenen Leben verhelfen, ja ihn zum »Erfolg« machen, wie Fuller es bevorzugt nannte.

Fuller sollte im Laufe seines langen Lebens viele Metaphern für dieses Unterfangen finden. Zwei davon halte ich für meinen Zusammenhang für besonders relevant. Ende der 1950er Jahre, als er als Dozent verschiedener Kunst- und Designschulen der USA eine experimentelle didaktische Methodologie entwickelte, stilisierte Fuller sich, erstens, als »Guinea pig B.«,¹⁰ als *Versuchskaninchen seiner selbst* – diese Selbstbeschreibung ist im Ansatz ja auch schon im eingangs zitierten Lebenslauf von 1939 erkennbar. 1972, in einem großen Interview mit dem »Playboy«, lancierte er dann jenen zweiten Begriff für das eigene Dasein, der heute auf dem Grabstein auf dem Mount Auburn Cemetery in Massachusetts zu lesen ist, der die gemeinsame Ruhestätte mit der nur wenige Tage vor ihm verstorbenen Ehefrau Anne Hewlett Fuller markiert: »Call me trim tab«, steht da neben dem Namen des Begrabenen: Der Nautik-Begeisterte Fuller wünschte sich, dass die Menschheit sich seiner einmal als ein *Trimmruder* erinnere. Er assoziierte seine Rolle in der Welt mit jener unscheinbaren Apparatur am Heck großer Schiffe, die unter Aufwand vergleichsweise geringer Kraft in Gang gesetzt werden kann, um das

---

9 Der quasi-religiöse Charakter der Mission Fullers, der zumindest in den 1920er Jahren noch regelmäßig Gottesdienste besuchte, ist einigen Kommentatoren nicht entgangen: Loretta Lorance: *Becoming Bucky Fuller*, Cambridge, Mass./London 2009, S. 128.

10 Eva Díaz: *The Experimenters. Chance and Design at Black Mountain College*, Chicago/London 2015, S. 184.

Ruder zu verstellen und auf Kurs zu setzen. Das Bild war also nicht so bescheiden wie der schmucklose Grabstein selbst. Aber es war geeignet, Fuller als Vorbild für andere erscheinen zu lassen. Als kleiner Mechanismus, der große Kräfte so effektiv umleitet, dass dies den entscheidenden Richtungswechsel einleitet, den systemverändernden Unterschied macht, wollten auch viele seiner späteren Bewunderer ihr Leben führen.

Tatsächlich kann aber weder die Rede davon sein, dass Fuller Ende der 1920er Jahre begann, dem Universum seine fundamentalen Ordnungsprinzipien abzuhorchen, noch davon, dass er diese Prinzipien der Menschheit zugänglich machte wie eine Betriebsanleitung, ein *Operating Manual for Spaceship Earth*. Zum Entwickler der geodätischen Kuppeln wurde Fuller auch nicht, weil ihm die kostengünstige, flächendeckende Versorgung der Menschheit mit Schutz- und Wohnraum als der logische erste Schritt auf dem Weg zum Erfolg derselben erschien – eines Erfolgs, dessen Ausbleiben ihm so tragisch vor Augen geführt worden war. Tod und Geburt seiner Töchter waren zweifellos einschneidende Erlebnisse, die auch seine Arbeit an Versorgungsarchitekturen existenziell erscheinen ließen. Die Geschichte vom radikalen Neuanfang 1928 beschrieb Fuller aber nachweislich zum ersten Mal 1939 in einer stichpunktartigen Vorlage für einen biografischen Text, den der Journalist Joe Bryant über ihn verfassen sollte. Den Quellen vom Ende der 1920er Jahre zufolge verbrachte Fuller diese mit zunächst wenig spektakulären Versuchen, als Baumeister finanziell zu reüssieren.

Archivalische Selbstvermessung und -vergewisserung

Von diesen Versuchen zeugt der Blick in Fullers riesigen, sich über rund 430 laufende Regalmeter erstreckenden Nachlass, der 1999 nach einigen Zwischenstationen an der Stanford University Library gelandet und dort der Forschung zugänglich gemacht worden ist. Tatsächlich hat Fuller ab dem Moment, wo sein öffentliches Image Konturen annahm, sämtliche Papierdokumente und alle Briefe, die er erhielt, in der erwähnten sogenannten »Dymaxion Chronofile«, dem Herzstück seines Nachlasses, aufbewahrt. Wie der Name bereits andeutet, sammelte er sie in chronologischer Reihenfolge, also ohne die Unterlagen nach Themen zu sortieren. Wer in diese Chronofile eintaucht, sieht sich mit einer seltsamen Spannung konfrontiert. Die ausgezeichnete Überlieferungslage verdankt sich Fullers Anspruch, der Nachwelt sein Leben in schonungsloser Offenheit zu überliefern. Aber diesen Anspruch auf Ehrlichkeit und Transparenz entlarven just diese Archivalien als selbstgeschaffenen Mythos. Denn der Blick in das vermeintliche Laborprotokoll[11] seines Selbstexperiments offenbart zwar keine völlig

---

11 Fullers Faible für die Seefahrt aufgreifend, mag man auch vom »Logbuch seines Lebens« sprechen wie Joachim Krause: Buckminster Fullers Vorschule der Synergetik, in: Ders. (Hg.): *Fuller, R. Buckminster. Bedienungsanleitung für das Raumschiff Erde und andere Schriften*, Dresden 1998, S. 214–306, S. 241, der an anderer Stelle betont, dass die *Chronofile* Fullers Grundannahme exemplifiziert, dass ein einzelnes Leben (ein Mikrokosmos) letztlich Aufschlüsse über die Welt (den Kosmos) geben könne: Lichtenstein/Krausse, Welt, S. 17.

andere *Reihenfolge* der Ereignisse, die er in seinen öffentlichen Lebenserzählungen, seinen Vorträgen und Büchern beschrieb. Er lässt an deren *Interpretationscharakter* jedoch keinen Zweifel. Auch zeigt sich, dass Fullers arbeits- und kostenintensive Selbstarchivierung durchaus prosaische Funktionen hatte, etwa die juristische, seine Patente zu dokumentieren. Das Archiv gab aber offenbar auch einem von Selbstzweifeln geplagten Menschen Halt und Antrieb, nicht zuletzt durch die lineare, materielle Kongruenz stiftende Anlage des Aufbewahrten.[12] Tatsächlich deutete Fuller gelegentlich an, dass seine alles absorbierende Papiersammlung es ihm erlaubte, sich der Richtigkeit seiner Lebensweise wie aus der Distanz zu vergewissern. So schrieb er 1967:

> The first important regenerative effect upon me of keeping this active chronological record was that I learned to ›see myself‹ as others might see me. Secondly, it persuaded me ten years after its inception to start my life nearly ›anew‹ as it is humanly possible to do. Thirdly, it persuaded me to dedicate my life to others instead of to myself, not on an altruistic basis, but because the chronofiled first thirty-two years of my life clearly demonstrated that I was positively effective in producing wealth only when I was dedicated to others. [...] Thus it became obvious through the chronofile that if I worked for all humanity I would become optimally effective.[13]

Nicht zuletzt ermöglichte es die Chronofile, diese Effektivität zu vermessen – und später zu visualisieren. Ende der 1970er Jahre ließ Fuller einen seiner Mitarbeiter ein Diagramm anfertigen, das verdeutlichte, wie seine Korrespondenz mit zunehmender Prominenz exponentiell anwuchs.[14] Eine kurz nach seinem Tod von ehemaligen MitarbeiterInnen publizierte, rund 30-seitige »Basisbiographie« ist voller Superlative,[15] die beglaubigt werden durch mehrere Kurvendiagramme, die etwa die Zahl der Erwähnungen seiner Person in der Presse zeigen (Abb. 3.1). Diese Diagramme stellen einen durchaus wertvollen Überblick über die zentralen Medienereignisse seines Lebens dar. Nicht zufällig erinnern sie aber auch an Aktienkurse. Denn Fuller bemaß den Wert seiner Ideen mithilfe der visuellen Form, die die publizistische Aufmerksamkeit annahm, die sie generierten. Das sollte man keineswegs als eitle Spielerei abtun. Indem sie die

---

12 So spekuliert Hsiao-Yun Chu in ihrer Überlieferungsgeschichte des Nachlasses. Für sie spiegeln sich in diesem widersprüchliche Charaktereigenschaften Fullers wider: Hybris und Demut. Chu versteht Fullers Selbstinszenierungen nicht als absichtsvolle Manipulation zur Promotion der eigenen Person sondern als Vergewisserungstechnik, die sich nur in ihrer Radikalität von der Identitäts- und Gedächtnisarbeit unterscheidet, die wir alle betreiben: Hsiao-Yun Chu: Paper Mausoleum: The Archive of R. Buckminster Fuller, in: Dies./Trujillo, *New Views*, S. 6–22.
13 Vortragsmanuskript, 1967, SUL, M1090, Series 4, Box 5, Box 5, Folder 1.
14 Siehe etwa *Dymaxion Chronofile Correspondence of Buckminster Fuller since 1895*, o.D. (Januar 1978), SUL, M1090, Series 4 Box 5, Folder 1. Der zugrundliegende »Dymaxion-Index« entstand Anfang der 1970er Jahre unter Mitwirkung von gleich zwei Pressediensten: SUL, M1090, Series 4, Box 5, Folder 9.
15 *Basic Biography*, S. 13: Dutzende Ehrendoktorwürden waren hier aufgelistet und mehr als tausend Vorträge und *Keynotes* auf Konferenzen und im Rahmen von Hochschulseminaren.

Abb. 3.1: Schriftliche Erwähnungen Fullers bis 1975. Die »kumulative« Kurve ähnelt auffällig der Gestalt des Fortschritts, die Fuller bereits in den späten 1930er Jahren aus ganz anderen Daten herauspräpariert hatte.

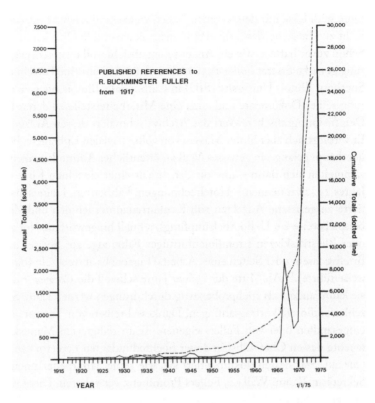

Resonanz seiner Ideen sichtbar machten, *steigerten* die entsprechenden Grafiken die Effizienz der Menschheit bei der Operationalisierung der Energien und Ressourcen der Erde, so zumindest Fullers Hoffnung. Indem sie – dergestalt grafisch ausgedeutet – *andere* von der Bedeutung seiner Ideen unterrichtete, half Fullers *Chronofile* dabei, deren Reichweite zu vergrößern.[16] Der an Robert Mertons Matthäus-Effekt erinnernde Mechanismus der Selbstverstärkung, den er mit seiner Arbeit am eigenen Leben auszulösen hoffte, war also derselbe, den ich entlang seiner Industrialisierungsdiagrammatik der 1940er Jahre beschrieben habe. Nur war ein Vierteljahrhundert später Fullers persönliche Resonanz geradezu gleichbedeutend mit dem menschlichen Fortschritt geworden.

Umso ironischer ist, dass der kostspielige Unterhalt von Fullers Archiv bereits zu seinen Lebzeiten eine Eigendynamik entfaltete, die seine Theorie der »Ephemeralisierung« – der Effizienzsteigerung menschlicher Aktivitäten, die Fuller seit den späten 1930er Jahren propagierte – geradezu konterkarierte. Dass er, ein Diktum des modernistischen Architekten Ludwig Mies van der Rohe abwandelnd, den Imperativ »doing

---

16 Das Archiv hatte auch selbst Nachrichtenwert: Reid Bryson: Man with a Chronofile. A Citizen of the Twenty-First Century Looks Back to See Ahead, in: *Saturday Review*, 1.4.1967, S. 14–18.

more with less« mit dem eigenen Leben zu exemplifizieren beabsichtigte, passte nicht recht zur Tatsache, dass sein »Papiermausoleum« schließlich kaum zu manövrieren war. Schon zuvor hatte es wie ein Anker seiner absichtsvoll unsteten, ja globalen Lebensführung gewirkt. So trat Fuller 1959 nicht zuletzt deshalb eine Forschungsprofessur an der Southern Illinois University (SIU) in Carbondale, Illinois, an, weil diese ihm die Lagerung seiner Dokumente und auch eine Mitarbeiterstelle zu deren Pflege finanzierte.[17] Den historiografischen Wert des Archivs schmälert dessen Anlage zwar nicht gerade. Er verbirgt sich aber hinter Massen von völlig trivialen Ephemera. Noch bevor es Fuller überhaupt gelang, ein gewisses Maß an öffentlicher Aufmerksamkeit auf sich zu ziehen, sammelten sich darin – um nur den Inhalt einer einzelnen Kiste aus dem März des Jahres 1942 zu nennen – Hotelrechnungen, Fahrkarten, Heiratsanzeigen, unkommentierte ausgerissene Anzeigen von Konkurrenzunternehmen und Zeitungsartikel (hier beispielsweise zur U-Bootbekämpfung), schnell hingeworfene Notizen (»Rain all day«) oder Bleistiftskizzen stromlinienförmiger Fahrzeuge auf Speisekarten,[18] die sich mit Briefwechseln oder Seiten eines Arbeits-Tagebuchs abwechseln (das Fuller nur phasenweise führte).[19] Ab Mitte der 1960er Jahre schwoll die *Chronofile* dann derart an, dass sie kaum anders als stichprobenartig durchdrungen werden kann. Sie bestand nun aus schier endlosen Vortragsanfragen, Dankesschreiben von Veranstaltern und ungefragt eingesandten oder von Fullers eigenem Team redigierten Manuskripten. Tatsächlich tauchte dessen Chef selbst in dieser hochredundanten Papiermasse kaum noch als Akteur auf. Stattdessen dokumentiert sie, wie seine MitarbeiterInnen, allen voran seine Sekretärin Naomi Wallace, Fullers Prominenz verwalteten. Diese wuchs auch deshalb immer weiter an, da Fuller die Weisung ausgegeben hatte, jedwede Post zu beantworten. Zumeist geschah das zwar durch ein kurzes Formschreiben. Es wurde jedoch durch den Vermerk »telefonisch diktiert« Wert auf den Anschein einer persönlichen Antwort gelegt.

Zum Verständnis von Fullers »Kontexten« – also auch der Globalitätsvorstellungen, die er teils unterfütterte, teils schuf – ist gerade diese einen konventionellen biografischen Ansatz erschwerende Vielstimmigkeit aber von großem Wert. In Stanford findet

---

17 Chu, Mausoleum, S. 19f., sowie Dies.: Fuller's Laboratory Notebook, in: *Collections* 4 (2008), S. 295–305. Übrigens schwebte Fuller später ein Verkauf seines Archivs und damit der Rechte an darin enthaltenen unveröffentlichten Texten vor. Fuller hatten seine vielen Bücher und Vorträge und auch die erwähnten Patente keineswegs zu einem reichen Mann gemacht, denn er investierte seine Einkünfte (wie Peters) meist direkt in neue Projekte (Fuller an Calvin Tomkins, 25.9.1973, SUL, M1090, Series 2, Box 260, Folder 5, Dymaxion Chronofile, Vol. 497). Und so hoffte er, mit der Veräußerung des Archivs seinen Erben ein gewisses Auskommen zu bescheren. Spätestens jetzt vermaßen Fullers biografische Kurven also durchaus den konkreten ökonomischen Wert der *Chronofile*, die er 1979 denn auch in Gold aufzuwiegen vorschlug (Chu, Mausoleum, S. 21). Die Grenzen seines Vertrauens in die Wirkung der Wahrheit wurden schließlich auch daran deutlich, dass Fuller Ende der 1970er Jahre verfügte, die Chronofile erst einige Jahre nach seinem Tod öffentlich zugänglich zu machen.
18 SUL, M1090, Series 2, Box 53, Folder 1, Dymaxion Chronofile, Vol. 85.
19 Office Diary, 1942–44, SUL, M1090, Series 2, Box 59, Folder 4, Dymaxion Chronofile, Vol. 102.

sich eine große Zahl von Zuschriften von KünstlerInnen, PolitikerInnen und anderen Geistesgrößen seiner Zeit. Es finden sich darüber hinaus viele Briefe, die ihm »ganz normale«, meist junge Menschen schrieben. Sein Nachlass lässt sich als Knotenpunkt eines postalisch geknüpften Netzes zwischen Personen betrachten, die sich in vielen Fällen an Fuller wandten, weil sie die eigenen in seinen Ideen wiedererkannten, von seinen Vorträgen und Büchern inspiriert waren, wenn sie ihn nicht sogar um Lebensratschläge baten, die er gelegentlich auch erteilte. Den Charakter einer solchen wichtigen Verknüpfung in einem globalen »Datennetz« erhielt der Nachlass überdies dadurch, dass er zu einem erheblichen Teil aus Korrespondenz besteht, die seine MitarbeiterInnen führten, um Informationen zur Lage der Welt zu akquirieren. Die entsprechenden Zahlenangaben waren nicht minder heterogen als die Chronofile selbst – schlimmer noch, sie waren völlig inkommensurabel. Permanent drohte »die Welt« Fullers MitarbeiterInnen in Carbondale angesichts ihrer Vielgestalt zu entgleiten, weshalb sie einen erheblichen Teil ihrer Zeit darauf verwendeten, ihre Daten zu vereinheitlichen und durch Techniken des automatisierten Informationsabrufs nützlich zu machen. Schon hier erwähnt werden muss aber auch, dass auch der Grundstock dieser Datensammlung, dieses Inventar, von dem Fuller gern behauptete, es schon in den 1930er Jahren angelegt zu haben, eher zufällig in seinen Besitz gekommen war. Nur ein einziges Mal erwähnte er anderen gegenüber, dass er nach Beendigung seiner Arbeit für das »Fortune«-Magazin gefragt worden sei, ob er die Unterlagen übernehmen wolle, die für das »U.S.-Industrialization«-Heft gesammelt worden waren.[20] Die »Fortune«-Redaktion zog nämlich in neue, beengtere Räumlichkeiten um. Die ganze Welt, die Fuller im physischen wie im übertragenen Sinne mit sich herumschleppte, sie landete nur aus Zufall, nur aus Platzgründen bei ihrem Interpreten.

Vom Studienabbrecher zum Offizier

Die Floskel, *nichts* hätte in seinen Jugendjahren darauf hingedeutet, dass aus Fuller einmal eine Berühmtheit werden würde, ist unangemessen. Denn Fuller entstammte, wie Peters, einer Familie, die vergleichsweise stark die Zeitläufte reflektierte. Ebenfalls ähnlich wie Peters, jedoch vor einem bürgerlicheren Hintergrund, dürfte Fuller ein ausgeprägtes Bewusstsein um die Besonderheit seiner Herkunft mitgegeben worden sein. Daran erinnerte ihn schon sein ungewöhnlicher, familiär tradierter zweiter Vorname: Richard *Buckminster* Fuller war das zweite von vier Kindern des Inhabers einer Bostoner Importgesellschaft, Richard Buckminster Fuller Senior, und seiner Frau Caroline, geborene Wolcott Andrews. Das machte ihn zum Sprössling einer »alten«, früh nach Amerika eingewanderten Ostküstenfamilie, deren Wurzeln auf den britischen Navy-Leutnant Thomas Fuller zurückgingen. Der war 1630, kaum zehn Jahre nach der

---

20 Design Science Institute – Transcriptions of R. Buckminster Fuller Tape Recordings on World Game Under DSI Contract, Tape Number 5, 15.6.1974, SUL, M1090, Series 18, Box 38, Folder 9, S. 4.

legendären Mayflower, in Amerika gelandet, ob aus purer Neugierde, wie sein Ur-ur-ur-urenkel behauptete, lässt sich kaum klären.[21] Sicher ist, dass Thomas Fullers Familie sich in Massachusetts ansiedelte. Und dort, im ländlichen Milton, wuchs auch Richard Buckminster Junior auf, der in den 1930er Jahren ein ausgeprägtes genealogisches Interesse entwickelte. Zu Thomas Fullers Nachfahren hatten eine Reihe mehr oder weniger prominenter Abolitionisten gehört: etwa Reverend Timothy Fuller, Entsandter Massachusetts' in der verfassungsgebenden Versammlung der USA, der dort erklärt hatte, er sei nur bereit, die Verfassung mitzutragen, wenn auf die Sklaverei verzichtet werde. Fuller war überdies vom eigenen Großvater fasziniert, einem weiteren Priester, der im amerikanischen Bürgerkrieg bei Fredricksburg, Virginia, getötet worden war.[22] Vor allem aber sammelte Fuller Unterlagen zu seiner berühmten Großtante Margaret Fuller (1810–1850). Zwar erkannte er erst spät deren Bedeutung als Philosophin, Journalistin, frühe Feministin und (wohl auch als solche) lange vergessene Zentralfigur in den intellektuellen Zirkeln des neuidealistischen amerikanischen Transzendentalismus. Das hielt ihn aber nicht davon ab, die eigenen Überzeugungen fortan ins intellektuelle Licht ihrer Schriften zu stellen. Denn Margaret Fuller war für ihn von einem genuin amerikanischen Genius beseelt gewesen, insbesondere was ihre Auffassung von der Komplementarität von Mensch, Technik und Natur betraf.[23]

Vielleicht war es tatsächlich eine langfristige Folge des familiären Einflusses Margaret Fullers, die sich wiederholt zu pädagogischen Themen äußerte,[24] dass Richard Buckminster Fuller einen Froebel-Kindergarten besuchte, also früh mit Reformpädagogik in Berührung kam. Er berichtete später, bereits 1899 im Spiel mit farbigen Bauklötzen – Friedrich Froebels sogenannten »Spielgaben« – erste Experimente mit modularen Systemen durchgeführt zu haben.[25] Man mag skeptisch sein gegenüber der Vorstellung eines derart zielgerichtet »experimentierenden« Vierjährigen. Entnehmen lässt sich der Anekdote aber, dass Fuller – auch darin Peters ähnlich – in einem Milieu

---

21 Lorance: *Becoming*, S. 242, EN 31.
22 Ebd., S. 207. Auch seiner Tochter Allegra schärfte er die Familiengeschichte ein: Am Ende eines für sie erstellten genealogischen Dossiers erwähnte er, er habe dieses »[p]repared while on Fortune staff to see how personal history correlates with general American History«. Fuller rechnete seiner Tochter allerdings auch vor, dass sie von ihrem englischen Vorfahren Sir Might John Fuller lediglich den 3227854080sten Teil ihrer biologischen Ausstattung geerbt habe: »In other words, that far back you must be pretty well cross-bread with the race, and it is the subsequent selectivity to date and its social and environmental adaptability that alone bears any scientific significance«: Record of Direct Parentage of Allegra Fuller, Dezember 1939, SUL, M1090, Series 2, Box 57, Folder 1, Dymaxion Chronofile, Vol. 95.
23 Einen ersten Artikel zu Margaret Fuller veröffentlichte Fuller 1932 in seiner eigenen Zeitschrift »Shelter«, er wurde wiederabgedruckt als R. Buckminster Fuller: Margaret Fuller's Prophecy, in: Ders., *Ideas and Integrities*, S. 91–96.
24 Paula Blanchard: *Margaret Fuller. From Transcendentalism to Revolution*, Reading, Mass. u.a. 1987.
25 Anderswo behauptete er, schon als Kindergartenkind geodätische Kuppeln aus Zahnstochern und Erbsen konstruiert zu haben: R. Buckminster Fuller: Influences on My Work [urspr. 1955], in: Ders., *Ideas and Integrities*, S. 29–56, hier S. 41.

aufwuchs, das durchdrungen war vom liberalen Gedanken, Erziehung habe dazu zu dienen, individuellen schöpferischen Anlagen zur Realisierung zu verhelfen und so die »ganze Person« herauszubilden. Diese Überzeugung ließ Fuller später auch die eigene Tochter auf eine Reformschule schicken.[26] Er selbst musste auf dem Weg zu *seiner* Entfaltung allerdings physische Hürden überwinden. Fuller war von Geburt an stark kurzsichtig, was aber zunächst unbemerkt blieb. Dass er einen Schock erlitt, als er seine erste Brille bekam, muss man nicht als Legende abtun. Schon eher gilt das für seine Interpretation der Folgen, die das Handicap hatte. Laut eigener Aussage hatte er im Werben um die Aufmerksamkeit der Eltern Geschichten von der Wirklichkeit um ihn herum erfunden, die er nur in groben Schemen erkennen konnte.[27] In dieser Erklärung seiner Imaginationsgabe tauchen allerdings verdächtig viele Elemente seiner späteren Selbstinszenierung als Außenseiter, kreativer Erfinder und Visionär mit der Fähigkeit zur Mustererkennung auf. Zudem birgt die Brillen-Anekdote eine Lehre von der ermächtigenden Wirkung von Prothesen, also von technischen »Erweiterungen«, wie Fuller sie ab den späten 1930er Jahren nannte. Sie waren für ihn Sonden, die das Wahrnehmungsspektrum des Menschen vergrößerten, wenn sie nicht gar wissenschaftlich optimierbare Schnittstellen zwischen dem Datenstrom der Außenwelt und dem diesen interpretierenden Menschen darstellten. Später erfüllte ein geradezu mit Stolz getragenes Hörgerät eine ähnliche exemplarische Rolle.[28]

Traumatisch für den jungen Fuller war aber sicher der physische Verfall seines Vaters. Fuller Senior, der als energischer Unternehmer beschrieben wird, erlitt 1905 einen Schlaganfall, an dessen Folgen er 1910 verstarb, und zwar ausgerechnet am Geburtstag des Sohnes. Dessen genealogische Sammelwut begann wohl damit, dass er Briefe und andere Unterlagen des Vaters als Schätze hütete.[29] Der Tod des Vaters brachte die Familie in ökonomische Bedrängnis. Fuller dürfte als Teenager ein Gefühl sozialer Deklassierung empfunden haben. Immerhin brachte seine Mutter den mathematisch talentierten, sonst aber akademisch unauffälligen Sohn mit finanzieller Unterstützung der Verwandtschaft an der ortsansässigen Milton Academy unter. Mehr Eindruck als die Schule machten jedoch, wenn man Fullers eigenen Aussagen folgt, die Sommerferien. Fuller verbrachte sie auf Bear Island, einer kleinen Privatinsel in Penobscot Bay im Bundesstaat Maine, die seine Großmutter 1904 erstanden hatte und die Fuller bis

---

26 Hatch/Miller *Universe*, S. 136. Ende der 1930er Jahre war Fuller Beiratsmitglied der von John Dewey geprägten *Laboratory School* in New York, SUL, M1090, Series 2, Box 40, Dymaxion Chronfile, Vol. LXIV.
27 Das kolportiert Sadao, *Friends*, S. 29.
28 Im Kreise seiner Vertrauten brachte Fuller seine durch die Myopie begünstigte Phantasie als Erklärung für einen Hang zu Übertreibungen vor. Er sei schon als Kind ein »little liar« gewesen, zitiert ihn Sadao, der anmerkt, man habe bei allen Aufträgen, die Fuller an Land zog, einen »Bucky Factor« einberechnet, um seine Aussagen zu erden: Sadao, *Friends*, S. 156. Zur Geschichte der Prothetik, die bereits in den 1930er Jahren Imaginationen förderte, die sich in der Medientheorie bis weit hinein ins 20. Jahrhundert bemerkbar machten: Karin Harrasser: *Prothesen. Figuren einer lädierten Moderne*, Berlin 2016.
29 Krausse/Lichtenstein, Chronologie, S. 26.

ins hohe Alter aufsuchte. Hier stand dem tüftelbegeisterten Schüler ein wahres Experimentierfeld zur Verfügung: Die Insel war ein Miniaturkontinent mit steinigen, bewaldeten und sumpfigen Abschnitten und einem Sommerhaus, in dem sich ein frugales Dasein ohne Elektrizität und anderen zivilisatorischen Komfort leben oder zumindest imaginieren ließ. Auch Fullers frühe Begeisterung für die technischen Aspekte der Schifffahrt, die er rund um die Insel ausleben konnte, mag aus dieser Zeit rühren.[30]

Seine akademische Karriere startete weniger vielversprechend. Offenbar legte Fuller als junger Erwachsener eine gewisse Genusssucht an den Tag. Dazu gehörte eine Neigung zum Alkoholkonsum, der er weit länger nachgab, als er das selbst einräumen sollte. Was Fuller jedoch nie verschwieg, war, dass er nicht zuletzt wegen dieser Vergnügungssucht und schlechter Arbeitsleistungen gleich zwei Mal, 1914 und 1915, aus der Eliteuniversität Harvard geworfen wurde, was einen kleinen familiären Skandal darstellte: Fuller war der erste männliche Abkömmling seiner Familie seit Generationen, der keinen Abschluss einer *Ivy League*-Universität vorweisen konnte, wie er es in den 1960er Jahren gerne betonte, nun oft vor einem Publikum, das sich aus potenziellen und tatsächlichen Studienabbrechern zusammensetzte. Fullers späterer Wunsch nach Anerkennung durch wissenschaftliche Kreise mag hier wurzeln, zumal er zu seiner Alma Mater zeitlebens Kontakt hielt.[31] Das abgebrochene Studium erklärt aber auch einen gewissen Abstand zur akademischen Welt, einen Stolz auf den Status als *Selfmademan*, zu dem er durch sein Selbststudium geworden war.

Nach Fullers Scheitern in Harvard verschaffte ihm seine Verwandtschaft jedenfalls eine Ausbildung als Maschinenschlosser im Baumwolle verarbeitenden Unternehmen eines Cousins im kanadischen Sherbrooke.[32] Hier war Fuller unter anderem an der Montage neuer Spinnmaschinen beteiligt.[33] Auch dieses wenig glamouröse Detail – offenbar handelte es sich um eine Strafaktion – schilderte Fuller später freimütig. Das erlaubte es ihm allerdings auch, sich zum werkzeugkundigen Ingenieur zu stilisieren.

---

30 So zumindest stellte Fuller es 1966 in einer *Home Story* des »New Yorker« dar, dessen Reporter einige Tage mit Fuller auf der Insel verbrachte: Calvin Tomkins: In the Outlaw Area, in: *New Yorker*, 8.1.1966.
31 Fuller investierte beispielsweise viel Arbeit in einen Vortrag anlässlich eines Klassentreffens in Harvard im Juni 1942. Bereits hier verquickte er den Nachweis seiner eigenen Lebensleistung mit Beobachtungen zur Menschheit insgesamt. Es könne kein Zweifel daran bestehen, dass die Geschichte sich immer schneller bewege, die »curve of man's historical graph« also immer steiler ansteige. Das müssten gerade seine Zuhörer wissen, in deren Geburtsjahr schließlich das Automobil, die Röntgenstrahlung und die drahtlose Telegrafie anwendungsreif geworden seien – allesamt »mechanical extensions of anthropoid man's integral equipment«. Der Mensch sei auf bestem Weg, die kognitiven Fähigkeiten zu entwickeln, mit solchen Beschleunigungen umzugehen, dank eines flexibilisierten, »infinetely advancing rather than finetely advanced learning«. Allerdings trage seine – mittlerweile zu Einfluss gekommene – eigene Generation besondere Verantwortung für die Integration all der neuen Errungenschaften in die »social machinery«: »Life« of R. Buckminster Fuller for the Harvard '17 Class Reunion, June 1942, LOC, Russell Wheeler Davenport papers, 1899–1980, BOX 57, Subject File, 1903–1972, Fuller, R. Buckminster, S. 4, 10, 11.
32 Sadao, *Friends*, S. 31.
33 Krausse/Lichtenstein, Chronologie, S. 26.

Überhaupt setzte nun eine Phase ein, die sich nach Maßgabe der archivalischen Quellen als zielloses Umherschweifen auf der Suche nach einem Beruf darstellt, der in den Augen seiner Familie kein völliges Versagen darstellte, eine Phase, die jedoch in seinen besonders autobiografisch geprägten Werken der Mitte der 1960er Jahre als Lehrzeit erscheint, in der Fuller verschiedenste technischen Kompetenzen erwarb. So nahm er eine Stellung beim Fleischkonservenkonzern Armour & Company in New York an, wo er als einfacher Arbeiter anfing, um zum Assistenz-Buchhalter aufzusteigen.[34] In dieser Zeit begegnete er seiner künftigen Frau Anne Hewlett.[35] 1917, nach dem Kriegseintritt der USA, überredete Fuller seine Mutter, ihr Motorboot der Küstenwache zur Verfügung zu stellen, unter der Bedingung, dass ihr Sohn als Teil der Reservearmee dessen Kommando übernehme. Das tat er dann tatsächlich, bis er trotz seiner Sehbehinderung auf eine Position als Flottillenkommandant auf einem Stützpunkt für Wasserflugzeuge in Virginia versetzt wurde. Hier kam er mit der Welt der Aviatik in Berührung, machte aber offenbar auch mit einer ersten Erfindung auf sich aufmerksam: einem speziellen Kran zur Rettung bei der Landung verunglückter Piloten.[36] Schließlich bewarb er sich für eine Schnellausbildung als Marineoffizier an der Naval Academy in Annapolis. Es deutet einiges darauf hin, dass gerade diese (knapp dreimonatige) Ausbildungsphase prägend war. Neben Lerninhalten in Navigation und Elektrotechnik standen Ballistik und Geostrategie im Curriculum. Fuller begegnete an der Akademie wohl auch den erwähnten Theorien Halford Mackinders.[37] Sicher ist, dass der Ausbildung in Annapolis eine vorübergehende Tätigkeit als Funker in der Atlantik-Transportflotte unter dem Kommando des Vizeadmirals Albert Gleaves folgte, zu dessen »Assistenten für Geheiminformationen und Statistik« Fuller aufstieg. Nach dem Krieg verblieb er einige Monate in der Navy und sammelte als leitender Redakteur des Truppenmagazins »Convoy« publizistische Erfahrungen. Wenn Fuller diese Angabe allerdings in seinem Curriculum Vitae der 1940er Jahre um den Hinweis ergänzte, er habe parallel dazu als »Radio- und Kommunikations-Offizier« »offizielle Statistiken der vollständigen [...] Truppentransport-Operationen des Ersten Weltkriegs und der Geschichte ihres Geleitschutzes für die Unterlagen des Marineministeriums« kompiliert,[38] dann sollte ihn das offensichtlich als Kartierungs- und Logistikspezialisten empfehlen. Daher ist auch seine spätere Behauptung, er sei im Krieg Zeuge der Experimente des Rundfunkpioniers Lee de Forest geworden,[39] *cum grano salis* zu nehmen vor dem Hintergrund einer

---

34 Lorance, *Becoming*, S. 10.
35 Sadao, *Friends*, S. 12.
36 Das ist allerdings unbelegt: Lorance, *Becoming*, S. 12.
37 Sadao, *Friends*, S. 37.
38 Memoranda of Activities – Richard Buckminster Fuller (Jr.), 1942, SUL, M1090, Series 2, Box 52, Folder 7, Dymaxion Chronofile, Vol. 85.
39 Wigley, *Fuller Inc.*, stellt diese Anekdote scharf, wenn er Fullers Begeisterung für die Radiotechnik als »Entmaterialisierung« menschlicher Fertigkeiten ins Zentrum seiner Analyse des Fuller'schen Werks stellt (das er als »Architektur aus dem Geist des Radios« deutet). Wigley weist dabei auf diverse Zeitungsartikel

mittlerweile ausgeprägten Neigung, seine Zeitzeugenschaft technischer und wissenschaftlicher Innovationen zur Illustration der ungeheuren Dynamiken der Menschheitsentwicklung im 20. Jahrhundert heranzuziehen.

Bauunternehmer in spe

1918 nahm Fuller seine Tätigkeit bei Armour & Company zunächst wieder auf. Vier Jahre später wechselte er dann aber auf Einladung seines Schwiegervaters James Monroe Hewlett in die Baubranche, die er nie wieder ganz verließ. Hewlett, ein angesehener und gut vernetzter Architekt, entwickelte zu dieser Zeit das »Stockade Building System« zur schnellen Errichtung kleinerer Bauten aus vorgefertigten Modulen. Hewlett setzte dabei auf eine Kombination von gegossenen Betonstreben und leichten, schallisolierenden, wasserabweisenden und schwer entzündbaren Pressfaserblöcken, die sich rasch und ohne Fachkenntnis zu tragenden Wänden schichten ließen. Der junge Fuller sollte sich um die Vermarktung dieses Verfahrens kümmern, das Hewlett zwar hatte patentieren lassen, das aber in den späten 1920er Jahren keineswegs revolutionär war.[40] Fuller wurde gemeinsam mit Hewlett Präsident des Unternehmens, war vor dessen Marktgang persönlich an Belastungstests und Experimenten mit Materialien und Maschinen in Long Island beteiligt und erwarb dabei ein erstes Patent.[41] Zur Streuung des Unternehmensrisikos gründete die schwiegerväterliche Firma ein Tochterunternehmen in New Jersey; 1922 kam dann eine Niederlassung im Mittleren Westen hinzu, Fuller wurde mit ihrer Leitung betraut. Ausgestattet mit einem Empfehlungsschreiben Hewletts zog er also im Jahr des Todes der ersten Tochter zunächst ohne Anne nach Chicago. In der Heimatstadt des berühmten Proto-Modernisten Frank Lloyd Wright, deren Bauunternehmer neuen Konstruktionsverfahren gegenüber vergleichsweise aufgeschlossen waren, etablierte Fuller die Tochterfirma zunächst durchaus erfolgreich. So gründete er eine eigene Fertigungsstätte für die Bausteine, mit denen auch einige Gebäude errichtet wurden. Offenbar verärgerten Fullers allzu selbstständiges Vorgehen und seine dürftigen Rechenschaftsberichte jedoch bald die Teilhaber des Unternehmens. Zur selben Zeit geriet James Hewlett unter finanziellen Druck. Er verkaufte 1927 seine Aktienmehrheit an einen Investor, der das Unternehmen umstrukturierte. Diesem neuen Hauptanteilseigner war der junge Fuller auch persönlich ein Dorn im Auge. Er wurde just in dem Moment, als das Chicagoer Tochterunternehmen erste Profite erwirtschaftete, aus der Firma gedrängt.[42] Fuller fand zwar einen neuen Job als Verkäufer für die Firma F.R. Muller, die Fußböden und Stuckelemente aus dem

---

zur Entwicklungen dieses Mediums hin, die Fuller aufbewahrte, aber auch auf die auffällige Rolle von Radiomasten in Fullers ersten Skizzen der »Welt«, auf die ich im Folgenden eingehen werde.

40 Lorance, *Becoming*, S. 8f., 16–35, auf deren akribische Rekonstruktion des frühen beruflichen Werdegangs Fullers sich das Folgende stützt.

41 Ebd., S. 19.

42 Ebd., S. 39–45.

vergleichsweise neuen Werkstoff Asbest vertrieb. Er musste allerdings mit einem geringeren Einkommen zurechtkommen. Gemeinsam mit der ihm im selben Jahr aus New York gefolgten hochschwangeren Anne bezog er eine kleinere Wohnung in einem Apartmenthaus an der bürgerlichen Chicagoer Northside. Das neue Apartment war zwar bescheiden verglichen mit der Residenz, die Fullers eigene Mutter, offenbar durch die Verwandtschaft ermöglicht, in der Fifth Avenue in Manhattan bewohnte. Sie war aber keineswegs die Slumbehausung, als die Fuller sie später darstellte. Dennoch scheint Fuller verbittert gewesen zu sein. Er begann, Ideen für eine eigene Firma – *Fuller Houses* – zu konkretisieren. Das geplante Unternehmen hätte sich durchaus zur Konkurrenz für Stockade auswachsen können. Fuller war allerdings so naiv, seine Pläne mit einem Angestellten seines ehemaligen Arbeitgebers weiterzuentwickeln. Als dies aufflog, geriet er in juristische Schwierigkeiten. Letzten Endes musste er die ihm verbliebenen Anteile am Unternehmen des Schwiegervaters abgeben.[43]

Utopische Werbebroschüren

Trotz der vielen Rückschläge, die Fuller in seinem *annus horribilis* bzw. *annus mirabilis* 1927 also zweifellos erlebte, weist im Archivbestand zu dieser Phase nichts auf das Erweckungserlebnis hin, von dem er später immer wieder berichtete.[44] Sehr wohl aber kündigte Fuller kurz nach Arbeitsantritt seine neue Arbeitsstelle. Er wollte sich ganz der Arbeit an einem durchschlagenden neuen Geschäftskonzept widmen, mit dem er sich auf dem Fertighausmarkt zu positionieren gedachte. Tatsächlich hatte die Arbeit an diesem Konzept (zumindest aus Sicht seines besorgten Schwiegervaters) einen manischen Zug.[45] Den Ausgangspunkt für fast alles, was Fuller später berühmt machen sollte, bildete sie aber nur insofern, als Fuller nun seine ganze Erfahrung im Bereich des Patentwesens und mehr noch bei der Werbung um Investoren einbrachte. Nach Recherchen auf Handelsmessen, nach dem Durchstöbern von Werbeanzeigen in verschiedenen Zeitschriften und nach einem Besuch einer Ausstellung des Autoherstellers Henry Ford dachte er vergleichsweise grundsätzlich. Fuller intensivierte die Strategie der Massenproduktion im Bauwesen, die man schon bei *Stockade* verfolgt hatte. Er beabsichtigte, nicht nur standardisierte Wohnbauten bzw. ihre am Bauplatz zusammenzusetzenden, industriell gefertigten Komponenten selbst zu produzieren und zu vertreiben, sondern auch die Möblierung und Wartung der entstandenen Häuser anzubieten. Fuller schwebte eine veritable Serviceindustrie rund ums Wohnen vor, zu der sogar Verpflanzungen ganzer Eigenheime gehören sollten.

---

43 Ebd., S. 55–59, 61.
44 Ebd., S. 86.
45 Katz, 1927, S. 33. Mit Zitaten: Joachim Krausse: Thinking and Building. The Formation of R. Buckminster Fuller's Key Concept in Lightful Houses, in: Chu/Trujillo, *New Views*, S. 53–75, hier S. 67.

Um dieses Konzept besser mit seiner Frau Anne diskutieren zu können, die in alle Projekte dieser Phase involviert war, aber auch, um Finanziers anzulocken, entwarf Fuller Anfang 1928 eine Vielzahl von Texten. Diese Texte – eine Mischung aus Geschäftsprospekt und Architekturmanifest[46] – sind nicht nur interessant, weil sich an ihrer Entwicklung nachvollziehen lässt, dass Fullers Wohngebäudeentwürfe einen zunehmend futuristischen Zug annahmen. Bemerkenswert ist auch, dass diese Broschüren voller *Skizzen* waren, die den Charakter von Argumentations- und wohl auch Konzentrationshilfen haben, die ihm seine verschiedenen Erfahrungen und Lesefrüchte zusammenzudenken halfen. Fullers Recherchen erschöpften sich nicht in der direkten Konkurrenzbeobachtung, sondern er ließ sich darüber hinaus durch intensive fachübergreifende Lektüren inspirieren. Neben Werken Fords, Bertrand Russels und von amerikanischen Transzendentalisten wie Ralph Waldo Emerson las er programmatische Schriften des Neuen Bauens.[47] Es dürften vor allem die Ideen Frank Lloyd Wrights sowie die radikalen Konzeptionen des Schweizers Le Corbusier gewesen sein, die Fuller zur Konturierung seines Vorhabens ermutigten.

Aber Fuller geriet in einen kreativen Teufelskreis. Je grandioser die Vorbilder waren, die er wählte, je weniger realisierbar zugleich die Unternehmungsgründung erschien, umso fieberhafter arbeitete seine Phantasie. 1928 skizziert er bereits Turmbauten, aufblasbare Sofas und »fußlose« Glastische, die an der Zimmerdecke befestigt waren. Typische Elemente der Bildwelt des architektonischen Modernismus der 1920er Jahre wurden übersteigert: Nicht nur Garagen für Pkw, sondern auch für Flugzeuge tauchten auf. Dazu passend spielte der Werkstoff Aluminium eine wichtige Rolle für sein *Lightful House* – so nannte Fuller sein Gedankengebäude in einer ersten Ausfertigung seiner Broschüre, offenbar um die Assoziation spiritueller Erleuchtung bemüht, aber auch die hygienischen Belichtungsimperative des Neuen Bauens aufgreifend. Fuller verlor zwar nie völlig die Frage der Realisierbarkeit seiner Bauten aus dem Auge, doch lässt sich ein gewisser Eskapismus darin erkennen, dass seine Antwort sich von betriebswissenschaftlichen Strategien auf die konstruktionstechnische, insbesondere statische Grundlagenforschung verlagerte (also jenen Aspekt, der seine Kuppelbauten später tatsächlich bekannt machte). Stilfragen, die für Fuller schon während seiner Arbeit für Stockade nachrangig gewesen waren, gerieten ganz aus dem Blick. Stattdessen hängte er Böden und Wände des *Lightful House* an einem zentralen Mast auf, der die Konstruktion als Fundament in der Erde verankerte und Strom- und Wasserleitungen sowie Öltanks enthalten sollte. Fuller widmete der arbeitserleichternden Haustechnik überhaupt große Aufmerksamkeit. Er entwickelte ein ausgeklügeltes, ebenfalls im Mast integriertes Heizungs- und Ventilationssystem, das sogar einen Staubsaugeranschluss umfassen sollte.[48]

---

46 Lorance, *Becoming*, S-98.
47 Ford und Russel tauchten auch auf Listen potenzieller Empfänger seiner Prospekte auf: SUL, M1090, Series 2, Box 29 Folder 1.
48 Lorance, *Becoming*, S. 177.

Fullers Versuch, das Modernisierungspotenzial, das der Wohnung innewohnte, radikal zu Ende zu denken, erwies sich trotzdem als schwierig. Mehrmals musste er feststellen, dass für seine Ideen bereits Patente vorlagen.[49] Womöglich rief dies Ausweichshandlungen hervor, die erklären, warum Fullers Essay *4D Timelock*, von dem er im Mai 1928 knapp 200 Exemplare im Wachsmatritzenumdruck herstellen ließ, geradezu esoterisch anmutet. Der Text war für einen Werbeprospekt mit knapp 70 Seiten überaus lang. Fuller hatte ihn zudem aus verschiedenen Manuskripten zusammengefügt, was ihn inhaltlich stark mäandern ließ. So beschrieb er seine Patentanträge, analysierte durchaus auch die Marktsituation für Fertighäuser und umriss ausführlich das Geschäftsmodell der zu gründenden Firma. Überdies deutete er an, über erhebliches Gründungskapital zu verfügen, suggerierte aber zugleich, er wolle es anderen überlassen, mit der Firma Geld zu verdienen, und selbst nur von seinen Patenten leben.[50] Umso deplatzierter muten aber Fullers Kontemplationen zum Faktor »Zeit« an, auf den schon der kryptische Titel des Essays anspielte und der Fuller zufolge im Bauen sträflich vernachlässigt werde. Vor dem Hintergrund der zeitgenössischen Diskussionen um die Rationalisierung der Architektur war es zwar nicht sonderlich originell, wenn Fuller forderte, die Zeiteinsparungstechniken des *Scientific Management* auch auf das Bauwesen anzuwenden. Gleiches galt für die Tatsache, dass er sich wiederholt voller Bewunderung auf Ford und die Automobilproduktion bezog, aber auch regionale Bauvorschriften in den USA diskutierte, die einer industriellen Massenfertigung von Wohnbauten im Weg standen. Dabei blieb es aber nicht. Fullers Essay kombinierte dies mit schwer verständlichen Exkursen in Richtung Relativitätstheorie und geradezu mystischen Abstechern zur Zeit als der »vierten Dimension«.

Fullers Eskapismus war aber nicht nur theoretischer Natur, er betraf auch die Vision vom Idealleben, die sein Essay entwarf. In technischer Hinsicht muteten seine Entwürfe geradezu wie *Science Fiction* an. In sozialer Hinsicht waren sie aber weit konservativer. Fullers Haus war wirklich eine Wohnmaschine, wie es bei Le Corbusier hieß. Aber es war *keine* Wohnung für das Existenzminimum, um das die europäischen Architekturdebatten der 1920er Jahre kreisten, mit denen Fuller übrigens vertrauter war, als es das Literaturverzeichnis des Essays suggerierte. Im Gegenteil versprach Fuller, ein Rundum-Komfort-Paket für das Kleinfamilienleben anzubieten. Dieses Paket war unübersehbar an das männliche Alleinverdienermodell angepasst, das er selbst lebte, während den Wünschen der Hausfrau mit einer arbeitsersparenden Küche inklusive Spülmaschine begegnet wurde. Bürgerliche Normen schimmerten auch insofern durch, als Fuller die Zeitersparnis *in* der Wohnung zur Selbstbildung genutzt wissen wollte, was ebenfalls auf technischem Wege erfolgen sollte: Wenn Fuller standardmäßig eine Ausstattung seines Hauses mit einem Radio und sogar einem Fernsehempfänger und

---

49 Ebd., S. 88–90.
50 Lorance erkennt hier erstmals das Mantra der Selbstlosigkeit, das konstitutiv für Fullers Selbstsicht und Fremdwahrnehmung werden sollte: ebd., S. 120.

-sender (!) vorschwebte, dann griff er damit Technikantizipationen auf, die in der Zwischenkriegszeit weit verbreitet waren. Bei Fuller wurden diese Kommunikationsapparaturen aber notwendig, weil *seine* Vision des guten Wohnens geradezu antiurban war. Sie sah, sofern vom Kunden gewünscht, sogar eine quasi-autarke Existenz in der Wildnis vor. Man muss das nicht als Sublimierung seiner eigenen Wünsche in einer Phase großer Existenz- und Versagensängste interpretieren. Es fällt jedoch auf, dass man in Fullers Haus einerseits in Ruhe gelassen wurde, mit ihm andererseits aber schnell das Weite suchen konnte.

»One-Town-World«: Standardisierung und Kosmopolitismus

Erst vor dem Hintergrund dieser Vision einer technisch ermöglichten dezentralen Lebensweise entfalten viele der Skizzen in *4D Timelock* ihren Sinn, die Fuller, der zeichnerisch offenbar nur mäßig begabt war, mit professioneller Hilfe hatte reinzeichnen lassen. Schon das Cover des Essays zeigte, passend zum Titel, ein stilisiertes Ziffernblatt und eine Sanduhr. Es war aber auch ein Globus mit leicht nach vorn gekippter Erdachse und plastisch hervorgehobenen Kontinenten darauf abgebildet. Mit dieser Abbildung korrespondierte eine weitere, im Inneren des Essays abgedruckte Skizze der Erdkugel: Der Planet wurde auf dieser Skizze von zwanzig Eindecker-Flugzeugen und einigen Luftschiffen in allen Himmelrichtungen umrundet. Am unteren Bildrand hatte Fuller ergänzend statistische Daten untergebracht: Nur 26 Prozent der Erde, hieß es hier, bestehe aus bewohnbarem Land, von dem 86 Prozent sich nördlich des Äquators befänden: »The Whole of the Human Family could stand on Bermuda. All crowded into England they have 750 Sq Feet each.«[51] Was als frühester visueller Ausdruck von Fullers globalem statistischen Denken betrachtet werden kann, erklärt sich aber erst, wenn man das knappe Dutzend stilisierter Turmbauten betrachtet, die sich ebenso gleichmäßig über die Kontinente verteilten wie der Flugverkehr: Mit seiner Skizze (die er später als »Air Ocean World Town Plan« bezeichnete) dachte Fuller letztlich seine Unternehmensidee im Medium der Zeichnung zu Ende. In ihr verknüpfte sich seine Begeisterung für die Luftfahrt als *Cutting Edge*-Technologie seiner Zeit mit der Idee des Versandhandels mit ganzen Häusern. Die Lieferung besonders leichter Fertighäuser (deren Versorgungsmast Fuller gern mit Ankermasten für Luftschiffe verglich) in die entlegensten Ecken Amerikas unterschied sich nur graduell von der Auslieferung von Bauten per Flugzeug, die tendenziell über den ganzen Planeten erfolgen konnte, wie es Fuller mit seiner Zeichnung imaginierte.[52] Die ortsunabhängige Bereitstellung

---

51 Zitiert nach Marks, *Dymaxion World*, S. 77 (hier auch ein Abdruck der Skizze).
52 Dass Fuller den Essay später um ein Jahr rückdatierte, hat seinen Grund darin, dass sich so eine Koinzidenz mit Charles Lindberghs Atlantiküberquerung suggerieren ließ. *Das* transnationale Medienereignis dieser Zeit, das der *Air-Age-Geography* (und in Form der von Lindbergh mitbegründeten American Interplanetary Society auch der Raumfahrtspekulation) den Weg bahnen sollte, machte den konservativen, als Weltbürger gefeierten Flieger zum persönlichen Helden Fullers. Immer auf der Suche nach technischen

seines Produkts würde dann überall jene zugleich moderne und nomadische Existenz möglich machen, die Fuller sich womöglich selbst ersehnte (und die seine Fans in der Gegenkultur später tatsächlich erprobten, nicht ohne sich dabei als Teil einer vernetzten »Whole Earth« zu begreifen).

Die physischen Eigenschaften des Planeten, die in Fullers Denken und Schreiben fortan eine so zentrale Stellung einnehmen sollten, hielten darin also als Grenzen des Markts für sein Unternehmen Einzug. Wenn Fuller noch Mitte der 1960er Jahre eine effizientere »Weltversorgungsindustrie« forderte, dann knüpfte er also an frühere Überlegungen an, seine Firma »Cosmopolitan Homes Corporation« zu taufen. Kosmopolitisch war an Fullers phantastischem Businessplan indes in erster Linie die Absicht, einen universal angestrebten Lebensstandard zu verwirklichen. Vorgesehen war nur eine Ein-Familien-Variante seines Hauses. Wenn das bereits an den *One Worldism* der 1940er Jahre erinnert, dann auch deshalb, weil die Massenproduktion für die billige, flächendeckende Versorgung der Menschen mit bedürfnisgerechtem Wohnraum voraussetzte, die amerikanischen Maßstäbe der Bedürfnisbefriedigung – die ja in der Tat im transatlantischen Vergleich bereits Ende der 1920er Jahre höher lagen – zum selbstverständlichen Maßstab der Zukunftsentwicklung auf dem *ganzen Planeten* zu machen. Damit verbunden wurden jedoch amerikanische soziale Formen (und Normen) des Zusammenlebens zur Messlatte.

Modelle und Medieninszenierung

In Fullers Zeichnungen verbanden sich zwei seiner Obsessionen dieser Zeit: die Motivik aviatischer Grenzüberschreitung sowie das Thema der effizienten Nutzung von Ressourcen. Fullers rudimentärer Globalismus erwuchs aber auch aus einer Mischung aus Verzweiflung und Hybris, gepaart mit einer ausgeprägten Imaginationsgabe, die zeitgenössische Trends in Bauwesen und Industrie fortspann. Allerdings blieben Fullers optimistische Unternehmenspläne ohne Resonanz. Daran änderte auch nichts, dass Fuller *4D Timelock* im Vorfeld des Jahreskongresses des Berufsverbands American Institute of Architects (AIA) in St. Louis gezielt an einflussreiche Personen verschickt hatte. Vor Ort wurde Fuller – einem Außenseiter ohne formale Ausbildung – keine Möglichkeit gegeben, eine eigens vorbereitete Rede zu halten, in der er technischen Fortschritt, Aufklärung und Individualismus besang. Fuller musste mit wenigen persönlichen Gesprächen am Rand des Kongresses vorliebnehmen. Ein Investor fand sich nicht, und auch kein Verlag, der seinen Essay in größerer Auflage gedruckt hätte.

Alleinstellungsmerkmalen für sein Firmenkonzept musste er sich von Lindberghs Beweis des technisch und menschlich Möglichen darin bestärkt gefühlt haben, die Behausung als standardisiertes Massenprodukt zu konzipieren, das als solches nicht mehr auf regionale Bedingungen, Materialien und Infrastrukturen Rücksicht nehmen musste. In dieser Hinsicht dürfte aber auch Fords *Model T* eine Rolle gespielt haben, das seinen Erfolg nicht zuletzt seiner Mobilität in schwierigem Terrain verdankte.

Fuller führte all das auf die unzeitgemäße Ablehnung der Standardisierung zurück, nicht ohne diese vermeintliche Gegnerschaft der Architektenzunft in der Folge zur Plattform für die Propagierung der eigenen, progressiveren Ideen – und seiner eigenen Person als Freidenker – auszubauen.[53]

Fuller änderte überhaupt seine Strategie. Er verschob die Firmengründung und setzte stärker auf den Weg der öffentlichen Präsentationen,[54] der ihm aus seiner Zeit als Verkäufer geläufig war. Ein erster Erfolg stellte sich ein, als er im Winter 1929 sein Gebäudekonzept rund drei Wochen lang im Rahmen einer Möbelausstellung im Chicagoer Warenhaus Marshall Field Department Store präsentieren durfte. In diesem Zusammenhang fand Fuller auch zu dem Markennamen, unter den er in der Folge fast all seine Projekte und Erfindungen und schließlich sogar seine Selbstdokumentation stellte: Waldo Warren, ein Mitarbeiter der Werbeabteilung des Warenhauses, hatte sich im Verlauf eines Vortrags Fullers die Stichworte »dynamic«, »maximum« und »tension« notiert und fügte diese dann zum Kompositum »Dymaxion« zusammen.[55] Etwa zur selben Zeit ließ Fuller sich von einigen Architekturstudenten auch eine dreidimensionale Anschauungshilfe seines entsprechend »Dymaxion House« getauften Gebäudeentwurfs anfertigen. Das Modell aus Aluminiumröhrchen und Holz hatte den Vorzug, dass Fuller es vor Publikum zusammensetzen und so besonders gut seine revolutionären Konstruktionsprinzipien verdeutlichen konnte. Das war der Beginn einer Präsentationstechnik, die Fuller zunehmend perfektionierte. Er nahm seine Modelle in die Hand, ließ die eigene Phantasie sich an ihren Mechanismen entzünden und spielte ein wenig den Magus, der mit den Händen Raum und Zeit verbog. Das war auch fotogen; das typische Fuller-Porträt zeigte ihn fortan neben den Modellen jener Projekte, an denen er gerade arbeitete, Modellen, die schon aufgrund der Verwendung neuartiger Materialien wie Plexiglas oder Aluminium die Aufmerksamkeit auf sich zogen.

Während Fuller von Vorauszahlungen seines Erbes zehrte, um mit seiner Familie zu überleben, fanden seine Ideen erste Beachtung seitens verschiedener Handelsorganisationen, Werbefirmen sowie seitens der Architekturpresse, etwa der Zeitschrift »Architecture«, die Fuller einen ersten Artikel widmete. 1930 wurde er auch von dem einflussreichen Planungstheoretiker und späteren Stadt- und Technikhistoriker Lewis Mumford erwähnt. Bereits im Juli 1929 hatte Fuller Chicago den Rücken gekehrt und war nach New York, in das Zentrum der Medienwelt der USA zurückgekehrt, wo er – offenbar nach Auszahlung einer Lebensversicherung[56] – 1931 ein darniederliegendes Architekturmagazin erwarb und umbenannte. In »Shelter« erschienen neben Artikeln, die Fuller mit dem Pseudonym »4D« zeichnete, Beiträge von Exponenten des Neuen Bauens. Für das modernistische Design des Magazins konnte Fuller den

---

53 Ebd., S. 114, 102–107.
54 Ebd., S. 156.
55 Ebd., S. 132.
56 Krausse/Lichtenstein, Chronologie, S. 29.

dänisch-stämmigen Gestalter Knud Lönberg-Holm gewinnen, der wenig später die Structural Studies Association mitbegründete, eine Vereinigung progressiver Architekten und Architekturkritiker, in der Fuller dem späteren *Air-Age*-Autor Archibald MacLeish begegnete.[57] Der Bekanntenkreis Fullers, der in dieser Zeit einen gewissen Ruf als *Party Animal* erwarb, erweiterte sich überhaupt stark. Fuller kam mit der Bohème-Welt des Greenwich Village in Berührung, die sich unter anderem in Romany Marie's Café am Washington Square traf. Auch dort durfte er sein Modell des *Dymaxion House* ausstellen und wurde, nachdem er mit der Gestaltung der futuristischen Inneneinrichtung des Cafés betraut worden war, von dessen Besitzerin Romany Marie Yuster zum inoffiziellem Redner des Szenetreffs auserkoren. Offenbar lernte Fuller hier, seine ZuhörerInnen durch phantastische Ausführungen stundenlang zu fesseln.[58] Fullers konkrete Vorschläge zur Industrialisierung des Bauwesens schienen nach Beginn der Weltwirtschaftskrise indes aussichtsloser denn je. Zwar knüpfte er temporär große Hoffnungen an Gespräche mit den Organisatoren der Weltausstellung, die für 1933 unter dem Motto »A Century of Progress« in Chicago geplant war. Tatsächlich sollte es jedoch erst Anfang der 1940er Jahre, mit der erwähnten *Dymaxion Deployment Unit*, zur projektierten Serienfertigung eines Fuller-Entwurfs kommen.[59]

Letztlich blieb Fuller bis weit in die Nachkriegszeit hinein ein *Tryhard*, um diesen etwas abfälligen englischen Begriff zu verwenden. Er diente sich mächtigen und gutvernetzten Männern und Frauen an. Er beobachtete seine Konkurrenz genau. Er ließ erfolglose Vorhaben rasch fallen, um sie ebenso schnell zu reaktivieren, wenn sich ihre Realisierungswahrscheinlichkeit wieder erhöhte. Er nahm Schulden auf, um Projekte präsentabel zu machen, deren Urheberrechte er eifersüchtig bewachte, und trieb auch aus Anstellungsverhältnissen heraus persönliche unternehmerische Vorhaben weiter. Dabei ließ er wenig Rücksicht auf jene weiterhin in Chicago beheimatete Familie erkennen, die er doch zum Auslöser seiner Entscheidung stilisierte, ein ganz dem Fortkommen der Menschheit gewidmetes Leben zu leben. Diese Selbststilisierung zeigt, dass Fuller irgendwann in der zweiten Hälfte der 1930er Jahre erkannt hatte, dass er seine Vorstellungen gar *nicht realisieren musste*, um seinen Lebensunterhalt zu bestreiten und zugleich ein unabweisbares Geltungsbedürfnis zu befriedigen. Fuller zäumte das Pferd von hinten auf und kultivierte ein Image als Ideen-Unternehmer. Er fand so Ende des Jahrzehnts tatsächlich Finanziers. So konnte er etwa Sponsoren für seinen spektakulären (und spektakulär verunfallten) dreirädrigen »Dymaxion Car« gewinnen, der 1939 auf der Weltausstellung in New York zu sehen war.[60] Ähnlich verhielt es sich mit dem erwähnten präfabrizierten Badezimmer aus Kupfer, das Fuller zunächst

---

57 Ebd., S. 19, vgl. auch Suzanne Strum: *The Ideal of Total Environmental Control. Knud Lönberg-Holm, Buckminster Fuller, and the SSA*, Abingdon/New York 2017.
58 Sadao, *Friends*, S. 75.
59 Lorance, *Becoming*, S. 198.
60 Dazu Jonathan Glancey u.a. (Hg.): *Dymaxion Car. Buckminster Fuller*, London u.a. 2011.

mit der American Radiator-Standard-Sanitary Manufacturing Company zu realisieren versuchte. Es war dieses Projekt, das ihm seine Stellung bei der Phelps Dodge Corporation verschaffte, wo Fuller den Ruf als Wirtschaftsprognostiker erwarb, der ihn dann zu den schon beschriebenen Tätigkeiten für das »Fortune«-Magazin und das Board of Economic Warfare brachte.

Man sollte die 1930er Jahre also nicht nur als Kernphase der Entwicklung wichtiger Fuller'scher Ideen oder Erfindungen betrachten. Sie waren ebenso ein Zeitraum, an dessen Schluss ein unerwartetes Endprodukt stand: der »unnormal-normale« Neuengländer und Visionär »Bucky« Fuller. Schon in *4D Timelock* hatte Fuller sich darüber Gedanken gemacht, wie man die Öffentlichkeit mittels Werbung im Radio von der Bedeutung einer neuen Bauindustrie überzeugen könne. Nun war er nicht nur selbst als Publizist tätig, er pflegte auch seine Kontakte zu Zeitungsredakteuren, überließ diesen kostenfrei Fotos und versah sie mit Textbausteinen zu seiner Biografie.[61] Auch in dieser Hinsicht Arno Peters ähnlich, spielte er virtuos auf der Klaviatur der Massenmedien. Fuller, der sich der journalistischen Attraktivität einer spektakulären Geschichte bewusst war, nutzte die inszenierte Vita im Sinne eines PR-Werkzeugs.[62] Er verlieh seinen Vorhaben eine prekäre Legitimität, indem er das eingangs geschilderte Narrativ von seinem persönlichen Leidensweg in Anschlag brachte und auf seine Herkunft aus einer Familie von Nonkonformisten hinwies.[63] Prekär war das, weil ein *Publicity*-freundliches Image als genialischer Außenseiter sich nur graduell vom weniger schmeichelhaften Bild des »verrückten Erfinders« unterschied, das etwa die »Saturday Evening Post« 1944 von ihm zeichnete.[64] Riskant war aber auch die Strategie, Aspekte seiner Biografie unerwähnt zu lassen, die sich *nicht* nahtlos in das Narrativ vom »selbstlosen Selbstexperiment« einfügten, und umgekehrt seine vielen Einfälle und Erfindungen als Ergebnisse einer einzigen großen Denkanstrengung zu präsentieren und mit dem Namen »Dymaxion« zu »branden«: Die Unterstellung, Fuller sei ein Aufschneider, Scharlatan oder gar Lügner, begleitete ihn bis an sein Lebensende. Es wäre jedoch falsch, in Fullers rückdatierter Weltverbesserungsmission *nur* eine Selbstvermarktungsstrategie zu sehen. Vieles deutet darauf hin, dass er selbst nicht mehr zwischen seiner wahren Lebensgeschichte und ihrer Überhöhung unterscheiden konnte.[65]

---

61 Fuller war sich auch nicht zu schade, Interviews mit sich selbst zu führen, eigene Werke anonym zu rezensieren oder Besprechungen seiner Werke zu Werbetexten zu »edieren«. Siehe etwa: »Nine Chains to the Moon«: Alloys Bring New Forms, in: *Technical America*, August 1939, S. 3–4, 19, sowie die Unterlagen in SUL, M1090, Series 4, Box 3, Folder 4, Master Biography und Series 2, Box 29, Folder 1.
62 Lorance, *Becoming*, S. 228.
63 Ebd., S. 206.
64 Leigh White: Buckminster Fuller and the Dymaxion World, in: *Saturday Evening Post*, 18.10.1944.
65 Fuller nahestehende Personen zeigten sich von der geringen Wirklichkeitstreue des Fuller'schen autobiografischen Kommentars wenig überrascht. Bei aller Vorsicht vor Psychologisierung scheint die Einschätzung Allegra Snyders nicht unplausibel, an ihrem Vater hätten zeitlebens Selbstzweifel genagt und er habe sich mithilfe seiner schöngefärbten Rückblicke der Sinnhaftigkeit seines Tuns versichert. Barry

Denken als Abenteuer

Nähere Einblicke in das Werden des »Visionärs« sowie in die Herausbildung seiner Ideen vermittelt *Nine Chains to the Moon*. Fuller erstes (nicht in Eigenproduktion entstandenes) Buch erschien 1938, kurz vor Beginn seiner »Fortune« Tätigkeit, im renommierten Lippincott-Verlag in Philadelphia. Ich habe bislang nur das ausfaltbare Poster beschrieben, das in den Einband dieser Veröffentlichung eingeklebt war, weil dessen technikhistorische Diagrammatik Fullers Geovisualisierungs-Arbeiten recht unmittelbar erklärt. Aber auch der Text von *Nine Chains to the Moon* ist einer Analyse wert, und zwar aus genau den Gründen, die Fuller selbst von diesem Erstlingswerk später wenig Aufhebens machen ließen: Die Verkäufe des Buchs waren deutlich hinter seinen Erwartungen zurückgeblieben. Das lag sicher daran, dass Fullers Buch ein Kompilationswerk war. Es steckte jedenfalls voller argumentativer Lücken, stilistischer Brüche und Themensprünge – mehr noch, als es der Untertitel »An Adventure Story of Thought« vermuten ließ.[66] Dies hat mit dem langen Entstehungszeitraum des Werks zu tun. Erste Textteile hatte Fuller schon 1933 verfasst, die Schreibarbeit kam aber in den folgenden Jahren wiederholt zum Erliegen, da sich lange kein Verlagshaus für das Werk begeistern konnte.[67] Die Heterogenität des Buchs macht dieses aber umso sprechender, will man Fullers Ideen und Ambitionen aus seinem eigenen Erfahrungsraum heraus verstehen. So konnte er sich über die rund 400 Seiten des Buchs offensichtlich nicht recht entscheiden, ob er sich darin als Bauunternehmer äußerte oder als jener »Trendprognostiker« präsentierte, als der er sich ab Mitte der 1940er Jahre mit mehr Nachdruck positionierte. Verbunden mit dieser Unsicherheit tritt in dem Buch auch der Einfluss zweier Denkströmungen der Zwischenkriegszeit auf den Autor klar hervor, die sich hier noch nicht ganz zu jenem idiosynkratischen, aber durchaus konsistenten Denk- und Sprachstil späterer Publikationen vermischt hatten: nämlich das *Scientific Management* und die spekulativen Evolutionstheorien der Zwischenkriegszeit.

Vordergründiges Thema von *Nine Chains to the Moon* war der »Shelter«, wie schon in der gleichnamigen Zeitschrift, die Fuller einige Jahre zuvor hatte einschlafen lassen. Vor allem zu Beginn und im manifestartigen Schluss des Buchs unterbreitete er

---

Katz stimmt zu: Fullers wichtigste Erfindung sei er selbst gewesen. Er habe einen »effektiven Mythos« in die Welt gesetzt, der ihn antrieb: »It gave a trajectory to his career.« Beide Aussagen zitiert nach: James Sterngold: The Love Song of R. Buckminster Fuller, in: *The New York Times*, 15.6.2008.

66 Fuller verzichtete in den verschiedenen Neuauflagen des Buchs, die ab Mitte der 1960er Jahre erschienen, auf diesen Untertitel (und auch auf das Tabellen-Poster). Ich zitiere im Folgenden aus einer dieser Neuauflagen: R. Buckminster Fuller, *Nine Chains to the Moon*, London 1973 [1938].

67 Den sprunghaften Charakter von *Nine Chains to the Moon* erklärt überdies, dass Fuller das Buch nicht alleine verfasste. 1935 diktierte er seiner Assistentin Viola Cooper erste Kapitel. Diese überarbeitete das Werk insgesamt fünf Mal und prüfte auch manche Behauptung Fullers, etwa jene, die Syphilis lasse sich mithilfe elektrischen Stroms behandeln: Harry F. West an Viola Cooper, 16.3.1938, SUL, M1090, Series 2, Box 38, Dymaxion Chronofile, Vol. LIX.

Vorschläge für die Versorgung der Menschheit mit Wohnraum. So ließ er seinen LeserInnen Mr. Murphy begegnen, einem Durchschnittsbürger, der auf dem Rückweg von der Arbeit der ganzen Gemeinheit der großstädtischen Umwelt ausgesetzt war. Murphy wurde von Autos mit Regenwasser bespritzt, quetschte sich in die U-Bahn, nur um in einer von hunderttausenden Wohnungen am Rande der Stadt in ein Bett zu fallen, das er sich mit den Kakerlaken teilte. Kein Wunder, dass er ein Magengeschwür hatte angesichts seiner fremdbestimmten, dysfunktionalen Existenz, die den multiplen »[m]echanischen Fehlanpassungen an die Umwelt des Individuums« anzulasten war.[68] Für Murphy war es wohl zu spät. Für die heranwachsende »potenziell unverdorbene Generation« allerdings konnten und mussten bessere Räume geplant werden, so Fuller – Räume, die sie zu Herren über ihr eigenes Dasein werden ließen.[69] Der Weg, den Fuller dafür propagierte – eine bedürfnisgerechte Massenproduktion von Wohnungen allein auf Basis wissenschaftlicher Kriterien –, war 1938 nur noch wenig revolutionär und soll hier auch nicht eingehender rekonstruiert werden.[70] Denn Fuller gab in der Anfangspassage des Buchs auch schon einen Vorgeschmack auf ein umfassenderes Argument: Murphys Frau Julia wurde nämlich von ihrer Tochter gefragt, wie die Zukunft aussehen könne, scheiterte aber an der Antwort. Das, so Fuller, lag an einer Erziehung zum Kleingeistigen, deren Ursache wiederum in einer gesellschaftlichen Erschöpfung liege, die auf die Ineffizienz der planlosen Umwelt zurückzuführen sei, in der die Murphys der Gegenwart zurechtkommen mussten. Eine an die menschlichen Lebensfunktionen angepasste physische Umgebung, so die Implikation, setzte umgekehrt *geistige Kraftreserven* frei, die ihrerseits zur Verbesserung des menschlichen Daseins eingesetzt werden konnten. Und so fällt auf, dass Fullers Argument kein sozialpolitisches im engeren Sinne war. Politik betrachtete er im Gegenteil als retardierenden Faktor der weit über die Problematik des Wohnens hinausweisenden Entwicklungsmöglichkeiten, die er den Murphys der Welt vor Augen führen wollte.

Leserinnen, die sich für Fragen des Wohnungsbaus im engeren Sinne interessierten, dürften allerdings eher verwirrt gewesen sein von jenen Passagen seines Buchs, in denen Fuller sich beispielsweise völlig unvermittelt mit der Überladungssicherheit von Stromnetzen und der Übertragung von Energie über große Distanzen befasste: Wasserkraft, so Fuller unter Bezug auf *das* großtechnische Projekt seiner Zeit, die Aufstauung der Flüsse des Tennessee Valley, habe keine Gefühle. Umso absurder seien die Mühen, die ein Bergarbeiter in den Kohlestollen der USA aufbringen müsse, um einige wenige Pferdestärken zu produzieren, die in keinem Verhältnis zu seinem eigenen Energiekonsum stünden.[71] Als rein energetische Gleichung betrachtet, arbeiteten

---

68 Ebd., S. 3, 7.
69 Ebd., S. 8.
70 Ebd., S. 38.
71 Ebd., S. 67.

bereits »211 unbelebte Energiesklaven und 11 Brennstoffsklaven« täglich für ihn.[72] Die Amerikaner hätten also allein durch ihre »geistigen Eroberungen« einen »Komfort im Dasein« erreicht, der »das Äquivalent ihrer bewaffneten Eroberung und Versklavung der gesamten belebten Welt« sei.[73] Der Weg, den nun die Menschheit insgesamt einschlagen könne – wenn diese nur ihre nationalistischen Scheuklappen ablegte –, war die Verbesserung der »Befähigung zur Energiewandlung« oder »Ephemeralisierung«, wie Fuller dies hier zum ersten Mal nannte.[74] Mit diesem Begriff, den sein erstes Buch, aber auch alle ihm folgenden Werke auf immer neue Weise umkreisen, meinte er eine Art kognitive Unterwerfung des Planeten durch den Menschen. Es ging um die Steigerung seiner Befähigung, sich vorhandene Energien auf eine Weise zunutze zu machen, die den Einsatz ineffizienter Motoren, großer Materialmassen und -mengen unnötig machte. Effizienter Wohnungsbau war für Fuller also nur *ein* Beispiel, wenn nicht eine Metapher für die Möglichkeiten des *Denkens*, sich die materielle Welt verfügbar zu machen. Der Mensch, dessen war Fuller sich 1938 sicher, werde sich bald ganz von der Last der körperlichen Arbeit befreien. Die Herrschaft der »Materie über den Geist« war im Begriff, von der »Geist-über-Materie-Dominanz« abgelöst zu werden.

Um diesen Großtrend zu plausibilisieren, brachte Fuller nicht nur seine bereits beschriebenen Industrialisierungsdiagramme in Stellung. Er widmete auch schon viele Seiten von *Nine Chains to the Moon* jener Suche nach einem absoluten Maßstab zur vergleichenden Bemessung entsprechender Effizienzgewinne, die er zwei Jahre später dann in der »Fortune« fortsetzen sollte. Kein Zweifel bestand für Fuller, dass es sich bei einem solchen Maßstab um einen »Energie- (oder Kraft-)Standard« handeln musste. So sei denkbar, dass man in naher Zukunft mit Photonen statt mit dem Goldstandard rechnen werde. Die Formel »Energie = potenzieller Wohlstand« sei jedenfalls universell gültig.[75] War das schon schwere Kost, so dürfte Fuller selbst geneigte Leser spätestens mit jenem Kapitel verloren haben, das mit einer weiteren Gleichung überschrieben war: »$E=mc^2$=Mrs. Murphy's Horse-power« war auch deshalb das Schwerstverständliche des Buchs, weil Fuller darin seine Ideen durch Assoziation mit *der* weltbewegenden Theorie seiner Zeit zu adeln versuchte, ohne diese selbst ganz verstanden zu haben. Er ließ darin ein Telegramm als Faksimile abdrucken, in dem er seinem Freund Isamu Noguchi die Relativitätstheorie im Licht der eigenen Ideen zur verbesserten Energie-Operationalisierung erklärte.[76] Dass Albert Einstein dem persönlich seinen

---

72 Ebd., S. 69.
73 Ebd.
74 Ebd., S. 74.
75 Ebd., S. 70.
76 Bei Lippincott hatte dieses Ansinnen Besorgnis ausgelöst, weil es die Seriosität des Buchs zu untergraben schien. Offenbar drohte man, es nicht zu drucken. Fuller verschaffte sich daraufhin eine Audienz bei Einstein. Der attestierte ihm in New York, ihn nicht *falsch* verstanden zu haben, und stimmte dem Abdruck des Telegramms mit dem doppelbödigen Kompliment zu, es sei ihm nie in den Sinn gekommen, dass seine Theorie sich »anwenden« lasse. Zu dieser Anekdote ohne Quellenangaben: http://www.nous.org.uk/Nine.html (19.6.2019).

(vagen) Segen gegeben hatte, war für Fuller ein großer Coup. Es sollte aber nicht darüber hinwegtäuschen, dass Fuller Einsteins Theorien so deutete, dass die unterschiedlich schnellen Bewegungen expandierender Energien im Universum gewissermaßen synchronisiert werden konnten, um Energie und Zeit zu sparen. Fuller, der sich Energie also letztlich wie Radiowellen vorstellte, die sich sphärisch von einem Sender aus ausbreiteten,[77] erwies sich damit als anti-entropischer Denker. Als solcher war er eher von älteren, nämlich von den Energieverschwendungsdebatten der Jahrhundertwende geprägt als von Einsteins Einsichten.

Technokratie und die Gesetze der Weltgeschichte

Fullers Machbarkeitsgewissheit verdankte sich weit stärker, als er dies später offenlegen sollte, den Exponenten des *Scientific Management*. So ließ er in seinem Buch durchblicken, dass er im Bilde war über Lillian und Frank Gilbreths Versuche der 1920er Jahre, im Rahmen ihrer filmgestützten industriephysiologischen Studien in der Link Belt Company einen Maßstab zur Messung der Energieeffizienz einzelner Arbeitsbewegungen einzuführen, den sogenannten »therblig« (das war ein Anagramm des Namens Gilbreth). Fuller griff auch die Anregung der Gilbreths auf, diese Maßeinheit für anreizbasierte Entlohnungsformen zu nutzen. Er dachte diese Idee aber weiter, indem er sich ausmalte, auch den individuellen Beitrag zur verbesserten Verfügbarmachung solcher Energien zur Basis der Vergütung verschiedener Tätigkeiten zu machen.[78] Er hatte allerdings nichts zum bürokratischen Aufwand zu sagen, den das nach sich zöge, geschweige denn zur Staatsform, die dies gewährleisten konnte. Umso auffälliger ist, dass Fuller in *Nine Chains to the Moon* den Eindruck zu zerstreuen versuchte, ihm schwebe eine Herrschaft der Techniker und Ingenieure vor: »Technocracy? No. Technocracy failed, because it made no allowance to passion, fashion, chance, change, intuition, the mysticism of harmony and, most important, for – ›*it happens*‹«.[79] Tatsächlich hatten die wenig demokratischen Ideen der Mitglieder von *technocracy inc.* (des vielbeachteten *Think Tanks* im Umfeld der Columbia University), auf die Fuller hier anspielte, und mit denen er teils persönlich verkehrt hatte,[80] mit dem Aufstieg totalitärer Regimes in der zweiten Hälfte der 1930er Jahre an Reiz eingebüßt. Aber womöglich täuschte Fullers Relativierung darüber hinweg, wie viel er gerade Howard Scott verdankte. Der bekannteste Vertreter der amerikanischen Technokraten hatte eine neue Maßeinheit, die sogenannten »ergs«, zur Messung der Energiekonversion aus natürlichen Quellen

---

77 Wigley, *Buckminster Fuller Inc.*, S. 18f., S. 23.
78 Fuller, *Nine Chains*, S. 78f., 80.
79 Ebd., 89 [Hervorh. im Orginal].
80 Jonathan Massey: Necessary Beauty. Fullers Sumptuary Aesthetic, in: Chu/Trujillo, *New Views*, S. 99–124, hier S. 106f.

eingeführt. Scott hatte diese Maßeinheit im Rahmen einer Untersuchung der nordamerikanischen ökonomischen Potenziale genutzt.

Fuller allerdings stellte die von den »Technokraten« übernommenen Überlegungen in seinem Buch in den Rahmen einer eigenwilligen historischen Erzählung. Die entsprechenden Passagen offenbaren, was er – anders als die »Technokraten« – für den treibenden Faktor des Geschichtsprozesses hielt, den er letztlich mit der »Ephemeralisierung« gleichsetzte. Fuller fordert seine Leser dazu auf, sich die Geschichte als »graph«, als allmählich aufsteigende Wellenlinie, vorzustellen.[81] Das Vorrücken der Zeit wurde als horizontal wirkende vektorielle Bewegung dargestellt, vertikale Kulminationspunkte markierten das Wirken exzeptioneller »Wissenschaftler-Philosophen« und praktischer Künstler wie Galileo und da Vinci. Phasen der Stagnation hingegen resultierten (so Fuller) aus der Politik. Kriegerische Feudalherren, Kirchen und Kapitalisten monopolisierten die Ideen der praktischen Philosophen und hemmten damit ihre vielleicht wichtigste Fähigkeit: die Fähigkeit nämlich, ihre Erkenntnisse zu vermitteln.[82] Letztlich spielten in Fullers historischem Narrativ aber die Medien und die durch sie möglich gewordenen kulturübergreifenden Kommunikationsvorgänge die Hauptrolle, und zwar im expliziten Kontrast zu den auf Schlachten fokussierenden konventionellen Geschichtsbüchern, die er als intellektuellen Ausdruck historischer Stagnationsphasen ablehnte. So hob Fuller die emanzipatorischen Wirkungen der Druckerpresse hervor und die Verdienste der Araber, die er als »Kulturträger« im engeren Sinne des Wortes verstand:[83] Fuller zufolge hatten diese das im Mittelalter in Vergessenheit geratene nautisch-mathematische Anwendungswissen der Griechen bewahrt und weiterentwickelt. Dieses Wissen wurde dann aber in der europäischen Expansion der Frühen Neuzeit erst recht wirksam: Die vor Rohstoffen strotzende *tabula rasa* Nordamerikas zog nun die besten, innovationsfreundlichsten Menschen aus Europa an, die hier ihre feudalen Fesseln abwarfen;[84] die Lernkurve stieg also besonders rasant an. Dann aber folgten auf den Spuren der Siedlerpioniere die profitgierigen Banker und Händler. Sie läuteten die roststarrende »Lagerhaus-Ära« des 19. Jahrhunderts ein. Das war laut Fuller die vorläufig letzte Regression im Sinne einer planlosen, ineffizienten Ressourcenausbeutung. Das späte 19. Jahrhundert trug jedoch auch schon den Keim von Entwicklungen in sich, die in der Gegenwart wirksam wurden. Diese war nämlich bestimmt von neuen,

---

81 Fuller, *Nine Chains*, S. 106.
82 Ebd., S. 126f.
83 Ebd., S. 108.
84 Fuller sprach von »mentalen Kolonisten«, zu denen er explizit nicht die »materialistischen« Sklavenhalter der Südstaaten zählte. Er begrüßte überhaupt das allmähliche Verschwinden der nationalen Charaktermerkmale der (allerdings als »weiß« ausgewiesenen) Pioniere. Wenig Mitleid hatte er hingegen mit den amerikanischen Ureinwohnern. Von ihnen, so schrieb er, gebe es heute mehr als zur Zeit der europäischen Besiedelung. Kaum sympathischer, aber durchaus konsequent mutet an, dass Fuller, der »den Juden« einen genetischen Wandertrieb unterstellte, es als *Verlust* der sie »aufnehmenden« Gesellschaften begriff, wenn sie diese nicht als dynamisierenden Faktor begriffen, sondern als Unruhestifter ausgrenzten: ebd., S. 121f.

fortschrittsförderlichen Kommunikationskanälen wie modernen Straßen, dem Telefon, Schnellzügen – und natürlich dem Flugzeug, das mehr als alle anderen technischen Entwicklungen zugleich Ergebnis und Faktor des räumlich-kognitiven Zusammenwachsens der Menschheit war: Eine »völlig neue, Weltpopulations-integrierende Ära des wissenschaftsdiktierten Überlebens« brach an.[85] Fullers Geschichtswellen hatten also 1938 bereits etwas von Iterationen, von der Anwendung wissensbasierter Techniken auf sich selbst. Fuller sprach von einem »geometrischen«, also nicht rein additiven »Fortschritt der intellektuellen Komplexität« der menschlichen »Industrie«. Und er war sicher: »Progress we must, progression being expansion toward ephemeralization«.[86]

Der »Phantomkapitän« und die Räume der Evolution

Nine Chains to the Moon enthält auch die Antwort auf die Frage, woraus sich überhaupt der Optimismus speiste, der Fuller die historischen Ereignisse so auswählen und organisieren ließ, dass er positive Gesetzmäßigkeiten der Menschheitsentwicklung erkannte – und zwar auch in den Wirtschaftstrends, die er parallel zur Niederschrift der letzten Kapitel seines Buchs für die *Phelps Dodge Corporation* identifizierte. Tatsächlich bildeten die exponentiellen Lernkurven, die Fuller inventarisierend, zeichnend und erzählend herstellte, den »*evolutionären Kurs* menschlichen Wachstums« ab. Dieser Kurs werde – in der so integrationsfähigen Gegenwart – zur »Emergenz der Menschheit« führen.[87] Trotz wiederholter Hinweise auf die (begrüßten) Effekte der zufälligen Vermischung verschiedener Menschen-»Rassen« verstand Fuller unter Evolution aber etwas anderes als jenen ziellosen Selektionsprozess, den viele seiner Zeitgenossen mit diesem Begriff assoziierten. Das wird deutlich im wohl seltsamsten Kapitel seines Buchs. Gleich im Anschluss an die einleitende »Murphy«-Passage lud Fuller seine Leser nämlich ein, ihren Körper als technisches Ensemble zu imaginieren, das sich aus Kränen (den Extremitäten), hydraulischen Pumpen (dem Blutkreislauf), Leitungen (den Nervenbahnen) und Speichermedien (dem Gedächtnis) zusammensetzte und das nicht zuletzt eine »Prognose- und taktische Entwurfsabteilung« besaß. Dieses Ensemble wurde belebt von etwas, das Fuller den »Phantomkapitän« nannte, wobei er in der Schwebe ließ, ob damit die unsterbliche Seele des Individuums oder dessen genetische Ausstattung gemeint war. Dem Phantomkapitän jedenfalls wohnte Fuller zufolge eine unendliche »Sympathie« für Seinesgleichen inne, mit denen er in einer (nicht weiter erläuterten) geradezu kosmischen Verbindung stehe. Diese Verbindung werde

---

85 Ebd., S. 155.
86 Ebd., S. 103.
87 Ebd., S. 39 [Hervorh. im Original]. Fuller sollte den Evolutionsbegriff zeitlebens in seine Texte einstreuen. Aber nie wieder wurde er so konkret wie in der Passage in *Nine Chains to the Moon*, die die Entdeckung Amerikas als Beispiel für das »exquisite timing of evolution« preist, weil diese hier enormen Ressourcenreichtum, technische Fertigkeiten und kulturellen Entdeckerwillen hatte zusammenkommen lassen: ebd., S. 141.

aber oft unterbrochen von der Steuerungseinheit des »menschlichen Schiffs«. Diese Steuerungseinheit entwickle nicht selten ein irreführendes Gefühl materieller Integrität. Das habe zur Folge, dass der Mensch routiniert, aber eben ziellos dahintreibe. Er verlöre dann die Fähigkeit, die Botschaft des inneren Kapitäns zu entziffern. Und dann stagniere auch die Optimierung der Apparate der Mensch-Maschine. Denn auch die immer sensibleren technischen »Erweiterungen« des Menschen begriff Fuller nur als Ergänzung und Verfeinerung der »Myriaden von Werkzeugen und Instrumenten, die in einer früheren Zeit vom Phantomkapitän rational entwickelt [evolved] wurden«.[88] Nahm er damit zumindest begrifflich medienwissenschaftliche Theorien vorweg, die, wie schon angedeutet, erst in den 1960er Jahren breit rezipiert wurden, so ist der Begriff »Werkzeug« hier wichtiger hinsichtlich der Historizität des Fuller'schen Evolutionsverständnisses. Fuller legte diesen Begriff denkbar weit aus: »Werkzeuge« konnten Automobile sein (die den Bewegungsradius der Mensch-Maschine vergrößerten) aber auch Lichtschalter (die ihren Sehsinn unterstützten). Gemein war all diesen »künstlichen Oberflächenerweiterungen«, dass sie das inhärente Welterfahrungspotenzial und damit die Lernfähigkeit der Maschine vergrößerten, als die seine Leser sich betrachten sollten. Wenn diese, so Fullers Beispiel, vermittels ihrer »Werkzeuge« den Reifegrad von Äpfeln prüfen konnten, bevor sie sie ernteten, dann machten sie sich die in den Früchten zuckerförmig gespeicherte Sonnenenergie umso effizienter zugänglich. Energetische Ephemeralisierung und so etwas wie eine technisch-kognitive Selbst-Evolution des Menschen fanden in diesem Bild zusammen. Für Fuller galt es, die Energie des expandierenden Universums nicht einfach nur anzuzapfen. Je mehr von dieser Energie in dessen instrumentengestützte Erkenntnis investiert wurde, umso mehr potenzierte sich die Gesamtmenge der mittelfristig verfügbaren Kräfte.

Fuller fasste diesen Vorgang nicht zufällig in Begriffe der räumlichen Ausdehnung und Erweiterung. Seine Vorstellungen von der Selbstevolution des Menschen speisten sich aus zeitgenössischen Denkströmungen, die in *Nine Chains to the Moon* vergleichsweise offen zu Tage treten. An immerhin zwei entsprechenden Stellen des Buchs erwähnte Fuller namentlich den britischen Biologen, Sozialreformer, Wissenschaftspopularisierer und späteren UNESCO-Generaldirektor Julian Huxley.[89] Er streute jedoch auch Begriffe in seinen Text, die ihn eher als Kenner von deutlich spekulativeren Evolutionsphilosophien auswiesen, die im angloamerikanischen Sprachraum der Zwischenkriegszeit ein breites Publikum fanden. Unzweifelhaft war Fuller 1938 bereits mit den parawissenschaftlichen (dabei manche Phantasie des späteren »Transhumanismus« vorwegnehmenden) Theorien des französischen Jesuiten Pierre Teilhard de Chardin in Berührung gekommen. Fuller war also vertraut mit dem Konzept der »Kosmogenese«, die sich Teilhard de Chardin zufolge in einem unabgeschlossenen Evolutionsprozess befinde und sich in der »Noosphäre« verwirklichen werde – einer

---

88 Fuller, *Nine Chains*, S. 25.
89 Ebd., S. 19, 111.

Art kommunikativ verknüpfter Meta-Intelligenz, die Teilhard de Chardin ganz konkret als Raumhülle dachte, die die Erde umgebe.⁹⁰ Bereits im Zuge seiner Lesearbeit der späten 1920er Jahre hatte Fuller überdies den amerikanischen Architekten und Theosophen Claude Bragdon entdeckt. Dieser hatte in seinem 1915 erschienenen Buch *Projective Ornament* eine mathematische Methode entwickelt, mithilfe derer sich universell verständliche (und infolgedessen sozial integrativ wirkende) Basisformen für verschiedene Gestaltungszwecke entwickeln ließen. Dies galt für die Architektur, aber auch für die schriftliche Kommunikation.⁹¹ Kaum weniger als diese Methodik dürfte Fuller angesprochen haben, dass Bragdon sie mit esoterischen Theorien zum »höheren« oder sogar »Hyperraum« verknüpfte. Diesen »Hyperraum« verstand Bragdon als dem menschlichen Geist mit konventionellen Erkenntnismitteln nicht zugängliche, also erst nach einer »Bewusstseinsevolution« erfahrbare kosmische Sphäre.

Es war dieser Lektürehintergrund, vor dem schließlich auch der bereits erwähnte H. G. Wells großen Eindruck auf Fuller machen musste. Nachweislich las Fuller mit Begeisterung dessen 1933 erschienenen Ideenroman *The Shape of Things to Come*. Besonders auffällig sind aber die Parallelen zwischen *Nine Chains to the Moon* und einer im gleichen Jahr unter dem Titel *World Brain* erschienenen Kompilation von Artikeln und Vorträgen, die Wells zuvor vor Bildungsvereinen und Damen-Clubs der USA gehalten hatte. Der britische Autor propagierte mit dem »World Brain« etwas, das Fuller rund 30 Jahre später mit seinem Weltressourcenverzeichnis tatsächlich zu realisieren versuchte. Wells schlug vor, das ganze Wissen der Menschheit weltweit zugänglich zu machen, etwa durch ein Netz von Bibliotheken mit mikroverfilmten Dokumenten. Was von InternethistorikerInnen als prophetisch gewertet wird, war aber nicht ohne evolutionstheoretischen Subtext, und darum geht es hier: Wells, der phasenweise auch sozialdarwinistische Überzeugungen hegte, machte sich Sorgen um die Befähigung der Menschheit zur *Adaption* an selbstausgelöste Dynamiken. Diese Anpassung drohe an einer unzureichend ausgebildeten »mentalen Ausstattung« zu scheitern. Ein solches Defizit konnte jedoch nur durch verbesserten Zugang zu Information ausgeglichen werden.⁹² Lange vor dem Beginn der *Air-Age*-Debatte der 1940er Jahre war es die

---

90 So übernahm Fuller Teilhard de Chardins Interpretation der »Liebe« als »RADIATION OF PURE ENERGY«: ebd., S. 65.

91 Es ist in ideengeschichtlicher Hinsicht nicht unbedeutend, dass Bragdon vom russischen Esoteriker und Mathematiker P. D. Ouspensky geprägt war. Denn Ouspensky war auf der Suche nach den verborgenen Gesetzen des Universums um 1900 zu einer frühen Version dessen gekommen, was seit den 1970er Jahren als »Gaia-Hypothese« diskutiert wird – und auch in den gegenwärtigen Debatten ums Anthropozän eine gewisse Rolle spielt. Überhaupt erlebt im 21. Jahrhundert manche holistische Idee der Zwischenkriegszeit eine Renaissance. Teilhard de Chardin teilte sich die Urheberschaft des Begriffs »Noosphäre« mit dem russischen Biochemiker Wladimir Iwanowitsch Wernadski, der diesen Begriff als soziales Analogon der »Biosphäre« begriff, auf die ich an späterer Stelle eingehe.

92 H. G. Wells: World Brain, o.O. 2016 [1938], S. 15, 39. Übrigens konnte Fuller Wells wenig später dazu bewegen, vor einem *Dymaxion Car* für ein Foto zu posieren: Adnan Morshed: Ascending with Nine Chains to the Moon, in: *New Geographies* 4 (2011), S. 107–112, hier S. 110.

Luftfahrt, die für Wells eine »einzige gemeinsame Welt« entstehen ließ, mit der die geistige Evolution Schritt halten müsse.[93] Die gegenwärtige »Geschwindigkeit und Leichtigkeit der Kommunikation zwischen Menschen in allen Teilen der Welt« (die der Zukunftsdenker Wells, auch darin Fuller ähnlich, mithilfe seines 1919/20 veröffentlichten *Outline of History* rekonstruiert hatte) sei lediglich ein Vorgeschmack der kommenden »vollständigen Revolution unseres Verhältnisses zu Distanzen«. Das »Weltproblem« – für Wells letztlich die Frage, ob die zunehmende Nähe zwischen den Völkern der Welt zur Weiterentwicklung der Gattung oder zur gegenseitigen Vernichtung führen werde – könne nur durch eine Anpassung des Denkens an die »Maßstabswechsel der menschlichen Angelegenheiten« gelöst werden.[94]

Während Wells ein ambivalent utopisch-dystopisches Szenario konzipierte, entwarf Fuller in *Nine Chains to the Moon* indes das optimistische Bild einer rein positiven Entwicklung, die es aktiv voranzutreiben galt. All seiner Unvernunft und Eitelkeit zum Trotz, so Fuller, sei es dem Menschen gelungen, die Oberfläche der Erde zu verlassen und mit selbstentworfenen Maschinen in einer Höhe zu überfliegen, die die höchsten Berggipfel um ein Vielfaches übertraf.[95] Der Mensch teile seine Einsichten zudem ganz selbstverständlich über gigantische Distanzen hinweg mit seinesgleichen, etwa mittels Radiowellen, also »unbelebte[n] instrumentenhafte[n] Erweiterungen des Selbst«, die sich sogar in Bereiche erstreckten, die dem Menschen weder physikalisch noch sinnlich zugänglich seien. Es sei daher nur konsequent, auch im Denken die »umfassendste Haltung« anzunehmen, ja »das komplette Universum in unsere Reflexionen [rationalizing] einzubeziehen«.[96] Tatsächlich begann Fuller sein Kapitel »We Call it ›Earth‹« mit Zahlen zu den Größenverhältnissen im Sonnensystem. Er nahm dann eine Art Satellitenperspektive ein, wenn er imaginäre Blicke aus dem All auf die Erde und ihre menschlichen Bewohner warf, wofür dann allerdings nicht mehr ganz so neue, nämlich statistische und kartografische Erweiterungen zum Einsatz kamen.[97] Fuller, der in dieser Zeit als Broterwerb die globalen Kupfervorkommen berechnete, ging wie ein Logistiker an die Sache heran. Er inventarisierte den Planeten. Er verzeichnete die vorhandenen »Materialien, Strukturen und Werkzeuge« und ihre Standorte. Seine Leser forderte er auf, die Erdkugel im Geiste leicht zu drehen, bis sie die nördliche Hemisphäre vor ihrem inneren Auge sahen, auf der sich 85 Prozent der Landmassen befinden.[98] Schon diese kleine Denkanstrengung, so Fuller, lasse den Planeten geradezu handhabbar erscheinen. Ähnliches leistete eine eingefügte Tabelle der Bevölkerung pro Kontinent. Sie verdeutlichte, wie viele bewohnbare »freundliche Morgen Land« jedem

---

93 Wells, *World Brain*, S. 43.
94 Ebd., S., 49f.
95 Fuller, *Nine Chains*, S. 58.
96 Ebd., S. 57 [Hervorh. im Original].
97 Ebd., S. xi.
98 Ebd., S. 49.

Menschen im Grunde zu Verfügung standen.[99] Es handle sich um »eine so große Fläche, dass [...] der Einzelne sich nicht einmal der Existenz anderer Menschen jenseits seiner unmittelbaren Familiengruppe bewusst sein müsste.«[100] Indem der Mensch aber solcher Sachverhalte gewahr wurde, erschuf er sich für Fuller als astronomische Größe: »Man is [...] empowered to a sense of personal contact with all astronomical bodies of the universe in addition to his earth.«[101] Für Fuller war das keineswegs »star gazing« im abwertenden Sinne, keine weltfremde Träumerei. Das zeigt jenes statistische Bild, das er gleich an den Anfang seines Buches gestellt hatte und das dessen Titel inspirierte, einen Titel, der eben nicht nur an den Mondflug als *das* technische Phantasma schon des späten 19. Jahrhunderts anknüpfte:

> A statistical cartoon would show that if [...] all of the people of the world were to stand upon one another's shoulders, they would make nine complete chains between the earth and the moon. If it is not that far to the moon, then it is not far to the limits – whatever, whenever or wherever they may be.[102]

Attraktive Ermächtigungsmedien

Fullers Buch verdeutlicht, dass er schon vor Beginn seiner Arbeit für das Luce-Medienimperium von einer ganz bestimmten Wirkung von Medien überzeugt war. Globalistische Medien schienen seine Leserschaft ermächtigen zu können, sich als Teil des Kooperationskontinuums zu empfinden, der sie tatsächlich bereits war. Und zwar quer zu kulturellen und räumlichen Grenzen und über die vielen Generationen der Menschheitsgeschichte hinweg. Das beschleunige die Selbstevolution des Menschen zu einer Spezies,

---

99 Ebd., S. 16.
100 Ebd., S. 53f. Unschwer lässt sich hier ein Übergang zwischen Fullers pastoralem Siedlungsideal der späten 1920er und den Überlegungen erkennen, die Mitte der 1940er Jahre auch seine kartografischen Arbeiten flankierten. Fuller wies auf den Golfstrom und andere atmosphärische Phänomene hin, die mancherorts ideale »man-growth abatement conditions« entstehen ließen, um zufrieden festzustellen, dass die Erdbevölkerung sich bereits zu rund 70 Prozent in der menschenfreundlichsten Klimazone konzentriere (ebd., S. 51f.). Passend dazu führte Fuller die – intellektuell wie geografisch – beschränkte, vorkopernikanische Weltsicht auf Klimafaktoren zurück: Bewohner kühler Regionen schienen ihm kontemplativer, zugleich jedoch weniger schöpferisch, was erklärt, warum Fuller Begegnungen zwischen verschiedenen Gesellschaften *per se* für etwas Gutes hielt (ebd., S. 120f.). Deshalb schmückte auch eine noch etwas unbeholfene, unkolorierte Variante der *Energy Map* das Vorsatzblatt seines Buchs. Sie lässt sich als Versuch begreifen, in *ein* Bild zu fassen, was *Nine Chains to the Moon* auf mehreren hundert Seiten tat: Das Energie-Raster seiner New Yorker »Technokraten«-Bekannten – das schon für sich genommen zu einem globalen, vergleichenden Blick drängte – erlaubte es Fuller, einen spiralförmig die Erde erschließenden Vorgang zu imaginieren, in dem er nichts weniger als die bewusstseinsfördernde Ko-Evolution von Technik und Mensch erkannte, die er sich bei Bradgon angelesen hatte.
101 Ebd., S. 55.
102 Ebd., S. xi.

die ihre planetarischen Lebensbedingungen kontrollierte. Das zentrale Motiv von *Nine Chains to the Moon* war letztlich der Aufstieg der Menschen, den Fuller metaphorisch wie konkret dachte:[103] Die Flugzeuge, die nach einer initialen Zündung den Auftrieb auf elegante, energieeffiziente Weise nutzten, waren für ihn in gleichem Maße Sinnbild und Faktor jenes immer steileren Anwachsens der mensch(heit)lichen Fähigkeiten im historischen Prozess, das auch seine Tabellen sichtbar machten – und das kurze Zeit später in die erwähnten Denkanstrengungen zur »Ballistik« des Fortschritts mündete.

Umso größer muss Fullers Enttäuschung über das offenkundige Desinteresse der Menschheit an seinem Buch gewesen sein. Bezeichnenderweise war er mit der Werbearbeit seines Verlags unzufrieden, als sein Buch sich als Ladenhüter erwies.[104] Ganz Selbstquantifizierer, hatte Fuller ausgezählt, dass immerhin die Resonanz unter den *Rezensenten* eindeutig positiv ausgefallen war. Von 84 Besprechungen, die seinem Buch an ebenso vielen Tagen gewidmet worden seien, notierte er, waren nur fünf zu seinen Ungunsten ausgefallen.[105] Tatsächlich zeugt dieses Resümee aber eher von Fullers persönlichem Optimismus. Denn mit Ausnahme einer einzigen Rezension in der »Newsweek« war der Tenor der Besprechungen, dass es durchaus wert sei, über Fullers verrückte, oft amüsante Ideen nachzudenken. Was manchen Rezensenten jedoch als womöglich geniale, jedenfalls phantastische *tour de force* erschien, betrachteten »New York Times Book Review« und »New York Herald Tribune Books« als kryptisch, der »San Francisco Chronicle« gar als unwissenschaftlich, mystizistisch und streckenweise schlicht unverständlich.[106] Zwar war Fullers Werk keineswegs untypisch für eine Zeit, in der zumal in den USA Wissenschaftssachbücher mit einem zugleich spekulativen und optimistischen Grundton boomten (Fuller selbst verschlang Werke des Genres offenbar). Doch die ausgebliebene Resonanz lässt sich vielleicht am besten anhand einer Besprechung des »Architectural Record« erklären. Deren Rezensent, Theodore Karson, urteilte vernichtend, Fullers Buch leide unter logischen Widersprüchen, seltsamen Neologismen, seiner schwarz-weiß-Malerei. Vor allem aber schicke Fuller seine Leser immer dort in »Gedankennebel«, wo es die Frage zu beantworten galt, wer – welche Institutionen in welcher Art von politischem System – seine Ideen umsetzen sollte.[107]

---

103 Das betont Morshed, Ascending.
104 Lippincott an Fuller, 9.7.1940, SUL, M1090, Series 2, Box 50, Folder 3, Dymaxion Chronofile, Vol. 79.
105 Siehe Fullers Synopse in SUL, M1090, Series 2, Box 42, Dymaxion Chronofile, Vol. LXVI.
106 Maria Malisoff William: The Dymaxion Way, in: *The New York Times Book Review*, 9.10.1938; Stuart Chase: An Engineer Dreams of the World to Come, in: *New York Herald Tribune Books*, 11.9.1938; Donn Sigerson: Flights into Facts via Fancy, in: *San Francisco Chronicle*, 18.9.1938. Als positive Besprechung verbuchte Fuller beispielsweise eine Kolumne, in der nichts weiter zu lesen war, als dass die berühmte Autorin sein Buch erhalten hatte (Eleanor Roosevelt: My Day, in: *World Telegram*, 28.2.1939). Es störte ihn auch nicht, wenn er in Anlehnung an einen Comic-Helden zu »Buckrogers Fuller« wurde, solange ihm ein »Leonardesque Mind« bescheinigt wurde, wie in einer Annotation des *New Yorker*, 10.9.1938.
107 Theodore Karson: Dymaxionizing the Universe, in: *Architectural Record*, Oktober 1938, S. 73–74, hier S. 74.

Gerade dieser letzte Kritikpunkt dürfte aus Fullers eigener Sicht aber an der Sache vorbeigegangen sein. Der Umstand, dass er sich über die Staatform der Zukunft ausschwieg, war ja gerade Konsequenz seiner quasi-evolutionären Überzeugung, jedes Individuum trage den Schlüssel zur »Ephemeralisierung« in sich – und damit Energien zur Verbesserung des Daseins aller anderen Menschen, die von der Politik eher an ihrer Freisetzung gehindert wurden. Deshalb unterstrich Fuller in seinem Buch die »lebenswichtige Rolle der *Erziehung*« und die Notwendigkeit einer »unbeeinflussten Nachrichtenverbreitung als erstes Mittel für den Fortschritt der Gesellschaft von der Ausbeutung zur aktiven Selbst-Steuerung [self-captaincy]«.[108] Tatsächlich war Fullers Didaktik keineswegs so plump, wie man es nach Lektüre der »Murphy«-Passagen zu Beginn seines Buchs vermuten konnte. So wies Fuller explizit darauf hin, dass einer »Aufnahme und Verarbeitung von Fakten und Statistiken« deren bekömmliche Aufbereitung vorausgehen müsse. Erst eine appetitliche, interesseweckende Gestaltung verwandle Statistik in »Vitalistik«, wie Fuller es in Analogie zu den jüngst entdeckten Vitaminen nannte: in Wissen, das das Leben verbessern konnte.[109] Es war also *gerade* die kaleidoskopartige, faszinierende Heterogenität von *Nine Chains to the Moon*, die dazu beitrug, Fullers Botschaft zu verstärken. Er setzte bewusst auf das, was MedienwissenschaftlerInnen heute als »Medienwechsel« bezeichnen.[110] Die Streuung der behandelten Themen, das »Durcheinander« von Fakten und Metaphern, von Karten und Diagrammen, selbst die Einbeziehung eines faksimilierten Telegramms – all das war *auch* Ergebnis der unklaren, sich im Schreibprozess verändernden Positionierung des Autors. Der dürfte das Erstlingswerk jedoch *ex post* als Versuch betrachtet haben, nahezu alle menschlichen Sinne anzusprechen und sie so zu erweitern. Die Vielstimmigkeit seines Buchs wird Fuller zudem als Versuch begriffen haben, an die ganz unterschiedlichen »Erfahrungen« seiner LeserInnen anzuknüpfen. So lässt sich sein Werk – mit seinem Daten-Poster, seinen kartografischen Dreingaben, seinen ausformulierten Statistiken und seiner Metaphorik – unschwer als eine jener kognitiven Erweiterungen erkennen, die es auch inhaltlich benannte. Fuller hoffte, für »ganz normale Leute« die Botschaft zu verstärken, die der »Phantomkapitän« aussandte, bei dem es sich ja selbst um

---

108 Fuller, *Nine Chains*, S. 90 [Hervorh. im Original].
109 Ebd., S. 47.
110 So betonte er, Bücher seien verglichen mit mündlicher Kommunikation eine besonders gute, weil weitreichende »method of broadcast« (ebd., S. 11), empfahl aber beiläufig auch, Gerüche zu evozieren oder Buntstifte zu benutzen. Es kann daher nicht überraschen, dass Fuller zeitlebens emphatisch neue Medien wie den Fernseher und den Computer begrüßte, aber auch vor Prosagedichten nicht zurückschreckte (siehe nur Machine Tools. Orchestral Instruments of America's mass production symphony, o.D. [1940] SUL, M1090, Series 2, Box 49, Folder 5, Dymaxion Chronofile, Vol. 77). *Nine Chains to the Moon* war zudem voller Aufforderungen der Art, sich die »warehouse era« des 19. Jahrhunderts als »one-way flow diagram« vorzustellen und den Weltkrieg als Ereignis, das verschiedene »force trend curves« hatte konvergieren lassen (Fuller, *Nine Chains*, S. 63). Fuller merkte sogar augenzwinkernd an, dass man die Linien des Fortschritts durchaus etwas »biegen« müsse, um Mr. Murphy zu erreichen: ebd., S. 101.

eine suggestive Metapher handelte. »Nicht Re-Formieren, sondern Formen«,[111] lautet einer der Slogans seines Buchs. Dieser Spruch erschließt sich erst, wenn man Fullers Denkwerkzeuge als phantasieweckende Formen begreift, die ihre NutzerInnen dazu anregten, in sich selbst das Potenzial zur Weiterentwicklung der Gattung zu entdecken. Wenn ihn der geringe Absatz seines Buchs härter traf als inhaltliche Kritik, dann also auch, weil klar war, dass sein Werk diese stimulierende Wirkung mangels LeserInnen gar nicht erst würde entfalten können.

Fullers Adressaten

In biografischer Hinsicht liefert Fullers erstes Buch den letzten Baustein zur Erklärung, weshalb er in planetarischen und welthistorischen Dimensionen dachte. In *Nine Chains to the Moon* erkennt man Fuller als geistigen »Schwamm«, dessen Aufnahmebereitschaft keine kategorialen Unterschiede zwischen Relativitätstheorie und futuristischen Groschenromanen, den Schriften Henry Fords und theosophischen Spekulationen kannte. Fuller interessierte sich wenig für die Grenze zwischen Hoch- und Populärkultur, weder als Leser noch als Autor. Diese Nonchalance erweist sich bei näherem Hinsehen jedoch als Funktion der Fuller'schen Adressierungsweise und in Konsequenz: *der Art, wie er die Welt verändern wollte*. Das mediale Füllhorn seines ersten Buchs war sogar die logische Konsequenz der autoritätskritischen Grundüberzeugungen des Autors. Fuller war 1938 ja nicht nur der Überzeugung, der evolutionäre Ephemeralisierungstelos, den er aus dem Geschichtsprozess herauslas, werde sich umso schneller verwirklichen, je früher dieser entziffert wurde. Die gleiche Geschichtsbetrachtung hatte ihn umgekehrt auch erkennen lassen, dass es galt, diese Einsicht auf allen erdenklichen Kanälen an möglichst viele Menschen zu kommunizieren. Sonst drohte die »Dynamik des Fortschritts« als Herrschaftswissen monopolisiert und damit ausgebremst zu werden.

Was dem Rezensenten des »Architectural Record« also als konzeptionelle Schwäche des Fuller'schen Erstlingswerks erschien – die Tatsache, dass es die Spannung nicht auflöste, die zwischen dem geradezu weltumfassenden Ansatz seiner Vorschläge und der Frage bestand, welche Organisationsform es überhaupt erlauben würde, sie umzusetzen –, war also Prinzip. Im Unterschied zur Technokratiebewegung, der Fuller seine Konzeption der Gesellschaft in globalen energetischen Kategorien verdankte, schwebte ihm gerade *keine* technisch-wissenschaftliche Elite von Spezialisten vor, die im Auftrag des Staats (wenn nicht gar an dessen Stelle) den Fortschritt der Menschheit gewissermaßen treuhänderisch vorantreibe. Und im Unterschied zu Wells' Ideenromanen träumte Fuller auch nicht von einer Weltregierung, geschweige denn von einer Art supranationaler Planwirtschaft oder gar von einer »Luft-Diktatur«, die die Mehrheit der Erdbewohner wie eine der Kolonialverwaltungen seiner Zeit regieren würde, bis diese reif für die Selbstbestimmung sei.

---

111 Fuller, *Nine Chains*, S. 41.

Nun war es in den USA des Jahres 1938 angesichts der zwischenzeitlich erstarkten Diktaturen auch nicht mehr sonderlich opportun, mit einer demokratisch wenig legitimierten Expertenherrschaft zu liebäugeln, was Fuller bis weit hinein in die 1930er Jahre durchaus getan hatte.[112] Aber er dürfte gegenüber solchen Phantasien zusätzlich durch die populären evolutionistischen Vorstellungen immunisiert worden sein, die sein Buch durchzogen. Fuller interpretierte diese Theorien zwar als Technikhistoriker: Sie ließen ihn Formen der Landnahme oder zumindest der räumlichen Expansion als Ausdruck anwachsender kognitiver Fertigkeiten des *homo sapiens* werten. Selbst wenn er in seinem Buch die Bedeutung der Kommunizierbarkeit solcher Fertigkeiten unterstrich, ja mit ihm aktiv gegen die Überspezialisierung anschrieb, war das nicht in erster Linie durch ein demokratisches Ethos motiviert. Eines der zentralen Argumente Huxleys und anderer »wissenschaftlicher Humanisten« hatte gelautet, dass die individuelle Initiative zentral für die Wahrung der Anpassungs- und damit Überlebensfähigkeit auch menschlicher Gesellschaften sei. Eine solche Flexibilität könne indes nur gewährleistet werden, wenn neue Erkenntnisse auf möglichst verständliche Weise in ein Kollektiv eingespeist würden. Das ließ sich als biologisches Argument gegen Gleichschaltung genauso wie gegen übertriebene gesellschaftliche Differenzierung lesen.[113] Diese Überzeugung wirft ein anderes Licht auf Fullers biografischen Mythos, den ich am Anfang dieses Kapitels beschrieben habe. Sie erklärt, was Fuller im Jahr nach Erscheinen von *Nine Chains to the Moon* dazu veranlasste, sich selbst ein Empfehlungsschreiben auszustellen, das ihn ausgerechnet als Durchschnittsneuengländer ohne besondere Talente auswies. Fullers Ideen und seine öffentliche Positionierung verstärkten einander gegenseitig.

Es dürfte jedoch auch sein Selbstverständnis als Unternehmer gewesen sein, das Fuller davon abhielt, klare Aussagen zu den Schritten zu machen, die in die bessere Welt führen sollten. Es ist nur auf den ersten Blick paradox, dass er einige Jahre später zwar *Geoengineering*-Projekte propagierte, die größer kaum sein konnten – etwa ein den ganzen Planeten umfassendes Stromnetz –, dass er aber trotzdem keine globale Staatlichkeit imaginierte, die diese Projekte umsetzen konnte. Fullers Nachdenken über die Welt und den Fortschritt war gewissermaßen nachfrageorientiert. Bereits 1928 hatte der junge Entrepreneur sich in seinen eskapistischen Business-Prospekten ausgemalt, einen globalen Absatzmarkt für völlig neuartige Gebäude zu schaffen. Zehn Jahre später war daraus der Versuch geworden, ein Begehren nach bestimmten *Ideen* in die Welt zu setzen, indem man sie mithilfe der modernen (Werbe-)Grafik appetitlich

---

112 Den *New Deal* begrüßte Fuller 1938 durchaus, und er griff im Vergleich zu späteren Texten auch den Finanzkapitalismus scharf an, was sein Werk als Dokument der Jahre nach der Weltwirtschaftskrise ausweist. Sogar eine staatliche Übernahme von Bankfunktionen zur Verhinderung spekulativer Geldgeschäfte schwebte ihm vor: ebd., S. 74. Einer »iron-hard dictatorship« konnte Fuller indes bereits 1932 nichts mehr abgewinnen: zitiert nach Wigley, *Fuller Inc.*, S. 252.

113 Marianne Sommer: Die Biologie der Demokratie im Wissenschaftlichen Humanismus, in: Michael Hagner (Hg.): *Wissenschaft und Demokratie*, Frankfurt a. M. 2012, S. 51–69.

aufbereitete.[114] Dies hatte den Vorteil, dass Fuller die Kämpfe um Konkretisierung dieser Ideen anderen überlassen konnte – wenn er nicht sogar behauptete, dass solche Kämpfe qua Einsicht der Menschen obsolet würden, sobald die entsprechenden Ideen weit genug Verbreitung gefunden hatten. An dieser Überzeugung sollte sich bis zu Fullers Tod kaum noch etwas ändern. Auch deshalb werde ich seinen späteren Büchern nicht dieselbe Detailarbeit widmen wie dies im Hinblick auf *Nine Chains to the Moon* geschehen ist. Hinzu kommt, dass Fuller die Quellen seiner Ideen fortan verschleierte, auch dabei half die Legende vom radikalen Einzeldenker. Der Kritik an der Unverständlichkeit seines Buchs begegnete er durch eine Art von Flucht nach vorn. Er verlieh seinen Phantasien durch ein Arsenal von Neologismen innere Stringenz. Aber den entropischen Denkraum des *Scientific Management*, in den er sich mit *4D Timelock* hineingeschrieben hatte, sollte er nicht mehr verlassen. Sein Ziel blieb das, was er 1938 erstmals »Ephemeralisierung« nannte, was Informatiker- wie WirtschaftswissenschaftlerInnen heute indes eher als bessere »Performance« bezeichnen würden: Es ging darum, die Leistungsausbeute vorhandener Energien zu steigern. Das dachte Fuller jedoch bis zu dem Punkt weiter, an dem die Menschen den Ballast ihrer Überlebenssorgen ganz abstreifen, gar zu ephemeren, engelsgleichen Wesen aufsteigen würden. Daran änderte sich auch nichts, als aus »Energie« unter dem Eindruck der Kybernetik und der Systemtheorie Ludwig von Bertalanffys (dem Fuller in seinen späteren Publikationen untypischerweise seine Reverenz erwies) »Information« wurde. Auch der Maßstab, mit dem Fuller diese Leistungsbilanzen zog, blieb planetarisch. Fuller versuchte weiter, Globalität – im Sinne einer grenzüberschreitenden Vernetzung der Menschen – zu vergrößern, damit das Reservoir an Ideen sich weiter anreichere, die er selbst letztlich als Formen des Energiezugriffs auffasste. Bis an sein Lebensende

---

114 Fullers Überlegungen zur Wirkung seines Buchs wurden immer dort konkret, wo er die Wohnbauindustrie beschrieb: Ein »adequate industrial design of the world encompassing shelter service«, so schrieb er, müsse »utilitarianly adequate and harmonic« sein, um eine »appetance for such shelter service's industrial reproduction« zu wecken: Fuller, *Nine Chains to the Moon*, S. 47. Fuller machte also kein Hehl aus seiner tiefempfundenen, für das architektonische Denken seiner Zeit indes typischen, Gewissheit, dass das, was energieeffizient sei, auch schön sein müsse – und umgekehrt, so Jonathan Massey: Buckminster Fuller's cybernetic pastoral. The United States Pavilion at Expo 67, in: *The Journal of Architecture* 11 (2006) S. 463–483, hier S. 468f. Massey weist auch darauf hin, dass Fuller, der zeitlebens die unternehmerische Initiative (etwa seiner StudentInnen) begrüßte, in politischer Hinsicht letztlich ein Liberaler war. Auch deshalb habe sein Werk unter der Spannung zwischen Planungsdenken und Partizipationsidealen gestanden, die sich in den *trade-offs* zwischen dem Gebrauchswert und dem ästhetischen Reiz seiner Architektur bemerkbar mache. So sei die Ikonizität seiner *Domes* durch hohe Herstellungskosten und schlechte Wärmedämmung erkauft worden. Für Massey spiegelt sich in dieser Spannung aber auch Fullers schwer erkämpfte Selbstdisziplin wider, die sich in konsumethischen Überzeugungen artikulierte, die sich in den 1970er Jahren als besonders »ansteckend« erweisen sollten – aber selbst auf die 1930er Jahre zurückdeuten, als Fuller begonnen habe mit seiner »lifelong campaign to regulate the consumption of others by reorganizing the ›mechanical arrangement‹ of society so that individual selfishness would make the individual ›inadvertently selfish for everyone‹«: Massey, Beauty, S. 109f.

betrachtete Fuller umgekehrt die Hürden, die der Operationalisierung solcher Ideen im Weg stehen, als von kognitiver Natur. Deshalb entwickelte er Denkwerkzeuge, die die Selbst-Evolution der Spezies vorantreiben sollten. Deshalb blieb auch die Art, in der er seine Überzeugungen aufbereitete und verbreitete, seit *Nine Chains to the Moon* dieselbe – auch wenn er bald die Profis der New Yorker Presse hinzuziehen konnte und Statistiken später zu Datenbanken und Weltkarten zu Interfaces wurden, mit denen man in den Daten Muster erkennen konnte. Bis Fuller (der sich schon 1938 dann doch Gedanken gemacht hatte, wie der Einfluss von Genies auf die Zeitläufte grafisch dargestellt werden könne) die Kurve der Aufmerksamkeit für *die eigene Person* mit derjenigen des Fortschritt der Menschheit sozusagen engführen konnte, vergingen aber noch viele Jahre.[115] Sein Publikum fand er, als er nach dem Krieg mit StudentInnen zusammenarbeitete. Dann aber erwies es sich als Vorteil, dass Fuller umso demokratischer erschien, als er sich nie kompromittiert hatte durch Aussagen über die politischen Institutionen, die seine Ideen umsetzen sollten. Indem er sich auf die Rolle als Welt-*Bildner* beschied, indem er auch habituell auf jedes Zeichen von Autorität verzichtete, entstand eine soziale Schnittstelle mit den emanzipatorischen Bewegungen des späten 20. Jahrhunderts. Diesen verdankt es Fuller, dass er (anders als seine Ideengeber) im 21. Jahrhundert nicht nur als versponnener Technikapologet einer naiveren Zeit betrachtet wird, sondern manchen KommentatorInnen aktueller erscheint denn je.

3.2 Berliner Anti-Imperialismus im »Dritten Reich«: Arno Peters' Suchbewegungen (1916–1945)

Fullers Publikumserfolg war 1945 bescheiden, wenn auch nur gemessen an dem seines letzten Lebensdrittels. Aber zweifellos konnte der amerikanische Ideenunternehmer am Ende des Zweiten Weltkriegs auf ein ereignisreiches Leben zurückblicken, und sei es in strategischer Absicht. Ein ereignisreiches *Jahrzehnt* hatte aber auch der rund 20 Jahre jüngere Arno Peters in Bad Säckingen hinter sich, als er *Astropolis* abschloss, um sich verstärkt der Arbeit an seiner *Synchronoptischen Weltgeschichte* (SWG) zuzuwenden. Nun nahm das Werk Form an, mit dem er erste Bekanntheit erlangen sollte und ohne das seine Weltkarte, die Peters-Projektion, nie entstanden wäre. Auch bei Peters waren es also die Erfahrungen der 1930er und frühen 1940er Jahre, die ihn zum Welt-Bildner machten. Dies ist umso bemerkenswerter, als auch er sich den Mächtigen seiner Zeit angedient hatte. Fuller sattelte mit seinen medialen Erweiterungen des menschlichen Sensoriums auf die Globalitätsdebatten einflussreicher New Yorker Publizisten auf. Peters entwickelte in der Hauptstadt des »Dritten Reichs« nicht minder eigenwillige Vorstellungen von der Welt der Zukunft und ähnliche Konzepte dahingehend, wie man diese mithilfe von Medien verbessern, sie vor allem friedlicher machen könne. Auch

---

115 Fuller, *Nine Chains*, S. 98.

der deutsche Welt-Bildner *in spe* brachte sich so für die Nachkriegszeit in Stellung. Er arbeitete sich jedoch systematischer als der amerikanische Gestalter in Methoden der Massenbeeinflussung ein, die nur wenig mit den *Democratic Surrounds* zu tun haben, die Fuller in den USA zu konstruieren half. Deshalb müssen auch die Einflüsse, die den späteren Universalhistoriker und Laienkartograf prägten, kleinschrittig rekonstruiert werden. Erst im Anschluss daran können beide biografischen Fallstudien mit der Kontroverse über die SWG 1952 gleichaufziehen. Und dann werden Peters' und Fullers Arbeiten nicht nur unter Berücksichtigung der *Umstände* betrachtet, denen sie sich verdankten, sondern auch im Hinblick auf den Eindruck, den sie auf *andere* machten.

Zwei Seiten eines Lebens

Es ist ein seltsamer Zufall, dass die Quellenlage für die Rekonstruktion von Peters' Biografie ab demselben Zeitpunkt günstig ist, an dem Fuller seine *Chronofile* zu füllen begann. Peters führte ab 1941 ein detailliertes, teilweise bestürzend ehrliches Tagebuch. Es ist *die* zentrale Quelle zu seinem Leben. Peters heftete darin auch den größeren Teil seiner ausfernden, ein- und ausgehenden Korrespondenz ein, nicht ohne die Absichten zu erläutern, die er mit den eigenen Briefen verfolgte.[116] An seinem Lebensabend muss der äußerst streitbare Peters allerdings geahnt haben, wie skrupellos ihn manche dieser Aufzeichnungen erscheinen ließen, und dass dies im Kontrast dazu stand, wie er erinnert zu werden hoffte. Zumindest würde dies erklären, warum Peters Ende der 1990er Jahre zwar verfügte, die Tagebuchnotizen seien nach seinem Tod an die Handschriftabteilung der Berliner Staatsbibliothek abzugeben, aber zunächst bis 2020 zu sperren; dies im Unterschied zu einem kleineren Nachlassteil, zu dem die Archivare direkt Zugang gewähren durften. Peters hat sich allem Anschein nach gut überlegt, was in diesem »öffentlichen« Teil seines *Paper Trail* zu lesen sein werde und was nicht. Denn die meisten darin enthaltenen Mappen sind mit kommentierenden Titeln versehen, die das Image als unabhängiger Kämpfer für die globale Gerechtigkeit untermauern, das er seit den 1970er Jahren kultivierte. Verschmolz Fuller im Laufe seines Lebens mit seiner *Chronofile*, so bildet sich in der archivalischen Überlieferung zu Peters also eher eine Diskrepanz zwischen seiner Selbstsicht an seinem Lebensende und

---

116 Zugang zu den entsprechenden Unterlagen wurde mir, wie angedeutet, unter der Bedingung gewährt, keine Angaben zur ökonomischen und familiären Situation Peters' öffentlich zu machen. Wenn insbesondere geschlechtergeschichtliche Aspekte bei der Darstellung seines Lebens also unterbelichtet bleiben, dann liegt das an dieser Einschränkung des Archivzugangs. Es ist unklar, ob Peters auch vor 1941 ähnlich detailliert Tagebuch schrieb. Vereinzelt finden sich Hinweise auf ältere Aufzeichnungen, die 1944 einem Bombentreffer zum Opfer fielen (Tagebucheintrag vom 2.9.1946, SBB-PK, Nachl. 406, 428). Es ist jedenfalls nicht davon auszugehen, dass Peters durch eine etwaige Vernichtung des Tagebuchs kompromittierende Details zu seinem Leben im NS löschen wollte. Denn solche finden sich auch in den erhaltenen Eintragungen. Dass Peters nichts verbarg, zeigen zudem Parallelüberlieferungen, etwa im Archiv der Humboldt-Universität zu Berlin, die ich im Folgenden punktuell heranziehe.

früheren Identitäten ab. Anders ausgedrückt: Sein Archiv hat eine Schmuckfassade aus den 1990er Jahren und einen »Betriebsraum«, in dem sich die interessanteren Beobachtungen anstellen lassen. Die – gemessen am überbordenden Fuller-Schrifttum – eher spärlichen biografischen Forschungen zu Peters, die ohne Zugang zum größeren Nachlassteil auskommen mussten, beruhen also auf lückenhaften Einsichten und müssen daher weichgezeichnet erscheinen.[117] Oft folgen sie einfach der »offiziellen« Biografie Peters', *Der letzte Polyhistor*, einem Buch, das der mit Peters befreundete Historiker Fritz Fischer 1996 veröffentlichte, also rund 35 Jahre nach der von Fischer ausgelösten Kontroverse um die Ursachen des Ersten Weltkriegs.[118]

Dass Peters' Tagebuch in meiner Untersuchung einen größeren analytischen Raum einnimmt, folgt aber nicht einer Logik der Enthüllung. Gerade Peters' in moralischer Hinsicht sicher oft fragwürdiges, aber auch beeindruckend furchtloses Agieren im »Dritten Reich«, das in diesem Kapitel rekonstruiert wird, lässt die frühen 1940er Jahre als einen Lebensabschnitt erscheinen, der durchaus Fullers Suche nach Beruf und Berufung ähnelt. Wie dieser kam auch Peters erst über Umwege zur Visualisierung von Geschichte und zur Kartografie. Anders als Fuller konnte der deutsche Zeitungswissenschaftler aber mit Berichten über *seine* Orientierungsphase später kein symbolisches Kapital generieren. Nun dürfte nicht überraschen, dass Peters sich zu Zeiten, als dies hochgefährlich war, kaum als der Sozialist zeigte, als der er sich selbst sah und als der er nach 1945 wieder offen auftrat. Aber wie den amerikanischen Welt-Bildner zeichnete Peters ein ausgeprägter Geltungsdrang aus. Wenn er manches Detail der Entste-

---

117 Das betrifft die instruktiven Arbeiten von Stefan Müller: Equal Representation of Time and Space: Arno Peters' Universal History, in: *History Compass* 8 (2010), S. 718–729; Ders.: Gerechte Weltkarte. Die Kontroverse um die Peters-Projektion in historiografischer Perspektive, in: Kurt Brunner/Thomas Horst (Hg.): *15. Kartographiehistorisches Colloquium. München, 2.-4. September 2010. Vorträge, Berichte, Poster*, Bonn 2012, S. 189–208 und vor allem Ders.: Globalgeschichte einer Mercator-Kritik – Arno Peters und die Idee der »gerechten« Weltkarte, in: Ute Schneider/Stefan Brakensiek (Hg.): *Gerhard Mercator. Wissenschaft und Wissenstransfer*, Darmstadt 2015, S. 246–264. In biografischer Hinsicht weniger ergiebig sind die erwähnten Überblickswerke zur Geschichte von Weltkarten, ebenso wie ältere Darstellungen der Gegner Peters' unter den Kartografen. Peters' Rolle als Historiker wird wenig Aufmerksamkeit gezollt (vgl. aber nun Niethammer, *1956*), woran sich auch nichts geändert hat, nachdem eine digitale Version der *Synchronoptischen Weltgeschichte* auf dem Historikertag 2012 vorgestellt wurde.

118 Fritz Fischer: *Der letzte Polyhistor. Leben und Werk von Arno Peters*, Vaduz 1996. Bei dem in Peters eigenem Verlag erschienenen Buch handelte es sich um die erweiterte Fassung des Festvortrags, den Fischer am 12.3.1994 anlässlich der Verleihung des Kultur- und Friedenspreises der Villa Ichon an Peters gehalten hatte (ebd., S. 5.). Peters dürfte an der Entstehung mindestens dadurch beteiligt gewesen sein, dass er Fischer (den er in einem Geburtstagsgedicht als »Vorbild, Lehrer und Weggenosse dreier Jahrzehnte« pries: Arno Peters, Von der Wahrheit. Für Fritz Fischer zum 5.3.1988, SBB-PK, Nachl. 406, 259, S. 2) seine Pressesammlung zur Verfügung stellte. Der Sprachstil lässt vermuten, dass das Buch auf dieselbe Weise entstand wie rund 40 Jahre zuvor die Verteidigungsschrift Alexander Schenk Graf von Stauffenbergs für Peters' Geschichtswerk: Von Stauffenberg hatte diese wohl nur durchgesehen, bevor er Peters gestattete, sie unter seinem Namen zu publizieren: Alexander Schenk Graf von Stauffenberg: *Die Synchronoptische Frage. Eine Dokumentation*, Frankfurt a. M. 1953.

hungsgeschichte seines ersten, globalhistorischen Publikumserfolgs später verschwieg, dann lag dies daran, dass seine Bereitschaft, sich auf die Spielregeln der polykratischen NS-Herrschaft einzulassen, entsprechend groß gewesen war – auch über das bereits beschriebene Intermezzo im Auswärtigen Amt hinaus. Vor allem in den letzten fünf der zwölf Jahre, die sein familiäres Umfeld als Katastrophe erlebte, stand Arno Peters in Kontakt mit einer Reihe von mächtigen Personen und Institutionen des Nationalsozialismus. Zwar vertraute er seinem Tagebuch seine tiefe Antipathie gegenüber dem »Dritten Reich« an. Dieses dokumentiert dann aber doch, dass Peters beispielsweise ein Foto aufbewahrte, auf dem er neben Joseph Goebbels abgelichtet war, dem er Ende der 1930er Jahre als Fotojournalist begegnet war. Er hatte sogar um ein Autogramm des Propagandaministers ersucht, denn solche »Trümpfe« verschafften ihm Zugang zu (bisweilen auch Schutz vor) subalternen Protagonisten des Regimes.[119] Entsprechende Kontakte knüpfte Peters jedoch mit Briefen, die er konsequent mit »beste Grüße« unterzeichnete – zum »Heil Hitler« konnte er sich nicht durchringen. Das verhinderte aber nicht, dass Peters mehr oder weniger subtil weltanschauliche Ideen aus der Nazizeit in die Bundesrepublik hinüberrettete, zu denen, wie angedeutet, eine wenig demokratische Vorstellung von der Führungsverantwortung der Publizistik gehörte.

Bereits im nationalsozialistischen Deutschland war Peters' Arbeit jedoch auch in einem praktischen Sinn von einer Spannung durchzogen, die seine Berufsbiografie zeitlebens kennzeichnen sollte: Wie weit konnte und durfte man sich den politischen Institutionen seiner Zeit öffnen, wenn man sie zu eigenen Zwecken zu gebrauchen gedachte? Ab wann korrumpierte die Nähe zu ihnen die eigenen Absichten? Als Ausweis der großen Unabhängigkeit seiner Person und seines Denkens, auf die Peters kaum weniger Wert legte als Fuller, ließ sich eine Existenz, die solche Fragen aufwarf, nach dem Krieg kaum stilisieren. Trotzdem spricht aus Peters' Tagebucheintragungen der 1940er Jahre ein Mittzwanziger, der die Entwicklung der eigenen Persönlichkeit ganz bewusst vor dem Hintergrund der Zeitläufte dokumentierte. Peters verordnete sich 1944 das Programm, täglich mindestens eine DIN-A-4-Seite mit seiner (großen) Handschrift zu füllen.[120] Diesem Regime unterwarf er sich diszipliniert, mit wenigen Unterbrechungen, bis unmittelbar vor seinem Tod im Jahr 2002. Die Tagebuchroutine diente sowohl der Selbstführung als auch der Dokumentation der mit ihrer Hilfe möglich gewordenen Erfolge. Peters schrieb für sich selbst *und* für eine Nachwelt, für die er beispielsweise genau die Namen und die Position der Personen notierte, denen er begegnet war.[121] Peters, und auch hier sind die Ähnlichkeiten zu Fuller auffällig, vermaß in den

---

119 Tagebucheinträge vom 25.10.1944, SBB-PK, Nachl. 406, 427, und vom 10.3.1942, SBB-PK, Nachl. 406, 425.
120 Tagebucheintrag vom 7.4.1944 SBB-PK, Nachl. 406, 426.
121 So schrieb er zurückblickend, er führe sein Tagebuch nicht für spätere Leser, sondern als »Disziplin-Übung«, auch als »Denk- und Stilübung« und schließlich zur Pflege seiner Handschrift: Tagebucheintrag vom 23.1.1983, SBB-PK, Nachl. 406, 460. Entsprechend dieser Motivationsfunktion erwähnte er in seinem Tagebuch zwar gelegentlich Zweifel im Vorfeld mancher Unternehmungen. Diese waren aber

frühen 1940er Jahren zudem seine Lernfortschritte und damit seine Arbeit an einem individuellen »Weltbild«, wie er es selbst nannte – eine Arbeit, die mindestens genauso den Grund für seine erste Weltgeschichtstabelle legte wie seine Absicht, *anderen* zu einem besseren Verständnis der globalen Verhältnisse zu verhelfen.

Berliner Kindheit um 1930

Peters' Selbstdokumentation zeugt damit letztlich davon, wie sehr er die Ideale seiner Familie verinnerlicht hatte. Arno Harry Peters wuchs in einem hochpolitischen Elternhaus (nachgerade einer Funktionärsfamilie) auf.[122] Mitten im Ersten Weltkrieg, am 22. Mai 1916 geboren, war er der jüngere der zwei Söhne der Stenotypistin Lucy Peters (1888–1967, geborene Maria Hulda Lucie [sic] Schulz) und des gelernten Werkzeugmachers und später zum Eisenbahningenieur weitergebildeten Bruno Georg Max Peters (1884–1960). Arno und sein Bruder Werner (1913–1993) verbrachten ihre ersten Lebensjahre in Berlin, zogen dann für einige Zeit ins brandenburgische Mönchwinkel südöstlich der Metropole, um als Schüler in die Großstadt zurückzukehren. Die Familie bezog eine Wohnung im dritten Stock eines Wilhelminischen Prunkbaus mit Stuckfassade in der Schlüterstraße 21 im Berliner »Neuen Westen«. Das war alles andere als eine schlechte Adresse und illustriert die bemerkenswerten Karrieren der Eltern. Bruno Peters hatte bereits vor dem Krieg in Charlottenburg als Funktionär der SPD gearbeitet. Dieser gehörte er seit 1908 an, nachdem er vier Jahre zuvor dem Deutschen Metallarbeiterverband beigetreten war. 1912 war Bruno Peters erstmals Karl Liebknecht begegnet, dem Reichstagskandidaten seines Bezirks, des »Kaiserwahlkreises« Potsdam-Spandau-Osthavelland (dessen Stimmenmehrheit Liebknecht kurz darauf gewann). Zu dieser Zeit hatte Bruno Peters offenbar bereits seine Frau kennengelernt, die ähnlich früh, als 16-Jährige, in den Frauen- und Mädchenbildungsverein Charlottenburg eingetreten war, der 1908 in der SPD aufging. Lucy Peters wurde wenig später Sekretärin im Pressebüro der Sozialdemokraten, wo sie der gesamten Parteiprominenz zuarbeitete und nicht zuletzt dem gerade in Berlin angekommen Wilhelm Pieck Starthilfe gab. Beide Eltern wurden als Angehörige des Jugendausschusses der Berliner SPD wenig später MitarbeiterInnen in Liebknechts Büro. Im Anschluss

---

spätestens mit der (abendlichen) Niederschrift des Erlebten überwunden und in Kampfschwüre oder Erfolgsbilanzen übergegangen. Hervorgehoben werden muss auch eine gewisse Freude an der eigenen Schlitzohrigkeit, die Peters nach erfolgreichen Tagen besonders detailliert Tagebuch schreiben ließ. Peters war sich des kulturhistorischen Werts seiner Aufzeichnungen durchaus bewusst (Tagebucheintrag vom 17.12.1966, SBB-PK, Nachl. 406, 447) notierte jedoch auch, das Schreiben fege den Schreibtisch leer, weil der Zwang zur Rechenschaft Entscheidungen forciere: Tagebucheintrag vom 14.5.1967, ebd.

122 Zum Folgenden Stefan Müller: Bruno Peters (1884–1960), in: Alfred Gottwaldt (Hg.): *Eisenbahner gegen Hitler. Widerstand und Verfolgung bei der Reichsbahn 1933–1945*, Wiesbaden 2009, S. 328–332, sowie die Würdigungen anlässlich des 30-jährigen KPD-Mitgliedschaftsjubiläums des Ehepaars Peters in der *Berliner Zeitung*, 17.9.1948 und der Nachruf: Eine kämpferische Frau, in: *Berliner Zeitung*, 12.7.1967.

an dessen Parteiausschluss aufgrund seiner Ablehnung der Kriegskredite gehörten sie als Gegner der »Burgfriedenspolitik« zu den Organisatoren der berühmt gewordenen Antikriegsdemonstration am Potsdamer Platz am 1. Mai 1916. Nur wenige Tage vor Arnos Geburt wurden sie hier Zeugen der Verhaftung Liebknechts. Etwas über zwei Jahre später, im Oktober 1918, wohnten sie der umjubelten Ankunft des Politikers am Anhalter Bahnhof nach seiner Freilassung aus dem Gefängnis bei. Beide waren zuvor dem Spartakusbund beigetreten. Bruno Peters war an den »Spartakusbriefen« ebenso wie am sogenannten »Brotstreik« der Berliner Metallarbeiter im April 1917 beteiligt gewesen. Dies hatte ihm eine Haftstrafe als Arbeitssoldat in Frankfurt an der Oder eingebracht.[123] Hier erlebte er nach einer zweiten, mehrmonatigen Inhaftierung wegen »Hoch- und Landesverrats« die Novemberrevolution, und zwar als Vorsitzender des örtlichen Arbeiter- und Soldatenrats. Beide, Lucy und Bruno Peters, waren dann während der Weimarer Republik in der KPD aktiv. Bruno Peters verband seinen technischen Beruf und seine politischen Aktivitäten zwischen 1921 und 1932 in seiner Rolle als Abnahmeingenieur im Außendienst der Handelsvertretung der UdSSR. Lucy Peters war bis 1933 als Sekretärin für die KPD-nahe Internationale Arbeiterhilfe (IAH) unter Leitung des Medienunternehmers Willi Münzenberg tätig. Die IAH organisierte internationale humanitäre Spendenkampagnen und Hilfsmaßnahmen, produzierte aber auch Arbeiterfilme. Beides waren Betätigungsfelder, die im Leben ihres Sohnes von einiger Bedeutung sein sollten.[124]

Es ist aber nicht die revolutionäre Gesinnung der Eltern (und auch nicht Lucy Peters' Beteiligung am Internationalen Frauenkongress 1931[125]), sondern die Mitwirkung des Ehepaars Peters in den transnationalen Netzwerken des Anti-Kolonialismus, die insbesondere die amerikanischen Verleger der Peters-Projektion heute herausstreichen. Als Sekretärin Münzenbergs war Lucy Peters 1927 in die Vorbereitung des Brüsseler Kongresses der Liga gegen Imperialismus und für nationale Unabhängigkeit involviert.[126] Das betonte auch ihr Sohn 40 Jahre später, kurz nach dem Tod der Mutter, in einem Entwurf für einen Nachruf.[127] Nicht ohne Stolz schilderte Arno Peters darin das Treffen prominenter europäischer Sozialisten mit »Führern der Befreiungsbewegungen

---

123 In Frankfurt wurde in den 1970er Jahren der Bruno-Peters-Berg nach ihm benannt: http://www.museum-viadrina.de/historisches-strassenlexikon/frankfurt-(oder)/ (19.6.2019). Lucy Peters wurde in der DDR mit der Clara-Zetkin-Medaille und dem Vaterländischen Verdienstorden geehrt.
124 Müller, Bruno Peters, S. 329f.
125 Stichpunktlebenslauf, o.D. [Juli 1967], SBB-PK, Nachl. 406, 447.
126 Zur Liga Jürgen Dinkel: Globalisierung des Widerstands. Antikoloniale Konferenzen und die »Liga gegen Imperialismus und für nationale Unabhängigkeit«, 1927–1937, in: Sönke Kunkel/Christoph Meyer (Hg.): *Aufbruch ins postkoloniale Zeitalter. Globalisierung und die außereuropäische Welt in den 1920er und 1930er Jahren*, Frankfurt a. M./New York 2012, S. 209–232.
127 Im Protokoll des Kongresses wird Lucy Peters zwar nicht namentlich genannt, sie taucht aber auf einem Foto der deutschen Delegation auf: Liga gegen Imperialismus und für nationale Unabhängigkeit: *Das Flammenzeichen vom Palais Egmont. Offizielles Protokoll des Kongresses gegen koloniale Unterdrückung und Imperialismus, Brüssel, 10.-15. Februar 1927*, Berlin 1927, S. 165.

der farbigen Völker« wie Jawaharlal Nehru als Lebenshöhepunkt der Mutter.[128] Es war allerdings der zweite Kongress der Liga, der im Juli 1929 unter Mitwirkung prominenter Personen (etwa des Schriftstellers Ernst Toller, des mexikanischen Malers Diego Rivera oder der Frauenrechtlerin Helene Stöcker) in Frankfurt am Main stattfand, wo sich das Ehepaar Peters mit einer amerikanischen Schlüsselfigur, dem Bürgerrechtler William Pickens, anfreundete. Dabei spielte offenbar keine Rolle, dass Pickens, der umtriebige Sekretär der National Association for the Advancement of Colored People (NAACP), dem Kommunismus eher skeptisch gegenüberstand – im Wahlkampf 1940 bezog er sogar Position für Wendell Willkie.[129] Pickens besuchte die Familie Peters im Zuge einer mehrwöchigen Reise durch Deutschland und korrespondierte in der Folge mit Lucy Peters in vertraulichem Ton. Dabei wurden Artikel ausgetauscht, aber auch Höflichkeiten über das Ergehen der Peters-Kinder, die Pickens offenbar selbst schrieben, um so ihr Englisch zu verbessern.[130] Es lässt sich indes kaum rekonstruieren, wieviel der 13-jährige Arno Peters von der in Frankfurt artikulierten scharfen Kritik an wiedererstarkenden kolonialistischen Tendenzen der jüngsten Zeit mitbekommen hatte oder auch von Pickens' Ansprache vor dem Kongress 1927, die globale Arbeitskämpfe in den Rahmen eines kosmopolitischen Ethos gestellt hatte.[131] Ebenso wenig prüfen kann man die Behauptung, es sei die Lektüre von *Bursting Bonds* (Pickens' 1923 erschienener autobiografischer Anklage des Rassismus in den USA) gewesen, die das Gerechtigkeitsempfinden des jungen Arno nachhaltig beeinflusst habe.[132]

Gerade Lucy Peters legte sicher großen Wert darauf, ihre antiimperialistische und antikoloniale, sozialistische, pazifistische und nicht zuletzt antiklerikale Haltung sowie ihre Goetheverehrung[133] an ihre Kinder weiterzugeben, diese aber nicht zu indoktrinieren. Davon zeugt ihr 1913 unternommener Versuch, die Geschichte ihrer Familie für ihren ersten Sohn aufzuschreiben. Es sei »wirklich nötiger, dass Einer weiss, von wannen er selbst kommt«, hieß es darin, »als dass er […] die Ahnenreihen der Hohenzollernfürsten lernt«.[134] Auf das preußische und thüringische Handwerkermilieu, das

---

128 Textentwurf o.D. [1967], Nachlass Franz und Käthe Dahlem, BArchB NY 4072/195.
129 Sheldon Avery: *Up from Washington. William Pickens and the Negro Struggle for Equality, 1900–1954*, Cranbury 1989, S. 154f.
130 Lucy Peters an William Pickens, 23.9.1929, Schomberg Center for Research in Black Culture, New York Public Library (NYPL), William Pickens papers (Additions), 1909–1950, Sc Micro R-4463, General Correspondence, Box 2, Folder 3, Reel 2, Folder G-Z, 1929.
131 Pressemeldung zur Teilnahme der NAACP in Brüssel, August 1927, NYPL, Sc Micro R-4463, General Subject File, Box 11, Folder 1–2, Reel 11, Inter-Colonial Conference in Brussels, 1926.
132 Der schon erwähnte Online-Verlag ODT-Maps, der heute die amerikanischen Rechte an der Peters-Projektion innehat, unterstreicht diese Deutung durch ein Foto, das den kindlichen Peters mit dunkelhäutigen Besuchern zeigt, offenbar in der elterlichen guten Stube: http://www.odtmaps.com/behind_the_maps/peters_maps/peters-album.asp (19.6.2019).
133 Fischer, *Polyhistor*, S. 105
134 Der Text findet sich auf der sehr informativen familiengeschichtlichen Website von Tell Schwandt, dem Enkel von Lucy Peters' ebenso sozialistisch engagierter Schwester Frida: https://www.tell-info.de/x-bo

Lucy Peters dieser Überzeugung gemäß in den nächsten Zeilen umriss, soll hier nicht im Detail eingegangen werden – es gehörten Buchbinder, Schriftsetzer, Bäcker, subalterne Beamte auf mütterlicher, Schuhmacher auf väterlicher Seite dazu. Festgehalten werden muss aber, dass die Peters-Söhne nicht nur in einem hochpolitischen, aktivistischen Umfeld aufwuchsen, sondern auch im klaren Bewusstsein des selbsterkämpften Status der eigenen Eltern. Bruno Peters hatte sich in Abendkursen zum Ingenieur ausbilden lassen,[135] und Lucy Peters schilderte in ihrem Text denn auch den autoritären und einschüchternden Charakter der wilhelminischen Erziehung, gegen die sich ihr Ehemann durchgesetzt hatte. Ihr Text ließ keinen Zweifel, dass ihr an der freien Entwicklung ihrer Kinder zu eigenständigen Persönlichkeiten lag. Peters, der schon als 25-Jähriger überzeugt war von der »Unmöglichkeit, Kinder mit Prügelstrafe zu erziehen«,[136] war aber, ähnlich wie Fuller, nicht nur reformpädagogisch, sondern auch von den konkreten Verhaltensempfehlungen der Lebensreformbewegung geprägt. Dass Peters selbst auf seine größten beruflichen Erfolge nur mit Fruchtsäften anstieß, mag damit zu tun haben, dass seine Mutter eine Zeitlang ein Reformhaus in der Berliner Pestalozzi-Straße betrieben hatte.

Allem Anschein nach wuchsen Bruno und Lucy Peters' Söhne (jedenfalls bis zur Machtübernahme der Nationalsozialisten) im höchst stimulierenden Milieu der Berliner Arbeiterorganisationen heran.[137] Arno Peters trat 1929 verschiedenen sozialistischen Sport- und Jugendorganisationen bei und nahm bald darauf an politischen Bildungsreisen nach Frankreich und in die UdSSR teil.[138] Ausgerechnet dort allerdings, im Pionierlager in Petergof an der Newabucht, zog er sich 1932 eine Polioinfektion zu. Sie fesselte ihn monatelang ans Bett (was für den sportlichen Teenager eine Qual gewesen sein muss[139]) und hinterließ zeitlebens Behinderungen an den Beinen. Überhaupt scheint für den 17-Jährigen plötzlich Einiges zusammengebrochen zu sein. Peters, der zunächst die reformpädagogische Waldschule im Berliner Grunewald besucht hatte, wurde offenbar nach seiner Genesung nicht wieder aufgenommen. Inzwischen hatten die Nationalsozialisten die Macht übernommen. Peters behauptete später, er sei wegen »antinazistischer Gesinnung von Schuldirektor Krause« der Schule verwiesen worden.[140]

---

nusmaterial-tell-lucy-arno-.html (19.6.2019).
135 Müller, Bruno Peters, S. 330.
136 Tagebucheintrag vom 20.11.1941, SBB-PK, Nachl. 406, 425.
137 Von dessen Turn- und Freiluftkultur kann man sich mithilfe von *Kuhle Wampe oder: Wem gehört die Welt?* (1932) ein (propagandistisches) Bild machen. Der unter Co-Autorenschaft Bertolt Brechts entstandene Film gehörte zu jenen, die Lucys Arbeitgeber förderte.
138 Fischer, *Polyhistor*, S. 98; Peters an Wilhelm Pieck (mit Lebenslauf), 11.3.1946, SBB-PK, Nachl. 406, 428; Tagebucheintrag vom 9.11.1974, SBB-PK, Nachl. 406, 452.
139 Fischer, *Polyhistor*, S. 75, sowie https://www.tell-info.de/x-bonusmaterial-tell-lucy-arno-.html (19.6. 2019). Offenbar war Peters mit 15 einer der besten Nachwuchsradrennfahrer Berlins und mit 16 Jahren gar deutscher Juniorenmeister im Schwimmen: Fischer, *Polyhistor*, S. 75.
140 Peters an Louis P. Lochner, 3.10.1946, SBB-PK, Nachl. 406, 428. Die Episode bestätigt ein Leumundszeugnis von Henry Meyer, 19.11.1945, SBB-PK, Nachl. 406, 428.

Fest steht, dass er als Sozialistenkind keine andere Schule fand, an der er das Abitur machen konnte.

Fotografie und Film in NS und USA

Peters hatte – offenbar auf Anregung seines Bruders Werner – während seiner Krankheit erste Experimente mit einer Leica und einer Dunkelkammer gemacht.[141] Unterstützt von seiner gut in der Medienwelt vernetzten Mutter, eröffnete er mit seinem Freund Erwin einen Fotoladen, bevor dieser als »Halbjude« mit seinen Eltern in die USA flüchten musste.[142] Daraufhin durchlief Peters jeweils einjährige Lehrzeiten bei den Pressebilddiensten Argusfot und Presse-Photo GmbH und arbeitete parallel als freiberuflicher Bildberichterstatter für verschiedene Illustrierte.[143] 1934 erschienen Peters' erste Fotos aus der Berliner Film- und Theaterszene.[144] Einer nicht archivalisch verbürgten Erinnerung zufolge hatte ihm auch die bekannte Fotografin Lotte Jacobi, mit deren Sohn Jochen Honig (später John F. Hunter) Peters zur Schule gegangen war, einen Ausbildungsplatz in Aussicht gestellt. Daraus wurde nichts, weil auch Jacobi nach der Machtübernahme der NSDAP in die USA emigrierte. Immerhin erhielt Peters von dort aus kleinere Aufträge und auch etwas Geld, um 1936 als akkreditierter Fotograf den Olympischen Spielen in Berlin und Garmisch-Partenkirchen beizuwohnen.[145] Hier machte er Aufnahmen, die seine neu-amerikanischen Unterstützer in Magazinen der USA unterbrachten.[146] So kam Peters mit *der* massenmedialen Großinszenierung dieser Zeit in Berührung, noch dazu mit einem (dem Anspruch nach friedlichen) Wettbewerb zwischen den Nationen, der seinem Sportinteresse entgegengekommen sein muss. Im Jahr der Olympiade konnte er zudem an die Reisen der frühen 1930er Jahre anknüpfen: Reportage-Jobs führten ihn zunächst nach Schweden, 1937 dann nach Italien, in die Schweiz, nach Österreich und nach England, 1938 in die Tschechoslowakei, nach Belgien, Frankreich und Holland, nun teils im Auftrag des Ullstein-Verlags.[147]

---

141 Tagebucheintrag vom 5.12.1982, SBB-PK, Nachl. 406, 459.
142 Tagebucheintrag vom 7.9.1980, Nachl. 406, 457.
143 Lebenslauf vom 15.6.1942, SBB-PK, Nachl. 406, 425
144 Siehe Veröffentlichungen 1 bis 26, SBB-PK, Nachl. 406, 1.
145 So die Darstellung Tell Schwandts: https://www.tell-info.de/x-bonusmaterial-tell-lucy-arno-.html (19.6.2019).
146 Peters an Pieck, 11.3.1946, SBB-PK, Nachl. 406, 428.
147 Einige, dem Verkauf von Teilen seines Bildarchivs 1941 gewidmete, Tagebuchpasssagen machen deutlich, wie weit Peters herumgekommen war: Er veräußerte diverse »Auslandsserien«. Einer späteren Liste zufolge waren unter seinen Reportagearbeiten auch solche zum Autobahnbau und Bilderserien mit Titeln wie »Wo die Olympische Glocke entsteht«, »Arbeitslos in New York« und »Negerproblem – sehr aktuell«, von denen einige in der NSDAP-Wochenzeitschrift »Illustrierter Beobachter« erschienen waren: 7.9.1943, SBB-PK, Nachl. 406, 426.

So hieß es zumindest in dem Entnazifizierungsfragebogen, den auch Peters 1945 auszufüllen hatte.[148] Außer den – vergleichsweise wenig kompromittierenden – Mitgliedschaften in der Nationalsozialistischen Volkswohlfahrt (NSV) und im Reichsverband der Deutschen Presse (RDP) war darin keine direkte Verbindung zu den Organisationen des NS-Staats erkennbar, was auch eine Reihe von Leumundszeugnissen bekräftigte. Im Gegenteil gab Peters an, er sei insgesamt fünf Mal von der Gestapo vernommen, dreimal verwarnt, seine Wohnung einmal einer Hausdurchsuchung unterzogen worden. Überdies habe ihm der RDP – der mittels Fragebogen »rassische« Zugehörigkeit, familiären Hintergrund und frühere sozialistische Parteimitgliedschaften prüfte – 1938 die Fortsetzung einer Ausbildung beim »Theater-Tageblatt« untersagt und das Reichsministerium für Volksaufklärung und Propaganda (RMVP) selbst den Betrieb eines eigenen Korrespondenzverlags verboten.

Es kann nur spekuliert werden, ob Peters mit Auswanderungsgedanken spielte, als er im selben Jahr mit dem angesparten Lohn für seine Fotos die besagte Reise in die USA antrat. Jedenfalls war auch sie nur möglich durch die transatlantischen Verbindungen, die die Flucht der jüdischen Bevölkerung aus Berlin geschaffen hatte. In New York angekommen, wurde Peters von der erwähnten Lotte Jacobi aufgenommen, die ihn stark beeindruckte, als Fotografin, mehr noch aber aufgrund ihres Lebensstils, den er später als »kommunistisch im großbürgerlichen Habitus« beschrieb.[149] Mit seinem Freund Jochen fuhr er mit dem Auto »ein Vierteljahr lang [...] durch die Vereinigten Staaten nach Mexiko«.[150] Peters nutzte den USA-Aufenthalt allerdings nicht, um sich weiter in Fotografie ausbilden zu lassen. Sein Interesse hatte sich auf ein anderes Medium verlagert. Durch Freunde der Eltern vermittelt, landete Peters bei dem legendären (unter anderem an Fritz Langs *Metropolis* beteiligten) Kameramann Karl Freund, der ebenfalls aus Deutschland ausgewandert war und nun in Los Angeles lebte. Dieser verschaffte ihm ein Praktikum in der Produktionsassistenz in Hollywood.[151] Peters interessierte sich besonders für die technischen und organisatorischen Aspekte der kommerziellen Kinofilmproduktion, also für Methoden der Rationalisierung des Produktionsablaufs, und er erwarb Kenntnisse, die ihm bald in Deutschland weiterhelfen sollten.

Dort waren Peters' Angehörige inzwischen erheblichen Repressionen ausgesetzt. Sein Vater war 1934 erstmals kurzzeitig inhaftiert worden. Nach Denunziationen an seinem Arbeitsplatz wurde er verwarnt, 1940 schließlich fristlos entlassen, um 1944, mittlerweile 60-jährig, erneut festgenommen und im Januar des Folgejahres wegen »Wehrkraftzersetzung« zu drei Jahren Haft verurteilt zu werden. Im April 1945 wurde er im Zuchthaus Luckau von Soldaten der Roten Armee befreit. Sein Bruder, Peters'

---

148 Entnazifizierungsfragebogen Arno Peters, 8.11.1945, SBB-PK, Nachl. 406, 428.
149 Tagebucheintrag vom 3.7. 1979, SBB-PK, Nachl. 406, 456.
150 Tagebucheintrag vom 13.6.1975, SBB-PK, Nachl. 406, 453.
151 Peters an Karl Freund, 9.9.1945, SBB-PK, Nachl. 406, 428.

Onkel Max, war wenige Monate zuvor hingerichtet worden.[152] Umso erstaunlicher ist, dass sich das Bild Arno Peters', dessen gepflegtes Äußeres ihm etwas von einem Schauspieler verlieh, schon 1936 auf dem Titelbild einer Ausgabe des Rundfunkmagazins »Funk-Post« findet, das für den »Eintopfsonntag« warb, mit dem die Deutschen monatlich 50 Pfennige zugunsten des Winterhilfswerks des Deutschen Volkes einsparen sollten. Der junge Fotograf wirkte hier also mit an einer Propagandaaktion, die den sozialen Zusammenhalt der NS-»Volksgemeinschaft« inszenierte.[153] Aber auch nach seiner Rückkehr aus den USA konnte Arno Peters persönlich eher nicht als NS-Verfolgter gelten. Sein amerikanisches Spezialwissen, zu dem ein gewisser »amerikanischer« Habitus kam, scheint ihm im Gegenteil manche Tür geöffnet zu haben,[154] auch zur gleichgeschalteten Filmwirtschaft des »Dritten Reichs«. Peters, dessen Erkrankung als Teenager sich nun als Glücksfall erwies, weil sie ihm eine Einberufung ersparte, ergatterte 1939 einen Platz an der Deutschen Filmakademie Babelsberg. Das passt wenig zu dem im Entnazifizierungsfragebogen suggerierten *de-facto*-Berufsverbot, denn die Lehranstalt, die kurze Zeit später den Lehrbetrieb einstellte, war direkt dem Reichspropagandaministerium unterstellt. Peters indessen langweilte sich an der Akademie und suchte den Weg in die Praxis. Er trat daher in München eine Stelle als Mitarbeiter des Produktionschefs der Bavaria Filmkunst GmbH, Hans Schweikart, an und arbeitete dann als Assistent des stellvertretenden Produktionschefs des Unternehmens, Helmut Schreiber.[155] Peters lernte hier zwar viel über die Branche, wie er dem Schriftsteller Waldemar Bonsels schrieb, den er in München gelegentlich aufsuchte. Er wolle jedoch keinesfalls als »halber Büromensch« enden, sondern lieber künstlerisch arbeiten, am liebsten als Regisseur.[156] Bei der Tobis Filmkunst GmbH, zu der er kurz darauf wechselte, erfüllte sich dieser Wunsch aber nicht. Peters, der dort in verschiedenen Positionen – als dramaturgischer Mitarbeiter und, wie beschrieben, als Produktionsassistent – arbeitete,[157] brüstete sich später damit, als jüngster deutscher Filmproduzent überhaupt maßgeblich an Karl Antons Liebes- und Musikfilm *Immer nur Du* beteiligt gewesen zu sein. Der Film, der vom Propagandaministerium als »künstlerisch wertvoll«

---

152 Berliner Zeitung, 17.9.1948.
153 Funk-Post, 15.11.1936, Scan unter https://www.tell-info.de/x-bonusmaterial-tell-lucy-arno-.html (19.6.2019). Dazu auch Müller, Bruno Peters, S. 331.
154 Tagebucheintrag vom 24.1.1946, SBB-PK, Nachl. 406, 428.
155 Peters an Karl Freund, 9.9.1946, Nachl. 406, 428.
156 Peters an Bonsels, 18.3.1940, MÜSta, Nachl. Waldemar Bonsels, WB B 549. Unklar ist, ob Peters auch bei Erwin Piscator in München als Regieassistent tätig war, wie es bei Fischer, *Polyhistor*, S. 106, heißt. Worauf Peters' kreative Ambitionen hinausliefen, lässt sich aber an seinen Filmtreatments »Die Feuerprobe« und »Die feindlichen Brüder« (beide von 1939) ablesen. Ihre Moral weist auf *Astropolis* voraus, die Entwürfe erscheinen jedoch stärker als der Roman als Produkte ihrer Zeit, wenn sie vermittels einer dramatischen Handlung Verzicht und selbstloses Opfer für die Gemeinschaft propagieren: Film-Entwürfe, SBB-PK, Nachl. 406, 7; Die Feuerprobe. Rohskizze zu einem Spielfilm von Arno Peters, o.D., SBB-PK, Nachl. 406, 10.
157 Lebenslauf vom 15.6.1942, SBB-PK, Nachl. 406, 425.

prämiert worden war,[158] hatte im September 1940 im Marmorhaus auf dem Berliner Kurfürstendamm Premiere. Aber Peters fühlte sich zwischen Regie und Geschäftsleitung eingeengt.[159] Er verließ die Tobis im Herbst 1941.

Dem »Führer« entgegendienen – oder doch dem »Wohl der Menschheit«?

Die etwa gleichzeitig einsetzenden Tagebuchnotizen zeigen, wie sehr auch die nun folgenden Jahre im Zeichen von Peters' Suche nach einer erfüllenden Berufstätigkeit standen. Ihre Richtung erhielt diese Suche allerdings nicht nur von den sich verengenden Spielräumen eines Menschen, der den Funktionären des »Dritten Reichs« ein Dorn im Auge war. Wie angedeutet, war es auch Peters' Absicht, sich die Optionen für ein »Viertes« Reich offen zu halten, was die Weichen stellte. Tatsächlich blieb Arno Peters' Ablehnung des »Dritten Reichs« oft abstrakt, wo es nicht seine eigenen Interessen bedrohte. Das galt auch für die Judenverfolgung. Manchmal fällt es schwer zu glauben, dass es dieselbe Person war, die im September 1941 einem Freund schrieb, die Zukunft Europas könne nur in einer gemeinsamen europäischen Regierung bestehen,[160] um einen Monat später aus dem beginnenden Völkermord einen Witz zu den eigenen Gunsten zu machen: »Abends bei einer jüdischen Familie, die täglich damit rechnet, abgeholt zu werden, Bücher gekauft. […] Sie wollten 10.- haben, ich bot 30.-, wir einigten uns auf 50.-«.[161] Dann wieder klebte Peters in sein Tagebuch Zeitungsartikel und amtliche Verlautbarungen des NS-Regimes ein, um sie für die Nachwelt zu bewahren, darunter einen Artikel von Joseph Goebbels in »Das Reich« mit dem Titel »Die Juden sind schuld!« sowie eine Bekanntmachung der NSDAP-Gauleitung Berlin zu Unklarheiten hinsichtlich der Kennzeichnungspflicht für Juden.[162]

Mindestens ebenso wie um die Dokumentation der Verbrechen der Nationalsozialisten ging es Peters dabei um Widersprüche in deren offiziellen Verlautbarungen. Den selbsterklärten Sozialisten – der seinem Tagebuch durchaus ehrlich anvertraute, er könne sich nicht zur Politik, also zum Widerstand »entschließen«, weil er sich beruflich nicht zu sehr exponieren wolle[163] – interessierte an solchen Dokumenten, wie politische Entscheidungen publizistisch präsentiert wurden. Denn es war das Feld der Massenmedien, auf dem er dann doch die Karrieremöglichkeiten wahrzunehmen versuchte, die sich im Führerstaat bei individueller Initiative boten. Peters telefonierte sich mit großer Hartnäckigkeit und unter Erwähnung der Namen einflussreicher Bekannt-

---

158 Tagebucheintrag vom 11.9.1941, SBB-PK, Nachl. 406, 425.
159 So Peters im Entwurf für ein Schreiben an seinen ehemaligen Dozenten an der Filmakademie, den »Reichsfilmintendanten« und Verantwortlichen für den NS-Hetzfilm *Der ewige Jude*, Fritz Hippler, 21.12.1941, SBB-PK, Nachl. 406, 425.
160 Peters an Schlien, 20.9.1941, Nachl. 406, 425.
161 Tagebucheintrag vom 20.10.1941, Nachl. 406, 425.
162 Abgeheftet neben dem Tagebucheintrag vom 16.11.1941, Nachl. 406, 425.
163 Tagebucheintrag vom 24.9.1941, Nachl. 406, 425.

schaften durch die Institutionen, bis er persönliche Audienzen auf möglichst hoher Ebene erhielt, zunächst im Bereich des Rundfunks. Zu diesen Terminen tauchte er dann mit Konzeptpapieren und Reorganisationsvorschlägen auf. Beispielsweise wurde Peters bei Werner Stephan vorstellig, dem persönlichen Referenten des Pressechefs der Reichsregierung und Staatssekretär im Propagandaministerium. Er bekam auf dessen Vermittlung einen (ergebnislosen) Termin beim Leiter der Abteilung Rundfunk des RMVP, Hans Fritzsche.[164] Einige Monate zuvor hatte Peters dem Reichserziehungsministerium ebenso erfolglos ein Exposé zu seinem Konzept einer »Rundfunk-Hochschule« geschickt.[165] Aufgrund einer weiteren Empfehlung versprach ihm schließlich ein Dr. Schöricke von der Pressestelle des »Großdeutschen Rundfunks« eine Position in seiner Abteilung, unter der Bedingung, dass Peters zuvor seine Vorstellungen von seiner Arbeit schriftlich vorlege.[166] Peters' »Plan zur Umwandlung der Pressestelle der Deutschen Rundfunks« ist aufschlussreich hinsichtlich seiner Auffassung von der Rolle der Massenmedien – oder zumindest in Bezug auf das, was er glaubte, seinem künftigen Arbeitgeber schreiben zu *müssen*. Denn Peters kritisierte darin das für eine »wirkliche Führung der öffentlichen Meinung« zu geringe Maß an »[a]ktive[r] geistige[r] Einwirkung auf die Öffentlichkeit durch die Presse«. Peters, der zu diesem Zweck die Gründung einer Programmzeitschrift, die Präsenz von Rundfunkvertretern auf Pressekonferenzen der Reichsregierung sowie einen längeren Vorlauf in der Programmplanung vorschlug, empfahl sich in seinem Konzeptpapier auch als Freund des Führerprinzips. Und doch ließ sich dieses für ihn offenbar mit einer gewissen emanzipatorischen Wirkungsabsicht verbinden: Denn sein Plan für die »Pressearbeit des Deutschen Rundfunks« sollte weit »über den Rahmen einer Propaganda hinaus volkserzieherisch wirken«. Es passte kaum zur NS-Ideologie, wenn es hieß: »Der Rundfunkhörer wird zum überlegten Rundfunkteilnehmer.«[167]

Es lässt sich nicht klären, ob Peters Darlegungen ausschlaggebend dafür waren, dass auch aus dieser Position nichts wurde. Peters trat stattdessen die bereits genannte Position in der Rundfunkpolitischen Abteilung des Auswärtigen Amtes an. Nachdem er allerdings auch diese Stelle wenig später wieder gekündigt hatte, fasste er den Beschluss, seiner jungen Familie – Peters hatte kurz zuvor seine spätere Koautorin Anneliese Peters (geb. Broschmann) geheiratet, eine Tochter war 1942 zur Welt gekommen – auch ohne geregeltes Einkommen eine angenehme Existenz zu ermöglichen.[168] Es mutet

---

164 Fritzsche an Peters, 15.12.1942, SBB-PK, Nachl. 406, 425. Stephan, vor 1933 Mitglied der DDP und nach dem Krieg Bundesgeschäftsführer der FDP und Pressereferent der DFG, empfahl Peters zudem an den Hauptschriftleiter der Wochenzeitung »Das Reich«, bei deren Chefredakteur Eugen Mündler Peters denn auch vorsprach, wiederum erfolglos. Tagebucheintrag vom 12.6.1942, ebd.
165 Tagebucheintrag vom 14.11.1941, SBB-PK, Nachl. 406, 425.
166 Tagebucheintrag vom 24.2.1942, SBB-PK, Nachl. 406, 425.
167 Plan zur Umwandlung der Pressestelle des Deutschen Rundfunks, o.D. [Februar 1942], SBB-PK, Nachl. 406, 425.
168 Tagebucheintrag vom 22.6.1942, SBB-PK, Nachl. 406, 425.

durchaus eskapistisch an, wie Peters sich ausmalte, als Autor von Trivialliteratur groß herauszukommen, indem er technische Träumereien zu Einkommensquellen umfunktionierte. Wenn er sich vorstellte, wie schön es wäre, ohne Zwischenlandung um die Welt zu reisen, dann scheint der Weg von diesen »Fulleresken« Ideen zu *Astropolis* nicht weit.[169] Peters spielte aber auch mit dem Gedanken, seine Amerikaerfahrung unter dem Pseudonym »John Dollar« in einem literarischen Plot zu verarbeiten, der mit einer Wendung zum »Wohl der Menschheit« enden würde.[170] Das Wohl der Menschheit tauchte überhaupt zunehmend in Peters' Tagebuch auf. Vielleicht ließ es sich zum eigenen Vorteil fördern? Kurz von Weihnachten 1942 notierte Peters die Ergebnisse eines Gesprächs mit seiner Frau über Zukunftspläne: »Plan b)« erschien ihm offenbar weniger reizvoll. Er lautete schlicht: »Geld verdienen«. »Plan a)« widmete Peters sehr viel mehr Worte: »Uns fortzubilden. Unser Wissen zu fundieren, unsere Meinung zu bilden und in wissenschaftlicher Gründlichkeit die uns interessierenden Probleme so weit als möglich zu klären«, auch eine »neue Weltordnung der Freiheit, Gleichheit, Brüderlichkeit, der sozialen Gerechtigkeit, des Individualismus, kurz einen Idealstaat [uns] auszumalen, dem wir dann politisch möglichst entsprechend Form geben«.[171] Peters fragte sich auch schon, ob dabei seine »Geschichtstabelle« eine Rolle spielen könne.[172]

Geschichte pauken mit grafischer Lernhilfe

Zum Zeitpunkt dieser Überlegungen hatte Peters bereits die ersten Schritte ins erwähnte Studium an der Berliner Friedrich-Wilhelms-Universität unternommen. Noch als Zeitungswissenschafts-Gasthörer übernahm er Ende 1941 ein erstes Referat. In einem Kurs bei Emil Dovifats Assistenten, Jasper Petersen, sollte er die »wissenschaftliche Methode« erläutern, also den Weg von der Recherche zum eigenen Werk. Peters stürzte sich in die Vorbereitung des Vortrags, der viel zu lang geriet, wie bei ersten Präsentationen so oft der Fall. Auch dieses Referat wäre keiner Erwähnung wert, wenn Peters' Vorbereitung nicht seine Systematisierungsvorliebe und Befähigung zum Arbeiten mit großen Ablagesystemen sowie sein erwachendes Interesse an grafischen Ordnungshilfen und Gedächtnisstützen widerspiegelte. Der ehemalige Fotograf, der seinen Kommilitonen ein Verfahren in drei Schritten (»Erarbeitung, Verarbeitung, Ausarbeitung«) nahelegte und Tipps zum Bibliographieren und Exzerpieren gab, empfahl auch die Anschaffung eines Zettelkastens, pries die Arbeit mit »verschiedene[n] Farben« und eine klare »Ordnung im [Arbeits-]Raum«. Vom »Filmnegativ bis zum Bleistift« müsse alles schnell zur Hand sein. Ordnung müsse überdies im Zeitplan herr-

---

169 Tagebucheintrag vom 4.10.1942, SBB-PK, Nachl. 406, 425. Tagebucheintrag vom 5.10.1942, SBB-PK, Nachl. 406, 425.
170 Der Duncker-Verlag, dem er erste Entwürfe schickte, fand diese zu seicht: Reimer an Peters, 24.10.1942, SBB-PK, Nachl. 406, 425.
171 Tagebucheintrag vom 1.12.1942, SBB-PK, Nachl. 406, 425.
172 Tagebucheintrag vom 12.11.1942, SBB-PK, Nachl. 406, 425.

schen: »Für jeden Tag ein genaues, schriftliches Programm«.[173] Nicht nur Peters' gewissenhafte Tagebuchroutine zeugt davon, wie stark er gerade diese letzte Empfehlung verinnerlicht hatte. Seine persönliche wissenschaftliche Methode hatte Peters jedoch entwickelt, als er sich auf seine Prüfung für die Zulassung zum Studium ohne das Reifezeugnis vorbereitete, das ihm verwehrt geblieben war.

Peters hatte herausgefunden, dass in der Prüfung zum Begabtenabitur, die er im März 1942 in den Räumen des Reichserziehungsministeriums anzutreten plante, Fragen aus den Bereichen Erdkunde, Kunstgeschichte und Geschichte zu erwarten waren. Peters versuchte sich gerade die Geschichtspaukerei zu erleichtern, indem er eine Nachhilfelehrerin engagierte. Vor allem aber bereitete er die wichtigsten historischen Daten tabellarisch auf, um sie besser memorieren zu können. Im Dezember 1941 war erstmals die Rede von einer (archivalisch leider nicht überlieferten) Liste mit über »1000 Zahlen« von Christi Geburt bis zur Gegenwart. Peters fasste diese Übersicht schon hier als Geschichtswerk ganz neuer Art auf, nämlich als »Aufstellung, die auf graphische Weise mit vielen Farben die Übersichtlichkeit gewährt« und es so ermögliche, »mit einem Blick [zu] sehen, welche Männer in einer bestimmten Zeit gelebt haben und welche Ereignisse sich abspielten«.[174] Ganz offensichtlich bereitete die Arbeit an dieser Aufstellung Peters auch deshalb Freude, weil sie es ihm erlaubte, sich die eigenen Lernfortschritte vor Augen zu führen. Anfang Januar 1942 ging er dazu über, täglich eine Mindestzahl Seiten der Geschichtsbücher, die er konsultierte, einzuarbeiten. Es erschien ihm als sportliche Herausforderung, die Epochen wie im Laufschritt zu durchqueren. So notierte er, er sei bereits bei den Griechen angelangt und brauche nun ein tägliches Pensum von 20 Seiten als »eisernen Rahmen«.[175] Bald darauf konstatierte er zufrieden: »Meine Geschichtskenntnisse [...] runden sich zu einem Weltbild. Ich bin bereits bis zum Beginn des 19 [sic] Jahrhunderts vorgedrungen. Napoleon ist bereits an mir vorbeigezogen und die Tendenz zur Schaffung eines einigen deutschen Reiches in Frankfurt habe ich ebenfalls im Geiste erlebt.«[176] Für Peters standen damit auch schon die Vorzüge des Werks für die Geschichtsvermittlung insgesamt fest: Mit seiner visuellen Lerntechnik beginne er manches anders zu sehen, als es die »Schul-Geschichte« lehre. Für diesen Effekt sei die Zeit aber wohl noch nicht reif: »Ein populäres Geschichtsbuch zu schreiben, hätte ich große Lust. [...] Aber erst, wenn ich meine Einstellung dazu auch ohne jede Einschränkung schreiben darf.«[177] Unschwer lassen sich in Peters Prüfungsvorbereitungen also die Anfänge der *Synchronoptischen Weltgeschichte* erkennen. Als er diese rund zwölf Jahre später gemeinsam mit Anneliese Peters veröffentlichte, erwähnte er jedoch nicht, dass die erste Version dieses Werk

---

173 Die Technik wissenschaftlicher Arbeit. Ein Vortrag zur Vorlesung im Institut für Zeitungswissenschaften am Montag, den 8. Dezember 1941, SBB-PK, Nachl. 406, 425.
174 Tagebucheintrag vom 19.12.1941, SBB-PK, Nachl. 406, 425.
175 Tagebucheinträge vom 6. und 8.1.1942, SBB-PK, Nachl. 406, 425.
176 Tagebucheintrag vom 29.1.1942, SBB-PK, Nachl. 406, 425.
177 Tagebucheintrag vom 8.1.1942, SBB-PK, Nachl. 406, 425.

als *eigene* Lernhilfe fürs nachgeholte Abitur entstanden war. Jedoch – und für diese Deutung soll das anschließende Kapitel den Grund legen – entsprang Peters' Visualisierungsarbeit auch einer Selbstbildungskultur, in der just der weltbildformenden und -verändernden Wirkung grafischer Orientierungshilfen große Bedeutung beigemessen wurde.

Peters' Paukerei erwies sich allerdings als unnötig. In der schriftlichen Prüfung, zu der er am 2. März 1942 antrat, tauchte das Fach Geschichte gar nicht auf. Und unter den fachspezifischen – also auf das angestrebte Studienfach Zeitungswissenschaft zugeschnittenen – Themen konnte er eines auswählen, für das er auch ohne Lernen bestens vorbereitet war: »Das Nachrichtenfoto als Mittel publizistischer Führung«. Peters hat auch seine Notizen für diese Klausur aufbewahrt. Sie lassen nicht eben auf ein ausgefeiltes Weltbild schließen. Eher schon zeugen sie (wie ja auch die spätere Dissertation) von einer Fähigkeit, die eigenen Überzeugungen in Richtung Zeitgeist zurechtzubiegen. So schrieb Peters zum Bildjournalismus, dieser sei der Wahrheit verpflichtet; die »publizistische Führung« durch Bilder müsse aber zugleich der »Tat« dienen und der »Meinungsführung[,] d.h. Propaganda«.[178] In der tags drauf folgenden allgemeinen Prüfung entschied er sich gegen Thema zwei, »Grundzüge der rassischen Betrachtung«, und widmete sich stattdessen der »politische[n] Sendung des Dichters«. Peters kamen seine neuerworbenen Geschichtskenntnisse hier ebenso zu gute wie seine Beherrschung der *Lingua Tertii Imperii* (Victor Klemperer). Er schlug in seinem Aufsatz einen großen Bogen von den Griechen über die Kampflieder der Germanen zum »Horst-Wessel-Lied«. Heute, da Deutschland »seinen Führungsanspruch« erhebe, kämpfe auch die Dichtung mit.[179]

Peters dürfte die richtigen Signalwörter untergebracht haben. Am 5. März erfuhr er, dass er die schriftlichen Prüfungen bestanden hatte. Noch am selben Tag absolvierte er erfolgreich eine mündliche Aufnahmeprüfung bei Dovifat.[180] Nach dem Zwischenspiel beim Auswärtigen Amt widmete er sich ab dem Wintersemester 1942 also ganz dem Studium bei dem Zeitungswissenschaftsprofessor, der offenbar Vertrauen zu Peters fasste, der wie aus Trotz als zweites Hauptfach Geschichte und als Nebenfach Kunstgeschichte gewählt hatte.[181] Peters ging mit einer gewissen Effizienz ans Studium heran. Bereits im August 1944 war er fast »scheinfrei«, auch weil er sich Leistungsnachweise aus seiner Zeit an der Filmakademie 1939 anrechnen ließ.[182] Er hatte

---

178 Klausurnotizen vom 2.3.1942, SBB-PK, Nachl. 406, 425.
179 Klausurnotizen vom 3.3.1942, SBB-PK, Nachl. 406, 425.
180 Tagebucheintrag vom 5.3.1942, SBB-PK, Nachl. 406, 425.
181 Ein Stundenplan verzeichnet unter anderem die Veranstaltung »Der Weimarer Goethe«, A. O. Meyers Vorlesung zur »Allgemeinen Geschichte im Zeitalter der Französischen Revolution und Napoleons«, Wilhelm Schüsslers »Deutsche Geschichte im Zeitalter Kaiser Wilhelms II. 1890–1918«, Wilhelm Pinders »Deutsche Kunst des Spätbarock und Rokoko« sowie Oswald Krohs »Pädagogische Psychologie«, o.D. [Juni 1943], SBB-PK, Nachl. 406, 426.
182 Tagebucheintrag vom 18.8.1944, SBB-PK, Nachl. 406, 427.

sich das ehrgeizige Ziel gesetzt, die Dissertation, die er Ende 1943 in einem langen Neujahrsbrief an Dovifat als Vorhaben beschrieb, »der Menschenführung durch den Film ihre Gesetze abzulauschen«,[183] noch vor 1945 zu beenden. Diese Entscheidung fiel schon unter dem Eindruck des nahenden Kriegsendes und der zu erwartenden politischen Umbruchssituation, auf die Peters vorbereitet sein wollte.

Mediengestützte (Über-)Lebensplanungen

Nicht nur in Hinsicht auf die geopolitischen Spekulationen von *Astropolis* ist erwähnenswert, dass der spätere Welt-Bildner 1943 auch Karten bearbeitete, um sich ein eigenes, nicht von der Propaganda verzerrtes Bild der Kriegslage zu machen. Auf einer auf Kork aufgezogenen Europakarte skizzierte Peters die Umzingelung Deutschlands durch Russen, Amerikaner und Engländer.[184] Auch globale ressourcenökonomische und bevölkerungsstatistische Berechnungen dienten dazu, persönliche Optionen abzuwägen. Sie nahmen sogar seine späteren Untersuchungen der Flächen verschiedener Weltregionen vorweg: Mithilfe eines Leuchtglobus und einer dazugehörigen Tabelle mit Angaben zur Einwohnerzahl verschiedener Staaten stellte Peters fest, dass ein Sieg der Achsenmächte angesichts der »12 fache[n] [sic] Überlegenheit des Raumes (und d[er] aus dieser Überlegenheit resultierenden Rohstoff- und Nahrungsmittel-Überlegenheit)« ihrer Gegner ausgeschlossen sei.[185] Dass die Alliierten näher rückten, zeigten ihm derweil britische Flugblätter, die Peters im Berliner Grunewald auflas und mit geschultem Blick beurteilte.[186] Peters heftete aber auch einen NS-Hetzartikel mit dem Titel »Der Schweinehund« ins Tagebuch, der dazu aufrief, egoistische Lebemenschen, die der Gemeinschaft im Krieg kein Opfer bringen, direkt zu erschlagen. Peters war hellsichtig genug um zu begreifen, dass es auch nach dem Ende des »Dritten Reichs« nicht von Vorteil sein dürfte, als »Schweinehund« zu gelten.[187] Er wog seine »bürgerlichen« Vorlieben und die Chance auf ein politisches Amt nach dem Krieg ab, entschied sich dann aber doch gegen Letzteres: Als Person des öffentlichen Lebens dürfe man keinen Neid erregenden Lebensstil führen.[188] Peters sah seine künftige Rolle ohnehin auf einem anderen Wirkungsfeld: Er wollte aus dem Hintergrund, als Denker, als Verfasser von Büchern zu einer besseren »Weltordnung« beitragen.[189]

Allerdings war Peters zuvor kurz der Versuchung erlegen, sich in die alte Ordnung einzufügen. Nach der Lektüre von Stefan Zweigs »Sternstunden der Menschheit« bekam er »ganz große Lust, selbst eine Weltgeschichte zu schreiben«. Die Frage sei nur,

---

183 Peters an Dovifat, 29.12.1943, SBB-PK, Nachl. 406, 426.
184 Skizzen vom 19.3.1943, SBB-PK, Nachl. 406, 426.
185 Tagebucheintrag vom 27.5.1943, SBB-PK, Nachl. 406, 426.
186 Tagebuch vom 30.12.1943, SBB-PK, Nachl. 406, 426.
187 März 1943, SBB-PK, Nachl. 406, 426.
188 Tagebucheintrag vom 21.2.1943, SBB-PK, Nachl. 406, 426.
189 Tagebucheintrag vom 5.6.1943, SBB-PK, Nachl. 406, 426.

ob er jetzt damit anfangen solle oder lieber in Zeiten, die eine »freie Geistesentfaltung möglich machen«. Immerhin, »bis zur Neuzeit könnte man schon wesentliche Niederschriften vornehmen, denn mein Weltbild wird sich nach meinem vorjährigen eingehenden Geschichtsstudium wohl in den Grundfesten nicht mehr wesentlich ändern«.[190] Peters fasste kurz darauf den Entschluss, »die Geschichtstabelle[,] falls möglich [...] im Auftrage des Kultusministeriums durchzuführen«.[191] Das hatte allerdings weniger mit Karriereplänen zu tun als mit dem Argwohn seiner »Volksgenossen« und der jüngsten Wendung zum »totalen Krieg«. Eine erste Denunziation als »Intellektueller« und »Individualist« schmeichelte Peters zwar geradezu. Bedrohlich wirkte aber ein Fragebogen zu seiner UK-Stellung, den er von der Reichspressekammer erhielt, und die ihm folgende Aufforderung des Wehrbezirkskommandos Berlin X, sich einer Nachmusterung zu unterziehen. Die Nachmusterung endete zwar zu seinen Gunsten, bestärkte Peters aber in dem Ansinnen, sein Zivilisten-Dasein mit einem staatlichen Auftrag zu schützen.[192]

Da hatte er seine »graphische Geschichtstabelle« schon Reichserziehungsminister Bernhard Rust geschickt – ausgerechnet dem Verantwortlichen für die Gleichschaltung der Bildungseinrichtungen Deutschlands also, dem Peters zumindest indirekt den eigenen Schulausschluss verdankte. Rust zeigte sich interessiert an dem Werk, das, wie Peters im begleitenden Anschreiben betonte, auch aus Sicht seiner Dozenten ob seiner »Klarheit und Einfachheit besonders als pädagogisches Anschauungsmaterial geeignet« sei.[193] Peters bekam einen Termin im Ministerium – und war erst recht hin- und hergerissen: Sollte er die Geschichtstabelle unter den gegenwärtigen Umständen fertigstellen? Bliebe sie dann wissenschaftlich? Oder sollte er besser auf den unvermeidlichen Anbruch des »Vierten Reichs« warten? Es sei ja keineswegs sicher, wie dieses mit Werken aus dem Vorgängerstaat verfahren werde, seien diese auch noch so sachlich.[194] Peters war fast erleichtert, dass der Besuch bei Rust folgenlos blieb.[195] Er bastelte zwar weiter an der Tabelle, experimentierte nun erstmals auch mit Farben, um das Problem drohender Unübersichtlichkeit zu lösen, um dann aber doch innezuhalten, als er im Jahr 1933 angekommen war: »Eine Übersicht über die letzten zehn Jahre will ich lieber im Zusammenhang machen, wenn eine Aussicht gleichsam ›von höherer Warte aus‹ möglich ist. Dazu ist es aber jetzt noch nicht an der Zeit: Wir stehen noch zu stark im Geschehen drin.«[196] Erst im Juli 1944 schien sich diese Möglichkeit aufzutun, wobei auffällt, dass Peters' Äußerungen immer »sozialistischer« wurden, als er nun, angesichts des nahenden Kriegsendes, seine Zukunftsoptionen abwog. Film sei

---
190 Tagebucheintrag vom 17.1.1943, SBB-PK, Nachl. 406, 426.
191 Tagebucheintrag vom 3.2.1943, SBB-PK, Nachl. 406, 426.
192 Fragebogen, o.D., SBB-PK, Nachl. 406, 426; Tagebucheinträge vom 24.8. und 21.10.1943, ebd.
193 Peters an Rust, 2.2.1943, SBB-PK, Nachl. 406, 426.
194 Tagebucheintrag vom 28.2.1943, SBB-PK, Nachl. 406, 426.
195 Tagebucheintrag vom 1.3.1943, SBB-PK, Nachl. 406, 426.
196 Tagebucheintrag vom 16.6.1943, SBB-PK, Nachl. 406, 426.

ein spannendes Betätigungsfeld, aber er wolle doch auch sein eigener Herr sein – also doch einen »›Führer durch die Weltgeschichte‹ in der Lebendigkeit von HG Wells[,] aber mit deutscher Gründlichkeit und sozialistischer Ideologie« und »absoluter Allgemeinverständlichkeit« schreiben? Der nächste Satz könnte – angesichts seiner Partizipationsemphase – aber auch zwanzig Jahre später entstanden sein:

> Ich will mit diesem Werke *jedem* interessierten Menschen die Möglichkeit geben, ohne Vorbildung in die Zusammenhänge der Welt und ihre Entstehung und ihren Werdegang bis zum heutigen Tage, unter dem Blickpunkte der ständigen Höherentwicklung der Menschheit, einzudringen, sie zu verstehen und so sein Dasein als historische Notwendigkeit zu empfinden.[197]

Schnellpromotion zwischen Baden und Berlin

Zunächst fiel jedoch der Entschluss, Berlin den Rücken zu kehren. Peters hatte bereits abgewogen, dass er lieber von den Amerikanern als von den Russen (wie er es nannte) »überrollt« werden wolle, wohl auch deshalb, weil er mindestens gerüchteweise über die Gräuel von Wehrmacht und SS »im Osten« und in Griechenland informiert war.[198] Mit der ihm eigenen Energie plante er einen Ortswechsel nach Südwestdeutschland, der im September 1944 gelang. Dennoch unternahm er im Winter 1944/45 und Frühjahr 1945 eine Reihe abenteuerlicher Fahrten zwischen Baden und Berlin, wo Peters offenbar als Entlastungzeuge im Verfahren gegen seinen Vater auftrat.[199] Nicht zuletzt diese Fahrten ließen ihn die Auflösungserscheinungen des »Dritten Reichs« immer klarer sehen und gerade deshalb sein Promotionsverfahren mit besonderer Vehemenz vorantreiben. Nachdem er den Bismarck-Forscher Wilhelm Schüßler als Geschichts- und den Barockexperten Wilhelm Pinder (einen der ersten deutschen Ordinarien, die 1933 das Professorenbekenntnis zu Adolf Hitler abgelegt hatten) als Kunstgeschichtsprüfer und Zweitgutachter der Dissertation hatte gewinnen können, vertiefte er sich in Baden in die Niederschrift des Textes. Der ersehnte Doktortitel rückte allerdings in immer weitere Ferne angesichts der Lage in Berlin, die Peters aufgrund seiner parallelen Le Bon-Lektüre wie ein »massenpsychologisches« Realexperiment wahrnahm.[200] Nachdem er jedoch herausgefunden hatte, dass der Universitätsbetrieb in der Hauptstadt noch nicht ganz eingestellt worden war, gelang es Peters, Dovifat telefonisch davon zu überzeugen, die Doktorprüfung vorzuverlegen.[201] Er schrieb das Schlusswort

---

197 Tagebucheintrag vom 31.7.1944, SBB-PK, Nachl. 406, 426 [Hervorh. im Original]. Ähnlich wie Fuller sah sich auch Peters mit Wells »wesensverwandt« (Tagebucheintrag vom 9.9.1944, SBB-PK, Nachl. 406, 428). Dürfte jener sich dem kosmopolitischen Technikprognostiker nahe gefühlt haben, war dieser wohl eher von dem Verfasser des erwähnten, mit vielen Karten ausgestatteten, *Outline of History* fasziniert.
198 Tagebucheinträge vom 14. und 17.5.1944, SBB-PK, Nachl. 406, 427.
199 Tagebucheintrag vom 17.1.1945, SBB-PK, Nachl. 406, 427.
200 Tagebucheintrag vom 21.2.1945, SBB-PK, Nachl. 406, 427.
201 Tagebucheintrag vom 20.3.1945, SBB-PK, Nachl. 406, 427.

der Dissertation, ergänzte letzte Fußnoten und begab sich dann am 23. März 1945 bei Tieffliegeralarm über Stuttgart und München nach Berlin.[202]

Zwei Tage später klopfte er bei Emil Dovifat im Berliner Villenviertel Zehlendorf an die Tür, um dem verdutzten Professor das Versprechen abzuringen, die Doktorarbeit über Nacht zu lesen. Als Peters am nächsten Morgen erneut auftauchte, ging der Professor unerbittlich Fehler für Fehler mit ihm durch und händigte ihm auch sein Gutachten nicht aus (obwohl er andeutete, dass Peters ein »genügend« bekommen sollte). Nach einer misslungenen Probeprüfung riet Dovifat Peters sogar, noch eine Nacht über sein Ansinnen zu schlafen, Doktor zu werden, um ihn am darauffolgenden Tag mit der Aufforderung fortzuschicken, erst in Geschichte bei Schüßler eine »Eins« zu machen, damit er ihn nicht blamiere. Peters allerdings machte sich – nach einem Umweg zum Dekan der Philosophischen Fakultät, dem Ägyptologen Hermann Grapow, den er dazu überreden konnte, ihm die Lateinprüfungen zu erlassen – zunächst zu Wilhelm Pinder bei Wusterhausen an der Dosse auf. Dem gestand er offen, sich für die Prüfung im Fach Kunstgeschichte nicht angemessen vorbereitet zu haben. Jedoch konnte Peters einen Brief des Dekans vorlegen, in dem dieser einem Beurlaubungsgesuch Pinders zustimmte. Der nämlich wollte sich mit der Familie in den Harz absetzen, um seinen Sohn vor dem »Volkssturm« zu retten. Entsprechend froh gestimmt durchblätterte der Kunsthistoriker also Peters' Dissertation, um sich dann Dovifats Vorbenotung anzuschließen. In der mündlichen Prüfung wurde nur kurz über »die einzelnen Epochen und Künstler« gesprochen, gemeinsam der Berliner Dom als geschmacklos befunden, dann hatte Peters bestanden und durfte noch die mitgebrachte Geschichtstabelle präsentieren. Nach einer im Luftschutzbunker seines Hotels verbrachten Nacht machte sich Peters also erneut auf den Weg nach Zehlendorf, der ihn an riesigen Bränden nahe dem Zoologischen Garten vorbeiführte. Dovifat prüfte Peters milde, nicht ohne klarzustellen, dass er dies als »Vorschuss auf Ihre große politische Zukunft« zu betrachten und Schweigen zu wahren habe über die Umstände dieses »billige[n] Doktor[s]«. Schüßler wiederum, den Peters gleich im Anschluss in seinem Privathaus nahe Potsdam aufsuchte, befand, es handle sich ja ohnehin nur um eine Formsache, und stellte dann einige wenige Fragen zum Generationenproblem in der Geschichte, über den »Aufstieg und Verfall von Reichen« und über den »alten Fritz«.[203]

---

202 Siehe zum Folgenden die Tagebucheinträge vom 24. bis 28.3.1945, SBB-PK, Nachl. 406, 427. Angesichts von deren abenteuerlichem Charakter ist der Hinweis angebracht, dass Prüfungstermine und -inhalte sich im Archiv der Humboldt-Universität zu Berlin bestätigen lassen: Promotionsverfahren von Arno Peters. Humboldt-Universität, Universitätsarchiv zu Berlin (HU), Acta der Friedrich-Wilhelms-Universität zu Berlin betreffend Promotionen Dr. Phil, Phil. Fak. Nr. 943, Blatt 158–171. Die Unterlagen zeigen zudem, dass in der letzten Aprilwoche des Jahres 1945 noch rund ein Dutzend Personen in Berlin promoviert wurde, meist mit deutlich besseren Noten als dem »genügend«, das Peters auch für die Prüfungsleistung insgesamt erhielt.

203 Schüßlers Prüfungsprotokoll bestand aus wenigen dahingekritzelten Worten, von denen nur »Droysen«, »30-Jähriger Krieg«, »Preußen« entzifferbar sind. Pinder notierte lediglich die Stichpunkte: »Parallelen

Friedensarbeit und Rassismus – nach dem »Dritten Reich«

Das Risiko, das Peters mit seiner Berlin-Reise eingegangen war, wurde ihm allzu deutlich, als er sich mühevoll den Weg zurück in Richtung Südschwarzwald bahnte. Seine detailreichen Schilderungen zu den letzten Tagen des »Dritten Reichs« und den ersten in einem besetzten Süddeutschland legen ebenso subjektiv wie eindrucksvoll Zeugnis vom Chaos dieses Zeitabschnitts ab. Hier sind aber die ideologischen Wirren erwähnenswerter, die auch einen selbsterklärten NS-Gegner unter solchen Umständen erfassen konnten. Wohl auch, um den letzten Disziplinierungsmaßnahmen lokaler NS-Kader zu entgehen, verbarrikadierte Peters sich in der Wohnung, die man in Niederhof oberhalb von Säckingen bewohnte. Die Ereignisse bis zum vergleichsweise unblutigen Einmarsch der Franzosen sind äußerst dicht im Tagebuch dargestellt, das also auch zeigt, wie groß Peters' Furcht war, seine Frau könne von schwarzen Besatzern vergewaltigt werden. Es trat ein reflexhafter Rassismus zu Tage, der hier nicht wortgetreu wiedergegeben, aber doch erwähnt werden muss, da er in größtem Kontrast zu jenem Image politischer Redlichkeit stand, das die Verbreitung von Peters' Weltkarte etwas über 25 Jahre später vorantrieb. Der Kosmopolitismus seines Elternhauses hatte das »Dritte Reich« nicht unbeschadet überstanden.[204] Nur wenige Tage später stand der »Weltsozialismus« für Peters aber dann wieder am Horizont. So zumindest hieß es in seinem ersten Entwurf einer Kommunismus-Fibel – einer populären Einführung in die kommende »bessere Welt«, mit der Peters nun zu reüssieren hoffte. Denn er sah sich berufen, an der »Kulturfähigkeit« des Kommunismus mitzuarbeiten, am besten in Berlin.[205] Das Kriegsende in Deutschland am 8. Mai 1945 nahm er dann zum Anlass einer persönlichen Bilanz seiner ersten 29 Lebensjahre. Er stellte fest, dass er sich nie den Nationalsozialisten angedient, sondern seine Zeit genutzt und Fähigkeiten gesammelt hatte für die »Popularisierung der kommunistischen Idee in aller Welt«. Nicht zuletzt habe er historiografische Studien betrieben, die sein Weltbild geformt und dabei »die Grundlage zu meiner optischen Geschichtstabelle« geschaffen hätten, die es nun auszubauen gelte.[206]

Ausgerechnet auf dem Weg in die Zukunft machte sich die Vergangenheit aber noch ein letztes Mal auf hässliche Art bemerkbar: Peters unternahm Mitte Mai 1945 gleich mehrere Anläufe, mit einem Pferdekarren auf der Autobahn quer durch die Besat-

---

zwischen [unleserlich] und bildenden Künsten, Rolle des Klassizismus, Romantik«. Dovifats knapp eine Seite füllendes und von Pinder nur mit einem zustimmenden Vermerk versehenes Gutachten zur Dissertation führte aus, Peters habe ein »hoch gesetztes« Thema gewählt, seine Ausführungen zur Wirkungsweise des Films seien allerdings nicht neu, anders als der Praxisteil der Arbeit, die neben Schwächen der Strukturierung an einer unscharfen Definition von »Öffentlichkeit« kranke: Promotionsverfahren von Arno Peters, HU, Phil. Fak. Nr. 943, Bl. 167–168.

204 Siehe die Tagebucheinträge vom 24.-26.4.1945, SBB-PK, Nachl. 406, 427.
205 Tagebucheintrag vom 7.5.1945; SBB-PK, Nachl. 406, 427.
206 Tagebucheintrag vom 9.5.1945, SBB-PK, Nachl. 406, 427.

zungszonen in Richtung Berlin zu reisen, wohin ihn sein Idealismus getrieben habe, wie er notierte. Er kam aber nie weiter als bis Magdeburg. Hier nun wurde Peters klar, dass Deutschland eindeutig Teil Westeuropas sei, die Deutschen also mehr Ähnlichkeiten mit »rachdurstigen Franzosen«, »herzlosen Engländern« und »unerzogenen kulturlosen Amerikanern« haben als mit den Soldaten aus Osteuropa, unter denen er nichts als »Verbrechervisagen« erkennen konnte. Und so blieb auch dies nicht aus:

> Als wir dann in Halberstadt die Juden sahen, die von den Engländern mitgebracht wurden, um den Deutschen wieder Kultur beizubringen, da schauderte es uns. Ich bin weiß Gott niemals Antisemit gewesen, aber das war der Abschaum. Jeder einzelne sah aus, als hätte er von Goebbels ein Sonderhonorar zur Stärkung des Antisemitismus erhalten, richtig deutsch sprach keiner, sie ›schebberten‹, redeten Annelies mit ›Freilein‹ an und in mir drehte sich alles, als ich einem von diesem Gesindel die Hand geben musste.[207]

Peters' Reisebericht wird nicht sympathischer durch den Umstand, dass er ihn erst nach der Rückkehr nach Niedernhof anhand von Notizen niederschrieb.[208] Denn da hatte er bereits beschlossen, sich statt einer politischen Karriere in Berlin als Publizist ganz der Versöhnung der Völker zu widmen. Von all den Berufsoptionen, die er bereits im Dezember 1944, auf die jüngste Vergangenheit zurückblickend, aufgelistet hatte[209] – Filmlehrstuhl, Rückkehr zur Fotografie, Pressearbeit für die Industrie – schien die Arbeit an der Weltgeschichtstabelle dafür am besten geeignet. Bald hoffte Peters, mit deren Hilfe auch Ost und West in einem gemeinsamen, einem historiografischen Horizont vereinen zu können. Er sollte aber feststellen, dass es gerade den Amerikanern bei *ihrem* Versuch, den Deutschen »wieder Kultur beizubringen«, nützlich schien, dass sein Geschichtswerk diesen auf ganz individuellem Wege eine globale Sicht beizubringen versprach. Zunächst jedoch plante Peters, einen Verlag für deutsche und französische Literatur zu gründen, wurde aber eben auch selbst literarisch tätig. Am 9.8.1945

---

207 Tagebucheintrag zum 22.6.1945, SBB-PK, Nachl. 406, 427. Es darf an dieser Stelle nicht unerwähnt bleiben, dass Peters 1944/45 unangemeldeten Untermietern Unterschlupf bot, darunter offenbar einem »halbjüdischen« Bekannten der Familie (Leumundszeugnis von Hans-Peter Beck, 2.12.1945, SBB-PK, Nachl. 406, 427). Zugleich sollte der Hinweis darauf nicht fehlen, dass Internationalismus, antikoloniales Engagement und Antisemitismus einander in den späten 1920er und frühen 1930er Jahren keineswegs zwangsläufig ausschlossen.
208 Tagebucheintrag vom 11.7.1945, SBB-PK, Nachl. 406, 427. Es dauerte noch eine Weile, bis Peters sich die Wut der letzten Kriegswochen aus dem Leib geschrieben hatte, wie eine Reihe unveröffentlichter, unter dem an Zola angelehnten Pseudonym »Jac Cuse« verfasster, Meinungsstücke der Jahre 1946 und 1947 zeigen. Wie so viele Deutsche im »inneren Exil« erwies sich Peters als anfällig für Nestbeschmutzervorwürfe gegenüber Exilanten. Origineller ist an diesen Texten seine Interpretation der Ursachen der NS-Diktatur: Sie schien ihm von kapitalistischen Eliten unter »virtuoser Handhabung der Demokratie, feinster psychologischer Meinungsführung und endlich mit brutalster materieller Gewalt« herbeigeführt worden zu sein: Peters, Arno: Warnung vor Illusionen, 5.12.1946, SBB-PK, Nachl. 406, 26, S. 3.
209 Tagebucheintrag vom 9.12.1944, SBB-PK, Nachl. 406, 427.

klebte er ein Pressefoto einer Atombombenexplosion ins Tagebuch, ergänzt um den Kommentar: »Eine Erfindung hat da das Licht der Welt erblickt, die geeignet ist, die ganze Menschheit zum ewigen Frieden oder zum totalen Untergang zu führen.« Wenn sich Peters in dieser Einschätzung tags darauf, nach der Kapitulation Japans, bestätigt sah,[210] dann lässt sich darin unschwer die Pointe des Romans erkennen, den er kurz darauf schrieb – wobei sich in *Astropolis*, wie gezeigt, weniger Peters' Schock über den Anbruch des Nuklearzeitalters als das in den Jahren zuvor Gelernte widerspiegelt.

3.3 Zwischenfazit. Projektemacher und ihre Menschheitsvisionen: Peters und Fuller 1945

Ein systematischer Vergleich zweier einzelner Leben ist weder durchführbar noch sinnvoll. Zu kontingent sind die spezifischen Ausprägungen, die die jeweiligen soziokulturellen (etwa generationellen) Muster in einem einzigen, individuellen Lebensweg annehmen, um diese Muster entlang seines Verlaufs einigermaßen repräsentativ fest- und dann auch noch anderen gegenüberstellen zu können. Arno Peters etwa blieb am Ende des Zweiten Weltkriegs nicht zuletzt deshalb schwer zu greifen, weil er für einen typischen Flakhelfer oder »45er« zu alt und auch zu sehr vom Versuch geprägt war, sich karrieremäßig im NS-System einzurichten. Der erklärte Individualist war aber auch kein typischer Angehöriger jener Kohorte, die sich im »Dritten Reich« schuldig gemacht hatte, und sei es in den Augen ihrer während des Kriegs geborenen Kinder. Dafür war er dann doch zu tief imprägniert von einem linken Elternhaus, das auch an Weimarer Maßstäben gemessen stark politisiert war. Letztlich war es aber schlicht dem Zufall, nämlich seiner Behinderung, geschuldet, dass Peters von jener Erfahrung abgeschnitten blieb, die seine (nicht-jüdischen, nicht exilierten, nicht inhaftierten) männlichen Altersgenossen am stärksten prägen sollte: der Kriegsteilnahme als Soldat.

Lässt sich schon auf die Frage nach Peters' Repräsentativität also kaum eine befriedigende Antwort geben, gilt das erst recht für Richard Buckminster Fuller. Der hatte Ende des Zweiten Weltkriegs schon einige Übung darin, seine Eigenständigkeit herauszukehren. Das machte ihn zu etwas völlig Anderem als dem »durchschnittlich talentierten Neuengländer«, als der er sich zugleich stilisierte. Wenn überhaupt, lassen sich überindividuelle Voraussetzungen des Tuns Peters' und mehr noch Fullers also erst durch die retrospektive Entmischung der Einflüsse ausmachen, die Werke prägten, die für spätere Beobachter wie aus dem Nichts zu kommen schienen. Genau diese Ideengenealogie haben die beiden vorangegangenen Kapitel geleistet.

Trotzdem scheint es mir sinnvoll, im Jahr 1945 innezuhalten und in eingeschränkt komparativer Absicht ein erstes Zwischenfazit zu ziehen, und zwar im Hinblick auf die Frage, wie die beiden späteren Welt-Bildner jeweils zu ihrer »Welt« kamen, und wie zu

---

210 Tagebucheintrag vom 10.8.1945, SBB-PK, Nachl. 406, 427.

ihrer jeweiligen Methode, diese zu verbessern. Wie dargestellt, war Fullers Zentralkategorie die *Menschheit*, die er letztlich als biologische Größe, als höchst adaptions- und entwicklungsfähige Gattung begriff – eine Gattung, die er nur auf einer solchen abstrakten Ebene als *Agens* des Fortschritts betrachten konnte. In *Nine Chains to the Moon* lassen sich noch Residuen von Debatten der Zwischenkriegszeit ausmachen, die diese ungewöhnliche Perspektive prägen. Das gilt für die Entropie- und Effizienzdiskurse des amerikanischen *Scientific Management* in seinen verschiedenen Ausprägungen. Es gilt aber auch für holistische Evolutionstheorien, die sich im anglophonen Sprachraum damals großer Beliebtheit erfreuten, und zwar auch, weil sie nicht *nur* im Gewand der quasi-kosmologischen Spekulation daherkamen, die Fuller bevorzugte. Dessen zweifach – nämlich gattungsgeschichtlich wie geografisch – geweiteter Blick auf die »Industrialisierungs«-Dynamik seiner Zeit war aber insofern amerikanisch, als er *erstens* keinen Zweifel daran ließ, dass der techno-evolutionäre Fortschritt (den Fuller als Bewegungsvektor konzipierte und kartierte) in den USA seinen bisherigen Gipfel erreicht hatte (womit Fuller an die Reaktivierung des *Frontier*-Gedankens in den 1930er Jahren anknüpfte). Und so waren es *zweitens* auch amerikanische Maßstäbe, an denen Fuller die Verbesserung der Lebensverhältnisse maß, die er auch allen andern Menschen durch Beschleunigung des Fortschritts angedeihen lassen wollte. Gerade das führte ihn intellektuell in die Nähe jener *One World*-Debatten der 1940er Jahre, in deren Zentrum er sich in New York eher zufällig befand. Allerdings schrieb Fuller sich nur teil- und nur phasenweise in die Netzwerke des amerikanischen Kriegsglobalismus ein. Als typisch für seine Kohorte erscheint er zwar dadurch, dass sich in seinem Zukunftsoptimismus die Erfahrung großer wirtschaftlicher und technischer Fortschritte im Laufe des eigenen Lebens artikulierte. Untypisch ist aber, dass Fuller mit Hinweisen auf diese Erfahrung seine These untermauerte, die Menschheit sei angesichts der infrastrukturellen Schrumpfung der Welt weniger zu Kooperation gezwungen als *ermächtigt*, sich zu einer instrumentengestützten Selbst-Evolution aufzuschwingen. Während es beim Medieneinsatz der *Air-Age*-Geografen der 1940er Jahre letztlich um möglichst demokratische Ansätze ging, die Menschen für die globale Zukunft zu wappnen, waren Medien für Fuller nichts weniger als die Instrumente, die diese Zukunft *herbeiführen konnten*. Seine Kartierungen der räumlichen Bewegung der Gattung, seine Diagrammatik ihrer wachsenden »Ephemeralisierungs«-Fähigkeiten machten das Potenzial der Menschheit erfahrbar und beschleunigten dadurch dessen Realisierung.

Nimmt man nun bei Peters die 1945 fertiggestellte Dissertation auf ähnliche Weise als Ausgangspunkt, um die Wurzeln seiner zukünftigen Projekte biografisch zu verorten, dann ist es bei dem jungen Zeitungswissenschaftler just das *Medienverständnis*, in dem sich Reflexe vergleichsweise zeittypischer Erfahrungen erkennen lassen. Fuller, der Zeitzeuge des amerikanischen Fortschritts, fasste Medien als Technologien auf, die diesen weltweit vorantreiben konnten. Peters, der als Außenseiter in die deutsche Diktatur hineinwuchs, sah Medien als moderne Mittel der Meinungsbeeinflussung – als *Propaganda*. Darin unterschied er sich kaum von vielen seiner Zeitgenossen. Peters' Medienreflexion war aber intensiver, und zwar nicht nur, weil die Befähigung zur Analyse offizieller Verlautbarungen für den Sprössling einer von Verfolgung bedrohten Familie überlebensnotwendig war. Peters kannte auch die Produzentenseite, d.h. die praktische Anwendung von Methoden der »öffentlichen Führung«, viel besser. Er hatte sie in der zweiten Hälfte der 1930er Jahre zunächst als Praktiker, als Bildjournalist und »Filmproduzent« kennengelernt. Während des Krieges studierte er sie als werdender Zeitungswissenschaftler auch von theoretischer Warte aus. Im Angesicht des Endes des NS-Staats wollte Peters dieses Spezialwissen weniger in den Dienst der kognitiven Emanzipation der Menschheit von ihrer Umwelt stellen als zur Beeinflussung der »unaufgeklärten« Massen im Hinblick auf eine größere Verständigungsbereitschaft zwischen den Völkern einsetzen. Und in der Spannung zwischen Methode und Ziel, die diese Absicht auszeichnet, verraten sich die verschiedenen Einflüsse, die sich eben auch bei Peters zu etwas ganz Eigenem vermischten. Zweifellos spiegelten sich in den Ausführungen seiner Dissertation und mehr noch in ihrer ersten »Durchführung« in seinem Roman *Astropolis* der Internationalismus und Antikolonialismus der aktivistischen Eltern wider. Ihre Forderung nach politischer Selbstbestimmung und Gerechtigkeit zwischen den existierenden und den werdenden Nationalstaaten verwandelte Peters im letzten Drittel des 20. Jahrhunderts sogar in eine Forderung nach mehr Demut seitens der Bewohner des industrialisierten Nordens und Westens der Erde – just jenen Regionen also, in denen Fuller die *Manifest Destiny* der Menschheit zu erkennen glaubte. Und doch wies Peters' bessere Welt auch in den 1970er Jahren noch Spuren eines kulturellen Überlegenheitsgefühls auf, die nicht ohne geistige Anpassungen ans »Dritten Reich« erklärt werden können. Peters' aufgeklärte und daher kosmopolitische Menschheit orientierte sich auch nach 1945 an einem bisweilen geradezu deutschtümelnden Hochkulturideal. Erst gegen Ende seines Lebens wich dieses teilweise einem Kulturrelativismus, der denn auch besser zu Peters' Absichtsbekundung schon der 1940er Jahre passte, jedem Menschen bei der Herausbildung seines *eigenen* Weltbilds zu helfen.

Fuller, so könnte man diese Befunde auf eine Formel bringen, betrachtete die Menschheit als Spezies mit besonderem Auftrag. Peters sah sie als politisch-kulturelles Ideal. Umso erklärungsbedürftiger sind aber die auffälligen formalen Ähnlichkeiten zwischen ihren visuellen Methoden, ihren Weltkarten und ihren grafischen Geschichtsdarstellungen, die es noch genauer herauszuarbeiten gilt. Erklärt werden muss dabei, was beide überhaupt von der großen Wirkungsmacht von Medien überzeugte. Das macht die medienhistorische Vertiefung notwendig, die im nächsten Kapitel erfolgt. Damit soll nicht das Missverständnis entstehen, die Ähnlichkeit der Medienerzeugnisse Fullers und Peters' zeige sich erst im historiografischen Rückblick. Sie spiegelte sich im Gegenteil schon in den Motiven ihrer zeitgenössischen NutzerInnen wider. Diese werden im zweiten Teil meiner Studie generell wichtiger, in dem sich diese rezeptionsgeschichtlich weitet – was dann doch Aussagen auf einer gewissermaßen aggregierten Ebene ermöglicht.

Analytisch einbeziehen werde ich dann aber noch eine weitere Parallele, die sich am Ende des Zweiten Weltkriegs abzuzeichnen beginnt. Sie betrifft die Sprecherposition der beiden Welt-Bildner. Wenn Fuller die eigenen Publikationserfolge als Vektoren des Menschheitsfortschritts deutete, dann war das nur die Konsequenz daraus, dass er sich bereits während der 1940er Jahre selbst ans Ende seiner – datengestützt konstruierten, aber sehr wohl auch mithilfe von Glättungen sinnfällig gemachten – Entwicklungskurven setzte, von Kurven, die er steiler ansteigen lassen wollte, *indem* er sie sichtbar machte. Peters indes gefiel sich wohl spätestens 1952 (dem Jahr der Veröffentlichung seiner *Synchronoptischen Weltgeschichte*) als einer jener »Kulturschöpfer«, die ihm als die eigentlichen Akteure eines historischen Zivilisationsprozesses erschienen, der Menschen ebenfalls optimistisch stimmen konnte. Allerdings ging Peters nicht so weit, die *eigene* mediale Intervention als Zukunftsfaktor einzuberechnen.

Beide Welt-Bildner verfolgten Missionen, die sie phasenweise in eine Außenseiterrolle drängten. Trotzdem zeichnete Peters und Fuller eine gewisse Flexibilität aus. So fällt auf, wie sehr sie der Definition entsprechen, die der Medienwissenschaftler Markus Krajewski für den »Projektemacher« gibt, und zwar in einem Buch, das eine Reihe von Entwicklern denkbar großangelegter Weltverbesserungsprojekte um 1900 in den Blick nimmt.[211] Für Krajewski charakterisiert diesen Typus sendungsbewusster Einzelgänger eine laienphilosophische Publikationstätigkeit bei gleichzeitiger Distanzierung von etablierten (akademischen) Institutionen. Die Biografien der Projektemacher waren durchzogen von einem spannungsvollen Verhältnis von Geltungsdrang, Starrsinn und opportunistischer Annäherung an staatliche oder private Financiers. Schließlich kennzeichnete sie eine intensive Arbeit am eigenen Charisma und an der medialen Multiplikation ihrer Ideen. Was Krajewski an der Wende zum 20. Jahrhunderts beobachtet, lässt sich mithilfe der Biografien Fullers und Peters' indes in einen breiteren Interpretationsrahmen stellen. Es deutet dann auf den (Wieder-)Aufstieg des »Gegenexperten« im letzten Drittel des vergangenen Jahrhunderts hin, der gerade *wegen* seiner geistigen Ungebundenheit große Aufmerksamkeit für sich generieren konnte. Das galt zumal, wenn sich diese Positionierung mit einem demonstrativ zu Schau getragenen demokratischen Habitus einerseits und andererseits einer Bezugnahme auf ethische Ziele wie Völkerverständigung oder globalen Fortschritt verknüpfte. Daher sollte man nicht bei aphoristischen Beobachtungen der Art stehen bleiben, Fuller sei ein doppelter Anachronismus gewesen: Ein typischer Erfinder des 19. Jahrhunderts, der Ideen des 21. in die Welt des 20. Jahrhunderts gesetzt habe.[212] Vielmehr gilt es herauszufinden, warum es während einer bestimmten Phase des vergangenen Jahrhunderts half, als Gelehrtentypus beschrieben zu werden, der in der Moderne als ausgestorben galt: als »polymath«, wie bei Fuller, oder als »Polyhistor«, wie bei Peters der Fall.

---

211 Markus Krajewski: *Restlosigkeit. Weltprojekte um 1900*, Frankfurt a. M. 2006.
212 Etwa so hat Joachim Krausse es formuliert, hier zitiert nach Hsiao-Yun Chu: Introduction, in: Dies./ Trujillo, *New Views*, S. 1–5, EN 6, S. 191.

4. Medienhistorischer Zwischenschritt

4.1 Zweite Vignette: *World of Plenty*

1943 bekamen britische Kinobesucher einen Film zu sehen, dessen Thema für viele von ihnen im vierten Kriegsjahr kaum ferner gelegen haben dürfte: die Ernährungssituation der außereuropäischen Welt in Friedenszeiten. Am Beispiel der planmäßigen Nahrungsmittelbewirtschaftung während des Weltkriegs transportierte ein nicht geringer Teil der 42 Minuten von *World of Plenty* zwar klassische Mobilisierungstropen des *People's War*: Der Film pries die Solidarität, die Tüchtigkeit und den Durchhaltewillen der Briten; er beschwor die Freundschaft mit den sie unterstützenden Amerikanern; er versprach, im Krieg etablierte Formen der staatlichen Fürsorge auch in Friedenszeiten zu bewahren. Aber das eigentliche Argument des Films war ein anderes. Der Erfolg der zentral gesteuerten Nahrungsmittelproduktion und -distribution der vergangenen Jahre lege es nahe, diese über das Kriegsende hinaus nicht nur fortzusetzen, sondern *global auszuweiten*. Dann werde sich zeigen, dass die Reichtümer der Erde der gesamten Menschheit ein Leben ohne materiellen Mangel bescheren könnten. Dies suggerierte ja schon der Titel der Produktion (die unter Regie des vielgelobten Dokumentarfilmers Paul Rotha entstanden und vom Ministry of Information gefördert worden war).

Um das zu beweisen, warf *World of Plenty* zunächst einen Blick zurück in die Depressionszeit. Der erste Teil des Films skandalisierte die Tatsache, dass damals (vor allem in den USA) agrarische Überproduktion und sogar Nahrungsmittelvernichtung horrenden Lebensmittelpreisen gegenübergestanden hatten. Das brachte der Film mit sozialer Ungleichheit, Unterernährung und Mangelerscheinungen in Verbindung. Ein zweiter Abschnitt widmete sich dem Zweiten Weltkrieg. Dieser erschien in erster Linie als Auseinandersetzung um Ressourcen und als ein Ereignis, das just zu dem Zeitpunkt alle Kräfte zu bündeln zwang, als die Ernährungswissenschaftler mit ihren Erkenntnissen (etwa zur Funktion der Vitamine) politisch Gehör fanden und sich Verbesserungen der Gesundheit der britischen Bevölkerung abzeichneten. Immerhin führte die Kriegsanstrengung zu Bemühungen um eine besser koordinierte Lebensmitteleinfuhr. Dies veranschaulichte der Film entlang des »Lend-Lease«-Programms, das zugleich als Etappe auf dem Weg zu einer friedlichen Zukunftswelt inszeniert wurde. Zu dem (von Wendell Willkie mitausgehandelten) US-Gesetz, das Waffen-, aber eben auch Nahrungsmittellieferungen der Amerikaner an die Briten ermöglichte, hieß es, es habe »etwas von echtem Internationalismus«.[1] Der Krieg habe zudem zu Experimenten mit staatlicher Preissetzung gezwungen und zu einer nach wissenschaftlichen Kriterien

---

1 *World of Plenty*, UK 1943, Regie Paul Rotha (https://media.dlib.indiana.edu/media_objects/w95050635, 19.6.2019), 00:18:50.

organisierten Verteilung des Vorhandenen, die exakt die Bedürfnisse von Industriearbeitern, Kindern, Müttern, Schwangeren berücksichtigte. Tatsächlich, so der Film, waren die Briten infolge dieser doppelten Strategie – internationale Hilfe und staatliche Rationierung – trotz der Entbehrungen des Kriegs *gesünder* als vor dessen Ausbruch.

Das bildete den Aufhänger des dritten, programmatischen Teils des Films. »Food – as it might be« argumentierte, dass auch in Zukunft nicht Profitinteressen von Zwischenhändlern, sondern die Bedürfnisse der Verbraucher und der bäuerlichen Produzenten im Zentrum einer planmäßigen Vorgehensweise stehen müssten – einer Vorgehensweise, die nun aber eben nicht mehr nur den Alliierten, sondern der gesamten Weltbevölkerung zugutekommen müsse. Eine solche »Weltnahrungsmittelstrategie« sei schon angesichts der Lehren aus dem Ersten Weltkrieg geboten. Denn zum einen könne die Vermeidung von Versorgungsengpässen einer erneuten politischen Radikalisierung der unterlegenen Nationen vorbeugen. Zum anderen könne eine solche Strategie dafür sorgen, dass die einheimischen Landwirte ihre kriegsbedingt gesteigerte Produktion nicht wie nach dem letzten Krieg nach einer abrupten Wiederherstellung von Marktmechanismen schmerzhaft würden zurückfahren müssen. Zu diesen praktischen Motiven kam aber auch ein moralisches Argument. In der Atlantik-Charta hätten sich Churchill und Roosevelt schließlich verpflichtet, nach dem militärischen Sieg einen anderen Krieg auszufechten: den für die »Freiheit von Mangel« in aller Welt. Die Waffen habe man schon erproben können, wie die Briten wüssten: »Science has the answer«.[2] Ackerflächen zur Produktion der benötigten Nahrungsmittelmengen seien auf der Erde zur Genüge vorhanden. Nun gelte es, den Ärmsten der Welt Empfehlungen zur Wahl der für ihre Böden geeigneten Feldfrüchte oder zum Gebrauch von Düngemitteln zu geben. Es gelte, die Potenziale der Tierzucht auszuschöpfen und die Industrialisierung der Landwirtschaft voranzutreiben. Zur Weltnahrungsstrategie gehöre aber nicht nur, die Produktionsseite planmäßig unter Anwendung technisch-wissenschaftlicher Erkenntnisse zu organisieren. Dasselbe müsse auch bei der weltweiten Verteilung ihrer Erträge versucht werden: »Common sense says international control of world products for the common man.«[3] Dies möge revolutionär erscheinen, so der Film. Aber nur so lasse sich eine sicherere, gerechtere, prosperierende Welt gestalten. Nur so lasse sich in Indien wie in der Sowjetunion, in China wie in Deutschland, Italien und Japan das »Jahrhundert des Manns von der Straße« realisieren, das der Vizepräsident der USA, Henry Wallace, 1942 ausgerufen hatte.

War also schon die Botschaft des Films, der die erschöpften Briten auf das Wohlergehen der Menschheit einschwor, zumindest ungewöhnlich, galt dies erst recht für seine Form. *World of Plenty* bestand zu einem Großteil aus Archivmaterial, etwa aus Filmsequenzen, die Erntepraktiken überall auf der Erde zeigten. Diese waren – auf oft humorvolle Weise – montiert und unterlegt mit heroischer Musik, *Soundbites* der

---

2 Ebd., 00:28:21.
3 Ebd., 00:40:31.

Reden verschiedener Politiker und Klangeffekten (Sirenenheulen etwa suggerierte Luftangriffe, ohne diese zu zeigen). Wiederholt adressierten zudem Politiker und Experten die ZuschauerInnen, indem sie direkt in die Kamera blickten – der britische Ernährungsminister Lord Woolton etwa und der Sozialmediziner und spätere Vorsitzende der Food and Agricultural Organization (FAO), John Boyd Orr. Diese Passagen stifteten zudem einen narrativen Zusammenhang, denn Rotha hatte sie als Dialoge inszeniert. So »reagierten« die Spezialisten direkt auf die Fragen hinzugeschnittener britischer und amerikanischer Bauern. Diese diskutierten aber auch miteinander, etwa über die Vorteile der »wissenschaftlichen Tierfütterung«.[4] Rotha perfektionierte in dem Film außerdem seine Technik des *Multi-Voice*-Kommentars, der verschiedene Stimmen denselben Sachverhalt aus dem *Off* beleuchten ließ. So wurde der im sonoren Oberklassenenglisch vorgetragene, autoritativ-offiziöse Kommentar E. V. H. Emmetts wiederholt von den kritischen Nachfragen des Amerikaners Eric Knight unterbrochen. Der forderte Emmett auf, verständlicher zu sprechen, und »prüfte« manche Aussage, indem er normale Bürger – darunter eine »durchschnittliche britische Hausfrau« – auf der Straße über ihre Erfahrung mit der Lebensmittelrationierung befragte. Wer den Film sah, sollte sich offensichtlich als Teil eines nationalen (und transatlantischen) Gesprächs empfinden, was die faktisch vorab feststehende Botschaft des Films als demokratisch legitimiert erscheinen ließ.

Diese Botschaft vermittelte der Film aber nicht nur im Medium von Dialogen, sondern auch durch animierte Statistiken – etwa zu Einkommensverhältnissen und Kaufkraft im Vereinigten Königreich und in den USA, zur Körpergröße englischer Schüler oder zu den kalorischen Bedürfnissen einer Schwangeren – und mit Karten. *World of Plenty* begann sogar mit einem Kamera»flug« über einen Globus. Der Film führte dann mit einer Weltkarte ins Thema ein, auf der den Ballungsgebieten der Weltbevölkerung mittels animierter Piktogramme von Ähren, Rindern und Früchten die Produktionsschwerpunkte der entsprechenden Lebensmittel auf der Erde gegenübergestellt wurden (Abb. 4.1).[5] Aber nicht nur das Problem, auch die Lösung demonstrierte der Film auf diese Weise. Dass die Weltnahrungsmittelversorgung den Bedürfnissen der Menschheit entsprechend organisiert werden *konnte*, verdeutlichte eine weitere Weltkarte. Hier wurde die Zirkulation verschiedener landwirtschaftlicher Erzeugnisse zwischen den Kontinenten mithilfe von Linien animiert. »They tied production to consumption by distribution«, fasste Emmett das zusammen, was Knight so übersetzte: »They sent the food where it's wanted.«[6] Tatsächlich trugen die kartografischen Animationen solcher Verteilungsprozesse die Hauptlast des Arguments: Die Trickfilme legten nahe, dass es letztlich nur des Willens zur Verstärkung und rationalen Lenkung der Rohstoffströme auf der Erdoberfläche bedurfte, um es allen Menschen besser gehen zu lassen.

---

4   Ebd., 00:33:24.
5   Ebd., 00:04:22.
6   Ebd., 00:04:52; 00:04:57.

Zweite Vignette: *World of Plenty* | 189

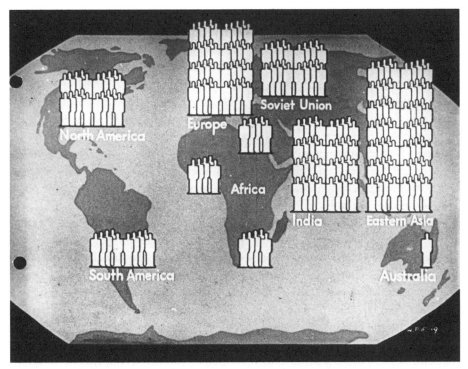

Abb. 4.1: Szenenbildvorlage für *World of Plenty* (1943): Im Film wird diese Karte der Weltbevölkerung mit einer weiteren überblendet, die wichtige Nahrungsmittel-Produktionsstandorte der Erde zeigt.

Natürlich sollte die Funktion des Films im Kontext der Durchhaltepropaganda nicht unterschätzt werden. Sein Argument ließ sich ja auch umkehren: Die Lebensmittelrationierung musste den Briten umso annehmbarer erscheinen, je vorbildlicher sie auch für die Versorgung des Rests der Menschheit war. Aber selbst als vorgeschobene wären die Argumente des Films nicht plausibel ohne den spezifischen Erwartungshorizont der 1940er Jahre. Auch *World of Plenty* war Produkt des ebenso abstrakten wie optimistischen Globalismus jenes kleinen Zeitfensters der letzten Kriegsjahre, von dem schon die Rede war. Aus Sicht der Filmemacher, Experten und Verantwortlichen im britischen Informationsministerium würde ein Zeitalter des friedlichen Handels und der allgemeinen Prosperität heraufziehen. Möglich wurde das durch die Ausweitung des »hochmodernen« (zugleich wissenschaftsgestützten und dem Gemeinnutz verpflichteten) Zugriffs auf die Ressourcen des Planeten. Aber als Gesamtheit, als zu inventarisierende und zu optimierende Zirkulationssphäre im doppelten Wortsinn trat die Erde erst durch die »rhetorischen« Techniken des *Mappings* – konkret: durch Auslassungen – in Erscheinung: Wenn die Weltkarten im Film keinerlei naturräumliche Barrieren oder politische Grenzen verzeichneten, dann korrespondierte dies damit, dass auch die Autoritäten, die er zu Wort kommen ließ, wenig zu Zollmauern oder Transportkosten zu sagen hatten. Trotz seiner unverkennbar antiprotektionistischen Botschaft ließ der Film das heiße Eisen der Preisbildung unberührt. Und er gab keine Auskunft zur Frage, wie man sich die politischen Strukturen vorzustellen hatte, die die kartografisch so unmittelbar evidenten globalen Ressourcenflüsse regulieren konnten. Zwischen Weltregierungshoffnungen und Ricardianismus changierend, blieb damit auch die Kapitalismuskritik diffus, die der staatsoffizielle Film ja durchaus übte. Und auch dies muss erwähnt werden: Das Gleichheitskonzept von *World of Plenty* umfasste nicht die politische Mitbestimmung auf internationaler Ebene. Es war keine Rede von der nationalen Selbstbestimmung jener (kolonialen) Weltgegenden, die im Film als wichtige Quellgebiete von Rohstoffen erschienen. Gleichheit ergab sich allenfalls vor dem Hintergrund allgemeinmenschlicher – mit den Methoden der Ernährungsphysiologie klar messbarer – Bedürfnisse. Entsprechend blieb auch die »Weltnahrungsmittelstrategie« eine visuelle Metapher. Sie wurde lediglich symbolisiert durch einen Trickfilm, der einen Aktenschrank zeigte, dessen Hängeregister Reiter mit Beschriftungen wie »Weizen«, »Fleisch«, »Früchte«, »Butter« erkennen ließen, was Assoziationen von Bürokratie und haushälterischem Vorgehen weckte.[7]

Es ist bemerkenswert, dass es *gerade* diese statistisch-kartografischen Animationen waren, die Knight – die Stimme des skeptischen Bürgers – auf den Plan riefen. Zu der Weltkarte, die den ausgeglichenen »gesunden Welthandel« verdeutlichte, ergänzte dieser launisch, mit Diagrammen könne man alles beweisen: »Give me a half hour with Walt Disney and I can pay my income tax and never feel it.«[8] Wenn Knight daraufhin eine Realitätsprüfung einforderte, dann sollten sich die Zuschauer offenbar in ihm als aufgeklärte Menschen wiedererkennen, die sich auch des potenziell *manipulierenden* Einsatzes von Medien bewusst waren. *World of Plenty* stellt damit ein weiteres Beispiel für jene »antipropagandistische Propaganda« dar, die ich anhand der amerikanischen *Air-Age*-Medien des Zweiten Weltkriegs beschrieben habe. Auch britische Eliten versuchten, die Kriegsanstrengung durch Demokratisierungsversprechen voranzutreiben, die sie mit der Unterjochung kontrastierten, die im Falle des Sieges der Feindstaaten drohte. Trotzdem war der Film durchzogen von der Spannung zwischen einem Medieneinsatz, der überzeugen sollte, und der Absicht, nicht nur zur Diskussion über das Dargestellte, sondern auch zur Hinterfragung der Darstellungs*weise* anzuregen.

---

7   Das heißt nicht, dass es in den frühen 1940er Jahren nicht konkrete Pläne für eine Überwindung von Mangelernährung und Hunger in der Welt gegeben hatte. Es handelt sich sogar um ein zentrales Feld früher, ebenso kolonialistisch wie szientistisch geprägter, globaler Versorgungsregimes: Alexander Nützenadel/Ruth Jachertz: Coping with hunger? Visions of a global food system, 1930–1960, in: *Journal of Global History* 6 (2011), S. 99–119.
8   World of Plenty, 00:06:13.

Wiener Bildstatistik für die Welt

Das hat sicher auch mit dem Urheber der Animationen zu tun, an dem man nicht vorbeikommt, wenn man sich mit Globalität und Visualität im 20. Jahrhundert beschäftigt. Im Abspann von *World of Plenty* war nämlich zu lesen: »Diagrams: Isotype Institute«. Es handelte sich bei den kartografischen und bildstatistischen Elementen des Films um nichts anderes als die trickverfilmte Variante jener bilddidaktischen Methode, die der österreichische Sozialphilosoph, Nationalökonom und Volksbildner Otto Neurath ersonnen und zusammen mit dem deutschen Grafiker Gerd Arntz ausgearbeitet hatte. Konkret scheinen für die Karten zum Welthandel, die in *World of Plenty* zu sehen waren, Geovisualisierungen Pate gestanden zu haben, die Neurath und seine Mitstreiter schon 1929 in einem Werk mit dem Titel *Die bunte Welt. Mengenbilder für die Jugend* publiziert hatten.[9] Dabei handelt es sich um eine der frühesten Anwendungen eines Verfahrens, das Neurath als Leiter des Gesellschafts- und Wirtschaftsmuseums (GWM) in Wien erprobt hatte und das er bald darauf ISOTYPE (International System of Typographic Education) taufen sollte. *World of Plenty* hatte also erstens eine globalistische Botschaft. Der Film war jedoch zweitens auch *selbst Ergebnis* der durch den Krieg verursachten Grenzüberschreitungen, die ihrerseits nicht ohne Einfluss auf die Zielformulierung des Isotype Institute geblieben waren. Denn Neurath, der 1934 zunächst in die Niederlande, 1940 nach England emigriert war, hatte seine Experimente mit der Visualisierung sozialer und ökonomischer Sachverhalte in einem weit stärker politisierten Umfeld begonnen: Die geradezu klassisch austromarxistische Mission des GWM war es in den 1920er Jahren zunächst gewesen, die Arbeiter der österreichischen Metropole an politische Themen heranzuführen. Es ging um den sozialen Wohnungsbau, ein Feld, auf dem Neurath sich als Gründer des Österreichischen Verbands für Siedlungs- und Kleingartenwesen intensiv engagierte. Ortsspezifisch mutet zudem an, dass Neurath als Mitglied des »Wiener Kreises« eine entschieden antimetaphysische Haltung bezog.[10] Diese Haltung ist es, die die Vehemenz seiner Versuche erklärt, Fakten vermittels standardisierter Zeichen für sich sprechen zu lassen, um so »gesellschafts- und wirtschaftswissenschaftliche Unterweisung« zu betreiben – so Neurath 1924 in seiner Rede anlässlich der Gründung des Sozialmuseums. Dass diese Unterweisung vorwiegend mithilfe »optische[r] Mittel, Graphica und Modelle« erfolgen solle, so Neurath weiter, lag aber eben auch daran, dass er das GSW als »Lehrgang für jeden, der ohne Vorbereitung sich mit gesellschaftlichen oder wirtschaftlichen

---

9 Otto Neurath/Marie Neurath/Gerd Arntz: *Die bunte Welt. Mengenbilder für die Jugend*, Wien 1929. Siehe dazu und zum Folgenden Günther Sandner: *Otto Neurath. Eine politische Biographie*, Wien 2014, hier S. 92, 277f.
10 Sybilla Nikolow: Aufklärung durch und mit Beobachtungstatsachen. Otto Neuraths Bildstatistik als Vehikel zur Verbreitung der wissenschaftlichen Weltauffassung des Wiener Kreises, in: Dies./Arne Schirrmacher (Hg.): *Wissenschaft und Öffentlichkeit als Ressource füreinander. Studien zur Wissenschaftsgeschichte im 20. Jahrhundert*, Frankfurt a. M. 2007, S. 245–272.

Fragen beschäftigen will«, verstand.¹¹ Der Umweg über den bürgerlichen (schulischen) Bildungskanon sollte auch deswegen entfallen, weil es Arbeiter zu politisieren galt, indem man ihnen die konkrete Beschaffenheit der Gesellschaft »vor Augen führte«. Dies werde sie zum Nachdenken darüber ermächtigen, »wie sie selber die Zukunft gestalten konnten«.¹² Wenn insbesondere die Neurath'schen Mengendiagramme *Ungleichheiten* in der Welt visualisierten, dann also mit dem Ziel, Handlungen zur Verringerung der *Ungerechtigkeit* zu initiieren. Und so machten die Bildtafeln und thematischen Kartenwerke, die im »roten Wien« entstanden, auch nicht Halt vor just jenen kolonialen und imperialen Ausbeutungsverhältnissen in der Welt, die im Londoner Produktionszusammenhang von *World of Plenty* gerade ausgeblendet wurden. Offensichtlich hatten Neuraths theoretische Überlegungen zur Funktion »sprechender Zeichen«, die er in Publikationen wie *Das Sachbild* (1930), *Bildstatistik nach Wiener Methode in der Schule* (1933) und *International Picture Language* (1936) vorlegte, zwischen den 1920er und den 1940er Jahren also an Radikalität verloren. Das stand im Einklang mit der Veränderung des Adressatenkreises, der mit diesen Zeichen erreicht werden sollte. Neurath ging es zum Zeitpunkt der Produktion des Films nicht mehr um Arbeiterbildung, sondern allgemeiner um Aufklärung von Laien, wenn nicht gar um eine frühe Form der Bürgerbeteiligung.¹³

Überhaupt ist es weniger die Entwicklung seiner Bildsprache selbst als die der mit ihr verbundenen Wirkungsabsichten, die Neurath, den Grenzgänger zwischen deutschsprachiger internationaler Solidarität und anglophonem liberalen Globalismus, auch wie ein Bindeglied zwischen den Protagonisten dieser Studie erscheinen lässt. Neuraths anfängliche Absicht, die Botschaft von Sozialismus und Völkerverbindung durch visuelle Adressierung von Ungebildeten in die Welt zu tragen, hatte sich ja auch Arno Peters auf die Fahne geschrieben. Der deutsche Zeitungswissenschaftler tat das zur gleichen Zeit, als Buckminster Fuller medial die Gewissheit zu verbreiten versuchte, es sei genug für ein gutes Leben für alle Erdbewohner da (was sich zeige, wenn man die Rohstoffe des Planeten und die Techniken ihrer Verfügbarmachung in globaler und globalhistorischer Perspektive betrachte). Dass Fuller schon während seiner Arbeit für das »Fortune«-Magazin Neuraths 1939 erschienenen Atlas *Modern Man in the Making* kannte, ist plausibel, aber nicht nachzuweisen.¹⁴ Indirekt, über andere Gestalter, dürfte er Neurath'sche Ideen aber absorbiert haben. So war Philip Ragan, der Fullers *Energy Map* grafisch verwirklicht hatte, mit den Wiener bildstatistischen Methoden bestens

---

11 Otto Neurath, in: *Österreichische Gemeinde-Zeitung* (1925), Abschrift unter https://web.archive.org/web/20090214203929/http://www.vknn.at/neurath/GWM1925.html (19.6.2019)

12 Zitiert nach Sandner, *Neurath*, S. 181.

13 Dazu: Sybilla Nikolow: Planning, Democratization and Popularization with ISOTYPE, ca. 1945: A Study of Otto Neurath's Pictorial Statistics with the example of Bilston, England, in: Friedrich Stadler (Hg.): *Induction and Deduction in the Sciences*, Dordrecht u.a. 2002, S. 299–330.

14 Eine entsprechende Behauptung Krausses (Dymaxion-Karte, S. 65), erweist sich als Fehlzitation: Neurath taucht erst in Fullers Unterlagen der 1960er Jahre auf.

vertraut. Bei Peters hingegen kann eher der Einfluss eines ganzen soziokulturellen Milieus angenommen werden, dem dieser genauso wie Neurath zeitweise angehörte. Aber auch Peters könnte Neuraths *bunte Welt* durchaus als einer der Jugendlichen, an die das Buch gerichtet war, in Händen gehalten haben.[15] Zumindest wirken Neuraths Gedanken zur Darstellungslogik von (Geo-)Visualisierungen vertraut. Neuraths Atlas *Gesellschaft und Wirtschaft* (1930) etwa arbeitete bewusst mit flächentreuen Weltkarten, weil sich auf diesen piktogrammatisch dargestellte Mengenverhältnisse am besten mit den territorialen Einheiten, auf die sie sich bezogen, verknüpfen ließen. Schon aufgrund ihrer Stauchungen in den Polbereichen erinnerten diese Karten stark an Peters' Projektion.[16] Sollte er den Neurath'schen Ausführungen erst später begegnet sein, dürfte Peters sich jedenfalls im Grundgedanken des österreichischen Bildpädagogen wiedererkannt haben, man könne und müsse gerade die »kleinen« Leute über ihren Sehsinn mit der Welt zusammenbringen. Stärker als Fuller, der in den 1940er Jahren vor allem seine amerikanischen Landsleute mit seinen globalistischen Ausführungen ansprach, ging es Peters und Neurath darum, die Welt auf eine Weise zu darzustellen, die – und diese Engführung wird noch zu erklären sein – »Kindern und Fremdsprachigen gleichermaßen zugänglich ist«, wie Neurath schrieb. Das diesem zugeschriebene Diktum »Worte Trennen – Bilder verbinden« hätte auch Peters formulieren können. Denn auch für Peters war ein »Zeitalter des Auges« angebrochen (wie Neurath es formulierte), ein Zeitalter, in dem Menschen für optische Eindrücke besonders empfänglich schienen.[17]

Dass man alle Menschen – Laien wie Experten – aus dessen Sicht mithilfe grafischer Methoden in einen gemeinsamen Kommunikationsraum stellen konnte,[18] erklärt manche Kontinuität nicht nur in der zerrissenen Biografie Neuraths. Dessen Ansatz war keineswegs nur in London oder in den Niederlanden, wo Neurath 1938 die International Foundation for Visual Education als Rechtsnachfolgerin des GWM etablierte, auf großes Interesse und finanzielle Förderer gestoßen; sein »Bild-Esperanto« konnte seinen »roten«, wienerischen Akzent recht leicht ablegen. Im selben Jahr war aber auch im kurz zuvor »angeschlossenen« Österreich ein Institut für Ausstellungstechnik und Bildstatistik gegründet worden, das Piktogramme im Stil Neuraths zur

---

15 Zumindest die Wege des Wiener Volksbildners und der Eltern Peters' könnten sich gekreuzt haben, ob auf dem Brüsseler Sozialistischen Arbeiterkongress 1928 oder bei einem der vielen Vorträge, die Neurath in Berlin hielt. Wahrscheinlicher ist, dass Arno Peters als Jugendlicher mit den verwandten Bemühungen Alexander (Sándor) Radós in Berührung kam, den Menschen auf visuellem Wege die Vorzüge des Sozialismus klarzumachen. Radó, gebürtiger Ungar, hatte als Kartograf und sowjetischer Spion eine kaum weniger schillernde Biografie als Neurath, mit dessen Werk sein 1930 erschienener, anti-imperialistischer *Atlas für Politik, Wirtschaft, Arbeiterbewegung* vieles gemein hatte. Zu diesem Werk: Ute Schneider: Kartographie als imperiale Raumgestaltung. Alexander (Sándor) Radós Karten und Atlanten, in: ZF 3 (2006), S. 77–94.
16 Otto Neurath: *Wirtschaft und Gesellschaft. Bildstatistisches Elementarwerk*, Wien, 1930, S. 103.
17 Otto Neurath: Das Sachbild, in: *Die Form* 5 (1930), S. 29–39, hier S. 29.
18 Sandner, *Neurath*, S. 192.

Sichtbarmachung der »Verjudung Wiens« einsetzte.[19] Dies lässt es weniger bemerkenswert erscheinen, dass Peters den (mutmaßlichen) Einfluss der emanzipatorischen Visualisierungskultur der Zwischenkriegszeit in Arbeiten umsetzte, die er ausgerechnet im »Dritten Reich« unterzubringen versuchte. Direkte Ansprache durch Bilder war bekanntlich keineswegs ein Alleinstellungsmerkmal demokratischer Vermittlungsbemühungen. Und schon das deutet auf ein Spannungsverhältnis zwischen der didaktischen Absicht der Ermächtigung zur Selbst-Bildung und den Hoffnungen auf eine in sozialer wie geografischer Hinsicht grenzüberschreitende Kommunikation hin, die das nun folgende Kapitel in einen breiteren medienhistorischen Zusammenhang stellen soll.

4.2 Synoptik: Medienwirkungsannahmen, Erziehungsbilder und Visuelle Kommunikation in der Moderne

Es dürfte deutlich geworden sein, dass dieses Buch weniger vom Ergebnis her nach den Wirkungen bestimmter Medien auf die Herausbildung der »Welt« in den Köpfen fragt, als nach den Hoffnungen, die sich zu bestimmten Zeiten mit einem solchen Medieneinsatz mit »globalisierender« Absicht verbanden. Erste Konsequenz eines solchen Erkenntnisinteresses ist, dass manche »Hausgötter« der Medientheorie und -philosophie als historische Figuren erscheinen. Das gilt etwa für den kanadischen Literaturwissenschaftler Marshall McLuhan, der im Folgenden als Freund und Geistesverwandter Buckminster Fullers wiederholt in Erscheinung treten wird. An dieser Stelle muss er aber als Exponent der Idee erwähnt werden, neue, elektronische Techniken der Informationsvermittlung würden grenzüberschreitende Kommunikationsbeziehungen ins Leben rufen, die die Raumdimension des Sozialen an Bedeutung verlieren lassen, gar zur Entstehung des vielzitierten »globalen Dorfs« beitragen könnten – allesamt Vorgänge, die McLuhan tendenziell begrüßte. Es wird noch darauf zurückzukommen sein, warum dieser Mitte der 1960er Jahre weithin Gehör fand mit seiner Prognose, das geografische »Dazwischen« werde durch das Fernsehen zusammenschrumpfen, »die Welt« ins eigene Haus einziehen, und ihre Gesellschaften würden sich infolgedessen auch kulturell annähern.[20] So anregend McLuhans Beobachtung bleibt, dass das Medium (der Signifikant) die »Message« (das Signifikat) determiniere, dass das Medium als »Bote« sich mitunter als eigentliche Botschaft interpersonaler Kommunikation mitteile: Ebenso wichtig ist es, die an solche Deutungen geknüpften Wirkungserwartungen zu kontextualisieren. Historisch wird dann nämlich insbesondere das sogenannte

---
19 Ebd., S. 194.
20 Oft übersehen wird, dass McLuhan diese Prognose mit der stark an Fuller erinnernden Aussage verknüpfte, das Zeitalter der europäischen Expansion sei vorbei und es werde ihm eine »interne« Entdeckungsreise folgen, was McLuhan als »Orientalisierung« begriff: Marshall McLuhan: Open-Mind-Surgery, in: Stephanie McLuhan/David Stains (Hg.): *Marshall McLuhan. Understanding Me. Lectures and Interviews*, Toronto 2003 [1967], S. 147–157, hier S. 157.

»medienökologische« Paradigma, das sich im letzten Drittel des vergangenen Jahrhunderts vom anglophonen Raum aus ausgebreitet hat.

Mal direkt, mal untergründig beeinflusst von biologischen »Epistemologien des Umgebens«,[21] begriffen viele VertreterInnen der Medienökologie Medien als Sonden, die die physische und soziale Umwelt einerseits erst erfahrbar machten, andererseits mit ihrer eigenen Materialität unumgehbar vorprägten, was es zu erkennen galt. Das macht diese Ansätze weniger zu Kommunikations- als zu Wahrnehmungstheorien. Und als solche erscheinen sie als typische Reflexionsprodukte der Moderne. Das gilt zumindest, wenn man die Moderne als eine Epoche definiert, die von einer präzedenzlosen Vervielfachung der sozialen Produktion von Sinn bestimmt war, also von einer kulturellen Deutungsarbeit, die auch vor den *Mechanismen der Sinnproduktion selbst* nicht Halt machte.[22] Insofern das medienökologische Paradigma auf eine Essenzialisierung des Medienbegriffs hinauslief, blendeten seine VertreterInnen aus, dass es sich auch umgekehrt verhalten kann: Die Entstehung neuer Medien – hier verstanden als Kommunikationstechniken – lässt sich eben auch als Realitäts*effekt* von Wahrnehmungstheorien betrachten.

So zumindest könnte man die Sichtweise zusammenfassen, die sich in der deutschen Medienwissenschaft in den letzten Jahren durchgesetzt hat. Diese neigt nicht ohne Grund zur Selbsthistorisierung. So hat Joachim Paech den Boom des Medienbegriffs und die Entstehung der Medienwissenschaft in der Bundesrepublik nach 1970 als Folge exogener sozialer Einflüsse und politischer Hoffnungen geschildert. Er erklärt sie als Ausdruck eines generationell geprägten Abgrenzungsbedürfnisses von einer stark von Kulturindustriedünkel geprägten akademischen Welt. Vor allem aber sei das neue Medieninteresse Effekt der außeruniversitären Begegnung jüngerer AkademikerInnen mit den Mobilisierungsstrategien von Vietnamkriegsgegnern und Studentenbewegung einerseits, mit den techno-utopischen Trends der bildenden Kunst (etwa im Werk des Videofilmkünstlers Nam June Paik) andererseits. Zwar bekamen die Hoffnungen auf umwälzende Wirkungen, die dieses Interesse an Medien mitbedingte, bereits Ende der 1970er Jahre erste Risse. Dennoch lässt sich manche theoretische Äußerung etwa Oskar Negts und Alexander Kluges zur medialen Erweiterung der politischen Öffentlichkeit kaum trennen von weit konkreteren emanzipatorischen Versprechen, die sich beispielsweise an Videoprojekte in der Jugend- und Stadtteilarbeit knüpften oder sich im Interesse an kulturellen Appropriationen durch das Xerokopieren bemerkbar machten. Für Paech brach dann allerdings in den 1980er Jahren eine Phase an, in der nahezu alles als »Medium« bezeichnet werden konnte. Natürlich auch die Bildschirmmedien, die der

---

21 Florian Spenger: *Epistemologien des Umgebens. Zur Geschichte, Ökologie und Biopolitik künstlicher environments*, Bielefeld 2019.
22 Knut Ove Eliassen argumentiert entlang einer kleinen Geschichte des Medienbegriffs luzide, der Ausdruck »moderne« Medien sei ein Pleonasmus. Statt substanzhaft von »den« Medien zu sprechen, gelte es, Prozessen der Medialisierung nachzugehen: Knut Ove Eliassen: Remarks on the Historicity of the Media Concept, in: Ansgar Nünning (Hg.): *Cultural Ways of Worldmaking: Media and Narratives*, Berlin 2010, S. 119–135.

erste medienwissenschaftliche Sonderforschungsbereich in Siegen untersuchte. Der Erfolg des Medienbegriffs ging indes auf Kosten seiner definitorischen Schärfe. Schließlich wurde er vom kaum weniger präzisen Textbegriff der 1990er Jahre abgelöst.[23]

Vor dem Hintergrund solch persönlicher Erfahrungen mit den Konjunkturen medientheoretischer Ansätze überrascht nicht, dass die zweite und dritte Generation der deutschen Medienwissenschaft nicht mehr fragt, was Medien tun, sondern was sie waren,[24] womit sie auch den apodiktischen Satz Friedrich Kittlers, des Doyens der deutschen Medientheorie: »Medien bestimmen unsere Lage« verabschiedet.[25] Die Provokationen Kittlers werden überhaupt als Phänomen just des Zeitraums betrachtet, den auch mein Buch in den Blick nimmt.[26] Zwar wird die Produktivität von Kittlers absichtsvoll verengtem, technikdeterministischen Blick auf Medien als Apriori kultureller Erscheinungen durchaus gewürdigt. Medien werden aber nun in breiter kulturwissenschaftlicher oder -anthropologischer Perspektive als Elemente von »Kulturtechniken« betrachtet: Die entsprechenden Forschungen zeigen also, dass die technische Entwicklung, die Verbreitung, die sozioökonomischen Reperkussionen neuer Medien in einem komplexen Wechselspiel mit der Sinnstiftung über sie stehen. Deshalb untersuchen MedienwissenschaftlerInnen vermehrt die vielfältigen sozialen Aneignungen von Medien in konkreten Gebrauchssituationen. Sie interessieren sich zugleich für die Fähigkeiten, die solche Verwendungen erst ermöglichten. Oft zeigt sich dabei, dass es gesellschaftlich geteilte Annahmen über die Potenziale und *künftigen* (positiven) Wirkungen von Medien waren, die technische Innovationen mindestens genauso vorantrieben, wie diese ihrerseits gesellschaftliche Entwicklungen beeinflusst haben.

Medienwirkungsannahmen

Auch die zeithistorische Mediengeschichte (im engeren institutionellen Sinne) könnte von einer stärkeren Rezeption des medienanthropologischen Ansatzes profitieren. Sie zeigt sich gegenüber den medienwissenschaftlichen Theoriedebatten aber oft pragmatisch-distanziert.[27] Zum Teil ist das verständlich, geht es den MedienhistorikerInnen

---

23 Joachim Paech: Die Erfindung der Medienwissenschaft. Ein Erfahrungsbericht aus den 1970er Jahren, in: Claus Pias (Hg.): *Was waren Medien*, Zürich 2011, S. 31–55.
24 Pias, *Was waren Medien?*
25 Friedrich Kittler: *Grammophon. Film. Typewriter*, Berlin 1986, S. 6.
26 Weiterhin erhellend zu Potenzialen und Aporien der Grundannahmen der Kittler-Schule: Jan-Friedrich Missfelder: Endlich Klartext. Medientheorie und Geschichte, in: Jens Hacke/Matthias Pohlig: *Theorie in der Geschichtswissenschaft. Einblicke in die Praxis des historischen Forschens*, Frankfurt a. M. 2008, S. 181–198.
27 Repräsentativ ist der Überblicksartikel von Frank Bösch/Annette Vowinckel: Mediengeschichte, Version: 2.0, in: *Docupedia-Zeitgeschichte* (29.10.2012), http://docupedia.de/zg/ (19.6.2019). Allerdings zeigt sich das neue Forschungsfeld der Geschichte der Computerisierung interessierter an Medienverheißungen, die dazu führten, dass Institutionen die enormen Entwicklungskosten für die ersten Mainframe-Computer

doch weniger um die Rekonstruktion von Elitendiskursen als um Aussagen zur Mediengesellschaft insgesamt. Das legt einen Fokus auf die Massen(print)medien nahe: auf deren wirtschaftliche Existenzbedingungen, die soziale Verortung ihrer Protagonisten, auch die seriellen Inhalte der Massenmedien und mehr noch ihre Wechselwirkungen mit politischen Prozessen, also Themen wie Partizipation und Propaganda, Meinungsbildung und Meinungsforschung. Dabei entgeht den ZeithistorikerInnen jedoch, dass das Erkenntnisinteresse der jüngeren medienwissenschaftlichen Theoriebildung dem Ansatz eines in der Geschichtswissenschaft zu Recht kanonisierten Grundlagentexts ähnelt. Dessen Essenz ließe sich mit Rücksicht auf Fragen von Medienentwicklung und -gebrauch so formulieren: Ausgehend von Reinhart Koselleck müsste es darum gehen, den medientechnischen Erfahrungsraum von Individuen genauso mitzubedenken wie deren medienbezogenen Erwartungshorizont.[28] Erst durch die Analyse dieser *beiden* Dimensionen erschließt sich das, was Christian Götter in seiner Arbeit zur Meinungsbeeinflussung im Ersten Weltkrieg als die »Macht der Medienwirkungsannahmen« bezeichnet.[29] Will man breitere soziokulturelle Entwicklungen und Prozesse der Medialisierung also in ihrer Beziehung zueinander verstehen, kann es nicht nur erhellend sein, zu fragen, wie zum Beispiel die Präsenz von Kameras soziale Situationen verändert.[30] Ebenso interessant ist, inwiefern der Einsatz von Medien motiviert war von Auffassungen davon, welche Denkprozesse sie anzustoßen in der Lage schienen – und in Erweiterung: welche ihrer jeweiligen Eigenschaften dabei diskutiert wurden und welche gesellschaftlichen Gruppen man mit ihrer Hilfe besonders gut adressieren zu können glaubte.

Ein solcher analytischer Schwerpunkt hat allerdings Konsequenzen hinsichtlich des hinzugezogenen Quellenmaterials. Er legt in methodischer Hinsicht eine Rückbesinnung auf Textquellen nahe. Das mag langweilig anmuten nach Jahren raffinierter Interpretationen der anthropologischen Implikationen von medientechnischen Neuerungen, von »Intermedialität« und von sogenannten »Medienwechseln«. Will man aber beispielsweise Otto Neuraths Isotype erklären, so wird das erst möglich durch die genaue Betrachtung von schriftlichen Unterlagen, die zur Produktion und Nutzung

---

aufbrachten (stellvertretend: Frank Bösch: Euphorie und Ängste: Westliche Vorstellungen einer computerisierten Welt, 1945–1990, in: Lucian Hölscher [Hg.]: *Die Zukunft des 20. Jahrhunderts: Dimensionen einer historischen Zukunftsforschung*, Frankfurt am Main 2017, S. 221–252). Auffällig ist, dass ZeithistorikerInnen gerade das sogenannte »Kommunikationsdesign« (mit Ausnahme der Werbegrafik) eher stiefmütterlich behandeln. Dabei lässt sich viel lernen von Medienwissenschaftlerinnen wie Christina Vagt, die in einem doppeldeutig der Medienwissenschaft »*nach* Kittler« gewidmeten Themenheft entlang von Buckminster Fullers *World Game* zeigt, dass es gilt, die Erwartungen genau zu rekonstruieren, die manche technische Entwurfspraxis motivieren. So nämlich lässt sich vermeiden, die aus solchen Basteleien *tatsächlich* entstandenen Medien als zwangsläufige Entwicklungen zu interpretieren: Vagt, Fiktion, S. 119.

28 Reinhart Koselleck: »Erfahrungsraum« und »Erwartungshorizont« – zwei historische Kategorien, in: Ders.: *Vergangene Zukunft*, Frankfurt a. M. 1979, S. 349–375.
29 Götter, *Wirkungsannahmen*.
30 Bösch, *Ereignisse*.

des Neurath'schen Zeichensystems überliefert sind. Und das heißt insbesondere: durch Einbeziehung der sie begleitenden Anwendungs-, Lese-, Decodierungs- oder Interpretationsanweisungen. Das klingt trivial, wird aber beispielsweise in mancher Spielart der *Visual History* nicht konsequent berücksichtigt. Dann wird die Tatsache übersehen, dass selbst die Verfechter einer möglichst rein *visuellen* (was oft hieß: unmittelbaren, allgemeinverständlichen, daher besonders demokratischen) Kommunikation eine Vielzahl schriftsprachlicher Quellen produzierten. Es sind gerade diese Texte in der Peripherie visueller Medien, die dabei helfen, Annahmen darüber zu rekonstruieren, was von solchen Bildern erwartet wurde, welche Wirkungsmacht ihnen also aus Sicht ihrer Urheber, Käufer und Multiplikatoren innezuwohnen schien.

Diagrammatische Denkräume

Viele der visuellen Medien, die in dieser Studie thematisiert werden, sind also wenig spektakulär, zumindest gemessen an Gegenständen wie transatlantischen Telegrafenkabeln, dem *remote sensing* von Satelliten oder den frühen Formen des Internets. Sie sind aber umso bedeutsamer hinsichtlich der auf sie gerichteten Wirkungserwartungen. So »appetitlich« Fullers Kurvendiagramme, so skandalträchtig Peters' Geschichtstabelle waren – sie müssen doch im Zusammenhang diskutiert werden mit den vielen unauffälligen, oft »anonymen« Tabellen und Diagrammen, Schaubildern und (der Begriff ist jünger als das Phänomen) Infografiken, die im Alltag vieler Menschen der zweiten Hälfte des vergangenen Jahrhunderts omnipräsent waren. Denn gerade vom Gebrauch solcher synoptischer, also »zusammenschauender« Medien versprach man sich begrüßenswerte Effekte.

Eine erste Erklärung dafür liefern die Medienwissenschaftler Matthias Bauer und Christoph Ernst in ihrer Einführung in die »Diagrammatik«. Sie argumentieren darin, dass Schöpfer solcher visueller Medien von einer menschlichen »Fähigkeit zum anschaulichen Denken« ausgehen müssen, damit die entsprechenden Werke aus ihrer Sicht überhaupt »explikative Funktionen« erfüllen können.[31] Tatsächlich, so ließe sich ergänzen, war es oft die angenommene (besonders niedrigschwellige) Dekodierbarkeit von flächenräumlich (eben: tabellarisch oder in Koordinatensystemen) angeordneten Messgrößen, die den Einsatz grafischer Formen der Informationsdarstellung begründete. Mit Bezug auf die Thematik dieser Studie ist es wichtig, dass diese Dekodierung fast immer durch Vergleiche erfolgt, die selbst eine topologische Operation darstellen: Noch die simpelste Tabelle ermöglicht ein individuelles Inbeziehungsetzen im Bildraum voneinander entkoppelter Entitäten, zu der insbesondere die Identifikation der Ungleichheit kommensurabler Größen gehört – ein Vorgang, der aber auf individuellen Wegen erfolgt. Indem sie dergestalt zur eigenständigen Herstellung von Zusammen-

---

31 Matthias Bauer/Ernst, Christoph: *Diagrammatik. Einführung in ein kultur- und medienwissenschaftliches Forschungsfeld*, Bielefeld 2012, S. 10.

hängen einladen, funktionieren Diagramme also »an der Schnittstelle von Wahrnehmung und Einbildungskraft, von Sinnlichkeit und Verstand«, so Bauer und Ernst.[32] Ihr »kreativer Clou« sei daher, »dass man anhand einer Konfiguration, die bestimmte Verhältnisse oder Zusammenhänge anzeigt, verschiedene Rekonfigurationen durchspielen kann«.[33] Weil Diagramme aber auch *sich selbst* als etwas Zusammengesetztes – als Struktur oder eben Konfiguration – »zeigen«, stimulieren sie indes zugleich dazu, andere als die von ihren Urhebern beabsichtigten Botschaften aus ihnen herauszupräparieren. Und das nähert ihren Gebrauch dem Gedankenexperiment an.

Wie der Kunsthistoriker Steffen Bogen argumentiert, gilt das im besonderen Maß für Kurvendiagramme. Diese schaffen gedankliche Spielräume zur Auslotung von Fragen wie »[a]b welchem Punkt soll man eingreifen? Welcher Fall gilt als normal, welcher als unbedenklich, welcher als therapiewürdig?« Indem sie die »Erkenntnis eines Überschusses der Vorstellungen gegenüber der vorgefundenen Wirklichkeit, das Aufdecken eines Gestaltungsspielraums innerhalb der Welt« ermöglichen, fungieren auch sie als Werkzeuge der gesellschaftlichen Rückkopplung. Dies habe sie »zu einem zentralen und mächtigen Instrument der Kulturentwicklung« werden lassen.[34] Die Wirkung von Kurvendiagrammen verstärkt sich noch, wenn Linien in ein mit einem *Zeitindex* versehenes Achsensystem eingezeichnet sind. Denn dann drängt sich deren Verlängerung über die Gegenwart des Tabellengestalters hinaus geradezu auf. Die entsprechenden Grafiken plausibilisieren auf solche Weise Aussagen über künftige Entwicklungen. Und das ist ein Medieneffekt, den Fuller ja bewusst herbeizuführen versuchte, auf den aber auch HistorikerInnen und WirtschaftssoziologInnen in jüngster Zeit hinweisen, wenn sie die vermittels grafischer Verfahren erzeugten Zukunfts*gewissheiten* untersuchen.[35] Der Fokus auf die diagrammatische Produktion gerade ökonomischer Plausibi-

---

32 Ebd., S. 14.
33 Ebd.
34 Steffen Bogen: Zwischen innen und außen. Für eine Pragmatik des Diagrammatischen, in: Heinrich Richard u. a. (Hg.): *Image and Imaging in Philosophy, Science, and the Arts. Proceedings of the 33rd International Wittgenstein Symposium*, Frankfurt a. M. 2011, S. 229–248, hier S. 231.
35 Was bei Jens Beckert: *Imaginierte Zukunft. Fiktionale Erwartungen und die Dynamik des Kapitalismus*, Berlin 2018, Programmatik bleibt, hat Jakob Tanner an den bildgebenden Verfahren der Wirtschaftsstatistik exemplarisch durchgeführt: Diese waren fast immer das Ergebnis von Trendbereinigungen und Glättungen, die Unsicherheiten in der Datenlage und -deutung kaschierten. Daraus sollte man aber nicht auf Täuschungsabsichten schließen. Durchgezogene Linien »produzieren Affekte der Beherrschbarkeit von Phänomenen und verführen zur Extrapolation, zur […] [V]orhersage« (Jakob Tanner: Kurven und andere Evidenzen: zur Visualisierung der »unsichtbaren Hand« des Marktes, in: Helmut Lethen/Ludwig Jäger/Albrecht Korschorke (Hg.): *Auf die Wirklichkeit zeigen. Zum Problem der Evidenz in den Kulturwissenschaften. Ein Reader*, Frankfurt a. M. 2015, S. 373–393). Thomas Etzemüller rekonstruiert eine ähnliche, evidenzgenerierende Mustererkennung anhand von Grafiken, die den pronatalistischen Diskursen des 20. Jahrhunderts ihren alarmierenden Ton gaben (Thomas Etzemüller: *Ein ewigwährender Untergang. Der apokalyptische Bevölkerungsdiskurs im 20. Jahrhundert*, Bielefeld 2007). Allgemein zu »Kurvenlandschaften« als Instrumenten der »Subjektivierung datenbezogenen Wissens«: Ute Gerhard/Jürgen Link/Ernst Schulte-Holtey: Infografiken, Medien, Normalisierung – Einleitung, in: Dies. (Hg.): *Infografiken, Medien,*

litäten (etwa des »Konjunktur-Klimas«) sollte aber nicht darüber hinwegtäuschen, wie polysem solche Grafiken sind. Daher bemüht die Medienphilosophin Sybille Krämer den Begriff des »Spielfelds« für die Kommunikation via Diagramm. Innerhalb der Linien des Felds entstehe zwar einerseits ein »geteilter Aktionsraum« für Kommunikation zwischen Abwesenden: Das Diagramm kalibriere das Denken verschiedener Menschen gewissermaßen bildräumlich. Andererseits seien die Wege der geistigen Verknüpfungen zwischen den Inhalten revidierbar, weit leichter jedenfalls als beim linearen Text. Auch für Krämer lassen sich deshalb mit Hilfe von Diagrammen Erprobungshandlungen durchführen. Dies verleihe der Kulturtechnik der »Verflachung«, wie sie die Herstellung und Nutzung von Diagrammen und anderen Schaubildern nennt, eine zentrale Bedeutung nicht nur für die intersubjektive Vermittlung von Wissen, sondern auch für dessen regelgeleitete Produktion – und bisweilen sogar seine Kritik.[36]

Kartografie und Eigensinn

Vielen der genannten AutorInnen geht es in erster Linie darum, einen Sonderfall der Semiotik zu beschreiben. Man kann den Hinweis von Bauer und Ernst, dass Diagramme »Weisen der Welterzeugung« darstellen,[37] aber auch historiografisch produktiv machen. Das lässt sich bei Krämer erkennen, wenn sie dem zugleich kreativitätsfördernden und disziplinierenden Einfluss nachgeht, den diagrammatische Denkräume konkret auf die Philosophen der Aufklärungszeit ausübten. Krämer rekonstruiert nämlich auch das Nachdenken dieser Philosophen über die Bedeutung von Diagrammen. Und dabei stößt sie auf Potenziale, die auch schon Menschen in der Vergangenheit in Diagrammen als Medien sahen, deren Gebrauch *anderen* den Geist öffnen konnte. Man kann das als Anregung auffassen, nicht nur die transhistorischen Merkmale synoptischer Medien zu beschreiben, sondern geschichtliche Phasen zu identifizieren, in denen sich *besonders große Hoffnungen* auf das richteten, was man seit den 1970er Jahren »Visuelle Kommunikation« nennt.

In dieser umfassenden Frageperspektive verändert sich auch der Blick auf Karten und andere Geovisualisierungen. Schließlich gilt für diese in besonderem Maß, was Georg Glasze zu Bildern im Allgemeinen anmerkt: Anders als Texte seien Bilder »nicht aus lexikalischen Elementen aufgebaut, die im Rahmen der Syntax sequentiell verbunden werden. Vielmehr wird in Bildern simultan und räumlich eine Vielzahl äußerst heterogener Elemente zueinander in Beziehung gesetzt.«[38] Diese Simultanität und Räumlichkeit führt dazu, dass Karten als ikonische Zeichen (also im Sinn von Abbildern) (miss-)

Normalisierung. Zur Kartografie politisch-sozialer Landschaften, Heidelberg 2001, S. 7–22.
36 Sybille Krämer: *Figuration, Anschauung, Erkenntnis – Grundlinien einer Diagrammatologie*, Frankfurt am Main 2016, S. 18.
37 Bauer/Ernst, *Diagrammatik*, S. 14.
38 Georg Glasze: Kritische Kartographie, in: *Geographische Zeitschrift* 97 (2009), S. 181–191, hier S. 184.

verstanden werden. Eigentlich sind Karten aber Medienkomposita, die, linguistisch ausgedrückt, verschiedene deiktische Verfahren kombinieren: indexikalische, ikonische und symbolische. Gerade diese Plurifunktionalität ermöglicht eine Vielzahl individueller Aneignungen, was der Wirkungsweise von Diagrammen insofern ähnelt, als es zum explorativen Denken herausfordert. Für den Literaturwissenschaftler Jörg Dünne etwa, der sich intensiv mit der Rolle der Kartografie im »Zeitalter der Entdeckungen« befasst hat, bilden Karten aus diesem Grund die entscheidende »medienhistorische Möglichkeitsbedingung« für den Kolonialismus. Denn ihr Gebrauch habe eine »Aufforderung zur imaginierenden Aktualisierung« des durch sie repräsentierten Raums entstehen lassen: Herrschaft als Medieneffekt.[39] Auch Karten lassen sich dementsprechend als visuelle Formen verstehen, die zwar nicht gerade ihr Konstruktionsprinzip offenlegen, aber doch zu einer »eigensinnigen« Interpretation ihrer Botschaft drängen.

Ausgehend von einem Interesse an der Historizität von Wirkungsannahmen stellen sie sich jedenfalls anders dar, als es insbesondere die historische Forschung zur erwähnten »Rhetorik« von Karten nahelegt. Zweifellos kann und muss man Karten ideologiekritisch betrachten. Wer sich – wie Peter Haslinger und Vadim Oswalt in einem instruktiven Aufsatz zu Karten als Quellen – beispielsweise für den »Kampf der Karten« im Konflikt um den Verlauf von Staatsgrenzen nach dem Ersten Weltkrieg interessiert, wird selbstverständlich nach »Vorstellungen und Vergewisserungsmustern« fragen, »die sich in ihnen [...] verdichten«. Um allerdings von diesen Verdichtungen *in* Karten zur Analyse der »Formung der Wahrnehmung *durch* Karten« zu kommen, müssen bedeutend schwierigere rezeptionsgeschichtliche Schritte gemacht werden. Für die Fragestellung meiner Studie ist indes der Hinweis der beiden Historiker von größerer Relevanz, dass Karten als »Realitätsbehauptungen« ausgesprochen polyvalent sind. Selbst wo sie in manipulativer Absicht hergestellt und lanciert wurden, musste ihre Aussage vergleichsweise stark durch die Rezipientin selbst »herauspräpariert werden«. Die beabsichtigte Wirkung ergab sich nicht selten erst in einem medialen Gesamtzusammenhang. Entsprechend gilt es auch für Haslinger und Oswalt, den durch die Kartografen angenommenen Wissenshintergrund der RezipientInnen (Annahmen also über deren »Decodierfähigkeiten«) analytisch miteinzubeziehen.[40] Gerade mit den von Haslinger und Oswalt als Beispiel herangezogenen Schulatlanten mussten deren Adressaten aktiv arbeiten (können), damit diese der »Selbstverortung« im gewünschten Sinn dienten,[41] also beispielsweise zur Identifikation mit dem Nationalstaat. Es scheint daher nicht

---

39 Jörg Dünne: Die Karte als Operations- und Imaginationsmatrix. Zur Geschichte eines Raummediums, in: Ders./Tristan Thielmann (Hg.): *Spatial Turn. Das Raumparadigma in den Kultur- und Sozialwissenschaften*, Bielefeld 2008, S. 49–69, hier S. 49, 60.
40 Peter Haslinger/Vadim Oswalt: Raumkonzepte, Wahrnehmungsdispositionen und die Karte als Medium von Politik und Geschichtskultur, in: Dies. (Hg.): *Kampf der Karten. Propaganda- und Geschichtskarten als politische Instrumente und Identitätstexte*, Marburg 2012, S. 1–12, hier S. 5f. [meine Hervorh.], 11.
41 So zur Verbreitung von Weltkarten in Schulen des 19. Jahrhundert: Ute Schneider/Stefan Brakensiek: Gerhard Mercator. Wissenschaft und Wissenstransfer. Einführung, in: Dies., *Mercator*, S. 7–12, hier S. 11.

in jedem Fall als sinnvoll, Karten als Vehikel übelwollender Propaganda entlarven zu wollen. Man sieht etwas Anderes, wenn man einen Schritt zurücktritt und sich fragt, ob sich aus der Sicht historischer Akteure gerade aus dem Zwang einer eigenständigen Decodierungs- und Relationierungsarbeit nicht sogar *emanzipatorische Potenziale* zu ergeben schienen. Auf die Beispiele meiner Studie bezogen soll damit nicht behauptet werden, Peters-Karte und *Dymaxion Map* hätten keine normative »Botschaft« vermitteln sollen. Trotzdem zeigt gerade der Fall dieser beiden Karten – deren Funktion ja auch darin bestand, zur Kritik an *anderen* kartografischen Verfahren zu befähigen –, dass es analytisch hilft, das Verhältnis von Überzeugen, Aufklären und Selberdenken, das die Pragmatik synoptischer Kommunikation auszeichnet, als ein komplexes und ambivalentes zu verstehen und zu beschreiben.

Kulturfreie Erziehungsbilder

Dann nämlich erweisen sich die Konjunkturen verräumlichender visueller Medien auch als Spuren je *spezifischer Bildungsabsichten*. Es war eben nicht nur Folge drucktechnischer Innovationen, dass es seit dem späten 18. Jahrhundert – parallel zum oft zuallererst als Literalisierung beschriebenen Ausbau von Bildungssystemen – zur Ausweitung des pädagogischen Bildeinsatzes kam. Tatsächlich hatten viele der Praktiken und Produkte, die Fuller, Peters oder auch Otto Neurath als Innovationen präsentierten, historische Vorläufer, so schon in der Kameralistik um 1800: Nicht ohne Grund erkennt die Neurath-Expertin Sybilla Nikolow im Einsatz neuartiger Medien an der Dessauer humanistischen Reformschule »Philantropinum« einen wichtigen Schritt in Richtung der »Visualisierung von Wissen« und zugleich eine Urszene der modernen, auf Zahlen basierenden gesellschaftlichen Selbstbeschreibung. Ein solches »statistisches Lebensgefühl«, so Nikolow, glaubte man an der Wende zum 19. Jahrhundert allerdings nur durch Lehrmethoden hervorrufen zu können, die möglichst direkt an die Erfahrungswelt der Schüler anknüpften, die dafür selber aktiv werden mussten:[42] Zu den pädagogischen Ansätzen des Geografieunterrichts in Dessau gehörte es daher beispielsweise, mit Kreide auf dem Boden des Klassenraums gezeichnete Karten zu beschreiten. Auch von einem begehbaren Globus berichtet Nikolow. Die Schüler lernten überdies, die Gesellschaft als solche zu sehen, indem sie ökonomische Verhältnisse auf verschiedenen Skalen beschrieben: von der Hausansicht zum Stadtplan bis zum Staatenvergleich. So wurden Ungleichheiten identifiziert und Handlungsnotwendigkeiten verdeutlicht.

Das Dessauer Beispiel zeigt, dass synoptische und visuelle Medien also spätestens mit Beginn der Aufklärungszeit nicht nur der Wissenschaftspopularisierung dienten, sondern auch als pädagogische Subjektivierungshilfen. Schon seit dem späten 18. Jahrhundert wurde intensiv darüber nachgedacht, wie Bildmedien nicht nur Inhalte ver-

---

42 Sybilla Nikolow: »Die Versinnlichung von Staatskräften«: Statistische Karten um 1800, in: *Traverse* 6 (1999), S. 63–81, hier S. 75.

mitteln, sondern auch dabei helfen konnten, selbstständig *das Lernen zu lernen*. Dafür war die Annahme entscheidend, dass visuelle Darstellungen unmittelbar an das Vorwissen der Lernenden anknüpften. Der Visualisierung wohnte damit ein Demokratisierungspotenzial inne. Und das, so die KunsthistorikerInnen Tom Holert und Marion von Osten, hatte man lange vor den Anstrengungen etwa Neuraths und Arntz' erkannt. Bildfibeln beispielsweise erreichten schon im 19. Jahrhundert eine erste gestalterische Blütezeit und wurden massenhaft verbreitet. Indem solche »Erziehungsbilder«, wie Holert und von Osten sie nennen, Ermächtigungsprozesse in Gang setzten, schienen sie größere gesellschaftliche Kreise an Bildung heranführen zu können. Dazu passte, dass die »Visualisierung des Curriculums« oft mit der Kritik am elitären, exklusiven Charakter des »Verbalismus« einherging, wie es in den USA der 1930er Jahre hieß, also mit Kritik an der Dominanz von Schriftsprache.[43] Diese Kritik war eng gekoppelt an reformpädagogische Theorien und Praktiken – mit denen beide Protagonisten dieses Buchs, wie angedeutet, als junge Menschen in Berührung kamen.

Nach der Aufklärungsepoche kam es vor allem im frühen 20. Jahrhundert vermehrt zu Versuchen, Wissen und Fertigkeiten mithilfe von Bildern zu vermitteln. Nun zog auch das Selbermachen von Bildern durch die Lernenden in die Curricula ein. Das war eine Praxis, die unter den Modernisten der Weimarer Republik besondere Relevanz entwickelte, auf die gleich zurückzukommen sein wird. Aber auch in den USA, in die ja viele europäische GestalterInnen in den 1930er und 1940er Jahren einwanderten, wuchs die Bedeutung der Bilder. Noch größer wurde sie, als der sogenannte »Sputnik-Schock« auch ein »Wettrüsten auf dem Gebiet der Pädagogik« auslöste.[44] War dies der normative Zusammenhang, in dem Fuller erste Lehrerfahrungen sammelte, dann lässt sich der große Publikumserfolg der Peters-Karte eher in einem Kontext situieren, in dem Erziehungsbilder als ideologiekritische Bollwerke gegen die Flut der passivmachenden Bilder der »Kulturindustrie« fungieren sollten: Im letzten Drittel des 20. Jahrhunderts sahen sich die Befürworter der visuellen Erziehung in Konkurrenz zu einer in die Kinderzimmer eindringenden konsumgesellschaftlichen Bildproduktion. Das minderte ihre Hoffnungen auf Emanzipation qua Mediengebrauch aber kaum.[45] Den Literaturwissenschaftler Ulrich Raulff inspirierte dies kürzlich zu der Formel, die 1960er Jahre hätten als Jahrzehnt mystischer Philosophien gestartet und seien als politisches Jahrzehnt geendet. Das aber, was in den frühen 1970er Jahren als Politik begonnen habe, habe sich an deren Ende in Pädagogik verwandelt: »Irgendwann wollte jeder jeden erziehen, irgendwann wollte jeder vermitteln«.[46]

---

43 Hier und folgend: Tom Holert/Marion von Osten: Das Erziehungsbild. Eine Einführung, in: Dies. (Hg.): Das *Erziehungsbild. Die visuelle Kultur des Pädagogischen*, Schlebrügge 2010, S. 11–43, hier S. 11f.
44 Ebd., S. 24.
45 Thomas Sandkühler: Die Geschichtsdidaktik der Väter. Zur Kulturgeschichte der siebziger Jahre, in: Michael Wildt (Hg.): *Geschichte denken. Perspektiven auf die Geschichtsschreibung heute*, Göttingen 2014, S. 260–279, hier S. 272.
46 Ulrich Raulff: *Wiedersehen mit den Siebzigern. Die wilden Jahre des Lesens*, Stuttgart 2014, S. 101, 112.

Der Wandel der gesellschaftlichen Kontexte der Begeisterung für (Erziehungs-) Bilder zeigt, dass man deren Verbreitung nicht als zwangsläufige Entwicklung begreifen kann. Jedenfalls lassen sich die »Blick- und Bildregime« der Erziehungsbilder der Vergangenheit nur begreifen, wenn man berücksichtigt, dass das Visuelle seinen Produzenten als »prä-edukative Verständigungsform« erschien. Damit reflektierte die didaktische Bildproduktion nicht selten anthropologische und/oder entwicklungspsychologische Annahmen dahingehend, wem Bilder gezeigt werden mussten, weil ihnen Schriftsprache (noch) nicht zugemutet werden konnte. Es ist kein Zufall, dass es oft Kinder und ArbeiterInnen waren, die zu Profiteuren einer Art visuellen »Umverteilung von Wissen« wurden, wobei das phasenweise auch für die Bewohner europäischer Kolonien galt und später für MigrantInnen.[47] Gerade bei der Identifikation solcher Adressaten zeigt sich, dass Erziehungsbilder nahezu immer auch »kulturfreie Bilder« waren, wie sie Claus Pias nennt: visuelle Formen, die aus Sicht ihrer Urheber und Diffusoren von »jedermann zu jeder Zeit an jedem Ort verstanden werden können« – Formen, die also »rein‹, global und evident sind«.[48] Spätestens an dieser Stelle wird daher die besondere Bedeutung solcher Medien für die Erzeugung der »Welt in den Köpfen« deutlich. Gerade, wenn die Vermittlung von Globalität verknüpft war mit Idealen grenzüberschreitender Zusammenarbeit, interkultureller Kommunikation oder internationaler Solidarität, mussten Medien umso attraktiver erscheinen, deren Urheber behaupteten, sie förderten globales Denken auf zugleich global verständliche und individuell ermächtigende Weise. Das lässt sich gut an einem Sonderfall der Diagrammatik zeigen. Ihm soll nicht nur deshalb genauere Aufmerksamkeit geschenkt werden, weil Fuller und Peters sich intensiv mit ihm beschäftigten, sondern auch, weil gerade HistorikerInnen ihm häufig begegnen. Und schließlich, weil sich in ihm die Verheißung des Mediengebrauchs mitunter aufs Eigentümlichste mit inhaltlichen Aussagen zur Zukunft verschränkten. Die Rede ist von der *Timeline*.

Exkurs: (Welt-)Geschichte im Bild

Sybille Krämer weist, wie angedeutet, darauf hin, dass es die Epoche der europäischen Aufklärung war, in der das diagrammatische Denken eine erste Blüte erlebte. Dies lässt sich insbesondere an den verschiedenen Zeitstrahlen und -pfeilen erkennen, deren Geschichte Daniel Rosenberg und Anthony Grafton vom ausgehenden Mittelalter bis in die Gegenwart in einem reich illustrierten Band darlegen. Die Timeline fand im späten 18. Jahrhundert zu jener (von älteren Annalen und Chronologien unterscheid-

---

47 Holert/von Osten, *Erziehungsbild*, S. 14, 16, 37.
48 Claus Pias (Hg.): *Kulturfreie Bilder: Erfindungen der Voraussetzungslosigkeit*, Berlin (im Erscheinen, ich zitiere den Klappentext unter https://www.kulturverlag-kadmos.de/buch/kulturfreie-bilder.html (19.6. 2019). Der Universalismus, der sich in der Idee des »kulturfreien« Bilds artikuliert, ist insofern ein Zwilling des »globalen Wissens«, das gerade Neurath vermitteln wollte, folgt man Stehr/Marian, *Ist Wissen Macht?*, S. 242.

baren) Form, die sie laut Rosenberg und Grafton geradezu zur Meistermetapher des Geschichtsprozesses machte. Der Geschichtsprozess erschien im »westlichen« Denken fortan als durchgezogene Linie, oft innerhalb eines Rahmens, der mit einem einheitlich strukturierten zeitlichen Index aufwartete. Auch »die« Geschichte als Kollektivsingular ist – zumindest den beiden Autoren zufolge – also ein Medieneffekt. Aber das war keineswegs selbst Endpunkt einer linearen Entwicklung. Das Genre der Timeline ist vielmehr Ergebnis von langen Suchbewegungen und intermedialen Beeinflussungen. Es verdankt sich insbesondere dem beispiellosen Innovationsschub, den die Kartografie seit der Renaissance erlebte, was Rosenberg und Grafton auch von »Cartographies of Time« sprechen lässt.[49] Dabei waren es nicht nur kartografische Genauigkeitsansprüche oder die von der Kartenproduktion vorangetriebene drucktechnische Raffinesse, die sich in den Timelines bemerkbar machten. Ähnlich wichtig war die intensive Beschäftigung der Hersteller der ersten Atlanten – unter denen Gerhard Mercator hervorzuheben ist – mit Fragen der Darstellungslogik, der Auswahl und des Arrangements geografischer Sachverhalte. Die entsprechenden Lösungen der Kartografen waren es, die sich Grafton und Rosenberg zufolge in der räumlichen Anordnung auch *historischer* Daten und Erzählungen niederschlugen – genauer: in ihrer Verknüpfung zur horizontalen Linie in einem zweidimensionalen, dem Cartesianischen Gitter nachempfunden Achsensystem. Diese Darstellungsweise näherte die Geschichtsdarstellung dem Kurvendiagramm an, aber auch den Tabellen. Somit war die Timeline auf ähnliche Weise zur experimentellen Positionsbestimmung geeignet.

Ein oft genanntes Beispiel ist Joseph Priestleys 1769 erschienene *New Chart of History*. Mit ihr versuchte der englische Universalgelehrte, die Geschichtsbetrachtung objektiver zu machen. Das ließ ihn Analogien zwischen historischer Zeit und grafischem Raum herstellen, also konkret: ein einheitliches Jahresraster zu Grunde legen. Priestleys Aufklärungsideale schlugen sich thematisch und formal aber noch deutlicher in seiner vier Jahre zuvor entstandenen *Chart of Biography* nieder. Sie machte die Lebenszeiten wichtiger Gelehrter, nach Disziplinen sortiert, auf einen Blick erkennbar.[50] Wer die *Chart* mit etwas Abstand betrachtete, trug zudem den Eindruck davon, dass die Zahl der Wissenschaftler in der Geschichte stets zugenommen hatte. Die *Chart* suggerierte demgemäß, dass der Mensch Schritt für Schritt aus der vielzitierten selbstverschuldeten Unmündigkeit heraustrat. Lange vor Fullers Kurvendiagrammen des Fortschritts visualisierten die *Timelines* den Aufklärungsprozess also geradezu als historische Zwangs-

---

49 Zum Folgenden: Daniel Rosenberg/Anthony Grafton: *Cartographies of Time. A History of the Timeline*, New York 2010. Der Band ist recht anglozentrisch, er übergeht Peters, enthält aber einen Abstecher zu Fullers Diagrammen (S. 230f.). In epochenmäßiger Hinsicht spiegelt die Auswahl die Schwerpunkte auch der deutschsprachigen Forschungsliteratur zu historiografischen Bildwerken wider. Diese ist umfangreich, was die Frühe Neuzeit anbelangt, dünnt aber hinsichtlich späterer Zeiträume merklich aus, was in keinem Verhältnis zur Präsenz dieses Mediums im 19. und im 20. Jahrhundert steht. Stellvertretend: Benjamin Steiner: *Die Ordnung der Geschichte. Historische Tabellenwerke in der Frühen Neuzeit*, Köln 2008.
50 Rosenberg/Grafton, *Cartographies*, S. 118–125.

läufigkeit. Sie *trieben ihn jedoch zugleich voran*, indem sie es der *Leserin* überließen, die »Linie« in ihre Gegenwart, wenn nicht die Zukunft fortzuführen – als aufgeklärtes Subjekt im wörtlichen und im übertragenen Sinne. Diese spannungsvolle Kopplung von Selbstermächtigung, Wissenschaftsemphase und Teleologie verdankte sich nicht nur dem Denken des Unitariers Priestley, der Naturbeobachtungen mit christlichen Heilserwartungen verknüpfte. Sie war insgesamt typisch für die Chronografien dieser Phase, die sich in der »Neuen Welt« besonders großer Popularität erfreuten. An ein breiteres Publikum gerichtete Timelines boomten im postrevolutionären Amerika; sie halfen dessen Bewohnern, sich an der Frontlinie der Ausbreitung der zunächst von Europa ausgehenden Aufklärung zu verorten. In Amerika verliehen solche grafischen Verfahren allerdings auch ganz anderen Extrapolationen historischer Prozesse Evidenz (was sie als Artefakte einer Epoche ausweist, in der eine vergleichsweise offene Zukunftserwartung besonderer Absicherungen bedurfte): Der (vordergründigen) Sachlichkeit vieler amerikanischer tabellarischer Geschichtsdarstellungen standen nämlich die »Charts« millennialistischer Religionsgemeinschaften gegenüber.[51] Diese nahmen manche Grafiken der 1970er Jahre zu globalen Wachstumsgrenzen insofern vorweg, als sie ein nahes Weltende berechneten. Gegen Ende des 19. Jahrhundert entstanden allerdings auch Werke wie J. M. Ludlows *Concentric Chart of History*. Sie war als Fächer gestaltet, auf dessen Blättern die Eckdaten der Geschichte einzelner Weltgegenden verzeichnet waren, wobei die Zeitachse vom Inneren des Fächers zu seinem Rand verlief.[52] Das gewählte grafische Verfahren regte somit zum Vergleich des Zivilisationsgrads der jeweiligen Weltgegenden an. Und darin lässt sich eine formale Verwandtschaft zwischen didaktischen Geschichtsvisualisierungen dieser Zeit und der in der Einleitung erwähnten statistischen »Welterzeugung« erkennen. Seit den 1880er Jahren wurde die Welt in ungezählten Tabellen »erzeugt«, die die demografischen Entwicklungen oder die Handelsbilanzen der »ersten Globalisierung« vergleichbar machten. Als Ergebnisse einer Vereinheitlichungspraxis (konkret: verschiedener internationaler Unifizierungsabkommen zu Mess- und Datenerhebungsprozeduren) dienten sie der Positionsbestimmung im politischen, ökonomischen und wissenschaftlichen Wettbewerb zwischen Imperien und Nationalstaaten.[53] Spätestens in den letzten Jahrzehnten des 19. Jahrhunderts waren synoptische Medien also zugleich Ergebnis und Vehikel einer globalen »Vergleichskommunikation«, auf die ich in meiner nächsten Verortung genauer eingehe.

Im Hinblick auf die Frage nach den Wirkungserwartungen, die den Einsatz von Medien motivierten, ist aber an dieser Stelle etwas anderes von Bedeutung: Auch schon

---

51 Ebd., S. 155–157.
52 Ebd., S. 199.
53 Grundlegend: Martin H. Geyer: One Language for the World. The Metric System, International Coinage, Gold Standard, and the Rise of Internationalism, 1850–1900, in: Ders./Johannes Paulmann (Hg.): *The Mechanics of Internationalism. Culture, Society, and Politics from the 1840s to the First World War*, Oxford/New York 2001, S. 55–92.

die Geschichtspfeile und -tabellen des späten 18. und des 19. Jahrhunderts wurden als Alternative zu einer schriftsprachlichen Geschichtsdarstellung ins Feld geführt. Auch sie kamen bevorzugt dann zur Anwendung, wenn Populationen von geringem Alphabetisierungsgrad zum Objekt pädagogischer Bemühungen wurden. So kamen sie bei der Mission der amerikanischen Ureinwohner zum Einsatz, wofür regelrechte visuelle Katechismen entstanden.[54] Im letzten Drittel des 19. Jahrhunderts war bereits ein nischenreicher Markt für leichtverständliche Geschichtsvisualisierungen für die breite Bevölkerung entstanden. Die Palette reichte von Nachschlagewerken, die nicht selten selbst von Autodidakten angefertigt worden waren,[55] bis zu Repetitorien und anderen mnemotechnischen Lernhilfen für den »Selbstunterricht«, wie es im deutschsprachigen Raum hieß.[56] Gerade solche Lernhilfen machten sich nun den Mehrfarbdruck zu Nutze, um Lerninhalte übersichtlicher zu strukturieren. Sie nutzten das diagrammatische Potenzial zur eigenständigen Interpretation von Inhalten aber auch dahingehend, dass sie immer häufiger zum Selbermachen, etwa zum Ausfüllen leerer Seiten oder Felder einluden. Waren schon die Besitzer einiger der ersten Timelines zum eigenständigen Annotieren oder sogar zum Fortführen der Ereignislisten angehalten worden – ein »Mitmachformat« der frühen Neuzeit –, so machten sich in vergleichbaren Praktiken um 1900 die bereits erwähnten reformpädagogischen Theorien zur inhärenten Kreativität des Menschen bemerkbar. Das war verstärkt in den USA der Fall. Denn hier standen diese Theorien ihrerseits unter dem starken Einfluss der Ermächtigungsideale des Transzendentalismus,[57] der von einiger Bedeutung für das Selbstverständnis und das Image Fullers war.

Universelle Kommunikation und Völkerverbindung in der europäischen Zwischenkriegszeit...

Wie angedeutet, vervielfältigten sich im 20. Jahrhundert die Möglichkeiten zur Verbreitung synoptischer und insofern auch demokratischer Darstellungen dramatisch. Das geschah zunächst im Zuge der Verbilligung des Abdrucks von Illustrationen in Printmedien, dann, wie in *World of Plenty*, mit dem Kinofilm (und den Kinowochenschauen) und schließlich dem Fernsehen, das Infografiken ab Beginn der 1970er Jahre verstärkt einsetzte, insbesondere im Rahmen von Nachrichtensendungen. Substanzielle technische Veränderungen im Gestaltungsprozess stellten sich aber erst im letzten Jahrzehnt des 20. Jahrhunderts ein. Sie wurden dank jener Grafiksoftware möglich, die zwar bereits früher entwickelt, aber erst durch den PC erschwinglich wurde. Die Folgen, die das *Desktop-Publishing* für FacharbeiterInnen wie die Setzer hatte, waren umwälzend. Nicht

---

54 Grafton/Rosenberg, *Timeline*, S. 155.
55 Ebd., S. 217f.
56 Siehe nur Friedrich Kurts: *Geschichtstabellen. Übersicht der politischen und Cultur-Geschichte mit Beigabe der wichtigsten Genealogien in synchronistischer Zusammenstellung für Schulen und den Selbstunterricht bearbeitet*, Leipzig 1860.
57 Grafton/Rosenberg, *Timeline*, S. 305, 207f.

zuletzt deshalb befassten sich GrafikdesignerInnen und andere MediengestalterInnen am Anfang der 1990er Jahre erstmals orientierungssuchend mit der *Geschichte* dessen, was nun als »Informationsdesign«, »visuelle Gestaltung« oder als »Visuelle Kommunikation« bezeichnet wurde. An der Fachhochschule für Gestaltung in Schwäbisch Gmünd etwa, wo kurz zuvor ein Ausbildungsschwerpunkt »Digitale Medien« eingeführt worden war, wurde 1992 eine erste Ausstellung zu Neurath gezeigt, dessen Werk man gerade digitalisiert hatte.[58] Dieser Versuch, an historische Vor-Bilder anzuknüpfen, deutet auf die Gebrauchseffekte hin, die man sich von der Informationsgrafik versprach. Neben der Digitalisierung war es die *Globalisierung*, die eine historisch grundierte Reflexion über die Aufgabe der eigenen Profession notwendig machte: »Je höher die Sichtbarkeit der Welt gesteigert und optimiert werden kann, desto besser läßt sich unsere Verhaltens- und Handlungsorientierung bestimmen«, hieß es.[59] Dabei helfe ein klassisch-bürgerlicher pädagogischer Ansatz jedoch wenig. Und dies rufe den »visuellen Informationsgestalter« auf den Plan. Der müsse sich als »ein gesellschaftlicher Verstärker von möglichst unmissverständlichen Mitteilungen, Botschaften und Massenkommunikationsinhalten« verstehen.[60] Mit Neurath fühlte man sich offenbar auch deshalb verwandt, weil dieser auf vertraute Weise Globalitätsdiagnostik und Partizipationsemphase verband: Neuraths Arbeiten waren zu einer Zeit entstanden, als sich das emanzipatorische Potenzial visueller Kommunikation geradezu konstitutiv mit dem Thema der Völkerverständigung verknüpfte. Die 1920er und 1930er Jahre – die »Lehrjahre« Peters' und Fullers – sind in medientheoretischer Hinsicht deshalb so wichtig, weil sie einen Zeitabschnitt darstellen, in dem es stärker als zuvor nicht nur vertikale (soziale), sondern auch horizontale (geografische) Grenzen waren, die medial überschritten wurden. Als die Exponenten des visuellen Kommunikationswissens schließlich verfolgt und vertrieben wurden, verstärkte das die gewissermaßen anthropologischen Gewissheiten, die diesem Wissen eingelassen waren: Es kam ja nun international zur Anwendung.

Wie die Kunsthistorikerin Daniela Stöppel zeigt, lassen sich schon die europäischen »kulturfreien« Bilder der Zwischenkriegszeit als Erscheinungen eines breiten Trends zur Arbeit an visuellen Zeichensystemen sehen, die in der Massengesellschaft Orientierung geben sollten.[61] Stöppel verdeutlicht, dass es sich lohnt, Universalsprachenutopien, künstlerische Abstraktionen, diagrammatische Darstellungsweisen und die Gebrauchs-Piktogrammatik als Teil derselben Verständigungsobsession der klas-

---

58 Thomas Rurik: Isotype. Zur Geschichte der Aufklärung mit Bildstatistik, in: *form + zweck* 45 (1992), S. 32–41. Das auf der Ausstellung aufbauende Themenheft erinnerte auch an die Synoptik Priestleys und erwähnte Peters und Fuller: Thomas Rurik/Michael Burke: Was ist information design? Wie Informationsdesigner definieren, was sie tun, in: *form + zweck* 45 (1992), S. 42–45, hier S. 43 bzw. Dies. Pädagogisch-didaktische visuelle Kommunikation, ebd., S. 46–49, hier S. 46; Krausse, Dymaxion-Weltkarte.
59 Rurik/Burke, information design, S. 43
60 Ebd.
61 Zum Folgenden Daniela Stöppel: *Visuelle Zeichensysteme der Avantgarden 1910–1950. Verkehrszeichen, Farbleitsysteme, Piktogramme*, München 2014.

sischen Moderne zu betrachten. Interpretiert man diese Phänomene als Reflexe einer breiten Hoffnung auf »universale Kommunikation«, dann steht das Werk vieler Heroen der künstlerischen Avantgarde im gleichen Licht wie die Farbleitcodes der Siedlungen des Neuen Bauens, die »Printleitsysteme« des Bauhauses (gemeint sind Gestaltungselemente wie farbige, am Buchrand hervorragende Register, die auch Peters in seiner *Synchronoptischen Weltgeschichte* gebrauchte), die Bildstatistik des Wiener Sozialmuseums, aber eben auch verschiedene Anstrengungen, eine »Weltschrift« zu entwickeln. Solche Absichten und Hoffnungen speisten sich aus heterogenen intellektuellen Strömungen. Einmal mehr spielte hier das energetische Effizienzdenken herein, das sich etwa in der obsessiven Arbeit des deutschen Chemikers und Philosophen Wilhelm Ostwald an einer »Welthilfssprache« manifestierte. Auch humanistische Ideen wie jene Rudolf Steiners spielten eine Rolle, und mehr noch die Ursprachenkonzepte der Jahrhundertwende. Deren Einfluss lässt sich beispielsweise bei John Dewey ausmachen: Der amerikanische Pädagoge identifizierte in der Kunst eine Kommunikationsform, die evolutionär bedingt in allen Kulturen anzutreffen war, weshalb sie auch zur Verständigung zwischen den Völkern geeignet sei.[62] Es ist dieser Denkzusammenhang, in den auch Claude Bragdons System geometrisch-funktionaler Basisformen gehört, das, wie erwähnt, für Fuller richtungsweisend war. Für Bragdon, den theosophisch geprägten Architekten, schien ein solches System besser zur gesellschaftlichen Integration beizutragen als ein in nationalen Traditionen wurzelnder Formenkanon. Mit Blick auf die damit verbundene Abwertung räumlich »begrenzter« Kommunikationspraxen lassen sich jedoch auch praktischere Vorläufer ausmachen: Etwa die Flaggensprachen, die Chiffrierungssysteme des zivilen und militärischen Transportwesens des 19. Jahrhunderts (Stöppel nennt die »Eisenbahnsignaletik«), deren Anspruch auf ebenso intuitive wie effiziente Verständlichkeit im ersten Drittel des 20. Jahrhundert noch an Dynamik gewann und sich institutionalisierte, etwa 1927 in der Völkerbundkonvention über internationale Verkehrszeichen.[63] Auch die Sprachwissenschaften speisten den kommunikativen Universalismus mit der systematischen »Elementarisierung« kulturübergreifend verständlicher zeichenhafter Formen, ihrer Beschäftigung mit »modernen Hieroglyphen«, sowie mit einem entgegengesetzten, etwa auf Theorien zu Farbwellen aufbauenden Physikalismus, dessen Verwandtschaft mit neuen, antisymbolistischen künstlerischen Stilen (Kubismus) und Praktiken (Montage) auf der Hand liegt.

Die Konsequenzen dieser gesellschaftlichen »Selbst-Funktionalisierung« der Kunst konnten in politischer Hinsicht gravierend sein.[64] Aber diesem Risiko stand die Erweiterung sowohl der beruflichen Handlungsspielräume als auch der gesellschaftlichen

---

62 Ebd., S. 108.
63 Es erscheint daher weniger nebensächlich, dass Fuller den Flugverkehr 1938 auch deshalb als Weg zur »de-nationalized universality of dependability« begriff, weil sich mit ihm neue, global gültige Orientierungshilfen durchsetzten, durch die die Symbolsysteme des Nationalismus obsolet wurden: Fuller, *Nine Chains*, S. 154.
64 Stöppel, *Zeichensysteme*, S. 16.

Bedeutung der Grafiker gegenüber. BildgestalterInnen machten sich gerade in der Weimarer Republik (und gerade hier oft als Angestellte sozialdemokratischer Kommunen) über die Farbgebung von U-Bahn-Haltestellen genauso Gedanken wie über die Hausbeschilderung, über die Wirksamkeit von Werbebotschaften oder über eine möglichst effektive »Besucher- und Blickführung«. Letzteres erfolgte insbesondere in jenen Ausstellungen, die die Bevölkerung einem modernen, zugleich befreiten wie rationalen Leben näherbringen, oder hygienisch (wenn nicht gar eugenisch) vorbildliche Verhaltensweisen vermitteln sollten.[65] Es wurde schon erwähnt, dass diese Arbeit an neuen grafischen Kommunikationsformen wenn nicht ausgelöst, so doch überformt wurde von der Annahme eines herannahenden »visuellen Zeitalters«. Diese These wurde in der Zwischenkriegszeit vom Faktum der tatsächlich im Alltag beobachtbaren Zunahme von Bildern untermauert. Sie beruhte aber auch auf neuen wissenschaftlichen Forschungen, arbeitswissenschaftlichen Wahrnehmungstests zum Beispiel, sowie auf Anleihen aus der Gestalttheorie.[66] Bald koppelten sich diese Forschungen mit der Absicht, breitere Bevölkerungskreise in die gesellschaftliche Kommunikation einzubinden. Diese Absicht bekam in dem Maß zusätzliche mobilisierende Wirkung, in dem Bildproduzenten sich in den Dienst internationalistischer politischer Bewegungen stellten. Gerade deutschsprachige GestalterInnen arbeiteten seit den 1920er Jahren an transkulturell verständlichen Informationsgrafiken. Denn sie glaubten, dass diese Grafiken zur eigenständigen Identifikation globaler Ungleichgewichte anregen könnten. Das schien die Solidarität zwischen den Arbeitern aller Länder zu vergrößern. Und es versprach, den Meinungsaustausch innerhalb internationaler Organisationen zu erleichtern. Die grafische Botschaft war also in mehrerlei Hinsicht globalistisch: Sie ging von der anthropologischen Annahme aus, Menschen transkulturell adressieren und so in einem gemeinsamen kommunikativen Horizont vereinigen zu können. Das geschah durch bildhafte Medien, die eine länderübergreifende Vernetzung nicht selten als unausweichlich erscheinen ließen.

... und im amerikanischen Exil

Es war daher nicht ohne bittere Ironie, dass europäische Grafiker bald selbst zu globalen Umorientierungen gezwungen waren. Bekanntlich brachen viele progressive GestalterInnen zu Beginn der 1930er Jahre in die Sowjetunion auf, um sich dann – enttäuscht von bürokratischer Willkür, von ersten Anzeichen stalinistischer Säuberungen und von der Rückkehr des Traditionalismus in der Kulturpolitik der UdSSR – in Richtung Westen zu orientieren. Infolge von NS-Verfolgung und Berufsverboten kam es zu einem Exodus unter linksgerichteten GestalterInnen nach Großbritannien und in die USA. Für sie dürfte es nur ein geringer Trost gewesen sein, dass sie jenseits des Atlantiks

---

65 Stellvertretend: Sebastian Weinert: *Der Körper im Blick. Gesundheitsausstellungen vom späten Kaiserreich bis zum Nationalsozialismus*, Berlin 2017.
66 Stöppel, *Zeichensysteme*, S. 416.

schneller Fuß fassten als viele sozusagen um ihr »Hauptwerkzeug«, die deutsche Sprache, gebrachte SchriftstellerInnen und WissenschaftlerInnen. Dass die GestalterInnen in Amerika auf eine weiter gediehene Kultur des Marketings trafen, bescherte einigen von ihnen zwar ein gutes Einkommen.[67] Es waren aber nicht zuletzt ökonomische Anpassungszwänge, die den sozialistischen Impetus, der die Formgebung in Europa ausgezeichnet hatte, an Radikalität verlieren ließen. Das wiederum führte zur Annäherung an den Globalismus der *Progressives* der USA. Das ältere Motiv, ausgebeutete gesellschaftliche Gruppierungen – Arbeiter, koloniale Subjekte – medial zu mobilisieren, ging auch bei anderen Gestaltern in einem liberal-universalistischen Menschheitsbezug auf, als die entsprechenden Kulturtechniken in die Welt getragen wurden.

Exemplarisch ist dafür die Karriere Herbert Bayers. Der Österreicher, der Mitte der 1930er Jahre die Vorstufe dessen ersonnen hatte, was heute als *Democratic Surround* historisiert wird, arbeitete nach seiner Emigration in die USA nicht nur für das MoMA. Er nahm ab Mitte der 1940er Jahre auch Werbeaufträge der Container Corporation of America an. Es handelte sich dabei um ein transnational agierendes Unternehmen, das Verpackungen aus Hartpappe herstellte. Dieses Produkt inszenierte das Unternehmen als humanistischen Beitrag zur Pazifizierung der Weltbevölkerung über den Weg ihrer effizienteren Bedürfnisbefriedigung. Und es war dieser Hintergrund, vor dem die Container Corporation Bayer 1947 den Auftrag gab, einen als Werbegeschenk vorgesehenen *World Geographic Atlas* zu produzieren. Dass die progressiven Bildgestalter Europas um »Orientierung« bemüht waren, hatte schon in den 1930er Jahren ein großes Interesse an Kartografie begründet (was sich in den vielen modernistischen Lageplänen, Wegweisern und Streckennetzspinnen dieser Zeit niederschlug). So erinnerte auch Bayers 1953 erschienener Atlas mit seinen Collagen, Tortendiagrammen und thematischen Karten stark an ältere Vorläufer, allen voran das Werk seines Landsmanns Otto Neurath. Ähnlich wie *World of Plenty* war Bayers Atlas aber eben auch Produkt transatlantischer Querungen. Zwar beruhte er auf europäischem topografischen Datenmaterial, doch klammerte Bayer (anders als er es wohl zehn Jahre davor getan hätte) in seinem Atlas politische Fragen völlig aus. Stattdessen rahmten schon die einleitenden Seiten des Werks das »globale Bild«, das es von den ressourcenmäßigen Lebensgrundlagen der Menschheit zeichnet, auf geradezu anthropologische Weise: Der Atlas begann, indem er im Stil eines illustrierten Biologie-Lehrbuchs das Leben auf der Erde insgesamt erläuterte.[68]

Auch deshalb ist es kein ganz unbedeutendes Detail, dass in Bayers Atlas auch eine reduzierte Version der *Energy Map* Fullers abgedruckt war, der Bayer ja schon im Rahmen von *Airways to Peace* begegnet sein dürfte. Letztlich wird hier deutlich, dass Fuller unvermittelter mit dem in Berührung kam, was Peters wohl stärker rezipiert

---

67 Siehe dazu: Jan Logemann: *Engineered to Sell. European Émigrés and the Making of Consumer Capitalism*, Chicago 2019.
68 Zitiert nach ebd. Zu Bayers Fokus auf planetarische Ressourcen Anker, Language, sowie Ders.: *From Bauhaus to Ecohouse. A History of Ecological Design*, Baton Rouge 2010.

hätte, wenn seine medientheoretische Ausbildung nicht etwas zu spät begonnen hätte: Immerhin hatte Peters seine ersten Lebensjahre in Berlin als einem Zentrum der europäischen sozialistischen Bewegung verbracht. Statt linksgerichteten Weimarer Modernisten lauschte er aber Emil Dovifat und der NS-Propaganda. Und so zeugen viele der Peters'schen An- und Absichten von der durch Emigration bedingten Senkung des Reflexionsniveaus der deutschen Bildgestaltung. Die für die Geschichte der Synoptik zentrale Wirkungserwartung, auch Menschen ohne besondere Vorbildung zur unabhängigen, eigenständigen Verknüpfung von Fakten ermächtigen zu können, blieb aber auch für Peters wichtig – und nicht nur für ihn. In den 1950er Jahren diffundierte sie vor allem auf zwei Tätigkeitsfelder für Infografiker im weitesten Sinne des Worts: Das eine war die amerikanische Kulturdiplomatie auch außerhalb Europas, die für Fuller eine ganz neue Auftragslage schuf. Das andere Tätigkeitsfeld entstand vor dem Hintergrund der Notwendigkeit, mit einem Typ von Adressaten umzugehen, den die Exilanten nur zu gut kannten. Bilder, die die unhintergehbaren sozialen Verknüpfungen innerhalb der Menschheit verdeutlichten, dies aber eben auf dem beschriebenen Weg einer diagrammatisch-individuellen Aneignung, schienen sich besonders zur Umerziehung der Deutschen zu eignen. Und von dieser Medienwirkungserwartung sollte wiederum Peters mit seiner *Synchronoptischen Weltgeschichte* profitieren.

Sechs Anregungen

Spätestens an dieser Stelle hat sich der Kreis von der theoretischen Positionierung dieser Arbeit zur Kontextualisierung ihrer Fallbeispiele geschlossen. Bevor ich diese Kontextualisierung weitertreibe und mich auch der Rezeption der zwar als »kulturfrei« begriffenen, kulturgeschichtlich betrachtet jedoch alles andere als »kontextlosen« Werke Fullers und Peters' zuwende, sollen die Anregungen dieses Abschnitts in einen Katalog von erkenntnisleitenden Fragen überführt werden. Mehr oder weniger untergründig haben sie natürlich auch schon die vorangegangenen biografischen Sonden und Verortungen strukturiert. Wenn ich deren heuristische Prämissen dennoch an dieser späten Stelle noch einmal expliziere, dann, weil sie womöglich für weitere mediensensible Wissens- und Ideengeschichten nicht nur des Globalismus Anregung sein könnten.

Die wichtigste Konsequenz der Überlegungen dieses Abschnitts ist, die Frage »Was waren Medien?« dahingehend zu interpretieren, was Medien aus Sicht ihrer Entwickler bewirkten. Anstatt ein ahistorisches Verständnis von Medien als bloßen Kanälen oder Verstärkern von Botschaften zugrunde zu legen, gilt es dann *erstens*, die zeitgenössischen Medialisierungsanlässe selbst ins Zentrum zu stellen. Das sollte nicht als Aufforderung verstanden werden, die sozialen oder ökonomischen Effekte des Einsatzes neuer Kommunikationsmedien zu ignorieren; es geht um eine Fokusverschiebung und eine gewisse quellenkritische Vorsicht. Wer fragt, was Medien leisten zu können schienen, muss nämlich *zweitens* herausarbeiten, welche spezifischen Folgen die Konfrontation mit bzw. die Decodierung von bestimmten Medien aus Sicht historischer Akteure zeitigen *sollte*. Diese antizipierten Gebrauchseffekte lassen sich aber nicht ohne Weiteres aus den Medien selbst herauspräparieren, seien die angelegten (bild-)analytischen Werkzeuge noch so fein. Vielmehr – und dies ist weniger eine theoretische als eine methodische Anregung – muss man diese Medien dafür in einem Feld einander wechselseitig kommentierender, oft schriftlicher Äußerungen betrachten. Dann – und das nun ist eher ein Vorschlag zur Haltung gegenüber den Quellen als eine *dritte* Frage – zeigt sich womöglich, dass es einer Verengung des Blicks gleichkommt, im Medieneinsatz lediglich Manipulationsabsichten zu erkennen. Zumindest sollte nicht analytisch ausgeschlossen werden, dass der Gebrauch von Medien im Gegenteil emanzipatorisch zu wirken, gar die Kritikfähigkeit gegenüber *anderen* Medien zu steigern versprach. Auch deshalb habe ich in diesem Abschnitt den Begriff »Erziehung« verwendet, dessen Schillern zwischen Aufklärung und Normativität schon darauf hindeutet, dass die Aufforderung zum emanzipierenden Mediengebrauch durchaus als Zumutung erfahren werden konnte. Die historische Rekonstruktion von Wirkungserwartungen erlaubt somit *viertens* Rückschlüsse auf gesellschaftliche Normen, Erfahrungshintergründe und Wissensbestände. Das kann bestimmte zeitgenössisch ausgedeutete technische Entwicklungsdynamiken betreffen, die im 20. Jahrhundert oft den ausgeprägten Zukunftsoptimismus von MediengestalterInnen überformt und damit die Medienentwicklung vorangetrieben haben (was schließlich, wie zu Anfang des Abschnitts angedeutet, auch eine bestimmte medienphilosophische Tradition mitbegründete). Entlang von Wirkungserwartungen lassen sich *fünftens* soziale Asymmetrien sowie diskursive Ein- und Ausschlussvorgänge erkennen. Das gelingt dann, wenn genau darauf geachtet wird, wer angesprochen, wer also beispielsweise im beschriebenen Sinne *qua* Mediengebrauch zur gesellschaftlichen Partizipation ermächtigt werden sollte – oder, mit kritischen Vorzeichen: wer in besonderem Maße bildhafter Ansprache bedürftig schien. Es sagt einiges über das Selbstverständnis historischer Bildgestalter, wenn sie Ureinwohner, Kinder und Arbeiter auf ähnliche Weise kommunikativ integrieren wollten. *Sechstens* und letztens liegt in der Beantwortung solcher Fragen auch Periodisierungspotenzial. Dies wird im Folgenden in Anbetracht der vielzitierten gesellschaftlichen Umbrüche um 1970 gezeigt werden. Weitere Studien wären notwendig, um den Eindruck zu erhärten, dass sich schon an der Wende zum 20. Jahrhundert in den Industrieländern insgesamt – um 1930 dann in Österreich und Deutschland, womöglich aber auch nur in Berlin, in Weimar und Wien – besonders ausgeprägte Medienwirkungsannahmen ausmachen lassen, die von aufbrechenden sozialen Strukturen und neuartigen Sinnstiftungspraxen künden.

5. One World or None (1946–1959)

5.1 Dritte Vignette: *One World or None*

Wer sich in Nachkriegsbibliotheksbeständen auf die Suche nach Büchern macht, die die »Eine Welt« im Titel tragen, stößt auf eine verdüsterte und doch schillernde Begriffsverwendung. Mit der apodiktischen Formel »One World or None« wurde nun ein in der Geschichte völlig neues Phänomen auf den Begriff gebracht. So warnten die Beiträge, die ein Sammelband 1946 unter diesem Titel zusammenführte, vor dem, was anderswo schlicht als »Omnizid« bezeichnet wurde:[1] Was die *politische* Einigung der Staaten der Welt alternativlos machte, war, dass die Bevölkerung der Erde sich nun selbst vernichten konnte. Nur wenn die Atomwaffentechnik inter-, wenn nicht supranational reguliert würde, so die AutorInnen – zu denen führende KernphysikerInnen gehörten, darunter Mitwirkende des *Manhattan Project*[2] – war das Überleben der Menschheit gewährleistet. Scheint darin schon ein neuer Aspekt der Globalitätssemantik auf, dann gilt das erst recht angesichts der Tatsache, dass »die Bombe« in dem Buch, wie allgemein in den Friedensbewegungen der späten 1940er und frühen 1950er Jahre, auch als Ausdruck einer aus dem Ruder geratenen technischen Zivilisation wahrgenommen wurde. Das nahm manche Thesen der späteren ökologischen Gesellschaftskritik vorweg. Allerdings war die Vorstellung vom waffentechnischen Sachzwang, der einen neuen Kosmopolitismus auslösen müsse, schon in den *Air-Age*-Debatten der Kriegsjahre artikuliert worden. Und so kann nicht überraschen, dass die »Eine-Welt«-Semantik im beginnenden Kalten Krieg mit ihrem Medieneinsatz an den oben geschilderten Kriegsglobalismus anknüpfte.

Das zeigt der Film *One World Or None* (1946), der die Thesen des gleichnamigen Buchs popularisierte.[3] Die knapp zehnminütige Produktion (Abb. 5.1), die ebenso wie die Buchvorlage von der 1945 gegründeten Federation of American Scientists verantwortet wurde,[4] wird zu den ersten *Atomic Scare*-Filmen gerechnet. Um die Dringlichkeit der Botschaft zu unterstreichen, kombinierte der Trickfilmer Philip Ragan Dokumentaraufnahmen von Atombombenexplosionen und Schwerverletzten in Hiroshima

---

[1] Jason Dawsey: After Hiroshima: Günther Anders and the History of Anti-Nuclear Critique, in: Benjamin Ziemann/Matthew Grant (Hg.): *Understanding the Imaginary War: Culture, Thought and Nuclear Conflict, 1945–1990*, Manchester 2016, S. 140–164.

[2] Dexter Masters/Katharine Way (Hg.): *One World or None*, New York 1946. Der Titel wurde wiederaufgegriffen durch Ossip Kurt Flechtheim: *Eine Welt oder keine?*, Frankfurt 1964.

[3] One Word or None, USA 1946, Regie Philip Ragan (http://publicdomainreview.org/collections/one-world-or-none-1946/ 19.6.2019).

[4] Lawrence S. Wittner: *One World or None: A History of the World Nuclear Disarmament Movement Through 1953. The Struggle Against the Bomb*, Stanford 1993, bes. S. 59–66.

Abb. 5.1 Standbild aus der animierten Titelsequenz von *One World or None* (1946): 00:00:52: Der Planet geht in der nächsten Szene in einem Feuerball auf.

mit einer Vielzahl animierter Weltkarten, welche die kurzen Distanzen innerhalb der nördlichen Hemisphäre verdeutlichen – nicht zuletzt jene zwischen dem besiegten Nazi-Deutschland und den USA. Aber die Geovisualisierungen des Films machten auch andere Formen globaler Verbindungen sichtbar: So wurde den Zuschauern die immense Zerstörungskraft von Atomwaffen vergleichend vor Augen geführt, indem der konkrete Radius der Zerstörungen, die die Explosion der Atombombe von Hiroshima verursacht hatte, im Trickfilm maßstäblich auf Karten Manhattans und Chicagos eingezeichnet wurde. Dem Bedrohungsszenario des Films lag also zumindest eine Suggestion *gleichartiger Verletzlichkeit* zugrunde. Eine andere animierte Sequenz verdeutlichte, dass die Erforschung und Nutzbarmachung der Kernenergie als Ergebnis eines langjährigen *grenzüberschreitenden intellektuellen Austauschs* zu begreifen war. Nationalflaggen markierten auf einer Karte die vielen verschiedenen Orte, an denen jene wissenschaftlichen Entdeckungen gemacht worden waren, die der neuen Technik der Energiefreisetzung zugrunde lagen.

War die Bombe solcherart als Ergebnis einer länderübergreifenden Forschungskollaboration ausgewiesen, ließ dies eine *gemeinsame Kontrolle* von Kernwaffen durch die Vereinten Nationen als zwangsläufig erscheinen. Nur durch sie könne die Kernenergie zur »großen Fusionskraft [»fusing force«] der einen Welt« werden,[5] verkündete die Erzählstimme doppeldeutig aus dem *Off*. Das Wortspiel wurde visuell wiederaufgegriffen, als sich im Trickfilm die Weltkarte, auf der zuvor die Flugrouten der Langstreckenbomber gezeigt worden waren, zu einem Erdball formte, der sich in einer nächsten Metamorphose in einen Atomkern verwandelte und schließlich in den Plenarsaal der Vereinten Nationen (die im Jahr der Veröffentlichung des Films gegründet worden waren). Wenn die Atombombe also fast als List des Schicksals erschien, die die Menschheit zur politischen Einheit schmiedete, so untermauerte der Film dies auch *zivilisationshistorisch*. Eine weitere Tricksequenz illustrierte die – seit der Antike exponentiell angewachsene, in der Gegenwart schließlich die ganze Gattung betreffende – Tötungskapazität der zunehmend effizienter gewordenen Waffen. Dafür nutzte er Neurath'sch anmutende, mithilfe stilisierter Grabkreuze gegenständlich gemachte Mengendiagramme: »Die Wahl ist klar«, endete der Film: »Sie heißt Leben oder Tod.«[6]

Ihre filmische Popularisierung zeigt also, dass die Nachkriegsphrase »Eine Welt oder Keine« genauso visualisierungsbedürftig war wie der optimistischere Globalismus der frühen 1940er Jahre. Nicht nur waren die Distanzen der *Air-Age-Geography* keineswegs in Vergessenheit geraten. Die *Nuclear Culture*, wenn nicht gar die »visuellen Kalte-Kriegs-Diskurse«[7] allgemein, waren auf ähnliche Weise durch eine leichtverständliche, eine »demokratische« grafische Adressierungsweise geprägt. Und dies eben nicht nur, wo sie propagandistisch die Angst vor dem Gegner schüren sollten – was eine gewisse Renaissance der Mercator-Projektion (und der ihr ähnlichen sogenannten van-der-Grinten-Projektion) in den USA dieser Zeit erklärt: Weltkarten auf deren Basis ließen die Sowjetunion bedrohlich groß erscheinen.[8]

Dass der bereits zitierte »planetarische Maßstab der Technik« seit der zweiten Hälfte der 1940er Jahre die menschlichen Interaktionen nicht nur zu prägen, sondern in ihrer Gesamtheit zu bedrohen schien, lässt sich, wie nun gezeigt werden soll, aber auch an den Werken der beiden Protagonisten dieses Buchs erkennen. Schon in Peters' im selben Jahr wie der Trickfilm entstandenem Romanentwurf war es ja die Bedrohung durch grenzüberschreitend todbringende Waffen – hier in der Hand des böswilligen japanischen Kaisers –, die zu internationaler Kooperation führte. Eine Kooperation, die Peters vermittels der kulturellen Annäherung der Blöcke zu fördern versuchte. Fuller hingegen verschwieg eher, dass es auch die Dynamik einer potenziellen militärischen

---

5 One Word or None, 00:08:56.
6 Ebd., 00:09:05.
7 Unter Einbeziehung der Kartografie: Silke Betscher: *Von großen Brüdern und falschen Freunden. Visuelle Kalte-Kriegs-Diskurse in deutschen Nachkriegsillustrierten*, Essen 2013.
8 Das zeigt Barney, *(Re)Placing*, der zugleich eine Verarmung der Kartografie dieser Zeit diagnostiziert. Gerade die Amerikaner griffen nun ironischerweise auf Projektionsmethoden zurück, mit denen schon kommunistische Kartografen der Zwischenkriegszeit die Macht des Sowjetreichs herausgestellt hatten, aber eben mit entgegengesetzter Absicht: Ute Schneider: *Die Macht der Karten. Eine Geschichte der Kartographie vom Mittelalter bis heute*, Darmstadt 2004, S. 119.

Auseinandersetzung war, die jenen technischen Aufstieg der Menschheit vorantrieb, der für ihn ja spätestens seit den 1930er Jahren unmittelbar bevorstand.

5.2 Verortung: Die vielen Welten des Kalten Kriegs: Gescheiterte Weltregierungsvisionen, *Earth System Sciences* und der globale Datenraum des Entwicklungswissens

Entstand in den späten 1940er und 1950er Jahren ein »Menschheitsgefühl«? Der Globalhistoriker Akira Iriye betrachtet die Hoffnungen, die sich in diesem Zeitraum auf die Vereinten Nationen und andere internationale Organisationen richteten, als Indiz eines solchen Kosmopolitismus, der durch Massenmedien und zunehmende Mobilität noch verstärkt worden sei.[9] Es ist aber Vorsicht geboten gegenüber solchen Behauptungen eines globalen Gemeinschaftsbewusstseins, zu dem laut Iriye die Vereinheitlichung des Gerechtigkeitsempfindens der Bewohner verschiedener Weltregionen gehört, das einer neuen Menschenrechtspolitik den Weg gebahnt habe. So ähneln solche Konvergenzdiagnosen auffällig den teleologischen Globalisierungstheorien des späten 20. Jahrhunderts. Vor allem aber sollte man bedenken, dass, wer nach 1945 die Universalität der Würde und die Gleichrangigkeit der Rechte aller Menschen im Munde führte – und wichtiger noch: wer die Gleich*artigkeit* ihrer Bedürfnisse betonte –, dies nicht immer vor dem Hintergrund eines gewissermaßen postnational-altruistischen Ethos tat.[10] Zwar hat die neuere Humanitarismus- und Menschenrechtshistoriografie gezeigt, dass ein von weltbürgerlichen Werten motivierter zivilgesellschaftlicher Druck auf die entstehenden Strukturen der *Global Governance* auch von großer Bedeutung für die Verbreitung (und Verrechtlichung) von menschheitsbezogenen Gleichbehandlungsgrundsätzen gewesen ist. Das war aber verstärkt in den 1970er Jahren, wenn nicht erst in den 1990er Jahren der Fall.[11] Gerade in den ersten Jahrzehnten nach Ende des Zweiten Weltkrieg entsprangen diese Grundsätze in ihren spezifischen Ausformungen immer auch dem (Popularitäts-)Wettbewerb zwischen den Blöcken, also zwischen den USA und der UdSSR. Die Selbstverpflichtung auf die 1948 von den Vereinten Nationen ausgearbeitete Allgemeine Erklärung der Menschenrechte lässt sich kaum von dem Versuch trennen, den in sozioökonomischer Hinsicht besten Weg zu weltweit hö-

---

9 Akira Iriye: Die Entstehung einer transnationalen Welt, in: Ders. (Hg.): *1945 bis heute. Die globalisierte Welt*, München 2013, S. 671–825, hier vor allem S. 718f.
10 Craig Calhoun: Cosmopolitanism in the Modern Social Imaginary, in: *Daedalus* 137 (2008), S. 105–114. Zum Kosmopolitismus als Gegenstand *und* Perspektive für HistorikerInnen: Bernhard Gißibl/Isabella Löhr: Die Geschichtswissenschaft vor der kosmopolitischen Herausforderung, in: Dies. (Hg.): *Bessere Welten: Kosmopolitismus in den Geschichtswissenschaften*, Frankfurt a. M. 2017, S. 9–46.
11 Auch dabei wird freilich deren politische Vereinnahmbarkeit betont. Stellvertretend: Samuel Moyn: *The Last Utopia, Human Rights in History*, Cambridge 2010 und Jan Eckel: *Die Ambivalenz des Guten. Menschenrechte in der Internationalen Politik seit den 1940ern*, Göttingen 2014.

heren Wohlfahrtsstandards zu weisen.¹² Der Aufstieg von »globalen« Institutionen, die sich die Menschenrechte auf die Fahnen geschrieben hatten, und der Antagonismus des Kalten Kriegs sind nur auf den ersten Blick Gegensätze.

Vorsicht gegenüber der These vom Menschheitsgefühl ist aber auch deshalb angebracht, weil gerade der Blick auf die Ebene öffentlicher Verlautbarungen verdeutlicht, dass die liberal-internationalistische Globalitätssemantik seit 1945 keineswegs kontinuierlich an Bedeutung gewonnen hat. Im Gegenteil wich sie anderen quasi-geografischen Unterkategorien wie dem »Westen« oder dem »Abendland«.¹³ Bereits unmittelbar nach den in der vorangegangenen Vignette thematisierten Kampagnen zur internationalen Atomwaffenkontrolle lässt sich auch ein quantitativer Rückgang der Verwendung des »Eine Welt«-Begriffs feststellen.¹⁴ Der Bedeutungs*verlust* des empathischen Globalismus, auf den dies hinweist, koinzidiert also mit der Dekolonisierungswelle und der Explosion internationaler Organisationsgründungen während der ersten beiden Nachkriegsjahrzehnte. Die Gründe für diesen kontraintuitiven Befund sind vielfältig. Die Historikerin Or Rosenboim argumentiert, dass die Aufbruchsstimmung der Kriegszeit, die sich unmittelbar nach der deutschen Kapitulation noch in den hohen Mitgliederzahlen von Organisationen wie der World Federalist Association bemerkbar machte, bald einer gewissen Ernüchterung wich.¹⁵ Diese resultierte aus der enttäuschenden Konkretion der Utopie, die die Vereinten Nationen eine Zeitlang dargestellt hatten.¹⁶ Zwar verdoppelte sich die Anzahl der Mitgliedsstaaten der UN-Generalversammlung bis Anfang der 1960er Jahre. Fortschritte der Verständigung zwischen »alten« und jüngst souverän gewordenen Staaten schienen sich 1961 überdies symbolisch in der Wahl eines Generalsekretärs aus dem dekolonisierten Globalen Süden, dem Birmanen Sithu U Thant zu manifestieren (mit dem Buckminster Fuller bald in Berührung kommen sollte). Dessen ungeachtet waren insbesondere die sicherheitspolitischen Asymmetrien der internationalen Ordnung sehr ausgeprägt. Das zog bald die Kritik der Bewegung der blockfreien Staaten auf sich, deren Vertretern die »Eine Welt« trotz ihres infrastrukturellen und ökonomischen Zusammenwachsens angesichts

---

12 Vgl. David Ekbladh: *The Great American Mission: Modernization and the Construction of an American World Order*, Princeton 2011.
13 Jasper M. Trautsch: The Invention of the »West«, in: *Bulletin of the German Historical Institute* 53 (2013), S. 89–102, sowie Philipp Sarasin: Die Grenze des »Abendlandes« als Diskursmuster im Kalten Krieg. Eine Skizze, in: David Eugster/Sibylle Marti (Hg.): *Das Imaginäre des Kalten Krieges. Beiträge zu einer Wissens- und Kulturgeschichte des Ost-West-Konfliktes in Europa*, Essen 2015, S. 19–44.
14 Mit Zahlen: Kuchenbuch, »Eine Welt«, S. 163. Bezeichnend ist, wie rasch Büchern wie Ralph Barton Perry: *One World in the Making*, New York 1944, William George Carr: *One World in the Making. The United Nations*, Boston 1946, Eliot Grinnell Mears: *A Trade Agency for One World*, New York 1945 oder Ernest Minor Patterson (Hg.): *Looking Toward One World*, Philadelphia 1948 Verteidigungsschriften folgten: Gordon Donald Hall: *The Hate Campaign against the U.N. One World under Attack*, Boston 1952.
15 So Rosenboim, *Globalism*, S. 98f., 275.
16 Richtungweisend: Mark Mazower: *No Enchanted Palace. The End of Empire and the Ideological Origins of the United Nations*, Princeton 2009.

solcher Ungleichheiten weit entfernt schien, wie Tanganjikas Präsident, Julius Nyrere, schrieb.[17] Wer auf internationaler Bühne von der »Einen Welt« sprach, sah sich überhaupt Vereinnahmungsvorwürfen ausgesetzt. Dies erklärt, warum die Formel, die noch 1945 prominent in der Präambel der UNESCO-Charta aufgetaucht war, im Laufe weniger Jahre wieder aus deren Schriftgut verschwand.[18]

Bemühungen um eine mediale Erweiterung des Bewusstseins mit dem Ziel, die Menschheit zu vereinen, scheinen angesichts der bipolaren, ja manichäischen Wahrnehmung eines in zwei um Einfluss ringende Sphären aufgeteilten Planeten also eher wenig aussichtsreich, zumindest bis in die 1960er Jahre, als sich manche Kommunikationskanäle wieder öffneten. Und trotzdem: Es dürfte *gerade* diese Wahrnehmung eines unterteilten Planeten gewesen sein, die implizit die Evidenz von Globalität untermauerte und auch die Existenz einer von weltweiten Vorgängen ausnahmslos betroffenen Menschheit. Mit ihrer vergleichenden und ihrer Wettbewerbslogik setzte die Systemkonkurrenz einen globalen Denkraum ja gerade voraus.

Dass dieser Denkraum aber nicht allein durch den ideologischen Wettbewerb zweier Weltdeutungen und Weltverbesserungsansprüche Konturen gewann, haben jüngst der Politikwissenschaftler Rens van Munster und der Historiker Caspar Sylvest gezeigt. Sie argumentieren, dass es eine Vielzahl verwobener – auch widersprüchlicher – Ideen, Artefakte und Bilder zu betrachten gilt, will man spezifische »Wahrnehmung[en] von Globalität oder Einheit« verstehen, die seit dem Zweiten Weltkrieg entstanden.[19] Konkret nennen sie die »nukleare Revolution«, das *Space Race* zwischen USA und UdSSR, schließlich das globale Umweltbewusstsein. Es handelt sich um Phänomene, die zwar unterschiedliche Chronologien haben, jedoch insofern miteinander verknüpft waren, als ihnen die gleichen raum- und raumwahrnehmungsverändernden Technologien zugrunde lagen. Van Munster und Sylvest definieren daher drei Qualitäten der »Globalität« der Jahre nach 1945: *Erstens* zeichne diese ihre »Vertikalität« aus. Sie meinen damit jene Ausweitung der Schlachtfelder, deren Anfänge schon im Luftkrieg der 1940er Jahre auszumachen waren, die im Kalten Krieg aber ganze neue Dimensionen angenommen habe, bis hin zur Kontrolle der gesamten Erdatmosphäre mithilfe von Fernerkundungstechnologien. Nur vordergründig paradox sei, dass es gerade diese kriegerischen Infrastrukturen waren, die bald darauf auch eine neue ökologische Sensibilität entstehen ließen. Die militärische Überwachung der Erde habe nämlich *zweitens* deren »Materialität« vor Augen geführt, was hieß: die Begrenztheit der umkämpften Ressourcen und die Fragilität des Lebens auf der Erde insgesamt. Diese Einsicht habe *drittens* Fragen der »Temporalität« aufgeworfen, die mittelfristig manche Fort-

---

17 Julius Nyrere 1963, zitiert nach Martin Deuerlein: Inter-Dependenz: Nord-Süd-Beziehungen und die Auseinandersetzung um die Deutung der Welt, in: Reichherzer/Fiebrig/Dinkel, *Nord/Süd*, S. 21–44, hier S. 30.
18 So Sluga, *Internationalism*, S. 104, 114.
19 Van Munster/Sylvest, Introduction, S. 1.

schrittsgewissheit erschütterten, nicht zuletzt im Kontext des Exports des »westlichen« Fortschritts in die »Dritte Welt«: Das Bewusstsein der »Tiefenzeit«, in der sich die Wirkungen umweltpolitischer Weichenstellungen entfalteten, verstärkte den Eindruck einer globalen Krise, die dann in den 1970er Jahren breit diskutiert wurde.

Geschlossene Welten: »Containment« und internationale Erdbeobachtung

Zunächst aber, in den ersten Nachkriegsjahrzehnten, standen Proponenten Willkie'scher verbindender Blicke, wenn nicht die Vertreter des liberal-progressiven Internationalismus insgesamt, gerade in den USA unter dem Verdacht, sich zu jenen »nützlichen Idioten« zu machen, die der Gegner händereibend begrüßte. Dennoch war im Zeitalter General Douglas MacArthurs – mit seinem Axiom, jedes Gebiet der Erde vom Kommunismus befreien zu können und zu müssen – eine grenzüberschreitende Perspektive zumindest dann opportun, wenn sie die Strategien der Opponenten verstehen half. Das macht sich in den Feindanalysen der *Area Studies* bemerkbar, die manche Anthropologinnenkarriere förderten.[20] Es führte aber auch zur Entwicklung neuer Erdbeobachtungspraktiken. Die *Containment*-Theorie ging von der Logik der Ausbreitung (wenn nicht »Ansteckung«) zwischen politischen Entitäten aus, die als Flächengebilde verstanden wurden. Dieses territorialisierende Deutungsmuster der amerikanischen Kalten Krieger wurde indes auch dadurch plausibel, dass es von technischen Bemühungen flankiert war, die »freie Welt« gegen den sowjetischen Einflussbereich abzuschirmen.

Der Kalte Krieg förderte also auf ganz verschiedenen Ebenen ein Denken in nach Außen abgegrenzten, im Inneren jedoch homogenen Räumen. Solche »geschlossene Welten« materialisierten sich, wie der Technik- und Umwelthistoriker Paul N. Ewards zeigt, jedoch besonders eindrücklich in den radarbasierten Frühwarn- und Flugabwehrsystemen der USA.[21] Die North American Air Defense Command (NORAD) und ihr Semi-Automatic Ground Environment (SAGE) waren infolge des überraschenden ersten sowjetischen Atombombentests 1949 in Windeseile als amerikanischkanadische Kooperation eingerichtet worden. Nun integrierten sie den Luftraum Nordamerikas in Erwartung eines sowjetischen Erstschlags »informatisch«: Ein telekommunikativ geknüpftes Netz aus Radaranlagen, die sogenannte Distant Early Warning Line (DEW), und Datenauswertungszentren machten es möglich, Teile der Erdatmosphäre lückenlos und kontinuierlich zu kontrollieren. Zugrunde lag dem eine hochproduktive Kooperation innerhalb des bereits während des Zweiten Weltkriegs

---

20 Peter Mandler: One World, Many Cultures: Margaret Mead and the Limits to Cold War Anthropology, in: *History Workshop* 68 (2009), S. 149–172.
21 Paul N. Edwards: *The Closed World. Computers and the Politics of Discourse in Cold War America*, Cambridge, Mass./London 1996, bes. S. 75–82, 90–111. Wie Laura Kurgan: Threat Domes, in: *ANY: Architecture New York* 17 (1997), S. 31–34 zeigt, dienten ähnliche *closed worlds* – nämlich grafisch an Fullers Kuppelbauten angelehnte digitale Zielmodellierungen für Bomberpiloten – als amerikanische Drohkulisse, als Mitte der 1990er Jahre im Jugoslawienkrieg über das Dayton-Abkommen verhandelt wurde.

entstandenen industriell-militärisch-wissenschaftlichen »Komplexes«. Das ist in technik- und mediengeschichtlicher Perspektive gut erforscht, denn im Rahmen der Arbeit an den neuen Verteidigungsinfrastrukturen wurde die Anwendungsreife von Magnetspeichern, Bildschirmen, sogenannten »Light-Pens« und anderen Eingabegeräten, allen voran aber die des Röhren-Großrechners, immens vorangetrieben. Es kann nicht überraschen, dass Buckminster Fuller diese Entwicklungen begeistert beobachtete, zumal er selbst an der Konstruktion dieses Mensch, Medien und Maschinen auf neue Weise verbindenden Überwachungsensembles beteiligt war, wie gleich gezeigt werden wird. Fuller musste gerade die Automatisierung der Auswertung von Daten mit dem Ziel der schnellstmöglichen Detektion von Flugbewegungen als Beleg seiner These von der Erweiterung der Sinnesorgane des Menschen in räumlich bisher unzugängliche Sphären erscheinen. Auch die Tatsache, dass die Computer im SAGE-Programm Trainingszwecken dienten (die »geschlossene Welt« war dann die des Spiels, der simulierten Erprobung jener Waffen, deren Einsatz in der realen Welt den Omnizid eingeläutet hätte), machte Eindruck auf den amerikanischen Welt-Bildner, der das, was er während des Krieges als »Ballistik« avisiert hatte, bald im *World Game* konkret erprobte. Dabei waren Metaphorik und Praxis der »geschlossenen Welt« des US-Militärs Ergebnis einer Art Ko-Evolution, so Edwards. Das SAGE-Programm sei keineswegs geheim, sondern im Gegenteil von einer triumphalistischen Öffentlichkeitsarbeit und Werbeikonografie begleitet gewesen, die eine Vielzahl von Erdwahrnehmungen generiert und verbreitet habe. In Erinnerung gerufen wurde dabei nicht zuletzt das triviale Faktum, dass die Erde eine Sphäre sei – was erst die hochkomplexen Triangulationen erforderlich machte, die es erlaubten, feindliche Bomber vom wachsenden kommerziellen Flugverkehr zu unterscheiden, sie an grafischen Interfaces anzuzeigen und auf diese Weise »behandelbar« zu machen.

Daher liegt es nahe, die *Closed World* der Kalten Krieger im Zusammenhang mit anderen Erdbeobachtungspraxen zu sehen. Und zwar mit solchen, die just die Schäden des atomaren Rüstungswettlaufs, auf den die Luftabwehrsysteme reagierten, als Basis neuer geowissenschaftlicher Erkenntnisse entdeckten. Wie Joseph Masco zeigt, ergab sich im Laufe der 1950er Jahre eine »planetarische Optik« nicht nur für jene Mathematiker und Physiker, die öffentlich auf das Skandalon der möglichen Vernichtung des Lebens auf der Erde hinwiesen (und daraus die Notwendigkeit einer globalen Regulierung von Kernwaffen ableiteten).[22] Die gleiche Optik bestimmte auch die Forschungsarbeit von Naturwissenschaftlern, die den *Fallout* der bereits erfolgten oberirdischen Kernwaffentests analysierten. Die bei diesen Tests freigesetzte, durch Winde und Niederschläge weit verbreitete Radioaktivität etwa von Strontium 90 und Zäsium 131 ließ sich noch in kleinsten Dosen messen, nicht zuletzt als Strahlenexposition des menschlichen Körpers. Damit lag eine Datengrundlage vor, mit der sich atmosphä-

---

22 Zum Folgenden: Joseph Masco: Terraforming Planet Earth. The Age of Fallout, in: van Munster/Sylvest, *Globality*, S. 44–70.

rische Phänomene besser verstehen ließen, die man auch visualisierte: mithilfe von Strömungskarten oder quasi-kartografischen Darstellungen der vertikalen Zirkulation von Molekülen zwischen Erdoberfläche, Tropo- und Stratosphäre.[23] Was auf klimatologische Befunde der späten 1960er Jahre vorauszuweisen scheint, sollte aber nicht zur Vorverlegung ökologischer Zäsuren verleiten. Zwar blieb auch den ersten AktivistInnen lokaler Umweltschutzbewegungen in Nevada die nicht nur propagandistische, sondern eben auch »terraformende« Kraft der in der Wüste gezündeten Sprengsätze nicht verborgen (anders übrigens als die koloniale Geografie der pazifischen Kernwaffentests). Zugleich stimulierte diese Kraft aber eben auch aus heutiger Sicht absurde Erdumgestaltungsphantasien, zu denen sogar ihr Einsatz bei Kanalbauten gehörte.

Die Ambivalenz der technisch ermöglichten »vertikalen« Perspektive des Kalten Kriegs zeigt sich besonders eklatant in der sozialen Organisation der entstehenden *Earth System Sciences*. Gerade die Meteorologie war stark von internationalen Kooperationen geprägt, die im International Geophysical Year (IGY) 1957/58 kulminierten – einer intensivierten Forschungsphase, auf die sich mehr als 60 Staaten geeinigt hatten.[24] Das IGY bildete den (vordergründigen) Anlass dazu, die ersten Satelliten in die Erdumlaufbahn zu transportieren. Der Umstand, dass die UdSSR dabei vorne lag – was ihre Befähigung zur Produktion und Steuerung von Interkontinentalraketen zu beweisen schien –, bereitete dem SAGE-Projekt sozusagen den Garaus: Das auf den Abfang strategischer Bomber gerichtete Überwachungsprojekt war ironischerweise in dem Moment militärisch obsolet, als es technisch funktional wurde. Der erwähnte »Sputnik-Schock« stimulierte zudem die Gründung der National Aeronautics and Space Administration (NASA) und resultierte in massiven Investitionen der USA in ihren Bildungssektor. Aber auch diese kompetitive Dynamik ging einher mit einer Vielzahl von blockübergreifenden Wissenschaftskooperationen, etwa bei der Erforschung der Polregionen. Dies förderte die Anpassung der Kommunikationsstandards der beteiligten Wissenschaftler beim Austausch ihrer Ergebnisse, der durch neue, über den Erdball verteilte und verknüpfte »Welt-Datenzentren« erfolgte. Gerade der wissenschaftliche Internationalismus zeigt also, wie komplex das Verhältnis von Globalität und Grenzziehung im Kalten Krieg war. Denn es war die Systemkonkurrenz, die einerseits den Aufstieg des Nationalstaats als Hauptgeldgeber für die Geowissenschaften zur Folge hatte. Andererseits entstanden infolge dieser Forschungsförderung erst jene grenzüberschreitenden Netzwerke, die die Kenntnis planetarischer Phänomene in mehrerlei Hinsicht »auf eine höhere Stufe« hoben. Allerdings sollten einige Jahre vergehen, bis Globalität (im Sinne transnationaler politischer Kommunikation oder gar *Governance*) und Planetarität (im Sinne der materiellen Versorgungsbasis der Menschheit) *zusammenfanden*,

---

23 Siehe die Abbildungen ebd., S. 51, 54.
24 Clark A. Miller: Scientific Internationalism in American Foreign Policy: The Case of Meteorology, in: Ders. (Hg.): *Changing the Atmosphere: Expert Knowledge and Environmental Governance*, Cambridge, Mass. 2001, S. 167–217.

was im Bild des überlasteten, ungesteuert dahinrasenden »Raumschiffs Erde« geschah. Die Verteilungsimperative, die dabei artikuliert wurden, deuten auf weitere »globalisierende« Faktoren hin, die neben die Entstehung der Satelliten-Perspektive traten, die van Munster und Sylvest ins Zentrum rücken.

»One Statistical World«: Globalität, Entwicklungskonkurrenz und Entwicklungsuniversalismus

Um zu verstehen, wie jene weltumfassende »moralische Ökonomie« entstehen konnte, die schließlich auf den Podien der internationalen Organisationen der 1970er Jahre zu erbitterten Auseinandersetzungen führen sollte, muss das zweite Feld analytisch einbezogen werden, in dem sich Systemkonkurrenz und wissenschaftliche Kategorienbildung auf eine Weise verschränkten, die Wahrnehmungen von Globalität förderte: die Entwicklungshilfe. Wer die Rückkehr der Semantik der »Einen Welt« im letzten Drittel des 20. Jahrhundert verstehen möchte, kann nicht an der Tatsache vorbeisehen, dass der Kalte Krieg sich an den unscharfen Rändern von Edwards' »geschlossenen Welten« zu entscheiden schien. Modernisierungskonkurrenz und geopolitische Perspektive verstärkten sich insofern gegenseitig, als es unter Beweis zu stellen galt, dass das eigene Gesellschaftssystem den Bewohnern dieser Peripherien am meisten zu bieten hatte.[25] Es ist nur auf den ersten Blick paradox, dass Globalität sich dabei geradezu als Begleiteffekt der Verabsolutierung des *Nationalstaats* erweist. Die Welt ließ sich in dem Maße als *ein* Interventionsraum konzipieren, indem man alle Regionen der Erde in kommensurable Größen einer vergleichenden Fortschrittsarithmetik verwandelte.

Diese Beobachtung stellt die Vielfalt der Motivationen für Entwicklungspolitik ebenso wenig in Frage wie die ihrer Konkretisierungen »vor Ort«. Wenn sich in der Geschichte der Entwicklungspraxis nichts als »Ambivalenzen allerorten« erkennen lassen,[26] so liegt das daran, dass sich schon in der Perspektive der an den jeweiligen Projekten beteiligten Institutionen wirtschaftliche Interessen (im Sinne von *Tied Aid* und Exportförderungspolitiken) nicht klar von Hoffnungen auf politische Landgewinne in der Systemkonkurrenz trennen ließen, und diese nicht von altruistischen (auch religiösen) Motiven. Diese Motive waren ihrerseits oft an paternalistische Zivilisierungsabsichten gekoppelt; dann wieder waren sie von der utilitaristischen Absicht überformt, Erprobungsräume für sozialtechnologische Interventionen »zuhause« zu schaffen.[27] Wenn eines indes die historische Forschung zum *Developmentalism* eint, dann ist es der

---

25 Grundlegend: *Odd Arne Westad: The Global Cold War: Third World Interventions and the Making of our Times*, Cambridge 2007.
26 Vgl. als jüngsten Literaturbericht Martin Rempe: Ambivalenzen allerorten. Neue Forschungen zur Geschichte der Entwicklungszusammenarbeit, in: *AfS* 58 (2018), S. 331–352.
27 Skeptisch gegenüber dieser These: Dirk van Laak: Kolonien als »Laboratorien der Moderne«? in: Sebastian Conrad/Jürgen Osterhammel (Hg.): *Das Kaiserreich transnational. Deutschland in der Welt 1871–1914*, Göttingen 2004, S. 257–279.

Hinweis auf den Universalismus von Konzepten wie »Fortschritt«, »Modernisierung« oder eben »Entwicklung«.[28] Selbst AutorInnen, die Entwicklungspolitik nicht grundsätzlich mit dem ghanaischen Präsidenten Kwame Nkrumah als Feigenblatt der »neokolonialen« Ausbeutung der kapitalistischen Peripherien enttarnen wollen, machen das geringe Differenzierung- und Anpassungsvermögen ihrer Fürsprecher und Praktiker für ihr Scheitern verantwortlich. Trotz guter Vorsätze, so dieses Argument verkürzt, musste das Wissen der Entwicklungshelfer geradezu zwangsläufig an der Komplexität der Verhältnisse anderswo, an den kulturellen Eigenlogiken der *Counterparts* scheitern. Missverständnisse, Widerstände oder gar Gewalt waren daher programmiert.[29] Dem wird allerdings mit dem Hinweis begegnet, dass ein Scheitern der Entwicklung nur konstatieren kann, wer sich ihre Ziele zu eigen macht.[30] Einen Ausweg aus dem Dilemma biete das Manöver, Entwicklung selbst als normative Kategorie zu historisieren – und damit verbunden die zivilisationsmissionarische Gewissheit, dass »westliche« Modernisierungsverfahren weitgehend kontextunabhängig anwendbar seien.[31] Diese Gewissheit nämlich erkläre die Ähnlichkeit der Entwicklungsprojekte sozialistischer und kapitalistischer Provenienz – und mehr noch die bis weit ins 20. Jahrhundert ausgeprägte Akzeptanz von Zwangsmaßnahmen gegenüber den »zu Entwickelnden«. Mit Recht wurde auf diesbezügliche ideengeschichtliche Kontinuitäten bis in die Aufklärungsepoche hingewiesen.

Der Universalismus des Entwicklungsdenkens, der *nach* 1945 zur einer eher geringen Empfänglichkeit für die kulturellen Leistungen und den Eigensinn vermeintlich »rückständiger« Gesellschaften führte, dürfte das *globale Denken* in der zweiten Hälfte des 20. Jahrhunderts nun aber gerade gefördert haben. Es waren sozial- und wirtschaftswissenschaftliche Entwicklungstheorien, die nach dem Zweiten Weltkrieg Erzählungen vom »besten Weg« in die (industriegesellschaftliche) Zukunft unterfütterten. Was diese Narrative – die sich in Begriffen wie »nachholender« oder »Unterentwicklung« verdichteten – tendenziell von einem älteren, etwa imperialen *Developmentalism* unterschied, war, dass sie Differenzen zwischen Nationalstaaten mithilfe zahlenmäßiger Indikatoren objektivierten. Unzweifelhaft hatte bereits das späte 19. Jahrhundert ein

---

28 Dieser Befund wird nicht selten zur Bespiegelung der westlichen Moderne insgesamt umfunktioniert: Klassisch: Arturo Escobar: *Encountering Development. The Making and Unmaking of the Third World*, Princeton 1995.
29 Hubertus Büschel: *Hilfe zur Selbsthilfe. Deutsche Entwicklungsarbeit in Afrika 1960–1975*, Frankfurt a. M. 2014.
30 Hubertus Büschel/Daniel Speich: Einleitung – Konjunkturen, Probleme und Perspektiven der Globalgeschichte von Entwicklungszusammenarbeit, in: Dies. (Hg.): *Entwicklungswelten. Globalgeschichte der Entwicklungszusammenarbeit*, Frankfurt a. M./New York 2009, S. 7–29.
31 Am Sprachwandel zeigt das Martin Wengeler: Von der Hilfe für unterentwickelte Gebiete über den Neokolonialismus bis zur Entwicklungszusammenarbeit. Der sprachliche Umgang mit dem Nord-Süd-Konflikt, in: Georg Stötzel/Ders. (Hg.): *Kontroverse Begriffe. Geschichte des öffentlichen Sprachgebrauchs in der Bundesrepublik Deutschland*, Berlin 1995, S. 679–710.

Rausch der deskriptiven Statistik erfasst. Man könnte von einer dreifachen »Globalisierung der Welt« um die Jahrhundertwende sprechen: *Erstens* mit Blick auf die erhöhte Frequenz der Datenerhebung etwa zum Außenhandel, zu Bevölkerungsentwicklungen oder zu Ressourcenvorkommen. Diese Daten wurden *zweitens* zunehmend präzise und daher attraktiver infolge länderübergreifender Übereinkünfte über Messstandards, die sich – *drittens* – der wachsenden grenzüberschreitenden Vernetzung der beteiligten ExpertInnen (etwa: Statistikern, Demografen, Agro- und Ökonomen, Geologen, Kartografen) verdankte, die sich vermehrt auf internationalen Kongressen austauschten. Die Gewährleistung eines geregelten »grenzübergreifenden Informationszugriffs« bildet letztlich die zentrale Arbeitsbedingung internationaler Organisationen.[32] Das erklärt, warum der Völkerbund mit großem Aufwand »globale Zahlen« erhob und die Verbesserung der Qualität und die Standards der Datengewinnung vorantrieb, wobei er das Prestigebedürfnis nationaler Regierungen operationalisierte.[33] War das schon eine Antwort der europäischen Mächte auf den Druck zum *Colonial Development* in den verbliebenen Kolonien und Mandatsgebieten (und insofern eine Reaktion auf antiimperialistische Kritik), so begann der eigentliche Aufstieg von statistischen »handhabbaren Abstraktionen« zum »global generalisierbaren Kommunikationsmedium« jedoch mit der Dekolonisierung.[34] Dass diese sich als Entstehung souveräner Nationalstaaten vollzog, kam der statistischen Kategorienbildung entgegen, durch die die Unabhängigkeitsbestrebungen in den Augen der Beteiligten naturgesetzmäßigen Charakter erhielten. Der »seltsame Triumph« des Nationalstaats nach 1945,[35] zu dem seine Ineinssetzung mit *der* Gesellschaft gehört, erklärt sich eben nicht allein aus dem *politischen* Nationalismus der beteiligten Befreiungsbewegungen. Dieser politische Nationalismus stand vielmehr in Wechselwirkung mit einem sozialwissenschaftlichen *methodischen* Nationalismus. Der erleichterte die Orientierung darüber, wer im Entwicklungswettbewerb der Staaten welche Position innehielt, wer aufholte, wem Starthilfe gegeben werden musste – und vielleicht am wichtigsten: wessen Angleichungsprogramme in der Praxis effektiver waren.

Nicht ohne Grund sprach der Politologe Earl Latham 1946 in der Zeitschrift der American Statistical Association von der »One Statistical World« der Volkswirtschaft.[36] Er brachte damit den überwölbenden Raum für Unterscheidungen auf einen Begriff, die man als »Theorieeffekt« sozialwissenschaftlicher Verdatungsprozeduren begreifen

---

32 Madeleine Herren: *Internationale Organisationen seit 1865. Eine Globalgeschichte der internationalen Ordnung,* Darmstadt 2009, S. 6.
33 Siehe zur Völkerbundstatistik das im Abschluss befindliche Projekt von Martin Bemmann: https://www.frias.uni-freiburg.de/de/personen/fellows/aktuelle-fellows/bemmann/#Projekt (19.6.2019). Vgl. aber auch das Kapitel »A World of Numbers«, in Slobodian, *Globalists,* S. 55–73.
34 Speich Chassé, *Bruttosozialprodukt,* S. 9.
35 Eva-Maria Muschik: Managing the World. The United Nations, Decolonization, and the Strange Triumph of State Sovereignty in the 1950s and 1960s, in: *Journal of Global History* 13 (2018), S. 121–144.
36 Zitiert nach Speich Chassé, *Bruttosozialprodukt,* S. 144.

kann,³⁷ unter denen die jüngere Forschung, wie schon in der Einleitung angedeutet, die volkswirtschaftliche Gesamtrechnung hervorgehoben hat: Obschon unter den Entwicklungsökonomen zeitgenössisch nicht ohne Kritiker, setzte sich das Bruttonationaleinkommen als Kategorie umso nachhaltiger durch, je mehr neue Nationen auf dem internationalen Parkett auftauchten, wo die Kennziffern der Ökonomen Erfolg und Misserfolg von Modernisierungsprogrammen vergleichbar machten. Vielleicht stärker als je zuvor entfaltete eine schon an ihren Ursprungsorten – an zunächst österreichischen, dann britischen und amerikanischen Wirtschaftsfakultäten – umstrittene, lokale Globalitätsimagination insofern eine weltweite Wirkung, als sich die Wissensnachfrage durch neue Institutionen wie die UNO und deren Bedeutungszuwachs als Maklerin des weltweiten gesellschaftlichen Fortschritts wechselseitig verstärkten. Dass mit dem Bruttonationaleinkommen die Wahl auf einen Indikator fiel, der diesen Fortschritt an der abstrakten Größe des Wirtschaftswachstums bemaß, führte in den 1970er Jahren zu einer generellen Kritik am quantifizierenden Denken. Vor allem aber erweist sich der Ort, an dem die »Eine Welt« der Wirtschaftsstatistik zuerst in Erscheinung trat, beim genauen Hinsehen als klein: »Global« wurde die Welt in den Büros des 1952 errichteten UN-Hauptquartiers am East River oder in den entwicklungsökonomischen Arbeitsgruppen der Pariser Zentrale der Organisation für wirtschaftliche Zusammenarbeit und Entwicklung (OECD),³⁸ d.h.: zwischen den Linien jener Tabellen, mit deren Hilfe die seit 1945 anschwellenden Informationsflüsse aus aller Welt einander angeglichen wurden.

Die Art, in der globale Entwicklungsunterschiede diagnostiziert wurden, war und blieb also asymmetrisch. Die Eliten der neuen Staaten hatten jedoch durchaus ein Interesse daran, dass andere ihre Gesellschaft als »unterentwickelt« wahrnahmen. Im Zuge der Expansion von Institutionen wie der 1964 etablierten Konferenz der Vereinten Nationen für Handel und Entwicklung (UNCTAD) ließen sich auf Basis solcher Klassifikationen schließlich öffentlichkeitswirksam Forderungen nach Kredithilfe und Technologietransfers stellen.³⁹ Das erzeugte allerdings umso größere Resonanz unter Entscheidungsträgern der »entwickelten« Welt, je mehr es als Maßnahme erschien, Einflussnahmen des Systemgegners vorzubeugen.

»Handhabbare Abstraktionen« und ihre Medialität

Entwicklungshilfe hat, wie angedeutet, viele historische Facetten. Einigen ForscherInnen erscheint sie als Instrument der Machtpolitik der USA in den jüngst souverän ge-

---

37 Daniel Speich Chassé: Die »Dritte Welt« als Theorieeffekt. Ökonomisches Wissen und globale Differenz, in: *GG* 41 (2015), S. 580–612.
38 Dazu Matthias Schmelzer: *The Hegemony of Growth*, Cambridge u.a. 2016, bes. Kap. 6.
39 Sönke Kunkel: Zwischen Globalisierung, Internationalen Organisationen und »global governance«. Eine kurze Geschichte des Nord-Süd-Konflikts in den 1960er und 1970er Jahren, in: *VfZ* 60 (2012), S. 555–578.

wordenen Staaten.⁴⁰ Andere sehen eher intellektuelle Residuen und personelle Kontinuitäten des »Imperialismus des Wissens« ehemaliger Kolonialverwaltungen am Werk, weisen aber auch auf deren geschickte Instrumentalisierung seitens der Eliten von Empfängerländern hin.⁴¹ Faktisch umfasst die »Entwicklungsmaschine« (James Ferguson) ganz unterschiedliche Praktiken: die Kredithilfe für den Bau von Stahlwerken, die Stimulation von Investitionstätigkeiten und die Generierung von Humankapital (lies: leistungswilligen Menschen), die Arbeit an der agrarischen Ertragssteigerung als Weg zum Aufbau einer Exportwirtschaft oder zur Gewährleistung von Ernährungssicherheit vor Ort. Bei allen Manifestationen der Entwicklungsidee stand aber eine vergleichende Globalitätskonzeption im Hintergrund, die auch das Menschenbild der beteiligten Politiker und Experten veränderte: Wo die »aufholende Entwicklung« die Basis des politischen Interventionismus bildete, entzog das älteren, evolutionstheoretisch geprägten Interpretationen der Ursachen von Ungleichheit den Boden. Das bedeutete keineswegs, dass sich rassistische Wahrnehmungen in der konkreten *Encounter*-Situation verflüchtigten. Es steht außer Frage, dass den vordergründig objektiven entwicklungsökonomischen Formalisierungsprozeduren bestimmte Werte eingelassen waren. Aber trotz des Eurozentrismus des Entwicklungswissens war das Bild komplex. Der Gleichbehandlungsgrundsatz gegenüber den Bewohnern der »zu entwickelnden« Gesellschaften korrelierte unzweifelhaft mit der Hypostasierung »westlicher« historischer Entwicklungen. Wenn der *Take-off* in die bessere, in der Regel industrielle Zukunft abhängig schien von der Überwindung entwicklungshemmender sozialer Strukturen, dann *konnte* das zudem repressive Maßnahmen legitimieren, und diese sprachen dem vordergründigen Humanismus des Entwicklungsgedankens Hohn. Trotzdem sprach nicht nur Pragmatismus für die Verwendung der »handhabbaren Abstraktionen« in der politischen Kommunikation. Es sollte hinsichtlich der Legitimation der Entwicklungsexperten nicht unterschätzt werden, dass für sie Begriffe wie »Wirtschaft« oder »Haushalt« das Gleiche bedeuteten, ob sie sich nun auf die Bevölkerung Kanadas oder Kongos bezogen und damit auch auf Menschengruppen, die während des späten 19. und frühen 20. Jahrhunderts als nicht aufklärbar gegolten hatten. Erst das ließ schließlich ein »politisches Handlungsprogramm im Weltmaßstab« – konkret: die Abschaffung der globalen Ungleichheit – als realisierbar erscheinen.⁴²

Die Globalitätswahrnehmung der ersten Nachkriegsjahrzehnte war also auch Resultat einer Differenzierung verschiedener »Welten«, die dabei aber eines gemeinsamen Maßstabs bedurfte. Umso auffälliger ist die Verwandtschaft der wissenschaftlichen »Entwicklungswelten« (Speich/Büschel) mit einer anderen Weltunterteilungsformel:

---

40 Marc Frey/Kunkel, Sönke: Writing the History of Development: A Review of the Recent Literature, in: *CEH* 20 (2011), S. 215–232, hier S. 217.
41 Andreas Eckert: Spätkoloniale Herrschaft, Dekolonisation und internationale Ordnung. Einführende Bemerkungen, in: *AfS* 48 (2009) S. 3–20, hier S. 6.
42 Speich Chassé, *Bruttosozialprodukt*, S. 21.

der »Dritten Welt«. Auch deren Wurzeln waren marginal, und doch entwickelte sie als Selbstbeschreibungskategorie eine realpolitische Kraft, die die *binäre* Geografie der Kalten Krieger geradezu aufsprengte. Der vieldeutige Ausdruck, den der Historiker und Demograph Alfred Sauvy 1952 in einem Aufsatz in »L'Observateur« mit dem Titel »Trois mondes, une planète« geprägt hatte,[43] umfasste jene (noch) blockfreien Länder, die politisch zwischen der kapitalistischen Ersten und der kommunistischen Zweiten Welt standen. Aber Sauvys Formulierung hatte gerade im Französischen auch historische Untertöne. In Analogie zum »Dritten Stand« maß der Begriff den Staaten, die er bezeichnete, welthistorisches Potenzial als revolutionäres Subjekt bei. Dies erklärt die rasche Karriere der »Dritten Welt« innerhalb linker Solidaritätsbewegungen.[44] Für Sauvy selbst hatte die Formulierung aber eben auch bevölkerungspolitische und ökonomische Implikationen. Insofern ist es naheliegend, auch die »Dritte Welt«-Semantik als Teil einer zugleich länderübergreifenden und globalisierenden Vergleichskommunikation zu deuten, der sich bald auch die Kritiker der Entwicklungspolitik nicht entziehen konnten. Denn die Rückständigkeit, die diese Kritiker in den 1960er Jahren als Ergebnis von weit zurückreichenden (durch die Dekolonisierung nicht unterbrochenen) strukturellen Abhängigkeiten von Zentren und Peripherien begriffen, trat schließlich erst mithilfe der numerischen Indikatoren in Erscheinung, die just dem Entwicklungsuniversalismus entsprangen.

Und so bildeten diese Indikatoren ab circa 1970 auch die Basis jener »imperativen Komparative« (Valentin Groebner) globalen Maßstabs, die die Attraktivität von *Arno Peters'* Publikationen steigerten. Dabei profitierte der deutsche Zeitungswissenschaftler davon, dass globale Vergleichsdaten, um handhabbar und überzeugend zu sein, nicht nur aggregiert, sondern eben auch visuell aufbereitet werden mussten. Nun ist eine eingehende Analyse von Diagrammatik und Kartografie internationaler Organisationen und Entwicklungsagenturen leider ein Desiderat. Dabei argumentiert Daniel Speich Chassé plausibel, dass Kartografie und volkswirtschaftliche Gesamtrechnung entfernte Verwandte seien (was erklärt, warum Wirtschaftswissenschaftler gerne die Metapher der Weltkarte bemühten).[45] Auch die Entwicklungsökonomen arbeiteten an einer Verräumlichung von globalen Unterschieden, was sich in den im Entwicklungsdiskurs ubiquitären Weltkarten des Volkseinkommens niederschlug. Diese Karten machten den jeweiligen entwicklungspolitischen Interventionsbedarf eines Landes, der auf Basis ökonomischer Grenzwerte bemessen wurde, mithilfe farbiger Flächen sinnfällig. Dabei gewann eine weitere Unterteilung der Erde an Evidenz, nämlich jene in einen farbig hervorgehobenen (prosperierenden) *Norden* und einen (vernachlässigten) *Süden*. Karten

---

43 Als Überblick auch zur Begriffsgeschichte: Jürgen Dinkel: »Dritte Welt« – Geschichte und Semantiken, Version: 1.0, in: *Docupedia-Zeitgeschichte*, 06.10.2014 http://docupedia.de/zg/Dritte_Welt (19.6.2019).
44 Christoph Kalter: *Die Entdeckung der Dritten Welt. Dekolonisierung und neue radikale Linke in Frankreich*, Frankfurt a. M. 2011.
45 Speich Chassé: *Bruttosozialprodukt*, S. 18.

dieses Typs entstanden bald auch auf Basis der Projektion, mit der Peters 1973 gerade deshalb große Aufmerksamkeit auf sich zog, da sie die südliche Hemisphäre visuell ins Zentrum rückte. Zwanzig Jahre zuvor hatte sich Peters jedoch erst einmal durch seinen ganz eigenen Kalten Krieg gekämpft. Es waren weniger ökonomische als kulturgeschichtliche Daten aus allen Weltregionen, die im Zentrum der Auseinandersetzung über seine *Synchronoptische Weltgeschichte* standen. In dieser Debatte spielte Globalität bemerkenswerterweise gerade *keine* Rolle. Und doch führte sie Peters persönlich zu einer vergleichsweise frühen Kritik am Eurozentrismus des Entwicklungsdenkens.

Etwa zur selben Zeit zehrten *Buckminster Fullers* globalistische Medien von den Vorarbeiten namenloser SozialwissenschaftlerInnen und GrafikerInnen der UNO, in deren Berichten seine MitarbeiterInnen fündig wurden, als sie Daten für sein Weltinventar zusammentrugen. Allerdings blieb Fuller mit seinem Vorschlag ungehört, gegenüber dem neuen Hauptquartier der Vereinten Nationen ein gigantisches Datendisplay zu errichten, das den Politikern der Welt die Lage der Menschheit anzeigte. Dass dabei manche medientechnische Errungenschaft zur Anwendung kommen sollte, die man eher mit den eingangs dargestellten militärischen Erdbeobachtungsabsichten assoziieren würde, ist kein Zufall: In Fullers Denken verschmolzen die »geschlossene Welt« der computer- und satellitengestützten Erdüberwachung und die Vergleichslogik des Entwicklungsuniversalismus auf eine Weise, die ihn Mitte der 1960er Jahre zum »Mann der Stunde« machte. Aber unmittelbar nach dem Zweiten Weltkrieg konnte auch er sich nicht außerhalb der binären Logik des Kalten Kriegs positionieren, dessen Nullsummenspiele anzuprangern er später nicht müde wurde. Seine endlich produktionsreif gewordenen Bauten kamen ausgerechnet bei der erwähnten arktischen Distant Early Warning Line zum Einsatz, nicht ohne anderswo als autarke MiniaturLebensräume angepriesen zu werden, in denen man den radioaktiven Fallout überleben konnte. Parallel arbeitete Fuller mit an jener Front des Kalten Krieges, an der nicht mit Radaranlagen, sondern mit Kühlschränken und Multimedia-Präsentationen gekämpft wurde.

5.3 Fullers »Geodätik« im *Cultural Cold War*

Fullers und Peters' globalistische Überlegungen standen in den 1950er Jahren unter einem schlechten Stern. Aber das bedeutet nicht, dass ihre Karrieren stagnierten. Die Frontstellung des Kalten Kriegs bot gerade für Peters sogar eine Reibungsfläche. Sie warf einen Funken, der die Debatte entzündete, die ihn bekannt machte. Fuller fand derweil erstmals als der radikale Innovator weithin Gehör, als der er sich seit vielen Jahren inszenierte. Anders als der Fuller-Mythos es will, waren nicht die 1920er, sondern die zweite Hälfte der 1940er Jahre die Phase, in der er am stärksten als Grundlagenforscher tätig war. Zwar hegte Fuller schon lange die Überzeugung, dass die Energiemuster des Universums ein Kontinuum zwischen Mikro- und Makrokosmos darstellten, dessen Gesetze es zu erlauschen galt, wollte man diese Energien im Dienste des Fortschritts der Menschheit nutzen. Aber nachdem er sich lange auf metaphorische Beschreibungen dieser These vom »unifizierten Kosmos« beschränkt hatte, versuchte er nun erstmals, sie zu beweisen. Dabei stürzte er sich erneut in mathematische Überlegungen, die ihm seit der Arbeit an seiner Weltkarte keine Ruhe ließen, in deren Konsequenz er aber ironischerweise als Architekt zur Berühmtheit wurde – und auch zu jenem Publikum fand, das seiner Weltplanung gegenüber besonders aufgeschlossen war.

Haptische Mathematik

Fuller arbeitete im Winter 1947/1948 offenbar manisch an dem, was er als »Energiegeometrie« bezeichnete.[46] Er hatte Wohnräume und ein Büro in der Burns Street in Forrest Hills im New Yorker Stadtteil Queens angemietet. Hier füllte er – allem Anschein nach mit Unterstützung einiger ungenannter Forschungsstudenten – Seite um Seite mit Skizzen, Berechnungen und für Außenstehende kaum verständlichen Formeln zu den Verwandtschaftsverhältnissen zwischen geometrischen Figuren. Einmal mehr interessierten ihn Sphären und sphärenähnliche Strukturen, die für Fuller, der sich Energie wie Radiowellen vorstellte, die Basismuster der kosmischen Kraftflüsse bildeten. Bald vertiefte er sich ins mathematische Problem der »Kugelpackung«, also der dichtestmöglichen dreidimensionalen Stapelung von Sphären bei geringstmöglichem Volumen der sie umgebenden Hülle. Das war eine Thematik, die in der Kristallografie sowie im Kontext der Untersuchung molekularer Strukturen einige Bedeutung hatte. Immer sensibilisiert für ästhetische Emergenzeffekte (die dem Urenkel einer transzendentalistischen Philosophin als Prüfstand energieeffizienter Lösungen galten) hatte Fuller entdeckt, dass bestimmte geometrische Basisformen immer wieder auftraten, wenn er um eine zentrale Sphäre herum weitere Kugeln arrangierte. Einige der davon ausgehenden Überlegungen grenzten ans Mystisch-Numerologische: So assoziierte Fuller die entsprechenden Formen mit der Anzahl der bekannten chemischen Elemente oder mit Einsteins Energie-Gleichung.[47] Vor allem aber erlag er nun vollends der Faszination des Kuboktaeders (welcher bereits der *Dymaxion Map* zugrunde gelegen hatte), denn der Vierzehnseiter ließ die dichteste Kugelpackung aller archimedischen Körper zu. Dass seine Kanten zudem symmetrieäquivalent waren und die Länge seines radialen Vektors identisch mit der des umlaufenden Vektors war, hatte sich Fuller bereits bei seiner kartografischen Arbeit zu Nutze gemacht. Nun betrachtete er diesen Sachverhalt aber im Paradigma der Statik: Er interpretierte ihn als Äquilibrium von radialen und

---

46 Später sprach Fuller von »Synergetics«, verstand seine Arbeit also als eine systemtheoretisch unterfütterte Großtheorie. Zu dieser Christina Vagt: All Things are Vectors. Kosmologie und Synergetik bei Alfred North Whitehead und Buckminster Fuller, in: Tatjana Petzer/Stephan Steiner (Hg.): *Synergie: Kultur- und Wissensgeschichte einer Denkfigur*, Paderborn 2016, S. 227–246. Zum Folgenden Wigley, *Fuller Inc.*, bes. S. 147–157 sowie Sadao, *Friends*.

47 Eine Zusammenfassung findet sich in Marks, *Dymaxion World*, S. 39–49.

peripheren, von Zug- und Druckkräften. Fuller zufolge besaß das Kuboktaeder – das er, in der irrigen Annahme, es handle sich um seine eigene Entdeckung, »Vektoräquilibrium« getauft hatte – die größtmögliche strukturelle Integrität. Die Eigenschaften dieses Körpers schienen ihm zugleich Beweis einer »Koordination« der Natur. Sie kündeten vom Wirken einer gottgleichen »Omnirationalität«, die Fuller nie beim Namen nannte, wobei unklar ist, ob er auf diese Weise eine für christliche wie nichtchristliche LeserInnen gleichermaßen anschlussfähige Ambiguität erzeugen wollte, oder ob ihm der religiöse Ton seiner Äußerungen selbst verborgen blieb.[48] Es kann jedenfalls nicht überraschen, dass Fullers Mathematik angesichts solcher Ableitungen von den Profis eher belächelt wurde. Zudem unterliefen ihm wiederholt gravierende Rechenfehler. Oder er feierte als wissenschaftlichen Durchbruch, was altbekannt war.[49]

Ausschlaggebend für Fullers bald anwachsenden Ruhm war also etwas Anderes. Auch während der erneuten experimentellen Phase der späten 1940er Jahre kam er durch eine eher haptische als theoretische Herangehensweise zu Erkenntnissen. Der *Packing*-Geometrie näherte er sich an, indem er Tischtennisbälle verleimte. Ein echter »Heureka«-Moment kam, als Fuller bei der Konstruktion eines Kuboktaeders aus Draht und Gummigelenken zufällig feststellte, dass sich dieses Gebilde durch leichten Druck zu Polyedern von abnehmender statischer Belastbarkeit bis hin zum basalen Tetraeder einfaltete. Dies erschien ihm wie ein Modell des Energietransfers im Universum, ein Modell der dynamischen Phasen ein- und derselben Kraft, das er später mit der Kettenreaktion einer Kernspaltung parallelisieren sollte. Vor allem aber setzte der für Fullers Denken konstitutive Wechsel zwischen imaginationsfördernder Bastelarbeit und theoretischer Verallgemeinerung architektonische Nutzungsmöglichkeiten frei. Fuller dachte an platzsparende Speicherräume und an die Statik von Raumhüllen. Der *Geodesic Grid*, also das Gitternetz, aus dem sich die Dymaxion-Karte entfaltet hatte, ließ sich auch als Fachwerkstruktur begreifen. Diese baute Fuller also aus einem ebenso flexiblen wie billigen Material nach, nämlich aus Jalousien-Lamellen, die er an den Schnittpunkten vernietete. So entstanden kugel- und halbkugelförmige Konstruktionen, deren günstiges Verhältnis von Volumen und Oberfläche, von Steifigkeit und Lastenverteilung sowie von Gewicht und Materialaufwand sich bei größeren Bauten sogar verbesserte, wie Fuller ausrechnete. Es galt nur noch, die Winkel der »Fenster«-Flächen zu berechnen, die die Zwischenräume des Gitters schließen sollten. Dann

---

48 Dazu und zum Folgenden Sadao, *Friends*, hier S. 128.
49 Dennoch gelangen Fuller einige Entdeckungen, die meist dann auf Anerkennung stießen, wenn er ausgebildete Mathematiker an ihrer Ausarbeitung beteiligte: Es hätte Fuller sicher gefallen, dass einer neuentdeckten Klasse von Kohlenstoffmolekülen 1985 der Name »Fullerene« gegeben wurde, ebenso wie die Tatsache, dass diese »Buckyballs« heute als effektive Elektronenakzeptoren in Solarzellen zum Einsatz kommen. Allerdings hatte sich Fuller umgekehrt – in ästhetischer Hinsicht – von Naturformen inspirieren lassen, etwa von elektronenmikroskopischen Fotografien von Viren oder den einzelligen Strahlentierchen: Reinhold Martin: Crystal Balls, in: *ANY: Architecture New York* 17 (1997), S. 35–39; Scott Estham: *American Dreamer. Bucky Fuller and the Sacred Geometry of Nature*, Cambridge 2007.

konnte man jene radikal reduktionistischen Unterstände konstruieren, von denen Fuller seit den späten 1920er Jahren träumte – und die er sich schließlich 1954 patentieren ließ, obwohl sie eine ganze Reihe von Vorläufern hatten.[50]

Die ikonischen Kuppelbauten, die *Domes*, mit denen Fuller heute am häufigsten in Verbindung gebracht wird, begannen also als Globen. Das heißt: Sie entstanden als Materialisierung jener Flugrouten um den Planeten, entlang derer Fuller bereits in seinen phantastischen Businessprospekten der späten 1920er Jahre per Luftschiff zu transportierende Bauten platziert hatte. Fullers Euphorie angesichts seiner Entdeckung muss groß gewesen sein. Er hatte einen Weg entdeckt, das, was er für ein Strukturmuster des Universums hielt, praktisch anzuwenden – eben als Behausung –, dieses Muster aber zugleich auch zu erklären. Seine Kuppelbauten waren schließlich nicht nur effizient, was die zur Konstruktion nötigen Energien und Materialien anbelangte. In ihrer reduktionistischen Eleganz *vermittelten* sie, dreidimensionalen Diagrammen gleich, geradezu selbsterklärend jene Prinzipien, die sie konventionellen Bauwerken überlegen machten. Abstrakt gesagt, waren Fullers Kuppeln *Medien* des Prozesses der »Ephemeralisierung«. Zu diesem trugen sie indes auch bei, weil Fuller und seine MitarbeiterInnen bald zahllose Fotos und Skizzen der *Domes* global zirkulieren ließen.

Emanzipatorische Sommerkurse

Zunächst aber nahm Fuller seine Ideen (aber auch seine Lamellen, Drahtrollen und Gummibänder) auf Reisen von alles andere als erdumspannender Reichweite mit. Fuller hielt bis etwa 1946 noch diverse Reden vor Regierungseinrichtungen und Architektenorganisationen zum Thema Wohnungsbau. Aber allen nachträglichen Glättungen zum Trotz klafft in den vielen Lebensläufen, die am Ende seines Lebens entstanden, im ersten Nachkriegsjahrzehnt eine Lücke, was Fullers Präsenz in der (Fach-)Öffentlichkeit anbelangt. Tatsächlich war die Massenfertigung des Vorgängers der *Domes*, des *Wichita House*, für dessen Entwicklung Fuller seinen Job in der Foreign Economic Administration aufgegeben hatte, rasch gescheitert. Mehrere tausend Kaufinteressenten mussten

---

50 Spätestens während des Patentierungsprozesses dürfte Fuller von der Ähnlichkeit seiner Konstruktion mit Walther Bauersfelds Jenenser Planetarium von 1924 erfahren haben: Joachim Krausse: Architektur aus dem Geist der Projektion. Das Zeiss-Planetarium, in: Ernst-Abbe-Stiftung (Hg.): *Wissen in Bewegung. 80 Jahre Zeiss-Planetarium Jena*, Jena 2006, S. 57–84. Vom Einfluss der Formenlehre Claude Bragdons war bereits die Rede. Fuller befreite diese von ihrer Jugendstil-Ästhetik, trennte sich aber nicht von Bragdons proto-modernistischer Absicht, der unnötigen Differenzierung der Produkte und Stile eine auf geometrischen Grundformen beruhende Gestaltung entgegenzustellen, also ein Kontinuum von Formen vom Dekor über die Möbel bis zum Grundriss als unifiziertes System von Teil und Ganzem zu denken, das immer auch eine sozialphilosophische Grundierung hatte. Nicht wissen konnte Fuller, dass ähnliche Kugelstrukturen auch auf andere exzentrische Denker im Grenzbereich von Lebensreform, ästhetischer Theorie und Mathematik große Anziehungskraft ausübten. Vgl. Caspar Schwabe: Eureka and Serendipity: The Rudolf von Laban Icosahedron and Buckminster Fuller's Jitterbug, in: *Mathematics, Music, Art, Architecture, Proceedings of the Bridges 2010 conference*: http://bridgesmathart.org/2010/cdrom/ (19.6.2019).

vertröstet werden, was ausgerechnet den ehemaligen Kollegen in der »Fortune«-Redaktion nicht verborgen blieb.[51] Fullers hart erarbeiteter Ruf als Unternehmer drohte infolge einer immer schlechteren Presse Schaden zu nehmen, und damit sank die Wahrscheinlichkeit, Investoren zu finden. Es half nicht, dass er wegen seiner Selbstüberschätzung und hermetischen Sprache kritisiert wurde. Fuller jedoch floh nach vorn. Indem er sich nun *erst recht* als Erfinder und Forscher in Szene setzte, der nur von Neugier und Altruismus getrieben sei (also auch sein Scheitern in Kauf nahm), perlte die Kritik an ihm ab. Fuller schien zu sehr mit grundsätzlichen Untersuchungen beschäftigt, um auch noch die Frage zu beantworten, wie sich mit ihnen Geld verdienen ließ.[52]

Seinen Lebensunterhalt musste Fuller aber trotzdem bestreiten. Er tat das, indem er im Sommer 1948 noch einmal den Beruf wechselte. Fuller – das zeigen die Jahr für Jahr länger werdenden Listen seiner Vorträge an Bildungseinrichtungen[53] – wurde zum Lehrer. Es zeugt von seinem Talent für Selbstvermarktung, dass die Erfahrungen, die er in dieser Funktion machte, bald zur Basis von Büchern wurden. In der Vortrags- und Lehrtätigkeit bot sich Fuller überdies eine unverhoffte Möglichkeit, die Anwendungsreife seiner Entdeckungen auch ohne Geldgeber so weit voranzutreiben, dass sich dann doch immer mehr einflussreiche Akteure für sie interessierten. Und zwar gerade solche, die hofften, mit Fullers begehbaren Globen teils praktische, teils symbolische Landgewinne im Kalten Krieg erringen zu können.

Fuller startete allerdings als akademische Randfigur. Erst 1959 trat er die erwähnte Dauerstelle als Forschungsprofessor in Carbondale (Illinois) an. Ende der 1940er tingelte er noch durch die Design- und Architekturfakultäten der *Liberal Arts*-Universitäten der USA. Dies geschah auf weit weniger glamouröse Weise als in den Düsenjets späterer Jahre, nämlich in einem selbstumgebauten Wohnwagen. Es wäre wenig sinnvoll, hier alle Projekt-, Praxis- und Sommerkurse aufzulisten, die Fuller vor seiner Berufung veranstaltete.[54] Aber es scheint doch wichtig, zumindest die ersten zwei Einrichtungen zu erwähnen, an denen er lehrte. Denn deren holistisches Menschenbild, Designverständnis und pädagogisches Programm dürften Fuller habituell wie intellektuell entsprochen haben. Zugleich gaben sie seiner Selbststilisierung und seinen Ideen einen neuen Resonanzraum. Was Ende der 1930er Jahre als persönliche, synästhetische Annäherung an die Mathematik begonnen hatte, wurde an diesen Orten zur Theorie der »praktischen Sinnlichkeit«,[55] zu einem forschenden *Learning by Doing*. Gemeint sind das Black Mountain College im ländlichen North Carolina, wo Fuller in zwei aufeinanderfolgenden Jahren (im Juni und Juli 1948 und dann noch einmal im Juli und

---

51 What became of the Fuller House?, in: *Fortune*, Mai 1948, S. 168.
52 Díaz: *Experimenters*, S. 109.
53 Undatierter Lebenslauf [ca. 1967], SUL, M1090, Series 4 Box 3, Folder 3.
54 Eine Liste samt einer *Dymaxion Map*, auf der die entsprechenden Orte verzeichnet sind, findet sich in López-Pérez, *Pattern Thinking*, S. 134f.
55 Joachim Krausse: Raumschiff Erde und Globales Dorf, in: *Arch+* (1997/98), H. 139/140, S. 44–49, hier S. 45.

August 1949) jeweils einige Sommerwochen lang lehrte, und das Institute of Design in Chicago, wo er zwischen Frühjahr und Herbst 1948 mehrere kürzere Kurse anbot. Beide Institutionen sind Paradebeispiele der »Atlantiküberquerung« progressiver Ansätze und Personen, zumal ihr Personal und ihre finanziellen Förderer überlappten.

Das Institute of Design war als »New Bauhaus« vom 1937 über England aus Deutschland emigrierten Bauhaus-Meister László Moholy-Nagy gegründet worden und institutionalisierte die amerikanische Adaption des Weimarer Industrie- und Informationsdesigns. Das Institute war finanziell in der Dauerkrise, die auch daraus resultierte, dass es von einer Spannung zwischen den kommerziellen Interessen der Finanziers und den sozialutopischen Idealen der beteiligten Lehrenden durchzogen war. Dem erfahrenen Unternehmer Fuller dürfte das aber weniger Probleme bereitet haben. Zugleich dürften ihm die pädagogischen Grundprinzipien, die Moholy-Nagy 1947 in einer Art Curriculum seines Instituts niedergeschrieben hatte, wenig Anpassung abverlangt haben. In *Vision in Motion* hatte der von Weimarer holistischen Theorien und reformpädagogischen Ansätzen geprägte ehemalige Bauhauslehrer nämlich eine Vorgehensweise propagiert, die die schlummernden schöpferischen und Erkenntnismöglichkeiten von Individuen freisetzen sollte. Studierende, so Moholy-Nagy, sollten nicht geleitet werden, sondern selbst experimentierend zu den Fakten finden. Die entsprechenden Einführungskurse seien als »Selbsttests« zu verstehen, bei denen die ganze Person sich zugleich entfaltete und gewahr wurde. Laut Moholy-Nagy hieß das auch, die Hürde zwischen Kunst und Wissenschaft zu schleifen, um so gestalterische Reaktionen auf Dynamiken einer technischen Welt möglich zu machen, die auch für den Exilanten zu stark von unpersönlicher Kommunikation geprägt war. Die »Erziehung für das persönliche Wachstum« sei also kein Selbstzweck, sie bilde im Gegenteil die Grundlage für eine »soziale Organisation, in der Jedermann so eingesetzt wird, dass er seine höchste Leistung erbringen kann.«[56] Auch für Moholy-Nagy hieß das, aktiv auf die Spezies einzuwirken, anthropologische, ja evolutionäre Ressourcen zu erschließen, die er mit Raumbegriffen umschrieb: Es gelte, »zu den bislang ungesehenen Bereichen der biologischen Funktionen vorzudringen, die neuen Dimensionen der Industriegesellschaft auszuloten und die neuen Ereignisse in emotionale Orientierung zu übersetzen.«[57] Ganz ähnlich wie bei Fuller hatte der Gestalter Moholy-Nagy zufolge also eine integrierende Funktion, er übertrug die mikroskopischen Erkenntnisse der Spezialisten in eine dynamische Ganzheitsvision.

Moholy-Nagy war bereits 1938 auf Fuller aufmerksam geworden,[58] aber es war sein Nachfolger, der russische Architekt Serge Chermayeff, der Fuller nach einem Gastvortrag, den dieser im Mai in Chicago gehalten hatte, einlud, einen Praxiskurs am

---

56 László Moholy-Nagy: *Vision in Motion*, Chicago 1947, S. 23.
57 Ebd., S. 11.
58 Telegram von Dorothy Carlton an Fuller, 7.5.1938, SUL, M1090, Series 2, Box 38, Dymaxion Chronofile, Vol. LXI.

Institute of Design anzubieten. Konkret sollte er mit den StudentInnen einen für die Massenfertigung tauglichen Gartenhaus-Prototyp entwickeln. Fuller ging diese eher triviale Aufgabenstellung jedoch denkbar grundsätzlich an: Es sollte eine Behausung entstehen, die naturwissenschaftliche Entdeckungen auf besonders anschauliche Weise umsetzte.[59] Es passte gut zu den importierten Bauhaus-Ideen, dass Fuller diese Aufgabe als Lehrforschungsprojekt mit offenem Ausgang konzipierte. Das Ergebnis war allerdings weniger kontingent als seine Kurskonzeption es angedeutet hatte: Am Ende des ersten Sommerkurses in Chicago war ein zehn Fuß breiter *Dome*-Prototyp entstanden, den Kabeldrahtzüge stabilisierten, die durch dünne Metallrohre geführt worden waren. Er sollte zur Grundlage für alle weiteren Permutationen seiner Kuppelbauten werden. Dabei ist es typisch für Fullers nonchalanten Umgang mit der Arbeitsleistung Anderer, dass die Kurs-Unterlagen in Chicago nicht nur auf seinem mittlerweile fast zehn Jahre alten »Zivilisationsballistik«-Manuskript aufbauten, sondern auch auf Mitschriften von StudentInnen, mit denen er im Sommer des Vorjahres an der anderen Avantgarde-Institution dieser Zeit zusammengearbeitet hatte: Auf einer Wiese vor dem Hauptgebäude des Black Mountain College war nämlich der erste Versuch unternommen worden, die geometrischen Explorationen des Winters 1947/48 von Queens in ein Bauwerk zu verwandeln. Es war zwar nicht gelungen, einen (deutlich größeren) *Dome* aus Vorhanglamellen länger als einige Sekunden aufrecht zu halten. Das war aber für den Status Fullers als Dozent kein Problem. Denn das Black Mountain College setzte sogar noch stärker als das wirtschaftsnähere Chicagoer Institute auf ein experimentelles, soziales Lernen. Auch an der 1933 gegründeten (ungewöhnlicherweise nicht segregierten) Kunsthochschule flossen amerikanische pädagogische Ansätze (etwa von John Dewey) zusammen mit Weimarer Konzepten, wie sie der emigrierte (ehemalige stellvertretende Bauhaus-Direktor) Josef Albers mitgebracht hatte. Und auch in North Carolina resultierte dies in entschieden haptischen, zugleich interdisziplinären Zugängen zu Materialkunde, Physik und Mathematik. Diese Praxis korrespondierte mit einem absichtsvoll engen und hierarchiefreien Zusammenleben von Schüler- und LehrerInnen und mit der Förderung von Gruppendynamiken, von denen man sich kreative Stimulation und Demokratisierungseffekte versprach.[60] Der Humanismus und die Gemeinschaftsemphase der pädagogischen Grundätze dieser geradezu »anti-institutionellen Institution«, mehr aber noch der improvisierte Charakter der Lehre passten perfekt zu den Idiosynkrasien und zum *Hands-on*-Ansatz Fullers. Der stilisierte sich (laut Beschreibung seines zweiten Kurses am College im Sommer 1949) als »Erntearbeiter der Potenziale der Wirklichkeit« und umriss sein didaktisches Ziel in typisch

---

59 Wigley, *Fuller Inc.*, S. 151f.
60 Díaz, *Experimenter*, bes. S. 101–148. Siehe auch: Mark Byers: Environmental Pedagogues: Charles Olson and R. Buckminster Fuller, in: *English* 62 (2013), S. 248–268.

sperriger Diktion als Arbeit am »Intelligenz-Faktor, der einen sich kontinuierlich beschleunigenden Zuwachs an erfahrungsgeneriertem Wissen vorantreibt«.[61]

Konkret begann Fuller, der offenbar nur als Ersatzkraft für einen abgesprungenen anderen Architekten an den ersten Lehrauftrag in North Carolina gekommen war,[62] diese »erfahrungsbasierte Steigerung des Menschheitskönnens« damit, dass er vor den KursteilnehmerInnen mehrere Stunden lang »laut nachdachte«. Danach ließ er die Studierenden selbstständig Teilaufgaben bei der Realisierung seiner geodätischen Kuppeln nachgehen, verbunden mit dem Hinweis, man habe ihn lediglich als etwas älteres Mitglied des »Teams« zu betrachten. Einige TeilnehmerInnen ermittelten daraufhin mathematisch die statisch idealen Kreuzungswinkel der Streben der Konstruktion, die »Frequenz« der Gitterstruktur. Andere übernahmen Metallarbeiten, etwa an den Steck- und Schraubverbindungen, die die Streben zusammenhielten.[63] Es konnte aber auch um die Korrespondenz mit Anbietern geeigneter Materialien gehen. All das ließ Fuller die Studierenden genau dokumentieren. Es ist also nicht ganz falsch, zu sagen, dass er die Werkstätten der entsprechenden Einrichtungen, die Arbeitskraft und nicht zuletzt die mathematischen und handwerklichen Fertigkeiten ihrer Angehörigen ausbeutete, um sein jüngstes Haus-Konzept zur Produktionsreife zu bringen.[64] Allerdings unterstrich Fuller in den folgenden Jahren immer wieder, wie bedeutend der Beitrag seiner StudentInnen zu seinen Erfindungen gewesen sei. Einige Studenten erinnerten sich in der Tat, dass Fuller eine Aufbruchsstimmung und große Loyalität zu wecken vermochte,[65] sogar über das jeweilige Kursende hinaus. Er wurde zum *Spiritus Rector* unabhängiger studentischer Teams, die, nicht ohne Rivalitäten, an seinen Projekten weiterarbeiteten. Unter den Studenten, die Fuller (teils bis an sein Lebensende) verbunden blieben, waren erfolgreiche spätere Architekten wie Donald L. Richter und auch Fullers Biograf, Shoji Sadao. Manche Studierendengruppe – etwa Spheres Inc. (in Chicago) oder das in Raleigh (North Carolina) angesiedelte Team von Geodesics, Inc. – mauserte sich zum Architekturbüro, dessen MitarbeiterInnen davon lebten, dass es die Bauwerke realisierte, die Fuller mit seiner 1949 gegründeten Fuller Research Foundation allenfalls konzipierte.[66]

---

61 The Summer Institute ... Black Mountain College, North Carolina, 1949, Fuller, R. Buckminster, LOC, MD, Charles Eames and Ray Eames papers, 1850–1989, Part I:30, 29.
62 Díaz, *Experimenters*, S. 181.
63 Dazu Wigley, *Fuller Inc.*, S. 182–193.
64 Tatsächlich kam es in mindestens einem Fall, dem der sogenannten »Tensegrity«-Struktur des Bildhauers Kenneth Snelson, zu einem Plagiatskonflikt: Maria Gough: Backyard Landing. Three Structures by Buckminster Fuller, in: Chu/Trujillo, *New Views*, S. 125–145, S. 145. Fuller ließ Patentbrüche hart verfolgen. Er erteilte seinen StudentInnen lediglich die Erlaubnis, einen einzelnen *Dome* zu errichten, bevor sie Lizenzen erwerben mussten. Díaz, *Experimenters*, S. 149.
65 (Spätere) Evaluationen seiner StudentInnen sprechen von großer Begeisterung – von Fuller selbst und von der kooperativen Arbeitsweise, die er förderte: Handschriftliche Evaluationen zu einem Kurs an der Universität Minneapolis, o.D. [1957], SUL, M1090, Series 18, Box 107, Folder 2.
66 Wigley, *Fuller Inc.*, S. 146.

Der Kosmos zieht in den Kalten Krieg

Es war also ein bestimmtes lokales und soziales Setting, dem Fuller seine unternehmerischen Erfolge verdankte. Fuller begegnete in den werdenden ArchitektInnen, die gleichermaßen technikaffin wie idealistisch waren, erstmals den Hauptabnehmern seiner globalistischen Ideen. Da die Resonanz dieser Ideen hier mehr interessiert als die architekturhistorisch gut erforschte, insgesamt fast zwanzig Jahre während Entwicklungsgeschichte der *Domes*, an der viele dieser jungen Machertypen beteiligt waren, soll diese Geschichte hier nicht weiter verfolgt werden. Zumal später auf das meistgewürdigte dieser Bauwerke eingegangen wird, das Fuller zur *Expo '67* in Montreal errichten ließ sowie auf die regelrechte *Dome*-Mode, die die amerikanische Aussteigerkultur wenig später erfasste.[67] Anmerken will ich lediglich, dass Fuller mit Ausarbeitung des *Dome*-Konzepts auch seine Kontakte zur Industrie, etwa zum Chemiegiganten Dupont, ausbaute. Die entsprechenden Unternehmen versorgten ihn umso bereitwilliger mit Informationen zu neuen Entwicklungen etwa in der Kunststoffverarbeitung, je mehr sein Ruhm als Materialanwendungspionier wuchs. Es war auch dieser Austausch, der sein vor dem Krieg angelegtes Rohstoffverzeichnis, nun *World Resources Inventory* genannt, um viele Regalmeter anschwellen ließ. Und das bestätigte Fuller in seinen eigenen Prophetien zur exponentiellen Kurve der Indienstnahme globaler Ressourcen durch den Menschen, auf die er mit Beginn der 1960er Jahre sein Hauptaugenmerk richten sollte.

Bevor dies geschildert werden kann, muss aber noch auf einen anderen Resonanzraum der Fuller'schen Experimente der Nachkriegszeit eingegangen werden. Es geht um einen Resonanzraum, der alles andere als kosmopolitisch anmutet. Während Peters von Bad Säckingen aus den »Synchronoptischen Krieg« ausfocht, den das nächste Kapitel rekonstruiert, bastelte Fuller an der Ostküste der USA nämlich nur auf den ersten Blick an *unpolitischen* (da »rein technischen«) Versorgungslösungen für die Welt. Schon seine kartografische Arbeit der 1940er Jahre ist kaum zu verstehen ohne die Zunahme kriegsrelevanter Institutionen des Zweiten Weltkrieg. Die räumliche Verbreitung wie finanzielle Förderung seiner geodätischen Erfindungen verdankte sich aber erst recht dem US-Militär. 1948 hatte Fuller seine Kontakte in Washington reaktiviert und dem United States Air Corps eine mit Hilfe Chicagoer StudentInnen konstruierte 14-Fuß-Version des *Domes* angedient.[68] Er erreichte, diesen auf einer Grünfläche vor dem Pentagon errichten zu dürfen, was einige Aufmerksamkeit erregte: Fotos der Aktion wurden im mit Fuller sympathisierenden »Architectural Forum«, aber auch im »Time«-Magazin veröffentlicht.[69] Zwar kam es zu keiner Zusammenarbeit mit dem Militär.

---

67 Dazu ebd. sowie Sadao, *Friends* und zuletzt Hsiao-Yun Chu: The Evolution of the Fuller Geodesic Dome: From Black Mountain to Drop City, in: *Design and Culture* 10 (2018), S. 121–137.
68 Wigley, *Fuller Inc.*, S. 167.
69 Ebd., S. 173.

Aber Fuller ging im Jahr darauf in die PR-Offensive. Er suchte ab 1949 verstärkt die Nähe zu Fachpresse und Tageszeitungen und lieferte JournalistInnen Textbausteine und Fotografien, die sein Image als Experimentator distribuierten. Dazu gehörten Aufnahmen von Belastungsproben des *Dome*-Gitters, an das sich Fuller mit dem eigenen Körper hängte. Und es gehörten die Porträts seiner Kollegin am Black Mountain College, Hazel Larsen Archer, dazu, die den Welt-Bildner vor einer mit Formeln übersäten Kreidetafel dabei zeigten, wie er sich in die Betrachtung eines seiner Drahtmodelle vertiefte.[70] Die Produktion solcher Bilder eilte der realen Entwicklung jedoch teils weit voraus. So gehört zu den bis heute meistreproduzierten Fotos Fullers eines, das zeigt, wie er 1954 in Orphan's Hill, North Carolina, dem Transport eines *Domes* durch einen Helikopter des Marine Corps zusieht. Das schien Fullers Behauptung zu bestätigen, seine Kuppelkonstruktion sei gleichermaßen für zivile und militärische Nutzungen geeignet, etwa als mobiler Hangar. In Wirklichkeit handelte es sich bei der Szene aber nicht etwa um einen Tauglichkeitstest des Militärs, sondern um eine Aktion einiger seiner Studenten, mit der sie Fuller einen lang gehegten Wunsch erfüllten: Den Lufttransport eines seiner Bauwerke hatte er ja schon während der fieberhaften Arbeit an den »4-D-Houses« herbeiphantasiert.[71]

Tatsächlich wurden dann aber nicht die von Fuller verehrten Piloten zu den wichtigsten militärischen Abnehmern seiner Kuppelkonstruktionen, sondern die Kommunikationsexperten des United States Army Signal Corps, die ab 1951 Sondierungen zur Eignung des *Dome* für die Ummantelung von Radargerät vornahmen. Ab 1953/1954 entwickelten die Lincoln Laboratories des Massachusetts Institute of Technology (MIT) gemeinsam mit Geodesics Inc. fiberglasverstärkte sogenannte »Radomes« – das Wort setzte sich aus den Begriffen »Radar« und »Dome« zusammen. Diese kamen ab 1957 als Schutzgehäuse für die rotierenden Radarantennen der erwähnten Distant Early Warning Line zum Einsatz. Sie halfen also, den arktischen Radarschirm zu schließen, der aus insgesamt 63 Stationen bestand, die sich entlang des 69. Breitengrads in einem Halbrund von Alaska bis Grönland aneinanderreihten. Fuller allerdings war, wenn überhaupt, nur an der Deutung der *Radomes* beteiligt. Seine Genugtuung über ihre Nutzung muss dessen ungeachtet groß gewesen sein. Zum einen, weil das Militär, das sich gegenüber seinen Fertighausideen der 1940er Jahre skeptisch gezeigt hatte, nun tatsächlich die erste Massenproduktion einer seiner Erfindungen initiierte. Obwohl dies wohl eher ein glücklicher Zufall als bewusste Designprämisse war, kam auch die Tatsache, dass seine Kuppelkonstruktionen für die Radarstrahlung nahezu transparent waren, Fullers Vorstellungen von den ungehindert sich ausbreitenden Energien entge-

---

70 Julie J. Thomson: Seeing More Than Failure: The Photographs of Buckminster Fuller's 1948 Dome by Beaumont Newhall, Trude Guermonprez, Josef Albers, and Hazel Larsen Archer, in: *Appalachian Journal* 44/45 (2018), S. 482–492. 1960 kamen Bilder aus dem Inneren von Fullers eigenem »Dome Home« hinzu, das er mit Antritt seiner Professur in Carbondale hatte errichten lassen.
71 Mit mehr Details: Sadao, *Friends*, S. 151–154; Wigley, *Fuller Inc.*, S. 198–202.

gen. Hinzu kam, dass die *Radomes* überraschend große Resistenz gegen die extremen klimatischen Bedingungen der Arktis aufwiesen. Am wichtigsten war aber wohl, dass die DEW-Linie nicht nur manche düstere Prophezeiung zur geostrategischen Bedeutung der Großzirkelrouten über die Polarregion bestätigte. Auch Fullers exzentrischere »geo-logistische Prognose«[72] der späten 1930er Jahre schien eingetroffen, nämlich die Wanderungsbewegung der Menschheit in die kalten Regionen des Planeten, die er, wie dargestellt, aus den Vektoren der Zivilisationsentwicklung abgeleitet und mit seiner »Fortune«-Karte visualisiert hatte.[73]

Dass die *Radomes* in Fullers biografischem Selbstgespräch fortan dennoch keine sonderlich wichtige Rolle spielten, überrascht nicht. Sie hätten der *pazifistischen* Botschaft, die Fuller in den 1960er Jahren verkündete, einen Missklang gegeben. Fuller wiederholte nämlich bald mantraartig seine Forderung, die immensen Ressourcen und das Wissen, das man der Kriegsführung widmete, endlich einzusetzen, um jeden Erdbewohner zum Erfolg zu machen, was idealistische Zuhörer gerade der späten 1960er Jahre offenbar höchst anziehend fanden. Immer häufiger forderte er nun die Umwidmung der destruktiven Waffen- in eine vitalitätssteigernde Lebenskunst, was auch hieß: die globalen Nullsummenspiele der Kalten Krieger in ein *World Game* zu verwandeln. Fuller unterfütterte diese Forderung mit der oben erwähnten Erzählung von seiner im Gefolge des Ersten Weltkriegs gestorbenen Tochter. Er verschwieg aber, dass er bereits in der ersten Hälfte der 1940er Jahre manche unternehmerische Hoffnung gehegt hatte angesichts der Notwendigkeit, den Übergang von der Kriegswirtschaft auf die industrielle Produktion der Friedenszeit zu organisieren. Fullers ambivalente Haltung gegenüber dem Krieg als Faktor der Technikentwicklung im Allgemeinen und seines eigenen Werks im Besonderen gehörte zu den Schwachstellen seines wohlkonstruierten Images. Aber auch seinen idealistischen MitstreiterInnen der 1960er Jahre entging, wie stark Fullers quasi-evolutionäres Menschheitstelos von globalen Vergleichen geprägt war, die alles andere als kulturell voraussetzungslos waren. Bis in die 1960er Jahre hinein war Fuller zumindest insofern ein *One-Worlder* im Sinne Willkies, als sich die Wohlstandsgesellschaft, die er vermittels technischen Fortschritts zu »globalisieren« hoffte, aus lauter Kernfamilien zusammensetzte. Gerade das aber prädestinierte ihn auch zur Mitwirkung im *Cultural Cold War*, die Fuller die Gelegenheit bot, die zivile Nutzung seiner *Domes* außerhalb Nordamerikas voranzutreiben.

---

72 Krausse, Dymaxion-Weltkarte, S. 52–63.
73 Tatsächlich zeitigte die Konstruktion des Radarschirms dahingehend einen »globalisierenden« Effekt, dass die logistisch aufwändigen Bauarbeiten mehrere zehntausend Menschen ins kanadische Polargebiet brachten und Straßen zurückließen, die Verbindungen zwischen den Einwohnern des Südens Kanadas und den Inuit-Bevölkerungen im Norden schufen: David Neufeld, Commemorating the Cold War in Canada: Considering the DEW Line, in: *The Public Historian* 20 (1998), S. 9–19, hier S. 18.

Ein Globus reist um die Erde

Fuller dürfte der einzige Mensch sein, dem es gelungen ist, gleichzeitig die Aufmerksamkeit des US-Militärs, von Ford-Managern und mächtigen Kunstkuratoren zu erregen. Fullers Kuppeln wurden 1952 an seiner alten Wirkungsstätte, dem MoMA in New York, ausgestellt. Sie waren im Jahr darauf auf der Aspen Conference on Design zu sehen und begeisterten ein Jahr später die Jury der Architektur-Triennale in Mailand.[74] Es ist aber vor allem ihr Einsatz als futuristische Ausstellungspavillons durch die 1953 gegründete United States Information Agency (USIA), der hier interessiert. Schließlich handelte es sich um eine Institution, die der Auffassung entsprang, »dass Amerika einen dauerhaften Apparat brauche, um sich selbst der Welt zu erklären«.[75] Fuller war also durchaus ein »Kalter-Kriegs-Designer«:[76] Er arbeitete bereitwillig an der kulturellen Seite der Truman-Doktrin mit – der aufwändigen *Outreach*-Kampagne der USA, die sich in der Bundesrepublik etwa in Amerika-Häusern oder Fulbright-Stipendien bemerkbar machte, einer Kampagne, die aber immer auch im Versuch bestand, die transkulturelle Attraktivität des amerikanischen Lebensstils zu steigern. Tatsächlich rückte das für Fuller ästhetisch wie philosophisch so reizvolle »Mikro-Makro-Spiel«, den Planeten mit globenartigen Bauten zu überziehen, vor allem mit den amerikanischen Auftritten im postkolonialen Raum näher.

So entwarf Fuller den Ausstellungspavillon der Amerikaner auf der Jehsyn International Fair in Kabul 1956.[77] Die Wahl war zunächst nur deshalb auf ihn gefallen, weil die USIA erst kurz vor Beginn der Messe auf die Absicht der Sowjetunion und anderer kommunistischer Staaten aufmerksam geworden war, sich in Afghanistan aufwändig zu präsentieren. Man agierte also unter Zeitdruck. Der letztlich in North Carolina hergestellte *Dome*, der aus Aluminiumstreben und einem Vinyl-Überzug bestand, konnte nun besonders schnell in Einzelteilen per Flugzeug herbeigeschafft und vor Ort trotz widriger Witterungsbedingungen in nur 48 Stunden errichtet werden. Das geschah unter Einsatz von ungelernten örtlichen Arbeitskräften, denen eine Farbcodierung der

---

74 Wigley, *Fuller Inc.*, S. 196f.
75 Nicholas J. Cull: *The Cold War and the United States Information Agency: American Propaganda and Public Diplomacy, 1945–1989*, Cambridge/New York/Melbourne 2008, S. XII.
76 David Crowley: Looking Down on Spaceship Earth: Cold War Landscapes, in: Ders./Pavitt, Jane (Hg.): *Cold War Modern. Design 1945–1970*, London 2008, S. 248–267, A. Soojung-Kim Pang: Whose Dome is it Anyway?: Buckminster Fuller's geodesic dome started out as a piece of Cold War propaganda, in: *American Heritage of Invention and Technology* 4 (1996), S. 28–33.
77 Offenbar konnte, wer die Debatten der 1940er Jahre verfolgte hatte, im amerikanischen Auftritt im »Heartland« Afghanistan auch eine Demonstration der Befähigung der USA erkennen, jedes Territorium der Erde zu »strukturieren« – so Fuller, der sich in Briefen auch begeistert von der Aussicht zeigte, auf den Spuren Halford Mackinders zu reisen. Dazu und zum Folgenden: Andrew James Wulf: *U.S. International Exhibitions during the Cold War: Winning Hearts and Minds through Cultural Diplomacy*, Lanham/MD u.a. 2015, S. 70f. sowie Jack Massey/Conway Lloyd Morgan: *Cold War Confrontations. US Exhibitions and their Role in the Cultural Cold War*, New York/London 2008, bes. S. 58–87.

Einzelteile bei der Errichtung der Kuppel half. Bei den Bauarbeitern handelte sich um Paschtunen, die, sehr zur Begeisterung Fullers, auf die Ähnlichkeit des *Domes* zu ihren Jurten hinwiesen. Trotz – oder vielleicht grade wegen – dieses vermeintlich universellen, kulturübergreifenden Charakters wurde der *Dome* daraufhin in der Presse als gelungenes Symbol des amerikanischen Fortschritts gewertet und zwar im Kontrast zu den schwerfälligeren Repräsentationen der anderen Messeteilnehmer. Wenn die USIA (und auch das amerikanische State Department) das Bauwerk angesichts dieses Publikumserfolgs in den 1950er Jahren zudem zu diversen weiteren Handelsmessen in Asien (etwa in Thailand und Japan) weitertransportierte – es umrundete also als erstes Gebäude die Erde, wie Fuller betonte[78] – dann war das nur *ein* Aspekt, der an seine Phantasien der 1920er Jahre erinnerte. Denn Fullers »fliegende Bauten« waren ja schon damals darauf angelegt gewesen, der gesamten Menschheit jenen Lebensstandard zu ermöglichen, der erst ihre quasi-evolutionäre Selbstentwicklung erlaubte. Daran hatte Fuller auch während seiner Lehrprojekte der 1940er Jahre festgehalten. Die TeilnehmerInnen seiner Kurse hatten sich die Kuppeln, die sie konstruierten, als Ummantelungen eines sogenannten »Lebensstandard-Pakets« vorstellen sollen. Zu dieser Ausstattung gehörte vor allem eine Haushaltstechnik, die der Kernfamilie als der sozialen Einheit angepasst war, an der sich alle Bedürfnisse bemessen sollten.[79] In dieser Hinsicht unterschied sich Fullers Zukunftswelt kaum von derjenigen, für die die amerikanische Kulturdiplomatie warb. Die Ausstellungsmacher in Kabul etwa hatten die Besucher auf subtile Weise dazu eingeladen, sich als moderne Amerikaner zu imaginieren. Anstatt trockene Außenhandelsstatistiken und Vitrinen mit Produkten zu betrachten, konnten diese geradezu eintauchen in den amerikanischen Alltag: Unter der Fuller-Kuppel, die die Ausstellung wie ein Firmament überwölbte, konnte man entlang individueller Routen wandeln und sah sich dabei von lebensgroßen Fotografien amerikanischer Menschen (und natürlich auch: amerikanischen Nähmaschinen und Fernsehgeräten) umgeben.[80]

Dazu passte nur zu gut, dass Fuller auch die Arena für die wohl bekannteste Kampfhandlung des kulturellen Kalten Kriegs miterfand. Im Juli und August 1959 war im Moskauer Sokolniki-Park im Rahmen der »American National Exhibition«, dem Gegenstück einer vorangegangenen sowjetischen Leistungsschau in New York, ein weiterer *Dome* zu besichtigen gewesen (der aber, anders als es die Presse verlautbarte, ohne Beteiligung Fullers von seinem Schüler Donald Richter konstruiert worden war). Im Inneren dieses *Domes* war ein amerikanisches Einfamilienhaus errichtet worden. Darin kam es am Eröffnungstag zur berühmten »Küchendebatte«: Der Parteichef der

---

78 Linda Sargent Wood: *A More Perfect Union. Holistic Worldview and the Transformation of American Culture after World War II*, Oxford 2010, S. 69.
79 Auch die atomare Bedrohung hinterließ Spuren: Die Kommunikationstechnik (Fernseher, Radioempfänger usw.), mit der die auch als »Autonomous Living Facilities« bezeichnete Behausung ausgestattet sein sollte, diente nun zur Kontaktaufnahme unter den »Überlebenden« nach dem Katastrophenfall: Design for Survival, o.D. [1949], LOC, MD, Charles Eames and Ray Eames papers, 1850–1989, Part I:30, Folder 9.
80 Turner, *Surround*, S. 221.

KPdSU, Nikita Chruschtschow, und der Vizepräsident der USA, Richard Nixon, stritten vor laufender Fernsehkamera über die Überlegenheit der von ihnen repräsentierten politischen Systeme bei der Versorgung der Bevölkerung mit Konsumgütern.[81] Als Kontext der globalistischen Arbeit Fullers ist indes interessanter, wie die Gestalter der Ausstellungen – denen die Regierungseinrichtungen und nicht zuletzt die Geheimdienste der USA großen Gestaltungsspielraum ließen – bei der Verbreitung des »amerikanischen Traums« komfortabler Häuslichkeit vorgingen.[82] Exemplarisch dafür ist *Glimpses of the USA*, der Experimentalfilm des Designerpaars Charles und Ray Eames. Der Film war in Moskau auf insgesamt sieben überdimensionierten, synchronisierten Bildschirmen unter dem gewölbten Dach des amerikanischen Pavillons zu sehen. Die inhaltlich nur lose verbundenen Sequenzen des Films widmeten sich den technischen Errungenschaften, der Landschaft und dem Familienalltag in den USA. Was auf die Besucher in technischer Hinsicht futuristisch wirkte, kann man als Gipfelpunkt der langfristigen transatlantischen Arbeit an multimedialen *Surrounds* betrachten, die eine »demokratische« Form der Propaganda ermöglichten, indem sie zu eigenen Verknüpfungen des Dargestellten einluden.[83] Auffällig ist dann, dass die Eames', mit denen Fuller seit Mitte der 1940er Jahre befreundet war, in ihrem Film mit einer planetarischen *Zoom*perspektive arbeiteten:[84] Von den Sternen und Sternnebeln die – so der Audiokommentar aus dem *Off* – über den USA genauso wie über der UdSSR schimmerten, bewegte sich die Kamera aus großer Höhe an die nächtlichen Straßenraster von Vorstädten heran, um schließlich die Gesichter ganz normaler Menschen zu filmen. Es entstand so ein Kontinuum zwischen einer extraterritorialen Sicht auf die Menschen und der amerikanischen Konsumgesellschaft. Denn den Moskauer AusstellungsbesucherInnen dürfte nicht entgangen ein, dass zu den vermeintlich universellen Kulturmustern, die sich im Fliegerblick zeigten, auch private Swimmingpools gehörten. Und das verband den Film mit all den polierten Straßenkreuzern und *Pepsi*-Ständen, die auf dem Ausstellungsgelände bestaunt werden konnten.

1952 als Jahr des Globalismus

Ende der 1950er Jahre hatte Fuller sein Publikum gefunden. Es waren junge, idealistische, zumeist männliche Gestalter – Machertypen mit einer großen Aufgeschlossen-

---

81 Tatsächlich schaffte es der Moskauer *Dome* noch vor seinem Erfinder (und neben dem Konterfei Nixons) auf das Cover des »Time«-Magazins: 3.8.1959.
82 Beatriz Colomina: *Domesticity at War*, Barcelona 2007.
83 Beatriz Colomina: Enclosed by Images, The Eameses' Multimedia Architecture, in: *Grey Room* 2 (2001), S. 5–29.
84 Zu dieser Technik sollten sie 1968 mit einem stark an Fullers Thesen erinnernden Film zurückkehren: Vgl. Margarete Pratschke: Charles und Ray Eames' »Powers of Ten« – Die künstlerische Bildfindung des Atoms zwischen spielerischem Entwurf und wissenschaftlicher Affirmation, in: *Bildwelten des Wissens* 7 (2009), S. 21–30.

heit für unkonventionelle technische Lösungen und einer ebenso großen Bereitschaft zum projektförmigen, kollaborativen Arbeiten –, die auch in den nächsten zwei Jahrzehnten den Resonanzkörper bilden sollten, der seine Ideen zur Verbesserung der Erde verstärkte. Fuller hatte aber auch enge Kontakte zu staatlichen – zivilen wie militärischen – Institutionen geknüpft. Sie ermöglichten es ihm in den nächsten Jahren, selbst global zu agieren. »Global agieren« das hieß zum einen: Materialisierungen seiner amerikanischen Menschheitsvision in entfernten Weltgegenden zu errichten. Und zum anderen: selbst um die Welt zu jetten, um über diese Vision zu sprechen. Denn über den Erfolg seiner *Dome*-Konstruktion hatte Fuller keineswegs seine Fortschrittsdiagrammatik vergessen. Im Gegenteil: Beide blieben aufeinander bezogen. Fuller kehrte sogar zu seinen Energiekalkulationen der Vorkriegszeit zurück, um auf deren Basis letztlich ein ganz eigenes Schema auszuarbeiten, »entwickelte« und »unterentwickelte« Weltregionen zu unterscheiden – wobei er auch die Absicht einer Eindämmung des Kommunismus aufgriff, an der er also nicht nur in technischer Hinsicht beteiligt war.

1952 entstand ein fortan wiederholt in seinen Büchern abgedrucktes neues Kurvendiagramm:[85] Die »The Twentieth Century« (Abb. 5.2) überschriebene Grafik verdeutlichte die pro »Welt-Mensch« zur Verfügung stehenden »Energiesklaven« seit 1900. Es handelte sich um eine Zahl, die für Fuller einmal mehr gleichbedeutend schien mit dem Lebensstandard der Menschen, dessen Verbesserung mit sich selbstverstärkenden »intellektuellen und physischen Freiheiten« einherging. Auf Extrapolationen von historisch »sichtbaren Trends« basierend, wurde die Prophezeiung der Hauptkurve des Diagramms aber deutlich konkreter als ihre Vorgänger der 1940er Jahre. Der Zeitpunkt, zu dem die energetische Weltindustrialisierung so weit fortgeschritten sein werde, dass 50 Prozent der Weltbevölkerung von ihr profitierten, werde 1972 kommen, hieß es hier (100 Prozent würden bei anhaltendem Trend im Jahr 2000 versorgt sein). Was die Jahre zuvor »kritisch« machte, stellte eine Erläuterung am Rand der Grafik klar: Solange nur die Minderheit der Weltbevölkerung sich zu den »Habenden« zähle, blieben die »Habenichtse« für den »Sozialismus durch Revolution« anfällig. Fullers Grafik artikuliert also einen für ihn untypischen – auf dem Höhepunkt des Kalten Kriegs jedoch sehr opportunen – Alarmismus: Beim Normalverlauf der Kurve, so die Botschaft des Schaubilds, müsse noch fast 20 Jahre lang jederzeit mit dem Ausbruch der »Krise für alle Menschen« gerechnet werden. Aber Fullers Optimismus brach sich dann doch Bahn, und zwar in Form des plakativ in der Mitte der Grafik gedruckten Satzes: »Curve could be accelerated«. Ihn untermauerte eine weitere, durchbrochene Linie. Sie verdeutlichte, dass die kritische Phase sich um ganze zehn Jahre verkürzen ließ, wenn in der Gegenwart gehandelt werde. Wie sich der welthistorisch so entscheidende Moment schneller herbeiführen ließ, das deutete Fuller aber nur an. Am unteren Rand des

---

85 Die Originalgrafik findet sich in SUL, M1090, Series 18 Box 21, Folder 9; sie taucht u.a. wieder auf im *Inventory of World Resources. Human Trends and Needs. World Design Decade 1965–1975. Phase I (1963) Document 2. Design Initiative*, Carbondale/Illinois 1963, S. 5.

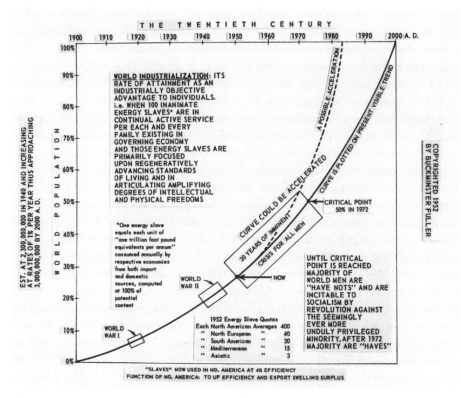

Abb. 5.2: Das zwanzigste Jahrhundert, wie Fuller es um 1950 sah: Wenn die energetische Industrialisierung der Welt aktiv beschleunigt wird, lässt sich der Sozialismus schneller entwaffnen.

Diagramms schrieb er zur »Funktion« Nordamerikas: »Effizienz vergrößern und den zunehmenden Überschuss exportieren«.[86] Einmal mehr war es offenbar vor allem die *Bewusstwerdung* der dargestellten globalen Trends, die die Grundlage ihrer Beschleunigung bildete. Fuller baute die Wirkung von Medien mit seiner zweiten, steileren Kurve erneut in seine Prophezeiung ein, ganz im Sinne dessen, was er seit Ende der 1940er Jahre »antizipierende Gestaltung« nannte.

Dass Fuller gerade 1952 (in dem Jahr, in dem auch Peters' *Synchronoptische Weltgeschichte* erschien) an seine globalen Versorgungspläne anknüpfte, lässt auch die studentischen Projektarbeiten, an denen weiter gewerkelt wurde, in einem anderen Licht erscheinen. Fullers Reaktivierung seiner Weltdatensammlung und -deutung hing direkt damit zusammen, dass die *Dome*-Prototypen neue Möglichkeiten aufscheinen ließen, globale Verhältnisse zu vermitteln. Und zwar weit effektvoller als die zweidimensionalen Papierformate (und die wörtliche Rede), die er dazu bislang hauptsächlich genutzt hatte. Fuller ließ seine Schüler ab 1952 nicht mehr nur Wohnhäuser oder Hangars

---

86 Ebd.

konstruieren. Die geodätischen Kuppeln, die aus seinen kartografischen Forschungen hervorgegangen waren, verwandelten sich nun zurück in Globen. Sie wurden zudem zu Sternwarten und Planetarien – und nicht zuletzt zu den gekrümmten Bildschirmen der *Cinerama*-Kinos, die im selben Jahr an verschiedenen Standorten in den USA eröffneten: Aus Wohnbauten wurden sphärische Daten*displays*.

Es gerät über Fullers in den 1950er Jahren stetig wachsenden Ruhm als Architekt leicht aus dem Blick, dass sich seine *eigentlichen* Absichten dieser Zeit am klarsten in dem artikulieren, was er selbst als *Geoscope* bezeichnete: eine technische Sinneserweiterung für die Erdbetrachtung. Tatsächlich hatte der nautikbegeisterte Fuller schon die ersten *Domes*, die seine StudentInnen in den späten 1940er Jahre errichteten, insofern als Medien begriffen, als sie den Blick ihrer Bewohner lenken oder rahmen und so als »Fenster zum Kosmos« fungieren konnten. Das zeigt der Arbeitstitel »Private Sky«, unter dem er mit seinen Chicagoer StudentInnen eines seiner Wohnhausprojekte angegangen war. Die entstehenden Raumhüllen waren für Fuller also immer auch bewohnbare Beobachtungsstationen, die ihre NutzerInnen dazu einluden, den Blick in die Weiten des Alls zu richten und über dessen Grundformen nachzudenken: »Der Ansatz [ist], in Reaktion auf das Universum, die Erde, die Menschheit zu forschen und uns zu orientieren – d.h. unsere Bestimmung und Richtungen zu redefinieren«,[87] gab Fuller als Devise eines Kurses aus, den er 1953 als Gastwissenschaftler am Institute of Technology der University of Minnesota in Minneapolis anbot. Das war nicht metaphorisch gemeint, denn der Kurs knüpfte an die im Mai des Vorjahres an der Architekturfakultät der Cornell University in Ithaka, New York, begonnene Konstruktion eines ersten, anfangs noch »Air-Ocean Globe« genannten *Geoscope* an. In Minneapolis wurde daraus die »Minni Earth«[88] – der doppeldeutige Name stand für »Minnesota One Millionth Earth«, was die Größe der projektierten Erdminiatur bereits anzeigt. An beiden Standorten – 1960 kam noch die Universität Princeton, New Jersey, dazu – wurde im Laufe der nächsten Jahre also zugleich an Kuppelkonstruktionen und an Planetenmodellen gearbeitet. Wobei Fuller auch die Idee des begehbaren Globus reaktivierte, den er, wie dargestellt, während des Krieges im MoMA gesehen hatte. Der Unterschied zu Herbert Bayers »Outside-in-Globe« der 1940er Jahre bestand aber darin, dass man aus Fullers *Geoscopes* der 1960er Jahre auch *herausblicken* können sollte. Deshalb experimentierte man in Ithaka mit auf die Kuppel applizierten Kontinenten aus einem Bronze-Drahtnetz, in Minnesota mit Plexiglas und in Princeton mit bedruckter Kunststofffolie.[89] Fuller legte überdies Wert darauf, dass die Ausrichtung des an der Cornell University konstruierten Globus, der auf dem Dach eines Universitätsgebäudes

---

87 Fuller Project, University of Minnesota, Spring Quarter 1953, SUL, M1090, Series 18 Box 107, Folder 4, S. 1. Hier finden sich weitere Unterlagen zu studentischen Projekten, die auch Fullers Anspruch auf die »Manufacturing rights« an technischen Lösungen verdeutlichen.
88 Minni Earth-Airocean Globe, SUL, M1090, Series 18, Box 110, Folder 1.
89 John McHale: The Geoscope, in: *Architectural design* XXXIV (1964), S. 632–635, hier S. 635.

Abb. 5.3 Fuller 1952, mit Globus in den Händen, neben dem Cornell-Geoscope, auf das kurz darauf Kontinente aus Drahtgittergeflecht appliziert wurden.

installiert wurde (Abb. 5.3), den genauen geografischen Koordinaten des Standorts seiner Konstrukteure entsprach. Wer dann nämlich im Inneren der Sphäre stand und den Blick durch die Umrisse der auf der Kugeloberfläche markierten Landmassen hindurch senkrecht in den nächtlichen Himmel richtete, für den ließen sich die Bewegungen der Sterne mit der Zeit kaum übersehen: Durch das Gitternetz des *Dome*-Rasters betrachtet, wurde die Rasanz der Erdrotation unmittelbar sinnfällig.[90] Es stellte sich dann ein

---

90 O. A. [wahrscheinlich Donald G. Moore]: Geoscope, 17.10.1960, SUL, Series 18, Box 110, S. 5, 7. Joachim Krause hat auf die Verwandtschaft von Fullers Konstruktionen weniger mit Sternwarten als mit Planetarien hingewiesen, und zwar nicht nur in konstruktiver Hinsicht. Es lässt Fullers Geoskope weniger exzentrisch erscheinen, wenn man einerseits auf die lange Tradition der Interpretation von Kuppelbauten als geradezu archetypische Architekturen hinweist, die die kosmische Ordnung repräsentierten, andererseits auch auf konkreter datierbare Versuche achtet, den Kosmos mit ihrer Hilfe zu verstehen. Einen solchen Vorläufer seiner Konzepte dürfte Fuller auf der New Yorker Weltausstellung 1939 gesehen haben: Deren Besucher konnten sich in Fred Wallers »Theater of Space and Time« auf eine Reise zum Mond begeben. Die dem zugrunde liegende Projektionstechnik wurde bald darauf für Ballistik-Simulatoren (also für Schießübungen) verwendet, um dann als »Cinerama«-Technik in die Welt der Unterhaltung zurückzukehren (dazu David Mcconville: Das Universum domestizieren, in: Boris Goesl/ Hans-Christian von Herrmann/Kohei Suzuki (Hg.): *Zum Planetarium. Wissensgeschichtliche Studien*, 2018 Berlin, S. 229–253). Generell lässt sich seit Ende der 1920er Jahre transnational eine experimentelle Immersions-Didaktik

geradezu »planetarisches Gefühl« ein. Damit verbunden relativierte sich auch die konventionelle Vorstellung von »Oben« und »Unten« auf einem sphärischen Körper – was schon seit seinen kartografischen Arbeiten der 1940er Jahre eines der Steckenpferde Fullers gewesen war.

Fuller animierte seine StudentInnen überdies, sich die Ergebnisse ihrer Arbeit in weit größerem Maßstab vorzustellen. In Minneapolis entstandene Skizzen zeigen nicht nur begehbare, sondern mithilfe aufwändiger Maschinerien auch drehbare Riesensphären – Globen mit innenliegenden Rolltreppen, Podesten und sogar elektrisch angetriebenen Gondeln, mit denen man an einzelne Details der Erdoberfläche heranfahren konnte.[91] Zwar fielen die realisierten *Minni Earths* und *Geoscopes* weit weniger spektakulär aus. Sie konnten aber dennoch eine gewisse Aufmerksamkeit von Campuszeitschriften, lokalen Tageszeitungen und auch der Architekturfachpresse und des »Fortune«-Magazins auf sich ziehen.[92] Diese druckten dann gerne Fotografien ab, die Fuller höchstpersönlich im Inneren seiner *Domes* zeigten: den Kopf in den Nacken gelegt, vertieft in die Kontemplation des Himmels, auch einen mitgebrachten Globus betrachtend. Indem sie ganz im Sinne der schon in der Einleitung zu diesem Buch beschriebenen Praxen zwischen den Skalen des Universums vermittelten, sollten Fullers *Geoscopes* ihren BenutzerInnen (bzw. BewohnerInnen) also zu einem persönlichen Verhältnis zum Universum verhelfen. Als philosophische Übung illustrierte das die Absicht Fullers, die Menschen mithilfe seiner so preisgünstigen Behausungen von physischen Überlebenssorgen freizumachen für intellektuelle Tätigkeiten.

Das war aber nur der erste Schritt zu eben jener konkreten, ergebnisorientierten, *statistischen* Arbeit mit dem ganzen Planeten im Blick, an die Fuller 1952 diagrammatisch wiederangeknüpft hatte. Auch die *Geoscopes* halfen, den Prozess der Verwandlung der Habenichts in Habende zu beschleunigen. Fuller und seine StudentInnen experimentierten nämlich mit Möglichkeiten, unterhalb der Oberfläche seiner *Geoscopes* zusätzliche Schichten transparenter Folien anzubringen, auf denen klimatische, geografische und sozioökonomische Informationen dargestellt werden konnten – etwa mit Pfeilen, die Bewegungsrichtungen anzeigten, oder Piktogrammen, die für Energiequellen oder Ressourcenvorräte standen. Indem diese Informationen schichtweise überlagert wurden, so die Idee, ließen sich die Fakten in ihrem globalen Wechselverhältnis untersuchen, ganz so, wie Fuller es schon bei seiner Kartierung der klimatischen Determinationen der Menschheitsgeschichte während des Zweiten Weltkriegs getan hatte. Fuller und

---

beobachten, etwa im militärischen Navigationstraining. Das war auch an Fullers *Alma Mater*, der Naval Academy in Annapolis, der Fall, die 1951 ein Übungsplanetarium bekam. An die sogenannten »Dometeacher« wurde dann im Astronautentraining der NASA angeknüpft. Dazu, sowie überhaupt zu Simulationsräumen, mit denen in erster Linie Kosten vermieden wurden: Boris Goesl: Mit Sternen lernen. Das Planetarium als Navigationstrainingssimulator und ethologisches Experimentallabor, in: Ders. u.a.: *Planetarium*, S. 145–218,

91 Siehe die Skizzen in Minni Earth-Airocean Globe, SUL, M1090, Series 18, Box 109, Folder 11.
92 Mit mehr Details und Abbildungen: Wigley, *Fuller Inc.*, S. 244.

seine Kursteilnehmer spielten aber auch schon mit dem Gedanken, aus den Oberflächen der *Geoscopes* Bildschirme zu machen. Das Tragwerk seiner Kuppelbauten würde dann lediglich das Gerüst für semi-transparente Leinwände bilden. Auf diesen konnten mittels Filmprojektoren oder durch Punktscheinwerfer Daten angezeigt und auf verschiedene Weise kombiniert werden, nicht unähnlich den Moskauer Multimedia-Arrangements des Ehepaars Eames', die Fuller mit seinen studentischen Projekten, ihrer immersiven Ästhetik und ihrer Verknüpfung von Makro- und Mikroebene letztlich vorwegnahm. Auch die Idee, den *Dome* selbst zu elektrifizieren, stand bereits Mitte der 1950er Jahre im Raum. Bald entstanden erste Machbarkeitsstudien dahingehend, das *Geoscope* mit tausenden kleinen Glühlampen zu bestücken. Sie sollten von außen angesteuert werden, um so, mit etwas Abstand betrachtet, soziogeografische Veränderungen in der Zeit darstellen zu können wie auf einem kugelförmigen Fernsehbildschirm.[93]

Fuller knüpfte auch in thematischer Hinsicht an ältere, statistisch-kartografische Arbeiten an, wenn ihm konkret die Visualisierung menschlicher Wanderungsbewegungen oder der Dynamiken der Bevölkerungskonzentration vorschwebten, aber auch die Untersuchung meteorologischer Phänomene (was er in Minneapolis 1954 mit dem erwähnten *Geophysical Year* in Verbindung brachte).[94] So war es auch kein Zufall, dass es einer seiner studentischen Kursteilnehmer an der Cornell University war, der Fuller mit einer neuen Variante seiner *Dymaxion Map* beschenkte. Fuller war begeistert, als er erfuhr, dass sein späterer Mitarbeiter und Biograf Shoji Sadao nicht nur ein begabter Mathematiker war, sondern während des Kriegs in einem Topografie-Bataillon gedient hatte. Fuller sorgte dafür, dass Sadao die Berechnungen vornahm, die nötig waren, um auf der entstehenden Kuppel die Umrisse der Kontinente auf korrekte Weise nachzubilden. Ein willkommener Nebeneffekt von Sadaos Arbeit war, dass er Fullers Weltkartenprojektion gleich mitverbesserte: Die bis heute meistpublizierte Version der Karte, die bald darauf erstmals im Posterformat mit dem Maßstab 1:47.500.000 angeboten wurde, beruhte statt auf dem »Vektoräquilibrium« nun auf einem regulären Ikosaeder. Fuller kam diese Weiterentwicklung auch deshalb gelegen, weil er eine neue Gelegenheit gekommen sah, die *Dymaxion Map* endlich massenproduktionstauglich zu machen: Er hoffte 1955 auf ihre Adaption durch die Vereinten Nationen.[95]

Fuller hatte die UNO aber auch als potenzielle Abnehmerin des *Geoscope* im Visier. 1955 ließ er seinen Studenten Winslow Wedin eine gigantische *Minni-Earth* zeichnen (Abb. 5.4). Sie sollte mithilfe eines Masts und mehrerer Seilzüge auf der Blackwell's Ledge, einem Felsen inmitten des East River, installiert werden, und zwar in Sichtweite vom drei Jahre zuvor fertiggestellten UN-Hauptquartier. Diese spektakuläre Verdopplung

---

93 Wigley sieht die *Geoscopes* denn auch als »glorified TV-Set«: Wigley, *Homeboy*, S. 17.
94 Zumindest verzeichnete Fuller den Kurs zurückblickend als Preliminary investigation of mathematics, data and usefulness of 50 feet diameter miniature Geodesic Earth for recording data of Geophysical Year (1957–58) findings: Master Biography o.D. [ca. 1967], SUL, M1090, Series 4, Box 3, Folder 4.
95 Aus der Kooperation wurde nichts. Sadaos Kartenversion ist heute als »Raleigh Edition« bekannt, weil sie daraufhin vom Hausverlag des North Carolina State College herausgeben wurde.

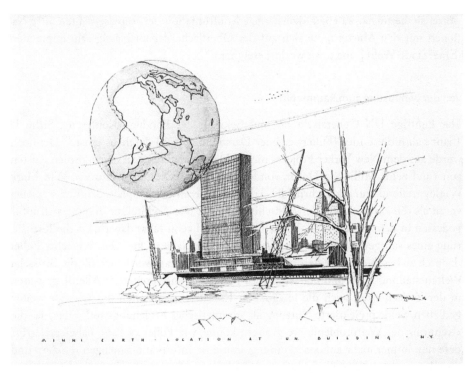

Abb. 5.4: Eine zweite Erde im Zentrum der globalen Diskursproduktion: Winslow Wedins *Minni-Earth* im East River (1955)

der Erde war von Fuller keineswegs nur als internationalistisches Symbol der Organisation gedacht. Sie sollte den Delegierten vielmehr konkret bei ihren Entscheidungen helfen, ja sogar die Ergebnisse dieser Entscheidungen verdeutlichen: Indem es statistische Daten anzeigte, sollte das leuchtende Erdmodell gewissermaßen Rückmeldung zu den Eingriffen der Organisation in globale Zusammenhänge geben und damit insbesondere die Allokation von Ressourcen effizienter machen. Mit der Wahl des Standorts wollte sich Fuller eine vorgängige soziale Geografie zu Nutze machen. Der PR-Profi, der die Attraktivität seiner neuen Medien für die *Gatekeeper* älterer Medien – Zeitungsredakteure, Rundfunkleute usw. – immer einkalkulierte, war sicher, die Wirksamkeit des *Geoscope* massiv vergrößern zu können, indem er die visuell geradezu unwiderstehliche Miniaturversion der Erde just in Manhattan, dem Knotenpunkt des transnationalen Nachrichtennetzes unterbrachte, der Fuller zugleich als »Energiefokus« schien.[96] Dort

---

96 Der Maßstab des UN-Projekts war der Auflösung der Kontaktabzüge der zu diesem Zeitpunkt genauesten Luftfotografien angepasst, auf denen, wie Fuller betonte, einzelne Häuser die kleinste erkennbare Einheit bildeten, gewissermaßen die Pixel des Gesamtbilds: R. Buckminster Fuller: *Critical Path*, New York 1981, S. 179.

würde sie beitragen zu einer »konstanten Konfrontation der Repräsentanten aller Nationen mit den Mustern, die sich auf der Oberfläche der unablässig schrumpfenden ›Eine-Stadt-Welt‹ [›one town world‹] ereignen«.[97]

Von der Behausung zum Raumschiff

Der künftige UN-Generalsekretär und Sekretär der Bandung-Konferenz, Sithu U Thant nahm diese Idee (Fullers eigener Darstellung nach) durchaus ernst.[98] Dennoch wurde aus dem New Yorker Projekts nichts. Das lag nicht nur an den enormen Kosten von rund zehn Millionen Dollar, sondern auch an technischen Hürden. Wie Mark Wigley treffend anmerkt, schritt die Arbeit am *Gerüst* des Displays deutlich schneller voran als die Entwicklung des Bildschirms selbst. Die Architektur drängte sich infolgedessen in den Vordergrund. Es sollte noch rund zehn Jahre dauern, bis die Realisierung eines »ausgewachsenen« *Geoscope* in greifbare Nähe rückte. Dies versuchte Fuller dadurch zu beschleunigen, dass er sein Konzept den Verantwortlichen für die Brüsseler Weltausstellung 1958 und der New York Fair 1964 unterbreitete.[99] Allerdings waren in der Zwischenzeit auch die imaginären Einsatzmöglichkeiten des *Geoscope* weitergediehen. Seine projektierte Nutzung als »dramatisches Erziehungswerkzeug«, das die »Kenntnis der Weltprobleme« vergrößern könne, wie Fuller es 1965 nahelegte, gründete nun immer mehr auf der Hoffnung, immense Informationsmengen *speichern* und mittels einer Art Zeitrafferfunktion »abspielen« zu können.[100] Wenn das *Geoscope* die Daten dergestalt in Bewegung bringen sollte, dann aber nicht nur, um die »sichtbaren Trends« der bisherigen Menschheitsentwicklung in die Zukunft extrapolieren zu können. An einen leistungsstarken Rechner angeschlossen, ließen sich mit dem *Geoscope* regelrechte Gedankenexperimente durchführen oder besser: durchspielen. Das *World Game*, wie Fuller diese datengestützten Simulationen ab Mitte der 1960er Jahre nannte, stellte also eine noch radikalere »Erweiterung« des Sensoriums der Menschen dar: eine Zeitmaschine.

Fuller selbst bevorzugte allerdings eine andere (etwas weniger futuristische) Metapher: Ein Text von 1960 unterstrich, dass mit dem *Geoscope* keineswegs einfach »der größte Globus der Welt oder das spektakulärste elektronische Display« geschaffen werden solle.[101] Es gehe vielmehr darum, »die Reichweite des Verständnisses des Men-

---

97 *Inventory of World Resources. Human Trends and Needs. World Design Decade 1965–1975. Phase I (1963) Document 2. Design Initiative*, Carbondale/Illinois 1963.
98 Offenbar durfte Fuller das Projekt im Beisein Thants und einer Reihe von Botschaftern im New Yorker Hotel »Pierre« präsentieren: Fuller, *Critical Path*, S. 424f.
99 Wigley, *Fuller Inc.*, S. 262.
100 *World Design Science Decade 1965–1975. Five Two Year Phases of a World Retooling Design Proposed to the International Union of Architects for Adoption by World Architectural Schools. Phase I (1965) Document 4. THE TEN YEAR PROGRAM*, Carbondale/Illinois 1965, S. 30.
101 Geoscope, 17.10.1960. SUL, M1090, Series 18, Box 110, Folder 4, S. 19, 7 [meine Hervorh.].

schen seiner selbst, der Erde und des Universums und am wichtigsten: der Beziehung zwischen ihnen« zu vergrößern. Der Nutzer des *Geoscope* beginne, große Muster zu erkennen. Er werde sich der enormen Kräfte bewusst, die die gesamte Menschheit überall auf der Welt beeinflussten, könne sich aber auch als Individuum zu diesen Kräften in ein Verhältnis setzen, »die eigene persönliche ökologische Domäne lokalisieren und sich selbst auf der Erde ›sehen‹«. Der Effekt sei ein doppelter: Eine Erfahrung von Machbarkeit *und* Verbundenheit, die sich augenscheinlich am besten in jener schillernden Metapher ausdrücken ließ, die Fuller wahrscheinlich nicht erfunden hatte, mit der er aber bis heute in Verbindung gebracht wird: »When one realizes [...] that we are all ›cooped up‹ on the surface of a very *tiny space ship* on a long and secret journey, our proximity to each other becomes clear and the obsurdity [sic] of many of our conflicts begins to come to light.«[102] Erstmals wird in diesem Zitat aus einem von Fuller gestalteten Medium die Kontrolleinrichtung des zugleich beengten und technologisch hochgerüsteten Raumfahrzeugs. Eines Fahrzeugs, in dem die Menschheit nicht nur gemeinsam saß, sondern das sie für Fuller eben auch in die Zukunft hinein lenken konnte. Was der Welt-Bildner, dessen Beobachtung aktueller Technikentwicklungen immer auf seine Sprachbilder abfärbte, Ende der 1930er Jahre also noch als »Ballistik« (also als Antizipation von Flugbahnen) imaginiert hatte, verwandelte sich in die Steuerungseinheit des *Raumschiffs Erde*. Aber erst Mitte der 1960er Jahre hatte sich diese Metapher ganz von ihrem Entwicklungskontext gelöst. Wie sehr sich Fullers Globalismus der Systemkonkurrenz verdankte oder ihr zumindest anschmiegte, macht der Brief deutlich, in dem er 1955 ausgerechnet der Airforce das *Geoscope* anbot: Sein »True-Planetarium« könne als Instrument einer Außenpolitik dienen, die die Dominanz der USA zugleich gewährleistete und legitimiere, indem sie bei der Befriedigung der Bedürfnisse der Welt helfen könne.[103]

Fullers »Kalte-Kriegs-Geodätik« reagierte auf die (in der Verortung zu diesem Abschnitt beschriebene) neue, »vertikale« Dimension der Globalitätswahrnehmung, konkret: auf die Fortschritte der Satellitentechnik und des Apollo-Programms der NASA, der er sich in den nächsten Jahren wiederholt andienen sollte. Bald war es aber die

---

102 Ebd.
103 Fuller schrieb konkret, er habe in »Newsweek« gelesen, die Airforce sei mit dem sogenannten HIRAN-Projekt im Begriff, ein neues kartografisches Leitsystem für Lenkraketen zu entwerfen, für das die *Dymaxion Map* geeignet sei. Er könne sich zudem vorstellen, dass die Airforce am *Geoscope* Interesse habe: Es helfe »in our maintenance of an earned – and therefore true – world leadership as the most reliable and swift translators of scientific advances into every-day commonwealth advantages through our mastery of the principles of industrialization. [...] Minni-Earth could greatly augment the development by the Unites States of a foreign policy so wise and so effective that none [sic] on earth could doubt either our integrity nor our ability to blaze the shortest trail to the most world satisfaction in the shortest time, while ever commanding in all ways the degree of respect essential to our accomplishment of that trail blazing under peaceful world conditions.« Fuller an Harold E. Watson, 19.4.1955, SUL, M1090, Series 18, Box 110, Folder 4.

ihrerseits von den Erfolgen des amerikanischen Raumfahrtprogramms beflügelte Antizipation exponentiell steigender Rechenleistungen von Computern, die die Daten, die Fuller schon lange sammelte, zur Grundlage eines veritablen *World Designs*, zur Basis globaler Simulationen und Planungen werden ließ (wie mein sechstes Kapitel zeigen wird). Dies war nicht so exzentrisch, wie es zunächst klingen mag. Fuller schwamm mit solchen Ideen zehn Jahre lang – zwischen dem Anfang der 1960er und den frühen 1970er Jahren – sozusagen wie ein Fisch im Wasser des »Jahrzehnts von Planbarkeit und Machbarkeit« (Gabriele Metzler). Dessen Militärs (aber auch Stadtplaner, Ökonomen, Soziologen und Futurologen) teilten Fullers großes Vertrauen in die rechnergestützte Gesellschaftsgestaltung, das sich in den kybernetischen Kontrollräumen dieser Zeit nicht zuletzt räumlich manifestierte. Es bildet sich zudem im zeitgenössischen informationstheoretischen Vokabular ab: Begriffe wie »Kontrolle«, »Feedback«, »System«, drückten das aus, was Fuller – zumindest schien es ihm selbst so – seit 30 Jahren zu sagen versuchte. Wenn der Welt-Bildner aber nun zum ersten Mal mitten im Strom schwamm, dann hielten ihn weiterhin die Zuversicht und Zuarbeit junger Menschen über Wasser. Es zeichnete Fuller in den Augen einflussreicher Altersgenossen sogar besonders aus, dass er in der Lage schien, die Kluft zu überbrücken, die sich zwischen den enormen technologischen Leistungen des Raumfahrtzeitalters und dessen Unfähigkeit auftat, brennende gesellschaftliche Probleme zu lösen, zu denen nicht an letzter Stelle die Jugendrebellion gehörte. Es waren dann aber *gerade* Vertreter dieser jüngeren Generation, die Fullers utopische Hoffnungen wieder »erden« sollten. Das *Geoscope* wurde im Laufe der Zeit nicht mehr größer, sondern kleiner. Von der *World Game*-Arena, die Fuller Mitte 1967 auf dem Gipfel seines Ruhms und seiner öffentlichen Resonanz vorschwebte, war zehn Jahre später nur ein Set von Karten und Tabellen für den Hausgebrauch übriggeblieben. Und selbst diese lasen seine MitstreiterInnen und Fans ab 1970 deutlich pessimistischer als Fuller. Im gemeinsamen Boot galt es für sie vor allem: zu verzichten.

5.4 Zwischen den Fronten des »Synchronoptischen Kriegs« – Peters' Weltgeschichtstabelle in der Bundesrepublik (und der DDR)

Arno Peters war Anfang der 1950er Jahre vergleichsweise etabliert. Er lebte weiterhin am Hochrhein, hatte sich für das Privatgelehrtendasein entschieden und seine Lernhilfe aus dem Studium zur Welt-Geschichtstabelle ausgebaut. Peters hatte die Chance gewittert, zur Völkerverständigung beizutragen, indem er das kulturelle Bewusstsein der Menschheit in Richtung eines aufgeklärten Sozialismus förderte. Dafür knüpfte er einmal mehr Kontakte mit den Mächtigen in Politik und Publizistik – und dies beiderseits des Eisernen Vorhangs. Er verschwieg indes, dass er seine Weltgeschichtstabelle zuvor Größen des »Dritten Reichs« vorgeführt hatte. Stattdessen verlief er sich mit der *Synchronoptischen Weltgeschichte*, wie sie nun hieß, im Niemandsland des Kalten Kriegs, der Fuller auf der anderen Seite des Atlantiks neue Aufträge zuspielte. Der »Synchronoptische Krieg« – so nannte Peters die von ihm ausgelöste öffentliche Debatte der Jahre 1952 bis 1955 in typisch kämpferischer Deutung – muss dabei aus zwei Gründen genauer angesehen werden. Er ermöglicht weitere Einsichten auf biografischer, aber auch erste auf rezeptionsgeschichtlicher Ebene. So hilft die Rekonstruktion von Peters' Beschäftigung mit der Gesamtschau der Weltgeschichte erstens, seine spätere Arbeit an anderen weltbezogenen Medien zu erklären, etwa der Peters-Karte. Peters' Medienerzeugnisse wurden durch ein komplexes soziales Kraftfeld geformt (jedoch nie endgültig determiniert). Es lässt sich am Streit um das Tabellenwerk also zweitens zeigen, wie sich manche mentale Landkarte der zweiten Hälfte des 20. Jahrhunderts veränderte. Denn Peters' – noch vom Internationalismus seines Elternhauses beseeltem – »Welt-Medium« wurde in den 1950er Jahren politische Parteilichkeit vorgeworfen. Beim Streit um seine Weltkarte zwanzig Jahre später war eben dies nicht mehr der Fall. Über die Frage, ob das moralisch angemessene Weltbild, das diese Karte befördern sollte, Ideologien transportiere, wurde kaum diskutiert. Peters' Versuch, eine »globale Sicht« zu ermöglichen, wurde in den 1970er Jahren grundsätzlich begrüßt. Es waren die wissenschaftlichen Mängel der Peters'schen Kartografie, die dahingegen umso schärfer kritisiert wurden.

Geschichte als Bewährungsprobe

Peters erwog im Herbst 1945, in die USA auszuwandern.[104] Er bat amerikanische Bekannte, für ihn mit Schreiben zu bürgen, die seine NS-Gegnerschaft herausstrichen. Seine Opposition gegen das »Dritte Reich« betonte er aber auch gegenüber der französischen Militärregierung, bei der er eine Genehmigung für eine publizistische Tätigkeit beantragte,[105] um eine lokale Kulturzeitschrift (den »Säckinger Trompeter«) oder einen Verlag zu gründen, der deutsche Literatur nach Frankreich bringen sollte und umgekehrt.[106] Aber auch die Chancen, die sich in seiner sowjetisch besetzten Heimatstadt boten, lockten. Schon die erste von vielen Fahrten über die spätere deutsch-deutsche Grenze im Februar 1946 bestätigte Peters jedoch in seinem negativen Urteil über den real existierenden Sozialismus. Hinter Helmstedt, schrieb er, beginne nun Asien.[107] In Berlin angekommen, suchte er dennoch verschiedene Funktionäre auf, um ihnen seine Gedanken über die »geistige Führung der Öffentlichkeit in der Sowjetzone« zu unterbreiten.[108] So nämlich lautete der Titel einer Denkschrift, die Peters eilends verfasst

---

104 Entwürfe für Schreiben an Karl Freund (9.9.1945), und Louis P. Lochner (3.10.1945), SBB-PK, Nachl. 406, 428.
105 Peters ans Säckinger Gouvernement Militaire, 27.9.1945, SBB-PK, Nachl. 406, 428.
106 Tagebucheintrag vom 25.8.1945, SBB-PK, Nachl. 406, 428.
107 Tagebucheintrag vom 10.2.1946, SBB-PK, Nachl. 406, 428.
108 Arno Peters: Die geistige Führung der Öffentlichkeit in der Sowjetzone, Februar 1946, SBB-PK, Nachl. 406, 428.

hatte, offensichtlich aus seinem Studium zehrend. Breite Bevölkerungsschichten, so der Tenor des Textes, könne man nur durch »Erzeugung eines einfachen Weltbildes« für den Sozialismus gewinnen. Obwohl er im Gespräch mit dem Präsidenten der Deutschen Zentralverwaltung in der sowjetischen Besatzungszone Henry Meyer (dem Vater seines Freundes Witold) sogar anmerkte, man könne diesbezüglich von den Nazis lernen, schickte dieser ihn weiter zu Walter Ulbricht. Dem wollte Peters also die Notwendigkeit »einer neuen psychologisch begründeten Propaganda« erläutern. Als er nicht gleich vorgelassen wurde, zog er aber unverrichteter Dinge ab. Stattdessen traf er den Präsidenten des Kulturbundes Johannes R. Becher (dessen »National-Kommunismus« ihm nicht gefiel) und den Präsidenten der Deutschen Verwaltung für Volksbildung in der Sowjetischen Besatzungszone, Paul Wandel (mit dem er auch nicht warm wurde, womöglich, weil Peters ihm gegenüber den NS-Reichserziehungsminister Bernhard Rust in Schutz nahm),[109] um schließlich bei dem Schriftsteller und Bildungsfunktionär Erich Weinert und dem alten Weggefährten der Eltern, Wilhelm Pieck, vorzusprechen.[110]

All das blieb ohne Ergebnis. Aber der Berlinbesuch ließ einen schwelenden Streit mit seiner Mutter Lucy über die Ernsthaftigkeit seines kommunistischen Engagements eskalieren. Im Frühjahr 1946 vertraute Peters seinem Tagebuch an, dass er sich vor den politisch umtriebigen Eltern schäme, fügte aber trotzig hinzu, er sei nun einmal anders als sie.[111] Gleichwohl scheint der Wunsch an ihm genagt zu haben, der Mutter zu beweisen, dass ihre Erziehung nicht fruchtlos geblieben war. Was Peters zu seiner Geschichtstabelle führte, war nicht zuletzt der Versuch, der mit Kriegsende gewachsenen moralischen Statur seiner Familie etwas Eigenes entgegenzusetzen. So las er Friedrich Engels und reaktivierte die Idee einer Fibel, die den Marxismus aktualisieren sollte. Einige Wochen später wechselte Peters dann zwar nicht die Strategie, aber das Medium. Er machte sich Gedanken über »den neuen deutschen Geschichtsunterricht« und seine globale Ausrichtung:[112] Peters interessierte sich indes weniger für das revolutionäre Aufbegehren der Kolonien gegen den Imperialismus als für die kulturelle Weiterentwicklung der menschlichen »Saat« insgesamt. Warum sollen nicht auch Russen, Chinesen, »sogar Neger« zu höchsten Leistungen fähig sein? Könnte man nicht deren brachliegenden »Kulturboden« bestellen, gar eine »kulturelle Planwirtschaft« betreiben?[113] Indem Peters mit dieser Frage im Kopf seine Lerntabelle aktualisierte, wurde diese aber nicht nur globaler, was die darin aufgenommenen historischen Ereignisse anbelangt. Peters begeisterte sich auch für die *geo*grafischen Implikationen eines »weitgehend ›ver-optischten‹ Lehrplan[s]«:[114] Seine Geschichtstabelle der frühen 1940er Jahre muss man sich noch als primitive Zeitleiste vorstellen. Jetzt

---

109 Tagebucheinträge vom 12., 14., und 28.2.1946, SBB-PK, Nachl. 406, 428.
110 Tagebucheintrag vom 8.3.1946, SBB-PK, Nachl. 406, 428.
111 Tagebucheintrag vom 17.2.1946, SBB-PK, Nachl. 406, 428.
112 Tagebucheintrag vom 18.8.1946, SBB-PK, Nachl. 406, 428.
113 Tagebucheintrag vom 17.11.1946, SBB-PK, Nachl. 406, 428.
114 Tagebucheintrag vom 16.11.1946, SBB-PK, Nachl. 406, 428.

aber entstanden Skizzen, die mehrere horizontale Zeilen für verschiedene Teilbereiche der Geschichte aufwiesen. Nun verwandelte sich die Arbeit also von der Synopse des historischen Gesamtprozesses in eine *Synchron*opse, die die Zusammenschau paralleler Prozesse in verschiedenen Regionen der Welt möglich machte. Das begrüßten auch Bekannte, denen er erste Entwürfe zeigte. Den Gedanken eines Vertrauten in der französischen Militärverwaltung, die Tabelle als eine Art Kurvendiagramm der positiven Entwicklungen zu gestalten, lehnte Peters allerdings ab. Er wollte, dass »die Wertung durch den Betrachter vorgenommen werden soll«.[115]

Ein »international objektives Geschichtswerk« ...

Es dauerte zwar noch fast sechs Jahre, bis das möglich wurde. Peters' Suche nach einer Aufgabe war aber – vorläufig – an ein Ende gekommen. Es ist unverkennbar, wie viel Arbeit in der *Synchronoptischen Weltgeschichte* (SWG) steckt, die Peters, der sich mittlerweile als Historiker bezeichnete, Ende Juni 1952 den Besuchern der Frankfurter Buchmesse mit einem eigenen Stand präsentierte. Das Werk, das unter seinem und Anneliese Peters' Namen erschien,[116] umfasste viele Tausend Einträge und überspannte einen Zeitraum ab dem Jahr 1000 vor Christus bis in die unmittelbare Gegenwart des Jahres 1952. Mit seinem großen Format, seinem weinroten Hardcover und einer Titelprägung in Gold wirkt es schon äußerlich »wertig«. Dieser Eindruck setzt sich angesichts des auf schwerem Papier in achtfarbigem Offsetdruck gestalteten Inhalts fort. Aus der Liste der frühen 1940er Jahre war ein mehrfarbiges Medienkompositum geworden, eine Art *Ploetz* als Balkendiagramm, das mit einem ausgeklügelten System von Legenden, Tabellen und Textbausteinen aufwartet (Abb. 5.5): Auf einer horizontalen Achse befinden sich in verschiedenen Pastelltönen eingefärbte Zeilen, die kurze Texte (teils auch nur Stichworte) zu historischen Ereignissen, Persönlichkeiten, Erfindungen oder wissenschaftlichen, künstlerischen und literarischen Werken enthalten. Diese Zeilen lassen sich mittels einer im Einband abgedruckten sogenannten »Orientierungsleiste« als historische Großkategorien identifizieren: »Wirtschaft«, »Geistesleben«, »Religion«, »Politik« »Kriege« und »Revolutionen« – Bereiche, deren Subsektionen eine weitere Legende aufschlüsselt (Abb. 5.6): So umfasst der Bereich »Wirtschaft« etwa »Technik. Naturwissenschaften. Entdeckungen. Gemeinschaftsleben« und der Bereich »Geistesleben« die Kategorien »Kunst«, »Dichtung«, »Philosophie«, »Städtebau« sowie die »historischen Persönlichkeiten«.

Diese horizontalen Zeitbänder oder -pfeile werden vertikal durch Spalten strukturiert, die am unteren Rand der Seite als Skala Jahreszahlen und rot gedruckte Jahr-

---

115 Tagebucheintrag vom 19.12.1946, SBB-PK, Nachl. 406, 428.
116 Arno Peters/Anneliese Peters *Synchronoptische Weltgeschichte*, Frankfurt a. M. 1952. Warum Anneliese Peters als Mitautorin (der Erstauflage) genannt wurde, ist nicht klar. Sie scheint allenfalls indirekt an der Konzeption und Produktion des Buchs beteiligt gewesen zu sein.

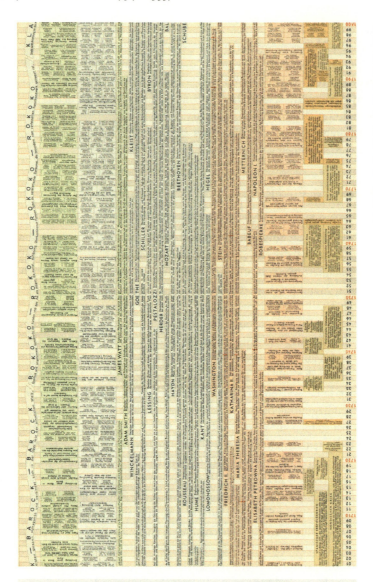

Abb. 5.5 und 5.6: Die SWG, 1952. Unten: Peters' Legende der Farbcodierung der Kräfte der »Menschheitsgeschichte«. Oben eine Beispiel-Doppelseite: Das 18. Jahrhundert erweist sich als vergleichsweise europäisch und von intensivem Geistesleben geprägt.

zehnte, am oberen Rand kunsthistorisch geprägte Epochenbezeichnungen enthalten. Jede Doppelseite ist einem Jahrhundert gewidmet; die SWG wird also von links nach rechts chronologisch aufsteigend gelesen. Das wird noch erleichtert durch eine innovative Buchbindung: Die Seiten erweisen sich beim Aufblättern als eingefaltete Teile eines Leporellos, das sich auch als Ganzes ausbreiten lässt, so dass man in einem großen Raum theoretisch einen großen Teil der Weltgeschichte auf einen Blick erfassen könnte.

Für seinen Stand auf der Frankfurter Buchmesse hatte Peters positive Stellungnahmen von einer Reihe prominenter Personen aus Wissenschaft und Politik zu dem Werk – darunter von Thomas Mann, aber auch von Historikern – auf Plakatgröße reproduzieren lassen, ergänzt um Faksimiles ihrer Unterschriften. Den größeren Teil der Stellwände überzog jedoch eine Vergrößerung des »Zeitenfrieses«, wie Peters den Hauptteil seiner Tabelle nannte. Besucher des Standes konnten diese also in ihrer ganzen Länge abschreiten. Sie konnten da und dort verweilen und sich einzelne Jahre oder Lebenslinien ansehen. Deutlich wurde dann, was Peters selbst als die wichtigsten Qualitäten des Werks begriff: Einerseits, so das Vorwort zu dessen Erstauflage, ermögliche es seine Sammlung historischer Fakten, die ohne jede »Deutung oder Wertung« dargestellt seien, sich ganz nach eigenem Interesse in einzelne Details zu vertiefen. Die gewählte Form lade dann unmittelbar dazu ein, »eigene gedankliche Verknüpfungen« mit den benachbart dargestellten Tatsachen zu bilden. Man konnte also eine »ganz persönliche Beziehung zur Vergangenheit« eingehen. Diese Vielfalt individueller Lesewege stand aus Sicht des Autorenpaars einer anderen, intersubjektiven Wirkung des Werks aber keineswegs im Wege. LeserInnen der SWG konnten die zivilisatorischen Leistungen nichteuropäischer Erdteile kaum übersehen. Sie machten einen großen, wenn auch keineswegs den überwiegenden Teil der »Fakten« aus, die die Spalten füllten. Das, so das Vorwort weiter, werde geradezu zwangsläufig »ein völkerverbindendes Geschichtsbewußtsein begründen«.[117] Endgültig zur Menschheitsgeschichte, wie Peters es auch nannte, wurde das Werk aber, wenn man es aus etwas Distanz betrachtete. Die Einzeltexte waren dann zwar nicht mehr entzifferbar. Aber die das jeweilige Jahrhundert dominierende Farbe, der vorherrschende Typus von historischen Ereignissen also, trat umso eindringlicher hervor. Es war dieser Medieneffekt, der allgemeingültige Erkenntnisse ermöglichte: Den Verzicht »auf alle erklärenden Ausführungen« begründete das Vorwort auch damit, dass bei »Beachtung der Häufung, Verteilung und Färbung der Eintragungen« ein »Empfinden für den Charakter der einzelnen Epochen« entstehe, das frei von jeder ideologischen Färbung sei: »[D]ie Vergangenheit spricht selbst unmittelbar zu uns.«[118]

---

117 Arno Peters/Anneliese Peters: Vorwort, in: Dies., *Synchronoptische Weltgeschichte*, o. S.
118 Einführung, in: Peters/Peters, *Synchronoptische Weltgeschichte*, o. S. Spätere Auflagen der SWG vertiefen diesen Effekt, weil sie mit einer Miniaturansicht des Leporellos beginnen, das die Verteilung der Farben (also der historischen Kategorien) über die gesamte Menschheitsgeschichte auf einen Blick verdeutlicht: Arno Peters: *Synchronoptische Weltgeschichte*, Frankfurt a. M. 1965, o. S.

Das empfanden offenbar auch die ersten LeserInnen so. Peters' in selbstbewusster 50.000er-Auflage im eigens zu diesem Zweck gegründeten »Universum-Verlag« erschienene Buchveröffentlichung wurde nach der Buchmesse in diversen Tageszeitungen und Fachzeitschriften besprochen.[119] Sie wurde dabei zunächst einhellig als inspirierendes, didaktisch wertvolles, drucktechnisch makelloses Werk gepriesen, das mit einem Verlagspreis von 24 DM überraschend preiswert sei. Gerade die Effekte der Darstellungs*form* – des »Mitteilungssystems«, wie es Peters nannte – riefen Begeisterung hervor, auch wenn die Rezensenten nicht immer klar machten, wie die begrüßte »Wertfreiheit« des Werks mit dessen gewissermaßen »ethisierender« Wirkung zusammenhang, die sie ebenfalls oft hervorhoben. Die »Synchronopse« lasse unerwartete historische Gleichzeitigkeiten der Entwicklungen in verschiedenen Weltgegenden hervortreten, hieß es in einer der ersten Besprechungen im »Heidelberger Tageblatt«. Sie verdeutliche auf diese Weise das »Ineinandergreifen der verschiedenartigsten Ströme politischer, sozialer und kultureller Art« und dies sinnfälliger, als es im Nacheinander des »geschriebenen Worts« möglich sei.[120] Der Hauptwert des Buchs, so auch der Berliner »Tagesspiegel«, liege in der »gelungenen Synchronisierung von Kultur, Wirtschaft und Politik und in der damit eng verknüpften gänzlichen Aufhebung der nationalen Bewertungen und Abgrenzungen«.[121] Offenbar ließen viele Rezensenten selbst »die Tatsachen sprechen«. Denn mehrfach war vom »Ineinander und Miteinander des [historischen] Geschehens« die Rede,[122] die das Werk verdeutliche, obwohl die tabellarische Untergliederung gerade das eigentlich *nicht* leistete. Dennoch schwärmte das »Göttinger Tageblatt«, die SWG lasse vor den Augen des Lesers ein »wahrhaft weltweites Bild« entstehen und könne so dazu beitragen, die Konflikte der europäischen Geschichte zu überwinden.[123] Ähnlich urteilten die »Fränkischen Nachrichten«. Deren Rezensent war der Auffassung, was der Verständigung »Europas geistig am meisten im Wege steht«, sei das isolierte »Geschichtsbewußtsein seiner einzelnen Völker«.[124] Die SWG, so schließlich die »Allgemeine Wochenzeitung«, sei ein »international objektives Geschichtswerk«, das es gerade der Jugend ermögliche, »die Weltgeschichte nicht vom nationalistisch gefärbten Geist der Überheblichkeit, sondern als ein Ganzes, als ein Nebeneinander von Kulturen und Zivilisationen, von den Entwicklungen der großen Völker unserer Erde zu sehen«.[125]

---

119 Der Großteil der im folgenden zitierten Artikel findet sich als Ausriss in der Akte: Der Synchronoptische Krieg. Dokumente zum öffentlichen Meinungskampf um die Synchronoptische Weltgeschichte, SBB-PK, Nachl. 406, 584.
120 *Heidelberger Tageblatt*, 12.8.1952.
121 *Tagesspiegel*, 27.9.1952
122 Ebd.
123 O. A.: Völkerverbindendes Geschichtsbewußtsein, in: *Göttinger Tageblatt*, 28.10.1952.
124 *Fränkische Nachrichten*, 12.9.1952.
125 *Allgemeine Wochenzeitung*, 10.10.1952.

Auffällig ist, wie oft sich die Rezensionen eines räumlichen Vokabulars bedienten, um ihren LeserInnen den »kosmopolitisierenden« Effekt der Peters'schen Synchronoptik zu erklären. Mehrfach fiel der Begriff des historischen »Mosaiks«, das sich vor dem Auge des Lesers zusammensetze. Häufiger jedoch wurde das Werk mit einer Landkarte oder einem Atlas verglichen. Der »Tagesspiegel« konstatierte: »Es handelt sich um ein wahrhaftiges Bergpanorama der Weltgeschichte: Jeweils hundert Jahre liegen vor dem Betrachter ausgebreitet wie eine Landschaft unter einem Aussichtsturm.«[126] Die Metapher scheint sich der Rezensent beim »Wiesbadener Tageblatt« abgeschaut zu haben. Dort hatte es zuvor geheißen: »Man besteigt die Berge, um einen Überblick zu haben. Was sich beim Aufstieg Stück für Stück auftat, nun liegt es beisammen in einem, von unserem Auge ganz übersehen.« In einem »Augenaufschlag« begreife man, »was in dem Laufe der Zeiten gleichzeitig war, hier und dort, in Japan und in Spanien, in Deutschland und Australien.«[127] Ähnlich wie in Peters' Vorwort wurde also die Orientierungswirkung des »zusammenschauenden Blicks« seiner *Timeline* betont.[128] Andere Besprechungen hoben aber auch hervor, dass die Beschäftigung mit der SWG zu überraschenden Entdeckungen führte, was vereinzelt sogar als Abenteuer beschrieben wurde.[129] Es sei jedenfalls unmöglich, von dem Werk nicht gefesselt zu werden, befand die »Frankfurter Neue Presse«.[130] So verwundert nicht, dass es ebenfalls hieß, das Buch werde das Interesse an und die Kenntnis der Geschichte allgemein steigern. Es biete »eine wirkliche ›Welten-Schau‹«, aber ganz »ohne den Zwang des ›Paukens‹ von Zahlen und Daten«.[131] Damit verbunden wurde Peters Geschichtswerk schließlich als besonders niedrigschwellig betrachtet. Es sei für Gebildete und »Bildungssuchende« gleichermaßen geeignet.[132] Für die »Kieler Nachrichten« zwang es letztere geradezu »zum selbstständigen Denken«.[133]

... mit »knallrotem Faden«

Friedensarbeit, Internationalität und Überblick, in Verbindung mit einem anregenden, geradezu demokratischen, individuell nutzbaren Layout: Diese Qualitäten sollten Anfang der 1970er Jahre in der Debatte um Peters *Weltkarte* wieder zum Thema werden. Aber *keine* von ihnen spielte in der zweiten Rezeptionswelle eine größere Rolle, die wenige Wochen nach der Buchmesse heranrollte. Die nun folgenden Angriffe gegen die SWG (ebenso wie die Reaktion ihrer Verteidiger) verraten einiges über die westdeutschen

---

126 *Tagesspiegel*, 27.9.1952.
127 *Wiesbadener Tageblatt*, 12.9.1952.
128 *Der Mittag*, 16.9.1952.
129 *Der Deutsche Kurier*, 18.10.1952.
130 *Frankfurter Neue Presse*, 23.10.1952.
131 *Allgemeine Wochenzeitung*, 10.10.1952.
132 *Neckar-Echo*, 11.9.1952.
133 *Kieler Nachrichten*, 17.9.1952.

Feuilletons im Kalten Krieg. Alles begann mit einem harmlosen Leserbrief ans »Essener Tageblatt«. Der Schriftsteller Alphons Nobel, selbst Verfasser einer Weltgeschichte, meldete unter der Überschrift »Judas Ischariot als Freiheitskämpfer« Zweifel an, ob es sich bei Peters' Buch um ein »geistig und weltanschaulich objektives« Werk handle.[134] Zwei Wochen später, am 30. Oktober 1952, strahlte der Süddeutsche Rundfunk spätabends ein Gespräch zwischen dem Redakteur Hans-Ulrich Reichert und dem Mediävisten und Fachreferenten für Geschichte und Theologie an der Württembergischen Landesbibliothek, Hellmut Kämpf, über die SWG aus. Reichert und Kämpf begrüßten einhellig die Konzeption des Werks. Letzterer kam aber rasch auf Beispiele für dessen »Scheinobjektivität« zu sprechen, etwa im Hinblick auf die negative Darstellung Jakob Fuggers, die für Reichert eine »kommunistische These« zur Selbstaufhebung des Kapitalismus transportiere.[135] Der Eintrag zu Friedrich Ebert, der als reformistischer Revolutionsverhinderer erscheine – eine subtile Umdeutung seiner »staatserhaltenden Leistung«, so Kämpf – offenbare die Raffinesse Peters': »[D]as Ganze ist eben dadurch gekennzeichnet, daß überall in kleinen homöopathischen Dosen das Gift verabreicht wird.« Das gelte ebenso für den »Freiheitskämpfer« Judas, die »ostzonale Lesart« Stalins und Peters' Angabe, Goethe habe erst bei der »Blumenarbeiterin Christiane Wulpius« sein Glück gefunden, die Kämpf geradezu »entzückend« fand. Angesichts der »Raffinesse«, mit der hier vorgegangen werde, erschien Kämpf die Blauäugigkeit, mit der Peters' Buch bislang rezipiert worden sei, verzeihlich, ja ehrenhaft: Offenbar halte man ein solches »Ausmaß von Frechheit, Unanständigkeit und Verfälschung unter der Maske der Objektivität einfach nicht für möglich«. Peters habe ein »trojanisches Pferd« konstruiert, so Kämpf, mit dem »der Tod, der Feind« nicht zuletzt in die Schulen jener Bundesländer einzuziehen drohe, die das Werk gefördert hatten, wie man Peters' Danksagung entnehme.

Fünf Tage später erschien ein Leitartikel in der äußerst einflussreichen »Neuen Zeitung«, der sich ganz dem »knallroten Faden« in der SWG widmete. Das Feuilleton derselben Zeitung hatte Peters' Werk wenige Wochen zuvor in höchsten Tönen gelobt.[136] Der unsignierte neue Artikel hingegen (wie sich später herausstellte, hatte ihn der Chefredakteur Hans Wallenberg verfasst) kritisierte den unverhältnismäßig großen Raum, den das Buch Russland und der Sowjetunion gewährte. Vor allem aber zitierte er einzelne biografische Passagen – wiederum jene zu Judas, Stalin, Ebert sowie zu John D. Rockefeller –, die schlichtweg als »Propaganda« zu bezeichnen seien. Damit, so der Artikel weiter, habe man rechnen können angesichts der augenscheinlichen Mitwirkung von Kommunisten wie dem Schriftsteller Ludwig Renn und dem Bildungspolitiker Paul Oestreich an dem Werk. Erklärungsbedürftiger sei aber das positive Gutachten des liberalen Münchener Historikers Franz Schnabel. Der habe sich nämlich auf Nachfrage

---

134 Nobel, Alphons: Judas Ischariot als Freiheitskämpfer?, in: *Essener Tageblatt*, 14.9.1952.
135 Ich zitiere aus der Transkription der Sendung in SBB-PK, Nachl. 406, 584.
136 O. A. [Hans Wallenberg]: Der knallrote Faden. Oder »synchronoptische« Propaganda gegen die freie Welt, in: *Die Neue Zeitung*, 4.11.1952, o. A. [Bruno E. Werner], *Die Neue Zeitung*, 6.9.1952.

prompt von der Publikation distanziert, ebenso wie die an seiner Finanzierung beteiligten Kultusministerien Niedersachsens, Hessens, Hamburgs, Berlins und Bremens.[137]

Binnen weniger Tage nach Erscheinen des Artikels, dem auch eine Art Warnung der dpa gefolgt war, schwenkte eine Vielzahl deutscher Zeitungsredaktionen auf den Kurs der »Neuen Zeitung« ein. Dass diese allerdings von der amerikanischen »Information Control Division« herausgegeben wurde, also ein Medium der *Reeducation* der Besatzungsmächte war,[138] blieb selten unerwähnt. Das gab dem nun folgenden »größten Geschichtsbuch-Skandal seit Kriegsende«, wie ihn der »Spiegel« nannte,[139] den Charakter eines feuilletonistischen Stellvertreterkriegs. Dutzende Redakteure überboten sich, oft ohne erkennbare Lektüre der SWG, in deren Entlarvung als »Kommunistisches Tarnwerk« bzw. als »Kuckucksei«.[140] Die Entrüstungswogen schlugen noch höher, als herauskam, dass das Buch ursprünglich auch in Ostdeutschland hatte erscheinen sollen, und als das Detailstudium überdies einen unverkennbar kirchenkritischen Zug offenbarte.[141] Endgültig zum Politikum wurde der »Fall SWG«, als die Tageszeitungen die Nachricht verbreiteten, mehrere – überwiegend sozialdemokratische – Kulturminister und -senatoren (der Hamburger Senator Heinrich Landahl, der Bremer Senator Christian Paulmann, der niedersächsische Minister Richard Voigt, sein hessischer Amtskollege und spätere Bundesverfassungsrichter Erwin Stein sowie der Berliner Stadtrat Walter May) hätten das Werk nicht nur finanziell gefördert, sondern sich auch auf bestimmte Abnahmezahlen für die Nutzung durch Geschichtslehrer verpflichtet.[142] Tatsächlich distanzierten sich die genannten Minister rasch von dem Werk. Landahl ließ überdies kundtun, dass er den Leiter der Forschungsstelle für die Geschichte Hamburgs von 1933 bis 1945, Heinrich Heffter, mit der Durchsicht der beanstandeten Stellen betraut hatte.[143] Die rund fünfzig dabei zu Tage getretenen Auffälligkeiten wurden dann kurze Zeit später auf einem Treffen von Vertretern der involvierten Ministerien in Hannover diskutiert. Dort einigte man sich darauf, die Verbreitung des Werks an

---

137 Dazu wollte nicht recht passen, dass der Remigrant und spätere Ullstein-Chef Wallenberg auch einen Einfluss aus dem »Osten« insinuierte, wenn er forderte, offenzulegen, wie das Buch zu einem so niedrigen Preis angeboten werden könne: o. A., Faden.
138 Jessica C. E. Gienow-Hecht: Art is Democracy and Democracy is Art: Culture, Propaganda, and the Neue Zeitung in Germany, in: *Diplomatic History* 23 (1999), S. 21–43. Vgl. zur »Neuen Zeitung« (sowie allgemein zu den politischen Positionen der westdeutschen Publizistik in der Nachkriegszeit) auch Axel Schildt: *Medien-Intellektuelle in der Bundesrepublik*. Herausgegeben und mit einem Nachwort versehen von Gabriele Kandzora und Detlef Siegfried, Göttingen 2020, S. 40f.
139 Weltgeschichte. Aus sozialistischer Sicht, in: *Spiegel*, 19.11.1952.
140 *Bersenbrücker Kreisblatt*, 6.11.1952; *Stuttgarter Zeitung*, 6.11.1952.
141 Das hatte erste ironische Stellungnahmen zur Folge: Hätten die einen »im Achtfarbendruck der Schautafeln das kommunistisch leuchtende Rot« entdeckt, beklagten Klerikale die Abwesenheit der »schwarzen Farben«: Meldung des SPD-Pressedienstes, 18.11.1952, SBB-PK, Nachl. 406, 584.
142 *Hamburger Anzeiger*, 6.11.1952.
143 Heffters »Gutachten über Peters ›Synchronoptische Weltgeschichte‹« vom 3.11.1952 findet sich in SBB-PK, Nachl. 406, 590,3.

Schulen zu sistieren. Das niedersächsische Kultusministerium gab Mitte November eine Pressemeldung heraus, in der es hieß, gleich nach Erscheinen des Werks seien Zweifel an ihm aufgekommen. Deshalb habe man Fachleute anderer Länder eingeladen und gemeinsam festgestellt, dass das Werk wissenschaftliche Kriterien nicht erfülle und auch eine »östliche ›Diktion‹« aufweise. Das sei zuvor nur deshalb unbemerkt geblieben, weil Peters den korrekten Weg über die Lehrprüfstellen der Ministerien umgangen und die Werke direkt ans Ministerium gesandt habe.[144]

Wenige Tage später vermeldeten die Tageszeitungen, dass auch weitere jener Wissenschaftler, für deren »umfassende Begutachtung« das Ehepaar Peters sich in der SWG bedankte,[145] Abstand vom dem Werk genommen hatten. Oft geschah dies mit der Begründung, sie seien durch Peters nicht ausreichend über dessen Inhalte informiert worden und keinesfalls als Berater im engeren Sinne des Worts an seiner Entstehung beteiligt gewesen. Der Soziologe Alfred Weber und der Historiker und Vorsitzende des Historikerverbands, Gerhard Ritter, distanzierten sich zwar von der SWG, rieten aber zu einem weniger aufgeregten Ton.[146] Ritters Kollege Friedrich Meinecke und Peters' akademischer Lehrer, Emil Dovifat, gaben hingegen Erklärungen ab, in denen sie sich entrüstet darüber zeigten, dass dieser ihre Namen mit seinem Werk in Verbindung gebracht hatte.[147] Besonders der Pädagoge (und spätere ZDF-Intendant) Karl Holzamer, dessen Unterschrift auch in einem Werbeprospekt zur SWG verwendet worden war, mobilisierte in seiner Funktion als Vorsitzender des Rundfunkrats des Südwestfunks sein akademisches Netzwerk. Zwar, soviel musste er einräumen, war ihm eine Frühfassung des Werks vorgelegt worden und als didaktisch wertvoll erschienen. Dennoch forderte Holzamer das Ehepaar Peters auf, die weitere Verbreitung des Prospekts zu stoppen. Dass Arno Peters sich in einer »telegraphischen Unterredung« entschuldigte, erledigte die Sache für Holzamer keineswegs. Zumal er – nicht ganz unrichtig – mutmaßte, dass die Veröffentlichung des Buchs erst aufgrund ähnlicher »Empfehlungen« möglich geworden war.[148] Holzamer sandte ein Schreiben an alle westdeutschen Rundfunkanstalten, an die Ständige Konferenz der Kultusminister der Länder sowie an eine Reihe Zeitschriftenredaktionen, das vor dem mit »betrügerischen Mitteln zustande gekommenen sogenannten Geschichtswerk« warnte.[149] Er forderte

---

144 *Presse.Information* Nr. 57/52, 12.11.1952, Auseinandersetzungen über das Buch »Synchronoptische Weltgeschichte« von Arno Peters, BArch, Bundesministerium Bildung und Wissenschaft, B/138/1456.

145 In gebundener Form liegen die Empfehlungen vor in Arno Peters: Das Goldene Buch der Synchronoptischen Weltgeschichte, SBB-PK, Nachl. 406, 588.

146 *Heilbronner Stimme*, 8.11.1952, *Die Welt*, 7.11.1952, *Hamburger Echo*, 7.11.1952 und *Frankfurter Rundschau*, 8.11.1952.

147 Kopie des Schreibens Dovifats an die Redaktion von »Die Gegenwart«, 10.2.1953, SBB-PK, Nachl. 406, 411. Ritter war dann aber doch erbost, als Peters seine eingeschränkt positive Stellungnahme als Empfehlung wertete. Ritter an Peters, 23.12.1952, ebd.

148 Rundschreiben Holzamers, 13.11.1952, BArch, B/138/1456.

149 Ebd.

sogar den Generalstaatsanwalt in Frankfurt auf, die Gesamtauflage zu beschlagnahmen. Die archivalische Spur der Bemühungen Holzamers lässt sich bis in die Akten des Bundesinnenministeriums verfolgen. Auch, um zu verhindern, dass die Bundesregierung in den Skandal hineingezogen wurde, übte der dortige Ministerialrat Erich Wende Druck auf die Kultusministerkonferenz aus, den Vorsitzenden des gemeinsamen Schulausschusses der Länder anzuweisen, von jeder Verbreitung des Werks abzusehen.[150]

Es ließ nicht lange auf sich warten, bis diese teils überstürzten Distanzierungsgesten ihrerseits skandalisiert wurden. So wurde publik, dass Peters schon 1949 auf Druck des CDU-Ministers Erwin Stein, der der Kultusministerkonferenz vorsaß, von einem Gremium von hessischen Historikern und vom Hauptschulausschuss des Landes zu seinem Werk befragt worden war und dabei aus seiner sozialistischen Haltung keinen Hehl gemacht hatte. Die Frontlinie verschwamm zusehends, als sich die Hinweise darauf häuften, dass die SWG in der DDR nicht veröffentlicht wurde, da sie hierfür nicht *ausreichend marxistisch* war, während die Erziehungsabteilung der amerikanischen U.S. High Commission for Germany (HICOG) sie ausdrücklich *empfohlen* hatte. Die Amerikaner hatten sogar selbst eine sechsstellige Zahl von Exemplaren vorbestellt, um sie gratis an Schulen der Bundesrepublik zu verteilen. Die Veröffentlichung des Buchs ging also auf just das *Reeducation*-Vorhaben zurück, dem auch seine Hauptgegnerin, die »Neue Zeitung«, ihre Existenz verdankte.[151] Angesichts des vermeintlich vorauseilenden Gehorsams der Ankläger bekam die Berichterstattung über die »Rote Köpenickiade« nun einen hämischen Zug.[152] Peters selbst unterstrich derweil in einer Stellungnahme im »Hamburger Anzeiger«, es sei ihm allein darum gegangen, ein möglichst objektives, eben in Ost und West annehmbares Werk vorzulegen. Und als solches habe er die fertige SWG auch der Mehrzahl der Gutachter präsentiert.[153] Tatsächlich schlugen sich einige von diesen auf seine Seite, darunter der Historiker Walter Goetz. Dieser verfasste eine Stellungnahme, die zwar keineswegs eine reine Verteidigungsschrift darstellte, aber doch die »Anziehungskraft« der Synchronopse lobte, an der man das eigene kritische Denken schulen könne.[154] Das Ehepaar Peters stellte sich schließlich am 17. November 1952 auf einer gut besuchten Pressekonferenz in Bonn den Fragen der JournalistInnen. Man zeigte sich überrascht von den Vorwürfen und kompromissbereit.[155] Zwei Tage später gab ein längerer Artikel im »Spiegel« genüsslich einige haarsträubende Passagen aus Peters' Werk wieder. Er zitierte jedoch auch aus Briefen des Ministerialrats im Niedersächsischen Kultusministerium, Hans Heckel, es sei dort nach Bekanntwerden der ersten Vorwürfe von katholischer Seite eine »Panik-Situation« entstanden und ohne nähere Prüfung eine Warnung vor dem Werk lanciert

---

150 Wende an Burkhart, 11.11.1952, BArch, B/138/1456.
151 *Welt am Sonntag*, 9.11.1952.
152 O.A.: Die »Rote Köpenickiade«, in: *Essener Tageblatt*, 13.11.1952.
153 Hamburger Anzeiger, 10.11.1952.
154 Walter Goetz, zitiert nach von Stauffenberg, *Synchronoptische Frage*, S. 101–103.
155 Siehe die Presseberichte in ebd., S. 104–106.

worden.[156] Der »Spiegel«-Autor wertete die ganze Angelegenheit als Farce. Er deutete sie aber auch zeitdiagnostisch: Gerade die sozialdemokratischen Vertreter von Niedersachsen und Hessen, von Bremen, Hamburg und Berlin, müssten sich zu »einer klaren und weit über den ›Fall Peters‹ hinausgehenden Stellungnahme« durchringen, wie kommunistisch »eine aus ›sozialistischer Sicht‹ gestaltete Weltgeschichte« sein dürfe.[157]

Unterdessen arbeitete der einer kommunistischen Gesinnung eher unverdächtige Münchener Althistoriker Alexander Schenk Graf von Stauffenberg an einer Analyse der Auseinandersetzung über das Buch, in dem er ebenfalls als Gutachter genannt worden war. Peters hatte den prominenten Wiederbewaffnungsgegner einige Jahre zuvor als Mitglied des Beirats seines Universum-Verlags gewinnen können.[158] Es war denn auch Peters' eigener Verlag, der im Frühjahr 1953 von Stauffenbergs *Synchronoptische Frage* veröffentlichte. Die 125 Seiten dieser »Dokumentation«, die unverkennbar in enger inhaltlicher Abstimmung mit Peters entstanden war, waren alles andere als unparteiisch.[159] Sie sind aber erwähnenswert, weil sie mit demonstrativer Transparenz aufschlüsselten, wie der Druck der insgesamt 25.820 ausgelieferten Exemplare finanziert worden war. Sie wiesen überdies die Kritik am Ideologiegehalt der SWG zurück und deuteten den Skandal als Zeichen der Zeit.[160] So führte die Verteidigungsschrift die Ankläger direkt vor, etwa durch eine Kapitelstruktur, die zwischen jenen Meinungsführern unterschied, die ihrem ersten, positiven Urteil zum Werk treu geblieben waren, und anderen Stimmen, die offensichtlich dem Druck der konservativen Presse nachgegeben hatten.[161] Tatsächlich hatten Peters' Gegner nicht vor persönlichen Verleumdungen Halt gemacht, wie von Stauffenberg demonstrierte. So war dem Ehepaar

---

156 *Aus sozialistischer Sicht*, S. 26. Heckel, der auch in Peters' Danksagung genannt wurde, hatte im Ministerium zu den Fürsprechern der SWG gehört, die wertfrei und »europäisch« sei. Peters, so Heckel, verzichte sogar auf den Buchhändlergewinn. Sein Finanzplan habe ihn zwar »einigermaßen befremdet«, sei aber durch eine »überraschende Mischung aus Idealismus und Bereitwilligkeit, alles an eine Aufgabe zu setzen«, zu erklären: Memorandum »Betr. Synchronoptische Weltgeschichte von Dr. Peters«, 29.10.1950, BArch, B/138/1456.
157 *Weltgeschichte. Aus sozialistischer Sicht*, S. 27.
158 Karl Christ: *Der andere Stauffenberg. Der Historiker und Dichter Alexander von Stauffenberg*, München 2008, S. 83, begreift von Stauffenbergs Versäumnis der 1930er Jahre, »bedenkliche Entwicklungen rechtzeitig zu erkennen und aktiv zu bekämpfen«, als Motiv für das Eintreten für Peters.
159 Siehe die Manuskriptteile in Peters' Handschrift in SBB-PK, Nachl. 406, 591. 1968 arbeitete der Historiker Günter Katsch die Debatte auf und korrespondierte diesbezüglich mit Peters, der behauptete, er sei zwar aktiv an von Stauffenberg herangetreten und habe diesem seine Ausrisssammlung zur Verfügung gestellt, dieser habe das Büchlein dann aber selbst verfasst. Günter Katsch: Graf Stauffenberg und die »Synchronoptische Weltgeschichte«, in: *Wissenschaftliche Zeitschrift der Karl-Marx-Universität Leipzig* 17 (1968), S. 357–365.
160 Insgesamt habe Peters Vorbestellungen im Umfang von 183.660 DM zuzüglich Papier und Bindemittel von den Kultursenatoren der Städte Bremen, Berlin und Hamburg, den Kultusministerien der Länder Hessen und Niedersachsen, dem Hauptschulamt der Stadt Frankfurt und der Erziehungsabteilung der HICOG erhalten: von Stauffenberg, *Synchronoptische Frage*, S. 77, 121.
161 Ebd., S. 47.

Peters zu Unrecht eine KPD-Mitgliedschaft angedichtet worden. Auch hatte die dpa eine Fotografie verbreitet, die vorgeblich Anneliese Peters zeigte, wie sie hämisch grinsend die SWG vor die Kameralinse hielt. In Wirklichkeit war das Foto aber inszeniert, es war eine Redakteurin der »Neuen Zeitung« darauf zu sehen.[162] Von Stauffenberg schreckte allerdings seinerseits nicht davor zurück, zu insinuieren, die dpa und die »Neue Zeitung« steckten unter einer Decke. Denn beide hätten Peters, der überhaupt lange über die Anschuldigungen im Dunklen gelassen worden sei, eine Gegendarstellung verweigert.[163] Die Pointe der Streitschrift, wie überhaupt der Verteidiger Peters' – zu denen mittlerweile auch Thomas Mann zählte, der sich im Februar 1953 für das für ihn zutiefst humanistische und völkerverbindende Werk ausgesprochen hatte[164] – war es also, die Debatte als Ausdruck einer von einem paranoiden Antikommunismus bedrohten Meinungsfreiheit hinzustellen. Was noch vor drei Jahren »im Großen und Ganzen der amerikanischen Deutschlandpolitik« entsprochen habe, und zwar gerade *weil* es – und hier zitierte von Stauffenberg aus dem Gutachten der HICOG – zu »unabhängigem Denken und einer objektiven Haltung zur Weltgeschichte insgesamt« verhelfe,[165] das sei im Zeichen der »Wiederbewaffnung Deutschlands und seine[r] Einbeziehung in ein westliches Bündnissystem mit deutlicher Spitze gegen die UdSSR« plötzlich unerwünscht.[166] Die SWG behalte aber »unabhängig von den Schwankungen der politischen Weltlage« ihre Gültigkeit. Sie sei sogar wichtiger denn je, gelte es doch, die »immer weiter aufreißende Kluft im geschichtlichen Denken Deutschlands« zu schließen.[167] Von Stauffenbergs Dokumentation endet daher mit einer optimistischen Note: Der »Sieg der Vernunft« zeichne sich ab, hieß es in der Überschrift des letzten Teilkapitels.

Tatsächlich folgte dem Büchlein im Juni zwar noch eine Gegendokumentation Heinrich Hefters.[168] Diese erzeugte aber kaum ein Medienecho, weil mittlerweile klar war, dass keines der involvierten Ministerien das Buch für die Benutzung durch Schüler zulassen würde. Die abebbende Berichterstattung über den Skandal, der übrigens auch im benachbarten Ausland wahrgenommen wurde, verschob sich weiter auf eine

---

162 Ebd., S. 50.
163 Ebd., S. 52.
164 Mann an Peters, 3.2.1953, SBB-PK, Nachl. 406, 590,3.
165 Von Stauffenberg, *Synchronoptische Frage*, S. 38.
166 Von Stauffenberg wiederholte damit ein Argument eines der wenigen mäßigenden Kommentare zur Debatte: »Wie kann, was 1949 zu unabhängigem Denken und einer objektiven Haltung gegenüber der Weltgeschichte im allgemeinen führt, 1952 nicht mehr in die Schulen der Bundesrepublik gehören? Weil es 1952 nicht mehr auf unabhängiges Denken und eine objektive Haltung [...], sondern nur noch um eine subjektive gegenüber der Weltgeschichte im Besonderen ankommt?«: R[obert] H[aerdter]: Bilderstürmer, heute. Der Skandal um die Synchronoptische Weltgeschichte, in: *Die Gegenwart*, 31.01.1953.
167 Von Stauffenberg, *Synchronoptische Frage*, S. 49.
168 Heinrich Heffter: *Streit um das Geschichtsbuch. Eine zweite Dokumentation zur synchronoptischen Frage*, Hamburg 1953.

Metaebene.[169] So freute sich Heinrich Bauer in den (linkskatholischen) »Frankfurter Heften« darüber, dass es angesichts des verbreiteten Konformismus überhaupt zu einer Debatte gekommen sei.[170]

Weltgeschichtsschreibung zwischen Ost und West

Peters mag als unbeirrbarer Narr erscheinen, der den Mächtigen in Presse und Politik der jungen Bundesrepublik den Spiegel vorhielt, ja bereits 1953 sogar einen Vorteil aus dem Skandal zu ziehen versuchte, indem er die SWG als meistdiskutiertes Geschichtswerk der Gegenwart anpries. Aber er blieb von der Kontroverse um sein Erstlingswerk nicht unberührt, schon weil es sich mit dessen Selbstverlag um ein unternehmerisch riskantes Unterfangen handelte, dem sich ein längerer Rechtsstreit um die Bezahlung der ausgelieferten Exemplare anschloss.[171] Es war auch nur die halbe Wahrheit, wenn Peters und von Stauffenberg behaupteten, die Einbeziehung der Geschichte der sozialistischen Länder sei nicht nur eine Reaktion auf die reale Existenz des Sozialismus (über dessen historische Wurzeln man schlicht nicht hinwegsehen könne), sondern eine politisch paritätische Materialstrukturierung bilde geradezu die *Voraussetzung* für eine Annäherung der zunehmend auseinanderdriftenden »Geschichtsbilder« in Ost und West; sie sei also als Beitrag zur Vereinigung des geteilten Deutschland zu verstehen, genauso wie die punktuelle Adaption einer sozialistischen Terminologie. Tatsächlich sind die politischen Ambivalenzen der SWG das Ergebnis von Peters' Suche nach einem Verleger dies- und jenseits der Zonengrenze. Die Widersprüche des Werks zeugen zudem von Peters' Ringen um eine *eigene* sozialistische Position. Das zeigt die Entstehungsgeschichte seiner Weltgeschichte.

---

169 Peters sammelte Übersetzungen ausländischer (französischer, griechischer, belgischer) Artikel zur Debatte, unter denen insbesondere H. Wielek: Die Geschichte zweier Geschichtswerke, in: *Kroniek van Kunst en Kultur* 13 (1953) H. 7, interessant ist, weil er anmerkt, dass eine unverkennbar revanchistische *Deutsche Geschichte* des Musterschmidt-Verlags nicht denselben Entrüstungssturm ausgelöst habe wie Peters' Werk.

170 Heinrich Bauer: Synchronoptische Täuschungen, in: *Frankfurter Hefte*, Februar 1953. Zur besonderen Bedeutung der »Frankfurter Hefte« im intellektuellen Feld dieser Zeit: Schildt, *Medien-Intellektuelle*, S. 173-188.

171 Offenbar hatte Peters eine Aufforderung des niedersächsischen Kultusministeriums ignoriert, die 5.000 ausgelieferten Exemplare zurückzunehmen und auf seine Zahlungsforderung zu verzichten. Nach den Kommentaren Thomas Manns und anderer prominenter Intellektueller hielten die Verantwortlichen eine Klage wegen versuchten Betrugs aber für wenig aussichtsreich. Das Land stiftete die Bücher daraufhin öffentlichen Bibliotheken: *Ruhr-Nachrichten*, 19.5.1953. Ein Strafantrag Karl Holzamers, der sicher zur Erhärtung des Zensurvorwurfs beigetragen hat, war im November 1952 vom Oberstaatsanwalt Arnold Buchtal abgelehnt worden: Das Werk sei nicht staatsgefährdend (*Neue Zeitung*, 4.12.1952). Ein Prozess um die Weigerung des Kultursenators von Berlin (West), seiner vertraglichen Verpflichtung zur Abnahme der Bücher nachzukommen, zog sich bis 1957 hin.

Im Herbst 1947 hatte Peters, der Anregung seiner Mutter folgend, zunächst auf einen Schulbuchverlag in der SBZ gesetzt. Mithilfe der guten elterlichen Kontakte hatte er Fühlung mit Amtsträgern in Ostberlin aufgenommen (die die spätere westdeutsche Debatte übrigens aufmerksam verfolgen sollten). So setzte sich der bereits erwähnte Paul Wandel in seiner Funktion als Präsident der Deutschen Verwaltung für Volksbildung in der Sowjetischen Besatzungszone für eine Publikation von Peters' Geschichtsbuch ein. Er empfahl ihn Karl Hagemann vom Verlag Volk und Welt, dessen Fachausschuss sich allerdings gegen das Projekt aussprach.[172] Hagemann vermittelte Peters daraufhin Anfang 1949 weiter an den VEB Bibliographisches Institut Leipzig. Dessen Leitung war begeistert von dem kurz zuvor *Synchronoptische Weltgeschichte* getauften Projekt. Man unterstützte Peters also bei der Beantragung der notwendigen Druckgenehmigungen für das Werk, das kurz darauf als »politisch unbedenklich« eingestuft wurde, ebenso wie die Person des Verfassers.[173] Der daraufhin mit dem Bibliographischen Institut abgeschlossene Vertrag sah eine vom Ehepaar Peters verantwortete Zentralredaktion vor. Sie sollte die Einzeltexte liefern, die dann in Leipzig mithilfe verschiedener Fachexperten auf sachliche Richtigkeit geprüft und redaktionell überarbeitet werden sollten.[174] Als konfliktträchtig sollte sich erweisen, dass Peters sich vorbehielt, jede dieser Änderungen abzusegnen. Er war überhaupt hin- und hergerissen über die Vereinbarung. Die Zusammenarbeit mit den auf Reiseführer, Wanderkarten und Nachschlagwerke spezialisierten Leipzigern konnte Zensur bedeuten. Peters wollte seine Arbeit aber nicht durchgängig »marxisieren«. Ihm war klar, dass sie dann in den westlichen Besatzungszonen keine Chance haben würde.[175] Dort nämlich zeigte der gerade gegründete Franz Steiner Verlag Interesse, das Werk zu verlegen.

Die Konflikte, die kurz darauf tatsächlich zunahmen, waren aber nicht politischer Natur. Peters' Ansprechpartner in Leipzig, Heinrich Becker, hatte in West und Ost Gutachten zu den ersten Textabschnitten angefordert und riet Steiner nach deren Eingang, alle Vorauszahlungen an Peters zu stoppen, weil die Tabelle stark überarbeitet werden müsse.[176] Auch Gutachter aus der SBZ, denen Peters nur Abschnitte bis zum 18. Jahrhundert vorgelegt hatte, bemängelten nicht etwa die Unvereinbarkeit des Peters'schen Ansatzes mit dem historischen Materialismus. Sie wiesen vielmehr auf Nachteile des »mechanistischen« und schwerverständlichen grafischen Schemas hin.[177] Zwar konnte Peters die Bedenken der Leipziger noch einmal zerstreuen, indem er die Verantwortung für die Konzeption auf sich nahm. Der Franz Steiner Verlag aber zog

---

172 Bescheinigung vom 18.9.1947, SBB-PK, Nachl. 406, 536.
173 Planungsmeldung für das zweite Quartal 1948, 26.1.1949, SBB-PK, Nachl. 406, 536.
174 Vertrag vom 14.2.1949, SBB-PK, Nachl. 406, 536.
175 Tagebucheintrag vom 21.1.1949, SBB-PK, Nachl. 406, 428.
176 Steiner an Peters, 21.3.1949, SBB-PK, Nachl. 406, 428.
177 Gutachten vom März 1949 in SBB-PK, Nachl. 406, 428.

sich zurück. Versuche, andere Verleger im Westen für sein Buch zu interessieren, blieben ohne Erfolg.[178]

Peters plante daraufhin eine Publikation im Selbstverlag. Dabei zeigte sich erstmals ein Verhaltensmuster, das bis an sein Lebensende wiederkehren sollte: Peters spielte wiederholt mit dem Gedanken, seine Publikationsprojekte abzugeben, schon wegen der Doppelbelastung als Autor und Verleger. Meist überwog dann aber doch die Sorge, die Kontrolle über die Inhalte zu verlieren. *Dass* Peters alles selber machte, verlieh seinen Werken indes eine Konsequenz, die auf andere anziehend wirken konnte, wie gerade die Rezeption der späteren Weltkarte zeigen sollte. Im Frühsommer 1949 jedenfalls holte er Kostenvoranschläge von Druckereien ein und machte sich Gedanken über die benötigte Papierstärke für das Leporello. Er stellte Finanzpläne auf und ließ sich von Freunden Tipps zur Unternehmensgründung geben. Und er dachte intensiv über den Namen für seinen Verlag nach, der schließlich »Universum-Verlag« getauft wurde, weil das gediegen und zugleich international klang.[179] Noch größeren Wert legte Peters aber auf einen Beirat für den Verlag, für den er unter anderen den anthroposophischen Landwirt und Autor Adalbert von Keyserlingk und, wie erwähnt, Alexander von Stauffenberg gewinnen konnte, den Peters in München kennengelernt hatte und den offenbar der kulturgeschichtliche Schwerpunkt der SWG überzeugte.[180] Peters öffnete der gute Name dieser Unterstützer manche Türen bei der Suche nach Geldgebern. Denn der unternehmerisch noch unerfahrene Autor benötigte Kapital in Form von Vorschüssen. Das zwang ihn, sich intensiv mit den möglichen Abnehmern seines Buchs zu beschäftigen – auf dessen Nutzung im Schulsystem der Ostzone konnte er ohne die rückhaltlose Unterstützung der Leipziger ja kaum hoffen. Deshalb gerieten nun die westdeutschen Kultusministerien ins Visier, denen ihre Unterstützung des Verlagsgründers wenige Jahre später Kopfschmerzen bereiten sollte.

Peters verbrachte weite Teile des Jahres 1949 im Auto, um die entsprechenden Entscheidungsträger persönlich aufzusuchen und ihnen sein Projekt vorzustellen. Ähnlich wie Fuller einige Jahre zuvor hatte er sich zu diesem Zweck eine haptische Überzeugungshilfe beschafft. Den Schriftenmalermeister Müller, der bereits die Ausgestaltung eines SWG-Prototyps besorgt hatte, ließ er eine ausrollbare Variante des Werks (wiederum mit Angaben bis zum Jahr 1800) erstellen, für die er von einem Tischler eine transportable Holzbox bauen ließ.[181] Mit diesem Vorführgerät fuhr er zuerst nach

---

178 So bot Peters sein Werk dem Verleger Victor Gollancz in London als Beitrag zur »Völkerverständigung« an, dass die »Hass-Elemente« der Geschichte gegenüber den kulturellen Leistungen relativiere: Peters an Gollancz, 2.1.1949, SBB-PK, Nachl. 406, 428. Gollancz zeigte aber ebenso wenig Interesse wie Klett, der (Mainzer) Universum-Verlag und de Gruyter.
179 Tagebucheintrag vom 2.6.1949, SBB-PK, Nachl. 406, 428.
180 Tagebucheintrag vom 4.10, 1949. SBB-PK, Nachl. 406, 428. Später kamen dann noch der UNICEF-Mitbegründer Odd Nansen und auch der Gründer der Paneuropa-Union, Richard Coudenhove-Kalergi, hinzu, der nach Beginn der Kontroverse im November 1952 direkt wieder austrat.
181 Tagebucheinträge vom 12.4. und 23.5.1949, SBB-PK, Nachl. 406, 428.

Wiesbaden. Dort gelang es ihm, Kultusminister Erwin Stein zur Abnahme von 600 Exemplaren zu überreden.[182] Weil die Publikation von den Amerikanern genehmigt werden musste, vermittelte dieser Peters gleich weiter an den im nahegelegenen Bad Nauheim angesiedelten Education Branch der HICOG. Peters hatte Glück. Er geriet dort mit Eugene R. Fair an einen Historiker, der von der Tabelle äußerst angetan war, die Peters ihm zur eingehenden Prüfung daließ.[183] Rund eine Woche später hielt er das erwähnte Schreiben der amerikanischen Prüfer mit dem Prädikat »highly recommended« in der Hand.[184] Peters konnte nicht wissen, dass es zu den Prämissen der *Textbook Officers* gehörte, dass ein wahrer Gesinnungswandel der Deutschen sozusagen aus dem Inneren der eigenen Kultur heraus kommen musste, weswegen man entsprechende Publikationen deutscher Autoren bevorzugt förderte.[185] Es war im Herbst 1947 sogar beschlossen worden, bei der Lehrbuchüberprüfung weniger kritisch vorzugehen. Das Ziel sei nicht, Publikationen mit nationalistischen und militaristischen Aussagen auszusondern, sondern vielmehr ein Korpus an Werken zugänglich zu machen, die »positive demokratische Inhalte und Methoden« auszeichneten. Auch die aktive Suche nach geeigneten deutschen Werken wurde angeregt.[186]

Peters verstand es allerdings auch, eine kleine Lawine zu seinen Gunsten ins Rollen zu bringen. Bereits am Tag nach dem Besuch bei den Amerikanern sprach er erneut im hessischen Bildungsministerium vor. Er traf Vertreter des Landesschulbeirats und ließ sich ein positives Gutachten des Leiters des Geschichtsausschusses, Dr. Otto Müller, ausstellen. Dieses legte er Stein vor, der zwar weiter skeptisch war, Peters aber (wie bereits erwähnt) einlud, sein Werk am 22. Juni einer Gruppe aus Geschichtslehrern und Ministerialbeamten vorzustellen.[187] Obwohl Peters durch seine Präsentation nicht alle Einwände ausräumen konnte, erklärte sich das Ministerium daraufhin bereit, 5.000 Exemplare des Buchs abzunehmen, das LehrerInnen bei der Vorbereitung ihrer Stunden helfen sollte.[188] Mit der Wiesbadener Zusage in Händen suchte Peters dann die Schulsenatoren und Kultusminister anderer Bundesländer auf. Steins Bremer Kollegen Christian Paulmann überredete er zur Abnahme weiterer 1.500 Stück, um sich gleich

---

182 Tagebucheintrag vom 19.5.1949, SBB-PK, Nachl. 406, 428.
183 Tagebucheintrag vom 10.6.1949, SBB-PK, Nachl. 406, 428.
184 So hieß es im Bericht: »[R]egarding accuracy of data, ease of comprehension and artistic beauty of execution the book is of the greatest value […] and can be highly recommended for use in schools.« Die Prüfung kann allerdings nicht sehr intensiv gewesen sein: Die Inhaltsangabe ist eine wörtliche englische Übersetzung von Peters' Projektbeschreibung: Vaughn Delong, Office of Military Government for Hesse, Education and Cultural Relations Division, 15.6.1949, SBB-PK, Nachl. 406, 411.
185 Siehe etwa Alonzo G. Grace: Out of the Rubble. An Address on the Reorientation of the German People. The Berchtesgaden Conference, NARA, RG 260, Entry Educ. Box 109, Folder 11. Laut Protokoll wohnte auch Fair dem Vortrag bei.
186 Protokoll des Regular Monthly Meeting des Curriculum and Textbook Committee of the American Zone in München, 16.10.1947, NARA, RG 260, Box 109.
187 Tagebucheinträge vom 19. und 20.6.1949, SBB-PK, Nachl. 406, 428.
188 Tagebucheintrag vom 22.6.1949, SBB-PK, Nachl. 406, 428.

Heinrich Landahl in Hamburg empfehlen zu lassen, der 1.220 Exemplare bestellte. Es gab auch Rückschläge, etwa in Lübeck, später in Stuttgart. Aber dafür erklärte sich Richard Voigt in Hannover bereit, 5.000 weitere Bücher abzunehmen. Am Ende seiner Tour hatte Peters ausreichend Bestellungen zusammen, um sein Produkt zu dem Stückpreis von 12 DM anbieten zu können, den er schon Stein in Aussicht gestellt hatte.[189]

Peters' Erfolg bei den Bildungspolitikern der Bundesrepublik hatte viel mit dem interministeriellen Schneeballeffekt zu tun, den er durch seine bemerkenswerte Hartnäckigkeit angestoßen hatte. Sein Erfolg verdankte sich aber auch der Tatsache, dass er mit einer stetig wachsenden Zahl beeindruckender »Gutachten« einflussreicher Personen aus Wissenschaft und »Geistesleben« aufwarten konnte. Peters nutzte diese aber weniger zur Verbesserung seines Werks denn im Sinne von Empfehlungsschreiben. Nachdem er bis Mitte 1949 vor allem Stellungnahmen aus der SBZ bzw. DDR eingesammelt hatte,[190] versuchte er nun, auf dem Postweg positive Äußerungen prominenter – und als überparteilich geltender – Intellektueller aus dem westlichen Ausland einzuwerben, etwa von Arnold J. Toynbee, Albert Einstein, George Bernhard Shaw und José Ortega y Gasset.[191] Während seiner Fahrten quer durch den Westen Deutschlands suchte er zudem Professoren aller möglichen Disziplinen persönlich auf, führte ihnen seinen Zauberkasten vor, um noch die beiläufigste Ermunterung als Gedächtnisprotokoll zu notieren. Selbst skeptische Äußerungen redigierte Peters daraufhin teils stark, um sie ihren Urhebern zur Unterschrift vorzulegen, die überraschend Viele leisteten – manche, wie der erwähnte Gerhard Ritter, nur zögerlich, andere geradezu gönnerhaft.[192] Es kann und soll hier nicht jede dieser Begegnungen, über die Peters genau Buch führte, dargestellt werden. Aber es ist erwähnenswert, wie er zu einem Schreiben Thomas Manns kam, das ihm wiederholt die Türen öffnete, etwa zum Kultusministerium von NRW. Nachdem Peters in der Zeitung von einem bevorstehenden Besuch Manns in Frankfurt anlässlich von Goethes 200. Geburtstag gelesen hatte, kundschaftete er aus, in welchem Hotel der Schriftsteller residierte. Dort wurde er zunächst von einem Privatsekretär abgewimmelt. Daraufhin lauerte Peters Thomas Mann in der Hotellobby regelrecht auf. Tatsächlich ließ dieser sich zu einer 15-minütigen Audienz bewegen. Man zog sich also am nächsten Morgen in einen Salon des Hotels zurück, wo Peters Mann die SWG vorstellte und ihn um einige positive Worte bat, die der Schriftsteller ihn selbst zu formulieren bat, woraufhin die beiden freundlich um

---

189 Tagebucheinträge vom 5., 8, 11., 12., und 28.7.1949, sowie 19.2.1950, SBB-PK, Nachl. 406, 428.
190 Siehe etwa das Gutachten Oestreichs, o.D., SBB-PK, Nachl. 406, 411.
191 Peters an Camilla Strölin, 25.9.1949, SBB-PK, Nachl. 406, 428.
192 Ritter war wenig begeistert von Peters' kulturgeschichtlichem Schwerpunkt, ähnlich wie Alfred Weber in Heidelberg, der fand, Sozialstrukturelles gerate in Peters' Darstellung aus dem Blick: Tagebucheinträge vom 1.8., 1., 3., 9. und 19.9.1949. SBB-PK, Nachl. 406, 428.

jedes Wort feilschten.¹⁹³ Wenn Mann sich also drei Jahre später für die SGW einsetzte, dann sicher nicht, weil er sie intensiv studiert hatte.

Sachlichkeit und Sozialismus

Peters spielte nicht sauber. Aber ihm blieb auch nichts anderes übrig. Er wurde am Ende der 1940er Jahre zum Spielball selbstausgelöster Dynamiken. Er musste beeindruckende Referenzen vorweisen, wollte er ausreichend Aufträge zusammenbekommen, um eine Herstellung seines Buchs zu dem Stückpreis möglich zu machen, mit dem er die ersten Auftraggeber überzeugt hatte. Er bekam diese Referenzen in der polarisierten Situation des frühen Kalten Krieges aber nicht, wenn er völlig ehrlich in Bezug auf seine politische Haltung war. Also musste er mit späteren Distanzierungen sich hintergangen fühlender Forscher geradezu rechnen. Peters' Gratwanderung wurde noch riskanter dadurch, dass er parallel dazu in Leipzig historische Daten für ein Geschichtsbuch prüfen ließ, das dort nur eine Chance hatte, wenn es so »links« war, dass es im Westen durchzufallen drohte. Je weiter die Arbeit voranschritt, desto nervöser wurde er, denn Anfang 1950 stand die Überarbeitung der brisanten Abschnitte zum 19. und 20. Jahrhundert auf der Agenda, an denen sich später die Kritik entzünden sollte. Peters wandte sich in dieser verzweifelten Lage aber nicht etwa an andere HistorikerInnen, sondern an persönliche Vertraute. Es ist bemerkenswert, wie konstruiert die Leserschaft war, die Peters sich für sein Werk wünschte. Seinen Freund Jürgen Werner bat er, sich »in die Rolle eines Sozialisten zurück[zu]versetzen«. Werner solle überlegen, »wie Du dieses Faktum, diese Persönlichkeit sachlich unanfechtbar, aber in der Grundlinie unserer Weltanschauung beschreiben würdest, so, dass niemand sich vor den Kopf gestoßen fühlt.«¹⁹⁴ Peters haderte aber auch mit sich selbst. Irgendwie müsse das Ganze doch »sachlich« zu kriegen sein, schrieb er ins Tagebuch, um am Tag darauf – als das hessische Kultusministerium die letzten 150 Jahre sehen wollte – die Lebenslinien zu »entschärfen« und sich wenig später den Kopf darüber zu zerbrechen, wie er die »Gegenmacht« im Osten befriedigen könne.¹⁹⁵

Das Verhältnis zu den Leipzigern hatte sich zu diesem Zeitpunkt bereits weiter verschlechtert, aber wieder nicht aus (geschichts-)politischen Gründen. Im selben Brief, in dem er Peters den korrigierten Abschnitt über das 15. Jahrhundert nach Bad Säckingen zurückschickte, nahm Heinrich Becker endgültig von jeglicher Haftung für das Endprodukt Abstand. Der Leipziger Redaktion waren zufällig die Tabellen eines »Herrn Hesse von 1933« in die Hände gefallen. Es sei kaum zu übersehen gewesen, so Becker, »dass Ihr [...] dieses Buch [gemeint war Ludwig Hesses Werk *Die letzten tausend Jahre. Kulturgeschichtliche Tabellen*] so weitgehend abgeschrieben habt, dass der

---

193 Tagebucheintrag vom 27.7.1949, SBB-PK, Nachl. 406, 428.
194 Peters an Werner, 22.2.1950, SBB-PK, Nachl. 406, 428.
195 Tagebucheintrag vom 1.7.1949, SBB-PK, Nachl. 406, 428.

Verfasser [...] Euch womöglich daraus einen Vorwurf machen könnte«.[196] Peters flüchtete in seinem Antwortschreiben nach vorne. Man habe nicht nur Hesse, sondern auch die Ullstein- und Propyläen-Weltgeschichten benutzt, außerdem den *Ploetz* und Schillings *Weltgeschichte*, Kawerau/Wuessigs *Synoptische Tabellen*, Richters *Zeittafeln*, Steins *Kulturfahrplan* und Zeissigs *Neuen Geschichts- und Kulturatlas*. Wenn man Fakten nicht ohne Nennung der Quelle zusammentragen dürfe, so Peters (nicht ganz unplausibel), dann sei eine Unternehmung wie die SWG sinnlos.[197] Aber Peters konnte die Leipziger Büchermacher nur noch überreden, Zahlenangaben und Orthografie zu prüfen sowie die fotolithografische Aufbereitung der Druckvorlagen zu übernehmen – alles nun gegen Bezahlung in D-Mark. Dennoch ließ er auch inhaltliche Arbeiten weiter im Osten besorgen. Für die Überprüfung der Richtigkeit historischer Aussagen, für die die Leipziger nicht mehr zur Verfügung standen, schuf er eine »Vorprüfungsgruppe«, indem er entsprechende Aushänge in den Universitäten Greifswald, Halle und Rostock anbringen ließ. Es meldeten sich daraufhin einige Bibliothekare und Geschichtsstudenten, denen Peters, je nach Kompetenzbereich, umfangreiche Prüflisten schickte.[198] Zum Jahreswechsel 1949/50 leitete er also einen kleinen Betrieb, im dem der Großteil der rund 20.000 Einzeldokumente umfassenden Karteikarten mit kurzen Darstellungen weltgeschichtlicher Ereignisse und wichtiger Biografien entstand, die Peters fortan als Grundstock seiner Arbeiten dienten und die nun niemand mehr einer »politischen« Prüfung unterzog.

Bis der Druckerbetrieb Lohse mit der Produktion beginnen konnte, vergingen trotzdem noch zwei Jahre. Denn Peters hatte zwar die Abnahmegarantien der Länder in der Tasche, konnte diese aber nicht zu den nötigen Vorauszahlungen bewegen. Lediglich das Land Bremen bürgte für einen Kredit der Landeszentralbank.[199] Überdies war ohne die Arbeitsgemeinschaft der Schulbuchverleger nicht an Papier zu kommen, das für den komplizierteren Farbdruck geeignet war, der Peters vorschwebte. Er suchte daher die Erziehungsabteilung der HICOG in Bad Nauheim auf, zunächst nur, um in Erfahrung zu bringen, woher die Amerikaner das hochwertige Papier ihrer Karten bezogen. Deren Leiter, John O. Riedl, fragte ihn jedoch (nach einem Blick auf Peters' Kalkulationen), warum er nicht gleich 40.000 statt der avisierten rund 20.000 Exemplare drucke – man könne das Papier besorgen und den Rest der Produktionskosten zinsfrei leihen.[200] Peters konnte sein Glück kaum fassen. Er sorgte sich aber zugleich, dass eine so weitgehende Abhängigkeit von den Amerikanern seine »Souveränität« gefährden könne.[201] Dann wurde eine Lösung gefunden: Der Education Branch be-

---

196 Becker an Peters, 8.10.1949, SBB-PK, Nachl. 406, 428.
197 Peters an Becker, 19.10.1949, SBB-PK, Nachl. 406, 428.
198 Tagebucheintrag vom 19.2.1950, SBB-PK, Nachl. 406, 428.
199 Tagebucheintrag vom 18.11.1949, SBB-PK, Nachl. 406, 428.
200 Tagebucheintrag vom 15.3.1950, SBB-PK, Nachl. 406, 428.
201 Tagebucheintrag vom 6.4.1950, SBB-PK, Nachl. 406, 428.

stellte 12.000 Exemplare, die er tatsächlich an Bildungseinrichtungen zu verschenken gedachte, und bezahlte dafür mit Papier und Material für die Buchbindung[202]

Die Welt im Diagramm – oder: Was im Kalten Krieg keine Rolle spielte

1950 hatte Peters ein absurdes Kunststück vollbracht: Die Amerikaner finanzierten die Arbeit eines westdeutschen Sozialisten, die in der DDR erledigt wurde. Aber das Problem war nur aufgeschoben. Zwei Jahre später dürfte auch für Peters unverkennbar gewesen sein, dass er Osten und Westen nicht etwa versöhnt, sondern sich zwischen die Stühle gesetzt hatte. In Leipzig hinterließ er in sozialer Hinsicht »verbrannte Erde« – was dazu beitrug, dass sein Buch nie im sozialistischen Osten Deutschlands erschien, trotz der ab 1953 verstärkten entsprechenden Bemühungen Peters'.[203] In der Bundesrepublik aber löste sein Werk einen Politskandal aus, der Peters' eigentliches – sein kultur- und weltgeschichtliches Anliegen völlig aus dem Blick geraten ließ. Vor allem: Indem der »Synchronoptische Krieg« über den Vorwurf vorsätzlicher politischer Täuschung geführt wurde, verhinderte er eine Auseinandersetzung darüber, ob die *Synchronoptische Weltgeschichte* dem eigenen Objektivitätsanspruch überhaupt *hätte* genügen können. Es waren die Zeitgeschichte und dabei besonders die Kurzbiografien wichtiger Persönlichkeiten – also die vergleichsweise »traditionellsten« Passagen des Werks –, über die diskutiert wurde. Nun dürfte nicht überraschen, dass kein einziger Debattenbeitrag 1952 thematisierte, dass diese Personen ganz überwiegend männlichen Geschlechts waren. Es erschien aber auch niemandem die Tatsache erwähnenswert, dass die Länge

---

202 Abnahmevertrag, 7.5.1950, SBB-PK, Nachl. 406, 428.
203 Peters hat die »Leidensgeschichte« seines Buchs in der DDR genau dokumentiert: Peters Synchronoptische Weltgeschichte in der DDR. SBB-PK, Nachl. 406, 536. Die Publikation war zunächst 1952 durch das Amt für Literatur und Verlagswesen zurückgestellt worden. Nachdem einige von Peters' Unterstützern eine Eingabe machten, die darauf abhob, angesichts der »Zensur« im Westen biete sich der DDR eine Gelegenheit, ihre Meinungsfreiheit unter Beweis zu stellen, erwies sich das Interesse des Deutschen Pädagogischen Zentralinstituts immerhin als so groß, dass Peters 1958 einen Zweitwohnsitz in Weimar nahm, um das Projekt voranzutreiben, das aber rasch versandete. Ironischerweise hatten die DDR-Gutachter zuvor gerade die *fehlende* »Parteilichkeit« der SWG bemängelt (so der Leipziger Professor Walter Markov, 13.1.1954, ebd.). Es half sicher nicht, dass die wenigen Registereinträge der SWG zum »Historischen Materialismus« sich allesamt aufs 19. Jahrhundert bezogen. Die wenigen Rezensionen der »West«-SWG in der DDR-Fachpresse fielen aber überraschend positiv aus: Siehe etwa Rudolf Bethig/Hans-Georg Hofmann/Friedrich Weitendorf: Die »Synchronoptische Weltgeschichte« von Arno und Anneliese Peters – ein Standardwerk für Geschichtslehrer – und Studenten, in: *Geschichte in der Schule* 10 (1957), S. 382–394. Peters' geringe geschichtstheoretische Linientreue war auch schon im Westen Thema gewesen, nämlich eines am 7.12.1953 im SWDR ausgestrahlten Gesprächs zwischen Walter Goetz, von Stauffenberg, dem Historiker Karl Thieme, dem Journalisten Carl Linfert und dem Orientalisten Hans Heinrich Schaeder, der die SWG schätzte und auf das Fehlen vulgärmarxistischer Überbautheorien hinwies. Bemerkenswerter ist indes die Einschätzung Thiemes, dem es typisch für einen Zeitungswissenschaftler wie Peters schien, dass er »mittels Umbruch« auf das Wichtige hinweise. Transkription, S. 19, 2, SBB-PK, Nachl. 406, 584.

der Peters'schen Kurzbiografie-Felder von der Lebensdauer der jeweiligen historischen Person abhing. Dadurch war die Textmenge, die sich für diese Person unterbringen ließ, auf völlig kontingente Weise begrenzt. Allerdings hatte bereits der erwähnte kritische Leserbrief an das »Essener Tageblatt«, der die SWG-Diskussion mitauslöste, Zweifel angemeldet, ob das Problem der Objektivität überhaupt »rein graphisch lösbar« sei.[204]

Dass dieser Einwand verhallte, war womöglich nicht nur der Auseinandersetzung über den politischen Einschlag der SWG geschuldet. Es lag auch daran, dass Peters' diagrammatische Darstellung vielen Rezensenten zwar als besonders »modernes Geschichtsbild« vorkam, die SWG ihnen mit ihrer gediegenen Machart aber vertraut genug schien, um das Darstellungsverfahren eben *nicht* kritisch unter die Lupe zu nehmen.[205] Auch, dass dieses Verfahren – wie ich im medienhistorischen Zwischenschritt skizziert habe – in einer langen Tradition historischer »Cartographies of Time« stand, blieb in der Debatte unerwähnt. Es nahm sich auch kein Rezensent die Zeit, die SWG mit jenen Konkurrenzprodukten zu vergleichen, die Peters selbst zu Rate gezogen hatte. Dabei gab es auf dem westdeutschen Nachkriegsbuchmarkt eine ganze Reihe entsprechender Werke. Dies wirft die grundsätzliche Frage auf, ob die Popularität des Genres »Geschichtstabelle« mit seinem vermeintlich so neutralen, objektivitätsverheißenden Raster zusammenhing, das nichts mit den Geschichtsmythen des Nationalsozialismus gemein zu haben schien,[206] übrigens auch aus Sicht des Education Branch der HICOG: Peters konnte nicht wissen, dass diese nur wenige Wochen vor seinem Besuch in Bad Nauheim Adolf Richters *Zeittafeln zur Weltgeschichte* zugelassen hatte.[207] Ähnliche Distanzierungsabsichten ließen sich aber auch in dem thematischen Schwerpunkt ausmachen, der in gleich mehreren bundesrepublikanischen *Timelines* dieser Zeit auf die »Kulturgeschichte« gelegt wurde.[208]

---

204 Nobel, Freiheitskämpfer. Nur sehr vereinzelt war Skepsis angemeldet worden, ob das Unterfangen einer möglichst unparteilichen »Wiedergabe« der Geschichte nicht an medienbedingte Grenzen stoßen müsse: »Ist nicht alle Auswahl schon Wertung und damit subjektiv? Versucht man gar, wie die Verfasser der synchronoptischen Weltgeschichte es unternahmen, statt reine Fakten anzuführen, Persönlichkeiten mit ein paar Sätzen in ihrem Wesen und ihrer Bedeutung zu erfassen, begibt man sich leicht auf schlüpfrigen Boden.« (J. Meinhard: »Gefangene des eigenen Schemas«, in: *Kölner Stadtanzeiger*, 3.10.1952). Ähnlich argumentierte Alfred Heuß: Synchronoptische Weltgeschichte, in: *Weltwirtschaftliches Archiv* 73 (1954), S. 44–46.
205 *Frankfurter Rundschau*, 25.10.1952.
206 Eine solche psychohistorische These legt seiner Analyse der gefliesten Rasterfassaden der Wiederaufbauarchitektur zugrunde: Markus Krajewski: *Bauformen des Gewissens. Über Fassaden deutscher Nachkriegsarchitektur*, Stuttgart 2016. Christian Adam: *Der Traum vom Jahre Null. Autoren, Bestseller, Leser: Die Neuordnung der Bücherwelt in Ost und West nach 1945*, Berlin 2016 erwähnt in ähnlichem Zusammenhang den Erfolg der bereits vor 1945 konzipierten literaturwissenschaftlichen *Daten Deutscher Dichtung*.
207 O.N. an Riedl, 17.3.1949, NARA, RG 260, Entry Educ. Box 108, Folder 1.
208 Vgl. neben dem erwähnten Hesse die *Vergleichenden Zeittafeln zur Deutschen Geschichte*, die Peters' Namensvetter Ulrich Peters 1923 herausgegeben hatte: Adolf Richter: *Zeittafeln zur Weltgeschichte*, Stuttgart 1949 und Hans Zeissig: *Neuer Geschichts- und Kulturatlas. Von der Urzeit zur Gegenwart*, Hamburg/München 1950, sowie Karl Hermann Böhmer: *Die Zeitenschau. Übersicht über 20 Jahrhunderte. Synopti-*

Für die Rezensenten hätte sich der Vergleich mit dem 1946 erschienenen *Kulturfahrplan* Werner Steins angeboten, den Peters ja auch als eine seiner Faktenquellen nannte. Die Parallelen zum (grafisch weit weniger durchgestalteten) Werk Steins sind nicht zuletzt mit Blick auf den Autor interessant.[209] Der Physiker Stein – ein Berliner, Geschichtslaie und Goethe-Verehrer – war Sozialdemokrat und hatte den Nationalsozialismus als Referent im Luftfahrtministerium unauffällig »überwintert«. Wie Peters glaubte auch Stein an die didaktische Wirkung eines tiefenhistorischen Blicks auf die Menschheit insgesamt.[210] Das ging auch im *Kulturfahrplan* nicht immer gut zusammen mit der Betonung der Rolle hervorstechender historischer Persönlichkeiten. Man kann Stein dennoch als Autor würdigen, der zur bundesrepublikanischen »Rückversicherung an einer befreiten und ins Totale und Globale erweiterten Utopie von Geschichte« beitrug.[211] Aber Peters war in dieser Hinsicht konsequenter. Denn Stein ließ sich in der Darstellung der Zeitgeschichte zu einer recht ameriko-germanozentrischen Faktenauswahl hinreißen.[212] Peters' gleichbleibendes Schema hingegen räumte außereuropäischen Entwicklungen der jüngsten Geschichte, allen voran der Dekolonisierung, sehr viel mehr Platz ein. Peters verzichtete aus diesem Grund sogar auf wichtige Ereignisse der europäischen politischen Geschichte. Zudem entsprach die SWG ihrem weltgeschichtlichen Anspruch in der Behandlung der älteren Epochen, indem sie beispielsweise die technischen und medizinischen Errungenschaften Chinas und die künstlerischen Leistungen des vorkolumbischen Amerikas würdigte. Die gesperrt gesetzten Namen der Meisterdenker des arabischen Mittelalters (Abb. 5.7) dominierten manche Doppelseite geradezu. Peters war sich dieses Alleinstellungsmerkmals, das einen ganz erheblichen Teil der Prüfarbeit der späten 1940er Jahre verursachte, früh bewusst. Das zeigt sich schon an den Argumenten, mit denen er prominente Vertreter des »besseren« Deutschland wie Albert Einstein für eine Empfehlung seines Werks zu gewinnen versuchte, das er als »bewusste Abwendung von der nationalen Geschichtsschreibung« hin zu einer »völkerverbindenden Betrachtungsweise der Vergangenheit« präsentierte: »[D]er Ferne Osten steht neben der Entwicklung des Abendlandes wie der Islam oder die Kulturen Afrikas und Mittelamerikas.«[213] Nach seiner Publikation unterstrich er diesen Vorzug seines Buchs sogar durch grafisch-quantitative Vergleiche mit anderen »geschichtlichen Hauptwerken« aus Ost und West, die natürlich auch die Neutralität der SWG untermauern sollten. Ein Balkendiagramm etwa verdeutlichte, dass im *Ploetz* trotz anders lautender Absichtsbekundungen 92 % der »Tatsachen« Krieg und Politik und damit die europäische Geschichte behandelten, ganz ähnlich

---

    sche Tabellen. Kommentare. Illustrationen, Wiesbaden 1948.
209 Siehe zum Folgenden die Würdigung beider Publikationen als Werke, die die Vorstellung von der »biedermeierhaften« Geschichtskultur der 1950er Jahre differenzieren helfen: Niethammer, *1956*, S. 18.
210 Ebd., S. 7.
211 Ebd., S. 25
212 Ebd., S. 12.
213 Peters an Einstein, 4.4.1949, SBB-PK, Nachl. 406, 411.

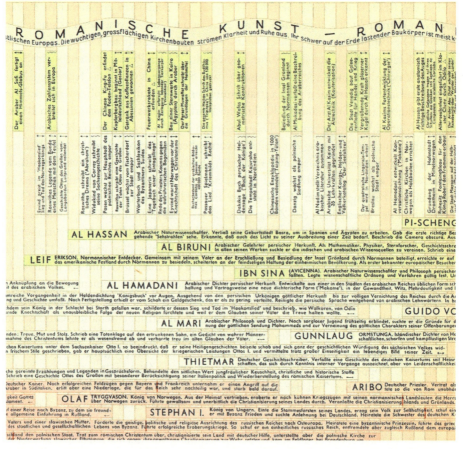

Abb. 5.7: Ausschnitt aus der SWG-Doppelseite zum 10. Jahrhundert. Erkennbar ist einer der wenigen Hinweise des Werks auf Transferprozesse zwischen den Weltregionen: »Arabisches Zahlensystem breitet sich in Europa aus« (erste Zeile, zweiter Eintrag von links)

wie die amerikanische *Encyclopedia of World History* und das Oberschulgeschichtsbuch der Moskauer Akademie der Wissenschaften.

Es war aber nicht nur der quantitativen Gewichtung der Geschichtsfakten geschuldet, dass die Nutzer und Nutzerinnen der SWG fast zwangsläufig der Leistungen außereuropäischer Zivilisationen gewahr wurden. Wenn Peters' Werk zumindest den ersten Rezensenten zufolge menschheitsgeschichtliche und daher friedensstiftende Ausblicke ermöglichte, so lag das daran, dass es die Fakten eben *nicht* nach geografischen Regionen anordnete. Es war im Gegenteil die *thematische* Sortierung, die ein grafisches Nebeneinander von Ereignissen zur Folge hatte, die zwar parallel, aber in teils weit voneinander entfernten Gegenden stattgefunden hatten. Es war der »Aha«-Effekt der Synchronizität, der (bis heute) einem Gefühl der Gleich*artigkeit* des Organisationsgrads und der Fortschrittsbemühungen – und in Verlängerung: der Gleich*wertigkeit* verschiedener Weltkulturen Vorschub leistet. Dieser Eindruck stellt sich etwa ein, wenn in der »Kultur«-Zeile des Jahres 1436 der Satz »Brunescello vollendet die Kuppel des Domes von Florenz« direkt neben dem Eintrag »Azteken-Hauptstadt Tezcucu (Mexiko) erhält Bibliothek« zu lesen ist. Zu einer regelrechten Relativierung des europäischen Zivilisationsgrads dieser Zeit konnte kommen, wer in der Zeile »Politik/Gesellschaftsordnung« zum Jahr 1431 las: »Jeanne d'Arc von der katholischen Kirche verbrannt« und dann zum nebenstehenden Textfeld sprang, in dem es hieß: »Bündnis von drei Aztekenreichen in Mittelamerika«.[214]

Diese Engführungen haben freilich intellektuelle Kontexte, die über Peters' persönliches Motiv hinausweisen, vor den internationalistisch und kolonialismuskritisch gesinnten Eltern zu bestehen. Nicht ohne Grund sprach Peters hier von Welt-, dort von Menschheitsgeschichte und manchmal auch von Universalgeschichte. Nicht ohne Grund hatte er Walter Goetz, den ehemaligen Leiter des von Karl Lamprecht gegründeten Leipziger Instituts für Kultur- und Universalgeschichte, als Gutachter zu gewinnen versucht. Goetz' Forschungsfeld erlebte nämlich in DDR *und* Bundesrepublik der frühen 1950er Jahre eine kleine Renaissance, bis es im Osten von historisch-materialistischen, im Westen von strukturgeschichtlichen Ansätzen verdrängt wurde.[215] Auch diese Renaissance lässt sich auf den Wunsch nach Distanzierung vom »tausendjährigen Reich« zurückführen. Mehr noch hatte sie damit zu tun, dass universalgeschichtliche Fragestellungen dem bildungspolitischen Auftrag wichtiger Institutionen der innereuropäischen Wiederannäherung entgegenkamen, wie dem französisch geförderten Mainzer Institut für Europäische Geschichte, das in seinen Anfangsjahren an postnationalen »Geschichtsbildern« arbeitete.[216] Peters bekam Ende der 1940er Jahre überdies Wind von den Bestrebungen der UNESCO, eine Weltkulturgeschichte aufzulegen, die Instrument der Völkerverständigung werden sollte (1950 beschlossen, erschien die dreizehnbändige *History of Humanity* allerdings erst zwischen 1966 und 1976). Es war nicht zuletzt das Scheitern von Finanzierungsgesuchen bei der UNESCO, das Peters seinen Blick auf die westdeutschen Kultusministerien als potenzielle Abnehmer der SWG richten ließ.[217] Es ist bezeichnend für sein Selbstverständnis als Internatio-

---

214 Peters/Peters, *Synchronoptische Weltgeschichte*, o.S.
215 Zur (Vorkriegs-)Universalgeschichte und ihren Renaissancen siehe die Beiträge in: Wolfgang Hardtwig/Philipp Müller (Hg.): *Die Vergangenheit der Weltgeschichte. Universalhistorisches Denken in Berlin*, Göttingen 2010; speziell zu den wechselhaften Leipziger Versuchen, Weltgeschichte zu schreiben: Matthias Middell: *Weltgeschichtsschreibung im Zeitalter der Verfachlichung und Professionalisierung. Das Leipziger Institut für Kultur- und Universalgeschichte 1890–1990*, 3 Bde., Leipzig 2005.
216 Ernst Schulin: Universalgeschichte und abendländische Entwürfe, in: Jürgen Osterhammel (Hg.): *Weltgeschichte*, Stuttgart 2008, S. 49–63, der auch eine sich erhärtende Abwehrhaltung gegenüber weniger »abendländlerischen« und christlichen Ansätzen ausmacht, die dem »eher harmlosen westdeutschen universalhistorischen Überblickswerk« Peters' zum Verhängnis wurde: S. 58.
217 Peters an den Generaldirektor der UNESCO, 21.4.1949, SBB-PK, Nachl. 406, 428.

list, dass Peters direkt über Auslandsausgaben nachdachte, als sich im Sommer 1949 tatsächlich eine Unterstützung durch die Bundesländer abzeichnete. So nahm er Kontakt mit der französischen Hochkommission in Bad Godesberg auf.[218] Und er sprach, nun mit seiner Thomas-Mann-Referenz in Händen, in Düsseldorf beim UNESCO-Bevollmächtigten für die Britische Besatzungszone, Wim Verkade, vor. Der vertröstete ihn zwar, empfahl Peters aber immerhin an Georg Eckert weiter, der kurz darauf die Leitung des neugegründeten Internationalen Schulbuchinstituts in Braunschweig übernahm, an dem die in Mainz begonnenen deutsch-französischen Schulbuchrevisionen weitergeführt wurden (deren Ergebnisse Peters wenig später recht kritisch kommentierte).[219] Peters' Expansionsphantasien kannten phasenweise kaum Grenzen: Er imaginierte diverse Übersetzungen der SWG sowie ergänzende Bild- und Quellenbände, eine Geschichtsphilosophie und weitere »völkerverbindende« Werke für alle Unterrichtsgebiete. Auch einen Namen für eine entsprechende Organisation ließ er sich vorsorglich ins Englische übersetzen: »An Organization for the Preparation of a World Education Plan«.[220]

Selbstdisziplinierung und Kosmopolitisierung

Dass daraus nichts wurde, sollte ebenso wenig überraschen wie die Tatsache, dass es noch bis 1962 dauerte, bis Peters die *Histoire Mondiale Synchronoptique* in Händen hielt. Aus dem Bildwerk, das ihm in den 1950er Jahren vorschwebte, wurde indes die Weltkarte, für die Peters heute berühmt – oder berüchtigt – ist. Bevor ich mich deren Vorgeschichte widme, muss aber die Frage beantwortet werden, was Peters *antrieb*. Warum ließ er sich auf das Vabanque-Spiel mit den Behörden in Ost und West ein? Peters verhielt sich gerissen, teils unehrlich; wenn man in seine Biografie eintaucht, beschleicht einen ohnehin wiederholt das Gefühl, dass ihm seine Ideale vor lauter Kampfeslust zu entgleiten drohten. Aber gelegentlichen Zweifeln zum Trotz blieb Peters von seiner weltgeschichtlichen Sache überzeugt, ja er wurde es im Laufe der Arbeit sogar immer mehr. Das ist umso bemerkenswerter, als die SWG, so radikal sie ihren Gegnern auch

---

218 Peters an André François-Poncet, 20.8.1949, SBB-PK, Nachl. 406, 428.
219 Peters sandte der Zeitschrift »Schule und Nation« einen Leserbrief in Reaktion auf einen Artikel des marxistischen Historikers Pierre Vilar, dessen Kritik des Eurozentrismus der deutsch-französischen Schulbuchrevision Peters um den Vorwurf ergänzte, diese unterschlüge *Konflikte* in der Geschichte systematisch, was Peters auf die letztlich bündnispolitische, nicht wirklich internationale Ausrichtung der beteiligten Institutionen zurückführte. In seiner Replik stimmte Vilar dem im Wesentlichen zu (*Schule und Nation*, 1 [1956], S. 195). Zu Vilars Kritik: Corine Defrance/Ulrich Pfeil: Georg Eckert, ein »Mann guten Willens«. Von der deutsch-französischen Schulbuchrevision nach 1945, in: Dieter Dowe u.a. (Hg.): *Georg Eckert: Grenzgänger zwischen Wissenschaft und Politik*, Göttingen 2017, S. 237–274, hier S. 250f., sowie Romain Faure: *Netzwerke der Kulturdiplomatie. Die internationale Schulbuchrevision in Europa, 1945–1989*, München 2015, hier S. 161, 164.
220 Tagebucheintrag vom 16.3.1950, SBB-PK, Nachl. 406, 428.

erschien, ein einziger Kompromiss war. Dass sie ein ideologisch mindestens blassroter Faden durchzog, war aber weniger Ergebnis äußerer Zwänge, als Peters sich das selbst eingestand. Eher dürfte es Ausdruck seines persönlichen geistigen Spagats zwischen den beiden Deutschlands gewesen sein, dass Peters für einen gemäßigt sozialistischen, letztlich aber fiktionalen Leser schrieb. Einiges deutet darauf hin, dass vor Peters' innerem Auge zur gleichen Zeit aber auch so etwas wie die »Eine Welt« Konturen annahm – und dass sie es war, der seine Mission galt.

Wie genau man mit der SWG »kosmopolitisch [zu] denken lernen« konnte,[221] das scheint Peters jedoch keineswegs von vornherein klar gewesen zu sein. Dass er es am Ende der Produktion seines Erstlingswerks wusste, lag daran, dass der Welt-Bildner *in spe* sich während der Arbeit einem rigiden Zeitregime unterwarf. Wie schon während der Paukerei für das Begabtenabitur im »Dritten Reich« stellte das Tabellenraster der SWG ein Disziplinierungswerkzeug dar. Dieses erlaubte es Peters, sich klare Ziele zu setzen, die er bis auf die Ebene der täglichen Arbeitsstunden herunterbrach, die er sich in seinem Bad Säckinger Arbeitszimmer zu verbringen zwang. Wiederholt beglückwünschte er sich in seinem Tagebuch zur Planübererfüllung. Dann wieder geißelte er sich darin ob der verzögerten Fertigstellung eines Jahrhunderts. Zugleich dokumentierte er, wie sehr die Struktur des gewählten Mediums auf sein eigenes »Geschichtsbild« zurückwirkte. Während er den noch unbearbeiteten Abschnitt zum 19. Jahrhundert mit Daten füllte, beobachtete er merkwürdige Emergenzen: »[U]nsere Arbeit ist, das erkenne ich immer deutlicher, *nicht* nur ein Mittel zur Verdeutlichung der Geschichte. Schon in der Blickführung liegt eine meinungsbildende Kraft«.[222] Wenige Tage später entschied er sich dann – mittlerweile unter dem Druck, das 19. und 20. Jahrhundert politisch zu entschärfen –, die entsprechenden Lebenslinien zu kürzen. Den so gewonnenen Tabellenraum aber füllte er mit anderen, weniger verfänglichen, kulturgeschichtlichen Angaben. Und infolgedessen wurde ihm »die ansteigende Produktivität auch auf geistigem Gebiete in den letzten zweihundert Jahren deutlich«. Peters entdeckte Muster in den Daten, die er unter dem Zwang zur politischen »Neutralität« selbst in die SWG einwob. Kulturelle Ereignisse, schrieb er einige Zeit darauf, dominierten die Weltgeschichte geradezu. Und das erschien Peters, der offenbar gar nicht mehr zwischen »der« Geschichte und seiner Darstellung derselben unterscheiden konnte, als »eine erfreuliche Bilanz«.[223] All das wäre nicht weiter erwähnenswert, hätte Peters nicht ab Mitte der 1950er Jahre auf genau diese im eigenen Arbeitsprozess gewonnenen Erkenntnisse hinzuweisen begonnen, als er die Werbetrommel für die SWG rührte. Er sah sich nun auch schon als der Kartograf, als der er bald darauf tatsächlich reüssieren sollte. In den 1980er Jahren schilderte Peters gern, wie er nach Erstellung seines Zeitrasters (seiner »Zeitkarte«, wie er sie mittlerweile nannte) in Europa große

---

221 Entwurf für ein Vorwort, o.D. [März 1949], SBB-PK, Nachl. 406, 428.
222 Tagebucheintrag vom 28.6.1949, SBB-PK, Nachl. 406, 428 [Hervorh. im Original].
223 Tagebucheintrag vom 30.1.950, SBB-PK, Nachl. 406, 428.

»weiße Flächen«, anderswo jedoch »Epochen und Kulturen von ungeahnter geschichtlicher Bedeutung und Dichte« ausgemacht habe.[224] Der Autor wurde, zumindest in dieser retrospektiven Lesart, geradezu vom Medium überrumpelt.

Was Peters allen Hindernissen zum Trotz an seiner Veröffentlichung festhalten ließ, war also die neugewonnene Überzeugung, dass er die »heilsame«, gewissermaßen kosmopolitisierende Wirkung, die die Datenarbeit auf ihn selbst gehabt hatte, anderen angedeihen lassen konnte. Diese Überzeugung führte Peters zugleich zu einer ungewöhnlich frühen Kritik am Eurozentrismus der Geschichtsschreibung seiner Zeit. Bereits kurz nach Erscheinen der SWG kritisierte er, dass ein Großteil der konventionellen historiografischen Gesamtdarstellungen beiderseits des Eisernen Vorhangs die Geschichte auf gleich dreierlei Weise verzerrten, die einander sogar gegenseitig verstärkten: räumlich, zeitlich und sektoral. Auf diese Weise würden Vorentscheidungen zum Stoff getroffen, die die Dominanz eines Teils der Welt alternativlos erscheinen ließen; es sei fast nur von Europa die Rede, fast nur von den vergangenen 500 Jahren, in denen Europa dominiert habe, sowie von Kriegen, von Politik, von Eroberungen, was ebenfalls die Dominanz Europas in den Fokus rücke. Es dauerte nicht lange, bis Peters seine SWG im Kontrast geradezu zum Eichmaß erklärte, das solche »perspektivische Verzerrungen von Raum und Zeit« zurechtrückte. Peters nahm nun bevorzugt Werke wie die *Weltgeschichte Europas* aus der Feder Hans Freyers aufs Korn, dessen Titel allein die »Enge unseres Geschichtsbildes zur Ideologie« erhebe. Umso wichtiger sei es, der historisch geprägten »Selbstüberschätzung Europas und damit der Disproportionalität unseres raum-zeitlichen Weltbildes« das »Korrektiv der Universalgeschichte« entgegenzustellen, zumal im »Zeitalter der Weltwirtschaft, des erdumspannenden Verkehrs und des globalen Nachrichtenwesens«.[225]

Diese Globalisierungsdiagnose *avant la lettre* brachte Peters auch schon in einem Vortrag im großen Saal der Frankfurter Börse zu Gehör, zu dem er im Frühjahr 1954 – als der SWG-Skandal allmählich abflaute – vom Börsenverein des deutschen Buchhandels eingeladen worden war. Hier betonte er, dass das Zeitalter der Nationalstaaten vorbei sei, denn »[d]ie Erde ist in wenigen Jahrzehnten zu einem einzigen überschaubaren Lebensraume geworden.« Diesen aber gelte es »geistig zu durchdringen, zu ordnen, zu meistern«, wofür ein »Wissen um die eigene Stellung in Raum und Zeit« zentral sei, das auf möglichst niedrigschwelligem, daher demokratischem Wege vermittelt werden müsse.[226] Dass er selbst ein Instrument für diese Vermittlung entwickelt hatte, betonte

---

224 Die paritätische Darstellung von Raum und Zeit als unabdingbare Prämisse eines wissenschaftlichen Weltbildes. Vorgetragen beim Symposion der UN-Universität »GEO-CULTURAL VISIONS OF THE WORLD«, Cambridge, 29.3.1982. SBB-PK, Nachl. 406, S. 14.
225 Arno Peters: Die perspektivische Verzerrung von Raum und Zeit im historisch-geographischen Weltbilde der Gegenwart und ihre Überwindung durch neue Darstellungsweisen. Ein Vortrag gehalten an der Ungarischen Akademie der Wissenschaften in Budapest, 6.10.1967, SBB-PK, Nachl. 406, 201.
226 Der moderne Mensch und die Weltgeschichte. Vortrag, gehalten am Verlegerabend des Börsenvereins für den deutschen Buchhandel im großen Saal der Frankfurter Börse, 11.3.1954, SBB-PK, Nachl. 406, 178.

Peters wenige Tage später in einer weiteren Rede, die er im Rahmen einer öffentlichen Vortragsreihe im alten Wartesaal des Kölner Hauptbahnhofs zum Thema »Enzyklopädie und Universalgeschichte« hielt.[227] Politische Verantwortung, so Peters, könne nur übernehmen, wer über die »Zerrissenheit und scheinbar unauflösliche Gegensätzlichkeit« der Welt hinweg das Verbindende in der Menschheitsgeschichte sehe: »Die Welt hat mit der zunehmenden Technisierung ihre Überschaubarkeit verloren.«[228] Aber die Technik habe »zugleich höchst segensreich auf die Entwicklung der Menschheit eingewirkt«, indem sie »durch erhöhte Produktivität die volkswirtschaftliche Voraussetzung dafür geschaffen hat, daß heute die gesamte Menschheit der Bildung teilhaftig werden kann.« Ein Echo seiner Dissertation lässt sich in seiner Feststellung vernehmen, dass »[o]hne die Demokratisierung der Bildung die arbeitende Bevölkerung ›Masse‹, Schlagworten und Gefühlsregungen ausgeliefert« sei. Dies behindere die »Höherentwicklung der Gesellschaft«. Es gelte also gerade »intellektuell Unvorgebildete« zu erreichen. Und hier komme die SWG ins Spiel. Sie verdeutliche – das konnte sich Peters als Sozialist offenbar nicht verkneifen – zum einen »das Bewußtsein der eigenen einmaligen Stellung des arbeitenden Menschen unserer Epoche im großen Prozeß des Lebens«. Sie animiere aber zum anderen auch zur Abkehr von einem politik- und nationalgeschichtlichen Denken. Dadurch, dass sie alle Bereiche der Geschichte einbeziehe, helfe die SWG dabei, »[i]n der Menschheitsgeschichte eine sinnvolle Kontinuität«, ja den Prozess der Entwicklung zur »zivilisatorischen Höhe der Gegenwart« zu erkennen. Zugleich lade ihr »Darstellungssystem« zu einer »selbständigen Verarbeitung« dieser Tatsache ein – was allein echte Bildung möglich mache. »Die Einheit der Weltgeschichte zu verwirklichen ist unserem Jahrhundert aufgegeben; sie in ihren historischen Wurzeln zu umfassen und gemeinverständlich darzutun, scheint mir die Aufgabe des Enzyklopädisten unserer Epoche, des Universalhistorikers.«[229]

Es mutet fast »Fulleristisch« an, wenn Peters also eine medial ermöglichte aufgeklärte Sicht auf die Geschichte als notwendige Voraussetzung dafür erschien, die Produktivitätsreserven der Welt aufzuschließen, die der Bildung und Höherentwicklung der Menschheit zugutekommen sollten. Rund 15 Jahre später allerdings, im Kontext des globalistischen Revisionismus der 1970er Jahre, der noch zu beschreiben ist, verschoben sich Peters' Medienwirkungsbehauptungen. Er schilderte seine eigenen Erfahrungen mit der Erstellung der Tabelle nun als *Läuterungsprozess*. Die Arbeit wurde zur

---

Peters betonte hier auch: »[A]ls ich mich an den Zwang [zu Kurzfassungen] gewöhnt hatte, empfand ich ihn bald als sehr heilsam, und ich verdanke gerade dem Zwange dieser Arbeitsweise entscheidende geschichtliche Erkenntnisse«.

227 Andere Redner dieser sogenannten »Mittwochsgespräche« waren Theodor W. Adorno und der ehemalige »konservative Revolutionär« Ernst von Salomon: Schildt, *Medien-Intellektuelle*, S. 243.

228 Arno Peters: Enzyklopädie und Universalgeschichte. Vortrag zum Kölner Bahnhofsgespräch über »Lexikon – ein Rettungsring« im Wartesaal des Kölner Hauptbahnhofs am 24. März 1954, SBB-PK, Nachl. 406, 180, S. 1.

229 Ebd., Zitate auf S. 4, 5, 6.

Übung in Demut und zur willentlichen Re-Formatierung der eigenen Perspektive, die durch die Strenge des gewählten Mediums erzwungen wurde.

Diese Umdeutung hing mit einer Verschiebung der Aufmerksamkeit der avisierten LeserInnen zusammen. Diese verlagerte sich zu Beginn des letzten Drittels des vergangenen Jahrhunderts auf eine Thematik, zu der sich Arno und Anneliese Peters selbst indes bereits 1955 erstmals geäußert hatten. Anlässlich der afro-asiatischen Konferenz im indonesischen Bandung im April dieses Jahres (auf der sich das Staatenbündel konsolidierte, das bald als Bewegung der Blockfreien Staaten in Erscheinung trat) übten die beiden scharfe Kritik an der Entwicklungshilfe, und dies mit der Autorität der Welthistoriker. In einem Artikel in der linksgerichteten schweizerischen Zeitschrift »der neue bund« wiesen sie die Bezeichnung »unterentwickelte Völker« zurück. Schließlich sei das Elend in manchem »Entwicklungsland« Folge der »fast vierhundertjährigen europäischen ›Hilfe an die unterentwickelten Völker‹ – denn unter dieser Parole ist ja die Kolonisation der nichteuropäischen Welt von den Europäern schon in der Vergangenheit durchgeführt worden«. Das Gleiche könne man gegenwärtig beobachten: Viele Hilfsprogramme der Industrieländer des Westens und Ostens (!) hätten nur die Schaffung neuer Absatzmärkte für ihre eigene Wirtschaft im Blick. Sie stellten also einen verkappten Kolonialismus auf »neuer, raffinierterer Basis« dar. Damit nicht genug: Die europäische Arbeiterschaft habe am »alten« Kolonialismus mitverdient. »Jeder Sozialist« müsse sich daher »überlegen, ob er durch die Unterstützung der nur schwach mit humanitärer Tünche überstrichenen Programme zur Umwandlung des politischen Kolonialismus in eine rein wirtschaftliche Ausbeutung der ›unterentwickelten‹ Gebiete beitragen will«. Gerade die nicht (bzw. nicht mehr) unmittelbar vom Kolonialismus betroffenen Schweizer und Deutschen sollten die Sympathien der entsprechenden »Völker« nicht verspielen. Zumal die Entwicklungsthematik auch von sozialen Fragen zuhause ablenke. Man dürfe sich nicht als »Gouvernante der Welt« gerieren, solange soziale Ungerechtigkeiten im eigenen Land nicht beseitigt seien: »Spielt euch nicht aufs Neue auf, laßt jedes Land seine Probleme selbst lösen und helft individuell, wenn ihr dazu aufgefordert werdet«. »Bandung« zeige, dass die andere Welt ihre Probleme selbstbestimmt lösen müsse, ohne »westliche Mäzene«. Das war alles nicht sonderlich originell für zwei AutorInnen, deren einer Sprössling eines anti-imperialistischen Elternhauses war. Jedoch war die abschließende, geradezu relativistische Aussage unzweifelhaft seiner vergleichenden Würdigung historischer Hochkulturen geschuldet – und wies als solche in die Zukunft voraus. Was, so fragten Arno und Anneliese Peters, »soll beispielsweise eine Chinesin, die heute mit 50 Prozent eingetragene Mitbesitzerin des von ihr und ihrem Manne gemeinsam bearbeiteten Bodens ist, zu dem Vorbilde der Schweizer Demokratie sagen, in der allein der Mann das Recht hätte, über öffentliche Dinge abzustimmen?«[230]

---

230 Arno Peters/Anneliese Peters: Einwände gegen die »Hilfe an unterentwickelte Völker«, in: der neue bund 6/7 (1955), S. 82–86, Zitate auf S. 83, 84, 86. Erwähnenswert scheint vor diesem Hintergrund, dass

In den 1950er Jahren scheiterte Peters also mit der Absicht, die Geschichte in der »Ersten« und der »Zweiten« Welt zusammenzuführen. Ein Ergebnis dieser Erfahrung jedoch war, dass er zum Stichwortgeber der Gegner jener universalistischen Entwicklungsnormen wurde, die die Optik von Fullers *Geoscopes* färben. Peters prangerte immer häufiger die »Überheblichkeit gegenüber der Geschichte des asiatischen Ostens« an, dessen 1,3 Milliarden Menschen immerhin nur 0,7 im Rest der Welt gegenüberstehen, und der noch dazu die »Heimat der ersten menschlichen Kulturen« sei.[231] Allerdings war gerade die SWG hinsichtlich ihrer relativistischen Botschaften nicht ohne Widersprüche. Umso mehr fällt auf, dass die zeitgenössischen Besprechungen zwar voller Friedens- und Völkerverständigungspathos das Konzept der *innereuropäischen* Versöhnung akzentuierten, die die Benutzung der SWG vorantreiben könne, aber letztlich die Plausibilität der globalen Perspektive des Werks nicht in Zweifel zogen. Kein Wort fiel zu Peters' Unterteilung des Zeitstrahls in kunsthistorische Epochen wie »Barock«, »Rokoko« oder »Klassizismus«, die kaum geeignet scheint, europäische Deutungsmuster zu hinterfragen. Auch die Zeitspanne, die die SWG umfasste, verdankte sich einer eurozentristischen Wahrnehmung. Heute kann kein »Western Civ«-Kurs ohne vergleichende Rekurse auf vorchristliche Hochkulturen auskommen. In den ersten Auflagen der SWG fehlte aber die Geschichte dieser frühen Hochkulturen, in der – *das* immerhin betonte Peters auf einer der Tabelle vorangestellten Doppelseite zu den »wichtigsten Ereignissen der Vorzeit« – wesentliche zivilisatorische Leistungen der außereuropäischen Welt vollbracht worden waren. Tatsächlich war es *dieses* Defizit, das Peters bald darauf mit einer um die Frühgeschichte erweiterten Auflage der SWG aus der Welt zu schaffen hoffte.

Visualisierte Weltgeister

Auch eine andere Spannung der SWG konnte Peters nie ganz abbauen. Wenn er in den nächsten Jahren von seiner Arbeit sprach, hob Peters deren partizipatorischen Aspekt hervor, der in der eigenen gedanklichen Verknüpfung der historischen Einzelereignisse durch seine LeserInnen bestand. Es sei diese eigenständige Leistung, die gerade weniger gebildete Menschen zur Formung eines wahrheitsgetreuen »Geschichtsbildes« befähige. Der Singular ist wichtig. Peters war alles andere als ein Pluralist. Zwar betonte er, sein Werk enthalte sich jeder Interpretation und Suggestion von Kausalbe-

---

Peters wenige Jahre zuvor dem indischen Ministerpräsidenten einen (unbeantwortet gebliebenen) Huldigungsbrief sandte, in dem er schrieb, Deutschland befinde sich »augenblicklich in dem von Indien nun überwunden [kolonialen] Zustande«, um dann den Wunsch zu äußern, »das alte Kulturvolk des Ostens [möge] der übrigen Welt schließlich helfen, aus der tiefen Weisheit seiner Vergangenheit den Weg in die Zukunft zu finden, der nicht eine Frucht der abendländischen Zivilisationen allein sein kann«. Peters an Nehru, 30.1.1950, SBB-PK, Nachl. 406, 428.

231 So zitierte Kurt Gehrmann: Historiker als politisch Blinde, in: *Neue Presse*, 28.1.1954, einen weiteren Vortrag Peters'.

ziehungen. Dennoch war er sicher, jeder aufmerksame Benutzer der SWG könne gar nicht anders, als *einen* überwölbenden, positiven historischen Entwicklungstrend identifizieren. So schalt Peters in seinem oben zitierten Frankfurter Vortrag 1954 zwar die herkömmliche Geschichtswissenschaft angesichts ihrer Vermengung von Fakten und »Geschichts-Philosophie«. Er schloss aber doch mit dem Appell:

> Die Geschichte hat den Weg der Menschheit aus ersten Kulturanfängen zur geistigen, sittlichen und zivilisatorischen Höhe der Gegenwart so umfassend wie möglich zu erarbeiten und seine Höhepunkte in klarer, allgemeinverständlicher Weise wahrheitsgemäß zu Anschauung zu bringen [...]. Diese Einheit der Weltgeschichte, die bewußt zu verwirklichen unserem Jahrhundert aufgegeben ist, in ihren historischen Wurzeln darzutun, darf als eigentliche Aufgabe der heutigen Geschichtsdarstellung gelten.[232]

Die SWG enthielt also viele Wege, auf denen man immer beim selben Ziel ankam. Der Schlüssel, um dieses Mäandern zwischen Objektivität und Normativität zu erklären, ist Peters' Kulturbegriff. Zwar begriff der werdende Welt-Bildner »die« Kultur im Sinne eines gemeinsamen Menschheitserbes. Dass der erklärte Sozialist allerdings dem Faktor »Kultur« so großen Stellenwert einräumte – ganz anders als der Ökonomie, wie selbst vereinzelte Kritiker im Westen anmerkten –, ist ein Echo des »Dritten Reichs«. Dieses Echo lässt sich also nicht nur in der an der Berliner Universität erlernten Technik der medialen Massenbeeinflussung qua Simplifizierung und Repetition vernehmen, die weiterhin im Widerspruch zu Peters' emanzipatorischer Rhetorik stand. Es zeigt sich auch darin, dass er wenig zur internationalen Klassensolidarität zu sagen hatte, für ihn aber umso mehr gegen die Massengesellschaft sprach, vor allem aber gegen die »Spaltung« der Menschheit, die er als Wurzel allen Übels in Geschichte und Gegenwart betrachtete. Irritierenderweise war den Rezensenten und »Gutachtern« der 1950er Jahre der latente Antisemitismus entgangen, der diese Spaltungsdiagnose überformte. Sogar die »Allgemeine Wochenzeitung der Juden in Deutschland« (heute »Jüdische Allgemeine«) war voll des Lobs für ein Buch, in dessen frühgeschichtlichem Vorspann die Zehn Gebote zwar als besonders leicht verständliche »Sittenlehre für die Menschen seiner Zeit« gewürdigt, die Juden dann aber der Ursünde des Ethnozentrismus beschuldigt wurden, den Peters allerdings in einem relativierenden Halbsatz auch anderen »Völkern« ankreidete: »[Moses] [l]ehrte den Bund seines Volkes mit Gott und legte damit den Grund zum Bewußtsein der göttlichen Auserwähltheit eines Volkes, das später die Weltmachtansprüche der Juden und vieler anderer Völker rechtfertigen sollte.«[233]

Wenn Peters den NutzerInnen der SWG also nahelegte, die Großform der Menschheitsgeschichte zu identifizieren, indem sie die Augen zusammenkniffen und seine Ta-

---

232 Der moderne Mensch und die Weltgeschichte, 11.3.1954, SBB-PK, Nachl. 406, 178, S. 5.
233 Peters/Peters, *Synchronoptische Weltgeschichte*, o.S. In späteren SWG-Auflagen fehlte der Passus.

bellen aus der Entfernung betrachteten, dann geschah dies mit der Absicht, sie die Gesetzmäßigkeiten des historischen Prozesses erkennen zu lassen, für die sie die »Spaltung« sonst blind machte. Anders als bei manchen Abendland-Theoremen der Universalgeschichte, auf die er sich zumindest vordergründig berief, waren es aber nicht die kulturmorphologisch-evolutionären Geschichtsphilosophien eines Oswald Spengler (oder der von Peters durchaus bewunderte Arnold J. Toynbee), die hier Pate standen.[234] Dafür war Peters zu optimistisch; ihm erschien selbst die so entbehrungsreiche Zeitgeschichte als bislang höchste Stufe einer kontinuierlichen, sittlichen Höherentwicklung der Menschheit. Diese Entwicklung hatte die Menschheit in Gestalt einander zwar ablösender, auch geografisch getrennter, aber doch auf einander aufbauender Kulturen vollzogen. Im Endergebnis konnte dieser Prozess nun zu einer gerechteren und vereinigten, ungespaltenen globalen Gemeinschaft führen. Zwar gehörten – und nur in diesem Punkt zeigte sich Peters von marxistischen Geschichtstheorien beeinflusst – bestimmte gewaltsame Auseinandersetzungen zu den »aufbauenden« oder »schöpferischen« Kräften der Menschheitsgeschichte: Befreiungsbewegungen, Aufstände und Revolutionen (sofern diese auf die Befreiung von Unterdrückung durch Kirchen, Könige und Kolonialherren abzielten). Aber Peters begriff vor allem hochkulturelle sowie wissenschaftliche und technische Leistungen als Kräfte des Guten, und das prägte stark die Auswahl seiner »Daten«, unter denen auffällig viele künstlerische Werke waren, die den Menschen ihre Gemeinsamkeiten vor Augen führten. Darüber hinaus verzeichnete die SWG viele Durchbrüche im Kommunikationswesen (nicht zuletzt in der Kartografie) und zentrale Innovationen der Verkehrs- und sogar der Raketentechnik, die die Menschen seiner Auffassung nach immer enger verbanden. Gerade Angaben dieses Typs waren es, die sich, ganz ähnlich wie bei Fuller, am Ende des »Zeitenfrieses« mehrten, also am Übergang zur Gegenwart des Jahres 1952.[235]

Auch die SWG ist also Frucht der widersprüchlichen Erfahrungen und intellektuellen Einflüsse, denen Peters in mittlerweile vier deutschen Staaten ausgesetzt gewesen war. Elemente der anti-imperialistischen Ideenwelt der Weimarer Republik vermisch-

---

234 Zur Rolle dieser Autoren in der jungen Bundesrepublik: Schildt, *Medien-Intellektuelle*, S. 280-282. Es war womöglich weniger die kulturkritische Geschichtsphilosophie der Zwischenkriegszeit als die ab Mitte der 1840er Jahren erschienene, gewissermaßen vorhistorische *Weltgeschichte für das Deutsche Volk* Friedrich Christoph Schlossers, die vor Peters' Augen eine immer weitere aufsteigende Kulturspirale entstehen ließ, die, wie schon bei Hegel, im Osten begann: Das legt der Tagebucheintrag vom 17.11.1946, SBB-PK, Nachl. 406, 428, nahe.

235 Es ist zeittypisch, aber eben auch für Peters' Denken bezeichnend, dass ihm die Gründungen des Völkerbundes und der UN je einen Eintrag wert schienen, seine Angaben zur Judenverfolgung sich aber auf ein einzelnes Datum zum Jahr 1935 beschränkten: »Nürnberger Gesetze gegen Juden«. Das waren 14 Zeichen weniger, als Peters sie folgendem Ereignis des Jahres 1946 widmete: »Kugelgestalt der Erde photographisch bewiesen«. Allerdings ließe sich auch argumentieren, dass die geringe vorhandene Zeichenzahl dem globalgeschichtlichen Anspruch geschuldet war: Geradezu lässig mutet an, dass Peters dem Zweiten Weltkrieg 32 Wörter widmete, der »chinesischen Revolution« der 1930er und 40er Jahre aber doppelt so viele: Peters/Peters, *Synchronoptische Weltgeschichte*, o.S.

ten sich mit Residuen eines rassistisch überformten Kulturbegriffs, zumindest aber eines Denkens in Kategorien der Bindung, der Ganzheit und Gemeinschaft der späten 1930er Jahre. Diese Kategorien versuchte Peters an die Versöhnungsformeln einer auf Westanbindung ausgerichteten Bundesrepublik genauso anzuknüpfen wie an die Klassensolidaritätsrhetorik der SBZ bzw. DDR.[236] Um den Vergleich mit dem anderen Protagonisten dieses Buchs zu ziehen: Auch in der SWG raunte es also »weltgeistig«. Und wenn die Weltgesellschaft sich umso schneller einzustellen schien, je mehr Menschen ihrer Prädetermination bewusstwurden, dann war das auch nicht weit weg von Fullers Teleologie. Aber Peters und Fuller kamen auf unterschiedliche Weise zu ähnlichen Einsichten. Der amerikanische Ideenunternehmer wurde durch evolutionstheoretisch überformte Energie-Extrapolationen zum Welt-Bildner, der deutsche Zeitungswissenschaftler hingegen, weil er Vorstellungen sittlich-kultureller Blütephasen in ein diffus internationalistisches Licht stellte. Fullers Mission war es, ein Bewusstsein dafür zu schaffen, dass sich exponentielle Wissensdynamiken noch beschleunigen ließen. Das konnte zu einer effizienteren Ausnutzung der Ressourcen der Erde führen, und damit zum Ende aller Kriege. Peters ging es nicht um Energie. Aber sehr wohl ging es ihm darum, den BenutzerInnen seiner globalen Geschichtstabelle eine im Ergebnis emanzipatorisch wirkende Mustererkennung zu ermöglichen, die am Ende zum Verschwinden der gelben und braunen, der den Konflikten vorbehaltenen Farben aus einer künftigen SWG führen würde. Im Unterschied zu Fuller baute Peters jedoch den Prozess der Erkenntnis nie in eine Theorie exponentiellen Fortschritts ein, auch wenn er viele, allesamt rasch wieder abgebrochene Versuche unternahm, seine Lehren aus dem Eintauchen in den selbst gefilterten Datenpool in Form einer »dialektischen Periodisierung« zu systematisieren.[237] Anders als Fuller blieb Peters trotz seines Vertrauens in den Sehsinn misstrauisch gegenüber den optimistisch stimmenden Gestalten, die er im Datenwust zu erkennen glaubte. Vielleicht lag das daran, dass seine eigene Lust an der Auseinandersetzung die Beobachtung zunehmender »Ganzheit« und »Harmonie« immer wieder durchkreuzte.

---

236 Als Peters 1947 kurzzeitig den Umbruch zum globalen Kommunismus kommen sah (der »vom Bergarbeiterstreit in den Vereinigten Staaten bis zur Viehabgabe im hintersten Schwarzwalddorf« reiche) waren es die »spaltenden Kräfte des Monopolkapitalismus« und die »entwicklungsmässig längst überholte [...] Aufteilung der Welt in Nationalstaaten und Imperien«, die er zu überwinden schien, weshalb er auch die Blockbildung ablehnte, die dem »Welteinigungsgedanken« im Wege stehe: Die letzte Barrikade. Von Jac Cuse, 28.1.1947, SBB-PK, Nachl. 406, 33. Zehn Jahre später lobte Peters auf einer Tagung ostdeutscher Geschichtslehrer an der Universität Leipzig dann aber just die »Ungespaltenheit des proletarischen Menschseins« in der DDR: Die Aufgaben des Geschichtsunterrichtes in der modernen Industriegesellschaft, 15.4.1957, SBB-PK, Nachl. 406, 185, S. 10.

237 Siehe: Die Periodisierung der Geschichte in ihrer Bedeutung für das historische Weltbild des Menschen. Kritik und Grundlegung. Fassung: Frühjahr 1978. SBB-PK, Nachl. 406, 219.

6. Only One Earth (Fullers Jahrzehnt) (1960–1972)

6.1 Vierte Vignette: *Unisphere*

Die Historikerin Sabine Höhler hat ihrer Studie zur Metapher des »Raumschiffs Erde« eine schöne (aber noch erweiterbare) Analyse vorangestellt. Es geht um die *Unisphere* (Abb. 6.1), eine vom amerikanischen Ingenieur Gilmore David Clarke entworfene, haushohe Skulptur, die in der zentralen Sichtachse des Ausstellungsgeländes der New Yorker Weltausstellung 1964/65 errichtet wurde und die seither als Kulisse für viele Hollywoodfilme und Musikvideos gedient hat. Für Höhler kulminieren in diesem spektakulären Bauwerk der Universalismus und der Technikoptimismus der ersten Nachkriegsjahrzehnte. Bei Einweihung der größte (Quasi-)Globus der Welt, bestand die Hohlkugelkonstruktion aus einem Fachwerk aus gebogenen Edelstahlträgern, auf die Stahlplatten in Form der Kontinente montiert waren. Diese umgaben drei mittels Drahtzügen fixierte Stahlringe, die die Umlaufbahnen repräsentierten, auf denen die Raumfahrtpioniere Yuri Gagarin und John Glenn sowie der erste funktionale Kommunikationssatellit, »Telstar«, den Erdball umrundet hatten. Die Abmessungen des Bauwerks waren so gewählt, dass die Unisphere aus der Perspektive einer Ausstellungsbesucherin, die sie aus der Nähe betrachtete, die gleiche Größe hatte, in der der Planet Erde einem Astro- oder Kosmonauten aus 6.000 Meilen Entfernung erschiene.[1] Überhaupt war viel Mühe darauf verwendet worden, den Eindruck eines schwebenden Himmelskörpers zu erzeugen: So wurde die Basis der Skulptur durch ringförmig darum angeordnete Wasserfontänen verschleiert. Abends simulierten automatisierte Scheinwerfer das Wandern des Sonnenlichts über den Erdball, auf dessen Kontinenten keine Ländergrenzen eingezeichnet, wohl aber Geländeformen wie Gebirge als Relief dargestellt waren.

Dennoch stand die *soziale* Geografie der Erde im Zentrum der Interpretationen von Clarkes Bauwerk, die Eröffnungsreden, Ausstellungsführer und Broschüren verbreiteten. Die vertikalen und horizontalen Stahlstreben der *Unisphere* standen für die Längen- und Breitengrade der Erde. Sie symbolisierten also die forschende Erschließung des Himmelskörpers durch seine menschlichen Bewohner, was bestens zum Thema der kommunikativen Integration der Weltbevölkerung durch die Satellitentechnik passte. Auf der Oberfläche der Landmassen waren aber auch rotleuchtende Glühbirnen angebracht, die die Hauptstädte aller Staaten der Welt anzeigten. Die *Unisphere* signalisierte damit die prinzipielle Gleichrangigkeit der Nationalstaaten, von denen viele auf dem Ausstellungsgelände Repräsentationen hatten. Nicht offiziell thematisiert wurde, wie sehr das Ensemble die Besucher an die ubiquitären Abbildungen des von Neutro-

---

[1] Höhler, *Spaceship Earth*, S. 6–8.

Abb. 6.1: »The Biggest World on Earth«: Die *Unisphere* während der Weltausstellung 1964, Flushing Meadows Park, New York.

nen umkreisten Atomkerns erinnern musste. Wenn das – zumal im Jahr nach Unterzeichnung des partiellen Verbots von Kernwaffentests – an die globale Bedrohung durch Atombomben gemahnte und an die entsprechenden Appelle zur internationalen Einigung, dann lässt sich deren Echo auch am Motto der Ausstellung erkennen: »Peace through Understanding«. All diese Assoziationen machten die *Unisphere* letztlich weniger zum Abbild der Erde als einer naturräumlichen Gesamtheit. Das Bauwerk war vielmehr Symbol einer *Menschheit*, die zwar durch Regierungen repräsentiert wurde, zugleich aber als Kollektivakteur erschien. Der Name »Unisphere« stellte damit weniger eine Tautologie als eine normative Aussage dar.

Verbanden sich in Entwurf und Deutung der Skulptur also mehrere Tropen des Nachkriegsuniversalismus, so verdankte sie ihre Existenz – und gerade das betont Höhler – doch einer sehr spezifischen Idee von Fortschritt: der Idee eines industriellen und wissenschaftlichen Fortschritts, der von der Wirtschaftskonkurrenz zwischen Staaten angetrieben wurde. Das immerhin 42 Meter hohe, 37 Meter durchmessende, 350 Tonnen schwere und trotzdem leicht anmutende Artefakt war als Manifestation der technischen und ökonomischen Potenz der United States Steel Corporation (USS) gedacht, des amerikanischen Stahlherstellers, der es gestiftet hatte. Während das verwendete Eisenerz aus aller Welt gekommen war, war die Konstruktion des monumentalen Werks nur in den USA möglich gewesen. Für Höhler, die Globalität grundsätzlich als Ergebnis von Zusammensetzungen oder Assemblagen heterogener Elemente begriffen wissen will, macht gerade dies die *Unisphere* so interessant. Als selbsttragende Struktur sei sie Resultat eines Globalisierungsprozesses, den man sich als »machtdurchtränkte, chaotische Bricolage« vorstellen müsse: »Die Errungenschaften des Menschen auf einem schrumpfenden Globus in einem expandierenden Universum«, denen die *Unisphere* gewidmet war, hätten sich beim genaueren Hinsehen als geografisch ungleich verteilt erwiesen.[2]

Tatsächlich wird diese Spannung besonders deutlich in einem Werbefilm mit dem Titel *Unisphere. The Biggest World on Earth*,[3] den die USS im Vorfeld der Ausstellung produzieren ließ. Der Film verdeutlichte mit heroischem Marschmusik-Playback, dass diese Fortschrittskomparatistik nicht nur synchronen Charakters sei – etwa hinsichtlich der Systemkonkurrenz, der sich ja mindestens zwei der symbolisierten Satelliten verdankten. Der implizite Nachweis der Überlegenheit Amerikas wurde auch anhand historischer Vergleiche geführt: Die vierzehn Minuten des Films, der die Entstehung des Werks von den ersten Skizzen bis zur Montage der letzten Umlaufbahn verfolgte, stellten nämlich klar, dass die *Unisphere* (so wie die Weltausstellung insgesamt) in einer bis ins 19. Jahrhundert zurückreichenden Tradition des friedlichen Kräftemessens auf internationaler Bühne stand. Der Film präsentierte die Konstruktion als gelungenes Ergebnis des Bemühens, die vielen vorangegangenen ikonischen Ausstellungsarchitekturen zu übertreffen. Zu diesen gehörten der für die Pariser Weltausstellung 1889 errichtete Eiffelturm oder das Brüsseler Atomium genauso wie die »Perisphere«, jenes annähernd sphärenförmige Ausstellungsgebäude, das gemeinsam mit dem »Trylon«-Turm das Zentrum der New Yorker Weltausstellung des Jahres 1939 gebildet hatte.[4]

Letztlich machte der Film so deutlich, dass die Rolle des »Zeitmessers des Fortschritts« 1964 endgültig an die USA gegangen war,[5] die also den Takt für den Marsch der Menschheit in eine bessere Zukunft vorgaben. Die Friedens- und Kooperationsbeschwörung des im Film interviewten Ausstellungsverantwortlichen Robert Moses (der bald darauf als machthungriger und abrisswütiger New Yorker Stadt- und Verkehrsplaner die Bildung der ersten Bürgerinitiativen provozieren sollte) änderte nichts daran, dass der Film das Ingenieurswesen und die geografischen und Rechenkünste der Amerikaner als weltweit unübertroffen auswies. So informierte er darüber, dass der präzisen Gestaltung der *Unisphere*-Kontinente die Reliefkarten des United States Army Engineering Corps zu Grunde gelegen hatten. Die Filmproduzenten hatten überdies darauf Wert gelegt, zu zeigen, dass es die Computerexperten der Universität Maryland gewesen waren, die die erforderlichen Statik-Berechnungen vorgenommen hatten, de-

---

2 Höhler, *Spaceship Earth*, S. 8.
3 *Unisphere: The Biggest World on Earth*, USA 1964, MPO Productions, Inc. (https://archive.org/details/Unispher1964, 19.6.2019).
4 Was der Film allerdings unerwähnt ließ, war die Tatsache, dass auch schon die »Perisphere« in einer langen Reihe spektakulärer Kuppel- und Kugelbauten gestanden hatte. Allen voran gehörte dazu der anlässlich der Pariser Weltausstellung 1900 direkt neben Eiffels Turm errichtete »globe céleste«, ein überdimensionierter, mit Sternzeichen und -konstellationen dekorierter Himmelsglobus.
5 Ebd., 00:13:34.

ren Komplexität präzedenzlos gewesen sei aufgrund der ungleichen Lastenverteilung der tonnenschweren Kontinent-Platten und mehr noch des enormen Winddrucks, dem die aerodynamisch nicht eben vorteilhafte halboffene Struktur standhalten musste. Indem das Erdmodell also ins Narrativ eines beschleunigten industriellen und intellektuellen Fortschritts eingespannt war, der sich (das glaubte Fuller ja schon 25 Jahre zuvor nachgewiesen zu haben) zuvorderst in den USA materialisierte, konterkarierte es den Appell zur internationalen Kommunikation auf Augenhöhe, den es zugleich auszusenden schien. Der Film endete denn auch damit, dass eine Luftaufnahme der fertigen *Unisphere* mit dem kreisförmigen Logo der USS überblendet wurde.

Auffällig ist im Rückblick aber noch eine andere Ambivalenz. Die Tatsache nämlich, dass 1964 eine ganz andere Art von Gemeinsamkeit *keine* Rolle spielte: eine gemeinsame Betroffenheit der Menschen als Bewohner jener »Biosphäre«, die nur wenige Jahre später durch Satellitendaten gestützt Konturen annahm. Das trug zum Kollaps just der Fortschrittsgewissheit bei, die der Ausstellungsbau manifestierte. Die *Unisphere* war eine der letzten »Inkarnationen« von Globalität vor dem Anbruch der »Ära der Ökologie« (Joachim Radkau). Es wirkt ironisch, dass es amerikanische Computer waren, die nur wenige Jahre nach der Weltausstellung in New York nicht mehr die Mengen an Stahl berechnen sollten, die für ein gigantisches Modell des Globus nötig waren. Stattdessen ermittelten die Großrechner die materiellen Wachstumsgrenzen, die der Planet selbst solchen Machtdemonstrationen setzte.

6.2 Verortung: Planetarische Globalität im »Jahrzehnt von Planbarkeit und Machbarkeit«

Die Globalität, die uns heute selbstverständlich scheint, entstand ab Mitte der 1960er Jahre. Die geostrategischen Überwachungstechniken der Kalten Krieger, die Debatte über die internationale politische Einhegung der Selbstvernichtungskapazität der Menschheit, die Kartierung der grenzüberschreitenden Folgen von Atomtests und vielleicht am wichtigsten: die universalistischen Entwicklungsvergleiche der ersten zwei Nachkriegsjahrzehnte hatten dem »Weltinnenraum« bereits zuvor Konturen verliehen. Aber erst ab 1965 wurde wirklich klar, wie bescheiden dessen Abmessungen waren. Der Assoziationshof des politischen Begriffs *One World* überlagerte sich nun mit dem der materiellen *Whole Earth*.[6] Das war das Resultat dreier sich wechselseitig verstärkender Entwicklungen, die auch den Resonanzverstärker für die öffentlichen Interventionen Richard Buckminster Fullers bilden, als dessen Dekade die »langen« 1960er Jahre (hier als Zeitraum von ca. 1960 bis 1972 gefasst) im folgenden Buchabschnitt

---

6 Das zeigt sich am Aufkommen neuer, tautologischer Formulierungen wie »global earth« oder »worldwide world«: Fernando Elichirigoity: *Planet Management. Limits to Growth, Computer Simulation, and the Emergence of Global Spaces*, Evanston 1999, S. 60.

dargestellt werden sollen. Ausschlaggebend war *erstens* der Aufstieg der Planung, auch in den marktwirtschaftlich organisierten Industriegesellschaften des »Westens«. Mit ihm ging eine verwissenschaftlichte, auf mathematischem Zukunftskalkül beruhende Betrachtungsweise einher, die ein holistischer (ein zunächst also nur im übertragenen Wortsinn globaler) Blick auf Systeme und ihre komplexen inneren Dynamiken auszeichnete. *Zweitens* vergrößerten sich die Interventionsfelder, auf denen die planerische Vernunft walten sollte, in geografischer Hinsicht. Es war die *Welt*bevölkerung, die die Zukunftsexperten unter die Lupe nahmen, und zwar mit der Absicht, ihr Wachstum zu kontrollieren. Dabei nahm die Erforschung der »geschlossenen Welt« – *drittens* – haushälterischen Charakter an: Regelrechte Inventuren der Erde bildeten die Basis für Extrapolationen ihrer künftigen Tragfähigkeit, die vor dem Hintergrund neuer Konzeptionen von Rohstoff-Reproduktions-Zyklen unternommen wurden. Am Beginn der 1970er Jahre stand dann zumindest für viele WissenschaftlerInnen (und einige von diesen beratene Vertreter internationaler Organisationen) außer Frage, dass man *in der Gegenwart global agieren* musste, um die »Weltproblematik« nicht weiter eskalieren zu lassen. Es ist umstritten, inwiefern diese Einsicht faktisch die Souveränität einzelner Staaten veränderte. Wer im späten 20. Jahrhundert das Ende der Territorialisierung gekommen sieht, wie der Historiker Charles Maier, der dabei den epochemachenden Charakter der supranationalen *Governance* betont,[7] muss sich jedenfalls auch mit der Wahrnehmung der Erde als einem »Container« (Martina Löw) beschäftigen, in dem sich alles menschliche Tun vollzieht. Dann aber ist es wichtig zu betonen, dass die »Emergenz des ›globalen Denkens‹« auf »Praktiken der Globalität« wie Simulation und Prognostik fusste, die schon hinsichtlich ihrer technischen Voraussetzungen, des Einsatzes der neuen Großrechner etwa, *lokalisierbar* sind.[8]

Politische Planung und Prognostik in den 1960er Jahren

Die jüngere Zeitgeschichte zählt das Planungsdenken zu den transnationalen Signaturen der 1960er Jahre. In allen Industriegesellschaften, ob in der *Great Society*-Ära Lyndon B. Johnsons oder zur Zeit der großen Koalition in der Bundesrepublik wurden in diesem Jahrzehnt Reformanstrengungen unternommen, deren Legitimität sich der »Versozialwissenschaftlichung« der Politik verdankte. Hatte der Planungsbegriff zuvor unter der Assoziation mit der sozialistischen Planwirtschaft gelitten, entdeckten Politik und Gesellschaftswissenschaften sich nun wieder als »Ressourcen füreinander« (Sybilla Nikolow/ Arne Schirrmacher), was sich in der Freisetzung erheblicher staatlicher Fördermittel niederschlug. Das resultierte in einer Konsolidierung jener selbstbewusst-interdisziplinären Anwendungswissenschaften, die die Forschung unter dem Sammelbegriff »Futurologie«

---

7 Charles S. Maier: Consigning the Twentieth Century to History: Alternative Narratives for the Modern Era, in: *AHR* 105 (2000), S. 807–831.
8 Elichirigoity, *Planet Management*, S. 4.

behandelt. Die »axiomatische Verknüpfung von Planung und Modernisierung« beruhte weiterhin auf der Gewissheit, dass es klar definierte Modernisierungsstufen zu erklimmen galt.[9] Aber der Aufstieg schien noch schneller geschehen zu können, wenn der »Vorgriff auf die Zukunft« (Dirk van Laak) verfahrensgestützt erfolgte.[10] Nicht nur der vielbeschriebene soziokulturelle, sondern eben auch der verwaltungsmäßige »Aufbruch in die Zukunft« der dynamischen 1960er Jahre wies einen utopischen Überschuss auf.

Die Fortschrittsgewissheit, die also große Teile nicht nur der Deutungs-, sondern auch der Funktionseliten des »Westens« erfasste, entsprang ganz wesentlich der Beobachtung der rasant steigenden Kapazitäten der elektronischen Informationsverarbeitung. Großrechner waren lange das Proprium des amerikanischen Militärs gewesen. Aber ab Mitte der 1960er Jahre kamen sie auch in der Wirtschaft, speziell im Bank- und Versicherungswesen, zur Anwendung, dessen Risikokalküle jenen der sozialpolitischen Programme verwandt waren, bei denen sie wenig später ebenfalls eingesetzt wurden.[11] Die Computerisierung wurde zwar früh kritisch begleitet, schien sie je nach politischer Perspektive doch den nächsten Schritt in eine zum Nachteil der Werktätigen »automatisierte« oder eine endgültig »verwaltete Welt« darzustellen, wenn sie nicht gar totalitären »Staatsmaschinen« den Weg bahnte.[12] Dem stand aber die Erwartung gegenüber, eine EDV-gestützte gesellschaftliche Steuerung werde die Basis der demokratischen Partizipation vergrößern, nämlich im Sinne der schnelleren und präziseren Wiedereinschleifung der öffentlichen Meinung in den politischen Prozess.[13] Für optimistische Zeitgenossen stellte der Computer zudem eine Beschleunigung der Kommunikation von Verwaltungen in Aussicht, insbesondere dort, wo er in Verbindung mit leistungsstarken Kommunikationsnetzen, etwa zwischen Fernschreibern, zum Einsatz kommen würde. Er schien damit die Generierung jener Wissensbasis zu erleichtern, die der politischen Beschlussfindung zugrunde liegen musste. Wie weit diese Vision indes ihrer Realisierung vorauseilte, lässt sich am Boom der projektierten Schaltzentralen der späten 1960er Jahre ablesen, in denen Wirtschaftsdaten in Echtzeit zusammenlaufen sollten. Diese nahmen selten so konkrete Form an wie im »Cybersin«-Projekt, das der Industrieberater Stafford Beer 1971 für die sozialistische

---

9 Anselm Doering-Manteuffel: Ordnung jenseits der politischen Systeme: Planung im 20. Jahrhundert. Ein Kommentar, in: *GG* 34 (2008), S. 398–406, hier S. 400f., 405.

10 Die Vielfalt der Methoden und politischen Haltungen der Futurologen kann hier nicht differenziert dargestellt werden. Dazu ausführlich Elke Seefried: *Zukünfte. Aufstieg und Krise der Zukunftsforschung 1945–1980*, Berlin 2015.

11 Bösch, *Euphorie* und an einem Beispiel: Thomas Kasper: Zwischen Reform, Rationalisierung und Transparenz. Die Digitalisierung der bundesdeutschen Rentenversicherung 1957–1972, in: Frank Bösch (Hg.): *Wege in die digitale Gesellschaft. Computernutzung in der Bundesrepublik 1955–1990*, Göttingen 2018, S. 148–174.

12 Zitate bei Alexander Schmidt-Gernig: »Futurologie« – Zukunftsforschung und ihre Kritiker in der Bundesrepublik der 60er Jahre, in: Heinz Gerhard Haupt/Jörg Requate (Hg.): *Aufbruch in die Zukunft. Die 1960er-Jahre zwischen Planungseuphorie und kulturellem Wandel. DDR, CSSR und Bundesrepublik Deutschland im Vergleich*, Weilerswist 2004, S. 109–132.

13 Benjamin Seibel: *Cybernetic Government. Informationstechnologie und Regierungsrationalität von 1943–1970*, Wiesbaden 2016, S. 154.

Regierung Chiles entwarf, aber nie ganz vollendete.[14] Trotz seiner *Science Fiction*-haften Bildschirme und Ledersessel mit eingebauten Steuerungselementen stellte dieser *Control Room* aber nur die ästhetisierte Zuspitzung von Vorstellungen der rechnergestützten, zentralisierten Entscheidungsfindung dar, wie sie auch Plänen zur Modernisierung des Bundekanzleramts zugrunde lagen:[15] Unter den BeraterInnen der politischen Entscheider war die Erwartung ausgeprägt, der Computer werde erstmals zuverlässige Projektionen von Entwicklungstrends ermöglichen und so sowohl die wirtschaftliche Effizienz als auch die Gerechtigkeit von Gesellschaften steigern.

Typisch ist allerdings auch, dass der Begriff »Zukunft« immer häufiger im Plural erschien. Die »probabilistische Vernunft« der rechnergestützten Planungskultur äußerte sich in einer Vielzahl angeblich besonders objektiver (dabei selten unumstrittener) Erprobungshandlungen: Sie artikulierte sich in Praktiken der Modellierung und Simulation verschiedener möglicher »Zukünfte«, für deren Beste dann aufgrund wertbasierter Entscheidungen die Weichen gestellt werden konnten.[16] Zwar hatten schon die TeilnehmerInnen der berühmten interdisziplinären Macy-Konferenzen der 1940er Jahre das beginnende Zeitalter der Kybernetik begrüßt, deren Grenzen zum *Operations Research* und anderen Versuchen des Zweiten Weltkrigs, Feindbewegungen vorauszuberechnen, fließend waren.[17] Eigentlich brach das Zeitalter dieser neuen Wissenschaften vom Steuern aber erst an, als es weniger um die Antizipation militärischer Kampfhandlungen als um das Management gesellschaftlicher Dynamiken ging. So betrachtet, war die Debatte über die neuen gesellschaftlichen Steuerungsmöglichkeiten via informatischer Rückkoppelung, allem Optimismus zum Trotz, die Kehrseite der Besorgnis angesichts der Rasanz des Wandels, den die Wohlfahrtsprogramme der Nachkriegszeit selbst ausgelöst hatten. »Change Management« war das Stichwort; »Planung« hieß gerade aus Sicht amerikanischer GesellschaftswissenschaftlerInnen, die sozialen Risiken von Wohlstands- und Freiheitsgewinnen einzuhegen. Der erste Bereich, in den Computersimulationen Einzug hielten, die zuvor militärstrategischen Planungen von Organisationen wie der RAND Corporation gedient hatten, war die Stadtplanung: Der Rechner schien Lösungsansätze für die vielzitierte *Urban Crisis* durchspielen zu können, die immer auch präventiv – vor dem Hintergrund des wahrgenommenen Gewaltpotenzials der schwarzen Bürgerrechtsbewegung – entwickelt wurden.[18]

---

14 Sebastian Vehlken: *Environment for Decision – Die Medialität einer kybernetischen Staatsregierung. Eine medienwissenschaftliche Untersuchung des Projekts Cybersyn in Chile 1971–73* (M.A.: Bochum 2004).
15 Benjamin Seifert: *Träume vom modernen Deutschland. Horst Ehmke, Reimut Jochimsen und die Planung des Politischen in der ersten Regierung Willy Brandts*, Stuttgart 2010.
16 Sebastian Vehlken u.a.: Computersimulationen, in: Benjamin Bühler/Stefan Willer (Hg.): *Futurologien. Ordnungen des Zukunftswissens*, Paderborn 2016, S. 181–192.
17 Klassisch: Peter Galison: Die Ontologie des Feindes. Norbert Wiener und die Vision der Kybernetik, in: Hans-Jörg Rheinberger/Michael Hagner/Bettina Wahrig-Schmidt (Hg.): *Räume des Wissens. Repräsentation, Codierung, Spur*, Berlin 1997, S. 281–324.
18 Die Unfähigkeit der Futurologen der USA, das Ausmaß der *Race Riots* der späten 1960er Jahre zu antizi-

Nun wäre die Steuerungseuphorie für diese Verortung nicht weiter interessant, wenn sie sich *nur* im Rahmen des Städtebaus, der Verkehrsplanung oder nationaler wirtschaftspolitischer Programme geäußert hätte. Es kann jedoch kaum überschätzt werden, in welchem Maße sich der auf die Gesellschaftspolitik bezogene futurologische Erwartungsüberschuss der 1960er Jahre aus jenem spektakulären technischen Fortschritt speiste, der die stark angewachsenen Kontrollkompetenzen der Menschen nicht nur in zeitlicher, sondern auch in *räumlicher* Hinsicht unter Beweis stellte. Was die leistungsstärksten Rechner dieser Zeit für die Zukunft aufschlossen, war schließlich der Weltraum. Schon in Hinsicht auf die Finanzierung der *Big Science* und damit der Computerentwicklung (aber auch die Entwicklung bestimmter Planungsheuristiken) war die Bedeutung des geostrategischen Wettbewerbs um die Kontrolle der Hemisphäre enorm. Es waren jedoch nicht allein die Mondmissionen, die den Zukunftshorizont derart erweiterten, dass amerikanische Kommentatoren der späten 1960er Jahre einmal mehr eine neue *Frontier* auszumachen glaubten: Schon Ende des vorangegangenen Jahrzehnts knüpften Kommunikationssatelliten jene Netze, innerhalb deren Abdeckung das mit viel Menschheitspathos und einiger religiöser Symbolik angereicherte transnationale Medienereignis der bemannten Mondlandung 1969 erst erlebbar wurde.[19] Die Glaubwürdigkeit der wissenschaftsgestützten Prognostik untermauerten aber womöglich weniger die Fernseh- als die Klimasatelliten, die inzwischen ebenfalls in immer größerer Zahl in die Erdumlaufbahn gebracht worden waren. Wenn sie für Wettervorhersagen eingesetzt wurden, also riesige Datenmengen lieferten, die zu *Karten der nahen Zukunft* verarbeitet wurden, dann ließ das auch die Modellierung globaler sozialer Prozesse realistischer erscheinen, als es wenige Jahre zuvor der Fall gewesen wäre.[20] In seiner Bedeutung nicht zu unterschätzen ist schließlich ein weiterer, vieldiskutierter Aspekt der rechnergestützten Fernerkundungstechnik: Diese ließ aus Sicht der Zeitgenossen eine effizientere Lokalisierung und Distribution globaler Rohstoffvorräte in greifbare Nähe rücken. Einige optimistische Jahre lang wurden die gewissermaßen geo-ökonomischen

---

pieren, trug bereits einen Keim der Krise der verwissenschaftlichen Prognostik in sich, die mit einer neuen Komplexitäts-, Unübersichtlichkeits- und Unregierbarkeitsdebatte einherging. Forscher wie Todd LaPorte, Gary Brewer oder Ronald Brunner hatten – vor dem Hintergrund von Fehlern im Bereich der Stadtplanung, aber auch motiviert von den Gewaltausbrüchen, die sie im Berkeley der späten 1960er Jahre teils aus nächster Nähe erlebten – Überlegungen zur Modellierung gesellschaftlicher Komplexität angestellt, die sich bald als *mise-en-abyme* erwiesen: Je genauer die Forscher hinsahen, umso komplexer erschien die Welt. Dieses »Komplexitätssyndrom« bildete eine Ursache dafür, dass sie Ende der 1970er Jahre zu der Überzeugung gelangten, der Markt sei der beste Verteiler von Informationen. Auch das gehört zur Vorgeschichte der Globalisierung und mehr noch des Anti-Etatismus des späten 20. Jahrhunderts, so Ariane Leendertz: *Das Komplexitätssyndrom: Gesellschaftliche »Komplexität« als intellektuelle und politische Herausforderung in den 1970er Jahren*, Köln 2015.

19 Lorenz Engell: Das Mondprogramm. Wie das Fernsehen das größte Ereignis aller Zeiten erzeugte, in: Friedrich Lenger/Ansgar Nünning (Hg.): *Medienereignisse der Moderne*, Darmstadt 2008, S. 150–171.

20 Paul. N. Edwards: *A Vast Maschine. Computer Models, Climate Data, and the Politics of Global Warming*, Cambridge 2010.

Potenziale der Satellitentechnik entsprechend mit der sogenannten *Green Revolution* in Verbindung gebracht, der verwissenschaftlichten, industrialisierten Landwirtschaft,[21] die bis dato ungekannte Erträge erwirtschaften konnte durch eine vermehrte Nutzung von fossilen Energien und durch den Einsatz der Produkte der chemischen Industrie. Der Anwendung neuer Düngemittel und Pestizide wie DDT schienen kaum Grenzen gesetzt – etwa auch im Sinne ihrer universellen, kontextunabhängigen Wirksamkeit. Diese schien sich besonders auf dem Experimentierfeld der Gesellschaftsentwicklung schlechthin auszuzahlen: der Entwicklungspolitik.

Die Modernisierungstheorie und die Konturen der Weltbevölkerung

Die Netzwerke der Futurologen waren von Beginn an transatlantische. In der zweiten Hälfte der 1960er Jahre wuchsen sie sich aber auch zu Kooperationen aus, die helfen sollten, die Weltgesellschaft insgesamt zu managen. Das führte zur Etablierung blockübergreifender Institutionen wie dem 1972 gegründeten International Institute for Applied Systems Analysis im österreichischen Laxenburg.[22] Es sind aber weniger Institutionalisierungsprozesse, die hier interessieren, sondern die inventarisierende Vorgehensweise, die nahezu zwangsläufig allen globalen Zukunftsentwürfen vorausging.[23] Die Projektions- und Extrapolationsmethoden, an denen die Zukunftsexperten in Gremien wie der optimistisch betitelten Commission for the Year 2000, im Stanford Research Institute oder auch in der OECD arbeiteten (und die die Experten mit ungezählten Diagrammen über Entscheidungsszenarios mit verschiedenen Variablen illustrierten), ließen sich nur in Handlungsempfehlungen ummünzen, wenn man den Computer mit Daten zur globalen ökonomischen Entwicklung, zur globalen Ressourcensituation und zum Wachstum der Weltbevölkerung fütterte. Keine Mustererkennung in der Gegenwart, erst recht aber keine seriöse Modellierung und darauf aufbauende rationale Gestaltung der globalen Zukunft war denkbar ohne das, was heute *Big Data* genannt wird.

Auf die komparative Verdatung der Wirtschaftsleistung verschiedener Staaten wurde schon eingegangen, nicht aber darauf, dass diese durch Ressourcenschätzungen flankiert wurde. Sie gewannen im 20. Jahrhundert stetig an Bedeutung, weshalb mit Recht von einer »Versozialwissenschaftlichung des Rohstoffwissens« die Rede ist.[24]

---

21 Nick Cullather: Miracles of Modernization: The Green Revolution and the Apotheosis of Technology, in: *Diplomatic History* 28 (2004), S. 227–254.

22 Zum IIASA: Isabell Schrickel: Von Schmetterlingen und Atomreaktoren: Medien und Politiken der Resilienz am IIASA, in: *Behemoth* 7 (2014), S. 5–25.

23 Siehe auch Jenny Andersson/Sybille Duhautois: Futures of Mankind: The Emergence of the Global Future, in: van Munster/Sylvest, *Globality*, S. 106–125.

24 Zum Folgenden Andrea Westermann: Inventuren der Erde. Vorratsschätzungen für mineralische Rohstoffe und die Etablierung der Ressourcenökonomie, in: *Berichte zur Wissenschaftsgeschichte* 37 (2014), S. 20–40, hier S. 35. Westermann macht auch die kartografischen Medien zum Thema, die dabei entstan-

Nach dem Zweiten Weltkrieg wurde die Quantifizierung (und Visualisierung) der planetarischen Ressourcen noch forciert. Das galt auf internationaler Ebene, wie im Vorfeld der 1949 ausgerichteten UN-Konferenz zur »Conservation and Utilization of Natural Resources«. Es galt aber auch im nationalstaatlichen Rahmen, für den die Materials Policy Commission exemplarisch ist, die 1951 durch Harry S. Truman ins Leben gerufen worden war. Denn diese hatte anfangs – noch ganz in der Rhetorik des Kalten Kriegs – den Auftrag, die »Resources for Freedom« zu inventarisieren. Sie projizierte daher Langzeittrends für die Verfügbarkeit verschiedener Erze bis ins Jahr 1975, darunter Kupfer (also jenes Rohmaterial, das Fuller bereits Ende der 1930er Jahre untersucht hatte). Mitte der 1960er Jahre jedoch hatte sich die Kommission in einen *Think Tank* verwandelt, der entwicklungspolitische Stellungnahmen publizierte.[25] Zweifelsohne spielten bei den immer elaborierteren Rohstoffuntersuchungen weiterhin geostrategische *Containment*-Erwägungen eine zentrale Rolle, zumal im Zuge der Dekolonisationswelle, die es besonders geboten erscheinen ließ, neue Staaten, die potenziell für die Verlockungen des Sozialismus anfällig waren, gewissermaßen präventiv zu modernisieren. Und doch ließ diese Verdatungsarbeit bald auch so etwas wie eine gemeinsame Betroffenheit der ganzen Menschheit von Rohstofffragen aufscheinen.

Um das zu erklären, muss ein genauerer Blick auf die für westliche Modernisierungspraxen zentralen Stufenmodelle der Modernisierungstheorie geworfen werden.[26] Trotz der Uneinheitlichkeit und auch des Wandels dieser Theorie formatierte sie über die »langen« 1960er Jahre hinweg eine Auffassung von gesellschaftlichem Fortschritt, die diesen als Effekt eines Bündels von Faktoren betrachtete, die einander wechselseitig dynamisieren. Zu diesen Faktoren zählten »modernisierte« Sozialstrukturen, wirtschaftliches Wachstum, politische Stabilität, Versorgungssicherheit, vor allem jedoch: eine spezifische Bevölkerungsstruktur. Die beschriebene Vereinheitlichungslogik des Entwicklungsuniversalismus machte sich dabei zuvorderst in der wissenschaftlichen Untersuchung des »demografischen Übergangs« bemerkbar. Vereinfacht ausgedrückt, handelte es sich dabei um ein Mehrphasenmodell, das das in den nördlichen Industrieländern empirisch beobachtete Verhältnis von Geburts- und Sterberate zur Basis der Klassifikation des Entwicklungsstands anderer Gesellschaften machte. Wo Produktivität und Reproduktionsrate in eine Gleichung gebracht wurden – und zwar zu einem Zeitpunkt, als viele sogenannte Entwicklungsländer akute Hungerkrisen durchmachten – erschienen hohe Geburtenziffern umso gravierender, was auch ein entsprechendes Institutionenwachstum erklärt: Demografische Daten wurden nun von den vie-

---

den, etwa das 1962 initiierte »Soil Map of the World project«, mit dem die FAO die Voraussetzungen für landwirtschaftliche Entwicklungsprojekte kartierte: Dies./Christian Rohr: Climate and Beyond. The Production of Knowledge about the Earth as a Signpost of Social Change. An Introduction, in: *Historical Social Research* 40 (2015), S. 7–21, hier S. 22.

25 Westermann, Inventuren, S. 33, 30.

26 Dazu grundlegend: Nils Gilman/Howard Brick, *Mandarins of the Future: Modernization Theory in Cold War America*, Baltimore 2007.

len neu ins Leben gerufenen Entwicklungsministerien, aber auch von der Rockefeller Foundation und von den Statistikern im 1961 geschaffenen Welternährungsprogramm der Vereinten Nationen (FAO) erhoben, aus deren Sicht das unkontrollierte Bevölkerungswachstum vieler Entwicklungsländer die Bemühungen einer verwissenschaftlichten Agrarwirtschaft zu konterkarieren drohte. Diese Interpretation der Krisensituation war indes auch stark von der Notwendigkeit geprägt, große, in sich widersprüchliche Datensätze mathematisch zu bewältigen. Das für die Extrapolation des künftigen Bevölkerungswachstums eines Staats nötige Maß an Formalisierung öffnete *Rational Choice*-Ansätzen und spieltheoretischen Modellen Tür und Tor. Sie schlugen sich in den bevölkerungs- und familienpolitischen Programmen nieder, mit denen laut den Experten auf Fehlentwicklungen reagiert werden musste. Indem nun in der Entwicklungspolitik eine Vorstellung vom menschlichen Reproduktionsverhalten als Ausdruck *individueller* (aber eben oft: traditionsverhafteter) Kosten-Nutzen-Kalküle zum Tragen kam, summierten sich in der Sicht vieler Experten ungezählte persönliche Entscheidungen in den Entwicklungsländern zu einer Krise. Die Forschung hat darauf hingewiesen, dass dies eine »Biopolitik« im Wortsinn legitimierte: Versuche also, das Verhältnis von Ressourcennutzung und Bevölkerungsentwicklung durch eine Geburtenkontrolle »rationaler« zu machen, um so, dem demografischen Transitionsmodell entsprechend, etwa auch die ökonomische Modernisierung anzukurbeln.[27]

Zweifellos war die dem zugrundeliegende Interpretation des Sexualtriebs der »zu Entwickelnden« von Rassismus überformt. Dennoch – und darum geht es hier – trat im Gefolge der Verallgemeinerungslogik der Modernisierungstheorie neben die aufklärerischen Pathosformeln des politischen Internationalismus immer mehr ein wissenschaftlicher »Spezies-Universalismus«.[28] Aber auch angesichts der (vermeintlich) guten demografischen Datenlage kann nicht überraschen, dass es das Verhältnis zwischen dem aggregierten Bevölkerungswachstum der *gesamten* Menschheit und der planetarischen Ressourcensituation war, das als erstes in den Blick kam, als das Planungsdenken global wurde. Wie man mit Sabine Höhler argumentieren könnte, lässt sich das spezifische Globalitätsbewusstsein des letzten Drittels des 20. Jahrhunderts überhaupt nur als Resultat von Praktiken der Inventarisierung der *Erdressourcen* im Verhältnis zur *Weltbevölkerung* erklären.[29] Zwar war bereits in der Zwischenkriegszeit die Gesamtzahl der Menschen berechnet worden. Dies war aber mit dem Ziel geschehen, angeblich ungute Bevölkerungs*verteilungen* zu identifizieren. Die Diagnose »Welt-Überbevölkerungsproblem« konnte schon angesichts der pronatalistischen Sorge der Demografen vieler Industrieländer wenig politische Sprengkraft entwickeln. Kurz nach dem Ende des Zweiten Welt-

---

27 Heinrich Hartmann: »In einem gewissen Sinne politisch belastet«. Bevölkerungswissenschaft und Bevölkerungspolitik zwischen Entwicklungshilfe und bundesrepublikanischer Sozialpolitik (1960er und 1970er Jahre), in: *HZ* 303 (2016), S. 99–125.
28 Thomas Robertson: *The Malthusian Moment. Global Population Growth and the Birth of American Environmentalism*, New Brunswick 2012, S. 200.
29 Höhler, *Spaceship Earth*.

kriegs warnten dann zwar erste Forscher wie Fairfield Osborn (mit *Our Plundered Planet*) und William Vogt (mit *Road to Survival*, beide 1948) im Medium des Sachbuchs, dass ein ungebremstes Wachstum der Menschheit deren materielle Versorgung untergrabe. Aber erst, als der interkontinentale Maßstab der Systemkonkurrenz und die quer zu ihr liegende Unterteilung der Staaten der Erde in eine entwickelte und eine unterentwickelte Welt zeigten, dass zwar ganze Staatensysteme voneinander abhängig waren,[30] im selben Prozess jedoch die Kategorie »Menschheit« nicht nur philosophisch begründet, sondern eben auch in die wissenschaftlichen Modelle der Modernitätsdiagnostik eingebaut worden waren – erst dann konnten regionale Bevölkerungszuwächse als Schicksalsfragen der gesamten Menschheit erscheinen. Dann aber erschien die »Balancierung von Bevölkerung und Ressourcen« als »größte Herausforderung des Social Engineering«.[31]

Tragfähigkeit, Biosystemtheorie und der »Malthusianische Moment«

Es sollte bis Mitte der 1970er Jahre dauern, bis diese Herausforderung in eine breite, von moralökonomischen Argumenten bestimmte Diskussion über die verheerende Bilanz der »westlichen« Wachstumsorientierung mündete. Als es so weit war, war der Planet endgültig zum *Boundary Object* geworden, wie die Wissenschaftsgeschichte es nennt. Aber auch schon Ende der 1960er Jahre wurde das (Miss-)Verhältnis zwischen den Ressourcen der Erde und der menschlichen Gesamtbevölkerung in der Figur der globalen Tragfähigkeit (*Carrying Capacity*) verhandelt und mit dem Computer berechnet.[32] Auch dieser Grenzwert hatte lokale Ursprünge: Die Welt der Tragfähigkeitsanalytik wäre ohne ein länderübergreifendes Datennetz und ohne die transnationale Mobilität der beteiligten Forscher zwar kaum zur Gestalt geronnen. Es waren aber im Wesentlichen nordatlantische wissenschaftliche Netzwerke, die sich in Princeton (mit seinem Population Council) und auch an der Stanford University verdichteten, wofür Geldgeber wie die erwähnte Rockefeller Foundation eine wichtige Rolle spielten.[33] Was die Vertreter zuvor öffentlich wenig beachteter Wissenschaften wie der Entwicklungsökonomie (Kenneth Boulding), der Ernährungsphysiologie (Georg Borgström) und der Populationsbiologie (Paul Ehrlich) zu gefragten *Talk Show*-Teilnehmern werden ließ, war aber weniger diese Förderung als die Tatsache, dass in deren Globalitätskonzeptionen in steigendem Maße ökosystemische Konzepte hineinspielten. Damit wurde das biologische *Überleben* der Menschheit zum Thema.[34]

---

30 Ebd., S. 5.
31 Max Adams: Balancing Population and Resources. The Greatest Challenge of Social Engineering, in: *Journal of Heredity* 43 (1952), S. 173–180.
32 Zu dieser Trope und zum Folgenden Höhler, *Spaceship Earth* sowie Dies.: »Carrying Capacity« – the Moral Economy of the »Coming Spaceship Earth«, in: *Atenea* XXVI (2006), S. 59–74.
33 Heinrich Hartmann: »No Technical Solution«. Historische Kontexte einer Moralökonomie der Weltbevölkerung seit den 1950er Jahren, in: *Jahrbuch für Europäische Geschichte* 15 (2014), S. 33–51.
34 Falko Schmieder: Überleben, in: Bühler/Willer, *Futurologien*, S. 327–337.

Kaum anders als die Futurologen waren auch die Tragfähigkeitsanalytiker von kybernetischen Kreislauftheorien beeinflusst. Aber sie koppelten ihre Modelle systemischen Gleichgewichts an eigene Naturbeobachtungen. Es waren die zwar ebenfalls mathematisch formalisierbaren, aber eben in ihrem komplexen Zusammenspiel auch empirisch beobachtbaren Interdependenzen von Tier- und Pflanzenpopulationen innerhalb eines begrenzten Lebensraumes, die ihren Globalitätsdiagnosen besondere Evidenz und Dringlichkeit verliehen. Bekanntlich machte sich dieses biosystemtheoretische Denken bald in einer neuen oder zumindest erstarkten Umweltbewegung bemerkbar. Diese war vom Skandalon der Ausrottung einzelner Arten oder der Verschmutzung bestimmter Landstriche angetrieben, nun aber auch von Sorge um den Planeten und die Menschheit insgesamt – was umso mehr Aufmerksamkeit für ihre Belange generierte, jedoch auch größere Gegner herausforderte. Nun neigen HistorikerInnen mit guten Gründen dazu, die »1970er Diagnose« als Zäsur der Umweltbewegung etwas zu relativieren.[35] Die systemische Perspektive auf den Planeten ist aber sehr wohl eine ideengeschichtliche Wendemarke.[36] Denn mit ihr ging eine neue Auffassung von der eigenen Spezies einher. Die Erde erschien ja nun als geschlossener Stoffkreislauf, der sich zwar normalerweise selbst regenerierte, aber rasch in andere Systemzustände umkippen konnte, die für die Menschheit höchst bedrohlich waren. *Einerseits* war der Mensch infolge dieser Einsicht geradezu dezentriert: Er war lediglich ein Faktor eines Systems von Rückkoppelungsschleifen, das sich nur unter bestimmten Bedingungen reproduzierte, während die Umwelt zu etwas fundamental Anderem, auch Beunruhigenderem wurde als das geschätzte und schützenswerte, letztlich passive Gegenüber, um das es dem Naturschutz bis dato gegangen war.[37] *Andererseits* öffneten sich damit neue Spielräume für den Menschen als Systemadministrator, der sich, ganz so wie die Gesellschaftsplaner auf städtischer oder nationaler Ebene, zum »Management« der eigenen planetarischen Überlebensvoraussetzungen aufschwingen konnte, wie es bald hieß.

Wenn sich während der zweiten Hälfte der 1960er Jahre also eine hybride biologisch-soziale Vorstellung von Globalität herausbildete, dann waren dafür jedoch nicht allein demografische Tragfähigkeitsanalysen ausschlaggebend. Deren Überzeugungskraft und Resonanz verstärkte sich in Wechselwirkung mit verwandten Konzepten, die das Missverhältnis zwischen dem zu erwartenden exponentiellen Weltbevölkerungswachstum und der bloß zyklischen oder bestenfalls linearen Reproduktion der globalen

---

35 Patrick Kupper: Die »1970er Diagnose«. Grundsätzliche Überlegungen zu einem Wendepunkt der Umweltgeschichte, in: *AfS* 43 (2003), S. 325–348.
36 Exemplarisch zeigt sich das an James Lovelocks und Lynn Margulis' (zuletzt in Debatten um das Anthropozän reaktivierter) »Gaia-Hypothese« von der Erde als selbsterhaltendem Quasi-Organismus. Sie nahm ihren Anfang als Theorie zweier bei der NASA beschäftigter AstrobiologInnen, die sie mithilfe von Computermodellierungen untermauerten. Sie fand jedoch bald den Weg in die Gegenkultur und erwies sich schließlich als kompatibel mit *New-Age*-Gedankengut: Bruce Clarke: Mediating Gaia. Literature, Space, and Cybernetics in the Dissemination of Gaia Discourse, in: Nitzke/Pethes, *Imagining Earth*, S. 61–90.
37 Höhler, *Spaceship Earth*, S. 13.

Ressourcen noch einmal enger an die Umweltverschmutzung knüpften. Denn Ende des Jahrzehnts entdeckten ForscherInnen mit der *Biosphäre* jene den Planeten wie ein dünner Film des Lebendigen überziehende Zirkulationssphäre wieder, die Vordenker wie die Geologen Eduard Suess und Wladimir Wernadski bereits im späten 19. bzw. frühen 20. Jahrhundert konzeptionalisiert hatten (womit sie, wie dargestellt, einigen Einfluss auf holistisch-utopische Denkfiguren ausgeübt hatten).[38] Das verschaffte auch Darstellungen kleinräumigerer ökologischer Stoffkreisläufe zusätzliche Aufmerksamkeit. Besonders galt das für *Silent Spring* (1962), Rachel Carsons Bestseller zu den komplexen Wirkungen des Insektizids DDT, des Stoffs, aus dem die Entwicklungsträume waren, der aber eben auch die Singvögel verstummen ließ.[39]

Bald verdichteten sich die lebenswissenschaftlich überformten System- und Grenzdiskurse (insbesondere in den USA) zu einem veritablen (neo-)»malthusianischen Moment«. So unterschiedlich die politischen Forderungen waren, die ihm entsprangen, sie einte eine Rhetorik der globalen Grenzen, der bis in die 1980er Jahre hinein kaum entgehen konnte, wer von der Welt sprach. Seit ca. 1968 wurde die Weltbevölkerungsproblematik auf zwei Zukunftsszenarien zugespitzt, die an das Theorem des britischen Nationalökonomen Thomas Malthus aus dem frühen 19. Jahrhunderts zum Zusammenhang von ökonomischer Prosperität, Landzugang und Bevölkerungswachstum erinnerten: Entweder die Menschenzahl würde planvoll an die verfügbaren planetarischen Ressourcen angepasst oder sie würde auf ungeordnete Weise auf ein tragbares Maß zusammenschrumpfen, nämlich infolge massenhaften Verhungerns, das kaum ohne gewaltsame Konflikte vonstattengehen würde. Interventionen zur Einhaltung der globalen Grenzwerte schienen also auch deshalb nötig, weil durch deren Überschreitung sonst die Qualität des Lebens der *gesamten Menschheit* zurückgehen würde.

Das machte aus einigen Biologen Politiker, wie der Historiker Thomas Robertson am Beispiel Paul Ehrlichs zeigt, der spätestens beim ersten amerikanischen *Earth Day* 1970 zu einem Star der Umweltbewegung geworden war.[40] Ehrlich war als Student vom Trend der Ökologie – gemeint ist hier die Teildisziplin des Fachs Biologie – zur statistischen Modellbildung erfasst worden. Als neuberufener Professor in Stanford wurde er Zeuge der Verdrängung der lokalen Fauna der boomenden *Bay Area* durch Infrastrukturprojekte. Das verknüpfte sich mit schockartigen Erfahrungen in der »Dritten Welt« – konkret: einer beklemmenden Taxifahrt durchs völlig überfüllte Neu-Delhi 1966. Für Ehrlich, dessen ebenso düsteres wie populäres Hauptwerk *The Population Bomb* auch insofern vom *genius loci* Nordkaliforniens geprägt war, als er es im politisch »heißen« Frühjahr des Jahres 1968 verfasste, war der Zusammenhang zwischen ungebremster Industrieproduktion, Umweltzerstörung, Bevölkerungswachstum und fehlge-

---

38 Ebd., bes. S. 55–57.
39 Christof Mauch: Blick durchs Ökoskop. Rachel Carsons Klassiker und die Anfänge des modernen Umweltbewusstseins, in: *ZF* 9 (2012), S. 156–160.
40 Zum Folgenden: Robertson, *Malthusian Moment*, bes. Kap. 6.

leiteter Entwicklungspolitik fortan unabweisbar. Er erschien ihm sogar als Spirale sich aufschaukelnder Dynamiken, was ihn die Metapher der Populationsbombe, also einer ebenso rasanten wie destruktiven Kettenreaktion wählen ließ.⁴¹

Hier ist nicht der Raum, die überraschenden Allianzen genauer darzustellen, die sich aus solchen Diagnosen ergaben. Neben den Vereinten Nationen (die 1974 das »World Population Year« ausriefen) gehörten der amerikanische Präsident Richard Nixon (zu dessen Vermächtnis die 1970 gegründete Environmental Protection Agency gehört) genauso dazu wie Papst Paul VI., aber eben auch Feministinnen (deren Forderung, Reproduktion von Sex zu trennen, religiösen Dogmen diametral gegenüberstand). Viele dieser Akteure stellten verschiedenartige Phänomene – wie den Babyboom der Nachkriegszeit, die Antibabypille, die wahrgenommene Überpopulation der Großstädte, die Jugendprotestbewegungen – erstmals mit der Misere der »Entwicklungsländer« in ein gemeinsames, ein systemisches Licht. Es ließ diese Misere als möglichen Anlass für, aber auch schon als Ergebnis von grenzüberschreitenden Ressourcenkonflikten erscheinen. Ehrlichs eigene Radikalisierung ist ein Indikator dafür, welche Konsequenzen eine wachsende Zahl politisierter Menschen aus dieser Wahrnehmung zogen. Er pries bald nichteuropäische, ressourcenschonende Lebensweisen. Zugleich griff Ehrlich das Wachstumsparadigma der Industriegesellschaften und die Konsumansprüche ihrer Bürger an. Weniger die Reduktion der Weltbevölkerung als die Verringerung des Rohstoffverbrauchs durch dessen privilegierte Teile schien ihm in einer »geschlossenen Welt« geboten.⁴²

Das war schon eine Reaktion auf zynische öffentliche Interventionen, die ebenfalls zum Neomalthusianismus gehörten: Im Erscheinungsjahr von Ehrlichs Bestseller hatte der Mikrobiologe Garrett Hardin in einem Artikel in »Science« seine seitdem vielzitierte »Tragödie der Allmende« präsentiert: Laut Hardin standen individuell nutzenmaximierende Reproduktionsentscheidungen nicht nur der Modernisierung rückständiger Gesellschaften im Weg. Sie bewirkten auch auf globaler Ebene problematische Übernutzungseffekte. Zwangsmaßnahmen schienen daher unumgänglich. Hardin ging 1974 so weit, zu fordern, die seiner Ansicht nach bevölkerungspolitisch kontraproduktive Entwicklungshilfe ganz zu streichen.⁴³ Die Nullsummenspiele der globalen »moralischen Ökonomie« (Sabine Höhler im Anschluss an E. P. Thompson) konnten also zu menschenfeindlichen Schlüssen führen. Dabei sollte nicht übersehen werden, dass der *polemische* Charakter des Weltbevölkerungsdiskurses der späten 1960er Jahre eine Reaktion auf eine *weitere* Problemdiagnose war. Der schrille Stil der Interventionen war bewusst gewählt: Er sollte die Politiker, aber mehr noch die Bevölkerung gerade des Westens aus dem Trott reißen. Das war umso schwieriger, als die Erfahrungen

---

41 Sabine Höhler: Die Wissenschaft von der »Überbevölkerung«. Paul Ehrlichs »Bevölkerungsbombe« als Fanal für die 1970er-Jahre, in: *ZF* 3 (2006), S. 460–464.
42 Robertson, *Malthusian Moment*, S. 195.
43 Ebd., S. 153–155, 187.

des Nachkriegsbooms die fatale Auffassung nährten, der Fortschritt werde auch für das Problem der begrenzten Weltressourcen einen technologischen *Fix* bereitstellen. Selbst für optimistische Zeitgenossen bedurfte es einer Sensibilisierung der Menschen für die *World Problematique*, wie sie bald genannt wurde. Zu diesen Optimisten zählte Buckminster Fuller, der – in entschiedener Frontstellung gegen das, was auch er mit der Chiffre »Malthus« bezeichnete – gewissermaßen zur Arbeit an der technischen Vervielfältigung der Erde aufrief.

Das »Raumschiff Erde«

Dass sich aus der demografischen und biosystemischen *Closed World Perspective* überhaupt eine Vielzahl von Lösungsstrategien ergaben, zeigt die schillernde Metapher, die sie oft begleitete: Das Bild vom »Raumschiff Erde« ist nicht nur einen genaueren Blick wert, weil Fuller (der hier erstmals als Initiator globalistischer Debatten in Erscheinung tritt) es entscheidend mitgeprägt hat. Sondern auch, weil sich zumindest eine Zeitlang sowohl die pessimistischen Proponenten globaler Begrenzung als auch die Fürsprecher technologischer Lösungen auf dieses Bild einigen konnten. So brachte es der US-Botschafter bei den Vereinten Nationen, Adlai Stevenson Junior, im Juni 1965 in einer vielzitierten Rede vor deren Economic and Social Council in Genf vage mit dem Weltbevölkerungswachstum, der Umweltverschmutzung und der Übernutzung der Erdressourcen in Verbindung. Bezeichnenderweise war es aber gerade die Befreiung der gesamten Menschheit von alltäglichen Nöten durch die Freisetzung *weiterer Ressourcen*, die Stevenson forderte. Fragil, wie er schrieb, werde das Raumschiff erst durch die Ungleichverteilung der Lebenschancen zwischen den zwei (von Stevenson geografisch nicht näher bestimmten) Menschheitsteilen. Sie führe zu Sicherheitsrisiken, die auch das Überleben der privilegierten Hälfte bedrohten.[44]

Schon etwas anders klang dies im Jahr darauf im Buch der britischen Entwicklungsökonomin Barbara Ward, das die Metapher sogar im Titel führte. Ward, die Anfang der 1970er Jahre als Fürsprecherin des Umweltschutzes größere Bekanntheit erlangen sollte, befasste sich in *Spaceship Earth* (1966) in erster Linie mit Problemen der Entwicklungspolitik. Dies geschah aus einer Perspektive, die ebenso stark von ihrem Engagement als Beraterin von UN-Generalsekretär Sithu U Thant wie von ihrer christlichen Sozialethik geprägt war. Beides ließ Ward die Überwindung der Armut, die sie auf Reisen nach Westafrika und Indien aus nächster Nähe gesehen hatte, als moralische Verpflichtung der Bewohner des Westens erscheinen. Auch für Ward war die Armutsbekämpfung im aufgeklärten Eigeninteresse der entwickelten Welt. Das Dasein der Bürger aller Staaten der Erde schien ihr angesichts ökonomischer Verflechtungen schicksalhaft verbunden. Deshalb gab es für sie auch kein »rationaleres« Bild für die *conditio humana* als das »Raumschiff Erde«: Wer den Planeten mit diesem Bild im

---

44 Stevenson 1965 zitiert nach https://www.bartleby.com/73/477.html (19.6.2019).

Kopf wie von außen betrachte, so argumentierte sie, der könne kaum anders, als sich als Teil der Weltgemeinschaft zu fühlen und entsprechend zu agieren.[45]

Letztlich ließen Ward und Stevenson das metaphorische Potenzial der Raumfahrttechnik aber ungenutzt. Beide hätten die Erde genauso gut als gemeinsames Boot mit beschränktem Proviant auf ungewisser Mission beschreiben können, um der Vernunft auf die Sprünge zu helfen. Obwohl sie Buckminster Fuller explizit für dessen Inspiration dankte,[46] standen Wards Vorschläge sogar im Gegensatz zu Fullers Verwendung der Raumschiffmetapher. Dieser hatte das Sprachbild, wie angedeutet, schon um 1960 verwendet. Er stellte es aber erst ins Zentrum seiner Vorträge, als es bereits in aller Munde war. In seinem 1969 erschienenen, aus einer Reihe dieser Vorträge hervorgegangenen Buch *Operating Manual for Spaceship Earth* erneuerte Fuller dann aber letztlich nur jene zahlengestützten Gedankenspiele zur Beziehung der Menschheit zu den Himmelskörpern, die er dreißig Jahre zuvor in *Nine Chains to the Moon* angestellt hatte:

> I've often heard people say, ›I wonder what it would be like to be on board a spaceship‹, and the answer is very simple. [...] We are all astronauts. [...] I'm sure that you don't really sense yourself to be aboard a fantastically real spaceship – our spherical Spaceship Earth. Of our little sphere, you have seen only small portions. However, you have viewed more than did pre-twentieth-century man, for in his entire lifetime he saw only one-millionth of the Earth's surface. You've seen a lot more. If you are a veteran world airlines pilot you may have seen one one-hundredth of Earth's surface. But even that is sum totally not enough to see and feel Earth to be a sphere unless, unbeknownst to me, one of you happen to be a Cape Kennedy capsuler.[47]

Der Rest des Textes ließ diesen Satz zum Ausgangspunkt einer Fuller-typischen (weil historischen) Darstellung der sich immer schneller vergrößernden technisch-kognitiven Befähigungen des Menschen werden. Er muss also nicht zusammengefasst werden, zumal ich verschiedentlich auf ihn zurückgekommen werde. Wichtiger ist hier, dass Fuller gerade *nicht* für die gerechtere Verteilung der vorhandenen globalen Ressourcen eintrat. Im Gegenteil umriss er das Potenzial des sogenannten *World Designs* für eine effizientere Ressourcen- und Energieausnutzung. Bei dieser, so hieß es nun, würden verschiedene »Denkwerkzeuge: Topologie, Geodätik, Synergetik, Systemtheorie und das operative ›Bitting‹ des Computers« helfen.[48] Und dazu passend evozierte Fullers Metaphorik weniger die Antriebstechnik der Apollo-Missionen als die *Bordtechnik* der Landefahrzeuge und Raumkapseln – also die Vorsorge für das Überleben der Astronauten auf engstem Raum: komprimierte Sauerstoffvorräte, Raumfahrtnahrung, die Wiederverwertung von

---

45 Barbara Ward: *Spaceship Earth*, New York 1966, S. 15.
46 Ebd. Ward hatte zuvor offenbar Stevenson zur Verwendung des Begriffs angeregt: Seefried, *Zukünfte*, S. 261.
47 Fuller, *Operating Manual*, S. 49.
48 Ebd., S. 75.

Urin. Das waren Themen, die Ende der 1960er Jahre in ungezählten Jugendbüchern, Cartoons und *Science Fiction*-Serien im Fernsehen auftauchten. Fuller beschäftigen sie aber in gewisser Weise bereits seit den Architekturdebatten der Zwischenkriegszeit mit ihren Versuchen der Rationalisierung kleiner Räume unter Berücksichtigung zuvor quantifizierter Bedürfnisse. Wenn Fullers Mitarbeiter John McHale 1967 eine ganze Ausgabe der Zeitschrift »Architectural Design« Raumsonden und U-Booten widmete, dann ging es nicht mehr nur um die Vorbereitung der Mondlandung, sondern auch um die Antizipation längerer bemannter Raumfahrten, denen kaum ausreichend Proviant beigegeben werden konnte.[49] Auch das regte ein Nachdenken über selbstreproduzierende Systeme, über Stoffkreisläufe und -wiederaufbereitung an und über die Frage, wie man im bordeigenen Treibhaus selbst Nahrungsvorräte generieren konnte. Ohne *diese* Implikation ist die Konjunktur der Rede vom »Raumschiff Erde« nicht ausreichend erklärt. Es war gerade die Gewissheit, dass der Mensch bald in der Lage sein würde, technisch bis ins letzte Detail durchdachte »zweite Naturen« zu schaffen, die das Überleben von Astronauten in einer lebensfeindlichen Umgebung garantierten, was es nahelegte, auch die Kontrolle der Ressourcen des Planeten als rationale Operation anzugehen.

Es blieb indes dem bereits erwähnten Ökonomen Kenneth Boulding überlassen, diese Facette der Raumschiffmetapher weiterzudenken, und zwar im selben Jahr, in dem das Buch seiner britischen Kollegin Barbara Ward erschien. Boulding kontrastierte dafür verschiedene Elemente des amerikanischen Selbstverständnisses, nämlich *Frontier*-Exzeptionalismus und *Space-Age*-Optimismus. In einem Vortrag forderte er, die blind expansionistische »Cowboy-Ökonomie« der US-Pionierphase hinter sich zu lassen. Stattdessen hieß es nun, zur vorausschauenden »Raumschiffökonomie« überzugehen. Weit stärker als Ward zeigte sich Boulding diesbezüglich auch von der Ökosystemforschung beeinflusst. Denn er argumentierte, anstelle der inakzeptablen Übernutzung der Ressourcen der Erde gelte es, das menschliche Wirtschaften gewissermaßen biomimetisch zu einem geschlossenen System negativer Rückkoppelungen umzugestalten.[50] Aber Boulding (den die Décroissance-Bewegung heute als Pionier eines wachstumskritischen ökonomischen Denkens feiert) rief damit keineswegs zur Rückkehr zur Subsistenzwirtschaft auf. Wie Fuller regte er im Gegenteil eine massive Ausweitung der wissenschaftlichen Inventuren der Erde an. Und er setzte auf die Entwicklung von Technologien, mit denen sich die Stoffkreisläufe und Energieflüsse des Planeten möglichst dauerhaft für die Menschen nutzen ließen.[51] Das implizierte bei Boulding zwar ein gewisses Maß an Selbstbescheidung. Dennoch war es der Aufschwung der Menschheit

---

49 McHale zeigte sich hier als aufmerksamer Eleve Fullers, denn sein Editorial unterstrich die Bedeutung der »imagery of technology« als »agency of change« (o.A. [John McHale]: 2000+, in: *Architectural Design* XXXVII [1967], S. 64) und versuchte diese Einsicht auch umzusetzen: Das Heft enthielt eine Vielzahl von Darstellungen von Raumstationen mit künstlichen Äckern, Fotos von Wetterkarten und ein Bild aus dem *Mission Control Center* der NASA in Florida.
50 Höhler, *Spaceship Earth*, bes. S. 65f.
51 Ebd., S. 17.

zur Kontrolle und Korrektur des planetarischen Gleichgewichts, der den optimistischen Kern seiner »Raumschiffökonomie« ausmachte. Diese lässt sich also sogar als radikalisierte Form der beschriebenen Planungszuversicht betrachten: als deren Erweiterung auf den Planeten selbst. Boulding träumte von einer wissenschaftlich-technischen Elite, die auf einer internationalen Kommandobrücke mit den entsprechenden statistischen Bordinstrumenten im Blick den Kurs des Raumschiffs genauso festlegte, wie sie die Lebensbedingungen an Bord einer kontinuierlichen Überwachung unterzog.

In Verbindung mit der biosystemischen Rekonzeptionalisierung der Erde als geschlossenem System, dessen fragil »eingeschwungenen Zustand« es zu überwachen und gegebenenfalls zu regulieren galt (um das Überleben zu sichern, wie es nun immer häufiger hieß), machte die *Life-Support*-Metapher also einen atemberaubenden Ebenensprung: Die Erde selbst wurde nun nicht nur zu einer modischen Version des archetypischen gemeinsamen Bootes. Sie war ein hybrides, soziotechnisch-natürliches System. Es war gerade die damit verbundene Polyvalenz des Sprachbilds, die das »Raumschiff Erde« zum Mythos des Umweltzeitalters werden ließ, so Höhler.[52] Denn zumindest eine Zeitlang konnte die Metapher verschiedene, bisweilen entgegengesetzte Argumente über Globalität in einem Bild vereinen. Wer ab ca. 1970 das »Raumschiff Erde« evozierte, konnte Krise und Chancen der industriellen Zivilisation betonen, konnte ökologische Fragilität und technische Lösbarkeit zusammendenken. Deshalb führten sowohl Verfechter einer selbstgenügsamen *Suffizienz* der Ressourcenausnutzung als auch Apologeten der Steigerung ihrer *Effizienz* diese Metapher im Munde.[53]

... und sein Personal

Aber nicht nur zwischen ökozentrisch-apokalyptisch denkenden *Survivalists* und technophil-steuerungsoptimistischen *Cargoists*, wie Höhler sie nennt, vermittelte die Metapher. Sie überbrückte auch Spannungen innerhalb der jeweiligen Lager hinsichtlich der Frage, wer überhaupt in die planetarische Pflicht genommen werden sollte und konnte. Diese Spannungen lassen sich anhand zweier Aussagen Marshall McLuhans herausarbeiten: Der Medientheoretiker zeigte sich 1967 überzeugt, dass die Lösung der Weltprobleme in der Vergrößerung des menschlichen kognitiven Potenzials bestehe, das er ähnlich wie Boulding als eine innere *Frontier* beschrieb: »In our present world there cannot be a Columbus. External exploration has ended, and the future of exploration is necessarily internal.«[54] Aber bereits drei Jahre zuvor war McLuhan die globale Problematik auch als individuelle Verantwortung erschienen, die sich gleichmäßig auf die Schultern der Erd-

---

52 Ebd., S. 16f.
53 Ebd., S. 11 und schon zeitgenössisch: John Woodcock: The Garden in the Machine: Variations on Spaceship Earth, in: *Michigan Quarterly Review* XVII (1979), S. 308–317.
54 Marshall McLuhan: Open-Mind-Surgery [1967], in: Stephanie McLuhan/David Stains (Hg.): *Understanding Me. Lectures and Interviews*, Toronto 2003, S. 147–157, hier S. 157.

bewohner verteile: »There are no passengers on Spaceship Earth, only crew.«[55] Damit war der kanadische Medienwissenschaftler näher bei seinem Freund Fuller. Denn für Fuller musste gerade *keine* planmäßige Einschränkung der materiellen Wohlstandszuwächse der Erdbewohner erfolgen oder gar eine rigide Rationierung der Bordrationen durch eine intellektuell überlegene, aber autoritär agierende Verwaltungselite (geschweige denn eine Gesundschrumpfung der Zahl der Reisenden auf ein tragfähiges Maß, wie sie Hardin vorschwebte, der denn auch vom »Rettungsboot Erde« sprach[56]). Als überlebensnotwendig empfand es Fuller indessen, dass die unmittelbare Umwelt, in der die Astronauten-Spezies agierte, auf eine Weise gestaltet werde, die es allen an Bord ermögliche, mit darüber nachzudenken, wie man das Raumschiff weiter verbessern könne. Fullers *Spaceship Earth* wurde also letztlich von dem gleichen Phantomkapitän gesteuert, dessen Botschaft der Gestalter seit den 1930er Jahren verstärkte: »Now there is one outstandingly important fact regarding Spaceship Earth, and that is that no instruction book came with it.«[57] Eine Art »Sicherung« war diesem Raumschiff aber sehr wohl eingebaut: Der Menschheit war exakt so viel Energie mitgegeben worden, dass sie überleben würde, bis sie evolutionär in der Lage sein *konnte*, die Funktionsweise des Raumschiffs zu entschlüsseln, also zur selbstständigen Potenzierung der eigenen Existenzgrundlage überzugehen.

Dass Fuller seine Texte, Bilder und Metaphern zur Stimulation just dieses »Reifungsprozesses« einsetzte, habe ich schon dargestellt. Diese Feststellung kann jedoch auch dazu anregen, nach Funktion, Genre und am wichtigsten: Adressaten auch anderer Texte zu fragen, mit denen Ideen zu Raumschiffökonomie und/oder Rettungsbootethik verbreitet wurden. Tatsächlich handelte es sich dabei gerade nicht um an politische Entscheidungsträger gerichtete Denkschriften, sondern um populär geschriebene Sachbücher. Diese kamen auch deswegen als Bedienungsanleitungen, als Manuale oder Handbücher daher, weil sie auf der Wahrnehmung gründeten, die Eliten in Staat und Wirtschaft ignorierten die Tatsache, dass in einer geschlossenen Welt nicht so weitergemacht werden konnte wie bisher. Wenn diese Publikationen dazu einluden, Menschheit und Erde aus der Perspektive eines geradezu allmächtigen Planers zu imaginieren, dann paradoxerweise, um ganz normale Leute dazu zu bewegen, entsprechenden Druck auf die politischen Entscheider auszuüben. Es lässt darüber hinaus auf die Entstehung eines eher lebensweltlichen globalistischen Orientierungsbedürfnisses schließen, dass nun Bücher zu Bestsellern wurden,[58] die Titel trugen wie *Only One Earth. The Care and Maintenance of a Small Planet*. Diese Bücher waren dadurch zwar als technische Manuale ausgewiesen (was die Position der AutorInnen als Experten untermauerte). Sie forderten ihre LeserInnen aber auch auf, *selber tätig zu werden*. Publikationen wie *Blueprint*

---

55 Marshall McLuhan 1964, zitiert nach Daniel A. Vallero: *Paradigms Lost: Learning from Environmental Mistakes, Mishaps and Misdeeds*, Amsterdam 2005, S. 367.
56 Robertson, *Malthusian Moment*, S. 187.
57 Fuller, *Operating Manual*, S. 52.
58 Barbara Ward/Dubos, René: *Only One Earth. The Care and Maintenance of a Small Planet*, London 1972.

for Survival (1972) und auch Ehrlichs *How to be a Survivor: A Plan to Save Spaceship Earth* (das sich 1971 den persönlichen Fähigkeiten widmete, die zu einer »Astronauten-Kultur« gehörten[59]) trennte wenig vom Genre der Ratgeberliteratur. Das macht sie zu schillernden Übergangsphänomenen zwischen der Planungseuphorie der 1960er und dem zunehmend individualethischen Politikverständnis der 1970er und 1980er Jahre.

Dass sich das Gewicht der globalen Verantwortung also allmählich vom Personal auf der Kommandobrücke auf die Passagiere des »Raumschiffs Erde« verlagerte, zeigt sich auch im Aktivismus mancher AutorInnen. Ehrlich etwa konzentrierte sich bald darauf, eine individualisierte reproduktive Moral zu popularisieren, und engagierte sich im Rahmen der von ihm mitbegründeten Organisation Zero Population Growth (ZPG). Diese publizierte Listen von Kliniken, in denen man sich sterilisieren lassen konnte. Sie hatte sogar ein »Education Department«, das ein Poster herausgab, auf dem *Uncle Sam* mit gestrengem Blick fragte: »Have you had your pill today?«.[60] Wenn auch Kenneth Boulding reimend aufforderte: »Find your place in space«,[61] dann war das also nicht mehr weit entfernt von Publikationen wie Frances Moore Lappés Kochbuch-Bestseller *Diet for a Small Planet* von 1971 oder dem 1989 erschienenen Buch *50 Simple Things YOU Can Do to Save the Earth*.[62]

Krümmungen im Daten-Diagramm und die »Grenzen des Wachstums«

Die Schließung des Globalen zum Planetarischen, wie sie schon zeitgenössisch genannt wurde,[63] brachte zudem eine enorme *Bildproduktion* in Gang. Dabei bestand ein Kontinuum zwischen einer eher unscheinbaren wissenschaftlichen Gebrauchsgrafik und plakativen – und bald wirklich auf den Plakaten der Umweltbewegung prangenden – Apellen in bildhafter Sprache. Metaphern, Buchcover, Tabellen und Daten-Diagramme verliehen einander Evidenz. Und selbstverständlich beglaubigten auch die lange antizipierten und dennoch so faszinierenden Bilder *Earthrise* (gemeint ist die am Heiligabend 1968 auf der Apollo-8-Mondmission entstandene Fotografie der hinter dem Mond »aufgehenden« Erde) und *Blue Marble* die Beobachtung der Geschlossenheit, wenn nicht der Perfektion des seltsam fremden planetarischen Gegenübers mit

---

59 Höhler, *Raumschiff*, S.18.
60 Robertson, *Malthusian Moment*, S. 192, 95.
61 Zitiert nach Höhler, *Raumschiff*, S. 266.
62 Auf dessen Umschlag war das »O« in »You« durch die Fotografie der Erde ersetzt worden, was diese mit dem angesprochenen Leser geradezu in Deckung brachte – ähnlich wie es der Titel von *Person/Planet* tat, dem 1978 erschienenen, gänzlich institutionenfeindlichen Buch des Gegenkulturtheoretikers Theodore Roszak: Vgl. Frances Moore Lappé: *Diet for a small planet*, New York 1971; John Javna [The EarthWorks Group]: *50 Simple Things You Can Do to Save the Earth*, New York 1989; Theodore Roszak: *Person/Planet: The Creative Disintegration of Industrial Society*, Garden City, N.Y. 1978.
63 Siehe nur *The Closing Circle* (1971) aus der Feder des Biologieprofessors und Vordenkers der Umweltbewegung Barry Commoner.

fotografischer Objektivität. Dass viele dieser Formen aber eben nicht einfach einen neuen Zustand von Globalität abbildeten, sondern zumeist auch globalistische Handlungsprogramme transportierten, liegt auf der Hand.

Einmal mehr lässt sich das an Liniendiagrammen zeigen, die Wachstumskurven verdeutlichten – Bildmedien, die sich überhaupt gut dazu eigneten, auf eher lückenhaften Daten beruhende Entwicklungsdiagnosen glaubwürdig zu machen.[64] Die Metapher der »Bevölkerungsbombe« etwa bekam zusätzliche Plausibilität durch Infografiken wie jene des erwähnten Georg Borgström von 1971, die den ansteigenden Graphen des Bevölkerungswachstums visuell der charakteristischen Pilzwolke der Atombombenexplosion annäherte.[65] Beliebt waren überdies Entwicklungslinien, die aus dem Rahmen der Tabelle heraustraten, gar von der Buchseite zu springen schienen. Solche grafischen Tricks wurden durch mathematische Gleichnisse untermauert. So wurde das Weltbevölkerungsproblem über die Figur des *Standing Room* vermittelt, den bloßen Stehplatz, der dem Einzelnen in rund 600 Jahren bei Fortsetzung gegenwärtiger Trends auf dem »Raumschiff Erde« bleiben werde.[66] David Brower, der Leiter des Sierra Club (der wohl traditionsreichsten Naturschutzorganisation der USA), reduzierte die Grundüberzeugung des Neomalthusianismus gar auf zwei Akronyme: Die DNA sei immer stärker als das BSP.[67] Manchmal durfte man selber rechnen, wie beim »Rätsel vom Lilienteich«, das Lester Brown lancierte, der Ernährungsexperte und Gründer des Worldwatch Institute in Washington, D.C.: Wann ist ein Gewässer, auf dessen Oberfläche Wasserlilienblätter schwimmen, deren Fläche sich täglich verdoppelt, halb von Blättern bedeckt, wenn wir wissen, dass es am 30. Tag ganz bedeckt ist? Die Antwort, die für die erschreckende Dynamik exponentiellen Wachstums sensibilisieren sollte, lautet: nur wenige Stunden vorher, am 29. Tag.[68]

Die Normativität der (visuellen) Kultur der globalen Schließung offenbart sich überhaupt am klarsten an den *Zeiträumen*, von denen sie handelte. Die Korrektur globaler Fehlentwicklungen erschien umso drängender, als diese, je länger sie andauerten, immer schwerer zu stoppen waren. Das setzte eine Tendenz zu immer schrilleren Kassandrarufen in Gang, die die Glaubwürdigkeit der entsprechenden Prognostik mittelfristig untergrub.[69] Es war aber gerade die Temporalität des globalen Schließungsdiskurses,

---

64 Zu den allgegenwärtigen »S-Kurven« des Neo-Malthusianismus Höhler, *Spaceship Earth*, S. 87. Bisweilen krümmten sich die Kurven, bis sie die *Zirkulation* von Stoffen und Energien repräsentierten, wie beim *Recycling*-Symbol, das 1970 aus einem Wettbewerb hervorgegangen war, den Fullers alte Bekannte, die Container Corporation of America, ausgeschrieben hatte: Penny Jones/Jerry Powell: Gary Anderson has been found!, in: *Resource Recycling* (1999), S. 1–2.
65 Robertson, *Malthusian Moment*, S. 145.
66 Ebd., S. 169.
67 Höhler, »Überbevölkerung«, S. 461.
68 Höhler, *Spaceship Earth*, S. 85.
69 Patrick Kupper: »Weltuntergangs-Vision aus dem Computer«. Zur Geschichte der Studie »Die Grenzen des Wachstums« von 1972, in: Jens Hohensee/Frank Uekötter (Hg.): *Wird Kassandra heiser? Beiträge zu einer Geschichte der falschen Öko-Alarme*, Stuttgart 2003, S. 98–111.

die ihn als Produkt des futurologischen Denkens auswies: Die globalen Daten gerieten durch eine computergestützte Simulationspraxis erst in »Bewegung«. Das Ende des Jahrzehnts von Planbarkeit und Machbarkeit wurde damit von den komplexen globalen Datenextrapolationen und Weltmodellen miteingeläutet, die als seine Kulmination betrachtet werden können.

Hier soll nur das bekannteste dieser Modelle erwähnt werden: Die Studie *Die Grenzen des Wachstums*. Auf die breite Rezeption, gar den epochemachenden Charakter des 1972 als Sachbuch erschienenen Reports, den das Ehepaar Donella und Dennis Meadows für den Club of Rome verfasste, wird zurückzukommen sein. An dieser Stelle interessiert das Buch, weil es die Schließungsdiagnose, die bereits sein Titel auf den Punkt brachte, aufwändig visualisierte. Was für die Historiografie der Futurologie insgesamt gilt – deren Bildeinsatz wird kaum untersucht –, ist im Falle dieses Reports besonders gravierend. Denn beim Versuch, zu erklären, warum dieser sich millionenfach verkaufte, muss die Vermarktung des Werks untersucht werden.[70] Dabei wäre allein die Umschlagsgestaltung der verschiedenen Übersetzungen und Auflagen des Reports genauerer Analysen würdig: Die Cover zeigten die Erde als Ei, in Ketten gelegt (bzw. in einen Messschieber gezwungen), wenn der Planet nicht gleich von einem Stiefel plattgetreten wurde, wie dies auf dem Cover der deutschen Taschenbuchausgabe abgebildet war.[71] Im Inneren des Werks verdeutlichten dann nicht weniger als 48 Illustrationen (auf knapp 200 Seiten) die Dringlichkeit der Befunde. Darunter waren Einzeldiagramme des globalen Kunstdüngerverbrauchs, des Städtewachstums oder der Kohlendioxidkonzentration in der Erdatmosphäre. Vor allem aber fanden sich an zentraler Stelle Synopsen der fünf Testdurchläufe des »World3«-Computer-Simulationsmodells, das Bevölkerungswachstum, Umweltverschmutzung, Ressourcenvorräte, Nahrungsmittelproduktion und industriellen Output pro Kopf bei verschiedenen Weichenstellungen in ihrer Wechselwirkung modelliert hatte. Es ist bezeichnend, dass diese Diagramme eine von 1900 bis 2100 (!) reichende Zeitskala aufweisen. Vergangenheit und Zukunft wurden in ein Kontinuum, der Unterschied zwischen Inventarisierung und Extrapolation damit grafisch zum Verschwinden gebracht. Suggestiv wurden die Diagramme aber auch dadurch, dass sie, obwohl mit Legenden versehen, im Detail ausgesprochen schwer zu decodieren waren. Das legte es nahe, sie in ihrer Gesamtgestalt, als *Formen* zu interpretieren. Mal konvergierten die Kurven also harmonisch auf einem Plateau, dann wieder bildeten sie komplexe Wellenlandschaften, an deren zeitlichem Ende einzelne Linien abrupt abstürzten. In Verbindung mit den entsprechenden Textpassagen dürfte gerade das sie für

---

70 Zumindest die gute Lesbarkeit des Berichts verdankte sich offenbar eher der Kommunikation zwischen den Spezialisten im Meadows-Team und ihren wenig computerkundigen Auftraggebern im Club of Rome. Dazu sowie allgemein zur Wissenschafts- und institutionellen Vorgeschichte der Studie: Fernando Irving Elichirigoity, *Planet Management* und Peter Moll: *From Scarcity to Sustainability. Futures Studies and the Environment. The Role of the Club of Rome*, Frankfurt a. M. 1991.
71 Dennis Meadows u.a.: *Die Grenzen des Wachstums. Bericht des Club of Rome zur Lage der Menschheit*, Reinbek 1973.

Laien zu Zukunftserzählungen gemacht haben. Diese kündeten dann von Wegegabelungen, an denen Entscheidungen gefällt werden mussten, die entweder ins Chaos oder eben in Richtung dauerhafter Stabilität führen konnten. So weiterzumachen wie bisher, daran ließ der sogenannte »Standardlauf« des Systems keinen Zweifel, war jedenfalls die schlechteste Option.[72] Nicht kenntlich gemacht wurde durch die Grafiken jedoch, dass das Weltmodell *selbst* »geschlossen« war. Die aggregierten globalen Daten von Weltbank und Vereinten Nationen, mit denen die Hochrechnung gefüttert wurde, konnten an den Kapazitätsgrenzen des Modell-Algorithmus selbst wenig ändern. Dass die Wachstumsgrenzen früher oder später erreicht werden würden und man zu diesem Zeitpunkt eine den Reproduktionsgrenzen der Erde angemessene Astronautenkultur entwickelt haben musste, das stand außer Frage. Denn diese Schlussfolgerung entsprach den Wünschen des Auftraggebers des *Reports*, allen voran der treibenden Person des Club of Rome, Aurelio Peccei. Der für Entwicklungsfragen sensibilisierte ehemalige FIAT-Manager wollte einen globalen Dialog über die sogenannte »Weltproblematik« starten, wie er sie als erster nannte.[73] Und dafür musste ein möglichst düsteres, dramatisches Ergebnis her.

Peccei konnte indes nicht ahnen, dass der Report die heterogenen Debatten über globale Probleme nicht nur bündeln, sondern auch die Skepsis gegenüber dem Machbarkeitsdenken just jener Menschen mit großer institutioneller Macht massiv verstärken sollte, die er ursprünglich als Adressaten im Blick gehabt hatte. Wie gleich gezeigt wird, litt darunter auch die Reputation Fullers, den der Report als Vertreter eines fahrlässigen Technikoptimismus sogar direkt zitierte.[74] Dabei hatte Fuller mit den AutorInnen des Reports zumindest in dem Punkt übereingestimmt, dass es angesichts der Komplexität der Lage der Welt notwendig sei, das Potenzial des Computers stärker zu ihrer Beeinflussung auszuschöpfen. Umso schwerer wog, dass sich im Laufe der 1970er Jahre eine gewissermaßen »tragische« Lesart des Reports verbreitete. An dieser Interpretation brach sich auch die Planungswelle des vorangegangenen Jahrzehnts, auf der nicht nur Fuller geritten war (indem er globenartige, klar umgrenzte Räume propagierte, die energieeffizient waren und zugleich als dreidimensionale Werbebotschaften für eine effektivere Ressourcennutzung fungierten): Fullers Stunde verstrich, weil ausgerechnet der Computer, der Höhepunkt des technischen Genius der westlichen Zivilisation, deren eigene Prämissen in Frage zu stellen schien. *Einerseits* verbreitete die »hochaggregierte Eine-Welt-Herangehensweise«[75] des Meadows-Modells, das keinerlei regionale Differenzierung kannte, die daten- und bildgestützten Tragfähigkeitsberechnungen der 1960er Jahre. Es förderte somit eine spezifische Auffassung davon, wie die Welt funktioniere: nämlich als interdependentes, natürlich-soziales, unter bestimmten Umständen

---

72 Ebd., S. 113.
73 Christian Albrecht: »The Atlantic Community in a Global Context«: Global Crisis and Atlanticism within the Context of the Club of Rome, 1960s to 1970s, in: *Bulletin of the German Historical Institute*, Supplement 10 (2014), S. 163–182, hier S. 180.
74 Meadows u.a., *Grenzen*, S. 116f.
75 Moll, *Scarcity to Sustainability*, S. 95.

störungsanfälliges Gesamtsystem. Wo aber – wie ab 1972 immer öfter der Fall – den nationalen und internationalen politischen Entscheidern nicht mehr zugetraut wurde, dieses System administrieren zu können, ließ das *andererseits* kaum andere Handlungsoptionen übrig als die persönliche Verhaltensänderung. Die Folge war eine Politik der kleinen eigenen Beiträge zur Eindämmung des exponentiellen Wachstums und zur Umverteilung des Wohlstands in der *einen*, lies: der sozial verknüpften, aber eben auch im physikalischen Sinne einmaligen Welt.

6.3 Die ganze Welt in Carbondale

1964, in dem Jahr, in dem die *Unisphere* errichtet wurde, war Fuller damit beschäftigt, ein ähnliches Globusmodell von der bloßen Metapher globaler Prozesse zum Instrument ihrer Kontrolle zu entwickeln. Das in den Jahren zuvor mit Studierenden konzipierte *Geoscope* versprach, den ikonischen New Yorker Ausstellungsbau weit zu überflügeln. Fuller hoffte nämlich, seinen Daten-Globus pünktlich zur *Expo '67* in Montreal funktionstüchtig machen zu können. Tatsächlich sollte diese Großveranstaltung den exzentrischen Design-Philosophen zur Berühmtheit machen, wenn auch nur als Architekt. Aber schon zur Zeit der New Yorker Vorgängerausstellung waren seine Ideen in die Öffentlichkeit »explodiert«.[76] Fuller hatte tausende Bücher verkauft. Insbesondere *Ideas and Integrities*, eine von seinem ersten Biografen Robert Marks edierte Sammlung von Artikeln und Vorträgen der 1930er bis 1960er Jahre, wurde 1963 zum Besteller. Im Jahr darauf schmückte Fullers Konterfei – im Kontext der Berichterstattung über die Planung der kanadischen Ausstellung – sogar das Cover des »Time«-Magazins, für dessen Herausgeber er zwanzig Jahre zuvor in untergeordneter Position gearbeitet hatte. Und natürlich waren Dutzende seiner Kuppelbauten realisiert worden. Aber Fuller lebte weiterhin nicht von Bauaufträgen. Er war an den meisten *Domes*, die rund um den Globus entstanden, nur als Ideengeber beteiligt. Er ließ sich gern bei den Einweihungen dieser Bauten fotografieren. Er lieferte in Artikeln deren Deutung. Für die technische Realisierung waren andere aber verantwortlich. Fuller verdiente durch Lizenzen für die Nutzung seiner Patente etwas Geld. Aber auch die entsprechende Verwaltungsarbeit erledigte eine Anwaltskanzlei für ihn.

Hauptberuflich war Fuller nun Hochschullehrer. Er hatte 1959 die erwähnte Assistenzprofessur an der School of Art and Design der Southern Illinois University (SIU) im knapp 150 km südöstlich von St. Louis gelegenen Carbondale angetreten. Die Stelle war mit eher geringen Belastungen verbunden. Fuller hatte zwar in der 407 South Forrest Street nahe dem Campus einen *Dome*-Bau für sich und seine Familie realisiert. Der diente aber eher als Demonstrationsobjekt. Fuller hielt sich allenfalls zwei Monate im Jahr, Mitte der 1960er Jahre sogar nur wenige Tage lang vor Ort auf.

---

76 So Snyder, Introduction, S. 16.

Ehemalige Studenten erinnern sich an diese Besuche als Ereignisse, auf die sie sich wochenlang vorbereiteten, indem sie Seminarräume zu Lernumgebungen umgestalteten und mit Tonbandgeräten (bald auch Kameras) ausstatteten, um die Äußerungen des Meisters festzuhalten.[77] Es waren aber weniger diese Blockveranstaltungen als die öffentlichen Vorträge, mit denen Fuller seine Zeit füllte und den größeren Teil seines Lebensunterhalts bestritt, zu dem seine kostspielige Selbstdokumentation gehörte.

In sein Archiv fand deshalb eine Vielzahl von Itineraren Eingang, die es ihm und seinen MitarbeiterInnen ermöglichten, den Überblick über Reisemodalitäten oder Ansprechpartner vor Ort zu bewahren. Diese chronologischen Listen dienten aber auch der Öffentlichkeitsarbeit in eigener Sache. Denn Fullers AssistentInnen verschickten sie (oft zusammen mit Stichpunkten zu Biografie und Erfindungen Fullers) an die Veranstalter von Vortragsreihen und Konferenzen. Das sollte diesen die Planung erleichtern; es führte den Organisatoren aber auch die Bedeutung des Redners vor Augen, der in den 1960er Jahren erhebliche Honorare forderte. *Ex post* bezeugen die Listen eine rastlose, logistisch aufwändige Existenz – eine Existenz, die jene globale Reichweite hatte, die Fuller in seinen Vorträgen auch als Planungsperspektive propagierte: Es kann durchaus sein, dass Fuller richtig lag mit seiner Annahme, dass er zu jenen Zivilisten seiner Zeit gehörte, die – von Berufspiloten abgesehen – die meisten Flugstunden überhaupt akkumulierten.[78] Hatte er 1960 immerhin rund 30 Vorträge (überwiegend in den USA) gehalten, ging er drei Jahre später auf eine große Vortragstour durch Europa, bevor er im März 1964 eine veritable Weltumrundung antrat mit Terminen in kürzlich dekolonisierten Ländern wie Uganda oder Kenia und in Städten wie Kairo, Sidney, Hong-Kong und Tokyo.[79] Allein zwischen Mai 1964 und Juni 1965 bereiste der nahezu 70-Jährige einige Wochen lang Indien, hielt im Anschluss mehrere Vorträge an Universitäten im mittleren Westen der USA, wurde mit einer kleinen Gruppe von Wissenschaftlern von Präsident Lyndon B. Johnson empfangen, traf in Montreal die Planer der erwähnten Weltausstellung und hielt in Washington, D.C. die Keynote bei der Konferenz »Probing Potentials of New Educational Media«. Fuller wurde daraufhin im US-Office of Education empfangen, traf sich etwas später in Paris mit UNESCO-Funktionären und Vertretern der Union Internationale des Architectes (UIA) und kurz darauf in London mit Mitgliedern der Architectural Student Association. Zurück in Washington, sprach er vor der Presidential Commission on the Impact of Technological Changes on American Life (der unter anderem der Futurologe Daniel

---

77 Eine Auswahl studentischer Erinnerungen findet sich unter http://siudesign.org/baptist-2.htm (19.6.2019).
78 Brigitte Felderer: R. Buckminster Fullers WORLD GAME, in: *Kunstforum* 176, (2006), S. 139.
79 Die folgenden Daten entstammen der Basic Biography, 2.10.1967 und einem (undatierten) Lebenslauf [späte 1960er Jahre] in SUL, M1090, Series 4, Box 3. Es war diese Phase, in der die ersten *biografischen* Kurvendiagramme entstanden, die stark den Grafiken exponentiell ansteigender menschlicher Kompetenzen ähnelten, die Fuller durch seine öffentlichen Auftritte zu steigern versuchte. Der eigene Erfolg und der der Menschheit insgesamt näherten sich für Fuller in den 1960er Jahren offenbar an: News Items, o.D. [ca. 1963], SUL, M1090, Series 4, Box 5, Folder 2.

Bell angehörte), um dann erneut nach London zu reisen. 1965 konnte eine typische Woche so aussehen: Am Dienstag, den 12. Oktober hielt Fuller an der Universität in Tuskegee (Alabama) eine Rede vor ArchitekturstudentInnen. In der Nacht auf den 14. Oktober flog er nach Kentucky für eine weitere Rede an der dortigen Universität. Am nächsten Morgen ging es mit dem Auto nach Louisville und dann mit dem Flugzeug via St. Louis zurück nach Carbondale. Am 18. Oktober fuhr Fuller erneut nach St. Louis, für den Jahreskongress des American Institute of Planners, um am selben Tag nach New York weiterzureisen. Dort traf er sich am 19. Oktober mit seinen Verlegern bei Bantam Books, um im Anschluss daran mit dem Auto weiter nach Hartford (Connecticut) zu fahren, wo es einer Preisverleihung beizuwohnen galt. Tags drauf ging es dann nach Albany (New York) für eine Rede am Skidmore College, und dann zurück nach New York zum Kennedy Airport, von wo der Rückflug gen Carbondale ging.

Wollte jemand eine Geschichte der Prominenz, oder genauer: eine Geschichte ihrer Verwaltung in der zweiten Hälfte des 20. Jahrhunderts schreiben – er würde in Fullers Nachlass fündig. Es waren Fullers Sekretärin Naomi Wallace und der für Fullers Korrespondenz zuständige Assistent Dale D. Klaus sowie Carl Nelson, der Fullers Archiv pflegte und editorische Arbeiten übernahm, die mit Unterstützung wechselnder studentischer Hilfskräfte die Papierflut bändigten, die Fuller verursachte. Wenn man sich etwas intensiver mit diesen Dokumenten befasst, wird rasch deren extreme Redundanz deutlich. In den 1960er Jahren begann Fuller sich zu wiederholen. Die biografischen Exegesen, um die seine Vorträge und Bücher immer öfter kreisten, wurden zwar mit Beweisen der Richtigkeit früherer Prophezeiungen angereichert und auch manche lexikalische Aktualisierung vorgenommen (wobei sich Fuller aus dem Begriffsbestand der Computertechnik, Kybernetik und Systemtheorie bediente). Interessanter sind aber nun andere Akteure, die diese Aktualisierungen anregten. Gerade der Brite John McHale wird Folgenden ins Zentrum der Betrachtung gerückt, weil er es war, der ab 1961 Fullers Weltressourcensammlung erweiterte und erschloss, um sie für die Planung der besseren Welt einzusetzen – einer besseren Welt, die dabei paradoxerweise in immer weitere Ferne rückte. Ein Hinterzimmer in der South University Avenue 715a, der Hauptausfallstraße des Universitätscampus in Carbondale, wo Fuller und sein Team einige Räume eines eher unscheinbaren Flachbaus belegten, wurde dabei zur Sammel- und Clearingstelle für Daten aus der ganzen Welt.

Globale studentische Kollaboration: Die »World Design Science Decade«

Fuller machte kein Hehl aus dem kollaborativen Charakter seiner Arbeiten, solange er die Rechte an ihnen behielt. Nach Amtsantritt in Carbondale stilisierte er diese Teamwork sogar zu einer neuen Art des Lernens, etwa in *Education Automation*, dem titelgebenden Kapitel des Buches, das 1962 zunächst im Hausverlag der SIU erschien.[80] Der

---

80 Richard Buckminster Fuller: *Education Automation. Comprehensive Learning for Emergent Humanity*, Baden 2010 [1962].

Titel des (aus Vorträgen kompilierten) Buchs entstammte einer Rede, die Fuller im Jahr zuvor vor Vertretern einer Kommission gehalten hatte, die die Gestaltung eines neuen Campusbereichs in Edwardsville diskutierte.[81] Fuller hatte in dieser Rede eine Zukunft beschworen, in der Medien die klassischen Bildungsinstitutionen mit ihren Hierarchien zwischen Lehrenden und Lernenden obsolet gemacht haben würden. Nicht nur wies er darauf hin, dass er seit 1960 seine eigenen Vorlesungen an der SIU auf Tonbänder habe aufzeichnen lassen (die er dann MitarbeiterInnen überließ, die Inhalt und Darstellung in immer neuen rekursiven Schleifen anreicherten und verbesserten). Fuller sah mit dem »zweikanaligen« – zum Empfangen *und* Senden fähigen – Fernsehgerät auch ein Zeitalter heraufziehen, in dem ein praxisorientiertes und bedürfnisgerechtes Lernen möglich werde, ganz anders als er es selbst Anfang des Jahrhunderts als Student erlebt habe. Fuller, der die besondere Fähigkeit der heranwachsenden Generation, sich Fakten eigenständig anzueignen, an seinen fernsehenden Enkeln beobachtet hatte, stellte sich auf Knopfdruck abrufbare und ebenso evaluierbare Informationsangebote vor. Er beschrieb Terminals, an denen auf den gesamten menschlichen Wissensvorrat zugegriffen werden könne. Die Menschheit der nahen Zukunft werde eine »visuelle Spezies« sein: »Erziehung wird sich bald in erster Linie mit Forschungen beschäftigten, die erschließen sollen [...] was das Universum zu tun versucht, warum der Mensch daran teil hat, und wie er am besten in der universellen Evolution funktionieren kann und darf.«[82] So abgehoben das klang, in der Konkretion dockte Fuller mühelos an das Interesse anderer SIU-Professoren an einem gesellschaftsdienlichen Informationsdesign, an Großrechnern und neuen Bildschirmtechniken an.[83] Sie dürften auch die vom »Sputnik-Schock« ausgelöste Diskussion über kreativitätshemmende und eindimensionale Erziehungspraxen verfolgt haben.[84] Allerdings befand sich Fuller auch mitten in der Produktentwicklung für die neue Erziehungsindustrie. Die Zukunft rief offensichtlich nach dem Projekt, dem Fuller gerade den Großteil seiner Aufmerksamkeit widmete: Es war die jüngste Version des *Geoscope*, die er in *Education Automation* ausführlich beschrieb.

Fuller bastelte also weiterhin an diesem »Sphärenbildschirm«, der in seiner Phantasie nun immer häufiger an einen der leistungsstarken Großrechner angeschlossen werden sollte, die er aus dem bereits beschriebenen NORAD-Luftabwehrprogramm kannte. Er zog jedoch auch den Kreis der an der Entwicklung des *Geoscope* beteiligten Menschen weiter. Tatsächlich verarbeitete er in *Edcuation Automation* auch eine Rede, die er 1961 auf der Biennale der Union Internationale des Architectes (UIA) in London gehalten hatte. Darin schlug Fuller den Architekturfakultäten der Welt vor, sich zehn

---

81 Fuller an Vernon Sternberg, 17.4.1962, SUL, M1090, Series 2, Box 116, Folder 2, Dymaxion Chronofile, Vol. 229.
82 Fuller, *Education Automation*, S. 68.
83 Das zeigen Infobroschüren der SIU in SUL, M1090, Series 18, Box 40.
84 Brigitta Bernet/David Gugerli: Sputniks Resonanzen. Der Aufstieg der Humankapitaltheorie im Kalten Krieg – eine Argumentationsskizze, in: *Historische Anthropologie* 19 (2011), S. 433–446.

Jahre lang dem »World Retooling Design« zu verpflichten. Diesen globalen Werkzeugkasten sollten die Studierenden durch die Arbeit an einem konkreten Planungsziel verbessern, das unverkennbar auf Fullers Lebensstandardkalkulationen des Jahres 1952 basierte. Es galt, »die Gesamtheit der chemischen und energetischen Ressourcen der Welt, die gegenwärtig exklusiv darin absorbiert sind, nur 44 % der Menschheit zu dienen, dahingehend anzupassen, dass sie im Dienst von 100 % der Menschheit stehen, die dann einen höheren Lebensstandard und größere Freude genießen als irgendein Mensch zuvor.«[85] Zehn Jahre lang, so Fullers Vorschlag, sollten die entsprechenden Bildungseinrichtungen alle anderen Projekte ruhen lassen, um stattdessen mit ihm zusammen daran zu arbeiten, die Welt grundsätzlich intellektuell zu durchdringen und zum Guten umzugestalten, was weiterhin hieß: die energetische Performanz der natürlichen Ressourcen der Erde zu vergrößern *(doing more with less)*.

Tatsächlich adaptierte der Leitungsausschuss der UIA seinen Vorschlag im August 1962. Bei einem wenig später in Mexiko City organisierten Symposium rief Fuller also die *World Design Science Decade* aus. Das sollte wahrscheinlich an die im Vorjahr angebrochene Entwicklungsdekade der Vereinten Nationen erinnern, die auf eine ähnlich klare Unterscheidung zwischen entwickelter und zu entwickelnder Welt gründete. Der Begriff »Welt-Gestaltung« war jedoch doppeldeutig. Denn Fuller animierte die JungarchitektInnen konkret zur Arbeit an einem »omni-direktionalen Kugelbild«. Er hatte genaue Vorstellungen von Größe und Auflösung des Bildschirmglobus, der idealiter wie ein Asteroid an Drahtkabeln 200 Fuß über der Erde schweben sollte: »Man on earth [….] would be able to see the whole […]. He could pick out his own home. Thus Minni-Earth becomes a potent symbol of man visible in Universe.«[86] Fullers sogenannte *Minni-Earth* war aber nicht nur Symbol und Meditationshilfe bei der Relationierung des Menschen zu seinen beiden Behausungen: dem Wohnhaus und der Erde. Es konnte auch deutlich funktionaler als Medium zur Wahrnehmungserweiterung – als Makroskop – verwendet werden. In seiner Rede unterstrich Fuller die einzigartige Position des Architekten als Generalist in einer Welt zunehmender Spezialisierung und politischer Fragmentierung. Diese Position müsse Niederschlag finden in der »Konstruktion einer Einrichtung, mit der ein allumfassendes Inventar der unverarbeiteten Rohstoffe der Erde visualisiert werden kann, zusammen mit der Geschichte und den Trendmustern der Bedürfnisse und Bewegungen der Völker der Erde«.[87] Fuller war sicher, dass ein derart spektakuläres Artefakt die Aufmerksamkeit aller Welt erregen und damit die Wahrscheinlichkeit seines planerischen Einsatzes im Dienste des Erfolgs der Menschheit vergrößern werde.

Umso enttäuschender waren die ersten Zwischenergebnisse, die rund drei Jahre später im Rahmen eines weiteren UIA-Kongresses in Paris präsentiert wurden: Es waren

---

85 Proposal to the International Union of Architects by R. B. Fuller, in: *WDSDD 2*, Appendix A, S. 53.
86 Ebd.
87 Ebd.

zwar sechzehn Architekturschulen Fullers Aufruf zur Arbeit am *World Design* gefolgt. Aber das halbe Dutzend globenartiger Exponate, die man Anfang Juli 1965 auf einer Sandfläche im Jardin des Tuileries bewundern konnte, war nicht das Produkt einer global vernetzten »Jugend mit Ziel«, wie es euphorisch in einer Broschüre zu der Präsentation hieß.[88] Vielmehr handelte es sich um Arbeiten einiger weniger mit Fuller eng verbundener Gruppen. Selbst die auf den ersten Blick spektakulärste (da größte) Arbeit maß mit rund sechs Metern Durchmesser lediglich ein Zehntel der von Fuller für das *Geoscope* angepeilten Größe. Auch als Display war diese *Minni Earth*, die Studenten der Universität Nottingham konstruiert hatten, weit entfernt davon, ungeahnte Einsichten in planetarische Prozesse zu ermöglichen. Ein *Dome* auf Basis von Fullers Raster war lediglich mit einer Plastikfolie überzogen worden, auf die man von Hand verschiedene Ressourcenvorkommen aufgezeichnet hatte. Nur eines der kleineren Exponate war elaborierter: Das Colorado-*Geoscope*, ein eigentümlicher semi-transparenter Kristall aus Plexiglas, den ein siebenköpfiges Studententeam der University of Colorado im Mai 1964 konstruiert hatte und zwar unter Leitung von Fullers mittlerweile wichtigstem Mitarbeiter: John McHale.

Obwohl er in den 1960er und 1970er Jahren als Futurologe und Ökologe zu einigem Einfluss kam, wird McHale (1922–1978) heute in erster Linie als Mitbegründer der britischen Künstlergruppe Independent Group erinnert.[89] Dabei interessierte sich der Brite (der sich erst mit Anfang dreißig nach einer Promotion in Soziologie der Kunst zugewandt hatte) vor allem für den Einfluss von Technologie und Werbung auf die Massenkultur, was ihn zum kongenialen Kollaborateur Fullers machte. Nachdem er schon in London erstmals mit dessen Ideenwelt in Berührung gekommen war, ging McHale Mitte der 1950er Jahre mit einem Stipendium nach Yale. Hier studierte er beim einstigen Black Mountain College-Lehrer Josef Albers, hörte aber auch Fuller sprechen. Dieser faszinierte McHale so sehr, dass er in den nächsten Jahren mehrere Artikel in der Zeitschrift »Architectural Design« (die Fuller bis in die 1970er Jahre hinein viel Aufmerksamkeit widmen sollte) über ihn verfasste.[90] 1962 übersiedelte McHale ganz in die USA, wo er als mathematisch und statistisch

---

88 World Trends Exhibit, 1965, SUL, M1090 Buckminster Fuller papers, Series 18, Box 32, Folder 8.
89 Anthony Vidler: Whatever Happened to Ecology? John McHale and the Bucky Fuller Revival, in: *Architectural Design* 80 (2008), S. 24–33. McHale wirkte 1969 in der Mankind 2000-Kommission mit und veröffentlichte zusammen mit seiner Frau regelrechte Kompendien zur Zukunftsforschung (John McHale/Magda Cordell: *Futures Directory*, Guildford 1977, siehe aber auch John McHale: *The Future of the Future*, New York 1969 und Ders.: *The Changing Information Environment*, London 1976). Offenbar als *Companion* zu einem Buch eines weiteren Fuller-Mitarbeiters (Medard Gabel: *Energy, Earth, and Everyone: A Global Energy Strategy for Spaceship Earth. With the World Game Workshop*, o.O. 1973) gedacht war: John McHale: *World Facts and Trends*, New York 1972.
90 *Architectural Design* 30 (1960), S. 101–111. 1962 wurde ein ganzes Buch daraus: John McHale: *R. Buckminster Fuller*, New York 1962, das bald darauf auf Deutsch erschien: John McHale: *R. Buckminster Fuller*, Ravensburg 1964.

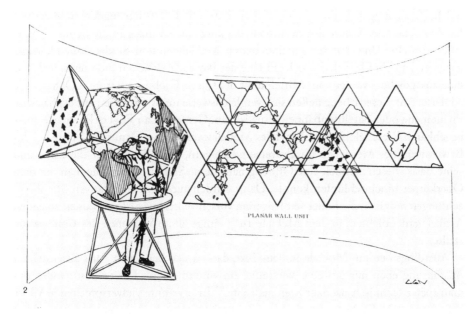

Abb. 6.2: Entwurfsskizze für das Colorado-*Geoscope*. Oberhalb von Nordamerika, ganz links im Bild, ist das Zusatzgestell erkennbar, das Daten zu atmosphärischen Strömungen ergänzt.

versierter Forschungsmitarbeiter Fullers das umsetzte, was sein Chef vage umriss. Tatsächlich stimmte auch McHales *Geoscope* (von den Dimensionen abgesehen) genau mit Fullers Vorstellungen überein (Abb. 6.2). Als »Darstellungseinheit« hatten die StudentInnen in Colorado aus Stahlröhren und zwei Lagen transparenter Plexiglasscheiben ein Ikosaeder konstruiert, das drehbar auf einem Metallstativ gelagert war. Auf den Scheiben waren die Umrisse der Kontinente markiert und die Ozeane mit blauer Azetatfolie hervorgehoben. Die Scheiben ließen sich zudem wie Fenster aufklappen, was es möglich machte, mit geringem Aufwand wechselnde Daten anzuzeigen; der Zwischenraum wurde mit semi-transparenten Dateneinschüben bestückt. Es handelte sich um Folien aus Polyester, auf denen beispielsweise Schifffahrts- und Flugrouten, Standorte mineralischer Ressourcen und wichtige Städte markiert waren. Durch Verwendung mehrerer solcher *Inserts* konnten die Informationen sogar überlagert – d. h. Konvergenzen oder gar Korrelationen – sichtbar gemacht werden, was (wie eine Projektbeschreibung ganz im Duktus der Entwicklungssemantik nahelegte) die Identifikation der Wechselbeziehungen von »Bevölkerungen und geografischen Einflüssen oder Bevölkerungen und Ernährungsdefiziten in Weltproblemgebieten« ermöglichen sollte.[91]

---

91 Zum folgenden: An Experimental Design Problem. A Pilot Study in the Design of an Information Display and Storage System for World Data, Mai 1964, SUL, M1090, Series 18, Box 110, Folder 5, hier S. 13.

Solche Beziehungen konnte man dann spontan mit Filzstiften markieren, ganz wie bei den Folien der Tageslichtprojektoren, die kurz zuvor Einzug in die Seminarräume amerikanischer Universitäten gehalten hatten. McHale und die StudentInnen konstruierten zudem ein Gestell, das sich auf eine der Ikosaeder-Flächen montieren ließ, was eine zusätzliche – weiter vom Mittelpunkt des Quasi-Globus entfernte – Datenebene addierte. Auf dieser Ebene ließen sich vergleichsweise maßstabsgetreu atmosphärische Phänomene oder Satellitenbahnen visualisieren. Gemessen an Fullers Phantasie eines begehbaren Riesenglobus war McHales Modell zwar winzig. Dennoch konnte es »das Bewusstsein des Menschen im Universum« steigern, so McHale: Der Ikosaeder und seine Basis wiesen nämlich eine Öffnung nahe dem »Südpol« auf, in die man mit dem Oberkörper hineinschlüpfen konnte. Dann wurden auch jene meditativen Sternbeobachtungen möglich, die Fuller seit längerem vorschwebten, wie Illustrationen zu einem Artikel verdeutlichten, in dem McHale 1965 einige ältere Versionen des *Geoscope* vorstellte.

Allerdings betonte McHale in dem Text, dass es sich bei der in Paris ausgestellten Ausführung eben nur um eine Vorstudie, ein »intermediäres Geoscope«, handle, das man später technisch nachzurüsten gedachte.[92] Er erwähnte vielversprechende Versuche, die man in Carbondale mit Mehrfachprojektionstechniken gemacht hatte. Und er fügte dem Artikel Skizzen bei, die suggerierten, es ließen sich auch Tetraeder-Module mit zuzüglichen Daten-»Schichten« konstruieren, und somit ein Kontinuum sich überlagernder Informationen von der Atmosphäre bis tief hinunter in die Lithosphäre herstellen (Abb. 6.3). Überdies unterstrich er die Bedeutung einer präzisen Nummerierung der Einschubfächer des *Geoscope* (und auch einer ergänzenden, konventioneller als Wandkarte gestalteten »Wandeinheit«).[93] Denn McHale schwebte eine elaborierte Georeferenzierung vor, also eine Zuweisung von Raumkoordinaten zu den Inhalten einer Datenbank mit mikroverfilmten Folien, die zunächst über ein Hängeregister, später mithilfe von Lochkarten, erschlossen werden würde. Mit einer leistungsfähigen Ablage, so McHale, könne man Animationen produzieren, also die von Fuller angestrebte Visualisierung historischer Prozesse erreichen, die die Basis für die Extrapolation globaler »Trends« bilden konnte. Darin bestand auch für McHale ein »weitreichendes Potenzial in Bezug auf großangelegte Operationen und Planungen in Wirtschaft, Erziehungs- und Gesundheitswesen, Kommunikation«. Dieses Potenzial ließ sich bedeutend steigern, wenn viele *Geoscope*s als »Kerne von Weltinformationszentren« untereinander (oder gar mit einer Art Zentralgeoskop) vernetzt würden, wie es bislang nur das Militär mit seinen »massiven Computerverknüpfungen« praktiziere.[94]

---

92 McHale, Geoscope, S. 635.
93 Ebd.
94 Ebd., S. 633, 635.

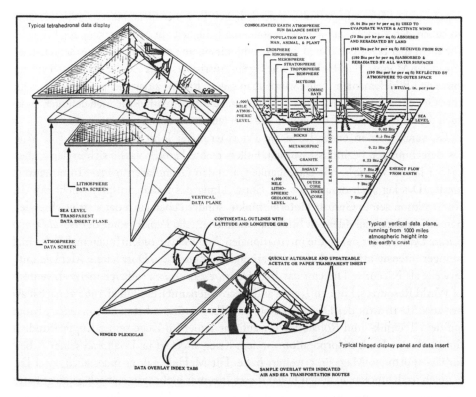

Abb. 6.3: Illustration der Verwendungsweise verschiedener Dateninserts, die das *Geoscope* vielseitig nutzbar machen sollten.

John McHale versammelt die Welt: Das »World Resources Inventory«

Tatsächlich hatte Fuller kurz nach Dienstantritt in Carbondale den Elektroningenieur Donald G. Moore beauftragt, die technischen Voraussetzungen und Kosten eines 200 Fuß durchmessenden *Geoscope*-Displays zu prüfen. Es sollte verschiedene Daten eben nicht nur statisch, sondern als Bewegungsmuster darstellen können. Am Ende der Sondierungen bei Unternehmen und Forschungseinrichtungen stand allerdings der ernüchternde Befund, dass bei der gewünschten Auflösung – sie sollte einem Halbtondruck oder den Bildzeilen einer Fernsehbildröhre neuesten Fabrikats entsprechen – rund 10 Millionen Leuchten gebraucht würden. Jede einzelne von ihnen würde einen Dollar kosten. Trotzdem würde das Ansteuern eines einzigen »Bilds« auf diesem *Geoscope* selbst unter Nutzung neuester Magnetbandtechnik rund 22 Minuten dauern, so Moore. Und auch das nur, wenn es gelang, einzelne Eingabebefehle zu bündeln.[95] Was weniger optimistische Zeitgenossen

---

95 Preliminary Investigation of Electronics for the R.B. Fuller Geoscope Information Display, 31.3.1960, SUL, M1090, Series 18, Box 110, Folder 4.

abgeschreckt hätte, scheint Fuller indes lediglich in seiner Grundüberzeugung bestätigt zu haben, der Mensch sei mit einer besonderen Fähigkeit zur Mustererkennung begnadet. Vor allem aber belegte es diese Überzeugung mit einem neuen informationstheoretischen Vokabular. Moores Machbarkeitsstudie lag ein Ausriss aus einer Zeitschrift bei, der ein aus einzelnen Bildelementen (heute würde man sagen: Pixeln) zusammengesetztes menschliches Gesicht zeigte, inklusive einer Erläuterung der Informationstheorien dahinter, in der auch der Begriff »bit« fiel, den Fuller selbst zu benutzten begann.

Es waren aber in erster Linie die Priorisierungen John McHales, die von Moores Berechnungen beeinflusst wurden. Fullers rechte Hand befasste sich in den frühen 1960er Jahren verstärkt mit Datenbanken, also den Grundlagen *späterer* Informationsabrufe. Das lag auch daran, dass die Entwicklung des Sphärendisplays nicht nur der Konstruktion seines Gerüsts hinterherhinkte, sondern eben auch der stets wachsenden Sammlung der abzubildenden Informationen. Denn die Papierströme der *World Design Science Decade*, über denen die internationalen ArchitekturstudentInnen mal mehr, mal weniger intensiv brüteten, liefen in Carbondale zusammen. Dort leitete McHale mittlerweile als Executive Director das *World Resources Inventory* (offiziell meist »Inventory of World Resources, Human Trends and Needs« genannt), das Fuller 1962 zunächst als privates An-Institut der Designfakultät der SIU gegründet hatte. Das *Inventory* baute auf dem Technik- und Rohstoffarchiv auf, das Fuller im Zuge seiner Kupfer-Studien für die Phelps Dodge Corporation vor dem Krieg angelegt und während seiner Arbeit für das »Fortune«-Magazin erweitert hatte. Für McHale galt es indes auch, zwei Dezennien nachzuholen, in denen Fuller dieses Inventar nicht systematisch gepflegt hatte. Nur so konnte man ja überhaupt langfristige Trends und Entwicklungen extrapolieren. Mit seinen Hilfskräften durchforstete er also Fachzeitschriften wie »Transport Topics«, »electronic« oder »American Machinist«, wälzte Jahresberichte und Firmenbroschüren, stellte tausende schriftliche Anfragen an Unternehmen wie American Data Processing, Inc., Petroleo Interamericano, UNESCO oder das gerade gegründete National Referal Center for Science and Technology der Library of Congress in Washington, das eine ähnliche Sammeltätigkeit unternahm.[96] Vom ersten »zivilen computergestützte[n] Big-Data-Projekt überhaupt«[97] kann also nicht die Rede sein: McHale und sein Team waren sich im Gegenteil klar darüber, dass sie mit anderen Institutionen um die Verdatung der Welt konkurrierten. Seiner Aufgabe entsprechend interessierte sich McHale jedoch besonders für Entwicklungen im Bereich der Speicher- und Kommunikationstechnik, nicht ohne die eigene Kompilationsarbeit als *dynamisierenden Faktor* des untersuchten Fortschritts hin zu einer globalen Planung zu interpretieren.

---

96 Siehe die Unterlagen in SUL, Series 2, Box 122, Folder 4. Ein Student Fullers beschrieb seine Aufgabe später so: »reading and clipping articles from the New York Times, scanning magazines for ›trend‹ articles, and creating animated graphics of population and energy trends. I think Bucky came into the office just one time during my tenure.«: http://siudesign.org/index_htm_files/1965_bucky_lecture.pdf (19.6.2019).

97 Vagt, *Fiktion*, hier S. 128.

In der Realität stand das Team in Carbondale allerdings vor einer Masse völlig inkommensurabler Informationen: Sie reichten von Zahlen zur Entwicklung der Schuhindustrie, Projektionen der Papiernachfrage, Unterlagen internationaler Organisationen wie der FAO, statistischen Datenblättern von amerikanischen Ministerien, Druckerzeugnissen der amtlichen Kartografie des United States Geological Survey bis hin zum »Population Bulletin« des privaten Population Reference Bureau, Inc.[98] Dieses Material wurde mühselig anhand von Kategorien klassifiziert, die sich im Laufe der 1960er Jahre verfeinerten. Das Material wurde dann in Hängeregistern abgelegt und unter Zuhilfenahme eines farbcodierten Findbuchs erschlossen. Es gab untergliederte Rohstoffkarteien (beispielsweise zu Asbest und einer Reihe synthetischer Materialien) neben Sammlungen unter Rubriken wie »Logistics«, »Health« und »Transportation«, zu denen sich ab Mitte der 1960er Jahre Bereiche wie »Ecological Context« (mit Unterordnern wie »Space«, »Moon«, »Whaling«, »Photosynthesis«) sowie das wichtige Lemma: »Methodology/General Systems« gesellten. Letztere Kategorie war wiederum sortiert nach »Information Systems«, »Gaming and Simulations Studies«, »Forecasting Methodology«, den Bereichen, die McHale am meisten interessierten.[99] Die 1960er Jahre waren goldene Zeiten für Datensammler. Aber McHale stand trotzdem vor einem Problem, das Mitte des Jahrzehnts erstmals als »Informationsexplosion« auf einen Begriff gebracht wurde. Dieses Problem drohte sich sogar noch zu verschärfen angesichts der – keineswegs nur in Carbondale antizipierten – globalen Echtzeitvernetzung einerseits und des exponentiellen Wachstums wissenschaftlichen Wissens andererseits, das Forscher wie der britische Physiker Derek de Solla Price errechnet hatten.[100] Es sollte aber bis ca. 1970 dauern, bis Kommentatoren wie der Futurologe Alvin Toffler all das als Ursache einer allgemeinen gesellschaftlichen Unfähigkeit begriffen, die Zukunft zu gestalten.

Vernetzung und Visualisierung: Die »World Design Science Decade Documents«

In der Perspektive Fullers und McHales schien vielmehr der Zeitpunkt *fast* gekommen, an dem der wissenschaftliche Fortschritt in Form der elektronischen Datenverarbeitung reflexiv und die Welt steuerbar wurde. Dennoch musste sich gerade McHale in der ersten Hälfte der 1960er Jahre vorerst mit der Anlage, der Erweiterung und der analogen Verschlagwortung des Inventars von globalen Daten bescheiden, dessen »Elektrifizierung« und eigentliche Nutzung dann in naher Zukunft würde folgen können. Aber er unternahm sehr wohl tastende Versuche, die Daten exemplarisch zusammen-

---

98 SUL, M1090, Series 18, Box 102, Folder 5 und 8 sowie Series 18, Box 7, Folder 1.
99 Siehe das Findbuch zum WDSD Documents drawer, o.D. [ca. 1968], SUL, M1090, Series 4, Box 8, Folder 1, Section 18.
100 John McHale: Information Explosion – Knowledge Implosion, in: Edwin Schlossberg/Lawrence Susskind (Hg.): *Good News*, New York 1968, S. 5.

zuführen und sie im Hinblick auf signifikante Musterbildungen zu prüfen. So finden sich in den archivalischen Resten des *Inventory* diverse, mit Bleistift auf Millimeterpapier notierte Zahlenreihen zur Bevölkerungsentwicklung verschiedener Staaten. Diese Unterlagen entstanden während der Arbeit McHales und seiner MitarbeiterInnen an einem Trickfilm, der auf einer *Dymaxion*-Umrisskarte die geografische Varianz der Weltbevölkerung über die vergangenen 3000 Jahre und ihr rasantes Wachstum in den letzten Dezennien veranschaulichte.[101] Am sichtbarsten aber schlugen sich McHales Bemühungen, das Welt-Inventar nicht nur zu füllen, sondern probeweise auch schon zu verwenden, in den sogenannten *World Design Science Decade Documents* (WDSDD) nieder, von denen Fullers Team bis 1971 insgesamt sieben Stück veröffentlichte. Es handelt sich bei diesen Publikationen um »graue Literatur«, nämlich um Reader, die zunächst nicht für den Verkauf, sondern zur Zirkulation unter jenen Studierendengruppen in aller Welt vorgesehen waren, die Fullers Aufruf zum *World Design* zu folgen gedachten.[102] Die ersten *Documents* enthielten denn auch Fullers entsprechend programmatische Redemanuskripte, nebst Fotokopien weiterer relevanter Artikel, die allerdings zu Konvoluten ohne einheitliches Layout und mit vielen inhaltlichen Wiederholungen zusammengeheftet wurden.

Es liegt wohl am entsprechend unscheinbaren Charakter der WDSDD, dass sie bislang kaum in den Blick der Forschung gekommen sind. Dabei sind sie hochinteressant für das Verständnis von Fullers Globalismus in dieser Zeit. So enthielten sie neben Texten exemplarische Datenpakete und umfangreiche bibliografische Dreingaben, die ihre Empfänger neben vertiefender Literatur auch auf weitere Datenquellen aufmerksam machten. Indem die Dokumente von Illinois aus postalisch an Interessenten in aller Welt verschickt wurden, animierte man also *einerseits* zur Arbeit mit globalen Daten. Mit diesen Postsendungen, in denen zugleich um Rückmeldung und auch um die Verwendung einheitlicher Messstandards gebeten wurde, knüpfte man *andererseits* die ersten Fäden jenes Datennetzes, das McHale und Fuller früher oder später zu elektrifizieren hofften.

McHale, der sich schon während seiner ersten Karriere als bildender Künstler mit amerikanischer Werbegrafik auseinandergesetzt hatte, war zu der Überzeugung gelangt, dass es zunächst galt, die »Weltalphabetisierung bezüglich der Weltprobleme« zu steigern.[103] In *The Ten Year Program*, der vierten WDSDD-Lieferung, in der er 1965 die Einzelphasen von Fullers »Weltgestaltungsdekade« klarer umriss, betonte McHale,

---

101 Siehe die Unterlagen in SUL, M1090, Series 18, Box 26, Folder 2.
102 Online unter: https://www.bfi.org/design-science/primer/world-design-science-decade (19.6.2019). Erst das fünfte und sechste WDSDD erschien 1969 respektive 1970 als Buch: Richard Buckminster Fuller: *Utopia or Oblivion. The Prospect for Humanity*, New York 1969; John McHale: *The Ecological Context*, New York 1970 (deutsch 1974: *Der Ökologische Kontext*).
103 *World Design Science Decade 1965–1975. Five Two Year Phases of a World Retooling Design Proposed to the International Union of Architects for Adoption by World Architectural Schools. Phase I (1965), Document 4: The Ten Year Program*, Carbondale/Illinois 1965, o. S.

erst eine solche »Weltliteralität« bilde die kognitive Grundlage für die Entwicklung von Werkzeugen (»Tool Evolution«), die dann bei der planerischen Bewältigung globaler Probleme helfen könnten, etwa dabei, die Auslastung der Energienetze der Welt durch effizienteren Energietransport zu steigern. »Literalität« war aber gerade *nicht* wörtlich zu nehmen: McHale, für den die WDSDD die Bausteine einer dezentralen »Weltuniversität« darstellten, war sich sicher: »Visual methods offer a specially valuable short-cut because they can be used flexibly and lend themselves to mass communication and the transmission of technical skills.«[104] Und so strotzen die *Documents* vor Tabellen, Karten und Diagrammen, die vernetzte Gruppen in aller Welt auf einen *spezifischen Blick aufs globale Ganze* einschworen, was aber zumindest dem Anspruch nach auf möglichst intersubjektiv verständliche, direkte, wenn nicht demokratische Weise geschah. Für McHale bildeten die *Texte* der *World Design Science Documents* – so war im Vorwort zum ersten dieser Konvolute zu lesen – nur den »Hintergrund« für die darin enthaltenen *Grafiken*.[105] Kein Wunder also, dass in den Dokumenten nahezu alle Denk- und Darstellungshilfen, die Fuller bis dato entwickelt hatte, verwendet (und teilweise aktualisiert) wurden. Die Infografiken der »Fortune«-Zeit wurden gleich an mehreren Stellen abgedruckt; gleiches galt für ein *Profile of the Industrial Revolution*, das Fuller 1946 konzipiert hatte.[106] Diesen älteren Grafiken gesellten sich neuere hinzu, die McHale mithilfe namentlich nicht genannter Zeichner und oft unter Nutzung der *Dymaxion Map* produzierte.[107] Es gab zudem eine Vielzahl von Tortendiagrammen, die beispielsweise das Verhältnis von Festland zur Hydrosphäre, die verschiedenen Bedeckungstypen der Erde (Acker-, Wald- und Weideland) darstellten. Insgesamt wurde so eine rein natürliche, vorpolitische Ausgangslage suggeriert, die zur gedanklichen Allokation von Ressourcen zugleich animierte und befähigte.

McHales Ausführungen zur Abkürzungswirkung visueller Veranschaulichungen überraschen dann doch angesichts der Tatsache, dass die Mehrzahl der in den WDSDD abgedruckten Grafiken von erheblicher Komplexität – ja, derart visuell überfrachtet – war, dass sie keineswegs »von selbst« sprachen. Und doch waren es *gerade* diese »kombinierten diagrammatischen Aufschlüsselungen« (»combined diagrammatic breakdowns«), die McHale besonders wichtig waren. Denn erst, wer globale Informationen grafisch zusammenführte, könne »Trends«, »Muster« und Wechselwirkungen zwischen Phänomenen sehen, die sonst verborgen blieben. Dabei stand für Fullers Partner schon fest, dass es vor allem *ein* Muster zu erkennen galt: den »potenzielle[n] Erfolg des

---

104 Ebd., S. 38, 16.
105 John McHale: Preface, in: *WDSDD 1*, o.S.
106 *Profile of the Industrial Revolution as Exposed by the Chronological Rate of Acquisition of the Basic Inventory of Cosmic Absolutes: the 92 elements*, WDSDD 2, o.S. Anders als der Titel vermuten lässt, verdeutlichte das *Profile* nicht etwa den wachsenden industriellen Output seit dem 19. Jahrhundert. Vielmehr arrangierte es die immer dichter aufeinander folgenden Entdeckungen chemischer Elemente auf einer vom 12. bis zum 20. Jahrhundert reichenden Zeitachse dergestalt, dass sie einmal mehr als exponentiell aufsteigende Kurve erschienen.
107 Viele der Originalgrafiken finden sich in SUL, M1090, Series 18, Box 21.

Menschen«. Zwar betonte McHale, es sei die genaue Kenntnis der »numerischen Quantität oder kumulativen linearen Zuwächse der Rohstoffanwendung, -herstellung, -distribution«, die man voranzutreiben hoffte. Er wies jedoch auch darauf hin, »dass dieser Schwerpunkt auf dem Materiellen nicht die wesentliche Tatsache verschleiern sollte, dass unsere Basisressource der Mensch und sein Wissen ist«.[108] McHale schwor die werdenden *World Design Scientists* also auch darauf ein, in der menschlichen Kreativität und im menschlichen Wissen eine Art »Meta-Ressource« zu sehen. Selbst unerschöpflich, konnte diese Meta-Ressource die Operationalisierung der physischen Rohmaterialien der Erde in jene Ephemeralisierungsspirale versetzen, die Fuller vor dem Krieg entdeckt hatte. Wenn diese Operation gelang, konnte sich der Mensch zur »Kontrolle« seiner Umwelt aufschwingen. Und so waren die elaborierteren Grafiken gerade des ersten *Documents* (das viel Grundsätzliches zum »Menschen im Universum« verlautbarte) nahezu allesamt technik- und wissenshistorischen Prozessen gewidmet.

Technologiestufen und globale Kommunikation

McHales *World Design*-Grafiken können hier nicht in ihrer Gesamtheit beschrieben werden. Sie lassen sich aber am Beispiel jener »diagrammatischen Aufschlüsselung« konturieren, die besonders viele von ihnen bündelte. Das 1967 im sechsten WDSDD lancierte Schaubild *Stages of Technology* (Abb. 6.4) bestand aus mehreren, übereinander angeordneten Diagrammen.[109] Das obere dieser Diagramme grenzte entlang einer Achse, die den Zeitraum von der Frühgeschichte bis etwas über das Jahr 1965 hinaus umfasste, insgesamt sieben Epochen ab. Diese Epochen waren durch technische Revolutionen gekennzeichnet: Beginnend mit der Erfindung des Rads verlief die Entwicklung über die Bronze- und Eisenzeit bis zum gegenwärtigen, dem »grenzlosen Zeitalter«, dessen definierendes Merkmal die erste kontrollierte Kernspaltung bildete. Diese Epochen wurden gegliedert durch horizontale Balken, die zeigten, auf welcher von fünf Stufen der Technikentwicklung sich die »unterentwickelten Gesellschaften« und die »industriellen Wohlstandsökonomien« der Welt befanden. Die unterentwickelten Gesellschaften hatten immerhin die ersten drei Stufen erklommen; sie waren also nach einer Phase der bloßen Adaption an die Natur zu deren Domestizierung und auch schon zu einer (nicht näher definierten) »Diversifizierung« übergegangen. Aber nur in den Industrieländern war der frühneuzeitlichen Mechanisierung auch die Automatisierung gefolgt. Die daruntergelegenen Darstellungen griffen diese geografische Gleichzeitigkeit des Ungleichzeitigen allerdings nicht wieder auf. Eine dritte Tabelle nahm wieder die gesamte Menschheit in den Blick. Sie veranschaulichte die

---

108 John McHale: Preface, o.S.
109 World Design Science Decade 1965–1975. Five Two Year Phases of a World Retooling Design Proposed to the International Union of Architects for Adoption by World Architectural Schools. Phase II (1967) Document 6. The Ecological Context: Energy and Materials, Carbondale/Illinois 1967, S. 54.

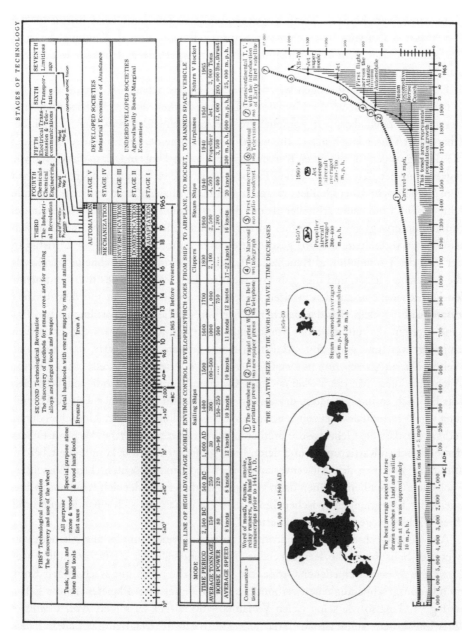

Abb. 6.4: *Stages of Technology*, 1967. Auch für McHale musste die »Evolution« der technischen Fertigkeiten in ihrer raumverändernden Dimension betrachtet werden. Sein Versuch, verschiedene Entwicklungen in Deckung zu bringen, um so eine optimistisch stimmende Gesamtdynamik erkennbar zu machen, drohte aber immer an Lesbarkeitsgrenzen zu stoßen, die seine Absicht konterkarierten.

Entwicklung verschiedener Fortbewegungsmittel vom Jahr 2500 vor Christus bis zur Gegenwart – also vom Segelschiff zur Saturn-V-Rakete – unter Nennung der stets wachsenden Durchschnittsgeschwindigkeiten, transportierten Tonnage und aufgewandten Pferdestärken.

Ebenso menschheitsbezogen war der untere Teil des Schaubilds, der bis heute fasziniert, obwohl er bis an die Grenze der Dekodierbarkeit überfrachtet ist und seine Bestandteile noch dazu auf komplizierte Weise aufeinander verweisen: Unter der Überschrift »The relative size of the world as travel time decreases« verdeutlichte hier die durchgezogene Linie eines Kurvendiagramms den Umstand, dass die Geschwindigkeit, mit der sich die Menschen fortbewegten, in den letzten hundert Jahren vor dem Zeitalter der Überschalljets rasant zugenommen habe. Zuvor war man tausende Jahre zu Fuß (und kaum schneller als mit der Geschwindigkeit von drei Meilen in der Stunde) unterwegs gewesen. Immer vorausgeeilt war jedoch das Tempo, mit dem sich das Wissen verbreitete, wie eine gestrichelte Linie zeigte: Schon 7000 vor Christus, in der Zeit der Trommeln und Rauchzeichen, waren Informationen schneller gereist als die Menschen selbst, und dies galt erst recht in der Gegenwart des transkontinentalen Fernsehens. Nur auf den zweiten Blick wurde deutlich, wie das mit dem Prozess zusammenhing, dem sich der unscheinbarste Teil des Schaubilds widmete: Ein Balkendiagramm, das unterhalb der Kommunikations- und Reisegeschwindigkeitskurven eingefügt war (und ganz ohne Maßstabsangabe auskam), suggerierte, dass auch das Weltbevölkerungswachstum mit wenigen Ausreißern (etwa zur Pestzeit) exakt dieselbe Wachstumskurve wie die Verkehrs- und Kommunikationsgeschwindigkeit beschrieb. Das ließ sich so interpretieren, dass es ein Zuwachs und eine immer weitere Verbreitung von Wissen in der Neuzeit war, was die Lebensbedingungen der Menschen derart verbesserte, dass die Geburts- die Sterberate nun dramatisch übertraf. Wer mit Fullers demografischen Kartierungen und deren Ikonografie vertraut war, konnte die Übereinstimmung zwischen den Kurvenverläufen aber noch anders deuten: Der Wissenszuwachs der Menschheit erschien dann als zwangsläufige Folge der sich erhöhenden Frequenz der Begegnungen zwischen Bevölkerungsgruppen, die sich einander aufgrund ihres Wachstums geografisch annäherten.

Als solche Wechselwirkung interpretiert, passte das auch zum letzten Element von McHales Schaubild: Die leergebliebene Fläche oberhalb der Zeitachse füllten vier *Dymaxion Maps* verschiedener Größe. Sie verdeutlichten das mit wachsenden Kommunikationsgeschwindigkeiten verbundene »Schrumpfen« des Planeten, so die Erläuterung.[110] Ganz so wie seine vielen Vorläufer – bis zurück zu Fullers *Nine Chains to the Moon*-Poster – sollte also auch das *Stages of Technology*-Diagramm vor allem Eines vermitteln: Man konnte als Zeitgenosse des grenzenlosen Zeitalters aus der Form der

---

110 Fuller bzw. McHale hatten diesen Abbildungstyp nicht erfunden: Bereits 1939 legte der amerikanische Ökonom Eugen Staley eine Grafik des »Technical Progress in Travel Time« vor: Vgl. Deuerlein, *Zeitalter*, S. 50.

Geschichte extrapolieren, dass auch in Zukunft die Geschwindigkeit wachsen werde, mit der sich die technischen Kapazitäten der Menschen und ihre Naturbeherrschung vergrößern, ihre kommunikative Integration zunehmen und der Planet handhabbarer werde. Das galt umso mehr, als diese Vorgänge offenbar selbstverstärkende Zirkel bildeten, »dynamische wechselnde Prozesse und Ereignisserien, die komplex interagieren«, wie es hieß.[111]

McHale blieb indes (wie Fuller rund 25 Jahre zuvor) einen *Beweis* dieser Wechselwirkungen schuldig. Dies lässt sich als Ausdruck eines vorgängigen, hochgradig technik- und medienoptimistischen Erfahrungsraums deuten, den er mit vielen Zeitgenossen Mitte der 1960er Jahre teilte. Wenn McHale auf Basis von Fullers idiosynkratischen Ideen der Zwischenkriegszeit ein transnationales Netzwerk für die Weltgestaltung zu knüpfen hoffte, verweist das auf den optimistischen Kontext der WDSDD. Sie entstanden in einer Phase, in der der realitätskonstituierende Effekt von Wirkungsannahmen mit Blick auf neue, globalisierende Kommunikationstechnologien besonders groß war. Man mag in McHales Grafik eine Vorwegnahme jener These vom physischen wie kommunikativen Zusammenrücken der Erdbewohner erkennen, die David Harvey rund 25 Jahre später zur schon erwähnten Formel *Time-Space Compression* münzte. Allerdings sollte nicht aus dem Blick geraten, dass nicht nur Fuller, McHale und seine MitarbeiterInnen sicher waren, das es bald nicht mehr nötig sein werde, Tonnen von Büchern zu verschiffen, weil Satelliten selbst im afrikanischen Dschungel den Empfang von Bildungsprogrammen möglich machten und ein »globales Dorf« entstehen werde. Unschwer erkennt man in den WDSDD an verschiedenen Stellen Entlehnungen bei Marshall McLuhan und dessen Lagebestimmungen der Menschheit am Ende der »Gutenberg-Galaxis«, das dieser 1962 im gleichnamigen Buch beschrieb.[112]

---

111 WDSDD, S. 43.
112 Der kanadische Literaturwissenschaftler zog ähnliche Metaphern heran, wie sie Fuller bereits in den späten 1930er Jahren bemühte. Auch McLuhan begriff die Erweiterung (»extension«) der Sinne für das nicht sichtbare Spektrum, die mit der Elektrifizierung begonnen hatte, als zäsurbildend. Er verstand die mit der elektronischen Informationsübermittlung möglich gewordene, nahezu simultane Wahrnehmung vieler Menschen aber auch als Basis eines neuen Ganzheitsempfindens. Der Einfluss Fullers auf McLuhan wird besonders an dessen Buch *The Medium is the Massage* (1967) deutlich, in dem er Fuller auch zitierte (womöglich sogar mit dem Untertitel *An Inventory of Effects*). In welche Richtung die Einflüsse hauptsächlich liefen, lässt sich indes kaum klären. Fuller und McLuhan erlangten etwa zur selben Zeit mit vergleichbaren Technikdeutungen in ähnlichen Zirkeln Bekanntheit. Fuller lud McLuhan im Oktober 1965 denn auch zur »Vision 65« an die SIU ein, einem von ihm initiierten »World Congress on New Challenges to Human Communication«, dessen prominente Gäste zeigten, wie sehr sich Mitte der 1960er Jahre der Resonanzboden für Fullers Ephemeralisierungsideen vergrößert hatte (die er sowohl in seiner Eröffnungsrede als auch in einem Schlusskommentar ausbreitete: vgl. Buckminster Fuller: Vision 65 Keynote Address, in: *World Design Science Decade 1965–1975. Five Two Year Phases of a World Retooling Design Proposed to the International Union of Architects for Adoption by World Architectural Schools. Phase II (1967) Document 5. Comprehensive Design Strategy*, Carbondale/Illinois 1967, S. 61–73). Zum ersten Mal begegnet waren Fuller und McLuhan sich offenbar 1963, ebenfalls auf einer Konferenz. Dort, so schrieb McLuhan kurz darauf nach Carbondale, hatte man diskutiert, wie man die »quantities

World-Design-Didaktik und die Politik der Daten

Allerdings verwandte McHale dann doch einen erheblichen Teil seiner Arbeitszeit darauf, eine Art informatischen Umrechnungsschlüssel zu finden, der es erlauben würde, »komplementäre Verhaltensmuster« kommunikativer Beschleunigungen auch quantitativ nachzuweisen. Bei dieser »kosmischen Buchhaltung«, wie Fuller das selbst nannte, überführte McHale zwar dessen von der Technokratiebewegung übernommene Gedanken in die Welt der Computer. Es sollte jedoch deutlich geworden sein, dass McHale und sein Team, ganz so wie ihr Vorgesetzter, oft passend machten, was nicht recht passte. Querverweise, Rahmungen und andere verbindende Bildelemente täuschten in vielen Schaubildern darüber hinweg, dass der Eindruck von Konvergenzen und Interaktionen technikgeschichtlicher Prozesse eben doch nur um den Preis unterschiedlicher Maßeinheiten, Skalen, Zeiträume zu haben war. Das gibt einen Vorgeschmack auf die Entwicklung, die Fullers *World Design* in den folgenden Jahren nahm. Was in gewissermaßen diskursstrategischer Hinsicht vertretbar war – als Anregung, überhaupt nach derlei hoffnungsvoll stimmenden historischen Prozessen zu fragen –, widersprach der Absicht, Fullers *Inventory* für spätere Datenabrufe aufzubereiten. Überhaupt mussten die von Hand erstellten Diagramme Fullers MitstreiterInnen umso verlegener machen, je lauter diese in Carbondale die unmittelbar bevorstehende Elektrifizierung des Weltdatenverzeichnisses verkündeten. Im Sinne des geflügelten Wortes, das McLuhan zu dieser Zeit prägte: Das Medium (Diagramm) unterschied sich auf eklatante Weise von der Message (Kommunikationsrevolution). Die Sache wurde nicht besser dadurch, dass die Entwicklung eines bezahlbaren Datendisplays mit angemessenen Speicherkapazitäten im Laufe der Arbeit McHales sogar in noch weitere Ferne rückte. Das zeigten ausgerechnet die eigenen, datengestützten Technikprognosen: Was Fuller 1961 für direkt realisierbar hielt, das hofften seine MitarbeiterInnen 1969 realistisch etwa im Jahr 1980 erreichen zu können.[113]

Für McHale war die Konsequenz daraus, die *World Design Science Decade* etappenweise anzugehen. Während man darauf wartete, dass die Technikentwicklung mit den Ideen *gleichaufzog*, galt es die »Erziehung und Ausbildung der Welterzieher« zu verbessern. McHale rückte damit letztlich von Fullers Absicht ab, eine Wechselwirkung zwischen der Arbeit an technisch-kognitiven Werkzeugen für die bessere Welt und der Vermittlung ihrer Notwendigkeit in Gang zu setzen. Für McHale musste *erst* eine neue »Weltsicht« geschaffen werden, damit *dann* die Weltgestaltung beginnen könne, wie

---

    and ratio of information activity and movement in the world today« *messen* könne: McLuhan an Fuller, 11.8.1963, SUL, M1090, Series 2, Box 122, Folder 6, Dymaxion Chronofile, Vol. 246.

113 Diese Spannung konnte auch nicht auflösen, dass McHale im ersten der WDSDD einen Bericht über ein in Carbondale initiiertes »Data Conversion and Per Capitizing Program« abdrucken ließ, der eher eine kleine Einführung in die Funktionsweise der EDV war. Sie wurde durch Faksimiles von IBM-Lochkarten, einen exemplarischen Datenausdruck und auch ein Flowdiagramm eines Datenabrufsystems plastisch gemacht. Es wurde aber auch eingeräumt: »[T]his program is still in the experimental stage and has not been included in this report.« *WDSDD 1*, Appendix B, S. 64.

er schon 1965 schrieb.[114] Er nahm damit vorweg, was die Fuller-Rezeption insgesamt auszeichnen sollte: Aus der konkreten Weltplanung wurde die Aufklärung über ihre künftigen Möglichkeiten. Tatsächlich interessierte sich McHale zunehmend für die »Bereitstellung von Weltinformationswerkzeugen auf der lokalen Bildungs- und Forschungsebene«, also auch für den Kontakt mit Institutionen, die in der Vision seines Vorgesetzten im selben Jahr schon obsolet geworden waren.[115] McHale setzte allerdings nicht *nur* auf die Öffnung des *World Design* für amerikanische Universitäten, Schulen und Bibliotheken, deren Wissensspeicher sich einmal mithilfe elektronischer Vernetzung integrieren lassen würden, sondern auch auf »Weltbehörden wie UN, UNESCO, die Weltgesundheitsorganisation«. Sein Interesse an diesen Institutionen rührte sicher auch daher, dass sie zu seinen bevorzugten Datenquellen gehörten. Indem aber die Statistiken weit weniger »optimistischer« Institutionen den Weg in Fullers *Inventory* und von dort in die WDSDD fanden, drohten sie deren teleologische Grundannahme zu korrumpieren – und auch das weist auf das Schicksal der Fuller'schen Ideen voraus. So mochte das in einem der WDSDD abgedruckte, »International Cooperation« betitelte Balkendiagramm der wachsenden Zahl internationaler Konferenzen optimistisch stimmen.[116] Aber es stand direkt neben einer auf UN-Daten basierenden *Dymaxion Map*, mit deren Hilfe man die tägliche Proteinaufnahme pro Kopf weltweit vergleichen konnte. Diese Karte suggerierte zwar keinen Zusammenhang zwischen dem Überfluss in dem einen und dem Mangel in anderen Gebieten des Planeten. Wer jedoch Ende der 1960er Jahre damit konfrontiert war, dass einem großen Teil der Bevölkerung Afrikas und Asiens weniger als das von Ernährungsexperten errechnete Minimum von 15 Gramm tierischen Eiweißes pro Tag zur Verfügung standen, dem konnte die Aufforderung, über die technisch-kognitiven Grundlagen der globalen Nahrungsmittelproduktion nachzudenken – damit diese bald, aber eben *nicht sofort* effizienter wurden – zynisch erscheinen angesichts der Tatsache, dass von Umverteilung nicht die Rede war.

Zunächst scheinen solche Spannungen das Interesse am *Inventory* aber nicht verringert zu haben. McHale erhielt im Gegenteil ab 1965 dutzende Briefe faszinierter Akademiker auch fernab der Architekturfakultäten, die um Zusendung der WDSDD baten. Offenbar machte deren Lektüre für sie mediengestützte Selbstaufwertungen möglich. Wer Fullers Aufruf folgte, konnte sich ja in der Tat dem Gefühl hingeben, bei der Bewältigung der drängenden Probleme der Welt mitzuwirken. Wer sich mithilfe der *Documents* zum *World Design Scientist* heranbilden wollte, der trieb die Bewusstseinsevolution der Menschheit voran. Er (weit seltener: sie) konnte sich dann selbst dabei zusehen, wie man die Pfeilspitze der exponentiellen Graphen verlängerte. Wenn es eine Prämisse der Fuller'schen Weltgestaltung war, dass der Zugang zu In-

---

114 McHale, Geoscope, S. 635.
115 Vgl. nur die Keynote zur Vision '65, SUL, M1090, Series 2, Box 188, Folder 7, Dymaxion Chronofile, Vol. 352, S. 3.
116 WDSDD 1, S. 71.

formationen über die Erde gleichbedeutend mit der Verbesserung der Welt war, dann wohnte dem allerdings auch eine antipolitische Tendenz inne. Dazu passte, dass es in den WDSDD, soweit die Daten es zuließen, vermieden wurde, Nationalstaaten zur Grundlage von Fortschrittsvergleichen zu machen. Es kam bevorzugt eine Umrisskarte des *One-Continent*-Layouts der *Dymaxion Map* (ohne Ländergrenzen) zur Anwendung. Die Erde war eine *Tabula Rasa* ohne politische Strukturen. Indem Grenzen und Machtverhältnisse verblassten, die der Umsetzung globaler Vorhaben faktisch im Wege standen, entstand ein Spielfeld für Gedankenexperimente, die nur der *einen* Vorgabe folgen sollten: sich beim Nachdenken immer als Vertreter der Menschheit insgesamt zu fühlen. Tatsächlich verwandelte sich das *World Design* schon lexikalisch in ein Spiel: Ab 1965 sprach Fuller bevorzugt vom *World Game*.

6.4 Die Welt als Spiel

Zwischen April und Oktober 1967 zeigte sich einmal mehr, wie gut sich Fullers *Domes* als Ausstellungsarchitekturen eigneten. Im Auftrag der United States Information Agency lieferte er eine weitere aufsehenerregende Hülle für eine Präsentation der USA: diesmal auf der *Expo '67*, der Weltausstellung in Montreal. Für Fuller, der so lange mit den »echten« Architekten gehadert hatte, dürfte die Genugtuung groß gewesen ein, dass sein Werk die Auszeichnung des American Institute of Architects erhielt. Schon im Dezember 1966 war er, wie angedeutet, sogar vom Präsidenten Lyndon B. Johnson ins Weiße Haus eingeladen worden, um ein Modell des Pavillons zu präsentieren.[117] Bei dem fertigen Bauwerk, das das Architekturbüro der Fuller-Schüler Geometrics Inc. mithilfe der Bauingenieurfirma Simpson Gumperts and Heger realisierte, handelte es sich um die bisher größte Kuppel nach Fuller-Prinzipien: eine Dreiviertel-Sphäre von über 70 Metern Durchmesser mit einem komplizierten Tragwerk und einer Haut aus hexagonalen, transparenten Acrylwaben, in die motorisierte Jalousien eingelassen waren. Diese bildeten (zusammen mit der eingebauten Klimaanlage) ein kaum weniger ausgeklügeltes System zur Belüftung und Temperaturregulierung des Baus, der heutige Öko-Architekturen vorwegnahm. Aber auch schon 1967 wurde das Gebäude als besonders energieeffizient – wenn nicht als »selbstregulierender Organismus« – dargestellt. Das war eine Assoziation, die Fuller gern nährte, der den Bau als Prototyp einer technisch kontrollierten Lebensumwelt verstanden wissen wollte – passend zur Raumschiffmetapher, die nun in seinen Vorträgen auftauchte. Tatsächlich war die Hülle aber dysfunktional.[118] Einige Jalousien verklemmten sich aufgrund der Verwendung eines

---

117 Dazu und zum Bau selbst Massey, *Cybernetic Pastoral*, hier S. 465.

118 Auch die Kosten des Baus, an dem Fuller selbst lediglich 25.000 Dollar durch Lizenzen verdiente, waren explodiert. Statt mit den erwarteten 2,5 Millionen, schlug er mit 6,1 Millionen Dollar zu Buche: Budget-Current, NARA, RG 306, NARA, RG 306 Records of the U.S. Information Agency, Office of the U.S.

Abb. 6.5: Der *Expo Dome* im Gegenlicht: Obwohl Fuller an seiner Errichtung nur mittelbar beteiligt war, bildet das Bauwerk nicht selten den Fluchtpunkt von Werksüberblicken (hier 1973)

nicht für das kanadische Klima geeigneten Schmiermittels. So bildete sich auf der Fassade ein Zufallsmuster, das im Abendlicht nicht ohne ästhetischen Reiz war (Abb. 6.5). Fotografien des *Dome* landeten denn auch auf den Titelblättern von »Paris Match« und »Life«.

Der US-Pavillon wurde zum meistbesuchten der Expo (die ihrerseits mit insgesamt 50 Millionen Besuchern die bis dato erfolgreichste Weltausstellung war). Das lag auch daran, dass Fullers Hülle kongenial zu ihrem Inhalt passte. Die von der Architektengruppe Cambridge Seven Associates konzipierte amerikanische Ausstellung war überraschend leichtfüßig für eine Leistungsschau im Kalten Krieg, zu der die Presse auch dieses Großereignis stilisierte.[119] Die Expo fand auf zwei Halbinseln im St.-Lorenz-Strom statt, die eine futuristische vollautomatische Einschienenbahn verband, mit der

Commissioner General to the Universal and International Exhibition of 1967 (Montréal, Québec). Files of the Design & Operations Section, Entry 1087, Box 5. Später wurde das Bauwerk »Biosphäre« getauft und als Umweltmuseum genutzt. Allerdings ist seine Kunststoffhülle 1976 einem Brand zum Opfer gefallen, den Reinhold Martin recht polemisch als Rache der Entropie an ihrem Gegner Fuller deutet: Martin, *Crystal Balls*, S. 39.

119 Zum Folgenden André Jansson: The Production of a Future Gaze at Montreal's Expo 67, in: *Space and Culture* 10 (2007), S. 418–436, hier S. 419, sowie Massey/Morgan, *Confrontations*, S. 308–349.

die Besucher direkt ins (und durch das) Innere der Fuller'schen Sphäre fahren konnten. Wer dort ausstieg, wurde auf einem elaborierten System von Rolltreppen über sieben Etagen geführt. Dort traf man auf eine eklektische Kombination aus amerikanischer Folklore, Populärkultur und Hochtechnologie. Den Ausstellungsmachern war es als wenig sinnvoll erschienen, die Landschaft der Vereinigten Staaten im benachbarten Kanada zur Schau zu stellen. Entsprechend zeigte die Ausstellung unter dem Titel »Creative America – the positive use of creative energy« neben eigens in Auftrag gegebenen Pop-Art-Gemälden (darunter Jasper Johns' neun Meter breite Interpretation von Fullers *Dymaxion Map*[120]) u. A. eine Gitarre Elvis Presleys, eine Sammlung sogenannter *Raggedy Ann Dolls*, wie sie in der ersten Hälfte des 20. Jahrhunderts in den USA beliebt waren, gut zwei Dutzend großformatige Schwarz-Weiß-Porträts amerikanischer Filmstars sowie indianische Kunst. Den »Höhepunkt« im doppelten Wortsinn bildete aber das sogenannte »Raumbeobachtungsdeck«: Wer die längste Rolltreppe der Welt bis zur obersten Plattform hochgefahren war, konnte die an Drähten von der Kuppel herabhängenden »Apollo«- und »Gemini«-Landekapseln samt deren farbenfrohen Bremsschirmen bestaunen. Er oder sie konnte Tonaufnahmen der Dialoge zwischen Astronauten und Kontrollzentrum lauschen und sogar eine Mondlandschaft inklusive eines Modells einer unbemannten »Surveyor«-Raumsonde betrachten, wie sie ein Jahr nach der Ausstellung erstmals den Erdtrabanten erreichte. Als besonders beliebtes Fotomotiv erwies sich der Helm einer lebensgroßen, gen All blickenden Astronautenfigur. In dessen kupferfarben verspiegelter Oberfläche konnte man nicht nur die eigene Reflexion ausmachen, sondern auch die Hülle von Fullers *Dome*, der ja nicht ohne Grund an einen Himmelskörper erinnerte.

Medienglobalismus in Montreal

Dass die Ausstellung auf vergleichsweise subtile Weise amerikanische kulturelle Leistungen mit dem als Menschheitsmission ausgewiesenen Raumfahrtprogramm koppelte, ließ sich aber auch als Kommentar zum Konzept der Expo insgesamt verstehen. Nachdem Montreal den Zuschlag für die Ausstellung erhalten hatte, gaben die kanadischen Ausstellungmacher als deren Motto »Man and his World« (bzw. »Terre des Hommes«) aus. Nun kann nicht überraschen, dass eine Weltausstellung die Lage der Welt thematisierte, doch wurde in Montreal die kosmopolitische Perspektive, mit der man auch auf die bilinguale Tradition der größten Stadt Quebecs hinweisen wollte, mit besonderem Nachdruck vermittelt. Sie wurde den BesucherInnen bereits mit dem Eintrittsticket nahegelegt, das wie ein Reisepass für Weltbürger gestaltet war. Er fungierte zugleich als Souvenir, dessen Seiten man an einzelnen Attraktionen wie mit Einreisevisa stempeln oder bekleben lassen konnte. Menschheitsbezogen war zudem das dem Anspruch

---

120 Tom Holert: Geographie der Intention: Jasper Johns' »Map (Based on Buckminster Fuller's Dymaxion Airocean World)«, 1967–1971, in: *Wallraf-Richartz-Jahrbuch* 50 (1989), S. 271–305.

nach transkulturell verständliche Leitsystem innerhalb des Ausstellungsgeländes. Mit ihren Piktogrammen nahmen die Expo-Wegweiser vorweg, was der deutsche Gestalter Otl Aicher – seinerseits an Vordenkern der Zwischenkriegszeit orientiert – fünf Jahre später auf der Münchener Olympiade zu großem Beifall ausarbeiten sollte. Vor allem aber sollte die »Welt« der Ausstellungsprogrammatik gemäß nicht bloß als Summe aus nationalen Leistungs- und Produktschauen entstehen. Alle Präsentationen sollten vielmehr zu übergreifenden Aspekten des menschlichen Daseins Stellung beziehen. Fullers persönliches Zentralthema »Wohnungsbau« etwa schlug sich in der futuristischen Modellwohnsiedlung *Habitat 67* nieder, die man auf einer Landzunge gegenüber dem Ausstellungsgelände bestaunen konnte.

Weniger in Erinnerung geblieben ist die Tatsache, dass das Gelände durch sechs im zeittypischen *Megastructure*-Stil gestaltete Einzelpavillons strukturiert wurde, die verschiedenen Aspekten der *conditio humana* gewidmet und so über die beiden Hauptinseln verteilt waren, dass sie die Länderrepräsentationen in ein thematisches Netz einwoben.[121] Der »Man and his Community« gewidmete Pavillon enthielt sieben Installationen, die beispielsweise in Käfige eingesperrte, von ihren Vorurteilen »gefangene« Menschenfiguren der »elektronischen Gemeinschaft« und der »interdependenten Gemeinschaft« der Zukunft gegenüberstellten. Das sollte das Thema der »unterentwickelten«, »neuen« Nationen ebenso wie dasjenige der Irreversibilität zunehmender globaler Abhängigkeiten vermitteln. Der Pavillon »Man the Producer« thematisierte Möglichkeiten zur Verbesserung der Agrarwirtschaft angesichts des Bevölkerungswachstums. »Man the Explorer« war ein Komplex aus vier verbundenen Gebäuden, der seine Besucher mit einer begehbaren menschlichen Zelle sowie mit großformatigen Luftfotografien der Erdoberfläche konfrontierte. Drei parallelgeschaltete *Split Screens* demonstrierten, wie sehr sich bestimmte Probleme in verschiedenen Weltregionen ähnelten, allen voran das der Umweltzerstörung. Am Ende des Rundgangs durch »Man the Explorer« durchquerte man einen erleuchteten Hohlglobus, um sich vor einem Bildschirm wiederzufinden, der die Zahl der Geburten in der Welt pro Minute anzeigte. Der direkt gegenüber der westdeutschen Repräsentation gelegene »Man the Producer«-Pavillon schließlich widmete sich den Ressourcen der Welt und den »Werkzeugen«, die den Menschen zu deren Ausbeutung zur Verfügung standen. Unterabteilungen wie »Resources for Man«, »Progress« und »Man in Control?« suggerierten, es sei möglich, die Ressourcen der Erde für die gesamte Menschheit zugänglich zu machen. Allerdings griffen die Kuratoren des Pavillons auch die in der Automatisierungsdebatte verbreitete Trope der zauberlehrlingshaften Verselbständigung unkontrollierter Maschinen auf. Und sie verdeutlichten, dass der Preis des Fortschritts die ständige Veränderung war,

---

121 Gut nachvollziehbar ist das anhand der Fotografien auf der Website von Jeffrey Stanton http://www.westland.net/expo67/map-docs/manproducer.htm (19.6.2019). Siehe außerdem Gary Miedema: *For Canada's Sake: Public Religion, Centennial Celebrations, and the Re-making of Canada in the 1960s*, Kingston/Montreal 2005.

die ihrerseits kontinuierliche geistige Anpassungen erforderte. Als wäre hier eines der WDSDD-Diagramme umgesetzt worden, wurde den Besuchern in einem der Ausstellungsräume von »Man the Producer« zudem die Entwicklung des Rads von seiner Erfindung bis ins Industriezeitalter verdeutlicht. In einem anderen Ausstellungsraum konnten sie der automatisierten Fertigung von Fernsehern zusehen, die wie eine Skulptur vertikal in den Raum platziert war.

Dazu passte, dass die »Man and...«-Pavillons ihre Botschaft von den global geteilten Problemen (und der kollektiven Kraft der Menschheit, sie zu lösen) mithilfe von Bildschirmen vermittelten.[122] Viele Besucher dürften in Montreal zum ersten Mal mit Mehrfachprojektionen, mit der neuen IMAX-Technologie oder mit der Satellitentechnik und der durch sie ermöglichten visuellen Echtzeitkommunikation in Berührung gekommen sein – wofür man aber nicht nach Kanada reisen musste: Anlässlich der Ausstellung strahlten die BBC und der kanadische Sender CBC am 20. Juni 1967 eine Sendung namens *Our World* aus. Fünf Satelliten wurden eigens dafür eingesetzt, zwei Stunden lang Beiträge zu den Kernfragen, vor denen die Menschheit stand, in alle Welt zu übertragen. Heute am bekanntesten unter den aufwändigen *Live*-Schaltungen, an denen ein knappes Dutzend Länder mitwirkten, dürfte die Abschlussperformance in den Londoner Abbey Road Studios sein. Wenn die Beatles samt Entourage in psychedelischer Montur 400 Millionen Fernsehzuschauern *All you need is love* im Semiplayback darboten, dann mag dies den *Summer of Love*, der für Fuller nicht ganz ohne Bedeutung war, durchaus mit vorangetrieben haben. Die mit futuristischen Synthesizerklängen unterlegte Sendung zeigte aber auch viele Weltkarten und animierte Visualisierungen des Planeten und der Bahn der ihn umkreisenden Satelliten – von denen einer schließlich sogar *live* eine Aufnahme eines großen Ausschnitts der Erdoberfläche an diese zurückfunkte.[123]

Der Gedanke der Echtzeit-Vernetzung durchzog die Ausstellung aber auch auf einer viel plastischeren Ebene. Die Weltausstellung bildete einen von Multimedialität durchpulsten, mitunter geradezu zu Halluzinationen einladenden Raum. Als »gigantische kybernetische Kontrollmaschine« oszillierte sie aber auch in organisatorischer Hinsicht zwischen »technokratischen Allmachtsphantasien und humanistischer Sozialethik«.[124] So waren elektronische Kommunikationsschleifen auf dem Gelände allgegenwärtig: Elf große Anzeigetafeln und viele Lautsprecheranlagen konnten gezielt aktiviert werden, um die Besucherströme zu lenken. Informationen über Warteschlangen vor ein-

---

[122] Vgl. die Beiträge in Rhona Richman Kenneally/Johanne Sloan (Hg.): *Expo 67. Not just a souvenir*, Toronto 2010.

[123] Siehe die Pressemeldung, o.D., NARA, RG 306, Entry 1093, Box 5, Folder »World Festival Info, General«.

[124] Zum Folgenden Cornelius Borck: Der Transhumanismus der Kontrollmaschine: Die Expo '67 als Vision einer kybernetischen Versöhnung von Mensch und Welt, in: Michael Hagner/Erich Hörl (Hg.): *Die Transformation des Humanen. Beiträge zur Kulturgeschichte der Kybernetik*, Frankfurt a. M. 2008, S. 125–162, hier S. 128f.

zelnen Attraktionen oder über verlorene Kinder konnten via Funk und Fernschreiber aus einzelnen Pavillons an eine Schaltzentrale übermittelt werden. Hinsichtlich der Botschaft der Ausstellung ist die Tatsache kaum zu unterschätzen, dass dieses vom Energieunternehmen Canadian General Electric mitfinanzierte, von den Beteiligten als »War Room« bezeichnete Kontrollzentrum öffentlich zugänglich war. Durch wandfüllende Glasscheiben konnten die BesucherInnen in dessen Hauptraum hineinsehen. Indem sie einen Blick auf die Computer und Schaltpulte, auf die elektronische Anzeige des Ausstellungsgeländes warfen, meinten sie, die Zukunft des Managements von Städten wie Montreal vor sich zu sehen, wenn nicht die Zukunft der Regierung von Staaten, oder gar – das legte die *Expo* schließlich nahe – der ganzen Erde.[125]

Vom »World Design« zum »World Game«

Nicht nur Fullers *Dome* selbst, auch das, was er *eigentlich* in Montreal zeigen wollte, mutet womöglich nicht mehr ganz so prophetisch (oder, je nach Perspektive: gigantoman) an, wenn man den von Technikerwartungen überformten Globalismus der *Expo* mit in Betracht zieht. Angesichts der finanziellen Mittel, die für die Weltausstellung bereitstanden, und angesichts der Multiplikationswirkung, die sie als Bühne für Ideen bot, hatte Fuller in der *Expo* eine Gelegenheit zur Umsetzung des *Geoscope*-Konzepts erblickt, das ihn seit einem Jahrzehnt umtrieb. Als die USIA im Oktober 1964 Fühlung mit Fuller aufnahm, schlug dieser gemeinsam mit Shoji Sadao und John McHale ein ganz anderes, nur auf den ersten Blick konventionelleres Bauwerk als amerikanische Präsentation vor (Abb. 6.6). Es handelte sich um eine Art Stadion mit umlaufenden Rängen oder Balkonen, die auf vier Pylonen auf Basis des von Fuller mitentwickelten *Tensegrity*-Prinzips standen, zu denen die Besucher mit Rolltreppen emporfahren sollten. Oben angekommen, würde sich der Blick auf eine fußballfeldgroße *Dymaxion Map* weiten. Auf deren Oberfläche sollten zehntausende Leuchtdioden Informationen darstellen, die teils in Echtzeit von Satelliten abgerufen, teils durch einen unterirdischen Datenspeicher eingespeist werden sollten. Den Expo-Besuchern hätten sich also eindringlich die globalen Bevölkerungskonzentrationen, die Energiequellen, die Hauptlagerstätten verschiedener Ressourcen, die wichtigsten Flugrouten und Verkehrsknotenpunkte sowie die Anzahl von Fernsehgeräten pro Kopf erschlossen – und dies sowohl in ihrer historischen Entwicklung als auch in Form verschiedener Zukunftstrends. Diese ergaben sich aus Weichenstellungen, die an Computer-Terminals vorgenommen werden konnten, die auf den Rängen platziert waren.[126] Fullers Vor-

---

125 Bei der Planung war die für das »Apollo«-Programm entwickelte »Critical-Path«-Methode zur Anwendung gekommen – eine wissenschaftliche Planungsheuristik, die Planungsschritte zerlegte und durch Diagramme visualisierte (und die Fuller später zur retrospektiven Selbstdeutung einsetze: Fuller, *Critical Path*). Für einige Aufregung hatte gesorgt, dass dabei ein Großrechner zum Einsatz gekommen war, der fälschlicherweise errechnete, dass der Bauplan nicht einzuhalten sei: Ebd., S. 140.
126 Siehe die Fotos in SUL, M1090, Series 18, Box 24, Folder 21.

Abb. 6.6: Modell der *World Game*-Arena, hier abgebildet in einem Artikel John McHales von 1967, der suggeriert, das Vorhaben stehe an der SIU kurz vor der Realisierung.

schlag für die Expo lässt sich als riesenhafte Vergrößerung der Trickkiste interpretieren, mit deren Hilfe er zu dieser Zeit seine »energiegeometrischen« Erkenntnisse vermittelte. Wie die *Minni-Earth* im East River sollte das ultimative *Geoscope* Fullers Ideen auf so »fotogene« Weise »dramatisieren«, dass niemand die Augen abwenden konnte.[127]

Zugleich sollte es aber als Werkzeug der globalen Gestaltung dienen (wie sie die kanadischen Ausstellungmacher ja eher einforderten als demonstrierten). Konkret schwebten Fuller einmal mehr Zeitraffereffekte vor, die hier als Testläufe verschiedener globaler Logistikstrategien erschienen, etwa zur effizienten Stromversorgung der gesamten Weltbevölkerung: Die Standorte der Energiequellen auf dem Planeten, so die Idee, sollten visualisiert, verschiedene Nutzungsszenarios entwickelt, zwischendurch aber immer auch die Folgen der entsprechenden Entscheidungen evaluiert und all das auf möglichst eindrucksvolle Weise kommuniziert werden: »I propose that, on

---

127 In späteren Versionen des Expo-Vorschlags befand sich im Inneren der Arena sogar ein Globus, dessen Größe die der letztlich realisierten Kuppel noch übersteigen sollte. Diese Kugel sollte sich in regelmäßigen Abständen zunächst in Fullers Lieblingsform, den Ikosaeder, verformen und sich dann zum *World Island*-Layout seiner Karte entfalten, die daraufhin auf den Boden der Arena absank, um dort zum Spielfeld zu werden: Statement of R. Buckminster Fuller, Research Professor Southern Illinois University, Carbondale, Illinois, in: Ders. u.a.: *The World Game: Integrative Resource Utilization Planning Tool*, Carbondale/Illinois, o.J. [1971], S. 8–17, hier S. 11.

this [...] world map of our Spaceship Earth, a great world logistics game be played by introducing into the computers all the known inventory and whereabouts of various metaphysical and physical resources of the Earth.«[128] Fuller sprach auch von einer »Arena«, und das war wörtlich gemeint: Spätestens 1965 war in seiner Phantasie aus dem gemeinsamen Nachdenken über globale Trends ein Wettkampf geworden – ein Wettkampf allerdings, den man als Spieler nur dann gewann, wenn in der Spielfiktion alle anderen *auch* profitierten. Nur wenn auf Basis der Datenlage so entschieden wurde, dass jeder einzelne Erdbewohner am Spielende »erfolgreich« geworden war (so Fuller unter Aktualisierung der Rhetorik, die schon seine Business-Prospekte der 1920er Jahre ausgezeichnet hatte), nur wenn also gezeigt worden war, »wie man die Welt für alle zum funktionieren bringt«, war das *World Game* gewonnen[129] – so nämlich lautete die Bezeichnung für das Projekt. Fullers Verfahren unterschied sich im Prinzip wenig von den sich verzweigenden Entscheidungsbäumen anderer Futurologen dieser Zeit, die sich bald zu veritablen Weltmodellen auswuchsen. Allerdings war der Clou des *World Game* der, dass Fuller suggerierte, seine spektakuläre Inszenierung werde aufgrund ihres ludischen Elements besonders instruktiv sein und könne als *Multi-Player*-Computerspiel sogar ungenutzte kognitive Potenziale ausschöpfen.[130] Indem nämlich mehrere Individuen oder gar Mannschaften in Wettbewerb miteinander traten, hoffte Fuller den Ehrgeiz und das Geltungsbedürfnis der ausgewiesenen »Welt-Menschen« (»World Men«), die er sich als Spieler vorstellte, für die Menschheit insgesamt zu nutzen. Wenn diese Spieler gleichzeitig ihre je eigene Strategie zur Verbesserung der Welt erprobten, dann schien das zudem eine Art Schwarmintelligenz generieren zu können: Die *World Gamer* mussten auf die in Echtzeit auf dem *Geoscope* angezeigten Konsequenzen der Planungsideen ihrer Mitbewerber reagieren. Auf diese Weise, so Fullers Hoffnung, würden die Spieler diese Ideen im Laufe ihrer eigenen Spieleinsätze immer mehr zu antizipieren und in ihre Planung zu integrieren lernen. Nach einigen Spielrunden hatten sich die Beteiligten geradezu aufeinander »eingetuned« – um auf den Slogan des LSD-Apostels Timothy Leary (»Turn on, tune in, drop out«) anzuspielen, der bald unter den Anhängern Fullers Verbreitung finden sollte.

Den Staat gegen sich selbst einsetzen

Zunächst bezog Fuller sich bei der Beschreibung des *World Game* allerdings auf die Theorien, das Vokabular und die visuelle Kultur eines anderen gesellschaftlichen Sub-

---

128 World Game by R. Buckminster Fuller – How It Came About, April 1968, in: Fuller u.a., *The World Game*, S. 17–30, hier S. 18. Leider nicht mehr berücksichtigt werden konnte in diesem Abschnitt und den folgenden zwei Teilkapiteln das für 2021 angekündigte Buch von Mark Wasiuta: Information Fall-Out: Buckminster Fuller's World Game.
129 Richard Buckminster Fuller: World Game – How to Make the World Work, in: Ders. u.a.: *Phase I (1967) Document 5: Comprehensive Design Strategy*, Carbondale/Illinois 1967, S. 87–90.
130 Ebd., S. 19.

systems. Es ist kaum zu übersehen, wie viel die Illustrationen, die sein *Game* begleiteten, den *War Rooms* und Kontroll-Bildschirmen von Institutionen wie NORAD und NASA verdankten, die Mitte der 1960er Jahre auch über die Populärkultur vermittelt ins kollektive Imaginäre einwanderten, prominent etwa mit Stanley Kubricks Film *Dr Strangelove or: How I Learned to Stop Worrying and Love the Bomb* (1964). Fuller präsentierte sein *Game* allerdings zugleich als zivile Umnutzung der geistigen Ressourcen der Kalten Krieger, nämlich der spieltheoretischen Szenarios und Risikokalküle von Denkern wie John von Neumann und von US-*Think Tanks* wie der RAND-Corporation, die Einfluss auf Verteidigungstheoretiker wie Robert McNamara hatten. Diesen warf Fuller vor, dass ihre Analysen sich gegenseitig beeinflussender taktischer Verhaltensweisen auf einer falschen Prämisse fußten, nämlich der des Nullsummenspiels.[131] Das *World Game* hingegen sollte die Technologien und finanziellen Mittel des (Kalten) Krieges zwar nutzen, aber eben für friedliche Zwecke umwidmen, was nur gelingen konnte, wenn es umgekehrt von der Annahme der Multiplizierbarkeit – zumindest aber der effektiveren Ausnutzung – des Vorhandenen ausging. Fuller knüpfte damit an seine Überlegungen der frühen 1940er Jahre zum Einsatz der enormen Produktivitätskapazitäten der Kriegswirtschaft für eine globale Versorgungsindustrie an.

Auch sein *World Game* konnte aller Menschheitsrhetorik zum Trotz seine Herkunft aus älteren Vorstellungen vom amerikanischen Exzeptionalismus ebenso wenig abschütteln wie die Nähe zu den *Soft-Power*-Strategemen der Nachkriegszeit. Der USIA gegenüber etwa argumentierte Fuller 1964, das Spiel werde mittelbar die amerikanische Überlegenheit verdeutlichen. Denn es demonstriere den enormen Vorsprung der Amerikaner im Einsatz von Technik bei der Verbesserung des Lebens aller Menschen.[132] Offenbar blieb ihm verborgen, wie schlecht das dazu passte, dass die Welt der *World Game*-Arena wie schon die Statistiken der *World Design Science* keine Staaten kannte, sondern im Gegenteil verdeutlichte, dass die Menschheit nur zum Erfolg bringen konnte, wer parochiale Denkbeschränkungen zu transzendieren bereit war. Es dürfte daher nicht überraschen, dass die USIA den Vorschlag des Carbondaler Designergespanns für die Selbstdarstellung der USA nicht berücksichtigte.

Fuller indes hatte an der Spielmetapher Gefallen gefunden. Er nutzte die erhebliche Aufmerksamkeit für seine Person, die der Expo-*Dome* ab Sommer 1967 hervorrief, in den Folgejahren vor allem zur Propagierung seines Spiels. Dafür versuchte er weiterhin just jene nationalstaatlichen Institutionen einzuspannen, die das *Game* mittelfristig obsolet zu machen versprach. So empfahl Fuller das *World Game* im Mai 1968 der amerikanischen Bundesregierung im Rahmen einer (mithilfe des SIU-Präsidenten

---

131 World Game by R. Buckminster Fuller, S. 20. Das hielt Fuller nicht davon ab, McNamara das *World Game* persönlich anzudienen: Fuller an McNamara, 5.6.1979, LOC, MD, Robert S. McNamara papers, 1934–2009, BOX I:118.
132 1968 tauchte unter den »ultimate Goals« des Spiels aber noch die »Alternative to Communism« auf: Bericht zum World Resources Simulation Center, Mai 1968, SUL, M1090, Series 18, Box 26, Folder 5.

Delyte Morris arrangierten) Präsentation in Washington, D.C. als Möglichkeit, das durch den Krieg in Vietnam beschädigte Ansehen der USA wiederherzustellen. Fuller nahm in seiner Präsentation aber auch erstmals Bezug auf ein Themenfeld, das sich in der amerikanischen Politik wachsender Beliebtheit erfreute, so etwas wie »Weltplanung« aber bald als modernistische Hybris erscheinen lassen sollte. Fuller deutete nämlich an, das *Game* gebe eine Antwort auf die »Pollution«-Problematik.[133] Dies vertiefte er im März 1969 bei einer Anhörung des »Subcommittee on Intergovernmental Relations« des Senats. In seiner Stellungnahme beschrieb er das *Game* als besonders raffinierte Methode, einen »informierten Außenblick« auf den Planeten zu werfen. Das sei notwendig geworden, da »das ökologische Eingeschlossensein des Menschen die gesamte Erde involviert«.[134] Vielleicht wollte Fuller den Eindruck zerstreuen, *Earthrise* – die vieldiskutierte Fotografie der »aufgehenden« Erde, auf die Fuller an anderer Stelle seines Statements anspielte – werde das *World Game* überflüssig machen. Denn er fügte hinzu, sein Spiel führe nicht nur die Tatsache vor Augen, dass »die Erde ein geschlossenes System [sei,] [e]in winziges sphärisches Raumschiff mit eingeschlossener Biosphäre«, sondern es bilde eine Methode, »*prognostisch* mit Weltproblemen umzugehen.«[135]

Von ökologischen Problemen war dann aber nichts mehr zu hören, als Fuller im Juni 1969 im Brown Palace Hotel in Denver bei der gemeinsamen Jahrestagung der American Astronautical Society und der Operations Research Society eine Rede halten durfte, auf die er sich mithilfe seines Teams in Carbondale intensiv vorbereitete. Schließlich handelte sich um zwei Organisationen, die kurz vor der ersten Mondlandung im Juli mehr Prestige auf sich vereinten als je zuvor. Schon das Motto des Kongresses, auf dem auch Edward Kennedy als Redner auftrat – »Planning Challenges of the 70s in Space and Public Domain« – verdeutlicht den Planungsglauben der Tagung, auf der Astrophysiker mit Futurologen zusammentrafen und im selben Register über die Logistik großer Raumstationen und über Sozialversicherungssysteme diskutierten. Stärker als in anderen Vorträgen dieser Phase adressierte und imaginierte Fuller in seiner Präsentation denn auch eine Elite von »Weltführern«, die auf einer »Infra-Welt« (wie er seinen computerisierten Leuchtglobus auch nannte, weil er dem menschlichen

---

133 Presentation for Southern Illinois University's »World Resources Simulation Center« to Representatives of Prime U.S. Government Agencies, SUL, M1090, Series 18, Box 25.
134 Protokoll von Fullers Stellungnahme bei den Hearings des Subcommittee on Intergovernmental Relations, 4.3.1969, SUL, M1684, Series 18, Box 1, Folder 0030, S. 37.
135 Daten, so Fuller weiter, gebe es genug, sie müssten aber aufbereitet werden, und dafür sei seine »way of seeing the whole Earth at once« überlegen: ebd., S. 39 [meine Hervorh.]. Die Erwähnung der Umweltverschmutzung dürfte auch einige Monate später gut angekommen sein, als Fuller die Chance wahrnahm, das *Game* dem »Committee to establish a select Senate Committee on Technology and the Human Environment« vorzustellen: U.S. Senate Report of Proceedings to Select Committee on Technology and Environment, 3.6.1969, SUL, M1684, Series 18, Box 32.

Auge verborgene Realitäten sichtbar mache) sein Spiel spielen würden, um im Anschluss die »globale Planung« anzugehen.¹³⁶

Das rastlose Werben für das *World Game* blieb weitgehend ohne Ergebnis. Fuller musste sich mit wenigen Achtungserfolgen trösten. So hatte man in Denver NASA-Vertreter damit verblüfft, Rinderherden auf dem Planeten präzise lokalisieren zu können, und das ganz ohne eigene Satelliten, nur durch eine geschickte Verbindung von Karten und Statistiken.¹³⁷ Zudem konnte man die offiziellen Protokolle der Anhörungen, an denen Fuller teilnahm, faksimiliert in den WDSDD abdrucken. Die entsprechenden Briefköpfe des US-Senats adelten diese Konvolute dann ein wenig. Gleichwohl steht außer Frage, dass Fuller Ende der 1960er Jahre seine Stunde gekommen sah. Wenn Raumfahrtingenieure und Systemtheoretiker auf denselben Tagungen diskutierten, dann musste für einen Denker, der wie Fuller zu geradezu überbordendem Zukunftsoptimismus neigte, eine Planung auf planetarischer Ebene in greifbare Nähe rücken: Aus dem in Fullers Inventar gelagerten »Weltwissen« schien endlich die Bedienungsanleitung des »Raumschiffs Erde« zu emergieren. Fullers extreme Machbarkeitszuversicht war also vielleicht nicht gerade typisch für die 1960er Jahre. Sie nimmt sich jedoch angesichts der gesellschaftlich breit diskutierten Zukunftserwartungen dieser Zeit weniger exzentrisch aus, als man meinen könnte. Erklärungsbedürftiger ist letzten Endes, wie schnell Fullers Optimismus unzeitgemäß wurde.

Dieser Prozess lässt sich wie in der sprichwörtlichen Nussschale in Carbondale, an der kleinen Universität im mittleren Westen, beobachten, an der man Mitte des Jahrzehnts versuchte, die Welt spielend zu verbessern. Zumindest behauptete Fuller das vor potenziellen Geldgebern, ohne viele Worte darüber zu verlieren, wie dies genau geschehe und welche Ergebnisse man infolge der kostspieligen technischen Aufrüstung des *Game* erwarte. Es war auch nur die halbe Wahrheit, wenn er verkündete, man habe an der Southern Illinois University ein »mit dem Computer durchzuführendes 16-Millionen-Dollar-Programm« initiiert.¹³⁸ Dass Fuller überhaupt die Nähe zum Staat suchte, rührte nämlich daher, dass er bereits im Sommer 1967 vom demokratischen Gouverneur des Staates Illinois, Otto Kerner, eine finanzielle Förderung von vier Millionen Dollar für ein sogenanntes »Centennial World Resources Center« an seiner Heimatuniversität in Aussicht gestellt bekommen hatte. So hieß das dortige *World Game*-Projekt zunächst, weil Fuller vorübergehend gehofft hatte, es im Rahmen

---

136 The World Game, 18.6.1969, SUL, M1090, Series 25, Box 8, Folder 11, S. 14.
137 SUL, M1090, Series 18, Box 32, Folder 2. Kurz darauf versuchte Fuller die Kongressabgeordneten zu bewegen, das *World Game* von der NASA fördern zu lassen: H.R. 17476 – A Bill to Authorize the National Aeronautics and Space Administration to make grants for the Construction and operation of a World Resources Simulation Center to make available to Federal, State, and local agencies and to private persons, organizations, and institutions information useful in planning and decision making, 1969, SUL, M1090, Series 18, Box 26, Folder 3.
138 Testimony of R. Buckminster Fuller before the Senate Sub-Committee, 4.3.1969, in: Fuller u.a., *The World Game*, S. 10.

der Hundertjahrfeier der SIU als Bestandteil des neuen Campus der Universität in Edwardsville umsetzen zu können.[139] Kerner hatte indessen eine schwer erfüllbare Bedingung gestellt: Staatsgelder sollten nur dann fließen, wenn zuvor anderswo weitere 12 Millionen Dollar eingeworben wurden. Angesichts des Konservatismus der in Frage kommenden Fördereinrichtungen war es wenig wahrscheinlich, dass Kerner sein Versprechen werde einlösen müssen. So zumindest konstatierte es Fullers Mitarbeiter Thomas (Tom) B. Turner drei Jahre später frustriert.[140] Turner, der Mitte der 1960er Jahre zu Fuller gestoßen war – und dessen Stellenbeschreibung einmal »Director, Fuller Projects, SIU«, ein andermal »Director, Research and Development, Spaceship Earth Design Science Exploration (World Game)« lautete – wusste, wovon er sprach. Denn es war Turner, der in den späten 1960er Jahren die Aufgaben McHales übernahm, der sich verstärkt eigenen futurologischen Arbeiten zuwandte. Zu diesen Aufgaben gehörte es, dutzende Budgetanträge an das Präsidium der SIU zu richten, um Personal-, Reise- und Druckkosten für *World Game*-bezogene Publikationen zu akquirieren. Darüber hinaus galt es, Anträge an Drittmittelgeber wie die National Science Foundation zu schreiben, die zwangsläufig konkretere Ziele benennen mussten, als Fuller selbst es je tat. Schon einer deutlich weniger spektakulären Version des *Games* waren enge finanzielle Grenzen gesetzt. Das zeigen Bittbriefe Turners um einen Xerokopierer, der für den Bau eines »*World Game*-Simulationstischs« benötigt werde.[141] Immerhin war 1969 das *World Resources Simulation Center* (WRSC) gegründet worden. Das war eine Umbenennung von Fullers Inventar, das nun die Hardware bilden sollte, für die das *World Game* als Programm diente. Skizzen verdeutlichen, wie euphorisch sich Fullers Team dessen Implementierung ausmalte. Sie zeigen einen rund 60 Meter breiten *Dome*, in dessen Innerem Büros, Ausstellungsräume und ein bestuhltes Auditorium mit einem wandfüllenden Bildschirm und einem »Kontroll- und Projektionsraum« untergebracht werden sollten.[142]

Zumindest McHale und Turner war aber klar, dass es nicht nur aus finanziellen Gründen vorerst bei diesen Luftschlössern bleiben musste. Wie angedeutet, beobachteten, quantifizierten und visualisierten sie die Fortschritte der Computerisierung sehr genau. Sie wussten, dass es gute zehn Jahre dauern würde, bis erschwingliche Rechner die Leistung erbringen konnten, die gebraucht wurde, um ganze *Dome*-Innenwände bespielen zu können.[143] Die Herausforderung bestand weiterhin darin, das Inventar »computerisierbar« zu halten.[144] Es musste also auf eine Weise aufbereitet werden, die auch den späteren Zugriff durch eine Computerschnittstelle – ein

---

139 *Southern Illinoisian*, 11.9.1967.
140 Turner an Sheldon Ruderman, 7.5.1970, SUL, M1090, Series 2, Box 202, Folder 1.
141 Budget Request, Juli 1967, SUL, M1090, Series 18, Box 24, Folder 11.
142 Planned Implementation of the World Resources Simulation Center, Edwardsville, Illinois, o.D. [1969], SUL, M1090, Series 18, Box 25, Folder 1.
143 Sources of Input Resource Data, o.D. [1969], SUL, M1090, Series 18, Box 25, Folder 1.
144 Decentralization Reports, o.D., SUL, M1090, Series 18, Box 39, Folder 8.

»Worldgame man/display interface« – erlauben würde. So zumindest hieß es in einem Konzeptpapier, das mit einer Kostenaufstellung von knapp über 8 Millionen Dollar endete.[145] Auf exemplarische Simulationen wollte man trotzdem nicht verzichten. Und den perfekten Anlass dazu bot am 20. Juli 1969 *das* transnationale Medienereignis schlechthin.

Blicke auf die Erde, Sommer 1969

Die Schätzungen zufolge mehr als 500 Millionen Menschen, die der *Live*-Übertragung des Kontakts der Landefähre »Eagle III« mit dem Erdtrabanten im Fernsehen zusahen, konnten sich mit dem vielzitierten Wort Neil Armstrongs als Zeugen des »großen Sprungs« der eigenen Spezies in die Zukunft sehen. Die mediale Inszenierung der Mondlandung, die auch Arno Peters über mehrere Tage hinweg gebannt vor dem Fernsehgerät verfolgte, faszinierte den Zeitungswissenschaftler fast mehr als die technische Leistung selbst. Fuller indes gab sich gelassen. Tatsächlich muss die Mondlandung für den Autor von *Nine Chains to the Moon* wie die Erfüllung einer einstigen Prophezeiung gewirkt haben. Ab Beginn der Vorbereitungen für die »Apollo 11«-Mission im Frühjahr 1969 war er denn auch gefragter als je zuvor. Seine *Itineraries* waren nun voller Angaben zu Flügen und Übernachtungen in ständig wechselnden Hiltons und Holiday Inns, voller Namen der Zeremonienmeister und Mitpanelisten, die er kennen musste, und der Honoratioren, mit denen er dinierte. Er sprach vor dem Englischlehrerverband, traf erneut Sithu U Thant im UN-Hauptquartier, war tags darauf bei der Aufzeichnung der *Today Show* durch die NBC in New York vertreten. Am Abend des 20. Juli gehörte er schließlich neben dem CBS-Nachrichtensprecher Walter Cronkite zu einem Panel, das das Ereignis *live* kommentierte.

Trotzdem fand Fuller im Sommer 1969 die Zeit, gleich vier Mal eine kleine Gruppe junger Leute aufzusuchen, die sich für knapp über sechs Wochen in der New York Studio School of Painting and Sculpture eingeschlossen hatten.[146] In einem Seminarraum dieser privaten Kunsthochschule spielte man nämlich das *World Game*. Dabei verdoppelten die Teilnehmerinnen und Teilnehmer des *Game* die Dramaturgie der »Apollo 11«-Mission, ja übertrafen diese sogar: Sie »starteten« zeitgleich mit der Crew um Buzz Aldrin, sie warfen wie diese Außenblicke auf den Planeten, kehrten von *ihrer* Erkundung jedoch mit Vorschlägen dazu zurück, wie all seine menschlichen Bewohner »erfolgreich« werden könnten. Im Juni 1969 herrschte also Aufbruchsstimmung, jedoch keine revolutionäre: Auch wenn die rund zwei Dutzend TeilnehmerInnen wie Rebellen aussahen – im New Yorker *World Game* ging es nicht um Protest, sondern um Planung; Fuller sei zwar eine Art Guru, seine Mission sei aber die Bekämpfung von

---

145 Sources of Input Resource Data, o.D. [1969], SUL, M1090, Series 18, Box 25, Folder 11.
146 Itinerary, 1969, SUL, M1090, Series 4, Box 3, Folder 8. Er wurde dabei von einem Filmteam der Yale University begleitet.

Ineffizienz – so der Autor eines Artikels im IBM-Magazin »Think«, der über den Workshop in New York berichtete, dabei aber weniger auf Fuller selbst, sondern einen seiner Anhänger fokussierte.[147] Es war der 24-jährige Edwin Schlossberg, ein Doktorand der Literaturwissenschaften an der Columbia University, der Drittmittel des Rockefeller Brothers Fund für studentische Projekte eingeworben hatte, um das *Game* auszurichten. Dieses gedachte man als wissenschaftliche Technik zur Operationalisierung der Weltressourcen anzugehen. Es sollte zeigen, wie ein höherer Lebensstandard für die gesamte Menschheit erreichbar sei.

Es handelte sich also um eine »logistische Operation«, wie sie Fuller seit 40 Jahren betrieb. So schrieb dieser es zumindest in seiner Einleitung zum quasi-offiziellen *World Game Report 1969*.[148] Erstmals wies Fuller aber auch explizit darauf hin, dass das *Game* es »intelligenten Amateuren« ermöglichte, »in wenigen Wochen des Forschens und Sich-Vertiefens zu entdecken, dass die genannten Prämissen valide sind«.[149] Das spiegelte auch der ansonsten überwiegend von Schlossberg verfasste *Report* wider. Dessen Cover zeigte zwar Fuller, wie er vor mehreren *Dymaxion Maps* stehend dozierte, doch waren im Inneren des Berichts weit häufiger die Spieler selbst zu sehen. Tatsächlich unterstrichen diese Fotos, was auch Schlossbergs eigene Einleitung und eine Teilnehmerliste mit Selbstbeschreibungen verdeutlichten: nämlich die Heterogenität der New Yorker Gruppe. Sie bestand aus knapp zwei Dutzend Frauen und Männern im Alter von 19 bis 46 Jahren, darunter Studierende der Physik, Biologie, Architektur und Anthropologie aus unterschiedlichsten Regionen der USA, darüber hinaus TänzerInnen, Maler, ein Entdecker, eine Vollkornbäckerin und jemand, der sich mit dem Beatles-Zitat »I am the Walrus« charakterisierte.[150]

Umso glatter stellte der Report den Ablauf des Spiels dar. Nach einem (mehrtägigen!) Input-Vortrag Fullers machten die TeilnehmerInnen planetarische Inventur: »Finding the needs for one man led us to finding the needs for manking [sic].« Daraus leiteten sie konkretere Fragen ab: »How can man take care of his essential physical needs so as to allow him to develop his unique metaphysical abilities?« Um Klarheit zu bekommen, vergegenwärtigte sich die Gruppe sogenannte »Prä-Szenario-Fakten«, das heißt Zahlen zum Wachstum der Weltbevölkerung, zum Maß an Solarenergie, dass die Erdoberfläche täglich erreichte, aber auch zum Metabolismus des menschlichen Körpers, also den Bedingungen, die das tägliche Überleben garantierten: Schlafbedürfnis, Kalorien, Vitamine, Temperaturen. Hinzu kamen Untersuchungen der technischen Durchbrüche des Raumzeitalters und der wichtigsten landwirtschaftlich nutzbaren Flächen der Erde. Rasch entwickelte die Gruppe ihr eigenes »konzeptionelles Werkzeug«,

---

147 O.A.: Today Greenwich Village, Tomorrow the World, in: *Think* (November/Dezember) 1969.
148 World Game Report, 1969, SUL, M1090, Series 18, Box 24, Folder 1. Zum Folgenden auch Vagt, Fiktion und Mark Wasiuta: Review: Worldometers; o.s. Earth; GENI, in: *Journal of the Society of Architectural Historians* 68 (2009), S. 590–593.
149 World Game Report, S. 1.
150 Ebd., S. 2.

wie Schlossberg es nannte, mit dessen Hilfe sich das von Fuller übernommene Ziel, alle Menschen zum Erfolg zu machen, als Grenzwert ausdrücken ließ: Ausgangspunkt allen Nachdenkens und Haushaltens sollte nicht etwa das Existenzminimum, sondern das »bloße Maximum« sein, das man allen Menschen angedeihen lassen wollte und das man am besonders hohen Protein- bzw. Kalorienbedarf einer schwangeren Frau bzw. eines Arbeiters festmachte. Als Maß des *Energiebedarfs*, das man den Menschen analog zu diesem Ernährungsstandard zur Verfügung stellen wollte, setzte man den aktuellen amerikanischen Pro-Kopf-Energieverbrauch fest, den man in die Fuller'schen »Energiesklaven« umrechnete. Die solcherart ermittelten Erntemengen und Primärenergiekapazitäten extrapolierte man anschließend auf Basis von UN-Statistiken zur Bevölkerungsentwicklung bis ins Jahr 2000, das so zur Zielmarke der Planerfüllung wurde.[151]

Schon bei den dafür nötigen Datenkorrelationen kamen in hohem Maße visuelle Medien zur Anwendung, etwa zwei Karten aus den WDSDD zu den Kohle- und Eisenerzvorkommen der Erde. Die TeilnehmerInnen wurden zudem selbst als Gestalter tätig, ja, sie wandelten den Seminarraum in einen begehbaren Datenraum um: Man hatte die Arbeitstische in der Mitte des Raumes zusammengeschoben, die Wände waren mit einer insgesamt fast 20 Meter langen Tabelle behängt. Deren Spalten boten Raum für Angaben zur technisch-ökonomischen und natürlichen Ausgangssituation der Planung und zu den Entwicklungspotenzialen (»Welt-Trends« wie mögliche Energieausbeute, verfügbare Anbaufläche und so weiter) in insgesamt 22 Weltregionen. Zudem wurde intensiv mit zwei, rund vier Meter breiten *Dymaxion Maps* gearbeitet, die auf eigens dafür angefertigten Metallträgern aufgebracht waren, sodass man auf ihnen magnetische Symbole verschieben konnte (Abb. 6.7). Die TeilnehmerInnen trugen überdies mit dem Filzstift Daten auf durchsichtige Azetatfolien auf, die sich in bis zu fünf einander überlagernden Schichten über den Karten abrollen ließen. Auf diese Weise lokalisierte die Gruppe wichtige Materialvorkommen und alternative Energiequellen der Erde (Abb. 6.8). Sie untersuchte die Schwerpunkte des Weltbevölkerungswachstums, die meistfrequentierten Transportwege und die Zentren der globalen Lebensmittelproduktion. Der Spielvorgang bestand dann aus datengestützten Gedankenexperimenten zur Beantwortung der Frage: »How can the bare max requirement be made available to all?« Die TeilnehmerInnen befassten sich also intensiv mit der ungenutzten Wasserkraft auf der Erde, mit Möglichkeiten zur globalen Distribution der entsprechenden Primärenergien und mit agrarwirtschaftlichen Techniken zur Steigerung der Weltlebensmittelproduktion. Die Grundhaltung war Fuller-typisch: Ein Scheitern schien ausgeschlossen, denn die an den Daten ablesbaren positiven Entwicklungen korrelierte man nicht einfach nur, sondern ging davon aus, dass sie sich, einmal in Gang gebracht, gegenseitig verstärken würden. Die zunehmende Wirksamkeit von Düngemitteln und das durch vermehrte Kommunikation zwischen den Landwirten der Welt anwachsende agrarwissenschaftliche *Know how* etwa würden eine Steigerungsspi-

---

151 Ebd., Zitate auf S. 11 und 13.

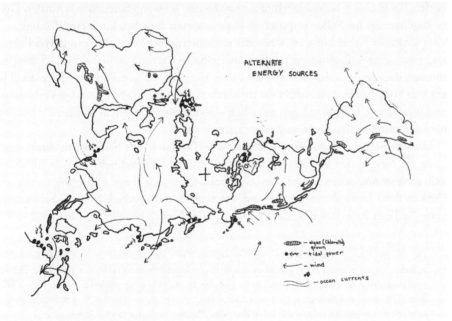

Abb. 6.7 und 6.8: *World Game*, New York 1969. Auf dem Foto in der Mitte stehend Schlossberg, links Fuller vor einer der *Dymaxion*-Magnet-Karten mit abgerollten Daten-Folien. Unten eine Kartierung alternativer Energiequellen.

rale in Gang bringen, die den errechneten globalen Nahrungsmittelbedarf im Jahr 2000 decken konnte. Gleiches galt für das energiewirtschaftliche Szenario: Wie eine Tabelle der »elektrischen Energieprojektionen« verdeutlichte, wäre im Jahr 2000 infolge der konsequenten Ausnutzung regenerativer Energiequellen und Dank einer effizienteren, da Staatengrenzen und Kontinente übergreifenden, Energiedistribution die globale Ungleichheit Geschichte. Überall standen die zu Anfang des Spiels errechneten 15.000 kW pro Jahr je Erdenbewohner zur Verfügung. Alle hatten das *World Game* gewonnen. Keinem Menschen war etwas weggenommen worden.[152]

Soziale Synergien und politische Anfeindungen

Nach immerhin sechs Wochen hatten die New Yorker SpielerInnen also auf analogem Wege demonstriert, was Fuller der Menschheit mit dem computerisierten *Geoscope* einmal in deutlich kürzerer Zeit vor Augen führen wollte. Nur beiläufig erwähnte Schlossberg, dass der Versuch der Gruppe, sich als »Datenverarbeitungsmaschine«, als Computer, zu imaginieren, dem Spiel manchmal den Charakter eines kollektiv-spirituellen Erlebnisses verliehen hatte: »We were working at the frontier and each student was working at his frontier«, schrieb er und ergänzte: »It is dramatic to see human beings as concerned with the operation and the well-being of the earth.«[153] Tatsächlich war es den *World Game*-TeilnehmerInnen phasenweise schwergefallen, den schmalen Grat zu begehen, der bei Fuller-inspirierten Experimenten zwischen konkreter Planung und unproduktiver Nabelschau, zwischen der ernüchternden bloßen Auflistung von Fakten und einer allzu halluzinatorischen Bewusstseinserweiterung verlief. »We […] traveled through the minds of the others in the room. We watched as man successfully stood in another body in space and could see the earth as a spaceship.«[154] *Space Age*-Verheißung und *spaced out*-Phantasien lagen nahe beieinander, zumal in einem Milieu, das anfällig für solch esoterischen Gruppendynamikjargon war.

Davon zeugt das unpublizierte *World Game*-Tagebuch, das Schlossberg direkt nach Ende des New Yorker Projekts auf Basis von Notizen niederschrieb. Es muss allein deshalb genauer angesehen werden, weil es offenbart, wie sich einige Fuller-Begeisterte am Denken ihres Idols abarbeiteten – und wie sie sich dabei subjektivierten. Schlossberg hatte die TeilnehmerInnen bereits im Mai 1969 in Absprache mit Fuller aus rund 70 Be-

---

152 Das »World Energy Grid«, das man auf einer weiteren Folie auch auf dem *One-Continent-Layout* der Fullerkarte eingezeichnet hatte, gehört zu den fortan meistpublizierten Ergebnissen des *Game*. Das lag wohl daran, dass es verschiedene Aspekte des globalen Denkens in einer wiederkennbaren Gestalt bündelte: Die erreichte Effizienz, so hieß es, resultiere nicht zuletzt daraus, dass das Netz sich die planetarischen Bedingungen des Lebens auf dem rotierenden Planeten zu Nutze machte, indem es unproduktive nächtliche Lastenabfälle verteilte. Dieser Ausgleich wurde aber nur möglich, wenn sich die Menschen zur globalen infrastrukturellen Kooperation zusammenfanden: Ebd., S. 13.
153 Ebd., S. 2.
154 World Game Report, S. 2.

werberInnen ausgewählt, indem er die engagiertesten InteressentInnen einlud. Was sie erwartete, wusste aber auch Schlossberg nicht: »Anything that is to be done will be what World Game is«, notierte er, um fortzufahren: »Everything was directed towards providing an environment where all the students could work at maximum *with themselves* and on World Game.«[155] Tatsächlich wurden die TeilnehmerInnen nach ihrer Ankunft erst einmal einem Überwältigungsversuch ausgesetzt: Nach dem erwähnten Redemarathon, in dem Fuller darüber doziert hatte, was ein Individuum allein bewerkstelligen könne, wenn es sich von allen Theorien löse, wurden die TeilnehmerInnen mit Material aus dem *World Resources Inventory* ausgestattet und ins Wochenende entlassen. Es kann nicht verwundern, dass Schlossberg notierte, sie sähen erschöpft aus. Auch beim nächsten Treffen wurde Fuller nicht viel deutlicher: Er jonglierte mit einem Plastikglobus, sprach über die »Eine-Welt-Insel« und nannte das *World Game* »eine Chance für den Menschen, sein Raumschiff zu untersuchen und einsatzfähig zu machen«. Einen Hinweis, *wie* das geschehen könne, gab er aber dann doch, bevor er zur Konferenz in Denver fuhr: »Energy distribution over the planet is like its blood stream. Survival depends on its flow.«[156]

Die ersten Arbeitsgruppen, die sich am nächsten Tag bildeten, beschlossen aber, sich zunächst dem Thema »übersinnliche Kommunikation« zu widmen, nicht eben zur Begeisterung Schlossbergs. Der erkannte viel guten Willen, der sich aber in »Projekten [...], die auf Selbstrealisierung zielen«, zu verzetteln drohte. Er intervenierte in Einzelgesprächen und regte die TeilnehmerInnen an, in die Umgebung auszuschwärmen, zu den »Vereinten Nationen, den Informationszentren der Industrie, der New York Times, zu den Botschaften und Konsulaten überall in New York«. Zurückgekehrt, sah man sich gemeinsam Lehrfilme zu Themen wie Ökologie, Schwerkraft, Computer an. Wenig später war die Gruppe immerhin so weit, die erwähnte Liste menschlicher Überlebensnotwendigkeiten zu erstellen. Weiterhin bestand jedoch die Gefahr, bei diesem intellektuellen Ausflug ins Grundsätzliche in Grübelei zu verfallen: »They [the participants] have assumed fear, scarcity, that you would have to earn a living [...] that the world was rapidly moving towards destruction, that the individual could do nothing to change anything.«[157] Zum Glück kehrte Fuller zurück, um seinen Monolog fortzusetzen. Tags darauf folgte der ersehnte Durchbruch: Nach stundenlanger Kontemplation von Daten zur Energieversorgung der Erde lokalisierte man bis spät in die Nacht Erzminen auf dem Globus. Am nächsten Morgen bildeten sich erneut Gruppen, die sich nun aber konkreten »Szenarien« widmen wollten. Schlossberg meinte, »niederfrequente Vibrationen« zwischen den TeilnehmerInnen zu verspüren, die sich gegenseitig hochschaukelten. Wenig später stand fest: »What is World Game. It isn't. We are.«

Es scheint, als habe zumindest Schlossberg die Wochen im Sommer 1969 also vor allem als soziales Phänomen interpretiert, wenn auch mithilfe von Fullers »Synergie«-

---

155 World Game Diary, 19.9.1969, SUL, M1090, Series 18, Box 39, Folder 2, S. 2 [meine Hervorh.].
156 Ebd., S. 3, 4.
157 Ebd., S. 5.

Konzept. Er spiegelte seine Beobachtung des Wachsens aneinander in die Gruppe zurück. So ließ er sie ein Flowdiagramm ihrer bisherigen Aktivitäten zeichnen. Das verschmolz sie endgültig zum »Design-Team«.[158] Kurz darauf entstanden die ersten Daten-Folien. Das »Overlay« der Hochspannungsleitungen der Erde stellte man in nur wenigen Tagen fertig, offenbar sehr zum Erstaunen eines Mitarbeiters der Kartenabteilung der Vereinten Nationen, der die Grafikgruppe mit Daten ausgestattet und mit einer Arbeit von Monaten gerechnet hatte (wie Schlossberg stolz festhielt). Auch dieses zunehmende Tempo führte sich die Gruppe in Fuller'scher Manier medial vor Augen: Der Fotograf und Filmemacher Herbert Matter hatte Aufnahmen, die in den vorangegangenen Wochen im *Game Room* entstanden waren, provisorisch in Zehnminutenschritten zusammengeschnitten. Die gleichmäßige »Abtastrate« ließ keine Zweifel zu: Man arbeitete immer schneller. Und nun ließen sich die eigenen exponentiellen Fortschritte auch noch mit dem Menschenmöglichen assoziieren. In den Stunden, so Schlossberg, in denen die »Apollo«-Crew sich dem Mond näherte, steuerte auch das *World Game* auf seinen Höhepunkt zu. Denn jetzt kristallisierten sich auf den Folien die ersten Lösungen heraus: »Mögliche Welt-Siedlungszentren« etwa emergierten geradezu auf den überlappenden Karten-Folien. Schlossberg verstieg sich sogar zu der Behauptung, die gemeinsamen Bemühungen stünden der Mondmission in nichts nach. Am entsprechenden Satz ist aber nicht nur die Interpretation des Ziels der NASA-Unternehmung bemerkenswert, sondern auch die mehrdeutige Verwendung des Personalpronomens »Wir«: Es meinte die Menschheit, nicht nur die New Yorker Gruppe: »As we leave the earth to be able to see it in its entirety, a small group of people worked to document this ability and to employ documentation in order to quickly distribute the resources and the knowledge of all of humanity«. Als man dann die Stimmen der Astronauten vernahm, verkündete ein Teilnehmer: »I have never felt so involved in myself or in the world as I do now.«[159] *Mission accomplished*: »Selbst« und »Welt« hatten eine neue, komplementäre Erlebnisintensität erreicht.

Die restlichen Spieltage waren von der ernüchternden Rückkehr auf die Erde bestimmt. Bei den SpielerInnen reifte die Erkenntnis, dass man die durch das *World Game* gewonnenen Einsichten nur erklären konnte, wenn man es vor Publikum *nachspielte*. Diese Idee wurde aber fallengelassen, weil man keinen Weg fand, das eigene Prozedere beschleunigt nachzustellen. Als sich die Türen zum Seminarraum öffneten – zunächst für den begeisterten Fuller, dann für Freunde, KommilitonInnen und PressevertreterInnen – mussten die TeilnehmerInnen lernen, wie schwer globalistisches Denken zu vermitteln ist. Die Gäste der öffentlichen Abschlussveranstaltung, die auch gefilmt wurde, waren skeptisch. Sie wollten mehr über die politische Implementierbarkeit der vorgestellten Lösungsvorschläge wissen. Darauf erwiderten die SpielerInnen, es sei ihnen ja gerade darum gegangen, ins »Bewusstsein der gesamten Menschheit« einzuträu-

---

158 Ebd., S. 11.
159 Ebd., S. 15, 17.

feln, dass Politik unnötig sei.¹⁶⁰ Schenkt man der Beschreibung eines Gastes Glauben, brüllte die Gruppe um Schlossberg die Einwände ihrer ZuhörerInnen, sie ignorierten Klassensystem und Ausbeutung, regelrecht nieder: »This is the age of technology«!¹⁶¹ Die Kommunikationshürden resultierten allem Anschein nach aus dem schillernden Status des *World Game* selbst: Als Ergebnis von Extrapolationen realer globaler Daten war es *zu* realistisch, schien es zu ernst gemeint, um seinen didaktischen Zweck als Simulation des Menschenmöglichen erfüllen zu können. Das ließ die *Gamer* aus Sicht politisierter Außenstehender paradoxerweise wie Eskapisten wirken. Zugleich beschrieb der Bericht des Besuchers *Gamer und* Publikum als typische, optimistische, oft bärtige, Vertreter der *Counterculture*. Aus der Tasche eines besonders erregten Diskutanten, so notierte dieser belustigt, habe das Buch *Three Pillars of Zen* herausgelugt.¹⁶²

World Games

Tatsächlich begleitete diese Spannung Fullers – nahezu ausschließlich männliche – »kleine Familie«,¹⁶³ der sich auch einige Mitstreiter aus New York anschlossen, zurück nach Illinois. Die Diskussion darüber, was das *World Game* sei (und wer es spielen durfte) hatte erst begonnen. Fuller selbst sollte 1982 die sechs Wochen im Sommer 1969 als eine besonders glückliche Zeit erinnern, wohl auch, weil ihr allerlei Zerwürfnisse folgten.¹⁶⁴ Mit der Leitung der SIU entzweite er sich über den Umgang mit studentischen Vietnamprotesten, vor allem aber darüber, dass ihm seine *Carte Blanche* entzogen werden sollte. Aber auch von einzelnen Angehörigen seines Teams, darunter Tom Turner, trennte er sich in einem Streit, der ausgerechnet das *World Resources Inventory* auseinanderriss, an dessen Vervollkommnung man ein Jahrzehnt lang gearbeitet hatte. Dabei waren es gerade diejenigen Mitarbeiter Fullers, die in der Studio School dabei gewesen waren, die ihre Erfahrungen zur Grundlage für eigene Karrieren machten.

Dazu dürfte sie animiert haben, dass die Presse, die ab 1967 sporadisch über Fullers *World Game* berichtet hatte, nun nicht mehr nur dessen Erfinder, sondern auch seinem jungen Team Interesse entgegenbrachte.¹⁶⁵ 1970 erschien die erste von mehreren *Home*

---

160 Ebd., S, 19.
161 O.A.: The World Game of Bucky Fuller, 1969, SUL, M1090, Series 18, Box 39, Folder 2, 1969, 8. Er fügte hinzu: »[I]t *was* difficult when looking at the power network drawn by the young futurists to avoid noticing that they called for cooperation between such states as India and Pakistan, and Israel and Egypt. It was hard, too, when hearing of more efficient ways of distributing food, to put out of one's own mind the starving children of Biafra, which have died not because of any technical lag, but because of national hostilities and all-too-human aggression.« Ebd. [Hervorh. im Original].
162 Ebd., S. 7.
163 Turner an Schlossberg, 24.3.1971, SUL, M1090, Series 18, Box 41, Folder 6.
164 Transcript of Fuller meeting with Medard Gabel in Pacific Palisades, 1982, SUL, M1090, Series 2, Box 477, Folder 6, Dymaxion Chronofile, Vol. 811, S. 4.
165 Publications, SUL, M1090, Series 4, Box 3, Folder 4.

Stories aus Carbondale. Der Journalist Hal Aigner hatte die Protagonisten des *World Game* für das Gegenkultur-Magazin »Mother Earth News« in ihrem Hauptquartier sechs Blocks vom Campus der SIU besucht. Aigner porträtierte das Fuller-Team wie eine Rockband:[166] Da war Medard Gabel, ein schnell sprechender 24-jähriger Designstudent. Da gab es den 34-jährigen Tom Turner, einen ehemaligen Dominikanermönch, nun Forschungsdirektor für das *World Game*. Namentlich erwähnenswert schienen dem Journalisten überdies Ed Hauben, 23, ein Architekturstudent mit buschigem Bart und ausgeprägtem New Yorker Dialekt, Mark Victor Hansen, der mit seinen 22 Jahren schon mehrere Erfindungen vorzuweisen habe, Mike Paterra (»ein nervöser Spieltheoretiker, der Kette raucht und eine Menge Kaffee trinkt«) und Ray Frenchman, ein Kriegsdienstverweigerer. Weitere elf Personen hatte Aigner gezählt, die damit beschäftigt waren, Information zu analysieren, Poster zu erstellen, mit einem guten Dutzend von im Entstehen begriffenen anderen *Game*-Gruppen zu kommunizieren, die überhaupt »zahllose Aufgaben« übernahmen, »die dazu dienen, einen effizienten Prozess des Managements des Raumschiffs Erde« anzustoßen – und das *World Game* spielten. Dabei handle es sich um »eine Methode, Fakten, Informationen und Statistiken mit Bezug auf Weltressourcen zu akkumulieren«, mit der sich organisatorische Probleme lösen ließen, die Turner, den Aigner hier zitierte, als Folge »politischer Mythen, […] politischer Grenzen« interpretierte. Allerdings erschloss sich dem Journalisten bis zuletzt nicht ganz, wie und ob man das *World Game* eigentlich spielte. Er schilderte Fullers Idee einer gigantischen »Weltinsel«, auf der dieser einmal das erwähnte »große Weltlogistikspiel« auszurichten gedachte. Aigner paraphrasierte aber auch Turner, die Konkretisierung des Games sei von Studierenden selbst ausgegangen, das New Yorker *Game* aber in erster Linie ein Experiment mit verschiedenen Möglichkeiten gewesen, Daten zu analysieren. Gabel und Hauben hingegen hatten dem Journalisten stolz ihr fertiges Weltenergienetz präsentiert und entsprechende »Dias und andere Präsentationen« vorgeführt, an denen sie arbeiteten. Aigner war indes nicht entgangen, dass in Carbondale, trotz eines Jahres-Budgets von immerhin 110.000 Dollar, das Geld fehlte, um einen Computer anzuschaffen. Gabels begeisterte Behauptung, man könne mit dem *World Game* beweisen, dass jeder Erdbewohner bis 1980 erfolgreich werden könne, gründete für Aigner entsprechend auf einem diskussionswürdigen Verständnis des Begriffs »Beweis«. Er sah sich überdies genötigt, »diverse Häppchen grauer Literatur« zu zitieren, um das *World Game* zu definieren. Denn nach seinen Gesprächen mit den Mitarbeitern Fullers schien ihm: »Each of them has a unique conception of what the game is.« So wertete der Journalist dieses abschließend auch weniger als Zukunftsverheißung denn als *Zeichen der Zeit*. Es schien ihm ein Ausdruck des »Eine-Welt-Bewusstseins«, das sich unter den jungen Menschen verbreite.[167]

---

166 Hal Aigner: World Game, in: *Mother Earth News* (November/Dezember 1970), S. 62–66. Aigner führte im Jahr darauf auch ein langes Interview mit Fuller für ein weiteres Magazin der *Counterculture*: Hal Aigner: Relax – Bucky Fuller Says It's Going to be All Right, in: *Rolling Stone*, 10.6.1971.
167 Aigner, *World Game*, S. 66.

Eine begehbare Metapher

Aigner hatte recht. Immer mehr Menschen machten das Thema »Planet und Menschheit« zu ihrer persönlichen Angelegenheit. Mit dem 1971 erschienenen (letzten) der an auswärtige Interessenten gerichteten *World Design Science Decade Documents* reagierten Fuller und Turner schon darauf, dass sie nun fast täglich Schreiben junger Amerikaner und Amerikanerinnen erhielten, die dem weltverbessernden »Guinea Pig B.« nacheiferten, indem sie selbst sein Spiel spielten – oder zumindest etwas, das sie dafür hielten. An der SIU nahm bald die Frustration darüber zu, dass in absehbarer Zeit kaum mit der Konstruktion einer computerisierten Arena zu rechnen war, in der ein global beachteter, friedlicher Wettstreit zwischen ausgewählten *World Men* stattfinden konnte. Aber zugleich bildete sich ein dezentrales Netz aus Spielinteressenten heraus, das im nächsten Abschnitt genauer angesehen werden soll, weil es für die Geschichte der Verbreitung und Veränderung globalen Denkens ab ca. 1970 äußerst aussagekräftig ist. In Carbondale reagierte man aber nicht nur mit Begeisterung auf diese Aktivitäten. Die Nachahmer des *World Game* zwangen das Fuller-Team nämlich, der Nabelschau vorzubeugen, die Schlossberg schon in New York nur mit einigem Kraftaufwand hatte abwenden können.

Das wird an den *World Design Science Decade Documents* deutlich. Sie waren entschieden an Menschen außerhalb von Fullers Zirkel adressiert, nun auch »an alle, die Fragen zum und Interesse am World Game haben«.[168] Dennoch sind die wachsenden internen Spannungen der SIU-Gruppe in den *Documents* spürbar, insbesondere, wenn man Fullers eigene Beiträge zu diesen Kompendien den Texten seiner Mitarbeiter gegenüberstellt. Im Reprint eines Artikels, den Fuller 1964 in der »Saturday Review« unter dem Titel »Prospect for Humanity« veröffentlicht hatte, hatte er sich zu einer untypisch konkreten Vision hinreißen lassen: »We will float large colonies of humans around the world in tensegrity geodesic cloud-island spheres taxi-serviced by helicopters.« Turners Vorwort zum *Document* hingegen stellte seinen Vorgesetzten zwar in eine Reihe mit anderen lange unverstandenen Geistesgrößen wie Shakespeare, Newton, Darwin und Einstein. Aber Turners Beschreibung des *World Game* war bemerkenswert zurückhaltend: Es handle sich um eine »Metapher, auf die man sich stützen und von der ausgehend man womöglich schließlich ein Produktionsensemble von gigantischen Abmessungen bilden kann, indem man eine neue Wissenschaft des Handelns im Entwurf austestet«. Man lote dieses produktive Potenzial der Metapher zwar bereits aus:

> Providence has provided a most sincere and enthusiastic cast of young people (in mind and heart) to test out the script's relevancy, to elaborate upon it when they can, and to further delineate its fine points. They have *walked inside the metaphor* and found it the answer to many of their most deep-felt concerns about their quality of life on Spaceship Earth. They bring away

---

168 Fuller u.a., *The World Game*, S. 1.

with them the firm conviction that the World could be made to work for everyone and this without humanity exacting the price of push-pull politics.

Und doch:

T]he World Game has not yet, in truth, been played; for to play it one needs the computer tools, which are not yet commercially available, and the logic to ask the right questions. [O]nly Fuller has been able thus far to personalize and innovatively utilize the advantages accruing to applications of this kind of logic. The total accurate earth resources data, which the earth resources satellites promise to deliver, in fact still relies on individual, long-hand study through heavy tomes of statistics. Until all of this is facilitated by a fairly expensive physical facility and staff, the World Game is not played – it is merely *acted-out* by alert students who wish to demonstrate for themselves the relevancy of the metaphor.[169]

Turner hielt also nicht zurück mit seiner Erfahrung, dass es eines ganz besonderen Vorstellungsvermögens bedurfte, um ohne Großrechner oder ganze Mitarbeiterscharen die verborgenen Muster in den in Fullers Inventar schlummernden Datenmengen erkennen, ja überhaupt die richtigen Fragen an sie richten zu können. Das *World Game* musste daher zunächst die Simulation einer Simulation bleiben. Turner stellte sich vor, wie Studenten es weniger spielten als aufführten, um sich seiner künftigen Bedeutung zu versichern. Dennoch war zumindest ein Teil des *Document* wie eine Spielanleitung aufgebaut: »Wie und Wo beginnen«, so der Titel des entsprechenden Kapitels, beschrieb die idealen Räumlichkeiten und die Ausstattung für das *Game*, stellte Fullers Recherchetechniken für das Sammeln und Darstellen von Daten vor und lieferte eine Bibliografie mit veröffentlichten Daten zu Weltressourcen mit sowie eine Liste verschiedener Datenzentren inklusive der Postanschriften, an die man sich wenden könne.[170] Überdies gab es Tipps, wie man selbst Geovisualisierungen anfertigen und so Ordnung ins Datenchaos bringen könne. Ein Abschnitt lieferte am Beispiel der globalen Weizenproduktion gar einen kleinen Crashkurs in thematischer Kartografie.[171] All diese Erläuterungen wurden allerdings von der Aufforderung begleitet, sich die eigenen Forschungsfragen als Eingabebefehle am Computerterminal vorzustellen. Und daran wird die Frustrationsgefahr ersichtlich, der sich die von Turner adressierten Enthusiasten aussetzten: War es das wirklich wert, aufwändig Daten zu beschaffen, wenn man mit ihnen nur imaginäre Computer füttern konnte?

---

169 Thomas Turner: Preface, in: Fuller u.a., *The World Game*, S. IX-X [meine Hervorh.].
170 Fuller u.a., *The World Game*, S. 137–139.
171 Ebd., S. 118, S. 122–125.

6.5 Ein »Technokrat für die Gegenkultur«

Von Fans zu MitarbeiterInnen

In der zweiten Hälfte der 1960er Jahre fand Fuller zu seinem Publikum. Seine öffentlichen Vorträge waren Ereignisse. Wohl aufgrund der Notwendigkeit, täglich vor neuen Zuhörern zu sprechen, ohne sich zu wiederholen, improvisierte Fuller, wobei ihm mitgebrachte geometrische Drahtmodelle, Weltkartenposter, Diaprojektionen (und der erwähnte aufblasbare Plastikglobus) halfen. »Zur Dymaxion-Karte gehört der akustische Raum, in dem sich der verbale Diskurs entfaltete, wie die Facetten des globalen Polyeders sich zur Karte ausfalten.«[172] Diesen akustischen Raum füllte eine seltsam kreisende Argumentation, die es einigen Zeugen zufolge erlaubte, die Gedanken treiben zu lassen. Offenbar war es sogar möglich, während des Vortrags den Veranstaltungsort – in der Regel einen Universitätshörsaal – zu verlassen und später zurückzukehren, ohne dass Fullers Präsentation etwas von ihrer Wirkung einbüßte. Versiertere Interpreten deuteten das als raffinierten, quasi-informatischen Vorgang, der Fullers frohe inhaltliche Botschaft unterfütterte. Seine Iterationen, so die These, reicherten das Gehirn des Zuhörers mit einander wechselseitig verstärkenden Einsichten an.[173]

Nicht unterschätzt werden sollte aber auch die Glaubwürdigkeit, die Fuller *zum einen* durch den biografischen Charakter seiner Ausführungen ausstrahlte. Diese kamen selten ohne sein Erweckungserlebnis im Jahr 1928 aus. Sie stellten zugleich seine Zeitzeugenschaft der optimistisch stimmenden, weil rasant angewachsenen technischen Fertigkeiten der Menschheit in der ersten Hälfte des 20. Jahrhunderts heraus. Authentizität verkörperte der kleine, gedrungene Mann *zum anderen* also auch im engeren Sinn: Er trug altmodische Anzüge, die man eher mit Würdenträgern der Vorkriegszeit assoziieren mochte, er nuschelte und blinzelte durch dicke Brillengläser, zu denen sich bald das erwähnte Hörgerät gesellte.[174] Gepaart mit seinem entschieden freundlichen, von Statusdünkel freien, geradezu verspielten Auftreten – das auch Ende der 1960er Jahre noch in scharfem Kontrast mit dem der akademischen Lehrer seiner Zuhörer gestanden haben dürfte – war das offenbar unwiderstehlich. Fuller verkörperte gelebten Individualismus und »Integrität«. Dabei schadete nicht, dass dieser Begriff in seinem Wortgebrauch diffus zwischen architektonischer Statik und regelrechter Selbstaufgabe für die eigenen Überzeugungen changierte.[175] Denn Fuller trug nicht nur stundenlang vor, sondern auch unter erheblichem Körpereinsatz. Er schwitzte stark und sprach teils mit geschlossenen Augen und rudernden Armbewegungen.[176] Der Eindruck, den das machte, lässt sich in Briefen nachempfinden wie dem, den Steve Moncerne Fuller 1971 nach einer Rede schickte:

---

172 Krausse, Vorschule, S. 216.
173 *Whole Earth Catalog*, Dezember 1969, S. 3.
174 Sadao berichtet, mit seiner konservativen, auch unpraktischen Kleiderwahl habe Fuller nicht *zu* revolutionär, sondern »quite mad, and utterly disarming« erscheinen wollen: Sadao, *Friends*, S. 143.
175 Fuller, *Ideas and Integrities*.
176 Seiner Botschaft durften selbst intime Bedürfnisse nicht im Weg stehen. Offenbar urinierte Fuller wäh-

> In my 23 years, I have been looking for a faith which I could believe in – one that believes in dignity and beauty of the human race, and one that tells us we are not born to suffer for past sins, but that for some inexplicable reason, man is here, and what we make of our lives is pretty much up to us. May the universe bless you for giving me a little bit of hope for the future.[177]

Überhaupt ist es Fullers Korrespondenz, die deutlich macht, wie sehr seine Ideen in der zweiten Hälfte der 1960er Jahre begeisterten. Schon im vorangegangenen Jahrzehnt hatte Fuller eine große Zahl von Zuschriften erreicht. Nun wuchs diese Korrespondenz derart an, dass ihre Beantwortung professionalisiert werden musste, was auch zur Imagepflege der Marke »Bucky Fuller« diente.[178] Tausende Menschen dürften einen Brief aus der Hand von Naomi Wallace besitzen. Hatte Fuller lange Zeit selbst Schreiben einzelner ArchitekturstudentInnen persönlich beantwortet, war es nun seine Sekretärin, die die überwiegende Zahl der Briefe las und bearbeitete. Allerdings hatte Fuller, wie angedeutet, die Devise ausgegeben, kein Schreiben unbeantwortet zu lassen. Und so hielt die Mehrzahl der Menschen, die sich an ihn wandte, wenig später zumindest ein Standardschreiben mit einigen floskelhaften Kernaussagen Fullers in Händen, das aber doch den Eindruck einer direkten Verbindung erweckte. Denn meist endeten diese Briefe mit dem Hinweis, das Antwortschreiben sei zwar unsigniert, aber am Telefon diktiert worden.[179]

Die Briefe, die Fullers Büro erreichten – dessen Adresse in vielen seiner Publikationen, etwa den WDSDD, abgedruckt war – nahmen in den 1960er Jahren den Charakter von Fanpost an. Das beinhaltete aber keineswegs reine Huldigungsschreiben oder Autogrammanfragen. Im Gegenteil scheint viele jüngere, meist männliche, Briefeschreiber ein Bedürfnis angetrieben zu haben, mit dem immerhin über 70-jährigen Fuller auf Augenhöhe ins Gespräch über die Zukunft zu kommen. Zwar lässt sich ab 1966 auch ein steter Anstieg von Anfragen der Verantwortlichen für studentische Publikationen verzeichnen, die nicht selten um die Erlaubnis zum Wiederabdruck von Bildern der Erfindungen Fullers, oder – wie die Herausgeber der Campuszeitschrift der Universität Miami – von *Dymaxion Maps* baten, was Wallace meist ohne Gebühr genehmigte, wenn Fullers Urheberrecht genannt wurde. Während manche Briefeschrei-

---

    rend mancher Rede diskret ins Hosenbein, um seinen Gedankenfluss nicht unterbrechen zu müssen: Chu, Mausoleum, S. 19.
177 Moncerne an Fuller, 24.4.1971, SUL, M1090, Series 2, Box 220, Folder 8, Dymaxion Chronofile, Vol. 410.
178 Mitte der 1960er Jahre gab es für Fullers AssistentInnen detaillierte schriftliche Anweisungen zur Beantwortung, Weiterleitung und Ablage von Briefen: Overview [ca. 1966], SUL, M1090, Series 4, Box 3, Folder 5.
179 Dennoch überrascht, wie viele Briefe Fuller selbst in die Hand nahm. Beispielsweise erhielt die siebenjährige Alexa Smith aus West Carrollton, Ohio, ein signiertes Antwortschreiben, nachdem sie Fuller berichtet hatte, auf dem Spielplatz ihrer Schule sei ein Klettergerüst installiert worden, das seinen *Domes* ähnle: Smith an Fuller, 15.11.1979, SUL, M1090, Series 2, Box 404, Folder 3, Dymaxion Chronofile, Vol. 716.

ber bei ihrem Idol jedoch Rat in persönlichen Lebensfragen suchten, arbeiteten sich andere geradezu an ihm ab.

Typisch ist das mehrseitige Pamphlet, das ihm der 20-jährige Brite Chris Lockesley im Frühjahr 1968 sandte. Lockesley beschrieb darin eine selbstangefertigte mehrfarbige Tabelle der Zivilisationsgeschichte, die er »Geoscope« getauft hatte und zur Verbreitung eines weniger »parochialen« Bewusstseins einzusetzen gedachte. Er zeigte sich aber zugleich skeptisch gegenüber Fullers Absicht, einem Computerprogramm die Beantwortung der Frage zu überlassen, wie man die Welt verbessern könne. Das sei »RAND-Objektivismus«, der keine Zufälle kenne.[180] Tatsächlich konnte mit einer persönlichen Antwort rechnen, wer Fuller wie Lockesley Texte oder Skizzen eigener Bastel- oder Bauprojekte schickte. Ende der 1960er Jahre erhielt er dutzende Fotos selbstfabrizierter *Domes*. Fuller antwortete darauf mit aufmunternden Worten, die die entsprechenden Projekte als vielversprechende Arbeit am gemeinsamen Ziel einer besseren Welt für alle erscheinen ließen. Oft lag den Antwortschreiben auch ein kleines Geschenk bei – ein Sonderdruck eines Artikels oder, wie im Falle von Gene Boyer aus Cohasset (Massachusetts), eine *Dymaxion Map*, zu der es hieß: »Our Space Ship Earth is wonderful. It is going to take some comprehensive understanding to keep it working in the perfect way in which it was designed to operate.«[181] Wirklich interessiert war Fuller aber an jenen Briefeschreibern, die sich mit technischen oder wissenschaftlichen Projekten an ihn wandten, die über die bloße Nachahmung seiner Ideen hinausgingen. Die Designstudentin Clair M. Starr etwa, die sich mit Müllentsorgungssystemen befasste, erhielt nicht nur ein persönliches Antwortschreiben, sondern auch ein Exemplar von *Nine Chains to the Moon*,[182] ähnlich wie Geoffrey Dutton, der eine Master-Thesis zur Verhaltensmodellierung in Stadtplanungszusammenhängen für das Laboratory for Computer Graphics and Spatial Analyses in Harvard zur Publikation vorbereitete und sich an »›globalen‹ Daten« interessiert zeigte.[183] Letztlich muss von einem Kontinuum zwischen Fans und Mitwirkenden des *World Design* gesprochen werden. Denn nicht selten entwickelten sich aus solchen Korrespondenzen Arbeitsverhältnisse. Fuller erreichten allerdings auch viele Initiativbewerbungen um Hilfskraft- oder Assistentenstellen von Design- und ArchitekturstudentInnen, von Ernährungswissenschaftlern, Philosophiedozenten und Programmierern. Ab Mitte der 1960er Jahre erhielten diese Bewerber meist ein Standardschreiben, in dem es hieß, man habe keine Mittel zur Vergrößerung des Mitarbeiterstabs, wer sich aber selbst finanziere, sei eingeladen, zum Team an der SIU zu stoßen.[184] 1970 gingen Dale Klaus und Naomi Wallace dann dazu über, Interessenten aufzufordern, an ihrem eigenen Wohnort *World Game*-Gruppen zu

---

180 Lockesley an Fuller, 9.3.1968, SUL, M1090, Series 2, Box 169, Folder 1, Dymaxion Chronofile, Vol. 320.
181 Fuller an Boyer, 17.5.1968, SUL, M1090, Series 2, Box 172, Folder 6, Dymaxion Chronofile, Vol. 325.
182 Fuller an Starr, 29.4.1969, SUL, M1090, Series 2, Box 183, Folder 1, Dymaxion Chronofile, Vol. 342.
183 Dutton an Fuller, 29.4.1970, SUL, M1090, Series 2, Box 203, Folder 1, Dymaxion Chronofile, Vol. 381.
184 Siehe die Unterlagen in SUL, M1090, Series 18, Box 30, Folder 1.

bilden. Ein erheblicher Teil der eingehenden Briefe kam nämlich nun von Menschen, die von Fullers *Game* Wind bekommen hatten.[185]

Generation Fuller

Die werdenden ArchitektInnen, die Fuller am Anfang der *World Design Science Decade* für seine Sache gewonnen hatte, bildeten also nur noch den kleineren Teil eines sich stets erweiternden und verdichtenden (dabei aber weitgehend auf den nordatlantischen anglophonen Raum beschränkten) Netzes engagierter junger Menschen. Fullers Korrespondenz diente der Imagepflege eines eher untypischen Popstars. Aber es war zugleich kaum zu übersehen, wie viele Leute auf der Suche nach Bildern, Karten, Daten – auch zu Fullers Biografie – und nicht zuletzt nach Bauanleitungen für eigene *Domes* und Spielanleitungen für eigene *Games* waren. Das mag seine MitarbeiterInnen auch dazu angeregt haben, über niedrigschwellige und unhierarchische Informationszugänge nachzudenken, wie es Fuller ja selbst in *Education Automation* getan hatte. Tatsächlich gehörte »access« bald zu den Kernbegriffen der reflektierteren Fuller-Anhänger, die dezentrale Vernetzung als Form der Ermächtigung gegenüber jenen politischen Institutionen begriffen, denen auch ihr Meister skeptisch gegenüberstand. Tatsächlich sollte *einer* seiner jungen Korrespondenzpartner mit genau solchen Ideen bald berühmt werden: Stewart Brand knüpfte zunächst postalisch, dann elektronisch ein Netz, mit dem man »Werkzeuge« für ein besseres, ein autarkes und doch wissensbasiertes Leben beziehen konnte.

Viele HistorikerInnen, die sich für Brand und ähnliche Akteure als Vordenker oder Gründer jener amerikanischen Software- und Internetunternehmen interessieren, die heute das Kommunikationsgeschehen prägen, bemühen dabei eine Unterscheidung zwischen den zwei Seiten der nordkalifornischen *Bay Area* Mitte der 1960er Jahre: Dem radikalen politischen Aktivismus der ostwärts gelegenen Städte Berkeley und Oakland – der sich aus *Free Speech Movement* und Bürgerrechtsbewegung speisenden *New Left* – stellen sie auf der Westseite die Lebensstilrevolution der Hippies San Franciscos gegenüber, aber auch die Praktiken der Studierenden der Stanford University einige Meilen südlich. Denn hier, in Palo Alto, entwickelte sich jenes (kaum weniger antiautoritäre, aber technikaffinere) Milieu heraus, das Garagentüftler und spätere Multimillionäre wie Steve Jobs oder Bill Gates hervorbrachte. Diese gewissermaßen soziogeografische Unterscheidung ist allerdings konstruiert. Viele Akteure wanderten zwischen diesen »Welten«. Allein die Tatsache, dass die ab 1970 erstarkende amerikanische Umweltbewegung sich aus beiden Szenen speiste, verdeutlich die Kommunikationsfähigkeit zwischen ihnen. Dessen ungeachtet ist die Unterscheidung zwischen

---

185 Das war nicht nur Folge der wachsenden Zahl von Berichten der studentischen und Gegenkultur-Presse über das *Game*, sondern auch einer Erwähnung im Polit-Ratgeber des Medienkritikers Neil Postman: *The Soft Revolution: A Student Handbook for Turning Schools Around*, New York 1971, S. 180f.

den kalifornischen Szenen heuristisch hilfreich, wenn man die auf den ersten Blick unwahrscheinliche Attraktivität der Ideen Fullers unter Menschen zu verstehen versucht, die letztlich vor allem eines einte – ihre Ablehnung des Vietnamkriegs.

Tatsächlich blieb zumindest einigen Angehörigen der emanzipatorischen Bewegungen der späten 1960er Jahre nicht verborgen, dass Fullers Begeisterung für großtechnische Systeme ihre Herkunft aus der Waffentechnik kaum verhehlte. Ähnliches galt für seine guten Beziehungen zu den in William Whytes Bestseller beschriebenen *Organization Men* des militärisch-industriellen Komplexes.[186] Es ist überhaupt bemerkenswert, dass ein 70-Jähriger, der in einer ultimativen Planergeste Anfang des Jahrzehnts sogar die teilweise Überkuppelung Manhattans vorgeschlagen hatte (dies sollte der Regulierung des Klimas der Metropole dienen), zum »Technokraten für die Gegenkultur« werden konnte. Das galt allerdings vor allem für jene überwiegend männlichen, zwischen dem Ende der 1930er und der Mitte der 1940er Jahre geborenen Studenten anwendungsnaher Wissenschaften, die aller Gesellschaftskritik zum Trotz an der Technikbegeisterung festhielten, die sie als Teenager vermittelt bekommen hatten. Dass Fullers Ideen (sein »spaced-Out [...] register«[187], seine Selbstinszenierung als friedliebender Radikalindividualist) einen Strang der intellektuellen Genealogie des sozial wie ökonomisch liberalen, kalifornischen Internet-Unternehmertums bildeten, erklärt sich zum einen daraus, dass sich dieses Unternehmertum aus Personen speiste, die zwar für eine bessere Zukunft kämpfen wollten, aber nicht auf dem Feld der Politik: Es schien ihnen wichtiger, ihre Utopie in der Gegenwart zu leben. Zum anderen aber rührt die Attraktivität von Fullers Ideen daher, dass sie dabei halfen, die sozialen Praktiken der *Drop out-* und Landkommunen, denen dieser Personenkreis sich verbunden fühlte, als Formen hierarchiefreier Informationsdistribution zu deuten: »[d]ie Werkzeuge individuellen Wandels in die Hände des Individuums geben«,[188] war das Motto, das sich auch Fuller auf die Fahnen geschrieben zu haben schien. Wer sich ihm verschrieb, für den bildeten Fullers Ideen entsprechend technische Werkzeuge zur Selbstermächtigung und zur gegenseitigen Hilfe. Allerdings verschob die Adaption durch die Gegenkultur diese Ideen auch in neue, für Fuller unerwartete Deutungs- und Anwendungszusammenhänge. Das galt nicht nur für einen gewissen postapokalyptischen Zug, der die Flucht aus den Großstädten als Zentren einer als entgleist wahrgenommenen modernen Zivilisation überformte. Es galt auch für die Ideen des

---

186 So verspottete die Londoner Künstlergruppe »ARse« Fuller 1968 als Militaristen, indem sie dessen Werbestrategien persiflierte. Überschrieben »UN Official Program«, zeigte ein Flugblatt der Gruppe Fullers Konterfei und einen per Hubschrauber transportierten *Dome* neben Vietnamsoldaten, montierte eine seiner Kuppeln aber auch *auf* Fullers Kopf, ergänzt um die Sprechblase »welcome to the Buckminster Führer show«. Dazu Scott, Geographies, S. 184.

187 Ebd., S. 162. Zu den unscharfen Grenzen zwischen Technikforschung und Gegenkultur: W. Patrick McCray: *The Visioneers. How a Group of Elite Scientists Pursued Space Colonies, Nanotechnologies, and a Limitless Future*, Princeton 2013.

188 Heftankündigung der »Mother Earth News« vom 4.5.1970, SUL, M1090, Series 2, Box 188.

Recyclings von Hinterlassenschaften der Konsumgesellschaft und für die Vorstellungen von »Umweltkontrolle«, die in der Gegenkultur zirkulierten. Diese Vorstellungen rekurrierten zwar auf die Konzepte der *Big Science* der Raumfahrt, sie konkretisierten sich aber in *kleinen*, biomimetischen, »angepassten Technologien« im persönlichen Lebensumfeld, mit denen man die Biosphäre zugleich nachzuahmen und zu schützen gedachte. Die Forschung hat diesen Aspekt der Technik-*Counterculture* – und damit verbunden: die Rolle, die der Globalismus Fullers hinsichtlich seiner Anziehungskraft auf sie spielte – bislang nicht systematisch aufgezeigt.

Fuller dürfte zu den ersten Angehörigen *seiner* Generation gehört haben, die Wind davon bekamen, dass Mitte der 1960er Jahre in und um San Francisco etwas Ungewöhnliches geschah. Er hielt sich in dieser Zeit wiederholt in den Epizentren der entstehenden Hippieszene auf. Nur wenige Wochen nach der *Expo* im Herbst 1967 stand er für eine Fernsehdokumentation zur Verfügung, in deren Rahmen er mit den Aussteigern sprach, die sich im Golden Gate Park tummelten.[189] Bereits 1964 hatte er den ersten von mehreren Vorträgen am Esalen Institute gehalten, einem in Big Sur gelegenen Studienzentrum, wo asiatische Philosophien, Proto-*New-Age*-Denken und (von europäischen Exilanten mitgebrachte) gestalttherapeutische Praktiken eine folgenreiche Mischung ergaben. Hier, rund hundert Kilometer südlich von San Francisco, hatte ihm der erwähnte Stewart Brand zum ersten Mal gelauscht, der heute bekannteste jener jungen Korrespondenzpartner Fullers, die im folgenden Abschnitt exemplarisch in den Blick kommen werden – als Vertreter der Fuller-Rezeption der späten 1960er und frühen 1970er Jahre, aber auch als Multiplikatoren seiner globalistischen Botschaft, von deren Kern sich dabei zwangsläufig etwas entfernt wird. Wenn der folgende Abschnitt überhaupt etwas von einem Kaleidoskop oder gar Wimmelbild hat, auf dem man Fuller nicht immer gleich findet, dann deshalb, weil gezeigt werden soll, wie vielfach anschlussfähig dessen Gedanken zwischen ca. 1967 und 1972 waren. Zugleich lassen sich in diesem Zeitraum erste Ursachen der Erosion des Fuller'schen Optimismus ausmachen.

Gene Youngblood und das erweiterte Kino

Nicht nur in Nordkalifornien, sondern auch in Los Angeles verstärkten umtriebige Gegenkulturexponenten die Resonanz Fullers. Der Journalist Gene Youngblood verbreitete dort dessen Ideen mit einer Reihe von Vorträgen sowie mit einer Vielzahl von Berichten über Fullers Weltdatenverzeichnis, über die *World Game*-Gruppe in Carbondale und über das New Yorker *Game*, dessen Abschlusspräsentation Youngblood selbst beigewohnt hatte. Allein vom *Game* berichtete er in den Jahren 1969 und 1970 in

---

189 Fuller sprach im Rahmen des Seminars »Non Verbal Humanities«: Itinerary, 1966, SUL, M1090, Series 4, Box 6, Folder 9. Den Platz des Esalen Insitute und Fullers im Kontext des amerikanischen ganzheitlichen Denkens des 20. Jahrhunderts untersucht Sargent Wood: *Union*, S. 3–81.

neun Artikeln, die er in seiner Kolumne »Intermedia« in der »Los Angeles Free Press« veröffentlichte. Die 1964 gegründete »Freep« (wie ihre LeserInnen sie nannten) war eine der ersten Underground-Wochenzeitschriften, die den Hippies, den *New Left*-AktivistInnen und bald auch den Akteuren der Umweltbewegung der Westküste ein Forum gab. Youngblood selbst hielt indes ebenso wenig von Hedonismus wie von Politik: Schon sein erster *World Game*-Artikel spitzte die Position, auf die sich die Spieler in der Studio-School angesichts der Skepsis ihre Gäste zurückgezogen hatten, noch zu: »A concrete scientific alternative to politics now exists.«[190] Der Journalist, der auch aus seiner Ablehnung des Nationalstaats kein Hehl machte, betrachtete einen in geografischer wie sozialer Hinsicht grenzüberschreitenden Zugang zu globalen Informationen als ersten Schritt zu einer regelrechten »Technoanarchie«:

> Armed with [an] arsenal of constantly-updated information about the world's wealth, dedicated revolutionaries around the globe will set out to render politics obsolete as they disclose methods to make the whole earth successful by playing the World Game. Humans everywhere, from students to scientists – disenchanted with politics yet finding no solution in violent revolution – will discover a direct and constructive mode of activism in the World Game.[191]

Wenn Youngblood im Winter 1969 von »Revolutionären« sprach, dann meinte er also eben nicht jene Altersgenossen, die wenige Monate zuvor im People's Park gewaltsam für lokale Freiräume gestritten hatten. Für Youngblood, dessen Schreibstil und (das kann man aus Fotos schließen) äußere Erscheinung alles andere als bürgerlich waren, war derlei Aktivismus nicht nur eine sinnlose Kräfteverschwendung. Er erschien ihm als geradezu reaktionär, gar als ein Spiegelbild jenes Regierens per Ausnahmezustand, das der kalifornische Gouverneur Ronald Reagan in Reaktion auf die studentischen Proteste praktizierte, und das »den« Staat in den Augen vieler Gegenkulturakteure weiter delegitimierte.[192] Der junge Journalist, der seinen McLuhan gelesen hatte, betrachtete die Protestgeneration in erster Linie als Fernsehgeneration. Seine Altersgenossen jedoch erkannten seiner Ansicht nach nicht, welche Bedeutung ihnen als »Eingeborenen« in einer elektrisch vernetzten Welt zukam, denen sich als erste deren Potenzial erschließen könne. Der missionarische Charakter der Ausführungen Youngbloods, der in seiner Kolumne eingestand, verklemmt und orientierungslos gewesen zu sein, bis er vom *World Game* geradezu »angefixt« wurde, kann somit für das Gefühl vieler Kollaborateure und Multiplikatoren Fullers stehen, in dessen Ideen endlich eine Art Daseins-

---

190 Gene Youngblood: World Game, in: *Los Angeles Free Press*, 26.12.1969. Youngblood übersteigerte überhaupt manche Behauptungen aus dem Fuller-Umfeld – etwa, wenn er andeutete, dieses habe exklusiven Zugang zu NASA-Satelliten-Daten, oder wenn er den Eindruck erzeugte, die Konstruktion eines fußballfeldgroßen *World Game*-Spielplans in Carbondale stehe unmittelbar bevor – und damit auch dessen elektronische Verknüpfung mit allerlei »World Game-Erweiterungsgruppen« an verschiedenen Colleges.
191 Gene Youngblood: Technoarchy, in: *Los Angeles Free Press*, 26.12.1969.
192 Darauf weist Scott, Geographies, S. 167 hin.

sinn präsentiert zu bekommen – worüber sie sich auch untereinander austauschten.[193] Dem Meister selbst sandte Youngblood regelrechte Verehrungsbriefe: »You calm my soul, I am growing and learning very swiftly these days.«[194] Offenbar lässt sich die Begeisterung, die Fuller bei Exponenten der *Counterculture* weckte, auch mit der beruhigenden Wirkung erklären, die von dessen Insistieren darauf ausging, dass die Technik eine konfliktfreie und zugleich freiheitlichere Zukunft möglich machen würde. Aber auch Youngbloods Hinweis auf das Lernen war typisch: Seine Kritik am entmündigenden, weil rein aufs Pauken gerichteten Uni-System teilten viele Zeitgenossen.

Wie zum Dank steuerte Fuller 1970 ein Vorwort und ein längeres Gedicht zu Youngbloods Buch *Expanded Cinema* bei, das sich dem neuen Phänomen der Medienkunst widmete. Dessen rund 450 Seiten enthalten Interviews mit Filmemachern und Medienkünstlern sowie Analysen einzelner Kunstwerke (darunter Stanley Kubricks *2001 – Odyssee in Space*) und stellen technische Möglichkeiten für die »Erweiterung des Kinos« vor: erschwingliche Kameras, Projektoren, die in Planetarien zur Anwendung kamen, sowie die Holografie-Technik. Eine große Zahl von Fotografien und Standbildern in dem Buch zeigt Werke des Videokunstpioniers Nam June Paik; Youngblood präsentierte aber auch Exponate der *Expo '67*, etwa den *Multi-Screen*-Film »Labyrinth« des kanadischen Filmemachers und IMAX-Mitbegründers Roman Kroitor. Geradezu paradigmatisch für sein erweitertes Kino waren indes die Werke des Medienkünstlers Stan VanDerBeeks, die Youngblood ausführlich diskutierte, sicher auch, weil dieser ebenfalls ein Fuller-Interpret war: VanDerBeek war als Student am Black Mountain College mit dessen Ideen in Berührung gekommen, die er mit seinen sogenannten »Movie Dromes« fortspann. Die auf dem Boden liegenden Besucher dieser von VanDerBeek zu Multimediainstallationen umfunktionierten Silos wurden geradezu bombardiert von Klängen und auf die Innenwände projizierten, einander überlagernden Filmen und Dias.[195] Wie Youngblood betonte, ging es VanDerBeek dabei jedoch um mehr als nur eine halluzinationsähnliche Flutung der Sinne. Der Künstler stellte sich seine »Dromes« als Empfangsstationen in einem durch Satelliten geknüpften globalen Informationsnetz vor, das ein »Weltgehirn« konstituiere. Das nun passte perfekt zur Botschaft von *Expanded Cinema*, dessen Klappentext keinen Zweifel daran lässt, wie sehr Youngblood mit Fuller dachte, wenn er Computerkunst, Mehrfachprojektionen und andere synästhetische Techniken allesamt als »Werkzeuge einer bewussten Evolution« begriff. Youngblood ging es nicht um ästhetische Reize, um zweckfreie Wahrnehmungsveränderungen oder gar eine neue Form der Unterhaltung, sondern die unter-

---

193 Youngblood an Schlossberg, 17.9.1970, SUL, M1090, Series 2, Box 209, Folder 3, Dymaxion Chronofile, Vol. 392
194 Youngblood an Fuller, 14.7.1970, SUL, M1090, Series 2, Box 203, Folder 1, Dymaxion Chronofile, Vol. 381.
195 Dazu Flora Lysen: »Seit wir wissen, dass die Erde keine Scheibe ist«. Sphärisches Bewusstsein im Werk von Stan Vanderbeek und Richard Buckminster Fuller, in: Diederichsen/Franke, *Whole Earth*, S. 150–155.

suchten technischen Möglichkeiten sollten den Weg »[z]um kosmischen Bewusstsein« weisen. Sie waren Versuche, einen »globalen geschlossenen Schaltkreis« herzustellen, mit dem man »die Erde als Software« entziffern und den Gesetzmäßigkeiten des Ökosystems Erde entsprechend operationalisieren konnte. Youngblood überführte also letztlich quasi-evolutionäre Ideen, die Fuller in der Zwischenkriegszeit aufgeschnappt hatte, in die Selbstbeschreibung der Gegenkultur. Auch er hoffte auf die Verschmelzung von Technik und Mensch zur »Technosphäre«, die den Menschen erst die Noosphäre erkennen lasse, die Youngblood allerdings um eine eigene Wortschöpfung, die »Videosphäre«, ergänzte. Diese bestand in einem durch elektronische Medien geknüpften interpersonalen Nervensystem, das eine Art »zweite Natur« des Menschen bilden könne – wenn die jüngere Generation seiner nur gewahr würde, so Youngbloods Überzeugung: »We see the whole earth and thus we see the illusion that has characterized life upon it. [...] The word ›utopian‹ is not anathema to us because we know that the illusion can be shattered within our own lifetimes, that the industrial equation means practical utopianism for the first time in history.«[196]

Fuller wiederum war begeistert davon, dass sich junge Menschen wie Youngblood vermehrt als Erfüllungsgehilfen seiner techno-evolutionären Prophetien begriffen. Und so zeichnet sein Vorwort zu Youngbloods Buch die heranwachsende Generation als besonders vielversprechend. Auch Fuller sah deren Aufgabe darin, die »unsichtbare Realität«, die den größeren Teil der Welt konstituiere, nutzbar zu machen, um das »Raumschiff Erde« zu steuern: »Right this minute, five hundred Earth-launched satellites with sensors are reporting all phenomena situated above our planet's surface. Tune in the right wavelength and learn where every beef cattle or every cloud is located around the Earth«. Fuller lobte Youngblood also als Vertreter einer Generation, die die Denk- und Wahrnehmungsblockaden einreißen werde, die die »ältere Generation« hemmten – deren Angehörige übrigens »Opfer der Ignoranz von Gestern« seien und keine »Machiavellistischen Feinde der Jugend«. Natürlich ließ dieses Urteil den 75-Jährigen selbst besonders zukunftszugewandt erscheinen.[197]

Was diesem jedoch verborgen blieb, war, dass zumindest der »immersive Bilderfluss«, den VanDerBeek in seinem »Moviedrome« auf die Zuschauer richtete, diese dann doch eher zur Auslotung des kollektiven Unbewussten als zur Verdatung des Fortschritts animieren sollte.[198] Überhaupt zeigte sich ab 1970 eine Anfälligkeit Fuller-inspirierter Gegenkulturprotagonisten für das Therapeutische, wenn nicht gar für Eskapismus. Zumindest ist das ein Vorwurf, der gelegentlich an Akteure gerichtet wird, die weniger für eine globale Welt planen als schon in der Gegenwart das bessere, sinnerfülltere, dabei zugleich nomadisch-ungebundene und kommunikativ integrierte Leben leben wollten. Tatsächlich wirkt das (Selbst-)Bild, mit dem Youngblood die neue Generation

---

196 Gene Youngblood: *Expanded Cinema*, New York 1970, S. 57, 66, 47.
197 Buckminster Fuller: Introduction, in: ebd., S. 15–35, Zitate auf S. 26f., 34.
198 Lysen, Bewusstsein, S. 154.

zeichnete, wie einem Cartoon von Robert Crumb entnommen: Youngblood beschrieb diese als »Paläokybernetiker« – »a hairy, buckskinned, barefooted atomic physicist with a brain full of mescaline and logarithms, working out the heuristics of computer-generated holograms or krypton laser interferometry.« Wenn Youngblood indes hinzufügte: »We move across the landscape with bold abandon because we intuit that the birth certificate is the only credit card«,[199] dann ist die Polyvalenz des Begriffs »abandon« zumindest im Rückblick bemerkenswert. Ins Deutsche kann er sowohl mit »Hingabe« als auch mit »Unbekümmertheit« oder gar mit »Hemmungslosigkeit« übersetzt werden. Schon das *World Game* drohte im Vorfeld seiner technischen Realisierung zur Meditationsübung zu verkommen. Noch größer aber war die Gefahr kontraproduktiver Fuller-Interpretationen, wenn man sich tatsächlich in die Wildnis begab, wie dies ein weiterer, im Folgenden vorgestellter Rezipientenkreis tat.

Drop City – Mittelklasse-Nomaden und humanisierte Technik

Die Adaption von Fullers Gebäuden und Gedanken durch die Landkommunen, auf die Youngblood unverkennbar anspielte, und die bei Erscheinen seines Buchs insbesondere in Colorado, New Mexico und Kalifornien förmlich aus dem Boden sprossen, ist der wahrscheinlich besterforschte Aspekt der Fuller-Rezeption. Dabei zeichnet diese Forschung recht unterschiedliche Bilder von der Aussteigerszene: Erscheinen deren Angehörige mal als Erfinder der jüngsten Erscheinungsform des Kapitalismus (der erwähnten radikalliberalen »kalifornischen Ideologie«), würdigen andere Forscher sie als Machertypen, die einen genuin amerikanischen *Environmentalism* vorantrieben, dessen Innovationsfreudigkeit wir Umwelttechniken wie Solar- und Kläranlagen zu verdanken hätten.[200] Tatsächlich zeichnete die Landkommunen gerade ihre Heterogenität aus und damit verbunden ein ambivalentes Verhältnis zur Integrationsemphase der Mainstream-Linken. Was sie ironisch mit Slogans wie »Workers of the world: disperse« markierten, schlägt sich in der Forschung in einer unscharfen Nomenklatur nieder. Es wird auf unterschiedliche Facetten des Selbstverständnisses dieser Gruppen rekurriert, je nachdem, ob man von *Dropouts*, *New Communalists* oder *Back-to-Landers* spricht. Das Spektrum zwischen regressiver Zivilisationsflucht und theoriegeleitetem Sozialexperiment war breit. Die individuellen Motive für den Ausstieg changierten zwischen Abenteuerlust, der Ablehnung der Konsumgesellschaft und der Absicht, antiautoritäre Erziehungsideen, in sexueller Hinsicht freiere Lebensformen oder basisdemokratische Strukturen zu erproben. In nicht wenigen Fällen kam schlicht die Flucht vor dem Wehrdienst in Vietnam oder die Vermeidung von Strafverfolgung dazu: Psy-

---

199 Youngblood, *Cinema*, S. 41.
200 Vgl. zum Folgenden Turner, *Cyberculture* und mit vielen Abbildungen Diederichsen/Franke, *Whole Earth* sowie im Kontrast: Andrew G. Kirk: *Counterculture Green. The Whole Earth Catalog and American Environmentalism*, Lawrence 2007. Essayistischer Anker, *Ecohouse*, vor allem Kapitel 7 und 8.

chedelische Drogen waren allgegenwärtig. Auch diesen wurde jedoch mal aus reinem Hedonismus, mal wegen ihrer bewusstseinserweiternden Wirkung gefrönt – einer Wirkung, die manche Akteure mit Fullers mäandernden Gedanken assoziierten. Das Bild wird zusätzlich dadurch verkompliziert, dass sich die Landkommunenbewegung keineswegs auf die USA beschränkte. Allerdings konnte man hier, zumal nahe der Pazifikküste, besonders gut an ältere Frontier-Mythen anschließen, aber auch »indigene« Vorbilder nachahmen. Dabei sind es gerade diese erfundenen Traditionen, in denen Widersprüche der Landkommunenbewegung manifest wurden. Es kam nicht selten zu Konflikten zwischen ortsansässigen *Native Americans* und den nahezu ausnahmslos weißen, oft aus bürgerlichen Elternhäusern stammenden Kommunarden. Letztere sahen harmonische unberührte Landschaften, wo die Nachkommen der Ureinwohner, deren Weisheit und naturnahe Lebensweise man bewunderte, heilige Stätten oder Schlachtfelder wussten. Wenig überraschend, reproduzierte sich in den institutionsfreien Räumen der Kommunen aber nicht nur die *Race/Class*-Asymmetrie der amerikanischen Gesellschaft, sondern auch die vergeschlechtlichte Arbeitsteilung in jenen Familienstrukturen, denen man entronnen zu sein glaubte.[201] So hieß es im *Domebook 1*, einer Bauanleitung für Fuller-inspirierte Behausungen für Aussteiger: »Women bake bread and prepare food while it [the dome] is completed.«[202]

Fullers *Domes* spielten für die Kommunarden überhaupt eine zentrale Rolle: Schon in der ältesten und berühmtesten, 1965 in Colorado gegründeten Landkommune »Drop City« waren Kuppelbauten im Stile Fullers errichtet worden. Auch wegen der geschickten Generierung von Medienaufmerksamkeit seitens der *Droppers*, wie sie sich doppeldeutig nannten,[203] ahmten viele andere Aussteiger dies nach. Nicht immer wurde dabei aber bewusst die *Design Revolution* vorangetrieben. Fullers *Domes* hatten andere Vorzüge: In ihrem Halbrund ließ sich schlecht »square« sein, also »eckig«, »angepasst«.[204] Sie eigneten sich zudem als Meditationshilfe: Der Blick in die Höhe der Kuppeln ließ diese als dreidimensionales Mandala erscheinen. Das weckte Assoziationen, die zwischen Ästhetik und sozialer Praxis changierten: Die Dreiecke, aus denen sich die *Dome*-Hüllen zusammensetzten, und ihr Tragwerk, das die Lasten gleich verteilte, luden zur Kontemplation über kosmische Harmonie ein. Fullers Konstruktionen versinnbildlichten zugleich die Lebensweise als Kommune. Denn einerseits ließen sich die *Domes* ohne größeres Vorwissen als Selbstbauprojekt errichten. Andererseits war dafür ein gewisses Maß an Zusammenarbeit notwendig. Persönliches *Empowerment*,

---

201 Fred Turner: Die Politik der Ganzheit um 1968 – und heute, in: Diederichsen/Franke, *Whole Earth*, S. 43–48, hier S. 48.
202 Pacific Domes [Lloyd Kahn, Kay Baldwin, Kathleen Whitacre u.a.]: *Domebook 1*, o.O. [Los Gatos, Cal.] 1970, S. 19.
203 Crowley, *Looking Down*, S. 261; Erin Elder: How to Build a Commune: Drop City's Influence on the Southwestern Commune Movement, in: Elissa Auther/Adam Lerner (Hg.): *West of Center. Art and the Counterculture Experiment in America, 1965–1977*, Ann Arbor 2011, S. 2–20.
204 Sargent Wood, *Union*, S. 79.

ein hierarchiefreier Umgang miteinander und die Operationalisierung planetarischer Energieflüsse fielen so in eins. Fuller selbst wusste solche Interpretationen zu fördern:[205] Die Bewohner von Drop City erhielten als erste den neu geschaffenen »Buckminster Fuller Dymaxion Award«. Fuller überging aber, dass die *Domes* auch beim Ausstieg aus den Verwertungsketten des Kapitalismus halfen. Denn zumindest die *Droppers* verbauten Zivilisationsmüll wie Autoschrott. Für sie war die Halbwüste Colorados Vergangenheit und Zukunft zugleich, Paläo-Phantasie, *Reenactment* der idealistischeren Siedlerzeit, aber auch Resilienzlabor für postapokalyptische Szenarien.[206]

Wenn etwas all das verklammerte, dann ein entschiedener Anti-Institutionalismus. Die *Back-to-Land*-Bewegung stand schließlich vor dem Problem, dass die akademisch ausgebildeten Mittelklassekinder, die in die Wüste gingen, sich dort schlagartig mit den basalen Zwängen des Überlebens konfrontiert fanden. Gleichzeitig wollte man sich mit Fragen zu Tätigkeiten wie Gemüseanbau und Ziegenhaltung nicht an herkömmliche Bildungseinrichtungen wenden. Es galt daher, sich lose, aber doch effektiv *untereinander* auszutauschen, um zu lernen. Es war diese Praxis der informellen Vernetzung, die sich in spezifischen Publikationsformen mit einer eigenen visuellen Kultur materialisierte. Die Quellen, in denen man einem Fuller-inspirierten Globalismus also besonders nahekommt, sind Selbsthilfemanuale, Anleitungen, Baupläne und nicht zuletzt Warenkataloge. Tatsächlich spezialisierten sich einige besonders unternehmungsfreudige Aussteiger nämlich auf die Bereitstellung von Informationen, allen voran zum Thema »Shelter«, dem Fuller ja sein lebenslanges Experiment gewidmet hatte.

Fullers Postfach in Carbondale füllte sich ab Mitte der 1960er Jahre mit Bitten um Bauanleitungen einfacher DIY-*Domes*. Anfangs sandte Fullers Büro Briefeschreibern wie Jeffrey Stallard – der sich nach einem Vortrag Fullers am Esalen Institute 1967 interessiert an dessen *Inventory* zeigte und sich zu Hause in Berkeley einen kleinen *Dome* als Arbeitszimmer bauen wollte – einen selbst gestalteten »Instruktionsbogen zur Geodätik für Studenten« mit Tipps zur eigenen Kuppel-Konstruktion zu.[207] Im Jahr darauf wies man ähnliche Interessenten dann aber bereits auf das *Dome Cookbook* von Steve Baer hin, das man für einen Dollar erstehen könne. Es handelte sich um ein Bündel von Xerokopien handschriftlicher Skizzen, die Baer in Kooperation mit den Bewohnern von Drop City entwickelt hatte. 1970 empfahl man das deutlich detailliertere *Domebook 1*, das eine Autorengruppe um Lloyd Kahn und Jay Baldwin (der Fuller schon 1955 an der Uni Michigan hatte sprechen hören und der 1968 als Gastdozent an der Designabteilung der SIU lehrte) angefertigt hatte.[208] Trug Youngblood also in

---

205 Tomkins, *Outlaw*.
206 Sargent Wood, *Union*, S. 77.
207 Stallard an McHale, 27.12.1967, SUL, M1090, Series 2, Box 166, Folder 8, Dymaxion Chronofile, Vol. 316.
208 Fullers Mitarbeiter waren begeistert: Die Vermittlung von Fullers Ideen geschehe am besten über anschauliche Demonstrationen, »tools« und eine »›hands-on-projects‹ Philosophy of teaching«, für die die Autoren ständen: »[Y]ou and Lloyd […] are really the only ones at this time, in my mind, that are fos-

seiner Publikation Beispiele für *Surrounds* zusammen, die dabei helfen konnten, die Bedienungsanleitung des »Raumschiffs Erde« zu entschlüsseln, so kopierten seine Generationengenossen konkrete Bastelanleitungen für jene Kuppeln zusammen, auf deren Wänden sich das große Ganze abzeichnen konnte. Tatsächlich fielen aber im *Domebook 1* die designphilosophischen Ausführungen knapp aus gegenüber den Hinweisen zu Materialwahl und Konstruktion. Hinzu kamen viele Fotos realisierter Projekte. Diese druckten die Herausgeber auch deshalb ab, weil sie das Manual entschieden als zweikanaliges Kommunikationsmedium präsentierten, indem sie zur Rückmeldung mit eigenen Bauerfahrungen aufriefen. Als dann aber 1971 das *Domebook 2* erschien, war es um neue Hinweise (etwa zur Konstruktion von Windkraftanlagen) ergänzt worden und damit immer mehr zum Kompendium einer autarken Lebensführung angewachsen. Es wurde jedoch auch deutlich, wie viele *Dome*-Bewohner mit Lecks kämpften, sich etwa gezwungen gesehen hatten, Kunststoffbeschichtungen auf die Strukturen zu spritzen, um sie abzudichten – und das just zu dem Zeitpunkt, als die ökologisch sensibilisierten Aussteiger diesem Material gegenüber skeptischer wurden. Das Buch begann sogar mit einer Art *Disclaimer*, der betonte, wie viel man im vergangenen Jahr gelernt habe, und zwar durch Rückschläge.

In diesem zweiten *Domebook* kündigt sich also *ein* Anfang vom Ende jenes »Fulleristischen« Globalismus an, der die Aussteiger anfangs motiviert hatte. Planetarisch sensibilisiert zu sein, das hieß für Kahn, Baldwin und andere nicht »größer Denken«, sondern »Selbermachen«. Die Experimente mit Solarkollektoren, mit dem Recycling von Haushaltsabfällen, neuen Formen der Gebäudeisolierung oder mit nachhaltiger Fischzucht, in die die Tüftler sich vertieften, verschwiegen keineswegs ihre Herkunft aus den Gedanken der wissensgestützten Umweltkontrolle, wenn nicht gar aus der *Cabin Ecology* der Raumfahrt, die im Fuller-Umfeld zirkulierte. Aber viele der sogenannten *New Alchemists*, der Archenbauer und Recycling-Forscher unter den Landkommunarden legten den Fokus weniger auf die technische Erweiterung des menschlichen Sensoriums, wie Youngblood sie anstrebte, sondern verschrieben sich der »Humanisierung der Technik«. Zitate des wachstumskritischen Ökonomen E. F. Schumacher ersetzten bald die Fuller-Referenzen. Das geschah nicht selten im Kontext von Ausführungen über die phantastischen Fähigkeiten indigener Kulturen, die die technischen Errungenschaften der westlichen Zivilisation in den Schatten stellten.[209]

Zunächst allerdings hatten die gegenkulturellen *Dome*-Bastler aller Institutionenskepsis zum Trotz ihre Kontakte zu (Bildungs-)Einrichtungen wie der SIU in Carbondale entschieden gepflegt. Überhaupt hatten die meisten Aussteiger ja nie reine Landflucht (unter Kappung aller Kommunikationsbeziehungen) angestrebt. Der »Lo-

---

tering [...] the world man/game attitude which is so much a part of the intuitions of the young people today.« Klaus an Baldwin und Whitacre, 8.6.1970, SUL, M1090, Series 2, Box 203, Folder 6, Dymaxion Chronofile, Vol. 382.
209 Pacific Domes, *Domebook 2*, o.O. (Bolinas, Cal.), 1971, S. 89, S. 90–92.

kalismus« vieler *Back-to-the-Land*-AktivistInnen war keineswegs weltabgewandt. Es ging – zumal den Fuller-LeserInnen unter den Protagonisten der Bewegung – im Gegenteil darum, dezentrale Formen des Austauschs und des Lernens zu entwickeln und zu erproben. Diese machten – zumindest in der Theorie – an nationalen Grenzen nicht Halt, sondern umspannten die »Whole Earth«, wie sie oft genannt wurde. Bemerkenswerterweise hatte diese »ganze Welt« jedoch einige Ähnlichkeit mit der Konsumgesellschaft, aus der man auszusteigen hoffte. Es war daher auch gar nicht abwegig, wenn aus einem Brief, den John McHale im Namen Fullers an die *Drop City*-Bewohner schrieb, hervorging, dass dieser in den *Droppers* weniger Aussteiger als Kleinunternehmer sah, deren Aufsichtsrat er sich gerne anschließe.[210] Es war zwar sicher kein Profitinteresse, das die Herausgeber der *Dome*-Anleitungen antrieb. Dennoch gehört zu den erwähnten Rekontextualisierungen, dass sie Fullers Patente in Produkte für einen an Lebensstilfragen orientierten Kundenkreis verwandelten. Wer etwa Ausgaben von Fullers britischer Hauspostille »Architectural Design« aufschlägt, stößt ab ca. 1970 auf ein schon grafisch seltsam undiszipliniertes Durcheinander von utopischen »Megastrukturen«, mit denen ganz Städte überbaut werden sollten, die jedoch konterkariert werden von Beispielen kleinteiliger, »pneumatischer« oder Blasenarchitekturen sowie futuristischer Wohnzellen aus transparenten Materialien. Vor allem aber finden sich alle möglichen, oft psychedelisch aufgemachten, Annoncen von Kleinanbietern, die Bauanleitungen und -teile für die Errichtung von Privat-*Domes* anpriesen. So konnte man neben »Plydomes« aus Sperrholz zwischen einem sogenannten »Greendome« (Kostenpunkt: 750 Dollar) oder einem »Luvdome« wählen: Ein Foto zeigte ein Art *Dome*-Bett, auf dem sich ein Model räkelte.[211] Individualisierter Konsum, Globalitätsbewusstsein, DIY-Idealismus, aber auch erste Kritik an der Fortschrittsgewissheit des »Westens« gingen um 1970 also eine spannungsvolle Verbindung ein. Das lässt sich besonders gut am Absender eines der ungewöhnlicheren Schreiben zeigen, die in Carbondale eingingen.

Stewart Brand 1: Die ganze Welt im Katalog

Im März 1966 kam in Fullers Büro in Carbondale ein dunkelblauer, mit weißen Punkten bedruckter Papierbogen an, der einen Sternenhimmel andeutete. Darauf steckte ein weißer Button mit einer schmucklosen schwarzen Aufschrift: »Why haven't we seen a photograph of the whole earth yet?«[212] Auf der Rückseite des Papierbogens war exemplarisch aufgelistet, an wen das Schreiben sonst gegangen war: diverse amerikanische Bildungsinstitutionen, NASA, Kongressabgeordnete und UN-Vertreter waren ebenso

---

210 Fuller an Alix Taylor, 17.5.1968, SUL, M1090, Series 2, Box 169, Folder 2, Dymaxion Chronofile, Vol. 320.
211 *Architectural Design* XLIII (Februar 1972), S. 114.
212 Fuller an Brand, o.D. [24.3.1966], SUL, M1090, Series 2, Box 166, Folder 6, Dymaxion Chronofile, Vol. 315.

gelistet wie sowjetische Diplomaten, Wissenschaftler und kommunistische Jugendorganisationen. Auch die Lektürepräferenzen des Absenders wurden deutlich: Er gab nämlich an, den Button an Marshall McLuhan geschickt zu haben – und natürlich an Fuller selbst. Der war offenbar geködert, denn er fragte zurück, und zwar handschriftlich – immer ein Indiz für die Bedeutung, die er einem Adressaten beimaß: »The reasons that you rhetorically fish for are assumed political security – or oversight? If so, you are wrong, the answers are technical.«[213] Die Astronauten hätten sich bislang schlicht nicht weit genug von der Erde entfernt, um ein solches Foto aufnehmen zu können. Unbemannte Raumkapseln jedoch seien nicht zu den entsprechenden Wendemanövern in der Lage. Der Absender schrieb postwendend zurück: Von den Reaktionen, die er zu seinem Button erhalten habe, sei dies die einzig befriedigende gewesen. »Now I hope we can send a recoverable color movie camera with the Apollo test vehicles out several Earth diameters and back, it should be beautiful.« Die Antwort muss wiederum Fuller gefallen haben. Was sie indes typisch für die Fuller-Rezeption macht, ist, dass ihr Verfasser sich mit einem weiteren Kompliment gleich als Mitarbeiter anbot: »You know and speak truth. If I can help, please consider me on call. My mobility is short-notice, long-range.«[214]

Tatsächlich war der 28-jährige Fotograf und studierte Biologe Stewart Brand, der sich auch in den kommenden Jahren auf zugleich ehrerbietige und herausfordernde Weise an Fuller wenden sollte, von diesem dazu angeregt worden, sich den Planeten in seiner Gesamtheit vorzustellen. Dabei bediente Brand sich allerdings umstrittener Methoden der »Sinneserweiterung« (zu denen sich Fuller nie geäußert hat). Knapp zehn Jahre nach Versand des Briefs schilderte Brand die Entstehung des Buttons nämlich so:

> I was sitting on a gravelly roof in San Francisco's North Beach. It was February 1966. [...] In those days, the standard response to boredom and uncertainty was LSD followed by grandiose scheming. So there I sat, wrapped in a blanket in the chill afternoon sun, trembling with cold and inchoate emotion, gazing at the San Francisco Skyline, waiting for my vision. The buildings were not parallel – because the earth curved under them, and me, and all of us; it closed on itself. I remembered that Buckminster Fuller had been harping on this at a recent lecture – that people perceived the earth as flat and infinite, and that that was the root of all their misbehavior. Now from my altitude of three stories and one hundred mikes, I could see that it was curved, think it, and finally feel it.[215]

Brand gab gleich am nächsten Tag bei einem Drucker einige Hundert Buttons mit dem zitierten Slogan in Auftrag und suchte in der San Francisco Library die Adressen

---

213 Fuller an Brand, o.D. [Ende März 1966], SUL, M1237 Stewart Brand papers, Series I, Box 5, Folder 20.
214 Brand an Fuller, 30.3.1966, SUL, M1237, Series I, Box 5, Folder 20.
215 Stewart Brand: »›Whole earth‹ origin...« [1976], online unter http://sb.longnow.org/SB_homepage/WholeEarth_buton.html (19.6.2019).

möglicher Empfänger heraus. Seine Wahl fiel damit auf ein Medium, das sich innerhalb der politischen Bewegungen seiner Zeit großer Beliebtheit erfreute. Zuvor hatte er lange am Slogan des Buttons gefeilt, um mit ihm die »Paranoia« seiner Zeitgenossen zu mobilisieren, was ja auch Fuller nicht entging.[216]

Nun ist nicht klar, ob Brands Ein-Mann-Kampagne tatsächlich einen Anstoß dafür gab, dass die NASA im Jahr darauf ein Bild der »Full Earth« veröffentlichte, das allerdings aus Fotografien kleinerer Ausschnitte der Erdoberfläche zusammengesetzt worden war (die der im November 1967 in die Erdumlaufbahn verbrachte Wetter- und Kommunikationssatellit ATS-3 »geschossen« hatte). Für Brand selbst war jedenfalls kaum abzusehen, welche Rolle Fotografien des Erdenrunds bald insbesondere für die Umweltbewegung spielen sollten. Er stellte erst im Rückblick fest, dass sie eine Art Spiegel darstellten, in dem sich die Menschheit als Kollektiv erkennen konnte.[217] Faktisch machte der ambitionierte Brand mit der Aktion eher Öffentlichkeitsarbeit in eigener Sache als für jenen neuen, ökologisch überformten »Glokalismus«, mit dem er heute bisweilen assoziiert wird. Schon der weiße Anzug und der mit Blumen geschmückte Zylinderhut, den er trug, als er mit einem Bauchladen voller Buttons an den Universitäten der *Bay Area* auftauchte, deutet eher auf den Einfluss der »Merry Pranksters« hin, der anti-autoritären Hippie-»Schelme« um den Autor und LSD-Apostel Ken Kesey, dem Brand zu dieser Zeit nahe stand.[218]

Deutlich wird das auch daran, dass Brand den Begriff »Whole Earth« und die NASA-Fotomontage auch für das »Brand-ing« seines nächsten Szene-Projekts benutzte. Im April 1968 kündigte er in einem weiteren Brief an Fuller seinen »Whole Earth Truck Store« an, einen mobilen Laden, mit dem er die entstehenden Landkommunen zu unterstützen gedachte. Wenn Brand diese in Fullers Diktion als »bedeutsame Foci kooperativer Designanstrengungen« deutete, die er mit dringend benötigtem »Material« versorgen wollte, dann auch, weil Fuller einer der Hersteller dieser Materialien war. Er gedenke, die »World Resources Inventory-Publikationen« und auch die *Dymaxion*-Weltkarte zu führen, schrieb Brand, um gleich nachzufragen, ob es eine erschwingliche *Dome*-Lizenz mit entsprechenden Blaupausen gebe.[219] Tatsächlich hatte Brand zusammen mit seiner Frau, Lois Jennings, zu diesem Zeitpunkt bereits einen alten Transporter mit *Outdoor*-Ausstattung und Publikationen zu indianischen Tipis beladen, die sie auf den Flohmärkten der Aussteigerszene feilboten.[220] Der Erfolg ermutigte sie dazu, ihre Inventarliste zu einem schillernden Warenkatalog auszubauen.

---

216 Ebd.
217 Brand im Interview mit Phil Garlington: »Beam me up, Jerry«. Stewart Brand and the California Space Program, in: *Outside* (Dezember 1977), S. 65–70, hier S. 70.
218 Brand hat zwei kleinere Auftritte im Reportage-Bestseller über Kesey: Tom Wolfe: *The Electric Kool-Aid Acid Test*, New York u.a. 1999 [1968], S. 9. und 251.
219 Brand an Fuller, 10.4.1968, SUL, M1090, Series 2, Box 172, Folder 6, Dymaxion Chronofile, Vol. 325.
220 Stewart Brand: History – Some of what happened around here for the last three years, in: *Whole Earth Catalog*, Juni 1971, o.S.

Brand, Jennings und die kleine Redaktion, die sich in einem Gebäude in Menlo Park nahe der Stanford University um sie scharte, gaben die Rolle als Zwischenhändler also wieder auf. Mit Herausgabe des ersten *Whole Earth Catalog* (WEC) im Herbst 1968 wurden sie stattdessen zu Informationsverteilern. Indem sie eine eklektische Auswahl an Produkten mit Fotos vorstellten, sie mit Erfahrungsberichten im Szenejargon beschrieben und indem sie die Preisangaben und die Postadressen der Hersteller abdruckten, bei denen diese Produkte bezogen werden konnten, legten Brand und seine MitstreiterInnen einen »access to tools« für ein autonomes Leben, so der Untertitel des Katalogs. Der präsentierte in der Tat Werkzeuge im engeren Wortsinn, neben Taschenmessern, Regenjacken und Rucksäcken. Er empfahl zudem allerlei *How-to*-Literatur, etwa Handbücher zu Tierhaltung sowie die *Domebooks*.[221]

Aber zu diesen Utensilien, die direkt dabei halfen, den ausgedörrten Boden (etwa Colorados) zu bestellen, gesellten sich allerlei Erzeugnisse, deren Nutzen für eine alternative Existenz in der Wildnis zweifelhaft scheint: Synthesizer und diverse Elektronikbauteile. Zudem empfahl der Katalog Theorielektüren, die kaum hilfreicher wirken. Die Botschaften von Autoren wie Norbert Wiener, Marshall McLuhan oder auch Paul Ehrlich waren schwer auf einen Nenner zu bringen, was auch die Unterteilung des *Catalog* in die Abschnitte »Understanding Whole Systems«, »Communications«, »Shelter and Land Use« und »Nomadics« kaum kaschierte. Es war jedoch allem Anschein nach *gerade* diese Vieldeutigkeit, die den überraschenden Verkaufserfolg des Katalogs erklärt, der eben nicht nur in der recht überschaubaren Landkommunenszene Abnehmer fand. Wer vier Dollar investierte und ihn durchblätterte, für den öffneten sich Optionen für ein in doppelter Hinsicht »besseres« – nämlich moralischeres und erfüllteres – Leben. Nur ein Schritt – die Kontaktaufnahme mit dem jeweiligen Hersteller – schien von einer Existenz zu trennen, die schwervereinbare Sehnsüchte erfüllte: ein frugales und doch an Stimulation reiches Dasein als befreites und informiertes Individuum, wie es offenbar nicht nur Youngblood und den *Droppers* vor Augen stand.

Es ist wiederholt darauf hingewiesen worden, dass die Herauslösung aus äußeren Zwängen in Brands *Catalog* durch *Produkte* medialisiert wurde. Das scheint kaum zum Selbstversorgerethos vieler Aussteiger zu passen.[222] Jedoch brachte der *Catalog* die Lebensführung auf diese Weise auch mit größeren, gar planetarischen Systemen in Verbindung. Er ließ die Befriedigung der eigenen materiellen und intellektuellen Bedürfnisse geradezu als Funktion des geschlossenen Stoffkreislaufs des »Raumschiffs Erde« erscheinen. Der Planet war überhaupt allgegenwärtig: Schon auf dem Cover der ersten Ausgabe prangte die erwähnte Komposit-Erde der NASA auf schwarzem Hintergrund. Auf der Rückseite war unter der Ansicht der Erde der beruhigende Slogan »We can't put it together ... It is together« zu lesen. Bewusst polysem, bediente der *Catalog* also

---

221 Fullers Team legte diese Druckerzeugnisse zusammen ab: SUL, M1090, Series 7, Box 2.1.
222 Sam Binkley: The Seers of Menlo Park: The Discourse of Heroic Consumption in the »Whole Earth Catalog«, in: *Journal of Consumer Culture* 3 (2003), S. 283–313.

einerseits die ökosystemisch informierte, aber auch mystisch überformte Naturaffinität der Aussteiger. Andererseits suggerierte er, er sei ein Portal zum gesamten Wissen und Werkzeug der Menschheit. Und dazu gehörten eben auch Bildbände wie *Cosmic View*. *The Universe in 40 Jumps*, Poster der Andromeda-Galaxie und bald darauf der *Earthrise*-Fotografie oder der *Man's Domain*-Atlas (der preisgünstig sei und angenehm »uninteressiert« an politischer Geografie).[223] Solche Produkte, die Ideen von »kosmischer« oder »erdsystemischer« Integrität, Harmonie und Ganzheit vermittelten, ließen die Werke des Kybernetikers Norbert Wiener schon weniger deplatziert erscheinen.

Zusammengehalten wurde all das aber von den »Einsichten Buckminster Fullers«, dessen Publikationen gleich die erste Seite des Katalogs mithilfe einer Reihe von Originalzitaten empfahl (Abb. 6.9).[224] Dabei war die Fuller-Interpretation der *Catalog*-Redaktion kaum weniger eigenwillig als der WEC selbst. Dass die zweite, aktualisierte und um Leser-*Feedback* ergänzte Ausgabe vom Januar 1970 den Titel »The Outlaw Area« trug, ging auf Fuller zurück. Der hatte die rechtsfreien Räume der Pioniere und Piraten, in denen man den Elementen besonders ausgeliefert war, als Umgebungen gezeichnet, in denen der Druck zur technischen Innovation besonders hoch war.[225] Für nicht wenige Käufer des Katalogs dürfte der Titel allerdings signalisiert haben, es sei Zeit für das Abtauchen in die Illegalität, als die der Ausstieg aus staatlichen Bevormundungsstrukturen schließlich auch erscheinen konnte. Das wollte nicht recht dazu passen, dass das Cover der darauffolgenden Märzausgabe eine »The World Game« unterschriebene Fotomontage schmückte, die einige Redaktionsmitglieder beim Volleyballspiel zeigte – nur, dass der Ball durch eine Erdkugel ersetzt worden war (Abb. 6.10). Entstand auf diese Weise ein Bild vom *World Game* als im engeren Sinne spielerischer Praxis, so zeichnete ein »postscript«, das Fuller selbst paraphrasierte, das *Game* dann aber als großtechnische Angelegenheit, an der die Vereinten Nationen sich interessiert gezeigt haben und die man in naher Zukunft auf einem gigantischen Globus im »Simulationszentrum« in Carbondale betreiben werde.[226]

Wie angedeutet, ist es der überraschend positive Blick ausgerechnet des Aussteigermilieus auf kommunikationstechnische Infrastrukturen, der die Bedeutung konstituiert, die dem *Catalog* in den vergangenen Jahren in der Forschung beigemessen wird. Die Publikation wird dabei kanonisiert als das Medium, in welchem esoterischer Hippie-Holismus, DIY-Ethos, eine neue (gewissermaßen ins Innere gewandete) *Frontier*-Romantik und libertäres Gedankengut zu jener Mischung wurden, die in den 1990er Jahren das Selbstbild und die Weltverbesserungspläne vieler Internetunternehmer des

---

223 *Whole Earth Catalog*, Dezember 1968, S. 6. Auch das »Dymaxion Sky-Ocean World Map kit« à 1,95 $ durfte in späteren Ausgaben nicht fehlen.
224 Ebd., S. 3
225 Tomkins, *Outlaw Area*. Die Metapher breitete er auch in Fuller, *Operating Manual*, S. 30–38, aus.
226 Postscript, in: *Whole Earth Catalog*, März 1970, S. 30. Der Katalog enthielt außerdem Auszüge aus Schlossbergs *World Game Report* und aus einem der Youngblood-Artikel.

 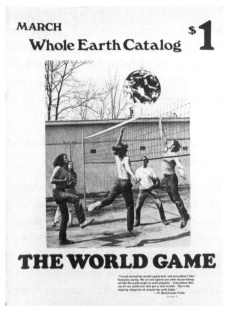

Abb. 6.9 und 6.10: Links eine den Einsichten und Produkten Fullers gewidmete Seite des *Whole Earth Catalog* (hier in der zweiten Auflage vom März 1969). Rechts das Cover der Ausgabe, die auch das *World Game* beschrieb.

Silicon Valley prägen sollte.[227] In der Tat unterstützte Brand schon 1969 den Stanforder Computer-Pionier Douglas Engelbart bei dessen Demonstration von zukunftsträchtigen Techniken wie der Computer-Maus, Echtzeit-Editoren und grafischen Interfaces auf der Fall Joint Computer Conference in San Francisco. Allerdings hatte Brand zwischen 1972 (als er den WEC verließ) und 1985 (als er mit »The WELL«, »Whole Earth' Lectronic Link«, eines der ersten digitalen sozialen Netzwerke aufsetzte) kaum mit Computern zu tun.

Was Brand zur zeithistorisch interessanten Figur – und zum typischen Fuller-Leser – macht, ist, dass er wie ein Schwamm intellektuelle Strömungen seiner Zeit aufsog, für die er mit einprägsamen Slogans Aufmerksamkeit generierte, die er mit visuellen Mitteln verknüpfte. Zum Füllhorn wurde sein *Catalog* weniger aufgrund seiner letztlich bescheidenen Produktanzahl, sondern dadurch, dass er auf geradezu postmoderne Weise Fotos von Waren, Bildauszüge aus Büchern, Klappentexte und launige Kommentare in ein assoziationsförderndes grafisches Nebeneinander brachte. Brands Vorliebe dafür, dergestalt Korrespondenzen zwischen *Ideen* herzustellen, ging einher mit seinem Talent, *soziale Verbindungen* zu knüpfen. Dies passt zu seiner Überzeugung, dass

---

227 Turner, *Cyberculture*. Weiterhin lesenswert: Richard Barbrook/Andy Cameron: The Californian Ideology, in: *Science as Culture* 6 (1996), S. 44–72.

es grenzüberschreitender Informationsaustausch war, in dem ein Wandlungsansatz hin zu einer besseren Welt lag.[228] Auch wenn seine eigene Vernetzung faktisch auf einen lokalen (nordkalifornischen) erweiterten Freundeskreis beschränkt blieb, war es Brands Interesse an globalen Informationsflüssen und darüber hinaus an neuen, synästhetischen Kommunikationsformen, die diese Flüsse sichtbar machten, das ihn zum Fuller-Schüler geradezu prädestinierte.

Stewart Brand 2: »Liferaft Earth«, Stockholm – oder: Noch ein Anfang vom Ende des »Fullerismus«

Brand hatte in Stanford unter anderem bei Paul Ehrlich Biologie studiert. Er hatte sich für dieses Fach entschieden, nachdem er einen Vortrag Julian Huxleys gehört hatte. Dessen Ansicht, menschliche Kooperation und moralisches Handeln seien Ergebnisse evolutionärer Prozesse, dürften ihn besonders empfänglich für Fullers Ideen gemacht haben.[229] Das zeigt Brands Tagebuch, das er ab Anfang der 1960er Jahre als eine Art Selbstgespräch führte, in dem viele Themen der entstehenden Subkultur Kaliforniens auftauchen, in deren Epizentrum – dem Stadtteil North Beach in San Francisco – er wohnte. Es ist in den Notizen von Gruppensex die Rede, vom Zen-Buddhismus, von der Natur Nordkaliforniens, die Brand, der auch Mitglied im erwähnten Sierra Club wurde, auf Ausflügen erkundete, die ihn vermehrt in die Indianerreservate der Pazifikküste führten.[230] In verblüffender Weise war er immer zur rechten Zeit an jenen Orten, an denen die Wendemarken der *Sixties*-Kulturgeschichte zu finden sind. Wie der erwähnte Ken Kesey zählte er beispielsweise zu den Freiwilligen, die an der International Foundation for Advanced Study in Menlo Park an legalen LSD-Experimenten teilnahmen. Und er gehörte zu den Organisatoren der psychedelischen Trips-Festivals in San Francisco, auf denen Bands wie *The Grateful Dead* auftraten und die auf eigentümliche Weise Mystizismus, Gemeinschaftserlebnis und Kommunikationstheorielektüre verknüpften.[231]

Diese Aktivitäten waren jedoch überformt von einem Erlebnis, das sich im Februar 1964 in der beiläufigen Bemerkung Brands ankündigte, er hoffe, »Bucky« Fuller werde auf einem Seminar in Big Sur erscheinen.[232] Die Notizbuchseiten, die Brand dann in den Monaten nach dessen Vortrag am Esalen Institut füllte, zeigen besonders eindrucksvoll, wie einschneidend eine Fuller-Rede wirken konnte. Brands Götterhimmel

---

228 Fred Turner/Christine Larsson: Network Celebrity: Entrepreneurship and the New Public Intellectuals, in: *Public Culture* 27 (2015), S. 53–84.
229 Zum Folgenden SUL, M1237, Series II, Box 17, Folder 2, 6.
230 SUL, M1237, Series II, Box 17, Folder 7.
231 Fred Turner: Marshall McLuhan. Stewart Brand und die kybernetische Gegenkultur, in: Derrick De Kerckhove/Martina Leeker/Kerstin Schmidt (Hg.): *McLuhan neu lesen. Kritische Analysen zu Medien und Kultur im 21. Jahrhundert*, Bielefeld 2008, S. 105–116.
232 Brand an Sharon Francis, 12.2.1964, SUL, M1237, Series I, Box 5, Folder 14.

sortiere sich neu: »13 Feb Kesey is dead long live Fuller«.²³³ Er besorgte sich Fullers Bücher, notierte »Fullerismen« wie »Trim Tab«, »metabolic, conversion of energies«, »tactility sense range«.²³⁴ Wenig später sammelte er sich:

> Ok. Begin by asking the questions. [...] Fuller says start over. Redesign it do more with less. [...] Detect the cosmic energy flow and employ it. [...] Most of our industrial-continuous-life is invisible. Sources already begun: mathematical mythic, natural analogy (e.g. evolution), electricity, communication. Astronomy, space travel, technology. Psychedelics. Own life as experience and experiment.²³⁵

Für Brand, der zuvor in seinem Tagebuch (ähnlich wie Gene Youngblood) wiederholt das Fehlen eines Credos beklagt hatte, scheint plötzlich alles einen Sinn ergeben zu haben: Studium, Indianerromantik, Technik, LSD, die Natur Kaliforniens. Wie viele andere junge Fuller-LeserInnen und -zuhörerInnen war er inspiriert, sein Leben als altruistischen Selbstversuch zu verstehen. Brand war aber nicht der Typus, der die Lehre eines Meisters passiv empfängt. Als er Fuller knapp ein Jahr später für dessen Reaktion auf die »Buttonkampagne« mit dem erwähnten Brief dankte, ließ Brand durchblicken, dass er Fullers Ideen mit Präsentationsformen fördern könne, die zu ganz neuen Bewusstseinszuständen und neuen Fragen führten: »[T]he present young generation is capable of handling a great deal more information in less time than even I know and what they don't catch consciously is nevertheless retrievable in there.« Diese Befähigung könne man sich zunutze machen, indem man »Interferenzen« zwischen Bildern erzeuge, wie Fuller es bei seinem jüngsten Vortrag in San José unbewusst getan habe, als er in den Lichtkegel des Diaprojektors getreten sei.²³⁶ Er selbst habe zuletzt an einem Videoprojekt gearbeitet, das sich den amerikanischen Ureinwohnern widmete, und zwar mithilfe einer Mischung aus »performance, a ›Sensorium‹, of slides, moves, talk, and stereo sound carefully programmed at the beginning to juxtapose the current Indian and non-Indian cultures, leading through an emotional evocation of the North American landscape to a quite loose medial high-intensity recombination of all the elements«.²³⁷ Das Projekt verspreche sogar noch besser zu werden als die Ausstellung zur Geschichte der Astronomie, die er im Auftrag des Unternehmens IBM gestaltet habe. Tatsächlich hatte Brand im Jahr zuvor an »Astronomia« mitgearbeitet, der neuen technikgeschichtlichen Dauerausstellung im Hayden Planetarium im New Yorker Museum of Natural History. Er hatte historische Globen beschafft, auf der Suche nach Exponaten verschiedene Observatorien besucht und Texte für die Schaukästen formuliert,

---

233 Eingelegte Einzelseite in SUL, M1237, Series I, Box 17, Folder 10.
234 Undatierte Notizen [Januar 1965], in SUL, M1237, Series I, Box 17, Folder 10.
235 Notizbucheintrag vom 19.3.1965, in SUL, M1237, Series I, Box 17, Folder 10.
236 Stewart Brand an Fuller, 30.3.1966, SUL, M1090, Series 2, Box 25, Folder 8, Dymaxion Chronofile, Vol. 488.
237 Ebd.

die sich Themen wie der Kopernikanischen Revolution widmeten. Der Geistesblitz des Fotografen, eine farbige Draufsicht des Planeten einzufordern, erscheint weniger genialisch, wenn man von seiner Fuller-begeisterten Beschäftigung mit der Geschichte und Gegenwart der Erforschung des Alls weiß. Wenn Fuller (wie Brand doppeldeutig schrieb) die Gegenkultur »elektrisierte«, dann beruhte dies zumindest im Falle Brands also auf einer bereits bestehenden biografischen Spannung.

Es war jedoch just seine unablässige Arbeit an intellektuellen »Anschlüssen«, die für ihn wenig später das Fuller'sche Axiom wieder an Plausibilität *verlieren* ließ, das er sich 1964 ins Tagebuch notiert hatte: »There is enough to go around.«[238] Auch Brand sah sich ab 1970 vor ethische Fragen gestellt, die nicht nur die Genealogie der »kalifornischen Ideologie« verkomplizieren, sondern auch den Blick auf breitere globalistische Strömungen weiten, denen man sich nun offenbar kaum noch entziehen konnte. Brand verließ die Redaktion des *Catalog* schon drei Jahre, nachdem er diesen ins Leben gerufen hatte. Er war überarbeitet und gelangweilt. Er genoss zudem das Rampenlicht nicht, das ihm der Erfolg der Publikation bescherte, zumal es ihm die Urteilskraft zu trüben schien.[239] Er verfiel in eine Depression, die sich jedoch auch als frühe Manifestation einer Sinnkrise begreifen lässt, die in den 1970er Jahren eine Vielzahl zuvor optimistischer Akteure erfasste – auch im engeren Umfeld Fullers. Bei Brand begann diese Krise mit seiner Wiederentdeckung Ehrlichs, an dessen zunehmend düsteren Äußerungen zur Übernutzung der Erde er im Frühjahr 1969 nicht mehr vorbeisehen konnte. Denn Brand hatte beschlossen, ein Art »Umweltmanifest« für seine Generation zu schreiben: »Reading Erhlich [sic] Population Bomb. (Ladies and gentlemen, there is a shit-storm coming, the review should start).«[240] Brand durchlebte seinen persönlichen »Malthus'schen Moment« also just zu dem Zeitpunkt, als er sich an die Konkretisierung des von Fuller (und Huxley) erteilten Auftrags machte, als Individuum zur Beschleunigung der Evolution beizutragen, der schon aus dem vielzitierten ersten Satz des *Catalog* gesprochen hatte: »We are as gods and might as well get good at it.«[241]

Die mittlerweile eingetretene »Zielkrise« (»destination crisis«), wie sie nicht nur Brand nannte,[242] wurde dadurch verschärft, dass diesem ein erhebliches finanzielles Kapital zur Verfügung stand. Brand hatte den *Catalog* mit dem Erbe seines 1968 verstorbenen Vaters finanziert. Die Investition hatte sich ausgezahlt, was die Sache aber nicht besser machte. Denn sein Vater, der wenig begeistert war vom Lebenswandel des Sohns, hatte ihm wiederholt eingeschärft, dass er als privilegierter künftiger Erbe eine besondere Verantwortung trage.[243] Brand versuchte, diese Last etwas zu verringern, indem er mit einigen

---

238 Tagebucheintrag, Januar 1965, SUL, M1237, Series II, Box 17. Folder 10.
239 Brand, History.
240 Notizbucheintrag vom 26.2.1969, SUL, M1045, Series II, Box 17.
241 *Whole Earth Catalog*, Dezember 1968, S. 3.
242 Richard Raimond: POINT: In What Direction? Doing Good and the Destination Dilemma, 30.11.1971, SUL, M1441 Point Foundation records, Box 1, Folder 1/3.
243 Stewart Brand an seine Eltern, 25.2.1966, SUL, M1237, Series I, Box 5, Folder 20.

Freunden die »Point Foundation« gründete. Diese Stiftung verteilte in den frühen 1970er Jahren mehrere Hunderttausend Dollar (meist in Kleinbeträgen zwischen 500 und 1.000 Dollar) an kalifornische Initiativen, die das ganze Spektrum der amerikanischen Gegenkultur abbildeten: Zu den Empfängern gehörten ein Forschungsprojekt zu alternativen Ökonomien, eine Gruppe von Walschützern (»Deities of the Seas«), die Zeitschrift »The Black Scholar«, ein Frauen-Tanzkollektiv, ein Fotograf, der den Kampf einer Landarbeitergewerkschaft dokumentierte, der Veranstalter eines Erotikfilmfestivals, eine Aktivistin von Amnesty International, die Herausgeber eines »Urban Gardening-Manuals« und Gruppierungen, die eine »[e]ffektivere Nutzung von Medien- & anderen Kommunikationskanälen durch die Dritte Welt« fördern wollten.[244] Der »Direktoren«-Gruppe der Point Foundation war jedoch klar, dass das Gießkannenprinzip allein keine gute Antwort auf die Frage war, wie man am effektivsten die »Energie« einsetzen konnte, als die Brand das Stiftungsvermögen in Fuller-Perspektive betrachtete. 1971 diskutierte man, ob man das Geld eher für Direktmaßnahmen wie Lebensmittelhilfen und Projekte des »Sozialen Wandels« oder nicht doch besser für »Visionäre« ausgeben solle.[245] Dick Raymond etwa, eines der Stiftungsmitglieder, forderte, sich auf konkrete ökologische oder soziale Projekte zu konzentrieren »anstelle von dem, was Buckminster Fuller als ›der Technologie den Rücken stärken‹ bezeichnen würde«.[246]

Das wog auch deshalb schwer, weil es sich just bei Raymond um einen der wichtigsten Förderer Brands handelte. Dieser machte nie einen Hehl daraus, dass der *Catalog*, dessen Gewinne es nun zu reinvestieren galt, Gedankenspiel geblieben wäre ohne die Personalressourcen, die Produktionsmittel und die pädagogische Inspiration, von denen er an Raymonds Portola Institute hatte zehren können. Diese *Non-profit*-Bildungseinrichtung, die Raymond Mitte der 1960er Jahre in Menlo Park gegründet hatte und in der man sich für lebenslanges, selbstbestimmtes Lernen und für Didaktiken des Umgangs mit gesellschaftlichem Wandel interessierte, fügt sich nicht gut in die gängigen Darstellungen des Brand'schen Werks. Anders als es die gängige Aussteigererzählung will, war nämlich die Grenze fließend zwischen der Hippie- und der öffentlich mitfinanzierten kalifornischen Pädagogikszene, die sich ihrerseits der massiven finanziellen Aufstockung des Bildungssektors durch die Administration Lyndon B. Johnsons verdankte. Unabhängige Einrichtungen wie das Portola Institute experimentierten drittmittelfinanziert mit neuen pädagogischen Ansätzen, um diese dann Schulen und Colleges zu offerieren. Raymonds Institut entwickelte Curricula, Konzepte zur Lehrerausbildung, zum Einsatz von Computern und nicht zuletzt Rollenspiele. So hatte das Portola Institute auch eine »Simulationsabteilung«, die Lernspiele mit Namen wie »Microsociety«, »Atlantis« und »Survival« entwickelte.[247] Diese nun dürften

---

244 Report for 1973, SUL, M1441, Box 1, Folder 1/2.
245 Protokoll des Direktorentreffens, 7.12.1972, SUL, M1441, Box 1, Folder 1/3, S. 5.
246 Protokoll des Direktorentreffens, 6./7.2.1972, SUL, M1441, Box 1, Folder 1/3.
247 Broschüre des Portola Institute, 1968, SUL, M1237, Series I, Box 6, Folder 5.

eine wichtige Inspirationsquelle für jene Mischung aus Rollenspiel, Performance und Selbstfindungstrip gebildet haben, die Brand im Herbst 1969 (schon unter dem Einfluss seiner Ehrlich-Lektüre und der beginnenden Zielkrise) konzipierte – und die weit entfernt scheint vom Optimismus des *World Game*, das er zur selben Zeit mit Interesse beobachtete. Brands Empfänglichkeit für Weltdeutungen, die nicht eben gut mit jenen Fullers vereinbar waren, wird schon am Namen der Veranstaltung deutlich: Sie hieß »Liferaft Earth«. Nicht Fullers »Raumschiff«, sondern Garrett Hardins »Rettungsboot« wurde hier evoziert, in dem sich Crew und Passagiere dicht zusammendrängten, nachdem sie sich vom sinkenden Schiff gerettet hatten.

Das Konzept der »Hunger-Show«, wie Brand das Event auch nannte, war denkbar einfach: Freiwillige sollten eine Oktoberwoche lang unter freiem Himmel an einem öffentlichen Ort campieren, ohne Nahrung zu sich zu nehmen. Zur Show werde das Ganze durch eine offene Bühne mit Mikrofon und Lautsprecheranlage, auf der die Hungernden das Ereignis kommentieren konnten. Das Unterhaltungsprogramm, so die im *Catalog* abgedruckte Ankündigung gleichsam augenzwinkernd, werde sich aus dem »wachsenden Stress untereinander« ergeben.[248] Glaubt man dem in der folgenden Ausgabe abgedruckten Bericht, dann fanden sich am 11. Oktober 1969 knapp hundert TeilnehmerInnen auf einem (als »Spielfeld« vorgesehenen) Parkplatz in Hayward, einer im Südosten der San Francisco Bay gelegenen Stadt, ein.[249] Die angestrebte Symbolik war mithilfe eines hüfthohen, luftgefüllten Plastikschlauchs erreicht worden, der den Parkplatz umfasste und diesen somit zum »Rettungsboot« werden ließ, in dem man sich mit einem Film der UN zum Welthungerproblem aufs Thema einstimmte. Mit wackeliger Handkamera festgehalten wurde dies von dem schweizerisch-amerikanischen Fotografen und Filmregisseur Robert Frank. Dessen Film zeigt, wie die langhaarigen Hungernden Yogaübungen machten, zu Rockmusik tanzten, Flöte spielten und meditierten, wie sie sich darüber hinaus den Sinn ihres Tuns mit allerlei globalistischen Requisiten in Erinnerung hielten: mit einem Aufblasplaneten, der sogenannten *Earth Flag*, die die Erde auf blauem Grund zeigte, und einem *Star Spangled Banner*, an dem ein Pappskelett befestigt worden war. Ironischerweise gehörte der Filmemacher aber selbst bald nicht mehr zu den »Überlebenden« – wer das Fasten brach, musste das Rettungsboot verlassen, war also »gestorben«. Frank schämte sich aus dem *Off*, dass seine »guts« im doppelten Wortsinn nicht gereicht hätten und er nach dem ersten Regenschauer chinesisch essen gegangen sei. Wenn er nun mit *schlechtem Gewissen* weiterfilmte, dann war das aber nur *eine* Interpretation des Sinns der Strapazen, die die »Überlebenden« umtrieb. Betrachtete eine Teilnehmerin die Woche als Übung in Willensstärke, bemerkte eine andere, »with an empty stomach you can hear the ecological echo much better«, nicht ohne hinzuzufügen: »[F]asting is a good game. It is a lot of fun. I get pretty high and I feel pretty good, but for a lot of people being without food

---

248 *Difficult but Possible Supplement to the Whole Earth Catalog*, September 1969, S. 11.
249 O.A.: Liferaft Earth, in: *Whole Earth Catalog*, Januar 1970, S. 23–27, hier S. 25.

isn't a game and we're just trying to show people that«. Mehrere Befragte räumten ein, dass ihre Erfahrung nichts mit derjenigen von Hungernden zu tun habe, da man ja wisse, dass man jederzeit wieder essen könne.²⁵⁰ Der interessanteste Kommentar zu der Aktion im WEC-Bericht lautete denn auch: »The political/spiritual dichotomy was always present.« Selbst wenn sich dem die Versicherung anschloss, beide Perspektiven seien »wechselseitig beleuchtend, so interdependent wie das planetarische Lebenserhaltungssystem selbst«,²⁵¹ war doch klar: Während einige TeilnehmerInnen bewusstseinserweiternd *gefastet* hatten, hatten andere symbolisch-emphatisch *gehungert*.

Es sollte nicht unerwähnt bleiben, dass im *Catalog* auch Veröffentlichungen Paul Ehrlichs (der sich, wie geschildert, zum Kritiker der westlichen Konsumgesellschaft mauserte) zum Überbevölkerungsthema auftauchten, sowie eine Broschüre mit dem Titel »Sterilization«, die entsprechende Anlaufstellen verzeichnete. Brand und seine MitstreiterInnen legten also auch einen Zugang zu wissensbasierten Praktiken, die über die bloße Herstellung von »Öffentlichkeit« hinausgingen. Und so lassen sich am Beispiel der »Hunger-Show« semantische und praktische Verschiebungen in Richtung eines Ethos der Selbstbegrenzung ausmachen, die im Folgejahrzehnt weiter an Bedeutung gewannen – zum Entsetzen Fullers. Brands Lehrmeister sah sich in den 1970er Jahren zu Rückzugsgefechten gegen einen Diskurs über planetarische Grenzen gezwungen – und dadurch vom Versuch abgelenkt, die Bedienungsanleitung des »Raumschiffs Erde« zu entziffern. In einem Text, der auf die Ölpreiskrise 1973/74 anspielte, schrieb schließlich auch Brand: »American agribusiness requires 20 calories of fuel to produce one calorie of food (inverting the energy ration of early American – and present Chinese – food production).« Der Polizeistaat sei angesichts der Rationierungszwänge, die eine solche Ressourcenverschwendung nach sich ziehen werde, nicht fern. Es gelte daher, über »persönliche und lokale Unterstützungsstrategien« nachzudenken sowie über »Techniken der Freude an der Entsagung«.²⁵²

Das war dann schon Ergebnis eines Lernprozesses, den Brand und die Westküstenszene bezeichnenderweise im Ausland durchlebt hatten, nämlich auf der Stockholmer UN-Umweltkonferenz 1972. Brand und andere Mitglieder der Point Foundation sowie die dem WEC-Umfeld angehörenden UmweltaktivistInnen von der »Hog Farm« waren mit der Hoffnung in die schwedische Hauptstadt gereist, dort ein Politfest in »Woodstock«-Dimensionen zu feiern.²⁵³ Vor Ort angekommen, trafen die medienaffinen Kalifornier jedoch auf die viel politischeren Schweden. Beim gemeinsamen Versuch, Druck auf die Delegierten der Umweltkonferenz auszuüben, brachen Kernkonflikte des Globalismus aus, die bis zu Handgreiflichkeiten zwischen Ange-

---

250 *Liferaft Earth*, USA 1969, Regie Robert Frank (zugänglich auf der DVD: Robert Frank: The Complete Works Vol 1–3. Göttingen, 2008. Für den Hinweis auf den Film danke ich Sabrina Röstel-Kuchenbuch).
251 O.A., Liferaft Earth, S. 25.
252 Apocalypse Juggernaut, Hello, o.D. [1973], SUL, M 1045, Series 1, Box 24, Folder 8.
253 Report for 1973, SUL, M1441 Point Foundation records, Box 1, Folder ½.

hörigen des von den Amerikanern dominierten »Life Forum« und der schwedischen Gruppierung innerhalb des »People's Forum« führten. Den Auslöser dieser Konflikte kann man schon an den Namen der beiden Gruppierungen ablesen: hier der an Naturmystik grenzende Optimismus der Amerikaner, dort der Maoismus vieler skandinavischer Volksfrontler, die den »Ökozid« als Nebenfolge eines Kapitalismus anprangerten, der die »Dritte Welt« benachteiligte.[254] Brand persönlich übte später Selbstkritik: »I brought leftover 60's thinking and a lot of uninformed expectations of Europe.«[255] Wie viele andere Fuller-Anhänger war er sich – und das ist hier das Entscheidende, das Bezeichnende – in den 1970er Jahren gar nicht immer sicher, auf welcher Seite der Unterscheidung er sich befand, die er sich noch in Stockholm im Anschluss an einen Vortrag des amerikanischen Umweltaktivisten Peter Berg notiert hatte: »›One World‹ is bullshit, transnational Mock-up, says Berg. ›One Planet‹ is timeless, and grounded in each rooted experience.«[256] Brands Tagebuch ist deutlich die Erleichterung seines Verfassers darüber anzumerken, als er wenig später in den Schriften Gregory Batesons Inspiration fand, sich Gedanken zur »Koevolution« von Mensch und Natur – zu den Grenzbereichen von Informatik und Biologie – zu machen, mit denen sich Fullers Futurismus im *New Age*-Gewand wiederentdecken ließ.[257] Es dauerte nicht mehr lange, bis Brand eine Debatte über Weltraumkolonien vorantrieb, um Ende des Jahrzehnts als Fahrrad fahrender Berater des ersten umweltbewussten Gouverneurs Kaliforniens, Jerry Brown, Politik zu machen. Brand wurde offenbar besser darin, Widersprüche auszuhalten. Es ist *diese* Eigenschaft, weniger der Techno-Utopismus seiner Jugendjahre, die ihn in den 1990er Jahren zu jenem Internetunternehmer werden ließ, der hier nicht mehr interessieren soll.

6.6 Vervielfältigung, Verkleinerung, Verzettelung

Von Carbondale aus betrachtet, war die Welt 1969 noch in Ordnung. Buckminster Fuller stimulierte und kanalisierte eine Aufbruchsstimmung, deren vielversprechendste Exponenten – apolitische, doch engagierte, technikaffine junge Männer wie Youngblood, Kahn, Baldwin und Brand – sich um ihn scharten. Seine autobiografisch generierten »Prophetien« erschienen Fuller selbst umso glaubwürdiger, je mehr Menschen seinen Vorträgen lauschten, seine Bücher kauften und ihm Briefe schrieben. Aber auch die Daten- und Medienarbeit Fullers und seiner MitstreiterInnen ließ den Erwar-

---

254 Dazu Tord Björk: *The emergence of popular participation in world politics – United Nations Conference on Human Environment 1972*, Stockholm 1996 (Abschlussarbeit, Department of Political Science, University of Stockholm).
255 Protokoll des Direktorentreffens am 7.12.1972, SUL, M1441, Box 1, Folder 1/3, S. 7.
256 Tagebucheintrag vom 13.6.1972, SUL, M1237, Series II, Box 18, Folder 2.
257 Tagebucheintrag vom 30.3.1975, SUL, M1237, Series II, Box 18, Folder 4. Breiter zur Reaktion auf den Grenzdiskurs der 1970er Jahre in der Gegenkultur: McCray, *Visioneers*.

tungshorizont näher rücken, dass die kognitiven Fähigkeiten des Menschen nun immer schneller anwachsen würden. Das war eine Naherwartung, die sich aus dem Erfahrungsraum der Mondmissionen als spektakulärstem jüngsten technischen Fortschritt speiste. Diesen dachte Fuller ja seit rund 30 Jahren immer zugleich als räumliche Ausweitung des menschlichen Aktionsradius. Deshalb musste ihm die Raumfahrt – und mehr noch: die diese ermöglichenden Steuerungs- und Kommunikationstechniken – als Bestätigung seiner Weltdeutung erscheinen. Wenige Jahre später zeigte sich jedoch, wie groß der Erwartungsüberschuss gewesen war. Dabei waren es gerade die globalen Daten, auf deren Sammlung, Interpretation und Verbreitung Fuller den größten Teil seines experimentellen Lebens verwendet hatte, die seine Hoffnungen selbst für seine Anhänger plötzlich antiquiert erscheinen ließen. Sie lasen nun Fehlentwicklungen aus den Daten heraus, denen nicht großmaßstäbliche Anstrengungen zur Kurskorrektur, sondern Wertereflexionen und persönliche Umorientierungen folgen mussten, die Fuller indes als Resignation deutete. Was sich in der dargestellten vorsichtigen Distanzierung der *Domebook*-AutorInnen und in der Richtungskrise der Brand'schen Point Foundation im Kleinen ankündigte, das bildete für Fuller bald ein großes, weil für die Menschheit existentielles Problem.

Die Regeln des Spiels

Um die Fallhöhe zu vermessen, die Fuller zuvor erklommen hatte, hilft ein weiterer Blick auf die Geschichte des *World Game*, das nach dem Projekt in der Studio School keineswegs ausgespielt war. Tatsächlich zeichneten sich 1971 in Carbondale die langersehnten Fortschritte der automatisierten Datenverarbeitung und -darstellung ab, die für ein »richtiges« Spiel notwendig waren: Mit der SIU-Leitung verhandelte man (letztlich doch erfolglos) über den Erwerb eines 230.000 Dollar teuren Adage-Simulations-Computers. Dieser sollte das Herz eines eigens zu errichtenden »World Game Room« bilden, für den insgesamt eine Million Dollar benötigt wurde.[258] Angesichts solcher Kosten, auch der neuen Möglichkeiten zur Mitbenutzung der Rechenanlagen anderer Institutionen (»time-sharing«) und nicht zuletzt, weil kaum zu übersehen war, dass nicht nur das Fuller-Team an rechnergestützten Weltmodellen arbeitete, wie Tom Turner es auch dem SIU-Präsidenten schrieb,[259] setzte man verstärkt auf die Kooperation mit auswärtigen Computerexperten. Beispielsweise wurde für das Projekt »Fuller Percap« mit Softwarefirmen Kontakt aufgenommen: Man wollte herausfinden, wie man *Inventory*-Daten – etwa betreffs der weltweiten Anzahl von Telefonen seit 1880 – automatisiert als Diagramm darstellen könne.[260] Zu den intensiveren Kollaborationen gehörte die Zusammenarbeit mit der Wolf Research and Development Corporation

---

258 Siehe die Unterlagen in SUL, M1090, Series 18, Box 24, Folder 5, 21.
259 Turner an Delyte Morris, 19.11.1969, SUL, M1090, Series 18, Box, 25, Folder 11.
260 SUL, M1090, Series 18, Box 24, Folder 5, 21.

des Mathematikers und Unternehmers William (Bill) Wolf. Dass dessen Hilfe bei der Computerisierung des *World Game* ohne vorzeigbares Ergebnis blieb,[261] dürfte Fuller enttäuscht haben. Denn Wolf hatte bereits für die Air Force Wettervorhersagen erarbeitet; zudem war er in den späten 1940er Jahren an einem der computerhistorisch wichtigsten Projekte überhaupt beteiligt gewesen: dem *Whirlwind*-Digitalcomputer, den der Informatiker Jay Forrester am Massachusetts Institute of Technology für die US-Marine entwickelt hatte.[262] Dass *Whirlwind* ursprünglich für Flugbahnberechnungen eingesetzt werden sollte, war symbolisch von einiger Bedeutung für den ehemaligen »Ballistik«-Philosophen: Es ließ den Computer, den Wolf nach dessen Ausmusterung für einen symbolischen Betrag gemietet (und damit wohl auch für die Nachwelt gerettet) hatte, und den er nun Fullers MitarbeiterInnen leihweise überließ, als besonders geeignet erscheinen für ihr kompliziertes Georeferenzierungsvorhaben.[263] Angesichts der avisierten Simulationen durch möglichst viele *World Gamer* war aber auch das Eingabemodul des Rechners von größtem Interesse: Mit einem sogenannten »Pointer« konnte man auf einem Bildschirm Daten manipulieren. Es handelte sich um eine »Extension« ganz im Sinne Fullers.

Nimmt man die GlobalistInnen in Carbondale beim Wort, dann ging es bei der Kooperation mit Profis wie Wolf auch darum, die Entstehung inkompatibler Datenverarbeitungssysteme zu vermeiden. Aber es spielte sicher ebenso eine erste Ahnung mit hinein, dass nicht jede Weltsimulation zwangsläufig *optimistische* Schlüsse zulassen würde. Wolf indes schlug seinem ehemaligen Chef vor, selbst am *World Game* mitzuwirken. Man sei dabei, schrieb er an Forrester, »den Whirlwind mit Steuergeldern für eine Simulation der Welt zu nutzen, die den Weg zum Guten durch Technologie weist«.[264] Wolf wusste also offenbar nicht, dass Forrester zu diesem Zeitpunkt dabei war, sein ehemals zur Simulation der komplexen Interaktionen innerhalb von Firmen und anderen sozialen Systemen vorgesehenes Computerprogramm auf die »Weltdynamik« anzuwenden. Forresters »World2«-Modell bildete die Vorstufe des Simulationsprojekts von Dennis und Donella Meadows und ihren MitarbeiterInnen, aus dem

---

261 Immerhin gelang es mithilfe des Rechners, einzelne Bildpunkte auf einem Oszilloskop so anzusteuern, dass sich das in New York projektierte weltumspannende Energienetz auf einer stilisierten *Dymaxion Map* darstellen ließ. Siehe die Fotos in: World Game Computer Effort, 15.12.1970, SUL, M1684, Box 20064 sowie World Game Subroutine I, X-Y Location of a Geographic Point on Dymaxion Airocean Map by Computer Program, 1971, SUL, M1090, Series 2, Box 220, Folder 3, Dymaxion Chronofile, Vol. 409.

262 Wolf hatte auch Fullers Rede vor den Planern und Raumfahrexperten in Denver 1969 zugearbeitet. Der »computer programmer turned businessman« präsentierte dort ein Magnetband, das 15 Millionen Bits speichern konnte. World Game Comments, o.D. [1969], SUL, M1684, Box 1, 0036. Wolfs Nachlass bietet eine interessante Parallelüberlieferung zu den Konflikten, die in den 1970er Jahren über das *World Game* ausbrachen. Zu seiner Person zeitgenössisch: Ronald Bayley: Young Wizard of Computers, in: *Life*, 25.8.1964, S. 108–115.

263 Rechnung vom 20.1.1970, SUL, M1684, Box 2, 0053.

264 Wolf an Forrester, 13.12.1969, SUL, M1684, Box 1, 0044.

das wichtigste Produkt des Tragfähigkeits- und Schließungsdiskurses der 1970er Jahre hervorgehen sollte: *The Limits to Growth* legte dann aber alles andere als das kommende »Gute der Technologie« nahe.

Furcht vor Marginalisierung und Konkurrenz war aber nicht der einzige Grund für die intensivierte Arbeit an der Computerisierung des *World Game*. Je größer das öffentliche Interesse an der Simulation wurde, umso wichtiger schien es, die Datenmengen, die sich in Fullers Büro ansammelten, endlich zu durchdringen. Denn obwohl es nach außen hin als durchschlagender Erfolg dargestellt wurde, hatte Edwin Schlossbergs analoges *Game* 1969 intern ja auch gezeigt, wie groß das Risiko war, im Zahlenwust zu versinken, wenn den »Was wäre, wenn-Szenarien« ein funktionierendes »Informationsmanagementsystem« fehlte. Die manuelle Datenbearbeitung mithilfe von Tabellen, die im Seminarraum der Studio School die Wände bedeckt hatten, entwickelte rasch eine derartige Komplexität und eine solch gigantische Größe, dass von allgemeinverständlichen Ergebnissen kaum noch die Rede sein konnte.[265] Ein mit Fullers Arbeit vertrauter Planer schrieb 1970 an Wolf, das *World Game* – dem doch so viel Potenzial innewohne, aus dem »Umweltschlammassel« herauszufinden – drohe in einem »metaphysischen Sumpf« zu versinken. In Carbondale sei man wie gelähmt; die »schlechten Vibrationen« seien kaum zu ertragen; niemand erprobe tatsächlich Szenarien. Auch die *World Game*-Kontakte nach außen seien unter der Erwartung geblieben, weil sich kaum Computerkundige zur Mitarbeit meldeten. Selbst der unerschütterliche »Bucky« sei beunruhigt: So werde man nicht ernstgenommen.[266]

Fuller ließ in der Tat selten Zweifel an seiner Gewissheit erkennen, seine Überlegungen und Ideogramme würden – einmal ins massenmediale Bewusstsein der Welt eingespeist – geradezu zwangsläufig Dynamiken anstoßen, die zu Verbesserung des Lebens der gesamten Menschheit führen könnten. Noch 1967 hatte er in einer Art Glossar der für die »Designwissenschaft« zentralen Begriffe behauptet: »I do not mind if I am not understood as long as I am not misunderstood.«[267] Wenig später sah er sich aber doch gezwungen, richtige von falschen Anwendungen seiner »konzeptionellen Werkzeuge« zu unterscheiden. Im Juni 1970 fand am Boston College ein »World Game Seminar« statt, das sich rasch als das Gegenteil von dem erwies, was sich Fuller (der dem Seminar nur eine Stippvisite abstattete) darunter vorstellte. Die TeilnehmerInnen hatten sich nicht etwa der Arbeit an einem konkreten Lösungsvorschlag verschrieben, sondern ihrer Selbstverwirklichung. Anders als der von Schlossberg vergleichsweise stringent angeleitete (und *trotzdem* lähmungsanfällige) Workshop in New York hatte das Bostoner Treffen den Charakter eines *Encounters*, das gruppendynamische Prozesse in Gang setzte. Es kam denn auch zu hochemotionalen Auseinandersetzungen, in de-

---

265 Unbetitelte Denkschrift der World Game Computer Task Force, o.D. [ca. 1970], SUL, M1090, Series 18, Box 39, Folder 6.
266 Lee Hale an Wolf, 13.11.1970, SUL, M1684, Box 2 0061.
267 Buckminster Fuller: Design Strategy, in: *WDSDD* 5, S. 15–50, hier S. 42.

ren Folge die Mehrheit der TeilnehmerInnen absprang. Übrig blieb eine »Bewusstseinsgruppe«, die kaum über eine Diskussion der Implikationen des McLuhan'schen »globalen Dorfs« hinauskam, zumindest, wenn man Fullers Mitarbeiter Ed Hauben glaubt, der als Zaungast teilnahm.[268] Als einige Vertreter der Boston-Gruppe wenige Wochen später die SIU besuchten, traten die Grenzen des Kooperationswillens des Fuller-Teams klar hervor: Michael Murphy, einer der Initiatoren des Boston-Seminars, klagte im Anschluss an das Treffen gegenüber Turner, sie seien von den »harten Kerlen, den großen Jungs, den Führertypen« in Fullers Büro kühl, gar herablassend behandelt worden. Murphy schilderte Turner mit umso emotionalerem Ton die Altruismus weckende Erfahrung, die das Game für die »Boston-Familie« gewesen sei. Wenn er zudem von der Bewusstseinsvereinigung sprach, die sich infolge der Unternehmung ergeben hatte, versteht man, warum Turner das Schreiben mit der Randnotiz versah, dies sei ein exzellentes Beispiel für die »völlige Irrelevanz« der Gruppe um Murphy.[269]

In Carbondale bemühte man sich daraufhin, die Besucherbetreuung zu professionalisieren.[270] Aber der Geist war aus der Flasche: Im August war ein weiterer Workshop in San Francisco anberaumt worden. Dessen Programm lässt zwar auf eine straffere Organisation schließen, die vermeiden sollte, dass man sich nur mit zwischenmenschlichen Problemen beschäftige, wie der Veranstalter Terry Harms Fuller versicherte. Der fürchtete aber offenbar, dass der Ruf des *World Game* durch ein weiteres »nebulöses Kaffeekränzchen« dauerhaft Schaden nehmen könne. Die Alarmglocken in Carbondale läuteten umso schriller, als Harms Fuller mitteilte, er habe den Designer Charles Eames, den Kybernetiker Heinz von Foerster und den Komponisten John Cage als Gastredner gewinnen können.[271] Fuller schrieb daraufhin persönlich an diese prominenten Gäste, die Einladungen seien ohne sein Wissen ergangen. Er halte wenig von »labor-artigen Workshops wie diesem«.[272] Die Popularität der Idee des *World Game* eilte ihrer Realisierbarkeit jedoch immer weiter voraus. Dies erklärt auch das Dankschreiben, das Fuller wenig später an Gene Youngblood sandte: Dessen Artikelserie in der »L.A. Free Press« sei ein Gegengift gegen »›Pseudo-World-Gaming-Umwege‹, die die Arbeit, die ich seit vielen Jahren mache, massiv schwächen, wenn nicht völlig

---

268 Protokoll des Treffens, o.D. [Sommer 1970], Box 39, Folder 4.
269 Murphy wies darauf hin, man habe erst vor Ort in Carbondale davon erfahren, dass Fuller das Boston-*Game* als Desaster geschildert worden sei und überhaupt von der Existenz anderer WG-Gruppen gehört – das *World-Game*-Kommunikationsnetz blieb also zentralistisch. Interessant ist Murphys Beobachtung, Fuller ziehe sehr idealistische Leute an, die nach der Lektüre seiner Bücher oft so hart an (s)einer besseren Welt arbeiteten, dass sie deren Realisierung selbst im Weg standen, weil sie nichts aus der Hand geben konnten. Es dürfe aber nicht sein, dass einige Experten die Regeln des Spiels in Stein meißelten. Murphy schloss entsprechend mit der Forderung nach mehr Transparenz und gleichem Zugang zu Fullers Daten. Er betonte trotzig, seine Gruppe werde *ihr World Game* nun erst recht fortsetzen: Murphy an Turner, 1.9.1970, SUL, M1090, Series 18, Box 39, Folder 4.
270 Presentation, o.D. [ca. 1970], SUL, M1090, Series 18, Box 24, Folder 14.
271 Harms an Fuller, 24.8. und 9.1970, SUL, M1090, Series 2, Box 207, Folder 3, Dymaxion Chronofile, Vol. 389.
272 Fuller an von Foerster, 14.9.1970, SUL, M1090, Series 2, Box 207, Folder 3, Dymaxion Chronofile, Vol. 389.

kastrieren [emasculating]«.²⁷³ Dieser »Schwächung« versuchte Fuller selbst mit einem Rundbrief an alle *World-Game*-Interessenten Einhalt zu gebieten, in dem er betonte, bei dem Spiel handle es sich um einen »genau definierten Prozess der Design-Wissenschaft« mathematischer Art, der nicht ohne »besondere Erfahrung oder Vorbereitung« initiiert werden dürfe: »[I]ndividuals not properly led by myself soon become aware of their own inadequacy of experience and thought and become deeply and completely involved in self-examination with all its truthful and comprehensive thinking«. So wichtig derlei »Exkursionen in Richtung Selbstanalyse« seien, so das Schreiben, sie blieben doch Umwege auf dem Weg zum eigentlichen Spiel.²⁷⁴

Die Öffentlichkeitsarbeit für das *World Game*, die Fuller mittels seiner Publikationen vorantrieb, war also zweischneidig. In dem Moment, in dem seine Ideen, Konzepte und Medien ihre weiteste Verbreitung fanden oder zumindest auf die aufnahmebereitesten Geister trafen, zeigte sich, dass sie keineswegs zwangsläufig jene positive Entwicklung beschleunigten, die Fuller anzustoßen hoffte. Es wäre aber falsch, die Nabelschau, auf die ein unautorisiertes »World Gaming« hinauszulaufen schien, nur auf eine eskapistische, therapeutisch geprägte Selbstbezüglichkeit der Gegenkulturen um 1970 zurückzuführen. So waren die Aneignungen des *Games* schon in der schillernden Haltung Fullers zur demokratischen Partizipation an Planungsprozessen angelegt. Diese Ambivalenz wirft ein Licht auf Legitimationsprobleme des Machbarkeitsdenkens, die an der Wende zu den 1970er Jahren unübersehbar wurden. Letztlich manifestierte sich in den Umdeutungen des *Games* eine Selbstkritik, die aus einer anderen, pessimistischen Lesart *globaler Daten* entsprang – einer Lesart, mit der just jene Futurologenkonkurrenz an die Öffentlichkeit ging, die Turner so beunruhigte.

Fuller vs. Malthus

Es ist immer ein Indiz für die Bedeutung, die Fuller bestimmten Personen beimaß, wenn er sie in seinen ununterbrochenen, dabei fortwährend modifizierten Kommentar zur eigenen Biografie einbaute. Ab Mitte der 1960er Jahre erzählte Fuller gerne, wie ihm ein Onkel Thomas Malthus' Theorem erklärt habe, das Nahrungsmittelangebot wachse grundsätzlich linear, Bevölkerungen jedoch exponentiell, was zu schmerzhaften Anpassungen führen müsse. Das habe ihn schon als Knabe nicht überzeugt und seine Erfahrungen seitdem (die Fuller ja als Beweis eines immer rasanteren Ephemeralisierungsprozesses ins Feld führte) bestätigten, dass seine Intuition richtig gewesen sei.²⁷⁵ Die Beiläufigkeit, mit der Fuller »Malthus« zurückwies, lenkt davon ab, dass dieser

---

273 Fuller an Youngblood, 13.10.1970, SUL, M1090, Series 2, Box 209, Folder 7, Dymaxion Chronofile, Vol. 392.
274 Fuller u.a., *The World Game*, S. 5.
275 Vgl. Fullers Keynote Address zur Vision 65-Konferenz, Oktober 1965, SUL, M1090, Series 2, Box 188, Folder 7, Dymaxion Chronofile, Vol. 352.

nur die Chiffre für eine Gegenwartsdiagnose war, gegen die Fuller in den letzten zwei Jahrzehnten seines Lebens ankämpfen sollte, weil diese – weit mehr als marginale studentische Gruppen – sein Lebenswerk zu korrumpieren drohte. Wenn Fuller seine Nemesis der Vergangenheit entsteigen ließ, dann sollte das *zeitgenössische* Theorien »alt aussehen« lassen. Er wollte Denker wie Garret Hardin, Kenneth Boulding und Paul Ehrlich gar nicht erst zu *Sparring*-Partnern aufwerten.[276] Er konnte aber nicht verhindern, dass Werke dieser Autoren besonders großen Eindruck auf jene Kreise machten, die am empfänglichsten für seine Ideen waren, ja, dass er diese Kreise mit seinem datengestützten Welt-Design geradezu auf die globalen Grenzdiskurse vorbereitet hatte. 1969 sah er sich zum ersten Mal genötigt, die eigenen MitarbeiterInnen mit einer Ansprache gegen den »Mythos der Bevölkerungsexplosion« zu immunisieren, woraufhin diese sich die Bekämpfung des Malthusianismus unter ihren Generationengenossen auf die Fahnen schrieben.[277] So enthielt ein Fuller-Themenheft von »Architectural Design« drei Jahre später (neben der üblichen Collage von Fotos seiner Bauten und Erfindungen) einen von Michael Petera verantworteten Info-Text zum *World Resources Inventory*. Petera betonte darin, es sei bei Weltsimulationen zentral, nicht von einer »Weltressourcenknappheits«-These auszugehen, sondern vom »inhärenten Erfolgsmechanismus« der Menschheit.[278] Das *World Game*, hieß es in einer internen Denkschrift, lehre »intelligente Amateure [...] innerhalb einer Woche simulierter Designrevolution«, die »Malthusianische Doktrin « zu widerlegen.[279]

Es war aber nun immer öfter Fuller, der in die Defensive kam, weil er als Vertreter des *status quo*, gar als Realitätsverweigerer, erschien, obwohl auch er mittlerweile von »kritischen Momenten« sprach.[280] So sandte ein gewisser Keith Lampe Fuller nach Erscheinen eines Interviews mit dem »Playboy« 1970 einen Brief, in dem es hieß:

> Dear R. Buckminster Fuller, do you know Playboy magazine is using you as an excuse for continuing a heavy emphasis on consumer goods? That you're our greatest obstacle to convincing people that the planet's biological limitations are very significant for our immediate futures? The most elegant defense against a sense of emergency is Fuller's techno-optimism. We admire you & we'd like to hear from you.[281]

---

276 In seinen Unterlagen nahmen die Tragfähigkeitstheoretiker umso größeren Raum ein: Siehe die Kopien von Texten Kenneth Bouldings in SUL, M1090, Series 2, Box 188, Folder 7, Dymaxion Chronofile, Vol. 352.
277 Buckminster Fuller: Myth of the Population Explosion, in: Fuller u.a., *The World Game*, S. 160.
278 Michael Petera: World Resources Inventory, in: *Architectural Design* 27 (1972), S. 757–758, hier S. 757.
279 Explanation of Intention of World Game, definition of whole operation, November 1970, SUL, M1090, Series 8, Box 77, Folder 15.
280 Richard Buckminster Fuller: The Earthians' Critical Moment, in: *New York Times*, 11.12.1970.
281 Lampe an Fuller, 25.9.1970, November 1970, SUL, M1090, Series 2, Box 209, Folder 3, Dymaxion Chronofile, Vol. 392.

Ein Artikel, den der Futurologe C. P. Wolf im Jahr darauf im »Bulletin« der World Simulation Organization zu einem *World Game* veröffentlichte, das an der Brown University in Rhode Island veranstaltet worden war, problematisierte konkret die Prämisse des *Game*, der gesamten Menschheit ein am amerikanischen Lebensstandard bemessenes Dasein zu ermöglichen. In einer überbevölkerten Welt müsse *Recycling* das Ziel sein, nicht weiteres Wirtschaftswachstum. Wolf wies überdies darauf hin, dass jeder entsprechende Plan zu seiner Realisierung einer Form der »Verhaltenskontrolle« bedürfe, was im *World Game* ausgeblendet werde. Immerhin lade der »Physikalismus« des Spiels zu Berechnungen ein, die moralische Entscheidungen auf eine rationalere Basis stellen könnten: »[I]t forces us to conceive value alternatives on the *same* scale of measurement.«[282] Ab 1970 wurde also immer deutlicher, dass die *World Gamer* sich einer Positionierung gegenüber der Forderung, die globale Ressourcensituation als Verteilungsfrage zu interpretieren, nicht mehr entziehen konnten, wenn sie sich nicht ins Abseits manövrieren wollten. Ein Artikel, den Medard Gabel zu einem dem Thema »Mensch und Umwelt« gewidmeten Heft der Zeitschrift »Illinois Education« beisteuerte, präsentierte das *World Game* zwar optimistisch als eine Mischung aus einem »[p]raktischen Werkzeug für das Raumschiff Erde« und einer »Lernumgebung«. Das stand aber in auffälligem Kontrast zu dem pessimistischeren und moralisierenden Tenor der anderen Beiträge. In einem Text zum *Earth Day* etwa hieß es, »unser Land beraubt ärmere Nationen und noch ungeborene Generationen«, während ein weiterer Artikel zwar dieselbe Metapher bemühte wie Gabel, aber mit entgegengesetzter Implikation: Der Artikel »Spaceship Earth: our survival« machte mit einer Fotomontage auf, die in eine Sardinendose gezwängte Menschen vor einem Sternenhimmel zeigte. Er interpretierte die »Apollo«-Mission als Rückbesinnung auf die Tatsache der Fragilität der Erde, wies auf die DDT-Problematik hin, zitierte wiederholt Paul Ehrlich und schloss mit dem Satz: »There is still time, but each person must do his part if the job is to be done. We as adults need to sacrifice today to build a world that will be safe for our children tomorrow.«[283]

Verkleinerung: Von der Arena zum Set

Von individuellen Opfern war bei Fuller nie die Rede. Aber Anfang der 1970er Jahre befassten seine MitarbeiterInnen sich verstärkt mit der Frage, wie man Individuen auch jenseits der politischen Entscheidungszirkel und Technik-Avantgarden adressieren könne. Das war indes weniger ein systematisches Anliegen als eine fast widerwillige

---

282 C.P. Wolf: Brown World Game, in: John McLeod (Hg.): *Simulation in the Service of Society*, o.O. 1971, S. 3 [Hervorh. im Original]

283 Medard Gabel: The World Game. Practical tool for Spaceship Earth and relevant processes for education: their Symbiosis, in: *Illinois Education* 33 (1970) H. 2, S. 63–65; o.A.: Earth Day – The Beginning, in: ebd., S. 56–57, hier S. 56; K. Richard Johnson: Spaceship Earth: our survival, in: ebd., S. 58–62, hier S. 62.

Reaktion auf den sich abzeichnenden Trend zur Selbstreflexion. Zunächst hatte Fullers Büro auf die wachsende Zahl von Zuschriften von *World Game*-Interessenten und die Gründung von Gruppierungen wie der »Spaceship Earth Design Science Exploration Extension Crew« in Edmonton, Alberta, mit der Warnung reagiert, kein großangelegtes Spiel ohne Beteiligung eines Angehörigen seines Teams anzugehen. Aber mittlerweile war anderen Akteuren in Carbondale klargeworden, dass man die Eigendynamik des *World Game* besser kanalisierte als stoppte. In nahezu allen an potenzielle *World Gamer* gerichteten Veröffentlichungen hieß es fortan, es sei zentral, dass das Spiel erst nach Lektüre von Fullers Büchern und unter Nutzung von Fullers Karten gespielt werde. Andernfalls, so etwa Turner, sei die Gefahr zu groß, dass das *Game* zum Einfallstor just der unproduktiven politischen Lagerkämpfe werde, die es, korrekt umgesetzt, ja gerade eliminieren solle. Auch das dem *World Game* gewidmete WDSDD war, wie angedeutet, mindestens ebenso eine Anleitung zum Selberspielen wie ein Bericht über ein gelungenes *Game*, das es im Geiste *nach*zuspielen galt. Allein die Ausstattung, die diesem Dokument zufolge für ein »richtiges« *Game* benötigt wurde, dürfte eher zu letzterem gedrängt haben: »Plenty of blackboards, wall space, and bulletin boards [...] 16-mm movie projector with screen. Telephone. Xerox. Micro-fiche reader and printer Cassette tape recorder players. Video-tape recorder and player. Typewriter. Computer access [...] Library: documents, Dr. Fuller's books, reprints, tapes, films, World Game related books and articles, micro-fiches.« Es war allerdings auch die Rede von einem »World Game Programm-Bausatz zur Initiierung einer World Game-Erweiterungs-Studiengruppe«. Dieses »Minimalpaket«, das man für 50 Dollar erwerben konnte, hatte das Team um Turner und Medard Gabel offenbar aus verschiedenen, in Carbondale vorhandenen, Infomaterialien zusammengestellt. Es enthielt neben den anderen *Documents* einige Sonderdrucke von Zeitschriftenartikeln, Fullers *Operating Manual*, eine Liste seiner Publikationen, drei *Dymaxion Maps* sowie ein Set »Ressourceninventar-Dias«.[284] Der Versuch, dem Scheitern des *World Game* am eigenen PR-Erfolg entgegenzuwirken, führte also zu seiner Verkleinerung. Die stadiongroße Arena, die Fuller 1964 vorgeschwebt hatte, war kaum ein halbes Jahrzehnt später zum Stuhlkreis geschrumpft. Das gigantische Computerdisplay ersetzten ein Stapel Kopien und einige Dias. Aus dem Eingabeterminal wurde ein Satz Filzstifte.[285]

Allerdings wäre es verkürzt, in dieser Anpassung des *Game* nur einen Verzweiflungsakt zu sehen. Zumindest an den MitarbeiterInnen Fullers dürfte die Tendenz zur Verkleinerung (oder vielleicht besser »Reskalierung«) nicht vorbeigegangen sein, die mit der Selbstermächtigungsabsicht von Gegenkultur-Machern wie Brand und Baldwin einher-

---

284 Fuller u.a., *The World Game*, S. 3, 181f.

285 Listen zeigen, dass man wiederholt überlegte, was als Minimalausstattung des *Game* gebraucht wurde: Youngbloods Artikel aus der »L.A. Free Press« gehörten dazu, aber auch Kopien von Datenquellen wie einem »UN Statistical Report«, die erwähnte Anleitung »How to display data«, sowie eben farbige Filzstifte – all das, so die Berechnung, sollte Interessenten nicht mehr als 35 Dollar kosten, o.D. [ca. 1971] SUL, M1090, Series 18, Box 39, Folder 7.

ging. Es ist überhaupt eine außerhalb der Computer- und Architekturgeschichte bislang wenig erforschte Tatsache, dass um 1970 viele Dinge plötzlich *klein* wurden, gerade *weil* man persönlich auf das große Ganze Einfluss nehmen wollte. Staatliche Institutionen wurden genauso als autoritär kritisiert wie die in den 1960er Jahren noch so populären Großsiedlungsstrukturen. Wirtschaft und Technik sollten dem »menschlichen Maßstab« entsprechen. Die vielgepriesenen »angepassten Technologien« sollten nicht nur in ihren Folgen etwa für das Ökosystem, sondern auch in ihrer Handhabung beherrschbar bleiben. Gerade für Akteure, die unter dem Einfluss der medienoptimistischen Diskurse der Zeit um 1965 standen, verlagerten sich manche utopischen Überschüsse auf die partizipatorischen Potenziale der Vernetzung mithilfe von »personalisierten« Endgeräten. Wenn das Motto des Versuchs, »das Leben in angemessenen Proportionen zu reskalieren«, also »global denken, lokal handeln« war,[286] dann kann nicht überraschen, dass sich auch die ohnehin als »Werkzeuge« interpretierten Fuller'schen Denkhilfen auf ein Maß verkleinerten, das möglichst vielen Interessenten bequem per Postversand zugestellt werden konnte. Tatsächlich hatte Fuller der Firma Honeywell 1967 die Lizenz erteilt, die zuvor durch die »Student Publications« des South Carolina State College vertriebene *Dymaxion Map* durch eine »Punch-Out-Map« kleineren Formats zum Preis von einem Dollar zu ergänzen. Sie wurde zum Bestseller.[287]

Zersplitterung: Das *World Game* als »Franchise«-Modell

Fullers MitarbeiterInnen sandten also immer weniger spektakuläre, dafür umso häufiger von didaktischen Anweisungen begleitete Medien an einen wachsenden Kreis von Individuen. Damit machten sie erste Schritte in Richtung einer selbstständigen Existenz als Anbieter von »globalem« Lernen. Das öffnete Auswege, als um 1970 ihre Situation in Carbondale prekär wurde. In diesem Jahr nämlich wurden Fullers Privilegien an der SIU überprüft. Fuller hatte infolge seiner wachsenden Prominenz in den späten 1960er Jahren als »Aushängeschild« der Designfakultät eine *Carte Blanche* genossen. Seine langen Abwesenheiten waren geduldet worden. Er konnte sein stetig wachsendes Weltdatenverzeichnis und sein ebenso schnell anschwellendes Privatarchiv an der SIU lagern, durch einen Archivar betreuen und teils auf Mikrofiche verfilmen lassen. Aber Fullers Verhältnis zur Universität verschlechterte sich, als er sich weigerte, an der Disziplinierung von Studierenden und Teilen der Mitarbeiterschaft mitzuwirken, die Protestaktionen sowohl gegen die Universitätsleitung als auch gegen den Vietnamkrieg durchgeführt hatten.[288] Fuller kritisierte im Gegenteil intern, dass

---

286 Crowley, *Looking Down*, S. 261.
287 Sale and Distribution of Fuller's books and maps, 30.9.1970, SUL, M1090, Series 2, Box 26, Folder 4, Dymaxion Chronofile, Vol. 505.
288 Transcript of Fuller meeting with Medard Gabel in Pacific Palisades, 1982, SUL, M1090, Series 2, Box 477, Folder 6, Dymaxion Chronofile, Vol. 811, S. 5; vgl. auch Krausse, Vorschule, S. 288.

die Universitätsleitung mit den Ruhestörern ungeschickt umging. Offenbar fiel das auf ihn zurück, als Delyte Morris 1970 sein Amt abgab. Es war schon zuvor nicht ohne Neid registriert worden, dass Fuller viele kostspielige Projekte nur dank seines direkten Drahts zum Universitätspräsidenten hatte umsetzen können.²⁸⁹ Nun aber schloss sich der Geldhahn, was auch bedeutete, dass Fullers Dateninventar vorübergehend in die Universitätsbibliothek eingegliedert wurde.²⁹⁰ Fuller wurde zwar erst 1975 offiziell emeritiert, doch dürfte er bereits seit 1972 nur noch pro forma (offiziell: als »Berater«) für die SIU tätig gewesen sein. Er verlegte seine Basis nach Philadelphia, wohin er von einem Konsortium aus Colleges und Universitäten als »World Fellow in Residence« berufen worden war. Es handelte sich um eine eigens für ihn geschaffene Position, die bald institutionell ans University City Science Center in der zentral gelegenen Market Street angebunden wurde. Die Einrichtung dürfte Fuller gefallen haben als Versuch, durch räumliche Nähe Synergien zwischen Unternehmen und universitären Forschungseinrichtungen zu fördern. Schon im Vorfeld der Verlagerung des Büros an die Ostküste war es allerdings zu sozialen Abspaltungen gekommen. Wenn in Philadelphia das Design Science Institute (DSI) und auch ein World Game Institute entstanden, dann war letzteres schon eine Reaktion auf vorangegangene Ausgründungen einzelner *World Game*-AktivistInnen.²⁹¹ Als erster hatte Medard Gabel Carbondale verlassen. Er gründete 1972 in New Haven, Connecticut, gemeinsam mit einem neuen Mitstreiter, Howard Brown, das Unternehmen Earth Metabolic Design. Es spezialisierte sich auf die Ausrichtung von *World Game Workshops*, die – bald unter Bezugnahme auf die Ölpreiskrise 1973/74 – verschiedene Energieszenarios durchspielten. Diese waren auch Gegenstand von Gabels mit vielen Infografiken und einem Nachwort Stewart Brands versehenen Buch *Energy, Earth, and Everyone*.²⁹²

Fuller erschien das als Vertrauensbruch, ja sogar als Datendiebstahl.²⁹³ Dies wird an einem Dokument deutlich, das zugleich einen der seltenen Belege für den Umstand darstellt, dass Fuller sehr wohl Rückschläge in seinem Leben registrierte, die nicht zu dessen teleologischer öffentlicher Inszenierung passen wollten. Nur wenige Monate vor Fullers Tod im Frühjahr 1983 kam es zu einer Aussprache mit Gabel, die auf Tonband aufgezeichnet wurde und als Transkription in Fullers Nachlass überliefert ist. In diesem Gespräch erinnerte Fuller sich schmerzlich des Fortgangs zunächst McHales,

---

289 Klaus an Fuller, 27.7.1969, SUL, M1090, Series, 18, Box 24, Folder 4.
290 Chu, Mausoleum, S. 20. Eine Liste deutet auch auf einen ungewöhnlich großen Mitarbeiterstab hin: Allein das *World Game* war Anfang der 1970er Jahre auf 14 Personen angewachsen. Es verfügte über drei Schreibkräfte, einen eigenen Kartengrafiker und einen Statistiker. Fuller bezahlte aber nur ein Drittel der insgesamt 28 Menschen, die an seinen Projekten arbeiteten, aus eigener Tasche, den Rest finanzierte die SIU: Staff Members, o.D. [1973], SUL, M1090, Series 2, Box 26, Folder 4, Dymaxion Chronofile, Vol. 505.
291 Bill Wolf und Neva Kaiser, World Game Proposal, 26.1.1974, SUL, M1684, Box 4, 0136.
292 Gabel, *Energy*.
293 Fuller an Gabel, 5.7.1982, SUL, M1090, Series 2, Box 463, Folder 5, Dymaxion Chronofile, Vol. 794.

dann Turners, die Unterlagen aus dem *Inventory* mitgenommen hatten, während er Gabel sein »Energiegeschäft« überlassen habe. Der verteidigte sich, indem er betonte, »Bucky« habe sein Leben verändert, weshalb er gar nicht anders habe handeln können als selbst weiterzumachen angesichts seiner damaligen finanziellen Situation als freier Mitarbeiter Fullers. Gabel erinnerte zudem daran, wie unproduktiv dessen SIU-Büro Anfang der 1970er Jahre gewesen sei, auch, weil das *World Game* in personeller Hinsicht zu einem ständigen Kommen und Gehen geführt habe. Konzentrierte Arbeit sei so unmöglich gewesen und das habe in ihm den Entschluss reifen lassen, das *Game* »tighter« zu machen, indem er sich selbstständig machte.[294]

»Tight«, also »dicht«, »stramm« oder »streng«, musste das *World Game* aber nicht zwangsläufig im Sinne Fullers sein. Das zeigen die vielen sehr viel kleineren Spiele, die Valentine R. Winsey ausrichtete, eine der TeilnehmerInnen an Schlossbergs New Yorker Workshop, die mittlerweile Assistenzprofessorin am kriminologischen John Jay College in New York war. Winsey war 1972 mit der Bitte an Fuller herangetreten, sich als »World Game-Lehrerin« selbstständig machen zu dürfen,[295] die er wohl gewährte, weil keine Nabelschau zu drohen schien. Denn den TeilnehmerInnen von Winseys *Game* wurden klar umrissene Aufgaben zur Lösung der Menschheitsprobleme gestellt.[296] Tatsächlich erläuterte Winsey ein Jahr später bei einem Vortrag auf der Jahrestagung der American Association for Higher Education in Chicago, dass Fullers Spiel eine bessere kognitive Orientierung in der Welt fördere. Auch trage es zur »Revitalisierung« des Fragenstellens im Angesicht großer Informationsmengen bei, die man mithilfe eigener Visualisierungen bewältige. Indem die TeilnehmerInnen »Daten auf das große ›Spielbrett‹ – die Dymaxion-Weltkarte – übertragen«, entstehe ein »kumulatives und grafisches Bild dahingehend, wo unsere Rohstoffe gegenwärtig zu finden sind und wie sie distribuiert werden können«.[297] Bemerkenswert sind aber die sekundären Effekte dieser Praxis, die Winsey vor der Lehrerorganisation herausstrich, indem sie aus schriftlichen Evaluationen einiger TeilnehmerInnen zitierte: »The potential of such insight for inducing them to examine their own basic assumptions about themselves, humanity, their world and other vital concepts can hardly be assessed.«[298] Je weiter sich das *Game* also vom harten Kern um Fuller entfernte, umso weniger ging es um globale Planung oder zumindest deren öffentlichkeitswirksame Aufführung. Winseys SchülerInnen waren nach dem Spiel postnational gesinnt, engagierter, informierter, aber eben auch bereit zu Verhaltensänderungen, wenn nicht zum Verzicht auf einen Teil ihres materiellen Wohlstands. Das mag die Weltkarte der Balancierung der »Nähr-

---

294 Transcript of Fuller meeting with Medard Gabel in Pacific Palisades, 1982, SUL, M1090, Series 2, Box 477, Folder 6, Dymaxion Chronofile, Vol. 811, S. 4, 5, 8.
295 Winsey an Fuller, 7.5.1972, SUL, M1090, Series 18, Box 39, Folder 18.
296 Report on an educational experiment based on R. Buckminster Fuller's »World Game«, 1.5.1973, SUL, M1090, Series 18, Box 39, Folder 16.
297 World Game: An Education in Education, 12.3.1973, SUL, M1090, Series 18, Box 32, Folder 5, S. 8.
298 Ebd., S. 12.

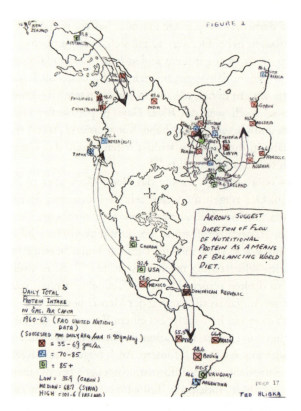

Abb. 6.11: Globale Umverteilung auf der *Dymaxion Map*, 1973.

stoffflüsse« zeigen, die einer von ihnen gezeichnet hatte (Abb. 6.11. Sie ist auch auf dem Cover meines Buches abgebildet). Unter der Hand hatte sich selbst in ein semi-offizielles *World Game* eine Didaktik der globalistischen Umverteilung eingeschlichen.

Das *World Game*, das noch Ende der 1960er Jahre als wissenschaftliches Weltgestaltungsverfahren verstanden worden war, war wenige Jahre später für manche seiner Multiplikatoren etwas völlig anderes geworden: eine pädagogische Methode, mit der man in »ganz normalen Leuten« weniger ein Machbarkeitsbewusstsein als ein globalistisches Ethos herausbilden konnte – ein Ethos, das durch just die Nullsummengleichungen nötig zu werden schien, die Fuller selbst ablehnte. Dieser Prozess verlief allerdings alles andere als zielgerichtet und nicht konfliktfrei. Er war erst nach Fullers Tod 1983 abgeschlossen. Wie ich noch zeigen werde, war das insofern tragisch, als mit der Theorie der »Nachhaltigkeit« kurz darauf die Vervielfältigung des Planeten zurückkehrte (wenn auch unter dem Vorzeichen des »Multikulturalismus«). Eher ironisch mutet die Tatsache an, dass Fuller in genau dem Moment, in welchem er gegen die unautorisierten *World Games* anschrieb, gewissermaßen mit der eigenen Waffe geschlagen wurde, bevor er sie überhaupt selbst ins Feld führen konnte: Der ursprünglichen Idee vom *World Game* als *computergestützter* Intervention in die Zukunft versetzte der Club-of-Rome-Report zu den »Grenzen des Wachstums« den Todesstoß – dessen Weltmodell ausgerechnet Jay Forrester konzipiert hatte, der ehemalige Chef von Fullers Computer-versiertestem Mitstreiter Bill Wolf.

Verzettelung: »The Limits to Growth« und die Wertfrage

Die öffentliche Wirkung der Club-of-Rome-Studie ist von der Forschung hinreichend dokumentiert.[299] An dieser Stelle soll nur der Schaden bemessen werden, den sie im Fuller-Team anrichtete, das diesen keineswegs kommen sah. Brendan O'Regan, zu diesem Zeitpunkt als Koordinator des Teams in Carbondale tätig, übersandte Fuller 1971 eine Kopie eines »Playboy«-Artikels zu dem Weltmodell der Forschergruppe am Massachusetts Institute of Technology. Der Artikel war zwar versehen mit dem Kommentar: »Malthusian assumptions abound + the conclusions are therefore only to be expected«. O'Regan fügte aber hinzu: »It could be said that the whole article [...] may very well increase both the interest and demand for a functioning World Game operation.«[300] Eine solche Ausweitung der Nachfrage nach dem *World Game* liege schon deshalb nahe, weil das MIT-Weltmodell mit dem gleichen Zahlenmaterial gespeist werde, das man in Carbondale selbst benutze, so O'Regan. Er hatte in dem Artikel auch einige Kurvendiagramme markiert, die die Testläufe illustrierten, die das Meadows-Team seinen Computer hatte durchführen lassen. Sie wiesen in der Tat bemerkenswerte Ähnlichkeit mit den Diagrammen auf, die Fullers MitarbeiterInnen erstellten.[301] Aber O'Regan hatte auch einen Satz unterstrichen, der das exakte Gegenteil dessen konstatierte, was Fuller seit den 1940er Jahren predigte: »It is impossible for every citizen of the world alive today to enjoy the standard of living that has been taken for granted in the West.« Tatsächlich schien die unerwartete Resonanz des im Jahr darauf publizierten Berichts die Chancen, öffentlichkeitswirksam eigene, optimistischere Blicke in die globale Zukunft zu werfen, dann aber eher zu verringern. Denn dieser nannte Fuller wie angedeutet als einen jener Denker beim Namen, die die bisherigen Erfolge der Menschheit bei der technischen Überwindung der »von Bevölkerung und Wirtschaft gesetzten Grenzen« auf geradezu naive Weise deuten.[302] Zwar betrachteten Fuller und sein Team dies zunächst als Herausforderung, das Gegenteil zu beweisen. Aber bald mussten sie damit umgehen, dass im Verlauf der Debatte über die »Grenzen des Wachstums« nicht nur die globale Unerreichbarkeit des westlichen Lebensstandards zum Axiom wurde, sondern auch der Sinn dieses »materialistischen« Ziels selbst in Frage gestellt wurde. *The Limits to Growth* zwang die *World Gamer* infolgedessen zu »Werte«-Reflexionen, denen sie nicht gewachsen waren.

---

299 Elke Seefried: Towards the Limits to Growth? The Book and its Reception in West Germany and Britain 1972–73, in: *German Historical Institute London Bulletin* 33 (2011), S. 3–37.
300 O'Regan an Fuller, o.D. [ca. Juni 1971], SUL, M1090, Series 18, Box 8, Folder 3.
301 Darauf weist hin: Vagt, Fiktion, S. 128.
302 Meadows, *Grenzen*, S. 116f.

Das zeigte sich, als mit Fullers Umzug nach Philadelphia und der Gründung des DSI im Jahr 1972 neue MitarbeiterInnen zu seinem Team stießen und ein Komitee bildeten, das die zersprengten *World Game*-Aktivitäten koordinieren sollte. Es war insbesondere Neva Kaiser, die das Spielkonzept – das ihr unter »zu viel Gerede« zu leiden schien – zu verstehen versuchte, und vielleicht mehr noch: die komplexen sozialen Beziehungen, die es bereits umrankten.[303] Als sie dabei auf O'Regans Entwurf einer Rezension des Club-of-Rome-Reports stieß, erkannte Kaiser aber auch eine der Ursachen dafür, dass das *Game* noch nie durchgespielt worden war. O'Regan kritisierte Forresters Weltmodell nämlich inzwischen dafür, dass es die Variable »Ephemeralisierung« nicht berücksichtige. Es schien ihm (nicht ganz unrichtig) systematisch die Tatsache auszublenden, dass Zahlen etwa zu urbaren Agrarflächen infolge künftiger technischer Fortschritte rasch obsolet sein konnten oder dass die Verfügbarkeit mancher Rohstoffe durch verbessertes Recycling massiv steigen könne.[304] O'Regan empfand es als geradezu unwissenschaftlich, dass man die Welt der Zukunft also unter Ausblendung von Fullers Technik-Telos simulierte. Für ihn fehlte im Forrester-Modell die entscheidende, exponentielle Kurve, die das grenzenlose Wachstum garantieren würde. *Kaiser* indes dämmerte, dass jeder Versuch, den Club-of-Rome-Report zu widerlegen, vor der Herausforderung stand, selbst ein Computermodell zu bauen, das nicht nur messbare materielle Entwicklungen extrapolieren, sondern auch die zunehmende Steuerbarkeit dieser Entwicklungen – und damit den *Impact* des Modells *selbst* – simulieren musste. Für ein solches Modell waren jedoch weit leistungsstärkere Rechner, als sie dem Fuller-Büro zur Verfügung standen, nötig. Kaiser empfahl ihren Kollegen in Philadelphia denn auch eher exemplarische *World Game*-Programme unter Nutzung angemieteter Computer.[305]

Aber selbst das erwies sich als schwierig. Bei einem Treffen zwischen Kaiser, Bill Wolf, Michael Ben-Eli, O'Regan und Schlossberg wurde deutlich, dass die Qualität der Daten zu wünschen übrigließ und das Personal zu deren Bereinigung fehlte.[306] Es galt also, Drittmittel einzuwerben. 1974 war man schließlich so weit, einen Antrag auf Förderung des *World Game* beim Rockefeller Fund zu stellen, der futurologische Forschungen finanzierte.[307] Allein für eine erste Antragsphase kalkulierte man Kosten in Höhe von 1,5 Millionen Dollar.[308] Dann aber bedeutete William Dietel, Ansprechpartner beim Fund, den Beteiligten noch vor Einreichen des Antrags, sie könnten allenfalls mit einer Anschubfinanzierung von 25.000 Dollar rechnen. Das war ernüchternd. Aber noch schwerer wog, dass Dietel klare Aussagen zur Methodologie verlangte. Insbesondere eine »Begründung der Wertannahmen, auf denen das Spiel aufbauen wird«,

---

303 Kaiser an Bill Wolf, 28.8.1972, SUL, M1684, Box 2, 0085.
304 Excerpt from The Limits to Whose Growth??? [sic], SUL, M1684, Box 2, 0085.
305 Kaiser an Bill Wolf, 28.8.1972, SUL, M1684, Box 2, 0085.
306 Memo to World Game Subcommittee of Design Science Institute, 1973, SUL, M1684, Box 3, 0090.
307 World Game Proposal, 26.1.1974, SUL, M1684, Box 4, 0136.
308 Kaiser an Dietel, 10.2.1974, SUL, M1684, Box 4, 0138.

fehle noch.[309] Am DSI führte das zu einiger Unruhe. Es handelte sich um eine Frage, die man sich so noch nie gestellt hatte. Tatsächlich musste sich Wolf rund zwei Wochen später von Dietel erläutern lassen, was er mit »Wertannahmen« meinte.[310] Der schrieb zurück, es sei keine Definition dahingehend gegeben worden, was den »Erfolg der Menschheit« ausmache, um den es den Antragstellern gehe. Dietel zeigte sich gut informiert über die planungstheoretischen Debatten seiner Zeit, wenn er hinzufügte, es gebe unendlich viel Datenmaterial, aber wer nicht nur Trends extrapolieren, sondern auch Lösungsvorschläge unterbreiten wolle, müsse auch die »komplexen sozialen Phänomene« modellieren, die sich zwangsläufig aus dem Prozess der Implementierung dieser Lösungen ergäben. Es galt also aus Sicht einflussreicher Forschungsförderungseinrichtungen, eine »Wertdefinition« zu entwickeln, um erwünschte und unerwünschte *kurzfristige* Nebenfolgen von weit in die Zukunft reichenden Planungsvorschlägen abwägen zu können.[311] Letztlich konfrontierte Dietel die Fuller-Gruppe mit nur wenigen Sätzen mit gleich zwei blinden Flecken im Denken ihres Meisters, die sich bald zur Unfähigkeit auswuchsen, die Zeichen der Zeit zu sehen: nämlich zum einen die unklare Legitimierung des *World Designers* in einer faktisch machtdurchwirkten Gesellschaft. Und zum anderen Fullers wenig elaborierte, daher aber umso angreifbarere Vorstellung vom »guten Leben«.

Unzweifelhaft bestand Fullers Attraktivität für Angehörige der emanzipatorischen Bewegungen der 1960er und frühen 1970er Jahre darin, dass er eben *kein* Technokrat war. Politik konnte für ihn *per se* kein vernunftfördernder Vorgang sein. Daher setzte Fuller auch nicht auf politische Prozesse, in deren Folge Technikern, Designern, Planern oder Wissenschaftlern uneingeschränkte Befugnisse zur Weltverbesserung eingeräumt wurden. Er setzte auf Medien, die einen Schneeballeffekt der kognitiven Stimulationen in Gang setzen und immer größere Teile der Menschheit in Planungsprozesse miteinbeziehen würden. Wie zumindest Dietel aber klar erkannte, begannen die Probleme dieser raffinierten Teleologie mit der Frage, nach welchen Kriterien jene (alles andere als unerheblichen) Ressourcen verteilt wurden, die der *World Designer* brauchte, um den *World Game*-Ball überhaupt ins Rollen zu bringen. Dies war es ja, was Fuller bei einigen jener politischen Institutionen hatte vorstellig werden lassen, die seiner Auffassung nach zumindest einen Teil des Problems bildeten – was Fullers Botschaft korrumpierte. Sein Vorschlag für die *Expo '67* wiederum erläuterte nicht, wer die »Welt-Menschen« waren, die in der *World Game*-Arena in Montreal gegeneinander antreten würden. Unschwer war in ihnen eine fiktionale globale Elite zu erkennen, die Fuller nach dem eigenen Vorbild modellierte. Faktisch adressierte er aber die Mächtigen der Welt. Dies ließ die Grenze zwischen der öffentlichkeitswirksamen bloßen Generierung von Handlungsoptionen und tatsächlichen Plänen verschwimmen, deren

---

309 Wolf an Dietel, 12.6.1974, SUL, M1684, Box 4, 0140.
310 Dietel an Wolf, 24.6.1974, SUL, M1684, Box 4, 0140.
311 Ebd.

Umsetzung von größter Tragweite für das Dasein Dritter gewesen wäre: Wer manche von Fullers Aussagen zum *Game* wörtlich nahm – »[i]t might involve moving whole city-sized groups of buildings from here to there in a few hours« –,[312] der konnte darin auch die gewaltsame Deportation riesiger Menschenmengen erkennen, zumindest aber eine Planerhybris, die keine Grenzen kannte.

Genau mit diesem Planungsverständnis haderten aber in den späten 1960er Jahren immer mehr Angehörige der Design- und Architekturschulen, die Fuller eben erst als Publikum und MultiplikatorInnen entdeckt hatte. Vielgelesene Planungs- und Design-Theoretiker wie Christopher Alexander beschäftigten sich mittlerweile intensiv mit der Zeitdimension der politischen Partizipation: Sie entwickelten komplexe Verfahren, die Meinung oder gar die Widerstände der von Planungen Betroffenen im Planungsprozess zu berücksichtigen.[313] Wer derlei »anwaltschaftliches« Planen begrüßte, der konnte Aufmerksamkeit für die Gestaltung der ganzen Welt indes nur mehr um den Preis des Aufschubs ihres Beginns generieren. Hatte der Status des *World Game* immer zwischen Prognostik und Planung und deren performativer Simulation geschillert, so trat letztere nun vollends in den Vordergrund. Es scheint, als habe die Metapher des *World Game* das *World Design* auch deshalb verdrängt, weil sie diesen Unterschied zumindest temporär übertünchte.

Aber noch etwas Anderes machte sich in der Verselbstständigung der *World Games* erkennbar, die die DSI-Gruppe mit ihrem Antrag zu disziplinieren hoffte: Die Gefahr nämlich, dass sie *zu viele verschiedene* Erfolgsrezepte zu Tage fördern würde. Für Fuller selbst bestand kein Zweifel, dass sich im *Game* (sofern es denn richtig, also zahlenbasiert und lösungsorientiert gespielt wurde) die eine, einzige *World Design*-Strategie geradezu offenbaren werde. Zu dieser Offenbarung konnte es aber nur kommen, wenn alle Beteiligten daran interessiert waren, den *selben* »Erfolg« zu sichern. Das jedoch war ab 1972 zunehmend unwahrscheinlich. Beim »Menschheitsglück«, wie Fuller es seit den 1940er Jahren definierte, handelte es sich aus Sicht einer wachsenden Zahl seiner Zeitgenossen um einen »amerikanischen« – materiellen – Standard. Der unterschied sich von anderen Zielmarken des Nachkriegsuniversalismus in der Tat nur dadurch, dass Fuller ihn im Sinne eines Energiequantums berechnete, das pro biologischer Kernfamilie zur Verfügung stehen sollte. Er deutete zwar gelegentlich an, dieser Standard bilde nur die Voraussetzung eines höheren Zwecks: Ein höherer materieller Lebensstandard werde mittelfristig die Mitwirkung der gesamten Menschheit bei der fortgesetzten Ausdeutung des »Sinns des Kosmos« gewährleisten. Aber gerade diese

---

312 World Game by R. Buckminster Fuller, S. 19.
313 Vgl. Jesko Fezer: Soft Cops und Anwaltsplanung. Planungsbeteiligung oder die Politik der Methode, 1962–1973, in: Claudia Mareis/Matthias Held/Gesche Joost (Hg.): *Wer gestaltet die Gestaltung? Praxis, Theorie und Geschichte des partizipatorischen Designs*, Bielefeld 2013, S. 43–64, und Susanne Schregel: Gestaltung und ihre soziale Organisation. Schlaglichter auf die Geschichte der Partizipation in den USA und Westeuropa (1960–1980), in: ebd., S. 23–42.

Reihenfolge überzeugte Mitte der 1970er Jahre nicht mehr. Konnte ein sinnerfülltes Leben nicht auch anders gelebt werden?

Im Sommer 1974 versuchten Kaiser und Bill Wolf nun, diese Punkte in mehreren Gesprächen mit Fuller zu erhellen. Der jedoch sprach stundenlang, sprang von Anekdote zu Anekdote, nicht ohne zwischendurch zu kritisieren, man habe ihn nicht ausreichend gelesen.[314] Untereinander diskutierten Kaiser, Wolf und Michal Ben-Eli im Anschluss nicht ohne Selbstironie, wie schwierig es sei, Fullers Äußerungen in Antragsprosa zu überführen. Ein Problem war, dass Fuller mit dem *World Game* mal eine Design-Strategie meinte, den Begriff »Game« dann wieder als Metapher für sein eigenes Leben verwendete, um gelegentlich den quasi-informatischen Regulationsmechanismus des Planeten insgesamt damit zu bezeichnen.[315] Für Fuller dürfte hier kein Widerspruch bestanden haben. Aber in den Diskussionen der Gruppe um Kaiser und Wolf über die vom Rockefeller Fund geforderte Wertdefinition traten nun Bruchlinien zu Tage, die auf das Einsickern eines Kultur- und Werterelativismus hindeuten, der *überhaupt* nicht mehr mit Fullers Philosophie kompatibel war. Während Ben-Eli nämlich wiederholt den Lebensstandard als Erfolgsmaßstab heranzog, den man nicht näher definieren müsse, brachte Kaiser jenen Denker ins Spiel, der kurz zuvor auch den DIY-*Dome*-Konstrukteuren als Alternative zu Fuller erschienen war: »[T]here's also the minority opinion as expressed for example in that book Small is Beautiful.« Michael Ben-Eli präzisierte, es gelte zu argumentieren, dass das *World Game* die »Vermehrung der Optionen – der Freiheitsgrade« zum Ziel habe. Materieller Wohlstand habe in der Geschichte nun einmal »eine Menge menschliche Energie und Zeit aus der unmittelbaren Einbindung in die Selbstversorgung« befreit. Aber dagegen wandte Kaiser ein, E. F. Schumacher argumentiere, die Burmesen seien zwar materiell ärmer, aber glücklicher als die Amerikaner, denn sie verfügten mehr als diese über ihre eigene Zeit. Ben-Eli schien dies nur eine Frage der Konditionierung; beim *status quo* könne man die Dinge ja auch nicht belassen. Für Kaiser stand man hier jedoch vor einem jener »Wertesysteme«, für die man sich eben entscheiden müsse. Wenn sie betonte, wie interessant es sein könne, die globale Lage aus einer tibetanischen, gewissermaßen »energieabstinenten« Perspektive zu betrachten, dann war das ein Perspektivwechsel, in dem Ben-Eli nur einen sentimentalen Blick zurück zu erkennen vermochte. Schließlich mischte sich Wolf schlichtend ein: Er schlug vor, genau solche Fragen zur Grundlage *verschiedener* Szenarien des *Game* zu machen[316] – das dadurch natürlich nicht weniger komplex geworden sei.

---

314 Transcripts of R. Buckminster Fuller Tape Recording on World Game under DSI Contract, 15.7.1974, SUL, M1684, Box 5, 0173, S. 5.

315 Kaiser brachte ihre Erfahrung nach dem Treffen so auf den Punkt: »N – [W]hen someone asks me what I'm doing or what Bucky's about I've discovered that not only do any attempts to simplify the subject leave out a great deal, it actually says things that are not true. M – Aah we are growing up. B – you may regard that as a compliment. N – I realize you've been there before.« Mitschrift eines Gesprächs zwischen Kaiser, Wolf und Ben-Eli, o.D. [Sommer 1974], SUL, M1684, Box 8, 2104, S. 2, 6f.

316 Ebd, Zitate auf S. 15, 16. Wolf an Dietel, 12.8.1974, SUL, M1684, Box 5, 0179.

Es mutet verzweifelt an, wenn Wolf daraufhin bei William Dietel mit dem Hinweis Zeit zu gewinnen versuchte, man habe nun zwanzig Stunden Gesprächsmitschnitte mit Fuller über den Antrag, die alle offenen Fragen klären könnten; es gelte nur noch, Fullers Aussagen in ein konkretes Programm zu »übersetzen«.[317] Mit dem fertigen, 100-seitigen Antrag unter dem Titel »Steps to world game« wusste der Rockefeller Brothers Fund offensichtlich nichts anzufangen. Im November 1974 stand fest, dass mit einer Förderung nicht zu rechnen war. Damit war der letzte Versuch einer Computerisierung des *World Game* gescheitert. Zwar regte Wolf an, es durch die im Jahr zuvor gegründete Universität der Vereinten Nationen (UNU) fördern zu lassen.[318] Auch diese Idee zerschlug sich aber rasch. Sie wird hier nur erwähnt, weil auch Arno Peters sich rund zehn Jahre später in die Förderlinie der UNU hineinschrieb.

Abschiedsbriefe

Blieb die Binnensicht der Fuller-MitstreiterInnen also zumindest ambivalent gegenüber dem Potenzial von Wissenschaft und Technik bei der Verbesserung der Welt, dann zeugt die Fanpost, die Fuller weiterhin erhielt, von der rasanten Verdüsterung des globalistischen Zukunftshorizonts. Sie hatte immer mehr Fehlinterpretationen seiner Ideen zur Folge und bald auch regelrechte Abstandnahmen von Fuller. Der sah sich 1974 beispielsweise gezwungen, einen gewissen Martin Cohen persönlich von dessen *World Game*-Konzept abzubringen. Cohen hatte zuvor an einem Community College in Nordkalifornien ein *Game* ausgerichtet, dessen TeilnehmerInnen ähnlich wie bei Winsey ausschwärmten, globale Daten sammelten und Techniken der Präsentation ihrer Ergebnisse entwickelten. Auch für ihn konnte dies Unsicherheiten angesichts der großen Aufgaben abbauen, die auf die Menschheit zukamen. Aber Cohen hatte Fuller wirklich falsch verstanden, wenn es ausgerechnet die »Endlichkeit der Erde« war, die man seiner Meinung nach Mithilfe von »Sinneserweiterungen« wie Karten und Satellitenbildern begreifen konnte, um dann die Notwendigkeit zu erkennen, »in Übereinstimmung mit den neu wahrgenommenen Erfordernissen der Krisenbewältigung zentrale eigene Daseinsmuster zu verändern«.[319]

Im April des Folgejahres erhielt Fuller ein Buchmanuskript, dessen Autorin sogar an der Möglichkeit zweifelte, anderen überhaupt zu solchen *Einsichten* zu verhelfen. Cynthia Mermans Essay »What do we use for lifeboats when the ship goes down?« ent-

---

317 Steps to world game: development of a computer assisted world energy scenario as a prototype world game operation, o.D. [1974], SUL, M1684, Box 5, 0190. Im Jahr darauf publiziert als Michael Ben-Eli: *Design Science and the World Game. An Introduction*, o.O. [New Haven] 1975, handelte sich um eine hermetische, hochabstrakte (und mit vielen Flowdiagrammen bestückte) Darstellung der »Operational Logic« des Energie-Szenarios, das die Wertfrage völlig ausblendete.
318 Siehe die Briefwechsel in SUL, M1684, Box 6.
319 Martin Cohen: World Game Study in the Community College, 1974, SUL, M1090, Series 2, Box 279, Folder 8 Dymaxion Chronofile, Vol. 542, S. 14, 16, 20; Fuller an Cohen, 30.7.1974, ebd.

sprach zwar einerseits Fullers Anregung, das eigene Leben als Experiment im Dienst einer besseren Welt zu leben. Andererseits hatte *ihr* Experiment sie in den 1970er Jahren immer weiter weg von Fuller geführt, was schon an Mermans gewissermaßen »pädagogischer« Erzählhaltung deutlich wird: Den Abschnitt »Passagiere« eröffnete nämlich ein Dialog mit einem ihrer Kinder. Dieses musste an einer Art Aktionstag ohne Lunchpaket zur Schule gehen und das eingesparte Geld stattdessen Hungernden spenden. Ihr Kind hatte sich aber geweigert, das zu tun, so Merman. Dazu war es von einem Geschichtslehrer angestachelt worden, dem schien, anstatt Spenden entgegenzunehmen, sollten die Afrikaner lieber ihre Geburtenrate in den Griff bekommen und die Inder ihre heiligen Kühe essen. Merman fragte sich, was ein 1960 geborenes, im »besten Erziehungssystem der Welt« befindliches Kind daran hindere, zu verstehen, vor welchen Problemen die Menschheit stand. Dass sie diese selbst verstand, demonstrierte sie, indem sie allerlei Zahlen zu Überbevölkerung und zum Kalorienkonsum verschiedener Länder anführte. Merman machte jedoch klar, dass derlei Datenarbeit bei ihr keine bloß akademische Übung war. Unter dem Titel »Rettungsboote« mutierte ihr Manuskript zum Erfahrungsbericht, der von einem autarken *Dome*-Leben mit Wind- und Sonnenenergie in New Mexico erzählte. Merman paraphrasierte überdies eine Bilanz, die John Todd aus ähnlichen Praktiken gezogen hatte: Der Biologe und Entwickler angepasster Technologien (Gewächshäuser, Wasseraufbereitungsanlagen, Tanks zur Fischzucht im eigenen Zuhause), so wusste Merman zu berichten, habe mit UNESCO-Vertretern aus der »Dritten Welt« und Club-of-Rome-Mitgliedern über Programme zur Bewältigung der globalen ökologischen und sozialen Missstände diskutiert. Aber auch er habe mittlerweile den Schluss gezogen, dass all das eher Teil des Problems als eine Lösung sei. Merman zitierte Todd direkt:

> Something was lacking in all these mega-solutions. It was all kind of industrial [...] with no sort of scale, I mean in terms of consciousness what scale means, you know, in human terms. I mean here we were being asked to save the world [...]. The fact that we failed so quickly was an indication of the question asked as well as the answers. So I was starting to do very micro sort of thinking. It was kind of Kropotkin and Murray, I mean to try and make little things while. [...] It enables anyone to get into politics without experience or knowledge, because you're really working with your next door neighbor or in your own backyard.[320]

Schon die Verquickung seiner Gedanken mit dem *Limits to Growth*-Report, auf den Merman sich ebenfalls ausführlich bezog, dürfte für den Empfänger von Mermans Manuskript irritierend gewesen sein. Schwerer wog aber wohl, dass sich offensichtlich für eben jene Kreise, die Fuller bloße fünf Jahre zuvor in seiner Zukunftsgewissheit bestärkt hatten, der Bereich immer weiter verkleinert hatte, in dem sie selbst etwas verän-

---

320 Cynthia Merman: What do we use for lifeboats when the ship goes down?, April 1975, SUL, M1090, Series 2, Box 249, Folder 5, Dymaxion Chronofile, Vol. 570, S. 102f.

dern konnten. Am Ende stand bei Merman die Einsicht, dass zu viel Konsum in einer begrenzten Welt zwangsläufig destruktiv sein müsse, aber eben auch die Feststellung, dass sie diese Trivialität nicht einmal *den eigenen Kindern* nahebringen könne. Diesen, so Merman, erschien ihre Mutter seltsam missionarisch, wenn ihr Globalismus sich in Appellen artikulierte, Glühbirnen nicht unnötig brennen und die Kühlschranktüre geschlossen zu lassen. Schon aus »therapeutischen« Gründen, so Merman, verkleinere sie sich nunmehr *selbst*. Nur so schien sich ein Beitrag zu einer Umverteilung leisten zu lassen, der sich zugleich wie eine Rückeroberung ihrer Souveränität anfühle:

> I have decided to […] accept responsibility for my own actions. I am a vegetarian. I am growing as much of my own food as I can […]. I eat only until I am no longer hungry and only what I need, not what I want. […] I will use fewer ›things‹ and less non-replenishable resources, I will walk when I did [sic] not have to ride. And still the quality of my life will be on an order of magnitude greater than over half the world. But theirs can improve if mine is reduced. Those that survive. I've made up my mind, I will have a say in what happens to me. So can you, but it's not going to be easy. They may be calling you a Calvinist too. Your decision yours [sic]. I began this search thinking that lifeboats are hardware. They're not. We won't need hardware when the ship goes down, we will need new values. The old ones didn't work.[321]

Mermans Manuskript scheint marginal. Es handelt sich um einen letztlich wohl für die Schublade produzierten Text eines Menschen auf Sinnsuche. Aber es ist symptomatisch für die Krise des »Fullerismus«, dass das Gelesene Fuller so sehr beschäftigte, dass er es einem seiner Hauptkollaborateure dieser Zeit mit dem Kommentar weiterleitete, es handle sich um eine »einfach rührselige Veröffentlichung«.[322] Fuller schrieb auch Merman selbst einen Brief, in dem er bedauerte, dass sie sein *Operating Manual* nicht gelesen habe: »The answer is, why did we let the ship go down? Or why not build another one before this one sinks.«[323]

Fuller war geschlagen. Wenn seine Ideen wie selbstverständlich im Licht des Grenzdiskurses gesehen wurden – wenn etwa von den weltumspannenden Stromnetzen und Gezeitenkraftwerken der späten 1960er Jahre nichts als die Sorge um die heimischen Lichtschalter geblieben war –, dann hatte »Malthus« gewonnen. Das mag erklären, warum der Welt-Bildner sich nun einmal mehr in Grundlagenarbeit stürzte: Die letzten Jahre seines Lebens verbrachte Fuller damit, gemeinsam mit dem Mathematiker John Applewhite seine Energiegeometrie auf ein sicheres Fundament zu stellen. Ob das restlos gelang, sei dahingestellt, auch, weil diese Arbeit vom Thema »Globalität« wegführt. Eher nicht dafür spricht, dass am Ende der Kollaboration die erwähnten (geradezu

---

321 Ebd., S. 262.
322 Fuller an E. John Applewhite, o.D. [Frühjahr 1975], SUL, M1090, Series 2, Box 249, Folder 5, Dymaxion Chronofile, Vol. 570.
323 Fuller an Merman, 22.5.1975, SUL, M1090, Series 2, Box 249, Folder 5, Dymaxion Chronofile, Vol. 570.

exzessiv umfangreichen) Bände des *Synergetics Dictonary* erschienen – eine Art Glossar von Fullers Terminologie.

»The Big Map« – oder: posthume Games

Dass Fullers Stunde verstrichen war, zeigt sich überhaupt an Übersetzungsproblemen, auch im Bereich des Globalismus. Man tut den Fuller-MitarbeiterInnen sicher Unrecht, wenn man ihnen Erleichterung darüber unterstellt, dass sie die Konzepte Fullers freier auslegen konnten, nachdem dieser am 1. Juli 1983 in Los Angeles verstorben war, nur wenige Tage nach seiner Frau Anne. Aber es fällt auf, dass mehrere ehemalige *World Gamer* sich in den nächsten Jahren als *Freelancer* oder Gründer von Beratungsfirmen einen Platz auf dem wachsenden Markt für innovative Schulungsangebote suchten. Allen voran Medard Gabel reüssierte also auf einem Feld, das *gerade* auf Wertvermittlung setzte, weit mehr jedenfalls als auf die Aufklärung über Planungstechniken.[324] Dessen ungeachtet druckten Gabel und die MitarbeiterInnen des DSI (das kurz nach Fullers Tod zum Buckminster Fuller Institute [BFI] umgegründet wurde, das sich bis heute der Dokumentation und Kommunikation des Fuller'schen Oeuvres widmet) in ihren Broschüren bald auch eine »persönliche Note« ab, die die Fortsetzung des *Games* als »Buckys« letzten Wunsch erscheinen ließ.[325]

Es ist aber leider nicht überliefert, was dieser von dem gigantischen »Spielbrett« gehalten hatte, das ich schon in der Einleitung erwähnt habe und das wenige Monate vor Fullers Tod zum zentralen Element der *World Game*-Workshops wurde. Denn letztlich handelte es sich bei der sogenannten »Big Map« um eine Mogelpackung: Die an ihrer breitesten Stelle knapp über 20 Meter lange *Dymaxion Map* basierte gar nicht auf dem Projektionsverfahren, das Fuller 40 Jahre zuvor entdeckt hatte. Man hatte lediglich konventionelle Navigationskarten im Maßstab 1:2.000.000 auf eine stabile Plastikunterlage in Fullers *One-Continent*-Layout laminiert.[326] Aber nicht nur in kartografischer Hinsicht entsprach dies kaum Fullers Ideen. Gabel und seine Kollegen nutzten die Karte auch auf eine Weise, die zumindest wenig mit der datengestützten Kartenarbeit eines John McHale oder der New Yorker Studio School-Experimentatoren zu tun hat. Die *Big Map* war vor allem eins: groß – und das hieß: begehbar. Ihr Maßstab, so eine Infobroschüre, sei so gewählt, dass jeder Schritt, den man auf ihr machte, rund 650 Kilo-

---

324 Gabel ist heute der umtriebigste Multiplikator des *World Game*, das er neben anderen »Global Learning Resources« anbietet (http://bigpicturesmallworld.com/medard-gabel.shtml – vgl. dazu Wasiuta, Worldometers. Auch ein gewisser Wertepluralismus spielt für ihn mittlerweile eine Rolle: Vgl. Medard Gabel: Buckminster Fuller and the Game of the World, in: Zung, *Fuller*, S. 122–127, hier S. 126). Dabei ist seine Karriere auch insofern typisch für die vieler Mitstreiter Fullers, als diese oft bis heute vom symbolischen Kapital ihrer früheren Zusammenarbeit mit ihm zehren: Siehe etwa Michael Ben-Elis Webpräsenz: http://www.sustainabilitylabs.org/michael/home/ (Zugriffe: 19.6.2019)
325 Flyer, ca. 1983, SUL, M1684, Box 6, 0283.
326 Das erläutert http://genekeyes.com/FULLER/BF-6-later-ed.html (19.6.2019).

meter überbrücke.³²⁷ Wer über sie spazierte, sogar auf ihr kroch, um seinen Geburtsort auszumachen oder eigenen Reiserouten zu folgen, wie es den WorkshopteilnehmerInnen nahegelegt wurde, der machte Erfahrungen, die sich für einige von ihnen offenbar mit dem vielgeschilderten Überblickseffekt der Apollo-Astronauten messen konnten. Das half, jene »kosmische Orientierung«³²⁸ und das damit verbundene Machbarkeitsgefühl zu erzeugen, das spätestens seit *Nine Chains to the Moon* Fullers Lebensthema war. Dennoch wurden Haptik und Rationalität, Körper und Planet mithilfe der Riesenkarte in den 1980er Jahren anders miteinander in Beziehung gesetzt. Sie sollte zwar »den ganzen Planeten in seiner majestätischen Schönheit, seinen tragischen Realitäten und verschwenderischen Potenzialen« erfahrbar machen.³²⁹ Und diese Potenziale wurden im Spielverlauf kontrastiert mit Praktiken, die die *Big Map* zum überdimensionierten Brettspiel machten, auf dem die Beteiligten sich beispielsweise mithilfe von Bingo-Chips statistisch nachweisbare globale Ungleichheiten bewusst machten. Gabels Botschaft war kaum weniger optimistisch als die des Erfinders des *World Games*. Er führte nun verschiedene Lösungen auf Basis der *Design Science* vor: Am Schluss stand ein »Plan [...] den Hunger überwinden zu helfen«.³³⁰ Aber dieser Nachweis erfolgte eben nicht mehr auf eigenen, explorativen Pfaden. Er wurde performativ vorgerechnet.

Das macht den Brief so spannend, mit dem der Dichter Gene Fowler Fuller seinen Eindruck von der ersten Benutzung des neuen »Deckplans des Raumschiffs Erde«³³¹ auf einem *World Game*-Workshop beschrieb, der 1982 in einer Basketballhalle an der Universität Boulder, Colorado, gespielt worden war; es war einer der Letzten mit Beteiligung Fullers. Denn Fowler beschäftigte vor allem das Gefühl, das er empfunden hatte, als er von den Rängen der Halle hinab auf das Spielfeld blickte – und plötzlich Fuller auf die Riesenkarte trat (Abb. 6.12). Augenblicklich wurde der kleine Mann zum Symbol des Menschenmöglichen: »A scale change. For the flickering of a structured instant you were a giant, Bucky ... and then the scale dissolved that identity ... and you were humankind, or some segment of it.«³³² Man kann den Skalenwechsel jedoch anders interpretieren: Fuller trat hier als überlebensgroße Figur in Erscheinung. Aber eine solche Figur hatte er zeitlebens gerade *nicht* sein wollen. Seine ganze Existenz, so zumindest Fullers Botschaft am Ende seines Lebens, hatte er darauf ausgerichtet, zu zeigen, dass man von einer besseren Welt nicht nur träumen konnte. Fowler indes wusste von Wissenschaft, von Statistik, von Bedienungsanleitungen, die *wirklich* die

---

327 Unbetitelter Text, 28.5.1982, SUL, M1090, Series 8, Box 197, Folder 11, S 13.
328 Ebd.
329 BFI-Newsletter, April 1985, SUL, M1684, Box 7, 0294, S. 5.
330 Ebd.
331 Werbeposter für das *World Game*, 1982, SUL, M1090, Series 2, Box 466, Folder 8, Dymaxion Chronofile, Vol. 798. Ebd. findet sich ein Set der Teilnehmerunterlagen, zu dem auch zwei Poster gehören, die mit »World Energy Data« sowie Statistiken zum »World Food System« aufwarteten, die durch rund 40 Dymaxion-Karten verdeutlicht wurden.
332 Fowler an Fuller, 28.5.1982, SUL, M1090, Series 8, Box 197, Folder 11.

Abb. 6.12: Fuller inspiziert den Deckplan des »Raumschiffs Erde« (1982)

Pforten des Universums öffneten, wenig zu sagen. Was die Riesenkarte aufschloss, war ein Tor zur Traumwelt, zu einem »Spielzimmer, in dem sich jene bemerkenswerte Fähigkeit eröffnet: das Lernen […], die Befähigung, zu ›Tun, als ob‹, ihre Vergrößerung zum ›Glauben-Machen‹«. Fowler schloss: »Here is the ›daydreaming place‹. A place where we might dream or conceptualize ›worlds that work‹«.[333]

---

333 Ebd.

7. One World to Share (Peters' Jahrzehnt) (1973–1986)

7.1 Fünfte Vignette: *Ökolopoly*[1]

1984 erschien im Otto Maier Verlag Ravensburg ein »kybernetisches Umweltspiel«, das aus seiner didaktischen Absicht kein Hehl machte. Ökolopoly biete eine »[n]eue Ebene im spielerischen Erfassen unserer komplexen Umwelt«, hieß es in der Spielanleitung. »Auf dem Spielplan eines typischen Industrielandes namens ›Kybernetien‹ kann [...] jeder selbst Steuermann spielen und durch Investition von Geld, Einfluß, Ideen, Gesetze usw. in Gebiete wie Produktion, Umweltschutz, Aufklärung [...] versuchen, die Lebensqualität zu erhöhen und den Lebensraum zu stabilisieren.«[2] Tatsächlich bestand *Ökolopoly* aus einem Spielbrett (Abb. 7.1), das die genannten gesellschaftlichen Subsysteme grafisch repräsentierte und wie ein Schaltplan durch Pfeile verknüpfte. Die getuschte Spieloberfläche scheint auf den ersten Blick wenig mit Globalität zu tun zu haben. Sie evoziert eine mitteleuropäische Kulturlandschaft mit Kraftwerken, einer Fabrik mit rauchenden Schloten, einer Müllhalde, einer Großstadt mit Autobahnzubringern und Straßenbahnhaltestellen sowie mit gläsernen Hochhäusern. Sie zeigt weiße Menschen beim Tischtennisspiel, als Teilnehmer einer Studiengruppe, in einem Kinderzimmer. Diese Visualisierungen waren aber nur Imaginationshilfen für ein Spiel, das sich wortwörtlich um Zahlen drehte. Sie fanden sich auf den Zacken von verstellbaren Zahnrädern am Rand des Spielbretts. *Ökolopoly* war ein »Papiercomputer«:[3] Unter der Spieloberfläche verbargen sich Drehscheiben aus Hartpappe, die für verschiedene Parameter standen, die man beeinflussen, oder – so die Spielfiktion – in die man »Aktionspunkte investieren« konnte. So ließ sich dieses Kapital beispielsweise in »Lebensqualität« anlegen: In diesem Fall steigerten sich die Faktoren »Gesundheit, Sicherheit, sinnvolle Arbeit, Wohnqualität, Naherholung, Freizeitangebote«, wie ein Text am Rand des Drehrads erläuterte. Man konnte aber auch die »Produktion« ankurbeln oder drosseln, auch dies »kostete« Punkte. Ökolopoly war für einen Einzelspieler (»von 10–99«) oder mehrere Spieler konzipiert, die aber nicht gegeneinander antreten, sondern zusammen eine Überlebensstrategie entwickeln sollten. Gespielt wurde, indem der oder die Spieler am Beginn jeder Runde die »Aktionspunkte« strategisch einsetzten. Es wurden also eine oder mehrere Scheiben vorgedreht, etwa »Sanierung« (das heißt: Investitionen in Umweltschutz oder Recycling). In einem zweiten Schritt

---

[1] Eine längere Version dieser Vignette ist erschienen als David Kuchenbuch: Ökolopoly. Spielen, Wissen und Politik um 1980, in: *Nach Feierabend* (2016), S. 145–159.
[2] Erweiterte Anleitung mit Funktionsbeschreibung, *Ökolopoly*, Ravensburg 1984, S. 2.
[3] Ebd., S. 3.

Abb. 7.1: *Ökolopoly* (1984) – ein Diagramm als Spielbrett. Auf dem Ausschnitt erkennbar sind die rot bzw. schwarz umrandeten Fenster, in denen die in Subsystemen wie »Produktion«, »Lebensqualität« und »Vermehrungsrate« verfügbaren »Aktionspunkte« angezeigt werden, die sich entsprechend der Einstellung der Drehräder am Rand des »Papiercomputers« verändern. Das Wirkungsgefüge zwischen ihnen markieren schwarze Verbindungslinien.

ließ sich dann die »kybernetische Wirkung« dieser Investitionsentscheidung verfolgen,[4] indem man mit dem Finger Pfeile entlangfuhr, die auf Fenster im Spielfeld verwiesen.

Diese Fenster zeigten an, wie man nun die Werte anderer Bereiche – etwa der Wachstumsrate der Bevölkerung – einzustellen hatte. Anschließend rechnete man die »Aktionspunkte« zusammen, die für die nächste Runde zur Verfügung standen. Das Spielprinzip war also nicht schwer zu verstehen. Der Spielverlauf jedoch war von schwer vorhersehbaren »nicht-linearen mathematischen Beziehungen« der Parameter untereinander geprägt. *Wie* diese einander beeinflussen (dass sich plötzlich destabilisierende, exponentielle Dynamiken einstellen konnten), merkte man erst nach einigen »Regierungszeiten«. Aus der Perspektive der Spielentwickler war es allerdings auch gar nicht wünschenswert, dass man das »Ökospiel« gleich im ersten Anlauf gewann. Denn *Ökolopoly* zeichnete eine »Kombination aus suggerierter Handlungsautonomie und einer im Spiel versteckten Pädagogik« aus.[5] Es galt, durch Fehler zu begreifen, dass die Bevölkerung selbst bei einer moderaten Produktionsrate und hohen Investitionen in den Umweltschutz rasant wuchs. Das ließ die Lebensqualität der Bürger sinken und damit das Vertrauen in den »Steuermann«, den der Spieler in der Fiktion darstellte. Bei Unterschreitung eines bestimmten Grenzwertes war ein »sinnerfülltes Leben« für die Bürger »Kybernetiens« nicht mehr möglich, dann wurde der Spieler »entmachtet« und hatte »extreme Bevölkerungsdichte. Überbevölkerte Ballungsgebiete«, wenn nicht den »Zusammenbruch der Sozialstruktur[,]Hunger und Not« zu verantworten. Eigentlich gab es nur *eine* Kategorie, in die man gar nicht genug investierten konnte: Die »Aufklärung«.[6] Dass *Ökolopoly* also zentrale Tropen der Tragfähigkeitsdebatten der frühen 1970er Jahre didaktisierte, wird schon daran deutlich, dass auf dem Verpackungskarton eine Empfehlung Dennis Meadows' (des Mitautors des Club-of-Rome-Berichts) zu lesen war. Der war sicher auch deshalb von dem bundesrepublikanischen Spiel angetan, weil er selbst *Fishbanks, Ltd.*, ein ähnliches Lern- und Simulationsspiel, entwickelt hatte.[7] Wenn das Spielbrett von *Ökolopoly* eine nordeuropäische Landschaft zeigte, dann wohl nur, um die Identifikation der deutschen Käufer mit der gespielten Welt zu erhöhen. Tatsächlich fand sich auf der Rückseite des Spielbretts einer Neuauflage, die 1993 in den Handel kam, die exotistische Visualisierung eines Wüstenstaats, in dem man als »glorreicher Anführer eines Nomadenvolkes im Entwicklungsland ›Kyborien‹« agierte. Man startete dann zwar mit mehr »Aktionspunkten«, musste jedoch »[a]b der zehnten Runde (zinslosen) Rückzahlungsverpflichtungen nachkommen, die […] pro Jahr 2 Aktionspunkte kosten«.[8] Das Umweltspiel griff nun also auch die De-

---

4 Ebd., S. 6.
5 Rolf R. Nohr/Theo Röhle: »Schulen ohne zu schulmeistern«. Unternehmensplanspiele in den 1960er-Jahren, in: ZF 13 (2016), S. 38–60, hier S. 59f, die hier eine Brücke zwischen der Manager-Schulung und »alternative[n] politische[n] Projekte[n]« erkennen.
6 Erweiterte Anleitung, Tabelle S. 7.
7 *Ökolopoly*, Rückseite der Spielverpackung; https://www.systemdynamics.org/fish-banks-game (19.6.2019).
8 Spielanleitung, S. 6.

batte über die Verschuldung des Globalen Südens auf. Am Spiel selbst änderte sich indes nur der Schwierigkeitsgrad – die »Dritte Welt« wurde zum »zweiten Level«. Letztlich stand auch bei dieser Version die Absicht im Zentrum, ein Gefühl für die Wechselwirkungen zwischen den Rädchen, d. h., zwischen verschiedenen Wirtschaftsfaktoren, zu entwickeln. Fehlinvestitionen, das galt es durch *trial and error* herauszufinden, waren irreversibel. Man konnte einmal angestoßene Prozesse bestenfalls durch »bereits wirkende Kräfte« und »Selbstregulation« in ihrer Richtung beeinflussen. Wenn man das aber einmal begriffen hatte, konnte man sich als Mitglied des »Klubs der vernetzten Denker«« fühlen.[9]

Wer diesen »Klub« gegründet hatte, das konnten die Käufer des Spiels aber kaum übersehen: Der Name Frederic Vester fand sich an mehreren Stellen der Anleitung. Der Biochemiker Vester (1925–2002) war zum Zeitpunkt der Publikation des Spiels Inhaber eines Lehrstuhls für Interdependenz von Technik und Gesellschaft an der Hochschule der Bundeswehr München. Er ist im Laufe seiner Karriere jedoch als Autor populärer Sachbücher mit Titeln wie *Das kybernetische Zeitalter* (1974), *Die Kunst vernetzt zu denken* (1978) und *Neuland des Denkens* (1985) in Erscheinung getreten, mit denen er systemtheoretisches bzw. »biokybernetisches« Denken zu popularisieren versuchte. Vester, für den die Natur das Modell für intakte Systeme lieferte, benutzte diese Begriffe wenig trennscharf, wozu der Umstand passt, dass er sich berufen fühlte, zu fast jedem Thema Stellung zu nehmen: zur Anpassungskrankheit Stress, zur Unternehmensführung, zur Zukunft des Automobils, zur Nuklearkatastrophe in Tschernobyl, zur Ressource Wasser.[10] Vesters Botschaft erschöpfte sich dabei in der Aufforderung, die Wirklichkeit nicht in sauber getrennte Sektoren untergliedert zu betrachten, sondern Interdependenzen zwischen Subsystemen zu identifizieren und vor Eingriffen in diese Systeme mathematisch zu modellieren. Tatsächlich hatte Vester noch Anfang der 1970er Jahre selbst an einer Theorie flexiblen Planens gearbeitet, etwa an Entscheidungsheuristiken für die Regionalplanung auf Basis von Simulationsmodellen. Ein Jahrzehnt später konnte für Vester dann aber ausgerechnet die Kybernetik zum Modus eines Spiels werden, das ein »[n]eue[s] Selbstbewusstsein des Laien gegenüber den Fachspezialisten« förderte,[11] die Heranwachsenden die »scheinbaren Notwendigkeiten einer nicht mehr lebensfähigen technokratischen Welt« vermitteln.[12] Vester teilte mittlerweile die Überzeugung vieler *New-Age*-Denker, der Mensch nutze sein Gehirn nicht vollständig: Die intuitive Erfassung von komplexen Zusammenhängen, die er geradezu als Teil der biologischen Ausstattung des Menschen begriff, schien ihm im »Westen« unterentwickelt gegenüber der »anerzogenen Logik, unseren Schlüssen von Ursache

---

9 Ebd., S. 3, 4, 9.
10 Vgl. http://www.frederic-vester.de/deu/werke/ (19.6.2019).
11 Christian Bachmann: Was hat die Ausstellung »Unsere Welt – ein vernetztes System« bewirkt, in: Frederic Vester: *Unsere Welt – ein vernetztes System*, München 1983, 161–174, hier. S. 168.
12 Frederic Vester: *Neuland des Denkens. Vom technokratischen zum kybernetischen Zeitalter*, München 1985, S. 470.

und Wirkung«, die »gradlinig und eindimensional« seien.[13] Dieser Diagnose entsprach seine Skepsis gegenüber der Möglichkeit, das vernetzte Denken allein schriftlich zu vermitteln. So konzipierte Vester beispielsweise »Fensterbücher«, deren Anfangsseiten zunächst einen Ausschnitt der Wirklichkeit zeigen, der sich beim Weiterblättern dann als Teil eines komplexen Systems erweist. In seiner Studie *Denken, Lernen, Vergessen* präsentierte Vester 1975 eine ganze Typologie von Lern-»Kanälen«, die bei Menschen unterschiedlich ausgeprägt seien.[14] Daraus ergab sich zwangsläufig ein Interesse an »mehrkanaligen« Lehrmitteln, das über einige Zwischenschritte in *Ökolopoly* resultierte.

Drei Jahre nach Erscheinen seiner Lernstudie konnte Vester mithilfe der Privatwirtschaft (IBM, Siemens, Bosch, BMW) seine Überzeugung umsetzen, man müsse »Informationen über Systeme auch anfassen«, ja »mit ihnen spielen« können:[15] Zur 75-Jahrfeier des Deutschen Museums in München 1978 wurde die Ausstellung *Unsere Welt, ein vernetztes System*, eingeweiht.[16] Sie widmete sich dem Phänomen der Rückkoppelung, das etwa durch das Beispiel der Nahrungsmittelkrise in der Sahelzone erklärt wurde, die durch kurzsichtige Entwicklungshilfe noch verschärft worden sei. Aber letztlich verdeutlichten Dutzende Schaubilder, Flowdiagramme und schematischen Darstellungen von Kreisläufen immer dasselbe Prinzip, gleich, ob es sich um das Biotop des Gartenteichs handelte, um die sozialen Beziehungen in einer Großstadt, um Eingriffe in die Marktwirtschaft – oder um das Ökosystem des ganzen Planeten, der denn auch auf dem Cover des Begleitbuchs zur Ausstellung abgebildet war.[17] Das Highlight der Ausstellung war indes Vesters »Tischcomputer«, die erste Version von *Ökolopoly*. Sie war derart beliebt, dass selbst der Besuch des Bundespräsidenten Walter Scheel anlässlich der Ausstellungseröffnung die anwesenden Kinder nicht vom Spiel mit ihr abhalten konnte. Und so verwundert nicht, dass gerade dieses Ausstellungselement bald einige Medienwechsel durchlief: Es verwandelte sich also zunächst in ein Brettspiel, das 1989 zum Computerspiel wurde und bis heute in digitaler Form an Schulen in Verwendung ist.[18]

Es ist aber weniger diese Kontinuität, die hier interessiert, als die zeittypische Spannung, die zwischen der *Spielfiktion* von *Ökolopoly* und der didaktischen *Absicht* bestand, die mit dem Spiel verfolgt wurde. Dieses lud ja dazu ein, sich im heimischen Wohnzimmer als Staatsführung zu imaginieren, die natürlich-soziale Gleichgewichte wiederherstellte. Man wurde in der gespielten Welt also mit erheblicher Exekutivmacht ausgestattet, zumindest aber mit einem großen Vertrauensvorschuss in die eigene Pla-

---

13 Erweiterte Anleitung, S. 9.
14 Frederic Vester: *Denken, Lernen, Vergessen. Was geht in unserem Kopf vor, wie lernt das Gehirn, und wann lässt es uns im Stich?*, Stuttgart 1975.
15 Vester, *Welt*, S. 10.
16 Ebd., S. 13, vgl. auch Karen Königsberger: *»Vernetztes System«?: Die Geschichte des Deutschen Museums 1945–1980, dargestellt an den Abteilungen Chemie und Kernphysik*, München 2009, S. 320f.
17 *Unsere Welt – ein vernetztes System. Eine internationale Wanderausstellung von Frederic Vester*, Stuttgart 1978.
18 Ausführlicher: Kuchenbuch, Ökolopoly.

nungskompetenz.¹⁹ Um »Kybernetien« oder »Kyborien« ins Gleichgewicht zu bringen, musste der »Steuermann« ja einerseits über lange Zeiträume hinweg wiedergewählt werden. Andererseits musste er sich über ähnlich lange Zeit nicht zuletzt durch Investitionen ins Bildungssystem überhaupt erst ein mündiges Wahlvolk schaffen,²⁰ das schmerzhafte Entscheidungen zu erdulden bereit war. Damit jedoch unterschieden sich die politischen Universen von Simulation und Realität stark. Denn Vester betonte, es seien die mittels »Systemkunde« geschulten zivilgesellschaftlichen Akteure, die die Politik überhaupt erst zu einem weit- oder vielleicht besser umsichtigeren Vorgehen zwingen sollten.²¹ Gerade, weil die Spielfiktion aber keine Handlungsspielräume der Bürger jenseits ihres Wahlverhaltens aufzeigte (und in der realen Welt nicht jeder zum Staatsmann werden konnte), blieb das Lernziel vage. Letztlich legte das Spiel nahe, dass es sich zu bilden, zugleich aber auf industriell produzierte Waren und eigenen Nachwuchs zu verzichten galt, solange man darauf wartete, dass die kybernetischen Denkmuskeln der *tatsächlichen* politischen Führung ausreichend trainiert seien, um entsprechende Gesetze zu erlassen. Es ist diese implizite Botschaft, die den Papiercomputer, seiner mathematischen Grundlage zum Trotz, zum typischen Ausdruck der »Eine Welt«-Didaktik seiner Zeit macht. Er half, eine Haltung persönlicher Reaktions- und Anpassungsfähigkeit gegenüber dem natürlich-sozialen System einzuüben, in das man eingebunden war. Die Parallele zu den Metamorphosen des *World Game* liegt auf der Hand: Aus Vesters kybernetischer Planungsmethode der frühen 1970er Jahre war am Ende des Jahrzehnts eine Verhaltenslehre der Veränderungs-, wenn nicht Verzichtsbereitschaft in einer *de facto* auf eher undurchsichtige Weise interdependenten, aber unzweifelhaft begrenzten Welt geworden.

7.2 Verortung: »Globalitätsschock«? Interdependenzdiagnostik, Entwicklungskritik und »glokalistische« Bewusstseinsbildung

Die sogenannte Entspannungsphase des Kalten Kriegs war die große Zeit der Weltkongresse. Dabei wurde das internationale Parkett in den späten 1960er und 1970er Jahren stark von der »Third World UN« bespielt. Ihre Vertreter waren es, die Themen wie Dekolonisierung und nationale Souveränität, das Recht auf Entwicklung und eine selbstbestimmte Rohstoffbewirtschaftung, weiters Problematiken wie Rassismus, Neokolonialismus und das Agieren transnational agierender Unternehmen auf die Agenda der Vereinten Nationen brachten. Vor allem aber – und all das verknüpfend – machten die Vertreter der »Dritten Welt« die globalen ökonomischen Kräfteverhältnisse auf eine Weise zum Thema, in der einige Historiker und Historikerinnen noch heute eine utopi-

---

19 Vgl. Vester, *Welt*, S. 27.
20 Ebd., S. 7.
21 Bachmann, Ausstellung, S. 166.

sche »bessere Weltwirtschaft« aufblitzen sehen.[22] Die Geschichte dieser Kongresswelt, zu der auch die zunehmend kosmopolitische Identität ihrer Funktionäre gehört,[23] wird gerade erst geschrieben. Für eine Mediengeschichte des Globalismus ist die Praxis der internationalen Beziehungen aber ohnehin weniger interessant als die Frage, inwiefern das, was allen voran die 1964 im Rahmen der UNCTAD gegründete Gruppe der 77 (G77) diskutierte – und was sich zehn Jahre später in der UN-»Declaration on the Establishment of a New International Economic Order« (NIEO) niederschlug –, auch BürgerInnen der westlichen Länder zur Auseinandersetzung mit Globalität bewegte.

Es sind drei Veränderungen der mentalen Landkarten, die dabei in den Blick rücken: *Erstens* überlagerte eine als »Nord-Süd-Konflikt« bezeichnete Unterteilung der Welt die bisherige Ost-West-Perspektive. Der Begriff »Dritte Welt« kann den Blick dafür verstellen, dass, wer ihn in den 1970er Jahren im Munde führte, weniger auf ein Nebeneinander dreier geografischer Bereiche hinwies als auf ein komplexes Geflecht von Machtbeziehungen zwischen einer Vielzahl von Regionen und Staaten.[24] Wenn diese Beziehungen (insbesondere von Angehörigen der bis 1968 erstarkenden, sich vom orthodoxen Marxismus-Leninismus abgrenzenden westeuropäischen Linken) zunächst als *Dependenz* ehemaliger Kolonien von den kolonialen Zentren thematisiert wurden, dann deutet sich *zweitens* schon an, dass »Globalität« auch in den demokratischen Industrieländern verstärkt entlang von Preisen, Markzugängen, Investitionen verhandelt wurde. Auch wer nicht Bescheid wusste über die konkreten Forderungen »des Südens« nach Erweiterung der regulatorischen Befugnisse der UN hinsichtlich der globalen »Arbeitsteilung« und *Terms of Trade* (etwa: über sogenannte »Präferenzsysteme« im Handel oder Maßnahmen zur Verringerung von Preisfluktuationen bei Rohstoffen), dürfte die Welt als weltwirtschaftlichen Zusammenhang begriffen haben. Zunehmend kam dabei jedoch auch der Begriff der *Interdependenz* zur Anwendung. Ihn hatten um 1970 zunächst Politikwissenschaftler für sich (wieder-)entdeckt, um die komplizierter gewordenen geopolitischen Verhältnisse zu kennzeichnen. Das kam US-Außenpolitikern wie Henry Kissinger insofern gelegen, als man mit dem Hinweis auf wechselseitige Abhängigkeiten auch die konfrontative Haltung der Gruppe der 77 zurückweisen konnte.[25] Dass der Interdependenzbegriff jedoch bald darauf in der

---

22 Dazu und zum Folgenden die (eher politikgeschichtlichen) Beiträge in Reichherzer/Fiebrig/Dinkel, *Nord/Süd* und »Humanity« 6 (2015) (Themenheft »Toward a History of the New International Economic Order«).

23 Siehe Stephen Milder: Thinking Globally, Acting (Trans-)Locally: Petra Kelly and the Transnational Roots of West German Green Politics, in: *CEH* 43 (2010), S. 301–326.

24 Erst allmählich kommen Süd/Süd-Relationen bei der Konstruktion der »Dritten Welt« in den Blick. Das Feld erschließt noch stark politisiert: Vijay Prashad: *The Darker Nations. A People's History of the Third World*, New York 2007.

25 Deuerlein, Inter-Dependenz, S. 39f. Der Begriff hatte in der politischen Theorie der Zwischenkriegszeit einen Boom erlebt, war aber nach 1945 vom Paradigma des »Realismus« verdrängt worden, so Ders., *Zeitalter*, bes. Kap. 1.2-1.3.

breiteren gesellschaftlichen Debatte Verwendung fand, lag nicht nur daran, dass die binäre Ordnung des Kalten Kriegs für die Praktiker und Experten der Außenpolitik an Evidenz verlor. Plausibel als »interdependent« ließ sich die Welt auch deshalb beschreiben, weil sich mit dem Begriff sowohl ökonomische Strukturen als auch *ökologische* Stoffkreisläufe evozieren ließen. Von »Interdependenz« war in den späten 1970er und frühen 1980er Jahren schließlich immer dann Rede, wenn auf die geografisch weitreichenden Folgen persönlichen Verhaltens hingewiesen wurde – und das ist ein Indiz der wichtigsten Veränderung der *Mental Map* in dieser Zeit: Es wurde – *drittens* – nicht nur der Unwille der Regierungsvertreter der Industrieländer, sich auf die Forderungen aus »dem Süden« einzulassen, zum Skandal gemacht, sondern die Eliten der »entwickelten Länder« schienen darüber hinaus auf basaler, geradezu kognitiver Ebene *unfähig*, auf eine Weise zu agieren, die der zugleich begrenzten und komplex integrierten Welt angemessen war.

Lenkt man also den Blick fort von der Diplomatiegeschichte auf die lokalen (und das heißt im Folgenden meist: die bundesrepublikanischen) Diskurse über Nord-Süd-Verhältnisse, -ausgleiche, -dialoge, dann erkennt man Veränderungen dahingehend, *wer* die in den späten 1960er Jahren entdeckte »Weltproblematik« überhaupt lösen zu können schien. Diese Veränderungen erklären, warum sich im letzten Drittel des 20. Jahrhunderts neue Allianzen herausbildeten. Angehörige ganz unterschiedlicher gesellschaftskritischer Milieus verband das, was man *ex post* als (selbst-)kritischen Globalismus oder vielleicht einfacher: als »Glokalismus« bezeichnen könnte: Es war die individuelle Lebensführung, der für »Glokalisten« besondere Bedeutung zukam, denn die Experten und Entscheidungsträger der Industrieländer zeigten in ihrer Wahrnehmung wenig Neigung zu einem zugleich schonenden und gerechten Umgang mit den planetarischen Ressourcen. Zugespitzt formuliert, betrachteten »Glokalisten« deshalb die Verhaltensroutinen, allen voran den Energie- und Rohstoffverbrauch des einzelnen Bürgers, als die effektivste Stellschraube zur Veränderung des Weltsystems. Zugleich erschienen ihnen nicht nur neokoloniale Asymmetrien als ein zu bekämpfendes Übel, sondern auch ein historisch weit zurückreichendes westliches Überlegenheitsgefühl wurde problematisiert. Schließlich war es dieses Gefühl, das der Selbstbegrenzung der Bürger des Globalen Nordens als Profiteuren einer ungerechten Welt im Weg stand. Durch den Fokus auf den Abbau solcher Bewusstseinsdefizite verlor indes ein eher bewegungsförmig-internationalistisches Politikverständnis an Bedeutung. Das war ein »Wandel des Politischen«, den erste Kommentatoren schon in den 1980er Jahren als »Entpolitisierung« kritisierten – was manche zeithistorische Interpretation des Übergangscharakters dieser Zeit vorwegnahm.[26] Wie die folgende Verortung zeigen soll, ist dieser Wandel aber besser als *Pädagogisierung* weltweiter Abhängigkeiten beschrieben.

---

26 Meik Woyke (Hg.): *Wandel des Politischen. Die Bundesrepublik während der 1980er Jahre*, Bonn 2013; die Entpolitisierungsthese findet sich prominent bei Daniel T. Rodgers: *Age of Fracture*, Cambridge/London 2011.

Stockholm 1972 – oder die Fiktion des kosmopolitischen Expertentums

Von den erschreckend kleinen Dimensionen der »planetarischen Welt« konnte nach dem *Earth Day* 1970 und der Publikation der *Blue Marble*-Fotografie 1972 nicht mehr schweigen, wer von »der Menschheit« und von »der Erde« sprach. Der im selben Jahr lancierte Club-of-Rome-Bericht verdeutlichte zudem, dass nicht nur von physischen, sondern auch von zeitlichen Grenzen die Rede sein musste: Immer schneller schloss sich das Zeitfenster, innerhalb dessen sich destruktive Wachstumsdynamiken noch korrigieren ließen. Dass die Weltproblematik die Welt*politik* zum unverzüglichen Handeln zwang, stand für manche wissenschaftliche Experten schon seit einigen Jahren außer Frage. Aber gerade in ihren Appellen an die Mächtigen der Erde zeichnet sich unfreiwillig eine andere Antwort auf die Frage ab, wer eigentlich handeln konnte und musste.

Exemplarisch konturieren lässt sich dieser Übergang an den Spannungen, die jenes Dokument durchzogen, dessen Titel – wenngleich etwas unelegant – für den vorangegangenen Teil meines Buchs herhalten musste: Barbara Wards und René Dubos Buch *Only One Earth. The Care and Maintenance of a Small Planet* war im Vorfeld der Stockholmer UN-Konferenz zum »Human Environment« im Sommer 1972 entstanden, zu der Fuller-LeserInnen wie Stewart Brand reisen sollten. Rund ein Jahr vor dem Kongress war Maurice Strong, der Leiter des United Nations Secretariat for the Conference on the Human Environment, mit der Bitte an den franko-amerikanischen Bakteriologen und Wissenschaftsfunktionär Dubos herangetreten, einen »Report für Stockholm« vorzubereiten. Diesen gedachte man einige Monate vor der Konferenz in mehreren Sprachen als Diskussionsgrundlage zu veröffentlichen. Es war aber weniger Dubos als Ward, die seit 1967 als Professorin an der Columbia University in New York Entwicklungsökonomie lehrte, die die Textarbeit übernahm. Ward hatte sich seit Veröffentlichung von *Spaceship Earth* verstärkt gerade mit den von Entwicklungsprogrammen verursachten Umweltproblemen befasst und in Vorträgen mit Titeln wie »Development for a Small Planet« die globalen Wachstumsgrenzen thematisiert.[27]

Only One Earth zeichnete ein entsprechend düsteres Panorama von Wasser- und Luftverschmutzung, Bodenerosion, Artensterben, Städtewachstum und Abfallproblematik in den Industriestaaten. Zugleich machte das Buch auf den grenzüberschreitenden und systemischen Charakter dieser Probleme aufmerksam. Es wies auf den Treibhauseffekt hin und auf die Tatsache, dass sich das in den USA versprühte Insektenschutzmittel DDT noch in den Körpern der Pinguine der Antarktis nachweisen ließ. Derart »globale« Missstände machten eine ebenso grenzenlose internationale Kooperation erforderlich. Sie zwangen zudem zur Einbeziehung von Chemikern und Meteorologen, deren Erkenntnissen die AutorInnen viel Raum schenkten – strecken-

---

27 Georgetown University Library (GUL), Special Collections, Barbara Ward Baroness Jackson papers, Box 3, Folder 36.

weise liest sich ihr Buch wie eine Einführung in die Ökosystemtheorie. Diese Theorie bildete den Hintergrund, vor dem Ward und Dubos die integrale Betroffenheit der Menschheit durch Veränderungen der Umwelt herausarbeiteten und ein daraus folgendes gemeinsames Interesse an einer Wiederherstellung der »selbstreparierenden Zyklen« der Natur postulierten.[28] Für einen Bericht zur Lage des Planeten argumentierte das Buch allerdings bemerkenswert welt*geschichtlich*. Die globalen Umweltprobleme wurden weitgehend auf eine von Europa und der dortigen industriellen Revolution ausgehende Entwicklung zurückgeführt. Diese Entwicklung schien nun im Begriff, ihre eigenen Grundlagen zu zerstören. Es waren die historischen Passagen, in denen die AutorInnen sehr deutlich machten, dass es für sie nicht zuletzt der Parochialismus der »Ersten Welt« war, der es verhinderte, dass der Industrialisierungsprozess gebremst würde. Eine »Kombination wissenschaftlicher Dynamik, ökonomischer Habgier und nationaler Arroganz« stehe dem »Funktionieren« des Planeten im Weg.[29]

Dieser Befund stand allerdings in einem spannungsvollen Verhältnis zur Expertenperspektive auf die Erde, die der Titel suggerierte. Wenn überdies die Rede davon war, dass der Norden seine »sozioökonomische Moralität« und »spirituellen Werte« verändern müsse, dann begann die Argumentation generell zu schillern: Mal forderten die AutorInnen die Umverteilung des industriell erwirtschafteten Wohlstands; anderswo schien es im ureigenen Interesse auch der Bürger der Industrieländer, die »umweltmäßige Interdependenz« zu verstehen, die Ward und Dubos dann wieder teleologisch ausdeuteten: Aus der Umweltkrise schien schon jetzt ein neues, kosmopolitisches Bewusstsein zu erwachsen: »As we enter the global phase of human evolution it becomes obvious that each man has two countries, his own and Planet Earth.« Schließlich griffen die AutorInnen aber auch ein zentrales Thema gesellschaftskritischer Debatten der 1970er Jahre auf, wenn sie rein quantitative Maßstäbe wie das Bruttosozialprodukt als Teil jenes Materialismus in Frage stellten, der erst in die ökologische Misere geführt habe. Passend dazu argumentierten sie, die Rede von ökonomisch »entwickelten Ländern« sei problematisch, weil sie den materiellen Wohlstand der Industriestaaten als Standard verabsolutiere. Aber just diese Begriffskritik ließen Ward und Dubos in ihrem Großabschnitt zu den »Entwicklungsregionen« stillschweigend wieder fallen, in dem sie vergleichsweise konventionelle »Wachstumsstrategien« empfahlen: Exportsubventionen für Entwicklungsländer, gesetzliche Regelungen zur Verbesserung des Zugangs zu den Märkten des Nordens, Technologietransfers mit dem Ziel einer (kontrollierten) Industrialisierung.[30]

Ward und Dubos blieben also letztlich eine befriedigende Antwort auf die Frage schuldig, die Maurice Strong ihnen mit auf den Weg gegeben hatte: Wie ließ sich vermeiden, dass auf der Konferenz in Stockholm Entwicklungs- gegen Umweltfragen

---

28 Ward/Dubos, *Earth*, S. 83.
29 Ebd., S. 66.
30 Ebd., Zitate auf S. 297, 35.

ausgespielt werden? Wie konnte angesichts eines überbeanspruchten Planeten auf *gerechte Weise* verhindert werden, dass der »Rest der Welt« den Industrieländern blind nacheifere? Obwohl sie die Bürger der Wohlstandsgesellschaften wiederholt in die (globale) Verantwortung genommen hatten, ruderten die AutorInnen gerade diesbezüglich an anderer Stelle ihres Buchs zurück. Niemand, so schrieben sie, könne von »normalen Bürgern« verlangen, die Komplexität der Diskussion um Atomenergie zu durchdringen oder die planetarische »Ressourcenbalance« zu verstehen. *Was* von den Bürgern verlangt wurde, war lediglich, der Politik Mandate für internationale Abkommen – etwa zur Drosselung des CO_2-Ausstoßes – zu verschaffen. Deren konkrete Ausgestaltung könne in der Folge den wissenschaftlichen Experten überlassen werden. Entsprechend ließen Ward und Dubos durchblicken, dass es die internationale Vernetzung der Forschung sei, die als erstes Anzeichen jenes globalen Bewusstseins zu verstehen war, das einem »verantwortlichen und gut organisierten Programm für Umweltbewusstsein und Wirtschaftswachstum« vorausgehen müsse. Es bestand also wenig Zweifel daran, wer bei der »Führung« [bzw. »Steuerung«: *stewardship*] der Erde die Kommandobrücke besetzen werde.[31]

Was *Only One Earth* zu einer spannenden Quelle macht, ist aber nun, dass diese künftigen »Kommandeure« sich gerade *nicht* auf einen Kurs einigen konnten. Das Vorwort von Strong stellte das Buch zwar als Synthese der Meinungen der führenden Experten auf den berührten Feldern dar. In der Tat hatten Ward und Dubos vor der Veröffentlichung ein Komitee von rund 100 BeraterInnen gebeten, zu verschiedenen Textentwürfen Stellung zu nehmen. Die überlieferte Korrespondenz zeigt aber, wie weit deren Meinungen auseinandergingen. Und sie verdeutlicht, dass der Einfluss der zur »Mäßigung« mahnenden Stimmen (gerade aus der Wirtschaft) schließlich schwerer wog als die Kritik an Kultur und Lebensweise der Menschen in den »Überflussgesellschaften«, die Dubos am Beginn der Arbeit am Text formuliert hatte.[32] Das fertige Buch war aber nicht nur in Bezug auf seine Empfehlungen ein Kompromiss: Vielen Kommentatoren war auch unklar, an welche Leserschaft es sich eigentlich richtete. Was einigen als unangemessen populärer Stil erschien, ging anderen nicht weit genug in der Identifikation und Adressierung der Verursacher der angesprochenen Probleme.[33] Vergleicht man die ersten Gliederungs- und Kapitelentwürfe des Buchs mit der veröffentlichten Version, wird deutlich, dass Ward und Dubos, die anfangs tatsächlich einen größeren Leserkreis ansprechen wollten, schließlich von der Absicht abrückten, im Durchschnittsleser eine

---

31 Ebd., S. 171, 199, 25.
32 Siehe die Korrespondenz in der Rare Book & Manuscript Library, Columbia University (CUL), Barbara Ward papers, 1971–1973, Series I, Box 1. Unter den BeraterInnen waren Barry Commoner, Daniel Bell, Thor Heyerdal, Konrad Lorenz, Lewis Mumford, Richard von Weizsäcker, die Ökonomen Gunnar Myrdal und Jan Tinbergen, sowie eine größere Zahl von Naturwissenschaftlern, politischen Funktionären (auch aus der »Dritten Welt«), Vertretern von NGOs und Umweltorganisationen sowie Managern großer Unternehmen.
33 Only One Earth. Comments – Cardfile, CUL, Barbara Ward papers, 1971–1973, Series I, Box 1.

»neue Literalität« herauszubilden, »deren Anwendung den Menschen in rationale und emotionale Übereinstimmung mit sich selbst und dem Planeten bringen« könne.³⁴

Als die Umweltkonferenz schließlich am 5. Juni 1972 unter intensiver massenmedialer Begleitung in Stockholm begann, ließ sich nicht überhören, dass das »gemeinsame Interesse« der Menschheit an einer Einhegung der industriellen Ausbeutung der planetarischen Ressourcen aus Sicht vieler Redner aus dem »Süden« (etwa Indira Gandhis) eine Fiktion, ja eine ideologische Position des »Nordens« war. Die Industrienationen mochten sich den Luxus eines gewissen ökologischen Frugalismus leisten können. Die Bewohner des »Rests der Welt« drohten aber um ihr »Recht auf Entwicklung« gebracht zu werden, wenn sie aus ökologischen Gründen zur wirtschaftlichen Stagnation gezwungen wurden, so die Kritik.³⁵ Auch wenn das Ergebnis des Kongresses sich trotz des Fernbleibens der Ostblockstaaten durchaus sehen lassen konnte – etwa hinsichtlich des Bekenntnisses zur internationalen Zusammenarbeit im Umweltschutz (»Deklaration von Stockholm«) und der Gründung des United Nations Environment Programme (UNEP) –, war eines klar: Die Kurvendiagramme des datengestützten Globalismus deuteten nun nicht mehr nur in eine düstere Zukunft. Sie ließen sich auch historisch lesen, und das machte sie weit anfälliger für Moralisierung. Denn in einem Punkt waren sich viele Kongressteilnehmer und -kommentatoren einig mit Ward und Dubos: Das vergangene Wachstum *einer* Region in der »Einen Welt« begrenzter Ressourcen musste mit in Betracht gezogen werden, wenn die Aufholmöglichkeiten der anderen Regionen verhandelt wurden. Nicht zuletzt die krawallartigen Vietnamproteste vor Folkets Hus, dem Tagungsort im Zentrum der schwedischen Hauptstadt, offenbarten, dass von Asymmetrien und Dependenzen, ja vom Kolonialismus nicht schweigen konnte, wer von planetarischen Grenzen sprach.³⁶

Die Ölpreiskrise als »Shock of the global«?

»Stockholm« zeugt von der Zuspitzung dessen, was auch in der bundesrepublikanischen Öffentlichkeit ab Mitte der 1970er Jahren immer öfter als »Nord-Süd-Konflikt« bezeichnet wurde. Dabei spielte keine unbedeutende Rolle, dass die Sichtbarkeit politischer Akteure aus den jüngst dekolonisierten Staaten sich zuletzt stark erhöht hatte. Über die Wirkung des häufigeren Auftauchens »farbiger« Gesichter in den Fernsehnachrichten hinaus ist an dieser Medienberichterstattung wichtig, dass sie die Staaten der »Dritten Welt« als geschlossen in Erscheinung treten ließ. Identität und Soli-

---

34 Kommentar Tom Wilsons und Phil Quiggs zu einem frühen Textentwurf, o.D. [Juli 1971], GUL, Barbara Ward Baroness Jackson papers, Box 3, Folder 46.
35 Zu diesem Topos Ramon Leemann: *Entwicklung als Selbstbestimmung. Die menschenrechtliche Formulierung von Selbstbestimmung und Entwicklung in der UNO, 1945–1986*, Göttingen 2013.
36 Kai F. Hünemörder: Vom Expertennetzwerk zur Umweltpolitik: Frühe Umweltkonferenzen und die Ausweitung der öffentlichen Aufmerksamkeit für Umweltfragen in Europa (1959–1972), in: *AfS* 43 (2003), S. 275–296.

darität des »Südens« ergaben sich aus Sicht vieler amerikanischer und westeuropäischer KommentatorInnen einerseits aus Forderungen an die ehemaligen Kolonialherrscher. Politik und Presse beobachteten andererseits mit Besorgnis, dass den Südländern als Produzenten wichtiger Primärgüter ein echtes Druckmittel zur Verfügung zu stehen schien. Aber selbst AutorInnen wie Ward und Dubos konnten allenfalls ahnen, dass nur ein Jahr nach der Stockholmer Konferenz ein Ereignis eintreten würde, das die von ihnen geforderte neue, globalistische »Literalität« stark fördern sollte.

Wenn sich die BürgerInnen der Bundesrepublik oder der USA an autofreie Tage, an lange Schlangen vor Tankstellen und an Maßnahmen des Staates zur Reduktion des Erdölverbrauchs bis hin zur Wiedereinführung der Sommerzeit gewöhnen mussten (wenn sie nicht gar von Unternehmensinsolvenzen und Kurzarbeit betroffen waren), dann hatten Publikationen wie *Only One Earth* die Interpretation all dieser Ereignisse mit vorbereitet: Der sogenannte »Ölpreisschock« des Jahres 1973/74 wurde nicht *nur* mit seinem konkreten Auslöser, dem Jom-Kippur-Krieg, in Verbindung gebracht, also der Absicht der in der Organisation erdölexportierender Länder (OPEC) aktiven arabischen Staaten, über die Drosselung der Ölfördermengen Druck auf die Unterstützer Israels auszuüben. Die Ölpreiskrise schien auch den ökologischen Alarmismus der jüngsten Vergangenheit zu bestätigen; sie schien einen Vorgeschmack auf die Einschnitte zu geben, die den westlichen Gesellschaften bei Erreichen der Ressourcengrenzen drohten. Zugleich vertieften die Verteuerung des fossilen Brennstoffs und die darauf folgende Rezession den Eindruck, dass die antikolonialistische Agenda wenig beachteter Weltregionen Konsequenzen hatte, die die eigenen Mobilitätsbedürfnisse, den eigenen Geldbeutel, die persönliche Planungssicherheit betrafen.[37] Das verlieh den Forderungen der Eliten dieser Länder nach einer umgestalteten Weltwirtschaftsordnung zumindest so lange Nachdruck, bis deutlich wurde, dass »der Süden« keineswegs eine einheitliche Front darstellte. Dem Aufstieg einzelner G 77-Staaten, so zeigte sich mittelfristig, stand die rasante Verschuldung anderer gegenüber, die selbst Folge steigender Ölpreise war.[38] Dass sich viele »Erste Welt«-Staaten Ende der 1970er Jahre angesichts der vermeintlich von den Entwicklungsländern dominierten, von den Amerikanern gar als »chaotisch« denunzierten Vereinten Nationen auf andere Foren zurückzogen, um Probleme wie »Stagflation« und »strukturelle Arbeitslosigkeit« – wenn nicht gar eine allgemeine »Regierbarkeitskrise« – zu lösen,[39] spielte allerdings stark in die Institutionenkritik westlicher GlobalistInnen hinein.

---

37 Stellvertretend: Jens Hohensee: *Der erste Ölpreisschock 1973/74: Die politischen und gesellschaftlichen Auswirkungen der arabischen Erdölpolitik auf die Bundesrepublik Deutschland und Westeuropa*, Stuttgart 1996; Jacobs Meg: *Panic at the Pump. The Energy Crisis and the Transformation of American Politics in the 1970s*, New York 2017.
38 Craig N. Murphy: *The United Nations Development Programme: A Better Way?*, Cambridge, Mass. u.a. 2006.
39 Glenda Sluga: The Transformation of International Institutions. Global Shock as Cultural Shock, in: Niall Fergusson u.a. (Hg.): *The Shock of the Global. The 1970s in Perspective*, Cambridge, Mass. 2010, S. 223–236.

Einige historiografische Gesamtdarstellungen nehmen die Ereignisse der Jahre 1973/74 zum Ausgangspunkt, den »Anbruch einer neuen Epoche« zu konturieren, wenn nicht gar den »Beginn unserer Gegenwart«. Diese wird dabei *ex negativo* definiert: Wirtschaftshistorisch betrachtet erscheint sie als Phase »nach dem Boom« der Nachkriegsjahrzehnte, die von der Abkehr vom Bretton-Woods-System, von neuen ökonomischen Strategien der Deregulierung und Vermarktlichung sowie von neuen Arbeitsregimes geprägt ist; kulturgeschichtlich stellt sie sich als vom »Ende der Zuversicht« geprägte Zeit dar; soziologisch als Zeitraum »jenseits der Moderne«, wenn nicht als Beginn einer »neuen Moderne« oder Postmoderne[40] – was, so einige HistorikerInnen, mit der Implosion optimistischer Temporalitätsvorstellungen, nicht zuletzt des Planungshorizonts der Futurologie zusammenhing, aber auch eine Wiederentdeckung der Geschichte zur Folge hatte.[41] Jenseits der Synthesen wird der Zäsurcharakter der Ölverknappung aber eher in Zweifel gezogen. In der deutschen zeithistorischen Forschung ist es fast zum Reflex geworden, darauf hinzuweisen, dass Energiepolitiker und -experten die Energiekrise durchaus nicht als Schock erlebten, dass die Ölpreiskrise auch nicht zur einer radikalen Herausforderung gängiger Souveränitätsvorstellungen führte und dass »aus der Ressourcen-Problematik abgeleitete Wachstumskritik« (bis heute) keine Aufnahme im politischen Mainstream fand.[42] Im Gegenteil standen die 1970er Jahre gerade für die weniger gutverdienenden Haushalte in Westdeutschland, in den USA und in weiteren Teilen Westeuropas im Zeichen neuer Konsummöglichkeiten, zu denen gerade ressourcenintensive Produkte und Dienstleistungen wie Autos und Urlaubsflüge gehörten.[43] So durchzieht die Forschung der Vorwurf, die pauschale Deutung des Umbruchcharakters dieser Zeit – zu der auch die plakative Behauptung gehört, »der« Westen habe einen »Globalitätsschock« erlitten[44] – sei Folge einer leichtfertigen Übernahme der sozialwissenschaftlichen Krisendiagnostik dieser Phase.[45] Allerdings birgt dieser Vorwurf selbst die Gefahr, hinter die schmerzliche Erkenntnis von Menschen zurückzufallen, die in den 1970er Jahren versuchten, sozusagen über das Bewusstsein das Sein zu beeinflussen. Der Umstand, dass die Mehrheitsbevölke-

---

40 Doering-Manteuffel/Raphael, *Boom*; Konrad Jarausch (Hg.): *Das Ende der Zuversicht? Die siebziger Jahre als Geschichte*, Göttingen 2008; Thomas Großbölting/Massimiliano Livi/Carlo Spagnolo (Hg.): *Jenseits der Moderne? Die Siebziger Jahre als Gegenstand der deutschen und der italienischen Geschichtswissenschaft*, Berlin 2014; Thomas Raithel u. a. (Hg.): *Auf dem Weg in eine neue Moderne? Die Bundesrepublik Deutschland in den siebziger und achtziger Jahren*, München 2009.

41 Siehe stellvertretend Fernando Esposito: Von no future bis Posthistoire. Der Wandel des temporalen Imaginariums nach dem Boom, in: Doering-Manteuffel/Raphael/Schlemmer, *Vorgeschichte*, S. 393–423.

42 Rüdiger Graf: *Öl und Souveränität: Petroknowledge und Energiepolitik in den USA und Westeuropa in den 1970er Jahren*, Berlin 2014, hier S. 392.

43 Frank Bösch: Boom zwischen Krise und Globalisierung. Konsum und kultureller Wandel in der Bundesrepublik der 1970er und 1980er Jahre, in: *GG* 42 (2016), S. 354–376.

44 Fergusson u. a., *Shock* und ähnlich überzogen: Giuliano Garavini: The Colonies Strike Back: The Impact of the Third World on Western Europe, 1968–1975, in: *CEH* 16 (2007), S. 299–319.

45 Graf/Priemel, Zeitgeschichte.

rung von konsumkritischen Weckrufen offenkundig nicht in ihrem *Handeln* beeinflusst wurde, verrät noch nicht viel über das Ausmaß der Verunsicherung angesichts globaler Verhältnisse, die vom Wirtschaftswachstum der Nachkriegszeit genährte Erwartungen weiterer Wohlstandsgewinne – zumindest temporär – als uneinlösbar erscheinen ließen.

Berichte geläuterter Rückkehrer

Ein Indiz für diese Verunsicherung ist der Markt für populäre gesellschaftskritische Sachbücher, der die Rede vom »Jahrzehnt der gedruckten Debattenkultur« rechtfertigt.[46] Schon der »Malthusianische Moment« der späten 1960er Jahre wäre kaum eingetreten ohne die ebenso alarmistischen wie gut lesbaren *Paperback*-Publikationen von Bevölkerungswissenschaftlern, Entwicklungsökonomen und Biologen. Im Folgejahrzehnt verdienten amerikanische und bundesrepublikanische Verlage sogar noch besseres Geld mit just jenen Umbruchsdiagnosen, gegen deren unkritische Nacherzählung manche ZeithistorikerInnen anschreiben. So wichtig es ist, quellenkritischen Abstand zu diesen Publikationen zu wahren – beispielsweise gegenüber Ronald Ingleharts Behauptung, man sei Zeuge einer »stillen« Werterevolution durch eine postmaterialistische Generation: Es ist erklärungsbedürftig, warum viele LeserInnen dem amerikanischen Politologen 1977 seine Korrelation von Individualisierungsprozessen mit der Entstehung eines neuen Wertehimmels abnahmen, der von Staats-, Technik- und Konsumkritik geprägt war. Überdies verrät ein Blick in Ingleharts Buch, dass dieser selbst als Leser von Sachbuch-Bestsellern zu den Themen der Umfragen gekommen war, deren Ergebnisse er zur Wertewandelsthese verarbeitete.[47] Seine Publikation stand also in einem Denk- und auch Zitationszusammenhang mit Bestsellern wie Alvin Tofflers *Future Shock* (1970), das ein Schrumpfen des optimistischen Erwartungshorizonts voraussah, mit Aurelio Pecceis *The Chasm Ahead* (1969), mit Gregory Batesons *Steps to an Ecology of Mind* (1972, dt. 1981: *Ökologie des Geistes*) oder Leopold Kohrs *Development Without Aid* (1972) und dessen Zwilling *The Overdeveloped Nations* (1977, dt. schon 1962: *Die »Überentwickelten« oder die Gefahr der Größe*), mit E. F. Schumachers

---

46 Frank Bösch: Die Krise als Chance. Die Neuformierung der Christdemokraten in den 70er Jahren, in: Jarausch, *Zuversicht*, S. 296–310, hier S. 303.
47 So betrafen viele der Fragen, die Inglehart an sein Sample richtete, die Konsequenzen, die seine Zeitgenossen aus der Diagnose »Globalität« zogen. Der Zusammenhang zwischen Selbstbestimmung, »Postmaterialismus« und politischer Partizipation, den Inglehart in seine Fragen hineintrug, ist kaum von den Tropen des globalistischen Grenzdiskurses zu trennen. Wiederholt tauchten die Grenzen des Wachstums, die Tragfähigkeit, das Ölembargo auf; es gab in Ingleharts Buch eine Tabelle zur »Supra-National Identity«, die unter Postmaterialisten besonders ausgeprägt sei; in seinem Schlusskapitel »World Views and Global Change« ließ der Autor sich gar zur Kritik an deren Technologiefeindlichkeit hinreißen, die ihm zynisch schien angesichts der Tatsache, dass verbesserte Agrikultur und Geburtenkontrolle die Lösung für die Probleme der »Dritten Welt« und für das Überleben auf dem »Raumschiff Erde« seien: Ronald Inglehart: *The Silent Revolution. Changing Values and Political Styles Among Western Publics*, Princeton 1977, bes. S. 363–392.

schon erwähntem, von Kohr beeinflussten Werk *Small is Beautiful* (1973, dt. 1977: *Die Rückkehr zum menschlichen Maß*) oder mit Ivan Illichs *Tools for Conviviality* (1973; dt. 1975: *Selbstbegrenzung*).

Alle diese Publikationen warnten angesichts globaler Schieflagen vor einem »Weiter So«. Was sie darüber hinaus einte, war aber die Sprecherposition, von der aus diese Appelle erfolgten. Es ist bislang unerforscht, warum in den 1970er Jahren eine Vielzahl von Publikationen aus der Feder weißer (männlicher) Autoren zu Bestsellern wurden, die weder politisch noch disziplinär eindeutig zuzuordnen waren, aber allesamt mit der Autorität weit (und vor allem in die außereuropäische Welt) gereister und *dort* selbstkritisch gewordener Praktiker sprachen.[48] Der ehemalige FIAT-Manager Peccei etwa hatte den Club of Rome auch in Reaktion auf Enttäuschungen ins Leben gerufen, die er als Berater der Adela Investment Company erlebt hatte, die sich Mitte der 1960er Jahre für Direktinvestitionen in Lateinamerika eingesetzt hatte.[49] Der Brite Bateson, der seine kybernetisch informierte Bindungstheorie in Auseinandersetzung mit den Ökosystemforschern in Stanford entwickelt hatte, war als Anthropologe ohnehin Vertreter eines Faches, das zum Kulturrelativismus neigte. Und das fügte sich gut an seine Beobachtung, die Zivilisation Hawaiis (wo er Ende der 1960er Jahre einen längeren Forschungsaufenthalt verbracht hatte) sei der westlichen im Umgang mit den Reproduktionszyklen der Natur überlegen.[50] Dass Illich, ein gebürtiger Österreicher, im 1965 im mexikanischen Cuernavaca gegründeten Centro Intercultural de Documentación (CIDOC) die Entwicklungsarbeit der amerikanischen Entwicklungsorganisation Peace Corps ebenso wie die Missionstätigkeit der Kirche kritisierte, wenn nicht subvertierte, rührte von den Erfahrungen her, die der katholische Priester in den 1950er Jahren als Vizerektor der Pontificia Universidad Católica in Puerto Rico gemacht hatte. Dort lehrte zur selben Zeit (wenn auch an einer anderen, staatlichen Universität) der ebenfalls in Österreich aufgewachsene Kohr, in dessen Haus Schumacher sein Hauptwerk verfasste.[51] In Bonn geboren, war letzterer bereits vor dem Zweiten Weltkrieg nach England und später in die USA emigriert. Nach Kriegsende wirkte Schumacher als Wirtschaftsberater in Burma und arbeitete an den Fünfjahresplänen für Indien mit. Hier entwickelte er Konzepte eines autonomen, also vom Weltmarkt abgekoppelten, Wirtschaftens.[52]

---

48 Siehe aber das Projekt von Torsten Kathke: Zukunft vergangener Gegenwarten. Wie Zeitdiagnosen die großen Debatten der 1970er- und 1980er-Jahre bestimmten, in: *Gesellschaftsforschung* (2015), H. 2, S. 6–10.

49 Adela stand für Atlantic Development for Latin America. Zur transnationalen Biografie Pecceis, der zu den Beratern Wards und Dubos' gehört hatte: Albrecht, »Atlantic Community«.

50 Gregory Bateson: Ökologie und Flexibilität in urbaner Zivilisation, in: Ders.: *Ökologie des Geistes. Anthropologische, psychologische, biologische und epistemologische Perspektiven*, Frankfurt a. M. 1981, S. 634–647.

51 Martina Kaller-Dietrich: Ivan Illich (1926–2002). Sein Leben, sein Denken, Wien 2007.

52 Helmut Woll: Ernst Friedrich Schumacher – ein Prophet der Mittleren Technologie, in: *Zeitschrift für Sozialökonomie* 53 (2016), H. 190/191, S. 41–48, hier S. 41.

So unterschiedlich die Positionen dieser Autoren waren: Aus Sicht von LeserInnen, die »mitreden können« wollten, aber mehrheitlich kaum Kontakt mit »dem Süden« hatten, musste es besonders glaubwürdig erscheinen, dass in den genannten Büchern konkrete eigene Erfahrungen außerhalb Europas (bzw. Nordamerikas) den Hintergrund bildeten für eine teils massive Kritik an der westlichen Zivilisation und deren Weltverbesserungsanspruch. Letzterer verkehrte sich sogar in sein Gegenteil: Insbesondere für Bateson und Schuhmacher, der die »buddhistische Wirtschaftslehre« zum Gegenentwurf des entgrenzten Industriekapitalismus erhob,[53] waren es die *Anderen*, von denen man lernen konnte, ein erfüllteres und in moralischer Hinsicht »besseres« Leben zu leben. Stärker als bei Ward und Dubos waren es für sie die »Normalbürger« des Globalen Nordens, die sich von ihren Denkgewohnheiten trennen und das Zweifeln nicht zuletzt an der eigenen Geschichte als Vorbild für die Entwicklung des Rests der Welt erlernen sollten. Das reagierte auf die erwähnte, in den 1970er und 1980er Jahren wachsende Nachfrage nach »indigenem« Wissen als Reservoir für neue Philosophien und für konkrete Fertigkeiten.[54] Es passte aber auch zu den erstarkenden Forderungen nach mehr Lebensqualität anstelle bloß quantitativer Wohlstandszuwächse. Ivan Illich ging wohl am weitesten in seiner Kritik nicht nur an der ökonomischen »Wachstumsmanie«, sondern auch an den Bürokratien, die diese Manie seiner Auffassung nach in die Welt setzten – allen voran die laut Illich »medikalisierten« Gesundheits- und die entmündigenden Bildungssysteme. Die entsprechenden staatlichen Institutionen schienen den Universalismus des Modernisierungsdenkens aber nicht nur in den »Entwicklungsländern« ohne Rücksicht auf bestehende, an die Lebensbedingungen vor Ort angepasste Lernformen oder Heilkünste aufzupfropfen. Sie zeitigten auch in der entwickelten Welt kontraproduktive Wirkungen. Illich empfahl »Selbstbegrenzung« daher als Methode, eine – letztlich vage gemeindesozialistische – Form des Zusammenlebens und -arbeitens auch im *Norden* zu bewahren: Wer Grenzen einhielt, wirkte gerade in den Industriegesellschaften einem Verlust haptischer Fähigkeiten und sinnlicher Erfahrungsmöglichkeiten entgegen, der Folge der »künstlichen« Erzeugung nie völlig zu befriedigender Bedürfnisse war. Immer wieder stellte Illich in seinen Publikationen der 1970er Jahre die weltweite Gleichartigkeit solcher Entfremdungsprozesse heraus: »On the banks of the Seine and those of the Niger, people have unlearned how to milk, because the white stuff now comes from the grocer,« schrieb er, um im selben Abschnitt anzuprangern, dass Säuglingen infolge der »Beratung« durch Experten immer öfter Kuhmilch statt Muttermilch gegeben werde.[55] Er nahm damit eine Trope vorweg, die eine zentrale Rolle in der Kritik an der Nahrungsmittelhilfe in der »Dritten Welt« spie-

---

53 E. F. Schumacher: *Die Rückkehr zum menschlichen Maß. Alternativen für Wirtschaft und Technik »Small is Beautiful«*, Reinbek 1977, vor allem S. 48–56.
54 Michael Schüring: Zwischen Ökobiblizismus und Neo-Animismus. Aspekte alternativer Gegenwelten in den Evangelischen Kirchen der Bundesrepublik um 1980, in: *GG* 41 (2015), S. 107–139
55 Ivan Illich: *The Right to Useful Employment and its Professional Enemies*, London 1978, S. 22.

len sollte, nämlich die Vermarktung von Milchpulver als Säuglingsnahrung. Illich ging es indes darum, dass der Autonomieverlust auch der Mütter in der »entwickelten Welt« eine direkte Funktion der Erziehung zur Konsumentin sei. Schließlich zeigt das Beispiel, was den revisionistischen Grenzdiskurs der 1970er Jahre insgesamt auszeichnete: eine Tendenz, die hypertrophe Konsumgesellschaft als *Denaturierung* zu beschreiben.

Die Niederungen der Praxis und das BMZ

Die Wurzeln einer solchen gedruckten Kritik an der Universalisierung des »westlichen« Gesellschaftsmodells kurz vor und nach der Ölpreiskrise sind sicher auch in den verdichteten globalen Verflechtungen nach 1945 zu suchen, die Biografien wie jene Illichs ja erst ermöglichten. Ihre Kritik knüpfte zudem an eine ältere, konsum- und kulturkritische (und auch theologische) Modernitätsskepsis an, die sich recht problemlos mit ökologischen Grenzdiskursen verknüpfen ließ.[56] Der Resonanzraum der genannten Autoren vergrößerte sich aber vor allem dadurch, dass zu Beginn der 1970er Jahre das Scheitern der bisherigen Entwicklungspraxis kaum mehr zu übersehen war. Ausgerechnet am Ende der 1961 ausgerufenen »UN-Entwicklungsdekade« traten neue Ernährungskrisen ein, die die Rückbesinnung auf die Deckung von Grundbedürfnissen zur Folge hatten. Schon 1968 hatte der ehemalige kanadische Ministerpräsident, Lester B. Pearson, im Auftrag der Weltbank eine Kommission gebildet, um eine Bilanz von zwanzig Jahren Entwicklungshilfe zu ziehen, die bestenfalls gemischt ausfiel:[57] Zwar betonte Pearson angesichts zurückgehender Entwicklungsbeiträge von Industrieländern, dass nicht nur deren Indifferenz, sondern auch die Neokolonialismus-Vorwürfe in den Empfängerländern manche Erfolge unsichtbar zu machen drohten. Pearson war zudem weit davon entfernt, das BSP als Fortschrittsindex in Frage zu stellen, wie das bald darauf nicht nur Ward und Dubos, sondern sogar manche Ökonomen innerhalb der OECD tun sollten:[58] So gehörten (neben einer besseren Koordination der Hilfeleistungen, Frühwarnsystemen bei Überschuldung und einem stärkeren Fokus auf Familienpolitik) die Erhöhung der Entwicklungshilfe und eine gerechtere Außenhandelspolitik zu seiner »globalen Strategie«. Pearson bemühte aber doch eine ähnliche Symmetrisierungssemantik wie die genannten Sachbuchautoren. Das betraf das neue Paradigma der partnerschaftlichen »Entwicklungszusammenarbeit«, die Wissen und Würde der »Counterparts« vor Ort stärker berücksichtigen sollte. Es bildete sich aber auch darin ab, dass Pearson eine »World Community« wechselseitiger Abhängigkeiten in einer kommunikativ und infrastrukturell vernetzten Welt heraufziehen sah. Wenn

---

56 Die Renaissance kulturkritischer Autoren in den 1970er Jahren ist wenig erforscht. Vgl. aber Thomas Tripold: *Die Kontinuität romantischer Ideen. Zu den Überzeugungen gegenkultureller Bewegungen*, Bielefeld 2012.
57 Lester B. Pearson/Commission on International Development: *Partners in Development. Report of the Commission on International Development*, London 1969.
58 Dazu Schmelzer, *Growth*, vor allem S. 245–266.

Pearson seine Vorschläge schließlich als Beiträge zur »Entwicklung« der *Menschheit insgesamt* sah, dann wies das auch schon auf die radikalere Sichtweise eines Illich, eines Bateson oder Kohr voraus. Es dauerte nicht mehr lange, bis die ersten Kritiker die Aufklärung über die Aporien der Entwicklungshilfe als »Entwicklungshilfe in eigener Sache« propagierten.

Was Pearson als Chance erschien, das erlebten viele Praktiker als Enttäuschung, wie neuere Forschungen zu den Erfahrungen westdeutscher EntwicklungshelferInnen zeigen. Diese wurden oft schon während der Vorbereitung auf ihren Einsatz mit widersprüchlichen Anforderungen konfrontiert. Anpassung ohne Anbiederung an die lokalen Kooperationspartner, Respekt ohne ein lähmendes Übermaß an Empathie waren um 1970 die Ausbildungsparameter. Man kann dies als Ausdruck der »Angst des Versagens der ›entwickelten‹ Menschen« im Sinne ihrer Überidentifikation interpretieren (»going native«), oder gar als Ausdruck der Furcht vor der Entfesselung eines nur unter dünnem Zivilisationsfirnis verborgenen Gewaltpotenzials. Aber die Ausbildung spiegelte auch den Wandel der Wahrnehmung der »zu Entwickelnden« wider. Anfangs, in den 1960er Jahren, wollte man diese zu westlicher Arbeits- und Zeitdisziplin erziehen. Allmählich erkannten die Ausbilder aber einen legitimen Eigensinn in dem, was zuvor als »vorindustrielle Verhaltensweise« erschienen war. Anfang der 1970er Jahre war ein gewisses Maß an »Selbstreflexion und -relativierung«, ja sogar der Zweifel dann schon »zum konstituierenden Bestandteil der Selbstkonstruktion« der HelferInnen geworden.[59] Das war auch Folge von moralischen Belastungsproben, von denen die ersten RückkehrerInnen aus dem Ausland berichteten. Zwar waren Entwicklungshelfer von verschiedenen Motiven getrieben, zu denen Lust am Abenteuer, Karrierismus, Praxissehnsucht und natürlich auch ein genuiner Hilfewunsch zählten. Aber fast immer waren diese Motive überwölbt von einem »Wirksamkeitsmotiv«, das die Wahrscheinlichkeit einer Desillusionierung groß machte.[60] Vor Ort mussten viele HelferInnen einsehen, dass sie von den lokalen Amtsträgern nicht nur als Wissensressource, sondern auch als Quelle persönlicher ökonomischer Transfers betrachtet wurden. Solche Transfers konnten just die klientelistischen Verhältnisse festigen, die dem Aufbruch in die Moderne im Wege standen. Wer diese Erfahrung machte, bei dem konnte dies zu neuen Rassismen führen, aber eben auch zur Hinterfragung des eigenen Paternalismus. Zumal unter den Freiwilligen des Deutschen Entwicklungsdienstes (DED), die die eigene Aufgabe nach den Ereignissen des Protestjahres 1968 weniger als technische denn als politische sahen, konnte eine Auseinandersetzung mit strukturellen Ursachen globaler Ungleichheit die Folge sein. Dies ging einher mit der Annäherung an

---

59 Sandra Maß: »Eine Art sublimierter Tarzan«. Die Ausbildung deutscher Entwicklungshelfer und -helferinnen als Menschentechnik in den 1960er Jahren, in: *WerkstattGeschichte* 15 (2006), S. 77–89, Zitate auf S. 86, 85, 89.

60 Sehr instruktiv: Eric Burton: *Tansanias »Afrikanischer Sozialismus« und die Entwicklungspolitik der beiden deutschen Staaten: Akteure, Beziehungen und Handlungsspielräume, 1961–1990* (Diss; Univ. Wien 2017), hier vor allem S. 272, 319, 421.

die Dritte-Wegs-Sozialismen des »Südens« wie etwa an das tansanische Ujamaa-Gesellschaftsmodell (wobei die Realität brutaler Zwangsumsiedlungen oft ausgeblendet wurde). Gerade die Vision des tansanischen Staatspräsidenten Julius Nyerere schien mit ihrem »Fokus auf Tradition, Gemeinschaft und landwirtschaftliche Produktion« auch einen Weg aus der »Sackgasse [zu weisen], in die die industrielle Moderne geraten war.«[61] Der zeitgleich lauter werdende Vorwurf an die Entwicklungsinstitutionen, sie bildeten nur den verlängerten Arm deutscher Exportinteressen, stand nun also im Zusammenhang einer sehr grundsätzlichen Gesellschafts-, wenn nicht Zivilisationskritik. Dass diese Kritik in wachsendem Maße ökologisch überformt war, zeigte sich beispielsweise ab 1972 in der Skandalisierung der bundesrepublikanischen Beteiligung am Bau der Cahora-Bassa-Talsperre im heutigen Mosambik.

Die Selbstkritik der Praktiker blieb auch ihrem Dienstherrn nicht verborgen. Ganz im Sinne Pearsons forderte Erhard Eppler 1971, drei Jahre nach Antritt seines Amts als Bundesminister für Wirtschaftliche Zusammenarbeit, Begegnungen auf Augenhöhe statt Almosen. Mittlerweile machte sich auch die erdsystemische Herleitung dieses Imperativs bemerkbar: »Hilfe für die Dritte Welt«, so Eppler in seinem Buch *Wenig Zeit für die Dritte Welt* »ist der ehrgeizige Versuch, das Leben für alle auf dem Raumschiff Erde einigermaßen erträglich zu machen, damit es nicht für alle unerträglich wird«.[62] Seinen späteren Erinnerungen zufolge war der SPD-Politiker bei Übernahme des Ministeriums eher »technokratisch« gesinnt und mit dem Gang der Dinge weitgehend zufrieden. Anfang der 1970er Jahre änderte sich das jedoch. Das war Folge seiner Konfrontation mit den destruktiven Nebenfolgen von Entwicklungshilfe, etwa bei Bewässerungsprojekten in der Sahelzone.[63] Dass Eppler im Juli 1974 wegen der Kürzung des Etats seines Ministeriums unter dem neuen Bundeskanzler Helmut Schmidt von seinem Amt zurücktrat, begründete seinen Ruf als besonders integrer Politiker. Seine Sprecherposition als Mahner baute Eppler mit einer Vielzahl weiterer Bücher aus, die seine Kritik am westlichen Entwicklungsmodell noch verschärften. *Ende oder Wende. Von der Machbarkeit des Notwendigen* (1975) etwa interessiert hier weniger als Krisenpanorama von Umweltzerstörung, Hunger und Überbevölkerung denn als Diagnose eines Umbruchs, der zu einer neuen, moralischeren Politik führen müsse. Die tiefe »historische Zäsur«, an der man stand, konturierte Eppler in diesem Buch, indem er die zeitgenössischen Globalitäts-Tropen geradezu komprimierte:

Daß Menschen [...] auf dem Mond landen können, wohl die spektakulärste aller Grenzüberwindungen, hat die Menschheit keineswegs beflügelt, sondern auf sich selbst zurück-

---

61 Ebd., S. 357. Ähnliches lässt sich am US-*Peace Corps* zeigen, an den sich der DED organisatorisch anlehnte, weil man nicht an koloniale Vorgänger anknüpfen wollte: Larry Grubbs: *Secular Missionaries. Americans and African Development in the 1960s*, Amherst/Boston 2009, bes. Kap. 8.
62 Erhard Eppler: *Wenig Zeit für die Dritte Welt*, Stuttgart 1971, S. 89.
63 Renate Faerber-Husemann: *Der Querdenker. Erhard Eppler. Eine Biographie*, Bonn 2010, S. 95.

geworfen: im Weltall war nichts zu gewinnen außer der Einsicht, daß wir auf einen Erdball verwiesen sind, der in seiner Schönheit und Fülle seinesgleichen sucht, von dem es aber auch kein Entrinnen gibt. [...] Die faszinierenden Fotos vom Raumschiff Erde forderten die Fragestellungen des Klubs von Rom heraus: Was hält diese Erde aus? Wie viele Menschen kann sie tragen, versorgen mit Rohstoffen, Energie, Wasser, Nahrung, Raum zur Entfaltung? Daß ein endlicher Erdball kein unendliches materielles Wachstum zuläßt, ist eine Binsenweisheit. Daß diese Binsenweisheit erst zur Kenntnis genommen wurde, als ein Computer sie errechnet hatte, ist eine Parodie auf die Expertengläubigkeit unserer Zeit.[64]

Der »Raum, in dem politisches Handeln sich legitimieren muß«, so Epplers Schlussfolgerung, könne nicht mehr der Nationalstaat sein, sondern nur die ganze Erde. Die Ungerechtigkeit des Nord-Süd-Gefälles jedoch – so Eppler in einem offensichtlich von E. F. Schumacher beeinflussten Kapitel des Buchs mit dem Titel »Maßstäbe« – könne »nicht mehr durch Wachstum allein entschärft, geschweige denn gelöst werden«. Und so handle Politik nur verantwortlich, wenn sie schmerzhafte »Lernprozesse« bei den Bürgern des Nordens anstoße.[65]

Tatsächlich hatte Eppler dieser Einsicht noch als Entwicklungsminister erste Taten folgen lassen: Er hatte das BMZ mit einer großzügig ausgestatteten Presse- und Öffentlichkeitsabteilung versehen. Das Ministerium wurde dadurch zu einem wichtigen Multiplikator jener Selbstkritik, die nicht nur Eppler als »Rückkehrer« verkörperte. Die Bonner Räumlichkeiten des Ministeriums bildeten eine Art Soziotop, aus dem die Netzwerke der »Dritte Welt«-Gruppen der 1970er und 1980er Jahre hervorgingen.[66] Neben den entsandten Praktikern – den Agronomen, Bauingenieuren, Tropenmedizinern oder Bildungsexperten – gehörte just zu den PR-Leuten im Ministerium eine Reihe der westdeutschen Regierung kritisch gegenüberstehender jüngerer Mitarbeiter. Über deren sogenannten »Montagskreis« hielt Eppler schützend die Hand. Nicht vermeiden konnte er aber, dass mit seinem eigenen Ausscheiden auch ein Aktivist wie Kai-Friedrich Schade seinen Referentenposten am Ministerium verlassen musste, um dann als Gründer der Zeitschrift »EPD-Entwicklungspolitik« eines der wichtigsten Foren des Dritte-Welt-Engagements der Bundesrepublik zu etablieren.[67]

---

64 Erhard Eppler: *Ende oder Wende. Von der Machbarkeit des Notwendigen*, Stuttgart u.a. 1975, S. 9.
65 Ebd., Zitate auf S. 56, 64, 62.
66 Eine erschöpfende Darstellung der Ministeriumsgeschichte steht noch aus, vgl. aber Bastian Hein: *Die Westdeutschen und die Dritte Welt. Entwicklungspolitik und Entwicklungsdienste zwischen Reform und Revolte 1959–1974*, München 2006, bes. S. 196f., sowie etwas distanzlos: Michael Bohnet: *Geschichte der deutschen Entwicklungspolitik. Strategien, Innenansichten, Zeitzeugen, Herausforderungen*, Stuttgart 2015, bes. S. 72–76.
67 Zu Schade siehe Bernhard Gißibl: *Kai Friedrich Schade und die epd-Entwicklungspolitik – zur Einführung* (Dokumentation der Tagung »Christliche Publizistik und entwicklungspolitisches Bewusstsein« des IEG Mainz im Erbacher Hof, November 2015), https://www.ieg-mainz.de/forschung/weitere_aktivitaeten/tagung_kai_friedrich_schade (19.6.2019).

Internationale Solidarität zwischen Revolte und Weltsystemtheorie

Keine Geschichte des Globalismus der 1970er Jahre wäre komplett, wenn sie nicht die Politisierungsprozesse berücksichtigte, die unter dem Rubrum »Global Sixties« verhandelt werden. Zur Geschichte von »68« gehören die grenzüberschreitenden Vernetzungen zwischen Protestierenden verschiedener Länder.[68] Und es gehört die Tatsache dazu, dass diesen – ebenso wie den Massenmedien, die über die Studentenbewegung berichteten – eine Vielzahl lokaler Unruhen mit unterschiedlichen Ursachen als Ausdruck einer weltumspannenden Dynamik erschien. Bekanntlich identifizierten sich Gymnasiasten in westdeutschen Kleinstädten mit Guerilleros lateinamerikanischen Typs. Man schien zuhause am viele tausend Kilometer entfernten Befreiungskampf der Vietnamesen gegen den amerikanischen Imperialismus zu partizipieren. Akteure aus der (post-)kolonialen »Dritten Welt«, etwa aus Algerien, lösten die Revolte in Europa aber auch mit aus: Sie hatten zu Beginn der 1960er Jahre im Rahmen von Studienaustauschprogrammen antiimperialistische Theorien nach Westeuropa reimportiert. Und sie hatten aktivistische Taktiken mitgebracht, deren Einfluss auf die sogenannten »Köpfe« der »Außerparlamentarischen Opposition« dem der Lektüre Frantz Fanons oder Ernesto »Che« Guevaras kaum nachstand.[69] Allerdings galt auch für weite Teile der Studentenbewegung, was der Historiker Christoph Kalter am Beispiel des *Tiersmondisme* der radikalen Linken Frankreichs herausgearbeitet hat: Diese war durchzogen vom Widerspruch zwischen einer abstrakten Wahrnehmung der »Dritten Welt« im Sinne eines welthistorischen revolutionären Subjekts und den realen Dialogen mit politischen AktivistInnen aus dem Globalen Süden. Solche Dialoge führten nur allmählich zur Hinterfragung der eurozentrischen Fortschrittserzählung, in deren Licht man die Unabhängigkeitsbewegungen zunächst betrachtet hatte.[70] Gerade Vertreter des Sozialistischen Deutschen Studentenbundes (SDS) wie Rudi Dutschke hingen einem eschatologischen »Drittweltismus« an.[71] Der absorbierte zwar manche konkrete Kritik an einer extraktivistischen Entwicklungspolitik, wie sie etwa in der amerikanischen sozialistischen Zeitschrift »Monthly Review« geäußert wurde. Der Internatio-

---

68 Stellvertretend: *Martin Klimke: The Other Alliance. Student Protest in West Germany and the United States in the Global Sixties*, Princeton 2009.

69 Quinn Slobodian: *Foreign front. Third World Politics in Sixties West Germany*, Durham NC 2012; Dorothee Weitbrecht: *Aufbruch in die Dritte Welt. Der Internationalismus der Studentenbewegung von 1968 in der Bundesrepublik Deutschland*, Göttingen 2012.

70 Kalter, *Entdeckung*.

71 Zum Folgenden: Wilfried Mausbach: Von der »zweiten Front« in die friedliche Etappe? Internationale Solidaritätsbewegungen in der Bundesrepublik 1968–1983, in: Sven Reichardt/Detlef Siegfried (Hg.): *Das Alternative Milieu. Antibürgerlicher Lebensstil und linke Politik in der Bundesrepublik Deutschland und Europa 1968–1983*, Göttingen 2010, S. 423–444, Zitate auf S. 427, 431. Ähnlich argumentiert Andreas Eckert: »Was geht mich denn Vietnam an«? Internationale Solidarität und »Dritte Welt« in der Bundesrepublik, in: Axel Schildt (Hg.): *Von draußen. Ausländische intellektuelle Einflüsse in der Bundesrepublik bis 1990*, Göttingen 2016, S. 191–210.

nalismus des SDS blieb aber dem vulgärmarxistischen Axiom verhaftet, im »Süden« entstehe ein revolutionäres Industrieproletariat, dort also befinde sich die Bühne der »weltgeschichtlichen Dramen«, als deren Teil man sich verstand. Diese Interpretation erhöhte zwar die Bereitschaft, von den »Anderen« zu lernen. Sie stellte die Revolutionäre in Europa jedoch auch vor die Frage, welche Rolle man in der eigenen, saturierten Gesellschaft überhaupt noch spielen könne. Es war auch diese Frage, die zum Zerfall der Bewegung in die »K-Gruppen« der 1970er Jahre beitrug. Deren Angehörige beschworen zwar an den sprichwörtlichen »Werktoren« die »internationale Solidarität«. Sie interessierten sich aber über ihren Grabenkämpfen untereinander immer weniger für die Realität anderswo. Dass der »gemeinsame« politische Kampf für manche Kritiker alsbald einen imaginären, wenn nicht eskapistischen, Zug annahm (was einige AutorInnen bald vom »Mythos des Internationalismus« sprechen ließ[72]), hatte sicher auch mit der sich abzeichnenden Ergebnislosigkeit der eigenen revolutionären Bestrebungen zu tun.

Ob dieser Prozess jedoch als »Niedergang der Dritte-Welt-Solidarität« nach 1968 richtig beschrieben ist,[73] hängt davon ab, wie man den Solidaritätsbegriff interpretiert. Dessen Verwendung nahm im Rahmen des politischen Aktivismus bis 1980 ebenso zu wie die Zahl tatsächlicher transkontinentaler Kontakte zwischen AktivistInnen aus »Erster« und »Dritter Welt«. Das beste Beispiel hierfür sind die Arbeitsbrigaden in Nicaragua, denen sich bis zum Ende des sandinistischen Gesellschaftsexperiments Anfang der 1990er Jahre mehrere Tausend Bundesbürger anschlossen.[74] Solidarität mit der »Dritten Welt« äußerte sich ab 1970 jedoch auch in den deutlich an Reflexionstiefe gewinnenden Analysen der strukturellen Ursachen der ökonomischen Abhängigkeit der postkolonialen Staaten, mit denen sich viele antiimperialistische Gruppen beschäftigten. Die Facetten der in den frühen 1960er Jahren entstandenen, aber erst im Folgejahrzehnt auch in Nordamerika und Westeuropa breit rezipierten *Dependenztheorie* sollen hier nicht beschrieben werden. Festgehalten werden muss aber, dass diese Theorie aus Sicht ihrer bundesrepublikanischen Anhänger dadurch besonders plausibel wurde, dass sie selbst aus »dem« Süden kam. Das galt für den Strukturalismus der sogenannten Prébisch-Singer-These, die eine längerfristige Verschlechterung der *Terms of Trade* zuungunsten der rohstoffproduzierenden Entwicklungsländer postulierte (was die erwähnten Forderungen und Vorschläge ihrer Vertreter im Rahmen der vom Argentinier

---

72 So lautet das Thema des »Kursbuch«-Hefts 57 (1979).
73 Thomas Jørgensen: *1968 and the Decline of Third World Solidarity*. Paper for the 1968 Working Group, September 2005, http://www.helsinki.fi/strath/strath/researchers/jorgensen/Joergensen1968.pdf (19.6.2019).
74 Frank Bösch: Internationale Solidarität im geteilten Deutschland. Konzepte und Praktiken, in: Ders./Caroline Moine/Stefanie Senger (Hg.): *Internationale Solidarität. Globales Engagement in der Bundesrepublik und der DDR*, Göttingen 2018, S. 7–34, hier S. 11. Mit Zahlen: Christian Helm: Reisen für die Revolution. Solidaritätsbrigaden als Praktik transnationaler Solidarität zwischen der Bundesrepublik und dem sandinistischen Nicaragua, in: ebd., S. 35–63.

Raúl Prébisch geführten UNCTAD stark beeinflusste).[75] Und es galt für André Gunder Franks radikalere Unterentwicklungstheorien, die sich aus der Lateinamerikaerfahrung des aus Deutschland ausgewanderten Ökonomen speisten.[76]

Im Hinblick auf die Handlungsformen des bundesrepublikanischen »Dritte Welt«-Engagements nicht zu unterschätzen ist daran, dass auch für dessen AktivistInnen die Ursachen der »Unterentwicklung« mittlerweile systemischer Natur waren: Im »peripheren Kapitalismus« (Dieter Senghaas 1974) erkannte man ein über die politische Unabhängigkeit vieler postkolonialer Staaten hinweggerettetes, weit in die Vergangenheit zurückreichendes System der Ausbeutung der globalen Peripherien durch die Zentren, mit dem sich nicht ohne Grund nun auch Historiker wie Immanuel Wallerstein beschäftigten. In einer solchen Perspektive erschien globale Ungleichheit nicht mehr – wie in der modernisierungstheoretischen, aber eben auch in der doktrinär-marxistischen Optik – als bedauerliches, jedoch unvermeidliches Resultat einer Durchgangsphase, in der etwa letzte Reste feudaler gesellschaftlicher Verhältnisse getilgt wurden. Ungleichheit wurde vielmehr als Wirkung exogener Faktoren begriffen, als Struktureffekt asymmetrischer Verhältnisse von langer Dauer. Es waren historische Interdependenzen, die zur zunehmenden Dependenz führten, zu deren Überwindung entsprechend weniger die Modernisierung neuer Nationalstaaten angeraten schien als die Umgestaltung des Welt(wirtschafts)systems. Zwar wurde auch die temporäre Auskopplung aus diesem System mit dem Ziel einer autonomen Entwicklung einzelner Länder propagiert, doch ging diese Forderung fast immer einher mit derjenigen nach einer globalen regulativen Verflechtung, wie sie ja auch in der NIEO Ausdruck fand.

»Dritte Welt«-Bewegung und »glokalistische« Allianzen

Es war dieser Interpretationszusammenhang, der in der Bundesrepublik der 1970er Jahre einen gemeinsamen Nenner bildete, der zur Annäherung (ehemals) »studentenbewegter« AktivistInnen an Angehörige des »Helfermilieus« etwa des BMZ, zu Allianzen aber auch mit Vertretern von Wohlfahrtsverbänden, politischen Stiftungen, gewerkschaftsnahen Jugendorganisationen und nicht zuletzt mit Vertretern von christlichen Gemeinden führte. Gerade Kirchenfunktionäre und Angehörige von Missionsgesellschaften waren schon in der zweiten Hälfte der 1960er Jahre mit einer Zunahme der Repräsentanten der sogenannten »Südkirchen« konfrontiert gewesen.[77]

---

75 Zur Rolle Prébischs und den lateinamerikanischen Wurzeln des entwicklungsökonomischen Strukturalismus: Stella Krepp: Weder Norden noch Süden: Lateinamerika, Entwicklungsdebatten und die »Dekolonisierungskluft«, 1948–1973, in: Reichherzer/Fiebrig/Dinkel, *Nord/Süd*, S. 109–134.
76 Cody Stephens: The Accidental Marxist: Andre Gunder Frank and the »Neo-Marxist« Theory of Underdevelopment, 1958–1967, in: *Modern Intellectual History* 15 (2018), S. 411–442.
77 Zum Folgenden: Reinhard Frieling: Die Aufbrüche von Uppsala 1968, in: Siegfried Hermle/Claudia Lepp/Harry Oelke (Hg.): *Umbrüche. Der Deutsche Protestantismus und die sozialen Bewegungen in den 1960er und 70er Jahren*, Göttingen 2007, S. 176–188; Katharina Kunter: 1972/3: Ende der Weltmission.

Unverkennbar verfolgten diese etwa im Rahmen der Vollversammlung des Ökumenischen Rats der Kirchen in Uppsala 1968 auf medial aufsehenerregende Weise eigene, teils in Revolutionsrhetorik gekleidete, Ziele. So prangerten sie ein eurozentristisches Missionsverständnis, rassistische Strukturen innerhalb der Kirchenorganisation, aber eben auch das ungerechte Weltwirtschaftssystem an. »Gleichheit vor Gott«, das hieß für viele europäische Gläubige nun, die Länder des »Südens« nicht mehr als bloße Empfänger einer Botschaft zu begreifen, die aus den Zentren des »Norden« in die Welt getragen wurde, sondern, die internationale Kooperation sowie die innere Erneuerung zugleich voranzutreiben. Was sich nach außen in Rufen nach einem Entsendungsstopp für Missionare oder gar nach der Zurückweisung der (als bloßes Almosen begriffenen) »Entwicklungs-Enzyklika« Pauls VI. manifestierte, korrelierte im Inneren der Gemeinden mit einem Liberalisierungsprozess, den viele Gläubige in Nordamerika und Europa auch deshalb vorantrieben, weil sie einen authentischeren Glauben anstrebten. »Liebe zum fernsten Nächsten« artikulierte sich also auch in der Kritik an der Kooperation der Amtskirchen mit Militärjuntas und autoritären Regimes, zumal in Deutschland, wo diese Kritik von Sühne angesichts der NS-Vergangenheit überformt war. Ein Politisierungsprozess setzte aber auch deshalb ein, weil sich Frömmigkeit, basisdemokratische Ideale und gesellschaftliches Engagement der Gläubigen wechselseitig verstärkten. Insbesondere Frauen öffnete letzteres persönliche emanzipatorische Spielräume.[78]

Das erleichterte Annäherungen an Akteure mit völlig anderen Erfahrungshintergründen. Zugespitzt ausgedrückt, sprachen Pastorengattinen und geläuterte MaoistInnen nun die gleiche Sprache. Radikalisierten sich Erstere unter dem Eindruck der lateinamerikanischen Befreiungstheologie, kehrten Letztere angesichts des erstarkenden Linksterrorismus der Idee der revolutionären Umgestaltung der Welt den Rücken. Gegen Ende der 1970er Jahre deckte sich die beiderseits wachsende Skepsis gegenüber den »großen« Ideen und Institutionen dann mit den Grundüberzeugungen des sogenannten »Alternativen Milieus«. Dazu trug bei, dass sich unter dessen Angehörigen ein romantisierendes Interesse am Wissen anderer Weltregionen mit dem verknüpfte, was noch kurz zuvor als das »richtigen Leben im falschen« gebrandmarkt worden wäre: einem authentischeren Dasein in »warmen«, emotionalen Gemeinschaften, aber auch einem pragmatischeren Aktivismus, der, so die neuere Forschung, keineswegs als »Weltflucht« verstanden werden sollte.[79]

Der europäische Protestantismus kehrt nach Hause zurück, in: *Themenportal Europäische Geschichte* (2009): www.europa.clio-online.de/essay/id/fdae-1480 (19.6.2019).

78 Sebastian Tripp: *Fromm und politisch. Christliche Anti-Apartheid-Gruppen und die Transformation des westdeutschen Protestantismus 1970–1990*, Göttingen 2015. Involviert, aber brauchbar: Franz Nuscheler: *Christliche Dritte-Welt-Gruppen. Praxis und Selbstverständnis*, Mainz 1995.

79 Sven Reichardt: Authentizität und Gemeinschaft – Linksalternatives Leben in den siebziger und frühen achtziger Jahren, Frankfurt a. M. 2014. Nun mit einem Fokus auf das Politische der Emotionalität: Joachim C. Häberlen: *The Emotional Politics of the Alternative Left. West Germany 1968–1984*, Cambridge 2018.

Es ließe sich daher diskutieren, ob die Bezeichnung »Dritte-Welt-*Bewegung*« gut gewählt ist, um das »globale Engagement« dieser heterogenen Akteurskonstellationen zu bezeichnen.[80] Wer deren Bewegungscharakter betont, dem entgeht, dass sich in diesem Engagement eben keine *Ent*politisierung abzeichnete, wie sie die Forschung zur Geschichte des Menschenrechtsaktivismus der 1970er Jahre bisweilen konstatiert (was die entsprechenden AutorInnen darin begründet sehen, dass eine Haltung demonstrativer politischer Neutralität unabdingbar war für Skandalisierungskampagnen, die eine »globale Gemeinschaft« adressieren sollten).[81] Vielmehr veränderten sich die Auffassungen davon, was Politik, oder genauer: *wie* man politisch sein könne: Die Historikerin Susanne Schregel spricht – unter Bezug auf die Anti-Atomkraft-Bewegung – von einer »Reskalierung« der politischen Aktionsformen.[82] Eine solche Maßstabsveränderung propagierte auch, wer darauf hinwies, dass sich durch eine Verringerung des persönlichen, alltäglichen, lokalen Rohstoffverbrauchs ein kleiner Beitrag für eine »fairere« Verteilung der Lebenschancen in der Welt leisten ließ. Die »Politik der ersten Person« des letzten Drittels des 20. Jahrhunderts lässt sich also ohne ihren globalen Bezugsrahmen nicht verstehen. Sie war »glokalistisch«: Wachgerüttelt von den Diskussionen um eine den Gesetzmäßigkeiten des Planeten angepasste »Raumschiffökonomie«, »betroffen« von den ungerechten Strukturen des Weltwirtschaftssystems, zugleich skeptisch gegenüber Experten, deren Lösungen auf ein schlichtes »Weiter so« hinausliefen, schien es immer mehr Kommentatoren geboten, die Last der Verantwortung für die ökologische Ausbalancierung des Planeten, aber eben auch für die Umverteilung der sozioökonomischen Chancen, die sich seinen Bewohnern boten, auf die Schultern einer Vielzahl von Individuen zu verteilen. Und das geschah am besten auf dem Weg der Pädagogik.

Praktiken der »Bewusstseinsbildung«

Was die Allianzen zwischen den »glokalistischen« Gruppen stärkte, war der gemeinsame Fokus auf eine Informations- und Bildungsarbeit, die solche Spielräume erst sichtbar machte.[83] Die Losung konnte nicht mehr die Unterstützung der Revolution

---

80 Heterogen war diese Konstellation nicht zuletzt mit Blick auf den geografischen Fokus des Aktivismus, der oft auf Lateinamerika, seltener auf Afrika oder Südostasien lag. Diese Vielfalt betonen Bacia/Wenzel, *Bewegung*, S. 79 und Bösch, *Solidarität*.

81 Demgegenüber eher kritisch: Stefan-Ludwig Hoffmann: Die Universalisierung der Menschenrechte nach 1945, in: *Zeitgeschichte-online*, Juni 2011, https://zeitgeschichte-online.de/kommentar/die-universalisierung-der-menschenrechte-nach-1945 (19.6.2019).

82 Susanne Schregel: *Der Atomkrieg vor der Wohnungstür. Eine Politikgeschichte der neuen Friedensbewegung in der Bundesrepublik 1970–1985*, Frankfurt a. M. 2011.

83 Zum Folgenden Monica Kalt: *Tiersmondismus in der Schweiz der 1960er und 1970er Jahre. Von der Barmherzigkeit zur Solidarität*, Berlin u.a. 2010, Zitate auf S. 26of., 155, 312, 161; Konrad J. Kuhn: *Entwicklungspolitische Solidarität. Die Dritte-Welt-Bewegung in der Schweiz zwischen Kritik und Politik (1975–1992)*, Zürich 2012 sowie Claudia Olejniczak: *Die Dritte-Welt-Bewegung in Deutschland. Konzeptionelle und organisatorische Strukturmerkmale einer neuen sozialen Bewegung*, Wiesbaden 1999.

der Eliten im »Süden« sein. Sie musste »Bewusstseinsbildung« im Norden lauten. Auch dies war ein importierter, gerade deshalb überzeugender Begriff. Bildungstheoretiker aus der »Dritten Welt« wie der Brasilianer Paulo Freire bezeichneten mit »Bewusstseinsbildung« Alphabetisierungskampagnen und andere Maßnahmen zur »Befreiung vom Kolonialismus in den Köpfen« und zur damit verbundenen Rückgewinnung von Würde und Handlungsautonomie. In Westeuropa und den USA wurde Bewusstseinsbildung in den 1970er und 1980er Jahren indes als Aufgabe interpretiert, den MitbürgerInnen verständlich zu machen, dass ihr Wohlstand sich historisch gewachsenen Strukturen verdankte, die Menschen auf der anderen Seite des Planeten in Abhängigkeit verharren ließen. Dabei spielte auch die Erfahrung von AktivistInnen aus eher karitativen Zusammenhängen eine Rolle, dass reine Emotionalisierungsstrategien, wie sie Spendenkampagnen typischerweise verfolgten, nicht nur wenig ergiebig waren, sondern just jene westliche Überlegenheitsgewissheit noch verstärkten, die für LeserInnen Schumachers oder Illichs die globalen Asymmetrien mithervorrief. Ein »globalisierter Solidaritätsbegriff« war angesichts des geringen Grads persönlicher Betroffenheit durch die Probleme der Entwicklungsländer jedoch nur äußerst schwer vermittelbar.[84] Es musste eingesehen werden, was nicht erlebt werden konnte.

Dies hatte die massenhafte Entstehung von »grauer Literatur« wie Infobroschüren und Rundschreiben zur Wirtschaftssituation einzelner Länder zur Folge. Es resultierte aber auch in Anstrengungen, die »Betroffenheit« der eigenen Zeitgenossen durch die Nord-Süd-Beziehungen künstlich zu verstärken. Anfangs spielte dabei zwar noch die aus den späten 1960er Jahren hinübergerettete Absicht eine Rolle, die Gleichartigkeit des Ausgebeutetseins ganz »normaler Leute« in »Süden« und »Norden« durch Imperialismus und »strukturelle Gewalt« zu verdeutlichen. Immer häufiger ging es aber darum, *letztere* – die Menschen im Norden – zur Identifikation mit einem Ausbeuterstatus zu veranlassen, der sich in ihrem Alltag festmachen ließ. Deshalb wurde der Fokus auf den persönlichen Verbrauch von Rohstoffen und Primärenergien gelegt. Denn an seinem Beispiel ließ sich der »individuelle Verschuldungszusammenhang« besonders anschaulich vermitteln, ja quantifizieren. Wer die Druckerzeugnisse von »Dritte Welt«-Gruppen der 1970er und 1980er Jahre durchblättert, stößt daher unweigerlich auch auf thematische Weltkarten, Dia- und Kartogramme, die die räumliche Unterteilung der Welt in eine »privilegierte« und eine »benachteiligte« Sphäre unmittelbar evident machten. Zumal diese Bildmedien fast immer von Leseanweisungen flankiert waren, die ökologisches Kreislaufdenken und globale Ungleichheit miteinander in Zusammenhang brachten. Die Globalität, die hier – ebenso wie in den unvermeidlichen Vergleichstabellen zum Protein- und Energieverbrauch, zu Fernsehgeräten pro Kopf oder zu den Mobilitätsstandards der Europäer, der Amerikaner und der Bewohner des »Rests« der Welt – in Schrift, Zahl und Bild Konturen bekam, war ein Nullsummenspiel: Was die Überfluss- oder Wegwerfgesellschaften des Nordens achtlos verbrauchten, so die Botschaft, fehlte anderswo.

---

84 Kalt, *Tiersmondismus*, S. 150.

Dass es indes nicht in erster Linie um die konkreten ökonomischen Wirkungen der »Moralisierung« des Konsums gehen durfte, weil diese allenfalls marginal ausfallen würden, war auch den Betreibern der »Dritte-Welt-Läden« (einige Jahre später dann nur noch: »Weltläden«) klar, die Mitte der 1970er Jahre, ausgehend von den Niederlanden, in den Städten Westeuropas erste Infrastrukturen für ein gewissenhaftes Einkaufen formten. Von Beginn an diskutierten die AktivistInnen etwa der »Aktion Dritte Welt-Handel« zwar darüber, ob man als Abnehmer der auf faire Weise akquirierten Erzeugnisse aus den Entwicklungsländern die Strukturen des Welthandels verändern könne.[85] Zumeist stand in den »Bazaren zur Bewußtseinsbildung«[86] aber die Absicht im Vordergrund, das Kundengespräch über ein konkretes Produkt in ein Aufklärungsgespräch über den Welthandel und seine Preisbildungsmechanismen zu verwandeln. Es galt, die Konsumgesellschaft gewissermaßen gegen sich selbst zu wenden, um die »Selbstgewissheit des Abendlandes« zu erschüttern.[87] Auch die Schaufensterauslagen der »Dritte Welt«-Läden waren sozusagen »Medien«, die Einsichten versprachen, die der eigentlichen gesellschaftlichen Umwälzung vorangehen mussten.

Das erklärt Praktiken, die dabei halfen, »Benachteiligung« am eigenen Leib nachzuempfinden, etwa das sogenannte »Solidaritätshungern«, wie es ja auch die Fuller-Anhänger in Kalifornien bereits Ende der 1960er Jahre erprobt hatten. Dass entsprechende Ansätze nun aber weniger als öffentlicher Protestakt denn als Rollenspiel verstanden wurden, lenkt den Blick auf die Tatsache, dass der »Königsweg« der Bewusstseinsbildung über das Feld einer Pädagogik führte, die Perspektivwechsel und -tranzendierungen anregen sollte. Es galt zu lernen, das eigene Dasein mit den Augen der anderen zu betrachten: *Empowerment* und Responsibilisierung verstärkten einander in diesem Lernprozess wechselseitig; »Mitschuld und Ermächtigung«, so die Historikerin Monica Kalt, waren das doppelte Resultat einer »diskursiven Verknüpfung von westlicher Konsumgesellschaft und Dritte-Welt-Elend«.[88] So plump der Moralismus dieser »imperativen Komparative« anmutet: Das Niveau der Reflexion über die entsprechenden pädagogischen Techniken war teils hoch. Das zeigt die Bilanz der entwicklungspolitischen Bildung, die die deutschen Erziehungswissenschaftler Alfred Treml und Klaus Seitz 1986 zogen (in einem Jahr, in dem überhaupt eine Selbsthistorisierungsphase begann[89]):

---

85 Benjamin Möckel: Gegen die »Plastikwelt der Supermärkte«. Konsum- und Kapitalismuskritik in der Entstehungsgeschichte des »fairen Handels«, in: *AfS* 56 (2016), S. 335–352; ähnlich: Peter van Dam: The limits of a success story: Fair trade and the history of postcolonial globalization, in: *Comparativ* 25 (2015), S. 62–77.
86 Bernd Dreesmann: Bazare zur Bewußtseinsbildung? Neue »Aktion 3. Welt-Handel« geplant, in: *Entwicklung und Zusammenarbeit* 10 (1970), S. 10–11.
87 Franz-Josef Stummann: *Aktion Dritte Welt. Eine Fallstudie zur »entwicklungspolitischen Bewußtseinsbildung« der Jugend,* Frankfurt a. M. 1976, S. I.
88 Kalt, *Tiersmondismus,* S. 312.
89 Weiterhin erhellend: Werner Balsen/Karl Rössel: *Hoch die internationale Solidarität. Zur Geschichte der Dritte-Welt-Bewegung in der Bundesrepublik,* Köln 1986.

Waren in den späten 1960er Jahren noch »Frieden, Menschlichkeit« die beherrschenden, luftig-rhetorischen Topoi, so die Autoren, bedürfe es mittlerweile ganzer Bibliografien, um die konkreten Lehrkonzepte der entwicklungspolitischen Bildung zu durchdringen. Gemein sei diesen aber zum einen, dass sie »offene didaktische Materialien [...], die bausteinartig aufgebaut und benützt werden können«, empfahlen, da diese hochindividuell und gerade deshalb mit aktivierenden Ergebnissen eingesetzt werden konnten. Zum anderen zeichne sie ihr »alltagsorientierter Ansatz« aus. Entsprechend der sogenannten »Nahbereichsthese« dürfe, wer »Betroffenheit und Motivation« fördern wolle, nicht »appellative Didaktik« betreiben. »Einsicht und Sensibilisierung« erziele man, mit Freire gesprochen, am besten durch die Identifikation »strukturelle[r] Isomorphien«« »zwischen Dritte-Welt-Problematik und Nahbereichserfahrung« und eine entsprechende »Politisierung des Alltags«. Die »Neubewertung der Wirkungsmöglichkeiten individuellen Handelns« gelte es dann allerdings »den Adressaten selbst« zu überlassen.[90]

Global Education

In der Pädagogik bilden sich Zukunftsantizipationen unmittelbar ab. Tatsächlich ließ sich in der zweiten Hälfte der 1970er Jahre nicht nur in der Bundesrepublik (der sich die folgenden Kapitel in erster Linie widmen werden) ein starker Zuwachs an Schrifttum beobachten, das »Möglichkeiten entwicklungspolitischer Bewußtseinsarbeit« aufzeigte, mit denen man »Leuten die Augen dafür [...] [öffnen] konnte, was von einem Menschen, der im letzten Viertel des 20. Jahrhunderts lebt, erwartet werden muß und kann, mithin innerhalb bestimmter Grenzen, die letztlich die Grenzen der einen Welt sind«.[91] Auch in anderen westeuropäischen Ländern sowie in den USA arbeiteten Pädagogen am »Unterricht mit dem Ziel globaler Perspektiven«.[92] Was manchen *World Game*-Interpreten Möglichkeiten zum Broterwerb bot, soll zum Abschluss dieser Verortung auch deshalb beleuchtet werden, weil sich so die Medienwirkungserwartungen aufzeigen lassen, die diese Didaktik international prägen. Pädagogik, darin waren sich nämlich auch die amerikanischen Exponenten der sogenannten »Global Education« einig, musste bei der »Anpassung« der Menschen an die vernetzte Welt helfen. Dann konnte sie im besten Fall sogar eine »zivilgesellschaftliche Bildung bezüglich der Herausforderungen der globalen Interdependenz« erzielen, wie es in einer Denkschrift von

---

90 Alfred K. Treml/Klaus Seitz: Geschichte der entwicklungspolitischen Bildung. 20 Jahre Dritte-Welt-Pädagogik, in: *Zeitschrift für Entwicklungspädagogik* 9 (1986), S. 18–26, hier S. 18, 22.
91 H. M. De Lange: Möglichkeiten entwicklungspolitischer Bewußtseinsarbeit, in: Jan Tinbergen (Hg.): *Der Dialog Nord-Süd. Informationen zur Entwicklungspolitik*, Frankfurt a. M./Köln 1977, S. 198–214, hier S. 210.
92 O.A.: *Teaching Towards Global Perspectives*, New York 1973. Dazu historisierend: Fujikane, Hiriko: Approaches to Global Education in the United States, the United Kingdom and Japan, in: *International Review of Education* 49 (2003), S. 133–152.

1976 hieß.⁹³ Auch in den USA artikulierte sich die Absicht, der drohenden Energie-, Wirtschafts-, Ernährungs- und Umweltkatastrophe entgegenzuwirken, in Bemühungen, die individuelle Bereitschaft zu steigern, sich »Werte- und Lebensstilfragen« zu stellen.⁹⁴ Viele AutorInnen bezogen sich dabei auf die wissenschaftliche Debatte über »Tragfähigkeit und Wachstumsgrenzen« und adaptierten Schlagworte wie »Raumschiff Erde« und »Rettungsboot-Ethik«.⁹⁵ Das umtriebige New Yorker Center for Global Perspectives in Education etwa gab bereits 1973 ein Heft seines Periodikums »Intercom« heraus, das Interviews mit den AutorInnen der *Limits to Growth*-Studie, Donella und Dennis Meadows, enthielt, die denn auch konstatierten, dass es an einem Unterricht fehle, der systemtheoretisches Grundlagenwissen vermittle, um so die Eingebundenheit des eigenen Handelns in globale Wirkungszusammenhänge zu verdeutlichen.⁹⁶ In einem (sogar unter Beteiligung des Ehepaars Meadows) entstandenen Buch konstatierte der Mathematiker und Reformpädagoge Lewis J. Perelman 1976, die Probleme in der Welt seien hauptsächlich die Folge von »Fehlleistungen der abendländischen Epistemologie«, auf die man durch »eine Verschiebung unseres gesamten Referenzrahmens und unserer Haltung zum Leben selbst« reagieren müsse, damit sich eine »globale Denkweise« verbreite.⁹⁷

Auch in den USA war man sich sicher: Die Perspektiverweiterung musste mit der Hinterfragung des eigenen Alltagshandelns einhergehen. In der Einleitung eines 1977 erschienenen ersten Handbuchs zum Thema etwa wurde René Dubos mit dem Ausspruch zitiert: »One must think about global problems. But the only way you can act is locally.«⁹⁸ Was das konkret hieß, stellte ein Band mit dem Titel »America in the World« klar: »The way we live, the foods we eat, the jobs we have or hope to get, much of our life-style – all are connected to events far removed from us. We, in turn, influence the lives of others, whether we intend it or not.«⁹⁹ Ein Aufsatz der PädagogInnen Lee und Charlotte Anderson zu »World-Centered Schools« wurde noch deutlicher: »What we

---

93 Ward Morehouse: *A New Civic Literacy. American Education and Global Interdependence*, Princeton 1976, S. 20.
94 *Teaching Towards Global Perspectives*, S. 3.
95 Etwa David C. King: *International Education for Spaceship Earth*, New York 1970.
96 Intercom Evaluation Committee, o.D [frühe 1970er Jahre], Swarthmore College Peace Collection, Robert Wallace Gilmore Papers, 1960–1982, DG 163, Part I, Box 1.
97 Lewis J. Perelman: *The Global Mind. Beyond the Limits to Growth*, New York 1976, S. 25f., 31, 43. Tatsächlich hatte der Club of Rome, der sich zuvor vom politischen Lobbyismus ab- und der Bildungsarbeit zugewandt hatte, 1970 selbst eine Studie mit dem Titel *No Limits to Learning* in Auftrag gegeben, die in direkter Anspielung auf die Grenzen des Wachstums das *entgrenzte* Lernen zur Voraussetzung der Behebung globaler Probleme erklärte: James W. Botkin/Mircea Malitza/Mahdi Elmandjra: *No Limits to Learning. Bridging the Human Gap. A Report to the Club of Rome*, London 1979. Vgl. dazu Moll, *Scarcity to Sustainability*, S. 191.
98 Dennis E. Shoemaker: *The Global Connection. Local Action for World Justice. A Development Education Handbook*, New York 1977, S. IV.
99 David C. King: *America in the World*, New York 1976, S. 14.

want can make other people hungry.«[100] Globale Erziehung lief also darauf hinaus, die Folgen des eigenen Konsums und unreflektierter Mobilitätsansprüche zu verdeutlichen. Man konnte beides anhand von Spuren internationaler Verbindungen am eigenen Heimatort untersuchen: Das Umfeld, das man auf Exkursionen zu Flughäfen und in Supermärkten erkundete, barg sowohl Indizien globaler Probleme als auch Möglichkeiten, diese Probleme zu lösen.[101] Zentral ist aber auch, wie eng die *Global Education* gerade in den USA mit Konzepten aktiver Bürgerbeteiligung verknüpft war. Viele Exponenten der *Global Education* hatten in den späten 1960er Jahren in der Friedenspädagogik gearbeitet, die sich, zumal unter dem Eindruck der Rassenunruhen des Jahres 1968, mit praktischen Konfliktlösungsansätzen befasste. Das Ziel, die individuelle Konfliktkompetenz (mittels einer multiperspektivischen Einsicht in die verschiedenen Interessen von Konfliktparteien) zu fördern, wurde im Folgejahrzehnt »globalisiert«. Wo die Befähigung zur »informierten Entscheidung« in Konfliktlagen herausgebildet, die Entdeckung der »verborgenen Vernetzung«[102] zwischen Alltagsebene und globaler Ebene aber auch als Selbstermächtigung verstanden wurde, da verbot sich jeder Gedanke einer Erziehung »von oben«.

Diese Grundhaltung erklärt die zentrale Rolle, die *Medien* in den entsprechenden Konzepten spielen, etwa VHS-Filme und Hörspiele, aber auch kombinierte multimediale *kits*, zu denen nicht zuletzt kartografische Darstellungen gehörten: »They need new mental maps! They need to ›see‹ societies as interlinked in a multitude of ways rather than as isolated entities spread like a patchwork quilt over the face of the globe«, schrieb etwa Charlotte Andersson und fügte hinzu: Ein »Begriff vom Systemischen« sei eine zentrale Voraussetzung für die »Befähigung, sich selbst in alternative Perspektiven hinein zu projizieren«.[103] In einem Heft des erwähnten Center for Global Education war denn 1973 auch John McHales Grafik abgedruckt, die mithilfe der *Dymaxion Map* das kommunikationstechnologische Zusammenrücken der Weltbevölkerung seit der Vorzeit visualisierte, ergänzt um den Kommentar: »We shift away from a single vantage point – our own ethnocentrism – to the broader perspective of all living on our planet«.[104] Besonders erfolgversprechend schien die »Lehre über das Raumschiff Erde« indes, wenn sie auf Simulationen und Rollenspiele setzte, wenn Schüler oder Studierende also im Zuge »kreativer Dramatisierungen« ihren Standpunkt spielerisch zu transzendieren lernten.[105] Und so wurden zahllose Varianten sogenannter *Trade Games*

---

100 Lee Anderson/Charlotte Anderson: A Visit to Middleston's World-Centered Schools: A Scenario, in: James M. Becker (Hg.): *Schooling for a Global Age*, New York u. a. 1979, S. 1–31, hier S. 18.
101 Robert B. Woyach/Richard C. Remy: A Community-Based Approach to Global Education, in: *Theory into Practice* 21 (1982), S. 177–183.
102 David C. King/Cathryn J. Long: *Shaping the Environment*, New York 1976, S. 3.
103 Charlotte Anderson: Global Education in the Classroom, in: *Theory into Practice* 21 (1982), S. 168–176, hier S. 171.
104 *Global Perspectives*, S. 3.
105 Siehe etwa Wendy A. Bergseth/Judith D. Hill/William Hobson: Using Role-Play and Creative Dra-

entwickelt, die mittels verteilter Rollen die Multidimensionalität der globalen Interessenkonflikte oder das Machtgefälle bei der Aushandlung von Preisen für Importgüter einsichtig machten. Im von Oxfam America entwickelten Simulationsspiel *The Decision is Yours* etwa wurde SchülerInnen der Blick des klassischen Entwicklungshelfers ausgetrieben: Sie übernahmen die Rolle von Mitarbeitern einer NGO in Burkina Faso, die über die Finanzierung verschiedener Hilfsprojekte zu entscheiden hatten. Nach Spielende wurden sie aufgefordert, darüber zu diskutieren, ob sie diese Entscheidungen auf ihre »eigenen kulturellen Werte« gegründet hatten, um sich im Anschluss daran zu fragen, ob der Lebensstandard der Amerikaner angesichts der globalen Wachstumsgrenzen überhaupt erstrebenswert sei.[106] Auch derlei spielerische Re-Perspektivierungen des eigenen Alltags gingen also mit konsum-moralischen Imperativen einher. Sie verknüpften sich mit der Absicht, Heranwachsende an das Denken in Zyklen, in Rückkoppelungsschleifen und selbstregenerierenden oder -verstärkenden Systemen heranzuführen. Langfristig, so die Hoffnung, werde die »prä-globale Wahrnehmung« mit ihrer »vergleichsweise simplen Theorie von den Verknüpfungen zwischen Ereignissen« so ersetzt durch das Konzept der »emergenten globalen Lage«.[107]

One World to Share

Wie schon in der einleitenden Vignette an *Ökolopoly* gezeigt, aber auch an der Umdeutung des *World Game* erkennbar, waren es also die wissenschaftlichen Weltmodelle der frühen 1970er Jahre, die wenige Jahre später ausgerechnet im Rahmen von Subjektivierungstechniken evoziert wurden. Dies geschah etwa, wenn Schüler das »Szenario-Fortspinnen« erlernen sollten, indem sie das *eigene Leben* im Jahr 2000 beschrieben, und zwar »unter Berücksichtig des Energieverbrauchs.«[108] Die Schlüsselbegriffe dieser Didaktik, die auf die Flexibilisierung des eigenen Möglichkeitsbewusstseins zielte, waren »choice« und »change«: Es ging um die Reflexion über die buchstäblich weitreichenden Konsequenzen eigener Entscheidungen in einer interdependenten, sich ständig verändernden, aber eben auch veränderbaren Welt. Für »glokalistisch« gesinnte Pädagogen dies- und jenseits des Atlantiks fiel die performative Einübung von *Agency* in eins mit einer ebenso »moralischen« wie der Medialisierung bedürftigen Aufforderung, situativ das eigene Handeln zu hinterfragen, es als Input in ein komplexes System zu sehen. Die Bemessung des eigenen Lebensstandards am globalen Maßstab konnte

---

matics to Help Children Understand Systems Thinking, in: *Teaching Towards Global Perspectives*, S. 8; William A. Nesbitt: *Teaching Global Issues Through Simulation: It Can Be Easy*, New York 1974; O.A. *Teaching about Spaceship Earth. A role-playing experience for the middle grades*, New York 1972.

106 *Global Perspectives*, S. 28.
107 Robert G. Hanvey: An Attainable Global Perspective, in: *Theory into Practice* 21 (1982), S. 162–167, hier S. 166.
108 William A. Nesbitt: The Energy Question. Problems and Alternatives, in: *Global Perspectives*, S. 12–16, hier S. 15.

dann so weit gehen, dass der »Entwicklungs«begriff dahingehend umgedeutet wurde, dass die Arbeit am eigenen Problembewusstsein – die »Entwicklung« des Selbst – zur Hauptaufgabe wurde, wie es 1975 in einer westdeutschen Publikation mit dem Titel *Die Eine Welt* hieß: »Das vorliegende Buch«, so die Herausgeberin Herta Frenzel, »soll helfen, daß wir uns entwickeln, denn wir leiden an einer schrecklichen Unterentwicklung unseres Bewußtseins. Wir müssen lernen, Augen, Ohren und alle Glieder, Vernunft und alle Sinne zu entwickeln, damit wir denkend und fühlend in der Lage sind, unseren Beitrag zur Überwindung der Krisen in der Welt zu leisten. Wir müssen eine ›Ganzheitsmethode‹ entwickeln, die uns hilft, nicht nur unsere eigenen Probleme zu erkennen, sondern das Ganze in den Blick zu bekommen«.[109]

Wenn *ein* Buch am Ende dieses Abschnitts stellvertretend für Standort und Stoßrichtung des »Glokalismus« stehen kann, dann ist es *One World to Share*, die 1979 erschienene Sammlung von Reden und Aufsätzen des Generalsekretärs des Commonwealth of Nations, Shridath Ramphal. Schon der Titel verdeutlicht, wie stark die Begriffe »World« und »Earth« sich einander mittlerweile semantisch angenähert hatten. Denn eine *Welt*, verstanden als grenzüberspannendes Netz menschlicher Beziehungen, lässt sich schlecht brüderlich »teilen«, wohl aber ein *Planet*, sofern er als Summe seiner Ressourcen aufgefasst wird. Bezeichnender aber ist, dass der Autor, der diese Forderung nach einer gerechteren Verteilung des Vorhandenen stellte, nicht nur an der Spitze einer postkolonialen Institution stand, sondern sich auch als Produkt der »›einen Welt‹, die der westliche Kolonialismus geschaffen hat«, bezeichnete:[110] Ramphal wies darauf hin, dass er als Nachfahre indischer Vertragsarbeiter in der ehemaligen britischen Kolonie Guyana aufgewachsen sei und an Universitäten in England und den USA studiert habe. Gerade *deshalb* konnte er Ende der 1970er Jahre eine Sprecherposition beziehen, von der aus sich mit besonderem Nachdruck moralische Appelle an eine Menschheit richten ließen, die im Begriff war, ein Bewusstsein von sich als »Gemeinschaft auf einem ziemlich kleinen Planeten« zu entwickeln. Ramphal ließ keine Zweifel daran, was einer zugleich ethischeren und vernünftigeren Distribution von Macht und Ressourcen im Wege stand: Es seien die kognitiven »Verzerrungen« bei den »Entscheidern« der Welt, die noch von der »Ära der Dominanz« Europas herrühren. Und so waren es nicht diese Eliten, in die er seine Hoffnung setzte: »[T]he true interlocuters might be, indeed, the ordinary decent people in the North.«[111] Im Einband des Buchs war denn auch ein Medium abgedruckt, das sich 1979 bereits dabei bewährt hatte, die *Ent*zerrung des Bewusstseins »normaler, anständiger Leute im Norden« zu besorgen: die Peters-Weltkarte.

---

109 Herta Frenzel: Vorwort, in: Dies. (Hg.): *Die Eine Welt. Eine Sammlung entwicklungspolitischer Texte zum Spielen, Singen und Erzählen*, Wuppertal 1975, S. 9–10, hier S. 9.
110 Shridath Ramphal: Preface, in: Ders.: *One World to Share. Selected Speeches of the Commonwealth Secretary-General, 1975–9*, London 1979, S. xxvi-xxx, hier S. xxvi.
111 Ebd., S. 129, 132.

7.3 Vom Geschichtsatlas zur Weltkarte

Eine neue Welt in Bonn

Am 8. Mai 1973, knapp ein Jahr nach der Pressekonferenz im Woodrow Wilson Center in Washington, D.C., wo der Club of Rome die globalen Wachstumsgrenzen markierte, enthüllte Arno Peters im Frühstücksraum des Hotels am Tulpenfeld in Bonn ein »neues Weltbild«. Die Repräsentation der Erde, die er einer großen Zahl von JournalistInnen auch aus dem europäischen Ausland bewusst an jenem Ort vorstellte, an dem üblicherweise die Staatsgäste der Bundespublik abstiegen, hatte wenig mit den computergenerierten Kurvendiagrammen des Club of Rome gemein, die Buckminster Fuller und dessen Fortschrittsaxiom zur selben Zeit in die Defensive brachten. Dennoch erwies sich das Timing von Peters' Pressekonferenz als glücklich: Die Peters-Weltkarte – die deren Schöpfer zunächst bescheidener als »Orthogonale Erdkarte, Peters-Projektion« einführte – bebilderte bald jene Forderungen nach größerer Verteilungsgerechtigkeit zwischen Industrie- und Entwicklungsländern und auch jene Appelle zur Würdigung der nicht-europäischen Kulturen, die vielen seiner Zeitgenossen als einzig sinnvolle Konsequenz aus den Simulationen des Meadows-Berichts erschienen.

Peters hatte die Bedeutung dieser Simulationen aber nicht früher als andere erkannt. Dass er in den Denk- und Diskussionszusammenhang des »Glokalismus« eher hineinstolperte, erkennt man schon an der Einladung, die er wenige Wochen vor der Bonner Präsentation an Pressevertreter verschickt hatte: In plakativem Rot mit »Der Europa-Zentrische Charakter unseres geographischen Weltbildes und seine Überwindung« überschrieben, war sie als *Teaser* konzipiert (Abb. 7.2). Denn das Mittel für diese Überwindung hatte Peters gar nicht abgebildet. Stattdessen prangten auf der Außenseite des Schreibens Standbilder aus den TV-Nachrichtensendungen *Tagesschau* und *heute*, die die Nachrichtensprecher, Karl-Heinz Köpcke und Heinz Wrobel, im Fernsehstudio vor Hintergründen zeigten, die auf stilisierten Weltkarten beruhten. Es handelte sich um Fernsehbilder, so Peters' Erläuterung am Rande der Fotografien, die der Öffentlichkeit Tag für Tag ein »falsches Bild von der Erde« einprägen.[112] Was genau an diesem Bild falsch sei, wurde im Inneren des Einladungsschreibens verdeutlicht: Es sei veraltet und könne nur für die Perspektive eines kleinen Teils der Weltbevölkerung gelten. Ersteres wurde im Prospekt untermauert durch die ebenfalls in Rot hervorgehobenen Daten »5.8.1569« und »8.5.1973« sowie durch die Namen »Gerhard Kremer« (latinisiert: Mercator) und »Arno Peters«. Peters werde nach über 400 Jahren das Ende der »Epoche der Europäisierung der Erde« einläuten, für die Mercator und seine Weltkarte standen, daran ließ die Broschüre keinen Zweifel. Denn auf ihrer Rückseite war eine Bildserie zur »Geschichte unseres geographischen Weltbildes« abgedruckt. Diese reihte die angekündigte kartografische Innovation in

---

112 Pressekonferenz vom 8. Mai 1973 (Erdkarte). SBB-PK, Nachl. 406, 539, o.S.

Abb. 7.2: Einladungsbroschüre zur Bonner Pressekonferenz, 1973

eine Fortschrittsgeschichte ein, die in der Antike begann, um geraden Wegs auf die Pressekonferenz zuzulaufen.[113]

Nicht moralisch motivierte AktivistInnen (wie sie zu dieser Zeit manchen *World Game*-Workshop organisierten), sondern die öffentlichen Rundfunkanstalten versuchte Peters also zur Übernahme seiner Karte zu bewegen, indem er wenige Fußminuten vom Bonner Regierungsviertel entfernt öffentlichen Druck auf sie aufbaute. Und tatsächlich: Dass die Version der Peters-Weltkarte, die er vor den versammelten JournalistInnen enthüllte, ausgesprochen rudimentär, ja amateurhaft wirkte, hielt die Mehrzahl von ihnen nicht davon ab, ihren LeserInnen ausführlich von ihr zu berichten. Sie war schließlich ein echter Blickfang: Schon auf der Bonner Version der Peters-Weltkarte (Abb. 7.3) nämlich erschienen Europa und Nordamerika, aber auch das Territorium der Sowjetunion stark verkleinert und an den oberen Rand des Kartenblatts gedrängt, die Polregionen sogar bis zur Unkenntlichkeit gestaucht. Die Gegenden nahe dem Äquator hingegen dominierten im Gesamteindruck. Südamerika und Afrika waren größer als gewohnt, fielen aber auch deshalb ins Auge, weil sie seltsam in die Länge gezogen waren.

---

113 Ebd.

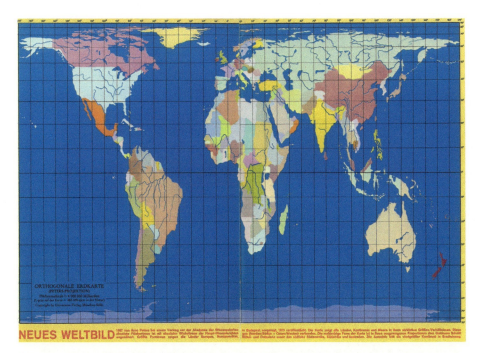

Abb. 7.3: »Neues Weltbild«: Die »Orthogonale Erdkarte (Peters-Projektion)«, wie sie 1973 vorlag.

Just diese Eigenschaft – die Marginalisierung des einen und die Hervorhebung eines anderen Teils der Erde – bildete für Peters das Argument dafür, seine Karte anstelle der herkömmlichen Weltkarten zu verwenden. Diese präsentierte er den JournalistInnen allesamt als Varianten der Mercator-Projektion, die das »Weltbild« größenmäßig zugunsten der Industrieländer des Nordens verzerre. Wie an der *Air Age*-Geographie der 1940er Jahre gezeigt, war das ein einleuchtendes, aber keineswegs neues Argument. Kartografiekundige ZuhörerInnen hätten daher wohl auch nichts daran auszusetzen gehabt, dass Peters den Äquator – im Unterschied zu vielen handelsüblichen Weltkarten – bewusst in die exakte Mitte des Kartenblatts gelegt hatte, um den visuellen Schwerpunkt zugunsten des Südens zu verschieben (Abb. 7.4). Womöglich hätten sie sich nicht einmal an Peters' Interpretation gerieben, die Mercator-Karte transportiere den historischen Bias und Ballast des Kolonialismus, der sich in einem unzeitgemäßen Überlegenheitsgefühl des »weißen Mannes« und allen voran der Europäer gegenüber den von den »farbigen Völkern« bewohnten Gebieten der Welt bemerkbar mache – jenen Gebieten, denen Peters nun kartografisch zu ihrem Recht verhalf.[114]

Peters präsentierte seine Weltkarte also als *symbolisch angemessenste* Erdrepräsentation in einer geopolitischen Situation, in der für Residuen kolonialen Denkens kein Platz

---

114 Arno Peters: Das wahre Weltbild. Erste Niederschrift meines Planes zur Schaffung eines echten geographischen Bewusstseins. Für meine liebe Mutti. Arno. Weihnachten 1965, SBB-PK, Nachl.406, 200.

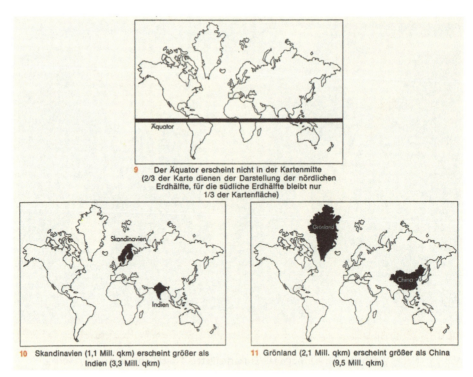

Abb. 7.4: Europazentrismen: Die irreführende Platzierung des Äquators und zwei Beispiele besonders eklatanter Größenverzerrungen der Mercator-Karte (1976)

mehr war. Aber dabei beließ er es nicht. Seine Projektion – so lautet das Argument, das er in den nächsten Jahren gewissermaßen zu einem Bollwerk ausbaute, das er nicht mehr verlassen konnte, ohne dass es zusammenbrach – liefere zugleich das bislang *objektivste* »Weltbild«, weil ihr zentrales Merkmal nicht, wie bei Mercator, die Winkel-, sondern die Flächentreue sei. Die Peters-Projektion komme der physischen Realität des Planeten am nächsten, soweit dies (soviel räumte er dann doch ein) bei der Übertragung der Kugelform der Erde auf eine plane Fläche überhaupt erreichbar sei. Die Mercator-Projektion nämlich erkaufe den oberflächlichen Vorzug, die Gestalt der Landmassen formtreu darzustellen, mit enormen Größenverzerrungen. Das verdeutlichte Peters mithilfe von Schaubildern, die die Flächen verschiedener Gebiete auf einer stilisierten Mercator-Karte gegenüberstellten und mit Zahlenangaben zu deren Größe in Quadratkilometern versahen. Tatsächlich wirkte Skandinavien größer als Indien oder Grönland größer als China (Abb. 7.4), trotz umgekehrter Flächenverhältnisse, wie Peters betonte. All das korrigiere seine Karte, so Peters, der denn auch weitere Grafiken präsentierte, die die gleichen Hervorhebungen auf seiner eigenen Projektion zeigten.

Peters schwieg sich allerdings (nicht nur in Bonn) über die Frage aus, was »Flächentreue« seiner Auffassung nach grundsätzlich »wahrheitsgemäßer« machte als »Winkeltreue«. Er verlor auch kein Wort darüber, dass seine Karte keineswegs auf der *einzig denkbaren* flächentreuen Projektion der Erdoberfläche beruhte. Ohne zu tief in die kartenmathematische Fachsprache einzutauchen, sei kurz erklärt, dass das, was Peters' den in der Bundeshauptstadt versammelten Pressevertretern als geowissenschaftliche Innovation von größter Bedeutung anpries, projektionsmethodisch eher wenig raffiniert war. Peters' Gegenentwurf zu Mercator basierte auf einer Schnittzylinderprojektion, wie sie schon im 19. Jahrhundert vielen Weltkarten zugrunde gelegen hatte. Ungewöhnlich war lediglich, dass Peters' die sogenannte Standardparallelen seiner Projektion auf 45 Grad nördlicher und südlicher Breite festgelegt hatte. Nur hier waren die Formen der Erde also unverzerrt. Von anderen Karten ähnlichen Typs unterschied sich seine Projektion darüber hinaus dadurch, dass er die Planrechtecke des Kartengitternetzes bewusst in Äquatornähe in die Länge gezogen hatte. Dies war es, was zu den auffälligen Formen in den Tropen führte. Wenn Peters indes behauptete, er habe auf diesem Wege die Formverzerrung der am dichtesten besiedelten Gebiete der Erde verringern wollen, die in den Zonen gemäßigten Klimas um den Nordatlantik lagen, dann stand dies in einem bezeichnenden Widerspruch zu seiner Absicht, den »Süden« aufzuwerten.

Ohnehin handelte es sich hierbei um eines von vielen Argumenten, mit denen Peters *nachträglich* Entscheidungen rationalisierte, die in erster Linie fehlendem kartografischem Spezialwissen entsprungen waren. Mit diesen Argumenten wollte er allerdings auch nicht die Kartografie-Experten überzeugen, deren Fachvertreter er aus guten Gründen gar nicht erst nach Bonn eingeladen hatte. Es trug im Gegenteil zur großen massenmedialen Resonanz seiner Äußerungen bei, dass sie ihn zwangsläufig in schroffe Opposition zu professionellen KartografInnen brachte, deren Einwände gegen seine »paritätische Darstellung aller Länder der Erde«[115] Peters im Laufe der Jahre nach der Pressekonferenz mit zunehmender Aggression (und abnehmender Kohärenz) zurückwies. Anfangs konterte Peters den wohlgemeinten Hinweis der Experten darauf, dass sogenannte vermittelnde Kartennetze – also solche, die Flächen- und Formtreue kompromisshaft, oft als Ellipse, annäherten – die sinnvollste Mercator-Alternative darstellten, noch mit dem Sachargument, das von ihm gewählte rechteckige Kartenformat eigne sich besser für Printmedien. Seine Projektion sei zudem »lagetreu«, wie er es nannte: Sie positioniere Orte gleicher geografischer Breite auf einer Geraden, was etwa die Identifikation von Klimazonen erleichtere – anders als bei der in diesem Zusammenhang oft genannten Mollweide- oder der Winkel-Tripel-Projektion mit ihren gekrümmten Breitenkreisen der Fall.[116] Im Laufe der 1970er Jahre stilisierte sich Peters jedoch zum »Überwinder« einer ganzen wissenschaftlichen Disziplin. Das gipfelte 1983 in einer eigenen Projektionslehre, der *Neuen Kartographie*, die unverkennbar einzig dem Zweck diente, seine Karte in ein besonders positives Licht zu rücken.

---

115 Arno Peters: *Der Europa-zentristische Charakter unseres geographischen Weltbildes und seine Überwindung*, Dortmund 1976, S. 5.
116 Andreas Kaiser: Die Peters-Projektion, in: *Kartographische Nachrichten* 24 (1974), S. 20–25, hier S. 24.

Der – letztlich aussichtslose – Kampf gegen seine wissenschaftlichen Kritiker hielt Peters indes nicht davon ab, auch die auf der Pressekonferenz präsentierten, politischen und historischen Argumente weiter auszubauen. Drei Jahre nach der Präsentation in Bonn betonte er in einem reich bebilderten Essay, der ausgerechnet auf einem Vortrag fußte, den Peters zuvor in Berlin vor Vertretern der Deutschen Gesellschaft für Kartografie (DGfK) gehalten hatte, seine Karte trage zur »Richtigstellung unseres geographischen Weltbildes« bei. Denn es seien »die Länder der ›dritten Welt‹, wie wir heute sagen [...], die auf der Mercatorkarte zu kurz kommen. So ist diese Karte Ausdruck der Epoche der Europäisierung der Erde, der Epoche der Weltherrschaft des weißen Mannes, der Epoche der kolonialen Ausbeutung der Erde durch eine Minderheit gutbewaffneter, technisch überlegener, rücksichtsloser weißer Herrenvölker.« Weiterhin, so Peters, seien Karten des Mercator-Typs in 99 % der Fälle in Verwendung, ob im Schulatlas oder bei der Bundespost: »[W]enn ausländische Staatsmänner im Großen Sitzungssaal des Auswärtigen Amtes in Bonn Verträge mit der Bundesrepublik unterzeichnen, hängt über ihren Köpfen die alte Erdkarte aus der Kolonialzeit.« Es dränge sich die Frage auf, »ob die Öffentlichkeit an diesem falschen Weltbild festhält, weil ihr dessen Verzerrung der Wirklichkeit nicht bekannt ist, oder ob sie an diesem Weltbilde hängt, weil sie sich durch ein künstlich vergrößertes, in den Mittelpunkt der Welt manipuliertes Europa über den tatsächlichen Verlust der weltbeherrschenden Stellung Europas täuschen will«.[117]

Solche Reste kolonialen Denkens ließen sich laut Peters nicht mehr allein dadurch tilgen, dass man die *Größenverzerrungen* der Seefahrerkarte Mercators korrigiere (als solche nämlich kennzeichnete Peters sie bewusst, weil sie so als Erfüllungsgehilfin der Eroberungen der Europäer erschien). Peters regte mittlerweile auch an, den Nullmeridian ins Beringmeer zwischen Alaska und der Ostküste Sibiriens zu verlegen. Er bewegte ihn also fort von Greenwich, wo er nicht zufällig zur Zeit des britischen Imperialismus angesiedelt worden sei.[118] Um die bestehende kartografische »Disproportionalität« zu überwinden, hielt Peters es überdies für geboten, die Anlage der gängigen Atlanten zu überdenken: Wenn nämlich deren Länderseiten dank verschiedener Kartenmaßstäbe der winzigen Schweiz denselben Platz einräumten wie dem riesigen Brasilien, dann erschienen »die Staaten Mitteleuropas als selbständige Subjekte einer individualisierenden Erdbetrachtung, die anderen Staaten der Erde aber als bloße Objekte einer generalisierenden Geographie«.[119] Aber nicht nur Raumverteilungen und Messkonventionen, sondern auch die farbliche Gestaltung herkömmlicher Geovisualisierungen hatte Peters im Visier: Schon die erste im Handel erhältliche Version seiner Karte hatte die medialen Residuen des Zeitalters der europäischen Expansion auch insofern hinter sich gelassen, als sie die Staaten mit Nuancen einer dem jeweiligen Kontinent zugeordneten

---

117 Peters, *Der Europa-zentristische Charakter*, Zitate auf S. 5f., 9.
118 Ebd., S. 21.
119 Ebd., S. 5.

Grundfarbe voneinander abhob. Das brach bewusst mit der Konvention vieler Weltkarten, die etwa mit dem traditionellen Rot des *British Empire* die historische Verbindung ehemaliger Kolonien zum Kolonisator farblich herausstellten. Anfang der 1980er Jahre, als sich die Arbeit an seinem eigenen Weltatlas dem Abschluss näherte, entlarvte Peters schließlich sogar den Farbindex der Höhendarstellung auf den üblichen topografischen Karten als Ethnozentrismus: Wo Tiefebenen grün dargestellt seien, werde ein lediglich für Europa typischer Zusammenhang von »Fruchtbarkeit« und »Topografie« verallgemeinert. In Afrika seien die agrarisch wertvollsten Regionen aber die in den meisten Kartenwerken braun dargestellten Hochebenen.[120]

Dieser Abriss von Peters' Argumentation der Jahre 1973-1981 lässt diese zwar nicht eben konsistent, seine Absicht aber umso klarer erscheinen. Mit seinen kartografischen Interventionen, allen voran seiner Verabsolutierung der Flächentreue als wichtigster Kartenqualität, wollte Peters die »Dritte Welt« visuell und infolgedessen politisch ins Zentrum der Aufmerksamkeit rücken. Anders als es rückblickend erscheinen mag, waren es jedoch nicht nur moralische (geschweige denn wissenschaftliche) Argumente, die dies notwendig machten. Peters' Begründungen waren schillernder: Er stellte sich trotz seines apodiktischen Auftretens auf sich wandelnde Rezeptionskontexte ein. 1982 etwa betonte Peters in einem Vortrag, Mercator sei letztlich nicht vorzuwerfen, dass er »in ganz unbewußter Subjektivität die übrige Welt um seine Heimat« herum angeordnet habe. Heute aber, im Zeitalter globaler Vernetzungen, seien derartige »Scheuklappen« geradezu fahrlässig.[121] Die Überwindung des »falschen Bewusstseins« der Europäer von ihrer Stellung in der Welt bildete nun nichts weniger als die Voraussetzung für den Selbsterhalt ihrer Zivilisation. Für Peters' war seine Kartografie also auch der Versuch, eine drohende gewaltsame Auseinandersetzung über die Ressourcen der Erde zu verhindern. Rund fünfzehn Jahre zuvor, als Peters seine Projektion gerade entdeckt hatte, waren es indes gerade die »farbigen Völker« gewesen, denen er nicht nur zu mehr Würde verhelfen wollte. Peters beabsichtige auch, das Bewusstsein dieser Völker hinsichtlich des politischen Einflusses zu verstärken, der aus der schieren Größe der von ihnen bewohnten Territorien erwachsen konnte. *Sie*, die Bewohner des »Südens«, waren es, die er ermächtigen wollte, ihren rechtmäßigen Platz in der Weltgemeinschaft einzunehmen. Das, so stellte Peters es sich noch bis Ende der 1960er Jahre vor, würde auf revolutionäre Weise geschehen. Dass eine solche kartografische Ermächtigungsarbeit allerdings selbst nicht eben frei von ethnozentrischer Herablassung war, blieb ihm dabei ebenso verborgen wie die Tatsache, dass sein »Empowerment«-Ansatz auf einer eher zweifelhaften Ineinssetzung von Geografie und politischer Macht gründete. Auf Nachrichten von der Verwendung seiner Karten außerhalb Europas reagierte Peters also regelmäßig mit Begeisterung.

---

120 Arno Peters: Gedanken über die Gestaltung physischer Karten, 1981, SBB-PK, Nachl. 406, 227, S. 3.
121 Arno Peters: Die paritätische Darstellung von Raum und Zeit als unabdingbare Prämisse eines wissenschaftlichen Weltbildes. Vorgetragen beim Symposion der UN-Universität »GEO-CULTURAL VISIONS OF THE WORLD«, Cambridge, 29. März 1982, SBB-PK, Nachl. 406, S. 4f.

Schon der Blick in die in der Einleitung erwähnte Werbebroschüre für seine Karte von 1981 verrät aber, dass es weit weniger die Freiheitskämpfer Afrikas oder Lateinamerikas als PR-Leute in UN-Unterstützungsorganisationen, Fernsehredakteure, Missionsgesellschaften und Pädagogen des Globalen Nordens waren, von denen die Nachfrage nach seiner korrekten Weltsicht ausging.[122] Was sich im Rückblick als kurios und überzogen, in seiner moralischen *Message* aber als durchaus stringent darstellt, erscheint überhaupt in anderem Licht, wenn man es auf den zeitgenössischen Wahrnehmungshorizont bezieht. Peters hatte keineswegs mit unternehmerischer (oder politischer) Weitsicht einen Markt für Produkte entstehen sehen, mit denen seine Kunden ihren Eurozentrismus korrigieren konnten. Dass das, was ihm anfangs als anti-imperialistische Aufklärung erschienen war, sich ausgesprochen gut für eine »glokalistische« Didaktik der Selbstreflexion eignete, ging ihm erst allmählich auf. Die Geschichte der Peters-Projektion ist also die eines *muddling through*. Das macht diese Geschichte in zeithistorischer Perspektive aber umso interessanter. Denn bei der Rekonstruktion der Peters'schen Mäander lässt sich aus der Mikroperspektive eines Akteurs jener Veränderung und sozialen Verbreiterung gesellschaftlicher Thematisierungen von Globalität zusehen, die in der vorangegangenen Verortung skizziert wurden.

Peters erscheint im Folgenden sicher auch als von selbsterzeugten Dynamiken Getriebener. Das gilt jedoch ebenso für seine Gegner, die professionellen Kartografen. Hatten diese das »Peters-Phänomen« zunächst belächelt, beunruhigte sie in den 1980er Jahren dann doch der Erfolg, mit dem Peters von der »Entwicklungsbetroffenheit« seiner Zeitgenossen zu profitieren schien.[123] Die Gegenmaßnahmen, die die DGfK deshalb einleitete, sind gut dokumentiert, aber aus Gründen, die selbst historische sind: Die Vehemenz, mit der mancher Kartograf die »Plage« der Peters-Karte bekämpfte,[124] löste bei einigen meist jüngeren Kollegen sehr viel grundsätzlichere Reflexionen über die Funktion ihres Fachs in einer pluralistischen Gesellschaft aus und auch über die Geschichte der Kartografie. *Dass* die Kartografen mit zunehmender Härte gegen Peters vorgingen, lag indes auch daran, dass der Zeitungswissenschaftler wieder so operierte, wie er es im Studium der 1940er Jahre gelernt hatte: Eine Botschaft galt es auf möglichst simple Weise aufzubereiten und dann »einzuhämmern«. Dies ging auf Kosten jener wissenschaftlichen Redlichkeit, die Peters selbst ins Feld führte, ohne zu begreifen, dass sie viele seine Verteidiger gar nicht sonderlich interessierte (weshalb auch die Imponierkulisse aus Nachweisen der Unterstützung durch Fachwissenschaftler, die Peters beim Kampf für sein neues »Weltbild« errichtete, wenig Wirkung zeigte). Neu war jedoch, dass Peters erstmals aus Ablehnungen Kapital zu schlagen in der Lage war. Er prangerte die Ungerechtigkeiten des »Establishments« nun immer häufiger aus

---

122 Vgl. *Anwendungen*.
123 Deutsche Gesellschaft für Kartographie/Verband der kartographischen Verlage und Institute: *Ideologie statt Kartographie. Die Wahrheit über die »Peters-Weltkarte«*, Dortmund/Frankfurt a.M. 1985, S. 10.
124 John Loxton: The Peters Phenomenon, in: *Cartographic Journal* 22 (1985), S. 106–108, hier S. 108.

der Position des Außenseiters an. Nicht zuletzt das war es, was ihn in den moralischen Milieus, die seinen Hauptabnehmerkreis bildeten, ebenso selbstlos wie authentisch erscheinen ließ. Peters' Karte, die zugleich aufsehenerregend und gerecht war, aber eben auch als Zurückweisung der mit wachsender Skepsis betrachteten wissenschaftlichen Expertenautorität daherkam, wurde so nur *noch* attraktiver.

Dennoch: Richard Buckminster Fuller hatte etwas von einem Schwamm, der aufsaugte und in sein optimistisches Weltgestaltungstheorem einzubauen versuchte, was immer mit Globalität zu tun hatte. Peters wirkt selbst in den 1970er Jahren, auf dem Höhepunkt seines Erfolgs, mitunter wie ein Ertrinkender: Er griff nach allem, was sich als Argument für sein Kartenwerk eignete, und seien es schwer vereinbare Phänomene wie wissenschaftliche Objektivität und revolutionäre Befreiungsrhetorik, ermächtigende Pädagogik und christliche Demutsgesten gegenüber den »fernsten Nächsten«.

München, 1965

Mitte der 1960er Jahre konnte von Attacken auf das Establishment noch nicht die Rede sein. Peters' Tagebuch dokumentiert eine Unternehmerexistenz im Münchener Villenvorort Solln, an dem er sich 1963 niedergelassen hatte, nachdem der Versuch, die *Synchronoptische Weltgeschichte* in der DDR zu publizieren, endgültig gescheitert war. Im Westen hatten sich die Wogen des Streits über seine Geschichtstabelle schon seit längerem geglättet. Und so war Peters 1965 im Begriff, eine um neue zeitgeschichtliche Daten erweiterte, vor allem aber um die Frühgeschichte ergänzte, Auflage des Werks druckfertig zu machen. Er beschäftigte sich mit Papierlieferungen, verhandelte mit Zwischenhändlern, organisierte neue Vertriebswege, sichtete aber auch die Liste der Käufer der ersten Auflage der SWG, die mit dieser in einer Art Subskriptionsmodell ein Anrecht auf Fortsetzung erworben hatten.[125] Parallel bereitete er einen umfangreichen Index vor, der den nun als »Grundband« (in späteren Auflagen dann als »Zeitatlas«) bezeichneten Tabellenteil der Synopse um biografische Angaben und um Begriffserläuterungen ergänzte. Die Arbeit war mühevoll, denn der Index sollte auch abstrakte Begriffe wie »Revolution« mit Verweisen auf die jeweiligen Jahreszahlen des Leporellos enthalten. Überdies sollten die Indexbegriffe in verschiedenen Farben gedruckt werden, um die Zuordnung zu den nach Teilgebieten der Geschichte untergliederten »Strahlen« seiner »Zeittafeln« zu erleichtern. Auf diese Weise, so die Idee, ließen sich noch leichter jene Muster in der Geschichte erkennen, die Peters in immer neuen Anläufen auch theoretisch zu fassen versuchte, um das Vorhaben jedoch jedes Mal wieder zu vertagen.

Peters suchte aber auch einen Verleger für eine englischsprachige Auflage der SWG, die schon 1962 ins Französische übersetzt worden war, nachdem er die Historiker Georges Castellan, Jacques Le Goff und Jean Gouillard als »Berater« sowie den Ger-

---

[125] Besitzerverzeichnis, SBB-PK, Nachl. 406, 58.

manisten und Essayisten Robert Minder als Mitarbeiter für diese erste Internationalisierung seiner Weltgeschichte gewonnen hatte.[126] Etwa zur selben Zeit *beendete* Peters indes andere Bemühungen, zur internationalen Verständigung beizutragen, gar einen dritten Weg zwischen den Blöcken zu bahnen: Finanziert durch die SWG-Verkäufe, hatte er zwischen 1958 und 1964 insgesamt 23 Hefte des »Periodikums für Wissenschaftlichen Sozialismus« herausgegeben. Die Beiträge dieser Zeitschrift, mit denen er seine ganz persönliche Sozialismusversion verbreitete, stammten überwiegend aus Peters' eigener Feder. Das mag einer der Gründe dafür gewesen sein, dass das »Periodikum« wenig Spuren in der linken Debatte in der Bundesrepublik hinterließ. Allerdings gelang es Peters durchaus, prominente AutorInnen aus Ost und West zu gewinnen, wenn auch meist nur zum Wiederabdruck bereits publizierter Aufsätze.[127] Teils auch in französischer und russischer Übersetzung abgedruckt, befassten sich diese Artikel mit Themen wie »Massengesellschaft« und »Automation«, mit dem Godesberger Programm der SPD, mit »Kunst und Psychoanalyse« sowie mit der (von den AutorInnen allgemein begrüßten) »Entstalinisierung«.

Ähnlich erfolglos wie diese publizistische Tätigkeit war Peters' anschließendes Projekt geblieben – das einzige im engeren Sinne politische Engagement seines Lebens. War seine Zeitschrift insofern ein »Zwilling« der SWG, als sie zur Annäherung zwischen Akademikern dies- und jenseits des Eisernen Vorhangs beitragen sollte, so propagierte sein »Reparationsausgleichsplan« (RAP) im Jahr 1964 konkrete Ausgleichszahlungen zwischen den beiden deutschen Staaten. Die Idee, die Peters zunächst JournalistInnen präsentierte, dann in dutzenden Briefen verschiedenen einflussreichen Politikern im In- und Ausland (darunter Henry Kissinger und Sithu U Thant) unterbreitete und schließlich dem Bundesminister für Gesamtdeutsche Fragen, Erich Mende, »offiziell« überreichte,[128] lief darauf hinaus, die im Vergleich mit der Bundesrepublik ungleich höheren, produktivitätshemmenden Lasten der Kriegsentschädigung zu kompensieren, die die SBZ/DDR infolge von Demontagen und Reparationen zu tragen hatte. Geschehen sollte dies durch Transfers von rund 88 Milliarden Mark von Bonn nach Ostberlin. Im Gegenzug sei mit der Gewährung von Reisefreiheit durch die SED-Entscheidungsträger zu rechnen. Peters' Vorschlag (den er im Vorfeld der Wiedervereinigung 1989/90 reaktivierte) war also auch eine Reaktion auf den Bau einer Mauer mitten durch seine Heimatstadt. Es scheint kaum nötig zu sagen, dass der Vorschlag im Westen zwar ein gewisses Presseecho hervorrief, aber auf wenig Gegenliebe

---

126 Arno Peters: *Histoire Mondiale Synchronoptique*, Basel 1962. 1965 und 1969 folgten weitere Auflagen.
127 »Periodikum für Wissenschaftlichen Sozialismus. Eine internationale Monatsschrift« (1.1958 - 23.1964). Unter den Beitragenden waren der kommunistische niederländische Schriftsteller Theun de Vries, die Philosophin Ruth Eva Schulz, die schweizerischen Publizisten Hugo Kramer und Theo Pinkus, der Wissenschaftsphilosoph Georg Klaus, der Kameruner Schriftsteller Benjamin Matip, der politische Autor Ernst Niekisch, der Politologe Wolfgang Abendroth, der Marxismus-Theoretiker Leo Kofler, die marxistischen Ökonomen Paul M. Sweezy und Maurice Dobb und der Revolutionär Ernesto »Che« Guevara.
128 Briefe RAP, SBB-PK, Nachl. 406, 420.

stieß.[129] Dass Walter Ulbricht in einer Rede zum 15. Gründungsjubiläum der DDR eine ähnliche Rechnung aufmachte, wurde in einem »Spiegel«-Artikel eher als untypisches Eingeständnis des Wohlstands des Westens bewertet und der Tatsache, dass die »›sowjetischen Freunde‹ [...] nach dem Krieg ihre deutschen Genossen an den Rand des wirtschaftlichen Zusammenbruchs« gebracht hatten.[130]

Nach Ende der RAP-Kampagne suchte Peters nach einer neuen Aufgabe. München gefiel ihm nicht mehr, und so wurde bald ein Umzug ins liberalere Bremen ins Auge gefasst. Es war aber auch der nahende 50. Geburtstag, der ihn darüber grübeln ließ, welche seiner Ideen er in den ihm verbleibenden Lebensjahren umsetzen sollte. Ein Meisterwerk wolle er durchaus noch schaffen, schrieb er, um gleich festzustellen, dass sein Ehrgeiz, zu den »Großen« zu gehören, nachlasse. Es ist typisch, dass bei den Selbstbilanzen dieser Zeit einmal mehr Peters' Quantifizierungsneigung eine Rolle spielte. Die Arbeiten an den Indexeinträgen für die SWG-Erweiterung, deren Dauer er phasenweise mit der Eieruhr stoppte,[131] erlebte Peters als täglichen Wettlauf mit dem selbstgesetzten Pensum – einen Wettbewerb, der ihn offenbar erst in die nötige produktive Spannung versetzte. Mitte der 1960er Jahre allerdings drohte Peters diesen Kampf erstmals zu verlieren. Er beschäftigte zwar einige Mitarbeiter auf Honorarbasis, allen voran den in (West-)Berlin angesiedelten Andreas Kaiser, der zu einem seiner wenigen engen Vertrauten wurde. Aber Peters vermochte weiterhin wenig aus der Hand zu geben.[132] Im August 1965 registrierte er also frustriert, dass erst zwei Promille des Indexes fertiggestellt seien. Bald folgten Einträge, in denen er sich unzufrieden mit seiner Lebensleistung insgesamt zeigte, um sich sogar eine Reduktion seines Schlafpensums zu verordnen.[133] Dann aber machte Peters eine Entdeckung, die ihn mit einer neuen »Mission« versah – gerade *weil* diese Entdeckung sich perfekt zu seinen bisherigen Arbeiten fügte, ja diese sogar in ein systematisches Licht tauchte, sie zum Teil eines großen Gesamtwerks machte. Spätestens im Jahr 1967 hatte Arno Peters sich »neu erfunden« als Theoretiker von Raum *und* Zeit. Er schrieb sich das auf die Fahnen, was er in diesem Jahr in einem Vortrag als doppelte »Entzerrung« der Wahrnehmung der Welt »durch neue Darstellungsweisen« bezeichnete.[134]

---

129 Ein Referent im Bundesministerium für Gesamtdeutsche Fragen bat Peters sogar, den Plan nicht weiter zu propagieren, weil er einer Anerkennung der DDR gleichkomme: Werner Müchheimer an Peters, 20.3.1964, SBB-PK, Nachl. 406, 420. Vgl. zum Thema Rainer Karlsch: *Allein bezahlt? Die Reparationsleistungen der SBZ/DDR 1945–53*, Berlin 2013.
130 *Berliner Zeitung*, 7.10.1964; o.A.: Gesunde Verwandte, in: *Spiegel*, 4.11.1964.
131 Tagebucheintrag vom 18.4.1968, SBB-PK, Nachl. 406, 448.
132 Tagebucheintrag vom 4.8.1965, SBB-PK, Nachl. 406, 446.
133 Tagebucheinträge vom 29.7.1965 und 11.4.1966, Nachl. 406, 447.
134 Die perspektivische Verzerrung von Raum und Zeit im historisch-geographischen Weltbilde der Gegenwart und ihre Überwindung durch neue Darstellungsweisen. Ein Vortrag gehalten an der Ungarischen Akademie der Wissenschaften in Budapest am 6. Oktober 1967 von Dr. Arno Peters, SBB-PK, Nachl. 406, 201.

Geographie und Geschichte

1965 wurde Peters in die ostdeutsche Sektion des P.E.N.-Club aufgenommen. Diese Würdigung brachte ihn in Verlegenheit. Denn Peters, der Welt-*Bildner*, musste eine Antrittsrede als »Schreibender« halten. Bei der Vorbereitung fiel ihm ein einige Jahre zuvor verfasstes Gedicht in die Hände, mit dem sich aus der Not eine Tugend machen ließ. Unter dem Titel »Von der Unmöglichkeit, Geschichte zu schreiben« bewarb Peters im Oktober in Ostberlin also reimend die *Synchronoptische Weltgeschichte*: »In ihrer Mitte steht ein Mann,/der überhaupt nicht schreiben kann«, begann das Gedicht, das dann in etwas holprigen Jamben am Beispiel der Leistungen der chinesischen Medizin aufzeigte, wie unsinnig es sei, Geschichte als lineare Abfolge darzustellen. Erst durch Darstellung des »Ganzen« komme Ordnung in das »Labyrinth der Zeit«: »Auf bunten Tafeln machte ich/die Weltgeschichte anschaulich./Die Zeit ist räumlich dargestellt,/für jedes Jahr ein gleiches Feld./Das Teilgeschehen ist gefügt/zu einem Bilde das genügt [...]«. Peters stellte die SWG-Arbeit zugleich als eigenen Lernprozess dar: »[E]r konnte selbst Geschichte sehen und lernte so, sie zu verstehen«.[135]

Dabei könnte hereingespielt haben, dass Peters wenige Wochen zuvor auch die ersten Andrucke der um die Frühgeschichte erweiterten Tabellen seiner Synchronopse in den Händen gehalten und sich an seinem »Mitteilungssystem« berauscht hatte.[136] Es war dessen Farbcodierung, die ihm als »wichtiges Erziehungsmittel« erschien, weil sie den »Blick für die Struktur einer historischen Erscheinung« weite. Und das, so Peters, könne gerade »einfache Menschen« motivieren, »ihr Interesse der Bildung zu[zu]wenden«.[137] Die neuen SWG-Bögen kamen ihm wie eine »Landschaft« vor, die er zwar noch ganz im Modus des Entdeckers als erster Mensch »betrat«, die sein Werk zum »echte[n] Aufklärungsbuch« werden ließen, mit dem er sich »so weit von allen im unserer Kultur verankerten Vorurteilen« getrennt habe, »wie dies ein Deutscher 1965 nur sein kann [sic].«[138] Tatsächlich trat nun schon mit Blick auf den Seitenumfang des Werks die Bedeutung der ägyptischen und kleinasiatischen Hochkulturen deutlich hervor, bei deren Kontemplation Peters erstmals jenen Begriff benutzte, der seine zweite Karriere als Kartograf befeuern sollte: »Die *europazentrische* Geschichtsbetrachtung« schien ihm »endgültig ad absurdum geführt: Rom und Griechenland werden als Sekundärkulturen erkannt«, das Altertum »rein optisch zur ›Mittelzeit‹«.[139]

Erneut war Peters also von der Wirkung seines Mediums überzeugt, weil es ihn *selbst* auf neue Ideen brachte. Dazu trugen auch die erwähnten Übersichtstafeln bei, die die auf einer jeweiligen Doppelseite am häufigsten auftretende Themenfarbe verdeut-

---

135 Arno Peters: *Von der Unmöglichkeit, Geschichte zu schreiben. Antrittsrede im PEN-Club, vorgetragen am 20.10.1965 in Berlin*, o.D. o.O. [ND, 1980er Jahre], Zitate auf S. 1.
136 Peters an Rudolf Elmayer, 9.10.1965, SBB-PK, Nachl. 406, 446.
137 Peters an Jürgen Werner, 2.11.1965, SBB-PK, Nachl. 406, 446.
138 Tagebucheinträge vom 16.1. und 29.8.1965, SBB-PK, Nachl. 406, 446.
139 Tagebucheintrag vom 26.5.1965, SBB-PK, Nachl. 406, 446 [meine Hervorh.].

lichten. Zwar handelte es sich bei diesen verkleinerten Reproduktionen des Leporellos um ein Zufallsergebnis der Überprüfung der ersten Fahnen in der Druckerei. Peters persönliche Synoptik ließen die neuen Überblicksseiten indes nicht nur immer globaler, sondern geradezu planetarisch werden. Auch die Menschheitsgeschichte selbst relativierte sich, wenn Peters ausrechnete, dass seine Tabelle, wollte man auch die Erdgeschichte einbeziehen, etwa 25.000 Kilometer lang sein müsse (was annähernd dem halben Erdumfang entspräche).[140] Kurz nach dieser geohistorischen Kalkulation notierte Peters dann: »Die Verbundenheit von Geographie und Geschichte scheint mir sehr wichtig«.[141] Er setzte sich also »die Synchronisierung von Zeit- und Raumbewußtsein« als nächstes Arbeitsziel.[142] Das ließ ihn einen Atlasband mit nicht weniger als fünfzig (!) Weltkarten pro Jahrhundert konzipieren, auf denen die Orte, an denen die zentralen Ereignisse stattgefunden hatten, dem Ereignis-Typ farblich zugeordnet werden sollten.[143] Diese Einzelkarten sollten durch Übersichtskarten ergänzt werden, die zeigten, wie die Erdoberfläche, die zunächst nur topografisch dargestellt werden sollte, im Zuge von Staatsbildungsprozessen durch den Menschen überformt worden sei. Kleine zivilisatorische »Farbkleckse« auf den Karten zur Frühgeschichte wuchsen sich zu politischen Territorien aus, die schließlich die gesamte Erdoberfläche bedeckten.[144]

Dieser Plan wurde aber bald von einer anderen Entdeckung beiseite gedrängt. Am 14.10.1965 findet sich in Peters' Tagebuch ein Eintrag, der kartografiehistorisch bedeutsam ist, *obwohl* er nur aus der Feder eines kartografischen Laien stammen kann:

> Als ich die Flächen auf der Weltkarte mit den tatsächlichen qm. Angaben [sic] verglich, stellte ich fest, daß die Mercator-Projektion (die allen Karten zugrundliegt) eine unvertretbare Verzerrung (und damit Verlagerung der Gewichte) bewirkt. Sie ist andererseits durch ihre Klarheit Sieger über alle Versuche zur Runddarstellung geblieben. Nun kam mir als Ausweg die Lösung in den Sinn, von der ich mir eine Richtigstellung der Proportionen (unter Beibehaltung der ›graden‹ Darstellungsweise Mercators) und damit eine bessere Verteilung der Gewichte versprach: Ich werde in der Höhe drücken, was in der Breite zugegeben werden mußte ... so werden wenigstens die Länder und Kontinente kommensurabel. Der Preis: Eine noch größere Entfernung von der wirklichen Gestalt – aber das ist einem die erträgliche Folge der Geradeschau [sic].[145]

Peters schrieb gleich einer Reihe Bekannter, ob sie ihm auf der Suche nach der »zweckmäßigsten Erd-Darstellung« Tipps geben könnten. Er wollte aber auch schon wissen,

---

140 Tagebucheintrag vom 29.5.1965, SBB-PK, Nachl. 406, 446.
141 Tagebucheintrag vom 11.9.1965, SBB-PK, Nachl. 406, 446.
142 Ebd.
143 Tagebucheintrag vom 12.10.1965, SBB-PK, Nachl. 406, 446. Das Projekt erinnert stark an den ein halbes Jahrzehnt zuvor von Arnold Toynbee herausgegebenen *Historical Atlas and Gazetteer* (1959).
144 Tagebucheintrag vom 13.10.1965, SBB-PK, Nachl. 406, 446.
145 Tagebucheintrag vom 14.10.1965, SBB-PK, Nachl. 406, 446.

wo man »die genaue Länge jedes Längen- und Breitengrades der Erde« herbekomme.[146] Wenig später zeichnete er ein eigenes Gradnetz und wähnte sich der »Vervollkommnung der Mercator-Neu-Projektion« nahe.[147] Selbst als ihn postalisch erste Einführungsliteratur zur Projektionslehre erreichte, glaubte Peters noch, die Quadratur des Kreises erreichen, nämlich Winkel- und Flächentreue in seiner Karte vereinen zu können.[148] Als er den Irrtum bemerkte, änderte das nichts mehr am Beschluss, dass seine eigene Projektion den Karten im Atlasband zugrunde liegen sollte.

Es ist charakteristisch, dass Peters seine Entdeckung zunächst als Weihnachtsgeschenk für seine Mutter ausbuchstabierte. Was in dem von Hand geschriebenen Büchlein mit dem Titel »Das wahre Weltbild« präsentiert wird, das er ihr zu Weihnachten sandte, stimmt bereits weitgehend mit der Liste von Vorwürfen überein, die Peters bald der Öffentlichkeit »einhämmern« sollte, wie er es bei Dovifat gelernt hatte. Auf die erste Seite des Hefts klebte er eine kleine Weltkarte auf Mercator-Basis, um diese »ganz grobe Täuschung« dann zu kritisieren: »Die Lebensräume der farbigen Völker sind im Vergleich mit dem vom weißen Manne bewohnten Teil der Erde zu klein dargestellt«. Es werde also eine neue Karte gebraucht. Der »Plan hierfür ist in den letzten Wochen so weit gereift, dass ich in diesen Tagen an die Ausführung gehe.« Peters' Prognose der Wirkung dieser neuen Karte dürfte ebenso viel mit deren Adressatin zu tun haben wie mit dem Skandal um die SWG. Bei den Europäern, so Peters, werde sie

> … ebenso heftig umstritten wie von den farbigen Völkern begierig aufgenommen werden – Deshalb verzichte ich gleich auf jeden wissenschaftlichen Streit (der doch nur darauf hinauslaufen würde, mir die natürlich auch mir bekannten Mängel meiner Karte entgegenzuhalten) und bastele statt dessen auf der gewonnenen Grundlage einen ganz flächen- und winkeltreuen Atlas, den ich in jene Länder bringe, denen das Morgen gehört… und die sich gewiss freuen, ihre eigenen Staaten plötzlich in ihrer wahren Grösse zu sehen.[149]

Noch war Peters seiner Sache aber nicht völlig sicher. Wenige Monate später wünschte er sich von Lucy Peters zu seinem fünfzigsten Geburtstag einen Rat dazu, wie er seine Fähigkeiten künftig einsetzen solle.[150] Dieser Brief ist auch eine Verbeugung vor den Erziehungsidealen der Mutter. Er halte seine »Lehr- und Vorbereitungszeit für abgeschlossen«, schrieb Peters. Er wolle daher seine »Fähigkeiten für ein entsprechendes

---

146 Peters an Pesche, 25.10.1965, Nachl. 406, 446.
147 Tagebucheintrag vom 21.11.1965, SBB-PK, Nachl. 406, 446.
148 Bei den entsprechenden Versuchen »entdeckte« er ein weiteres Skandalon: Der Äquator lag nicht in der Mitte zumindest der Weltkarte aus dem Buchhandel, die er mit eigens angeschafftem Zirkel und Lineal vermaß: eine echte »Verfälschung des geographischen Weltbildes«. Tagebucheinträge vom 2. und 10.12.1965, SBB-PK, Nachl. 406, 446.
149 Das wahre Weltbild. Erste Niederschrift meines Planes zur Schaffung eines echten geographischen Bewusstseins, Dezember 1965, SBB-PK, Nachl. 406, 200, S. 11, 4, 15.
150 Tagebucheintrag vom 22.4.1966, SBB-PK, Nachl. 406, 447.

Werk einsetzen. Alles Bisherige (auch die Synchronoptische) halte ich für Abfallprodukte meines Selbststudiums, für nützliche Begleiterscheinungen meiner Selbstvergewisserung im Raume von Natur und Geschichte.« Eine Liste möglicher Arbeiten, die Peters anhängte, zeugt von der Last, die auf Projektemachern liegen kann. Sollte er sich der zuletzt avisierten Erweiterung der SWG zu einem insgesamt 14-bändigen Werk widmen, also »[f]ür jede Farbe einen Textband, einen Bildband, einen Dokumentenband und einen Atlasband sowie einen statistischen Band« erstellen? Mit dem Abschluss, so Peters, sei dann aber erst in 900 Jahren zu rechnen, wenn er nicht »mit einem Schwarm von Spezialisten (200–300)« daran arbeite. Vielleicht sei doch die Arbeit am Periodisierungsband vorzuziehen, der die »Warum«-Fragen klären werde? Oder sollte er sich doch ganz seiner Idee eines leichtverständlichen Notationssystems widmen, das Tausenden den Weg zum Musizieren weisen könne, gerade in »jungen Ländern« wie China, Indien und Kuba? Erst an vierter Stelle folgte die Weltkarte, der sich weitere Vorschläge von zunehmender Absurdität anschließen. Dass Peters sich als »Aufklärer« sah, zeigt sich an seiner Idee für eine theoretische Arbeit zur »[r]ichtigen Art der Volksbelehrung«. Eher als Umsetzung didaktischer Überlegungen ist der Ausbau der SWG zu einem Museum zu betrachten, das an die Projekte des anderen Protagonisten dieses Buchs erinnert. Peters schwebte nämlich ein fünfzig Stockwerke hoher »Riesen-Zeitenfries« vor, samt »elektrische[m] Index, der immer aufleuchten lässt, was Du gerade sehen willst«. Noch »Fulleristischer« muten jedoch regelrechte *Geoengineering*-Ideen an, die Peters umriss: Es lässt auf die weite Verbreitung einer technischen Machbarkeitsgewissheit Mitte der 1960er Jahre schließen, wenn Peters etwa wissen wollte, was seine Mutter von einem Gezeitenkraftwerk halte, von einem Mücken abweisenden Baumaterial oder einem Projekt, das der Abkühlung der Erde durch Annäherung an die Sonne entgegenwirke. Er könne sich auch der »Direkt-Demokratie« über allabendliches *Televoting* inklusive einer Anzeige der Abstimmungsergebnisse in Echtzeit widmen. Das sei eine Art des Entscheidens, wie sie bislang »außerhalb kleiner dörflicher Gemeinschaften« unmöglich gewesen sei, nun aber sogar in den Vereinten Nationen praktiziert werden könne. Entschuldigend fügt Peters hinzu, er sei eben nicht zum Revolutionär geeignet. Ob »Bewusstseinsbildung der Gegenwart« als »Grundlage vernünftiger Zukunftsgestaltung« auch zähle?[151]

Potsdamer Formeln, Budapester Entzerrungen

Wenn Peters dann doch sein Kartenprojekt weiterverfolgte, dann lag das nicht an Lucy Peters' Tods wenige Monate später. Zwar erlaubte dieser es ihm, sich zum Hüter der internationalistischen Legende seiner Mutter aufzuschwingen und Nachrufe zu verfassen, in denen er ihre Beteiligung am Brüsseler Kongress der Liga gegen Imperialismus und für nationale Unabhängigkeit 1927 hervorhob (der ihm als Gründungsmoment der

---

151 Arno an Lucy Peters, 22.5.1966, SBB-PK, Nachl. 406, 397.

Bewegung der Blockfreien Staaten, als »Vor-Bandung« erschien).[152] Für Peters ergab sich aber vor allem eine Gelegenheit, die Tragweite seiner jüngsten Entdeckung unter professionellen GeowissenschaftlerInnen auszuloten. Offenbar noch auf Vermittlung der Eltern, war ein Kontakt mit dem schon erwähnten Wirtschaftsgeografen und wohl einflussreichsten ungarischen Kartografen Alexander (Sándor) Radó entstanden. Als überzeugter Kommunist und Leiter einer auf Kartendienste spezialisierten Presseagentur war Radó in der Zwischenkriegszeit in halb Europa, auch in Berlin und Jena, tätig gewesen. Er war im Zweiten Weltkrieg in prosowjetische Widerstands- und Geheimdienstaktivitäten involviert gewesen, dennoch in einem sibirischen Straflager inhaftiert worden, bevor er in den 1950er Jahren nach Ungarn zurückkehrte. Peters musste in Radó schon angesichts von dessen Bemühungen um die Aufklärung der Arbeiterschaft einen Gleichgesinnten und wichtigen Multiplikator sehen.[153] Denn als Herausgeber der mehrsprachigen Fachzeitschrift »Cartactual« und Geographieprofessor an der Karl-Marx-Wirtschaftsuniversität in Budapest unterhielt Radó beste Beziehungen zur Ungarischen Akademie der Wissenschaften. Anfang 1966 wurde Peters also auf Radós Vermittlung hin zu einem Vortrag ans *Historische* Institut der Akademie eingeladen.[154] Unter dem Eindruck seiner kartografischen Entdeckung regte er aber an, auch bei den Mitgliedern der geographischen Klasse für die Veranstaltung zu werben. Der Titel, den Peters für seine Präsentation ankündigte, spiegelt dies wider: »Die perspektivische Verzerrung von Raum und Zeit im Historisch-geographischen Weltbilde der Gegenwart und ihre Überwindung durch neue Darstellungsweisen.«[155]

In Vorbereitung auf diesen Vortrag arbeitete Peters in der Bibliothek des Münchner Instituts für Geografie seine Projektion aus. Temporär spielte er dabei mit der »radikalen, revolutionären Idee«, das alte Gradnetz ganz zu verwerfen und an dessen Stelle ein Dezimalsystem einzuführen.[156] Erst jetzt wurde Peters allerdings auch klar, dass er sich von der Idee der Winkeltreue ganz lösen musste, und dass es schon viele flächentreue Karten gab. Es galt deshalb, sich auf Merkmale zu konzentrieren, die eine Weltkarte aufweisen musste, um sich durchzusetzen und zugleich Aufsehen zu erregen.[157] Im April hatte Peters sich zeichnend und messend so nah an ein solches Kartenbild herangetastet, dass er erstmals den Einsatz eines ausführenden Kartografen in Erwägung zog.[158] Er reiste nach Leipzig, wo ihn sein alter Mitstreiter Heinrich Becker – der zu

---

152 Stichpunktlebenslauf, o.D. [Juli 1967], SBB-PK, Nachl. 406, 447.
153 Zur Biografie Schneider, Raumgestaltung. Radó interessierte sich seinerseits für die psychologischen Aspekte von Piktogrammen und (Welt)Karten als »Mittel der politischen Bildung«, gerade für die »nationalen Befreiungsbewegungen«: Sándor Radó: Die Karte als Mittel der politischen Bildung, in: *Petermanns Geographische Mitteilungen* 118 (1974), S. 75–77, Tafel 7–9.
154 Peters an Prod Ránki, 28.1.1966, SBB-PK, Nachl. 406, 447.
155 Peters an Rádo, 31.3.1967, SBB-PK, Nachl. 406, 447.
156 Tagebucheintrag vom 3.4.1967, SBB-PK, Nachl. 406, 447.
157 Tagebucheinträge vom 3.3. und 31.3.1967, SBB-PK, Nachl. 406, 447.
158 Tagebucheintrag vom 7.4.1967, SBB-PK, Nachl. 406, 447.

Peters' Zufriedenheit trotz einiger Erfahrung mit Atlas-Projekten verblüfft war über die Mercator-Fehler – an das Geodätische Institut Potsdam weiterempfahl. Anscheinend aus reiner Gefälligkeit »übersetzte« ein Mitarbeiter dort Peters' »Formeln in die mathematische Zeichensprache.«[159] Mit sechs Seiten voller Gleichungen ausgestattet, beauftragte Peters daraufhin den West-Berliner Druckereibetrieb Lohse, mit dem er schon bei der SWG zusammengearbeitet hatte, dessen Hauskartografen einen ersten Gitternetzentwurf inklusive Ländergrenzen und Flussverläufen zeichnen zu lassen, den er für seinen Budapester Vortrag benötigte.[160] Peters systematisierte überdies seine Konkurrenzbeobachtung, indem er die Länderkarten in einem Westermann-Atlas durchzählte, bevor er sich auf die lange Autofahrt nach Budapest zu seiner Präsentation machte.[161]

Der Wortlaut des Vortrags, den Peters dort Anfang Oktober 1967 hielt – und wenig später gebunden und mit farbigen Abbildungen versehen im Selbstverlag veröffentlichte –, war stark von der Parallelisierung von Geschichts- und kartografischer Arbeit geprägt. Das machte sich in einem neuen, »räumelnden« Vokabular der Entzerrungen und Maßstabskorrekturen bemerkbar. Der erste, ausführlichere, der »Zeit« gewidmete Teil des Vortrags wiederholte zwar viele Argumente, mit denen Peters seit längerem schon die Objektivität der SWG auszuweisen versuchte. Er griff seine P.E.N.-Club-Überlegung auf, die (geschriebene) Sprache könne »durch ihren linearen Charakter dem komplexen Wesen der Geschichte nicht gerecht werden«. Für Peters war die herkömmliche Geschichtsschreibung mittlerweile auf drei ineinander verschränkten Ebenen »verzerrt«: Sie überbetone die Rolle Europas; sie lege den Schwerpunkt auf die letzten 500 Jahre; sie fokussiere noch dazu auf Politik, was den Raum für die Darstellung »der schöpferischen, aufbauenden Kräfte« anderer Regionen verringere. Zusammengenommen bildeten diese Verzerrungen die »Grundlage der Selbstüberschätzung Europas und damit der Disproportionalität unseres raum-zeitlichen Weltbildes«, die übrigens gleichermaßen aus den »Geschichtsbüchern in kapitalistischen und sozialistischen Ländern« spreche.[162] Die Verwechslung der europäischen mit der Weltgeschichte, die Peters dem konservativen Soziologen Hans Freyer genauso wie Karl Marx vorwarf, sei aber nicht nur »Etikettenschwindel«, sondern auch fahrlässig. Denn gerade wer sich mit den frühen Zivilisationen befasse, wisse, dass es eine typische Eigenschaft von Kulturen »im Niedergang« sei, dass sie sich selbst nicht mehr von »außen« betrachten könnten. *Seine* »Zeitkarte«, wie Peters die SWG in Budapest erstmals nannte, erzwinge diesen Außenblick nun schon durch ihren »für alle Epochen verbindlichen

---

159 Tagebucheintrag vom 17.4.1967, SBB-PK, Nachl. 406, 447.
160 Lohse an Peters, 21.7.1967, SBB-PK, Nachl. 406, 447.
161 Tagebucheintrag vom 25.9.1967, SBB-PK, Nachl. 406, 448.
162 Die perspektivische Verzerrung von Raum und Zeit, 6.10.1967, SBB-PK, Nachl. 406, 201, Zitate auf S. 12, 13, gedruckt als Arno Peters: *Die perspektivische Verzerrung von Raum und Zeit im historisch-geographischen Weltbilde der Gegenwart und ihre Überwindung durch neue Darstellungsweisen*, München 1967.

Maßstab«, der die Geschichtsdarstellung der »naturwissenschaftliche[n] Arbeitsweise« annähere.[163]

Damit war der Übergang zum zweiten, der Verzerrung des *geografischen* Weltbildes gewidmeten Teil des Vortrags konstruiert, der deutlich kürzer ausfiel. Peters präsentierte sich seinen ungarischen Zuhörern explizit als Laie, der bei der Arbeit an der Weltgeschichte immer wieder eine Weltkarte in seinem Arbeitszimmer konsultiert habe. Eines Tages sei ihm dabei schlagartig bewusstgeworden, »dass ich mich einige Jahrzehnte meines Lebens hindurch hatte täuschen lassen«. Peters zeigte den Zuhörern daraufhin Dias einer Mercator-Karte, klärte sie über die Flächenunterschiede zwischen Spanien, Schweden und Nigeria auf und wies auf die irreführende Position des Äquators hin, die er mittlerweile entdeckt hatte. Die »Geographen«, so Peters, klärten zwar durchaus darüber auf, »dass diese [die Mercator-] Weltkarte [...] gewisse Disproportionen aufweise, weil man eben eine Kugel nicht verzerrungsfrei auf eine Ebene übertragen könne«. Sie sprächen aber nicht darüber, »warum wir beim Blick auf die Weltkarte diese Kenntnis nicht bewusst halten, die Weltkarte also nicht relativierend betrachten«.[164] Das nun leiste seine eigene Karte, die Peters im Anschluss vorführte, ohne sich lange bei ihrer mathematischen Grundlage aufzuhalten.

Es wollte nicht recht zu den Ausführungen zur »objektiven Geschichtsdarstellung« passen, dass Peters also 1967 zumindest so verstanden werden konnte, dass er *ein* verzerrtes Weltbild durch ein anderes nicht etwa zu ersetzen, sondern nur zu ergänzen gedachte. Indem er *beide* Weltbilder relativierte, warf er den Kartografen (anders als den Historikern) weniger Eurozentrismus vor als eine unzureichende Reflexion über die Funktion von Karten in der Öffentlichkeit. Von diesem Standpunkt sollte Peters im Laufe der nächsten Jahre jedoch immer weiter abrücken, sehr zum Missfallen auch jener Geo-Experten, die ihm in Budapest zuhörten und sich interessiert an einer Mitarbeit am Atlas-Projekt zeigten, das Peters am Rande der Veranstaltung diskutierte.[165] Allerdings schickte ihm Rádo schon wenige Tage nach dem Vortrag einen Brief, in dem er Zweifel an der Kartografie Peters' anmeldete.[166] Überhaupt stellte dieser nun fest, dass »die Experten« seinem Werk wenig abgewinnen konnten, ganz anders als sein kartografisch unbedarfter Bekanntenkreis.[167] Peters wurde diese Differenz zwischen etablierten Profis und entflammbaren »Normalbürgern« just zu einem Zeitpunkt bewusst, als er auch eine allgemein lauterwerdende Kritik am »Establishment« registrierte, die den selbsterklärten Polit-Außenseiter faszinierte: In den späten 1960er Jahren wurden somit die Grundlagen für die Sprecherposition gelegt, die Peters im darauffolgenden Jahrzehnt immer entschiedener bezog.

---

163 Die perspektivische Verzerrung von Raum und Zeit, SBB-PK, Nachl. 406, 201, Zitate auf S. 7, 14, 17.
164 Ebd., S. 19, 20, 23.
165 Tagebucheintrag vom 6.10.1967, SBB-PK, Nachl. 406, 448.
166 Rádo an Peters, 23.10.1967, SBB-PK, Nachl. 406, 448.
167 Tagebucheintrag vom 20.11.1967, SBB-PK, Nachl. 406, 448.

»Welt ist die Einheit, die bestimmt«: Peters' »1968«

Wie Fuller setzte Peters große Hoffnungen in den Aufbruch der jüngeren Generation. Dass eine »Linksbewegung im Gange« war, die er grundsympathisch fand, weil sie weder DDR-hörig noch in überkommene kommunistische Denkschemata verstrickt schien, erkannte er früh. Peters war im Januar 1965 auf Einladung des Allgemeinen Studentenausschusses der Freien Universität nach Berlin gereist, um noch im Gefolge seiner RAP-Aktion im Henry-Ford-Bau eine Rede mit dem Titel »Status quo ohne Mauer« zu halten.[168] Hier lernte er SDS-Vorstandsmitglieder kennen, von denen er fortan postalisch Flugblätter und Ankündigungen von Aktionen und Demonstrationen erhielt. Sein Interesse an der Studentenbewegung sowie allgemein der Jugendrebellion der zweiten Hälfte der 1960er Jahre dokumentierte Peters auch im Tagebuch, etwa mit eingeklebten Berichten aus dem »Weserkurier« zu den Protesten im kalifornischen Berkeley. Nach der Ermordung Benno Ohnesorgs am Rande der Berliner Proteste gegen den Staatsbesuch von Schah Mohammad Reza Pahlavi sah Peters die Revolte unmittelbar bevorstehen, zumal er direkt mit dem bekanntesten Protagonisten der westdeutschen Studentenbewegung in Berührung gekommen war. Ende November 1967, nun schon in Bremen wohnhaft, hatte er sich in die »Lila Eule« (einen schummrigen »Beat-Keller«) gewagt, um dort einem Vortrag Rudi Dutschkes zu lauschen.[169] Peters gefiel, was er hörte. Er passte den Redner ab und nahm ihn ein Stück in seinem Auto Richtung Berlin mit. Obwohl er in den Jahren zuvor an den Ostermärschen teilgenommen und sein Umfeld gegen die Notstandsgesetzgebung zu mobilisieren versuchte hatte, notierte Peters kurz darauf, dass er sich schäme, weil er selbst nicht offen politisch aktiv war und stattdessen sentimentale Weihnachtslieder sang.[170] Umso gebannter lauschte Peters im April 1968 den telefonischen Berichten seines Mitarbeiters Andreas Kaiser über das Attentat auf Dutschke in Charlottenburg (wo Peters aufgewachsen war)[171] sowie von den Protesten vor dem Springer-Hochhaus in der Berliner Kochstraße, von denen Kaiser ihm noch »klatschnaß von den Wasserwerfern« erzählte, wie Peters es dramatisierend notierte.[172]

Peters, der seine Rolle in der »Weltrevolution« ja bereits Mitte der 1940er Jahre in deren publizistischer Vorbereitung gesehen hatte, beschloss, seine Überlegungen zu

---

168 Tagebucheintrag vom 6.1.1965, SBB-PK, Nachl. 406, 446.
169 Tagebucheintrag vom 27.11.1967, SBB-PK, Nachl. 406, 448.
170 Tagebucheintrag vom 26.12.1967, SBB-PK, Nachl. 406, 448. Zum Wegzug aus München ins liberalere Bremen trug bei, dass Peters sich mit einigen Nachbarn im Herbst des Vorjahres gegen die Bebauung der »Sollner Wiese« mit Wohnhochhäusern einsetzte, wobei der erfahrene Publizist allerlei Rundschreiben, Infobroschüren, Unterschriftenlisten und Protestgedichte produzierte – ohne Erfolg. Bemerkenswert ist daran, dass dieses Beispiel einer lokalen Bürgerbewegung 1966 offenbar zu früh kam, um von Peters als *Teil* des politischen Kampfes gegen das Establishment verstanden zu werden.
171 Tagebucheintrag vom 11.4.1968, SBB-PK, Nachl. 406, 448.
172 Tagebucheintrag vom 14.4.1968, SBB-PK, Nachl. 406, 448.

den jungen Protestierenden zu systematisieren. Er vertagte die mühselige Arbeit am Index, um einen Essay zu verfassen, der den Protestierenden »zu größerer Klarheit [...] verhelfen«, der älteren Generation hingegen Ursachen und Tragweite des »Kampf[s] der Jugend der Welt« verdeutlichen sollte.[173] Auf Basis von Zeitungsartikeln etwa zum Antiautoritarismus Fritz Teufels umriss Peters das Verständnis der Jugend von »Establishment«, wie der Titel des Textes lautete. Der Welt-Bildner zog darin den Vergleich mit der gesetzestreuen Weimarer Linken und machte sich Gedanken über Gewaltanwendung und Widerstand, über die Verschleierung der Wirtschaftsinteressen im Managerkapitalismus und über die Bedeutung der »Springer-Presse«. Er wertete das KPD-Verbot (gegen das er 1964 eine Petition unterschrieben hatte) als »Pyrrhussieg« und kritisierte die hierarchischen Strukturen an den Universitäten. Peters, der deren »Recht auf Widerstand« unterstrich, übte jedoch durchaus Kritik an den Studenten, an deren Anarchismus, an deren »Überschätzung des Demokratie-Begriffs« und an deren bisweilen vorschnellen Distanzierung von der DDR. Lobend hob er hingegen die »Erkenntnis der Ausbeutung der Farbigen« sowie der »Rolle des Vietnam Krieges [sic] für Europa« hervor. Denn eines war klar: »*Welt* ist die Einheit, die bestimmt«.[174]

Es ist diese persönliche Anteilnahme an den antiimperialistischen Studentenprotesten, die paradoxerweise erklärt, warum es trotzdem lange dauerte, bis Peters seine kartografische Entdeckung mit einer kritischen Position hinsichtlich der Ungerechtigkeiten des Weltsystems verknüpfte. Zu den Einsichten der SWG-Arbeit hatte zwar auch die zentrale Bedeutung der »Freiheitskämpfe der bisher kolonial unterdrückten Völker« gehört.[175] Aber Peters hatte sich beispielsweise für den Vietnamkrieg (dem er früh ein böses Ende für die Amerikaner prognostizierte) in erster Linie als Kampf gegen den Kapitalismus interessiert. Als postkolonialer Konflikt oder gar als Katastrophe für die Zivilbevölkerung erschien er ihm eher nicht. Nur in einer einzigen Tagebuchpassage dieser Jahre verband er »Dritte-Welt«-Politik und so etwas wie Humanitarismus, wenn er das Erstarken des »Vietcong« einer UNESCO-Statistik gegenüberstellte, die zeigte, das 56 Prozent aller Kinder der Welt keine Schule besuchten.[176] Die Kategorien, die Peters' Blick auf die Welt und seinen Beitrag zu ihrer Veränderung strukturierten, waren in der zweiten Hälfte der 1960er Jahre also noch »Freiheitskampf« und »Revolution«, nicht »Entwicklung« und »Umverteilung« oder gar »westliche Selbstkritik«. Peters machte sich, wenn überhaupt, eher Sorgen, dass die Bewohner der Industrieländer einmal als »Sklaven der farbigen Welt erdulden [müssen], was wir ihr dreihundert Jahre selbst zugefügt haben«.[177] Er ging noch von einem Modell eindeutiger Unterschiede zwischen den Zivilisationen aus, die sich nach einer Weltrevolution – deren wirtschaft-

---

173 Tagebucheintrag vom 11.4.1968, SBB-PK, Nachl. 406, 448.
174 Arno Peters: Establishment, 1968, SBB-PK, Nachl. 406, 375, Zitate auf S. 17, 40, 41, 1 [Hervor. im Original].
175 Tagebucheintrag vom 15.1.1965, SBB-PK, Nachl. 406, 446.
176 Tagebucheintrag vom 23.7.1966, SBB-PK, Nachl. 406, 446.
177 Tagebucheintrag vom 6.4.1968, SBB-PK, Nachl. 406, 448.

liche Ursachen und Konsequenzen, auch für sein eigenes Unternehmerdasein, ihn nicht sonderlich beschäftigten – idealiter zu einer globalen Kulturblüte verbinden würden.

Ein Riesenglobus und die Mondmissionen

In seiner optimistischen Lesart der historischen Entwicklung dürfte Peters dadurch bestärkt worden sein, dass plötzlich ausgerechnet einer der phantastischeren der Pläne realisierbar schien, die er seiner Mutter anlässlich seines Geburtstags geschildert hatte: Schon 1964, ein Jahr vor seiner Mercator-Enthüllung, hatte Peters notiert: »Als ich mich heute mit der Geschichte des Globus beschäftigte, kam mir der Gedanke, in die Mitte des ›Synchronoptikum‹ [sic] einen Riesenglobus zu stellen. Er soll vielleicht 5 m im Durchmesser haben und dadurch überschaubar werden, daß er sich auf einer Achse bewegt – [...] damit jeder sich immer dem Teil zuwenden kann, der ihn gerade interessiert.« Diesen Globus könne man mit einem »elektrischen Index koppeln [...] und dann etwa bei Aufleuchten der SWG-Eintragung ›Gründung der Stadt Uruk in Mesopotamien‹ auch diese Stadt aufleuchten« lassen.[178] Nicht nur Gezeitenkraftwerke und elektronische Verfahren der direkten Demokratie schienen Mitte der 1960er Jahre also dies- und jenseits des Atlantiks plausibel, sondern auch die Idee, einen elektrifizierten Globus an ein Dateninventar anzuschließen. Anders als bei Buckminster Fuller wurde dieses Inventar bei Peters aber nicht mit wirtschafts- und technikhistorischen Fakten, sondern mit kulturhistorischen Ereignissen gefüllt. Peters kam auch nicht über den Weg der Entzifferung und Rekonstruktion der energetischen Struktur des Universums zu *seinem* »Geoskop«, sondern im Zuge seiner Auseinandersetzung mit historischen Geovisualisierungen. Dennoch sind die Ähnlichkeiten zu Fullers Projekten erstaunlich: Denn Peters stellte sich 1966 vor, im *Synchronoptikum* riesige Karten aufzustellen, die der Betrachter selbst mit den Zeitenbändern »synchronisieren« könne, indem er einzelne Orte »durch Strom-Impuls auf der Karte aufleuchten« lasse.[179] Über dem Portal würde man den (an Fuller erinnernden) Leitspruch »Wissen[,] um zu handeln« anbringen.[180]

Das nun war ein Motto, das auch Heinz Dürrbeck, dem Geschäftsführer im Vorstand der IG Metall gefallen dürfte, dem Peters seine *Synchronoptikums*-Idee Anfang 1969 präsentierte.[181] Dürrbeck, der zu diesem Zeitpunkt in die Planung eines Bildungszentrums der Gewerkschaft in Sprockhövel im südlichen Ruhrgebiet involviert war, vermittelte Peters an dessen Architekten.[182] Es wurde sogar ein Modellbauer beauftragt, ein *Synchronoptikum* aus Plexiglas anzufertigen (Abb. 7.5),[183] das Peters wenig

---

178 Tagebucheintrag vom 6.12.1964, SBB-PK, Nachl. 406, 445.
179 Tagebucheintrag vom 13.9.1966, SBB-PK, Nachl. 406, 446.
180 Tagebucheintrag vom 15.4.1967, SBB-PK, Nachl. 406, 447.
181 Tagebucheintrag vom 11.2.1969, SBB-PK, Nachl. 406, 448.
182 Tagebucheintrag vom 19.2.1969, SBB-PK, Nachl. 406, 448.
183 Peters an Dürrbeck, 14.3.1969, SBB-PK, Nachl. 406, 448.

Abb. 7.5: *Synchronoptikum*, Fotografie des Modells, ca. 1969.

später zu einer Besprechung mit Gewerkschaftern in Hannover mitbrachte. Tatsächlich wurde ernsthaft über die Errichtung eines – verglichen mit Peters' Phantasien deutlich kleineren – Bauwerks nachgedacht. Für Peters war das Grund genug, bei der deutschen Niederlassung der IBM in Sindelfingen Erkundungen über technische Möglichkeiten einzuholen, einen elektronischen Index zu konstruieren:

> Von einem Befehlsstand in der Mitte des Raumes soll[en] [...] beispielsweise durch den Knopf ›Medizin‹ alle sogenannten ›Lebenslinien‹ und ›Jahresfelder‹ doppelt so hell aufleuchten, die sich auf die Geschichte der Medizin beziehen [...]. So können einzelne Sachbereiche sichtbar gemacht werden, wodurch der pädagogische Wert dieses Anschauungsmittels wesentlich erhöht wird. Auch prägt sich durch die materielle Darbietung der gesamten historischen Zeit der Zusammenhang (Zeitgefühl) stärker ein als beim Buch. Weiterhin ist eine Koordinierung mit geographischer Unterrichtung geplant, sodass die raum-zeitliche Zuordnung des geschichtlichen Geschehens [...] auf eine neue Ebene gehoben wird.[184]

Nachdem den Beteiligten allerdings aufgefallen war, dass sich der »Zeitenfries« in der angepeilten Größe nicht würde entziffern lassen, verschwand das Projekt in der Schublade.[185] Es ist für Peters' weitere Tätigkeit aber kaum zu unterschätzen, dass

---

184 Peters an IBM, 1.4.1969, SBB-PK, Nachl. 406, 448.
185 Peters an Dürrbeck, 4.4.1969, SBB-PK, Nachl. 406, 448. Auch diese Idee sollte Peters reaktivieren, nämlich im Zuge der Debatte über ein Deutsches Historisches Museum Ende der 1980er Jahre und dann – noch eine Parallele zu Fullers für eine andere Weltausstellung ausgearbeitetem *World Game* – mit Blick

er – wie Fuller – am liebsten einen dreidimensionalen Lernfernseher konstruiert hätte, um auf visuellem Wege die Geschichte der Welt zu vermitteln. Es ist ebenso kein Zufall, dass Peters genau zur selben Zeit auch die *globale Reichweite* des Fernsehens faszinierte, das er bald darauf zum Vehikel der Verbreitung seiner kartografischen Entdeckung erkor.

Parallel zur Arbeit an Karte und *Synchronoptikum* kommentierte Peters nämlich *en detail* die Vorbereitung der »Apollo«-Mondmission, die seine Aufmerksamkeit phasenweise ganz in Beschlag nahm. Schon die SWG war ja durchzogen von der Verheißung, die Technik werde der kulturellen Vereinigung der Menschheit Vorschub leisten. Peters' Begeisterung für die Raumfahrt war aber nun derart groß, dass vorübergehend sogar irrelevant war, zu welcher Seite er im *Space Race* hielt: Peters schloss sich der Interpretation der Mondreise als »Menschheitsmission« an, was ihn bezeichnenderweise auch Parallelen mit dem Beginn der europäischen Expansion erkennen ließ, die er anderswo verurteilte: Die »Apollo 8«-Mission erschien ihm wie die Reise des Kolumbus: »Man ist stolz darauf, Mensch zu sein, in solchem Augenblick.«[186] Mindestens ebenso wie die erste bemannte Mondumrundung im Dezember 1968 faszinierte den Zeitungswissenschaftler aber die Übertragungstechnik, die es ermöglichte, ihr *live* beizuwohnen: »Daß man sie [die Astronauten] hören und sehen kann, daß sie mit ihren Fernsehkameras [sic] sich selbst und den Himmel (Erde und Mond) für uns fotografieren und wir auf diese Weise alles unmittelbar miterleben, ist für mich ein nicht minder größeres [sic] Wunder wie der Flug selbst.«[187] Bei der Berichterstattung über die Vorbereitungen der Mondlandung war Peters, der sich parallel bewusst dem Index-Eintrag »Himmelsmodell« (gemeint war: »Planetarium«) widmete,[188] dann »ganz mit dem Herzen dabei«, jedoch nicht ohne erneut über dieses Dabeisein zu reflektieren.[189] Was die Fulleristen in einer *World Game*-Pause in New York als Verdoppelung ihrer Weltplanung empfanden, das verfolgte der Grenzgänger Peters schließlich auf Familienbesuch in Schwerin im West-Fernsehen. Aber auch er koppelte das Ereignis mit dem persönlichen Datum, das ihn in den Jahren zuvor so beschäftigt hatte: »Dies ist der größte Tag meiner Epoche, der hinter mir liegenden 50 Jahre wie wohl auch der vor mir liegenden: Der erste Mensch ist auf dem Mond gelandet. Seit ½ 10 Uhr abends steht das Landefahrzeug der Amerikaner im ›Meer der Stille‹ und wartet auf den kommenden Morgen, um den Erdtrabanten zu betreten. Welcher Sieg des Menschengeistes!«[190]

---

auf die Expo 2000 in Hannover: Gedanken über die Möglichkeit einer Veränderung des Projekts »Deutsches Historisches Museum«, SBB-PK, Nachl. 406, 246,3; Das Synchronoptikum (Arbeitstitel). Projekt für die Weltausstellung 2000 in Hannover, SBB-PK, Nachl. 406, 273,2.
186 Tagebucheintrag vom 21.12.1968, SBB-PK, Nachl. 406, 448.
187 Tagebucheintrag vom 23.12.1968, SBB-PK, Nachl. 406, 448.
188 Tagebucheintrag vom 16.7.1969, SBB-PK, Nachl. 406, 449.
189 Tagebucheintrag vom 21.5.1969, SBB-PK, Nachl. 406, 449.
190 Tagebucheintrag vom 20.7.1969, SBB-PK, Nachl. 406, 449.

Zensurvorwürfe

Im Jahr nach der Mondlandung blies Peters dann zum Angriff auf das im westdeutschen Fernsehen transportierte Weltbild. Die Absicht, sein neues Bild von der Erde in den mächtigsten Multiplikator von Bildern einzuschleusen, erwies sich als genau die Mission, die ihm gefehlt hatte. Zwar scheiterte der Eroberungsversuch. Aber er kam genau zum richtigen Zeitpunkt, damit Gremien wie der Rundfunkrat und einflussreiche JournalistInnen Peters' Vorwürfe und Vorschläge mit großer Ernsthaftigkeit diskutierten. 1970 gewann er aber erst einmal eine letzte Schlacht im »Synchronoptischen Krieg«: Kurz nach dem »Sieg des Menschengeistes« war der SWG-Indexband zum Satz fertig. Den sollte die Berliner Bundesdruckerei besorgen, die nicht völlig ausgelastet war von der Produktion der offiziellen Druckerzeugnisse der Bundesregierung, weshalb sie auch Aufträge aus privater Hand annahm, offenbar ohne diese eingehend zu prüfen. Denn nach Erstellung der ersten Drucksätze ging den Verantwortlichen im Juli 1969 siedend heiß auf, dass das, was sie da fabrizierten, womöglich verfassungsfeindlich – auf keinen Fall aber mit den Ansichten der unionsgeführten Regierung vereinbar – war. Es waren diesmal nicht die Einträge zu Lenin und Jesus, sondern die Adenauer und der Bundesrepublik gewidmeten Texte, die den Verantwortlichen geradezu »pro-sowjetisch« erschienen. Dies trugen sie an den Präsidenten der Druckerei, Konrad Schmitt-Torner, heran, der das Gespräch mit dem Autor suchte. Peters lehnte indes eine Änderung der entsprechenden Passagen ab.[191] Daraufhin stoppten die MitarbeiterInnen der Bundesdruckerei die Arbeit und auch die Auslieferung der bislang erstellten Barytabzüge an Peters' Drucker Lohse, nicht ohne ihren Dienstherren, den Postminister und CSU-Politiker Werner Dollinger, darüber zu informieren.[192] Peters indes witterte in einem »zweiten Skandal« ein »treffliches Werbemittel«.[193] Offenbar dämmerte jedoch auch den Verantwortlichen in der Bundesdruckerei, dass es ihnen sogar noch mehr schaden würde, wenn der Eindruck entstand, sie agierten als Zensurbehörde.[194] Rasch stellte sich heraus, dass nur wenige der 250 problematischen Stellen (von mehreren Zehntausend Einträgen) »den Interessen der Bundesrepublik [...]« zuwiderliefen«.[195] Die meisten Beanstandungen bezogen sich auf die »Unterjochung und Ausbeutung farbiger Völker durch europäische Staaten oder die USA« – so die Interpretation Peters', der hier offenbar ein neues Argument testete.[196] Während Peters seine Verluste infolge des Satzstopps kalkulierte, strengte die Bundesdruckerei dennoch ein Eilverfahren an, um ihn an der Publikation der bereits gelieferten Druckvorlagen

---

191 Aktennotiz, 14.7.1969, SBB-PK, Nachl. 406, 449.
192 Tagebucheintrag vom 24.7.1969, SBB-PK, Nachl. 406, 449.
193 Tagebucheintrag vom 27.7.1969, SBB-PK, Nachl. 406, 449.
194 Gesprächsnotiz Peters' zum Anruf Schmitt-Torners, 30.7.1969, SBB-PK, Nachl. 406, 449.
195 Peters an Schmitt-Torner, 3.8.1969, SBB-PK, Nachl. 406, 449.
196 Ebd.

zu hindern.[197] Peters ließ sich von einem jungen Anwalt vertreten, der ihm zwar »zart« erschien, aber doch sympathisch war.[198] Tatsächlich erreichte Otto Schily die Zurückweisung der einstweiligen Verfügung und übernahm auch die Verhandlungen mit der Bundesdruckerei, die Peters nun seinerseits auf Schadenersatz zu verklagen drohte.[199] Der Regierungswechsel im Herbst 1969 spielte ihm in die Hände. Dollingers Nachfolger, Georg Leber, zeigte wenig Interesse, sich am Problem seines Amtsvorgängers die Finger zu verbrennen. So wurde die Auseinandersetzung um Peters' Forderungen vor einem Schiedsgericht verhandelt. Ein Vergleich bahnte sich an. Das Warten auf das Urteil, das sich bis Anfang 1971 hinzog, machte Peters aber derart nervös, dass er sich eine »Beschäftigungstherapie« verschrieb: »Ich setze mir das Ziel, innerhalb eines Jahres die falsche Weltkarte vom Schirmbild des Deutschen Fernsehens zu verdrängen und meine Karte an ihre Stelle zu setzen.«[200] Peters gewann das juristische Pokerspiel.[201] Sofern er aber auf eine zügige Weiterarbeit am SWG-Atlas hoffte, täuschte er sich. Denn mit dem Angriff auf die »Fernseh-Karten« setzte er eine Dynamik in Gang, die ihn berühmt machen, die aber auch noch viel mehr Streit auslösen sollte.

7.4 Kampf um die Bildschirme

Vom Geschichtswerk zum Almanach zum Atlas

Anfang der 1970er Jahre ahnte Peters allenfalls, dass er seine neue Weltkarte zum perfekten Zeitpunkt in die »öffentliche Meinung« einspeiste, um ihr einen großen Erfolg zu bescheren. Einmal mehr ging es ihm dabei darum, die Menschen zu »führen« – nun in Richtung jener anti-imperialistischen Revolution, mit deren jungen Protagonisten er sympathisierte. Nur allmählich wurde Peters klar, dass es nicht etwa radikale Stadtguerilleros waren, die auch für ihn den Kampf der »Dritten« in die »Erste Welt« trugen, die sich für seine Karte begeisterten.[202] Ausgerechnet Missionsvereine wurden zu den ersten wichtigen Abnehmern des »Neuen Weltbilds«, das sie jedoch weniger für die Selbstermächtigung der »farbigen Völker« als für die *eigene* Bewusstseinsbildung einsetzten. Peters musste angesichts dieser Nachfrage umdisponieren, ja überhaupt erst zum Kartografen werden. Denn eigentlich war seine Weltkartenprojektion für ihn weiterhin nur Mittel zum Zweck – einem Zweck, für den sie kartografisch nicht sonderlich raffiniert sein musste: Sie sollte die Basis für die Geschichtskarten bilden, die eine nun auch räumlich »entzerrte« *Synchronoptische Weltgeschichte* zum *Atlas* machen würden. Es war also Taktik, dass Peters seine Projektion als grafisches Gestaltungselement

---

197 Tagebucheintrag vom 25.3.1970, SBB-PK, Nachl. 406, 449.
198 Tagebucheintrag vom 7.4.1970, SBB-PK, Nachl. 406, 449.
199 Tagebucheintrag vom 15.4.1970, SBB-PK, Nachl. 406, 449.
200 Tagebucheintrag vom 8.11.1970, SBB-PK, Nachl. 406, 449.
201 Tagebucheintrag vom 16.2.1971, SBB-PK, Nachl. 406, 449.
202 Tagebucheintrag vom 7.8.1973, SBB-PK, Nachl. 406, 451.

für die Nachrichtensendungen im Fernsehen ins Spiel brachte, deren Eurozentrismus seine Einladung nach Bonn 1973 anprangerte. Denn Peters versprach sich von einer Übernahme durch die Sender im besten Szenario Lizenzgebühren, selbst im Fall einer Ablehnung aber kostenlose *Publicity*, die die Suche nach einem Verlagspartner oder die Einwerbung der Herstellungskosten für das Atlas-Projekt erleichtern konnte. Nach dem unternehmerischen Risiko, das er mit dem SWG-Index eingegangen war, wollte Peters die Finanzierung der nächsten Ausbaustufe seiner Weltgeschichte nämlich auf sichere Füße stellen.[203] Dennoch fiel er rasch in alte Muster zurück. Aufgrund seines Unwillens, inhaltliche Kompromisse einzugehen, war er gezwungen, mit verschiedenen Vertragspartnern zusammenzuarbeiten, die er immer nur Teile der Arbeit machen ließ, und dies einmal mehr in Ost und West.

Bereits im Herbst 1970 hatte sich der teilstaatliche ungarische Kartografieverlag Kartográfia bereiterklärt, eine Probeseite für den Atlas auszuarbeiten.[204] Wie zuvor Sándor Radó, der den Kontakt vermittelt hatte, waren auch die MitarbeiterInnen von Kartográfia nicht begeistert von Peters' Projektion, die dabei verwendet werden sollte. Besser gefiel ihnen – zunächst – dessen Idee, den SWG-Atlasbands »objektiv« zu halten, indem der Geschichte jedes Staates der Erde je eine Doppelseite gewidmet wurde. Die Verantwortlichen akzeptierten auch, dass die Länder in alphabetischer Reihenfolge auftauchen sollten.[205] Bei einem Arbeitsbesuch in Budapest musste Peters dann aber feststellen, dass seine persönliche Vorstellung von globaler »Parität« sich nicht so leicht mit den Bedingungen blockübergreifender Zusammenarbeit vereinbaren ließ. Radó drängte darauf, »wichtigen« Ländern mehr Platz einräumen. Er gestand sogar offen, er könne es politisch nicht verantworten, der UdSSR nur eine Doppelseite zu widmen.[206] Wie schon bei der Erstauflage der SWG rund 20 Jahre zuvor stand Peters, der mit Herstellungskosten von 1 Million Mark für die 165 Länderkarten und 68 sogenannten »Zeitquerschnitte« des Atlas kalkulierte, vor der Frage, ob er bereit war, die billigere Arbeit im »Osten« durch »Zensur« zu erkaufen.[207] Als Historiker, so zumindest schrieb er es ins Tagebuch, könne er nicht akzeptieren, dass allein die »heutigen Mächte« in seinem Werk als Subjekte der Geschichte auftauchten.[208] Peters zog nun eine Förderung durch die Volkswagenstiftung und die Deutsche Forschungsgemeinschaft in Erwägung – bis er von deren Begutachtungsprinzip erfuhr.[209] Auf der Suche

---

203 Peters an Franz Steiner, 28.9.1972, SBB-PK, Nachl. 406, 450.
204 Tagebucheintrag vom 29.6.1970, SBB-PK, Nachl. 406, 449.
205 Tagebucheintrag vom 7.7.1970, SBB-PK, Nachl. 406, 449.
206 Tagebucheinträge vom 22. und 24.10.1972, SBB-PK, Nachl. 406, 450. In den Archivalien von Kartográfia im Ungarischen Staatsarchiv hat das Projekt keine Spuren hinterlassen. Für die Recherche danke ich herzlich Daniél Segyevy.
207 Undatierte Kalkulation [Oktober 1972], SBB-PK, Nachl. 406, 450; Tagebucheintrag vom 25.10.1972, ebd.
208 Tagebucheintrag vom 27.10.1972, SBB-PK, Nachl. 406, 450.
209 Tagebucheintrag vom 21.11.1972, SBB-PK, Nachl. 406, 450.

nach Finanzierungsquellen landete Peters im Laufe der 1970er Jahre aber geradezu zwangsläufig auch bei der UNESCO und den Vereinten Nationen. Diese Organisationen, so schien es Peters, mussten sich schließlich in der avisierten »Gleichrangigkeit aller Staaten der Erde« wiederkennen. Die Seitenaufteilung des SWG-Atlas und die Stimmenzuteilung der UN-Generalversammlung waren ja beide nicht-proportional zu Größe und Einfluss der Staaten. Es galt das Prinzip »eine Stimme pro Land«.[210]

Dass diese Organisationen sich dennoch wenig interessiert an dem Projekt zeigten, änderte nichts daran, dass Peters und sein Mitarbeiter Andreas Kaiser nun auch verstärkt mit den von ihnen erhobenen globalen Daten arbeiteten. 1971 begannen sie, statistische »Schaubilder« auszuarbeiten. Sie sollten die Länderkarten rahmen und ergänzen, um historische und gegenwärtige Entwicklungen vergleichbar zu machen.[211] Das Werk nahm dadurch den Charakter eines Weltalmanachs an, nicht unähnlich der seit 1959 alljährlich vom Fischer-Verlag aktualisierten Veröffentlichung. Rasch zeigte sich aber, dass der methodische Nationalismus der deskriptiven Statistik zwar Peters' Prinzip der Parität zwischen *Staaten* entsprach. Er vertrug sich aber nicht gut mit dem historiografischen Anspruch des Werks. Die Erkenntnis, dass es sich bei nationalen Territorialstaaten um ein neuzeitliches Konzept handelte (die Bemühungen anstieß, die »Farbflächen durch differenziertere Graphiken« zu ersetzen[212]), ließ Peters an seinem »völlig mechanische[n] Gleichheitsprinzip« zweifeln.[213] Es war aber auch die Geografie des gegenwärtigen Kolonialismus, die manchen Zweifel nährte: Konnte man zum Beispiel auf der Portugalkarte die verbliebenen »Kolonialgebiete wie Angola« einfach weglassen? Die Kolonien wurden ja »nicht dadurch eigenständig, daß ich ihnen eine eigene Doppelseite widme.«[214] Und wie war mit Fällen wie Grönland umzugehen? Wenn man es mit Dänemark auf eine Doppelseite brachte, war von letzterem kaum etwas zu erkennen. War es womöglich doch »paritätischer«, bei der Darstellung kleinerer Kolonialstaaten verschiedene Maßstäbe auf einer Doppelseite zu kombinieren? »Aber am Ende gibt es da nur eine gefühlsmäßige Auswahl […] und da ist die Gefahr *sehr* groß, daß […] doch nur wieder die europäischen Länder überbewertet werden«.[215]

Peters fragte sich ganz grundsätzlich, ob er den Geschichtsatlas überhaupt mit seinem Namen verbinden sollte. Er war ja kein Kartograf.[216] Seine Skrupel sind umso bemerkenswerter, als sich das, was in den 1970er Jahren noch »Die Länder der Erde.

---

210 Peters an René Maheu, 20.12.1972, SBB-PK, Nachl. 406, 450. Einige Jahre später schrieb Peters auch direkt an den UN-Generalsekretär Kurt Waldheim mit der Bitte, »meine Karte für alle der UN nachgeordneten Stellen einzuführen oder zu empfehlen – und vielleicht auch ein neues UN-Emblem zu überlegen«. Peters an Waldheim, 7.1.1975, SBB-PK, Nachl. 406, 452.
211 Tagebucheintrag vom 8.10.1972, SBB-PK, Nachl. 406, 450.
212 Tagebucheintrag vom 22.1.1971, SBB-PK, Nachl. 406, 449.
213 Tagebucheintrag vom 14.9.1972, SBB-PK, Nachl. 406, 450.
214 Tagebucheintrag vom 11.10.1972, SBB-PK, Nachl. 406, 450.
215 Tagebucheintrag vom 14.9.1972, SBB-PK, Nachl. 406, 450 [Hervorh. im Orginal].
216 Tagebucheintrag vom 1.11.1972, SBB-PK, Nachl. 406, 450.

Gestalt – Struktur – Geschichte« hieß, im Laufe der nächsten 20 Jahre *gerade* in einen vergleichsweise konventionellen Atlas mit topografischen und gegenwartsbezogenen (Peters-)Karten verwandelte. Diese muteten jedoch bei Erscheinen 1989 bereits anachronistisch an. Denn obwohl Peters sich mit seinem formalen Gleichheitsprinzip durchgesetzt hatte, entging kaum einem Rezensenten, dass der »Peters Atlas« Partei für den gar nicht mehr real existierenden Sozialismus nahm. An dieser Stelle muss es aber zunächst um die unternehmerisch, aber eben auch konzeptionell fragile Situation gehen, in der Peters im Dezember 1972 ein Brief erreichte, der seine Kampfeslust weckte und seine Zweifel vergessen machte: Dieser Brief kam vom ZDF, das mitteilte, man habe sich gegen die Verwendung seiner Karte als Hintergrundbild der Nachrichtensendung *heute* entschieden.[217]

Die »große Show«

Peters hatte seinem Ende 1970 gefassten Entschluss, den Kampf um das Weltkartenbild im Fernsehen aufzunehmen, Taten folgen lassen. Er hatte einen Brief an Rudolf Radke in der Chefredaktion des Zweiten Deutschen Fernsehens aufgesetzt:

> Ich würde gern Sie und die […] im ZDF Mitverantwortlichen in einem Kurzvortrag von 20 Minuten darüber unterrichten, a) wie falsch das Weltbild ist, das Sie da täglich in die Köpfe unserer Bundesmitbürger projizieren b) welche Problematik der Formgebung von Weltkarten zugrundeliegt c) wie es möglich ist, ein weitaus echteres Bild unserer Welt, das nicht weniger gut einstimmt, zur Sendung zu bringen.[218]

Ein fast wortgleiches Schreiben sandte Peters an den NDR, wo er zuvor für »eigene Forschungsarbeiten« um Ansichten der *Tagesschau*-Karte gebeten hatte.[219] Tatsächlich durfte Peters einige Zeit darauf in Wiesbaden mit dem »Leiter der Graphik und seinem Sachbearbeiter Kartographie« sprechen.[220] Doch zeigten sich die großen Sendeanstalten wenig interessiert an Peters' Ideen. Erfolgreicher war er bei Medienleuten im eigenen Wohnort: Mit einer handkolorierten Variante der für den Budapester Vortrag entstandenen Umrisskarte wurde er beim Programmdirektor von Radio Bremen (RB), Eckart Heimendahl, vorstellig. Der versprach, Peters' Karte eine zwanzigminütige Sendung zu widmen und sie überdies bei der Konferenz der Rundfunkprogrammdirektoren vorzustellen.[221] Peters' anfängliche Euphorie schwand allerdings, als dem ehemaligen Filmproduzenten bewusstwurde, wie schnell ihm im Fernsehen die Deutungshoheit

---

217 Tagebucheintrag vom 28.11.1972, SBB-PK, Nachl. 406, 450.
218 Peters an Radke, 11.12.1970, SBB-PK, Nachl. 406, 449.
219 Peters an den NDR, 8.11.1970, SBB-PK, Nachl. 406, 440.
220 Tagebucheintrag vom 25.9.1972, SBB-PK, Nachl. 406, 450.
221 Tagebucheintrag vom 26.11.1970, SBB-PK, Nachl. 406, 449.

über sein Werk entgleiten konnte. Der Regisseur (und spätere Umweltfilmer) Frans van der Meulen, der Peters Anfang 1971 mit einem Filmteam in seinem Bremer Haus aufsuchte, filmte ihn zwar beim »Zirkeln« auf der Karte und ließ ihn ausführlich interviewen.[222] Peters befürchtete dennoch, dass dem Zuschauer qua Schnitt eine andere als die gewünschte Botschaft vermittelt werden könne. Zumal der Regisseur, der sich offenbar gut vorbereitet hatte, freimütig ankündigte, er werde auch andere Mercator-Alternativen – etwa die Projektionen von Hammer, Winkel und Lamprecht – einblenden und Peters' Aussagen eine Stellungnahme des Geographieprofessors Alois Schmidt folgen lassen.[223]

Die Sendung, die am 29.1.1971 unter dem Titel »Eine neue Weltkarte« von RB und SFB, zwei Wochen später auch vom WDR, ausgestrahlt wurde,[224] ist aus mehrerlei Gründen aufschlussreich. So zeugt sie von Peters' Bereitschaft, seine Argumente zuzuspitzen. Sie erlaubt es zudem, einen Blick in die Trickkiste zu werfen, mit der er seine Karte bewarb. Und schließlich konnte Peters infolge der Sendung sein Arsenal an Alltagsbeispielen für Kartennutzungen füllen, bei denen das problematische, »alte« Mercator-Weltbild unreflektiert weitergetragen wurde. So waren im fertigen Film Szenen aus einer Erdkunde-Stunde an einer Schule zu sehen sowie allerlei Karten, die van der Meulens Kameraleute in Bremer Reisebüros abgefilmt hatten. In den Gesprächspassagen der Sendung belehrte Peters (vor einer Bücherwand sitzend als Intellektueller inszeniert) einen sichtlich überforderten Interviewer, eine fehlerfreie Karte sei nicht denkbar. Peters versah dann vor laufender Kamera eine Mercator-Karte mit Zahlenangaben zu den Flächengrößen einzelner Länder und Kontinente und pauste deren Umrisse mit einem Filzstift auf Klarsichtfolien, um sie auf verschiedenen anderen Karten hin- und herzuschieben. Peters verschwieg zwar nicht, dass die Mercator-Projektion für die Navigation Vorzüge gehabt habe – aber eben gerade am Beginn der Eroberung der Erde durch die Europäer. Heute sei es umso problematischer, wenn sie »mit Europa in der Mitte der Erde und mit einer perspektivischen Verkleinerung der Welt der Farbigen [...] dem geheimen Wunschdenken des weißen Mannes«[225] Ausdruck verleihe, ganz anders als Peters' eigene Karte. »Verzerrt«, so Peters auf den zaghaften Einwand des Reporters hin, werde *hier* nur das alte, das falsche Kartenbild. Man müsse seine Karte nur mit den Abmessungen der Erdoberfläche vergleichen, dann zeige sich, dass sie »richtiger« sei. Zudem helfe sie bei der »Selbstbesinnung des europäischen Menschen«, die unerlässlich sei, »wenn wir nicht in den kommenden Jahrzehnten das erdulden wollen, was wir den farbigen Völkern seit Jahrhunderten zugefügt haben«, so Peters. Diese könnten sich »angesichts der tatsächlichen Größe ihres Lebensraumes

---

222 Tagebucheinträge vom 8., 9. und 14.1.1971, SBB-PK, Nachl. 406, 449.
223 Tagebucheintrag vom 20.1.1971, SBB-PK, Nachl. 406, 449.
224 Ich zitiere die gekürzte, am 13.2.1971 im Rahmen der Kultursendung *Spectrum* ausgestrahlte Version der Sendung: ANR 0009084, Historisches Archiv des WRD, Köln.
225 Ebd., 01:20:45.

schneller aus den Minderwertigkeitskomplexen erlösen, die der weiße Mann in sie gepflanzt hat«.[226] Obwohl er sich als »Rohmaterial für eine Unterhaltungssendung« benutzt sah, gefiel Peters die fertige Produktion dann doch gut.[227] Sie schien zunächst auch ihren Zweck zu erfüllen: Peters bekam wenig Tage nach Ausstrahlung einen Anruf vom Auslandssender der Bundesrepublik, der »Deutschen Welle«, der sich für die Karte interessierte.[228] Aber insgesamt blieb die Sendung unter den Fernsehleuten ohne vernehmbares – positives oder negatives – Echo.

Und so betrachtete Peters die Ablehnung durch das ZDF, der – trotz anfänglichen Entgegenkommens des stellvertretenden *Tagesschau*-Chefredakteurs, Hartwig von Mouillard,[229] – bald darauf ähnliche Signale aus dem NDR folgten, als Eröffnung des »Kampf[s] um die Bildschirme«.[230] Denn mit den öffentlichen Rundfunksendern hatte er für seinen »Privatkrieg einen handfesten Gegner – noch dazu eine fast bürokratische Einrichtung«, gegen die stellvertretend für weitere Gesellschaftsbereiche gestritten werden könne.[231] Peters kam zugute, dass er Hans Joachim Rohleder, einen Mitarbeiter von Mouillards, das Versprechen hatte abringen können, die *Tagesschau* werde über eine eventuelle offizielle Präsentation seiner Karte berichten.[232] Peters entwarf also den bereits beschriebenen Prospekt für das neue Weltbild und verschickte die ersten Einladungen an Pressevertreter, vor denen ihn einige in den Tagen vor der »großen Show« in Bonn interviewten, offenbar eine gute Story witternd.[233] Peters wurde zudem zur Aufzeichnung eines Kommentars für die *Tagesschau* zum NDR nach Hamburg-Lokstedt eingeladen und freute sich nun umso mehr auf die »Mordsgaudi«, »den weißen Mann zu jagen, damit die Rothäute Lebensraum haben«.[234] Tags drauf, in der Bundeshauptstadt angekommen, frühstückte er mit Werner Holzer von der »Frankfurter Rundschau«, absolvierte einen Fototermin mit der »Zeit« und ließ sich auch vom ZDF einen Kurzbericht über das Ereignis versprechen.[235] Als äußerst vorteilhaft erwies sich, dass Peters am Tag vor der Pressekonferenz kurzentschlossen den emeritierten Professor für Wirtschafts- (und Kolonial-)Geografie Carl Troll aufsuchte. Der war von Peters' Projektion hinreichend überzeugt, um eine Stellungnahme zu unterschreiben, deren Qualitäten herausstrich.[236] Tatsächlich war es der gute Ruf Trolls – der CDU-Mitglied und vielfach geehrter ehemaliger Bonner Universitätsrektor war – der die

---

226 Ebd., 01:23:57.
227 Tagebucheintrag vom 28.11.1971, SBB-PK, Nachl. 406, 450.
228 Tagebucheintrag vom 26.2.1971, SBB-PK, Nachl. 406, 450.
229 Tagebucheintrag vom 11.3.1972, SBB-PK, Nachl. 406, 450.
230 Tagebucheintrag vom 20.3.1973, SBB-PK, Nachl. 406, 451.
231 Tagebucheintrag vom 21.12.1972, SBB-PK, Nachl. 406, 451.
232 Tagebucheintrag vom 11.4.1973, SBB-PK, Nachl. 406, 451.
233 Tagebucheintrag vom 25.4.1973, SBB-PK, Nachl. 406, 451.
234 Tagebucheintrag vom 1.5.1973, SBB-PK, Nachl. 406, 451.
235 Tagebucheinträge vom 1. und 3.5.1973, SBB-PK, Nachl. 406, 451.
236 Stellungnahme Carl Trolls, 7.5.1973, SBB-PK, Nachl. 406, 451.

Thesen mit wissenschaftlichen Weihen versah, die Peters am nächsten Tag vor rund 150 JournalistInnen verbreitete – und zwar unter Zuhilfenahme einer selbstproduzierten Mercator-Karte, die deren »Verfehlungen« grafisch drastisch zuspitzte. Vertreter von »Bild« und der »Frankfurter Allgemeinen Zeitung« und Korrespondenten von »Le Monde«, »Chicago Tribune«, »Times«, »Jyllands-Posten«, »Los Angeles Times« sowie Redakteure polnischer und tschechoslowakischer Staatssender lauschten Peters rund eine Stunde lang. Sie interviewten ihn im Anschluss und verließen das »Hotel am Tulpenfeld« ausgestattet mit je einem Exemplar einer weiteren Hochglanzbroschüre, die nun auch die eingangs dieses Kapitels abgebildete Version der Peters-Karte enthielt.[237]

Presseechos

Noch im Januar 1973 hatte Peters mit sich gehadert, ob eine möglichst sachliche oder doch eher eine vereinfachende Herangehensweise der öffentlichen Durchsetzung der »guten Sache« dienlicher sei.[238] Unmittelbar nach der Konferenz zeigte sich, dass die gewählte, die zweite Strategie in der Tagespresse verfing und mehr noch in den illustrierten Fernsehzeitungen mit ihrer in die Millionen gehenden Leserschaft. Die Redaktion der »Hörzu« sandte sogar einen Fotografen zu einer Art *Home Story* zu Peters, um kurz darauf eine Grafik abzudrucken, die zeigte, wie seine Karte in der *Tagesschau*-Optik aussehen würde.[239] Zu diesem Zeitpunkt waren Peters von seinem Pressedienst bereits rund 100 Artikelausschnitte zu seinem Auftritt zugesandt worden. Die große Resonanz rührte zweifellos auch daher, dass der Zeitungswissenschaftler den JournalistInnen in Bonn nicht nur die Illustrationen für ihre Artikel, sondern auch allerlei lesergerechte Zitate mitgeliefert hatte. Nicht selten schilderten die Pressevertreter Peters' Karte nun als große kartografische Innovation, deuteten diese Innovation in Kategorien »historischer Gerechtigkeit« (die in einer zusammenwachsenden Welt wichtiger sei denn je) und machten sogar Werbung für den nichtexistenten Atlas, dem die Karte einmal zugrundeliegen sollte.

Es spielte sicher ein gewisser Lokalpatriotismus hinein, wenn gerade der »Weserkurier« in Kombination mit der Bildunterschrift »Bremer verhilft zu einem neuen Weltbild« (Abb. 7.6) verkündete, Peters bringe »[s]elbst die beiden bundesdeutschen Fernsehanstalten« in »Gewissensnöte«, habe doch Kaiser Wilhelm II. die Mercator-Projektion »beredt gefördert«, weil sie das Deutsche Reich ins Zentrum gestellt habe: »Zweifellos«, so die Zeitung, fordere »die Konfrontation mit seiner Projektion zur Überprüfung des eigenen Weltbildes auf«, weshalb die Karte bereits im Arbeitszimmer des Bundespräsidenten Gustav Heinemann an der Wand, bei den Atlasverlagen aber noch »in der Luft«

---

237 Siehe die faksimilierten Artikel in Die *Peters-Projektion. Weltpresse. Fachpresse*, München o.J. [ca. 1985], sowie die Anwesenheitsliste in SBB-PK, Nachl. 406, 539.
238 Tagebucheintrag vom 16.1.1973, SBB-PK, Nachl. 406, 451.
239 Tagebucheintrag vom 25.5.1973, SBB-PK, Nachl. 406, 451; *Hörzu*, 9.6.1973.

Abb. 7.6: Peters, mithilfe mitgebrachter Requisiten »Mercators« Südamerika mit seiner Karte vergleichend (Bonn 1973)

hänge.[240] Dankbar zitierten viele Journalisten das Troll-»Gutachten«, ohne viele Gedanken darauf zu verschwenden, ob ein Geograf zwangsläufig auch Experte auf dem Feld der Kartografie sei.[241] Anderswo wurde Peters gar als Berufskartograf gekennzeichnet, was ihm ebenso gefallen haben dürfte wie die entgegengesetzte Beschreibung, für die sich der »Kölner Stadt-Anzeiger« entschieden hatte: Unter dem Titel »Europa steht nicht mehr im Mittelpunkt. Die Dritte Welt gleichberechtigt«, betonte dieser: »Ein Privatgelehrter hat in der Tat durch Denken und rechnen unser Bild der Welt verändert.« Wenn das einem engagierten Bürger wie Peters gelinge, dann müssten die »Organisationen«, die Verlage, Bildungseinrichtungen und Presseorgane, erst recht tätig werden.[242] Immerhin wiesen einige Berichte auf die verschiedenen Funktionen von Weltkarten hin. Das »neue Bild der Erde«, so etwa die »Badische Zeitung«, sei nicht wahrheitsgemäßer als das alte. Aber es passe besser zu einer Zeit, in der »Europa nicht der Nabel der Welt« sei, auch wenn es sich mithilfe von Peters Werk schlecht von »Plymouth nach

---

[240] Uwe Prieser: Europa rückt aus dem Mittelpunkt. Ein Bremer vermittelt ein neues Weltbild, in: *Weserkurier*, 22.5.1973, der Peters' Formulierung übernahm, er »übergebe« die Karte, die suggerierte, jemand habe ihm einen Auftrag erteilt.

[241] Peter Quay: Europa ist jetzt ganz klein und häßlich geworden. Deutscher Historiker ersetzt Mercator-Weltkarte, in: *Bonner Rundschau*, 9.5.1973.

[242] Joachim Besser: Europa steht nicht mehr im Mittelpunkt. Die Dritte Welt gleichberechtigt, in: *Kölner Stadt-Anzeiger*, 15.3.1973.

Amerika segeln« lasse.²⁴³ Dass der Hinweis auf die Atlantiküberquerung im Sinne von *Guilt by Association* erfolgen konnte, zeigte sich im Zürcher »Tages-Anzeiger«: Peters breche mit der »Europazentrik«, so dessen Autor, »die Seefahrern und späteren Kolonisatoren die Welt möglichst bequem und gefahrlos in die Kajüte gebracht« habe. Seine Karte gebe den zuvor »fast zur Bedeutungslosigkeit zusammengedrückten Ländern der Dritten Welt und der südlichen Halbkugel ihre Würde« zurück, »und sei es nur die Würde der großen Fläche«, so der Autor, der noch etwas verwirrt hinzufügte, auch Peters' Karte weise Formverzerrungen auf, aber diese seien »›sozialisiert‹« worden: »Die Ungerechtigkeit« sei »gleichmäßiger verteilt«.²⁴⁴ Das »Göttinger Tageblatt« schließlich begrüßte einige Monate später die »Geburt eines neuen Weltbildes«, das besser zu einer Gesellschaft passe, »in der man sich daran gewöhnt hat, die Welt als Ganzes zu sehen, in der die vielfältigsten weltweiten, sachlichen Verflechtungen den Anbruch einer neuen Weltkultur kennzeichnen«. Aber auch hier fiel – nach der Einschätzung, Peters habe das kartografisch »Unmögliche etwas möglicher« gemacht – der offenbar auch als Distanzierung gemeinte, aber rezeptionsgeschichtlich bemerkenswerte Hinweis, Peters zwinge »jeden Menschen zur Überprüfung seines eigenen Weltbildes«, was umso beschämender sei, weil er eben kein Fachmann sei.²⁴⁵

Hatten die kleinen (aber auflagenstarken) Regionalzeitungen womöglich einfach wenig Ressourcen zur Überprüfung der O-Töne und des Bildmaterials, die Peters ihnen bereitwillig zu Verfügung stellte, galt das sicher nicht für den »Stern«: Dieser griff für seinen Bericht ebenfalls auf Peters' Grafiken zurück und wählte zudem eine Überschrift, die dem Welt-Bildner entgegenkam, auch wenn seine Argumente dann in eher distanziertem Ton referiert wurden.²⁴⁶ Ausgerechnet die konservative »Frankfurter Allgemeine Zeitung« hingegen macht sich die Kritik Peters' – bekannt als Schöpfer der SWG, die man heute nüchterner betrachte – zu eigen, dass Menschen in Europa, konfrontiert mit der falschen Weltkarte, »ein übertrieben großes Selbstwertgefühl« entwickeln. »Die abendländische Bildung« bewirke, »daß die Entwicklungsländer im Bewußtsein der Europäer und der Industrieländer überhaupt, was ihren Anspruch auf Größe und Beachtung angeht, regelrecht betrogen (Peters) wurden«. Peters' »El Greco«-Formen zeigten, dass »der Maßstab aller Maßstäbe nicht Europa« sei.²⁴⁷

Der Autor des »Spiegel« allerdings erinnerte unter der Überschrift »Form verloren« schon deutlich weniger versöhnlich an den »Gelehrtenstreit«, über den man Mitte der 1950er Jahre berichtet hatte. Er spöttelte dann, bei seiner »Landkarten-Reform« nehme Peters es nun »mit einem Weltbild auf, das außer durch Tradition auch durch mathematische Gesetze bestimmt ist«. Der Artikel berief sich denn auch als erster auf

---

243 Ein neues Bild der Erde, in: *Badische Zeitung*, 7.6.1973.
244 Emanuel LaRoche: Neue Weltkarte rückt Europa an den Rand, in: *Tages-Anzeiger*, 11.5.1973.
245 1973 – Geburt eines neuen Weltbildes, in: *Göttinger Tageblatt*, 31.12.1973.
246 Europa ins rechte Lot gerückt, in: *Stern*, 10.3.1973.
247 Rüdiger Moniac: Sibirien und Kanada an den Rand gedrückt, in: *Frankfurter Allgemeine Zeitung*, 11.5.1973.

einen skeptischen Experten, nämlich den Direktor des Geographischen Instituts der Universität Tübingen Herbert Wilhelmy. Dieser erkläre, dass flächentreue Karten alles andere als neu seien und überdies die »Rechteckform [von] Zylinder-Projektionen« den Nachteil habe, »am weitesten von der vertrauten Vorstellung der Erdgestalt entfernt« zu sein. Peters, so folgerte der »Spiegel«, betreibe »Propaganda-Kartographie«.[248] Als sich rund einen Monat später auch die »Welt« – unter der Überschrift »Arno Peters setzt alles auf eine Karte« – dem Thema widmete, wusste sie schon zu berichten, dass auch Karlheinrich Wagner von der Deutschen Gesellschaft für Kartographie wenig von Peters' Karte halte.[249]

Die Reaktion der Kartografen

Der ironische Titel des »Welt«-Artikels war gut gewählt: Denn auch Peters scheint erst infolge der ersten kritischen Presseberichte klar geworden zu sein, welches Risiko er mit seiner so öffentlichkeitswirksamen Zuspitzung der Mercator-Nachteile eingegangen war. Negative Urteile der professionellen KartografInnen konnten dem Atlas-Projekt, das es durch die Verbreitung seiner Projektion ja weiterhin zu fördern galt, ernsthaft schaden.[250] Allerdings begegneten die Fachleute Peters zunächst eher freundlich-belehrend. So schrieb Wilhelmy ihm persönlich, er sei von den »Spiegel«-Redakteuren sinnentstellend wiedergegeben worden. Er betonte, dass auch er kein Freund einer unreflektierten Verwendung der Mercator-Projektion sei. Er wies Peters allerdings zugleich auf andere alternative Weltkarten hin.[251] Rückblickend wirkt dies wie Warnschuss, zumal auch die »Hörzu«-Redaktion Peters wenig später um eine Stellungnahme bat angesichts der Dutzenden von nahezu ausschließlich negativen Leserbriefen, die die Redaktion nach Abdruck ihres Artikels erhalten hatte.[252]

Im November 1973 erschienen denn auch die ersten Verrisse der Peters-Projektion in der »Geographischen Rundschau« und in den »Kartographischen Nachrichten«. Peters Karte, schrieb der in der »Welt« zitierte Karlheinrich Wagner dort, geistere in »marktschreierischer Form« durch die Medien, die den »Rummel« gerne verstärkten. Dabei sei die Karte technisch keine Innovation und der »Amoklauf des Herrn Peters« gegen Mercator gehe völlig ins Leere, denn in »Reinform« seien Mercator-Karten kaum in Verwendung. Wo man sie nutze, so Wagner, sei dies auch nicht eurozentristisch: Europa liege schließlich gar nicht im Zentrum dieses Projektionstyps. Dass viele Weltkarten im Süden beschnitten seien, lasse nicht auf »tiefschürfende weltanschauliche und geopolitische Ansichten« schließen, sondern hier walte reiner Pragmatismus, und außer

---

248 Form verloren, in: *Spiegel*, 14.5.1973.
249 Arno Peters setzt alles auf eine Karte, in: *Welt*, 23.6.1973.
250 Tagebucheintrag vom 27.5.1973, SBB-PK, Nachl. 406, 451.
251 Wilhelmy an Peters, 16.5.1973, SBB-PK, Nachl. 406, 451.
252 Petra Burghardt an Peters, 5.7.1973, SBB-PK, Nachl. 406, 451.

der unbewohnten Antarktis gehe ja nichts verloren. Schließlich sei Peters' Behauptung grotesk, »endlich die vollkommene Erdabbildung erfunden« zu haben. Der Kartograf zeigte zudem wenig Verständnis dafür, dass sich dessen Eurozentrismusvorwurf ausgerechnet auf den »Hintergrund unserer Nachrichtensprecher« bezog. Der sei »rein graphisch und symbolisch«, also gar nicht im engere Sinne als »Karte« zu verstehen.[253]

Wagner konnte nicht ahnen, dass er dem Establishment-kritischen Peters gerade mit dieser als Arroganz auslegbaren Haltung ein weiteres Argument in die Hand gab. Der schrieb: »Wenn ich auch wußte, daß es mir die Fachleute übelnehmen, ins Handwerk gepfuscht zu kriegen – daß es persönlich so beleidigend ausfallen mußte, war doch überraschend.«[254] Peters goss allerdings selbst Öl ins Feuer. Dem Redakteur der »Kartografischen Nachrichten«, Hans Ferschke, drängte er eine Gegendarstellung auf, die er gemeinsam mit seinem an Kartografie interessierten und mathematisch bewanderten Sohn Aribert verfasst hatte, aber unter dem Namen von Andreas Kaiser lancierte.[255] Gegen die »Schmähschrift« Wagners und dessen »Unterstellungen, Fehlinterpretationen, Halbwahrheiten und Verdächtigungen« kämpfte der »Anti-Wagner«, wie Peters den Artikel nannte,[256] allerdings selbst mit einer Mischung aus Polemik, einer Ehrenrettung Trolls (mit dem Wagner nicht eben diplomatisch umgesprungen war) und recht willkürlich gesetzten Fußnoten an. Diese sollten einem Text ein wissenschaftliches Gepräge geben, der der inhaltlichen Auseinandersetzung mit Wagners Kritikpunkten letztlich auswich. Der 1974 tatsächlich in den »Kartographischen Nachrichten« gedruckte Artikel argumentierte stattdessen mit einem sehr spezifischen Vorzug von Peters' Projektion: Deren klares Kartenbild übertreffe die Orientierungswirkung elliptischer, vermittelnder Weltkarten, was schon beim vergleichenden Blick auf die geografische Lage der Klimazonen von Vorteil sei. Ironischerweise stellte der Artikel zudem die größere Kompatibilität der Peters-Karte mit traditionellen Sehgewohnheiten heraus. Ihre Proportionen entsprächen »ästhetischen und praktischen Anforderungen« gerade des Fernsehens, indem sie das bewährte Höhen-Breiten-Verhältnis der meisten Mercator-Karten reproduzierten und überdies zwischen goldenem Schnitt und DIN-Norm vermittelten.[257]

Ferschke hatte vor Veröffentlichung darauf hingewiesen, dass Andreas Kaiser in »seinem« Artikel der Fairness halber auch die Nachteile von Peters' Netzentwurf erläu-

---

253 Karlheinrich Wagner: Das neue Kartenbild des Herrn Peters, in: *Kartographische Nachrichten* 23 (1973), S. 162–163, Zitate S. 162f. Bald folgten auch die ersten Hinweise darauf, dass Peters' Projektion alles andere als einzigartig war: Wolfgang Pobanz: Vorläufer der Peters-Projektion, in: *Kartographische Nachrichten* 24 (1974), S. 196–197. Peters selbst wusste spätestens 1980, dass er die 1855 entwickelte Projektion des schottischen Klerikers und Astronomen James Gall ein zweites Mal erfunden hatte: Derek Maling an Peters, 3.3.1980, SBB-PK, Nachl. 406, 456.
254 Tagebucheintrag vom 3.11.1973, SBB-PK, Nachl. 406, 451.
255 Tagebucheintrag vom 28.11.1973, SBB-PK, Nachl. 406, 451.
256 Tagebucheintrag vom 29.12.1973, SBB-PK, Nachl. 406, 451.
257 Andreas Kaiser: Die Peters-Projektion, in: *Kartographische Nachrichten* 24 (1974), S. 20–25, hier S. 24.

tern müsse (der sich, wie Ferschke hinzufügte, nur in der Wahl des Schnittparallels von einer ähnlichen, der sogenannten Behrmann-Projektion, unterscheide).[258] Wohl auch, weil darauf keine Antwort erfolgte, ergänzte Ferschke den Kaiser-Artikel um einen eigenen Aufsatz, in dem er auf Basis von Vermessungen der in der »Hörzu« abgedruckten Peters-Karte nachwies, dass diese gar nicht flächentreu war. Bemerkenswert ist an diesem Text, dass Ferschke sich zwar über Peters' Beharrlichkeit und argumentative Inkonsistenz (»Bei mir haben die Verzerrungen einen Sinn«») lustig machte, es jedoch versäumte, auch nur ein Wort darüber zu verlieren, warum sich ausgerechnet eine Fernsehzeitschrift Peters' Eurozentrismus-Vorwurf zu eigen machte.[259] Peters indes ärgerte sich zwar über diese Erwiderung auf seine Erwiderung. Er zeigte sich hinsichtlich der Gesetze massenmedialer Aufmerksamkeit aber gewiefter: Er freute sich, mit »Kaisers« Beitrag in der Fachpresse eine »gewichtige Stimme« in die »Pressemappe« aufnehmen zu können. Ganz sicher war er seiner Sache aber nicht: »Natürlich frage ich mich manchmal, ob ich es wirklich nötig habe, auf diese Weise auch *publizistisch* das Feld für meine Karte zu bereiten.«[260]

Tatsächlich arbeitete Peters zur selben Zeit auch fieberhaft an einem alternativen *wissenschaftlichen* Fehlerindikationssystem für die Kartografie. Anstatt seine Projektion zu verbessern, versuchte sich Peters also an ihrer nachträglichen Rationalisierung, indem er sie mit einer selbstgeeichten Apparatur maß. Dennoch glaubte er zwischenzeitlich, es mit den im »Spiegel« beschworenen Gesetzen der Mathematik aufnehmen zu können, wenn er die sogenannte »Tissot'sche Indikatrix«, mit deren Hilfe sich Kartenverzerrungen visualisieren lassen, widerlegen wollte. Peters schuf also eine Tabelle zentraler Karten-»Qualitäten«, die nicht erläutert werden muss, da sie sich in einer Nennung von Anforderungen erschöpfte, die seine Projektion vergleichsweise gut erfüllte.[261] Umso bemerkenswerter ist, dass Peters diese Checkliste auch in der Hoffnung erarbeitete, mit ihr die Berliner Sektion der Deutschen Gesellschaft für Kartografie zu überzeugen. Diese hatte ihn nämlich eingeladen, seine Thesen im Rahmen ihres kartographischen Kolloquiums am 30.10.1974 zu erläutern. Die erste persönliche Auseinandersetzung mit den KartografInnen in der Aula der Technischen Fachhochschule in der Berliner Kurfürstenstraße endete aus Peters' Sicht mit dem Befund, er habe sich nicht »in die Pfanne hauen« lassen von den »unsachlichen und niveaulosen« Angriffen seiner Gegner.[262]

---

258 Ferschke an Kaiser, 6.12.1973, SBB-PK, Nachl. 406, 451.
259 Hans Ferschke: Anmerkungen zur »Peters-Projektion«, in: *Kartographische Nachrichten* 24 (1974), S. 79. Etwas später bekräftigte Derek H. Maling: Peter's Wunderwerk, in: *Kartographische Nachrichten* 24 (1974), S. 153–156, dieses Urteil.
260 Tagebucheintrag vom 12.3.1974, SBB-PK, Nachl. 406, 452 [meine Hervorh.].
261 Tagebucheinträge vom Dezember 1973, SBB-PK, Nachl. 406, 451.
262 Tagebucheintrag vom 30.10.1974, SBB-PK, Nachl. 406, 452. Arno Peters: Der Europa-zentristische Charakter unseres geographischen Weltbildes und seine Überwindung. Vortrag, gehalten am 30. Oktober 1974 in Berlin-Schöneberg, Aula der Fachhochschule, auf Einladung der Deutschen Gesellschaft für Kartographie, SBB-PK, Nachl. 406, 203.

Rundfunkselbstkritik

Die nach Einschaltung der Kartografen zunehmend negative Pressereaktion auf Peters' Karten-Präsentation wäre nicht weiter erwähnenswert, wenn sie das einzige Resultat seines Gangs an die Öffentlichkeit geblieben wäre. Tatsächlich erklären sich Peters' fortgesetzte Versuche, die wissenschaftlichen Argumente seiner Gegner zu widerlegen, daraus, dass ihm entging, warum das Interesse an der Peters-Karte in den nächsten Jahren immer weiter *zunahm*. Vor allem die internen Debatten innerhalb der Rundfunksender (die Peters' Werk zunächst abgelehnt hatten) helfen, ein Licht auf die politischen Kontexte dieser Nachfrage zu werfen und auf die persönlichen Netzwerke, die sie förderten.

Peters hatte kurz vor der Pressekonferenz den Versuch unternommen, einen einflussreichen Fernsehfunktionär vor seinen Karren zu spannen. Er hatte den WDR-Intendanten Klaus von Bismarck in einem Brief gefragt, ob der nicht seinen »Einfluss im Sinne einer baldigen Ersetzung des alten, verzerrten Weltbildes« einsetzen wolle. »[O]hne eine Kenntnis der [...] wirklichen Größen in unserer Welt, wird es kaum möglich sein, der deutschen Öffentlichkeit ein tieferes Verständnis für diese Länder nahezubringen.«[263] Tatsächlich ließ sich von Bismarck wenige Tage später telefonisch zu einer schriftlichen Weisung an die Programmdirektoren der ARD bewegen, sich zumindest mit der Peters-Karte zu befassen. Diese verdeutliche, »unter welchen geografischen Aspekten Fragen des Nord-Süd-Konflikts und der Entwicklungsländer richtig zu sehen sind«.[264] Es war offenbar weniger der kurze Bericht in der *Tagesschau*-Nachtausgabe über Peters' Auftritt als von Bismarcks Anregung, die zur Folge hatte, dass sich die ständige Programmkonferenz der ARD bei ihrem nächsten Treffen in Baden-Baden im Juni 1973 wirklich mit Peters' Karte befasste. Nach Rücksprache mit den entsprechenden Chefredakteuren beschlossen die Verantwortlichen zwar, es könne nicht Aufgabe von Nachrichtensendungen sein, »die Zuschauer plötzlich mit einer neuen Weltkarte zu konfrontieren«.[265] Das war eine Position, der sich auch die Intendantenkonferenz anschloss, die im September ebenfalls über Peters' Anregungen beriet.[266] Aber immerhin hieß es in dem Schreiben, das Peters kurz darauf vom ARD-Vorsitzenden Helmut Hammerschmidt erhielt, man wolle zunächst die »weitere wissenschaftliche Diskussion« abwarten.[267] Die Tür blieb also einen Spalt weit offen. Peters nahm das wenig später zum Anlass, erneut auf die Adaption seiner – nun »durchgesetzten« – Karte durch das Fernsehen zu drängen. Schon 1973 hatte es aber

---

263 Peters an von Bismarck, 1.5.1973, SBB-PK, Nachl. 406, 451.
264 Gesprächsprotokoll vom 4.5.1973, SBB-PK, Nachl. 406, 451.
265 Protokoll der Ständigen Programmkonferenz, 13./14.6.1973, Deutsches Rundfunkarchiv Frankfurt (DRA), Verschiedene Vorgänge, NC 1069/A44. P27.8.73.
266 Offenbar lehnte es der Bayerische Rundfunk kategorisch ab, Peters' Karte zu verwenden: Müller, *Globalgeschichte*, S. 260.
267 Helmut Hammerschmidt an Peters, 1.10.1973, DRA, NC 1069/A44.

durchaus einflussreiche Stimmen gegeben, die sich für die Verwendung seiner Karte in den Nachrichten aussprachen. Insbesondere im NDR und beim Süddeutschen Rundfunk waren diese Stimmen zu vernehmen sowie bei Radio Bremen, dessen Intendant, der spätere Regierungssprecher Klaus Bölling, sich auch in Zukunft für Peters verwenden sollte. Überdies schien einigen Fernsehmachern Peters' Kritik an ihrem »Weltbild« interessant genug, um dieser einzelne Beiträge zu widmen. Das ZDF, dessen *heute*-Sendung ebenfalls über die Pressekonferenz berichtet hatte, strahlte zu Pfingsten 1973 unter dem Titel »Falsche Weltkarte – Falsches Weltbild« eine kurze Sendung zu Peters' Projektion aus.[268] Der Südwestfunk bat sogar darum, sie als Hintergrundgrafik der Auslandssendung *Kompaß* verwenden zu dürfen, einem »progressiven« Sendeformat, das sich Themen aus aller Welt widmete und ein Selbstverständnis der Redakteure als international agierende Vertreter ihres Berufsstands transportierte.[269]

Der gut in journalistischen Kreisen vernetzte Peters scheint allenfalls geahnt zu haben, dass die Fernsehredaktionen zum Zeitpunkt seines »Angriffs« auf das Fernsehen bereits seit einigen Jahren selbstkritische Diskussionen zu ihrer Berichterstattung über die ehemaligen Kolonien führten. Zu von Bismarcks Ämtern gehörte zwischen 1962 und 1975 die Leitung der ARD-»Kommission für Entwicklungsländer«, die sich Fragen der Berichterstattung über das Thema »Entwicklung« widmete, aber auch technische Hilfe für afrikanische Rundfunksender initiierte, etwa durch eine Reihe von Kooperationsprojekten, an denen WDR und Deutsche Welle beteiligt waren. In die inhaltliche Verantwortung von Bismarcks war zudem die bis dato wichtigste bundesrepublikanische Debatte über den deutschen Kolonialismus gefallen, die sich 1966 an Ralph Giordanos Sendung *Heia Safari* entzündete. Konzipiert in direkter Reaktion auf die in den Nachrichtensendungen oft als »Mündigwerden« Afrikas thematisierte Dekolonisierung, ebnete die Sendung mancher Peters'schen Idee dadurch den Weg, dass sie das geringe Wissen über den deutschen Kolonialismus skandalisierte. Das provozierte einerseits allerlei Zuschauerbriefe von Lehrern, die etwa Schulbuchüberarbeitungen verlangten.[270] Andererseits zog die Sendung aufgrund ihrer Darstellung körperlicher Züchtigungen erheblichen Zorn älterer Afrika-Veteranen auf sich. Diese sahen sich,

---

268 Das ZDF hatte die Mercator-Karte, anders als der NDR, bereits 1972 durch eine vermittelnde Karte ersetzt, was Peters nicht entgangen war: Kaiser, Peters-Projektion, S. 24.
269 Tagebucheintrag vom 5.7.1973, SBB-PK, Nachl. 406, 451. Später kamen noch der Vorspann der WDR-Sendung *Reporter – Auslandsberichte* und die RB-Sendereihe *Ölgeschichten* (beide 1979) dazu (DRA, NC 1069/A44). Dass Peters' kontroverse Positionen, sein apodiktisches Auftreten, aber wohl auch sein gepflegtes Erscheinungsbild gutes Fernsehen machten, zeigt sich im Laufe der 1970er und 1980er Jahre wiederholt, wenn Peters zu Talkshows eingeladen wurde, etwa der RB-Sendung *III nach Neun* (Tagebucheintrag vom 6.1.1976, SBB-PK, Nachl. 406, 452).
270 Zum Folgenden Eckard Michels: Geschichtspolitik im Fernsehen. Die WDR-Dokumentation »Heia Safari« von 1966/67 über Deutschlands Kolonialvergangenheit, in: *VfZ* 56 (2008), S. 467–492. Zur deutschen Afrikahistoriografie der 1960er Jahre: Christiane Bürger: *Deutsche Kolonialgeschichte(n). Der Genozid in Namibia und die Geschichtsschreibung der DDR und BRD*, Bielefeld 2017.

anders als die afrikanischen Zeitzeugen, die in der Sendung zu Wort gekommen waren, um die Möglichkeit gebracht, *ihre* (positive) Bilanz der deutschen Kolonialgeschichte zu Gehör zu bringen. An einer kurzfristig anberaumten Diskussionssendung nahmen neben dem Regisseur und von Bismarck mit dem WDR-Redakteur Dieter Gütt und Herbert Abel vom Bremer Überseemuseum zwei Personen teil, die wenig später zu den Unterstützern Peters' zählen sollten.[271] Obwohl *Heia Safari* nach außen als bewusster Impuls zur einer gesellschaftlichen Debatte verkauft wurde, war die Einseitigkeit der Sendung intern scharf kritisiert worden. Bis zu seiner Abwahl 1975 verengten sich die Handlungsspielräume von Bismarcks überhaupt angesichts der von der CDU mitgetragenen »Rotfunk«-Kampagne, die die Haltung seines Senders zur Ostpolitik und ihre Berichterstattung über die »Baader-Meinhof-Gruppe« skandalisierte.[272]

Angesichts des Verdachts fehlender Neutralität des WDR dürfte 1973 also nicht zuletzt die polemische Argumentation Peters' der Adaption seiner Karte im Weg gestanden haben. Das war deshalb eine verpasste Chance, weil gerade die Nachrichtensendungen der ARD parallel auch von links in die (Ideologie-)Kritik gekommen waren, auf die der leitende Redakteur, Michael Aben, mit verbesserten Infografiken reagierte, die die Inhalte auch bildungsfernen Menschen leichter verständlich machen sollten.[273] Und wirklich war auf der ARD-Arbeitssitzung im September 1973 in Stuttgart, auf der die erste Entscheidung gegen Peters fiel, auch allgemein über eine »Präsentationsänderung der Tagesschau« gesprochen worden, etwa durch Einführung sogenannter »Leitsymbole«.[274] Nicht ahnen konnte Peters indes, dass es ein anderes Tätigkeitsfeld des WDR-Intendanten war, aus dem bald darauf die wichtigsten Multiplikatoren seiner Karte kommen sollten. Von Bismarck, der zuvor verschiedene Positionen der Sozialfürsorge der Evangelischen Kirche in Nordrhein-Westfalen innehatte, war als Präsidiumsmitglied des Deutschen Evangelischen Kirchentages (und als Mitglied des Zentralausschusses des Weltkirchenrats) in der Ökumene aktiv und entschiedener Befürworter eines weltlichen und weltweiten Engagements der Kirchen. Als solcher schrieb er im Oktober 1974 Hans Florin von der Evangelischen Arbeitsgemeinschaft für Weltmission in Hamburg (EAGWM), er werde Peters' Weltkarte daheim aufhängen, um »über diese Projektion weiter mit meinen Kindern nachzudenken«.[275]

---

271 Giordanos Berater, der Historiker Hartmut Pogge von Strandman, war Schüler Fritz Fischers, eines weiteren späteren Parteigängers Peters': Michels, Geschichtspolitik, S. 477.
272 Josef Schmid: Intendant Klaus von Bismarck und die Kampagne gegen den »Rotfunk« WDR, in: *AfS* 41 (2001), S. 349–381, hier S. 360–362.
273 Frauke König: Die »Fiktion Komplettheit« des Flaggschiffs. Groß geworden mit Kritik und Konkurrenz, in: Nea Matzen/Christian Radler (Hg.): *Die Tagesschau. Zur Geschichte einer Nachrichtensendung*, Konstanz 2009, S. 41–58.
274 Protokoll der ARD-Arbeitssitzung, 11./12.9.1973, DRA, NC 1069/A44.
275 Zitiert nach Müller, Globalgeschichte, S. 260.

Angebot und Nachfrage

Zwischen Peters' Pressekonferenz im Mai 1973 und von Bismarcks privaten pädagogischen Praktiken verging mehr als ein Jahr. Tatsächlich war auf der Bonner Präsentation gar keine »fertige«, also in Bezug auf Beschriftungen und Legende ausgearbeitete, auch mathematisch ausgereifte Version seiner Karte zu sehen gewesen. Was er den versammelten JournalistInnen vorgeführt hatte, war eine in den Details ungenaue (und noch dazu unsauber kolorierte) Variante jener Ländergrenzen und größere Gewässer verzeichnenden Umrisskarte, die er sechs Jahre zuvor in Potsdam in Auftrag gegeben hatte. Was Peters *nicht* vorweisen konnte, war eine käuflich erwerbbare Wandkarte oder gar jenes Kartenposter für den Hausgebrauch, das sich in den nächsten Jahren als Verkaufsschlager erweisen sollte. Auch wenn Peters in Bonn behauptet hatte, er arbeite bereits seit zehn Jahren an seiner Projektion, war selbst die triviale Frage nach dem Kartenmaßstab noch nicht beantwortet. Damit aber verbanden sich weitere Fragen: solche nach den Abmessungen der jeweiligen Papierbögen, der Größe von Beschriftungen und den Strichbreiten, die bei einem Plakat ganz andere sein müssen als bei einer Schulkarte für den Frontalunterricht. Peters hatte im Frühjahr 1973 schlicht keine Vorstellung von der Nachfrage gehabt, die seine *Publicity*-Aktion in Bonn auslösen sollte, oder eigentlich: von den gesellschaftlichen Kreisen, aus denen sich deren Abnehmer rekrutierten und von den Argumenten, die aus deren Sicht für seine Geovisualisierung sprachen.

Schon wenige Tage nach der »Übergabe« des neuen »Weltbilds« an die Öffentlichkeit erreichten ihn aber nicht nur Bitten um Rezensionsexemplare aus der Fachwissenschaft, sondern auch erste Bestellungen seiner Karte von Privatpersonen.[276] Peters entwarf daraufhin an Lehrer adressierte Prospekte mit Slogans wie »auch an Ihrer Schule wird noch immer das alte falsche Kartenbild unserer Erde vermittelt«.[277] Erst im Oktober 1974 konnte er sich jedoch auf der Frankfurter Buchmesse darüber freuen, wie sich vor den dunklen Wänden seines Stands die leuchtenden Farben der fertigen (nun weitgehend Abb. 1.1 entsprechenden) Karte abhoben. Diese lag jetzt in drei Formaten vor: als abrollbare Wandkarte in zwei verschiedenen Abmessungen (105x160 respektive 168x240 cm) sowie als kleinere »Handkarte« im Format 80x120 cm. Letztere wurde gefaltet im Schutzkarton geliefert und wies jenen Maßstab von 1:635.550.000 auf, in dem die Peters-Karte noch heute erhältlich ist. Die Ränder der beiden größeren Karten hatte Peters mit stilisierten Globen versehen lassen, die die Erde aus verschieden Winkeln zeigten. Aus Kundensicht ließ sich dies als Hinweis auf Multiperspektivität auffassen, die Peters aber gerade *nicht* vertrat. Der notierte am Abend nach der Messeeröffnung vielmehr feixend in sein Tagebuch, wie sich die Repräsentanten der Kartográfia, die den gegenüberliegenden Messestand bezogen hatten, über seine Be-

---

276 So freute sich Peter über eine südafrikanische Bestellung seines noch gar nicht publizierten Atlas: Tagebucheintrag vom 20.10.1973, SBB-PK, Nachl. 406, 451.
277 Für den Geographie-Lehrer, Juni 1973, SBB-PK, Nachl. 406, 451, o.S.

zeichnungen der geteilten Länder geärgert hätten. Denn Peters' Karten zeigten zwar die innerdeutsche Grenze, waren aber mit der aus ungarischer Sicht inakzeptablen Länderbezeichnung »Deutschland« bedruckt, die die in kleinerer Schrift gesetzten Abkürzungen »DDR« und – kaum weniger strittig – »BRD« dominierte.[278]

Das war möglich geworden, weil Peters erneut mehrere Dienstleister mit verschiedenen Teilarbeiten der Kartenproduktion betraut hatte. Zwar war er noch im Laufe des Jahres 1973 an verschiedene kartografische Verlage mit der Frage herangetreten, ob sie die Karte herstellen und vertreiben könnten. Er schwankte aber von Beginn an, ob er sie nicht doch besser im Selbstverlag produzieren solle.[279] Nachdem der schweizerische Landkartenverlag Kümmerly+Frey (mit dem Peters später dann doch kooperieren sollte) und der Westermann Verlag abwinkten,[280] konnte Peters immerhin den auf Schulatlanten, -karten und Bildtafeln spezialisierten Hannoveraner Lehrmittelverlag Ch. Jäger & Co. für die Abnahme *fertig produzierter* Wandkarten gewinnen.[281] Peters, der nach den erwähnten Verrissen in der Fachpresse kaum mit der Unterstützung unabhängiger KartografInnen rechnen konnte, ging die Arbeit also in Eigenregie an. Die Fachleute in Budapest zeichneten ein Basis-Gradnetz im Maßstab von 1:30.000 inklusive Länderumrissen und Gewässernetz; der Münchner Schulwandkartenverleger Karl Wenschow besorgte weitere kartografische Arbeiten; die Berliner Firma Größchen übernahm den Druck.[282] Das erzeugte einen erheblichen Koordinationsaufwand bis hin zu Problemen bei der Passung von Leinengrund und Klebefolie für die beiden größeren Kartenvarianten.[283] Deren Auslieferung (Ch. Jäger bot sie für 128 bzw. 176 DM an, während man die kleinere Karte, die Peters über den eigenen Universum-Verlag vertrieb, für lediglich 18,60 DM sein eigen nennen konnte) ließ aber auch deshalb auf sich warten, weil Peters selbst wenig kontroverse gestalterische Entscheidungen nicht zu delegieren bereit war. Das galt insbesondere für die Farbgebung der einzelnen Staaten. Über Wochen hinweg mischte er in seinem Bremer Haus Pigmente, um eine klare Abgrenzung zwischen den Ländern zu erreichen. Das war kompliziert, da es diese ja mit Abstufungen derselben Kontinent-Grundfarbe zu markieren galt, die dabei unterscheidbar bleiben mussten.[284] Es drängt sich der Eindruck einer gewissen Prokrasti-

---

278 Tagebucheintrag vom 11.10.1974, SBB-PK, Nachl. 406, 452.
279 Tagebucheintrag 21.5.1973, SBB-PK, Nachl. 406, 451.
280 Fa. Westermann an Peters, 29.5.1973, SBB-PK, Nachl. 406, 451.
281 Tagebucheintrag 16.7.1973, SBB-PK, Nachl. 406, 451.
282 Vertragsentwurf mit der Firma Größchen, 11.6.1973, SBB-PK, Nachl. 406, 451, in dem auch geregelt war, dass die Ortsnamen sich am *Neuen Welt Atlas* von Kümmerly+Frey (1970) orientieren, die ehemaligen deutschen Ostgebiete »polnisch« eingefärbt, die israelischen Gebietseroberungen der 1960er Jahre hingegen lediglich durch Schraffur hervorgehoben werden sollten. Tatsächlich geriet Peters im Zuge der Kartenarbeit mit seinem Drucker aneinander, der das Produkt nicht mit seiner Berufsehre vereinbaren zu können glaubte: Theodor Fricke an Peters, 25.2.1976, SBB-PK, Nachl. 406, 452.
283 Vgl. die Tagebucheinträge vom August 1974, SBB-PK, Nachl. 406, 452.
284 Tagebucheintrag vom 15.2.1974, SBB-PK, Nachl. 406, 452.

nation auf. Zu einem Zeitpunkt, als die Vorfinanzierung des Kartendrucks wiederholt in Frage stand, stürzte Peters sich in eine mühselige, aber doch beherrschbare Aufgabe.

Das Glückskind des Atheisten – oder: Neue Formate

Peters musste sich aber nicht nur auf das unerwartete Ausmaß der Kartennachfrage einstellen. Er musste auch ideologisch über seinen Schatten springen. Anfang 1974 hatte er einen Anruf von Karin Schöning von der Evangelischen Pressestelle für Weltmission entgegengenommen, die bei der bereits oben erwähnten, ökumenisch ausgerichteten Evangelischen Arbeitsgemeinschaft für Weltmission angesiedelt war. Schöning wollte wissen, ob es möglich sei, ein Poster für Jugendliche auf Basis von Peters' Projektion in Auftrag zu geben – und zwar eines, das mit Bibelsprüchen versehen war. Peters reagierte reflexhaft. Er machte ihr klar, »daß ich als Atheist kein Interesse daran haben könne, mit meiner Karte für die Kirche zu werben«.[285] Aber Schöning ließ nicht locker, woraufhin Peters erst bewusst wurde, dass man ihm Vorschüsse für den Druck von nicht weniger als 15.000 Kartenpostern im DIN-A0-Format in Aussicht stellte, für die keinerlei kartografische Arbeiten anfielen, da sie auf Basis der Potsdamer Vorlage entstehen konnten. Dass dies auch bedeutete, dass auf dem Poster ein ungeteiltes Deutschland erschien und es ohne den Begriff »Israel« auskam, störte seine Hamburger Partner offenbar nicht.[286]

Peters indes rang mehrere Tage lang mit sich, ob der politische Preis nicht doch zu hoch sei angesichts der von den Hamburger Presseleuten vorgesehenen Texte.[287] Er versuchte, sie von einzelnen Formulierungen abzubringen. Umso mehr ärgerte er sich über den Entwurf für einen Artikel Klaus Viehwegers, der zusammen mit der Karte in dem von der Weltmission mitverantworteten Abonnentenmagazin »Das Wort in der Welt« abgedruckt werden sollte. Tatsächlich wiederholte der Artikel im Wesentlichen die Aussagen des Bonner Peters-Prospekts. Er brachte diese jedoch in Zusammenhang mit der neunten Weltmissionskonferenz in Bangkok, an der der Autor persönlich teilgenommen hatte. »Weltmission«, das sei dort deutlich geworden, sei kein »Vorrecht des Abendlandes mehr«, so Viehweger. Damit gehe die »unbequeme« Wahrheit einher, dass Europa nicht mehr der Mittelpunkt der Welt« sei und sich in die »große Gemeinschaft der Kirchen der Welt« einfügen müsse.[288] Das schien Viehweger immerhin Resultat der »gute[n] Botschaft von Christus« zu sein, welche »Befreiung und Selbstbewußtsein jener zwei Drittel der Erdbevölkerung mit in Gang gebracht [habe], deren Territorien bei dieser Weltkartenprojektion so groß und wichtig erscheinen, wie sie in Wirklichkeit sind«.[289] Obwohl es just diese Formulierung war, die Peters rot unter-

---

285 Tagebucheintrag vom 24.1.1974, SBB-PK, Nachl. 406, 452.
286 Schöning an die Akademische Verlagsanstalt, 1.2.1974, Nachl. 406, 452.
287 Tagebucheintrag vom 28.2.1974, SBB-PK, Nachl. 406, 452.
288 Klaus Viehweger: Neue Weltkarte – neues Weltbild. Der deutsche Wissenschaftler Arno Peters entwarf ein neues Bild der Erde, in: *Das Wort in der Welt* (1974), H. 2, S. 12.
289 Ebd.

Abb. 7.7: Das Peters-Karten-Puzzle im Gebrauch (1970er Jahre)

stich und mit dem Kommentar »Heuchelei« versah,[290] war schwer zu übersehen, wie nahe sie der Richtigstellungsgeste kam, mit der er selbst seine Karte anpries. Dennoch rechtfertigte er die Kooperation vor sich selbst als eine Art trojanisches Pferd, das eher seinen Zielen als denen der »Pfaffen« diente, wie er sie noch Ende der 1960er Jahre schimpfte.[291] Sollte Peters gehofft haben, die Kooperation mit religiösen Gruppierungen werde eine einmalige Geldbeschaffungsmaßnahme bleiben, hatte er sich jedoch getäuscht: So zeigte sich bald auch das päpstliche Missionswerk missio interessiert an seiner Karte, und die Pressestelle für Weltmission bestellte im Laufe des Jahres 1974 nicht nur diverse Nachdrucke des Posters, sondern trat auch mit der Idee für ein Karten-Puzzle (Abb. 7.7) an Peters heran – einer Idee, von der er dann doch so angetan war, dass er bereit war, sich weiter der »Kirche [zu] nähern«.[292]

Im Sommer 1975 stand fest, dass es nicht am Absatz seiner Wandkarten lag, wenn seine Projektion Peters als »Glückskind« erschien.[293] Er hatte bereits 120.000 DM mit

---

290 Textentwurf mit Anstreichungen, SBB-PK, Nachl. 406, 452.
291 Tagebucheintrag vom 26.12.1967, SBB-PK, Nachl. 406, 448.
292 Tagebucheintrag vom 25.6.1974, SBB-PK, Nachl. 406, 452.
293 Tagebucheintrag vom 20.6.1975, SBB-PK, Nachl. 406, 453.

dieser umgesetzt, von seinen Schulkarten bis Ende des Vorjahrs aber kaum 1.000 Stück verkauft.²⁹⁴ Es waren die verbilligten verkleinerten Versionen der Peters-Karte, die sich als Renner in den sich zunehmend der »Dritte-Welt«-Problematik öffnenden kirchlichen Gemeinden erwiesen. Dabei spielte zweifellos der Umstand eine Rolle, dass Fragen wissenschaftlicher Objektivität für kirchliche Kreise nachrangig waren, was die kartografische Kritik an Peters sozusagen ins Leere laufen ließ.²⁹⁵ Noch bedeutsamer war aber, dass Poster und Puzzle zwar zur kartografischen Arbeit im Geografieunterricht ungeeignet waren, dafür aber andere Anwendungen möglich machten: Peters erkannte erst allmählich, dass sich mit einem Din-A0-Poster seiner Karte vortrefflich im Gemeindehaus oder in der WG-Küche ein zugleich informiertes und gewissermaßen demütiges Weltbild zur Schau tragen oder eine politische Diskussion anregen ließ. Mit dem Kartenpuzzle wiederum, das auf der einen Seite mit einer Mercator-Karte, auf der anderen mit der Peters-Karte bedruckt war, konnte man das »korrigierte« Weltbild von Grund auf, Stück für Stück, vor seinen Augen entstehen lassen. Nun wäre es überzogen, dies schon als »glokalistische« Subjektivierungspraxis zu werten. Sehr wohl aber lief diese Praxis auf eine individuelle Nutzung der Peters'schen Geovisualisierung hinaus, die die Schrumpfung des *World Game* spiegelte.

7.5 Relativismus als Moralismus

Statistische und persönliche Weltvergleiche

Schon seine *Synchronoptische Weltgeschichte* war Arno Peters – wohl geprägt vom eigenen, wenig gradlinigen Bildungsweg – besonders geeignet erschienen für die individuelle Bildung eines aufgeklärten Weltbilds. Umso bemerkenswerter ist, wie spät er auch die Eignung seiner Weltkarte für solche »Selbstbildungen« erkannte. Fast verblüffender ist jedoch, wie lange ihm die Entstehung einer neuen, bewussten Anteilnahme an der Lage im Globalen Süden entging, die solche Praktiken für viele seiner Zeitgenossen überhaupt erst nahelegte. Schließlich hatte Peters schon mit der SWG die außereuropäischen zivilisatorischen Leistungen gewürdigt und bereits Ende der 1950er Jahre davon ausgehend ein herablassendes Verständnis von »Entwicklung« kritisiert. Allerdings war Peters' Kooperation mit dem politischen – dem kirchlichen – Gegner kein *rein* taktisches Manöver: Peters adaptierte zwar nicht die performative Demut gegenüber den Bewohnern des Globalen Südens, die manche Kirchenvertreter in der zweiten Hälfte der 1970er Jahre kennzeichnete. Aber er näherte sich doch mancher Problemdiagnose dieser ersten Großabnehmer seiner Karte an. In Peters' Aufzeichnungen häuften sich nun nämlich Kommentare zu den Medienberichten über die Lage und die Forderungen der »Dritten Welt«.

---

294 Tagebucheintrag vom 24.6.1975 SBB-PK, Nachl. 406, 453; Jahresbilanz 31.12.1974, SBB-PK, Nachl. 406, 452.
295 Müller, Globalgeschichte, S. 255.

Gerade deren Befreiungsbewegungen erschienen Peters als »blinder Fleck« sowohl der DDR als auch der linken Politiker in der Bundesrepublik. Das allerdings ließ ihn selbst als Experte zu diesen Themen erscheinen, auch in der Wahrnehmung anderer. So wurde die 1970 erschienene, um den umstrittenen Index ergänzte, Neuauflage der SWG im Berliner »Tagesspiegel« nicht mehr nur als »Waffe gegen die eigene Unwissenheit und, mehr noch, Subjektivität« gepriesen, sondern auch gegen »abendländische Überheblichkeit«.[296]

Peters klebte Ende dieses Jahres erstmals Artikel zur Kontraproduktivität der Entwicklungshilfe sowie Infografiken aus Tageszeitungen zur Verschuldung vieler jüngst unabhängig gewordener Staaten ins Tagebuch.[297] Dass das Thema der globalen *ökonomischen* Asymmetrien in der Luft lag, dürfte Peters dann spätestens 1973 endgültig klar geworden sein: Am selben Tag, an dem er den Anruf der Hamburger Pressestelle für Weltmission entgegennahm, wurde er von einer Bekannten auf einen Vortrag eines »Negers« (so Peters) zur Abhängigkeit afrikanischer Länder von international agierenden Banken aufmerksam gemacht.[298] Peters nahm sich daraufhin vor, alle anderen Projekte zugunsten der »Klärung der Ursachen für das Elend der sogenannten ›Dritten Welt‹« ruhen zu lassen.[299] Es schwebten ihm Analysen des Zustandekommens von Rohstoffpreisen vor. Dazu sollte auch die Identifikation der geschichtlichen Faktoren zählen, die zur Unterentwicklung beitrugen. Für den SWG-Autor stand nämlich fest, dass die Ausbeutung des Globalen Südens lange vor der Industrialisierung begonnen habe.[300] Nach der Lektüre eines »Welt«-Artikel zur UN-Debatte im Vorfeld der NIEO-Deklaration, erwog Peters sogar, eine »Charta der Armen und Ausgebeuteten« zu verfassen.[301] Warum nicht einen postkolonialen Reparationsausgleichsplan lancieren? Jedenfalls gelte es, die »moralische Position der hungernden Völker gegen die übersättigten Europäer durch historische Fakten« zu stärken.[302]

1974 ließ sich dieses Vorhaben dann auch für Peters nicht mehr von den Problemen der »Reinheit der Welt (Umwelt!)« und »der Überfülltheit der Erde« trennen.[303] Er war nun überhaupt ein Anhänger jener globalen Gleichung, gegen die Buckminster Fuller zeitgleich kämpfte. »Reichtum«, hielt Peters fest, »bedingt Armut (seit Kenntnis der ›Grenzen des Wachstums‹ sogar theoretisch); wer gegen Armut ist, muß den Reichtum ablehnen«.[304] Peters sah in solchen Einsichten indes auch eine neue Chance, den Zeitgeist

---

296 Heinz Ohff: Der letzte Polyhistor, in: *Tagesspiegel*, 6.1.1970. Die Überschrift wurde 25 Jahre später in der erwähnten Biografie Fritz Fischers wiederverwendet.
297 So schien Peters ein »Spiegel«-Artikel dokumentierenswert, der sich mit Ivan Illichs Kritik an der kirchlichen Entwicklungshilfe auseinandersetzte: Tagebucheintrag vom 30.10.1970, SBB-PK, Nachl. 406, 449.
298 Monika Zimmermann an Peters, 24.1.1973, SBB-PK, Nachl. 406, 452.
299 Tagebucheintrag vom 30.1.1973, SBB-PK, Nachl. 406, 452.
300 Tagebucheintrag vom 10.2.1974, SBB-PK, Nachl. 406, 452.
301 Tagebucheintrag vom 27.3.1974, SBB-PK, Nachl. 406, 452.
302 Tagebucheintrag vom 1.3.1974, SBB-PK, Nachl. 406, 452.
303 Tagebucheintrag vom 2.6.1974, SBB-PK, Nachl. 406, 452.
304 Tagebucheintrag vom 10.12.1974, SBB-PK, Nachl. 406, 452.

in eigener (Atlas-)Sache zu mobilisieren. Schon im Vorjahr hatte er sich dem ZDF als Fachmann für das Verhältnis zwischen den Industrieländern und der rohstoffproduzierenden »Dritten Welt« empfohlen. Dieses Verhältnis zu verstehen, sei angesichts der »Frage der Ölpreise« wichtiger denn je, bei deren Behandlung man sich besser »der heuchlerischen Empörung über die bösen Ölscheichs entgegenstellt und unserem Volke klarmacht, welche historische Wende sich hier anbahnt«.[305] Peters machte aber auch die OPEC auf sein Werk aufmerksam: 1975 tingelte er die Botschaften verschiedener arabischer Länder ab, in der Hoffnung, diese als Unterstützer seines Atlas-Projekts zu gewinnen.[306] Es war jedoch auch die *inhaltliche* Arbeit am Atlas, die dazu führte, dass Peters sich temporär das Ziel setzte, den »Beweis für die Ausbeutung der Rohstofferzeuger durch die Hersteller industrieller Fertigfabrikate« zu erbringen. Indem er dergestalt »alle Industrienationen auf die Anklagebank der Weltgeschichte« setze, so Peters, könne er die bisher nur »intuitiv« begründeten Befreiungskämpfe der »farbigen Völker« mit Fakten unterfüttern.[307]

Wie angedeutet, befassten sich Peters und Andreas Kaiser schon seit einiger Zeit mit statistischen Tabellen, die die historischen Karten des Atlas rahmen sollten. Dafür hatte Peters nicht nur eine technische Zeichnerin, sondern mit Bernhard Huttner auch einen Statistik-Spezialisten ins Boot geholt.[308] Huttner war Direktor des Hamburger Pressedienstes »Globus Kartendienst« (heute dpa-infografik), der sich seit seiner Gründung 1946 auf Infografiken spezialisierte, die Zeitungsredaktionen abonnierten. Und so ist es vielleicht auch auf Huttners Einfluss zurückzuführen, dass Peters und Kaiser verstärkt Daten zusammentrugen, die in Tabellen zur Bevölkerungsdichte, zur Bildungsstruktur, zum BSP, zu den pro Person verfügbaren Kalorien und nicht zuletzt zur »Einkommens-Verteilung« der Länder der Erde dargestellt werden sollten. Hinzu kamen Angaben zur dominierenden Form der Energieerzeugung und Kommunikationsweise, etwa Zahlen zu den Radioapparaten pro EinwohnerIn.[309] Während Statistiken zur Anzahl von Ärzten, Kühlschränken und Pkw pro Kopf noch auf eine Gleichsetzung von »Entwicklung« und »Konsum« schließen ließen, wollte Peters jedoch auch Leitzahlen zum Anteil einzelner Staaten am Welthandelsaufkommen einbeziehen. Zudem schwebte ihm eine Grafik vor, die zeigen sollte, wie viele Menschen ein Bauer jeweils ernährte. Die geplante reiche Ausstattung des Atlas mit Diagrammen dürfte also einerseits der Dovifat'schen Grundannahme geschuldet gewesen sein, es bestehe in der Bevölkerung ein »Wunsch nach klarer eindeutiger, einfacher Information«.[310] Es deutet aber andererseits auf eine zunehmende Sensibilisierung Peters' für die *moralische Dimension des globalen Vergleichens* hin, dass er 1978, als endlich eine Probeseite vorlag (Abb. 7.8), deren visuelle

---

305 Peters an Hans-Erich Koertgen, 30.11.1973, SBB-PK, Nachl. 406, 451.
306 Tagebucheinträge vom 12.2.1975 und 5.3.1975, SBB-PK, Nachl. 406, 451.
307 Tagebucheintrag vom 4.12.1972, SBB-PK, Nachl. 406, 451.
308 Tagebucheintrag vom 17.10.1972, SBB-PK, Nachl. 406, 450.
309 Arbeitsplan o.D. [Oktober 1972], SBB-PK, Nachl. 406, 450.
310 Tagebucheintrag vom 9.7.1978, SBB-PK, Nachl. 406, 455.

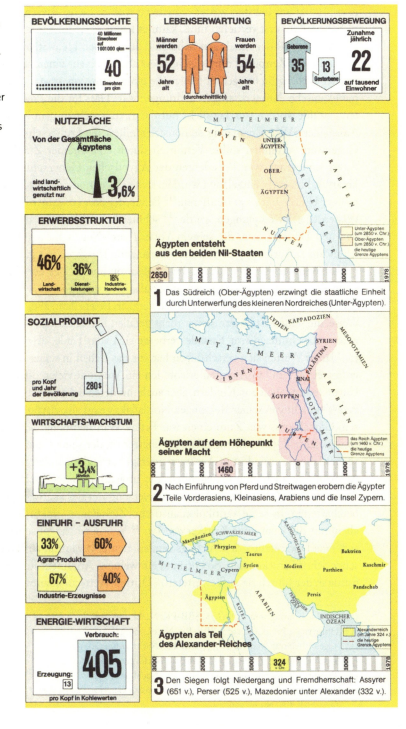

Abb. 7.8: Ausschnitt der Test-Doppelseite von »Die Länder der Erde. Gestalt – Struktur – Geschichte« (1978), hier zur Gegenwart (Schaubilder links und oben) und Geschichte Ägyptens (Karten rechts).

Komplexität am liebsten weiter reduzieren wollte: Denn »[w]enn sich der Benutzer in 16 Schaubilder erst vertiefen muß, kann er kaum – wie ich's mir wünsche – jedes dieser Schaubilder mit dem analogen Schaubild des eigenen Heimatlandes vergleichen«.[311]

Zu diesem Zeitpunkt dürfte sich Peters aber noch aus einem anderen Grund als Kenner der Weltregion betrachtet haben, die einige Jahre zuvor so plötzlich in die bundesrepublikanische Aufmerksamkeit gedrungen war: Dass für die Probeseite der Staat Ägypten gewählt worden war, lag nicht nur daran, dass sich an dem Land besonders gut die Anlage der SWG-Ergänzung demonstrieren ließ, die Frühgeschichte und postkoloniale Gegenwart verbinden sollte. Vermittelt durch eine Bremer Zufallsbekanntschaft, war Peters Ende 1976 vom Präsidenten der Ägyptischen Geographischen Gesellschaft, Soliman A. Huzayyn, eingeladen worden, seine Projektion der kartografischen Sektion der Kairoer Universität zu präsentieren.[312] Peters, der dort (zu seiner Freude) als bedeutender Wissenschaftler empfangen wurde,[313] schmeichelte seinerseits den rund 70 StudentInnen und DozentInnen, die seinem Vortrag zur »Neuen Kartographischen Kategorienlehre« am 2. April 1977 in Simultanübersetzung lauschten: Er gab sich als Universalhistoriker, wenn er Ägypten als »uralte Zivilisation und Wiege der Kartografie« lobte, um seine Karte dann als einzig nicht-imperialistische anzupreisen, was offenbar gut ankam. An Bord des Schiffs zurück nach Athen verglich Peters dann aber zwei »Welten« auf eine Weise, die seinen Zuhörern sicher nicht gefallen hätte: Europa schien ihm zwar »geordneter«, aber hinter dieser Fassade verberge sich »das Faule, de[r] Tod einer Kultur, die [...] lauter Werten sich verschrieben hat, die das Leben in seiner ursprünglichen Gestalt erdrosseln, ... und in Ägypten erlebte ich ein Volk mit vielen offenen Wunden, mit der Unvollkommenheit von Kindern, aber auch mit deren liebenswerter Ursprünglichkeit«.[314] Peters' Bericht von seiner Reise nach Nordafrika zeugt also davon, wie standortgebunden sein Globalismus war. Zum einen war Peters' Wahrnehmung der Region offensichtlich vom gleichen Quasi-»Spenglerismus« überformt, der seine Geschichtsdeutung seit den 1940er Jahren zumindest in Ansätzen geprägt hatte. Zum anderen erkannte Peters in der Ägyptenreise auch eine Gelegenheit, die projektionsmethodischen Überlegungen, die ihn zu diesem Zeitpunkt in Auseinandersetzung mit der »kartographischen Scholastik« beschäftigten, in seine »antikolonialistische Zielsetzung ein[zu]betten«, aber eben vor allem mit Blick auf seine Kritiker *daheim*:[315] Von seinen ägyptischen Gastgebern ließ er sich eine Übersetzung des Vortrags senden, den er daraufhin auf Deutsch und in arabischer Schrift drucken ließ. So entstand ein weiteres Argument für seine Kartografie: Sie wurde in der (durch sie aufgewerteten) »Dritten Welt« anerkannt.[316]

---

311 Tagebucheintrag vom 12.8.1978, SBB-PK, Nachl. 406, 455.
312 Huzayyn an Peters, 6.1.1977, SBB-PK, Nachl. 406, 454.
313 Tagebucheintrag vom 28.3.1977, SBB-PK, Nachl. 406, 454.
314 Tagebucheintrag vom 6.4.1977, SBB-PK, Nachl. 406, 454.
315 Tagebucheintrag vom 21.1.1977, SBB-PK, Nachl. 406, 454.
316 Arno Peters: *Neue kartographische Kategorienlehre. Gast-Vorlesung an der Universität Kairo am 2. April 1977*, SBB-PK, Nachl. 406, 207.

Das soll nicht heißen, dass sich Peters nicht aufrichtig freute, wann immer ihn die Nachricht von der Nutzung seiner Projektion außerhalb Europas und Nordamerikas, etwa 1982 in philippinischen Schulen, erreichte.[317] Als sich Ende 1974 der kolumbianische Lehrmittelverlag »Prodical« an ihr interessiert zeigte, gab er sich gar der »Überzeugung hin, daß ich mit dieser Karte die Welt erobern werde – und daß sie die allgemeinverbindliche Karte des Post-Kolonialismus sein wird, als Mittel des Selbstverständnisses der farbigen Völker«.[318] Dennoch schien Peters nach seiner Rückkehr aus Ägypten die Zeit reif, das deutsche Fernsehen mit der mittlerweile erfolgten »Durchsetzung« seiner Projektion zu konfrontieren. Der Zeitpunkt erwies sich als gut gewählt, denn einer der Sender, die Peters nun ins Visier nahm, steckte mitten in konzeptionellen Überlegungen zu einem neuen Nachrichtenformat. Gerade dieser zweite Versuch, die öffentliche Meinung zu mobilisieren, hatte allerdings auch negative Konsequenzen für Peters: Er machte die bundesrepublikanischen kartografischen Wissenschaftsorganisationen und Verlage erst auf dessen Welteroberungspläne aufmerksam. Diese Organisationen konnten aber nicht verhindern, dass sich Peters' Projektion spätestens 1980 im Globalen Norden als Symbol der globalen Ungleichheit etablierte. Just zu der Zeit, als Peters selbst sich in die Behauptung hineinsteigerte, seine Karte sei die einzige objektive Darstellung der Welt, betrachteten ihre Hauptabnehmer sie indes als etwas ganz Anderes: als vorzügliches Werkzeug, um einen moralisch überformten Kulturrelativismus zu verbreiten.

»Des Deutschen Fernsehens unglückliche Liebe zur Kartographie«

Zu seinem zweiten Ansturm auf das Fernsehen konnte Peters sich schon dadurch ermutigt fühlen, dass sich auch nach dem Intendantenbeschluss 1973 verschiedentlich Fernsehredakteure und -manager an seinen Arbeiten interessiert gezeigt hatten. Das galt vor allem für Mitarbeiter des bundesrepublikanischen Auslandssenders Deutsche Welle (DW): Der Sender produzierte 1976 einen Beitrag über die Karte, der, wie Peters stolz konstatierte, »in 70 Staaten geht als kostenlose Programmbeigabe der Bundesrepublik für die Sender der Dritten Welt«.[319] Zudem setzte sich der entwicklungspolitisch engagierte, linkskatholische Publizist Walter Dirks in seinem Rundfunkkommentar für die DW, »Auf ein Wort«, für Peters ein, woraufhin die Presseabteilung des Senders die Peters-Projektion in ihren Informationsmaterialien benutzte.[320] Aber auch im WDR

---

317 Tagebucheintrag vom 20.10.1982, SBB-PK, Nachl. 406, 459. So dokumentierte er das Interesse der Ethiopian Mapping Authority (an Peters, 1.8.1989) und der indischen Firma TT. Maps & Publications Limited (an Peters, 27.10.1980) an seiner Karte und schilderte begeistert eine Begegnung mit dem brasilianischen Priester Joao Xerri, der berichtete, »Ungebildete« stünden seiner Karte »erschüttert« gegenüber: Tagebucheintrag vom 4.9.1989, allesamt in SBB-PK, Nachl. 406, 470.
318 Tagebucheintrag vom 12.9.1974, SBB-PK, Nachl. 406, 452. Das Projekt versandete zwei Jahre später.
319 Tagebucheintrag vom 18.3.1976, SBB-PK, Nachl. 406, 453.
320 Dirks an Peters, 12.6.1978, SBB-PK, Nachl. 406, 456 (zu Dirks jetzt: Benedikt Brunner u.a. (Hg.):

wuchs die Zahl der Peters-Unterstützer: Zu diesen zählte insbesondere Helmut Drück. Der ehemalige Referent von Bismarcks war Mitglied der erwähnten ARD-Kommission für Entwicklungsländer und Leiter der Clearingstelle Entwicklungsländer der beiden überregionalen Fernsehsender und kooperierte in dieser Rolle eng mit der DW und mit dem Bundesministerium für Wirtschaftliche Zusammenarbeit.[321]

Peters hatte es indes weiterhin auf die wichtigen Nachrichtensendungen abgesehen. Seit 1973 dokumentierte er kontinuierlich problematische Kartenbilder im Fernsehen, indem er sie mit einer bereitliegenden Fotokamera von der Mattscheibe abfotografierte.[322] 1976 erneuerte er seine Kontakte ins Fernsehumfeld und arbeitete an einer Denkschrift, »die ich den Aufsichtsrats-Mitgliedern der Fernsehanstalten zusenden will«.[323] Als Glücksgriff erwies sich, dass er Fritz Sänger Kartenmaterial sandte.[324] Denn der ehemalige Redakteur der »Frankfurter Zeitung«, Geschäftsführer der DPA und SPD-Politiker hatte kurz zuvor eine Schlüsselrolle in der erwähnten Debatte über den ideologischen Charakter der Fernsehnachrichten gespielt, und zwar als scharfer Kritiker einer Auslandsberichterstattung, die er als mediendiplomatische Verlängerung der bundesrepublikanischen Interessen begriff.[325] Sänger reagierte postwendend auf Peters' Schreiben. Es sei ihm unbegreiflich, dass die Mercator-Karte weiterhin verwendet werde. Das habe er auch gleich Werner Hess, dem Intendanten des Hessischen Rundfunks klargemacht.[326] Tags darauf sandte Sänger Peters eine Liste von nicht weniger als 1.200 Personen in Politik und Kulturleben, die man zur Durchsetzung der Peters-Karte kontaktieren könne. Er fügte hinzu, er halte es für strategisch klug, auf die Notwendigkeit hinzuweisen, grafisch einen »Weltzusammenhang« sichtbar zu machen.[327]

Tatsächlich hob die »Fernseh-Schrift«, die Peters daraufhin verfasste (und Sänger unterzeichnen ließ), stärker als seine Verlautbarungen der Vorjahre auf die *globale*

»*Sagen, was ist*«. *Walter Dirks in den intellektuellen und politischen Konstellationen Deutschlands und Europas*, Bonn 2020). Gleiches galt für die 1965 von ARD und ZDF gegründete Transtel, die deutsche Fernsehproduktionen für die Nutzung im Ausland anpasste und 1976 verschiedene Peters-Karten als Werbematerial in Auftrag gab. Angebot vom 20.12.1976, ebd.

321 Einen Eindruck von diesem institutionenübergreifenden Netzwerk vermitteln die Protokolle des Gesprächskreises »Massenmedien« (BArch, Bundesministerium für Wirtschaftliche Zusammenarbeit, B 213/124) und die Unterlagen in Deutsche Welle: ARD-Kommission für Entwicklungsländer: BArch, B 187/69.
322 Undatierte Fotografien [April 1976], SBB-PK, Nachl. 406, 453.
323 Tagebucheintrag vom 27.2.1976, SBB-PK, Nachl. 406, 453.
324 Peters an Sänger, 5.11.1976, SBB-PK, Nachl. 406, 454.
325 Fritz Sänger: Botschafter ohne Amt. Die Berichter im Ausland, in: *Frankfurter Hefte* 7 (1973), H. 28, S. 466–467. Zur Vorgeschichte Bernhard Gißibl: Deutsch-deutsche Nachrichtenwelten. Die Mediendiplomatie von ADP und dpa im frühen Kalten Krieg, in: Ders./Gregor Feindt/Johannes Paulmann (Hg.): *Kulturelle Souveränität*, Göttingen 2017, S. 227–256.
326 Sänger an Peters, 6.11.1976, SBB-PK, Nachl. 406, 454.
327 Sänger an Peters, 7.11.1976, SBB-PK, Nachl. 406, 454

Interdependenz ab: »Was in der Welt geschieht«, so schrieb Peters, »geht heute alle Menschen in allen Ländern an. Die Völker sind nach dem letzten Kriege einander näher gerückt. Wissenschaft und Technik, Wirtschaft und Kultur haben die Verbindungen über alle Grenzen hinweg erzwungen«. Zugleich, so der Text weiter, suchten die »Vertreter der neuen Nationen« nach ihrer Rolle in der Welt. Das aber mache jede »Unkorrektheit des Weltbildes« umso problematischer, weil »jene, die sich ungerecht dargestellt erkennen, auf allen Gebieten des wirtschaftlichen, kulturellen, technischen, gesellschaftspolitischen Lebens nun Partner der künftigen gemeinsamen Entwicklung geworden sind«. Es gelte also, das »Nord-Süd-Gespräch« auf Augenhöhe zu suchen.[328] Die zwölfseitige Hochglanzbroschüre »Des Deutschen Fernsehens unglückliche Liebe zur Kartographie«, die Sänger Mitte 1977 samt einer umfangreichen Pressemappe versandte, argumentierte aber vor allem mittels *visueller Medien*: Schon auf der Titelseite hatte Peters acht Standbilder aus Nachrichtensendungen abdrucken lassen, die »Verfälschungen« »zum Nachteil der von farbigen Völkern bewohnten Länder und Kontinente« dokumentierten. Peters untermauerte dies im Inneren der Broschüre durch Daten zur Größe der markierten Gebiete. Dem folgte die »Erdkarte, die alle diese Fehler vermeidet«, – was diesmal hieß: Peters hatte verschiedene Ausschnitte seiner Karte mit einem dunklen Passepartout in Form einer Fernsehbildröhre versehen.[329] Zusätzlich zu der Broschüre formulierte Peters für Sänger ein Anschreiben, das auf die internationalen Kontakte des Journalisten und seine Erfahrungen als Mitarbeiter des Auswärtigen Ausschusses des Bundestages verwies. Das versah die anliegende Sendung mit umso mehr Gewicht als Hilfe »für ein besseres […] gegenseitiges Verstehen zwischen der alten und der neuen Welt, die in raschem Tempo zu erheblicher Bedeutung gelangt«.[330] Vor dem Hintergrund seiner jüngsten Erfahrungen ließ Peters allerdings auch die Anregung nicht fehlen, die Broschüre weniger unter Berücksichtigung »wissenschaftliche[r] Details« zu betrachten denn als Chance, »Voreingenommenheit, Vorurteile und Ungerechtigkeit wegzuräumen«.[331]

Nicht alle Empfänger überzeugte das. So schien die Karte Richard Dill, dem Programmkoordinator »Ausland« der ARD, einfach hässlich. Dill fügte jedoch hinzu, es müsse um ein »Problembewußtsein und [die] Relativierung des Althergebrachten [hinsichtlich der Situation der Entwicklungsländer] und nicht um die Veränderung an sich« gehen.[332] Andere betrachteten Peters' Karte nun genau dafür als besonders geeignet. So leitete der Nachfolger von Bismarcks als WDR-Intendant, Friedrich-Wilhelm Freiherr von Sell, der sich offenbar nur vage an die ersten Diskussionen über die Karte erinnerte, Sänger ein Schreiben weiter, in dem er die Programmdirektoren Hans

---

328 Entwurf o.D. [April 1977], SBB-PK, Nachl. 406, 454.
329 Fritz Sänger: *Des Deutschen Fernsehens unglückliche Liebe zur Kartographie*, o.O., o.D. [1977], o.S.
330 Sänger an Joseph Thomas, 11.5.1977, BArch, Presse- und Informationsamt der Bundesregierung, B/145/9653.
331 Ebd.
332 Dill an Sänger, 17.5.1977, SBB-PK, Nachl. 406, 454.

Abich und Heinz Werner Hübner anwies, deren Verwendung durch ihren Sender zu prüfen.[333] Von Sell brachte dabei eine ganz unerwartete Verwendungschance für die Projektion ins Spiel: Er erkannte in ihr einen möglichen Beitrag zu einer »instruktiven sowie aufmerksamkeitsförderlichen« Gestaltung der in Planung befindlichen *Tagesthemen* – was er auch seinem dafür verantwortlichen NDR-Amtskollegen Martin Neuffer mitzuteilen gedachte.[334] Dem war Sänger schon zuvorgekommen, und so antwortete ihm Neuffer, er werde den künftigen Chefredakteur von »ARD-Aktuell«, Dieter Gütt, bitten, sich mit dem Thema zu befassen.[335]

Peters, dem Sänger alle Antworten weiterleitete, wurde nun erst recht aktiv. Er schrieb Gütt, der sich bereits mit den Kartografen Günther Hake und Georg Jensch beraten hatte und entsprechend skeptisch war,[336] er habe neben der Weltkarte rund »40 Computerkarten« einzelner Regionen geschaffen, die er ihm gerne vorlegen wolle.[337] Und wirklich ließ Gütt sich Ende November 1977 zu einem Höflichkeitsbesuch mit zwei Kollegen bei Peters bewegen. Er hatte offenbar nicht mit dessen Überzeugungskraft gerechnet. Die Journalisten verließen Bremen als »Bekehrte«, wobei sie sich allerdings zuvorderst für Peters' Länder-Einzelkarten begeisterten, dies wohl auch, weil Peters sie lizenzkostenfrei im Stil der *Tagesschau* zu überarbeiten versprach.[338] Gütt ließ sich noch vor Ort ein Exposé vorformulieren, auf dessen Basis eine »Aktennotiz für ARD-Chefredakteure« entstand, die das Grundproblem der Projektionsverzerrungen beschrieb, das Peters' Karten am besten lösten, weswegen man vorschlug, die insgesamt 74 Einzelkarten verschiedener Staaten und Weltregionen, die die NDR-Grafiker für die *Tagesthemen* erstellt hatten, durch sie zu ersetzen.[339] Für die Dynamik, die nun in Gang kam, waren Peters' anti-eurozentrische Argumente bemerkenswerterweise kaum noch ein Faktor. Gütt musste Peters nämlich wenig später mitteilen, die Programmkonferenz habe die Nutzung seiner *Welt*karte erneut abgelehnt.[340] Peters plante daraufhin, zumindest die Abnahme seiner Einzelkarten zu erzwingen, indem er die Fernsehleute mit der vollendeten Tatsache ihrer Fertigstellung konfrontierte. Das aber bedeutete, die entsprechenden Kartenausschnitte unter großem Zeitdruck zu produzieren: Die erste *Tagesthemen*-Sendung sollte zum 1. Februar 1978 die Spätausgabe der

---

333 Von Sell an Abich und Hübner, 7.6.1977, DRA, NC 1069/A44.
334 Von Sell an Sänger, 7.6.1977, DRA, NC 1069/A44.
335 Neuffer an Sänger, 16.1977, DRA, NC 1069/A44.
336 Gütt an Peters, 10.11.1977, SBB-PK, Nachl. 406, 454.
337 Peters an Gütt, 20.11.1977, SBB-PK, Nachl. 406, 454.
338 Tagebucheintrag vom 29.11.1977, SBB-PK, Nachl. 406, 454.
339 Die Aktennotiz betonte paradoxerweise, dass die Unterschiede zwischen der Peters-Karte und den bisher verwendeten Kartenausschnitten so gering seien, dass der Laie sie nicht bemerken werde: Aktennotiz für ARD-Chefredakteure, 29.11.1977, DRA, NC 1069/A44. Siehe auch die Notiz zu Punkt 7) der internen Besprechung der Intendanten am 30. Mai 1979 »Verwendung der Peters-Weltkarte in Tageschau und Tagesthemen/Frage eines Vergleichs über die von Herren Dr. Peters und seinem Verlag geltend gemachten Ansprüche«, ebd.
340 Tagebucheintrag vom 2.12.1977, SBB-PK, Nachl. 406, 454.

Tagesschau ersetzen. Über den Aktionismus verlor Peters seine Prinzipien gänzlich aus den Augen. Die unter Mitwirkung des NDR-Hausgrafikers Maierthaler entstandenen Kartenausschnitte entsprachen überhaupt nicht mehr seinem Projektionsprinzip, sie waren nicht einmal allesamt flächentreu.[341] Unterdessen waren der »ARD-Aktuell«-Redaktion wieder Zweifel an Peters' Argumenten gekommen, auch infolge einer Intervention von Seiten der DGfK, auf die ich gleich zurückkomme. Peters erhielt jedoch erst am Tag der Erstsendung des neuen Formats *Tagesthemen* (mit konventionellen Karten) eine definitive Absage.[342]

Auch die Aktivierung seiner Kontakte zur Rundfunkpolitik konnte nichts daran ändern, dass die Fernsehprogrammkonferenz dies Anfang März 1978 bestätigte.[343] Peters wählte daraufhin erneut die Strategie der Forderung von Schadensersatz, die sich beim Vergleich mit der Bundesdruckerei zuvor bewährt hatte. Er argumentierte (durchaus wahrheitsgemäß), er habe einer kostenlosen Verwendung der Karte in den *Tagesthemen* nur deshalb zugestimmt, da diese eine große Nachfrage nach seinem Atlas zu generieren versprochen habe. Er habe also erhebliche Vorausleistungen geleistet, die nun nicht durch Einnahmen begleichbar seien.[344] Zwar wies der Justitiar des NDR jede Verantwortung für das von Peters eingegangene unternehmerische Risiko zurück. Aber da sich der unglückliche Gütt mit seiner zusammen mit Peters formulierten Aktennotiz in eine rechtliche Grauzone manövriert hatte, erklärte man sich bereit, Peters eine Abfindung von 105.000 Mark zu zahlen.[345] Dieser akzeptierte das als Füllung der »Kriegskasse«.[346] Denn Peters gab den Kampf noch nicht verloren. Er unternahm 1982/1983 noch eine weitere Attacke auf das Fernsehen. Diese hatte aber kaum noch Siegesaussichten,[347] da sich die Funktionäre der Fernsehanstalten nur zu gut an Peters erinnerten. Das kartografische »Establishment« war derweil derart sensibilisiert für dessen Aktionen, dass schon das bloße Gerücht, Peters könne doch noch erhört werden, Protestbriefe an die Sender provozierte.[348]

---

341 Tagebucheintrag vom 4.12.1977, SBB-PK, Nachl. 406, 454.
342 Tagebucheintrag vom 29.11.1977, SBB-PK, Nachl. 406, 455.
343 Tagebucheintrag vom 24.7.1978, SBB-PK, Nachl. 406, 455.
344 Vgl. Briefeinwürfe Peters' an von Sell, September 1978, SBB-PK, Nachl. 406, 455.
345 Notiz zu Punkt 7) der internen Besprechung der Intendanten, 30.5.1979, DRA, NC 1069/A44.
346 Tagebucheintrag vom 27.7.1979, SBB-PK, Nachl. 406, 456.
347 Vgl. die Notiz zu Punkt II/20 der Arbeitssitzung am 26. Januar 1983 in Frankfurt, »Peters Weltkarte«, wo von der »Hartnäckigkeit« Peters' die Rede ist und von »gutachtlichen Äußerungen von Wissenschaftlern« die teils »eher Gefälligkeitscharakter« besäßen, teils fachfremd seien. Es gelte weiterhin, die wissenschaftliche Debatte abzuwarten, zumal es um »beachtliche wirtschaftliche Interessen« gehe, auch seitens der *Gegner* Peters': DRA, NC 1069/A44.
348 DGfK an Reinhold Vöth, 10.4.1982, DRA, NC 1069/A44.

Das »Urteil der Fachwelt«

Tatsächlich hatte Peters die Nachricht von der Übernahme seiner Karte durch die ARD verfrüht öffentlich gemacht. Auch KartografInnen lasen die »Hörzu«. Dieser – und der Illustrierten »Quick« – hatte Peters Ende 1977 ein entsprechendes Interview gegeben.³⁴⁹ Die Fernsehzeitschrift druckte im März des Folgejahres eine weitere (ziemlich fehlerhafte) Variante der Weltkarte ab, deren Übernahme ja gar nicht mehr zur Debatte stand.³⁵⁰ Dennoch war das für den erwähnten Günther Hake (Kartografie-Professor in Hannover), seinen Kollegen Eugen Wirth (vom Kölner Institut für Geographie), sowie Helga Ravenstein (von der gleichnamigen »Geographischen Verlagsanstalt und Druckerei«) Grund genug gewesen, beim NDR zu intervenieren.³⁵¹ Auch Ferschke, der Schriftleiter der »Kartographischen Nachrichten«, wandte sich direkt an Gütt. Dass er in einem Brief, der Peters zugespielt wurde, in ironischem Ton andeutete, der Projektionstyp sei für die Darstellung von Teilgebieten der Erdoberfläche unerheblich,³⁵² dürfte Peters eher herausgefordert haben. Denn wenn die kartografischen Institutionen auf konzertierte Weise nicht nur die Übernahme seine Weltkarte, sondern auch seiner konventionellen *Einzelkarten* verhinderten, dann legte dies den Schluss nahe, dass es weniger um wissenschaftliche Argumente ging als um ein unternehmerisches Interesse daran, Peters »klein« zu halten. Mehr denn je litt dessen Einschätzung der eigenen Situation allerdings auch darunter, dass er hin- und hergerissen war zwischen der Distanzierung von den professionellen Kartografen und einem Anerkennungsbedürfnis, das seinerseits von wirtschaftlichen Zielen überformt war. Weiterhin war es ja das Atlas-Projekt, das das Fernziel seiner kartografischen Bemühungen darstellte und das durch die Karten-Kontroverse Schaden nehmen konnte. Peters bemühte sich daher, einzelne Kartografen zu Mitstreitern zu machen, nicht ohne parallel zu versuchen, sie auf ihrem eigenen Terrain zu schlagen. Erwähnenswert ist diese Auseinandersetzung, weil *beiden* Parteien – auch den KartografInnen – im Eifer des Gefechtes entging, dass es zumindest für die Verbreitung von Peters' Weltkarte gar nicht wichtig war, das »Establishment« auf seiner Seite zu haben.

Die DGfK war durch die – augenscheinlich in letzter Sekunde verhinderte – NDR-Übernahme der Peters-Karte zumindest soweit der Bedürfnisse der Massenmedien gewahr geworden, dass sie eine Stellungnahme zur Frage in Auftrag gab, welche Kartenprojektion am besten für die Hintergrundgrafiken des Fernsehens geeignet sei. Eine Kommission unter Leitung des Bonner Kartografie-Professors Aloys Heupel bereitete also ein Gutachten zu Fernsehkarten im Allgemeinen und zur Argumentation Peters' im Besonderen vor, was Heinz Bosse, der Präsident der Kartografen-Gesellschaft, die-

---

349 Tagebucheintrag vom 23.11.1977, SBB-PK, Nachl. 406, 455.
350 *Hörzu*, 9.3.1978.
351 Tagebucheintrag vom 18.6.1978, SBB-PK, Nachl. 406, 455.
352 Ferschke an Gütt, 18.3.1978, SBB-PK, Nachl. 406, 455.

sem auch nicht verschwieg.³⁵³ Obwohl Heupel lediglich seinen Assistenten, Johannes Schoppmeyer, beauftragt hatte, eine solche Analyse durchzuführen, nahm Peters zeitweise an, ein ganzes Kartografenteam arbeite an seiner Widerlegung. Und so fuhr er im Juni 1978 wie zu SWG-Zeiten mit dem Auto quer durch die Bundesrepublik, um einzelne Kartografen auf seine Seite zu ziehen und anderen wissenschaftlichen Autoritäten unter Zuhilfenahme einer »Kanonade an Überredungskunst« positive Stellungnahmen zu entlocken, wie Bosse annahm.³⁵⁴ Große Hoffnung setzte Peters in den Bremer Nautik-Professor Walter Buchholz, dessen Stellungnahme Peters jedoch so lange bearbeitete, bis sie ihm einen bedeutenden Platz in der Geschichte der Kartografie einräumte.³⁵⁵

Die »Anti-Peters-Schrift« erwies sich dann aber als eher harmloser Artikel in den »Kartographischen Nachrichten«. Heupel und Schoppmeyer rekapitulieren darin die Debatten über *Tagesschau* und *Tagesthemen*. Sie kritisierten Peters dafür, dass er den »in der Kartographie üblichen Termini […] einen anderen Sinngehalt« gebe und überdies seine Beispiele so auswähle, »daß daraus Laien [seiner] Kartenabbildung […] leicht Eigenschaften zuschreiben können, die sie gar nicht besitzt«.³⁵⁶ Schließlich ließen sie eigene Vorschläge für fernsehtaugliche Projektionen folgen. Ferschke hatte Peters den Artikel vor dem Abdruck zugesandt, um ihm die Möglichkeit zu einer Replik zu geben,³⁵⁷ Peters wurde wenig später sogar zu einer Podiumsdiskussion über Weltkartenprojektionen eingeladen, die im Mai 1980 im Rahmen des Koblenzer Kartographentags stattfinden sollte (dessen Sektionen sich unter dem Titel »Der Weg zur Karte« sonst Themen wie der Computerkartografie und auch dem Umweltschutz widmeten).³⁵⁸ Peters willigte ein und verfasste einen Vortrag, in dem er sich zu der Aussage verstieg, alle bisherige Kartografie sei nur noch von historischem Wert.³⁵⁹ Um das Feld zu ebnen, entschloss er sich, den Text bereits vor dem Kongress rund 100 KartografInnen postalisch zukommen zu lassen, ergänzt um die »Urteile der Fachwelt«, die er in den vorangegangenen Monaten gesammelt hatte. Weil Peters in diesem Schreiben auch vor persönlichen Angriffen nicht Halt machte, wurde er aber von der Teilnahme an der Podiumsdiskussion ausgeschlossen.³⁶⁰ Er fuhr trotzdem nach Koblenz, wurde dort sogar auf die Bühne gelassen, um sich dann aber von den »aufgehetzten« Kar-

---

353 Tagebucheintrag vom 18.6.1978, SBB-PK, Nachl. 406, 455.
354 Bosse an Peters, 25.6.1978, SBB-PK, Nachl. 406, 455.
355 Tagebucheintrag vom 5.8.1978, SBB-PK, Nachl. 406, 455.
356 Aloys Heupel/Johannes Schoppmeyer: Zur Wahl der Kartenabbildungen für Hintergrundkarten im Fernsehen, in: *Kartographische Nachrichten* 29 (1979), S. 41–51, hier S. 46, 43.
357 Tagebucheintrag vom 31.1.1979, SBB-PK, Nachl. 406, 455.
358 Tagebucheintrag vom 28.6.1979, SBB-PK, Nachl. 406, 456. Das Programm unter http://hans-f-kern.dyndns.org/DGfK/Fotoalbum/PlakateDKT.shtml (19.6.2019).
359 Vgl. Textentwürfe vom Mai 1980, SBB-PK, Nachl. 406, 456.
360 Telegramm von Heinz Pape an Peters, 14.5.1980, SBB-PK, Nachl. 406, 456.

tografen »in die Defensive« gedrängt zu sehen.³⁶¹ Es ist charakteristisch, dass Peters unmittelbar nach seiner Rückkehr nach Bremen ein Buch zur Projektionslehre konzipierte, das mit dem »Subjektivismus, Pluralismus und Mathematismus« der Kartografie aufräumen sollte.³⁶² Was dann 1983 zweisprachig unter dem provozierenden Titel *Die neue Kartographie. The new cartography* erschien, sollte die Geduld der Kartografen endgültig überstrapazieren.

Zunächst jedoch hatte die Auseinandersetzung der Jahre 1979/80 dahingehend ein Nachspiel, dass Buchholz und andere »Gutachter« sich von Peters abwandten, weil sie sich falsch zitiert sahen.³⁶³ Die erschrockenen Distanzierungen dieser Autoritäten können nicht überraschen, denn Peters' Fürsprecher waren allesamt Wissenschaftler, die wenig von Projektionslehre verstehen konnten: Die angeblichen Urteile der »Fachwelt« stammten aus der Feder von Biologen, Meeresforschern, Meteorologen, Musikwissenschaftlern, Psychologen, Völkerrechtlern (wie Norman Peach, der schrieb, die Peters-Karte entspreche der völkerrechtlichen Ablehnung des Kolonialismus), Theologen (darunter der erwähnte Hans Florin und Karl Rahner, für den Peters' Werk einer »Weltkirche« ohne »kommandierende europäische Missionare« entsprach) und Pädagogen.³⁶⁴ Es waren aus Sicht dieser Personen auch nicht unbedingt wissenschaftliche Argumente, die für Peters' Karte sprachen. Für Edgar Lehmann, den ehemaligen Direktor des Geographischen Instituts der Karl-Marx-Universität Leipzig, verbarg sich in den »bewussten« Verzerrungen (also in der angeblichen »›Schwäche‹ der Peters'schen Projektion«) ihre Stärke.³⁶⁵ Auch der Frankfurter Ex-Banker, Entwicklungsökonom und Berater der 1975 gegründeten Deutschen Gesellschaft für Technische Zusammenarbeit (GTZ), Wilhelm Hankel, stellte weniger die Überlegenheit der Peters-Karte insgesamt heraus als den Nutzen der Flächentreue für thematische Kartierungen von Entwicklungsunterschieden. An erster Stelle aber lobte Hankel das pädagogische Potenzial der Peters-Karte. Mit ihrer Hilfe lasse sich darüber aufklären, »wie wenig das Entwicklungsgefälle in der Welt(Wirtschaft) bisher ausgeglichen werden konnte und wie wenig es gleichzeitig von außer-ökonomischen Faktoren abhängt«, was dazu beitrage, »eine Fülle von Vorurteilen und Fehlurteilen« abzubauen.³⁶⁶ Wie Hankel schien die Karte schließlich auch dem deutsch-amerikanischen Journalisten und Direktor der Abteilung Massenmedien und Bildung der UNESCO, Henry R. Cassirer, nicht in ers-

---

361 Tagebucheintrag vom 16.5.1980, SBB-PK, Nachl. 406, 456. Der Vortrag findet sich unter: Irrtümer der heutigen Projektionslehre und Versuch neuer kartographischer Kategorien. Überholte Lehrmeinungen und neue Thesen zur Frage der Erdkarten-Projektion von Arno Peters vorgelegt auf dem 29. Deutschen Kartographentag am 15. Mai 1980 in Koblenz, SBB-PK, Nachl. 406, 225.
362 Tagebucheintrag vom 22.6.1980, SBB-PK, Nachl. 406, 457.
363 Insbesondere der Didaktik-Professor Adolf Witte sah sich getäuscht: Witte an Peters, 4.5.1981, SBB-PK, Nachl. 406, 458.
364 Die Empfehlungen finden sich in SBB-PK, Nachl. 406, 540.
365 Gutachten Lehmanns, o.D., SBB-PK, Nachl. 406, 540.
366 Gutachten Hankels, o.D., SBB-PK, Nachl. 406, 540.

ter Linie zur Steigerung des nationalen Selbstbewusstseins der Ex-Kolonien geeignet oder als friedensfördernde Geste des Respekts von Seiten der Ex-Kolonisatoren, sondern als Mittel, das Letztere zur Selbstreflexion bewegen könne. Cassirer begrüßte an der »Abkehr von dem auf die nördliche Halbkugel zentrierten Weltbild« deren relativistische Konsequenzen: »Nur auf diese Weise kann dem Europäer nahegebracht werden, wie die Welt vom Blickpunkt jener Länder und Kräfte her aussieht, die seine Partner oder seine unmittelbaren Gegenspieler im Ringen um eine friedliche menschliche Zukunft geworden sind.«[367]

Peters war so fixiert darauf, die kartografischen Einwände gegen seine Projektion zu entkräften, dass er übersah, dass diese also gar nicht des Segens der wirklichen Fachleute bedurfte, um – zumindest als Zeichen für eine »gerechtere Welt« – Erfolg zu haben, und mehr noch: um als *Werkzeug* zu dienen, mit dem man die moralischen Herausforderungen vermitteln konnte, vor denen die westlichen Gesellschaften in einer Zeit globaler Interdependenz standen. Aber auch die Kartografen argumentierten noch ganz funktionalistisch und innerfachlich im Rahmen von wissenschaftlichen Journalen und Tagungen. Erst ab Mitte der 1980er Jahre bekämpften sie das »Übel« der Peters-Karte an der Wurzel, indem sie sich direkt, konzertiert und nun auch deutlich polemischer an deren Abnehmer wandten. Mit den tieferliegenden Ursachen der von Peters ausgeschlachteten »Entwicklungsbetroffenheit«, wie es herablassend hieß, setzten sich die Fachleute aber erst auseinander, als zumeist jüngere, konstruktivistisch informierte Kollegen bereits grundsätzlich über die Wirkung kartografischer Weltbilder debattierten. Dann aber näherten sie sich den Befürwortern der Peters-Projektion an, mit deren Motto »Many Ways to See the World« Peters selbst indes wenig anfangen konnte. Der hätte sich viel Ärger ersparen können, wenn er den Rat eines ihm wohlgesinnten Geografen befolgt hätte, die Expertise des eigenen Sohns ernster zu nehmen.[368] Tatsächlich hatte Aribert Peters mithilfe eines Computerprogramms eine eigene Weltkarte entworfen. Aus seiner Position als Mittler scheint Aribert Peters weit früher als den sich bekriegenden Parteien gedämmert zu haben, worum es *eigentlich* ging. Denn die Projektion, die er 1978 in den »Kartographischen Nachrichten« vorlegte, erreichte Flächentreue bei geringen Formverzerrungen dadurch, dass sie die unvermeidlichen Verzerrungen auf die Ozeanoberflächen verlagerte. Erinnert schon das an die *Dymaxion Map*, so wirkt es fast wie eine zweite Erfindung der Konzepte Fullers, dass der junge Peters gleich mehrere Karten auf Basis seiner Projektionsformel vorlegte, die verschiedene Länder ins Zentrum rückten: Es gab eine »Kanadazentrische Weltkarte«, eine »Südamerikanische Weltkarte«, eine »Chinazentrische Weltkarte«.[369] Man konnte sich mit ihrer Hilfe also vergegenwärtigen, wie viele unterschiedliche Blicke auf die neue,

---

367 Gutachten Cassirers, 5.9.1979, SBB-PK, Nachl. 406, 540.
368 Alfred Benzing an Sänger, 22.5.1977, SBB-PK, Nachl. 406, 453.
369 Aribert Peters: Über Weltkartenverzerrungen und Weltkartenmittelpunkte, in: *Kartographische Nachrichten* 28 (1978), S. 106–113.

multipolare und interdependente Welt möglich waren. Dass sein Beitrag kein Echo erzeugte, lag sicher daran, dass Aribert Peters – der mit der Publikation in just dem Fachjournal, dessen Tor dem Vater verschlossen blieb, ein Exempel statuierte – nicht über dieselben Pressekontakte verfügte wie dieser.

Asymmetrische Informationsflüsse...

Tatsächlich – und das führt kurz von der Peters-Karte weg – war die große Bereitschaft vieler JournalistInnen, sich auf Arno Peters' bzw. Fritz Sängers Argumente einzulassen, aber nicht nur dem guten Ruf des Letzteren geschuldet oder eben dem schlichten Zufall, dass man den Novitätswert der Peters-Karte auf das neue Format *Tagesthemen* übertragen zu können hoffte. Spätestens im Jahr 1980 dürfte zumindest RundfunkmitarbeiterInnen, die in die Auslandsberichterstattung involviert waren, kaum entgangen sein, dass Forderungen nach einer Neuen Weltinformations- und Kommunikationsordnung (NWIO) lauter wurden. Sie fanden ihren offiziellen Ausdruck in *Many Voices, One World*, dem Bericht einer von der UNESCO beauftragten Kommission unter Leitung des irischen Politikers Seán MacBride.[370] Ab Mitte der 1970er Jahre beklagten Politiker aus dem »Süden« vermehrt die vermachtete Struktur der globalen Informationsdistribution. Der weltweite »freie Informationsfluss« wurde gar als amerikanische Propaganda begriffen, nicht zuletzt angesichts der Tatsache, dass der »Dritten Welt« faktisch der Zugang zu Kommunikationssatelliten verwehrt blieb. Der Vorwurf des »Kommunikations-Imperialismus« stand im Raum.[371] Der medientechnische *status quo* erschien also nicht nur als Analogie zur, sondern auch als Faktor der ökonomischen Dependenz in der Welt, auf die ja schon die neue Weltwirtschaftsordnung reagierte, aus deren Diskussionszusammenhang der MacBride-Report denn auch hervorgegangen war. Dass der Globale Süden als stimmloser Adressat medialer Einflüsterungen erschien, konnte indes zu konträren Empfehlungen führen. Medialen Autarkiebestrebungen, also dem Schutz vor Fremdeinflüssen (die für Kritiker allerdings auch einen Vorwand für Zensur bilden konnten), stand die Gründung eigener Nachrichtenagenturen gegenüber. Sie sollten das Übergewicht der Berichterstattung *aus* dem Norden *über* den Norden ausgleichen.

---

370 *Many Voices, One World. Towards a More Just and More Efficient World Information and Communication Order. Report by the International Commission for the Study of Communication Problems*, London/New York 1980.
371 Kai Friedrich Schade zitiert nach Renate Wilke: Umgang und Informationswert der Auslandsberichterstattung in: Wilfried Scharf/Jörn Aufermann/Otto Schlie (Hg.): *Fernsehen und Hörfunk für die Demokratie. Ein Handbuch über den Rundfunk in der Bundesrepublik Deutschland*, Opladen 1979, S. 316-333, hier S. 319. Vgl. zum Folgenden Homberg, Von Sendern und Empfängern, Jürgen Dinkel: Dekolonisierung und Weltnachrichtenordnung. Der Nachrichtenpool bündnisfreier Staaten (1976-1992), in: Frank Bösch/Peter Hoeres (Hg.): *Außenpolitik im Medienzeitalter. Vom späten 19. Jahrhundert bis zur Gegenwart*, Göttingen 2013, S. 211-231 sowie Jens Ruchatz: Kanalisierung des freien Informationsflusses. Semantiken transnationaler Kommunikation, in: Irmela Schneider u. a. (Hg.): *Medienkultur der 70er Jahre. Diskursgeschichte der Medien nach 1945*, Wiesbaden 2004, S. 99-124.

Solche Ansätze lagen außerhalb der Handlungsmöglichkeiten einzelner bundesrepublikanischer Journalisten. Aber der MacBride-Report befeuerte sehr wohl »innerwestliche« selbstkritische Diskussionen: Unter dem Titel »Images of the World« widmete er sich nämlich auch den *Inhalten* der spärlichen Nachrichten aus den Entwicklungsländern. Sie schienen von Sensationsgier, Rassismus und anderen Vorurteilen überformt, etwa hinsichtlich der behaupteten »natürlichen« Ursachen von Elend bei gleichzeitiger Ausblendung erzielter Fortschritte.[372] 1980 war dann schon in Handbüchern zu lesen, dass das »Wissen« der Bundesbürger »über den Realitätsbereich Dritte Welt im Allgemeinen höchst *verzerrt*« sei und zwar gerade durch die Auslandsberichterstattung der Rundfunksender, so die Journalistin Renate Wilke. Obwohl sich insbesondere der WDR die internationale Verständigung in die Statuten geschrieben habe, sei die »Befangenheit« der Fernsehmacher »in ihrem traditionellen Denk- und Arbeitshorizont« kaum zu übersehen. Eine »erbärmliche Provinzialität« war das für Wilke (die hier Erhard Eppler zitierte), die eine »Einsicht in weltpolitische Zusammenhänge« erschwere. Das werde durch Exotismus, durch die »eurozentrische Selbstherrlichkeit« mancher Auslandskorrespondenten und nicht zuletzt durch einen Aktualitätszwang verstärkt, der keinen Raum für die Darstellung »struktureller Gewalt« lasse. Wilke zufolge kannte die mediale »Verabsolutierung der Werte und Normen der eigenen Kultur« kaum Grenzen. Zwangsläufig liefen politische »›Modernisierungsstrategien‹« gegenüber dem »Süden« daher auf die Umwandlung des dort vermeintlich verbreiteten traditionellen Denkens in eine »rationale Wirtschaftsgesinnung« hinaus. In Wirklichkeit könne jedoch kein Zweifel an der »neokoloniale[n] Ausbeutung der Dritten Welt« bestehen. Die »allseits geforderte ›handlungsorientierte Betroffenheit‹« jedenfalls werde nicht entstehen, wenn dies nicht auch in den Massenmedien vermittelt werde, so Wilkes Fazit. Hier deutet sich schon an, dass die globalistische Medienschelte der 1970er Jahre kaum ohne deren pädagogischen Hintergrund verstanden werden kann. Der machte sich in Wilkes Text auch in einer Vielzahl von Hinweisen auf kritische Analysen von Kinder-, Jugend-, Schul- und Geschichtsbüchern bemerkbar.[373]

Denn nicht nur Rundfunkleute waren für Peters' Entzerrungsideen empfänglich.[374] Diese passten auch zur Botschaft, zum Selbstverständnis und zu den Legitimationsbedürfnissen bundesrepublikanischer staatlicher Institutionen, allen voran des Bundesministeriums für Wirtschaftliche Zusammenarbeit. Bereits 1969 hatte der erwähnte Kai Friedrich Schade die mediale Darstellung der Entwicklungsländer und -politik vor dem Hintergrund einer IFAS-Umfrage problematisiert. Diese hatte gezeigt, wie ahnungslos und entsprechend uninteressiert die Bundesbürger diesen Themen gegenüberstanden.[375]

---

372 *Many Voices, One World*, Kap 4.
373 Wilke, Informationswert, S. 316 [meine Hervorh.], 319, 321.
374 Insofern greift Stefan Müllers ansonsten verdienstvolle Sortierung der Positionen in der Peters-Debatte zu kurz: Müller, Globalgeschichte.
375 Gißibl, *Kai Friedrich Schade*.

Dieser demoskopische Befund ließ sich unmittelbar in die Budgetschwierigkeiten des BMZ umrechnen. Wie angedeutet, investierte das Ministerium daher unter Epplers Führung entschieden in die Öffentlichkeitsarbeit. Dazu gehörte, dass es die sogenannten »Fernsehworkshops« unterstützte, deren erster 1972 in Trier veranstaltet wurde und die in den darauffolgenden Jahren im hessischen Arnoldshain eine »Medienarbeit Dritte Welt« betrieben, die manchem Teilnehmer zur »Entwicklungshilfe in eigener Sache« beizutragen schien.[376] Die wachsenden ideellen und institutionellen Verflechtungen zwischen dem Ministerium einerseits und zivilgesellschaftlichen (oft kirchlichen) AktivistInnen und Medienschaffenden andererseits lassen sich auch daran ablesen, dass von Bismarck und Epplers Nachfolger, Egon Bahr, 1974 einen gemeinsamen Beitrag mit dem Titel »Für die dritte Welt rangiert Medienpolitik gleich nach der Ernährung« schrieben.[377] Veröffentlicht wurde dieser Artikel in der Zeitschrift »Kirche und Rundfunk«, die vom Evangelischen Pressedienst (EPD) publiziert wurde. Und für den EPD gab wiederum Schade bald darauf die Zeitschrift »Entwicklungspolitik« heraus – die wohl wichtigste Plattform des in der Verortung umrissenen Entwicklungsdiskurses in der Bundesrepublik der 1970er Jahre. Dass Schades Redaktion 1975 den Journalistenpreis Entwicklungspolitik des BMZ erhielt,[378] mag auch daran liegen, dass die Zeitschrift eine Rubrik enthielt, die sich dem »Bewußtseinswandel« widmete. Dazu gehörte eine Unterserie »Schule und Dritte Welt«, die sich beispielsweise den Lehrplänen verschiedener Bundesländer widmete und sogenannte »Lerngrafiken« zum Nord-Süd-Konflikt abdruckte. Darunter waren thematische Weltkarten und Kartogramme mit Titeln wie »Industrieländer verbrauchen die Energieträger der Welt« oder ein Flow-Diagramm, das die »einseitige wirtschaftliche Abhängigkeit« der Entwicklungsländer von den »westlichen« und »sozialistischen Industrieländern« verdeutlichte. Es gehörte aber auch eine Grafik dazu, die die überraschende (Flächen-)Größe Afrikas dadurch verdeutlichte, dass sie im Umriss des Kontinents Europa, Indien, die USA und Neuseeland unterbrachte.[379]

Schulbuchrevisionen

Der Resonanzraum für Peters' Karte war also groß, zumal auch das BMZ große Erwartungen im Hinblick auf die Wirkung solcher pädagogischen Medien hegte. Auf Epplers *Self-Fashioning* als aus dem »Süden« zurückkehrender Fortschrittsskeptiker wurde schon eingegangen. Ich habe aber nur angedeutet, dass der SPD-Politiker – immerhin ein ehemaliger Gymnasiallehrer, der Anfang der 1970er Jahre als Pionier des Einsatzes

---

376 Peter Heller: Medienarbeit Dritte Welt: Entwicklungshilfe in eigener Sache, in: *medium* 8 (1978), H. 6, S. 10–13.
377 Egon Bahr/Klaus von Bismarck: Für die dritte Welt rangiert Medienpolitik gleich nach der Ernährung, in: *epd/Kirche und Rundfunk* 63 (1975), S. 2–5.
378 Bundesministerium für wirtschaftliche Zusammenarbeit: *Journalistenpreis Entwicklungspolitik 1975*, Essen 1976.
379 Vgl. *epd/Entwicklungspolitik* 7/8 (1974).

von Infografiken in der politischen Meinungsbildung hervorgetreten war[380] – sein Ministerium auch mit dem Anspruch leitete, »Entwicklungspolitik als Bildungsaufgabe« anzugehen. So nämlich betitelte er 1972 seinen Beitrag zu einer BMZ-Broschüre mit »Texten und Materialien für den Unterricht«. Damit war nicht etwa der Unterricht *in* den Entwicklungsländern gemeint. Eppler kam vielmehr auf eine im Auftrag des Ministeriums in der Bundesrepublik durchgeführte Schulbuchanalyse zu sprechen, die gezeigt habe, »daß die Entwicklungsländer dort meist im Licht abenteuerlicher Exotik erscheinen oder auch als die Welt ›primitiver Eingeborener‹«. Werde in den westdeutschen Schulbüchern überhaupt zwischen den Bewohnern dieser Länder unterschieden, dann meist nach vermeintlichen »Volkscharakteren«. Es sei dann beispielsweise von »ruhigen« Somaliern die Rede. Das erwecke den Eindruck, dass man es bei den Entwicklungsländern mit gleichsam geschichtslosen (also auch unveränderlichen) Weltgegenden zu tun habe. Wem nun aber solche vermeintlichen Gewissheiten vermittelt würden, so Eppler, der komme gar nicht erst auf die Idee, die entscheidende Frage zu stellen: »Was müßte hier *in diesem Lande* geschehen, […] damit wir in die Lage versetzt werden, gemeinsam mit den Entwicklungsländern diese ›eine Erde‹ zu einem Platz zu machen, auf dem es sich für alle leben läßt?« Aus diesem Grund, so Eppler weiter, entwickle sein Ministerium grafische »Unterrichtsmittel«, etwa »eine Lehrgrafikenfibel, Wandzeitungen, Schautafeln«, die zu dieser Frage anregten.[381] Winfried Böll, Abteilungsleiter und wichtiger Programmatiker im BMZ, spitzte das in seinem anschließenden Beitrag zu der Aussage zu, es sei für das »weitere Leben im Raumschiff Erde« von zentraler Bedeutung, »Entwicklungsaufgaben im ›NASA-Format‹« zu präsentieren: »Alle Hilfe […] wird vergebens gewesen sein, wenn sie nicht als Rückkopplung praxisbezogener Erfahrung in Übersee Einfluß auf unsere Zivilisation, ihre Antriebe und Ziele nimmt.«[382]

Wie günstig der Zeitpunkt also für Peters' Karte war, wird daran deutlich, dass das BMZ nur wenige Monate nach deren Lancierung aktiv wissenschaftliche, staatliche und zivilgesellschaftliche Akteure zusammenbrachte, die eine solche – während der Tätigkeit im Ausland gemachte – »praxisbezogene Erfahrung« zuhause, in der Bundesrepublik, zu vermitteln versprachen. Die von Eppler erwähnte Schulbuchanalyse war in Kooperation zwischen MitarbeiterInnen des Ministeriums, ForscherInnen des Frankfurter Instituts für Sozialforschung und AktivistInnen der Aktion Dritte Welt/Frankfurt entstanden. Die Beteiligten hatten 1970 mehr als hundert Lehrbücher dahingehend untersucht, wie sie die »Dritte Welt« darstellten. Sie waren zu dem Ergebnis gekommen, dass »Befreiungsbewegungen« und »eigene Entwicklungsansätze« darin ebenso unterschlagen wurden wie die Realitäten des Welthandels und die Bedingun-

---

380 Faerber-Husemann, *Querdenker*, S. 90.
381 Erhard Eppler: Entwicklungspolitik als Bildungsaufgabe, in: Bundesministerium für wirtschaftliche Zusammenarbeit (Hg.): *Entwicklungspolitik als Bildungsaufgabe. Texte und Materialien für den Unterricht*, Bonn 1972, S. 2–9, hier S. 4, 9 [meine Hervorh.].
382 Winfried Böll: Entwicklungspolitik in der Zweiten Dekade und ihre Bedeutung für die Schule, in: ebd., S. 10–31, hier S. 28, 31. Zur Person Bölls Hein, *Die Westdeutschen*, S. 79.

gen, an die Entwicklungshilfe geknüpft werde. Die AutorInnen der Analyse hatten zudem einen Fragekatalog für *eigene* Folgeuntersuchungen entwickelt. So wurden die LehrerInnen, an die sich die Veröffentlichung richtete, dazu angeregt, ihre Materialien dahingehend zu überprüfen, »[w]elches Fortschrittsideal [...] als Maßstab für Entwicklung/Unterentwicklung genommen« werde. Zudem wurde ihnen klargemacht, dass weder das »›alte‹ kolonialistische Weltbild« noch das »›moderne‹, technokratische Weltbild« überzeugen könne. Um angesichts der »Interdependenz der Beziehungen zwischen Industrienationen und unterentwickelten Gebieten« der potenziell destruktiven Wirkung *beider* Weltbilder entgegenzuwirken, galt es den AutorInnen der Schulbuchanalyse überdies, die gängige Form der Wissensvermittlung zu problematisieren. Denn diese sei ebenso schädlich wie die Inhalte selbst, wenn nicht gar ein konstitutiver Teil des nämlichen ideologischen Zusammenhangs. Auch die »Merksätze«, die die untersuchten Bücher durchzogen, sahen die AutorInnen äußerst kritisch. Sie spiegelten inhaltlich verbreitete »Vorurteile, politische Naivität, Selbstüberschätzung und auch Diskriminierungen gegenüber unserer ›Außenwelt‹« wider. Sie waren aber auch undemokratisch, jedenfalls typisch für eine Beschulungsform, die nicht aufs Fragen und Hinterfragen abhob, das ja auch Eppler anregen wollte. Im Hinblick auf den Einsatz der Peters-Karte ist zentral, dass die Schulbuchanalytiker »[d]en Spieß Um[zu]drehen«, also Verfremdungseffekte zu erzeugen empfahlen, was die Publikation denn auch selbst demonstrierte, und zwar durch Bilder: Das Buch war durchsetzt mit Comic-Strips, die die westliche Fortschrittsgewissheit ironisch übertrieben.[383]

Schließlich war der Veröffentlichung auch ein Fragebogen beigefügt, mit dem die AutorInnen dediziert Leserrückmeldungen einzuholen hofften. Das passt zur Tatsache, dass sich das BMZ 1975 – nun schon unter Egon Bahr und in Reaktion auf die Entstehung entwicklungspolitischer Basisgruppen und erster *Fair Trade*-Initiativen – mit einem *Aktionsbuch* an »alle, die etwas für die Dritte Welt tun wollen«, wandte, um sie auf diesem Wege weiter zu vernetzen. Die Autoren dieses Ratgebers wussten von eher schlechten Erfahrungen zu berichten, die man mit Großkundgebungen, »Info-Feten« und »Anti-Diskotheken« gemacht habe. Diese hätten kaum einen »Informationseffekt oder gar [eine] Bewußtseinsveränderung« bewirkt. Umso effektiver, so auch diese Veröffentlichung, sei es, den »optischen Anreiz« von Bildern zu nutzen, also Informationen möglichst übersichtlich aufzubereiten. Es waren zudem Rollenspiele, die den Autoren (ganz so wie den Proponenten der *Global Education* auf der anderen Seite des Atlantiks) als Königsweg erschienen, jene Multiperspektivität zu fördern, die auf Epplers »einer Erde« geboten schien. Neben dem »Mozambique-Spiel des Informationszentrums Dritte Welt Dortmund« und dem »Afrika-Puzzle von Brot für die Welt« wurde insbesondere das Spiel »Streit in Antalya« gelobt, weil in dessen Verlauf »der Prozeß der Entstehung und Abwicklung eines Entwicklungsprojekts von verschiedenen ›Par-

---

383 Karla Fohrbeck/Andreas J. Wiesand/Renate Zahar: *Heile Welt und Dritte Welt. Medien und politischer Unterricht I. Schulbuchanalyse*, Opladen 1971, Zitate auf S. 17, 25, 169.

teien‹ durchgespielt« werde.³⁸⁴ Die Nennung der Bezugsquellen dieser Rollenspiele deutet auf den Selbstermächtigungs- und Partizipationsgedanken hin, der auch in der Bundesrepublik mit solchen Perspektiverweiterungen einherging. Einer umfangreichen annotierten Bibliografie mit Lektüretipps folgte ein langes Verzeichnis von Infostellen, bei denen man weiteres Material beziehen konnte: Dias, Lehrfilme, Tonbänder. Die Idee des individuellen Zugangs zu Wissen über die Welt schlug auch hier durch, wenn nicht weniger als 58 Adressen überregional tätiger Gruppen abgedruckt waren sowie über dreihundert örtliche Anlaufstellen in fast jeder westdeutschen Stadt. Vom »Arbeitskreis südliches Afrika Ansbach« über das »4. Welt-Zentrum Kassel« oder die »Aktion Hilfe für Chile Osnabrück« fächerte das *Aktionsbuch* letztlich eine ganze »glokalistische« Landschaft auf. Auf diese Weise verdeutlichte es nebenbei bemerkt auch, dass Peters an einem der Schwerpunkte solcher Initiativen agierte: Es wurden besonders viele vorbildliche Projekte in *Bremen* beschrieben. Mehrere Seiten waren beispielsweise der dortigen »Aktion Dritte Welt Handel« gewidmet, an der Schülergruppen, Gemeinden, Redakteure von Radio Bremen und Eppler persönlich mitwirkten.³⁸⁵

Hilfe bei der Selbstkritik – oder: Kartografen als Eingeborene

Der Blick auf die informelle Vernetzung der Akteure und auf die Botschaft dieser Aktionen – vor allem aber auf die zu deren Vermittlung gewählten, zu Alteritätserfahrungen einladenden Formen – hilft den Resonanzraum der Peters-Karte zu konturieren, zu deren Karriere ich gleich zurückkehre. Anhand der entwicklungspolitischen Pädagogik lässt sich darüber hinaus aber auch zeigen, wie die entsprechenden Diskurse im Laufe der 1970er Jahre zunehmend kulturkritische Züge annahmen. Dies schuf Anschlüsse an das anti-materialistische, staats- und institutionenkritische alternative Milieu. Und zwar auch dahingehend, dass der Fortschrittsrevisionismus und das Interesse an den Leistungen anderer Kulturen nun an Vernunftkritik grenzen konnten.³⁸⁶

Ein beredtes Beispiel für diesen Übergang ist ein weiteres vom BMZ gefördertes Sachbuch: 1981 unter dem Titel *Wir Eingeborenen. Magie und Aufklärung im Kulturvergleich* veröffentlicht, war es als Übung in Kulturkomparatistik angelegt, die der Selbstexotisierung dienen sollte. Die AutorInnen, der Journalist, Kommunikations- und Erziehungswissenschaftler Andreas Wiesand und Karla Fohrbeck, die Anthropologie studiert und bei Jürgen Habermas zu Geschichtskonzepten »primitiver Gesellschaften« promoviert hatte, waren schon 1970 an der vom Eppler-Ministerium geförderten

---

384 Peter Röhrig: *Aktionsbuch für alle, die etwas für die Dritte Welt tun wollen*, Bonn 1975, S. 28, 24, 23.
385 Ebd., S. 65.
386 Dass Peters die Entstehung des alternativen Milieus registrierte, zeigt ein ins Tagebuch gehefteter Artikel (Lothar Baier: Eine neue zweite Kultur. Kurzer Streifzug durch die Debatten und Texte um die Alternativbewegung, in: *Süddeutsche Zeitung*, 30.6./1.7.1979), der dessen »Kommunikationssystem« – gemeint waren Info- und Flugblätter – hervorhob: SBB-PK, Nachl. 406, 456.

Schulbuchanalyse beteiligt.[387] Im Kontrast zu dieser Studie war das neuere Buch deutlich »lockerer« formuliert und kam auch ohne Hinweise auf materielle Aufbauhilfe und Entwicklungsexpertise aus. Zwar hatten die AutorInnen ihren Ausführungen einen *Disclaimer* vorangestellt, der vor der Akzeptanz des Elends in der Welt warnte, die mit der Idealisierung primitiver Lebensweisen einhergehen könne. Dennoch ließ das Buch keinen Zweifel daran, an wen es sich richtete – *wer* sich also verändern müsse angesichts der Tatsache, dass das bisherige »geostrategische und weltwirtschaftliche ›Krisen-Management‹« auch den Bewohnern der Industriestaaten nicht mehr »Sicherheit und Wohlstand« garantiere. Diese also waren es, die alternative Lebensweisen in Erwägung ziehen sollten. Das bedeutete für Fohrbeck und Wiesand auch, sich der »verschütteten« kulturellen Besonderheiten der Europäer, also vergessener Traditionen und Kompetenzen, zu erinnern. In erster Linie lief die vergleichende Kulturanthropologie des Buchs aber darauf hinaus, die westliche Kultur und deren »technokratisches« Planungsdenken als Form der »aufgeklärten Magie« zu entlarven. Dazu diente die Anwendung ethnologischer Begrifflichkeiten wie »Brautpreis« und »Ahnenkult« auf kulturelle Praxen, die die Europäer nicht weniger nackt oder kannibalisch als »die Wilden« erscheinen ließen. Die Fertigkeiten der Bewohner anderer Weltregionen und anderer Zivilisationen hingegen wurden entschieden aufgewertet. Das betraf deren Geschichtsschreibung, Kommunikationsformen und technisches *Know how*. Schon die Inka, so die AutorInnen, hätten komplexe Bewässerungsanlagen geschaffen und viele indigene Kulturen avancierte Rechenhilfen und Kalender benutzt. In der Konsequenz wandten Fohrbeck und Wiesand den Entwicklungsbegriff an vielen Stellen ihres Werks gerade auf die *Abkehr* von einem unbegründeten westlichen Überlegenheitsgefühl an. Begriffe wie »objektiv« und »Vernunft« setzten die AutorInnen in Anführungsstriche. Insbesondere das letzte Kapitel ihres Buches (dessen Literaturverzeichnis Namen wie Frantz Fanon, Ivan Illich, E. F. Schumacher, Claude Lévi-Strauss, Margaret Mead und Lewis Mumford nannte) räumte dann ganz mit den Begriffen »Fortschritt und Unterentwicklung« auf. Wenn überhaupt, akzeptierten Fohrbeck und Wiesand die Kategorie »Fortschritt« nur, wenn dieser als Ergebnis einer friedlichen »kulturellen Konkurrenz« um die beste Daseinsform verstanden wurde. Das weist auf eine eher utilitaristische Interpretation von Kultur – nämlich als Ressource für umweltpolitisches Handeln – voraus, die ich im nächsten Buchabschnitt genauer beleuchten werde. In *Wir Eingeborenen* spielte allerdings der in der Lerntheorie der 1970er und 1980er Jahre omnipräsente Begriff der »Betroffenheit« die Hauptrolle. Nur wer sich von den vielen Missständen in der Welt persönlich »betroffen« fühle, so Wiesand und Fohrbeck, suche mit offenen Augen nach Lösungen, wie es Dritte-Welt-Gruppen, »kirchliche Initiativen« sowie »Werkstätten für ›Kleintechnologie‹« bereits täten.[388]

---

387 https://www.munzinger.de/search/portrait/Karla+Fohrbeck/0/19821.html (19.6.2019).
388 Karla Fohrbeck/Andreas Johannes Wiesand: *Wir Eingeborenen. Magie und Aufklärung im Kulturvergleich*, Leverkusen 1981, Zitate auf S. 244f., 129, 11.

Als Selbstverortung des AutorInnenpaars aufgefasst, kündet diese Aufzählung von den fließenden Grenzen zwischen den entwicklungs- und medienkritisch sensibilisierten MitarbeiterInnen mancher Ministerialbürokratie und den Menschen aus dem undogmatischen linken Milieu. Dazu passend weist auch *Wir Eingeborenen* viele Merkmale der alternativen Printkultur seiner Zeit auf, etwa Comic-Strips, mit deren Hilfe mit Klischees wie den vorkolonialen »weißen Flecken« auf der Landkarte aufgeräumt wurde. Es war just dieser *visuelle* Argumentationszusammenhang, in dem dann auch Peters auftauchte – zwar nicht mit seiner eigenen Weltkarte, aber doch mit jener Grafik der Größenverzerrungen der Mercator-Karte, mit der er sein Produkt seit 1973 bewarb.[389] Der Kontext ist analytisch entscheidend: Denn die verzerrte Mercator-Sicht kontrastierten Fohrbeck und Wiesand mit den avancierten Navigationsfähigkeiten der Polynesier, die eine Abbildung von deren elaborierten sogenannten Stab-Seekarten verdeutlichte.

In einer solchen Kritik der westlichen Fortschrittlichkeit hätten die wissenschaftlichen Gegner der Peters-Karte nun eine Gesprächs- wenn nicht gar einen Ausdruck von Realitätsverweigerung gesehen. Anders verhielt es sich in einer bundesrepublikanischen Institution, die sich besonders intensiv mit den Leistungen der pazifischen Kulturen beschäftigte. Mit dem bereits erwähnten Herbert Abel, dem Leiter des Bremer Überseemuseums – einer der wenigen unmittelbar als Relikt der Kolonialzeit erkennbaren Institutionen der Bundesrepublik –, sprach Peters wiederholt über seine Karte. Abels Nachfolger, Herbert Ganslmayr, stellte die Kartendarstellungen seines Museums Ende der 1970er Jahre sogar ganz auf die Peters-Projektion um: Das Museum wurde neu auf die »Dritte-Welt«-Thematik ausgerichtet.[390]

Aber auch unter den christlichen *Early adopters* der Karte zeichnete sich nun der Trend zur pädagogischen Selbstrelativierung immer deutlicher ab. Das zeigt eine »Arbeitshilfe« mit »Materialien zur neuen Weltkarte«, die die (1977 im Evangelischen Missionswerk in Deutschland [EMW] aufgegangene) Evangelische Arbeitsgemeinschaft für Weltmission 1982 für »Schule und Gemeinde« lancierte. Unter dem Untertitel »Eine Welt oder keine Welt« präsentierte diese Publikation Arbeitsaufgaben, die auf die responsibilisierende Auseinandersetzung mit globalen Daten hinausliefen. So wurde angeregt, auf einer unbeschrifteten, schwarz-weißen Peters-Karte die »Entwicklungsländer« mit Buntstiften hervorzuheben. In Verbindung mit Belehrungen über die Mercator-Verzerrungen sollten solche eigenen Kartierungsarbeiten jugendliche Lernende dazu animieren, moralische Urteile über die »Exzesse des westlichen Lebensstils« in einer begrenzten Welt zu fällen. Denn es wurde auch angeregt, auf der Peters-Karte jene Staaten zu markieren, deren Bürger im Durchschnitt mehr als 130 % ihres physiologischen Kalorienbedarfs verbrauchten. Diese Staaten, so der Arbeitsauftrag, galt es dann jenen gegenüberzustellen, deren Bewohner mit weniger als 80 % ihres Be-

---

389 Ebd., S. 172f.; Peters selbst wurde auf S. 178 erwähnt.
390 Tagebucheinträge vom 20.2.1974, SBB-PK, Nachl. 406, 452, und 24.4.1979, SBB-PK, Nachl. 406, 456. Fotografien der Ausstellung finden sich in *Anwendungen*, S. 6f.

darfs zurechtkommen mussten. Die entsprechenden Daten konnten die Schüler einer Reihe von Listen entnehmen, die zudem Angaben zu den Ursprungsländern bestimmter Rohstoffe enthielten. Diese Länder, so der begleitende Text, seien durch die Struktur des Welthandels weiterhin so benachteiligt wie zu Zeiten des Kolonialismus.[391]

Peters' Karte war also spätestens in den frühen 1980er Jahren zum Medium geworden, mit dem sich moralische Aufrufe zu Lebensstilveränderungen vermitteln ließen. Das galt besonders, wo ihr, wie im dargestellten Beispiel, Daten beigegeben wurden, mit deren Hilfe man sich selbst als Profiteur ungerechter globaler Strukturen erkannte. Das ungewöhnliche Kartenwerk des Bremer Historikers schien zur Reflexion über die individualethischen Herausforderungen anzuregen, vor denen man als Bewohner einer »geschlossenen«, interdependenten Welt stand – was nun immer öfter hieß: über den Beitrag, den man selbst als Konsument von Waren oder Energie zur globalen Umverteilung leisten konnte.

Es war just dieser Zusammenhang, in den beispielsweise die ehrenamtliche Verkäuferin des Weltladens im Glockenturm der Berliner Kaiser-Wilhelm-Gedächtniskirche, Gisela Kriebel, die Peters-Karte 1984 stellte: In einem typisch bekenntnishaften Erfahrungsbericht erzählte Kriebel zunächst von einem Verkaufs- bzw. Infogespräch über Dorfhandwerker im indischen Chotanagpur. Sie beschrieb dann einen Versuch, das Zustandekommen des Preises des »Nica-Kaffees« zu erklären, den der Laden anbot. Schließlich schilderte sie, wie sie die »Petersprojektion der Weltkarte« aufgehängt hatte, um direkt den Kommentar eines »jungen Manns« zu vernehmen, »das sei ›doch alles falsch‹«. Diesen klärte Kriebel daraufhin erfolgreich darüber auf, dass »auch die ihm und uns vertraute übliche Weltkarte auf ihre Art total falsch ist«.[392] Wie wirkungsvoll Peters' Richtigstellungen sein konnten, zeigen aber auch die Zuschriften engagierter Privatleute, von denen auch Peters ab Mitte der 1970er Jahre immer mehr erhielt. Als etwa der Buchhändler Hans Steiger 1975 darum bat, die Peters-Karte als Briefkopfelement seiner »Süd-Nord-Information« verwenden zu dürfen – es handelte sich um ein Projekt »zur Förderung von entwicklungspolitischer Literatur in der Schweiz« –, ging ihm begeistert auf, dass es sich bei Peters um den Autor der *Synchronoptischen Weltgeschichte* handelte, die zu seinen »ersten politischen Eindrücken« überhaupt gezählt habe: »Sind Sie am Ende etwa mitverantwortlich für mein 3. Welt-Engagement?«[393]

Deutsche Weltkarte auf internationaler Bühne

Vor solchem Hintergrund nimmt sich die Resonanz, die Peters' »Glückskind« auslöste, zunächst beinahe bescheiden aus. Als sich das um 1980 änderte – als Peters also eine

---

391 *Eine Welt oder keine Welt. Materialien zur neuen Weltkarte. Eine Arbeitshilfe der Weltmission für Schule und Gemeinde*, Hamburg o.D. [1982].
392 Gisela Kriebel, Protokoll meines Arbeitsdienstes am 4.9.1984, in: *AG3 WL-Rundbrief* (1984), Nr. 14, S. 8–11, hier S. 10. Für den Hinweis auf diese Quelle danke ich Benjamin Möckel.
393 Steiger an Peters, 2.7.1975 und 20.4.1976, SBB-PK, Nachl. 406, 453.

wachsende Zahl von Anfragen zur Reproduktion seiner Karte durch PR-Abteilungen von NGOs, Kirchen, Zeitschriftenredaktionen sowie durch die Sub- bzw. Unterstützerorganisationen der Vereinten Nationen erreichte –, war er fast ratlos. Ihre »Symbolkraft« müsse enorm sein, schrieb er, »denn anders ist die Verwendung meiner Karte durch praktisch alle Stellen, die mit der Dritten Welt zu tun haben, kaum zu erklären«.[394] Dabei hätten ihm die eigenen Werbematerialien die Ursachen des Erfolgs verdeutlichen können: Nur drei Monate nach der Koblenzer Kartografenkonferenz hielt Peters nämlich den ersten Andruck der schon in der Einleitung zu diesem Buch erwähnten Hochglanzbroschüre in den Händen, die verschiedene Anwendungen der Peters-Karte demonstrierte. Indem er auf ihren *Gebrauch* fokussierte, hob der Prospekt bezeichnenderweise fast gar nicht mehr auf die »wissenschaftlichen« Qualitäten der Peters-Projektion ab. Stattdessen wimmelte es auf den fünfunddreißig Seiten der Broschüre von Logos verschiedener internationaler Hilfsorganisationen, die auf den distinkten Formen der Peters'schen Kontinente beruhten und von stilisierten Versionen der Karte, die als Buchvignetten und Umschlaggrafiken dienten oder Spendenaufrufe schmückten.[395] Am deutlichsten dokumentierte die Broschüre aber die Verwendung der Karte in *didaktischen Zusammenhängen*. Dabei handelte es sich jedoch in den seltensten Fällen um den Geografieunterricht, auf den Peters anfangs mit der eigenen Kartenproduktion abgezielt hatte. Vielmehr war von Kindergärten, Jugendfreizeiten und Kirchentagen die Rede. Fotos zeugten vom Einsatz des Peters-Karten-Posters und -Puzzles, von der Nutzung einer kleinformatigen Karte zum Ausmalen und schließlich – das wurde ebenfalls eingangs diskutiert – von ihrer Nutzung als Spielbrett.[396]

Schon die Tatsache, dass Peters für viele dieser Anwendungen keine oder nur niedrige Lizenzgebühren verlangte, verdeutlicht, dass er selbst diese Nachfrage auch in ökonomischer Hinsicht als Nebensache begriff – als erfreuliche natürlich, ließ sie sich doch

---

394 Tagebucheintrag vom 14.4.1979, SBB-PK, Nachl. 406, 456.
395 *Anwendungen*, S. 14f., 24–27.
396 Es sollte nicht unerwähnt bleiben, dass Peters' Karte eine positive Besprechung in »Der Erdkundelehrer« erhielt. Der Freiburger Geograf und Gymnasiallehrer Alfred Benzing lobte aber nicht etwa Peters' Wandkarte, sondern eine kleine A4-Umrisskarte, und zwar im Kontext einer Debatte unter Geografie-Didaktikern über Schwierigkeiten, Schülern mithilfe vermittelnder Karten mathematische Prinzipien zu erklären. Benzing regte an, im Unterricht zunächst »Weltraumfotos der Erde« zu betrachten, dann zur Peters-Karte überzugehen und diese mit den gängigen Schulatlanten zu vergleichen: Alfred Benzing: Die PETERS-Karte im Geographieunterricht, in: *Der Erdkundelehrer* 15 (1975) 1, S. 12–15. Ein weiterer Artikel Benzings enthielt Kartierungsbeispiele, die exemplifizierten, wie Schüler das mathematische Prinzip der Übertragung von Daten auf ein Koordinatensystem lernen konnten. Interessant sind daran die *Themen*, die Benzing und sein Mitstreiter Alfred Siegle vorschlugen, um die Aufgaben plastischer zu machen. So bestand eine Aufgabe in der Kartierung der »Regionalisierung des Weltsystems« anhand des zweiten Club-of-Rome-Berichts, *Menschheit am Wendepunkt*. Eine andere forderte dazu auf, die »Bevölkerung nach ›World Regions‹« mithilfe sogenannter Kreissignaturen darzustellen, und zwar auf Basis der Daten in Paul Ehrlichs *Human Ecology*: Alfred G. Benzing/Alfred Siegle: Kartierungsbeispiele aus dem PETERS-Netz, in: *Freiburger Geographische Mitteilungen* 1/2 (1976), S. 125–132.

bei der Adressierung der *eigentlichen* Abnehmer verwenden. Wer diese Abnehmer aus Peters' Sicht waren, das deutet sich ebenfalls in seinem Prospekt an. Er enthielt nämlich eine Reihe von Fotos, die Führungsfiguren wichtiger Institutionen vor seiner Karte zeigten. An prominenter Stelle hatte Peters etwa ein Foto abdrucken lassen, auf dem Rainer Offergeld, seit 1978 Bundesminister für Wirtschaftliche Zusammenarbeit, im Gespräch mit Mitarbeitern vor einem Peters-Karten-Poster zu sehen war.[397] Auf das BMZ war Peters schon im Mai 1973 zugegangen. Tatsächlich zeigte sich ein Referent Epplers nach einiger Überzeugungsarbeit zwar nicht zur einer Förderung seines Atlas' bereit, um die es Peters einmal mehr gegangen war, sehr wohl aber zur Verbreitung der Peters'schen Weltkarte. Das BMZ verpflichtete sich auf die Abnahme von 40.000 der Peters'schen Kartenprospekte, die das Ministerium an mehrere Dutzend Schulen der Bundesrepublik versendete.[398] Als Peters einige Zeit darauf beim Referenten Bahrs, Joachim Broudré-Gröger, vorstellig wurde, empfahl dieser ihn an den mittlerweile als Verteidigungsminister amtierenden Georg Leber weiter.[399] Darauf ist zurückzuführen, dass die Peters-Projektion 1979 im Weißbuch seines Ministeriums die militärstrategischen Allianzen und »Aktionsfelder« der Bundesrepublik dreifarbig visualisierte.[400] Das BMZ stellte zudem einen Kontakt mit der Deutschen Gesellschaft für Technische Zusammenarbeit her, die die Karte für ein Faltblatt mit »Zahlen, Daten, Fakten« über die internationale Zusammenarbeit im Agrarbereich verwendete.[401] Schließlich fügte das Ministerium die Peters-Karte im Jahr 1978 auch einem eigenen *Mission Statement* hinzu, das exemplarische Entwicklungsprojekte in aller Welt vorstellte.[402] Bereits im Vorjahr war das Presse- und Informationsamt der Bundesregierung (BPA) zu den Abnehmern hinzugekommen. Dessen Ministerialdirektor, Joseph Thomas, hatte eines der Schreiben Fritz Sängers erhalten. Er zeigte sich »von der wissenschaftlichen Argumentation von Herrn Peters ebenso beeindruckt wie von [Sängers] Bemerkungen über die politisch-psychologischen Auswirkungen vor allem auf die Völker der Wachstumsländer, die eine Einführung der Peterskarte mit sich bringen würde«. Zwar arbeite man

---

397 Peters hatte schon einige Jahre zuvor mit Genugtuung registriert, dass seine Karte im Büro von Offergelds Amtsvorgänger Bahr hing: Tagebucheintrag vom 5.3.1975, SBB-PK, Nachl. 406, 452. Siehe auch Peters' Schreiben an (Bahrs Nachfolgerin) Marie Schlei und an Hans-Dietrich Genscher, beide vom 6.9.1977, SBB-PK, Nachl. 406, 454.
398 Tagebucheintrag vom 4.9.1973, SBB-PK, Nachl. 406, 451.
399 Tagebucheintrag vom 5.3.1975, SBB-PK, Nachl. 406, 452.
400 Der Bundesminister der Verteidigung: *Weißbuch 1979. Zur Sicherheit der Bundesrepublik Deutschland und zur Entwicklung der Bundeswehr*, Bonn 1979, S. 5.
401 GTZ an Universum Verlag, 7.6.1978, SBB-PK, Nachl. 406, 455.
402 Bundesministerium für Wirtschaftliche Zusammenarbeit (Hg.): *Politik der Partner. Aufgaben, Bilanz und Chancen der deutschen Entwicklungspolitik*, Bonn 1978, innerer Einband. Bereits fünf Jahre zuvor war es Peters gelungen, den Bonner Verein Inter Nationes – der als Ausgründung des Presse- und Informationsamts der Bundesregierung *Public Relations* für die Bundesrepublik betrieb, indem er Druckerzeugnisse an diplomatische Vertretungen und Goethe-Institute lieferte – zum Kauf einer großen Zahl von Karten zu bewegen: Tagebucheintrag vom 3.9.1973, SBB-PK, Nachl. 406, 451.

in der amtlichen Öffentlichkeitsarbeit kaum mit Weltkarten. Er werde aber prüfen lassen, wie das Presseamt zur Popularisierung der Peters-Projektion beitragen könne.[403] Thomas hielt Wort – und Peters nur drei Monate später mehrere mit seiner Karte illustrierte Schriften in Händen. Neben einer Kartenversion, die in der Illustrierten »Scala« vorgestellt wurde, die an jugendliche Deutschlerner im Ausland verteilt wurde, war sie in der Aprilnummer der auf Englisch und Französisch erscheinenden, vom BPA verantworteten Zeitschrift »Afrika« abgedruckt (die sie bald darauf auch in ihr Logo einbaute, wobei absurderweise nur der Umriss Afrikas übernommen wurde).[404] Noch mehr begeistert haben dürfte Peters aber ein Artikel in der Augustnummer des englischsprachigen »Bulletin« der Bundesregierung, der völlig ungeprüft sein Pressematerial paraphrasierte. Zumal kurz darauf noch französische, spanische, portugiesische, italienische Ausgaben und eine arabische Version folgten.[405]

Erwähnt werden muss das zum einen, weil eine Fehlzitation aus diesem »Bulletin« bald erneut Streit mit den Kartografen, nun aber außerhalb der Bundesrepublik, auslösen sollte. Zum anderen, weil es auf das Presseamt zurückzuführen war, dass Peters kurz darauf seinen bis dato größten Öffentlichkeitserfolg verzeichnen konnte – einen Erfolg, der seinerseits international war. Bezeichnenderweise erfuhr Peters allerdings nur aus dem Fernsehen davon, dass Willy Brandt den Mitgliedern der »Nord-Süd-Kommission«, der er vorsaß, feierlich eine Peters-Karte überreicht hatte.[406] Kurz darauf erreichte Peters ein weiteres »Bulletin« des Bundespresseamts, in dem die Rede Brandts anlässlich der konstituierenden Sitzung der Kommission in Schloss Gymnich bei Bonn am 5.12.1977 abgedruckt war:

> Bei Gelegenheiten wie dieser ist es üblich, den Teilnehmern eine kleine Erinnerung an das Zusammentreffen zu überreichen. Zufällig hat gerade einer meiner Landsleute eine neue Landkarte erarbeitet ... und zwar eine Projektion des Planeten Erde, auf dem wir alle, ob reich oder arm, leben müssen. Im Gegensatz zu einer herkömmlichen Landkarte, bei der Europa im Zentrum liegt und zwei Drittel des Raumes der nördlichen Halbkugel gewidmet sind, zeigt diese neue Landkarte mit Nachdruck die Gebiete, in denen zwei Drittel der Weltbevölkerung angesiedelt sind.

Brandt, so die Rede weiter, sei »überzeugt, daß wir in unserem Land und in Europa mehr beizutragen haben als lediglich eine neue Landkarte; viele von uns haben durch schlimme Erfahrungen gelernt, die Welt und unseren kleinen Teil der Welt aus einer neuen Perspektive zu betrachten«. Die neue Ostpolitik müsse durch eine »Südpolitik« ergänzt werden: »Vielleicht können wir hier einen möglichen Weg erkennen, der uns weiterbringen würde in Richtung auf eine größere Beteiligung von mehr und

---

403 Thomas an Sänger, 11.5.1977, BArch, B/145/9653.
404 *Afrika. Review of German-African Relations* (4/1977).
405 *Bulletin des Presse- und Informationsamts der Bundesregierung*, 27.7.1977, G 20374 D.
406 Tagebucheintrag vom 10.12.1977, SBB-PK, Nachl. 406, 454.

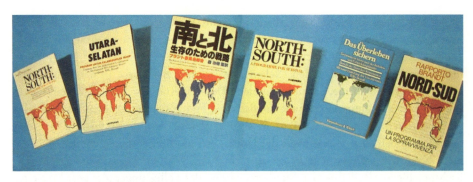

Abb. 7.9: Varianten des »Brandt-Reports«

mehr ärmeren Ländern an einer Weltgesellschaft mit ständig wachsendem Welt-Verantwortungsbewußtsein.«[407]

Diese unerwartete Werbung versuchte sich Peters zu Nutze zu machen, indem er den Fernsehbericht über die Arbeitsaufnahme der Kommission problematisierte. Er produzierte ein Werbeposter, das darauf abhob, dass die in der NDR-Sendung verwendete, konventionelle Hintergrundkarte Brandts Ziele geradezu konterkariert habe.[408] Peters suchte aber auch den persönlichen Kontakt zum Altkanzler und SPD-Vorsitzenden, in der Hoffnung, die Nord-Süd-Kommission könne das Atlas-Projekt finanziell fördern. Brandt jedoch vertröstete ihn mit dem Hinweis auf eine in Frage kommende Förderlinie der Weltbank, bei deren Vizepräsidenten, Colin Clark, er ebenso ein gutes Wort einlegen wolle wie beim UNESCO-Generalsekretär.[409] Aus der Förderung durch die Weltbank wurde nichts, doch erschien eine Variante der Peters-Karte 1980 auf dem offiziellen Bericht der Brandt-Kommission, die in mehrerlei Hinsicht das reflektierte, was Peters während der – auf Brandts Hinweis hin forcierten – Arbeit an der Ägypten-Probeseite selbst betrieb, in dem er sich in die strukturellen Ursachen der Ungleichheit in der Welt einarbeitete. Auf dem Cover des sogenannten »Brandt-Reports« war nämlich eine Grafik auf Basis der Peters-Umrisskarte abgedruckt, die den Norden und den Süden der Erde klar voneinander abgrenzte, indem sie die Staaten entlang eines BSP-Grenzwerts in Blau und Rot darstellte. Das spitzte den Unterschied zwischen den ökonomisch prosperierenden und den weniger »entwickelten« Staaten grafisch zu (Abb. 7.9).[410] Auch hier blieb von einer thematischen Karte jedoch nur noch ein Symbol übrig: Die verschiedenen Versionen des Coverdesigns des Berichts, der in einer

---

[407] Rede des Vorsitzenden der Kommission, in: *Bulletin des Presse- und Informationsamts der Bundesregierung*, 14.12.1977.

[408] Nord und Süd – So oder so? [Poster, Februar 1978], SBB-PK, Nachl. 406, 455.

[409] Tagebucheintrag vom 30.5.1978, SBB-PK, Nachl. 406, 455.

[410] Independent Commission on International Development Issues an Peters, 20.9.1979, SBB-PK, Nachl. 406, 456. Bereits 1978 hatten Grafiker der »Wirtschaftswoche« eine ähnliche Weltkarte auf Basis der Peters-Projektion erstellt: *Wirtschaftswoche*, 1.12.1978 (abgedruckt in: *Anwendungen*, S. 21).

ganzen Reihe von Ländern und Sprachen erschien und in England sogar ein Bestseller wurde, zogen die zu überwindende Grenze zwischen den zwei Welten nicht immer an der gleichen Stelle. Ob beispielsweise die VR China zum »Süden« gehörte, darüber waren die Verlagsgrafiker verschiedener Meinung.[411]

7.6 New Views

Neue Dimensionen

Sofern die Geschichte der Peters-Projektion als »Globalgeschichte« beschrieben werden kann,[412] begann diese um 1980. Dabei verbreitete sich die Karte deshalb über die Grenzen der Bundesrepublik hinaus, weil sie innerhalb der globalisierten Netzwerke der Kirchen den »Ausgangspunkt für viele hochinteressante Gespräche« bildete – so zumindest sah es Konrad Raiser, der stellvertretende Generalsekretär des Ökumenischen Rats der Kirchen in Genf.[413] Peters interessierten diese Unterhaltungen indes in erster Linie als Anlässe für Fotoaufnahmen, die er als Beweis der gesellschaftlichen Durchsetzung seiner Karte verwenden konnte. So drängte er seinen Unterstützer im Evangelischen Missionswerk, Hans Florin, ihn an den Generalsekretär des Kirchenrats zu vermitteln.[414] Auch Philip Potter ließ sich daraufhin dabei ablichten, wie er etwas betreten lächelnd auf der Peters-Karte sein Herkunftsland, den karibischen Inselstaat Dominica, identifizierte. Peters mag das als Beispiel für die Selbstfindung eines Vertreters der »farbigen Völker« der Erde betrachtet haben. Wenig konsequent wirkt dann aber, dass er in dem bereits beschriebenen Prospekt 1981 neben dieser Fotografie auch die »Anwendung« seiner Karte durch eine deutlich prominentere Figur abdruckte, eine Figur, mit der nicht wenige seiner christlichen Unterstützer haderten: Bei dem Bild, auf dem Papst Johannes Paul II. Peters' Karte inspiriert, handelte es sich allem Anschein nach um einen Schnappschuss von dessen Besuch im Büro eines Kardinalssekretärs, an

---

411 Peters selbst scheint den Brandt-Bericht – dessen Vorschläge zur Überbrückung der Konflikte zwischen Nord und Süd die in der Verortung dargestellten Debatten eher zusammenfassten als um neue Argumente ergänzten – übrigens nicht gelesen zu haben. Sonst hätte er hier eine weitere Erklärung für den Erfolg seiner Karte gefunden. In seiner Einleitung maß Brandt nämlich der Frage, wie man »die Einstellungen verändern« könne, größte Bedeutung bei: »It is our ambition to enable ordinary people to see more clearly how their jobs and their daily lives are interlocked with those of communities at the other end of the world. […] [S]chools all over the world should pay more attention to international problems so that young people will see more clearly the dangers they are facing, their own responsibilities and the opportunities of cooperation – globally or regionally as well as within their own neighbourhood«. Willy Brandt: A Plea for Change: Peace, Justice, Jobs, in: *North-South: A programme for survival. Report of the Independent Commission on International Development Issues*, Cambridge, Mass. 1980, S. 7–29, hier S. 9, 11.
412 Müller, Globalgeschichte.
413 Raiser an Peters, 14.6.1977, SBB-PK, Nachl. 406, 454.
414 Hans Florin an Potter, 16.6.1976, SBB-PK, Nachl. 406, 453.

deren Wand sie hing. Das hinderte Peters nicht daran, das Foto als weiteren »symbolischen Sieg meiner Erdkarte« auf dem Weg zu ihrer Durchsetzung zu bejubeln.[415]

Während Peters also Anfang der 1980er Jahre mit abnehmenden Erfolgsaussichten seinen mittlerweile zehn Jahre währenden Kampf ums deutsche Fernsehbild fortführte, kam man im stets anwachsenden Milieu der internationalen NGOs kaum noch an seiner Projektion vorbei. Schon in den ersten Jahren nach seiner Präsentation des »Neuen Weltbilds« 1973 hatte Peters ein feiner, aber kontinuierlicher Strom von Nutzungsanfragen aus dem (west-)europäischen Ausland und auch aus Nordamerika erreicht. Dass er sich sieben Jahre später dann von den »Kartendingen« regelrecht in Besitz genommen fühlte, lag an der rasanten Zunahme *dieser* Aufträge, die er den transnationalen Netzwerken, teils auch den persönlichen Beziehungen der MitarbeiterInnen der Kommunikationsabteilungen verschiedener NGOs verdankte, die einander Peters' Werk für ihre Spenden- und Imagekampagnen empfahlen.[416] Ähnlich wie es zuvor die Presseleute des BMZ getan hatten, nutzte die Mehrzahl dieser Organisationen die »Hingucker«-Qualitäten der Karte, um ihr eigenes Engagement zu verdeutlichen. Sie verzeichneten also ihre Entwicklungsprojekte oder Niederlassungen in aller Welt auf ihr. Die geografische Verbreitung dieser Druckerzeugnisse blieb indes auf die Kerngesellschaften des »Glokalismus« beschränkt. Adressiert wurden die Landsleute in Großbritannien, den Niederlanden, Belgien, in der Schweiz und in Frankreich, etwas später dann auch in den USA.

Konkret hatten MitarbeiterInnen des EMW im Frühjahr 1979 einen ersten Kontakt zwischen Peters und dem Brüsseler Büro der Wereldsolidariteit hergestellt, einer auf die kongolesische Kolonialzeit zurückgehenden Unterorganisation der belgischen christlichen Arbeiterbewegung. Diese machte ihrerseits die katholische Entwicklungsagentur Broederlijk Delen und die niederländische Hilfsorganisation Anderer Wereldbeurs auf die Peters-Karte aufmerksam, die bald darauf eine stilisierte Version derselben als Logo wählte.[417] Anfang 1980 lag dann ein von diesen beiden Organisationen gemeinsam produziertes Poster vor, das die Unterteilung der Welt in »Nord« und »Süd« ähnlich wie das Cover des *Brandt-Reports* (aber in grellen Grün- und Gelbtönen) verdeutlichte.[418] Peters wurde in den folgenden Monaten zweimal zu Pressekonferenzen

---

415 Peters an Nikolaus Wyrwoll, 18.5.1979; Tagebucheintrag vom 18.5.1979, beide SBB-PK, Nachl. 406, 456. Schon im Vorjahr hatte ihm der Vatikan eine Erklärung zugesandt, in der es hieß, man betrachte seine Karte als »nützliche Korrektur bisheriger Vorstellungen und Vorurteile«. G. Caprio an Peters, 6.6.1978, SBB-PK, Nachl. 406, 455.

416 Vgl. Gabriele Lingelbach: *Spenden und Sammeln. Der westdeutsche Spendenmarkt bis in die 1980er Jahre*, Göttingen 2009, die auf die Vergrößerung der Zahl der Akteure auf einem ab Ende der 1960er Jahre zunehmend deregulierten Spendenmarkt hinweist, was Instanzen zur »Generierung des […] Spendervertrauens« (S. 416) notwendig machte, aber auch einen neuen Fokus auf das Marketing.

417 Tagebucheintrag vom 26.3.1979, SBB-PK, Nachl. 406, 456; Peters an Jan de Sment, 5.2.1979, SBB-PK, Nachl. 406, 457.

418 Pressemappe, September 1980, SBB-PK, Nachl. 406, 457.

nach Brüssel eingeladen, um die kartografischen Prinzipien der (mittlerweile ebenfalls übersetzten) großformatigen »Andere Wereldkaart« bzw. »Carte pour un Monde Solidaire« zu erläutern, worüber auch das belgische Fernsehen berichtete.[419] Kurz darauf reiste er aus gleichem Anlass nach Paris, wo die nicht-konfessionelle NGO Frères des Hommes und der Dachverband katholischer Hilfsorganisationen, das Comité Catholique Contre la Faim et pour le Développement, verschiedene Kartenversionen und auch das Kartenpuzzle verbreiteten.[420] Peters selbst erschien sein Besuch in der belgischen Hauptstadt als doppelter Triumph. Er glaubte, das überkommene Weltbild des gebürtigen Flamen Mercator an just dem Ort weiter zurückdrängen zu können, an dem das Engagement seiner Mutter gegen »koloniale Unterdrückung und Imperialismus« 1927 seinen Höhepunkt erreicht hatte.

Dabei hatte insbesondere Peters' intensive Kooperation mit einer weiteren NGO, dem Schweizerischen Komitee für UNICEF, die 1978 begann, kaum etwas mit Befreiungskämpfen zu tun. Das Kinderhilfswerk der Vereinten Nationen hatte sich seit den späten 1960er Jahren von einer Krisenhilfsorganisation allmählich in eine Entwicklungsorganisation verwandelt. Seine Zürcher Unterstützer indessen sahen ihre Aufgabe, die anfangs in der Spendeneinwerbung bestanden hatte, zunehmend in der »Erziehung zur Entwicklung«, ganz ähnlich wie Peters' von der Wohltätigkeits- und Missionsarbeit abrückender kirchlicher Kundenkreis. Es war diese Neuausrichtung, vor deren Hintergrund auch der Geschäftsführer des Komitees, Eduard Spescha, im Herbst 1978 mit der Bitte an Peters herantrat, ein simples Poster auf Basis seiner Projektion drucken zu dürfen, auf dem die UNICEF-Büros in aller Welt eingezeichnet werden sollten. Ungewöhnlicher war die Rückseite des Posters, die der sogenannte »Kindermeter« schmückte.[421] Es handelte sich dabei um ein Maßband, auf dem Fotos von Kindern aus aller Welt und Informationen zu Kinderrechten abgedruckt waren. So trivial die Botschaft »Am Wohlergehen der Kinder Mass nehmen« anmutet: Das in mehreren Millionen Exemplaren an Eltern versandte Werbegeschenk stellt den Paradefall eines Mediums dar, das Informationen zu Missständen in der Welt verbreitete, im Gebrauch aber auch die persönliche Anteilnahme am Schicksal der von diesen Missständen betroffenen Menschen steigern sollte. Denn die Empfänger des Maßbands wurden just in dem emotionalen Moment, in dem sie die Wachstumsfortschritte des eigenen Nachwuchses vermaßen, der ungleichen Lebenschancen von dessen Altersgenossen auf der Erde gewahr.

Die Resonanz des »Kindermeters« war denn auch derart umfassend, dass Spescha und Peters vereinbarten, mit dem schweizerischen Karten-Verleger Kümmerly+Frey eine eigens für UNICEF Schweiz in den drei großen Landessprachen beschriftete, großformatige Version seiner Weltkarte herzustellen. Eine Probeaussendung erwies

---

419 Tagebucheintrag vom 7.2.1980, SBB-PK, Nachl. 406, 457.
420 Tagebucheintrag vom 2.10.1980, SBB-PK, Nachl. 406, 457.
421 Spescha an Peters, 16.10.1978, SBB-PK, Nachl. 406, 455.

sich im Frühjahr 1980 als unerwarteter Erfolg, der sich sogar messen ließ:[422] Die Spendenbeiträge fielen höher aus denn je. Daraufhin ließ das Komitee die Karte in erweiterter Auflage drucken. Hatte Peters zwischen 1973 und 1980 immerhin schon 279.400 autorisierte Ausgaben der Peters-Karte gezählt,[423] hielt er nun die in der Einleitung erwähnte Aufstellung in Händen, die 2,4 Millionen gedruckte Exemplare seiner Karte auswies, die mehrheitlich durch das UNICEF-Komitee verbreitet worden waren.[424] Erneut rückte damit für Peters auch die Realisierung seines Atlas' in greifbare Nähe, nicht nur in finanzieller Hinsicht: Ausgerechnet auf dem Rückweg vom Kartografen-Kongress in Koblenz hatte Peters in Zürich eine Aussendung des Werks durch die schweizerischen UNICEF-Unterstützer mit Spescha vereinbart,[425] der das Atlas-Projekt allerdings nach seinem Wechsel an die Zentrale der Organisation in New York 1985 seiner Nachfolgerin vererbte.

Zu diesem Zeitpunkt war die von Spescha geförderte *Karte* schon länger jenseits des Atlantiks angekommen. 1981 ließ sich der UNICEF-Direktor, James P. Grant, neben einer Peters-Projektion ablichten, die einen neu eingerichteten Sitzungssaal der New Yorker Zentrale schmückte.[426] Zwischen 1982 und 1987 tauchte die Karte dann regelmäßig in den Jahresberichten des Kinderhilfswerks auf.[427] Damit war die Tür auch zu anderen Sub- und Sonderorganisationen der Vereinten Nationen geöffnet. Schon 1979 war Elaine Kuczek, technische Assistentin der Weltgesundheitsorganisation, auf den »Kindermeter« aufmerksam geworden und hatte Peters gebeten, die Karte in Broschüren verwenden zu dürfen. 1981 folgte ihr Einsatz als grafisches Element in »Focus«, dem Bulletin des Sekretariats des General Agreement on Tariffs and Trade (GATT), der Vorgängerinstitution der Welthandelsorganisation. Und wenige Wochen später wurde Peters von der UN-Welternährungsorganisation kontaktiert, die seine Projektion in verschiedenen Info-Materialien verwendete.[428] Schließlich meldete sich auch die Informationsabteilung des United Nations Development Programme (UNDP) bei ihm. Diese verbreitete 1984/1985 eine mehrseitige »Special Peters map brochure«, und zwar (nach eigenen Angaben) in zehn Sprachen und in nicht weniger als 22 »country/NGO-related versions«. Die unter dem doppeldeutigen Titel »Reshaping the World« erschienene Broschüre übernahm Peters' Behauptungen einmal mehr ungeprüft und muss daher nicht näher beschrieben werden.[429] Die Aussendung war dabei das Ergeb-

---

422 Tagebucheintrag vom 12.3.1980, SBB-PK, Nachl. 406, 456.
423 Autorisierte Ausgaben der Peters-Karte, o.D. [Februar 1982], SBB-PK, Nachl. 406, 457.
424 Aufstellung vom 23.9.1982, SBB-PK, Nachl. 406, 459.
425 Tagebucheintrag vom 14.5.1980, SBB-PK, Nachl. 406, 456.
426 Tagebucheintrag vom 22.12.1981, SBB-PK, Nachl. 406, 458.
427 Vgl. UNICEF: *Annual Report* 1982, o.O. 1982, http://www.unicef.org/about/history/files/unicef_annual_report_1982.pdf (19.6.2019).
428 Kuczek an Peters, 29.3.1979, Nachl. 406, 455; Tagebucheintrag vom 22.12.1981, SBB-PK, Nachl. 406, 458; Zeller an Peters, 16.12.1981, ebd.
429 Guntram Ott an Information Section des UNDP, 4.12.1981, SBB-PK, Nachl. 406, 458.

nis einer Debatte innerhalb der Leitungsebene der Organisation über die ernüchternde Bilanz ihrer Informationsabteilung. Der war es nicht gelungen, das »Hilfsklima« substanziell zu verbessern, so der Befund, weshalb auch das UNDP verstärkt darauf setzte, das Image der Organisation in den Geberländern (vor allem Europas) durch eine entschiedener auf die Aufklärung der westlichen Gesellschaften abzielende Öffentlichkeitsarbeit aufzuwerten.[430] Bemerkenswert ist dies, weil im UNDP vor dieser Diskussion – auf Druck der »Drittweltländer« hin – ähnlich grundsätzlich über den Sinn von Entwicklungsbemühungen und die Hilfepraxis *selbst* debattiert worden war. Dabei spielte ein Begriff eine zentrale Rolle, den Spescha und die Schweizerischen UNICEF-Unterstützer als Motto ihrer Peters-Karte aufgriffen. So war auf ihrem Kartenposter der Spruch »Neue Dimensionen. Gerechte Verhältnisse« zu lesen. Und dies spielte unzweifelhaft darauf an, dass der *Deputy Administrator* des UNDP, der indische Ökonom I. G. Patel, zuvor mit der Forderung nach »Neuen Dimensionen« einen Kurswechsel der Organisation eingeleitet hatte, der darin bestand, dass ihre Mittel nicht einfach für die Entsendung auswärtiger technischer Experten verwendet wurden, sondern dafür, lokale Projekte und ortsansässige Fachleute finanziell zu fördern.[431]

Peters' kartografische Richtigstellungen dürften sich vor dem Hintergrund eines solchen Aufgabenverständnisses – einer solchen Aufwertung der einheimischen *Counterparts*, wenn nicht des »indigenen« Wissens schlechthin – geradezu aufgedrängt haben. Um 1980 traf Peters' »Entzerrungsversprechen« also auch transnational auf eine Bereitschaft zur Selbstkritik, die sich sozial und institutionell am besten als Kontinuum begreifen lässt. Dieses reichte von der Neuausrichtung der konkreten Förderlogik internationaler Organisationen in Richtung einer partnerschaftlichen Entwicklungszusammenarbeit über die Pädagogisierung ihrer Informationskampagnen bis hin zu einer radikalen Ethnozentrismus-, ja Rationalitätskritik im Stil der entstehenden Alternativbewegungen.

Ungewohnte Ansichten, neue Einsichten

Es fällt auf, dass die (nicht widerspruchsfreien) Spielarten der Universalismus-Hinterfragung, auf die das hinauslief, oft vom *Eine-Welt-Begriff* zusammengehalten wurden. Peters selbst dürfte ihm spätestens 1979 begegnet sein, als er die Anfrage des Verlegers Hutchinson Benham erhielt, die Karte im Einband des eingangs erwähnten Buchs

---

430 PROGRAMME IMPLEMENTATION OF DECISIONS ADOPTED BY THE GOVERNING COUNCIL AT PREVIOUS SESSIONS. Measures to promote better understanding of the role and activities of UNDP and of the resource needs of the Programme, Governing Council of the United Nations Development Programme. Thirty-second session, June 1985, New York Item 4 (b) of the provisional agenda. 6.5.1985, United Nations Development Programme, Executive Board, Official documents archive, S. 3, 20: http://web.undp.org/execbrd/GC-32nd1985.htm (19.6.2019).
431 Murphy, *Development*, S. 152.

Shridath Ramphals, *One World to Share*, abdrucken zu dürfen.[432] Drei Jahre später erschien die Floskel dann prominent auf einem weiteren UNICEF-Karten-Poster, und zwar in Kombination mit einer Vielzahl der globalistischen Tropen und Bilder der zurückliegenden fünfzehn Jahre. Es dürfte Spescha wenig Mühe gekostet haben, Peters für die Mitwirkung an diesem – für Schulen gedachten – Druckerzeugnis zu gewinnen. Denn das Poster sollte nicht mehr nur die physischen Proportionen der Erde zurecht-, sondern auch die Verdienste der nichteuropäischen Regionen um die »Weltkultur« ins Zentrum der Aufmerksamkeit rücken, ja deren Vergegenwärtigung als eine Überlebensnotwendigkeit der Menschheit darstellen. Hatte Peters' Kooperation mit den Schweizern sich bis dahin in der Anpassung des Formats und der Beschriftungen seiner Karte erschöpft, engagierte er sich nun auch inhaltlich: Der Synchronoptiker half, eine Liste von »Kulturschöpfungen der Völker Asiens und Afrikas vor dem Eintritt Europas in die Geschichte« (wie die Kupfer-Nähnadel und die Trommel) zu erstellen, die auf dem Poster dargestellt werden sollten.[433]

Im Ergebnis war auf der einen Seite des 1982 ausgesandten A0-Bogens unter der Überschrift »Gemeinsames Erbe. Gemeinsame Zukunft« ein Auszug aus der UN-Kinderrechtskonvention zu lesen. Neben diesen Textauszug war das Bild eines im All schwebenden Astronauten montiert, der eine Kamera in Händen hielt und die *Blue Marble* zu fotografieren schien. Die zehn Jahre zuvor lancierte Erdfotografie war ihrerseits flankiert von dem Schriftzug »Wir haben nur *eine* Welt«.[434] Abgedruckt waren zudem Texte in kleinerer Schriftgröße, die den planetarischen Außenblick mit einer kulturrelativistischen Perspektive verknüpften. Zwar, so war hier zu lesen, sei »[m]it der Landung auf dem Mond [...] ein uralter Traum der Menschheit in Erfüllung gegangen«, bei dem nicht nur »neues Wissen, sondern auch eine neue Sicht« möglich geworden sei: »Zum ersten Mal erlebt der Mensch seine vertraute Erde als etwas Ganzes – aber auch als winzig und zerbrechlich. Die Erde: ein kleiner Stern unter unzähligen, aber der einzige, auf dem wir leben können.« Aus der neuen Ansicht ergab sich eine neue »Einsicht«, so der Text, aus dem es sich etwas ausführlicher zu zitieren lohnt, weil er auch zeigt, wie weit der Sinn von *Fullers* Lieblingsmetapher sich Anfang der 1980er Jahre von seinen Ursprüngen entfernt hatte:

> Auf dem Raumschiff Erde bilden alle Menschen, alles was lebt, eine Schicksalsgemeinschaft. [...]. Ob wir Kaffee trinken oder Tee, Reis essen oder Autofahren, immer nehmen wir Leistungen anderer in Anspruch. Die internationale Arbeitsteilung schafft ein dichtes Netz von Kontakten und Verbindungen, die wir im Alltag kaum wahrnehmen, obschon das Wohlergehen aller eng mit ihnen verknüpft ist. Erfahrungen und Erkenntnisse aus allen Weltgegenden bereichern unser Wissen und beeinflussen unser Handeln. Ein reiches Erbe ist im Laufe der

---

432 Peters an Geoffrey Chester 19.1.1979. SBB-PK, Nachl. 406, 455.
433 Liste, o. D. [Februar 1981], SBB-PK, Nachl. 406, 457.
434 Poster *Gemeinsames Erbe. Gemeinsame Zukunft*, o.O. o.D. [1982] [Hervorh. im Orginal].

Jahrhunderte entstanden, zu dem die Völker Asiens, Afrikas und Amerikas ebenso beigetragen haben wie die Europäer. Die Mathematik zu Beispiel wurde vorerst von den Völkern Asiens und Nordafrikas entwickelt, die arabischen Zahlen werden heute fast auf der ganzen Welt benutzt. [...] Aufeinander angewiesen sind wir aber vor allem, weil die Probleme, die uns heute beschäftigen, von globaler Tragweite sind. Fragen der Energie, des Umweltschutzes, der Kommunikation und der Sicherheit sind brennende Fragen für alle Völker. Alle Entscheidungen, von wem sie auch getroffen werden, beeinflussen uns alle. Es kann niemandem mehr gleichgültig sein, ob die Würde und die Rechte des Menschen, ob das Wohlergehen der Weltgemeinschaft oder ob Eigennutz und Egoismus dem Entscheid zugrundeliegen.[435]

Auf der Rückseite des Posters war eine mit Symbolen verschiedener kultureller Artefakte versehene Peters-Karte abgedruckt. Auch sie wurde durch einen Text kommentiert, der weniger eine Wahrnehmungserweiterung als einen Perspektivwechsel anregte, der globale Zusammenhänge erkennen ließ: »Wir können unseren Standort wechseln«, hieß es hier, »[o]ft müssen wir sogar unseren Standort wechseln, um Neues zu verstehen. Die Weltkarte in der Peters-Projektion zum Beispiel zwingt uns zu einer neuen Betrachtungsweise, vielleicht sogar zu einem neuen Weltbild. [...] [Ihre Dimensionen] schaffen ein Bild der Welt, wie sie wirklich ist und führen zu einem neuen Verständnis, das uns als Teil eines Ganzen denken und fühlen lässt.«[436]

Es sollte in diesem Zusammenhang nicht unerwähnt bleiben, dass derlei relativistische Pädagogik manchen Korrespondenzpartnern Peters' problematisch erschien, die mit der Sache der »Dritten Welt« grundsätzlich sympathisierten. So leitete ihm die Redaktion der Zeitschrift »Afrika« im Jahr 1977 einen Brief von Jürgen Germer weiter, einem ehemaligen deutschen Botschaftsmitarbeiter in Afrika. Der machte sich lustig über Peters' Absicht, für »andere« zu sprechen, ohne deren Meinung zu hören. Die Selbstbezichtigung des »Nordens« im Interesse des »Südens« werde dort irritiert zur Kenntnis genommen: »Meine afrikanischen Freunde verstehen [es] auch nicht: ›The ›new Africa?‹ We want the old Africa-Map.«[437] Der Schriftsteller, Journalist und Umweltaktivist Horst Schlötelburg, der sich mit Peters einen humorvollen postalischen Schlagabtausch lieferte, betonte eher den Widerspruch zwischen Ökologie und Umverteilung, der mancher »selbstzerknirschte[n] Propaganda« zugunsten des »Südens« innewohne: Wo das »mea culpa« der westlichen Welt nicht schlicht den edlen Wilden wiederentdecke, bahne es argumentativ der globalen Industrialisierung den Weg. Das aber sei angesichts begrenzter Ressourcenvorräte wenig sinnvoll. Es gelte, den Weg der »westlichen Welt als einmalige Kulmination einer Fehlentwicklung an[zu]sehen«.[438]

---

435 Ebd.
436 Ebd.
437 Germer an Henkel Schork, 19.4.1977, SBB-PK, Nachl. 406, 454.
438 Schlötelburg an Peters, 14.5.1979, SBB-PK, Nachl. 406, 456.

Vorwürfe dieses Typs dürften an den »glokalistischen« Unterstützern Peters' abgeglitten sein. Bei ihm selbst trafen sie aber in Schwarze. Denn trotz seiner datengestützten Beschäftigung mit einer asymmetrischen Weltwirtschaft – und trotz einer zunehmenden ökologischen und wachstumskritischen Sensibilität – lief Peters' Haltung auf einen bestenfalls milden Revisionismus der Industriegesellschaft hinaus. Ohnehin von einer Spannung zwischen sozialistischer Fortschrittsgewissheit und einem gewissen »Spenglerismus« gezeichnet, ging seine Zivilisationskritik nie so weit wie die vieler seiner KundInnen. Auch in den 1980er Jahren thematisierte Peters globale Verhältnisse als Ausbeutungsverhältnisse, nicht als Interdependenzen in einer begrenzten Welt. Allerdings spielte er im Sommer 1979 kurzzeitig mit dem Gedanken einer großangelegten Bestandsaufnahme der Welt, ihrer Menschen und Ressourcen.[439] Er stellte sie sich als Grundlage einer neuen »Gesellschaftslehre« vor, die »weltweit, umfassend, auf der Solidarität aller Menschen beruhend und auch deren Eingebundenheit in die Natur berücksichtigend« forschen sollte.[440] Es sollte jedoch bis in die 1990er Jahre dauern, bis daraus eine ökonomische Studie zum »Äquivalenzprinzip« wurde.

Geokulturelle Visionen in Oxford

Dieses Projekt blieb liegen, weil sich Peters eine neue Gelegenheit bot, die KartografInnen von seiner Karte zu überzeugen und zugleich den anglophonen Markt für sie aufzuschließen. Anfang 1977 war Pamela Gruber, die die Öffentlichkeitsarbeit der großen britischen Hilfsorganisation Christian Aid leitete, von der Pressestelle für Weltmission auf deren Kartenposter aufmerksam gemacht worden.[441] Im April verbreitete die britische NGO bereits ein eigenes Kartenposter, das unter anderem der »Guardian« positiv besprach, obwohl alle deutschen Ortsbezeichnungen und nicht zuletzt die problematischen Staatsgrenzen der Originalkarte übernommen worden waren.[442] Im Sommer 1980 reiste Peters nach England, um dort über eine Nutzung seiner Karte durch den »New Internationalist« zu verhandeln.[443] Die 1973 gegründete, von Christian Aid und Oxfam mitfinanzierte, vergleichsweise linke, Monatsschrift hatte eine große Ausstrahlung in britische entwicklungspolitische Kreise. Peters gefiel darüber hinaus, dass die »idealistischen Köpfe« der Redaktion, die er in Wallingford nahe Oxford aufsuchte, als Kooperative ohne Chefredakteur arbeiteten.[444] Allerdings stand schnell fest, dass die kleine Redaktionsgruppe die angestrebte Übersetzung der Kartenbeschriftungen ins Englische nicht alleine würde stemmen können. Man einigte sich daher auf eine Kooperation mit der finanzstärkeren Londoner Third World Media Group, die die

---

439 Tagebucheintrag vom 3.8.1979, SBB-PK, Nachl. 406, 456.
440 Undatierte Entwürfe [März 1981], SBB-PK, Nachl. 406, 457.
441 Gruber an Peters, 11.4.1980, SBB-PK, Nachl. 406, 456.
442 Europe cut down to size, in: *The Guardian*, 15.5.1977.
443 Tagebucheintrag vom 26.6.1980, SBB-PK, Nachl. 406, 456.
444 Tagebucheinträge vom 24. und 25.6.1980, SBB-PK, Nachl. 406, 456.

Karte für ihre Zeitschrift »South« nutzen wollte. Schließlich kam es zur Produktion einer Auflage von 60.000 Kartenexemplaren, die die Käufer des »New Internationalist« im Juni 1983 als Gratisbeilage erhielten.

Da war Peters bereits ein zweites Mal nach England gereist, um im Rahmen eines mehrtägigen Symposiums zu sprechen, das die UN-Universität (UNU) am liberalen Robinson College in Cambridge ausrichtete. Unter dem Titel »Geo-Cultural Visions of the World« sollte es Repräsentanten der »wichtigsten alternativen prägenden Schulen des Denkens und Handelns in verschiedenen geokulturellen Gegenden der Welt« zum Austausch über die »menschliche und soziale Entwicklung« zusammenbringen.[445] Schon die Struktur der Veranstaltung, die der ägyptische Politologe und Panarabist Anouar Abdel-Malek im Rahmen des UNU-Projekts »Socio-Cultural Development Alternatives in a Changing World« organisierte, verkörperte also die kulturalistische »Eine Welt«-Idee, die zeitgleich auch die Zürcher UNICEF-Unterstützer mit Peters' Hilfe verbreiteten. Dem dürfte zugesagt haben, dass die Vorträge der Referenten, von denen viele aus der »Dritten Welt« kamen, entschieden interdisziplinär und allgemeinverständlich angelegt waren, denn das sollte Synergien zwischen der Entwicklungsexpertise verschiedener Weltregionen anstoßen: »[D]ie ›Anderen‹ anzuerkennen und beide Seiten des Flusses zu verstehen«, das sei nur der erste Schritt in die richtige Richtung, so die Handreichung der Veranstalter. Die entscheidende Frage sei: »Could the different geo-cultural visions of the world lead to a unified vision?«[446] Peters' Vortrag bejahte dies und forderte dazu auf, die »Einseitigkeit, die Arroganz und Enge unserer gegenwärtigen Sicht der Welt« zu transzendieren, da dies jeder »wirklich revolutionären Umorientierung« vorausgehen müsse:

> Other nations and civilizations have other ways of life, a different order of values. Their full integration into our worldview opens our eyes to the standards and values of those peoples – a majority of the world – who are non-Western. It takes away the foundation of our arrogance and the good conscience of our selfishness. Thus, our view of the world gets a decisive correction at a moment when we are so much in need of it, in order to develop a new mentality and new patterns of behavior.[447]

Peters freute sich über die internationale Zusammensetzung des Symposiums, aber wichtiger war für ihn ein Gespräch mit dem Organisator der Veranstaltung. Abdel-Malek brachte nämlich die Idee ins Spiel, Peters' kartografietheoretische Überlegungen durch die UN-Universität zu veröffentlichen. Peters erfuhr jedoch bereits wenige

---

445 Presentation of the UNU Socio-Cultural Development Alternatives in a Changing World, o.D. [1982] SBB-PK, Nachl. 406, 459, S. 1.
446 Ebd., S. 8.
447 Ich zitiere aus der Druckfassung: Arno Peters: *Space and Time. Their Equal Representation as an Essential Basis for a Scientific View of the World. Raum und Zeit. Ihre paritätische Darstellung als unabdingbare Prämisse eines wissenschaftlichen Weltbildes*, New York/Klagenfurt 1985, S. 39.

Tage nach Unterzeichnung einer entsprechenden Vereinbarung, dass sein Manuskript professionell begutachtet werden sollte. Das versuchte er erfolglos zu verhindern.[448] Obwohl sich die Universität, die offenbar mit einem reinen Literaturbericht zur Kartografie gerechnet hatte, daraufhin von dem Projekt distanzierte, mochte Peters nicht auf einen Hinweis im Klappentext seines 1983 auf Deutsch und Englisch verfassten Buchs *Die neue Kartographie. The new cartography* verzichten, die UNU habe es in Auftrag gegeben.[449] Bei seinen Sympathisanten dürfte ihm das kaum geholfen haben. Zumal Peters mit der Publikation, die seine alte Kartenqualitätenliste lediglich um neue Anforderungen ergänzte, Mitte der 1980er Jahre einen zweiten Sturm der Entrüstung unter den Kartografen entfachte, diesmal auch in den USA. Diese zweite Kontroverse unterschied sich allerdings dadurch von der ersten, dass die Experten sich erstmals ernsthaft damit auseinandersetzten, warum und bei wem Peters mit aus ihrer Sicht hanebüchenen Argumenten so gut ankam.

Alte Feinde

Die DGfK fasste Peters' Projektions-»Lehre« ganz richtig als Kriegserklärung auf, die sie nun erstmals gewissermaßen offiziell, als Berufsverband, annahm. So schaltete sie 1983 zunächst eine doppelseitige, von Heinz Pape, dem Präsidenten der Gesellschaft, gezeichnete Anzeige zur »sogenannten Peters-Projektion« im »Börsenblatt für den deutschen Buchhandel«. Die Anzeige insinuierte, dass »massive Geschäftsinteressen« hinter »Dr. Peters'« die Öffentlichkeit verunsichernden Invektiven und pseudowissenschaftlichen Ausführungen stünden.[450] Zwei Jahre später verschärfte die DGfK diesen Vorwurf in einer gemeinsam mit dem Verband der Kartographischen Verlage und Institute lancierten zehnseitigen Broschüre, die allerlei Multiplikatoren der Peters-Karte in Massenmedien und Behörden der Bundesrepublik zugesendet wurde, aber auch Willy Brandt in der Bonner SPD-Bundesgeschäftsstelle und dem Bremer Überseemuseum.[451] Darin wurde manch ältere »technische« Kritik an Peters' Projektion wiederholt. Schwerpunktmäßig legte die Broschüre aber nun dessen »Taschenspielertricks« offen, wie es hieß. Wie schon der Titel *Ideologie statt Kartographie. Die Wahrheit über die*

---

448 Tagebucheintrag vom 23.4.1982, SBB-PK, Nachl. 406, 459
449 V. Krishnadasan an Ott, 26.3.1985, SBB-PK, Nachl. 406, 411. Arno Peters: *Die neue Kartographie. The new cartography*, Klagenfurt u.a. 1983. Allerdings schmückte eine Peters-Karte dann doch die Cover mehrerer Publikationen der von Malek herausgegebenen Buchreihe »The Transformation of the World«: Vgl. etwa Anouar Abdel-Malek: *Culture and Thought*, London/Basingstoke 1983, und Mike Gonzalez/Salustiano del Campo Urbano/Roberto Mesa (Hg.): *Economy and Society in the Transformation of the World*, London/Basingstoke 1984.
450 *Börsenblatt für den Deutschen Buchhandel* 39 (1983), S. 528f. Vgl. auch: Die sogenannte Peters-Projektion. Eine Stellungnahme der Deutschen Gesellschaft für Kartographie, in: *Kartographische Nachrichten* (1982), H. 1, S. 33–36.
451 DGfK, *Ideologie*. Siehe zudem die Briefwechsel in SBB-PK, Nachl. 406, 541.

›Peters-Weltkarte‹ andeutet, äußerte sich das in allerlei ironisierenden Anführungszeichen, die den »Etikettenschwindel des ›Universalhistoriker[s]‹ Arno Peters« entlarven sollten. Darüber hinaus zielten die (anonymen) Autoren darauf ab, dessen Vorwurf des Ideologiegehalts anderer Weltkarten an ihn selbst zurückzuspielen. Vor allem wurde Peters' Fixierung auf die Flächentreue auseinandergenommen. Wenn er diese zur »paritätischen Darstellung« umdeute, dann suggeriere er, allein seine Karte messe allen Staaten das richtige »politische Gewicht und wirtschaftliche Entwicklungspotenzial« bei und sei entsprechend Ausdruck der »›Gleichrangigkeit und Gleichwertigkeit aller Völker der Erde‹ = ›Gleichberechtigung‹.« Diese Gedankenkette »in der ›besten‹ Tradition eines längst überwundenen geopolitischen Determinismus« mache aber glauben, das »komplexe Problem der Unterentwicklung und des Nord-Süd-Gefälles« lasse sich qua »›Darstellungsmethode‹« lösen. So bagatellisiere man dieses Problem jedoch nur, was übrigens erkläre, warum Peters' Karte bislang in der »Dritten Welt« auf wenig Gegenliebe gestoßen sei. Dass »kirchliche und politische Organisationen« sich hingegen begeistert von ihr zeigten, wurde auf Peters' »ausgeklügelte Verkaufsstrategie« zurückgeführt. Er stilisiere sich als sympathischer Außenseiter, der so an das »Verantwortungsbewußtsein und das soziale Gewissen« dieser Gruppen andocke.[452]

Offenbar ging die Strategie der Kartografenkampagne trotzdem nicht auf. Wahrscheinlich half es nicht, dass die DGfK den angeschriebenen Organisationen ihre Expertise in Kartendingen anbot, ohne zu begreifen, wie herablassend es wirken musste, wenn man beispielsweise dem Deutschen Komitee für UNICEF ein bereits vorformuliertes Protestschreiben an Peters mitsandte.[453] Während der ARD-Programmdirektor Dietrich Schwarzkopf auf das Schreiben des Verbands leicht genervt reagierte,[454] notierte ein Sachbearbeiter im Bundespresseamt an dessen Rand, es sei selbst »nicht frei von Polemik«.[455] Einzelne Empfänger sahen sich gar »massiv beleidigt« von der DGfK.[456] Die Funktionäre hatten offensichtlich kaum darüber nachgedacht, woher das schlechte Gewissen rührte, das Peters aus ihrer Sicht ausschlachtete. Sie fragten sich also nicht, *warum* sich mit der »Entwicklungsbetroffenheit der Industrieländer« überhaupt ein »Riesengeschäft« machen lasse.[457] Kein Wort fiel zur Frage, ob die von der DGfK »aufgeklärten« Organisationen womöglich weniger Opfer Peters' als vielmehr Mittäter waren, die bewusst auf dessen Karte zurückgriffen, um ein Betroffenheitsgefühl künstlich zu erzeugen. Die Kommunikationsabteilungen der entsprechenden Organisationen scheinen überhaupt ein realistischeres Bild vom Nutzen von Geovisualisierungen in entwicklungspolitischen Zusammenhängen gehabt zu haben, wenn nicht von den Mechanismen, mit denen man in der Mediengesellschaft Aufmerksamkeit generierte.

---

452 DGfK, *Ideologie*, S. 7, 9f., 10.
453 DGfK an Gisela Eckhardt, 22.3.1985, SBB-PK, Nachl. 406, 541.
454 Schwarzkopf an die DGfK, 17.1.1986, DRA, NC 1069/A44.
455 DGfK ans BPA, 3.5.1983, Blaue Marginalie, BArch, B/145/9653.
456 Siehe die Kopien entsprechender Schreiben vom 5.3.1985, SBB-PK, Nachl. 406, 541.
457 DGfK, *Ideologie*, S. 10.

Abb. 7.10: Cover der DGfK-Broschüre (1985, Ausschnitt)

Zwar war auch die Kartografenbroschüre mit einem plakativen Titelblatt versehen, das eine in Rot durchgekreuzte, stilisierte Peters-Karte zeigte (Abb. 7.10). Aber zum einen unterstrich das unfreiwillig nur noch deren ikonischen Charakter. Im Vergleich mit den Druckerzeugnissen, gegen die sie argumentierte, musste zum anderen ironischerweise auffallen, dass die mit der Schreibmaschine getippte und xerokopierte Broschüre der Profikartografen geradezu amateurhaft gestaltet war.

Neue Freunde

Immerhin dürfte die Kampagne der deutschen Kartografen dazu beigetragen haben, dass die Kritik an der Peters-Karte sich nun fast genauso schnell verbreitete wie diese selbst. Zumal der Verband dafür sorgte, dass eine Übersetzung seiner Stellungnahme zur Peters-Karte, nebst einem Verriss derselben von John Loxton, 1985 im Hausjournal der British Cartographic Society erschien,[458] womit auch die englischsprachigen Kollegen jenseits des Atlantiks gewarnt waren. Tatsächlich hatte Peters wenig Energie in die Eroberung Amerikas gesteckt, trotz seines zeitlebens distanziert-faszinierten Verhältnisses zu den USA. Zwar hatte er 1975 auch einen Vertriebsweg für (deutschsprachige) Kartenposter in die USA organisiert, nachdem einer Erwähnung seiner Projektion in der »Herald Tribune« entsprechende Anfragen gefolgt waren.[459] Einzelne Kunden belieferte Peters auch direkt, allen voran das Bostoner »World Paper«, das sich auf Nachrichten zu globalen Kommunikationsverhältnissen spezialisiert hat-

---

[458] John Loxton: The Peter's Phenomenon, in: *Cartographic Journal* 22 (1985), S. 106–108; The so-called Peters Projection, in: ebd., S. 108–110.
[459] Tagebucheintrag vom 27.8.1979, SBB-PK, Nachl. 406, 456.

te.⁴⁶⁰ Aber ins Rollen gebracht wurde der Ball erst durch Arthur O. F. Bauer, den Kommunikationsdirektor des amerikanisch-kanadischen Dachverbands Lutheran Church in America in New York. Dieser hatte 1978 während einer Reise nach England eine kleine Zahl von Exemplaren des Christian Aid-Posters erstanden und auf eigene Faust weiterverkauft.⁴⁶¹ Sein Interesse an Peters' Werk wuchs noch einmal, als ein Besucher aus Hamburg ihm zwei Jahre später das Kartenpuzzle und -poster der Weltmission vorführte.⁴⁶² Bauer ließ sich also 1982 an Hartwig Liebich, den Leiter der »Kommunikations-Kommission« des EMW, vermitteln, der den Kontakt mit Peters herstellte.⁴⁶³ Der zögerte nicht, dem Amerikaner verschiedene Varianten der Karte vorzustellen und Kostenvoranschläge zu machen.⁴⁶⁴ Auch Bauer wurde daraufhin schnell klar, dass seine Abteilung in den avisierten Dimensionen nicht operieren konnte.⁴⁶⁵ Deshalb machte er seine Kollegen im Leitungskomitee des Hausverlags des ökumenischen National Council of Churches (NCC) auf die Karte aufmerksam.⁴⁶⁶ Die Reaktion der Friendship Press war zunächst verhalten: Peters' Produkt erschien als zu esoterisch und entsprechend unverkäuflich. Aber nach Gesprächen mit europäischen Kollegen erwärmte sich der Programmplaner des Verlags, Ward Kaiser, für die Karte. Er überzeugte seine Kollegen davon, die amerikanischen Rechte zu erwerben. Im Juli 1983 flog er für die Unterzeichnung eines Vertrags zu Peters nach Bremen.⁴⁶⁷ Es entwickelte sich eine Freundschaft, die bis zu Peters' Tod halten sollte.⁴⁶⁸ Anfang 1984 konnte Bauer diesem berichten, dass der kommerzielle Vertrieb in den USA anlaufe, nachdem seine Karte, die von den Amerikanern meist als »North-South-Map« bezeichnet wurde, zunächst als Gratisexemplar an alle Lutherischen Gemeinden der USA versendet worden war.⁴⁶⁹ Kaiser füllte derweil seine Pressemappe mit Dutzenden positiven Zuschriften und Besprechungen etwa im »Harper's Magazine«, dem »Boston Globe«, in »Science« und in der Zeitschrift »Christianity Today«.⁴⁷⁰

Allerdings folgte nur wenig später eine vernichtende Kritik Arthur Robinsons, des ehemaligen Präsidenten der International Cartographic Association, im »American Cartographer«.⁴⁷¹ Robinson musste sich schon als Entwickler eines eigenen, vermittelnden Weltkartennetzentwurfs, der »Robinson-Projektion«, besonders vom deut-

---

460 Broschüre des »World Paper«, SBB-PK, Nachl. 406, 455.
461 Bauer an Robinson, 11.6.1984, Laurier Archives (LAW), Ward Kaiser Fonds S750, Box 1, 1.1.
462 Bauer an das Missionswerk, 2.10.1980, LAW, S750, Box 1, 1.7.
463 Bauer an Robinson, 11.6.1984, LAW, S750, Box 1, 1.1.
464 Peters an Bauer, 6.1.1982, LAW, S750, Box 1, 1.7.
465 Bauer an Peters, 5.8.1982, LAW, S750, Box 1, 1.7.
466 Bauer an Kaiser, 5.8.1982, LAW, S750, Box 1, 1.7.
467 Memorandum für das Executive Committee des WCC, 9.5.1982, LAW, S750, Box 1, 1.7.
468 Kaiser hielt offenbar eine Grabrede auf Peters: LAW, S750, Box 2, 3.1.1
469 Bauer an Peters, 27.2.1984, LAW, S750, Box 1, 1.7.
470 Siehe die Ausschnitte in LAW, S750, Box 4, 3.6.
471 Arthur H. Robinson: Arno Peters and His New Cartography, in: The American Cartographer 12 (1985), S. 103–111.

schen Welt-Bildner herausgefordert fühlen. Wie angedeutet, hatte Robinson (der nur ein Jahr älter war als Peters, was es Ward Kaiser erlauben sollte, ihn werbewirksam zu dessen Gegenspieler zu stilisieren) zudem als junger Mann in relativer institutioneller Nähe zu Fuller an der Visualisierung des »One World War« mitgewirkt, nämlich im Office of Strategic Services (OSS). Robinson kannte die Argumente für und wider die Mercator-Projektion also nur zu gut. Er war daher sicher, dass Friendship Press auf die »Strohmänner« der Peters'schen Karten-»Qualitäten« hereingefallen war. Und so erledigte Robinson diese eine nach der anderen mathematisch. Normalerweise, so sein Urteil, seien KartografInnen gut beraten, solchen »Blödsinn« einfach zu ignorieren. Da sich Peters aber gar nicht an die Profession, sondern an eine breite Öffentlichkeit wende, drohe echter Schaden zu entstehen. Auch in dieser Hinsicht wusste Robinson, wovon er sprach. Denn er regte seine KollegInnen schon seit geraumer Zeit dazu an, die Interaktion der NutzerInnen mit Karten schon im Entwurfsprozess zu reflektieren und zwar auf Basis aktueller kommunikationswissenschaftlicher Erkenntnisse. Robinson pflichtete Peters daher sogar bei, dass es eine Peinlichkeit sei, wenn im Set-Design von Nachrichtensendern wie ABC und NBC und in den »Besprechungszimmern des Außenministeriums und des Pentagon« die Mercator-Karte auftauche. Umso problematischer sei es, dass es Peters überlassen bleibe, andere als Ethnozentristen zu verurteilen, anstatt die Debatte über die Eignung verschiedener Karten für unterschiedliche Zwecke aktiv voranzutreiben.[472]

Allerdings hatte Robinson seine Angaben zur Verbreitung der Peters-Karte selbst einem Aufsatz entnommen, der sich gerade *nicht* an die Fachgemeinschaft richtete: Miklos Pinther, Leiter der Kartografie-Abteilung der Vereinten Nationen, hatte in den »Secretariat News« der UN die »mediale Flutwelle«, die durch die Marketingkampagne von Friendship Press erzeugt worden sei, als umso bemerkenswerter bewertet, als deren Behauptungen zur Peters-Karte überwiegend falsch seien. Pinther riet von einer Übernahme derselben durch die Organisationen der Vereinten Nationen ab.[473] Aber wie als Bestätigung von Robinsons Sorge folgte Pinthers Artikel einige Monate später eine Erwiderung Paul Boyds, eines Mitarbeiters der UNDP-Informationsabteilung, der eine solche Verwendung verteidigte, und zwar wegen der Eigenschaft der Peters-Karte, »Menschen unsere Welt in Nord-Süd-Kategorien neu denken zu lassen«. Die Peters-Karte, so Boyd, könne Experten wie Pinther sicher nicht überzeugen. Aber ganz »normalen Menschen« verabreiche sie »eine gute Anfangsdosis Entwicklungsbildung«.[474] Es handelte sich um das gleiche Argument, das auch die Lutheran Church-Mitarbeiter in Reaktion auf manch zornigen Brief vorbrachten, der auch sie erreichte. Man sei sich völlig darüber im Klaren, dass die Peters-Karte De-

---

472 Ebd., S. 105, 109.
473 Miklos Pinther: The View of our World, in: *Secretariat News*, 31.1.1985, S. 5–7, hier S. 7.
474 Paul Boyd: Peters Map, *Secretariat News*, 23.8.1985, S. 2.

fizite habe. Aber das schmälere nicht ihre Bedeutung als »effektives Instrument, das Leute über sich und die Welt anders nachdenken lässt«.[475]

Zu wichtig für die Profis

Ward Kaiser leistete sich in den nächsten Jahren denn auch geradezu lustvoll eine Vielzahl kleiner Gefechte mit den Kartografen. Einen konkreten Anlass dazu bot die Tatsache, dass sein 1987 erschienenes Handbuch zur Peters-Karte, *A New View of the World*, den Eindruck erweckte, der »Bulletin« des American Congress for Surveying and Mapping (ACSM) habe sich 1978 für diese ausgesprochen, obwohl faktisch das Gegenteil der Fall war.[476] Tatsächlich handelte es sich um einen Zitierfehler; bei dem von Kaiser wiedergegebenen, vermeintlichen Lob handelte es sich um ein Zitat aus dem erwähnten Artikel des Bundespresseamt-»Bulletins«.[477] Fast scheint es, als habe auch Kaiser manchen »Taschenspielertrick« angewandt. So zeigte sich John P. Snyder, der Vorsitzende der American Cartographic Association (ACA), unglücklich darüber, dass Kaiser ihn ohne den (negativen) Kontext mit den Worten zitiert hatte, Friendship Press sei mit der Karte ein echtes »Kunststück« gelungen.[478] Kaiser allerdings war von der Kritik der Kartografen auch deshalb unbeeindruckt, weil für ihn als Verleger die nunmehr sechzehn Millionen verkauften Exemplare der Peters-Karte eine eigene Sprache sprachen, aber auch die vielen Leserbriefe, mit denen Leute ihm für die Korrektur ihrer verzerrten Weltsicht dankten.[479] Es war Kaiser auch nicht verborgen geblieben, dass dieses Anliegen ersten bundesstaatlichen Erziehungsbehörden der USA wichtig schien. Nachdem die NGO Broader Perspectives die Peters-Karte einem Ausschuss des Texas State Board of Education präsentiert hatte, gab dieses im März 1987 bekannt, die Mercator-Karte ganz aus dem Schulunterricht verbannen zu wollen.[480]

Aber Kaiser war alles andere als ein Verfechter des *einen*, einzig »wahren« Weltbilds. Im Gegenteil regte sein Buch zur Peters-Karte dazu an, mithilfe einer Vielzahl visueller Medien die eigene Perspektive zu »dezentrieren«. Kaiser fand es aufregend, in einer

---

475 Gerald Currens an Jon M. Leverenz, 27.5.1986, LAW, S750, Box 1, 1.7.2.
476 Ward L. Kaiser: *A New View of the World. A Handbook to the World Map: Peters Projection*, New York 1987, S. 10.
477 Richard F. Dorman an Audrey Miller, 4.12.1987, LAW, S750, Box 1, 1.7.2.
478 Snyder an Kaiser, 6.4.1988, LAW, S750, Box 1, 1.3. Snyder rächte sich, indem er bewusst im »Christian Century« einen Artikel mit einer absichtlich bizarren, sanduhrförmigen, entsprechend unbrauchbaren, aber eben flächentreuen Projektion veröffentlichte (Social Consciousness and World Maps, in: *The Christian Century*, 24.2.1988, S. 190–192). Aber Snyder nahm Robinsons Anregungen durchaus ernst, indem er ein ACSM-Komitee zum Thema Kartenprojektionen in der Öffentlichkeit gründete. In dessen Auftrag wurde im Juni 1988 in Cleveland die Veranstaltung »Mapping and Social Education: A Seminar on the Peters Projection« ausgerichtet, die Kartografen und Kirchenleute miteinander ins Gespräch brachte: Mapping and Social Education: A Seminar on the Peters projection, in: *ACSM-Bulletin*, Juni 1988, o.S.
479 Kaiser, *View*, S. 26.
480 Ebd., S. 27.

Zeit zu leben, in der die Menschheit die Erde regelrecht wiederentdecke. Damit meinte er einerseits neue technische Verfahren, denen man eine immens verbesserte Kenntnis der Oberfläche und Atmosphäre des Planeten verdanke. Andererseits schienen ihm die Reflexionen über »Wege, die Welt zu betrachten, [und] neue Wahrnehmungen dessen, was mathematische und wissenschaftliche Realitäten bedeuten« zuzunehmen.[481] Und das war in einer zusammenwachsenden Welt von größter Bedeutung: »We have come to recognize that people first shape their maps, then their maps shape them. We owe it to ourselves to be aware of the messages maps send, [...] and to judge those messages from a consciously held system of values.« Karten könnten also sowohl als »Spiegel unseres Bewusstseins als auch als pädagogisches Hilfsmittel« fungieren. Die Dekodierung ihrer Bedeutungen und die Analyse ihrer wahrnehmungsprägenden Wirkung könnten zu einer »positiven Weltzukunft anstelle der kolonialen Vergangenheit« beitragen. Für Kaiser, der seinen engen Kontakt mit Peters nicht verschwieg, war es genau diese Absicht – und *nur* sie –, die dessen Karte so zeitgemäß machte. Zwar reproduzierte der amerikanische Verleger durchaus manche Aussagen des »deutschen Historikers, dessen Werk die Gleichheit aller Völker betont«, wie er ihn nannte. Aber Kaiser konstatierte im Unterschied zu diesem: »[T]he perfect map has not existed«. Peters' Karte weise sogar besonders große Verzerrungen auf. Das machte sie für die Orientierung der Seefahrer oder die Synopsen der »Militärstrategen« zwar unbrauchbar, so Kaiser polemisch. Aber eben diese Eigenschaft erlaubte es anderen, einen »Dritte-Welt-Fluchtpunkt« zu bilden. Was den einen, den »Völkern [...] Asiens, Afrikas und Lateinamerikas« also einen »verstärkten Identitätssinn« verschaffe, sensibilisiere die anderen für die »Botschaften, die Karten vermitteln«. Umgekehrt bedeutete dies: Erst im *Vergleich mit anderen Karten* half die Peters-Projektion Annahmen wie jene zu widerlegen, »dass Nationalismus und Ethnozentrismus oder sogar Rassismus [...] auf geografischen Fakten gründen«. Kaiser ließ trotzdem kein gutes Haar an den Kartografen. Für ihn waren sie zu »elitär«. Sie hatten ein »Spezialisierungsniveau« erreicht, das sie alles ablehnen ließ, was aufgrund ihrer mathematischen Fachräson durchfiel. Dabei seien »Bilder – Bilder der eigenen Volksgruppe und die anderer Völker der Erde [...] eine Angelegenheit, die die Aufmerksamkeit aller« verdiene: »It is too important to be left to the professionals.«[482] Kaisers Aufruf kehrte Robinsons Empfehlung an seine Kollegen, nicht den Laien die Initiative bei der öffentlichen Debatte über kartografisch kommunizierte Weltbilder zu überlassen, also geradezu um.

Dass Kaiser selbst eine gewisse Spezialistenautorität an den Tag legte, indem er auf didaktische Möglichkeiten einging, eine »neue Weltsicht« zu vermitteln, war aber nur auf den ersten Blick widersprüchlich. Denn Kaiser empfahl, sich mit verschiedenen, auch historischen, Karten kritisch auseinanderzusetzen, und dies am besten im Rahmen eines informellen Gruppen-Settings. Wie anderen Exponenten der *Global Edu-*

---

481 Ebd., S.1.
482 Ebd., Zitate auf S. 14, 9, 6, 10, 22, 12, 18.

cation und den westdeutschen Entwicklungspädagogen, schwebten ihm zudem multiperspektivische Rollenspiele vor. Darunter war eines, dessen TeilnehmerInnen sich in einen Studenten aus der Sowjetunion hineinversetzen sollten – einen Studenten, der sich zu vergegenwärtigen versuchte, dass die Angst der Amerikaner vor der UdSSR von deren unverhältnismäßig großer Reproduktion auf amerikanischen Karten herrühre. In einem anderen Spiel sollte man sich in einen Inder hineinfühlen, der gerade entdeckte, dass Indien viel größer als gedacht sei und dass das Land nicht im Rot des *British Empire* abgebildet werde müsse. Die Diskussionen, die solche Spiele initiieren sollten, so Kaiser, wiesen dann zwangsläufig über Kartografie hinaus und stimulierten Fragen wie: »How can we, as individuals or as a group, contribute to the shaping of [the] future?« Bei aller Rhetorik der Perspektivenerweiterung suggerierte auch Kaiser letztlich, dass die Antwort auf diese Frage im kritischen Blick auf die Konsumgesellschaft westlichen Typs liege. Was es den Lernenden aber vor allem auszutreiben galt, war die Gewissheit, dass man eine Mission in der Welt habe, nämlich anderen »vorzuschreiben, was sie glauben sollen, wie sie die Dinge angehen sollten, wie sie ihre Politik steuern, welche Wirtschaftsweise am besten für sie ist, wieviel Weizen oder Pepsi sie von uns kaufen sollen«. Auch Kaiser erkannte in der Stimulation von »Weltbewusstsein« darüber hinaus eine Chance zur individuellen Ermächtigung *und* informellen Vernetzung altruistisch gesinnter Gruppen von Lehrern, Freiwilligenorganisationen, von »Gemeindegruppen, die sich mit Zentralamerika befassen oder mit Rassenbeziehungen und Friedensaktivismus« oder auch »Frauengruppen in Kirchen und Synagogen«.[483]

Ein kommunistisches Weihnachtsgeschenk

Peters selbst konnte allerdings nur mithilfe von Experten zwei Jahre später endlich das Atlas-Projekt fertigstellen, das seit Mitte der 1960er Jahre den Anlass für nahezu alle seine Versuche gebildet hatte, die »öffentliche Meinung« zu beeinflussen. Von der Idee, die SWG weiter zu »verräumlichen«, also die Geschichte *und* Gegenwart der Länder der Erde »paritätisch« darzustellen, war am Ende wenig übriggeblieben. Gemessen an diesem Ursprungsvorhaben war der *Peters Atlas*, der 1989 zuerst auf Englisch und 1990 auf Deutsch und in einer Reihe anderer europäischer Sprachen erschien, geradezu konventionell.[484] Seine erste Hälfte bildeten 43 topografische Karten, die andere bestand aus nicht weniger als 246 »sprechenden Erdkarten«, wie Peters sie nannte. Dabei handelte es sich um thematische Weltkarten, die einzelnen Aspekten der Bereiche »Natur, Mensch, Gesellschaft«, so die Überschrift zu diesem Buchteil, gewidmet waren. Dabei lag der Schwerpunkt auf sozialer Ungleichheit, wie es der Arbeitstitel der englischen Ausgabe, »Peters

---

483 Ebd., S. 35, 34, 29.
484 *Peters Atlas of the World*, Harlow 1989; *Peters Atlas. Alle Länder und Kontinente in ihrer wirklichen Größe*, Vaduz 1989.

Equality Atlas«, deutlicher machte.[485] »Equality« hieß aber auch: Es wurde für beide Atlas-Hälften nahezu ausschließlich die flächentreue Peters-Projektion verwendet. Die topografischen Kartenausschnitte waren überdies allesamt im gleichen Maßstab gehalten.

Wenn der Atlas Verkaufserfolge feierte, dann lag das dennoch daran, dass Peters eingesehen hatte, dass er dieses Projekt nicht alleine stemmen konnte. Im Zuge der Kooperation mit verschiedenen Vertragspartnern hatte er sich von seinen radikaleren Ideen verabschieden müssen. Die »Basiskarten« des Atlas waren von der Firma Kümmerly+Frey in Bern hergestellt worden, die dafür computergestützte Verfahren und geodätische Daten der Zürcher Eidgenössischen Technischen Hochschule heranzog. Die thematischen und Geländekarten waren vom britischen Kartografie-Dienstleister Oxford Cartographers, einem Subunternehmen des traditionsreichen Londoner Kartografie-Verlags Cook, Hammond & Kell, erstellt worden, mit dessen Chefkartograf Terry Hardaker Peters schon bei der »New Internationalist«-Karte kooperiert hatte.[486] Die Auslandsausgaben des Atlas' hatte Peters an die Verlage Random House (USA), Longman (Vereinigtes Königreich), Rizzoli (Italien), Édition Larousse (Frankreich) und Politikens forlag (Dänemark) lizensiert. Diese Verlage nahmen ihm zu seiner Erleichterung die Werbung aus der Hand.[487] Sie behielten sich aber eben auch Entscheidungen über Titel, Cover-Abbildungen und Texte vor. So wurden die kurzen Überblickstexte, die Peters unterhalb seiner thematischen Karten unterbrachte, nach einigen Streitigkeiten teils »angepasst«, teils gar nicht erst benutzt.[488] Es war also nicht ganz richtig, wenn die Titelei der deutschsprachigen Version mit internationalistischem Pathos verlautbarte: »Dieser Atlas erschien in allen Ländern mit dem gleichen Inhalt«. Bezeichnenderweise war es just diese deutsche Ausgabe (die Peters insgeheim als einzige als »seinen« Atlas begriff), die bald nach Auslieferung im August 1989 die schärfste Kritik auf sich zog – bzw. genauer: die deutschsprachige Studienausgabe, die das Schweizerische Komitee für UNICEF herausgab, dessen Verpflichtung auf die Abnahme von 10.000 Atlasexemplaren die Realisierung des Werks erst möglich gemacht hatte.

Sein später Triumph war Peters indes bereits vor Anschwellen dieser Kritik durch die politischen Entwicklungen des Herbsts 1989 verleidet worden: Die Druckerschwärze war gewissermaßen kaum trocken, da war sein Werk schon obsolet, zumindest hinsichtlich der darin abgedruckten innerdeutschen Staatsgrenze, die Peters viele Jahre lang nicht hatte anerkennen wollen. Der Atlas war von den Tatsachen widerlegt worden. Zunächst, in den Monaten, bevor sich die Vereinigung der beiden deutschen Staaten abzeichnete, hatte Peters in den politischen Ereignissen allerdings noch eine große Chance erkannt, ein *anderes* Projekt umzusetzen, nämlich seinen alten Reparationsausgleichsplan (RAP), mit dem er der strauchelnden DDR unter die Arme zu greifen hoffte. Peters, der mitt-

---

485 Tagebucheintrag vom 26.8.1989, SBB-PK, Nachl. 406, 470.
486 *Peters Atlas*, Titelei.
487 Tagebucheintrag vom 15.9.1989, SBB-PK, Nachl. 406, 470.
488 Tagebucheintrag vom 6.1.1990, SBB-PK, Nachl. 406, 470.

lerweile durchaus Positives über die Bundesrepublik zu sagen hatte, die ihm »totalitäre Staaten« vom Leib gehalten habe,[489] war anfangs zwar wenig begeistert über das sich ankündigende Ende der Weltrevolution.[490] Aber er erwies sich Ende 1989 weniger als Sozialist denn als Unternehmer: Er ging in Vorleistung für aufwändige Druckschriften, deren Versand erhebliche Portokosten verursachte, und er organisierte eine Pressekonferenz, für die ihm sogar ein Raum der Bundespressekonferenz überlassen wurde, wo er den überarbeiteten RAP Ende November lancieren wollte. Am großen Tag der Enthüllung des Plans, der nun darauf hinauslief, dass die Bundesrepublik der DDR 727 Milliarden DM überweisen sollte, interessierte dieser aber »nur« 35 Journalisten.[491] Helmut Kohl, so schien es zumindest Peters, hatte ihm parallel im Bundestag mit seinem »Deutschland-Plan« die Schau gestohlen.[492] Zwar unterschrieb eine Reihe prominenter Unterstützer im Westen Deutschlands, zu denen Kurt Biedenkopf und nicht weniger als 55 Bremer Professoren und fünf Senatoren der Hansestadt zählten, einen entsprechenden Aufruf Peters'.[493] Und es gelang diesem im Februar 1990, dem letzten Vorsitzenden des Ministerrats der DDR, Hans Modrow, seinen Plan zu überreichen – was den Bundesfinanzminister Theo Waigel veranlasste, das »Gutachten eines Bremer Professors« wenige Tage später im Bundestag abzukanzeln.[494] Dann aber kündigte der Wahlerfolg der CDU für Peters die »Restauration« und damit das Scheitern des Reparationsausgleichs an.

Ironischerweise war es eine Fotografie, die Peters zusammen mit Modrow zeigte, die sich vortrefflich zur Illustration eines »Spiegel«-Artikels eignete, der kaum ein Wort über den Reparationsausgleichsplan verlor. Genüsslich malte der »Spiegel«-Autor sich stattdessen aus, wie der *Atlas*, den Peters pünktlich zu Weihnachten 1989 an das Schweizerische UNICEF-Komitee geliefert habe, den »festlich gestimmte[n] Eidgenosse[n]« mit einem »altrosafarbene[n] Weltbild« konfrontierte, demzufolge im Kapitalismus die Gewinnsucht gestiegen sei und die Solidarität gegenüber »Käuflichkeit« nachgelassen habe. Ob es um das Thema Kinderarbeit oder die Inflation gehe – immer, so der »Spiegel«, siege im Atlas »der nicht einmal mehr real existierende Sozialismus«. Letztlich gewinne aber nur Peters persönlich, der mit dem guten Namen der UN-Unterstützerorganisation »groß Kasse« mache, ganz anders als diese selbst.

---

489 Tagebucheintrag vom 19.9.1989, SBB-PK, Nachl. 406, 470,
490 Tagebucheintrag vom 20.10.1989, SBB-PK, Nachl. 406, 470.
491 Tagebucheintrag vom 28.11.1989, SBB-PK, Nachl. 406, 470. Vgl. die Unterlagen in: SBB-PK, Nachl. 406, 320.
492 »Europa ist nicht der Nabel der Welt«. Über ungleiche Lasten, die These vom Scheitern und Aussichten der Weltrevolution. Ein Gespräch mit Arno Peters, in: *Neues Deutschland*, 25.6.1994. Siehe an Presseberichten auch: »Signal gegen Ausverkauf der DDR«, in: *tageszeitung*, 19.2.1990; Klaus Naumann: Kurs 127:1. »Wiedervereinigung« – Der größte Entschuldungscoup aller Zeiten?, in: *Blätter für deutsche und internationale Politik*, Januar 1990, S. 12–16.
493 Ebd., Tagebucheintrag vom 8.12.1989, SBB-PK, Nachl. 406, 320. Vgl. die Briefwechsel in SBB-PK, Nachl. 406, 422.
494 *Deutscher Bundestag, 197. Sitzung, 15.2.1990, Plenarprotokoll 11/197*, S. 15132.

Das habe auch Brigitte Weber, Eduard Speschas Nachfolgerin in der Geschäftsführung des Komitees, auf Nachfrage einräumen müssen, nicht ohne hinzuzufügen, sie sei nicht glücklich über Peters' Texte gewesen. Wie sehr sich die Welt seit Erscheinen der SWG verändert hatte, aus der der Atlas letztlich hervorgegangen war, zeigt sich daran, dass der »Spiegel«-Kritiker in ihm zwar einen ähnlichen »roten Faden« ausmachte wie vierzig Jahre zuvor in Peters' Erstlingswerk. Er sah aber kaum eine Gefahr, dass irgendjemand von dessen unterschwelligen Botschaften verführt werden könne. Tatsächlich sei die Atlas-Lektüre eher ein »tragikomisches Erlebnis«. Wenn Peters zufolge in den Ostblockstaaten Ungerechtigkeit, Arbeitslosigkeit und Prostitution überwunden seien, dann dürfte dieser »Falschmeldungen aus den Politbüros inzwischen aufgelöster kommunistischer Parteien« aufgesessen sein.[495]

Fair war das nicht, selbst wenn man von den persönlichen Angriffen des Autors auf den »greisen Kartographen« oder »Bremer Historiker und Hobby-Kartographen« absah. Schon die Behauptung, die untergehende Welt des Warschauer Pakts siege im Atlas immer, traf nicht zu, auch wenn weniger Peters' thematische Karten als seine *Texte* von einigem Wunschdenken kündeten. Weit häufiger als der Sieg des »Ostens« (der sich für Peters seltsamerweise gerade in der Raumfahrt ankündigte) waren es aber die Benachteiligung des »Südens« durch *alle* Industrieländer, die ungleich verteilten Chancen auf Bildung und Gesundheit in der Welt und der ungleiche Zugang der Menschen zu Energie und Nahrungsmitteln, was diese Begleittexte betonten und nicht selten auch historisch herleiteten. Allein, dass Aspekte wie »Kinderarbeit« und »Säuglingssterblichkeit« eigene thematische Karten erhielten, dürfte den Atlas aus Sicht einer Institution wie der UNICEF zu einem sinnvollen, da für ihre Mission sensibilisierenden Weihnachtsgeschenk gemacht haben. Gleich auf der ersten Seite einer UNICEF-Broschüre wurde Peters' Atlas denn auch als Grundlage »wirklichkeitsnaher, globaler Vergleiche« gepriesen.[496] Dem »Spiegel«-Autor schien indes nicht weiter erwähnenswert, dass die thematischen (durch prägnante Flächeneinfärbungen »sprechenden«) Karten manches Nord-Süd-Gefälle tatsächlich ungewöhnlich deutlich machten,[497] weil immer nur ein solches Thema mithilfe je einer Weltkarte behandelt wurde. Tatsächlich machte der konsequent durchgehaltene, für jede Karte gleiche Maßstab globale Ungleichheiten unmittelbarer sinnfällig als manche überfrachtete Schulatlaskarte. Teils ergaben sich überraschende Einsichten, etwa zum (hohen) BSP-Anteil, den Länder wie Marokko, Botswana, Venezuela oder Syrien im Vergleich zur Bundesrepublik für die Bildung ausgaben, oder hinsichtlich der Tatsache, dass der prozentuale Anteil der Parlamentarierinnen in Mexiko denjenigen fast aller Länder des Globalen Nordens überstieg (Abb. 7.11).

---

495 Zerlaufenes Soft-Eis, in: *Spiegel*, 16.4.1990, S. 95–97.
496 Broschüre des Schweizerischen Komitees für UNICEF *Ansichtskarten unserer einen Welt*: SBB-PK, Nachl. 406, 470.
497 *Peters Atlas*, S. 7.

Abb. 7.11: Zwei Kartierungen der Doppelseite des *Peters Atlas* zur »Stellung der Frau« (1990)

Trotzdem waren gerade diese thematischen Karten voller Widersprüche, die indes mehr mit der formalen Strenge der Anlage des Atlas zu tun hatten als mit der politischen Voreingenommenheit seines Urhebers. Was Vergleiche zwischen Staaten erleichterte, erschwerte die Darstellung von Beziehungen zwischen ihnen und damit verbunden: die Analyse der *Ursachen* der dargestellten globalen Ungleichheiten. Die Nachteile des Peters'schen Verfahrens zeigten sich etwa auf den Seiten zur Kommunikationstechnik. Diese verdeutlichten, wie viele Telefone, Fax- und Fernsehgeräte oder Zeitungen in einem Staat pro Kopf verfügbar waren. Aber Schlüsse auf die während der Konzeptionsphase des Atlas so intensiv diskutierten asymmetrischen Informationsflüsse über Staatsgrenzen hinweg ließen sich daraus nicht ziehen. Die auf der Karte zum »Güter-Austausch« visualisierten Einfuhrstatistiken wiederum waren wenig dazu geeignet, Dependenzen im Welthandel auszumachen. Dafür hätte es Kartierungen der entsprechenden Verwertungsketten bedurft; es blieb also dem erläuternden Text überlassen, über unfaire Rohstoffpreise zu informieren, die sich seit dem Ende des Kolonialismus noch verschärft hatten.[498] Auch war die konsequente Verwendung einer flächentreuen Grundkarte nicht immer gleich sinnvoll. Mit Blick auf die Bodenschätze der Erde konnte auch sie manche neuartige Einsicht provozieren. So verdeutlichte der Atlas etwa, dass auch kleine Länder Rohstoffriesen sein konnten. Aber das Verfahren zwang Peters zugleich, ergänzend Einwohnerzahlen einzelner Staaten anzugeben, um Ungerechtigkeit zu verdeutlichen. In fast allen Fällen wären die zu dieser Zeit aufkommenden Kartogramme, die Flächengrößen entsprechend der zu visualisierenden Zahlenwerte *verzerrten*, besser dafür geeignet gewesen, die Missstände aufzuzeigen, um die es Peters letzten Endes ging. Schließlich prangte im Atlas jene Denklücke, die Peters' Globalismus bis zuletzt kennzeichnete: Mit Ausnahme einiger Überblickskarten am Anfang des »Themen«-Teils, die sich etwa dem Urbanisierungsprozess und bestimmten Umweltgefahren widmeten, war der methodische Nationalismus der thematischen Einzelkarten schwer zu übersehen. Diese reproduzierten zwar nur die vom Nationalstaat ausgehende Perspektive der datensammelnden internationalen Organisationen, auf deren Informationen sich Peters stützte.[499] Die *eigene Existenz* und globale Bedeutungszunahme dieser Organisationen ignorierte der Atlas auf Inhaltsebene aber ganz und gar.

Immerhin wurde diese Konstruktionsschwäche durch die topografischen Karten ausgeglichen, denen wirklich etwas Anti-Nationalistisches eignete. Dass auch für die kombinierte Darstellung von Geländeformen und Vegetation immer derselbe Maßstab gewählt worden war, hatte zur Folge, dass große Staaten fast nie in Gänze auf einer Atlas-Doppelseite zu sehen waren. Naturräumliche Zusammenhänge traten aber umso klarer in Erscheinung, wozu die beschriebene, bewusst nicht an europäischen Gege-

---

498 Ebd., S. 162–163.
499 Wenig vertrauenerweckend war indes, dass die den einzelnen Karten zugrundeliegende Datenbasis nicht explizit genannt wurde. Lediglich eine eingeschaltete Seite listete die Hauptquellen der Statistiken auf, darunter viele der UN-Organisationen, die Peters' Projektion nutzten: ebd., S. 96.

benheiten orientierte Farbgebung des Atlas beitrug. Auf diesen Seiten stellte sich aber auch ein Gefühl für die realen Größenverhältnisse der Kontinente ein, deren irreführende Darstellung in herkömmlichen Atlanten Peters ja als Eurozentrismus verurteilte. Allerdings waren einzelne, entlegene Pazifikinseln gar nicht oder nur auf einer Überblickskarte im hinteren Einband zu lokalisieren. Bei einer gleichmaßstäblichen Abbildung der gesamten Erdoberfläche hätte der Atlas schließlich seitenweise nur Meer zeigen müssen.[500] Dennoch: Wer Seite um Seite zu Afrika oder Sibirien durchblätterte, um das nördliche Europa dann nur auf einer einzigen Doppelseite vorzufinden, bei dem dürfte sich die intendierte Wirkung eingestellt haben.

Von der Kritik der Kartografen zur kritischen Kartografie

Die Fachpresse war von Peters' hart erkämpftem Atlas trotzdem nicht begeistert. Den britischen Kartografen Russel King und Peter Vujakovic, die das Werk 1989 in der Zeitschrift »Geography« besprachen, erschien schon der entschärfte englischsprachige Atlas als »marxistische Kartographie«, die die beiden Autoren jedoch weniger als solche irritierte als ihrer technischen Fehler, konzeptionellen Widersprüche und mancher ungenutzt gebliebenen Chance wegen. So schien es King und Vujakovic unerklärlich, warum man für den topografischen Teil des Atlas' zwar Satellitenaufnahmen herangezogen, die entsprechenden Karten aber nachträglich von Hand koloriert hatte. Denn was Peters als anti-eurozentrischen Realismus auswies, brachte ihn um die Möglichkeit, saisonale Schwankungen und damit bestimmte klimatische Verhältnisse darzustellen, die man auf Satellitenbildern besser erkennen konnte. Kaum zu Peters' egalitärem Anspruch passe, dass viele Ortsnamen anglisiert, also nicht in der Sprache ihrer Bewohner angegeben seien. Dass Peters' Atlas, um die Polregionen zu repräsentieren, von seiner (nirgendwo mathematisch erläuterten) Projektionsmethode abwich, schien den Autoren ironisch vor dem Hintergrund von Peters' »altbewährter Praxis der Mercator-Schelte«. Der einzige Vorzug des Werks war für Vujakovic und King – die auch auf zwischenzeitlich erschienene Konkurrenzprodukte wie den *Third World Atlas* von 1983 und den von Oxfam geförderten *Gaia Atlas of Planet Management* von 1985 hinwiesen –, dass dieses unfreiwillig die Notwendigkeit verdeutliche, beim Lernen mit unterschiedlichen Karten zu arbeiten: »Above all, we should dust off the globe from time to time to demonstrate how the world really is.«[501]

Indem sie diese alte Einsicht der *Air-Age*-Geografen hervorhoben, näherten sich die beiden Rezensenten indes den Empfehlungen der Peters-Multiplikatoren an. Tatsächlich hatte Vujakovic sich als einer der ersten Vertreter seines Fachs schon vor Veröffent-

---

500 Hawaii war mit einer Behelfslösung verschoben auf ein Kartenblatt, auf dem auch Mexiko abgebildet war: ebd., S. 18.
501 Peter Vujakovic/Russel King: Peters Atlas: A New Era of Cartography or Publisher's Con-Trick?, in: *Geography* 74 (1989), S. 245–251, hier S. 249, 247.

lichung des *Peters Atlas* intensiv mit den Ursachen der Nachfrage nach neuen »Weltsichten« beschäftigt, die dessen Autor bediente. Überhaupt zeigten die englischsprachigen Kartografen – verglichen mit ihren deutschen Kollegen, aber eben auch im Vergleich mit dem aussichtslos um seine wissenschaftliche Ehrenrettung bemühten Peters selbst – größeren Willen zu verstehen, was die Attraktivität der Peters-Projektion ausmachte. Wie ich in der Einleitung erwähnt habe, versuchte Vujakovic die Adaption der Karte durch »›Third World‹ organizations« nicht nur zu quantifizieren, sondern auch zu erklären. Ausgestattet mit einer entsprechenden Liste der Londoner Entwicklungshilfebehörde, der Overseas Development Administration, versandte Vujakovic 1987 einen Fragebogen, der die Auffassung der Hilfsorganisationen hinsichtlich der Bedeutung von Weltkarten im Allgemeinen und der Vorzüge der Peters-Karte im Besondern erhob. Für diese, so das Ergebnis seiner Umfrage, entschieden sich 69,4 % der befragten Personen, wenn sie Weltkarten benutzten. Die Verantwortlichen begründeten dies überwiegend mit dem Wunsch nach einer exakteren *und* weniger eurozentristischen Repräsentation der »Dritten Welt«. Nur ein kleinerer Teil setzte die Peters-Projektion bewusst als provokatives politisches Statement ein. Die wenigsten befragten NGOs nahmen die Expertise von Kartografen in Anspruch, was Peters' Argumente umso plausibler erscheinen ließ, als man keine Alternativen zu seiner Alternativkarte kannte, so Vujakovic.[502] In einem weiteren Artikel (für den Vujakovic Peters auch persönlich interviewte, als der 1989 in England auf Werbereise für den Atlas war) zitierte Vujakovic Peters' Kunden aber auch dahingehend, dass dessen Weltkarte ihrer Erfahrung nach wirklich zum Umdenken anrege, was Aktivismus motivierte.[503] Das mag auf Vujakovic abgefärbt haben. Denn dieser argumentierte nun selbst, dass »geografische Erziehung« eine Schlüsselrolle dabei spielen könne, überkommene eurozentrische Weltbilder durch neue, »egalitärere« Konzepte zu ersetzen. In einem weiteren Artikel lobte er Peters sogar dafür, eine Debatte über ein aus Kartografensicht zwar triviales, aber in politischer Hinsicht wichtiges Faktum angestoßen zu haben: »The main lesson [...] is that map production is about flexibility, adaptability and compromise. There is no *one* correct answer!«[504]

Es dauerte nicht mehr lange, bis es den ersten Kollegen Vujakovics selbst erklärungsbedürftig, gar symptomatisch für ihr Fach erschien, dass Kartografen überhaupt einmal gegen Peters zu Felde gezogen waren. 1994 historisierte Jeremy Crampton die kaum ein Jahrzehnt zurückliegende Kontroverse um die Peters-Projektion bereits als »entscheidenden Moment der Kartografie«. Die Kontroverse erschien ihm als Schwelle zu einem neuen Abschnitt der Fachgeschichte, in dem KartografInnen stärker über die gesellschaftliche Wirkung ihres Tuns reflektierten.[505] Tatsächlich erschien Mitte

---

502 Vujakovic, Peters, S. 11f., 14.
503 Peter Vujakovic: Mapping for World Development, in: *Geography* 74, (1989), S. 97–105, hier S. 102.
504 Peter Vujakovic: Arno Peter's Cult of the »New Cartography«. From Concept to World Atlas, in: *Bulletin of the Society of University Cartographers* 22 (1989), H. 2, S. 1–6, hier S. 4 [Hervorh. im Original].
505 Crampton, Moment.

der 1990er Jahre eine Vielzahl von ideologie- und machtkritischen Studien zur Kartografie und deren historischen Schattenseiten. Sie nahmen durchaus Anregungen von Peters auf, etwa hinsichtlich der Rolle von Karten bei der Legitimierung territorialer Herrschaftsansprüche im Kolonialismus, waren aber nun auch vom sogenannten *linguistic turn* und Theoretikern wie Michel Foucault angeregt. Karten, und zwar gerade Weltkarten, wurden also Gegenstand eines konstruktivistischen Forschens, das sich mit historischen, wandelbaren Raumrepräsentationen befasste.[506] Das legte auch kritische Blicke auf das Selbstverständnis einer Disziplin nahe, die sich lange als reine Naturwissenschaft begriffen und damit verbunden am vorläufigen Endpunkt einer »großen«, technisch-mathematischen Fortschrittserzählung verortet hatte. Crampton nannte nicht ohne Grund »Post-Peters-Kartografie«, was er ebensogut als »postmoderne Kartografie« hätte bezeichnen können. Allerdings hatten auch die Praktiker mittlerweile gelernt, auf Kritik am Ideologiegehalt ihrer Produkte achselzuckend und mit dem Hinweis zu reagieren, dass bei der Wahl der Projektionsmethode die Funktion die Form bedinge. In Lehrbüchern war aber ebenfalls schon zu lesen, dass diese Funktion nie völlig feststehe, weil sie vom individuellen Gebrauch abhänge, was in pluralistischen Gesellschaften grundsätzlich gewürdigt werden müsse. Wie viel sich innerfachlich geändert hatte, zeigte sich schließlich daran, dass sich im Jahr 2002, kurz nach Peters' Tod, ein Themenheft des »Cartographic Journal« wertschätzend mit dessen Vermächtnis befasste. Just in dem Fachorgan, das zwei Jahrzehnte zuvor die Warnung der DGfK vor der Peters-Karte veröffentlicht hatte, kamen nun auch Amateure zu Wort, darunter Ward Kaiser und Bernie Ashmore, ein Vertreter der »Development Education«, für den Peters die Welt ein bisschen besser gemacht hatte.[507] Bald war es geradezu zur Genrekonvention geworden, auf die Peters-Kontroverse hinzuweisen, wenn die »Macht der Projektionen« analysiert wurde.[508] Damit aber schließt sich der Kreis zu den in der Einleitung umrissenen, theoretischen Fundamenten, auf denen dieses Buch steht: Peters ist unfreiwillig Mitverursacher seiner eigenen Historisierung.

---

506 J.B. Harley: Deconstructing the Map, in: *Cartographica* 26 (1989), H. 2, S. 1–20, zu Peters S. 5. Erstmals die Literatur zusammenfassend: Jeremy Black: *Maps and Politics*, London 1997, darin zu Peters S. 35. Diesem gegenüber sehr kritisch: Mark Monmonier: *How to lie with Maps*, Chicago/London 1991, S. 97 und *Drawing the Line. Tales of Maps and Cartocontroversy*, New York 1995, bes. S. 9–44.
507 Bernie Ashmore: Arno Peters changed the World! Development Education and the Peters' Projection, in: *Cartographic Journal* 40 (2003) H. 1, S. 57–59; Ward L. Kaiser/Dennis Wood: Arno Peters – The Man, the Map, the Message, in: ebd., S. 53–54. Vujakovic steuerte einen Artikel bei, der ganz im Modus der historischen Darstellung gehalten war: Peter Vujakovic: Arno Peters: The man and his map, in: ebd., S. 51–52, ähnlich wie Jeremy Crampton: Reflections on Arno Peters (1916–2002), in: ebd., S. 55–56.
508 Stellvertretend: Klinghoffer, *Power of Projections*, bes. S. 120–123.

8. Many Worlds (1987–2000)

8.1 Sechste Vignette: *McArthur's Universal Corrective Map of the World* (1979)

Im Jahr 1979 fand eine Vielzahl globaler Medienereignisse statt, die sich für den Historiker Frank Bösch zum Beginn der »Welt von heute« bündelten.[1] Es erschien aber auch eine neue Weltkarte, die wie ein Kommentar zu den moralisierenden Forderungen nach einer Pluralisierung der Weltbilder wirkt, die sich in den vorangegangenen Jahren gemehrt hatten – moralische Forderungen, die wohl auch die Wahrnehmung der Ereignisse überformt haben, die sich Bösch zufolge zur »Zeitenwende« verdichteten: das Schicksal der vietnamesischen sogenannten *Boat People*, die Iranische Revolution, der sowjetische Einmarsch in Afghanistan, die Gründung der Partei »die Grünen«. *McArthur's Universal Corrective Map of the World* (Abb. 8.1) stellte das bewährte Kartenbild buchstäblich auf den Kopf. Das geschah jedoch nicht, um den Globalen Süden aufzuwerten. Im Gegenteil troff die Erklärung, die neben dem »kopfstehenden« Südamerika abgedruckt war, nur so vor Chauvinismus. Die neue Karte gestand ausgerechnet Australien die gebührende Stellung im Zentrum der Welt zu. Sie bilde somit den Auftakt eines »Kreuzzugs« mit dem Ziel, »unsere ruhmreiche aber vernachlässigte Nation aus den düsteren Tiefen der Anonymität herauszuheben auf ihre rechtmäßige Position im Machtkampf der Welt«, hieß es im Text. Nie wieder werde man »den unablässigen Attacken durch ›downunder‹-Witze nachgeben – mit ihren Implikationen seitens nördlicher Nationen, dass die Höhe des Prestiges eines Landes bestimmt wird von ihrer entsprechenden räumlichen Position auf einer konventionellen Weltkarte«. Es handelte sich offensichtlich um »cheeky aussie humor«.[2] Aber Humor gehört zu den voraussetzungsreichsten kommunikativen Strategien, weil er auf komplexe Weise mit den Erwartungen des Rezipienten spielt. Dazu gehörte hier nicht nur, dass der plumpe Nationalismus des Textes (»Long live *Australia – Ruler of the universe*!!«) und auch der Titel der Karte, der das korrekte, das universelle Kartenbild versprach, den Ethnozentrismus gleichsam auf die Schippe nahm, indem er diesen massiv übertrieb. Die Rede von der Arroganz der »nördlichen Nationen« dürfte die Betrachter der Karte im Jahr 1979 auch an Debatten erinnert haben, in denen Australien eher selten Erwähnung gefunden hatte. Zumal am Ende des Textes gar nicht mehr von der ehemaligen britischen Kolonie die Rede war: »Finally, South emerges on top«, hieß es hier.

Und so stellte denn auch der Werbetext zum Kartenposter den Moralismus seiner Zeit ironisch auf den Kopf, wenn es zur Entstehungsgeschichte der Weltkarte hieß, ihr Erfinder, Stuart McArthur, habe eine erste Version der Karte als 12-jähriger Schüler

---

[1] Frank Bösch: *Zeitenwende 1979. Als die Welt von heute begann*, München 2018.
[2] https://manywaystoseetheworld.org/products/mcarthur-huge-magnet (19.6.2019).

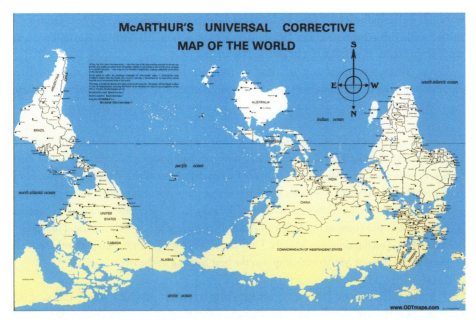

Abb. 8.1: »Downunder viewpoint with cheeky aussie humor«

entworfen, sei dafür aber von seinem Lehrer zurechtgewiesen worden:[3] Wir haben es mit einem Außenseiter zu tun, der gegen die unhinterfragte Weltsicht des Establishments an-kartierte, das die eigene Marginalisierung verteidigte – wie es typisch ist für die Eliten ehemaliger Kolonien, ist man versucht hinzuzufügen. Es war dann aber eine Reise nach Ostasien, die den mittlerweile Fünfzehnjährigen anstachelte, seine Süd-Karte fertigzustellen, so lautet die Geschichte weiter. In Japan sei McArthur der Witze über die Lage seiner Heimat am »Ende« der Welt endgültig überdrüssig geworden. Ausgerechnet die Verärgerung über einen Japanozentrismus ließ den Bewohner des »Südens« daher zur Korrektur einer kartografischen Konvention schreiten, die in Peters' kartografischer Kategorienlehre noch fehlte (während Fuller sie eher belächelt hätte).

Diese Korrektur war arbeitsintensiver, als es auf den ersten Blick erscheint. *McArthur's Universal Corrective Map of the World* war nämlich nicht nur »gesüdet«, was hieß: alle Ländernamen wurden gegenüber herkömmlichen Karten um 180 Grad gedreht. Auch ihr Nullmeridian war auf die geografische Breite Canberras, der Hauptstadt des Herkunftslandes McArthurs, verlegt worden, das durch eine – kartografisch eher unübliche – Farbabstufung von hellem Beige (im Süden) zu Braun (im Norden) vor einem tiefblauen Meereshintergrund zusätzlich hervorgehoben wurde. Schließlich war auch Peters' alte Forderung berücksichtigt worden, den Äquator in die Mitte des Kartenblatts zu legen, so dass Australien beinahe in der Bildmitte lag. Man kann diesen Auf-

---

3 Der Werbetext wird seitdem immer wieder zitiert, ohne dass mehr über dessen Richtigkeit und erstes Auftauchen herauszufinden ist. So auch von Schneider, *Macht*, S. 67.

wand als Beleg dafür lesen, dass die kartografischen Korrekturen der 1970er Jahre sich mittlerweile mit ökonomischem Erfolg persiflieren ließen. McArthurs Karte wurde in der Tat zu einem Bestseller, nicht nur in Australien.

Umso erklärungsbedürftiger ist, dass sie *trotzdem* mit Erfolg in jenen didaktischen Zusammenhängen verwendet wurde, die sie parodierte. Auf der Produktseite ihres heutigen Anbieters ist folgende Rezension eines Kunden aus den USA zu lesen:

> A number of years ago I was conducting a seminar for government managers at a conference site in West Virginia. [...] The Australian contingent had posted a map on the door of their main meeting room – McArthur's Universal Corrective Map of the World. It attempted to correct the old Mercator projection of the world that was so familiar to all of us. It showed the South on top, with Australia in the center of the map. [...] Our group of managers chuckled over that, but also engaged in a spirited discussion of perceptions, world views, and the importance of [...] seeing things differently. I left the seminar with the humbling knowledge that the discussion about McArthur's map was the best learning of the week.[4]

Was Anfang der 1970er Jahre eine ernste Angelegenheit gewesen war – die Korrektur ethnozentrischer Weltbilder – konnte ein Jahrzehnt später also beides sein: Eine Übung in Relativismus *und* ein Lacher, der soziales Eis brach. Und noch etwas anderes zeigt der Erfahrungsbericht: Der Einsatz von Medien, die dazu befähigen, die Welt anders (bzw. mit den Augen der anderen) zu sehen, ließ sich mittlerweile von Debatten über globale Ungleichheit und Ungerechtigkeit entkoppeln. Denn die Befähigung zur Transzendierung des eigenen Weltbilds war auch in einer globalisierten Berufswelt von Vorteil, in der sich nicht nur Amerikaner und Australier immer öfter begegneten. Die spielerische Selbstexotisierung diente nun der Erzeugung interkultureller Synergien. Diese jedoch waren alles andere als inkompatibel mit jenen ökonomischen Strukturen, die für die radikaleren »GlokalistInnen« der 1970er Jahre zumindest *ein* Feindbild dargestellt hatten.

8.2 Verortung: Nachhaltigkeit, Globalisierung, Verhalten

In den 1990er Jahren wurde die Globalitätsrede hegemonial, nicht zuletzt in den sich »globalifizierenden« gegenwartsdiagnostischen Disziplinen: in der Soziologie, in der Politik- und der Wirtschaftswissenschaft sowie in der Humangeografie.[5] Aber unter den »GlokalistInnen« machte sich zugleich Ratlosigkeit breit. Grund dafür waren Entwicklungen der internationalen Politik, die eine zuvor klare Unterteilung der Welt in Ausbeuter und Ausgebeutete fragwürdig werden ließen. Das erschwerte die Identifi-

---

4   Ron Rago, o.D.: http://www.odtmaps.com/detail.asp?product_id=McA-23x35 (19.6.2019).
5   Osterhammel, *Globalifizierung*.

kation derjenigen, die sich auf Kosten der anderen einen ebenso unvernünftigen wie unmoralischen Lebensstil leisteten. Grund war aber auch, dass der Wertepluralismus, der, wie dargestellt, mit dem Stichwort »Many Worlds« markiert wurde, sich nicht immer gut mit der Gleichheits- und Gerechtigkeitsemphase vieler seiner Verfechter vertrug. Zur Konfusion trug ferner bei, dass Ende der 1980er Jahre im neuen Paradigma der »nachhaltigen Entwicklung« globalistische Tropen verschmolzen, die zuvor unvereinbar schienen: Wer »Sustainability« forderte, erkannte oft gerade in der Vielfalt der Weltkulturen Wissensressourcen, die die ökonomischen Potenziale des begrenzten Planeten vergrößern konnten. Dass es zu einer Abschwächung des kritischen Impulses des Globalismus kam, rührt also auch daher, dass die (Peters'sche) Würdigung der Leistungen der »Anderen« nun den Weg zu einem (Fulleristischen) materiellen Wohlstand wies, der in ökologischer Hinsicht auf Dauer gestellt werden konnte. Man mag das mit der gebotenen Vorsicht als Annäherung von Markt und Moral in den rund fünfzehn Jahren vor der Jahrtausendwende begreifen. Von größerer Bedeutung in Bezug auf die Veränderung des Globalismus ist aber, dass zur selben Zeit – *einerseits* – die global vergleichende Statistik und manche Erdvisualisierungen, allen voran die millionenfach reproduzierten NASA-Fotografien des Planeten aus dem All, als ideologisch kritisiert wurden: Sie galten nun als kulturelle Artefakte, die vom gesellschaftlichen Engagement eher abhielten. *Andererseits* (und in einem gewissen Widerspruch dazu) wurden aber auch der pädagogische Ansatz der »GlokalistInnen« und die ihn prägenden Medienwirkungserwartungen von professioneller Seite in Frage gestellt. Am Ende dieser Entwicklung waren es nicht mehr die Weltbilder in den Köpfen aufgeklärtemanzipierter Bürger, sondern das Verhalten der Verbraucher, mit dem sich die unerfreulichen Nebenfolgen jener Globalisierung abmildern ließen, die selbst aus Sicht ihrer Kritiker unausweichlich war.

Das Ende des »Südens«

Um 1980 sahen sich »Dritte-Welt«-Unterstützergruppen, entwicklungspolitische AktivistInnen und mit *Global Education* befasste Erzieher in wirtschafts- und außenpolitischer Hinsicht mit einer Reihe von Enttäuschungen konfrontiert. Die Hoffnung darauf, dass die »Südländer« konzertiert Druck auf den Norden ausüben konnten, die Weltwirtschaft gerechter zu gestalten – eine Hoffnung, die sich nicht zuletzt aus der Erfahrung hoher Rohstoffpreise in den späten 1960er Jahren gespeist hatte –, verpuffte Ende des darauffolgenden Jahrzehnts:[6] Der *Peak Oil* war in die Ferne gerückt, die Verhandlungsmacht des »Südens« somit nicht gestiegen, der sich im Gegenteil wieder auseinanderbewegt hatte aufgrund der Verschuldungskrise, die viele, aber nicht alle in

---

6 Dazu pointiert: Rüdiger Graf: Der Konflikt, der nicht stattfand: Ressourcen, Interdependenz, Sicherheit und die Erwartung des Nord-Süd-Konflikts in den 1970er Jahren, in: Reichherzer/Fiebrig/Dinkel, *Nord/Süd*, S. 423–446.

UNCTAD und Blockfreier Bewegung aktive Staaten erfasste. Die Industrieländer des Westens hingegen konsolidierten sich als Allianz, etwa im Rahmen der G7. Insofern das mit einem Rückzug gerade der USA aus den Vereinten Nationen einherging, handelte es sich *auch* um eine Reaktion auf Forderungen im Sinne der NIEO nach einer Angleichung von Marktbedingungen von »oben«, durch supranationale Regulierung. Es wäre aber falsch, gerade in den wirtschaftspolitischen Weichenstellungen, die nun erfolgten, einen absichtsvollen Versuch der Bewahrung des *Status quo* der reichsten Länder der Erde gegenüber den Ärmsten zu sehen. Auch wenn sich etwa Helmut Schmidt in der Rolle als »Weltökonom« gefiel: Die Forschung betont eher den Stückwerkcharakter der politischen Reaktionen auf Phänomene wie die Energiekrise, das Ende des Nachkriegsbooms und die strukturelle Arbeitslosigkeit, das Problem der Stagflation, die Tumulte des Geldsystems sowie die temporäre Verschärfung des Kalten Kriegs Ende der 1970er Jahre. Zwar standen am Schluss dieser Entwicklung Phänomene der »Vermarktlichung«,[7] die seit den 1990er Jahren als »neoliberal« beschrieben werden, als der berüchtigte »Washington Consensus« sie kodifizierte: die Deregulierung der Geldmärkte und der Trend zur Privatisierung, der auch Institutionen wie den Internationalen Währungsfonds, die Weltbank und die 1995 aus den GATT hervorgegangene Welthandelsorganisation (WTO) erfasste. Aber schon die Tatsache, dass die sogenannten »Strukturanpassungsprogramme« dieser Institutionen von einer ausgeprägten Menschenrechtsrhetorik begleitet waren, verkompliziert das Bild. Hinzu kommt der Umstand, dass auch manche Kritik aus dem »Süden« der 1970er Jahre auf die Öffnung der Märkte des »Nordens« für den Freihandel hinausgelaufen war.[8] Und so ließ sich auch das, was fünfzehn Jahre später unter negativen Vorzeichen als »Globalisierung« zugunsten der wohlhabenden Gesellschaften der Welt verhandelt wurde, begrifflich nicht mehr leicht von der Forderung nach *mehr* Globalität trennen, die ein Merkmal solidarischer, internationalistischer Milieus gewesen war.[9] Der Boom der »Tigerstaaten« Ostasiens und anderer »Schwellenländer« ließ die Kategorie »Dritte Welt« unterdessen weiter an Evidenz verlieren. Das war ein Prozess, den der Kollaps der »zweiten Welt« der Staatssozialismen ab 1989 noch beschleunigte, der nun manch triumphalistische These von der Entstehung einer kapitalistischen Weltgesellschaft inspirierte (was in einem spannungsvollen Verhältnis zum europäischen Einigungsprozess und zum Protektionismus der EU stand). Bald gesellten sich dem noch Prognosen im Sinne Samuel Huntingtons hinzu, die Erde werde verstärkt entlang religiöser Kategorien unterteilt.

Aber nicht nur bewährte geopolitische Grenzziehungen gerieten im Laufe der 1980er und frühen 1990er Jahre ins Fließen, sondern auch die Organisationsstrukturen, die Strategien, wenn nicht die Ziele des ohnehin nur lose verknüpften »glokalistischen« Milieus

---

7   Zur Operationalisierung dieses Begriffs Ralf Ahrens/Marcus Böick/Marcel vom Lehn: Vermarktlichung. Zeithistorische Perspektiven auf ein umkämpftes Feld, in: ZF 12 (2015), S. 393–402.
8   Das macht stark: Slobodian, *Globalists*, S. 201f.
9   Eckel, Globalisierungsdiskurs.

erwiesen sich als instabil.[10] Gerade in der Bundesrepublik konnte man zwar politische Etappensiege wie den Einzug der »Grünen« in Länderparlamente und die erfolgreiche Skandalisierung der Apartheid in Südafrika verzeichnen. Zugleich ließ die konservative Adaption der Menschenrechts-Rhetorik, etwa mit Bezug auf die erwähnten *Boat People* oder auf die Opfer der sowjetischen Invasion in Afghanistan, aber manche Front verschwimmen.[11] Dies geschah zu einem Zeitpunkt, als auch die anti-imperialistischen Identifikationsangebote aus der »Dritten Welt« zurückgingen, die von autokratischen (allenfalls mit »kritischer Solidarität« zu unterstützenden) Regierungen beherrscht schien.[12] Als spannungsvoll erwies sich darüber hinaus das Verhältnis entwicklungspolitischer Kreise gegenüber dem »eigenen« Staat. Dem Anti-Etatismus des alternativen Milieus stand das Hineinwachsen vieler AktivistInnen in Universitäten und Forschungseinrichtungen und nicht zuletzt eine Annäherung ans BMZ gegenüber, dem man sich immer häufiger als Berater zur Verfügung stellte.[13] Dies geschah ab 1983 unter einer CDU-Regierung, unter der das Ministerium seine Rolle als kritischer Impulsgeber wieder verlor, indem es sich verstärkt nationalen Wirtschaftsinteressen unterordnete. Auch in anderen westeuropäischen Ländern korrespondierten Professionalisierungs- und Institutionalisierungsprozesse – zu denen der Aufstieg von NGOs mit ihrer Agenda des Lobbyismus, des Pragmatismus und der Vernetzung nicht zuletzt mit Umwelt- und Verbraucherschutzorganisationen gehörte – mit dem Ende des Bewegungscharakters des linken antikapitalistischen Globalismus, sofern er jemals ausgeprägt gewesen war. Besonders spürbar wurde das im Bereich des *Fair Trade*-Aktivismus. Zwar war es den darin involvierten Akteuren nie *nur* um Informationskampagnen gegangen. Dennoch verwandelte sich das, was als pädagogische Bewusstseinsarbeit begonnen hatte, Ende des 20. Jahrhunderts in reales Unternehmertum: Die Strategien des »Fairen Handels« strebten offensiver auf Erweiterung eigener Marktanteile, was intern durchaus als Kommerzialisierungstendenz kritisiert wurde. Der Ausstieg aus dem Aussteigermilieu führte Ende der 1980er Jahre zudem über den Weg der Lizensierungen, vor allem im Lebensmittelhandel, eine Praxis, die auf staatliche Anerkennung angewiesen war.[14] All das wurde von manchen AktivistInnen als Utopieverlust erlebt, wenn nicht gar als »Krise des Internationalismus«, die erst überwunden war, als sich die Alter- oder Antiglobalisierungsbewegung auf Bühnen wie dem 2001 im brasilianischen Porto Alegre ausgerichteten »Weltsozialforum« konsolidierte.[15]

---

10 Zum Folgenden Kuhn, *Solidarität*, Kap 8., und Olejniczak, *Dritte-Welt-Bewegung*, Kap. 3.5.
11 Bösch, Solidarität, S. 19f.
12 Helm, Reisen, S. 61.
13 Olejniczak, *Dritte-Welt-Bewegung*, S. 189. Einen guten Überblick über die Entwicklung politisierter Akteure zu Dienstleistern (im Umweltbereich) gibt: Michael Guggenheim: *Organisierte Umwelt. Umweltdienstleistungsfirmen zwischen Wissenschaft, Wirtschaft und Politik*, Bielefeld 2005.
14 Möckel, »Plastikwelt«, S. 352.
15 Aus aktivistischer Perspektive: Josef (Moe) Hierlmeier: *Internationalismus. Eine Einführung in seine Ideengeschichte – von den Anfängen bis zur Gegenwart*, Stuttgart 2006, bes. S. 112–129.

Dialog Nord-Nord?

Diese politischen Veränderungen lassen sich nicht von den wachsenden diskursiven Spannungen trennen, die nicht nur die Kategorie »Süden« als Bezugsgröße des gemeinsamen Engagements durchzogen, sondern auch die Art des Verhältnisses, das man mit den »Anderen« pflegte: Die radikalen *Tiersmondisten* der 1960er Jahre waren vom Gedanken einer Gleichartigkeit der eigenen revolutionären Bestrebungen mit den Unabhängigkeitsbewegungen in Afrika, Lateinamerika oder Südostasien angetrieben. Den Dritte-Welt-Initiativen hingegen, die vermehrt ab Mitte der 1970er Jahre in den Städten Nordwesteuropas aus dem Boden sprossen, ging es zunächst um Analysen der exogenen Faktoren der Unterentwicklung in einem von strukturellen Abhängigkeiten geprägten Weltsystem. Selbst unter den dogmatischeren entwicklungspolitischen »Basisgruppen« verlor der Neoimperialismus-Vorwurf dann aber Ende des Jahrzehnts an Bedeutung zugunsten eher moralisierender Ungleichheitsdiagnosen. Kapitalismuskritik kam, wenn überhaupt, im Gewand einer ökologisch informierten Kritik an großtechnischen Projekten daher.[16] Sie wurde überdies überlagert von Praktiken der Rassismusentlarvung, die immer häufiger selbstkritisch gewendet wurden, sich gar zur Fundamentalkritik am weißen »Helfersyndrom« zuspitzten – nicht zuletzt angesichts der Medialisierung des Lebens und Sterbens der »Anderen«, wie man sie im Rahmen popkultureller Großveranstaltungen wie *Live Aid* beobachten konnte.[17]

Der Globalismus war in den 1980er Jahren also in zweierlei Hinsicht immer »lokaler«, immer mehr zum »Glokalismus« geworden. *Erstens* war er reflexiv: Er lief auf die Identifikation mit der eigenen Rolle als Verursacher von Asymmetrien in einer ökonomisch interdependenten und physisch begrenzten Welt hinaus. Wie gezeigt, lässt sich dem in einer (Publikations-)Kultur der Selbsthinterfragung, gar -bezichtigung nachspüren, die bis hin zur Zurückweisung der »materialistischen« Handlungsdispositionen und kurzsichtig kalkulierenden Rationalität der »westlichen« Welt reichen konnte. Immer mehr Menschen empfanden sich zudem als Repräsentanten jener Gesellschaften, die Ungleichgewichte und Ungleichverteilungen der »globalen Erde« zu verantworten hatten. Sie sahen das eigene Dasein unter der Perspektive eines Systems von Rückkopplungsschleifen, das indes kaum noch als weltwirtschaftlicher Zusammenhang begriffen wurde. Lokal war der neue »Glokalismus«, der sich an den Infoständen der Jugendfreizeitveranstaltungen, in den Kirchengruppen und den Welthäusern Bremens oder Tübingens, aber auch bei den Proponenten der *Global Education* der USA bemerkbar machte, *zweitens* in dem konkreten Sinne, dass er um die Stärkung individueller Verantwortungsgefühle und Aktivitäten bemüht war. Es galt, selbst aktiv zu werden. Aber paradoxerweise verschob und verkleinerte sich der Fokus weltzugewandten Handelns,

---

16 Olejniczak: *Dritte-Welt-Bewegung*, S. 121.
17 Das konnte bis zur Zurückweisung des Universalismus der Menschrechte führen, wie die Debatte um »Asian Values« der 1980er Jahre zeigt: Vgl. dazu Hoffmann, Einführung.

wenn man im eigenen Umfeld über globale Asymmetrien informieren wollte und wenn der eigene Alltag – der eigene Protein- oder Ressourcenverbrauch, der eigene Energiekonsum und die eigenen Mobilitäts»bedürfnisse« – in den vergleichenden Blick kam. Nicht systemische Alternativen, gar ein Umsturz, schienen geboten, wo die Gewohnheiten der Endverbraucher zur Stellschraube im Weltsystem wurden. Das ersetzte klassische altruistische Akte wie Spendensammlungen oder die Unterstützung für politisch Verfolgte und Flüchtende zwar keineswegs. Es überformte sie aber doch auf eine Weise, die bald auch Kommentatoren wie dem Soziologen Ulrich Beck symptomatisch für eine neue – kontraproduktive – moralische Belastung des Einzelnen erschien. Der Theoretiker der »Risikogesellschaft« kritisierte bereits 1986 eine »Fernmoral«, die das Individuum »auf den scheinbaren Thron eines Weltgestalters« hob: »Während die Regierungen (noch) im nationalstaatlichen Gefüge handeln, wird die Biographie schon zur Weltgesellschaft hin geöffnet [...] auch wenn diese Dauerüberforderung nur durch das Gegenteil: Weghören, Simplifizieren, Abstumpfen zu ertragen ist.«[18] Polemisch gesprochen, könnte man in der Verschiebung von der Dependenztheorie zur Interdependenzdiagnostik – bzw. von der revolutionären Dritte-Welt-Solidarität zum pädagogischen Eine-Welt-Moralismus – eine Neigung zum Selbstgespräch ausmachen, einen bloßen »Nord-Nord-Dialog«, an dem angesichts eines medienpolitisch mit Stummheit geschlagen »Südens« allerdings auch kein Weg vorbeizuführen schien.

Kategoriendämmerung – und Zahlenskepsis

Die damit implizierte Frage, ob der »weltelnde« Moralismus entpolitisierend gewirkt habe, ist aber falsch gestellt. Ein solcher Prozess lässt sich nur vor dem Hintergrund einer bestimmten, ihrerseits historischen, Definition von politischem Handeln – verstanden als kollektive Mobilisierung – diagnostizieren. Die Geschichte des »Glokalismus« der späten 1980er und 1990er Jahre ist keine Niedergangs-, sondern eine Differenzierungsgeschichte. Bezeichnenderweise geriet die »Drei Welten«-Unterteilung nun nicht nur auf Grund ihrer immer geringeren Entsprechung in der Realität des Staatensystems in die Kritik, sondern auch als Funktion einer überholten Epistemologie. Nach Ansicht des amerikanischen Politikwissenschaftlers Carl Pletsch reproduzierte diese Unterteilung 1981 unfreiwillig die Aufgabenverteilung zwischen den Gesellschaftswissenschaften. Erforschte die Anthropologie/Ethnologe exotisierend die »Dritte Welt«, widmeten sich die (für Pletsch nicht ohne Grund schwer kategorisierbaren) *Area Studies* der »Zweiten Welt«. Die nomothetischen Sozial- und Wirtschaftswissenschaften indes waren der »Ersten Welt« vorbehalten, was »westliche« Entwicklungen als naturgesetzlich erscheinen ließ. Pletsch forderte ausgehend von dieser Beobachtung eine stärkere Reflexion der genannten Fächer über die eigenen Denkvoraussetzungen: »[U]ns selbst verstehen«, das hieß begreifen, welche »verzerrten Bilder« man von den

---
18 Ulrich Beck: *Risikogesellschaft. Auf dem Weg in eine andere Moderne*, Frankfurt a. M. 1986, S. 219.

Menschen der anderen »Welten« gezeichnet habe: »Only if we can remember that ›the other‹ is never defined in intrinsic terms, but always in terms of difference from the observer, will we have the epistemological basis for a differentiated understanding of the globe's societies.«[19]

Auf ähnliche Weise problematisierte rund zehn Jahre später der deutsche Politikwissenschaftler Ulrich Menzel die Ignoranz seiner politisierten Zeitgenossen gegenüber den Differenzen innerhalb des »Südens«, allen voran dem erwähnten Phänomen der »Schwellenländer«. Wie nicht wenige seiner Zeitgenossen polemisierte Menzel gegen den Ethnozentrismus, der manche Solidaritätsbekundung überforme. Er ging aber einen Schritt weiter, indem er diesen auf eine bis in die Aufklärungszeit zurückreichende »ideengeschichtliche Konfusion« zurückführte. Wenn Menzel zugleich das Scheitern der »großen Theorie« feststellte, dann scheint hier ein intellektueller Zusammenhang zwischen Globalismus und »Postmoderne« auf.[20] Tatsächlich stellte das, was sich in den 1990er Jahren in den *Postcolonial Studies* als ebenso schwierige wie produktive Herausforderung erweisen sollte – nämlich die Dekonstruktion von »großen Erzählungen« wie »Fortschritt« oder »Modernisierung« – den Aktivismus vor schwer lösbare Probleme: Wer schon die Prozessbegriffe, mit denen globale Angleichungen beschrieben wurden, als eurozentristisch ablehnte, der konnte kaum klar definieren, welche »Gleichheit« er anstrebte und wie diese zu bemessen sei.[21] Indem die Begriffe unzuverlässig wurden, schienen erstmals auch die globalen Zahlen der moralisierenden Vergleichskommunikation problematisch.

Ein eindrückliches Beispiel dafür stellt eine Polemik dar, die der Romancier und Essayist Pascal Bruckner (der zu den neokonservativen sogenannten »Neuen Philosophen« gezählt wird) 1983 zunächst auf Französisch, im Folgejahr auf Deutsch (beim linken Berliner Rotbuch-Verlag) veröffentlichte. In seinem Sachbuch *Das Schluchzen des weißen Mannes* nahm Bruckner die »Dritte-Welt-Ideologie« und ihre Proponenten, zu denen er vor allem Lehrer und Intellektuelle zählte,[22] in zweierlei Hinsicht aufs Korn: Die tatsächliche Begegnung mit kultureller »Differenz«, so seine Beobachtung,

---

19 Carl E. Pletsch: The Three Worlds, or the Division of Social Scientific Labor, circa 1950–1975, in: *Comparative Studies in Society and History* 23 (1981), S. 565–590. Es ist aufschlussreich, dass ein Aufsatz im »Third World Quarterly«, der eine erste Historisierung des Begriffs »Dritte Welt« vornahm, eine Peters-Karte enthält. Wolf-Phillips, Leslie: Why Third World?, in: *Third World Quarterly* 1 (1979), S. 105–115. Pletschs Kritik ähnelt übrigens auffallend jener, die SozialwissenschaftlerInnen aus dem Globalen Süden zu dieser Zeit an der UNESCO-Forschungsförderung übten: Vgl. Katja Naumann: Globale Partizipation und universalistisches Wissen: Der Umgang mit der Dekolonialisierung in den sozialwissenschaftlichen Foren der UNESCO, in: Reichherzer/Fiebrig/Dinkel, *Nord/Süd*, S. 323–356.

20 Ulrich Menzel: *Das Ende der Dritten Welt und das Scheitern der großen Theorie*, Frankfurt a. M. 1992, S. 55.

21 Zur Geschichte des Ungleichheitsbegriffs mit einem Absatz zur globalen Ungleichheit: Thomas Mergel: Gleichheit und Ungleichheit als zeithistorisches und soziologisches Problem, in: *ZF* 10 (2013), S. 307–320.

22 Das passt zur Charakterisierung eines Illich-Bewunderers, die Bruckners Landsmann Pierre Bourdieu: *Die feinen Unterschiede. Kritik der gesellschaftlichen Urteilskraft*, Frankfurt a. M. 1989, S. 451 vornahm.

vermieden diese eher, denn sie störte liebgewonnene Gewohn- und Gewissheiten. Was den »multinationalen Konzernen eine wunderbare Rohstoffreserve« gewesen sei, diene vielen Linken nämlich analog als »phantastische Mine von Illusionen«.[23] Ging von der südlichen Hemisphäre in den 1950er und 1960er Jahren noch die »erregende Trunkenheit dieses Morgenrots der Menschheit aus«, so sei mittlerweile das »Anschwärzen der europäischen Botschaft« zum Lieblingsspiel der Linksintellektuellen geworden. Bruckner kritisierte konkret, dass die ehedem sozialistische, »universalistische« Dritte-Welt-Bewegung einer eben nicht differenzierenden, sondern unreflektiert »differenzialistischen« Sentimentalität gewichen sei. Er ätzte gegen die »große Einfachheit«, die manche Aussteiger im Buddhismus suchten, und gegen die indianischen Kostümierungen »auf den Bürgersteigen Berkeleys«. Darüber hinaus geißelte er den »Einfluss des ethnologischen Diskurses auf die zeitgenössische Meinung« in Frankreich. Bruckner schien dieser Einfluss in der Romantisierung des »Südens« als Heilmittel für den »entfremdeten« Westen Ausdruck zu finden – einer Authentizitätsbegeisterung, die jedoch auf eine Wiederkehr des Konzepts vom »edlen Wilden« hinauslaufe: »Da der westliche Mensch nur auf Kosten der Menschheit er selbst sein konnte, wird die Menschheit jetzt auf seine Kosten wieder menschlich werden.« Aus Bruckners Sicht war ein solcher Exotismus nur die Kehrseite einer weit verbreiteten Betroffenheitssymbolik. Als kontraproduktiv empfand er entsprechend auch die geradezu voyeuristische Überbietungslogik, die aus den zur Abendessenszeit ausgestrahlten Fernsehbildern vom Elend in der Welt sprach – und mehr noch die bevorzugte Technik der »Propheten des schlechten Gewissens«: die massenmedial vermittelte globale Statistik. Es handle sich um »Entrüstungsspesenrechnungen« nach dem Vorbild einer Balkenwaage: rechts die vielen Armen der Welt, links die wenigen Reichen. Für Bruckner war das mithilfe solcher Bilder erzeugte »Schuldbewußtsein [...] eine Verkürzung, die Entfernungen verringert, Zwischentöne löscht und einen unerbittlichen roten Strich zwischen ihrer Bedürftigkeit und unserem befriedigten Appetit zieht«. Wer sich aber »a priori zum Schuldigen« mache, der fröne einer »entartet christlichen« Moral. Das sei narzisstisch und exkulpatorisch, denn »an einem bestimmten Punkt ermöglicht einem das moralische, metaphysische Schuldbewußtsein, sich jeder aktuellen politischen Verantwortung zu entziehen«. Es war also nicht nur eine Provokation, dass Bruckner sein Buch ausgerechnet mit einem Loblied des Eurozentrismus beendete. Denn die europäische Aufklärung wollte er gerade *nicht* als Voraussetzung einer »weltumspannenden [...] allgemeingültigen Zivilisation« verstanden wissen, sondern als Tradition des selbstkritischen Denkens.[24] Es ist bemerkenswert, wie klar manchem Kommentator also Mitte der 1980er Jahre die Probleme der quantitativen Weltvergleiche vor Augen standen,

---

23 Pascal Bruckner: *Das Schluchzen des weißen Mannes. Europa und die Dritte Welt – eine Polemik*, Berlin 1984, S. 43.
24 Ebd., Zitate auf S. 19, 9, 105, 33, 121, 28, 81, 90, 84, 147, 195. Schon dadurch, dass er wiederholt afrikanische Autoren zitierte, markierte Bruckner seine Nähe zum angegriffenen Personenkreis.

zumindest aber die schlechte Eignung des Vergleichens als politische Aktivierungsmethode. Für Bruckner resultierte aus dieser Einsicht aber eben nicht, dass man all jene universalistischen Kategorien über Bord werfen müsse, die der globalen Komparatistik zugrunde lagen. Wohl aber schien es ihm in die Sackgasse zu führen, wenn sich der Fokus von politischen Forderungen nach einer Verbesserung der Lebenschancen in der Welt auf die Anerkennung der Gleichwertigkeit von Kulturen und Wissensformen verlagerte. Denn das lief für ihn auf einen wohlfeilen »Rousseauismus« hinaus.

Nachhaltigkeit – und Bilderskepsis

Es war keine »bunte« Welt, sondern eine Welt der Schattierungen und Graustufen, die Bruckner 1984 evozierte. Eine Welt, die kaum als Quelle eines »Wohlfühlpluralismus« dienen konnte, sondern politisch denkende Menschen immer wieder von Neuem vor intellektuelle Herausforderungen stellte. Insofern ähnelte Bruckners Intervention den Reaktionen entwicklungskritischer Kreise auf *Our Common Future*, den drei Jahre später erschienenen Bericht der UN-World Commission on Environment and Development. Der meist nach der Vorsitzenden der Kommission – der ehemaligen norwegischen Ministerpräsidentin Gro Harlem Brundtland – benannte Bericht, an dem auch PolitikerInnen aus dem »Süden« mitgewirkt hatten, wird gemeinhin als Durchbruch der Idee der »nachhaltigen Entwicklung« betrachtet. Er ist der Startschuss verstärkter internationaler Bemühungen, bei der Befriedigung gegenwärtiger globaler Bedürfnisse künftige nicht zu beschneiden.[25] Zwar sollte der konkrete politische Einfluss des Brundtland-Reports nicht überschätzt werden, doch ist er als Dokument der Globalitätsdiagnostik auf just jener internationalen Ebene, mit der globalistische AktivistInnen im Zuge des Bedeutungszuwachses von (internationalen) Nichtregierungsorganisationen immer enger verwuchsen, symptomatisch. Das zeigt allen voran der »From One Earth to One World« überschriebene Absatz des Berichts. Es lohnt sich, eine etwas längere Passage aus ihm zu zitieren:

> In the middle of the twentieth century, we saw our planet from space for the first time. [...] From space, we see a small and fragile ball dominated not by human activity and edifice but by a pattern of clouds, oceans, greenery and soils. Humanity's inability to fit in its activities in that pattern is changing planetary systems, fundamentally. Many such changes are accompanied by life-threatening hazards. This new reality, from which there is no escape, must be recognized – and managed. Fortunately, this new reality coincides with more positive developments new

---

25 Zur Begriffsgeschichte Ulrich Grober: *Die Entdeckung der Nachhaltigkeit. Kulturgeschichte eines Begriffs*, München 2010. Siehe an neuerer Forschung etwa Elke Seefried: Rethinking Progress. On the Origin of the Modern Sustainability Discourse, 1970–2000, in: *JMEH* 13 (2015), S. 377–400. Konkret zur Brundlandt-Kommission: Iris Borowy: *Defining Sustainable Development for our Common Future. A History of the World Commission on Environment and Development (Brundtland Commission)*, New York 2014.

to this century. We can move information and goods faster around the globe than ever before; we can produce more food and more goods with less investment of resources; our technology and sciences give us at least the potential to look deeper into and better understand natural systems. From space, we can see and study the Earth as an organism whose health depends on the health of all its parts. We have the power to reconcile human affairs with natural laws and to thrive in the process. In this, our cultural and spiritual heritages can reinforce our economic interests and survival imperatives.[26]

Bemerkenswerterweise war es just die – mittlerweile beinahe klassische, jedenfalls seit den 1970er Jahren omnipräsente – Trope des Außenblicks auf die Erde, die in den ersten Sätzen dieses Zitats auftauchte, an der der Soziologe und Publizist Wolfgang Sachs mit seiner scharfsichtigen Kritik des Nachhaltigkeitskonzepts ansetzte. Sachs stieß sich insbesondere an der Idee des Managements des Planeten. In einem 1988 erschienenen Text interpretierte er diese als »westliche« Hybris, die die diagnostizierten Umwelt- und Entwicklungsprobleme (entgegen der Absicht der AutorInnen des *Brundlandt-Reports*) sogar zu verschärfen drohte. Die Idee des globalen Ressourcenmanagements reduziere Ökologie zu einer »höheren Form der Effizienz«, so Sachs. Das aber bestätige »implizit die universelle Validität der ökonomischen Weltsicht« und werde »zwangsläufig eine weitere Verbreitung der Westernisierung des Denkens und der Gewohnheiten« zur Folge haben.[27] Die ubiquitäre Rede von überlebenswichtigen Ressourcen camoufliere, dass hier die Fortschreibung der bestehenden Verhältnisse als Sachzwang verkauft werde. Es handle sich um eine Naturalisierung der Verwaltung der Knappheit durch »Öko-Experten«, die jede Debatte über Alternativen zur expansionistischen Lebensweise in den Konsumgesellschaften im Keim ersticke – Alternativen, die man in anderen, bäuerlich-suffizienten, aber mit Blick auf ihre Sinnstiftung umso reicheren Kulturen hätte ausmachen können.[28]

Es war nur folgerichtig, dass Sachs 1992 dazu überging, eine »Archäologie der Entwicklungsidee« zu schreiben. Denn diese Idee schien ihm in jüngster Zeit in der Absicht zu kulminieren, »die Grenzen des Wachstums mit einem Wachstum der Grenzen [zu] überlisten«.[29] Dem »kulturellen Kolonialismus«, auf den das für ihn hinauslief, wollte Sachs die an Ivan Illich angelehnte »Option der Selbstbegrenzung« gegenüberstellen. Das war eine Hinterfragung der »stillschweigenden Voraussetzung«, dass die »Kulturen der Welt im steten Verlangen nach mehr materieller Produktion konvergieren«, die auch für Sachs durch standardisierte Zahlen wie das BSP kommuniziert

---

26 *Our Common Future. Report of the World Commission on Environment and Development*, Genf 1987, S. 18.
27 Wolfgang Sachs: The Gospel of Global Efficiency. On Worldwatch and Other Reports on the State of the World, in: *International Foundation for Development Alternatives Dossier* 68 (1988), S. 33–39, hier S. 33.
28 Ebd., S. 37.
29 Wolfgang Sachs: *Zur Archäologie der Entwicklungsidee. Mit einem Vorwort und einer Zusammenstellung von Karikaturen aus der Dritten Welt*, Frankfurt a. M. 1992, S. 12.

wurde.³⁰ Der Politikwissenschaftler Carl Pletsch hatte sich 1981 noch die »Eine Welt der Sozialwissenschaften«³¹ herbeigewünscht, die verstärkt über den Standort ihrer Differenzbeobachtungen nachdachte. Bald aber tauchte die »Eine Welt« mit kritischen Ergänzungen auf: 1988 etwa konstatierte eine Bilanz der bisherigen Bemühungen um Weltfrieden unter dem Titel *One World, Many Worlds*: »The most pressing need is to reconstruct the conditions under which we have been persuaded that without a single light to guide us, we are lost.«³² Sachs indes legte 1992 auch die erste Historisierung der Idee der »Einen Welt« vor.³³ Er erkannte in der Formel ein auf die Aufklärungszeit zurückgehendes Ideal, das aber erst in der UN-Entwicklungscharta durchschlug, in der ein globaler Gesamtwirtschaftsraum den Königsweg zu Frieden und Prosperität bildete. Wo diese »Welteinheitlichkeit europäischen Ursprungs, die keine anderen geschichtlichen und örtlichen Bestimmungen mehr kennt« nun aber auf ökologische Krisendiagnosen treffe, die auf die gemeinsame Verhinderung des Untergangs der Menschheit drängten, da könne das Insistieren auf (kulturelle) Autonomie leicht als »antisoziale Bestrebung« erscheinen. Sachs sah in dieser Wahrnehmung jedoch eine Art Öko-Imperialismus, der die »Bedürfnisse« der Fortschrittsplaner durch die ebenso unverhandelbaren Systemerfordernisse des »Raumschiffs Erde« ersetze. Die »Ökotechnokraten«, so Sachs, kannten nur den einen, eben planetarischen Innenraum, aber keine *Orte*. Und das bedrohe jene kulturelle Vielfalt, in der er das eigentliche Potenzial einer umweltschonenden Lebens- und Wirtschaftsweise erkannte.

Schließlich zog Sachs aber auch eine direkte Linie zwischen dem *Bild*, mit dem der *Brundlandt-Report* aufmachte, und der vereinheitlichenden Handlungsweise, die der Bericht seiner Meinung nach propagierte. In mehreren Artikeln, die ganz dem »Blauen Planeten« bzw. dem »Satellitenblick« auf ihn gewidmet waren, kritisierte er, dass dieser die Erde als »Managementobjekt« erscheinen lasse. Für Sachs war die »sentimentale Trivialisierung« des vermeintlich so kleinen, fragilen Planeten also nur die Kehrseite der »menschlichen Selbstvergrößerung und Omnipotenz«.³⁴ Wo die Erde durch die neuen Erdbeobachtungssysteme als biochemischer Gesamtvorgang konzipiert werde, mache das zudem soziale Konflikte zwischen ihren Bewohnern vergessen.³⁵

---

30 Ebd., S. 13.
31 Pletsch, *Worlds*, S. 590.
32 R. B. J. Walker: *One World, Many Worlds. Struggles for a just World Peace*, Boulder/London 1988, S. 170.
33 Wolfgang Sachs: Die eine Welt, in: Ders. (Hg.): *Wie im Westen so auf Erden. Ein polemisches Handbuch zur Entwicklungspolitik*, Reinbek 1993 [Engl. 1992], S. 429–450, hier S. 434, 449.
34 Wolfgang Sachs: Der Blaue Planet. Über die Zweideutigkeit einer Ikone, in: Internationale Gesellschaft der Bildenden Künste (Hg.): *Terre – repère – terre. Recueil de textes de documentation des travaux d'artistes européens à l'occasion d'une invitation de l'Association Internationale des Arts Plastiques, de l'IGBK, de l'IAA et de l'AIAP pour l'été 1992*, Bonn 1992, S. 132–151, hier S. 134, 136, 146; sowie Ders.: Satellitenblick. Die Ikone vom blauen Planeten und ihre Folgen für die Wissenschaft, in: Ingo Braun/Bernward Joerges (Hg.): *Technik ohne Grenzen*, Frankfurt a. M. 1995, S. 305–346.
35 Diese Konflikte machte Sachs daher bewusst sichtbar, indem er in seinen Publikationen Karikaturen aus dem »Süden« abdruckte, die nicht selten einen Globus zeigten, dessen Zerstörung der Politik, dem Militär

Sachs' Kritik deutet damit auf eine zunehmend skeptische Sicht auf visuelle Medien hin. Diese Sicht ersetzte im letzten Jahrzehnt des 20. Jahrhunderts immer mehr jene gesellschaftskritischen Sprachanalysen, die einen wichtigen Teil der entwicklungspolitischen Bewusstseinsarbeit der 1970er Jahre gebildet hatten. So hatte etwa der Sprach- und Literaturwissenschaftler Uwe Pörksen 1988 in einem Essay eine Linie zwischen einer verarmten Expertensprache und einer entmündigenden, entfremdenden, verwalteten Welt gezogen: Pörksen assoziierte Begriffe wie »Entwicklung«, »Lebensstandard« und »Sexualität« mit dem ebenso formbaren wie schwervergänglichen Industrieprodukt schlechthin: Die *Plastikwörter* weckten das Bedürfnis nach »expertenhafter Hilfe«. Diesen Vorgang interpretierte Pörksen ganz im Kritikmodus der Kolonisierung der Lebenswelt: Die »Plastikwörter« drangen in die Privatsphäre ein. Sie schoben sich, alles »sinnlich Konkrete« vernichtend, zwischen »Menschen und Welt«. Sie machen sich überdies im (auch von Sachs betrauerten) Sprachensterben bemerkbar. Eine »Weltvereinheitlichung« war das für Pörksen, weshalb er den Begriff »Planung« denn auch zur »Planierung« der Flächen der neuen postkolonialen Staaten durch wissenschaftliche Experten umdeutete. Die Experten schlossen die »Welt für die Verwertung« auf. Sie machten das Wirtschaftswachstum zur Naturgesetzlichkeit und das von ihnen ausgelöste Leid unsichtbar.[36]

Ein knappes Jahrzehnt später war aus Pörksens »Plastikwort« dann aber der »Visiotyp« geworden – womit ein weiteres Mal der Bogen zur den in der Einleitung umrissenen Analysen verschiedener Geovisualisierungen geschlagen ist: Pörksens Experten der späten 1980er Jahre hatten sich 1997 in den »Weltmarkt der Bilder« verwandelt – so der Titel eines neuen Buchs –, ohne dass dies seine Grundthese wesentlich veränderte: Auch das »Wirkungspotential« der standardisierten »global wirksamen Zeichen« lag nämlich darin, die Komplexität der Wirklichkeit zu reduzieren und bestimmte – in der Regel technisch-wissenschaftliche – Lösungsvorschläge als alternativlos erscheinen zu lassen. Neben aktuellen Beispielen dieser undemokratischen »Imagogie«, etwa dem »Informationsdesign des Golfkriegs«, analysierte Pörksen entsprechend auch etwas ältere globalistische Formen. Darunter waren die »exponentielle Weltbevölkerungskurve« und einmal mehr der »Blaue Planet«, den ihm eine Bonner Ausstellung zum Thema »Erdsicht. Global Change« 1992 handhab- und verfügbar zu machen schien. Bezeichnend ist, dass sein Buch mit einer hoffnungsfrohen Zufallsbeobachtung endete: Bei einem Spaziergang hatte Pörksen einer Schulklasse zugesehen, die jauchzend einen Aufblas-Erdball auf einer Zeltplane balancierte. Die SchülerInnen sollten sich als Kooperationsgemeinschaft erleben und zugleich die Gefahr des Aufschaukelns von Dynamiken begreifen. Aber es war nicht das Spiel, das Pörksen optimistisch stimmte,

---

und den Konsumenten im »Norden« angelastet wurde. Offenbar waren das BMZ und die EPD-Redaktion an der Beschaffung der Karikaturen beteiligt, wie Sachs in seinem »Blickwechsel. Auf Befreiung gerichtet« überschriebenen Vorwort erwähnte: Sachs, *Archäologie*, S. 7.

36 Uwe Pörksen: *Plastikwörter. Die Sprache einer internationalen Diktatur*, Stuttgart 1988, S. 121, 102, 21, 16.

sondern ein »Dreizehnjähriger, der sich ausgeklinkt hatte«. Denn der hatte die »Erde« der »Oldies« als »Medienball [sic]« durchschaut.[37]

Das Ende der »Einen Welt« – und das Ende der Medienwirkungsannahmen

Sachs' und Pörksens Kritik ist weiterhin wichtig, aber in zweierlei Hinsicht schon historisch: Erstens übersah gerade Sachs über seinen anti-expertokratischen Furor, dass der *Brundtland-Report* durchaus ähnlich argumentierte wie dessen Kritiker: Wie das Zitat oben zeigt, suggerierte die Brundtland-Kommission ja, es sei gerade die *kulturelle* Vielfalt der Welt, die kognitive Ressourcen für Lösungsansätze generieren würde, den Planeten dauerhaft vor Übernutzung zu schützen, und trotzdem materiellen Wohlstand für seine gegenwärtigen und kommenden menschlichen Bewohner zu garantieren. Das war nah an Fuller, aber eben auch an Peters. Das, was ein knappes Jahrzehnt später breit als »Globalisierung« diskutiert wurde, schilderte der *Report* gerade *nicht* als Vereinheitlichungsprozess, sondern als Verfügbarmachung (»access«) des Wissens der Welt. Kulturelle Diversität erschien nicht mehr (nur) als komplex mit sozialen Ungleichheiten verwoben, sondern eben auch als Wissensreservoir, gar als »Ressource«.[38] Als eine Art geistiger Rohstoff könne kulturelle Vielfalt als Grundlage dafür dienen, die techno-biologischen Symbiosen mit dem Planeten zu optimieren. Damit war auch der Konflikt zwischen den Verfechtern von Effizienz bzw. Suffizienz beilegbar, der die Diskussion um die Ethik des »Raumschiffs Erde« geprägt hatte. Das Nachhaltigkeitstheorem entwaffnete den »Glokalismus« also auch dadurch, dass es zwei seiner kritischen Elemente – seinen Pluralismus und seinen Frugalismus – gegeneinander ausspielte. Man mag das als Parallele dazu sehen, dass das Wachstumsparadigma (das vorübergehend sogar in einer Institution wie der OECD auf den Prüfstand gekommen war, die bei seiner politischen Implementierung nach 1945 eine zentrale Rolle gespielt hatte) im späten 20. Jahrhundert als »qualitatives Wachstum« zurückkehrte[39] – wobei auch die Tatsache eine Rolle spielte, dass die düsteren neomalthusianischen Prognosen, auf die der erwähnte Paul Ehrlich sogar eine Wette abgeschlossen hatte, nicht eingetroffen waren.[40] Indem jedenfalls der Widerspruch zwischen der »Einen« und den »Vielen Welten« aufgehoben war, verloren beide Formulierungen ihr kritisches

---

37 Uwe Pörksen: *Weltmarkt der Bilder. Eine Philosophie der Visiotype*, Stuttgart 1997, S. 9f., 27f., 47, 75, 44, 71, 302.
38 Diesen Prozess verfolgt luzide am Beispiel der Debatten ums UNESCO-Kulturerbe: Andrea Rehling: »Kulturen unter Artenschutz«? – Vom Schutz der Kulturschätze als Gemeinsames Erbe der Menschheit zur Erhaltung kultureller Vielfalt, in: *Jahrbuch für Europäische Geschichte* 15 (2014), S. 110–137.
39 Schmelzer, *Growth*, S. 273–279.
40 So Eva Horn/Hannes Berthaller: *Anthropozän zur Einführung*, Hamburg 2019, S. 148f., die zugleich darauf hinweisen, dass sich die Idee planetarischer Ressourcengrenzen etwa zur selben Zeit weiterentwickelte zur These, das Erdsystem weise Schwellen auf – etwa hinsichtlich seiner Kapazität zur Absorption von Treibhausgasen –, die sich erst mit ausgeprägten Latenzen bemerkbar machen.

Potenzial. Und das korreliert auffällig mit der zunehmenden Verwendung dieser Formulierungen in den 1990er und frühen 2000er Jahren.[41]

In diesen Argumentationsrahmen gehört indes auch, dass sich der, wie oben angedeutet, von Ulrich Beck noch als Überforderung wahrgenommene Selbstmobilisierungsansatz der *Global Education* bald kaum noch von neoliberalen oder besser »neosozialen« (Stephan Lessenich) *Governance*-Konzepten und Menschenbildern unterschied, die den ökonomischen Globalismus der ersten zwei Nachwendejahrzehnte begleiteten. Man sollte diesen Zusammenhang nicht überbewerten – aber dennoch: Im letzten Jahrzehnt des vergangenen Jahrhunderts verflossen die Grenzen zwischen einer altruistischen *Global Awareness* und einem eher eigennützigen *Diversity Training*, das für die Anforderungen eines als »globalisiert« wahrgenommenen Weltmarkts »fit« machen sollte. Diese Konvergenz verringerte die Widerstandskräfte kritischer Milieus gegenüber den Zumutungen der Vermarktlichung auch des Erziehungssektors. Das galt zumal in den USA, wo die Förderung »interkultureller Kompetenz« stark mit identitätspolitischen Debatten und mit dem Ziel der Verbesserung der *Race Relations* verknüpft war. Erste Kritiker zweifelten am Sinn einer Lernform, die sich an das »Geschäftsinteresse an einer Revitalisierung der Wirtschaft« so eng anschmiege, dass die Zielmarke des globalen Lernens »eher internationale Wettbewerbsfähigkeit als internationale Kooperation und Verständigung« bildeten.[42] *Empowerment*-Praktiken halfen bei der Herausbildung von Arbeitnehmertugenden, die zu nationalen Standortvorteilen von »Wissensgesellschaften« in der Weltwirtschaft werden konnten – was, nebenbei bemerkt, ein Grund dafür sein könnte, dass die Pädagogik des »Multikulturalismus« von ihren Gegnern *heute* als staatlicher Oktroi empfunden wird. Schon zuvor fanden sich viele jener Akteure, die ich in diesem Buch als »Glokalisten« kennzeichnet habe, zumindest begrifflich auf Seiten der *Gegner* der Einen Welt wieder: Das zeigt sich an Buchtiteln wie *One World, Ready or Not. The Manic Logic of Capitalism*.[43]

Ex post lässt sich jedoch ein *zweiter Trend* ausmachen, den Pörksen und Sachs noch nicht zu erkennen vermochten. Genau in dem Moment nämlich, als auch die KartografiehistorikerInnen die »dunkle Macht« ihrer Profession ergründeten, machte die empirische Medienwirkungsforschung eine geradezu entgegengesetzte Entdeckung: In einer Bilanz dieser Forschung kam etwa Gerhard Maletzke 1981 – schon zurückblickend auf eine Zeit, in der sich gerade Umweltpädagogen viel von Medien wie dem Fernsehen versprochen hätten – zu dem ernüchternden Befund, man habe Medienrezipienten zu lange als passiv begriffen. Der »Wirkungsansatz«, den man mit der Formel »Allmacht der Medien« zusammenfassen könne, werde aber mittlerweile vom »Nut-

---

41 Kuchenbuch, »Eine Welt«, S. 136.
42 Fujikane, Approaches, S. 139f. Zu diesem Zusammenhang: Andreas Wirsching: Towards a New Europa? Knowledge as a Transformational Resource since the 1970s, in: *Bulletin of the German Historical Institute* 56 (2015), S. 7–22.
43 William Greider: *One World, Ready or Not. The Manic Logic of Capitalism*, New York 1997. Siehe auch Peter Singer: *One World: The Ethics of Globalization*, New Haven 2004.

zenansatz« verdrängt. Dessen Exponenten interessierten sich eher für das Vorwissen von Mediennutzern, also die Bedingungen der »kognitiven Resonanz« der kommunizierten Inhalte, so Maletzke.[44] Tatsächlich ist der Aufstieg des Paradigmas der »ökologischen Modernisierung« in den 1990er Jahren auch ein Resultat dieses Lernprozesses.[45] *Rebound*-Effekte hatten gezeigt, dass das »planetarische Bewusstsein« eben nicht das Verhalten bestimmte. Dieser Befund hatte eine Renaissance von Überlegungen zur Verhaltenssteuerung zur Folge, die sich dabei aber von einer simplifizierenden *Rational Choice*-Theorie ab- und dem sogenannten *Nudging* zuwandten. Dieses ist also nicht nur Lerneffekt der gescheiterten Globalsteuerungsideen der 1960er Jahre.[46] Es ist auch Ergebnis des missglückten Versuchs einer mediengestützten Bewusstseinsbildung. Die Welt in den Köpfen machte sich nicht zwangsläufig im Alltag bemerkbar.

8.3 Many Ways to See the World

Dritte Wege aus der Moderne

Peters und Fuller sind einander nie persönlich begegnet und haben auch nicht miteinander korrespondiert.[47] Fuller verstarb fast zur selben Zeit, als die Peters-Rezeption in den USA ins Rollen kam. Wir wissen also nicht, ob der erklärte Sozialist und der alles andere als kapitalismuskritische Bauunternehmer einander etwas zu sagen gehabt hätten. *Aus Sicht ihrer Interpreten* vermittelten beide Welt-Bildner zu Beginn der 1980er Jahre jedoch kompatible Botschaften. Der amerikanische Futurologe Alvin Toffler etwa legte 1980 mit *The Third Wave* das optimistischere Nachfolgewerk seiner zuvor vielzitierten These vom »Zukunftsschock« vor, der die Industriegesellschaften erfasst habe – und in diesem neuen Buch tauchten sowohl Fuller als auch Peters an prominenten Stellen auf. In dem Werk, in dem Toffler den Aufstieg des »Prosumenten« prophezeite (und begrüßte – nämlich als neue Sozialfigur, die den Zentralismus der Moderne ablösen werde), lieferte Fuller allerlei Stichworte für eine weniger entfremdete, demokratischere und dezentrale Kräfteverteilung infolge der Vervielfältigung

---

44 Gerhard Maletzke: *Medienwirkungsforschung. Grundlagen, Möglichkeiten, Grenzen*, Tübingen 1981, S. 1, 21, 37–43.
45 Martin Bemmann/Birgit Metzger/Roderich von Detten: Einleitung, in: Dies. (Hg.): *Ökologische Modernisierung. Zur Geschichte und Gegenwart eines Konzepts in Umweltpolitik und Sozialwissenschaften*, Frankfurt a. M. 2014, S. 7–34.
46 Rüdiger Graf: Verhaltenssteuerung jenseits von Markt und Moral. Die umweltpolitische Regulierungsdiskussion in der Bundesrepublik Deutschland und den USA im letzten Drittel des 20. Jahrhunderts, in: *VfZ* 66 (2018), S. 435–462.
47 Allerdings zeigte sich der mit Fuller befreundete Designer Charles Eames 1978 interessiert daran, sich bei seinem nächsten Europa-Aufenthalt mit Peters zu treffen, dessen *Synchronoptische Weltgeschichte* ihm seinen »historischen Filmen« zu ähneln schien, »die ebenfalls auf das Ziel abheben, geschichtliche Prozesse visuell darzustellen«: E. Fehlbaum an Peters, 18.7.1978, SBB-PK, Nachl. 406, 455.

medientechnischer Partizipationsmöglichkeiten: Toffler deutete diese »entsprechend Buckminster Fullers ›Tensegrity‹-Prinzipien«. Peters begegneten Tofflers LeserInnen im Kapitel »Space Travelers«, das die ersten räumlichen Anzeichen dieser »Dekonzentration« umriss. Der auf Nation und Stadt zentrierten zweiten Zivilisationswelle folgte laut Toffler nun eine dritte:

> [It] appears to be generating a new outlook that is intensely local, yet global – even galactic. Everywhere we find a new concentration on ›community‹ and ›neighborhood,‹ on local politics and local ties at the same time that large numbers of people – often the same ones who are most locally oriented – concern themselves with global issues and worry about famine or war 10,000 miles away.

Diese Entwicklung, so prophezeite es Toffler, werde beschleunigt, wenn Institutionen wie die NASA Satellitenbilder bald in Echtzeit als »lebendige Karte – als animiertes Display« in alle Haushalte senden würden.[48] Für Toffler gehörte zum selben Trend Peters' Herausforderung der konventionellen Kartografie, die auch für den Futurologen darauf hinauslief, »dass es keine einzige ›korrekte‹ Karte gibt, sondern bloß verschiedene Raumbilder, die verschiedenen Zwecken dienen«. Faktisch bedeute das auch: »[T]he arrival of the Third World brings a new way of looking at the world.« Für Toffler kam also einiges zusammen: die *Operations Research* der Kriegsjahre etwa und die Systemtheorie, die nun aber im Licht östlicher Religion gesehen werde, und das gerade von jungen Leuten: »The world, they suddenly chanted, was not broken into Cartesian chips: it was a ›oneness‹.«[49]

Wie als Bestätigung von Tofflers Thesen tauchten Fuller und Peters im Jahr darauf denn auch zwischen den Buchdeckeln eines »Öko-LOG-Buchs« westdeutscher (aber stark für amerikanische Entwicklungen sensibilisierter) Praktiker dieser neuen, vernetzten, für die Differenzen in der Ganzheit sensibilisierten Existenzform auf: *Sanfte Alternativen*, so der Titel des Bands, zu dessen prominenteren Autoren Tofflers Futurologenkollege Ossip K. Flechtheim, der bereits erwähnte Schöpfer von *Ökolopoly*, Frederic Vester, und der von Fuller inspirierte Architekt des deutschen Pavillons auf der *Expo '67*, Frei Otto, gehörten, enthielt »Materialien zur Gestaltung wünschenswerter Zukünfte«. Es ging um Solarzellen, Ökohäuser, Computer-Netzwerktechnik, aber auch um Feminismus. Schon die »Quo vadis, Terra?« überschriebene Einleitung stellte diese Themen in den Zusammenhang einer Historisierung der Moderne, die derjenigen Tofflers stark ähnelt. Der Text des Herausgebers Rüdiger Lutz machte mit einer Zeichnung der sinkenden Titanic auf, die wenig subtil die Hybris einer technischen Zivilisation auf Kollisionskurs symbolisierte. Sein Text bemühte dann aber ein anderes Bild: »Betrachten wir einmal unsere Erde als Raumkolonie, so können wir konstatieren,

---

48 Alvin Toffler: *The Third Wave*, New York u.a. 1990 [1980], S. 299.
49 Ebd., S. 300, 302.

daß sämtliche regenerationsfähigen Versorgungssysteme sowie die ökologische Steuerungskybernetik in den letzten Jahrzehnten überbeansprucht wurden.« Zwar werde »zu unserer Entschuldigung« eingewendet, »daß ein ›Bedienungshandbuch für das Raumschiff Erde‹ nicht an Bord war«. Aber das sei eine schlechte Ausrede angesichts der Tatsache, dass der Mensch von der Natur mit einem »flexiblen Lernprogramm« ausgestattet worden sei und überdies einiges an »›Software‹ zur Bedienung der ›Hardware‹ der Erde und Natur« bereits vorliege: Nämlich – und hier war Lutz plötzlich näher bei Peters als bei Fuller – in Form der »Religionen und Ethiken der verschiedenen Kulturen«. In Indien oder China könne man die »Metaprogramme vernünftiger Lebensweisen« ausmachen, mit denen darauf reagiert werden müsse, dass eine Minderheit der Menschen im Begriff sei, die Lebensgrundlage der Mehrheit zu zerstören. Dass der »gesamte Planet Erde betroffen« sei, dürfe nämlich weder dazu verführen, den »totalitären Fatalisten« des Club of Rome zuzustimmen, noch den »Techno-Optimisten« zu glauben, sie könnten das Schiff einfach reparieren. Auch Lutz empfahl stattdessen einen dritten Weg: Es gelte, die Erde (mit James Lovelock, dem Mitbegründer der »Gaia«-Hypothese) als Akteur zu betrachten, der sich der Menschen einfach entledigen könne, wenn diese sich nicht »nach Rettungsboote[n], welche kleiner, flexibler und anpassungsfähiger sind«, umsähen. Der erste Schritt sei, »unser falsches Weltbild« einer »Revolutionierung« zu unterziehen. Die Notwendigkeit einer solchen geistigen Umorientierung (die dem Lernen von den ökologisch besser adaptierten »Anderen« offenbar vorausgehen musste) verdeutlichte Lutz damit, dass in den Nachrichten weiterhin eine Karte von 1569 »implizit die Vorherrschaft des ›weißen Mannes‹, der ›nordischen Rasse‹ und damit der nördlichen Halbkugel« signalisiere. Die »sanfte« Mercator-Alternative war denn auch am Schluss des Textes abgedruckt.[50]

Internetprophet und Computersozialist

Mit der »Dezentralisierungsemphase« beider Bücher wäre *Fuller* sicher einverstanden gewesen, wohl mehr als mit der Zurückweisung der zivilisatorischen Leistungen des Westens.[51] Es kann in jedem Fall nicht überraschen, dass es fünfzehn Jahre nach seinem Tod zu einer gewissen Renaissance Fullers als Prophet dezentraler elektronischer Informationsinfrastrukturen kam.[52] Fullers Deutung als Inspirationsquelle jener Internet-

---

50 Rüdiger Lutz: Quo vadis, Terra?, in: Ders. (Hg.): *Sanfte Alternativen. Ein Öko-LOG-Buch. Materialien zur Gestaltung wünschenswerter Zukünfte.*, Weinheim/Basel 1981, S. 12–16, hier S. 12, 14, 16.
51 Diese zivilisatorischen Leistungen hatte Fuller noch in seiner letzten Buchveröffentlichung in der eigenen Lebenserzählung gespiegelt: Richard Buckminster Fuller: *Grunch of Giants*, New York 1983, S. 54. Fuller schrieb darin einmal mehr gegen die Vereinnahmung dieser Leistungen durch die Rüstungsindustrie an. Diese begegnete seinen LeserInnen hier als Anspielung auf Ronald Reagans Strategic Defense Initiative, also das sogenannte *Star Wars*-Programm, das den militärischen *Closure*-Gedanken der 1950er Jahre reaktivierte und auf die Spitze trieb.
52 Vgl. Krausse, Dorf. In jüngster Zeit taucht Fuller vermehrt im Schrifttum der sogenannten *Maker*-Bewe-

Pioniere, deren globale technische Vernetzungsutopie seit einigen Jahren historisiert wird,[53] überformte 1999 auch die erste große Werksretrospektive im deutschsprachigen Raum.[54] Ihr folgten jedoch bald kritische Kontextualisierungen und wenig später die Erschließung seines Nachlasses, von der die vorliegende Studie profitiert hat.

Interessant ist diese Entwicklung, weil auch die Arbeiten, die *Peters* in seinen letzten Lebensjahren beschäftigten, den Internet-Globalismus der 1990er Jahre reflektierten. Jedoch geschah das auf eine Weise, die Peters nun nicht mehr als *Outsider*, sondern fast etwas antiquiert erscheinen ließ. Zwar erlebte der deutsche Welt-Bildner im letzten Jahrzehnt des 20. Jahrhunderts manche Würdigung seines Lebenswerks, vor allem an seiner Hauptwirkungsstätte: Nachdem ihm schon 1986 vom Senat der Hansestadt Bremen der Ehrentitel »Professor« verliehen worden war,[55] folgte 1994 die Verleihung des Kultur- und Friedenspreises der Villa Ichon.[56] Dennoch geriet Peters ein wenig in Vergessenheit, und zwar umso mehr, je weiter er der Geografie den Rücken kehrte.[57] Peters hatte sich schon Mitte der 1980er Jahre verstärkt dem Thema der Arbeiterbewegung seiner Weimarer Jugendjahre zugewandt, auch ihrer emanzipatorischen Freizeitkultur. Selbst Akkordeonist, hatte Peters sein Interesse an visuellen Kommunikationscodes und am Prinzip der Selbstbildung anlässlich eines Vortrags am Salzburger Mozarteum umgemünzt in eine Methode des autodidaktischen Klavierstudiums anhand von Farbcodes auf der Klaviatur. Peters pries die 1985 dreisprachig im Selbstverlag lancierte *Klavierfibel für's Farbklavier*[58] einmal mehr als »Revolution«. Er knüpfte auch insofern an seine vorangegangenen Werke an, als er das Musizieren als »Wiederherstellung des ungespaltenen Ganzen des Menschen« interpretierte, das auch in der Aufwertung der Musikkulturen (insbesondere der Rhythmik) der »außereuropäischen Völker« bestehe.[59] Ähnelten diese Argumente dem Relativismus, der zur selben Zeit viele Publikationen zur sogenannten »Weltmusik« auszeichnete,[60] so

---

gung auf, die mit ihrer Bezugnahme auf vermeintlich zugleich nachhaltigere und emanzipatorische Techniken wie 3-D-Drucker wirklich manchen Fuller-Gedanken zum zweiten Mal denkt [siehe nur Andrea Baier u.a. (Hg.): *Die Welt reparieren. Open Source und Selbermachen als postkapitalistische Praxis*, Bielefeld 2017, S. 195]. Zu dieser Idee und ihren historischen Wurzeln kritisch: Evgeny Morozov: Making it. Pick up a Spot Welder and Join the Revolution, in: *The New Yorker*, 13.1.2014.

53 Turner, *Technocrat*. Noch kurz vor seinem Tod war Fuller auf dem Cover des *Apple*-Magazins »Softtalk« (2, 1982) zu sehen gewesen.
54 Krausse/Lichtenstein, *Private Sky*.
55 Urkunde vom 6.5.1986, SBB-PK, Nachl. 406, 470.
56 https://www.villa-ichon.de/kultur-und-friedenspreis/ (19.6.2019). Spätere Preisträger waren Ivan Illich und Dieter Senghaas.
57 Peters' Atlas wurde erst kurz vor seinem Tod aktualisiert. Im Vorfeld der Übernahme durch den Verlag Zweitausendeins wurden die Staatengrenzen und die den thematischen Karten zugrundeliegenden Statistiken überarbeitet: *Peters Atlas. Alle Länder und Kontinente in ihrer wahren Größe*, Frankfurt 2002.
58 Arno Peters: *Klavierfibel für's Farbklavier*, Frankfurt a. M. 1985.
59 Arno Peters: Salzburger Vortrag, SBB-PK, Nachl. 406, 242, o.S.
60 Vgl. nur Joachim-Ernst Berendt: *Das Dritte Ohr. Vom Hören der Welt*, Frankfurt a. M. 1985, S. 419.

zeigte sich schnell, dass der Markt für *diese* Art des Selbststudiums bereits gesättigt war.[61]

Es war denn auch ein anderes Feld, auf dem Peters seine sozialistischen Überzeugungen in die Gegenwart zu übersetzen versuchte: die Kybernetik. Tatsächlich hatte er die Chancen der Computertechnologie eher spät entdeckt, bzw. erst nach mehreren Anläufen. 1974 hatte Peters eine Reihe prominenter Unterstützer als Beirat gewinnen können für ein sogenanntes »Institut für Universalgeschichte« mit verschiedenen Abteilungen, etwa einer zum »historischen Diagramm«.[62] Anders, als es der Name glauben machte, handelte es sich um einen Ein-Mann-Betrieb, der allein dazu diente, Peters' Arbeiten einen offiziellen Anstrich zu geben, um Fördermittel einzuwerben. 1976 kam ihm zu Ohren, dass der Bremer Wissenschaftssenator in EDV-Anlagen für Bildungszwecke zu investieren beabsichtigte.[63] Peters träumte daraufhin von einer elektronischen SWG-Kartei als Kernstück seines Instituts.[64] Es blieb aber seinem Sohn Aribert überlassen, sich den Kopf über die Strukturierung und den Abruf der entsprechenden Daten zu zerbrechen und damit ähnliche Probleme zu wälzen, wie sie Fullers MitstreiterInnen in den USA zur selben Zeit umtrieben.[65] Das Projekt versandete.

So sollte es noch zwanzig Jahre dauern, bis Peters sich wieder Gedanken über die Potenziale des Rechners machte – Gedanken, die sich seit Mitte der 1970er Jahre kaum weiterentwickelt hatten. In einem Vortrag, den er 1996 in Palermo hielt, argumentierte Peters erstmals quasi-marxistisch, wenn er als (interkulturell verständlichen) Schlüssel der Arbeitsentlohnung die Zeit identifizierte, die ein Individuum in seine Arbeit investiert hatte – und die der Computer berechnen könne. Darin erschöpfte sich auch der Gehalt der rund 25-seitigen Studie zum »Äquivalenzprinzip« in der Weltwirtschaft, für die Peters sich mit den Preis- und Arbeitswerttheorien François Quesnays, David Ricardos, Adam Smiths und schließlich Karl Marx' beschäftigte. Die Exegese der ökonomischen Klassiker blieb indes unverknüpft mit Peters' Vorschlag, die »Global-Ökonomie« gerechter auszugestalten, indem eine nicht näher definierte Zentralbehörde die ökonomischen Ungleichheiten auf der Erde ausgleiche. Das geschah nach dem Prinzip »Allein die Arbeitszeit darf den Lohn bestimmen!«, das, so Peters, auch eine unter »ökologischen Gesichtspunkten unvertretbar[e]« Industrialisierung des »Südens« ver-

---

61 Siehe die Korrespondenz in SBB-PK, Nachl. 406, 415.
62 Gründungsurkunde vom 11.7.1974, SBB-PK, Nachl. 406, 543.
63 Tagebucheintrag vom 12.7.1976, SBB-PK, Nachl. 406, 415.
64 Arno Peters: Historische Akademie. Genesis. Aspekte. Perspektiven, SBB-PK, Nachl. 406, 542.
65 Eine entsprechende Denkschrift Aribert Peters' sah die Speicherung der SWG-Daten auf Magnetband vor. Peters machte zudem Vorschläge zur Strukturierung dieser Daten mit Blick auf ihre automatisierte Verknüpfung und eine Suchfunktion, die die Auswertung statistischer Häufigkeiten bestimmter historischer Phänomene möglich machen würde. Denn das schien einer »numerische[n] Geschichtsphilosophie« den Weg bahnen zu können, würde es in jedem Fall aber erlauben, manche »Behauptung über einen Zusammenhang [zu] prüfen«: Aufbau einer Geschichtsdatei mit einer elektronischen Datenspeicherungsanlage, o.D. [ca. 1976], SBB-PK, Nachl. 406, 542.

hindern könne: »Die weltweite Ermittlung des Bedarfs (einschließlich der Rangordnung dieser Bedürfnisse), die Lenkung der Produktion (einschließlich der Errichtung neuer Produktionsstätten) und die Verteilung von Gütern und Dienstleistungen sind vom Computer bereits heute zu bewältigen.«[66]

Peters versuchte, diese Idee dann noch zu adeln, indem er sie mit dem Namen des bereits 1995 verstorbenen Berliner Computerpioniers Konrad Zuse verknüpfte, mit dem er sich seit 1979 gelegentlich ausgetauscht hatte. Seine »Gespräche« mit Konrad Zuse zum *Computer-Sozialismus*, die 2000 einmal mehr im Selbstverlag erschienen, stellten aber in erster Linie Monologe darüber dar, wie »die mit der Erfindung des Computers gegebene Chance zu nutzen« sei, um »allen Menschen mit weniger Arbeit ein reicheres Leben zu geben«. Für Peters war die Antwort die »Bedarfsdeckungswirtschaft«, was hieß: eine Automatisierung und damit Objektivierung der Arbeitsentlohnung. Peters' Vorschlag erinnert dabei ein wenig an Fullers Ende der 1930er Jahre entwickeltes Verfahren, die »bessere Welt« als Zwangsläufigkeit auszumalen, um ihre Realisierung wahrscheinlicher erscheinen zu lassen. Denn Peters verlor kein Wort dazu, *wie* die computergestützte »Verwaltung« des Computer-Sozialismus sich »verwirklichen« werde, welche Schritte also unternommen werden mussten, damit »Solidarität [...] nicht an der Landesgrenze endet, sondern die ganze [...] Menschengemeinschaft gleichrangig einschließt«. Der entsprechende »Weltstaat« schien im Gegenteil einfach historisch überfällig angesichts der Bedeutung internationaler Organisationen, der Verbreitung des Internets, der Gleichberechtigung der Frauen und der zunehmenden Durchsetzung der »Aufklärung«. Umso farbiger malte sich Peters aus, wieviel effizienter und gerechter als die »bisherige Steuerung der Produktion durch die Annäherung von Angebot und Nachfrage [...] die computerisierte Erfassung und Befriedigung der Bedürfnisse« des Menschen sein könne. Sie werde der »freie[n] Entfaltung der Persönlichkeit« den Weg ebnen. Sie werde aber auch den Bruch des Kapitalismus mit der »allmählich, im Tempo natürlicher Prozesse verlaufenden Naturgeschichte« kitten. Damit verspreche der »Computersozialismus«, den »in sich ruhenden, ausgewogenen, allseits harmonischen Naturzustand auf höherer Ebene wieder her[zustellen], alle Differenzierungs-Prozesse der historischen Zeit aufhebend im dialektischen Doppelsinne, überwindend und bewahrend zugleich...«. Eins war aber klar (und hätte auch schon 1945 geschrieben werden können): »Die außereuropäischen Völker sind geeigneter für die Herbeiführung dieser brüderlichen Weltordnung; sie sind der natürlichen ungespaltenen Ganzheit noch näher, deren Wiederherstellung auf höherer Ebene Aufgabe des Zeitalters der Kultur ist, in das wir eintreten.«[67]

---

66 Arno Peters: *Das Äquivalenz-Prinzip als Grundlage der Global-Ökonomie*, Vaduz 1996, S. 22, 24.
67 Arno Peters: *Was ist und wie verwirklicht sich Computer-Sozialismus. Gespräche mit Konrad Zuse*, Berlin 2000, S. 9, 85f., 71, 36, 117, 125, 129, 111, 144.

Many Maps for Many Worlds

Es kann nicht überraschen, dass Peters nur noch wenig mit der Art und Weise anzufangen wusste, in der seine Karte zu dieser Zeit verwendet wurde und bis heute verwendet wird. Auch die Erwartungen hinsichtlich der *Effekte*, die die Auseinandersetzung mit *Dymaxion Map* und Peters-Karte zeitigen konnten, hatten sich soweit angenähert, dass diese nahezu austauschbar wurden, womit sich der Kreis zu den am Beginn dieser Arbeit geschilderten Kartennutzungsszenen schließt. Peters, der bis zuletzt an der Überlegenheit seiner Projektion festhielt, interessierte sich wenig für *andere* »alternative Weltkarten«. Und so sind es nur verstreute Indizien, die nahelegen, dass er zu Fullers Lebzeiten überhaupt über dessen Kartografie informiert war. So besaß er eine Pressemappe zur einer Pariser Ausstellung zum »Image du Monde« im September 1979, auf der auch ein sieben Meter breites Fuller-Ikosaeder ausgestellt wurde.[68] Peters dürfte auch nicht entgangen sein, dass die *Dymaxion Map* wenige Wochen zuvor in der WDR-Fernsehsendung »Ein neues Bild von der alten Welt?« aufgetaucht war, die die Peters-Karten-Kontroverse als Aufhänger zur Vermittlung von Grundkenntnissen über Kartografie nutzte. Der Redakteur Holger Meifort und der Professor für Kartografie an der FU Berlin, Ulrich Freitag, demonstrierten aber auch, wie ein rechnergesteuerter Karten-Plotter arbeitete. Diesen Plotter ließ man mithilfe entsprechender Eingabebefehle verdeutlichen, wie »Bewohner der Mongolei« die Erde sähen, »wenn sie sich für den Nabel der Welt« hielten. Überhaupt übernahm die Sendung manches Peters'sche Argument. So hieß es, es sei eine »Frage des Taktes, dass im Nord-Süd-Konflikt die jeweiligen Territorien in ihrer tatsächlichen Größe dargestellt werden«. Dennoch dürfte Peters kaum gefallen haben, dass Herford die Sendung mit einer humorigen Bemerkung beschloss, während er einen fußballgroßen Faltglobus von »Mr. Buckminster Fuller« zückte: Der, das stellte Freitag klar, war nur einer von vielen möglichen »Kompromissen«, als die man die »Verebnung der Erdoberfläche« grundsätzlich begreifen müsse.[69]

Zehn Jahre später zählte aber selbst Peter Vujakovic – der die Peters-Rezeption als erster genauer untersuchte – die *Dymaxion Map* zu jenen Karten, deren »Unvertrautheitswert« besonders groß sei und die sich daher sogar noch besser als die Peters-Karte zur Förderung der globalen Sensibilität eigne.[70] Bald konnte man Fuller kaum noch entgehen, wenn man sich für Peters interessierte. Hatte dieser 1974, wie erwähnt, am Rand seines ersten Weltkartenposters verschiedene Globusansichten platziert, so wartet der untere Rand des Peters-Karten-Posters, das seit rund fünfzehn Jahren in den USA im Handel erhältlich ist, mit gleich vier verkleinerten Reproduktionen *anderer*

---

68 Pressemappe, SBB-PK, Nachl. 406, 456.
69 *Ein neues Bild der Alten Welt? Ein Bericht über die Probleme der modernen Kartografie*, 5.8.1979, Historisches Archiv des WDR, Köln: ANR 0109682, 10:25:16; 10:19:58–10:20:17; 10.26:17–10:26:30.
70 Vujakovic, Mapping, S. 103f. Er tat es damit ausgerechnet Peters' amerikanischem Hauptunterstützer nach, zu dessen reflexionsförderlichen »New Views« auch die »Spaceship Earth« gehörte, wie er Fullers Karte nannte: Kaiser, *Views*, S. 9.

ungewöhnlicher Karten auf, unter denen auch ein Fuller'sches »One-Continent«-Layout ist.[71] Tatsächlich führt der gegenwärtige Anbieter des Peters-Posters, der Kartenversandhändler ODT-Maps, nicht nur eine Lizenzversion von Fullers Karte, sondern auch die in der Vignette beschriebene *Upside-down map*. Es handelt sich bei den Aufdrucken am Rand der Peters-Karte also um Werbung, aber eben um die Werbung eines Verlags, der das Motto »Many Ways to See the World« zum Geschäftsmodell erhob. Diese Spezialisierung kann man als Indiz einer Nachfrage nach Produkten sehen, die zur Veränderung der eigenen Weltwahrnehmung einluden. Das ist schon deshalb einen abschließenden Blick wert, weil diese Nachfrage Arno Peters' letztlich der Deutungshoheit über seine Karte beraubte.

1990 hatte Ward Kaiser von einem gewissen Bob Abramms aus Amherst, Massachusetts, ein längeres Loblied auf die Peters-Karte als Fax erhalten. Der Gründer der Beratungsfirma ODT Incorporated beschrieb darin, wie er diese im Rahmen von Fortbildungen zum »Kulturwandel« in Firmen einsetzte:

> When managers and executives first see the map in our seminars, they are shocked into recognizing the limiting assumptions of their old view of the world. Many say, ›If all that I thought was true about the earth's shape [...] is now found to be distorted ... then many of my other assumptions about the world must become suspect as well.‹[72]

Abramms ergänzte, man habe mittlerweile eine große Stückzahl Peters-Karten auf Lager, die man den entsprechenden »Personal-Management-Profis« überreiche, und zwar »als Erinnerung an die Bedeutung veränderlicher Wahrnehmungen bei der Würdigung von Vielfalt«.[73] Als Friendship Press Ende der 1990er Jahre rote Zahlen schrieb, reaktivierte Kaiser den Kontakt zu Abramms. Konkret ging er zunächst auf dessen Angebot ein, in seinem Team Seminare zur Peters-Karte abzuhalten.[74] Kaiser öffnete sich damit Praktiken, die kaum noch etwas mit altruistischen Umverteilungsideen gemein hatten, geschweige denn mit den revolutionären Wirkungen, die Peters vorgeschwebt hatten. Abramms bemerkte nämlich später in einem Interview, er habe sich lange Zeit gar nicht sonderlich für Kartografie interessiert. Dann aber habe er fasziniert die Wirkungsmacht beobachtet, die die Peters-Karte (an die er nur zufällig geraten war) in den Trainingsprogrammen entfaltete, die er leitete. Es handelte sich dabei um berufsbezogene Fortbildungen, in denen es um »persönliche Ermächtigung« ging und um die Verbesserung der »Beziehungen nach oben«, zu den Vorgesetzten. Peters' Karte erwies sich einmal mehr als effektiv darin, Menschen »Dinge anders sehen« zu lassen, was hier indes eher als Selbsttechnik fungierte, die ein zugleich harmonisches und pro-

---

71 http://www.odtmaps.com/detail.asp?product_id=FUL-DYMAX-22x34 (19.6.2019).
72 Abramms an Kaiser, 8.3.1990, LAW, S750, Box 2, 1.7.2.
73 Ebd.
74 Kaiser an Abramms, 1.9.1995, LAW, S750, Box 2, 1.7.2.

duktives Unternehmensklima garantieren sollte. Abramms zufolge mauserte sich seine eigene Firma – gewissermaßen unter der Hand – zum Kartenverlag, als einige seiner KundInnen sich interessiert zeigten, die Peters-Karte an die eigenen ManagerInnen zu verteilen.[75] Die Hinwendung zum Verlagswesen fiel Abramms auch deshalb leicht, weil er neben Dienstleistungen bereits allerlei Ratgeberliteratur anbot, darunter das *Cultural Diversity Fieldbook*, das mit Interviews, Buchauszügen und Karikaturen in die Diversitätsproblematik in den USA einführte.[76] Im Programm hatte er auch den *Self-Esteem-Passport*, eine Art Selbstoptimierungswerkzeug, das in der Aufmachung eines Reisepasses daher kam, und das ein positives Selbstbild vermitteln sollte. So war die Seite, auf der man sein Passfoto einkleben konnte, »Be proud of your looks-section« überschrieben, während man sich auf den Folgeseiten »Visa« für persönliche Erfolge ausstellen konnte: etwa dafür, dass man Sport getrieben hatte, Risiken eingegangen war, dass man spiele, um zu gewinnen, oder »sein eigener bester Freund« war.[77]

2001 diskutierten Abramms und Kaiser also die Übernahme der amerikanischen Rechte am Vertrieb der Peters-Karte durch ODT. Das hieß auch, sich über eine Strategie zu verständigen, wie man Peters' Einverständnis gewinnen konnte. Der nämlich wollte am Vertrag mit Freedom Press festhalten,[78] vermutlich aus Loyalität gegenüber Kaiser, der sich seit den späten 1980er Jahren für eine Übersetzung der SWG und auch des »Äquivalenzprinzips« eingesetzt hatte.[79] Tatsächlich ließ Peters sich im Oktober 2002 bei einem Besuch der Nordamerikaner in Bremen überzeugen (bei dem Abramms und Kaiser auf die erwähnte Verbindung Peters' zum Bürgerrechtler Pickens stießen). Zuvor waren hinter seinem Rücken allerlei E-Mails hin und her gegangen, in denen Kaiser etwa mit Denis Wood – dem Koautor eines neuen, Kaisers kartografische Überlegungen erweiternden Buchs mit dem Titel *Seeing through Maps*[80] – darüber nachdachte, wie weit man in der Peters-Verteidigung gehen könne. Mit Peters' britischem Atlas-Mitstreiter Terry Hardaker tauschte sich Kaiser darüber aus, wie man Peters dazu bewegen könne, die auf seinen Karten abgedruckten, apodiktischen Texte zu ändern.[81] Es ist zu bezweifeln, dass Peters besonders begeistert war, als Kaiser ihm Bob Abramms als den besten Verkäufer – wenn auch nicht den besten Interpreten – seines Werks empfahl. Zumal gerade Abramms aus Peters' Werbematerialien den Hinweis auf

---

75 So Bob Abramms 2008 im Interview: https://cdn.shopify.com/s/files/1/1056/3560/files/Bob_Abramms_WMUA_studio_2008_Interview_PART_TWO.mp3?5454995849123940976 (19.06.2019).
76 George F. Simons u.a.: *Cultural Diversity Fieldbook. Fresh Visions and Breakthrough Strategies for Revitalizing the Workplace*, Princeton 1996.
77 Self-Esteem-Passport, o.D. [1990er Jahre], LAW, S750, Box 3, 3.3.1.
78 E-Mail von Kaiser an Abramms, 11.4.2002, LAW, S750, Box 2, 1.74.
79 Vgl. die Unterlagen im LAW, S750, Box 1, 1.2, 1.5.
80 Denis Wood/Ward Kaiser/Bob Abramms: *Seeing through Maps. Many Ways to See the World*, Amherst 2005.
81 Fax von Kaiser an Wood, 27.4.2000, LAW, S750, Box 2, 1.7.2, Hardaker an Kaiser, 15.1.2001, LAW, S750, Box 2, 1.9.

den Kolonialismus verbannen wollte, den niemand mehr verstehe.[82] Dass man trotzdem nicht auf die Werbewirkung der Biografie des »bemerkenswerten Mannes« hinter der »radikalen Karte« verzichten mochte, verdeutlicht eine kurzer Dokumentar- bzw. Werbefilm, den ODT 2008 auf DVD veröffentlichte.[83] Peters, den die Bremen-Besucher einige Jahre zuvor interviewt hatten, kam in dem Film unter anderem mit dem Satz zu Wort: »We have to have one map not for one country but for the whole world.« Abramms, Kaiser und Wood ließen sich aber auch selbst bei einem Gespräch filmen, in dem sie durchblicken ließen, Peters sei von *Seeing through Maps* nicht begeistert gewesen. Kaiser schien zwar, der deutsche Welt-Bildner habe sich zuletzt etwas von seiner »polemischen« Position fortbewegt. Wood, der sich zuvor damit gebrüstet hatte, Peters gegen dessen autoritäre professionelle Gegner verteidigt zu haben, schloss gleichwohl: »There's not one world, you know, to pretend there is one is completely crazy, you know, so what you really do need is many maps for many worlds.«[84]

The West Wing

Peters starb 2002. Es ist unklar, ob er empfänglich für die Ironie der Tatsache war, dass es gerade *nicht* dieses Beharren auf Vielfalt war, was ODT kurz vor seinem Tod einen unerhofften Erfolg verschaffte. Anfang 2001 erreichte die Firma eine Anfrage von Warner Bros. Entertainment Inc., die Peters-Karte in einer Folge der NBC-Fernsehserie *The West Wing* zeigen zu dürfen, was der Verlag unter der Bedingung genehmigte, dass der Begriff »Peters Projection World Map« fiel.[85] So kam es am 28.2.2001 zum Auftritt einer fiktionalen Gruppe von »Cartographers for Social Equality« im Presseraum des Weißen Hauses. Sie stellten dort die Peters-Karte vor, in der Hoffnung, die

---

82 Kaiser an Peters, 9.10.2002, LAW, S750, Box 1, 1.4.
83 *Arno Peters. Radical Map, Remarkable Man*, USA 2008, Regie Ruth Abramms (zugänglich unter: https://www.youtube.com/watch?v=FXh3CuD8ycQ, 19.6.2019).
84 Ebd., 00:28:37; 00:23:44. Was die Karte des deutschen Historikers für Abramms zum perfekten Werkzeug für das *Diversity Training* machte, ließ zumindest *einen* westdeutschen Autor ein Loblied auf *Fuller* singen. So betonte der studierte Ethnologe und spätere Münchener Professor für Interkulturelle Kommunikation, Alois Moosmüller, im Jahr 1997, wie gut sich Fullers Synergietheorien dazu eigneten, Spannungen in multinationalen Unternehmen abzubauen. In sogenannten »trikulturellen Trainings« mit deutschen, japanischen und amerikanischen MitarbeiterInnen der Leitungsebene von IBM, Toshiba und Siemens hatte man Differenzen entschieden offengelegt. Die »Kulturbrille«, so der dadurch angestrebte (und von Moosmüller als »Ethnorelativität« bezeichnete) Lerneffekt, konnte und *musste* nicht abgelegt werden; »Wirklichkeit« war standpunkt- und situationsabhängig. Diese Einsicht bahnte dann der heilsamen Wirkung der *Praxis* den Weg. Indem nämlich das gemeinsame Ziel – der Unternehmenserfolg – sich einstellte und das als *Ergebnis* der Kombination verschiedener kultureller Einflüsse kommuniziert wurde, vergrößerte sich die Leistungsbereitschaft der Beteiligten: Alois Moosmüller: Kommunikationsprobleme in amerikanisch-japanisch-deutschen Teams: Kulturelle Synergie durch interkulturelles Training?, in: *Zeitschrift für Personalforschung/German Journal of Research in Human Resource Management* 11 (1997), S. 282–297, Zitate auf S. 286, 288, 290.
85 E-Mail von Abramms an Lora Durcat, 1.2.2001, LAW, S750, Box 2, 1.9.

Unterstützung des demokratischen Präsidenten Josiah Bartlett (gespielt von Martin Sheen) für deren verbindliche Einführung an amerikanischen Schulen zu gewinnen. Dessen Team allerdings reagierte mit einer Mischung aus Belustigung und Irritation auf die Präsentation. Zumindest Josh Lyman (Bradley Whitford), der stellvertretende Büroleiter des Präsidenten, schien anders als die Pressesekretärin C. J. Cregg (Allison Janney) eher gelangweilt von der Behauptung, die seltsame »Peters map« sei die optimale, weil zur Förderung des Bewusstseins um die Dritte Welt am besten geeignete Erdkarte. Das änderte nichts daran, dass nach Ausstrahlung die ODT-Website, überlastet von der Masse der Anfragen, zusammenbrach.[86] Die Sendung hatte die Gerechtigkeitskartografen als sympathisch, aber auch als Stereotype eines sozial engagierten Menschentyps gezeichnet. Es scheint dem Absatz der Karte jedoch nicht geschadet zu haben, dass Aaron Sorkin, der Produzent und Drehbuchschreiber von *The West Wing*, die Szene bewusst an den Anfang einer Folge seiner Serie gestellte hatte, in der es um das schwierige Verhältnis einer pragmatischen demokratischen Regierung zu allerlei linken Kleinstorganisationen ging. Sorkin zeichnete letztere als zwar wohlmeinend, aber ihrer Kompromisslosigkeit wegen zur Bedeutungslosigkeit verurteilt.[87] Das ließ sich auf die Peters-Karte übertragen. Was einmal selbst das Weltbild verändern sollte, war zur popkulturellen Repräsentation von wenig erfolgversprechenden *Versuchen* geworden, die Welt besser zu machen.

---

86 *The West Wing* Season 2, Folge 16: »Somebody's Going to Emergency, Somebody's Going to Jail«, USA 2001, Regie Aaron Sorkin (https://www.youtube.com/watch?v=CjBiF9jeEro, 19.6.2019).

87 Claus Philipp: Augenmaß und Leidenschaft. Eine Fußnote zu einem Kurzauftritt der *Peters Projection* in der TV-Serie »West Wing« zu Vorgängen im Weißen Haus, in: Reder, *Kartographisches Denken*, S. 404–405.

9. »Eine Welten«. Zusammenfassung und Ausblick

Welt-Bildner

Fullers und Peters' Globalismus – das ist *ein* Resultat dieses Buchs, das sein doppelbiografischer Ansatz zu Tage gefördert hat – speiste sich soziokulturell aus klar unterscheidbaren Quellen. *Arno Peters* versuchte, ein Weltbild zu verbreiten, das unverkennbar vom Engagement seiner Eltern Bruno und Lucy Peters in der Weimarer Republik geprägt war, konkret: von deren sozialistischem Internationalismus. Peters propagierte dieses Weltbild zudem auf eine Weise, die Selbstbildungsideale widerspiegelt, die weit verbreitet waren in der politisierten Arbeiterkultur, in der er sich während seiner Berliner Kindheit und Jugend in den späten 1920er und frühen 1930er Jahren bewegt hatte. Die heftige Auseinandersetzung, die 1952 in den bundesrepublikanischen Feuilletons über sein Erstlingswerk, die *Synchronoptische Weltgeschichte* (SWG), geführt wurde, entzündete sich denn auch an den vermeintlich kommunistischen Botschaften Peters'. Dass dieser angab, mit seinem Geschichtswerk zur Völkerversöhnung nach dem Zweiten Weltkrieg beitragen zu wollen, wurde durch manche Kommentatoren als Versuch interpretiert, sich die Sympathie der amerikanischen Besatzungsbehörden zu erschleichen. Diese Wahrnehmung ist aber ebenso falsch wie interessant – interessant, weil sie in schroffem Kontrast zur Rezeption von Peters' 1973 vorgestellter, anti-eurozentristischer Weltkarte stand, die zu seinem größten (von ihm selbst unerwarteten) Publikumserfolg wurde: Die augenscheinlich so »gerechte« Peters-Karte war kaum weniger umstritten als sein Geschichtsbuch – wobei sich die Kritik an den technischen Mängeln der Karte und vielleicht mehr noch an der kompromisslosen Art entzündete, in der Peters sie gegen das kartografische »Establishment« verteidigte. Aber selbst seine professionellen Kritiker mussten einräumen, dass der Kartografie-Laie einen Nerv traf, wenn die Peters-Projektion die Länder des Globalen Südens hervorhob und sich dies für viele seiner Kunden und Unterstützer als ethische Entsprechung einer multipolaren, postkolonialen, ökonomisch interdependenten Welt darstellte.

Beim genauen Hinsehen erweist sich aber *gerade* Peters' Weltgeschichtstabelle der 1950er Jahre als Resultat komplizierter, widersprüchlicher Determinanten – von Determinanten, die sich keineswegs im Sozialismus seines Herkunftsmilieus erschöpften, an dem sich Peters tatsächlich zeitlebens eher abarbeitete. Der Blick ins Archiv lässt die SWG als Ergebnis eines riskanten publizistischen Balanceakts zwischen Ost und West, zwischen DDR und Bundesrepublik erscheinen. Peters übernahm bestenfalls Worthülsen jenes historischen Materialismus, den manche Kritiker in einem Geschichtswerk zu erkennen glaubten, das indes schon seiner Struktur wegen kaum die »eine« Geschichte von Klassenkämpfen erzählen konnte: einem Werk, das vielmehr auf die *Sichtbarmachung und Würdigung der kulturellen Leistungen nichteuropäischer Völker* abzielte. Das heißt: Die SWG wurzelte in der selben »paritätischen« Grundidee wie seine Kartenprojektion und die thematischen Karten des *Peters Atlas* der späten 1980er Jahre. Aber erst im späten 20. Jahrhundert konnte sich Peters mit diesen Medienerzeugnissen, die auch arbeitspraktisch auseinander hervorgingen, nachhaltig als Überwinder eines unzeitgemäß parochialen, gar chauvinistischen Weltbildes in zeitlicher *und* räumlicher Hinsicht inszenieren. Das ist umso bemerkenswerter, als Peters' Globalismus – der in der Hochphase des Kalten Kriegs also geradezu übersehen, im letzten Drittel des vergangenen Jahrhunderts hingegen begeistert begrüßt wurde – von einem Kraftfeld geformt worden war, in das *auch* hineinwirkte, dass er seine ersten Schritte in die berufliche und akademische Selbstständigkeit im »Dritten Reich« gemacht hatte: als Fotograf, Filmproduzent und als Student der Zeitungswissenschaft. Es war die Zeit des Zweiten Weltkriegs, in der seine familiär geprägte Verpflichtung auf die internationale Solidarität mit einem eher kulturmorphologischen Geschichtsbild amalgamierte, und das auf eine Weise, die ironischerweise gerade auf Angehörige der Neuen Sozialen Bewegungen und des linksalternativen Milieus des späten 20. Jahrhunderts anziehend wirkte. Peters trug allerdings in der Nachkriegszeit auch Sorge dafür, dass die offensichtlichsten Spuren *dieser* Entstehungsumstände seines Werks getilgt wurden.

Auch bei dem rund 20 Jahre älteren *Richard Buckminster Fuller* galt es bei der Recherche für dieses Buch, manche retrospektive Deutungsschicht quellengestützt zu durchdringen; nur so konnten die biografischen Wurzeln seines Globalismus freigelegt werden. Wir haben es hier mit einem Globalismus zu tun, der anders als derjenige Peters' nicht in erster Linie auf friedensstiftende Annäherungen, politische Anerkennungsgesten oder gar materielle Ausgleiche zwischen Völkern, Nationen oder Weltkulturen hinauslief. Fuller ging es um die *Selbstkonstituierung der Menschheit als Akteursgemeinschaft*. Dabei war es weniger die von seiner Großtante Margaret Fuller mitbegründete, naturphilosophische Schule des Transzendentalismus des 19. Jahrhundert, die seinem globalistischen Zukunftshorizont Gestalt gab. Dafür sorgte vielmehr ein evolutionstheoretischer Blick *zurück* auf die Besonderheiten und das Potenzial der Spezies »Mensch«. Diesen Blick hatte Fuller sich in den populären para-wissenschaftlichen Sachbüchern und der *Science Fiction* der Zwischenkriegszeit angelesen. Dass der amerikanische Welt-Bildner in der Kategorie »Menschheit« dachte, ging also sicher *auch* auf seine Herkunft aus einer humanistisch engagierten neuenglischen Familie zurück, mit der ihn – ähnlich wie Peters – ein spannungsvolles Verhältnis von Abgrenzung und Traditionspflege verband. Aber der Menschheitsbezug verknüpfte sich in Fullers Denken früh mit dem Effizienzversprechen der Rationalisierungsbewegung, mit dem er als junger Bauunternehmer in den späten 1920er Jahren in Berührung kam. Das stand auch bei Fuller am Anfang einer krisenhaften Lebensphase, aus der er, vordergründig betrachtet, in den 1940er Jahren als visionärer Architekt und Erfinder hervorging. Faktisch war er aber nun ein PR-gewandter Ideenunternehmer, der versuchte, mit Vorschlägen für eine globale Versorgungsindustrie auf sich aufmerksam zu machen. In diese Vorschläge flossen seine Beschäftigung mit der Geschichte daseinsverbessernder technischer Entdeckungen ein (die Fuller seit seiner Militärzeit bei der Marine interessierten), aber auch globale Rohstoffschätzungen (die er in den Jahren vor Ausbruch des Zweiten Weltkriegs unter anderem als Berater der Metallindustrie vornahm). Spätestens 1938, in Fullers erstem Buch *Nine Chains to the Moon*, hatte sich das zu einer ebenso idiosynkratischen wie optimistischen Technikteleologie verknüpft, die Fullers Globalismus fortan bestimmen sollte. Für Fuller bestand kein Widerspruch darin, dass dieser Globalismus zunächst, in den 1930er und 1940er Jahren, deutlich von einem amerikanischen *Exzeptionalismus* überformt war. Wie viele Angehörige der intellektuellen und publizistischen Kreise Manhattans, in denen er verkehrte (und zwar just zu der Zeit, als Peters in der Berliner Medienlandschaft prägende Erfahrungen machte), identifizierte Fuller die kontinuierliche Verschiebung der *Frontier* gen Westen, in Richtung Pazifikküste, mit der Entwicklung der Menschheit insgesamt.

Das machte sich in seinen frühen kartografischen Arbeiten bemerkbar, allen voran in der 1943 publizierten *Dymaxion Map*: Fuller wähnte sich einer raumüberwindenden historischen Dynamik der Menschheit auf der Spur, die sich in einem selbstverstärkenden Zirkel beschleunigte. Interkulturelle Begegnungen hatten Wissensakkumulationen zur Folge und damit technische Durchbrüche, die ihrerseits die Kommunikation über weite Distanzen verbesserten. Diese Dynamik ließ sich in Form globaler Energiebilanzen aber auch *messen* – und infolgedessen: in Diagrammen darstellen. Und das konnte zu einem noch schnelleren Erwachen der Gattung aus ihrem kollektiven Schlummer führen. Denn der Mensch, so Fullers Überzeugung, war reif, die eigene Evolution in die Hand zu nehmen, wenn er diesen Selbstverstärkungsmechanismus einmal begriffen hatte. Diese Einsicht versuchte Fuller einer ab 1960 wachsenden Zahl von LeserInnen und ZuhörerInnen zu vermitteln, aus denen sich bald ein Team von MitarbeiterInnen rekrutierte, das von seiner Botschaft geradezu beseelt war.

Unterscheiden sich die globalistischen Grundüberzeugungen Peters' und Fullers, so lassen sich hinsichtlich der *Art*, in der sie *anderen* ihre Einsichten zu vermitteltn versuchten, jedoch viele Ähnlichkeiten aufzeigen. Diese Ähnlichkeiten sind auf transnationale Verwandtschaftsverhältnisse zurückzuführen: So lassen sich die *Medienwirkungserwartungen*, die Fuller und Peters überhaupt erst dazu bewegten, ihre Einsichten auf visuellem Wege zu kommunizieren – zunächst geschah das durch Weltgeschichtstabellen und Weltkarten, im letzten Drittel des vergangenen Jahrhunderts dann auch mittels interaktiver, von Computern mit Daten gespeister Bildschirmmedien wie dem sogenannten *Geoscope* Fullers und Peters' *Synchronoptikum* –, aus reformpädagogischen Ideen des späten 19. und frühen 20. Jahrhunderts ableiten, denen *beide* als Jugendliche ausgesetzt waren. Für Fuller und Peters schienen solche »Erziehungsbilder« den modernen, den Sehsinn präferierenden Menschentyp unmittelbar zu adressieren. Bilder waren überdies besonders demokratisch, schließlich eigneten sie sich auch zur Ansprache nicht akademisch vorgebildeter Individuen. Besser jedenfalls als Texte allein, die in ihrer linearen Struktur auch autoritär schienen gemessen an einer räumlichen (eben kartografischen oder diagrammatischen) Organisation von Wissen über die Welt.

Wie für viele andere »progressive« GestalterInnen der Mitte des 20. Jahrhunderts (die dabei an bis in die Aufklärungszeit zurückreichende bilddidaktische Traditionen anknüpften), luden solche synoptischen Medien nämlich aus Sicht beider Welt-Bildner zu individuellen Dekodierungen und Schlüssen ein. Fullers *Dymaxion Map* trieb das mit ihrer modularen Struktur, die Experimente mit einer Vielzahl von kartografischen Arrangements der Erdoberfläche ermöglichte, auf die Spitze. Dass es aber auch Peters darum ging, die NutzerInnen seiner *Synchronoptischen Weltgeschichte*, die zwischen deren Spalten und Zeilen hin und her sprangen und die Daten dann selbstständig kombinierten, zur Erarbeitung individueller und doch vernünftiger »Weltbilder« zu befähigen, dürfte mit der erwähnten Weimarer Arbeiterbildung zu tun haben. Peters war überhaupt ausgesprochen sensibilisiert für die weltbildverändernden Verknüpfungseffekte, die sich bei ihm selbst schon bei der Arbeit an der Ursprungsversion seiner Synchronopse eingestellt hatten: Seine Weltgeschichtstabelle hatte der vom Abitur ausgeschlossene Sozialistensohn im Herbst 1941 zunächst als Lernhilfe für die eigene Studienzugangsprüfung entwickelt.

Das geschah zur selben Zeit, als Fuller als Berater des Wirtschaftsmagazins »Fortune« ähnlichen emanzipatorischen Gestaltungsideen begegnete – Ideen, die just die in die USA emigrierten Vertreter des Weimarer Werbe- und Informationsdesigns Pionierleistungen auf dem Feld der Infografik erbringen ließen. Es war indes auch die Nachfrage der amerikanischen Bevölkerung nach Visualisierungen des Weltkriegs – seiner Frontverläufe, Strategien und Bedrohungslagen – die es Fuller erlaubte, seine ersten kartografischen Arbeiten in »Fortune« und dem Schwesterperiodikum »Life« unterzubringen. Das gelang ihm, obwohl diese Karten letztlich gar nicht über geostrategische Sachverhalte aufklärten und auch nur nebenbei die geopolitische *Air-Age-Geography* vermittelten – jene durchs Flugzeug mitgeschaffene, irreversibel verbundene Welt, die für viele seiner Kollegen zu einer supranationalen Nachkriegsordnung zwang. Schon Fullers Geovisualisierungen der Kriegszeit sollten stattdessen ein Bild der evolutionären Funktion technologischer Wahrnehmungswerkzeuge vermitteln. Diese Funktion erkannte Fuller in den raumerschließenden Karten der Seefahrer der Renaissance ebenso wie in neuen, große Distanzen überwindenden Kommunikationstechniken seiner Zeit wie dem Fernsehen und dem Radar. Fuller begriff aber auch seine eigene Fortschrittskartografie als eine solche »Erweiterung« des menschlichen Sensoriums: Als Sinneserweiterungen ins »Planetarische« sollten seine Werke dabei helfen, die Erde (d. h. ihre Ressourcen und Energien) so effizient zu bewirtschaften, dass bewaffnete Konflikte in Zukunft unnötig wären, wie er es mit einer Vielzahl von Kurvendiagrammen technischer Fortschritte zu beweisen versuchte. Die Vermessung dieser Fortschritte koppelte Fuller mit zunehmendem Lebensalter dann auch an die eigene Lebensgeschichte, in der die Kommunikationsfähigkeiten der Menschen immer rasanter angewachsen waren, was er bereits während des Ersten Weltkriegs als Zeuge von Radio-Experimenten erlebt hatte.

Auch Peters war viel enger als die meisten seiner Zeit- und Altersgenossen mit medientechnischen Innovationen in Berührung gekommen. Wie Fuller hatte er Blicke ins Innenleben von Institutionen werfen können, die sich der neuen Medien zur Massenunterhaltung und Meinungsbeeinflussung bedienten. Mit dem Geld, das er als Fotograf für Illustrierte und als Bildberichterstatter bei den Olympischen Spielen in Berlin 1936 verdient hatte, reiste er zwei Jahre später in die USA, wo er in Hollywood die amerikanische Filmproduktion beobachtete. Das öffnete ihm nach seiner Rückkehr nach Deutschland die Türen zum NS-Unterhaltungsfilm. Es half ihm überdies bei seinem Studium, das er im März 1945 mit einer Promotion beim Zeitungswissenschaftler Emil Dovifat abschloss. Dessen Auffassung, die Presse habe die Aufgabe, die Massen zu höherer Kultur zu erziehen und dabei zur Gemeinschaft zu formen, hinterließ tiefe Spuren in Peters' Denken. So untersuchte er in seiner Dissertation auf widersprüchliche Weise die Potenziale, die der Kinofilm für die Völkerverständigung barg. Noch deutlicher werden die Lehren aus dem Studium jedoch in dem kurze Zeit später fertiggestellten Romanentwurf *Astropolis*, der einen kommunikationstechnisch integrierten globalen Sozialismus (unter deutscher Führung) imaginierte. Dass Peters sich intensiv mit den Propagandastrategien sowohl des »Dritten Reichs« als auch der Alliierten beschäftigte, hatte seine Ursache nicht zuletzt darin, dass er diese umso besser analysieren zu können glaubte, als er selbst 1942 während eines Zwischenspiels in der Rundfunkabteilung des Auswärtigen Amts an der Entstehung von »Nachrichten« aus dem Ausland mitgewirkt hatte. Das ähnelte der Position, die Fuller parallel in Kriegsinstitutionen der amerikanischen Hauptstadt innehatte, etwa im Board of Economic Warfare. Dort konnte Fuller an seine Recherchearbeiten für die New Yorker Business-Welt anknüpfen. Bereits am Anfang der 1940er Jahre hatte er als Wirtschaftsjournalist versucht, die massenhaft aus aller Welt eingehenden ökonomischen Daten auf eine Weise zu integrieren, die den technischen Fortschritt so sinnfällig machte, dass sich rasch eine kritische Masse an Menschen zusammenfinden würde, die sich nach dem Krieg seiner Beschleunigung widmen konnte.

... und ihre Abnehmer

Ebenso wie ihre globalistischen *Ideale*, weniger aber die *Methoden*, mit denen Peters und Fuller diese zu vermitteln versuchten, entwickelte sich auch deren *Rezeption* lange Zeit recht unterschiedlich. Zwar verdankte Peters die Genehmigungen und auch die finanziellen Mittel, die 1952 den Druck seines umstrittenen historiografischen Erstlingswerks in der Bundesrepublik möglich machten, vor allem einem Umstand: Die visuelle Vermittlung weltgeschichtlicher Daten schien auch den Zensoren der amerikanischen Besatzungsbehörden bestens dafür geeignet, einem besseren Deutschland den Weg zu bahnen. Das rückt die Publikation der SWG in den gleichen Zusammenhang, der Fullers *Dymaxion Map* langersehnte Erfolge bescherte. Denn die Versuche verschiedener Ostküsten-Intellektueller der frühen 1940er Jahre, die Bevölkerung der USA auf die Nachkriegswelt vorzubereiten, die den Rahmen für Fullers kartografische

Publikumserfolge abgaben, basierten auf denselben Überlegungen zu einer bildgestützten demokratischen Erziehung, die sich in der amerikanischen *Reeducation* des Kriegsgegners bemerkbar machten. Allerdings wurde Peters im ersten Nachkriegsjahrzehnt wegen des »roten Fadens« seines Geschichtswerks bekannt und nicht aufgrund seiner kosmopolitisierenden Bildungsintentionen.

Analog stieg Fuller nach dem Krieg zunächst nicht etwa als Interpret der Menschheitsentwicklung auf, sondern als Architekt – oder genauer: als Erfinder futuristischer, vermeintlich besonders effizienter Kuppelbauten. Sein Erfolg rührte daher, dass sich Fullers Konstruktionen gleichermaßen zur Beherbergung der Radaranlagen eigneten, die zur militärischen Abschirmung Nordamerikas in der Arktis errichtet wurden, wie als ikonische Gehäuse für die Konsumschauen jenes *Cultural Cold War*, der in der Bundesrepublik 1952 den »synchronoptischen Krieg« auslöste, wie Peters ihn nannte. Über den Erfolg der Bauten Fullers gerät aber leicht aus dem Blick, dass sich für den amerikanischen Gestalter in der funktionalen Struktur seiner ikonischen *Geodesic Domes*, die sich selbst aus seinen mathematischen Experimenten mit Weltkartenprojektionen ab 1948 entwickelt hatten, nur exemplarisch materialisierte, was die Menschheit durch geschicktere Material- und Energienutzungen bewerkstelligen konnte. Fuller betrachtete seine *Domes* lediglich als *eine* Methode, diese Botschaft auf sinnfällige Weise zu verbreiten. Sie reihten sich insofern ein bei den tausenden Vorträgen, die er bis zu seinem Tod 1983 halten sollte und den vielen Büchern, zu denen diese Vorträge verarbeitet wurden. Fullers architektonisches Werk stand zudem neben einer Vielzahl von Infografiken verkehrs- und kommunikationstechnischer Errungenschaften, die er weiterhin konzipierte, und die sich in der Nachkriegszeit immer mehr zu Visualisierungen von globalen Planungsszenarien wandelten.

Es war überhaupt seine von der Forschung meist übersehene Funktion als Professor an der Southern Illinois University in Carbondale (Illinois), in der Fuller ab etwa 1960 am konsequentesten seiner globalistischen Mission nachging. Gemeinsam mit Mitarbeitern wie dem britischen Künstler/Soziologen John McHale versuchte er, die Inhalte seiner (schon vor dem Krieg angelegten und mittlerweile *World Resources Inventory* getauften) Weltdatensammlung zu operationalisieren. Dies sollte auf eine Weise geschehen, die effiziente Lösungen globaler Probleme »durchspielbar« machte, diese Lösungen aber zugleich auch zu kommunizieren half. Fuller nutze seine – nach seiner Beteiligung an der Weltausstellung im kanadischen Montreal 1967 auch internationale – Prominenz nun verstärkt, um amerikanischen Regierungsvertretern, den Vereinten Nationen, *Think-Tanks* und Organisationen wie der NASA die wissenschaftsgestützte Steuerung der Weltgeschicke nahezulegen. Er empfahl im Einklang mit den Ansätzen der Zukunftsforschung seiner Zeit, die Effekte globaler Entwicklungsansätze zu simulieren, denn auf diesem Wege konnte man beweisen, dass und wie die Erde im Sinne des *Planet Management* nicht nur optimal verwaltet, sondern die materielle Existenzgrundlage der Passagiere des »Raumschiff Erde« geradezu vervielfacht werden könne. So nämlich lautete die schillernde Metapher, die Fuller mitgeprägt hatte, und die Ende der 1960er Jahre allgegenwärtig war. Für Fuller sollte dieses Raumschiff jedoch weniger durch eine politische Elite als durch die Exponenten der *Design Science* gesteuert werden, durch Techniker und Erfinder wie ihn selbst.

Fullers Äußerungen waren bewusst vage in Hinsicht auf die politische Macht, die zur Durchsetzung globaler Planung immer weniger nötig schien, je mehr Menschen erst einmal von deren prinzipieller Durchführbarkeit überzeugt waren. Sein Einfluss auf die US-Regierung sowie auf Akteure und Institutionen der *Global Governance* blieb entsprechend auf die Rolle des Stichwortgebers begrenzt. Umso größer war die Resonanz, die Fullers *World Design Science Decade Documents* und das spannungsvoll zwischen Planungsmethode und Gedankenexperiment changierende *World Game* Mitte der 1960er Jahre in der Welt der Gegenkultur der USA erzeugte: Fullers Bücher, seine visuellen »Denkwerkzeuge« sowie die mit deren Hilfe plastisch gestalteten Vorträge erwiesen sich als höchst kompatibel mit Vernetzungs- und *Empowerment*-Ideen, die nun insbesondere an der Westküste Amerikas große Verbreitung fanden, wo sich ihre Wirkung keineswegs auf die besonders technikaffine, dabei in holistischen Naturkonzepten denkende Akteursgruppe um den von der Forschung vielfach untersuchten *Whole Earth Catalog* beschränkte. Zweifellos war der Einfluss groß, den Fuller auf die gewissermaßen techno-arkadischen Visionen ausübte, die die amerikanische Aussteigerszene zur Geburtshelferin des *World Wide Web* der 1990er Jahre werden ließ. Über diese Kontinuitätslinie sollte aber nicht übersehen werden, wie stark die Angehörigen und Sympathisanten dieser Szene durch Fuller auch in ihrem ebenso zukunftsoptimistischen wie institutionenkritischen *Globalismus* bestärkt wurden. Sozial ohnehin stark mit der neuen Umweltbewegung verklammert, vermengten wichtige Gegenkultur-Multiplikatoren wie Stewart Brand Fullers Ideen mit den um 1970 diskutierten Analysen der planetarischen »Tragfähigkeit«. Diese Analysen gründeten einerseits auf der wissenschaftlichen (Wieder-)Entdeckung der sich nur unter bestimmten Umständen regenerierenden Kreisläufe der Erde. Andererseits basierten sie auf statistischen Analysen der explodierenden Weltbevölkerung bei Übernutzung ihrer Ressourcen. Kombiniert drängten die Einsichten der Tragfähigkeitsanalytik gerade jüngere AmerikanerInnen zu einer Lebensform, die selbstorganisiert *und* selbstgenügsam, die gleichzeitig nomadisch, vernetzt und wissensbasiert war. Sie wollten ein moralischeres Leben führen, das indes erst durch Techniken möglich wurde, die den Zyklen der Umwelt ebenso wie den Bedürfnissen des Menschen »angepasst« waren (Techniken, zu denen auch, aber eben nicht nur, selbsterrichtete *Domes* abseits der Großstädte gehörten).

Wenn man Fuller aber in eine Erzählung einbettet, die eine gerade Linie zwischen der Gegenkultur der späten 1960er Jahre und der Cyberculture (bzw. der »kalifornischen« Variante des Neoliberalismus) des ausgehenden 20. Jahrhunderts zieht, dann steht *Peters'* internationale öffentliche Resonanz, die sich nach Publikation seiner in den USA auch als »South-Map« bezeichneten Weltkarte einstellte, umso deutlicher für einen weiteren, eher kulturkritischen Pol globalen Denkens in diesem Zeitraum. Dieser Pol gewann zu Beginn der 1970er Jahre aufgrund wachsender Skepsis gegenüber Staat, Expertenwesen und großskaliger Planung an Anziehungskraft. Der große Erfolg der Peters-Projektion – eines bloßen Zufallsprodukts von Peters' Arbeit an einem (letztlich unveröffentlicht gebliebenen) Geschichtsatlas – erklärt sich erst vor dem Hintergrund der Tatsache, dass mittlerweile viele Menschen »Selbstbegrenzung« für das Gebot der Stunde hielten. Das war zumal nach der Ölpreiskrise 1973/74 der Fall, die die Existenz grenzüberschreitender Abhängigkeitsverhältnisse an den Tankstellen sowie an der Höhe der Heizkosten der KonsumentInnen spürbar machte. Auch die an Bedeutung gewinnenden WachstumskritikerInnen beriefen sich nun auf agronomische und demografische Analysen, auf deren Basis die computergestützte Studie des Club of Rome im Jahr zuvor den sich nähernden »Grenzen des Wachstums« Konturen gegeben hatte. Für Fuller und seine MitstreiterInnen begründete indes gerade diese Publikation einen destruktiven Trend, den es zu bekämpfen galt. Ganz unbegründet war das nicht. Denn die Verfechter der Selbstbegrenzung standen dem wissenschaftsgestützten Fortschrittsoptimismus zunehmend skeptisch gegenüber, dessen »soziale Verdatung der Welt«[1] die düsteren Prognosen der Futurologen überhaupt erst möglich gemacht hatte. In diesem pessimistischen (bzw. kritischen) Klima allerdings konnte Peters' Karte der Parteinahme für die benachteiligten, zumeist postkolonialen Länder der Erde besonders gut visuell Ausdruck verleihen. So wurde sie rasch von Institutionen wie der Hamburger Evangelischen Pressestelle für Weltmission und vom Schweizerischen UNICEF-Komitee adaptiert. Sie verstärkte aus Sicht der PR-Abteilungen dieser Institutionen die Kritik des »Südens« an globalen ökonomischen Abhängigkeiten, wie sie sich prominent in der 1974 von den Vereinten Nationen propagierten Neuen Weltwirtschaftsordnung (NIEO) artikulierte. Fast mehr noch aber eignete sich die Peters-Karte für die Bewusstseinsbildung der Bürger des »Nordens« mit Blick auf die Probleme einer ungerechten *und* begrenzten Welt.

Die Geschichte dieser pädagogischen Bewusstseinsarbeit ist bislang kaum beleuchtet. Dabei, so ein Befund dieser Studie, bildete gerade sie den gemeinsamen Nenner, auf den sich im Laufe der 1970er Jahre befreiungstheologisch inspirierte Kirchengemeinden, Dritte-Welt-Basisgruppen, Angehörige des »Helfermilieus« humanitärer (I)NGOs und bald auch AktivistInnen der Umwelt- und Friedensbewegung einigen konnten. Zu ihnen gesellten sich die Veteranen der Entwicklungshilfe, die in Institutionen wie dem Bundesministerium für Wirtschaftliche Zusammenarbeit (BMZ) zunehmend modernitätsskeptische Positionen vertraten. Die Allianzen zwischen solchen AktivistInnen am Ende der (weithin als gescheitert wahrgenommenen) zweiten UN-Entwicklungsdekade der 1970er Jahre wurden dadurch erleichtert, dass man sich auf eine zugleich ermächtigende und zur Kritik befähigende *Global Education* besser einigen konnte als auf inhaltliche politische Ziele. Schon zuvor, in den *Global Sixties*, hatte die Identifikation der radikalen Internationalisten mit den Befreiungsbewegungen in

---

1 Christine Hanke/Sabine Höhler: Epistemischer Raum: Labor und Wissensgeographie, in: Stephan Günzel (Hg.): *Raum: Ein interdisziplinäres Handbuch*, Stuttgart 2009, S. 309–321, hier S. 316.

der »Dritten Welt«, die auch Peters' Ideen prägte, ein dependenztheoretisches Wahrnehmungsmuster etabliert. Dieses ließ nahezu jede politische Aktion als Bestandteil einer globalen Auseinandersetzung erscheinen. Auch in Reaktion auf die wachsende Militanz von Splittergruppen der Protestbewegung dies- und jenseits des Atlantiks entwickelte sich in den 1970er und frühen 1980er Jahren eine pragmatischere Praxis, die auf die Aufklärung über bzw. die »Betroffenheit« durch globale Prozesse abzielte.

»Glokalismus«: Konvergenzen und Zäsuren

Die Analyse von Fullers und Peters' Ideen sowie die Untersuchung der »Karrieren« ihrer Produkte und der Motive ihrer Abnehmer lässt also – *einerseits* – *Varianten* des Globalismus mit je eigenen Wurzeln, Dynamiken und lokalen Schwerpunkten hervortreten. Fullers sogenannte »Designwissenschaft« prägte die Gegenkultur Kaliforniens. Sie passte zu deren Begeisterung für technische Lösungen, die an ein freies Leben auf einem begrenzten Planeten angepasst waren. Peters' kartografische Korrekturen trafen hingegen eher in den Groß- und Universitätsstädten West- und Nordeuropas einen Nerv. Und zwar bei den zivilgesellschaftlichen Kritikern jenes »westlichen« Modernisierungs- und Wachstumsparadigmas, das Fullers Optimismus zugrundelag. In dieser Trennschärfe gilt die Differenzierung allerdings – *andererseits* – nicht für den gesamten untersuchten Zeitraum: Zwischen der Mitte der 1970er und den frühen 1990er Jahren lassen sich Überlagerungen und *Konvergenzen* der skizzierten Milieus, ihrer Meinungen und Mediennutzungen feststellen. Es handelt sich um die erste Periode im 20. Jahrhundert, innerhalb derer wirklich öffentlichkeitswirksam die »Irrtümer im Denken und in der Haltung der abendländischen Kultur« beklagt wurden, wie es der Anthropologe Gregory Bateson bereits 1970 formulierte.[2] Nicht selten wurde die »westliche Zivilisation« nun in ihrer Gesamtheit für ein Fortschrittsdenken in Haftung genommen, das für die Komplexität der Welt unempfänglich sei, das unflexibel und kurzsichtig mache. Solche Kritik vergrößerte das Interesse an Kybernetik und Systemtheorie im Sinne eines nichtlinearen Orientierungswissens, wie Fuller es begrüßte. Dieses Interesse konnte aber auch in Philosophie-Importe aus »Asien« oder in die Beschäftigung mit indigenem Wissen übergehen. Bisweilen kam es gar zu Demutsbekundungen gegenüber den an natürliche Zyklen vermeintlich besser angepassten, subsistenzwirtschaftenden Gesellschaften – Praktiken, zu denen eher Peters' Weltbildrevisionen passten.

Ihren praktischen Ausdruck fand diese Selbstkritik in »Politiken der ersten Person«. Allen voran äußerte sie sich in einer zivilgesellschaftlichen »Politisierung von Alltagspraktiken«,[3] die zu den bemerkenswerteren Veränderungen der gesellschaftli-

---

2 Gregory Bateson: Die Wurzeln ökologischer Krisen, in: Ders., *Ökologie*, S. 627–633, hier S. 629.
3 Michel de Certeau: *Kunst des Handelns*, Berlin 1988, S. 21.

chen Selbstthematisierung im 20. Jahrhundert gehört, aber – so ein weiteres zentrales Ergebnis dieser Studie – eben nur vor ihrem räumlichen (globalen) Deutungshintergrund verstanden werden kann: Wer einmal zu der Ansicht gelangt war, dass die modernen Institutionen unfähig seien, mit den Herausforderungen einer begrenzten und interdependenten Welt umzugehen – wer in der Hybris des Staats, der »Führer« der Völkergemeinschaft und der sie beratenden technisch-wissenschaftlichen Elite gar den Verursacher der komplex verschränkten ökologischen und sozialen Probleme ausmachte, vor denen die Menschheit stand – für den konnte deren Lösung nur im gemeinsamen Agieren einer Vielzahl einzelner Bürger und Bürgerinnen bestehen. Nur, wenn diese ihre eigenen, nahräumlichen, aber unhintergehbar in translokale Zusammenhänge eingebundenen Alltagsroutinen überdachten, seien sie zu (Verzichts-)Handlungen zu bewegen. Diese Verzichtshandlungen summierten sich dann zu einer weltgesellschaftlichen Richtungsänderung oder besser: zu einer Balancierung des in Schräglage geratenen sozusagen »globo-planetarischen« Systems auf, nach dem Motto: »global denken, lokal handeln«. Für das, was hier entsprechend als *Glokalismus* bezeichnet wird, war also vor allem eines die Voraussetzung: die geistige Befähigung und Bereitschaft, das eigene Dasein immer wieder von Neuem zu hinterfragen.

Deshalb äußerte sich der »Glokalismus« des letzten Drittels des 20. Jahrhunderts zuvorderst in Form eines Bildungsprojekts. Deshalb trat er in Form pädagogischer Bemühungen in Erscheinung, den Zeitgenossen zu gewissermaßen systemtheoretisch informierten Verhaltenslehren zu verhelfen. Weil dies jedoch für die autoritätskritischen Trägergruppen des »Glokalismus« auf eine Weise zu geschehen hatte, die nicht doktrinär sein durfte, sondern – im Gegenteil – zugleich freiwillig, ethisierend und vernunftfördernd zu sein hatte, lag – so ein *zweiter Befund* – der Einsatz von Medien nahe. Und zwar von solchen Medien, die auf Datenbasis zur eigenständigen Erarbeitung eines alternativen Globalitätsverständnisses befähigten, wenn sie nicht sogar dazu beitrugen, eigene kulturelle Gewissheiten zu exotisieren, sie mit den Augen der »Anderen« zu sehen (was zugleich als Würdigung dieser »Anderen« empfunden wurde). Auch dies ist zeithistorisch bislang wenig beachtet worden: An den Erwartungen, die sich im letzten Drittels des 20. Jahrhunderts auf die ermächtigende Wirkung bestimmter Medien richteten, lassen sich unmittelbar Umbrüche im Politikverständnis und in der politischen Praxis beobachten.

Wenn gerade die hier untersuchten Welt-Bildner von dieser mediengestützten Subjektivierung des Politischen zehrten, so eine *dritte* Beobachtung, so lag dies auch daran, dass sie mehr oder weniger freiwillig Außenseiter waren und blieben. In Kreisen, die sicher waren, dass bestimmte Fragen zu wichtig waren, um sie »den Profis zu überlassen« (so Peters' wichtigster amerikanischer Unterstützer Ward Kaiser), erwies es sich als äußerst attraktiv, dass sich Peters als Einzelkämpfer gegen die kartografische »Scholastik« stilisierte. Fullers mediale Interventionen wiederum waren spätestens seit Ende des Zweiten Weltkriegs von Angriffen auf das wissenschaftliche Spezialistentum flankiert. Sie erschienen zugleich im Rahmen von biografischen Erzählungen, die ab Mitte der

1960er Jahre mit dem Idealismus seines Publikums korrespondierten. Dieses Publikum, das zeigt die Fanpost, die Fuller erhielt, war alles andere als passiv. Oft versuchten seine Leser- und ZuhörerInnen, wie »Bucky« auf eigene Faust herauszufinden, wie man die ganze Welt zum Besseren verändern könne. Fuller und Peters profitierten nicht zuletzt als Unternehmer von diesem Interesse. Aber das heißt nicht, dass sie dieses Interesse hatten kommen sehen oder gar planvoll heranzüchteten. Vielmehr reagierten beide Welt-Bildner wendig auf Veränderungen der Aufmerksamkeitsökonomie ihrer Zeit. Sie waren wiederholt mit einer für sie unerwarteten Nachfrage nach ihren Medien konfrontiert, die sie zu Anpassungen nicht zuletzt der Formate ihrer Medienprodukte zwang.

Das zeigt sich schon daran, dass Fuller und Peters ihre Geovisualisierungen zunächst großen Institutionen andienten: den Vereinten Nationen, staatlichen Bildungsbehörden, öffentlichen Rundfunkanstalten. Peters etwa – der in den frühen 1950er Jahren mit dem Versuch gescheitert war, die SWG durch die Bildungsministerien der Bundesrepublik verbreiten zu lassen – rang um 1970 mit der ihm eigenen Hartnäckigkeit darum, seine Weltkarte als Hintergrundgrafik in den Fernsehnachrichten zu etablieren. Tatsächlich wurde die Peters-Karte von einer wachsenden Zahl von regionalen Sendern adaptiert und auch von vielen Bundesbehörden und -ministerien genutzt, bis die aufgeschreckte Deutsche Gesellschaft für Kartographie dem mitte der 1980er Jahre Einhalt gebot. Peters hatte indes zu diesem Zeitpunkt auch schon erkennen müssen, dass die laminierte Wandkarte, die er 1974 mit großem Aufwand hatte herstellen lassen, weit weniger Abnehmer fand als die Ausmalposter und Puzzles auf Basis seiner Projektion. Diese Produkte kamen kaum für die Frontalpädagogik in der Schule in Frage; sie eigneten sich aber umso besser für spielerisch-didaktische Praxen: Sie konnten individuell bearbeitet, um statistisches Material ergänzt oder zum Ausgangspunkt für Gruppendiskussionen und Rollenspiele werden. Fuller hatte sich schon in den 1940er Jahren von einem im engeren Sinne technokratischen Planungsdenken abgewandt. Er positionierte seine Erfindungen fortan als Denkwerkzeuge, die dabei halfen, individuell einen vernünftigeren Blick auf die Welt zu entwickeln, der zur Partizipation an ihrer Verbesserung befähigte. Dennoch reagierte er um 1970 fast widerwillig auf die Verselbstständigung seines *World Game*, das aus seiner Sicht zur unproduktiven Nabelschau zu degenerieren drohte. Was Fuller kaum zehn Jahre zuvor – im Rahmen seines Vorschlags für die Weltausstellung in Montreal – als öffentliches Spektakel in einer Art elektrifiziertem Stadion konzipiert hatte, verwandelte sich daraufhin in ein Konvolut aus vorgestanzten, kleinformatigen *Dymaxion Maps* und Xerokopien von Auszügen aus Fullers Weltressourcenverzeichnis, die seine MitarbeiterInnen postalisch verbreiteten, um zumindest ansatzweise die Kontrolle über das *Game* zu bewahren. Beide Protagonisten dieses Buchs belieferten also nun – mehr oder weniger zähneknirschend – eine entstehende alternative Medienöffentlichkeit mit Produkten, die deren *Do-it-yourself*-Ethos ebenso wie deren Autonomie-Ideal entgegenkamen, aber auch einen Relativismus unterfütterten, über den beide Welt-Bildner nicht glücklich sein konnten.

Aber selbst enge MitarbeiterInnen Fullers gerieten im letzten Drittel des 20. Jahrhunderts derart in den Bann des ökologischen Grenzdiskurses, dass sie Werte-Reflexionen anstellten, die sie aus Sicht ihres *Spiritus Rector* nicht nur lähmten, sondern auch auf die öffentliche Wahrnehmung seines Lebenswerks abzufärben drohten. Fullers »Denken in globalen Bezügen« erschien in der Tat als ein umso grelleres Beispiel für den *Utopismus der 1960er Jahre*, je mehr es im Licht des *Moralismus der 1970er Jahre* gesehen wurde. Allerdings blieb auch Peters, dem dieser Moralismus zu seinem größten Publikationserfolg verhalf, zeitlebens ein Bewohner der »heroischen« Hochmoderne, wenn nicht der »High Globality«:[4] Beide Welt-Bildner waren fest vom Fortschritt der Menschheit insgesamt in Richtung einer größeren Umweltbeherrschung überzeugt. Das schloss gerade bei Fuller, allen postumen Verklärungen zum Ökopionier zum Trotz, ein instrumentelles Verhältnis zu den natürlichen Lebensgrundlagen des Menschen ein. Fuller versuchte den Fortschritt sogar noch zu beschleunigen, indem er an der Verbreitung von Wissen zur Verbesserung der Lage der Erdbewohner arbeitete. Peters zielte demgegenüber eher auf die Erhöhung der Verständigungsbereitschaft zwischen den Kulturen mit dem Ziel internationaler Kooperation. Aber beide gebrauchten sozusagen die Geschichte als Zukunftsressource, wenn auch mit verschiedenen Implikationen: Fuller las in seinen tabellarischen Darstellungen der Menschheitsgeschichte die Tatsache, dass Entdeckungen und Erfindungen im Laufe der Jahrhunderte immer dichter aufeinander gefolgt waren, als Indiz des »Erfolgs«, auf den die Spezies immer gezielter zusteure. Peters hingegen interpretierte parochiale Denkbeschränkungen der Gegenwart als Folge vergangener Verfehlungen, weshalb er das unzeitgemäße Überlegenheitsgefühl des Westens als Relikt der kolonialen Expansion sah. Fullers grafische Extrapolationen globaler Daten veränderten sich aus Sicht ihrer NutzerInnen entsprechend stärker: Waren sie lange Zeit Ideogramme des Menschenmöglichen gewesen, so wurden sie nach seinem Tod 1983 zunehmend ihres Entstehungskontextes entkleidet. Sie wurden nun als didaktische Werkzeuge verwendet, die die Menschen etwa zur persönlichen Umverteilung der pro Kopf verfügbaren Proteine bewegen konnten, wie das Beispiel der vielen *World Game*-Workshops zeigt. In dem Moment allerdings, in dem beider Werke das Gleiche zu sagen schienen, war auch Peters' – gewissermaßen rest-sozialistische – Botschaft nicht mehr zu vernehmen: Seit den späten 1980er Jahren erschienen *Dymaxion Map* und Peters-Weltkarte als zwei von vielen, letztlich austauschbaren, »Wegen, die Welt zu sehen«. Vorübergehend schien der Wertepluralismus, der aus diesem von Peters' amerikanischen Unterstützern geprägten Slogan sprach, den eingangs dieses Buchs skizzierten Gegensatz zwischen den VertreterInnen globaler technischer Effizienz und moralischer Suffizienz sogar einzuebnen: Das Nachhaltigkeitstheorem ließ die Vielfalt der Weltkulturen als umweltverträgliche Wachstumsressource erscheinen. In den 1990er Jahren jedoch zeigte sich, dass pädagogische Übun-

---

4 Nigel Clark: Anthropocene Incitements: Toward a Politics and Ethics of Ex-orbitant Planetarity, in: van Munster/Sylvest, *Globality*, S. 126–163, hier S. 141.

gen im Anders-Sehen-Können mit einer Globalisierung kompatibel waren, die aus Sicht ihrer ersten Kritiker die kulturelle Verarmung der Welt gerade vorantrieb.

»Eine Welten«

Es ist weniger Ausdruck einer erzählerischen Konvention als Indiz genuiner zeithistorischer Umbrüche, dass die beiden biografischen Bögen, die dieses Buch nachzeichnet, letztlich dem vielgescholtenen »tragischen« Narrativ folgen. Überhaupt ist die dargestellte Geschichte keineswegs nur eine Geschichte unverhoffter Erfolge, sondern immer auch die des Scheiterns der beiden Welt-Bildner. Wenn ich am Ende meiner Darstellung die Konvergenzen zwischen der Fuller- und der Peters-Rezeption ab Mitte der 1970er Jahre ins Zentrum gestellt habe (aber eben auch die Implosionstendenz der *spezifischen* globalistischen Konstellation, der sich diese konvergierende Rezeption verdankte), so dient dies aber nicht in erster Linie dazu, eine Periodisierung zu stützen: Dass die Gesellschaften des »Westens« zu Beginn des letzten Drittels des 20. Jahrhunderts ein Umbruch in sozialer und intellektueller Hinsicht erfasste, ist in der Zeitgeschichtsforschung ohnehin kaum noch umstritten. Vielmehr will ich so anknüpfen an meinen Hinweis in der Einleitung dieses Buchs, dass keineswegs das Gleiche gemeint sein muss, wenn verschiedene Menschen von »Globalität« sprachen und sprechen. Denn es sollte nun deutlich geworden sein, dass sich diese Einsicht *selbst* einem reflexiven, einem gegenüber Universalismen skeptischen Globalismus verdankt, der als solcher eine Geschichte hat. Das liegt umso mehr auf der Hand, als dieser »reflexive Globalismus« zuletzt – während der rund fünf Jahre, die zwischen der Konzeption und der Verschriftlichung des vorliegenden Buchs lagen – in die Defensive geraten ist: Für künftige BegriffshistorikerInnen der »Globalität« werden die Jahre 2016 und 2017 eine Fundgrube darstellen. Kaum jemand dürfte zuvor in der Wiederbelebung imperialer Handelsbeziehungen (»Global Britain«) eine Kompensation für das Verlassen des EU-Binnenmarkts gesehen haben. Und wichtiger noch: Auch ich hatte zu Beginn der Arbeit an diesem Buch keine Vorstellung davon, dass der Begriff »Globalismus« – ein Ausdruck, den ich hier in einem analytischen Sinn verwendet habe und der mir untertheoretisiert, aber harmlos schien – bei Abschluss meines Manuskripts allgegenwärtig sein würde, aber eben als pejorativer Kampfbegriff, der nicht nur linke Globalisierungskritiker, sondern auch den konsensliberalen *Mainstream* mit unbequemen Fragen konfrontiert.

Diese jüngsten Veränderungen betreffen indes nicht nur die Vokabel »Globalismus«, sondern auch die Begriffe »One World« und »Eine Welt«, deren Sinngehalte und Kookkurrenzen ich in meinen »Verortungen« als grobe Marker der sich teils ablösenden, teils aufeinander aufbauenden Globalitätsverständnisse des letzten Jahrhunderts interpretiert habe. Damit wollte ich zeigen, wie aus der fortschrittsgewissen Pathosformel, mit der der republikanische Präsidentschaftskandidat Wendell Willkie 1943 eine friedliche Zukunft unter amerikanischer Führung propagierte, ein Slogan geworden ist, mit dem individuelle Bürger in den privilegierten Staaten Europas und Nordamerikas für den Schutz des Planeten Erde und für die gerechte Verteilung seiner Reichtümer in die Pflicht genommen werden. Weiterhin ist es hauptsächlich *dieser* Wortsinn, der einem begegnet, wenn man die entsprechenden Buchstabenfolgen in eine Internet-Suchmaschine eingibt. Neben einer Airline-Allianz, der doppeldeutigen New Yorker Adresse *One World Trade Center* und der *Fair-Trade*-Eigenmarke des Lebensmitteldiscounters Aldi-Süd stößt man dann auf dutzende Stadtteilfeste, Weltläden, Weltmusikfestivals, ökumenische Arbeitskreise und Portale von Bildungsträgern, die für Multikulturalismus und Umweltschutz werben, und nicht zuletzt die »Zukunftscharta EINEWELT [sic]«, die das BMZ 2015 lancierte.[5]

Seit 2016 tritt die »Eine Welt« aber nicht nur als der unscharfe Konsensbegriff in Erscheinung, zu dem sie sich seit den späten 1990er Jahren weiterentwickelt hat. Der Zeitungsleserin begegnet sie auch im Rahmen von Versuchen, »Trump, Brexit und Co.« zu erklären, die an Selbstbezichtigung grenzen. So nahm der Kolumnist John Harris 2017 im »Guardian« ausgerechnet das 50-jährige Erscheinungsjubiläum des Beatles-Albums *Sgt. Pepper's Lonely Hearts Club Band* zum Anlass, eine »melancholische Zeit für die *Eine-Welt-Gegenkultur*, für die die Aufnahme den Soundtrack bildete«, zu diagnostizieren. Harris zeichnet diese pop-affine, kosmopolitische Gegenkultur als Hauptakteur der Liberalisierung von Lebensstilen im späten 20. Jahrhundert. Er bringt sie darüber hinaus diffus mit einem Selbstausbeutungskapitalismus in Zusammenhang, für den namentlich (der E-Gitarrist) Tony Blair und (der Saxophonist) Bill Clinton stehen: »[To them] [c]ollectivity was yesterday's thing; against a background of globalisation and all-enveloping liberalism, government's job was to encourage individuals to be as flexible and self-questioning as possible.«[6] Selbst der »Guardian« – als, wie man argumentieren könnte, *das* globale linksliberale Leitmedium der Gegenwart – begreift eine Bereitschaft zur Selbsthinterfragung und eine postnationale Identität mittlerweile als andere Seite globalisierter Märkte, die Individuen zur ständigen Anpassung an sie zwingen. Harris macht die Zumutungen, die aus diesem zugleich moralischen und ökonomischen »Eine Welt«-Imperativ erwachsen, aber auch als *Ursache* für den jüngsten *Backlash* des Chauvinismus aus. In eine ähnliche Richtung geht eine Polemik des Journalisten Adrian Lobe in der »Zeit«, der gegen ein Manifest Mark Zuckerbergs wettert, in dem der »Facebook«-Gründer just angesichts dieses Backlash vorschlägt, sein *Social-Media*-Netzwerk weiter zu einem Medium globaler politischer Partizipation seiner zwei Milliarden NutzerInnen auszubauen. Lobe überschreibt seine (berech-

---

5 *Bundesministerium für wirtschaftliche Zusammenarbeit und Entwicklung: Zukunftscharta EINEWELT – Unsere Verantwortung*, o.O. [Berlin] 2015. Für den Hinweis danke ich Ariane Leendertz.
6 John Harris: Imagine there's no Sgt Pepper. It's all too easy in the era of Trump and May, in: *Guardian*, 29.4.2017, https://www.theguardian.com/commentisfree/2017/apr/29/imagine-no-sgt-pepper-trump-may-beatles-50th-anniversary-counterculture (19.6.2019, meine Hervorh.).

tigte) Kritik daran, dass sich ein intransparentes Wirtschaftsunternehmen zum Politikersatz aufschwinge, ausgerechnet mit der Formel »Zuckerbergs Eine-Welt-Laden«. Er assoziiert den »zu Markte getragenen Globalismus« der Tech-Unternehmer des Silicon Valley also mit dem Altruismus sogenannter »Gutmenschen«. Damit jedoch stößt Lobe unfreiwillig ins Horn all jener, die versuchen, eine vermeintlich abgehobene Elite von Globalisierungsgewinnern genauso verächtlich zu machen wie die aus ihrer Sicht naiven Befürworter einer globalen Umverteilung – wozu für Vertreter des populistischen sogenannten »Welfare chauvinism« bekanntlich auch das Recht auf Asyl zählt.

Reflektierteren Feuilletonisten ist nicht entgangen, dass die (Selbst-)Kritik an der »Einen Welt« auch methodische Implikationen für die Geistes- und Gesellschaftswissenschaften hat. So hat Gustav Seibt im April 2017 in der »Süddeutschen Zeitung« die Globalgeschichte dafür gelobt, dass deren plurales, nichtlineares Globalisierungsverständnis »ideologische Vorstellungen von der Einen Welt ebenso wie statische Konzepte von kulturellen Individualitäten« zurückweise.[7] Wie schon am Anfang des Buchs erörtert, halten globalifizierungsbewusste GlobalhistorikerInnen in der Tat wenig von dem Versuch, zur »Steigerung von *One-World*-Erfahrungen« beizutragen, zumindest solange der »ältere Gesinnungskosmopolitismus« dabei nicht ins »intersubjektiv Wissenschaftliche« methodisiert werde.[8] Dafür sind sie zu sehr sensibilisiert für den Konstruktionscharakter der Räume, die sie ihren eigenen Forschungen zugrunde legen.[9] Diese Sensibilität zu bewahren, dürfte jedoch eine der historiografischen Herausforderungen der nächsten Jahre sein: Nicht nur in den rechten Echokammern des Internets wird immer aggressiver die Relevanz all jener wissenschaftlichen Disziplinen in Frage gestellt, die das Gewordensein gesellschaftlicher Gewissheiten untersuchen: Seibts Lob der Globalgeschichte ist zugleich ihre Verteidigung gegen die auf naturwissenschaftlichen Datenreihen beruhende jüngere *Genetic* oder auch *Big History*. Seibt kritisiert diese als unempfänglich für kulturelle Phänomene und entsprechend ungeeignet, das »Ende der Globalisierung« zu verstehen, das die jüngsten politischen Ereignisse seiner Ansicht nach einläuten.[10]

Ausblick: Neue Universalgeschichten und symmetrische Kosmologien im Anthropozän

Es gehört zur Ironie der jüngsten Vergangenheit, dass das Jahr 2016 nicht nur von verschiedenen wissenschaftlichen Weltdachverbänden und der UNESCO zum »Inter-

---

7 Gustav Seibt: Big History, in: *Süddeutsche Zeitung*, 23.4.2017.
8 Osterhammel, *Globalifizierung*, S. 13.
9 Dazu entlang von Karten: Roland Wenzlhuemer: Globalization, Communication and the Concept of Space in Global History, in: *Historical Social Research* 35 (2010), S. 19–47.
10 So lautet der Titel der SZ-Artikelreihe, in der Seibt sich äußerte.

national Year of Global Understanding« erklärt wurde. Es war auch das Jahr, in dem sich eine interdisziplinäre Arbeitsgruppe unter Federführung von Geologen erstmals für die Anerkennung des *Anthropozäns* als erdgeschichtliche Epoche aussprach. Dass der Einfluss der Menschen auf Biodiversität und Klima des Planeten also nun geochronologisch signifikant geworden ist, lässt die Untersuchungszeiträume vieler KulturhistorikerInnen umso kürzer erscheinen. Deren »Short Termism« halten einige HistorikerInnen für hinderlich beim Versuch, den Mächtigen kritisierend bzw. beratend den Weg aus der ökologischen Misere zu weisen.[11] Der amerikanisch-australische Universalhistoriker David Christian betrachtet hermeneutische und philologische Verfahren gar als Irrweg, der wegführe vom Kerngeschäft der Geschichtswissenschaft. Das Fach könne Relevanz und Einheit zurückgewinnen, indem es die Muster der Menschheitsgeschichte untersuche – wobei diese Muster zumindest für Christian aber eigentlich schon feststehen: Denn wo die Mikrohistoriker nur Kontingenz erkennen könnten, da offenbart sich Christian die »profunde Ordnung der Menschheitsgeschichte«, allen voran die »zunehmende (und sich zwangsläufig beschleunigende) Kontrolle der biosphärischen Ressourcen durch die Menschheit insgesamt«. Es handelt sich dabei um eine Geschichte zunehmender Komplexitäten und Energieflüsse, die Christian an die »emergente Natur des Bewusstseins« denken lassen. Diese Geschichte beschreibt er denn auch in evolutionären Kategorien: »[C]ontonous adaption provides the species as a whole with more resources than are needed simply to maintain a demographic steady state.«[12] Offenbar bedarf es der zeithistorischen Kurzzeitperspektive, um hier die nunmehr *dritte* Entdeckung jener Wahrheiten auszumachen, die schon Richard Buckminster Fuller bei den Esoterikern des späten 19. Jahrhunderts abgeschrieben hatte. Bemerkenswerter ist, wie sehr Christians Selbstpositionierung Buckminster Fullers Strategie ähnelt, sich als Denker von größter »Relevanz« zu positionieren, in dem er den Nachweis zu führen versucht, dass die Spezies befähigt sei, große Wissensmengen zusammenführen und als Formen zu deuten. Es ist unklar, ob es Christian nicht bewusst oder einfach egal ist, dass seine Absicht, eine »Karte der Vergangenheit in ihrer Gesamtheit« zu zeichnen, ihn in den Augen der von ihm angegriffenen ForscherInnen mindestens ebenso unseriös erscheinen lässt wie seine Überzeugung, aus der Fernsicht die »Pixel« menschlichen Handelns zusammensetzen zu können. Jedenfalls verliert er kein Wort zur Frage, wer die entsprechenden Signale aussendet, und ob sich aus diesen *unterschiedliche* Gesamtbilder ergeben können.

Das ist bedauerlich, denn es sind gerade ExponentInnen konstruktivistischer Ansätze – KultursoziologInnen, WissenshistorikerInnen und immer häufiger auch Anth-

---

11 Jo Guldi/David Armitage: *The History Manifesto*, Cambridge 2014.
12 David Christian: The Return of Universal History, in: *History & Theory* 49 (2010), 4, S. 6–27 hier S. 15, 21f., 23. Zur Geschichtsvergessenheit der neueren Cliometriker: Theo Röhle: Big Data – Big Humanities? Eine historische Perspektive, in: Ramón Reichert (Hg.): *Big Data. Analysen zum digitalen Wandel von Wissen, Macht und Ökonomie*, Bielefeld 2014, S. 157–172.

ropologInnen –, die sich zuletzt sehr produktiv auf die Befunde der Erdsystemwissenschaft einlassen. Sie tun dies angesichts des Klimawandels, aber auch provoziert von der Beobachtung, dass die Debatte ums Anthropozän eine paradoxe Re-Installierung *und* zugleich eine Dezentrierung »des« Menschen impliziert.[13] Historiker und Historikerinnen, die sich in diese Debatte einmischen wollen, kommen allerdings nicht umhin, sich verstärkt über die eigene Fachgeschichte Gedanken zu machen. Das betrifft die Historizität der Grundannahme, die von den Menschen gemachte Geschichte vollziehe sich gewissermaßen losgelöst von der Naturgeschichte.[14] Wer diese Annahme infragestellt, muss auch erörten, ob die (das Fach Geschichte spätestens im 19. Jahrhundert konstituierende) epistemische Trennung von menschlicher und natürlicher Zeit die Historiker gewissermaßen zu Mitverantwortlichen macht für ein »modernes« Verständnis der Natur als etwas, das dem Menschen äußerlich ist – etwas, das verstanden, unterworfen oder, wie im hier untersuchten Zeitraum, »gemanagt« werden kann und muss. Auch methodische Fragen sind damit aufgeworfen: Dipesh Chakrabarty hat als einer der Ersten darauf hingewiesen, dass klassische hermeneutische Verfahren im Anthropozän an Grenzen geraten.[15] Schließlich geht es bei den von ErdsystemforscherInnen beobachteten »soziogenen« Veränderungen des Planeten um die aggregierten, nicht-intendierten Effekte des unbewussten Agierens einer Vielzahl von Vertretern unserer Spezies.[16] Eine solche Form von *agency* – letztlich eine bloße »Wirkmacht« – kann aber nicht im Sinne der »Horizontverschmelzung« *erfahren* und untersucht werden, so Chakrabarty. Sie kann auch nur schwer in eine Form politischer Verantwortlichkeit übersetzt werden, wie sie in der »Anthropozän«-Diagnose meist implizit als Ziel mitschwingt. Die Aufgabe wird nicht leichter dadurch, dass eine Politik des Anthropozäns – so argumentieren gerade die kritischeren Kommentatoren (in Wiederholung einer Unterscheidung, die die Literaturwissenschaftlerin Gayatri Spivak bereits 2003 ins Spiel gebracht hat[17]) – nicht »global« sein dürfe: Es sei ebenso fahrlässig wie unrealistisch, eine weltweite Staatlichkeit anzuvisieren, die etwa den Klimawandel im Modus der großmaßstäblichen technischen Problemlösung angehe. Die Politik des Anthropozän müsse vielmehr »planetarisch« sein, um den Weg aus der ökologischen Krise zu weisen. Sie müsse also auf der Einsicht gründen, dass der Mensch Teil eines Erdsystems ist, das sich bei Überschreitung bestimmter Schwellenwerte irreversibel verändert, was der Menschheit im schlimmsten Fall ihre Existenzgrundlage entzieht. Es geht um die Verbreitung der Einsicht, dass wir *in* der Welt sind – so die Floskel, die, wie dargestellt, schon in den 1970er Jahren in den Umweltschutzdiskurs

---

13 Hannes Bajohr: Keine Quallen. Anthropozän und Negative Anthropologie, in: *Merkur* 73 (2019), S. 63–74.
14 Siehe dazu nun das GG-Sonderheft: *Writing History in the Antropocene* (46, 2020).
15 Dipesh Chakrabarty: The Climate of History: Four Theses, in: *Critical Inquiry* 35 (2009), 97–222.
16 Franz Mauelshagen: »Anthropozän«. Plädoyer für eine Klimageschichte des 19. und 20. Jahrhunderts, in: *ZF* 9 (2012), S. 131–137.
17 Gayatri Chakravorty Spivak: *Death of a Discipline*, New York 2003, S. 101f.

einzog, und mit der damals wie heute Frugalität und Verzicht gefordert wurde und wird, allen voran hinsichtlich des eigenen Energieverbrauchs.

Die Ansätze der hier untersuchten Welt-Bildner scheinen auf den ersten Blick Hilfestellung bei solchen Vermittlungspraktiken leisten zu können. Immerhin war es geradezu die Essenz der im Kern evolutionstheoretischen Philosophie des amerikanischen Welt-Bildners, den Einfluss naturräumlicher Faktoren in der Zivilisations- und Technikgeschichte herauszuarbeiten. Fullers fortgesetzte Popularität bei manchen UmweltaktivistInnen erklärt sich wohl daraus, dass man ihm durchaus »ökologische Reflexivität« unterstellen kann, wie es die Umwelthistoriker Christophe Bonneuil und Jean-Baptiste Fressoz nennen, die beiden vielleicht wichtigsten Kritiker einer rein naturwissenschaftlichen Anthropozän-Definition (bzw. der technischen Lösungsvorschläge, die sich aus einer solchen »engen« Definition ergeben). Oberflächlich betrachtet, lässt sich Fuller also im Zuge einer »Invention of Tradition« (Eric Hobsbawm) in Stellung bringen, die aufmerksam machen soll auf verdrängte Erfahrungen und verschwiegene Denktraditionen auch innerhalb des »Westens«: Traditionen, die eben die Angewiesenheit der Menschen auf eine Umwelt betonen, deren Teil sie sind. Was auf den ersten Blick wie ein Beleg der vielzitierten These des Wissenssoziologen Bruno Latour wirkt, wir seien nie (völlig) »modern« gewesen, kann laut Bonneuil und Fressoz dabei helfen, die »blinde Kraft des Anthropos« in politische Handlungsmacht zu verwandeln. Die Geschichtswissenschaften nehmen sie indes dahingehend in die Pflicht, herauszufinden, was überhaupt verhindert hat, dass derlei vorhandenes Wissen in Handeln umgemünzt wurde.[18] Eine solche Frage nach Machtverhältnissen lässt sich am Beispiel Fullers aber dann doch nur im Umkehrschluss beantworten: Dass Fuller, seiner »ökologischen Reflexivität« zum Trotz, alles andere als unerhört geblieben ist, lag daran, dass diese Reflexivität bei ihm die Begeisterung für grotesk technizistische *Geoengineering*-Vorhaben gerade *einschloss*.

Und Peters? Auch sein Werk – das heißt eigentlich: dessen pluralistische Lesart seitens seiner Fans und Multiplikatoren in Kirchen und sozialen Bewegungen – mag dem ersten Anschein nach dabei helfen, ein gewissermaßen »anthropozänisches« Problembewusstsein zu verbreiten, wie es vielen Kommentatoren geboten scheint. Oft empfehlen diese Kommentatoren aufsehenerregende ästhetische Praktiken im Bereich von Belletristik und Film, wenn es gilt, einen solchen Bewusstseinswandel einzuleiten. Könnte nicht auch die »kritische Kartografie« dabei helfen, jenen »Sense of Planet« (Ursula Heise) herauszubilden, der eine ökologische Politik abseits des Universalismus und Machbarkeitsdenkens der Moderne begründen kann? Nun lässt sich eine entsprechende Multiperspektivität mittlerweile viel einfacher und für weit mehr Menschen haben als mit prädigitalen Medien wie der Peters-Karte: Weithin zugängliche Geografische Informationssysteme (GIS) wie »Google Maps« und »Google Earth«

---

18 Christophe Bonneuil/Jean-Baptiste Fressoz: *The Shock of the Anthropocene. The Earth, History and US*, London 2016, S. 58, eine Erwähnung Fullers findet sich ebd. auf S. 48.

ermöglichen eine Vielfalt von Rezeptionsmodi und individuellen Gebrauchsformen. Sie unterlaufen so die schon in den 1980er Jahren von Kritikern wie Wolfgang Sachs beanstandete – objektivierende, trivialisierende – Zentralperspektive auf den »Blauen Planeten«. Insbesondere geschieht das durch das *Geo-tagging*, also die eigene Bearbeitung und Hinzufügung von ortsbezogenen Daten, die die NutzerInnen der entsprechenden Programme selbst zu Kartografen macht.[19] Aber beim näheren Hinsehen erweisen sich die Geovisualisierungstechniken des digitalen Zeitalters *genauso* wie Peters' Konzepte eher als Teil des Problems denn als Weg zur Emergenz des planetarischen Bewusstseins, zumindest wenn man Eva Horn und Hannes Bergthaller in ihrer vorzüglichen Einführung zum Anthropozän folgt. »Google Earth« erlaubt es seinen AnwenderInnen, ausgehend von einer Startseite, die die Erde per Mausklick drehbar macht, stufenlos bis hinunter auf die Ebene einzelner Straßenzüge zu zoomen. Das aber fördert letztlich jene hochmoderne Hybris, die auch die beiden hier untersuchten Welt-Bildner nie abschüttelten.

Schenkt man den kritischen TheoretikerInnen des Anthropozäns glauben, dann ist das Kernproblem, das einer der Lage des Planeten angemessenen Existenzweise im Wege steht, nämlich das geringe Verständnis der Menschen für Skaleneffekte. Was ein ökologisch reflektiertes Denken und Agieren verhindere – und was, umgekehrt, einer globalen Ökonomie zugrundeliege, die auf ständiges Wachstum und ständige Expansion dränge –, sei die Gewissheit, einmal entwickelte wirtschaftliche Praktiken ohne Qualitätssprünge mit stets wachsenden Profiten immer weiter ausweiten zu können. Diese Gewissheit materialisiere sich besonders krass in Monokulturen und Plantagen, oder, so könnte man ergänzen, in der klassischen, modernisierungstheoretisch unterfütterten Entwicklungshilfe.[20] Nicht »Less is more« sondern »More ist different« laute aber die Lehre der planetarischen *tipping points* und ökologischen Schwellen hin zu katastrophalen neuen Erdzuständen (so Horn und Bergthaller in Abwandlung jenes Mies'schen Leitspruchs, den ja auch Fuller zu seinem Lebensmotto »More with less« umgemodelt hatte).[21]

Das klingt abstrakt, und so exemplifizieren viele TheoretikerInnen des Anthropozäns diese Kritik mit dem Hinweis auf Globen und Weltkarten als Skalierungsinstru-

---

19 Dass diese individuelle Aneignung angesichts der Datensammeltätigkeit der Anbieter selbst nicht ohne Machtzentralismus ist, sollte nicht übersehen werden: Angela Krewani: Google Earth. Satellite Images and the Appropriation of the Devine Perspective, in: Nitzke/Pethes, *Imagining Earth*, S. 45–59.
20 Horn/Bergthaller, *Anthropozän*. Auch hier taucht Fuller auf (S. 168).
21 Die AutorInnen schließen damit an Überlegungen der Anthropologin Anna Lowenhaupt Tsing an. Diese hat in einer brillanten Feldstudie argumentiert, dass es die modernen Praktiken der Standardisierung und Skalausweitung seien, die von der Erkenntnis abhielten, dass die Natur (und in Verlängerung: die Erde) weder als zu rettendes »Anderes« noch als Vorbild für harmonische menschliche Existenzweisen begriffen werden könne: Nur wer für die fragilen Allianzen zwischen heterogenen Dingen und Lebewesen sensibilisiert sei, begreife, dass »die Welt« eine Assemblage inkommensurabler Dinge ist: Anna Lowenhaupt Tsing: *Der Pilz am Ende der Welt. Über das Leben in den Ruinen des Kapitalismus*, Berlin 2018.

mente *par excellence*. Gerade für den erwähnten Bruno Latour ist das moderne, oft als spezifisch »westlich« apostrophierte Weltverhältnis direkt verknüpft mit dem Globus als »Instrument und Emblem des europäischen Expansionstriebs« – so formulieren es wiederum Horn und Bergthaller, die ergänzen: »Verkörpert der Globus die Idee eines alles umfassenden und externen Blicks auf die Erde, so impliziert er auch die Idee, dass diese Totalität nur durch die Minimierung des Maßstabs erreichbar ist: als Welt-Karte. Was dabei jedoch verloren geht, ist das Detail, die Region, das Lokale. Der mediale Traum, den die Idee des globalen Überblicks träumt, ist die Möglichkeit eines bruchlosen skalaren Übergangs von einer minimalen Auflösung zu einer maximalen, die Detailansichten vermittelt.« Dieser »medientechnische Traum vom Zoom durch verschieden kartografische Skalen«, so die AutorInnen weiter, »ist ein Traum von Skalenübergang ohne Skaleneffekte«.[22] Was die medientheoretische Stellung Peters' und Fullers letztlich bemerkenswert macht, ist, dass beide Welt-Bildner das Artifizielle des »kartografischen Traums« durchaus herausstellen, ohne aber selbst aus diesem Traum zu erwachen: Sie leisteten einerseits einer Vervielfältigung der Blicke auf die Erde Vorschub. Sie blieben andererseits aber in jene universalisierende, Gestaltungsspielräume suggerierende Kulturtechnik der »Verflachung« verstrickt, die ich im medienhistorischen Zwischenschritt dieses Buchs beschrieben habe.

Dessen ungeachtet fühlt man sich bei manchen Beiträgen zur Anthropozän-Debatte an Gedanken erinnert, die schon in den 1980er Jahren – gerade mithilfe von Arno Peters' Weltkarte – verbreitet wurden: Die Einsicht, dass man seinem »In-der-Welt-Sein« nicht entkommen könne, wird wieder vermehrt aus indigenem Wissen, etwa des Amazonasgebietes, geschöpft, bei dessen BewohnerInnen man etwas über das Leben in den »Ruinen des Kapitalismus« lernen könne, wie Anna Lowenhaupt Tsing sie nennt.[23] Ich halte dies für einen bedenklichen Trend. Das liegt weniger an den vernunftkritischen Aporien, in die sich ein »Perspektivismus« verstrickt, wenn ausgerechnet Wissenschaftler in der wissenschaftlichen »One-World World« des Westens nur eine Kosmologie neben anderen erkennen.[24] Vielmehr könnte es auf einen gewissen Quietismus hinauslaufen, dass zumindest manche Proponenten einer »World of Many Worlds« sich gar nicht mehr anmaßen, ihre westlichen (menschlichen) Mitgeschöpfe zu Verhaltenswei-

---

22 Horn/Bergthaller, *Anthropozän*, S. 186f. Vgl. zudem Bruno Latour: *Kampf um Gaia. Acht Vorträge über das neue Klimaregime*, Frankfurt a. M. 2017, bes. S. 211–250 und ähnlich Bonneuil/Fressoz, *The Shock of the Anthropocene*, S. 60–64.

23 Die Globenkritik Bruno Latours bezieht sich zwar stark auf die Idee einer Symmetrisierung westlicher und indigener Weltzugänge, wie sie in jüngster Zeit vor allen der Anthropologe Philipp Descola konzeptionalisiert hat, Latour geht dabei jedoch kaum hinaus über Tim Ingold: *The Perception of the Environment. Essays on Livelihood, Dwelling and Skill*, London 2000, vor allem Kapitel 3, »Globes and Spheres. The Topology of Environmentalism« [ursprünglich 1992].

24 John Law: What's Wrong with a OneWorld World?, in: *Distinktion* 16 (2015), S. 126–139. Eine anregende Methodendiskussion bietet aber: Caroline Arni: Nach der Kultur. Anthropologische Potentiale für eine rekursive Geschichtsschreibung, in *HA* 26 (2018), S. 200–223.

sen zu animieren, die verhindern, dass sie sich in einer Welt nach dem Zusammenbruch *ihrer* Welt einrichten müssen.[25] Nicht ohne Widersprüche ist aber auch die – ebenfalls schon zu Peters' und Fullers Zeiten diskutierte – Idee, die lokale, gewissermaßen »erdverhaftete« »intime Kenntnis ökologischer Zusammenhänge«[26] indigener Gesellschaften aufzuwerten, also ein Wissen zu reaktivieren, das – je nach Theorieschule – von den Kolonisatoren, von den um Skaleneffekte bemühten Kapitalisten oder von einem durch Entwicklungsexperten beratenen Staat verdrängt wurde. Zumindest hieße es, wieder in die Falle des modernen Machbarkeitsdenkens zu tappen, wollte man dieses Wissen gewissermaßen globalisieren, es als Blaupause auf andere Verhältnisse übertragen. Und wichtiger noch: Sollen Appelle, indigene Kenntnisse und Kosmologien als Bollwerk gegen die Zerstörung der Erde zu sichern, nicht einfach von tatsächlicher Verantwortlichkeit für diese Zerstörung ablenken, dann müssen sie zumindest vorübergehend in die »Sprache des modernen Rechtssystems« übersetzt werden.[27] Wer auf die Bewahrung oder gar Wiederherstellung einer Form der Gemeinwirtschaft, der *Commons*, drängt, die der Ausbeutung des Planeten Einhalt gebieten kann, der darf das nicht nur intellektuell begründen. Auch lokales Wissen muss in Rechtsordnungen übertragen werden. Und dabei führt an einer konventionellen Staatlichkeit fürs erste kein Weg vorbei. Es bleibt abzuwarten, was das mit Blick auf die Zukunft des Globalismus bedeutet.

---

25 Mario Blaser/Marisol de la Cadena: Introduction. PLURIVERSE. Proposals for a World of Many Worlds, in: Dies. (Hg.): *A World of Many Worlds*, Durham/London 2018, S. 1–22.
26 Horn/Bergthaller, *Anthropozän*, S. 113.
27 Ebd., S. 186.

Danksagung

Wie die Peters-Karte und die *Dymaxion-Map* verdankt die vorliegende Studie ihre Entstehung vielen Menschen. Einmal mehr kann ich den ArchivarInnen nicht genug Dank aussprechen. Die Archive sind weiter unten aufgelistet; ich will hier nur die beiden Orte nennen, an denen ich am meisten Zeit verbracht und die für mich wichtigsten Entdeckungen gemacht habe: Ich danke also den Mitarbeiterinnen und Mitarbeitern der Stanford Special Collections and University Archives und der Handschriftenabteilung der Berliner Staatsbibliothek, hier vor allem Ralf Breslau, über dessen auf Arno Peters bezogene Frage, was »einer überhaupt von sich selbst wissen kann«, ich bei der Quellenauswertung oft nachgedacht habe.

Wie schon bei meinen beiden letzten größeren Forschungsprojekten wurden meine Archivreisen durch die Förderung der Deutschen Forschungsgemeinschaft möglich, die dankenswerterweise auch die Drucklegung gefördert hat. Erneut waren aber nicht nur die Rahmenbedingungen für die Recherche-, sondern auch für die Konzeptions- und die Schreibarbeit exzellent. Mein Dank gilt Ingrun Berg, die mir in allen Verwaltungsangelegenheiten geholfen hat, und Friedrich Lenger, der das Projekt von seinen Ursprüngen in Washington, D.C. an kritisch begleitet hat, mich als Mitarbeiter an der Professur für Neuere Geschichte in Gießen immer vertrauensvoll meinen eigenen Weg hat gehen lassen und mich nicht zuletzt bei der Veröffentlichung des fertigen Manuskripts unterstützt hat. Verfasst habe ich dessen größeren Teil im schönen München als Junior Fellow am Historischen Kolleg. Es ist als Kompliment an das dortige Team zu verstehen, dass sich die Konzeption des Buchs während des Schreibens zunehmend erweitert hat, was auch der Grund dafür ist, dass es deutlich später erscheint, als zu Beginn des Kollegjahrs geplant. Das schreibende Denken in der wunderbar konzentrationsförderlichen Atmosphäre des Kollegs – für die hier stellvertretend Karl-Ulrich Gelberg sowie Karl Siebengartner gedankt sei – wurde finanziell durch ein Stipendium der Gerda Henkel Stiftung ermöglicht.

Dass ich mich überhaupt in Peters' bemerkenswerten Nachlass einarbeiten konnte, verdanke ich der warmherzigen Unterstützung von Majenna Peters. Marco Peters hat im Vorfeld der Abdruckgenehmigung das ganze Manuskript äußerst aufmerksam gelesen. Auf ähnlich zuvorkommende Weise hat Ward Kaiser mir ein für die Themenfindung wichtiges Interview gegeben und dann Zugang zu seinem Vorlass in Waterloo (Ontario) gewährt. Darüber hinaus durfte ich von der Großzügigkeit vieler Menschen profitieren, die gar nicht unmittelbar mit meinem Projekt zu tun hatten: Die 2017 verstorbene Uta Lindgren hat mir ihre Peters-Originalunterlagen überlassen, Stefanie Middendorf schenkte mir unverhofft jene Fuller-Karte, die meine These wie kaum eine andere Quelle untermauert. Daniél Segyevy hat für mich die Archivalien der *Kartográfia* im Ungarischen Staatsarchiv eingesehen, Lutz Niethammer hat mir ein noch unveröffentlichtes Manuskript zur *Synchronoptischen Weltgeschichte* bereitgestellt und Aarne Partanen zuletzt mit Rechten und Register geholfen.

Zu diesem Zeitpunkt hatte ich meine Hypothesen und Befunde schon in einer Vielzahl von Oberseminaren und Kolloquien präsentieren dürfen – an den Universitäten in Augsburg und Konstanz, in Kiel, Tübingen und Zürich, je zweimal in München und Gießen – ebenso wie im Rahmen von Workshops und Konferenzen am Marburger Herder-Institut, an der Universität Leipzig und an der TU Darmstadt, am WiZeGG Oldenburg, am Wissenschaftszentrum Berlin für Sozialforschung, auf der Potsdamer Jahrestagung der Gesellschaft für Technikgeschichte, am Deutschen Historischen Institut in Washington, in der Fritz Thyssen Stiftung in Köln und natürlich am Historischen Kolleg in München. Allen VeranstalterInnen und Diskutanten sei hiermit herzlich gedankt, ebenso wie Mario Daniels, Jürgen Dinkel, Hubertus Büschel, Ariane Leendertz, Jan Logemann, Daniel Maul, Benjamin Möckel, Frank Reichherzer und Anette Schlimm, mit denen ich mich gerade in der Frühphase der Arbeit intensiv ausgetauscht habe. Damit sind auch schon einige TeilnehmerInnen des Workshops »Making Global Minds« genannt, den ich 2015 in Gießen ausrichten durfte und der für mich persönlich gerade deshalb ein voller Erfolg war, weil er mich dazu veranlasste, einige meiner Grundannahmen zu überdenken. Wie mir scheint, er hat er überdies einen kleinen Beitrag dazu geleistet, Forscher und Forscherinnen in der Qualifikationsphase zusammenzubringen, die sich aus den verschiedensten Blickwinkeln mit der Geschichte von Globalität, Globalismus und Globalisierung beschäftigten. Gedankt sei für ihre Mitwirkung also noch einmal Jürgen, Ariane und Benjamin, aber auch Christian Albrecht, Jana Bruggmann, Martin Deuerlein, Sebastian Hoggenmüller, Elke Seefried, Pascale Siegrist und Andrea Westermann. Ihre Anregungen sind auf ganz unterschiedliche Weise in meine 2019 in Gießen eingereichte Habilitationsschrift eingeflossen, die die Basis dieses Buchs bildet. Bedanken möchte ich mich daher bei Friedrich Lenger sowie bei Dirk van Laak und Hannah Ahlheim für die Begutachtung der noch rohen Abgabefassung der Habilitationsschrift und bei Stefanie Coché, Justus Grebe, Anja Horstmann, Christine Krüger, Athina Lexutt, Vadim Oswalt, Bettina Severin-Barboutie, Alexander Türk, Peter von Möllendorff und Ulrike Weckel für ihre Mitwirkung im Habilitationsgremium.

Thomas Etzemüller und Timo Luks haben Antragsentwürfe, einzelne Kapitel und schließlich das gesamte Manuskript genau gelesen und kritisch kommentiert. Keinem von beiden konnte ich es mit meinen Überarbeitungen recht machen – und das lag zum geringeren Teil daran, dass manche ihrer Empfehlungen sich gegenseitig ausschlossen. Thomas hätte es gerne gesehen, wenn ich meine Protagonisten zu Narren gemacht hätte, die die Aporien des 20. Jahrhunderts offenlegen. Dafür fehlt es mir aber schlicht an schriftstellerischem Talent. Timo hätte trotz seiner Präferenz für die »buckologischen« Teile dieses Buchs am liebsten eins über Lucy Peters gelesen. Vielleicht schreibe ich es ein anderes Mal. Beide haben jedenfalls nicht nur als wissenschaftliche Gesprächspartner an jeder Station der Entstehung dieses Buchs »mitgewerkelt«, sondern auch einfach als Freunde dazu beigetragen, manchen Zweifel auszuräumen. Danke!

Last but not least: Als ich über die *Dymaxion Map* und die Peters-Weltkarte gestolpert bin, kannte ich Sabrina Röstel, ohne die dieses Buch nie fertig geworden wäre, noch kaum. Mittlerweile heißt sie (auch) Kuchenbuch und wir sind zu dritt und könnten es schöner nicht haben. Anton Kuchenbuch wird bestimmt einmal merken, dass hier einer auch seinen eigenen »Glokalismus« besser verstehen wollte. Aber gerade deshalb ist dieses Buch seinen Großeltern, Ylva Eriksson-Kuchenbuch und Ludolf Kuchenbuch, gewidmet. Auch sie haben es genau gelesen. Sie werden sich dabei an vielen Stellen wie in einem Zerrspiegel wiedererkannt haben. Umso dankbarer bin ich ihnen dafür, dass sie nie einen Zweifel daran gelassen habe, dass ein Teil ihrer Geschichte auch auf meine Weise erzählt werden darf.

Berlin, Oktober 2020

Verzeichnisse

Abkürzungsverzeichnis

AA	Auswärtiges Amt
ACA	American Cartographic Association
ACSM	American Congress for Surveying and Mapping
AfS	Archiv für Sozialgeschichte
AHR	American Historical Review
BEW	Board of Economic Warfare
BFI	Buckminster Fuller Institute
BMZ	Bundesministerium für Wirtschaftliche Zusammenarbeit
BPB	Bundeszentrale für Politische Bildung
CEH	Contemporary European History
CIDOC	Centro Intercultural de Documentación
DDU	Dymaxion Deployment Unit
DED	Deutscher Entwicklungsdienst
DEW	Distant Early Warning Line
DGB	Deutscher Gewerkschaftsbund
DGfK	Deutsche Gesellschaft für Kartografie
DPA	Deutsche Presseagentur
DSI	Design Science Institute
DW	Deutsche Welle
EMW	Evangelisches Missionswerk in Deutschland
EPD	Evangelischer Pressedienst
FAO	Food and Agriculture Organization of the United Nations
FEA	Foreign Economic Administration
G 77	Gruppe der 77
GATT	General Agreement on Tariffs and Trade
GG	Geschichte und Gesellschaft
GTZ	Deutsche Gesellschaft für Technische Zusammenarbeit
GWM	Gesellschafts- und Wirtschaftsmuseum Wien
HA	Historische Anthropologie
HICOG	U.S. High Commission for Germany
HZ	Historische Zeitschrift
IAH	Internationale Arbeiterhilfe
IGY	International Geophysical Year
JMEH	Journal of Modern European History
MoMA	Museum of Modern Art
NAACP	National Association for the Advancement of Colored People
NASA	National Aeronautics and Space Administration
NCC	National Council of Churches

NDR	Norddeutscher Rundfunk
NGO	Non-governmental organization
NIEO	New International Economic Order
NORAD	North American Air Defense Command
NPL	Neue Politische Literatur
NSV	Nationalsozialistische Volkswohlfahrt
NWIO	New World Information and Communication Order
OECD	Organisation for Economic Co-operation and Development
OPEC	Organization of the Petroleum Exporting Countries
OWI	Office of War Information
RAP	Reparationsausgleichsplan
RB	Radio Bremen
RDP	Reichsverband der Deutschen Presse
RMVP	Reichsministerium für Volksaufklärung und Propaganda
SAGE	Semi-Automatic Ground Environment
SED	Sozialistische Einheitspartei Deutschlands
SIU	Southern Illinois University
SWG	Synchronoptische Weltgeschichte
UIA	Union Internationale des Architectes
UNCTAD	United Nations Conference on Trade and Development
UNDP	United Nations Development Programme
UNESCO	United Nations Educational, Scientific and Cultural Organization
UNICEF	United Nations Children's Fund
UN	United Nations
UNU	United Nations University
USASC	United States Army Signal Corps
USS	United States Steel Corporation
VfZ	Vierteljahreshefte für Zeitgeschichte
WDR	Westdeutscher Rundfunk
WDSDD	World Design Science Decade Documents
WEC	Whole Earth Catalog
WRSC	World Resources Simulation Center
WTO	World Trade Organization
ZF	Zeithistorische Forschungen
ZPG	Zero Population Growth

Abbildungsnachweise

Abb. 1.1 Die Länder der Erde in flächentreuer Darstellung. Peters-Projektion, 1974 © Universum Verlag [Rand leicht beschnitten, Maßstab im Original 1:63.550.000]. Der Abdruck aller Versionen der Peters-Weltkarte erfolgt mit freundlicher Genehmigung der Huber Kartographie GmbH.

Abb. 1.2 R. Buckminster Fuller & Shoji Sadao: Dymaxion™ Airocean World, Raleigh, North

	Carolina, 1954 [Maßstab im Original zw. 1:47.500.000 und 1:57.000.000]. Der Abdruck aller Versionen der *Dymaxion Map* erfolgt mit freundlicher Genehmigung des Buckminster Fuller Institute. The Fuller Projection Map design is a trademark of the Buckminster Fuller Institute © 1938, 1967 & 1992. All rights reserved, www.bfi.org.
Abb. 1.3	Craig Lambert: Bucky Fuller's Big Game Goes On, in: World Monitor 6 (1989), S. 18–20, wiederabgedruckt von Gene Keyes: https://www.genekeyes.com/FULLER/BF-6-later-ed.html (19.6.2019)
Abb. 1.4	Die Peters-Projektion, Anwendungen, München, o.J. [1981], S. 10 © Universum-Verlag
Abb. 1.5	Von allen Enden der Erde. Die neuen Landschaften der Weltchristenheit. Jahresbericht 2013/2014 des Evangelischen Missionswerks in Deutschland e.V. Hamburg, 2014 [Coverabbildung]
Abb. 1.6	Bundeszentrale für Politische Bildung: Erde – Bastelglobus [nach Buckminster Fuller] (Thema im Unterricht – Extra). o.O. [Berlin] 2015
Abb. 1.7	Arno Peters: Mit dem Pinsel unterwegs. Bilder aus meinen ersten 80 Jahren, Privatdruck o.O. 1996, o.S.
Abb. 1.8	Michael Ben-Eli: Interview, in: Architectural Design 27 (1972), S. 747–748
Abb. 2.1	Wendell Willkie: Unteilbare Welt, Stockholm 1944
Abb. 2.2	Life Presents Richard Buckminster Fuller's Dymaxion World, in: Life, 1.3.1943, S. 41–55, hier S. 44–45 © Life Magazine
Abb. 2.3, 4	Life, 1.3.1943 [Kartenbogen] © Life Magazine/R. Buckminster Fuller
Abb. 2.5	Richard Buckminster Fuller: Nine Chains to the Moon, An Adventure Story of Thought, Philadelphia 1938 [Poster, Ausschnitt]. Mit freundlicher Genehmigung durch The Estate of R. Buckminster Fuller
Abb. 2.6	Dynamics of Progress, Group III. Illustration zu Davenport, Russel: U.S.-Industrialization, in: Fortune, Februar 1940, S. 50–56, 138, 160, 163–164 [o.S.] © Time Inc. Mit freundlicher Genehmigung durch The Estate of R. Buckminster Fuller
Abb. 2.7	World Energy. A Map by R. Buckminster Fuller, in: Fortune, Februar 1940, S. 57 © R. Buckminster Fuller
Abb. 2.8	World Map on Dymaxion Projection [Beilage zu: Richard Buckminster Fuller: Fluid Geography, in: American Neptune IV (1944) H. 2, S. 119–136] © R. Buckminster Fuller
Abb. 3.1	Richard Buckminster Fuller Basic Biography, o.O., o.D. [1983], S. 25
Abb. 4.1	World of Plenty, 1943 © Crown copyright. The British Film Institute
Abb. 5.1	One World or None, 1946, (http://publicdomainreview.org/collections/one-world-or-none-1946/, 19.6.2019) [Standbild, 00:00:52]
Abb. 5.2	SUL, M1090 Buckminster Fuller papers, Series 18, Box 21, Folder 9. Mit freundlicher Genehmigung durch The Estate of R. Buckminster Fuller
Abb. 5.3	John Mchale: The Geoscope, in: Architectural Design XXXIV (1964), S. 632–635, hier S. 632
Abb. 5.4	SUL, M1090, Series 11, Box 11 Folder 1
Abb. 5.5–7	Arno Peters/Anneliese Peters Synchronoptische Weltgeschichte, Frankfurt a. M. 1952, o.S. © Universum-Verlag
Abb. 6.1	Unisphere 1964, Privatfotografie von Anthony Conti; scanned and published by

PLCjr from Richmond, VA, USA (https://commons.wikimedia.org/wiki/File:New_York_World%27s_Fair_August_1964.jpeg, 29.9.2020)

Abb. 6.2 John Mchale: The Geoscope, S. 634
Abb. 6.3 Ebd., S. 633
Abb. 6.4 World Design Science Decade 1965–1975. Five Two Year Phases of a World Retooling Design Proposed to the International Union of Architects for Adoption by World Architectural Schools. Phase II (1967) Document 6. The Ecological Context: Energy and Materials, Carbondale/Illinois 1967, S. 54
Abb. 6.5 R. Buckminster Fuller/Robert W. Marks.: The Dymaxion World of Buckminster Fuller, New York 1975 [1960] [Buchcover]
Abb. 6.6 The World Game, in: Architectural Design XXXVII [1967], S. 93
Abb. 6.7 SUL, M1090, Series 13, Box 22, Folder. Mit freundlicher Genehmigung durch The Estate of R. Buckminster Fuller.
Abb. 6.8 World Game Report, 1969, SUL, M1090, Series 18 Box 24, Folder 1. Mit freundlicher Genehmigung durch The Estate of R. Buckminster Fuller
Abb. 6.9 Whole Earth Catalog, März 1969, S. 3
Abb. 6.10 Whole Earth Catalog, März 1970 [Cover]
Abb. 6.11 SUL, M1090, Series 18, Box 39, Folder 18
Abb. 6.12 SUL, M1090, Series 8, Box 197, Folder 11. Mit freundlicher Genehmigung durch The Estate of R. Buckminster Fuller
Abb. 7.1 Ökolopoly, Ravensburg 1984 [Spielbrett] © Otto Maier Verlag Ravensburg
Abb. 7.2 Pressekonferenz vom 8. Mai 1973 (Erdkarte). SBB-PK, Nachl. 406, 539
Abb. 7.3 Arno Peters: Der Europa-zentristische Charakter unseres geographischen Weltbildes und seine Überwindung, München 1973, o.S. © Universum-Verlag
Abb. 7.4 Arno Peters: Der Europa-zentristische Charakter unseres geographischen Weltbildes und seine Überwindung, Dortmund 1976, S. 4 © Größchen-Verlag
Abb. 7.5 SBB-PK, Nachlass Arno Peters (Nachl. 406), Mappe 277, Bl. 9
Abb. 7.6 Uwe Prieser: Europa rückt aus dem Mittelpunkt. Ein Bremer vermittelt ein neues Weltbild, in: Weserkurier, 22.5.1973 © dpa
Abb. 7.7 Die Peters-Projektion, Anwendungen, München, o.J. [1981], S. 5 © Universum-Verlag
Abb. 7.8 Atlas-Projekt. Die Länder der Erde. Gestalt – Struktur – Geschichte, o.O., o.D. [1978, Probeseite]
Abb. 7.9 Die Peters-Projektion, Anwendungen, München, o.J. [1981], S. 16–17
Abb. 7.10 Deutsche Gesellschaft für Kartographie/Verband der kartographischen Verlage und Institute: Ideologie statt Kartographie. Die Wahrheit über die »Peters-Weltkarte«, Dortmund/Frankfurt a.M. 1985 [Cover]
Abb. 7.11 Peters Atlas. Alle Länder und Kontinente in ihrer wirklichen Größe, Vaduz 1989, S. 182–183 © Akademische Verlagsanstalt
Abb. 8.1 McArthur's Universal Corrective Map of the World (http://www.odtmaps.com/detail.asp?product_id=McA-23x35, 19.6.2019) © ODT, Inc. Mit freundlicher Genehmigung von Stuart McArthur.

Archivalische Quellen

BArchB – *Bundesarchiv Berlin*
Biographische Sammlung zu in- und ausländischen Widerstandskämpfern und Persönlichkeiten (A-Z), Nachlass Franz und Käthe Dahlem, NY 4072/195

BArch – *Bundesarchiv Koblenz*
Deutsche Welle, B/187
Bundesministerium Bildung und Wissenschaft, B/138
Bundesministerium für Wirtschaftliche Zusammenarbeit, B/213
Presse- und Informationsamt der Bundesregierung, B/145

CUL – *Columbia University, Rare Book & Manuscript Library*
Barbara Ward papers, 1971–1973

DRA – *Deutsches Rundfunkarchiv Frankfurt*
Verschiedene Vorgänge, NC 1069/A44

GUL – *Georgetown University Library, Special Collections*
Barbara Ward Baroness Jackson papers

HU – *Humboldt-Universität zu Berlin, Universitätsarchiv*
Acta der Friedrich-Wilhelms-Universität zu Berlin betreffend Promotionen

LAW – *Laurier Archives, Waterloo, Ontario*
Ward Kaiser Fonds S750

LOC – *Library of Congress, Washington D.C.*
Geography & Map Division (GMD), Richard Edes Harrison Collection
Manuscript Division (MD), Charles Eames and Ray Eames papers, 1850–1989
MD, Clare Boothe Luce papers, 1862–1997
MD, Robert S. McNamara papers, 1934–2009
MD, Russell Wheeler Davenport papers, 1899–1980

NARA – *National Archives, College Park, Maryland*
RG 169 Foreign Economic Adminstration
RG 226 Records of the Office of Strategic Services
RG 260 Records of U.S. Occupation Headquarters, World War II, Records Relating to Textbooks and Other Publications, 1947–1951
RG 306 Records of the U.S. Information Agency, Office of the U.S. Commissioner General to the Universal and International Exhibition of 1967 (Montréal, Québec)

NYPL – *The New York Public Library, Schomburg Center for Research in Black Culture, Manuscripts, Archives and Rare Books Division*
William Pickens papers (Additions), 1909–1950

MüSta – *Münchener Stadtbibliothek/Monacensia*
Nachl. Waldemar Bonsels, WB B 549

SBB-PK – *Staatsbibliothek zu Berlin – Preußischer Kulturbesitz*
Nachlass Arno Peters, Nachl. 406

SCPC – *Swarthmore College Peace Collection*
Robert Wallace Gilmore Papers, 1960–1982, DG 163

SUL – *Stanford University Libraries, Special Collections and University Archives*
M1090 Buckminster Fuller papers
M1441 Point Foundation records, 1964–1975 and nd.
M1237 Stewart Brand papers
M1684 William Wolf collection of Buckminster Fuller papers pertaining to the World Game and Design Science Institute, 1940–1992
M1045 Whole Earth Catalog Records, 1969–1986 (bulk 1974–1980)

WDR – *Historisches Archiv des Westdeutschen Rundfunks, Köln*
ANR 0109682: »Ein neues Bild der Alten Welt?«
ANR 0009084: Das Kulturmagazin Spectrum

Gedruckte Quellen und Forschungsliteratur

A

Abdel-Malek, Anouar: Culture and Thought, London/Basingstoke 1983

Adam, Christian: Der Traum vom Jahre Null. Autoren, Bestseller, Leser: Die Neuordnung der Bücherwelt in Ost und West nach 1945, Berlin 2016

Adams, Max: Balancing Population and Resources. The Greatest Challenge of Social Engineering, in: Journal of Heredity 43 (1952), S. 173–180

Ahrens, Ralf/Marcus Böick/Marcel vom Lehn: Vermarktlichung. Zeithistorische Perspektiven auf ein umkämpftes Feld, in: ZF 12 (2015), S. 393–402

Aigner, Hal: Relax – Bucky Fuller Says It's Going to be All Right, in: Rolling Stone, 10.6.1971

–: The World Game: Utopia on Earth by 1980, in: Earth Times (Juni 1970), S. 35–38

–: World Game, in: Mother Earths News (November/Dezember 1970), S. 62–66

Albrecht, Christian: »The Atlantic Community in a Global Context«: Global Crisis and Atlanticism within the Context of the Club of Rome, 1960s to 1970s, in: Bulletin of the German Historical Institute, Supplement 10 (2014), S. 163–182

Alkemeyer, Thomas/Gunilla Budde/Dagmar Freist: Einleitung, in: Dies. (Hg.): Selbst-Bildungen. Soziale und kulturelle Praktiken der Subjektivierung, Bielefeld 2013, S. 9–30

Anderson, Charlotte: Global Education in the Classroom, in: Theory into Practice 21 (1982), S. 168–176

Anderson, Lee/Charlotte Anderson: A Visit to Middleston's World-Centered Schools: A Scenario, in: James M. Becker (Hg.): Schooling for a Global Age, New York u.a. 1979, S. 1–31

Andersson, Jenny/Sybille Duhautois: Futures of Mankind: The Emergence of the Global Future, in: Rens van Munster/Casper Sylvest (Hg.): The Politics of Globality since 1945. Assembling the Planet, Abingdon/New York 2016, S. 106–125

Anker, Peder: Buckminster Fuller as Captain of Spaceship Earth, in: Minerva 45 (2007), S. 417–434

–: From Bauhaus to Ecohouse. A History of Ecological Design, Baton Rouge 2010

–: Graphic Language: Herbert Bayer's Environmental Design, in: Environmental History 12 (2007), S. 254–279

Applewhite, E. J: Cosmic Fishing. An Account of Writing Synergetics with Buckminster Fuller, Oxford 2016

–: Synergetics Dictionary. The Mind of Buckminster Fuller, London/New York 1986

Arni, Caroline: Nach der Kultur. Anthropologische Potentiale für eine rekursive Geschichtsschreibung, in: HA 26 (2018), S. 200–223

Asendorf, Christoph: Planetarische Perspektiven. Raumbilder im Zeitalter der frühen Globalisierung, Leiden u.a. 2017

Ashmore, Bernie: Arno Peters changed the World! Development Education and the Peters' Projection, in: Cartographic Journal 40 (2003) H. 1, S. 57–59

Avery, Sheldon: Up from Washington. William Pickens and the Negro Struggle for Equality, 1900–1954, Cranbury 1989

B

Bachmann, Christian: Was hat die Ausstellung »Unsere Welt – ein vernetztes System« bewirkt, in: Frederic Vester: Unsere Welt – ein vernetztes System, München 1983, S. 161–174

Bach, Olaf: Die Erfindung der Globalisierung. Entstehung und Entwicklung eines zeitgeschichtlichen Grundbegriffs, Frankfurt a. M. 2013

Bacia, Jürgen/Cornelia Wenzel: Bewegung Bewahren. Freie Archive und die Geschichte von Unten, Berlin 2013

Bahr, Egon/Klaus von Bismarck: Für die dritte Welt rangiert Medienpolitik gleich nach der Ernährung, in: epd/Kirche und Rundfunk 63 (1975), S. 2–5

Baier, Andrea u.a. (Hg.): Die Welt reparieren. Open Source und Selbermachen als postkapitalistische Praxis, Bielefeld 2017

Bajohr, Hannes: Keine Quallen. Anthropozän und Negative Anthropologie, in: Merkur 73 (2019), S. 63–74

Balsen, Werner/Karl Rössel: Hoch die internationale Solidarität. Zur Geschichte der Dritte-Welt-Bewegung in der Bundesrepublik, Köln 1986

Barbrook, Richard/Andy Cameron: The Californian Ideology, in: Science as Culture 6 (1996), S. 44–72

Barney, Timothy: Richard Edes Harrison and the Cartographic Perspective of Modern Internationalism, in: Rhetoric & Public Affairs 15 (2012), S. 397–433

–: (Re)Placing America: Cold War Mapping and the Mediation of International Space (Univ. Diss, University of Maryland, College Park 2011)

Bateson, Gregory: Ökologie und Flexibilität in urbaner Zivilisation, in: Ders.: Ökologie des Geistes. Anthropologische, psychologische, biologische und epistemologische Perspektiven, Frankfurt a. M. 1981, S. 634–647

Bauer, Heinrich: Synchronoptische Täuschungen, in: Frankfurter Hefte, Februar 1953

Bauer, Matthias/Ernst, Christoph: Diagrammatik. Einführung in ein kultur- und medienwissenschaftliches Forschungsfeld, Bielefeld 2012

Bayley, Ronald: Young Wizard of Computers, in: Life, 25.8.1964, S. 108–115

Becker, Jörg: Elisabeth Noelle-Neumann. Demoskopin zwischen NS-Ideologie und Konservatismus, Paderborn 2013

Beckert, Jens: Imaginierte Zukunft. Fiktionale Erwartungen und die Dynamik des Kapitalismus, Berlin 2018

Beck, Ulrich: Risikogesellschaft. Auf dem Weg in eine andere Moderne, Frankfurt a. M. 1986

–: Was ist Globalisierung? Irrtümer des Globalismus – Antworten auf die Globalisierung, Frankfurt a. M.

Bell, Duncan: Making and Taking Worlds, in: Samuel Moyn/Andrew Sartori (Hg.): Global Intellectual History, New York 2013, S. 254–278

Bemmann, Martin/Birgit Metzger/Roderich von Detten: Einleitung, in: Dies. (Hg.): Ökologische Modernisierung. Zur Geschichte und Gegenwart eines Konzepts in Umweltpolitik und Sozialwissenschaften, Frankfurt a. M. 2014, S. 7–34

Benedikt, Klaus-Ulrich: Emil Dovifat. Ein katholischer Hochschullehrer und Publizist, Mainz 1986

Ben-Eli, Michael: Design Science and the World Game. An Introduction, o.O. [New Haven] 1975

Benzing, Alfred: Die PETERS-Karte im Geographieunterricht, in: Der Erdkundelehrer 15, (1975) 1, S. 12–15

–/Alfred Siegle: Kartierungsbeispiele aus dem PETERS-Netz, in: Freiburger Geographische Mitteilungen 1/2 (1976), S. 125–132

Berendt, Joachim-Ernst: Das Dritte Ohr. Vom Hören der Welt, Frankfurt a. M. 1985

Bergermann, Ulrike/Isabelle Otto/Gabriele Schabacher (Hg.): Das Planetarische. Kultur – Technik – Medien im postglobalen Zeitalter, München 2010

Bergseth, Wendy A./Judith D. Hill/William Hobson: Using Role-Play and Creative Dramatics to Help Children Understand Systems Thinking, in: Teaching Towards Global Perspectives, New York 1973, S. 8

Bernet, Brigitta/David Gugerli: Sputniks Resonanzen. Der Aufstieg der Humankapitaltheorie im Kalten Krieg – eine Argumentationsskizze, in: Historische Anthropologie 19 (2011), S. 433–446

Besser, Joachim: Europa steht nicht mehr im Mittelpunkt. Die Dritte Welt gleichberechtigt, in: Kölner Stadt-Anzeiger, 15.3.1973

Bethig, Rudolf/Hans-Georg Hofmann/Friedrich Weitendorf: Die »Synchronoptische Weltgeschichte« von Arno und Anneliese Peters – ein Standardwerk für Geschichtslehrer und Studenten, in: Geschichte in der Schule 10 (1957), S. 382–394

Betscher, Silke: Von großen Brüdern und falschen Freunden. Visuelle Kalte-Kriegs-Diskurse in deutschen Nachkriegsillustrierten, Essen 2013

Björk, Tord: The emergence of popular participation in world politics – United Nations Conference on Human Environment 1972, Stockholm 1996 (Abschlussarbeit, Department of Political Science, University of Stockholm)

Black, Jeremy: Maps and Politics, London 1997

Blanchard, Paula: Margaret Fuller. From Transcendentalism to Revolution, Reading, Mass. u. a. 1987

Blaser, Mario/Marisol de la Cadena: Introduction. PLURIVERSE. Proposals for a World of Many Worlds, in: Dies. (Hg.): A World of Many Worlds, Durham/London 2018, S. 1–22

Boal, Iain A.: Globe Talk: the Cartographic Logic of Late Capitalism, in: History Workshop 64 (2007), S. 341–346

Böhmer, Karl Hermann: Die Zeitenschau. Übersicht über 20 Jahrhunderte. Synoptische Tabellen. Kommentare. Illustrationen, Wiesbaden 1948

Böll, Winfried: Entwicklungspolitik in der Zweiten Dekade und ihre Bedeutung für die Schule, in: Bundesministerium für wirtschaftliche Zusammenarbeit (Hg.): Entwicklungspolitik als Bildungsaufgabe. Texte und Materialien für den Unterricht (Schule und Dritte Welt; 39), Bonn 1972, S. 10–31

Bösch, Frank: Boom zwischen Krise und Globalisierung. Konsum und kultureller Wandel in der Bundesrepublik der 1970er und 1980er Jahre, in: GG 42 (2016), S. 354–376

–: Die Krise als Chance. Die Neuformierung der Christdemokraten in den 70er Jahren, in: Jarausch, Konrad (Hg.): Das Ende der Zuversicht? Die siebziger Jahre als Geschichte, Göttingen 2008, S. 296–310

–: Ereignisse, Performanz und Medien in historischer Perspektive, in: Ders./Patrick Schmidt (Hg.): Medialisierte Ereignisse: Performanz, Inszenierung und Medien seit dem 18. Jahrhundert, Frankfurt a. M. 2010, S. 7–29

–: Euphorie und Ängste: Westliche Vorstellungen einer computerisierten Welt, 1945–1990, in: Lucian Hölscher (Hg.): Die Zukunft des 20. Jahrhunderts: Dimensionen einer historischen Zukunftsforschung, Frankfurt am Main 2017, S. 221–252

–: Internationale Solidarität im geteilten Deutschland. Konzepte und Praktiken, in: Ders./Caroline Moine/Stefanie Senger (Hg.): Internationale Solidarität. Globales Engagement in der Bundesrepublik und der DDR, Göttingen 2018, S. 7–34

–/Vowinckel, Annette: Mediengeschichte, Version: 2.0, in: Docupedia-Zeitgeschichte (29.10. 2012), https://docupedia.de/zg/Mediengeschichte_Version_2.0_Frank_B%C3%B6sch_Annette _Vowinckel

–: Zeitenwende 1979. Als die Welt von heute begann, München 2018

Bogen, Steffen: Zwischen innen und außen. Für eine Pragmatik des Diagrammatischen, in: Heinrich Richard u. a. (Hg.): Image and Imaging in Philosophy, Science, and the Arts. Proceedings of the 33rd International Wittgenstein Symposium, Frankfurt a. M. 2011, S. 229–248

Bohnet, Michael: Geschichte der deutschen Entwicklungspolitik. Strategien, Innenansichten, Zeitzeugen, Herausforderungen, Stuttgart 2015

Bonneuil, Christophe/Jean-Baptiste Fressoz: The Shock of the Anthropocene. The Earth, History and US, London 2016

Borck, Cornelius: Der Transhumanismus der Kontrollmaschine: Die Expo '67 als Vision einer kybernetischen Versöhnung von Mensch und Welt, in: Michael Hagner/Erich Hörl (Hg.):

Die Transformation des Humanen. Beiträge zur Kulturgeschichte der Kybernetik, Frankfurt a. M. 2008, S. 125–162

Borowy, Iris: Defining Sustainable Development for our Common Future. A History of the World Commission on Environment and Development (Brundtland Commission), New York 2014

Botkin, James W./Mircea Malitza/Mahdi Elmandjra: No Limits to Learning. Bridging the Human Gap. A Report to the Club of Rome, London 1979

Bourdieu, Pierre: Die feinen Unterschiede. Kritik der gesellschaftlichen Urteilskraft, Frankfurt a. M. 1989

Boyd, Paul: Peters Map, in: Secretariat News, 23.8.1985, S. 2

Brand, Stewart: History – Some of what happened around here for the last three years, in: Whole Earth Catalog, Juni 1971, o.S.

Brandt, Willy: A Plea for Change: Peace, Justice, Jobs, in: North-South: A programme for survival. Report of the Independent Commission on International Development Issues, Cambridge, Mass. 1980, S. 7–29

Braun, Hermann: Art. »Welt«, in: Otto Brunner (Hg.): Geschichtliche Grundbegriffe. Historisches Lexikon zur politisch-sozialen Sprache in Deutschland. Bd. 7. Verw-Z, Stuttgart 1992, S. 433–510

Brotton, Jerry: Die Geschichte der Welt in zwölf Karten, München 2014

–: Weltkarten. Meisterwerke der Kartografie von der Antike bis heute, München 2015

Bruckner, Pascal: Das Schluchzen des weißen Mannes. Europa und die Dritte Welt – eine Polemik, Berlin 1984

Brunner, Benedikt u.a. (Hg.): »Sagen, was ist«. Walter Dirks in den intellektuellen und politischen Konstellationen Deutschlands und Europas, Bonn 2020

Bryson, Reid: Man with a Chronofile. A Citizen of the Twenty-First Century Looks Back to See Ahead«, in: Saturday Review, 1.4.1967, S. 14–18

Bürger, Christiane: Deutsche Kolonialgeschichte(n). Der Genozid in Namibia und die Geschichtsschreibung der DDR und BRD, Bielefeld 2017

Büschel, Hubertus: Hilfe zur Selbsthilfe. Deutsche Entwicklungsarbeit in Afrika 1960–1975, Frankfurt a. M. 2014

–/Daniel Speich: Einleitung – Konjunkturen, Probleme und Perspektiven der Globalgeschichte von Entwicklungszusammenarbeit, in: Dies. (Hg.): Entwicklungswelten. Globalgeschichte der Entwicklungszusammenarbeit, Frankfurt a. M./New York 2009, S. 7–29

Bundesministerium für Wirtschaftliche Zusammenarbeit: Journalistenpreis Entwicklungspolitik 1975, Essen 1976

–(Hg.): Politik der Partner. Aufgaben, Bilanz und Chancen der deutschen Entwicklungspolitik, Bonn 1978

Bundesministerium für Wirtschaftliche Zusammenarbeit und Entwicklung: Zukunftscharta EINEWELT – Unsere Verantwortung, o.O. [Berlin] 2015

Bundeszentrale für Politische Bildung: Erde – Bastelglobus [nach Buckminster Fuller] (Thema im Unterricht – Extra). o.O. [Berlin] 2015

Burton, Eric: Tansanias »Afrikanischer Sozialismus« und die Entwicklungspolitik der beiden deutschen Staaten: Akteure, Beziehungen und Handlungsspielräume, 1961–1990 (Diss.; Univ. Wien 2017)

Byers, Mark: Environmental Pedagogues: Charles Olson and R. Buckminster Fuller, in: English 62 (2013), S. 248–268

C

Calhoun, Craig: Cosmopolitanism in the Modern Social Imaginary, in: Daedalus 137 (2008), S. 105–114
Carr, William George: One World in the Making. The United Nations, Boston 1946
Charle, Christophe: »Le sociétés impériales« d'hier à aujourd'hui. Quelques propositions pour repenser l'histoire du seconde XXe siècle en Europe, in: JMEH 3 (2005), S. 123–139
Chase, Stuart: An Engineer Dreams of the World to Come, in: New York Herald Tribune Books, 11.9.1938
Chakrabarty, Dipesh: Provincializing Europe. Postcolonial thought and historical difference, Princeton 2000
–: The Climate of History: Four Theses, in: Critical Inquiry 35 (2009), 97–222
–: Verändert der Klimawandel die Geschichtsschreibung?, in: Transit 41 (2011), S. 143–163
Christian, David: The Return of Universal History, in: History & Theory 49 (2010), 4, S. 6–27
Christ, Karl: Der andere Stauffenberg. Der Historiker und Dichter Alexander von Stauffenberg, München 2008
Chu, Hsiao-Yun: Fuller's Laboratory Notebook, in: Collections 4 (2008), S. 295–305
–: Introduction, in: Dies./Roberto Trujillo (Hg.): New Views on R. Buckminster Fuller, Stanford 2009, S. 1–5
–: Paper Mausoleum: The Archive of R. Buckminster Fuller, in: Dies./Trujillo, New Views, S. 6–22
–: The Evolution of the Fuller Geodesic Dome: From Black Mountain to Drop City, in: Design and Culture 10 (2018), S. 121–137
Clarke, Bruce: Mediating Gaia. Literature, Space, and Cybernetics in the Dissemination of Gaia Discourse, in: Nitzke/Pethes, Imagining Earth, S. 61–90
Clark, Nigel: Anthropocene Incitements: Toward a Politics and Ethics of Ex-orbitant Planetarity, in: van Munster/Sylvest, Globality, S. 126–163
Colomina, Beatriz: DDU at MoMA, in: ANY: Architecture New York 17 (1997), S. 48–53
–: Domesticity at War, Barcelona 2007
–: Enclosed by Images, The Eameses' Multimedia Architecture, in: Grey Room 2 (2001), S. 5–29
Conrad, Sebastian: Der Ort der Globalgeschichte, in: Merkur 68 (2014), S. 1096–1102
–/Dominic Sachsenmaier: Introduction: Competing Visions of World Order. Global Moments and Movements, 1880s-1930s, in: Dies. (Hg.): Competing Visions of World Order. Global Moments and Movements, 1880s-1930s, New York 2007, S. 2–25
Cosgrove, Denis: Apollo's Eye: A Cartographic Genealogy of the Earth in the Western Imagination, Baltimore 2001
–: Contested Global Visions. One-World, Whole-Earth, and the Apollo Space Photographs, in: Annals of the Association of American Geographers 84 (1994), S. 270–294
Crampton, Jeremy: Cartography's Defining Moment: The Peters Projection Controversy 1974–1990, in: Cartographica 31 (1994), H. 4, S. 16–32
–: Reflections on Arno Peters (1916–2002), in: Cartographic Journal 40 (2003) H. 1, S. 55–56

Crowley, David: Looking Down on Spaceship Earth: Cold War Landscapes, in: Ders./Jane Pavitt (Hg.): Cold War Modern. Design 1945–1970, London 2008, S. 248–267

Crum, Martha: Global Education in the United States: A Panoramic View, in: International Review of Education 28 (1982), S. 506–509

Cullather, Nick: Miracles of Modernization: The Green Revolution and the Apotheosis of Technology, in: Diplomatic History 28, 2004, S. 227–254

Cull, Nicholas J.: The Cold War and the United States Information Agency: American Propaganda and Public Diplomacy, 1945–1989, Cambridge/New York/Melbourne 2008

D

Das Flammenzeichen vom Palais Egmont. Offizielles Protokoll des Kongresses gegen koloniale Unterdrückung und Imperialismus, Brüssel, 10.-15. Februar 1927, Berlin 1927

Dawsey, Jason: After Hiroshima: Günther Anders and the History of Anti-Nuclear Critique, in: Benjamin Ziemann/Matthew Grant (Hg.): Understanding the Imaginary War: Culture, Thought and Nuclear Conflict, 1945–1990, Manchester 2016, S. 140–164

Davenport, Russel: U.S.-Industrialization, in: Fortune, Februar 1940, S. 50–56, 138, 160, 163–164

De Certeau, Michel: Kunst des Handelns, Berlin 1988

Defrance, Corine/Ulrich Pfeil: Georg Eckert, ein »Mann guten Willens«. Von der deutsch-französischen Schulbuchrevision nach 1945, in: Dieter Dowe u.a. (Hg.): Georg Eckert: Grenzgänger zwischen Wissenschaft und Politik, Göttingen 2017, S. 237–274

de Grazia, Victoria: Irresistible Empire: America's advance through twentieth-century Europe, Cambridge 2005

Der Bundesminister der Verteidigung: Weißbuch 1979. Zur Sicherheit der Bundesrepublik Deutschland und zur Entwicklung der Bundeswehr, Bonn 1979

Deudney, Daniel H./Elizabeth Mendenhall: New Earths: Assessing Planetary Geographic Constructs, in: van Munster/Sylvest, Globality, S. 20–41

Deuerlein, Martin: Das Zeitalter der Interdependenz. Globales Denken und internationale Politik in den langen 1970er Jahren, Göttingen 2020

–: Inter-Dependenz: Nord-Süd-Beziehungen und die Auseinandersetzung um die Deutung der Welt, in: Reichherzer/Fiebrig/Dinkel, Nord/Süd, S. 21–44

Deutsche Gesellschaft für Kartographie/Verband der kartographischen Verlage und Institute: Ideologie statt Kartographie. Die Wahrheit über die »Peters-Weltkarte«, Dortmund/Frankfurt a.M. 1985

Díaz, Eva: The Experimenters. Chance and Design at Black Mountain College, Chicago/London 2015

Die Peters-Projektion, Anwendungen, München, o.J. [1981]

Die Peters-Projektion. Weltpresse. Fachpresse, München o.J. [ca. 1985]

Difficult but Possible Supplement to the Whole Earth Catalog, September 1969

Dinkel, Jürgen: Dekolonisierung und Weltnachrichtenordnung. Der Nachrichtenpool bündnisfreier Staaten (1976–1992), in: Frank Bösch/Peter Hoeres (Hg.): Außenpolitik im Medienzeitalter. Vom späten 19. Jahrhundert bis zur Gegenwart, Göttingen 2013, S. 211–231

–: »Dritte Welt« – Geschichte und Semantiken, Version: 1.0, in: Docupedia-Zeitgeschichte, 06.10.2014 http://docupedia.de/zg/Dritte_Welt

–: Globalisierung des Widerstands. Antikoloniale Konferenzen und die »Liga gegen Imperialismus und für nationale Unabhängigkeit«, 1927–1937, in: Sönke Kunkel/Christoph Meyer (Hg.): Aufbruch ins postkoloniale Zeitalter. Globalisierung und die außereuropäische Welt in den 1920er und 1930er Jahren, Frankfurt a. M./New York 2012, S. 209–232

Doering-Manteuffel, Anselm: Ordnung jenseits der politischen Systeme: Planung im 20. Jahrhundert. Ein Kommentar, in: GG 34 (2008), S. 398–406

Doering-Manteuffel, Anselm/Lutz Raphael: Nach dem Boom. Neue Einsichten und Erklärungsversuche, in: Dies./Thomas Schlemmer (Hg.): Vorgeschichte der Gegenwart. Dimensionen des Strukturbruchs nach dem Boom, Göttingen 2016, S. 9–36

–/Lutz Raphael: Nach dem Boom. Perspektiven auf die Zeitgeschichte seit 1970, Göttingen 2008

Dreesmann, Bernd: Bazare zur Bewußtseinsbildung? Neue »Aktion 3. Welt-Handel« geplant, in: Entwicklung und Zusammenarbeit 10 (1970), S. 10–11

Dünne, Jörg: Die Karte als Operations- und Imaginationsmatrix. Zur Geschichte eines Raummediums, in: Ders./Tristan Thielmann (Hg.): Spatial Turn. Das Raumparadigma in den Kultur- und Sozialwissenschaften, Bielefeld 2008, S. 49–69

Dunn, Susan: 1940. FDR, Willkie, Lindbergh, Hitler. The Election amid the Storm, New Haven 2013

E

Eastham, Scott: American Dreamer. Bucky Fuller and the Sacred Geometry of Nature, Cambridge 2007

Eckel, Jan: Die Ambivalenz des Guten. Menschenrechte in der Internationalen Politik seit den 1940ern, Göttingen 2014

–: »Alles hängt mit allem zusammen«. Zur Historisierung des Globalisierungsdiskurses der 1990er und 2000er Jahre, in: HZ 307 (2018), S. 42–78

Eckert, Andreas: Spätkoloniale Herrschaft, Dekolonisation und internationale Ordnung. Einführende Bemerkungen, in: AfS 48 (2009) S. 3–20

–: »Was geht mich denn Vietnam an«? Internationale Solidarität und »Dritte Welt« in der Bundesrepublik, in: Axel Schildt (Hg.): Von draußen. Ausländische intellektuelle Einflüsse in der Bundesrepublik bis 1990, Göttingen 2016, S. 191–210

Edwards, Paul. N.: A Vast Maschine. Computer Models, Climate Data, and the Politics of Global Warming, Cambridge 2010

Edwards, Paul. N.: The Closed World. Computers and the Politics of Discourse in Cold War America, Cambridge, Mass./London 1996

Eine Welt oder keine Welt. Materialien zur neuen Weltkarte. Eine Arbeitshilfe der Weltmission für Schule und Gemeinde, Hamburg o.D. [1982]

Ekbladh, David: The Great American Mission: Modernization and the Construction of an American World Order, Princeton 2011

Elder, Erin: How to Build a Commune: Drop City's Influence on the Southwestern Commune Movement, in: Elissa Auther/Adam Lerner (Hg.): West of Center, Art and the Counterculture Experiment in America, 1965–1977, Ann Arbor 2011, S. 2–20

Eliassen, Knut Ove: Remarks on the Historicity of the Media Concept, in: Ansgar Nünning (Hg.): Cultural Ways of Worldmaking: Media and Narratives, Berlin 2010, S. 119–135

Elichirigoity, Fernando: Planet Management. Limits to Growth, Computer Simulation, and the Emergence of Global Spaces, Evanston 1999

Elsa Maxwell's the Party Line. Reading, Learning, okidoki…please, in: New York Post, 22.10.1942

Engell, Lorenz: Das Mondprogramm. Wie das Fernsehen das größte Ereignis aller Zeiten erzeugte, in: Friedrich Lenger/Ansgar Nünning (Hg.): Medienereignisse der Moderne, Darmstadt 2008, S. 150–171

Epple, Angelika: Das Unternehmen Stollwerck. Eine Mikrogeschichte der Globalisierung, Frankfurt a. M./New York 2010

–: Globalisierung/en, Version 1.0, in: Docupedia-Zeitgeschichte, 11.6.2012, https://www.docupedia.de/zg/Globalisierung

–/Walter Erhart (Hg.): Die Welt beobachten. Praktiken des Vergleichens, Frankfurt a. M. 2016

Eppler, Erhard: Ende oder Wende. Von der Machbarkeit des Notwendigen, Stuttgart u. a. 1975

–: Entwicklungspolitik als Bildungsaufgabe, in: Bundesministerium für wirtschaftliche Zusammenarbeit (Hg.): Entwicklungspolitik als Bildungsaufgabe. Texte und Materialien für den Unterricht (Schule und Dritte Welt; 39), Bonn 1972, S. 2–9

–: Wenig Zeit für die Dritte Welt, Stuttgart 1971

Escobar, Arturo: Encountering Development. The Making and Unmaking of the Third World, Princeton 1995

Esposito, Fernando: Von no future bis Posthistoire. Der Wandel des temporalen Imaginariums nach dem Boom, in: Doering-Manteuffel/Raphael/Schlemmer, Vorgeschichte, S. 393–423

Etzemüller, Thomas: Ein ewigwährender Untergang. Der apokalyptische Bevölkerungsdiskurs im 20. Jahrhundert, Bielefeld 2007

–: Biografien. Lesen – erforschen – erzählen, Frankfurt a. M. 2012

F

Faerber-Husemann, Renate: Der Querdenker. Erhard Eppler. Eine Biographie, Bonn 2010

Faure, Romain: Netzwerke der Kulturdiplomatie. Die internationale Schulbuchrevision in Europa, 1945–1989, München 2015

Felderer, Brigitte: R. Buckminster Fullers WORLD GAME, in: Kunstforum 176, (2006), S. 139

Ferschke, Hans: Anmerkungen zur »Peters-Projektion«, in: Kartographische Nachrichten 24, (1974), S. 79

Fezer, Jesko: Soft Cops und Anwaltsplanung. Planungsbeteiligung oder die Politik der Methode, 1962–1973, in: Claudia Mareis/Matthias Held/Gesche Joost (Hg.): Wer gestaltet die Gestaltung? Praxis, Theorie und Geschichte des partizipatorischen Designs, Bielefeld 2013, S. 43–64

Fischer, Fritz: Der letzte Polyhistor. Leben und Werk von Arno Peters, Vaduz 1996

Fohrbeck, Karla/Andreas J. Wiesand/Renate Zahar: Heile Welt und Dritte Welt. Medien und politischer Unterricht I. Schulbuchanalyse, Opladen 1971

–/Andreas Johannes Wiesand: Wir Eingeborenen. Magie und Aufklärung im Kulturvergleich, Leverkusen 1981

Franke, Anselm: Earthrise und das Verschwinden des Außen, in: Diederich Diederichsen/Ders. (Hg.): The Whole Earth. Kalifornien und das Verschwinden des Außen, Berlin 2013, S. 12–19

Frenzel, Herta: Vorwort, in: Dies. (Hg.): Die Eine Welt. Eine Sammlung entwicklungspolitischer Texte zum Spielen, Singen und Erzählen, Wuppertal 1975, S. 9–10

Frey, Marc/Sönke Kunkel: Writing the History of Development: A Review of the Recent Literature, in: CEH 20 (2011), S. 215–232

Frieling, Reinhard: Die Aufbrüche von Uppsala 1968, in: Siegfried Hermle/Claudia Lepp/Harry Oelke (Hg.): Umbrüche. Der Deutsche Protestantismus und die sozialen Bewegungen in den 1960er und 70er Jahren, Göttingen 2007, S. 176–188

Fujikane, Hiriko: Approaches to Global Education in the United States, the United Kingdom and Japan, in: International Review of Education 49 (2003), S. 133–152

Fuller, R. Buckminster: Bedienungsanleitung für das Raumschiff Erde und andere Schriften. Herausgegeben und übersetzt von Joachim Krausse unter Mitarbeit von Ursula Bahn, Reinbek 1973

–: Critical Path, New York 1981

–: Design Initiative, Inventory of World Resources. Human Trends and Needs. World Design Decade 1965–1975. Phase I (1963) Document 2. Design Initiative, Carbondale/Illinois 1963, S. 1–104

–: Design Strategy, in: World Design Science Decade 1965–1975. Five Two Year Phases of a World Retooling Design Proposed to the International Union of Architects for Adoption by World Architectural Schools. Phase II (1967) Document 5. Comprehensive Design Strategy, Carbondale 1967, S. 15–50

–: Die Aussichten der Menschheit 1965–1985, Frankfurt a. M./Berlin 1968

–: Education Automation, Carbondale/Illinois 1963

–: Fluid Geography, in: American Neptune IV (1944) H. 2, S. 119–136

–: Grunch of Giants, New York 1983

–: Introduction, in: Gene Youngblood: Expanded Cinema, New York 1970, S. 15–35

–: Konkrete Utopie: die Krise der Menschheit und ihre Chance zu überleben, Düsseldorf 1974

–: Margaret Fuller's Prophecy, in: Ders., Ideas and Integrities, S. 91–96

–: Myth of the Population Explosion, in: Ders. u.a.: The World Game, S. 160

–: Nine Chains to the Moon, An Adventure Story of Thought, Philadelphia 1938

–: Nine Chains to the Moon, London 1973 [1938]

–: Operating Manual for Spaceship Earth, Carbondale/Illinois 1969

–: Proposal to the International Union of Architects, in: WDSDD 2., S. 53

–: Statement of R. Buckminster Fuller, Research Professor Southern Illinois University, Carbondale/Illinois, in: Ders. u.a.: The World Game, S. 8–17

–: Testimony of R. Buckminster Fuller before the Senate Sub-Committee, 4.3.1969, in: Ders. u.a.: The World Game, S. 10

–: The Earthians' Critical Moment, in: New York Times, 11.12.1970

–: The World Game: Integrative Resource Utilization Planning Tool, Carbondale/Illinois, o.J. [1971]

–: Utopia or Oblivion. The Prospect for Humanity, New York 1969

–: Vision 65 Keynote Address, in: WDSDD 5, S. 61–73

–: World Game – How to Make the World Work, in: WDSDD 5, S. 87–90

–: World Game by R. Buckminster Fuller – How It Came About, April 1968, in: Fuller u.a.: The World Game, S. 17–30

G

Gabel, Medard: Buckminster Fuller and the Game of the World, in: Thomas K. Zung (Hg.): Buckminster Fuller. Anthology for a New Millennium, New York 2002, S. 122–127

–: Energy, Earth, and Everyone: A Global Energy Strategy for Spaceship Earth. With the World Game Workshop, o.O. 1973

–: The World Game. Practical tool for Spaceship Earth and relevant processes for education: their Symbiosis, in: Illinois Education 33 (1970) H. 2, S. 63–65

Gänger, Stefanie/Jürgen Osterhammel: Denkpause für Globalgeschichte, in: Merkur 74 (2020), H. 855, S. 79–86

Gärtner, Teresa: Lesen Lernen. Über die Bedeutung historiografischer Medien für eine kritische Geschichtsschreibung jenseits von Texten, in: WerkstattGeschichte 21 (2013), S. 28–36

Galison, Peter: Die Ontologie des Feindes. Norbert Wiener und die Vision der Kybernetik, in: Hans-Jörg Rheinberger/Michael Hagner/Bettina Wahrig-Schmidt (Hg.): Räume des Wissens. Repräsentation, Codierung, Spur, Berlin 1997, S. 281–324

Garavini, Giuliano: The Colonies Strike Back: The Impact of the Third World on Western Europe, 1968–1975, in: CEH 16 (2007), S. 299–319

Garlington, Phil: »Beam me up, Jerry«. Stewart Brand and the California Space Program, in: Outside (Dezember 1977), S. 65–70

Gehrmann, Kurt: Historiker als politisch Blinde, in: Neue Presse, 28.1.1954

Geppert, Alexander C. T.: Fleeting Cities. Imperial Expositions in Fin-de-Siècle Europe, Basingstoke 2010

Gerhard, Ute/Jürgen Link/Ernst Schulte-Holtey: Infografiken, Medien, Normalisierung – Einleitung, in: Dies. (Hg.): Infografiken, Medien, Normalisierung. Zur Kartografie politisch-sozialer Landschaften, Heidelberg 2001, S. 7–22

Geyer, Martin H.: One Language for the World. The Metric System, International Coinage, Gold Standard, and the Rise of Internationalism, 1850–1900, in: Ders./Johannes Paulmann (Hg.): The Mechanics of Internationalism. Culture, Society, and Politics from the 1840s to the First World War, Oxford/New York 2001, S. 55–92

Gienow-Hecht, Jessica C. E.: Art is Democracy and Democracy is Art: Culture, Propaganda, and the Neue Zeitung in Germany, in: Diplomatic History 23 (1999), S. 21–43

Gilman, Nils/Howard Brick: Mandarins of the Future: Modernization Theory in Cold War America, Baltimore 2007

Gißibl, Bernhard: Deutsch-deutsche Nachrichtenwelten. Die Mediendiplomatie von ADP und dpa im frühen Kalten Krieg, in: Ders./Gregor Feindt/Johannes Paulmann (Hg.): Kulturelle Souveränität, Göttingen 2017, S. 227–256

–: Kai Friedrich Schade und die epd-Entwicklungspolitik – zur Einführung (Dokumentation der Tagung »Christliche Publizistik und entwicklungspolitisches Bewusstsein« des IEG Mainz im Erbacher Hof, November 2015: https://www.ieg-mainz.de/forschung/weitere_aktivitaeten/tagung_kai_friedrich_schade)

–/Isabella Löhr: Die Geschichtswissenschaft vor der kosmopolitischen Herausforderung, in: Dies. (Hg.): Bessere Welten: Kosmopolitismus in den Geschichtswissenschaften, Frankfurt a. M. 2017, S. 9–46

Glancey, Jonathan u.a. (Hg.): Dymaxion Car. Buckminster Fuller, London u.a. 2011

Glasze, Georg: Kritische Kartographie, in: Geographische Zeitschrift 97 (2009), S. 181–191

Globig, Michael: Die heile Welt des Arno Peters, in: Zeit, 18.5.1973
Goesl, Boris: Mit Sternen lernen. Das Planetarium als Navigationstrainingssimulator und ethologisches Experimentallabor, in: Ders./Hans-Christian von Herrmann/Kohei Suzuki (Hg.): Zum Planetarium. Wissensgeschichtliche Studien, S. 145–218
Götter, Christian: Die Macht der Wirkungsannahmen. Medienarbeit des britischen und deutschen Militärs in der ersten Hälfte des 20. Jahrhunderts, Berlin/Boston 2016
Gonzalez, Mike:/Salustiano del Campo Urbano/Roberto Mesa (Hg.): Economy and Society in the Transformation of the World, London/Basingstoke 1984
Goodman, Nelson: Weisen der Welterzeugung, Frankfurt a. M. 1990
Gough, Maria: Backyard Landing. Three Structures by Buckminster Fuller, in: Chu/Trujillo, New Views, S. 125–145
Grubbs, Larry: Secular Missionaries. Americans and African Development in the 1960s, Amherst/Boston 2009
Graf, Rüdiger: Der Konflikt, der nicht stattfand: Ressourcen, Interdependenz, Sicherheit und die Erwartung des Nord-Süd-Konflikts in den 1970er Jahren, in: Reichherzer/Fiebrig/Dinkel, Nord/Süd, S. 423–446
–: Öl und Souveränität: Petroknowledge und Energiepolitik in den USA und Westeuropa in den 1970er Jahren, Berlin 2014
–: Verhaltenssteuerung jenseits von Markt und Moral. Die umweltpolitische Regulierungsdiskussion in der Bundesrepublik Deutschland und den USA im letzten Drittel des 20. Jahrhunderts, in: VfZ 66 (2018), S. 435–462
–/Kim Christian Priemel: Zeitgeschichte in der Welt der Sozialwissenschaften. Legitimität und Originalität einer Disziplin, in: VfZ 59 (2011), S. 479–508
Greider, William: One World, Ready or Not. The Manic Logic of Capitalism, New York 1997
Grevsmühl, Sebastian Vincent: La terre vue d'en haut. L'invention de l'environnement global, Paris 2014
Grinnell Mears, Eliot: A Trade Agency for One World, New York 1945
Grober, Ulrich: Die Entdeckung der Nachhaltigkeit. Kulturgeschichte eines Begriffs, München 2010
Großbölting, Thomas/ Massimiliano Livi/Carlo Spagnolo (Hg.): Jenseits der Moderne? Die Siebziger Jahre als Gegenstand der deutschen und der italienischen Geschichtswissenschaft, Berlin 2014
Gugerli, David/Daniel Speich: Topografien der Nation: Politik, kartografische Ordnung und Landschaft im 19. Jahrhundert, Zürich 2002
Guggenheim, Michael: Organisierte Umwelt. Umweltdienstleistungsfirmen zwischen Wissenschaft, Wirtschaft und Politik, Bielefeld 2005
Guldi, Jo/David Armitage: The History Manifesto, Cambridge 2014

H

Häberlen, Joachim C.: The Emotional Politics of the Alternative Left. West Germany 1968–1984, Cambridge 2018
H[aerdter], [Robert]: Bilderstürmer, heute. Der Skandal um die Synchronoptische Weltgeschichte, in: Die Gegenwart, 31.01.1953

Hall, Gordon Donald: The Hate Campaign against the U.N. One World under Attack, Boston 1952

Hanke, Christine/Sabine Höhler: Epistemischer Raum: Labor und Wissensgeographie, in: Stephan Günzel (Hg.): Raum: Ein interdisziplinäres Handbuch, Stuttgart 2009, S. 309–321

Hanvey, Robert G.: An Attainable Global Perspective, in: Theory into Practice 21 (1982), S. 162–167

Hardtwig, Wolfgang/Philipp Müller (Hg.): Die Vergangenheit der Weltgeschichte. Universalhistorisches Denken in Berlin, Göttingen 2010

Harley, John Brian: Deconstructing the Map, in: Cartographica 26 (1989), H. 2, S. 1–20

Harrasser, Karin: Prothesen. Figuren einer lädierten Moderne, Berlin 2016

Harrison, Richard Edes: One world, one war. A map showing the line-up and the strategic stakes in this the first global war, o.O. [New York] 1942

–: The face of one world: Five perspectives for an understanding of the air age, in: Saturday Review of Literature, 1.7.1944, S. 5–6

Hartmann, Heinrich: »In einem gewissen Sinne politisch belastet«. Bevölkerungswissenschaft und Bevölkerungspolitik zwischen Entwicklungshilfe und bundesrepublikanischer Sozialpolitik (1960er und 1970er Jahre), in: HZ 303 (2016), S. 99–125

–: »No Technical Solution«. Historische Kontexte einer Moralökonomie der Weltbevölkerung seit den 1950er Jahren, in: Jahrbuch für Europäische Geschichte 15 (2014), S. 33–51

Harwood, Jeremy: Hundert Karten, die die Welt veränderten, Hamburg 2007

Haslinger, Peter/Vadim Oswalt: Raumkonzepte, Wahrnehmungsdispositionen und die Karte als Medium von Politik und Geschichtskultur, in: Dies. (Hg.): Kampf der Karten. Propaganda- und Geschichtskarten als politische Instrumente und Identitätstexte, Marburg 2012, S. 1–12

Hatch, Alden: Buckminster Fuller: At Home in the Universe, New York 1974

Hays, Michael: Fuller's Geological Engagements With Architecture, in: Ders./Dana Miller (Hg.): Buckminster Fuller. Starting with the Universe, Michigan 2008, S. 1–19

Heater, Derek: Education for International Understanding: A View from Britain, in: Theory into Practice 21, (1982), S. 218–223

Heffter, Heinrich: Streit um das Geschichtsbuch. Eine zweite Dokumentation zur synchronoptischen Frage, Hamburg 1953

Hein, Bastian: Die Westdeutschen und die Dritte Welt. Entwicklungspolitik und Entwicklungsdienste zwischen Reform und Revolte 1959–1974, München 2006

Heintz, Bettina: Welterzeugung durch Zahlen. Modelle politischer Differenzierung in internationalen Statistiken, 1948–2010, in: Soziale Systeme 18 (2012), H. 1+2, S. 7–39

Heller, Peter: Medienarbeit Dritte Welt: Entwicklungshilfe in eigener Sache, in: medium 8 (1978), H. 6, S. 10–13

Helm, Christian: Reisen für die Revolution. Solidaritätsbrigaden als Praktik transnationaler Solidarität zwischen der Bundesrepublik und dem sandinistischen Nicaragua, in: Frank Bösch/Caroline Moine/Stefanie Senger (Hg.): Internationale Solidarität. Globales Engagement in der Bundesrepublik und der DDR, Göttingen 2018, S. 35–63

Herren, Madeleine: Internationale Organisationen seit 1865. Eine Globalgeschichte der internationalen Ordnung, Darmstadt 2009

–: Sozialpolitik und die Historisierung des Transnationalen, in: GG 32 (2006), S. 542–559

Hesse, Ludwig: Die letzten tausend Jahre. Kulturgeschichtliche Tabellen, Potsdam 1933

Heupel, Aloys/Johannes Schoppmeyer: Zur Wahl der Kartenabbildungen für Hintergrundkarten im Fernsehen, in: Kartographische Nachrichten 29 (1979), S. 41–51

Heuß, Alfred: Synchronoptische Weltgeschichte in: Weltwirtschaftliches Archiv 73 (1954), S. 44–46

Hierlmeier, Josef (Moe): Internationalismus. Eine Einführung in seine Ideengeschichte – von den Anfängen bis zur Gegenwart, Stuttgart 2006

Höhler, Sabine: »Carrying Capacity« – the Moral Economy of the »Coming Spaceship Earth«, in: Atenea XXVI (2006), S. 59–74

–: Die Wissenschaft von der »Überbevölkerung«. Paul Ehrlichs »Bevölkerungsbombe« als Fanal für die 1970er-Jahre, in: ZF 3 (2006), S. 460–464

–: Spaceship Earth in the Environmental Age, 1960–1990, London 2015

Hoffmann, Stefan-Ludwig: Die Universalisierung der Menschenrechte nach 1945, in: Zeitgeschichte-online, Juni 2011 (https://zeitgeschichte-online.de/kommentar/die-universalisierung-der-menschenrechte-nach-1945)

Hohensee, Jens: Der erste Ölpreisschock 1973/74: Die politischen und gesellschaftlichen Auswirkungen der arabischen Erdölpolitik auf die Bundesrepublik Deutschland und Westeuropa, Stuttgart 1996

Holert, Tom: Geographie der Intention: Jasper Johns' »Map (Based on Buckminster Fuller's Dymaxion Airocean World)«, 1967–1971, in: Wallraf-Richartz-Jahrbuch 50 (1989), S. 271–305

–/Marion von Osten: Das Erziehungsbild. Eine Einführung, in: Dies. (Hg.): Das Erziehungsbild. Die visuelle Kultur des Pädagogischen, Schlebrügge 2010, S. 11–43

Homberg, Michael: Von Sendern und Empfängern: Der Nord-Süd-Dialog und die Debatte um eine Neue Weltinformations- und Kommunikationsordnung, in: Reichherzer/Fiebrig/Dinkel, Nord/Süd, S. 263–298

Horn, Eva/Hannes Berthaller: Anthropozän zur Einführung, Hamburg 2019

Hünemörder, Kai F.: Vom Expertennetzwerk zur Umweltpolitik: Frühe Umweltkonferenzen und die Ausweitung der öffentlichen Aufmerksamkeit für Umweltfragen in Europa (1959–1972), in: AfS 43 (2003), S. 275–296

Hunt, Lynn: Writing History in the Global Era, New York 2014

Husain, Aiyaz: Mapping the End of Empire. American and British Strategic Visions in the Postwar World, Cambridge, Mass./London 2014

I

Illich, Ivan: The Right to useful Employment and its Professional Enemies, London 1978

Inglehart, Ronald: The Silent Revolution. Changing Values and Political Styles Among Western Publics, Princeton 1977

Ingold, Tim: The Perception of the Environment. Essays on Livelihood, Dwelling and Skill, London 2000

Iriye, Akira: Die Entstehung einer transnationalen Welt, in: Ders. (Hg.): 1945 bis heute. Die globalisierte Welt, München 2013, S. 671–825

J

Jacobs, Meg: Panic at the Pump. The Energy Crisis and the Transformation of American Politics in the 1970s, New York 2017

Jansson, André: The Production of a Future Gaze at Montreal's Expo 67, in: Space and Culture 10 (2007), S. 418–436

Jarausch, Konrad (Hg.): Das Ende der Zuversicht? Die siebziger Jahre als Geschichte, Göttingen 2008

Jasanoff, Sheila: Heaven and Earth: The Politics of Environmental Images, in: Dies./Marybeth Long Martello (Hg.): Earthly Politics. Local and Global in Environmental Governance, Cambridge, Mass./London 2004, S. 31–53

Javna, John [The EarthWorks Group]: 50 Simple Things You Can Do to Save the Earth, New York 1989

Jørgensen, Thomas: 1968 and the Decline of Third World Solidarity. Paper for the 1968 Working Group, September 2005 (http://www.helsinki.fi/strath/strath/researchers/jorgensen/Joergensen1968.pdf)

Johnson, K. Richard: Spaceship Earth: our survival, in: Illinois Education 33 (1970) H. 2, S. 58–62

Jones, Howard: One World. An American Perspective, in: James H. Madison (Hg.): Wendell Willkie. Hoosier Internationalist, Bloomington 1992, S. 103–124

Jones, Penny/Jerry Powell: Gary Anderson has been found!, in: Resource Recycling (1999), S. 1–2

K

Kaiser, Andreas: Die Peters-Projektion, in: Kartographische Nachrichten 24 (1974), S. 20–25

Kaiser, Ward L.: A New View of the World. A Handbook to the World Map: Peters Projection, New York 1987

–/Dennis Wood: Arno Peters – The Man, the Map, the Message, in: Cartographic Journal 40 (2003) H. 1., S. 53–54

Kaller-Dietrich, Martina: Ivan Illich (1926–2002). Sein Leben, sein Denken, Wien 2007

Kalter, Christoph: Die Entdeckung der Dritten Welt. Dekolonisierung und neue radikale Linke in Frankreich, Frankfurt a. M. 2011

Kalt, Monica: Tiersmondismus in der Schweiz der 1960er und 1970er Jahre. Von der Barmherzigkeit zur Solidarität, Berlin u.a. 2010

Karlsch, Rainer: Allein bezahlt? Die Reparationsleistungen der SBZ/DDR 1945–53, Berlin 2013

Karson, Theodore: Dymaxionizing the Universe, in: Architectural Record, Oktober 1938, S. 73–74

Kasper, Thomas: Zwischen Reform, Rationalisierung und Transparenz. Die Digitalisierung der bundesdeutschen Rentenversicherung 1957–1972, in: Frank Bösch (Hg.): Wege in die digitale Gesellschaft. Computernutzung in der Bundesrepublik 1955–1990, Göttingen 2018, S. 148–174

Kathke, Torsten: Zukunft vergangener Gegenwarten. Wie Zeitdiagnosen die großen Debatten der 1970er- und 1980er-Jahre bestimmten, in: Gesellschaftsforschung (2015), H. 2, S. 6–10

Katsch, Günter: Graf Stauffenberg und die »Synchronoptische Weltgeschichte«, in: Wissenschaftliche Zeitschrift der Karl-Marx-Universität Leipzig 17 (1968), S. 357–365

Katz, Barry M.: 1927, Bucky's Annus Mirabilis, in: Chu/Trujillo: New Views, S. 23–35

–: The Arts of War: »Visual Presentation« and National Intelligence, in: Design Issues 12 (1996), H. 2, S. 3–21
Keiper, Martin: Der Welt-Bildner. Zu Besuch bei Arno Peters, in: Eine Welt 1 (Februar 1996), S. 17–20
Kenneally, Rhona Richman/Johanne Sloan (Hg.): Expo 67. Not just a souvenir, Toronto 2010
King, David C.: America in the World, New York 1976
–: International Education for Spaceship Earth, New York 1970
–/Cathryn J. Long: Shaping the Environment, New York 1976
Kirk, Andrew G.: Counterculture Green. The Whole Earth Catalog and American Environmentalism, Lawrence 2007
Kittler, Friedrich: Grammophon. Film. Typewriter, Berlin 1986
Klimke, Martin: The Other Alliance. Student Protest in West Germany and the United States in the Global Sixties, Princeton 2009
Klinghoffer, Arthur Jay: The Power of Projections. How Maps Reflect Global Politics and History, Westport/London 2006
Knoch, Habbo/Benjamin Möckel: Moral History. Überlegungen zu einer Geschichte des Moralischen im »langen« 20. Jahrhundert, in: ZF 14 (2017), S. 93–111
Köhler, Otto: Auf krummen Wegen gerade gedacht. Emil Dovifat und der gelenkte Journalismus, in: Sösemann (Hg.), Dovifat, S. 93–101
König, Frauke: Die »Fiktion Komplettheit« des Flaggschiffs. Groß geworden mit Kritik und Konkurrenz, in: Nea Matzen/Christian Radler (Hg.): Die Tagesschau. Zur Geschichte einer Nachrichtensendung, Konstanz 2009, S. 41–58
Königsberger, Karen: »Vernetztes System«? Die Geschichte des Deutschen Museums 1945–1980, dargestellt an den Abteilungen Chemie und Kernphysik, München 2009
Koselleck, Reinhart: »Erfahrungsraum« und »Erwartungshorizont« – zwei historische Kategorien, in: Ders.: Vergangene Zukunft, Frankfurt a. M. 1979, S. 349–375
Krämer, Sybille: Figuration, Anschauung, Erkenntnis – Grundlinien einer Diagrammatologie, Frankfurt am Main 2016
–: Medium, Bote, Übertragung. Kleine Metaphysik der Medialität, Frankfurt a. M. 2008
Krajewski, Markus: Bauformen des Gewissens. Über Fassaden deutscher Nachkriegsarchitektur, Stuttgart 2016
–: Restlosigkeit. Weltprojekte um 1900, Frankfurt a. M. 2006
Krausse, Joachim: Architektur aus dem Geist der Projektion. Das Zeiss-Planetarium, in: Ernst-Abbe-Stiftung (Hg.): Wissen in Bewegung. 80 Jahre Zeiss-Planetarium Jena, Jena 2006, S. 57–84
–: Buckminster Fullers Vorschule der Synergetik, in: Ders. (Hg.): Fuller, R. Buckminster. Bedienungsanleitung für das Raumschiff Erde und andere Schriften, Dresden 1998, S. 214–306
–: Gebaute Weltbilder. Von Boullée bis Buckminster Fuller, in: ARCH+ (1993), H. 6, S. 20–79
–: Raumschiff Erde und Globales Dorf, in: Arch+, (1997/98), H. 139/140, S. 44–49
–: Thinking and Building. The Formation of R. Buckminster Fuller's Key Concept in »Lightful Houses«, in: Chu/Trujillo, New Views, S. 53–75
–: Über das Bauen von Weltbildern. Die Dymaxion-Weltkarte von R. Buckminster Fuller, in: form + zweck 45 (1992), S. 52–63

–: Zum Bauen von Weltbildern. R. Buckminster Fullers Dymaxion-Weltkarte, in: Christian Reder (Hg.): Kartographisches Denken, Wien/New York 2012, S. 56–78
–/Lichtenstein, Claude: Chronologie, in Dies. (Hg.): Your Private Sky. R. Buckminster Fuller. Design als Kunst einer Wissenschaft, Baden 1999, S. 26–39
–/Claude Lichtenstein (Hg.): Your Private Sky. R. Buckminster Fuller. Diskurs, Baden 2000
Krepp, Stella: Weder Norden noch Süden: Lateinamerika, Entwicklungsdebatten und die »Dekolonisierungskluft«, 1948–1973, in: Reichherzer/Fiebrig/Dinkel, Nord/Süd, S. 109–134
Kriebel, Gisela: Protokoll meines Arbeitsdienstes am 4.9.1984, in: AG3WL-Rundbrief (1984), Nr. 14, S. 8–11
Krock, Arthur: Lighted, Marked Globe May Keep Top Officials Posted, in: The New York Times, 8.10.1941, S. 4
Kuchenbuch, David: »Eine Welt«. Globales Interdependenzbewusstsein und die Moralisierung des Alltags in den 1970er und 1980er Jahren, in: GG 38 (2012), S. 158–184
–: Ökolopoly. Spielen, Wissen und Politik um 1980, in: Nach Feierabend (2016), S. 145–159
Kühnhardt, Ludger: Globalität. Begriff und Wirkung, in: Ders./Tilman Mayer (Hg.): Bonner Enzyklopädie der Globalität, 2 Bde., Bd. 1, Wiesbaden 2017, S. 21–36
Kuhnert, Matthias: Humanitäre Kommunikation. Entwicklung und Emotionen bei britischen NGOs 1945–1990, Berlin 2017
Kuhn, Konrad J.: Entwicklungspolitische Solidarität. Die Dritte-Welt-Bewegung in der Schweiz zwischen Kritik und Politik (1975–1992), Zürich 2012
Kunkel, Sönke: Globales Wissen und Science Diplomacy im 20. Jahrhundert. Eine Bestandsaufnahme, in: *NPL* 65 (2020), S. 19–43
–: Zwischen Globalisierung, Internationalen Organisationen und »global governance«. Eine kurze Geschichte des Nord-Süd-Konflikts in den 1960er und 1970er Jahren, in: VfZ 60 (2012), S. 555–578
Kunter, Katharina: 1972/3: Ende der Weltmission. Der europäische Protestantismus kehrt nach Hause zurück, in: Themenportal Europäische Geschichte (2009) (www.europa.clio-online.de/essay/id/fdae-1480)
Kupper, Patrick: Die »1970er Diagnose«. Grundsätzliche Überlegungen zu einem Wendepunkt der Umweltgeschichte, in: AfS 43 (2003), S. 325–348
–: »Weltuntergangs-Vision aus dem Computer«. Zur Geschichte der Studie »Die Grenzen des Wachstums« von 1972, in: Jens Hohensee/Frank Uekötter (Hg.): Wird Kassandra heiser? Beiträge zu einer Geschichte der falschen Öko-Alarme, Stuttgart 2003, S. 98–111
Kurgan, Laura: Threat Domes, in: ANY: Architecture New York 17 (1997), S. 31–34
Kurts, Friedrich: Geschichtstabellen. Übersicht der politischen und Cultur-Geschichte mit Beigabe der wichtigsten Genealogien in synchronistischer Zusammenstellung für Schulen und den Selbstunterricht bearbeitet, Leipzig 1860

L

Lambert, Craig: Bucky Fuller's Big Game Goes On, in: World Monitor 6 (1989), S. 18–20
Landwehr, Achim: Von der »Gleichzeitigkeit des Ungleichzeitigen«, in: HZ 295 (2012), S. 1–34
Lange, H. M. De: Möglichkeiten entwicklungspolitischer Bewußtseinsarbeit, in: Jan Tinbergen (Hg.): Der Dialog Nord-Süd. Informationen zur Entwicklungspolitik, Frankfurt a. M./Köln 1977, S. 198–214

LaRoche, Emanuel: Neue Weltkarte rückt Europa an den Rand, in: Tages-Anzeiger, 11.5.1973
Latour, Bruno: Kampf um Gaia. Acht Vorträge über das neue Klimaregime, Frankfurt a. M. 2017
–: Warten auf Gaia. Komposition der gemeinsamen Welt durch Kunst und Politik, in: Michael Hagner (Hg.): Wissenschaft und Demokratie, Frankfurt a. M. 2012, S. 163–188
Law, John: What's Wrong with a OneWorld World?, in: Distinktion 16 (2015), S. 126–139
Lazier, Benjamin: Earthrise; or, The Globalization of the World Picture, in: AHR 116 (2011), S. 602–630
Leemann, Ramon: Entwicklung als Selbstbestimmung. Die menschenrechtliche Formulierung von Selbstbestimmung und Entwicklung in der UNO, 1945–1986, Göttingen 2013
Leendertz, Ariane: Das Komplexitätssyndrom: Gesellschaftliche »Komplexität« als intellektuelle und politische Herausforderung in den 1970er Jahren, Köln 2015
Leonhard, Jörn: The Overburdened Peace: Competing Visions of World Order in 1918/19, in: The German Historical Institute Bulletin 62 (2018), S. 31–50
Levering Lewis, David: The Improbable Wendell Willkie. The Businessman Who Saved the Republican Party and His Country, and Conceived a New World Order, New York/London 2018
Lingelbach, Gabriele: Spenden und Sammeln. Der westdeutsche Spendenmarkt bis in die 1980er Jahre, Göttingen 2009
Life Presents Richard Buckminster Fuller's Dymaxion World, in: Life, 1.3.1943, S. 41–55
Logemann, Jan: Engineered to Sell. European Émigrés and the Making of Consumer Capitalism, Chicago 2019
Longerich, Peter: Propagandisten im Krieg. Die Presseabteilung des Auswärtigen Amtes unter Ribbentrop, München 1987
López-Pérez, Daniel: R. Buckminster Fuller. Pattern Thinking, Zürich 2020
Lorance, Loretta: Becoming Bucky Fuller, Cambridge, Mass./London 2009
Loxton, John: The Peters Phenomenon, in: Cartographic Journal 22 (1985), S. 106–108
Loyer, Emmanuelle: Lévi Strauss. Eine Biographie, Berlin 2017
Lowenhaupt Tsing, Anna: Der Pilz am Ende der Welt. Über das Leben in den Ruinen des Kapitalismus, Berlin 2018
Lutz, Rüdiger: Quo vadis, Terra?, in: Ders. (Hg.): Sanfte Alternativen. Ein Öko-LOG-Buch. Materialien zur Gestaltung wünschenswerter Zukünfte., Weinheim/Basel 1981, S. 12–16
Lysen, Flora: »Seit wir wissen, dass die Erde keine Scheibe ist«. Sphärisches Bewusstsein im Werk von Stan Vanderbeek und Richard Buckminster Fuller, in: Diederichsen/Franke: Whole Earth, S. 150–155

M

MacLeish, Archibald: The Image of Victory, in: Hans W. Weigert/Vilhjalmur Stefansson: Compass of the World. A Symposium on Political Geography, New York 1944, S. 1–11
Maier, Charles S.: Consigning the Twentieth Century to History: Alternative Narratives for the Modern Era, in: AHR 105 (2000), S. 807–831
Maletzke, Gerhard: Medienwirkungsforschung. Grundlagen, Möglichkeiten, Grenzen, Tübingen 1981
Maling, D. H.: Peter's Wunderwerk, in: Kartographische Nachrichten 24 (1974), S. 153–156
Malisoff William, Maria: The Dymaxion Way, in: The New York Times Book Review, 9.10.1938

Mandler, Peter: One World, Many Cultures: Margaret Mead and the Limits to Cold War Anthropology, in: History Workshop 68 (2009), S. 149–172

Many Voices, One World. Towards a More Just and More Efficient World Information and Communication Order. Report by the International Commission for the Study of Communication Problems, London/New York 1980

Markschies, Christoph u. a. (Hg.): Atlas der Weltbilder, Berlin 2011

Marks, Robert W.: The Dymaxion World of Buckminster Fuller, New York 1960

Martin, Reinhold: Crystal Balls, in: ANY: Architecture New York 17 (1997), S. 35–39

Masco, Joseph: Terraforming Planet Earth. The Age of Fallout, in: van Munster/Sylvest: Globality, S. 44–70

Maß, Sandra: »Eine Art sublimierter Tarzan«. Die Ausbildung deutscher Entwicklungshelfer und -helferinnen als Menschentechnik in den 1960er Jahren, in: WerkstattGeschichte 15 (2006), S. 77–89

Massey, Jack/Conway Lloyd Morgan: Cold War Confrontations. US Exhibitions and their Role in the Cultural Cold War, New York/London 2008

Massey, Jonathan: Buckminster Fuller's cybernetic pastoral. The United States Pavilion at Expo 67, in: The Journal of Architecture 11 (2006), S. 463–483

–: Necessary Beauty. Fullers Sumptuary Aesthetic, in: Chu/Trujillo, New Views, S. 99–124

Mauch, Christof: Blick durchs Ökoskop. Rachel Carsons Klassiker und die Anfänge des modernen Umweltbewusstseins, in: ZF 9 (2012), S. 156–160

Mauelshagen, Franz: »Anthropozän«. Plädoyer für eine Klimageschichte des 19. und 20. Jahrhunderts, in: ZF 9 (2012), S. 131–137

Mausbach, Wilfried: Von der »zweiten Front« in die friedliche Etappe? Internationale Solidaritätsbewegungen in der Bundesrepublik 1968–1983, in: Sven Reichardt/Detlef Siegfried (Hg.): Das Alternative Milieu. Antibürgerlicher Lebensstil und linke Politik in der Bundesrepublik Deutschland und Europa 1968–1983, Göttingen 2010, S. 423–444

Mazower, Mark: No Enchanted Palace. The End of Empire and the Ideological Origins of the United Nations, Princeton 2009

Maye, Harun: Was ist eine Kulturtechnik?, in: Zeitschrift für Medien- und Kulturforschung 1 (2010), S. 121–136

Mcconville, David: Das Universum domestizieren, in: Boris Goesl/Hans-Christian von Herrmann/Kohei Suzuki (Hg.): Zum Planetarium. Wissensgeschichtliche Studien, 2018 Berlin, S. 229–253

McCray, Patrick: The Visioneers. How a Group of Elite Scientists Pursued Space Colonies, Nanotechnologies, and a Limitless Future, Princeton 2013

McHale, John: Information Explosion – Knowledge Implosion, in: Edwin Schlossberg/Lawrence Susskind (Hg.): Good News, New York: 1968, S. 5

–: R. Buckminster Fuller, New York 1962

–: R. Buckminster Fuller, Ravensburg 1964

–: The Changing Information Environment, London 1976

–: The Ecological Context, New York 1970

–: The Future of the Future, New York 1969

–: The Geoscope, in: Architectural Design XXXIV (1964), S. 632–635

–: World Facts and Trends, New York 1972

–/Magda Cordell: Futures Directory, Guildford 1977

McLuhan, Marshall: Open-Mind-Surgery, in: Stephanie McLuhan/David Stains (Hg.): Marshall McLuhan. Understanding Me. Lectures and Interviews, Toronto 2003 [1967], S. 147–157

Meadows, Dennis u.a.: Die Grenzen des Wachstums. Bericht des Club of Rome zur Lage der Menschheit, Stuttgart 1972

Meinhard, J.: »Gefangene des eigenen Schemas«, in: Kölner Stadtanzeiger, 3.10.1952

Meller, James (Hg.): The Buckminster Fuller Reader, London 1980, S. 128–147

Menzel, Ulrich: Das Ende der Dritten Welt und das Scheitern der großen Theorie, Frankfurt a. M. 1992

Mergel, Thomas: Gleichheit und Ungleichheit als zeithistorisches und soziologisches Problem, in: ZF 10 (2013), S. 307–320

Michels, Eckard: Geschichtspolitik im Fernsehen. Die WDR-Dokumentation »Heia Safari« von 1966/67 über Deutschlands Kolonialvergangenheit, in: VfZ 56 (2008), S. 467–492

Middell, Matthias: Weltgeschichtsschreibung im Zeitalter der Verfachlichung und Professionalisierung. Das Leipziger Institut für Kultur- und Universalgeschichte 1890–1990, 3 Bde., Leipzig 2005

Miedema, Gary: For Canada's Sake: Public Religion, Centennial Celebrations, and the Re-making of Canada in the 1960s, Kingston/Montreal 2005

Milder, Stephen: Thinking Globally, Acting (Trans-)Locally: Petra Kelly and the Transnational Roots of West German Green Politics, in: CEH 43 (2010), S. 301–326

Miles, Louella: One World in School. A Bibliography, o.O. 1946

Miller, Clark A.: Scientific Internationalism in American Foreign Policy: The Case of Meteorology, in: Ders. (Hg.): Changing the Atmosphere: Expert Knowledge and Environmental Governance, Cambridge, Mass. 2001, S. 167–217

Missfelder, Jan-Friedrich: Endlich Klartext. Medientheorie und Geschichte, in: Jens Hacke/Matthias Pohlig: Theorie in der Geschichtswissenschaft. Einblicke in die Praxis des historischen Forschens, Frankfurt a. M. 2008, S. 181–198

Möckel, Benjamin: Gegen die »Plastikwelt der Supermärkte«. Konsum- und Kapitalismuskritik in der Entstehungsgeschichte des »fairen Handels«, in: AfS 56 (2016), S. 335–352

Moholy-Nagy, László: Vision in Motion, Chicago 1947

Moll, Peter: From Scarcity to Sustainability. Futures Studies and the Environment. The Role of the Club of Rome, Frankfurt a. M. 1991

Monmonier, Mark: Drawing the Line. Tales of Maps and Cartocontroversy, New York 1995

–: How to lie with Maps, Chicago/London 1991

–: Rhumb Lines and Map Wars. A Social History of the Mercator Projection, Chicago/London 2004

Monmonier, Mark: Drawing the Line. Tales of Maps and Cartocontroversy, New York 1995

Moore Lappé, Frances: Diet for a Small Planet, New York 1971

Moosmüller, Alois: Kommunikationsprobleme in amerikanisch-japanisch-deutschen Teams: Kulturelle Synergie durch interkulturelles Training?, in: Zeitschrift für Personalforschung/German Journal of Research in Human Resource Management 11 (1997), S. 282–297

Morehouse, Ward: A New Civic Literacy. American Education and Global Interdependence, Princeton 1976

Morley, Christopher: A Map With a Curly Line, in: Saturday Review, 19.11.1938

Morozov, Evgeny: Making it. Pick up a Spot Welder and Join the Revolution, in: The New Yorker, 13.1.2014

Morshed, Adnan: Ascending with Nine Chains to the Moon, in: New Geographies 4 (2011), S. 107–112

Moyn, Samuel: The Last Utopia, Human Rights in History Cambridge 2010

–/Andrew Sartori (Hg.): Global Intellectual History, New York 2013

Müller, Stefan: Bruno Peters (1884–1960), in: Alfred Gottwaldt (Hg.): Eisenbahner gegen Hitler. Widerstand und Verfolgung bei der Reichsbahn 1933–1945, Wiesbaden 2009, S. 328–332

–: Equal Representation of Time and Space: Arno Peters' Universal History, in: History Compass 8 (2010), S. 718–729

–: Gerechte Weltkarte. Die Kontroverse um die Peters-Projektion in historiografischer Perspektive, in: Kurt Brunner/Thomas Horst (Hg.): 15. Kartographiehistorisches Colloquium. München, 2.-4. September 2010. Vorträge, Berichte, Poster, Bonn 2012, S. 189–208

–: Globalgeschichte einer Mercator-Kritik – Arno Peters und die Idee der »gerechten« Weltkarte, in: Ute Schneider/Stefan Brakensiek (Hg.): Gerhard Mercator. Wissenschaft und Wissenstransfer, Darmstadt 2015, S. 246–264

Murphy, Craig N.: The United Nations Development Programme: A Better Way?, Cambridge, Mass. u.a. 2006

Muschik, Eva-Maria: Managing the World. The United Nations, Decolonization, and the Strange Triumph of State Sovereignty in the 1950s and 1960s, in: Journal of Global History 13 (2018), 121–144

N

Naumann, Katja: Globale Partizipation und universalistisches Wissen: Der Umgang mit der Dekolonialisierung in den sozialwissenschaftlichen Foren der UNESCO, in: Reichherzer/Fiebrig/Dinkel, Nord/Süd, S. 323–356

Naumann, Klaus: Kurs 127:1. »Wiedervereinigung« – Der größte Entschuldungscoup aller Zeiten?, in: Blätter für deutsche und internationale Politik, Januar 1990, S. 12–16

Nawrocka, Irene: Verlagssitz: Wien, Stockholm, New York, Amsterdam. Der Bermann-Fischer Verlag im Exil (1933–1950). Ein Abschnitt aus der Geschichte des S. Fischer Verlags, in: Archiv für Geschichte des Buchwesens 53 (2000), S. 1–216

Neal, Steve: Dark Horse. A Biography of Wendell Willkie, Garden City, N.Y 1984

Neufeld, David: Commemorating the Cold War in Canada: Considering the DEW Line, in: The Public Historian 20 (1998), S. 9–19

Nesbitt, William A.: Teaching Global Issues Through Simulation: It Can Be Easy, New York 1974

–: The Energy Question. Problems and Alternatives, in: Teaching Towards Global Perspectives, S. 12–16

Neurath, Otto: Das Sachbild, in: Die Form 5 (1930), S. 29–39

–: Wirtschaft und Gesellschaft. Bildstatistisches Elementarwerk, Wien, 1930

–/Marie Neurath/Gerd Arntz: Die bunte Welt. Mengenbilder für die Jugend, Wien 1929

Niethammer, Lutz: 1956 in synchronoptischen Geschichten. Über Impulse zur Öffnung des geschichtlichen Blicks in Nachkriegsdeutschland und ihre zeitgeschichtlichen Grenzen (unveröff. Manuskript, 2018)

Nikolow, Sybilla: Aufklärung durch und mit Beobachtungstatsachen. Otto Neuraths Bildstatistik als Vehikel zur Verbreitung der wissenschaftlichen Weltauffassung des Wiener Kreises, in: Dies./Arne Schirrmacher (Hg.): Wissenschaft und Öffentlichkeit als Ressource für einander. Studien zur Wissenschaftsgeschichte im 20. Jahrhundert, Frankfurt a. M. 2007, S. 245–272

–: »Die Versinnlichung von Staatskräften«: Statistische Karten um 1800, in: Traverse 6 (1999), S. 63–81

–: Planning, Democratization and Popularization with ISOTYPE, ca. 1945: A Study of Otto Neurath's Pictorial Statistics with the example of Bilston, England, in: Friedrich Stadler (Hg.): Induction and Deduction in the Sciences, Dordrecht u.a. 2002, S. 299–330

Nitzke, Solvejg/Nicolas Pethes: Introduction. Visions of the »Blue Marble«. Technology, Philosophy, Fiction, in: Dies (Hg.): Imagining Earth. Concepts of Wholeness in Cultural Constructions of Our Home Planet, Bielefeld 2017, S. 7–22

Nobel, Alphons: Judas Ischariot als Freiheitskämpfer?, in: Essener Tageblatt, 14.9.1952

Nohr, Rolf R./Theo Röhle: »Schulen ohne zu schulmeistern«. Unternehmensplanspiele in den 1960er-Jahren, in: ZF 13 (2016), S. 38–60

Nolte, Paul: Lebens Werk. Thomas Nipperdeys Deutsche Geschichte. Biographie eines Buchs, München 2018

Nützenadel, Alexander/Ruth Jachertz: Coping with hunger? Visions of a global food system, 1930–1960, in: Journal of Global History 6 (2011), S. 99–119

Nuscheler, Franz: Christliche Dritte-Welt-Gruppen. Praxis und Selbstverständnis, Mainz 1995

O

O.A.: 1973 – Geburt eines neuen Weltbildes, in: Göttinger Tageblatt, 31.12.1973
O.A.: [John McHale]: 2000+, in: Architectural Design XXXVII [1967], S. 64
O.A.: Arno Peters setzt alles auf eine Karte, in: Welt, 23.6.1973
O.A.: Der knallrote Faden. Oder »synchronoptische« Propaganda gegen die freie Welt, in: Die Neue Zeitung, 4.11.1952
O.A.: Die »Rote Köpenickiade«, in: Essener Tageblatt, 13.11.1952
O.A.: Dymaxion Sleep, in: Time, 11.10.1943
O.A.: Ein neues Bild der Erde, in: Badische Zeitung, 7.6.1973
O.A.: Earth Day – The Beginning, in: Illinois Education 33 (1970) H. 2, S. 56–57
O.A.: Europa ins rechte Lot gerückt, in: Stern, 10.3.1973
O.A.: »Europa ist nicht der Nabel der Welt«. Über ungleiche Lasten, die These vom Scheitern und Aussichten der Weltrevolution. Ein Gespräch mit Arno Peters, in: Neues Deutschland, 25.6.1994
O.A.: Europe Cut down to size, in: The Guardian, 15.5.1977
O.A.: Form verloren, in: Spiegel, 14.5.1973
O.A.: Liferaft Earth, in: Whole Earth Catalog, Januar 1970, S. 23–27
O.A.: Mapping and Social Education: A Seminar on the Peters projection, in: ACSM-Bulletin, Juni 1988, o.S
O.A.: »Nine Chains to the Moon«: Alloys Bring New Forms, in: Technical America, August 1939, S. 3–4

O.A.: Postscript, in: Whole Earth Catalog, März 1970, S. 30
O.A.: »Signal gegen Ausverkauf der DDR«, in: tageszeitung, 19.2.1990
O.A.: Social Consciousness and World Maps, in: The Christian Century, 24.2.1988, 190–192
O.A.: Today Greenwich Village, Tomorrow the World, in: Think, November/Dezember 1969
O.A.: Völkerverbindendes Geschichtsbewußtsein, in: Göttinger Tageblatt, 28.10.1952
O.A.: Weltgeschichte. Aus sozialistischer Sicht, in: Spiegel, 19.11.1952
O.A.: What became of the Fuller House?, in: Fortune, Mai 1948, S. 168
O.A.: Zerlaufenes Soft-Eis, in: Spiegel, 16.4.1990, S. 95–97
Ohff, Heinz: Der letzte Polyhistor, in: Tagesspiegel, 6.1.1970
Olejniczak, Claudia: Die Dritte-Welt-Bewegung in Deutschland. Konzeptionelle und organisatorische Strukturmerkmale einer neuen sozialen Bewegung, Wiesbaden 1999
Our Common Future. Report of the World Commission on Environment and Development, Genf 1987
Osterhammel, Jürgen: Globalifizierung. Denkfiguren der neuen Welt, in: Zeitschrift für Ideengeschichte IX (2015), S. 5–16
Oswalt, Vadim: Weltkarten – Weltbilder. Zehn Schlüsseldokumente der Globalgeschichte, Stuttgart 2015

P

Pacific Domes [Lloyd Kahn u.a.]: Domebook 1, o.O. [Los Gatos, Cal.] 1970
–: Domebook 2, o.O. [Bolinas, Cal.], 1971
Paech, Joachim: Die Erfindung der Medienwissenschaft. Ein Erfahrungsbericht aus den 1970er Jahren, in: Claus Pias (Hg.): Was waren Medien, Zürich 2011, S. 31–55
Pang, A. Soojung-Kim: Whose Dome is it Anyway? Buckminster Fuller's geodesic dome started out as a piece of Cold War propaganda, in: American Heritage of Invention and Technology 4 (1996), S. 28–33
Patterson, Ernest Minor (Hg.): Looking Toward One World, Philadelphia 1948
Paul, Gerhard (Hg.): Das Jahrhundert der Bilder: Bildatlas 1949 bis heute, Göttingen 2009
–: Von der Historischen Bildkunde zur Visual History. Eine Einführung, in: Ders. (Hg.): Visual History. Ein Studienbuch, Göttingen 2006, S. 7–36
Paulmann, Johannes: Globale Vorherrschaft und Fortschrittsglaube. Europa 1850–1914, München 2019
–: (Hg.): Humanitarianism and Media. 1900 to the Present, New York/Oxford 2019
Pawley, Martin: Buckminster Fuller, London 1990
Pearson, Lester B./Commission on International Development: Partners in Development. Report of the Commission on International Development, London 1969
Pemberton, Jo-Anne: Global Metaphors: Modernity and the Quest for One World, London 2001
Perelman, Lewis J.: The Global Mind. Beyond the Limits to Growth, New York 1976
Perry, Ralph Barton: One World in the Making, New York 1944
Petera, Michael: World Resources Inventory, in: Architectural Design 27 (1972), S. 757–758
Peters, Aribert: Über Weltkartenverzerrungen und Weltkartenmittelpunkte, in: Kartographische Nachrichten 28 (1978), S. 106–113
Peters, Arno: Das Äquivalenz-Prinzip als Grundlage der Global-Ökonomie, Vaduz 1996

–: Histoire Mondiale Synchronoptique, Basel 1962
–: Der Europa-zentristische Charakter unseres geographischen Weltbildes und seine Überwindung, München 1973
–: Der Europa-zentristische Charakter unseres geographischen Weltbildes und seine Überwindung, Dortmund 1976
–: Die neue Kartographie. The new cartography, Klagenfurt u. a. 1983
–: Die perspektivische Verzerrung von Raum und Zeit im historisch-geographischen Weltbilde der Gegenwart und ihre Überwindung durch neue Darstellungsweisen, München 1967
–: Klavierfibel für's Farbklavier, Frankfurt a. M. 1985
–: Space and Time. Their Equal Representation as an Essential Basis for a Scientific View of the World. Raum und Zeit. Ihre paritätische Darstellung als unabdingbare Prämisse eines wissenschaftlichen Weltbildes, New York/Klagenfurt 1985
–: Von der Unmöglichkeit, Geschichte zu schreiben. Antrittsrede im PEN-Club, vorgetragen am 20.10.1965 in Berlin, o.D. o.O. [ND, 1980er Jahre]
–: Synchronoptische Weltgeschichte, Frankfurt a. M. 1965
–/Anneliese Peters: Einwände gegen die »Hilfe an unterentwickelte Völker«, in: der neue bund 6/7 (1955), S. 82–86
–: Synchronoptische Weltgeschichte, Frankfurt a. M. 1952
Peters Atlas of the World, Harlow 1989
Peters Atlas. Alle Länder und Kontinente in ihrer wirklichen Größe, Vaduz 1989
Peters Atlas. Alle Länder und Kontinente in ihrer wahren Größe, Frankfurt 2002
Philipp, Claus: Augenmaß und Leidenschaft. Eine Fußnote zu einem Kurzauftritt der Peters Projection in der TV-Serie »West Wing« zu Vorgängen im Weißen Haus, in: Christian Reder (Hg.): Kartographisches Denken, Wien/New York 2012, S. 404–405
Pinther, Miklos: The View of our World, in: Secretariat News, 31.1.1985, S. 5–7
Pletsch, Carl E.: The Three Worlds, or the Division of Social Scientific Labor, circa 1950–1975, in: Comparative Studies in Society and History 23 (1981), S. 565–590
Pobanz, Wolfgang: Vorläufer der Peters-Projektion, in: Kartographische Nachrichten 24 (1974), S. 196–197
Pörksen, Uwe: Plastikwörter. Die Sprache einer internationalen Diktatur, Stuttgart 1988
–: Weltmarkt der Bilder. Eine Philosophie der Visiotype, Stuttgart 1997
Pomeranz, Kenneth: Histories for a Less National Age, in: AHR 119 (2014), S. 1–22
Postman, Neil: The Soft Revolution: A Student Handbook for Turning Schools Around, New York 1971
Prashad, Vijay: The Darker Nations. A People's History of the Third World, New York 2007
Pratschke, Margarete: Charles und Ray Eames' »Powers of Ten« – Die künstlerische Bildfindung des Atoms zwischen spielerischem Entwurf und wissenschaftlicher Affirmation, in: Bildwelten des Wissens 7 (2009), S. 21–30
Prieser, Uwe: Europa rückt aus dem Mittelpunkt. Ein Bremer vermittelt ein neues Weltbild, in: Weserkurier, 22.5.1973

Q

Quay, Peter: Europa ist jetzt ganz klein und häßlich geworden. Deutscher Historiker ersetzt Mercator Weltkarte, in: Bonner Rundschau, 9.5.1973

R

Radó, Sándor: Die Karte als Mittel der politischen Bildung, in: Petermanns Geographische Mitteilungen 118 (1974), S. 75–77

Raithel, Thomas u.a. (Hg.): Auf dem Weg in eine neue Moderne? Die Bundesrepublik Deutschland in den siebziger und achtziger Jahren, München 2009

Ramaswamy, Sumathi: Terrestrial Lessons. The Conquest of the World as Globe. Chicago 2017

Ramphal, Shridath: One World to Share. Selected Speeches of the Commonwealth Secretary-General, 1975–9, London 1979.

Raphael, Lutz: Radikales Ordnungsdenken und die Organisation totalitärer Herrschaft. Weltanschauungseliten und Humanwissenschaftler im NS-Regime, in: GG 27 (2001), S. 5–40

Raulff, Ulrich: Wiedersehen mit den Siebzigern. Die wilden Jahre des Lesens, Stuttgart 2014

Rede des Vorsitzenden der Kommission, in: Bulletin des Presse- und Informationsamts der Bundesregierung 14.12.1977, o.S.

Rehling, Andrea: »Kulturen unter Artenschutz«? – Vom Schutz der Kulturschätze als Gemeinsames Erbe der Menschheit zur Erhaltung kultureller Vielfalt, in: Jahrbuch für Europäische Geschichte 15 (2014), S. 110–137

Reichardt, Sven: Authentizität und Gemeinschaft – Linksalternatives Leben in den siebziger und frühen achtziger Jahren, Frankfurt a.M. 2014

Reichherzer, Frank/Steffen Fiebrig/Jürgen Dinkel (Hg): Nord/Süd. Perspektiven auf eine globale Konstellation, Berlin 2020

Richard Buckminster Fuller Basic Biography, o.o., o.D. [1983]

Richter, Adolf: Zeittafeln zur Weltgeschichte, Stuttgart 1949

Robin, Ron Theodore: The Barbed-Wire College: Reeducating German POWs in the United States during World War II, Princeton 1995

Robertson, Roland: Glokalisierung: Homogenität und Heterogenität in Raum und Zeit, in: Ulrich Beck (Hg.): Perspektiven der Weltgesellschaft, Frankfurt a. M. 1998, S. 192–220

Robertson, Thomas: The Malthusian Moment. Global Population Growth and the Birth of American Environmentalism, New Brunswick 2012

Robinson, Arthur H.: Arno Peters and His New Cartography, in: The American Cartographer 12 (1985), S. 103–111

–: The President's globe, in: Imago Mundi 49 (1997), S. 143–152

Röhle, Theo: Big Data – Big Humanities? Eine historische Perspektive, in Ramón Reichert (Hg.): Big Data. Analysen zum digitalen Wandel von Wissen, Macht und Ökonomie, Bielefeld 2014, S. 157–172

Röhrig, Peter: Aktionsbuch für alle, die etwas für die Dritte Welt tun wollen, Bonn 1975

Rodgers, Daniel T.: Age of Fracture, Cambridge/London 2011

Roosevelt, Eleanor: My Day, in: World Telegram, 28.2.1939

Rosenberg, Daniel/Anthony Grafton: Cartographies of Time. A History of the Timeline, New York 2010

Rosenboim, Or: The Emergence of Globalism: Visions of World Order in Britain and the United States, 1939–1950, Princeton 2017

Roszak, Theodore: Person/Planet: The Creative Disintegration of Industrial Society, Garden City, N.Y. 1978

Ruchatz, Jens: Kanalisierung des freien Informationsflusses. Semantiken transnationaler Kommunikation, in: Irmela Schneider u. a. (Hg.): Medienkultur der 70er Jahre. Diskursgeschichte der Medien nach 1945, Wiesbaden 2004, S. 99–124

Rurik, Thomas: Isotype. Zur Geschichte der Aufklärung mit Bildstatistik, in: form + zweck 45 (1992), S. 32–41

–/Michael Burke: Was ist information design? Wie Informationsdesigner definieren, was sie tun, in: form + zweck 45 (1992), S. 42–45

–: Synchronopsen als Gestaltungsmedien: Pädagogisch-didaktische visuelle Kommunikation, in: form + zweck 45 (1992), S. 46–49

S

Sabrow, Martin: Erich Honecker. Das Leben davor. 1912–1945, München 2016

Sadao, Shoji: Buckminster Fuller and Isamu Noguchi: Best of Friends, Long Island 2011

Sachs, Wolfgang: Die eine Welt, in: Ders. (Hg.): Wie im Westen so auf Erden. Ein polemisches Handbuch zur Entwicklungspolitik, Reinbek 1993, S. 429–450

–: Der Blaue Planet. Über die Zweideutigkeit einer Ikone, in: Internationale Gesellschaft der Bildenden Künste (Hg.): Terre – repère – terre. Recueil de textes de documentation des travaux d'artistes européens à l'occasion d'une invitation de l'Association Internationale des Arts Plastiques, de l'IGBK, de l'IAA et de l'AIAP pour l'été 1992, Bonn 1992, S. 132–151

–: Satellitenblick. Die Ikone vom blauen Planeten und ihre Folgen für die Wissenschaft, in: Ingo Braun/Bernward Joerges (Hg.): Technik ohne Grenzen, Frankfurt a. M. 1995, S. 305–346

–: The Gospel of Global Efficiency. On Worldwatch and Other Reports on the State of the World, in: International Foundation for Development Alternatives Dossier 68 (1988), S. 33–39

–: Zur Archäologie der Entwicklungsidee. Mit einem Vorwort und einer Zusammenstellung von Karikaturen aus der Dritten Welt, Frankfurt a. M. 1992

Sänger, Fritz: Botschafter ohne Amt. Die Berichter im Ausland, in: Frankfurter Hefte 7 (1973), S. 466–467

–: Des Deutschen Fernsehens unglückliche Liebe zur Kartographie, o. O., o. D. [1977]

Sandkühler, Thomas: Die Geschichtsdidaktik der Väter. Zur Kulturgeschichte der siebziger Jahre, in: Michael Wildt (Hg.): Geschichte denken. Perspektiven auf die Geschichtsschreibung heute, Göttingen 2014, S. 260–279

Sandner, Günther: Otto Neurath. Eine politische Biographie, Wien 2014

Sarasin, Philipp: Die Grenze des »Abendlandes« als Diskursmuster im Kalten Krieg. Eine Skizze, in: David Eugster/Sibylle Marti (Hg.): Das Imaginäre des Kalten Krieges. Beiträge zu einer Wissens- und Kulturgeschichte des Ost-West-Konfliktes in Europa, Essen 2015, S. 19–44

Sargent Wood, Linda: A More Perfect Union. Holistic Worldview and the Transformation of American Culture after World War II, Oxford 2010

Schildt, Axel: Medien-Intellektuelle in der Bundesrepublik. Herausgegeben und mit einem Nachwort versehen von Gabriele Kandzora und Detlef Siegfried, Göttingen 2020

Schmelzer, Matthias: The Hegemony of Growth, Cambridge u. a. 2016

Schmid, Josef: Intendant Klaus von Bismarck und die Kampagne gegen den »Rotfunk« WDR, in: AfS 41, 2001, S. 349–381

Schmidt-Lauber, Brigitta/Ingo Zechner: Mapping. Begriff und Verfahren, in: Zeitschrift für Kulturwissenschaften (2018), S. 12–17

Schmidt-Gernig, Alexander: »Futurologie« – Zukunftsforschung und ihre Kritiker in der Bundesrepublik der 60er Jahre, in: Heinz Gerhard Haupt/Jörg Requate (Hg.): Aufbruch in die Zukunft. Die 1960er-Jahre zwischen Planungseuphorie und kulturellem Wandel. DDR, CSSR und Bundesrepublik Deutschland im Vergleich, Weilerswist 2004, S. 109–132

Schmieder, Falko: Überleben, in: Benjamin Bühler/Stefan Willer (Hg.): Futurologien. Ordnungen des Zukunftswissens, Paderborn 2016, S. 327–337

Schneider, Ute: Die Macht der Karten. Eine Geschichte der Kartographie vom Mittelalter bis heute, Darmstadt 2004

–: Kartographie als imperiale Raumgestaltung. Alexander (Sándor) Radós Karten und Atlanten, in: ZF 3 (2006), S. 77–94

–/Stefan Brakensiek: Gerhard Mercator. Wissenschaft und Wissenstransfer. Einführung, in: Dies., Mercator, S. 7–12

Schneidewind, Bernhard: Ran an Afrika durch die Literatur. Dem Eurozentrimus eins in die Fresse?, in: Die neue, 7.10.1980

Schorr, Dieter: Die Erde sieht ganz anders aus. Ein 400 Jahre altes Weltbild soll den Tatsachen angepaßt werden, in: Stuttgarter Nachrichten, 12.9.1973

Schregel, Susanne: Der Atomkrieg vor der Wohnungstür. Eine Politikgeschichte der neuen Friedensbewegung in der Bundesrepublik 1970–1985, Frankfurt a. M. 2011

–: Gestaltung und ihre soziale Organisation. Schlaglichter auf die Geschichte der Partizipation in den USA und Westeuropa (1960–1980), in: Claudia Mareis/Matthias Held/Gesche Joost (Hg.): Wer gestaltet die Gestaltung? Praxis, Theorie und Geschichte des partizipatorischen Designs, Bielefeld 2013, S. 23–42

Schrickel, Isabell: Von Schmetterlingen und Atomreaktoren: Medien und Politiken der Resilienz am IIASA, in: Behemoth 7 (2014), S. 5–25

Schröder, Iris: Das Wissen von der ganzen Welt. Globale Geographien und räumliche Ordnungen Afrikas und Europas 1790–1870, Paderborn 2011

–: Eine Weltkarte aus der Provinz. Die Gothaer Chart of the World und die Karriere eines globalen Bestsellers, in: HA 25 (2017), S. 353–376

–/Sabine Höhler: Welt-Räume: Annäherungen an eine Geschichte der Globalität im 20. Jahrhundert, in: Dies. (Hg.): Welt-Räume. Geschichte, Geographie und Globalisierung, Frankfurt a. M. 2005, S. 9–47

Schüring, Michael: Zwischen Ökobiblizismus und Neo-Animismus. Aspekte alternativer Gegenwelten in den Evangelischen Kirchen der Bundesrepublik um 1980, in: GG 41 (2015), S. 107–139

Schulin, Ernst: Universalgeschichte und abendländische Entwürfe, in: Jürgen Osterhammel (Hg.): Weltgeschichte, Stuttgart 2008, S. 49–63

Schulten, Susan: Richard Edes Harrison and the Challenge to American Cartography, in: Imago Mundi 50 (1998), S. 174–188

–: The Geographical Imagination in America, 1880–1950, Chicago u. a. 2001

Schumacher, E. F.: Die Rückkehr zum menschlichen Maß. Alternativen für Wirtschaft und Technik »Small is Beautiful«, Reinbek 1977

Schwabe, Caspar: Eureka and Serendipity: The Rudolf von Laban Icosahedron and Buckminster

Fuller's Jitterbug, in: Mathematics, Music, Art, Architecture, Proceedings of the Bridges 2010 conference (http://bridgesmathart.org/2010/cdrom/)
Seefried, Elke: Rethinking Progress. On the Origin of the Modern Sustainability Discourse, 1970–2000, in: JMEH 13 (2015), S. 377–400
–: Towards the Limits to Growth? The Book and its Reception in West Germany and Britain 1972–73, in: German Historical Institute London Bulletin 33 (2011), S. 3–37
–: Zukünfte. Aufstieg und Krise der Zukunftsforschung 1945–1980, Berlin 2015
Seibel, Benjamin: Cybernetic Government. Informationstechnologie und Regierungsrationalität von 1943–1970, Wiesbaden 2016
Seifert, Benjamin: Träume vom modernen Deutschland. Horst Ehmke, Reimut Jochimsen und die Planung des Politischen in der ersten Regierung Willy Brandts, Stuttgart 2010
Shoemaker, Dennis E.: The Global Connection. Local Action for World Justice. A Development Education Handbook, New York 1977
Siegel, Steffen/Petra Weigel: Warum Phileas Fogg keine Karten braucht, in: Passepartout (Hg.): Weltnetzwerke – Weltspiele. Jules Vernes in 80 Tagen um die Welt, Konstanz 2013, S. 184–187
Sigerson, Donn: Flights into Facts via Fancy, in: San Francisco Chronicle, 18.9.1938
Singer, Peter: One World: The Ethics of Globalization, New Haven 2004
Simons, George F. u.a.: Cultural Diversity Fieldbook. Fresh Visions and Breakthrough Strategies for Revitalizing the Workplace, Princeton 1996
Slobodian, Quinn: Globalists. The End of Empire and the Birth of Neoliberalism, Harvard 2018
–: Foreign front. Third World Politics in Sixties West Germany, Durham NC 2012
Sloterdijk, Peter: Im Weltinnenraum des Kapitals. Für eine philosophische Theorie der Globalisierung, Frankfurt a. M. 2005
–: Wie groß ist »groß«?, in: Böll.Thema 2 (2011), S. 12–16
Sluga, Glenda: Internationalism in the Age of Nationalism, Pennsylvania 2013
–: The Transformation of International Institutions. Global Shock as Cultural Shock, in: Niall Fergusson u.a. (Hg.): The Shock of the Global. The 1970s in Perspective, Cambridge, Mass. 2010, S. 223–236
Snyder, Jaime: Introduction, in: R. Buckminster Fuller: Ideas and Integrities. A Spontaneous Autobiographical Disclosure, Zürich 2010, S. X–Y
Snyder, Robert (Hg.): R. Buckminster Fuller: An Autobiographical Monologue/Scenario, New York 1980
Sösemann, Bernd (Hg.): Emil Dovifat. Studien und Dokumente zu Leben und Werk, Berlin 1998
Sommer, Marianne: Die Biologie der Demokratie im Wissenschaftlichen Humanismus, in: Michael Hagner (Hg.): Wissenschaft und Demokratie, Frankfurt a. M. 2012, S. 51–69
Speich Chassé, Daniel: Die Erfindung des Bruttosozialprodukts. Globale Ungleichheit in der Wissensgeschichte der Ökonomie, Göttingen 2013
–: Die »Dritte Welt« als Theorieeffekt. Ökonomisches Wissen und globale Differenz, in: GG 41 (2015), S. 580–612
Spenger, Florian: Epistemologien des Umgebens. Zur Geschichte, Ökologie und Biopolitik künstlicher *environments*, Bielefeld 2019
Spivak, Gayatri Chakravorty: Death of a Discipline, New York 2003

Staniszewksi, Mary Anne: The Power of Display. A History of Exhibition Installations at the Museum of Modern Art, Cambridge, Mass./London 1998

Stehr, Nico/Marian Adolf: Ist Wissen Macht? Wissen als gesellschaftliche Tatsache, Weilerswist 2018

Steiner, Benjamin: Die Ordnung der Geschichte. Historische Tabellenwerke in der Frühen Neuzeit, Köln 2008

Stephens, Cody: The Accidental Marxist: Andre Gunder Frank and the »Neo-Marxist« Theory of Underdevelopment, 1958–1967, in: Modern Intellectual History 15 (2018), S. 411–442

Sterngold, James: The Love Song of R. Buckminster Fuller, in: The New York Times, 15.6.2008

Storjohann, Petra: Globalisierungsdiskurs, in: Thomas Nier/Jörg Kilian/Jürgen Schiewe (Hg.): Handbuch Sprachkritik, Stuttgart 2020, S. 259-267

Stummann, Franz-Josef: Aktion Dritte Welt. Eine Fallstudie zur »entwicklungspolitischen Bewußtseinsbildung« der Jugend, Frankfurt a. M. 1976

Sluga, Glenda: The Transformation of International Institutions. Global Shock as Cultural Shock, in: Niall Fergusson u. a. (Hg.): The Shock of the Global. The 1970s in Perspective, Cambridge, Mass. 2010, S. 223–236

Steger, Manfred: The Rise of the Global Imaginary. Political Ideologies from the French Revolution to the Global War on Terror, Oxford 2008

Stöppel, Daniela: Visuelle Zeichensysteme der Avantgarden 1910–1950. Verkehrszeichen, Farbleitsysteme, Piktogramme, München 2014

Strum, Suzanne: The Ideal of Total Environmental Control. Knud Lönberg-Holm, Buckminster Fuller, and the SSA, Abingdon/New York 2017

T

Tanner, Jakob: Kurven und andere Evidenzen: zur Visualisierung der »unsichtbaren Hand« des Marktes, in: Helmut Lethen/Ludwig Jäger/Albrecht Korschorke (Hg.): Auf die Wirklichkeit zeigen. Zum Problem der Evidenz in den Kulturwissenschaften. Ein Reader, Frankfurt a. M. 2015, S. 373-393

Teaching about Spaceship Earth. A role-playing experience for the middle grades, New York 1972

Teaching Towards Global Perspectives, New York 1973

The so-called Peters Projection, in: Cartographic Journal 22 (1985), S. 108–110

Thomson, Julie J.: Seeing More Than Failure: The Photographs of Buckminster Fuller's 1948 Dome by Beaumont Newhall, Trude Guermonprez, Josef Albers, and Hazel Larsen Archer, in: Appalachian Journal 44/45 (2018), S. 482–492

Toffler, Alvin: The Third Wave, New York u. a. 1990 [1980]

Tomlison, John: Globalization and Culture, Chicago 1999

Tomkins, Calvin: In the Outlaw Area, in: New Yorker, 8.1.1966

Trautsch, Jasper M.: The Invention of the »West«, in: Bulletin of the German Historical Institute 53 (2013), S. 89–102

Treml, Alfred K./Klaus Seitz: Geschichte der entwicklungspolitischen Bildung. 20 Jahre Dritte-Welt-Pädagogik, in: Zeitschrift für Entwicklungspädagogik 9 (1986), S. 18–26

Tripold, Thomas: Die Kontinuität romantischer Ideen. Zu den Überzeugungen gegenkultureller Bewegungen, Bielefeld 2012

Tripp, Sebastian: Fromm und politisch. Christliche Anti-Apartheid-Gruppen und die Transformation des westdeutschen Protestantismus 1970–1990, Göttingen 2015
Turner, Fred: Die Politik der Ganzheit um 1968 – und heute, in: Diederichsen/Franke: Whole Earth, S. 43–48
–: Marshall McLuhan, Stewart Brand und die kybernetische Gegenkultur, in: Derrick De Kerckhove/Martina Leeker/Kerstin Schmidt (Hg.): McLuhan neu lesen. Kritische Analysen zu Medien und Kultur im 21. Jahrhundert, Bielefeld 2008, S. 105–116.
–: R. Buckminster Fuller. A Technocrat for the Counterculture, in: Hsiao-Yun Chu/Roberto Trujillo (Hg.): New Views on R. Buckminster Fuller, Stanford 2009, S. 146–159
–: The Democratic Surround. Multimedia & American Liberalism from World War II to the Psychedelic Sixties, Chicago/London 2013
–/Christine Larsson: Network Celebrity: Entrepreneurship and the New Public Intellectuals, in: Public Culture 27 (2015), S. 53–84

U

Ullrich, Wolfgang: Bilder auf Weltreise. Eine Globalisierungskritik, Berlin 2006
UNICEF: Annual Report 1982, o.O. 1982
Unsere Welt – ein vernetztes System. Eine internationale Wanderausstellung von Frederic Vester, Stuttgart 1978
U.S. Office of War Information: War Atlas for Americans, New York 1944

V

Vagt, Christina: Fiktion und Simulation. Buckminster Fullers World Game, in: Friedrich Balke/Bernhard Siegert/Joseph Vogl (Hg.): Mediengeschichte nach Friedrich Kittler, Berlin 2013, S. 117–134
–: All Things are Vectors. Kosmologie und Synergetik bei Alfred North Whitehead und Buckminster Fuller, in: Tatjana Petzer/Stephan Steiner (Hg.): Synergie: Kultur- und Wissensgeschichte einer Denkfigur, Paderborn 2016, S. 227–246
van Dam, Peter: The limits of a success story: Fair trade and the history of postcolonial globalization, in: Comparativ 25 (2015), S. 62–77
van Laak, Dirk: Imperiale Infrastruktur. Deutsche Planungen für die Erschließung Afrikas 1880–1960, Paderborn 2004
–: Kolonien als »Laboratorien der Moderne«? in: Sebastian Conrad/Jürgen Osterhammel (Hg.): Das Kaiserreich transnational. Deutschland in der Welt 1871–1914, Göttingen 2004, S. 257–279
van Munster, Rens/Casper Sylvest: Introduction, in: Dies. (Hg.): Globality, S. 1–19
van Vleck, Jenifer: Empire of the Air. Aviation and the American Ascendancy, Cambridge, Mass. 2013
–: »The Logic of the Air«: Aviation and the Globalism of the »American Century«, in: New Global Studies 1 (2007), S. 1–37
Vallero, Daniel A.: Paradigms Lost: Learning from Environmental Mistakes, Mishaps and Misdeeds, Amsterdam 2005
Vehlken, Sebastian u.a.: Computersimulationen, in: Bühler/Willer (Hg.): Futurologien, S. 181–192

–: Environment for Decision – Die Medialität einer kybernetischen Staatsregierung. Eine medienwissenschaftliche Untersuchung des Projekts Cybersyn in Chile 1971–73 (M.A.: Bochum 2004)

Vester, Frederic: Denken, Lernen, Vergessen. Was geht in unserem Kopf vor, wie lernt das Gehirn, und wann lässt es uns im Stich?, Stuttgart 1975

–: Neuland des Denkens. Vom technokratischen zum kybernetischen Zeitalter, München 1985

Vidler, Anthony: Whatever Happened to Ecology? John McHale and the Bucky Fuller Revival, in: Architectural Design 80 (2008), S. 24–33

Viehweger, Klaus: Neue Weltkarte – neues Weltbild. Der deutsche Wissenschaftler Arno Peters entwarf ein neues Bild der Erde, in: Das Wort in der Welt (1974), H. 2, S. 12

Von allen Enden der Erde. Die neuen Landschaften der Weltchristenheit. Jahresbericht 2013/2014 des Evangelischen Missionswerks in Deutschland e.V. Hamburg, 2014

von Herrmann, Hans-Christian: Der planetarische Maßstab der Technik. Zur Geschichte einer absoluten Metapher, in: Internationales Jahrbuch für Medienphilosophie 2 (2016), S. 53–66

von Stauffenberg, Alexander Schenk Graf: Die Synchronoptische Frage. Eine Dokumentation, Frankfurt a. M. 1953

Vujakovic, Peter: Arno Peter's Cult of the »New Cartography«. From Concept to World Atlas, in: Bulletin of the Society of University Cartographers 22 (1989), H. 2, S. 1–6

–: Arno Peters: The man and his map, in: Cartographic Journal 40, (2003), H. 1, S. 51–52

–: Mapping for World Development, in: Geography 74, (1989), S. 97–105

–: The Extent of Adoption of the Peters Projection by »Third World« Organizations, in: Bulletin of the Society of University Cartographers 21 (1987), S. 11–16

–/Russel King: Peters Atlas: A New Era of Cartography or Publisher's Con-Trick?, in: Geography 74 (1989), S. 245–251

W

Wagner, Karlheinrich: Das neue Kartenbild des Herrn Peters, in: Kartographische Nachrichten 23 (1973), S. 162–163

Walker, R. B. J.: One World, Many Worlds. Struggles for a just World Peace, Boulder/London 1988

Ward, Barbara: Spaceship Earth, New York 1966

–/Dubos, René: Only One Earth. The Care and Maintenance of a Small Planet, London 1972

Ward, James: The Artifacts of R. Buckminster Fuller. A Comprehensive Collection of His Designs and Drawings in Four Volumes, London/New York 1985

Wasiuta, Mark: Review: Worldometers; o.s. Earth; GENI, in: Journal of the Society of Architectural Historians 68 (2009), S. 590–593

Weckel, Ulrike: Plädoyer für Rekonstruktionen der Stimmenvielfalt. Rezeptionsforschung als Kulturgeschichte, in: GG 45 (2019), S. 120–150

Weigert, Hans W./Richard Edes Harrison: World View and Strategy, in: Ders./Stefansson (Hg.): Compass, S. 74–88

–/Vilhjalmur Stefansson: Introduction, in: Dies. (Hg.): Compass, S. ix–xiii

Weinert, Sebastian: Der Körper im Blick. Gesundheitsausstellungen vom späten Kaiserreich bis zum Nationalsozialismus, Berlin 2017

Weisberg, Barry: The Browning of Stockholm: America Takes Its Ecology Show Abroad, in: Ramparts, September 1972, S. 34–40

Weitbrecht, Dorothee: Aufbruch in die Dritte Welt. Der Internationalismus der Studentenbewegung von 1968 in der Bundesrepublik Deutschland, Göttingen 2012

Wells, H. G.: World Brain, o.O. 2016 [1938]

Wengeler, Martin: Von der Hilfe für unterentwickelte Gebiete über den Neokolonialismus bis zur Entwicklungszusammenarbeit. Der sprachliche Umgang mit dem Nord-Süd-Konflikt, in: Georg Stötzel/Ders. (Hg.): Kontroverse Begriffe. Geschichte des öffentlichen Sprachgebrauchs in der Bundesrepublik Deutschland, Berlin 1995, S. 679–710

Wenzlhuemer, Roland: Globalization, Communication and the Concept of Space in Global History, in: Historical Social Research 35 (2010), S. 19–47

Westad, Odd Arne: The Global Cold War: Third World Interventions and the Making of our Times, Cambridge 2007

Westermann, Andrea: Inventuren der Erde. Vorratsschätzungen für mineralische Rohstoffe und die Etablierung der Ressourcenökonomie, in: Berichte zur Wissenschaftsgeschichte 37 (2014), S. 20–40

–/Christian Rohr: Climate and Beyond. The Production of Knowledge about the Earth as a Signpost of Social Change. An Introduction, in: Historical Social Research 40 (2015), S. 7–21

White, Leigh: Buckminster Fuller and the Dymaxion World, in: Saturday Evening Post, 18.10.1944

Whole Earth Catalog, Dezember 1968

Whole Earth Catalog, Dezember 1969

Wielek, H. [d. i. Wilhelm Kweksilber]: Die Geschichte zweier Geschichtswerke, in: Kroniek van Kunst en Kultur 13 (1953) H. 7

Wigley, Mark: Buckminster Fuller Inc. Architecture in the Age of Radio, Zürich 2015

–: Planetary Homeboy, in: ANY: Architecture New York 17 (1997), S. 16–23

Wilke, Renate: Umgang und Informationswert der Auslandsberichterstattung in: Wilfried Scharf/Jörn Aufermann/Otto Schlie (Hg.): Fernsehen und Hörfunk für die Demokratie. Ein Handbuch über den Rundfunk in der Bundesrepublik Deutschland, Opladen 1979, S. 316–333

Willkie, Wendell: Airways to Peace, in: The Bulletin of the Museum of Modern Art 11 (1943), S. 3–21

–: One World, London 1943

–: Our Sovereignty: Shall We Use It?, in: Foreign Affairs 22 (1943), S. 347–361

–: Unteilbare Welt, Stockholm 1944

Wirsching, Andreas: Towards a New Europa? Knowledge as a Transformational Resource since the 1970s, in: Bulletin of the German Historical Institute 56 (2015), S. 7–22.

Wittner, Lawrence S.: One World or None: A History of the World Nuclear Disarmament Movement Through 1953. The Struggle Against the Bomb, Stanford 1993

Wolf, C. P.: Brown World Game, in: John McLeod (Hg.): Simulation in the Service of Society, o.O. 1971, S. 3

Wolfe, Tom: The Electric Kool-Aid Acid Test, New York u.a. 1999 [1968]

Wolf-Phillips, Leslie: Why Third World?, in: Third World Quarterly 1 (1979), S. 105–115

Woll, Helmut: Ernst Friedrich Schumacher – ein Prophet der Mittleren Technologie, in: Zeitschrift für Sozialökonomie 53 (2016), H. 190/191, S. 41–48

Wong, Yunn Chii: Fuller's Corporate Soul, in: ANY: Architecture New York 17 (1997), S. 45–47

Woodcock, John: The Garden in the Machine: Variations on Spaceship Earth, in: Michigan Quarterly Review XVII (1979), S. 308–317

Wood, Denis/Ward Kaiser/Bob Abramms: Seeing through Maps. Many Ways to See the World, Amherst 2005

World Design Science Decade 1965–1975. Five Two Year Phases of a World Retooling Design Proposed to the International Union of Architects for Adoption by World Architectural Schools. Phase I (1963) Document 3: Comprehensive Thinking, Carbondale/Illinois 1965

World Design Science Decade 1965–1975. Five Two Year Phases of a World Retooling Design Proposed to the International Union of Architects for Adoption by World Architectural Schools. Phase I (1965), Document 4: The Ten Year Program, Carbondale/Illinois 1965

World Design Science Decade 1965–1975. Five Two Year Phases of a World Retooling Design Proposed to the International Union of Architects for Adoption by World Architectural Schools. Phase II (1967) Document 6. The Ecological Context: Energy and Materials, Carbondale/Illinois 1967

World Energy. A Map by R. Buckminster Fuller, in: Fortune, Februar 1940, S. 57

Woyach, Robert B./Richard C. Remy: A Community-Based Approach to Global Education, in: Theory into Practice 21 (1982), S. 177–183

Woyke, Meik (Hg.): Wandel des Politischen. Die Bundesrepublik während der 1980er Jahre, Bonn 2013

Wulf, Andrew James: U.S. International Exhibitions during the Cold War: Winning Hearts and Minds through Cultural Diplomacy, Lanham/MD u.a. 2015

Y

Youngblood, Gene: Expanded Cinema, New York 1970

–: Technoarchy, in: Los Angeles Free Press, 26.12.1969

–: World Game, in: Los Angeles Free Press, 26.12.1969

Z

Zachary, G. Pascal: Endless Frontier. Vannevar Bush – Engineer of the American Century, New York u.a. 1997

Zeissig, Hans: Neuer Geschichts- und Kulturatlas. Von der Urzeit zur Gegenwart, Hamburg/München 1950

Zipp, Samuel: Wendell Willkie's Wartime Quest to Build One World, Harmondsworth 2020

Zung, Thomas K. (Hg.): Buckminster Fuller. Anthology for a New Millennium, New York 2002

Personenregister

Abdel-Malek, Anouar 513
Abel, Herbert 473, 499
Abich, Hans 486
Abramms, Bob 553–555
Adorno, Theodor W. 281
Aicher, Otl 333
Aigner, Hal 350, 351
Alexander, Christopher 394
Applewhite, E. John 398
Arntz, Gerd 191, 203

Baer, Steve 364
Bahr, Egon 494, 496
Baldwin, Jay 364, 365, 378, 386
Bateson, Gregory 378, 416–418, 420, 565
Bauer, Arthur O.F. 517
Bayer, Herbert 72, 211, 245
Becher, Johannes R. 254
Becker, Heinrich 267, 271, 450
Beck, Ulrich 537, 545
Beer, Stafford 292
Bell, Daniel 313, 412
Ben-Eli, Michael 392, 395
Bertalanffy, Ludwig von 159
Biedenkopf, Kurt 523
Bismarck, Klaus von 471–474, 484, 485, 494
Böll, Winfried 495
Bölling, Klaus 472
Bonsels, Waldemar 170
Boothe Luce, Clare 57, 59, 77, 83, 91, 99
Borgström, Georg 298, 308
Bosse, Heinz 488, 489
Boulding, Kenneth 298, 304, 305, 307, 384
Bourdieu, Pierre 43, 538
Boyd, Paul 518
Bragdon, Claude 152, 209, 232
Brand, Stewart 356, 358, 367–369, 371–378, 386, 388, 410, 563
Brandt, Willy 20, 503, 504, 514
Broudré-Gröger, Joachim Rüdiger 502
Brower, David 308
Brown, Jerry 378
Brown, Lester 308
Bruckner, Pascal 538–540

Brundtland, Gro Harlem 540
Buchholz, Walter 489, 490

Cage, John 382
Carson, Rachel 300
Cassirer, Henry R. 490, 491
Castellan, Georges 443
Chermayeff, Serge 234
Clark, Colin 504
Clarke, Gilmore David 287
Commoner, Barry 412
Coudenhove-Kalergi, Richard 268
Crampton, Jeremy 528, 529
Cronkite, Walter 342

Davenport, Russel Wheeler 78, 82–85, 100
Davis, Elmer 90
Dewey, John 133, 209, 235
Dietel, William 392, 393, 396
Dill, Richard 485
Dirks, Walter 483
Dollinger, Werner 458, 459
Donovan, William J. 63
Dovifat, Emil 113, 114, 120, 173, 175, 176, 178, 179, 212, 262, 448, 480, 561
Drück, Helmut 484
Dubos, René 410–414, 417–419, 431
Dürrbeck, Heinz 455
Dutschke, Rudolf 423, 453

Eames, Charles 242, 248, 382, 546
Eames, Ray 242, 248
Ehrlich, Paul 298, 300, 301, 307, 369, 372, 374, 376, 377, 384, 385, 501, 544
Einstein, Albert 147, 148, 230, 270, 275, 351
Emerson, Ralph Waldo 138
Emmett, Edward Victor Henry 188
Engelbart, Douglas 371
Eppler, Erhard 421, 422, 493–497, 502

Fair, Eugene R. 269

Fanon, Frantz 423, 498
Ferschke, Hans 469, 470, 488, 489
Fischer, Fritz 162

Fisher, Irving 92
Flechtheim, Ossip Kurt 214, 547
Florin, Hans 473, 490, 505
Foerster, Heinz von 382
Fohrbeck, Karla 497–499
Ford, Henry 137–139, 157
Forest, Lee de 135
Forrester, Jay Wright 380, 391, 392
Foucault, Michel 529
Fowler, Gene 400, 401
Frank, Robert 376
Freitag, Ulrich 552
Freund, Karl 169
Freyer, Hans 280, 451
Fritzsche, Hans 172
Froebel, Friedrich 132
Fuller, Alexandra 125
Fuller, Caroline 131
Fuller, Richard Buckminster (Senior) 131, 133
Fuller, Sarah Margaret 132, 558
Fuller, Thomas 131, 132
Fuller, Timothy 132

Gabel, Medard 350, 385, 386, 388, 389, 399, 400
Ganslmayr, Herbert 499
Geis, Irving 68
Germer, Jürgen 511
Gilbreth, Frank 148
Gilbreth, Lillian Evelyn 148
Giordano, Ralph 472
Goebbels, Joseph 112, 114, 163, 171, 181
Goetz, Walter 263, 273, 277
Gollancz, Victor 268
Goodman, Nelson 14
Grant, James P. 508
Grapow, Hermann 179
Gruber, Pamela 512
Guevara, Ernesto »Che« 423, 444
Gütt, Dieter 473, 486–488

Habermas, Jürgen 497
Hagemann, Karl 267
Hake, Günther 486, 488
Hammerschmidt, Helmut 471
Hankel, Wilhelm 490
Hardaker, Terry 522, 554
Hardin, Garrett 301, 306, 376
Harrison, Richard Edes 61, 62, 65–71, 77, 90, 92

Hauben, Ed 350, 382
Heckel, Hans 263, 264
Heffter, Heinrich 261, 265
Hegel, Georg Wilhelm Friedrich 116, 285
Heimendahl, Eckart 462
Heinemann, Gustav 465
Hesse, Ludwig 271
Heupel, Aloys 488, 489
Hewlett Fuller, Anne 126, 135–138, 399
Hewlett, James Monroe 136, 137
Hitler, Adolf 61, 62, 115, 178
Holzamer, Karl 262, 263, 266
Honig, Jochen (John F. Hunter) 168
Hübner, Heinz Werner 486
Huttner, Bernhard 480
Huxley, Julian 151, 158, 372, 374
Huzayyn, Soliman A. 482

Illich, Ivan 417–420, 428, 479, 498, 538, 541, 549

Jacobi, Lotte 168, 169
Jennings, Lois 368
Johannes Paul II. 505
Johns, Jasper 332
Johnson, Lyndon B. 291, 312, 330, 375

Kahn, Lloyd 364, 365, 378
Kaiser, Andreas 445, 453, 461, 469, 470, 480
Kaiser, Neva 392, 395
Kaiser, Ward 20, 517–521, 529, 553–555, 566
Kämpf, Hellmut 260
Karsten, Karl 92
Kennedy, Edward 339
Kerner, Otto 340, 341
Keyserlingk, Adalbert von 268
Kittler, Friedrich 196
Klaus, Dale D. 313, 355
Kohl, Helmut 523
Kohr, Leopold 416, 417, 420
Köpcke, Karl-Heinz 435
Koselleck, Reinhart 197
Kubrick, Stanley 338
Kuczek, Elaine 508

Landahl, Heinrich 261, 270
Larsen Archer, Hazel 238
Latour, Bruno 25, 574, 576
Leary, Timothy 337

Leber, Georg 459, 502
Le Bon, Gustave 116, 178
Le Corbusier 138, 139
Le Goff, Jacques 443
Lehmann, Edgar 490
Lerner, David 84
Lévi-Strauss, Claude 498
Liebknecht, Karl 164, 165
Lovelock, James 299, 548
Loxton, John 516
Luce, Henry 57–59, 68, 69, 77, 83, 90, 99, 154
Lundquist, Oliver Lincoln 65
Lutz, Rüdiger 547, 548

MacArthur, Douglas 220
MacBride, Seán 492
Mackinder, Halford 61, 94, 135, 240
MacLeish, Archibald 61–64, 67, 143
Malthus, Thomas 300, 383, 398
Mann, Thomas 257, 265, 266, 270, 271
Marx, Karl 451, 550
Maxwell, Elsa 91
May, Walter 261
McArthur, Stuart 530–532
McHale, John 304, 313, 316–318, 320–324, 326–329, 335, 341, 366, 388, 399, 432, 562
McLuhan, Herbert Marshall 41, 194, 305, 327, 328, 359, 367, 369, 382
McNamara, Robert 338
Mead, Margaret 498
Meadows, Dennis 309, 380, 391, 404, 431, 435
Meadows, Donella 309, 391, 404, 431, 435
Meinecke, Friedrich 262
Mende, Erich 444
Menzel, Ulrich 538
Mercator, Gerhard 15, 205, 435, 438, 440, 441, 468, 507
Merton, Robert 129
Meulen, Frans van der 463
Meyer, Henry 254
Modrow, Hans 523
Moholy-Nagy, László 234
Moore Lappé, Frances 307
Morris, Delyte W. 339, 388
Mouillard, Hartwig von 464
Mumford, Lewis 57, 142, 412, 498
Münzenberg, Willi 165

Nansen, Odd 268
Nehru, Jawaharlal 166, 283
Neuffer, Martin 486
Neumann, John von 338
Neurath, Otto 191–193, 197, 198, 202–204, 208, 211, 216
Nixon, Richard 242, 301
Nkrumah, Kwame 224
Nobel, Alphons 260
Noguchi, Isamu 147

Oestreich, Paul 260, 270
Offergeld, Rainer 502
O'Regan, Brendan 391, 392
Ortega y Gasset, José 270
Osborn, Fairfield 298
Ostwald, Friedrich Wilhelm 209
Otto, Frei 547
Ouspensky, P. D. 152

Paik, Nam June 195, 360
Pape, Heinz 514
Patel, Indraprasad Gordhanbhai 509
Paulmann, Christian 261, 269
Paul VI. 301
Paxton, Worthen 90
Pearson, Lester Bowles 419–421
Peccei, Aurelio 310, 416, 417
Peters, Anneliese 172, 174, 255, 265, 282
Peters, Aribert Bernard 469, 491, 492, 550
Peters, Bruno Georg Max 164, 165, 167, 169, 178, 557
Peters, Maria Hulda Lucy 164–168, 254, 267, 448, 449, 455, 507, 557
Pickens, William 166, 554
Pieck, Wilhelm 164, 254
Pinder, Wilhelm 175, 178, 179
Piscator, Erwin Friedrich Max 116, 170
Pletsch, Carl 537, 538, 542
Pörksen, Uwe 543–545
Potter, Philip Alford 505
Prébisch, Raúl 424, 425
Priestley, Joseph 205, 206, 208

Radó, Alexander (Sándor) 193, 450, 460
Ragan, Philip 85, 192
Ramphal, Shridath Surendranath 434, 510
Ravenstein, Helga 488

Raymond, Dick 375
Reagan, Ronald 359, 548
Reclus, Jacques Élisée 38
Reichert, Hans-Ulrich 260
Renn, Ludwig 260
Richter, Donald L. 236, 241
Riedl, John O. 272
Ritter, Gerhard Georg Bernhard 262, 270
Robinson, Arthur H. 62, 517–520
Rohe, Ludwig Mies van der 129, 575
Roosevelt, Eleanor 155
Roosevelt, Franklin Delano 51, 52, 58, 62–64, 68, 70, 75, 109, 115, 187
Roszak, Theodore 307
Rotha, Paul 186, 188
Rust, Bernhard 177, 254

Sachs, Wolfgang 541–545, 575
Sadao, Shoji 123, 133, 236, 248, 335, 353
Salomon, Ernst von 281
Sänger, Fritz 484–486, 492, 502
Sauvy, Alfred 228
Schade, Kai-Friedrich 422, 493, 494
Scheel, Walter 406
Schily, Otto 459
Schlossberg, Edwin Arthur 343, 344, 346–349, 351, 381, 389, 392
Schlötelburg, Horst 511
Schmidt, Helmut 534
Schnabel, Franz 260
Schöning, Karin 476
Schumacher, Ernst Friedrich 365, 395, 416, 417, 422, 428, 498
Schüßler, Wilhelm 178, 179
Schwarzkopf, Dietrich 515
Scott, Howard 148, 149
Seghers, Anna 112
Sell, Friedrich-Wilhelm Freiherr von 485, 486
Senghaas, Dieter 425, 549
Snyder, Allegra 125, 132, 144
Snyder, Jaime 125
Snyder, John P. 519
Sorkin, Aaron 556
Spengler, Oswald 285, 482, 512
Spescha, Eduard 507–510, 524
Spykman, Nicholas 57
Stauffenberg, Alexander Schenk Graf von 162, 264–266, 268, 273

Stefánsson, Vilhjálmur 61, 70
Stein, Erwin 261, 263, 269, 270
Stein, Werner 275
Stephan, Werner 172
Stevenson, Adlai 302, 303
Strong, Maurice 410, 411
Suess, Eduard 300

Teilhard de Chardin, Pierre 151, 152
Thant, Sithu U 218, 250, 302, 342, 444
Tinbergen, Jan 412
Todd, John 397
Toffler, Alvin 321, 416, 546, 547
Toynbee, Arnold Joseph 270, 285, 447
Troll, Carl 464, 466, 469
Truman, Harry S. 53, 296
Turner, Thomas (Tom) B. 341, 349–352, 379, 382, 383, 386

Ulbricht, Walter 254, 445

VanDerBeek, Stan 360, 361
Vester, Frederic 405–407, 547
Viehweger, Klaus 476
Vogt, William 298
Voigt, Richard 261, 270
Vujakovic, Peter 527–529, 552

Wagner, Karlheinrich 468, 469
Waigel, Theo 523
Wallace, Henry A. 58, 187
Wallace, Naomi 130, 313, 354, 355
Wallenberg, Hans 260, 261
Wallerstein, Immanuel 425
Wandel, Paul 254, 267
Ward, Barbara Mary 302–304, 410–414, 418, 419
Weber, Alfred 262, 270
Weigert, Hans W. 61, 62
Weinert, Erich 254
Weizsäcker, Ernst Heinrich von 111
Weizsäcker, Richard von 412
Wells, Herbert George 57, 152, 153, 157, 178
Wernadski, Wladimir Iwanowitsch 152, 300
Wheeler, Monroe 69, 72
Wiener, Norbert 100
Wiesand, Andreas Johannes 497–499
Wilhelmy, Herbert 468
Wilke, Renate 493

Willkie, Wendell Lewis 48, 51–58, 60, 65–67, 70, 75, 77, 78, 83, 93, 98, 109, 110, 118, 120, 166, 186, 220, 239, 569
Winsey, Valentine R. 389, 396
Wolf, William (Bill) Martin 380, 381, 391–393, 395, 396
Wood, Denis 554, 555
Wright, Frank Lloyd 136, 138

Wrobel, Heinz 435

Youngblood, Gene 358–362, 364, 365, 369, 370, 373, 378, 382, 386
Yuster, Romany Marie 143

Zuse, Konrad 551